Herausgeber:
Prof. Dr. Holger Dette • Prof. Dr. Wolfgang Härdle

Springer
Berlin
Heidelberg
New York
Hongkong
London
Mailand
Paris
Tokio

Statistik und ihre Anwendungen

Azizi Ghanbari, S.
Einführung in die Statistik für Sozial- und Erziehungswissenschaftler 2002

Brunner, E.; Munzel U.
Nichtparametrische Datenanalyse 2003

Dehling, H.; Haupt, B.
Einführung in die Wahrscheinlichkeitstheorie und Statistik
2. Auflage 2004

Dümbgen, L.
Stochastik für Informatiker 2003

Falk, M.; Becker, R.; Marohn, F.
Angewandte Statistik 2004

Franke, J; Härdle, W.; Hafner; C.
Statistik der Finanzmärkte 2. Auflage 2004

Greiner, M.
Serodiagnostische Tests 2003

Handl, A.
Mulitvariate Analysemethoden 2003

Hilgers, R.-D.; Bauer, P.; Scheiber, V.
Einführung in die Medizinische Statistik 2003

Plachky, D.
Mathematische Grundbegriffe der Stochastik 2002

Schumacher, M.; Schulgen, G.
Methodik klinischer Versuche 2002

Steland, A.
Mathematische Grundlagen der empirischen Forschung 2004

Herold Dehling • Beate Haupt

Einführung in die Wahrscheinlichkeitstheorie und Statistik

2. Auflage

 Springer

Prof. Dr. Herold Dehling
Ruhr-Universität Bochum
Fakultät für Mathematik
Universitätsstraße 150
44801 Bochum, Deutschland

Dipl.-Math. Beate Haupt
Laurentiushof
Mittelstraße 4
34474 Diemelstadt-Wethen, Deutschland

Bibliografische Information der Deutschen Bibliothek
Die Deutsche Bibliothek verzeichnet diese Publikation in der Deutschen
Nationalbibliografie; detaillierte bibliografische Daten sind im Internet
über <http://dnb.ddb.de> abrufbar.

Mathematics Subject Classification (2000): 60-01, 62-01

ISBN 3-540-20380-X Springer-Verlag Berlin Heidelberg New York
ISBN 3-540-43384-8 1. Auflage Springer-Verlag Berlin Heidelberg New York

Springer-Verlag ist ein Unternehmen von Springer Science+Business Media GmbH

springer.de

© Springer-Verlag Berlin Heidelberg 2003, 2004
Printed in Germany

Einbandgestaltung: *design & production,* Heidelberg
Datenerstellung durch den Autor unter Verwendung eines Springer LATEX - Makropakets
Gedruckt auf säurefreiem Papier   40/3142CK-5 4 3 2 1 0

**Lehre uns bedenken, dass wir sterben müssen,
auf dass wir klug werden.**

Ps. 90,12
Ein Gebet des Mose, in der Übersetzung von Martin Luther

für Birte, Wiete, Johannes, Geeske, Malte und Eike
für Andrea, Ruben, Benjamin, Corinna, Selma und Peter

Vorwort zur 2. Auflage

Wir freuen uns, dass die in unserem Buch gegebene Darstellung der Grundlagen der Wahrscheinlichkeitstheorie und Statistik so viele Leser gefunden hat, dass bereits ein Jahr nach Erscheinen der 1. Auflage diese 2. Auflage gedruckt werden kann. Wir haben das Buch um ein Kapitel über Testtheorie erweitert. Die anderen Kapitel haben wir unverändert übernommen, allerdings haben wir einige Druckfehler korrigieren können.

Wir danken an dieser Stelle allen Lesern, die uns auf Fehler im Text aufmerksam gemacht haben, insbesondere Herrn Stephan Mertmann und Frau Natalie Neumeyer. Schließlich möchten wir ein Wort des Dankes hinzufügen, das wir leider im Vorwort zur 1. Auflage vergessen haben. Wir danken dem Verleger Ferdinand Verhulst für die großzügige Rückgabe des Copyrights an dem Buch ‚*Kansrekening - het zekere van het onzekere*‘, Epsilon Verlag, Utrecht 1995, in dem große Teile des hier veröffentlichten Materials in niederländischer Sprache erschienen waren.

Bochum, Wethen, im Januar 2004 — Herold Dehling
Beate Haupt

Vorwort zur 1. Auflage

Wahrscheinlichkeitstheorie und Statistik, oft auch mit dem Sammelbegriff Stochastik genannt, sind noch recht junge Teilgebiete der Mathematik, die sich in den vergangenen 50 Jahren schnell einen festen Platz in der Mathematik-Ausbildung an den Hochschulen gesichert haben. Einst entstanden aus dem Wunsch, Gewinn und Verlust bei Glücksspielen berechnen zu können, ist die Stochastik heute ein unverzichtbares Hilfsmittel zur Modellierung und Steuerung von Zufallsprozessen in Natur, Technik und im Wirtschafts- und Gesellschaftsleben. Gleichzeitig legt die Stochastik Verbindungen zu verschiedenen anderen Gebieten der Mathematik, etwa der Analysis, der Linearen Algebra und der Zahlentheorie, deren Methoden sie sich bedient und die sie gleichzeitig mit neuen Ansätzen bereichert. Der Reiz der Wahrscheinlichkeitstheorie liegt in ihrer Position an der Schnittstelle zwischen hochaktuellen Anwendungen einerseits und klassischer grundlagenorientierter Mathematik andererseits. Stochastik eignet sich auch hervorragend für den Schulunterricht, wo sie heute vielfach neben der Analysis und der analytischen Geometrie als dritte Säule im Mathematik-Curriculum steht. Die Verbindungen zwischen konkreten Anwendungen und mathematischen Konzepten können das Interesse und die Freude der Schüler an der Mathematik wecken und sie in Denk- und Arbeitsweisen der Mathematik einführen.

Dieses Buch gibt eine systematische Einführung in die grundlegenden Ideen und Konzepte der Wahrscheinlichkeitstheorie. Die Darstellung ist elementar, d.h. ohne maßtheoretische Hilfsmittel und unter Verzicht auf größtmögliche Allgemeinheit. Der Weckung eines intuitiven Verständnisses wird im Zweifelsfall der Vorzug vor mathematischer Strenge gegeben. Die wesentlichen Begriffe und Resultate werden zunächst für diskrete Experimente eingeführt und dabei stets an Beispielen illustriert. Im zweiten Teil des Buches stehen stetige Zufallsvariablen im Mittelpunkt. Dabei werden u.a. die wichtigsten Verteilungen der parametrischen Statistik eingeführt und die wesentlichen Rechentechniken behandelt. Ein Kapitel über Grundbegriffe der Schätztheorie soll die Bedeutung der Wahrscheinlichkeitstheorie in der Statistik aufzeigen und den Übergang in dieses wichtige Anwendungsgebiet der Wahrscheinlichkeitstheorie erleichtern. Das Buch sollte Lesern mit Vorkenntnissen im Umfang einer Analysis I-Vorlesung zugänglich sein. An einigen Stellen benötigen wir allerdings Kenntnisse mehrfacher Integrale, wobei der Riemann'sche Integralbegriff ausreicht.

Dieses Buch ist ursprünglich entstanden aus Manuskripten zu Vorlesungen, die der erstgenannte der Autoren in den vergangenen 15 Jahren an den Universitäten Groningen, Cottbus und Bochum gehalten hat. Wir möchten an dieser Stelle den vielen Kollegen danken, die bei der Entstehung dieses Buches behilflich waren. An erster Stelle möchten wir Niels Kalma nennen, der als Koautor an einer niederländischen Ausgabe eines großen Teils des hier veröffentlichten Materials in dem Buch *„Kansrekening - het zekere van het onzekere'* (Epsilon-Verlag Utrecht, 1995) mitgearbeitet hat. Viele originelle Beispiele und interessante Übungsaufgaben in diesem Buch gehen auf seine Anregungen zurück. Weiter danken wir Aart Stam, aus dessen Vorlesungsskripten wir manche Anregung geschöpft haben. Jan van Maanen hat uns in zahlreichen Gesprächen auf die Anfänge der Wahrscheinlichkeitstheorie, vor allem bei Huygens, hingewiesen und uns außerdem freundlicherweise die Auszüge aus Huygens' *Tractatus de Ratiociniis in Ludo Aleae* zur Verfügung gestellt. Michel Dekking, Hans Dwarshuis, Willem Schaafsma und Aart Stam haben uns auf manche Fehler in der niederländischen Version des Textes aufmerksam gemacht und Anregungen zu einer besseren Darstellung gegeben.

Wir danken Holger Dette für die Anregung, dieses Buch in der Reihe „Statistik und ihre Anwendungen' des Springer-Verlags erscheinen zu lassen sowie dem Springer-Verlag für die verständnisvolle Zusammenarbeit.

Wir danken Ingeborg Beyer für ihre umfangreiche Arbeit, das Manuskript in LATEX zu schreiben, Malte Dehling für seine unermüdliche Hilfe beim Lösen von Computer-Problemen und Andrea Heine-Jungblut für ihre kreativen Beiträge zur grafischen Gestaltung des Buches. Wir danken Stephan Mertmann und Andrea Schweer für Hinweise auf Fehler im Manuskript und Katrin Hofmann-Credner und Axel Munk für sorgfältiges Lesen des gesamten Manuskripts, Hinweise auf zahlreiche Fehler und für Vorschläge zu einer klareren Darstellung. Wir denken dankbar an Gundi und Dietmar.

Während wir an diesem Buch gearbeitet haben, haben wir viel an diejenigen gedacht, die sich den Inhalt dieses Buches erarbeiten wollen. So haben wir uns auch erlaubt, in der ersten Person Plural zu schreiben. Wir haben überlegt, wie wir etwas über die Grundlagen der Wahrscheinlichkeitstheorie und Statistik so aufschreiben können, dass Sie gerne und erfolgreich in dem Buch arbeiten mögen. Wir haben viel gelernt dabei und wir wünschen uns sehr, dass das Buch Ihnen beim Kennenlernen dieses Gebietes der Mathematik behilflich ist. Für Hinweise auf eventuelle Fehler und für Anregungen wären wir Ihnen sehr dankbar.

Bochum, Wethen, im Januar 2003   Herold Dehling
Beate Haupt

Inhaltsverzeichnis

1. Einleitung

1.1 Vorbetrachtungen

Die Wahrscheinlichkeitstheorie ist der Zweig der Mathematik, der sich mit Zufallsexperimenten befasst, mit ihrer Beschreibung und der Aufdeckung von Gesetzmäßigkeiten. Wir versuchen mathematische Modelle zu finden für Experimente, bei denen mehrere verschiedene Verläufe möglich sind und deren Ergebnisse ganz oder teilweise vom Zufall abhängen. Dass dies überhaupt möglich ist, darin liegt das Geheimnis und der Reiz dieses Fachgebietes, das ganz im Spannungsfeld des scheinbaren Gegensatzes steht zwischen der Unvorhersagbarkeit des Ergebnisses bei einem Einzelexperiment und den Gesetzmäßigkeiten bei vielfacher Wiederholung des Experimentes. Werfen wir einen Würfel, so lässt sich nicht mehr sagen, als dass das Ergebnis eine Augenzahl zwischen 1 und 6 sein wird. Wiederholen wir das Würfelexperiment genügend oft, so stellen wir fest, dass der Anteil der Experimente, bei denen $1, 2, \ldots, 6$ gewürfelt wird, einer festen Größe zuzustreben scheint. Oder wir betrachten die Lebenserwartung eines neugeborenen Kindes. Ob es 75, 80 oder 85 Jahre alt werden wird, kann niemand vorhersagen. Eine Lebensversicherung kann uns aber anhand von Sterbetafeln ausrechnen, welcher Anteil von Neugeborenen, z.B. des Jahrgangs 2003, dieses Lebensalter erreichen wird. Der Erfolg von Lebensversicherungen beweist, dass diese Berechnungen brauchbar sind. Oder wir betrachten die Bewegung eines einzelnen Tintenmoleküls im Wasser. Diese Bewegung, wenn wir sie betrachten könnten, ist unvorhersagbar. Lassen wir jedoch einen Tropfen Tinte ins Wasser fallen, dann werden wir stets den gleichen Vorgang erleben, eine radiale Ausbreitung der Tinte mit derselben Geschwindigkeit. Und wir könnten vorhersagen, welcher Prozentsatz Tinte sich zu einem bestimmten Zeitpunkt in einem bestimmten Gebiet befindet. Als letztes Beispiel betrachten wir noch den radioaktiven Zerfall, etwa des Kohlenstoffisotops C^{14}. Von einem einzelnen Atom lässt sich unmöglich der Zerfallszeitpunkt vorhersagen. Von einer makroskopischen Menge C^{14} Atomen hingegen wissen wir sehr genau, welcher Anteil davon nach 1000, 2000 oder 3000 Jahren zerfallen sein wird.

Bereits vor über 300 Jahren war Christiaan Huygens (1629-1695) sich dieses scheinbaren Gegensatzes bewusst. In der Einleitung seines ,*Tractatus de Ratiociniis in Ludo Aleae*' (1657) schreibt er

Wenn bei den Spielen, welche allein vom Glück entschieden werden, auch der Ausgang ungewiss ist, so lässt sich doch immer genau berechnen, um wieviel wahrscheinlicher ein Mitspieler gewinnt als verliert. Z.B.: Wenn Jemand, um zu gewinnen, mit einem Würfel sechs Augen auf den ersten Wurf werfen muss, so ist es ungewiss, ob er gewinnt. Um wieviel wahrscheinlicher es aber ist, dass er verliert, als dass er gewinnt, ist durch die Spielbedingung selbst bestimmt und lässt sich durch Rechnung genau ermitteln. (Übersetzung von Robert Hausner (1899))

In jedem Fachgebiet gibt es Fragen, die sich so einfach formulieren lassen und deren Beantwortung ausbleibt, auszubleiben scheint. Die allererste und dringlichste Frage in der Wahrscheinlichkeitstheorie ist natürlich

Was ist Wahrscheinlichkeit?

Mit dieser grundlegenden, wesentlichen Frage befinden wir uns an der Grenze unseres Fachgebietes. Wir könnten uns einer Beantwortung entziehen mit dem Hinweis, dass diese Frage unzulässig sei, so wie wir den Physiker nicht fragen, was denn Masse sei, den Geometer nicht fragen, was eine Gerade sei, und den Mediziner nicht fragen, was ein Mensch sei. Andererseits haben wir gewisse Vorstellungen von diesen Begriffen, die als Ausgangspunkt für die Beschäftigung mit den jeweiligen Fachgebieten unerlässlich sind. Wir wollen nun für den Begriff ‚Wahrscheinlichkeit' verschiedene intuitive Vorstellungen betrachten. Wenn wir dabei auch keine völlig befriedigende Antwort auf die Ausgangsfrage finden werden, ist es doch wichtig, sie als offene Frage zu behalten, um uns der Grenzen unseres Fachgebietes bewusst zu bleiben.

Von Wahrscheinlichkeiten sprechen wir hier nur im Zusammenhang mit Zufallsexperimenten, wobei wir es an dieser Stelle für den Begriff ‚Zufall' bei unserer intuitiven Vorstellung belassen. Wir betrachten nun drei konkrete Zufallsexperimente mit der Frage nach den verschiedenen Bedeutungen von Wahrscheinlichkeit.

1. Wir werfen einen unverfälschten Würfel und fragen nach der Wahrscheinlichkeit, dass die Augenzahl gerade ist. Dabei soll unverfälscht heißen, dass der Würfel völlig symmetrisch gebaut ist.

2. Wir wissen, dass die Stadt Bochum 400.000 Einwohner hat und dass davon 100.000 Sänger sind. Wie groß ist die Wahrscheinlichkeit, dass ein zufällig ausgewählter Bochumer Sänger ist?

3. Wir werfen eine Heftzwecke in die Höhe und fragen nach der Wahrscheinlichkeit, dass die Heftzwecke mit der Spitze nach oben oder seitlich wieder aufkommt.

Bei dem Würfelexperiment wird wohl jeder antworten, dass die gesuchte Wahrscheinlichkeit $\frac{1}{2}$ sei. Es gibt 6 verschiedene Verläufe des Experimentes, und das gesuchte Ereignis ‚die Augenzahl ist gerade' tritt bei 3 Ergebnissen ein. Hier haben wir die Laplace'sche Wahrscheinlichkeitsdefinition angewendet, benannt nach dem französischen Mathematiker Pierre-Simon de Laplace (1749-1827). Dabei wird die Wahrscheinlichkeit eines Ereignisses festgelegt

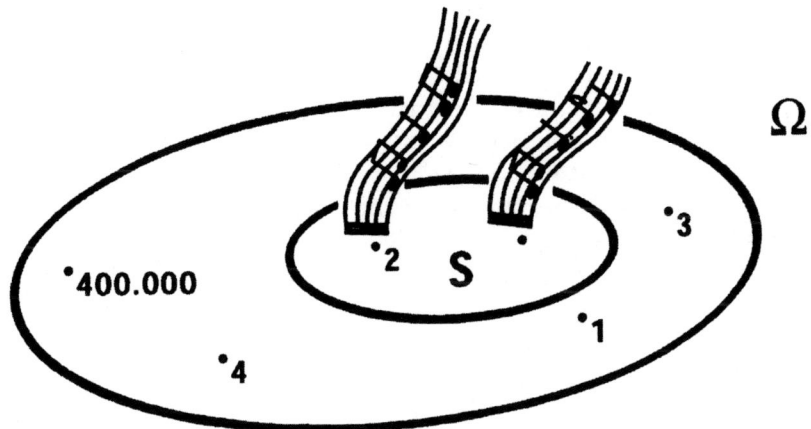

Abb. 1.1. Zufällige Ziehung aus der Gesamtheit aller Einwohner der Stadt Bochum; S stellt die Menge aller Sänger dar.

als Quotient aus der Anzahl der für das Ereignis günstigen Ergebnisse und der Anzahl der möglichen Ergebnisse. Diese Definition bedeutet auch, dass wir alle Ergebnisse eines Experimentes als gleich wahrscheinlich betrachten.

Im zweiten Beispiel passt eine Definition, die die Wahrscheinlichkeit als die relative Häufigkeit eines Merkmals in einer endlichen Grundgesamtheit festlegt. Die Wahrscheinlichkeit ist $\frac{1}{4}$, dass ein zufällig gewählter Bochumer Sänger ist, denn von den 400.000 Bochumer Einwohnern sind 100.000 Sänger. Da ‚zufällig' wählen bedeutet, dass jeder Einwohner dieselbe Wahrscheinlichkeit hat gewählt zu werden, lässt sich diese Definition leicht mit der Laplace'schen Definition in Übereinstimmung bringen.

Bei den ersten beiden Beispielen können wir aufgrund von Symmetrieeigenschaften sagen, dass wir alle einzelnen Ergebnisse des Experimentes als gleich wahrscheinlich ansehen. Diese Voraussetzung ist beim dritten Experiment nicht erfüllt, und so können wir die Laplace'sche Definition nicht anwenden. Hier kann uns die frequentistische Wahrscheinlichkeitsdefinition

⊥ ⊥ ⊢ ⊢ ⊢ ⊢ ⊢ ⊥ ⊥ ⊢ ⊢ ⊥ ⊢ ⊥ ⊢ ⊢ ⊢ ⊢ ⊢ ⊥ ⊢ ⊢ ⊢ ⊢ ⊥ ⊥ ⊢

Abb. 1.2. Ergebnisse von 30 Würfen mit einer Heftzwecke, A :‚Heftzwecke mit Spitze oben', $n_A = 9$, $\frac{n_A}{n} = 0.3$

helfen. Dabei wird die Wahrscheinlichkeit eines Ereignisses A festgelegt als Grenzwert der relativen Häufigkeit ihres Eintretens bei wachsender Anzahl von Wiederholungen des Experimentes. Bei einer gegebenen Anzahl n von Experimenten bezeichnen wir mit n_A die Anzahl der Experimente, bei denen A eintritt, und definieren die Wahrscheinlichkeit von A als $\lim_{n\to\infty} \frac{n_A}{n}$. Da wir nicht wissen können, ob der Grenzwert existiert, ist dies keine mathematisch strenge Definition. Wohl können wir bei solchen Experimenten immer wieder feststellen, dass die relative Häufigkeit des Eintretens eines Ereignisses einer festen Größe zuzustreben scheint, aber auf Grundlage einer endlichen Anzahl von Experimenten können wir nicht mehr aussagen. Diese Beobachtung, die auch empirisches Gesetz der großen Zahlen genannt wird, gab einen wichtigen Anstoß zur Entwicklung einer mathematischen Theorie der Zufallsexperimente.

Wir werden später den mathematischen Satz ‚Gesetz der großen Zahlen‘ kennenlernen. Dieser Satz sagt, dass innerhalb unserer mathematischen Modelle bei unabhängigen Wiederholungen eines Experimentes die Folge der relativen Häufigkeiten des Eintretens eines Ereignisses konvergiert. Dieses Gesetz der großen Zahlen, zu dessen Voraussetzungen eine idealisierte, mathematische Form von Unabhängigkeit gehört, müssen wir gut unterscheiden von dem empirischen Gesetz der großen Zahlen, das eben ganz dem Experiment entnommen, auf Beobachtung und Erfahrung beruhend, nicht bewiesen werden kann. Dies ist in anderen experimentellen Fächern ebenso. In der klassischen Mechanik leiten die Physiker aus den Newton'schen Gesetzen die Kepler'schen Gesetze her, aber damit beweisen sie nicht die Tatsache, dass die Planetenbahnen Ellipsen sind.

1.2 Terminologie

Die Wahrscheinlichkeitsrechnung hat wie jedes Fachgebiet ihre eigene Terminologie. Grundbegriffe sind hierbei ‚Ergebnis‘, ‚Ereignis‘ und ‚Wahrscheinlichkeit‘. Es werden viele Begriffe der Mengenalgebra verwendet, die sehr eigene Entsprechungen in der Wahrscheinlichkeitsrechnung haben.

Wir können auf verschiedene Weise das Ergebnis ω eines Zufallsexperimentes beschreiben. Die Menge aller möglichen Ergebnisse nennen wir Ergebnisraum, den wir mit Ω bezeichnen. Für das Werfen einer Heftzwecke sind $\Omega_1 = \{\perp, \vdash\}$ oder $\Omega_2 = \{0, 1\}$ mögliche Ergebnisräume und für die zufällige Wahl eines Einwohners der Stadt Bochum $\Omega = \{1, 2, \ldots, 400.000\}$ oder die Liste aller Einwohner. Für ein Würfelexperiment ist $\Omega = \{1, 2, 3, 4, 5, 6\}$ ein möglicher Ergebnisraum.

Oft sind wir nicht an dem genauen Ergebnis ω des Experimentes interessiert, sondern an einem allgemeineren Ereignis. Formal definieren wir ein Ereignis A als Teilmenge des Ergebnisraumes Ω. Sei $A \subset \Omega$ ein Ereignis und ω das Ergebnis des Experiments, dann heißt $\omega \in A$, dass A eingetreten ist. Im obigen Beispiel des Würfelexperimentes wollten wir nicht wissen, welche Augenzahl gewürfelt wird, sondern ob es eine gerade oder ungerade Augenzahl ist. Wir sprechen dann von dem Ereignis, dass die Augenzahl gerade ist, also $A = \{2, 4, 6\}$. Die Operationen der Mengenalgebra haben ihre je eigenen Entsprechungen für Ereignisse, siehe Abbildung 1.3.

Venn-Diagramm	Symbol	Entsprechung
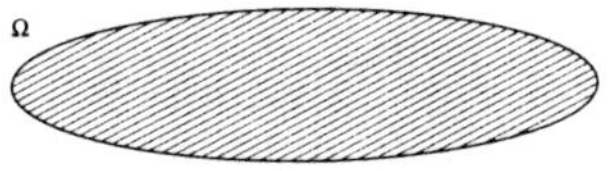	Ω	das sichere Ereignis
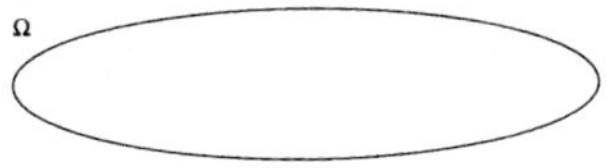	$\emptyset$	das unmögliche Ereignis
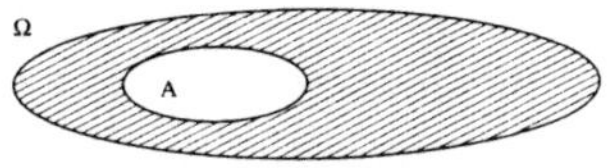	A^c	A ist nicht eingetreten
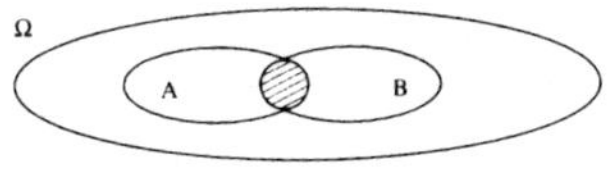	$A \cap B$	sowohl A als auch B ist eingetreten
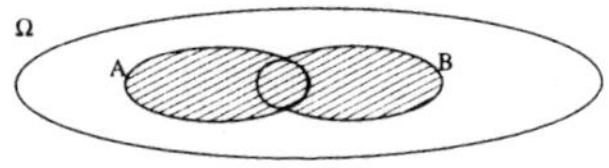	$A \cup B$	A oder B ist eingetreten
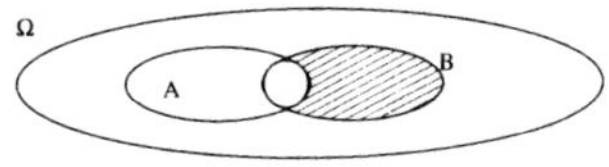	$B \backslash A$	B ist eingetreten, aber A ist nicht eingetreten
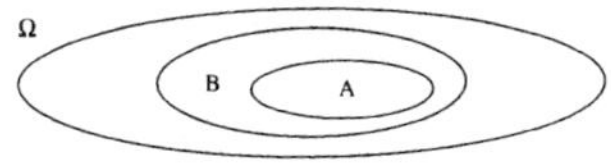	$A \subset B$	wenn A eintritt, dann tritt auch B ein
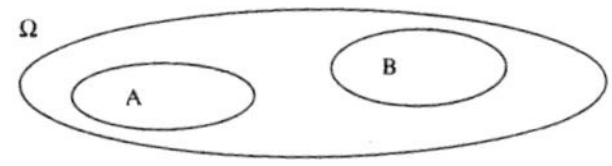	$A \cap B = \emptyset$	A und B schließen einander aus, d.h. A und B sind disjunkt

Abb. 1.3. Entsprechungen der Mengenoperationen

In der Wahrscheinlichkeitsrechnung haben wir oft mit Vereinigungen und Durchschnitten einer Anzahl von Ereignissen $A_1, \ldots, A_n$ oder sogar einer unendlichen Folge $A_1, A_2, \ldots$ zu tun. Hierfür führen wir die Schreibweisen

$$\bigcup_{i=1}^{n} A_i := A_1 \cup \ldots \cup A_n \text{ und } \bigcup_{i=1}^{\infty} A_i := A_1 \cup A_2 \cup \ldots$$

ein, sowie Entsprechendes für Durchschnitte. Diese Schreibweisen sind in Anlehnung an die Summen- und Reihennotation $\sum_{i=1}^{n}$ und $\sum_{i=1}^{\infty}$ gewählt. Man bemerke, dass, anders als bei Reihen, die unendliche Vereinigung und der unendliche Durchschnitt ohne Grenzübergang definiert werden können. So ist $\bigcup_{i=1}^{\infty} A_i$ die Menge aller Elemente, die in wenigstens einer der Mengen A_i liegen.

Jedes Ereignis ist Teilmenge von Ω, aber nicht jede Teilmenge von Ω ist ein Ereignis. Die Menge der Ereignisse nennen wir Ereignisraum, den wir mit $\mathcal{F}$ bezeichnen. Am Anfang wird dies meist die Potenzmenge $\mathcal{P}(\Omega)$, d.h. die Menge aller Teilmengen von Ω sein. Später werden wir Beispiele kennenlernen, in denen es sinnvoll oder sogar notwendig ist, sich auf eine Teilmenge von $\mathcal{P}(\Omega)$ zu beschränken.

Ereignissen ordnen wir eine Wahrscheinlichkeit zu, und wir bezeichnen die Wahrscheinlichkeit des Ereignisses A mit $P(A)$. Mathematisch betrachtet ist diese Zuordnung eine Abbildung von der Menge aller Ereignisse in die Menge der reellen Zahlen. Aufgrund des intuitiven Wahrscheinlichkeitsbegriffes ist es sinnvoll zu fordern, dass $0 \le P(A) \le 1$, d.h.

$$P : \mathcal{F} \to [0,1].$$

Im übernächsten Abschnitt werden wir die Axiome formulieren, denen eine solche Funktion P, die wir Wahrscheinlichkeitsmaß oder Wahrscheinlichkeitsverteilung nennen, genügen muss. Im nächsten Abschnitt wollen wir zunächst die hier eingeführten Grundbegriffe auf eine spezielle Klasse von Zufallsexperimenten anwenden.

Übungen

Übung 1.1 Für ein Würfelexperiment, bei dem ein Würfel 2-mal geworfen wird, betrachten wir die Ereignisse

$$A : \text{,beim 1. Wurf wird eine 6 geworfen‘}$$
$$B : \text{,beim 2. Wurf wird eine 6 geworfen‘.}$$

Beschreibe die Ereignisse $A \cup B$, $A \cap B$, $A \setminus B$ und $B \setminus A$. Welche Mengen entsprechen den Ereignissen

$$C : \text{,es wird genau eine 6 geworfen‘}$$
$$D : \text{,es wird keine 6 geworfen‘?}$$

Übung 1.2 Beweise und verdeutliche in einem Venn-Diagramm die Regeln von de Morgan

$$(A \cup B)^c = A^c \cap B^c \quad \text{und} \quad (A \cap B)^c = A^c \cup B^c.$$

Übung 1.3 Zeige, dass $A \cup B = (B \setminus A) \cup (A \setminus B) \cup (A \cap B)$ und dass die Mengen $B \setminus A$, $A \setminus B$ und $A \cap B$ disjunkt sind. Verdeutliche dies in einem Venn-Diagramm.

Übung 1.4 Beweise $A \setminus B = A \setminus (A \cap B)$.

Übung 1.5 Für den 3-maligen Wurf einer Münze definieren wir die Ereignisse

$$A : \text{,der 1. Wurf ist Kopf'}$$
$$B : \text{,der 2. Wurf ist Kopf'}$$
$$C : \text{,der 3. Wurf ist Kopf'}.$$

Beschreibe die Ereignisse $A \cap B$, $A \cap B^c \cap C$ und $A \cup B \cup C$. Welche Menge entspricht dem Ereignis

$$D : \text{,beim 3. Wurf wird zum ersten Mal Kopf geworfen'}?$$

Übung 1.6 Bestimme einen geeigneten Ergebnisraum Ω für ein Würfelexperiment, bei dem ein Würfel 2-mal geworfen wird. Welche Mengen entsprechen den Ereignissen

$$A : \text{,die Augensumme ist 10'}$$
$$B : \text{,die höchste Augenzahl ist 5'}?$$

Welchem Ereignis entspricht die Menge $A \setminus B$?

1.3 Modellierung von Laplace-Experimenten

Laplace-Experimente sind Zufallsexperimente mit endlich vielen, gleich wahrscheinlichen Ergebnissen. Wir modellieren solche Experimente mit Laplace-Räumen.

Definition 1.1 *Sei Ω ein endlicher Ergebnisraum. Wir definieren die Laplace-Wahrscheinlichkeitsverteilung, kurz Laplace-Verteilung, auf Ω, indem wir für ein Ereignis $A \subset \Omega$*

$$P(A) := \frac{|A|}{|\Omega|} \tag{1.1}$$

festlegen, wobei $|A|$ die Mächtigkeit der Menge A ist. Das Paar (Ω, P) heißt Laplace-Raum.

Also ist im Laplace-Raum die Wahrscheinlichkeit des Ereignisses A gleich dem Quotienten aus der Anzahl der für A günstigen Ergebnisse und der Anzahl der möglichen Ergebnisse. Das folgende Lemma ist eine direkte Folgerung aus der Definition.

Lemma 1.2 *Die Laplace-Verteilung hat die Eigenschaften*

(La1) $P(\Omega) = 1$
(La2) $P(A \cup B) = P(A) + P(B)$ *für disjunkte Ereignisse A und B.*

Beim axiomatischen Aufbau der Wahrscheinlichkeitsrechnung in Abschnitt 1.4 werden wir diese grundlegenden Eigenschaften in den Axiomen wiederfinden, denen jede Wahrscheinlichkeitsverteilung genügen muss.

Die Laplace-Verteilung hat die besondere Eigenschaft, dass für elementare Ereignisse, dies sind Ereignisse, die aus einem Ergebnis bestehen, gilt

$$P(\{\omega\}) = \frac{1}{|\Omega|}, \tag{1.2}$$

d. h. alle elementaren Ereignisse sind gleich wahrscheinlich. Wenn wir die Eigenschaften (La1) und (La2) aus Lemma 1.2 voraussetzen, folgt aus (1.2) für jedes $A \subset \Omega$

$$P(A) = \sum_{\omega \in A} P(\{\omega\}) = \frac{|A|}{|\Omega|}.$$

Also sind dann (1.1) und (1.2) gleichwertige Definitionen der Laplace-Verteilung.

Beispiel 1.3 Wir werfen zwei unverfälschte Münzen und fragen nach der Wahrscheinlichkeit, genau einmal Zahl zu werfen. Als Ergebnisraum wählen wir zunächst

$$\Omega = \{KK, KZ, ZK, ZZ\}$$

und als Wahrscheinlichkeitsverteilung die Laplace-Verteilung. Das Ereignis, das uns interessiert, wird durch die Teilmenge $A = \{KZ, ZK\}$ beschrieben, sodass $P(A) = \frac{|A|}{|\Omega|} = \frac{1}{2}$ ist. Es besteht das praktische Problem, dass wir bei gleichzeitigem Werfen zweier nicht unterscheidbarer Münzen nicht entscheiden können, ob das Ergebnis ZK oder KZ ist. Auch interessiert uns dies ja eigentlich nicht, sondern nur, wie oft Zahl geworfen wird. Erscheint es daher nicht sinnvoll, als Ergebnisraum $\Omega = \{0, 1, 2\}$ zu wählen, wobei ω angibt, wie oft Zahl oben lag? Wenden wir nun die Laplace-Verteilung an, so ist die Wahrscheinlichkeit, genau einmal Zahl zu werfen, gleich $\frac{1}{3}$. Dieses Resultat kann intuitiv nicht stimmen, aber das lässt sich nicht mathematisch streng beweisen. Durch viele Wiederholungen des Experimentes können wir uns davon überzeugen, dass das erste Modell angebracht ist.

In der Geschichte der Wahrscheinlichkeitstheorie hat es einige Diskussionen über dieses Problem gegeben. Im Jahre 1754 schrieb Jean d'Alembert (1717-1783) in einem Artikel mit dem Titel ‚Croix ou Pile' (Kopf oder Zahl) für die Encyclopédie, dass die Wahrscheinlichkeit, mindestens einmal Kopf zu werfen bei zwei Würfen mit einer unverfälschten Münze gleich $\frac{2}{3}$ sei. Dem lag allerdings wohl weniger ein Gedankenfehler zugrunde als vielmehr die Absicht, die damals herrschenden Auffassungen über die Wahrscheinlichkeitstheorie zur Diskussion zu stellen. In seinem Buch ‚*Essai philosophique sur les probabilités'* (1814) kritisiert Laplace deutlich den d'Alembert'schen Standpunkt.

Wir können durch dieses Beispiel aufmerksam darauf werden, dass es bei der Verwendung der Laplace-Verteilung außerordentlich wichtig ist zu bedenken, ob die Ergebnisse $\omega \in \Omega$ wirklich als gleich wahrscheinlich angesehen werden können. Bei dieser Entscheidung spielen oft Symmetrieeigenschaften eine wichtige Rolle. In letzter Instanz ist das Experiment mit seinen vielfachen Wiederholungen maßgebend.

Beispiel 1.4 Zwei Spieler, A und B, spielen ein Glücksspiel, das aus mehreren Runden besteht. In jeder Runde kann jeder Spieler mit der Wahrscheinlichkeit $\frac{1}{2}$ einen Punkt bekommen. Gewonnen hat der Spieler, der zuerst 5 Punkte erreicht. Leider müssen die Spieler nach 6 Runden das Spiel beim Stand

$$AABABA$$

abbrechen. Welche Aufteilung des Einsatzes ist jetzt fair? Um eine Antwort auf diese Frage zu finden, können wir für jeden Spieler die Gewinnchancen bei diesem Spielstand berechnen. Hätten sie das Spiel fortgesetzt, so wären folgende Ergebnisse bis zur endgültigen Entscheidung möglich gewesen

$$\Omega = \{A, BA, BBA, BBB\}.$$

In den ersten 3 Fällen hätte A das Spiel gewonnen, nur im letzten Fall B. Unter der Voraussetzung, dass alle 4 Ergebnisse gleich wahrscheinlich sind, hätte A mit Wahrscheinlichkeit $\frac{3}{4}$ und B mit Wahrscheinlichkeit $\frac{1}{4}$ gewonnen. Erste Zweifel an der Gleichwahrscheinlichkeit lässt schon das erste Ergebnis aufkommen. Dies tritt genau dann ein, wenn A das erste Spiel nach dem Abbruch gewinnt, und die Wahrscheinlichkeit dieses Ergebnisses ist $\frac{1}{2}$. Da die Zahl der noch zu spielenden Runden bei jedem Ergebnis anders ist, können wir keine Symmetrieeigenschaften ausnutzen. Und so machen wir ein Gedankenexperiment: Wir spielen in jedem Fall noch 3 weitere Runden, auch wenn der Ausgang des Spieles schon früher feststeht. Nach diesen zusätzlichen 3 Runden hat auf jeden Fall einer der Spieler 5 Punkte. Die möglichen Ergebnisse sind

$$\Omega = \{AAA, AAB, ABA, ABB, BAA, BAB, BBA, BBB\}.$$

Wenn wir nun die Laplace-Verteilung anwenden, so ist die Wahrscheinlichkeit, dass A gewinnt $\frac{7}{8}$ und die Gewinnchance von B ist $\frac{1}{8}$. So könnte der Einsatz im Verhältnis 7 : 1 aufgeteilt werden.

So einfach das obige Problem dem heutigen Leser auch vorkommen mag, so hat es doch im 17. Jahrhundert einige bedeutende Gelehrte beschäftigt. Ursprünglich legte der bekannte Glücksspieler Antoine Gombauld, Chevalier

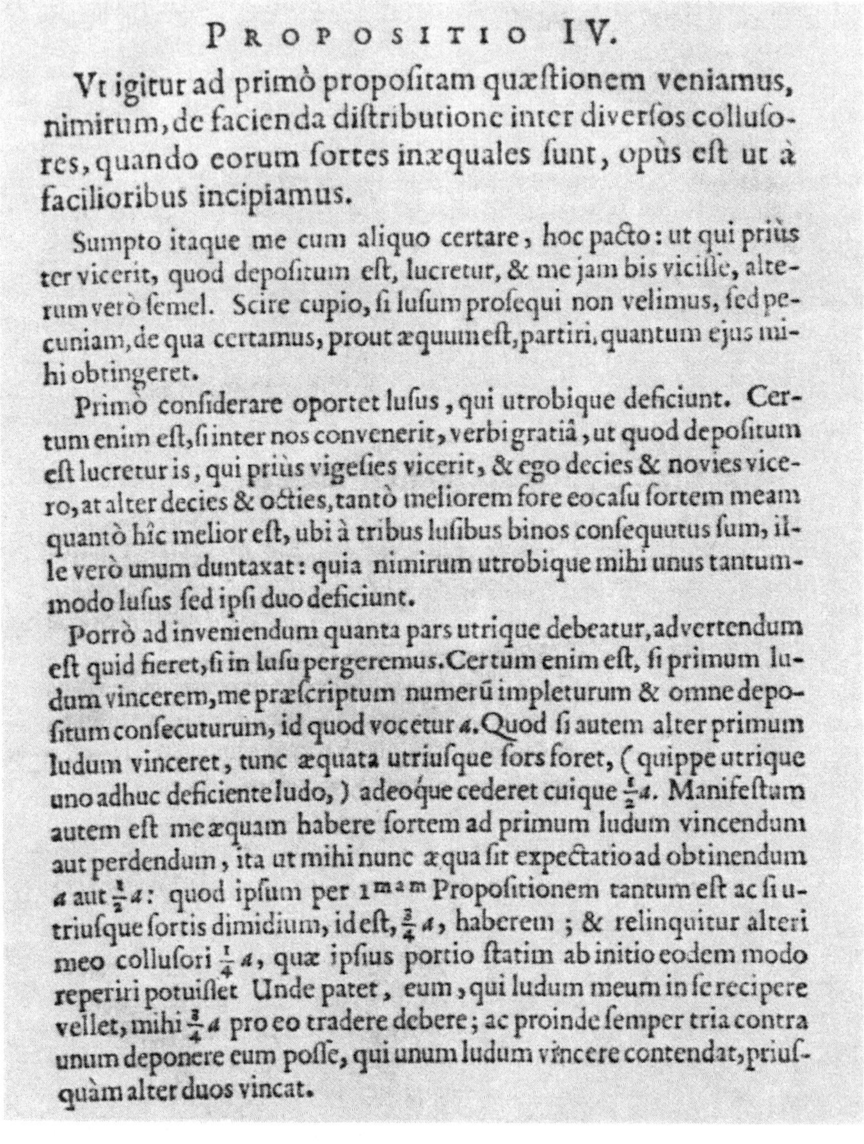

P R O P O S I T I O I V.

Vt igitur ad primò propofitam quæftionem veniamus, nimirum, de facienda diftributione inter diverfos collufores, quando eorum fortes inæquales funt, opùs eft ut à facilioribus incipiamus.

Sumpto itaque me cum aliquo certare, hoc pacto: ut qui priùs ter vicerit, quod depofitum eft, lucretur, & me jam bis viciffe, alterum verò femel. Scire cupio, fi lufum profequi non velimus, fed pecuniam, de qua certamus, prout æquum eft, partiri, quantum ejus mihi obtingeret.

Primò confiderare oportet lufus, qui utrobique deficiunt. Certum enim eft, fi inter nos convenerit, verbi gratiâ, ut quod depofitum eft lucretur is, qui priùs vigefies vicerit, & ego decies & novies vicero, at alter decies & octies, tantò meliorem fore eo cafu fortem meam quantò hîc melior eft, ubi à tribus lufibus binos confequutus fum, ille verò unum duntaxat: quia nimirum utrobique mihi unus tantummodo lufus fed ipfi duo deficiunt.

Porrò ad inveniendum quanta pars utrique debeatur, advertendum eft quid fieret, fi in lufu pergeremus. Certum enim eft, fi primum ludum vincerem, me præfcriptum numerû impleturum & omne depofitum confecuturum, id quod vocetur a. Quod fi autem alter primum ludum vinceret, tunc æquata utriufque fors foret, (quippe utrique uno adhuc deficiente ludo,) adeoque cederet cuique $\frac{1}{2}a$. Manifeftum autem eft me æquam habere fortem ad primum ludum vincendum aut perdendum, ita ut mihi nunc æqua fit expectatio ad obtinendum a aut $\frac{1}{2}a$: quod ipfum per 1^{mam} Propofitionem tantum eft ac fi utriufque fortis dimidium, id eft, $\frac{3}{4}a$, haberem; & relinquitur alteri meo collufori $\frac{1}{4}a$, quæ ipfius portio ftatim ab initio eodem modo reperiri potuiffet Unde patet, eum, qui ludum meum in fe recipere vellet, mihi $\frac{3}{4}a$ pro eo tradere debere; ac proinde femper tria contra unum deponere eum poffe, qui unum ludum vincere contendat, priufquàm alter duos vincat.

Abb. 1.4. Huygens' Lösung des Problems der fairen Aufteilung, aus ‚*Tractatus de Ratiociniis in Ludo Aleae*' (1657), Übersetzung am Ende des Kapitels

de Méré (1610-1685), diese Frage Blaise Pascal (1623-1662) vor, der wiederum mit Pierre de Fermat (1601-1665) darüber korrespondierte. In dem bereits oben erwähnten Büchlein ‚*Van Rekeningh in Spelen van Geluck*' hat Christiaan Huygens sich mit diesem Problem befasst. In seiner Lösung führt Huygens einen neuen, originellen Ansatz aus, wobei er zunächst die Möglichkeiten nach einer fiktiven weiteren Runde des Spiels betrachtet und so eine Rekursionsformel findet, siehe Abb. 1.4 und Aufgabe 3.1.

Übungen

Übung 1.7 Sei P eine Laplace-Verteilung. Zeige, dass dann für zwei Ereignisse A und B gilt $P(A \cup B) = P(A) + P(B) - P(A \cap B)$.

Übung 1.8 Beschreibe den Ergebnisraum für das Laplace-Experiment, dass ein unverfälschter Würfel 2-mal geworfen wird. Berechne die Wahrscheinlichkeit, mindestens eine 6 zu würfeln.

Übung 1.9 Bei einem fairen Glücksspiel, bei dem zwei Spieler A und B in jeder Runde mit Wahrscheinlichkeit $\frac{1}{2}$ einen Punkt bekommen, wird vorzeitig abgebrochen. Spieler A benötigt noch 2 Punkte zum Gewinn, Spieler B noch 3 Punkte. Berechne die Gewinnchance für A und die Wahrscheinlichkeit, dass das Spiel nach genau $2, 3, 4$ oder 5 weiteren Runden entschieden ist.

Übung 1.10 Wie werfen drei unverfälschte Münzen. Berechne für dieses Laplace-Experiment die Wahrscheinlichkeit der Ereignisse $A_k :$ ‚es erscheint k-mal Kopf‘ für $k = 0, 1, 2, 3$.

1.4 Die Axiome der Wahrscheinlichkeitstheorie

Den meisten Lesern wird ein Axiomensystem aus der Geometrie, der Zahlentheorie oder der Analysis bekannt sein. Bei der Aufstellung eines Axiomensystems erheben wir eine Reihe von einfachen Sätzen, die auf Grund der Erfahrung ohne Beweis anerkannt werden können, zu den Grundgesetzen des Fachgebietes. Alle weiteren Aussagen leiten wir dann durch logisches Schließen aus diesen Grundgesetzen, den Axiomen, ab. Das heute von den meisten Wahrscheinlichkeitstheoretikern verwendete Axiomensystem wurde von Andrey Nikolaevich Kolmogorov (1903-1987) entwickelt und 1933 in seinem Buch ‚*Grundbegriffe der Wahrscheinlichkeitsrechnung*‘ veröffentlicht.

Wir betrachten zunächst die relative Häufigkeit des Eintretens von Ereignissen bei einer Folge von Wiederholungen desselben Experimentes. Sei n die Gesamtzahl der Wiederholungen und n_A die Anzahl der Experimente, bei denen das Ereignis A eintritt, so gilt $n_\Omega = n$ und $\frac{n_\Omega}{n} = 1$. Für zwei disjunkte Ereignisse A und B gilt $n_{A \cup B} = n_A + n_B$ und somit $\frac{n_{A \cup B}}{n} = \frac{n_A}{n} + \frac{n_B}{n}$. Wenn wir uns jetzt auf das bereits oben erwähnte empirische Gesetz der großen Zahlen berufen, so können wir mit der frequentistischen Wahrscheinlichkeitsdefinition $P(A) := \lim_{n \to \infty} \frac{n_A}{n}$ die ersten zwei Axiome des Axiomensystems von Kolmogorov einsehen.

Definition 1.5 (Kolmogorov'sches Axiomensystem)
Ein Wahrscheinlichkeitsraum ist ein Tripel $(\Omega, \mathcal{F}, P)$, wobei Ω eine nichtleere Menge ist, $\mathcal{F}$ eine σ-Algebra von Teilmengen von Ω, d.h. $\mathcal{F}$ ist nicht leer, aus $B \in \mathcal{F}$ folgt $B^c \in \mathcal{F}$ und aus $A_1, A_2, \ldots \in \mathcal{F}$ folgt $\bigcup_{i=1}^{\infty} A_i \in \mathcal{F}$, und $P : \mathcal{F} \to [0,1]$ eine Abbildung mit folgenden Eigenschaften

(Ax1) $P(\Omega) = 1$

(Ax2) $P(A \cup B) = P(A) + P(B)$ *für disjunkte Ereignisse A und B*

(Ax3) $P(\bigcup_{i=1}^{\infty} A_i) = \sum_{i=1}^{\infty} P(A_i)$ *für eine Folge paarweise disjunkter Ereignisse* $(A_i)_{i \in \mathbb{N}}$.

Die Funktion $P : \mathcal{F} \to [0, 1]$ *heißt Wahrscheinlichkeitsmaß, Wahrscheinlichkeitsverteilung oder auch kurz Wahrscheinlichkeit.*

Wir bemerken an dieser Stelle, dass das Wort ‚Wahrscheinlichkeit' sowohl für die Funktion P als auch für den Wert $P(A)$ verwendet wird und dass nur aus dem Zusammenhang deutlich wird, was gemeint ist.

Mit dieser Definition beginnt die Wahrscheinlichkeitstheorie als mathematische Disziplin. Wir können nun Zufallsexperimente beschreiben, modellieren mit Wahrscheinlichkeitsräumen. Von den obigen Axiomen ist streng genommen (*Ax2*) überflüssig, da es sich aus (*Ax3*) ableiten lässt. Andererseits lässt sich aus (*Ax2*) mit vollständiger Induktion herleiten, dass für endlich viele, paarweise disjunkte Mengen $A_1, \ldots, A_n$ gilt $P(A_1 \cup \ldots \cup A_n) = P(A_1) + \ldots + P(A_n)$. Ist der Ergebnisraum endlich, so ist $\mathcal{F}$ endlich und (*Ax3*) folgt aus (*Ax2*). Laplace-Räume genügen also dem Kolmogorov'schen Axiomensystem. (*Ax3*) dehnt die Aussage von (*Ax2*) auf abzählbar unendliche Vereinigungen aus. Die Bedeutung von (*Ax3*) werden wir erst später einsehen können. In diesem Abschnitt gewinnen wir damit die Aussagen über die Stetigkeit von Wahrscheinlichkeitsverteilungen.

In dem folgenden Satz haben wir einige einfache Eigenschaften von Wahrscheinlichkeitsmaßen zusammengestellt. In der Praxis ist es oft so, dass wir die Wahrscheinlichkeit eines Ereignisses nicht direkt ausrechnen können. Dann versuchen wir, das Ereignis als Vereinigung, Durchschnitt, Differenz oder Komplement von Ereignissen, deren Wahrscheinlichkeiten wir einfacher berechnen können, zu beschreiben und wenden Satz 1.6 an.

Satz 1.6 *(i)* $P(A^c) = 1 - P(A)$

(ii) Aus $A \subset B$ *folgt* $P(B \backslash A) = P(B) - P(A)$.

(iii) Aus $A \subset B$ *folgt* $P(A) \leq P(B)$.

(iv) $P(B \backslash A) = P(B) - P(A \cap B)$

(v) $P(A \cup B) = P(A) + P(B) - P(A \cap B)$

(vi) $P(A \cup B) \leq P(A) + P(B)$

(vii) $P(A_1 \cup \ldots \cup A_n) \leq \sum_{i=1}^{n} P(A_i)$.

Beweis. (Übung 1.12)

Beispiel 1.7 Wir werfen n-mal mit einem unverfälschten Würfel und fragen nach der Wahrscheinlichkeit, wenigstens eine 6 zu würfeln. Wir wählen als Ergebnisraum $\Omega = \{(\omega_1, \ldots, \omega_n) : \omega_i \in \{1, \ldots, 6\}\}$ und als Wahrscheinlichkeitsmaß die Laplace-Verteilung. Das Ereignis, dessen Wahrscheinlichkeit wir suchen, ist $A = \{(\omega_1, \ldots, \omega_n) : \text{mindestens ein } \omega_i = 6\}$. Es ist einfacher, die Wahrscheinlichkeit von A^c zu berechnen, denn es gilt $A^c = \{(\omega_1, \ldots, \omega_n) : \omega_i \in \{1, \ldots, 5\}\}$. Aus $|A^c| = 5^n$ und $|\Omega| = 6^n$ folgt $P(A^c) = (\frac{5}{6})^n$ und mit Satz 1.6(i) weiter $P(A) = 1 - (\frac{5}{6})^n$.

Wenn wir die Wahrscheinlichkeit einer Vereinigung nicht notwendig disjunkter Mengen berechnen könnten, so hätten wir noch eine zweite Lösungsmöglichkeit für dieses Beispiel. Wir betrachten zunächst drei Mengen A_1, A_2, A_3. Um die Wahrscheinlichkeit der Vereinigung zu berechnen, dürfen

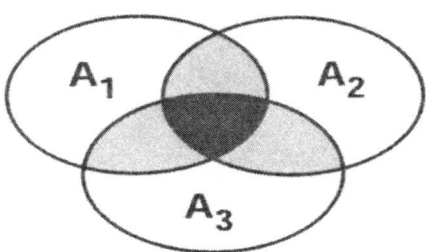

Abb. 1.5. $A_1 \cup A_2 \cup A_3 = (A_1 \setminus A_2) \cup (A_2 \setminus A_3) \cup (A_3 \setminus A_1) \cup (A_1 \cap A_2 \cap A_3)$

wir keinen Durchschnitt doppelt zählen und den Gesamtdurchschnitt auch nicht vergessen. So gilt also

$$P(A_1 \cup A_2 \cup A_3) = P(A_1 \setminus A_2) + P(A_2 \setminus A_3) + P(A_3 \setminus A_1) + P(A_1 \cap A_2 \cap A_3)$$

und, wenn wir nun Satz 1.6 anwenden, erhalten wir

$$P(A_1 \cup A_2 \cup A_3) = P(A_1) + P(A_2) + P(A_3)$$
$$-P(A_1 \cap A_2) - P(A_2 \cap A_3) - P(A_1 \cap A_3)$$
$$+P(A_1 \cap A_2 \cap A_3).$$

Der folgende Satz ist eine Erweiterung dieser Berechnungsformel für endlich viele Mengen.

Satz 1.8 (Inklusions-/Exklusionsformel) *Für Ereignisse $A_1, \ldots, A_n$ gilt*

$$P(A_1 \cup \ldots \cup A_n) = \sum_{k=1}^{n} (-1)^{k-1} \sum_{1 \le i_1 < \ldots < i_k \le n} P(A_{i_1} \cap \ldots \cap A_{i_k}). \qquad (1.3)$$

Beweis. Wir führen den Beweis mit vollständiger Induktion nach n. Der Induktionsanfang, $n = 2$, ist genau Satz 1.6(v). Wir nehmen an, dass die Formel für alle Vereinigungen von n Mengen gilt. Dann folgt mit Satz 1.6(v)

$$P(A_1 \cup \ldots \cup A_n \cup A_{n+1})$$
$$= P(A_1 \cup \ldots \cup A_n) + P(A_{n+1}) - P((A_1 \cup \ldots \cup A_n) \cap A_{n+1}) \qquad (1.4)$$
$$= P(A_1 \cup \ldots \cup A_n) + P(A_{n+1}) - P((A_1 \cap A_{n+1}) \cup \ldots \cup (A_n \cap A_{n+1})).$$

Wir wenden nun die Inklusions-/Exklusionsformel auf $P(A_1 \cup \ldots \cup A_n)$ an und erhalten

$$P(A_1 \cup \ldots \cup A_n) = \sum_{k=1}^{n} (-1)^{k-1} \sum_{1 \le i_1 < \ldots < i_k \le n} P(A_{i_1} \cap \ldots \cap A_{i_k})$$

$$= \sum_{i=1}^{n} P(A_i) + \sum_{k=2}^{n} (-1)^{k-1} \sum_{1 \le i_1 < \ldots < i_k \le n} P(A_{i_1} \cap \ldots \cap A_{i_k}).$$

Anwendung der Inklusions-/Exklusionsformel auf $P((A_1 \cap A_{n+1}) \cup \ldots \cup (A_n \cap A_{n+1}))$ ergibt

$$P((A_1 \cap A_{n+1}) \cup \ldots \cup (A_n \cap A_{n+1}))$$

$$= \sum_{j=1}^{n} (-1)^{j-1} \sum_{1 \le i_1 < \ldots < i_j \le n} P(A_{i_1} \cap \ldots \cap A_{i_j} \cap A_{n+1})$$

$$= \sum_{j=1}^{n-1} (-1)^{j-1} \sum_{1 \le i_1 < \ldots < i_j \le n} P(A_{i_1} \cap \ldots \cap A_{i_j} \cap A_{n+1})$$

$$+ (-1)^{n-1} P(A_1 \cap \ldots \cap A_n \cap A_{n+1})$$

$$= \sum_{k=2}^{n} (-1)^{k} \sum_{1 \le i_1 < \ldots < i_{k-1} \le n} P(A_{i_1} \cap \ldots \cap A_{i_{k-1}} \cap A_{n+1})$$

$$+ (-1)^{n-1} P(A_1 \cap \ldots \cap A_n \cap A_{n+1}).$$

Wir setzen jetzt in (1.4) ein und fassen zusammen

$$P(A_1 \cup \ldots \cup A_{n+1}) = \sum_{i=1}^{n} P(A_i) + P(A_{n+1})$$

$$+ \sum_{k=2}^{n} (-1)^{k-1} \left(\sum_{1 \le i_1 < \ldots < i_k \le n} P(A_{i_1} \cap \ldots \cap A_{i_k}) \right.$$

$$+ \sum_{1 \le i_1 < \ldots < i_{k-1} \le n} P(A_{i_1} \cap \ldots \cap A_{i_{k-1}} \cap A_{n+1}) \Bigg)$$

$$+ (-1)^{n} P(A_1 \cap \ldots \cap A_n \cap A_{n+1})$$

$$= \sum_{k=1}^{n+1} (-1)^{k-1} \sum_{1 \le i_1 < \ldots < i_k \le n+1} P(A_{i_1} \cap \ldots \cap A_{i_k}).$$

Im letzten Schritt haben wir benutzt, dass die Indexmenge $\{(i_1, \ldots, i_k) : 1 \le i_1 < \ldots < i_k \le n+1\}$ in zwei disjunkte Teile zerlegt werden kann, je nachdem ob $i_k = n + 1$ oder $i_k \le n$. Damit ist die Inklusions-/Exklusionsformel für eine Vereinigung von $(n + 1)$ Mengen gezeigt. □

Beispiel 1.9 (Fortsetzung von Beispiel 1.7) Mit der Inklusions-/Exklusions-formel haben wir nun eine zweite Lösungsmöglichkeit. Wir betrachten die Ereignisse A_i, dass beim i-ten Wurf eine 6 gewürfelt wird,

$$A_i = \{(\omega_1, \dots, \omega_n) : \omega_i = 6\}.$$

Dann ist A die Vereinigung der Ereignisse $A_1, \dots, A_n$. Da diese nicht notwendig disjunkt sind, wenden wir die Inklusions-/Exklusionsformel an. Für jedes i gilt $P(A_i) = \frac{|A_i|}{|\Omega|} = \frac{6^{n-1}}{6^n} = \frac{1}{6}$.

Für $1 \le i_1 < \dots < i_k \le n$ bedeutet das Ereignis $A_{i_1} \cap \dots \cap A_{i_k}$, dass von n Würfen k-mal 6 gewürfelt wird, und zwar bei den Würfen $i_1, \dots, i_k$, und die anderen $(n-k)$ Würfe eine beliebige Augenzahl haben. Also gilt $P(A_{i_1} \cap \dots \cap A_{i_k}) = \frac{6^{n-k}}{6^n} = \frac{1}{6^k}$, und es folgt

$$
\begin{aligned}
P(A) &= P(A_1 \cup \dots \cup A_n) \\
&= \sum_{k=1}^{n} (-1)^{k-1} \sum_{1 \le i_1 < \dots < i_k \le n} P(A_{i_1} \cap \dots \cap A_{i_k}) \\
&= \sum_{k=1}^{n} \binom{n}{k} \frac{(-1)^{k-1}}{6^k}.
\end{aligned}
$$

Für die letzte Identität haben wir eine Formel verwendet, die in diesem Buch erst im nächsten Kapitel eingeführt wird. In Lemma 2.7 werden wir zeigen, dass es genau $\binom{n}{k}$ Möglichkeiten gibt, Indizes $i_1, \dots, i_k$ mit $1 \le i_1 < \dots < i_k \le n$ zu finden.

Zum Schluss wollen wir das Resultat beider Lösungsmöglichkeiten vergleichen. Mit Hilfe der Binomialformel von Newton, siehe Beispiel 2.10, können wir umformen

$$\sum_{k=1}^{n} \binom{n}{k} \frac{(-1)^{k-1}}{6^k} = 1 - \sum_{k=0}^{n} \binom{n}{k} \left(\frac{-1}{6}\right)^k = 1 - \left(1 - \frac{1}{6}\right)^n,$$

und wir sehen, dass beide Resultate übereinstimmen.

Wie wir bei der Einführung der Kolmogorov'schen Axiome bereits erwähnt haben, sind Wahrscheinlichkeitsverteilungen in einem gewissen Sinne stetig,

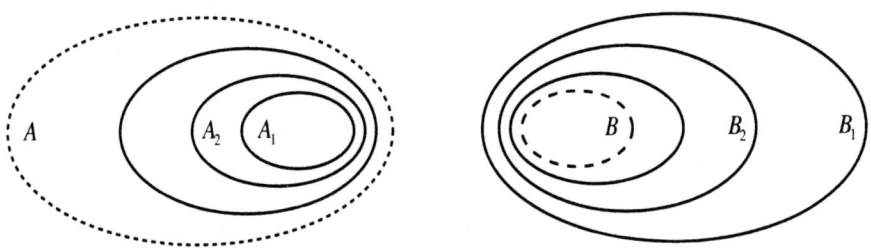

Abb. 1.6. $A_n \nearrow A$ bzw. $B_n \searrow B$

d.h. $\lim P(A_n) = P(A)$, falls die Folge $(A_n)_{n\in\mathbb{N}}$ in geeigneter Weise gegen A konvergiert, siehe Abb. 1.6. Diese Aussage wird im folgenden Satz präzisiert.

Satz 1.10 (Stetigkeit von Wahrscheinlichkeitsverteilungen)
(i) Sei $(A_n)_{n\geq 1}$ eine aufsteigende Folge von Ereignissen, d.h. $A_1 \subset A_2 \subset \ldots$, dann gilt

$$\lim_{n\to\infty} P(A_n) = P\left(\bigcup_{k=1}^{\infty} A_k\right).$$

(ii) Sei $(B_n)_{n\geq 1}$ eine absteigende Folge von Ereignissen, d.h. $B_1 \supset B_2 \supset \ldots$, dann gilt

$$\lim_{n\to\infty} P(B_n) = P\left(\bigcap_{k=1}^{\infty} B_k\right).$$

Beweis. (i) Wir definieren $D_1 := A_1$ und $D_k := A_k \setminus A_{k-1}$ für $k \geq 2$. Dann sind die Mengen $D_1, D_2, \ldots$ disjunkt, und es gilt $\bigcup_{k=1}^{n} D_k = \bigcup_{k=1}^{n} A_k = A_n$ sowie $\bigcup_{k=1}^{\infty} D_k = \bigcup_{k=1}^{\infty} A_k$. Mit $(Ax2)$ und $(Ax3)$ folgt

$$\lim_{n\to\infty} P(A_n) = \lim_{n\to\infty} P\left(\bigcup_{k=1}^{n} D_k\right) = \lim_{n\to\infty} \sum_{k=1}^{n} P(D_k)$$

$$= \sum_{k=1}^{\infty} P(D_k) = P\left(\bigcup_{k=1}^{\infty} D_k\right) = P\left(\bigcup_{k=1}^{\infty} A_k\right).$$

In analoger Weise können wir (ii) beweisen. $\qquad\square$

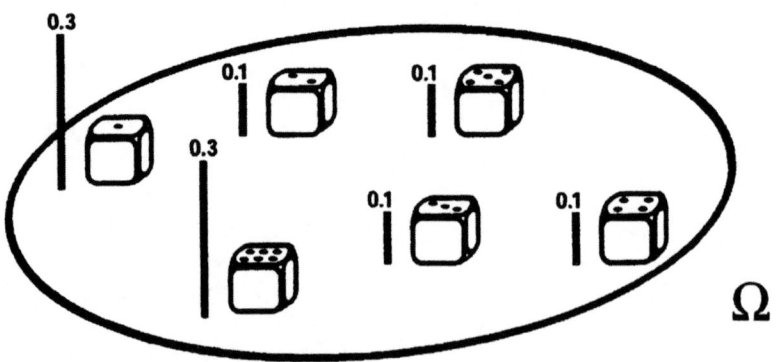

Abb. 1.7. Wahrscheinlichkeitsfunktion eines gefälschten Würfels

Zum Abschluss dieses Kapitels wollen wir eine wichtige Klasse von Wahrscheinlichkeitsräumen betrachten, bei denen eine anschauliche Darstellung
der Wahrscheinlichkeitsverteilung möglich ist, siehe Abb. 1.7.

Definition 1.11 *Ein Wahrscheinlichkeitsraum $(\Omega, \mathcal{F}, P)$ heißt diskret, wenn
es eine endliche oder abzählbar unendliche Teilmenge $D \subset \Omega$ gibt, für die gilt
$P(D) = 1$. Die zugehörige Wahrscheinlichkeitsverteilung heißt dann auch
diskret, und die durch*

$$p(\omega) := P(\{\omega\})$$

definierte Funktion heißt Wahrscheinlichkeitsfunktion.

Lemma 1.12 *(i) Für diskrete Wahrscheinlichkeitsverteilungen gilt*

$$P(A) = \sum_{\omega \in A} p(\omega),$$

d.h. P ist durch die Wahrscheinlichkeitsfunktion vollständig festgelegt.

(ii) Eine Wahrscheinlichkeitsfunktion $p : \Omega \to \mathbb{R}$ hat folgende Eigenschaften

(W1) $p(\omega) = 0$ bis auf abzählbar viele $\omega \in \Omega$
(W2) $p(\omega) \geq 0$ für alle $\omega \in \Omega$
(W3) $\sum_{\omega \in \Omega} p(\omega) = 1$.

*Umgekehrt definiert jede Funktion, die diesen drei Bedingungen genügt, eine
diskrete Wahrscheinlichkeitsverteilung auf Ω.*

Beweis. (i) Für jedes Ereignis $A \subset \Omega$ gilt

$$P(A) = P(A \cap D) + P(A \cap D^c) = P(A \cap D),$$

da aus Satz 1.6 folgt $P(A \cap D^c) \leq P(D^c) = 1 - P(D) = 0$. Das Ereignis
$A \cap D$ ist eine abzählbare Menge und somit die abzählbare Vereinigung ihrer
Elemente. Für alle $\omega \in D^c$ gilt $P(\{\omega\}) = 0$, und wir erhalten mit $(Ax3)$

$$P(A) = P(A \cap D) = \sum_{\omega \in A \cap D} P(\{\omega\}) = \sum_{\omega \in A} P(\{\omega\}).$$

(ii) folgt direkt aus den Kolmogorov'schen Axiomen.   □

Laplace-Räume sind diskrete Wahrscheinlichkeitsräume mit der konstan-
ten Wahrscheinlichkeitsfunktion $p(\omega) = \frac{1}{|\Omega|}$, $\omega \in \Omega$. Das Werfen eines ge-
fälschten Würfels ist ein einfaches Beispiel eines diskreten Experiments, das
sich nicht durch einen Laplace-Raum modellieren lässt.

Übungen

Übung 1.11 Sei $\mathcal{F} \subset \mathcal{P}(\Omega)$ eine σ-Algebra. Zeige, dass $\emptyset$ und Ω zu $\mathcal{F}$ gehören.

Übung 1.12 Beweise den Satz 1.6.

Übung 1.13 In den Aufzug des dreistöckigen Gebäudes des Mathematischen Instituts der Universität Groningen steigen um 9 Uhr im Erdgeschoss 6 Personen ein. Suche einen geeigneten Wahrscheinlichkeitsraum und berechne für die Ereignisse A_i: ‚auf der i-ten Etage steigt niemand aus‘ die Wahrscheinlichkeiten $P(A_i)$, $P(A_i \cap A_j)$ für alle $1 \le i, j \le 3$ und $P(A_1 \cap A_2 \cap A_3)$. Wie groß ist die Wahrscheinlichkeit, dass der Lift auf jeder Etage halten muss?

Übung 1.14 Wir werfen n-mal eine unverfälschte Münze und definieren die Ereignisse A_k: ‚bei den ersten k Würfen erscheint nur Kopf‘ für $k = 1, \ldots, n$. Modelliere dieses Zufallsexperiment mit einem geeigneten Wahrscheinlichkeitsraum und berechne $P(A_k)$. Welchem Ereignis entspricht $A_{k-1} \setminus A_k$ und welche Wahrscheinlichkeit hat dieses Ereignis?

Übung 1.15 Wir werfen 6-mal einen unverfälschten Würfel. Wie groß ist die Wahrscheinlichkeit, wenigstens eine 6 zu würfeln?

1.5 Aufgaben

Aufgabe 1.1 Ist es wahrscheinlicher, in 4 Würfen mit einem unverfälschten Würfel mindestens eine 6 oder in 24 Würfen mit 2 Würfeln mindestens einmal (6,6) zu würfeln? (In der Geschichte der Wahrscheinlichkeitstheorie ist diese Frage als ‚Paradoxon von de Méré‘ bekannt. Beim ersten Experiment gibt es 4 Versuche mit Erfolgswahrscheinlichkeit $\frac{1}{6}$, beim zweiten 24 Versuche mit Erfolgswahrscheinlichkeit $\frac{1}{36}$, und trotz der Identität $4 \cdot \frac{1}{6} = 24 \cdot \frac{1}{36}$ stimmen die gesuchten Wahrscheinlichkeiten nicht überein.)

Aufgabe 1.2 Berechne für ein Würfelexperiment mit 3 unverfälschten Würfeln die Wahrscheinlichkeit der Ereignisse, dass die Augensumme 9 bzw. 10 ist. Für beide Ereignisse gibt es genau 6 Möglichkeiten

$$9 = 6+2+1 = 5+3+1 = 5+2+2 = 4+4+1 = 4+3+2 = 3+3+3$$
$$10 = 6+3+1 = 6+2+2 = 5+4+1 = 5+3+2 = 4+4+2 = 4+3+3,$$

und doch sind die Ereignisse nicht gleich wahrscheinlich!

Aufgabe 1.3 Sei Ω eine nicht-leere Menge und $\mathcal{F} \subset \mathcal{P}(\Omega)$ eine σ-Algebra. Zeige, dass eine Funktion $P : \mathcal{F} \to [0,1]$, die den Axiomen $(Ax1), (Ax2)$ und einer der Stetigkeitsbedingungen aus Satz 1.10 genügt, eine Wahrscheinlichkeitsverteilung ist.

Aufgabe 1.4 Seien $A_k, k = 1, 2, \ldots$ beliebige Ereignisse. Zeige, dass gilt

$$P\left(\bigcup_{k=1}^{\infty} A_k\right) \le \sum_{k=1}^{\infty} P(A_k).$$

Aufgabe 1.5 (i) Wir definieren für beliebige Ereignisse $A_k, k = 1, 2, \ldots$

$$\liminf_{n\to\infty} A_n := \bigcup_{n=1}^{\infty} \bigcap_{k=n}^{\infty} A_k$$

$$\limsup_{n\to\infty} A_n := \bigcap_{n=1}^{\infty} \bigcup_{k=n}^{\infty} A_k.$$

Welchen Ereignissen entsprechen $\liminf_{n\to\infty} A_n$ und $\limsup_{n\to\infty} A_n$? Zeige, dass $(\limsup A_n)^c = \liminf A_n^c$ und $(\liminf A_n)^c = \limsup A_n^c$.
(ii) Eine Münze wird unendlich häufig geworfen. Gib einen geeigneten Ergebnisraum an und beschreibe die folgenden Ereignisse als Teilmengen dieses Ergebnisraumes

A : ‚es fällt unendlich oft Zahl'

B : ‚nach endlich vielen Würfen fällt nur noch Zahl'.

Übersetzung des Auszugs aus Christiaan Huygens Traktat ‚De Ratiociniis in Ludo Aleae'. (‚*Abhandlungen über die bei Glücksspielen möglichen Berechnungen*', Übersetzung von Robert Hausner, erschienen 1899 im Band 107/108 in Ostwalds Klassiker der exakten Wissenschaft)

Übersetzung des Textes aus Abb. 1.4:
Aufgabe. *A spielt mit B unter der Bedingung, dass derjenige, welcher zuerst dreimal gewonnen hat, den Spieleinsatz erhält. Nun hat A bereits zweimal, B aber erst einmal gewonnen, und ich will wissen, wie der Spieleinsatz in gerechtem Verhältnisse getheilt werden muss, wenn Beide jetzt das Spiel abbrechen. Wieviel erhält A?*
Um die vorgelegte Frage nach der gerechten Verteilung des Spieleinsatzes unter die beiden Spieler, deren Gewinnhoffnungen ungleiche sind, zu beantworten, beginnen wir mit einem leichteren Falle.
Zuerst muss man die Spiele beachten, welche beiden Spielern noch fehlen. Wenn sie unter einander vereinbart hätten, dass derjenige den Einsatz erhält, welcher zuerst zwanzig Einzelspiele gewonnen hat, und A bereits 19 Spiele gewonnen hat, der Andere aber erst 18, so ist offenbar die Hoffnung des A auf Gewinn um ebensoviel besser wie die des B, als sie es im Falle der vorliegenden Aufgabe ist, wo A von 3 Spielen schon 2 gewonnen hat, B aber erst 1; denn in beiden Fällen fehlt dem A noch ein Spiel, dem B aber fehlen noch 2 Spiele.
Um den jedem der Spieler zukommenden Theil des Einsatzes zu berechnen, muss man erwägen, welche Fälle eintreten können, wenn sie das Spiel

fortsetzen. Gewinnt A dann sofort das nächste Spiel, so hat er die vorge-
schriebene Zahl von Spielen gewonnen und erhält den ganzen Einsatz, welcher durch a bezeichnet werden mag. Gewinnt aber B das nächste Spiel, so
sind die Hoffnungen beider Spieler auf Gewinn einander gleich geworden (da
ja jedem von Beiden nur noch ein Spiel fehlt) und jedem kommt daher $\frac{1}{2}a$ zu.
Nun hat A aber die gleiche Aussicht, dieses erste Spiel zu gewinnen als es zu
verlieren, d.h. die Erwartungen a oder $\frac{1}{2}a$ zu erhalten. Mit Rücksicht auf den
Lehrsatz I erhält also A die halbe Summe beider, das ist $\frac{3}{4}a$, und es bleibt
folglich seinem Mitspieler $\frac{1}{4}a$ übrig, welcher Theil auch direct auf die gleiche
Weise wie der des A hätte gefunden werden können. Daraus ergiebt sich, dass
derjenige Spieler, welcher den Platz des A in dem Spiele einnehmen will, ihm
$\frac{3}{4}a$ geben muss, und dass derjenige, welcher ein Spiel gewinnen muss, ehe der
andere 2 Spiele gewonnen hat, 3 gegen 1 einsetzen kann.

2. Elementare Kombinatorik

Für alle Laplace-Räume ist zur Berechnung von Wahrscheinlichkeiten ein systematisches Abzählen von Mengen wichtig. Die Kombinatorik ist das Teilgebiet der Mathematik, das sich mit dieser Kunst des Zählens befasst. In diesem Kapitel beschäftigen wir uns mit den für die Wahrscheinlichkeitstheorie wichtigen Ergebnissen der Kombinatorik. Wir verzichten dabei auf formelle Beweise und wählen stattdessen einen intuitiven Zugang.

2.1 Urnenmodelle

Fast alle Laplace-Experimente, die wir in diesem Buch behandeln, lassen sich auf eines der vier folgenden Urnenmodelle zurückführen. Wir haben dabei stets eine Urne mit n Kugeln, die von 1 bis n fortlaufend nummeriert sind, und wir ziehen zufällig k-mal eine Kugel aus der Urne. Die möglichen Ergebnisse und die Mächtigkeit des Ergebnisraumes hängen entscheidend von der Art der Ziehung ab. Wir können die Reihenfolge der gezogenen Kugeln berücksichtigen oder auch nicht, und wir können die einmal gezogenen Kugeln vor dem nächsten Ziehen wieder in die Urne zurücklegen oder außerhalb sammeln. Immer ziehen wir zufällig, und so sind alle möglichen Ergebnisse gleich wahrscheinlich.

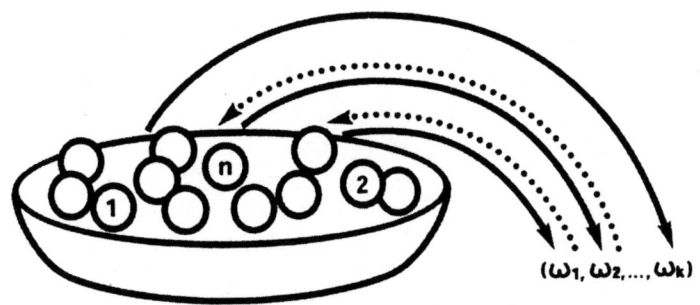

Abb. 2.1. Ziehen mit Zurücklegen und Berücksichtigung der Reihenfolge

I. Ziehen mit Zurücklegen, mit Berücksichtigung der Reihenfolge.
In diesem Modell kann jedes Ergebnis durch das k-Tupel der Nummern der
gezogenen Kugeln in der Reihenfolge ihrer Ziehung beschrieben werden. Der
Ergebnisraum ist also

$$\Omega_I = \{(\omega_1, \dots, \omega_k) : 1 \leq \omega_i \leq n\}.$$

Lemma 2.1 *Für die Mächtigkeit der Menge Ω_I gilt*

$$|\Omega_I| = n^k. \tag{2.1}$$

Beweis. Jede Koordinate des $k-$Tupels $(\omega_1, \dots, \omega_k)$ kann n Werte annehmen
und alle Kombinationen sind zulässig, sodass wir insgesamt $\underbrace{n \cdot \dots \cdot n}_{\text{k-mal}} = n^k$

mögliche Ergebnisse erhalten.   □

Beispiel 2.2 Für ein Würfelexperiment verwenden wir das Urnenmodell Ω_I
mit einer Urne, welche 6 Kugeln enthält, die mit den Zahlen $1, \dots, 6$ nummeriert sind. Das Ereignis, dass bei k-maligem Werfen des Würfels alle Augenzahlen kleiner oder gleich m sind, ist dann im Urnenmodell das Ereignis
A_m, dass wir bei k-maligem Ziehen mit Zurücklegen nur Kugeln mit Zahlen
$1, \dots, m$ erhalten, d.h.

$$A_m = \{(\omega_1, \dots, \omega_k) : 1 \leq \omega_i \leq m \text{ für alle } i = 1, \dots, k\}.$$

Mit Lemma 2.1 folgt, dass $|A_m| = m^k$, und somit $P(A_m) = \left(\frac{m}{6}\right)^k$. Wir
können nun die Wahrscheinlichkeit des Ereignisses B_m, dass die größte Augenzahl m beträgt, ausrechnen. Da $B_m = A_m \setminus A_{m-1}$ und $A_{m-1} \subset A_m$,
gilt

$$P(B_m) = P(A_m) - P(A_{m-1}) = \frac{m^k - (m-1)^k}{6^k}.$$

Dabei haben wir wieder Satz 1.6(iv) angewendet.

**II. Ziehen ohne Zurücklegen, mit Berücksichtigung der Reihenfol-
ge.** Auch in diesem Modell kann jedes Ergebnis beschrieben werden durch
ein k-Tupel von Zahlen aus $\{1, \dots, n\}$, nur kann jetzt jede Zahl höchstens
einmal vorkommen. Der Ergebnisraum ist also

$$\Omega_{II} = \{(\omega_1, \dots, \omega_k) : 1 \leq \omega_i \leq n, \ \omega_i \neq \omega_j \text{ für } i \neq j\}.$$

Jedes Element aus Ω_{II} heißt in der Kombinatorik Variation von k aus n und
$|\Omega_{II}|$ ist somit die Anzahl aller Variationen von k aus n.

Lemma 2.3 *Für die Mächtigkeit der Menge Ω_{II} gilt*

$$|\Omega_{II}| = n \cdot (n-1) \cdot \dots \cdot (n-k+1). \tag{2.2}$$

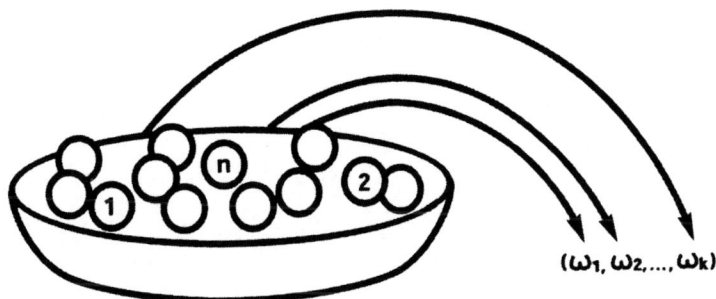

Abb. 2.2. Ziehen ohne Zurücklegen, mit Berücksichtigung der Reihenfolge

Beweis. Es gibt n Möglichkeiten für die 1. Koordinate des k-Tupels, die mit $(n-1)$ Möglichkeiten für die 2. Koordinate kombiniert werden können, dann mit $(n-2)$ Möglichkeiten für die 3. Koordinate, usw. □

Wir führen nun zwei Bezeichnungen ein, die uns kürzere Schreibweisen ermöglichen.

Definition 2.4 *Für $r \in \mathbb{R}$, $k \in \mathbb{N}$ definieren wir $(r)_k$ (sprich: r unten k) wie folgt*

$$(r)_k := r \cdot (r-1) \cdot \ldots \cdot (r-k+1).$$

Für $k, n \in \mathbb{N}$ gilt mit dieser Definition $|\Omega_{II}| = (n)_k$. Im Falle $k > n$ gilt $(n)_k = 0$, da mindestens ein Faktor des Produktes 0 ist, und damit $|\Omega_{II}| = 0$. Diese Identität entspricht der Tatsache, dass es beim Ziehen ohne Zurücklegen nicht möglich ist, mehr Kugeln aus der Urne zu ziehen als am Anfang vorhanden waren. Im Falle $k = n$ werden alle vorhandenen Kugeln aus der Urne gezogen. Jedes Element $(\omega_1, \ldots, \omega_n) \in \Omega_{II}$ ist dann eine Permutation der Elemente der Menge $\{1, \ldots, n\}$. Nach Lemma 2.3 ist die Zahl der Permutationen von n Elementen $(n)_n = n \cdot (n-1) \cdot \ldots \cdot 2 \cdot 1$.

Definition 2.5 *Für $n \in \mathbb{N}$ definieren wir $n!$ (sprich: n Fakultät) wie folgt*

$$n! := n \cdot (n-1) \cdot \ldots \cdot 2 \cdot 1,$$

und für $n = 0$ definieren wir $0! := 1$.

Beispiel 2.6 Wir stehen vor einer verschlossenen Tür mit einem Bund von n Schlüsseln, von denen genau einer zum Türschloss passt. Da wir nicht wissen, welcher es ist, probieren wir die Schlüssel nacheinander aus, bis wir den richtigen finden. Wir versuchen es mit jedem Schlüssel höchstens einmal und wir nummerieren die Schlüssel so, dass der passende Schlüssel die Nummer 1 erhält. Jetzt modellieren wir für jedes k mit unserem Urnenmodell Ω_{II}

das Zufallsexperiment, dass wir k der n Schlüssel ausprobieren, d.h. k-faches Ziehen ohne Zurücklegen, mit Berücksichtigung der Reihenfolge. Also

$$\Omega_{II}^{(k)} = \{(\omega_1, \dots, \omega_k) : \omega_i \in \{1, \dots, n\}, \ \omega_i \neq \omega_j \text{ für } i \neq j\}.$$

Wir suchen die Wahrscheinlichkeit des Ereignisses A_k, dass der k-te Schlüssel passt,

$$A_k = \{(\omega_1, \dots, \omega_k) \in \Omega_{II}^{(k)} : \omega_k = 1\}.$$

Da $\omega_i \neq 1$ für $i = 1, \dots, k-1$, gibt es $(n-1) \cdot (n-2) \cdot \dots \cdot ((n-1) - (k-1) + 1)$ Möglichkeiten für $\omega_1, \dots, \omega_{k-1}$. Mit $\omega_k = 1$ folgt

$$|A_k| = (n-1) \cdot (n-2) \cdot \dots \cdot ((n-1) - (k-1) + 1) \cdot 1$$
$$= (n-1) \cdot (n-2) \cdot \dots \cdot (n-k+1) = (n-1)_{k-1}$$

und damit

$$P(A_k) = \frac{(n-1)_{k-1}}{(n)_k} = \frac{1}{n}.$$

Eine zweite Lösungsmöglichkeit finden wir, indem wir in Gedanken annehmen, dass erst die n Schlüssel in einer Reihe angeordnet und anschließend in dieser Reihenfolge ausprobiert werden. Dann ist Ω die Menge aller Permutationen $(\sigma(1), \dots, \sigma(n))$ der Elemente der Menge $\{1, \dots, n\}$ und das gesuchte Ereignis A_k' die Menge aller Permutationen mit $\sigma(k) = 1$. Die Mächtigkeit der Menge A_k' ist die Anzahl der Permutationen der $(n-1)$ Elemente der Menge $\{2, \dots, n\}$, also $(n-1)!$. So gilt also auch

$$P(A_k') = \frac{(n-1)!}{n!} = \frac{1}{n}.$$

III. Ziehen ohne Zurücklegen, ohne Berücksichtigung der Reihenfolge. Bei diesem Modell können wir das Ziehungsergebnis durch die Menge der k gezogenen Kugeln beschreiben. Da wir ohne Zurücklegen ziehen, kann jede Kugel höchstens einmal gezogen werden, und wir können alle k Kugeln auf einmal ziehen

$$\Omega_{III} = \{A \subset \{1, \dots, n\} : |A| = k\}.$$

Jedes Element aus Ω_{III} heißt Kombination von k aus n, und $|\Omega_{III}|$ ist somit die Anzahl aller Kombinationen von k aus n.

Lemma 2.7 *Für die Mächtigkeit der Menge Ω_{III} gilt*

$$|\Omega_{III}| = \frac{(n)_k}{k!} = \frac{n \cdot (n-1) \cdot \dots \cdot (n-k+1)}{k!}, \tag{2.3}$$

d.h. die Anzahl aller Teilmengen der Mächtigkeit k aus einer Menge der Mächtigkeit n ist $\frac{(n)_k}{k!}$.

Abb. 2.3. Ziehen ohne Zurücklegen, ohne Berücksichtigung der Reihenfolge

Beweis. Wir bestimmen die Mächtigkeit von Ω_{III} mit Hilfe von Ω_{II}, dessen Mächtigkeit wir kennen. Wir definieren eine surjektive Abbildung von Ω_{II} nach Ω_{III}, indem wir jedem k-Tupel $(\omega_1, \ldots, \omega_k)$ die Menge $\{\omega_1, \ldots, \omega_k\}$ zuordnen. Die Urbilder eines Elements aus Ω_{III} sind dann alle k-Tupel, die wir als Permutationen der Elemente der Menge $\{\omega_1, \ldots, \omega_k\}$ erhalten können, und davon gibt es genau $k!$. In Ω_{II} gibt es also $k!$-mal so viele Elemente wie in Ω_{III}, also $|\Omega_{III}| = \frac{|\Omega_{II}|}{k!} = \frac{(n)_k}{k!}$. $\qquad\square$

Definition 2.8 *(i) Für $r \in \mathbb{R}$, $n \in \mathbb{N}$ definieren wir den Binomialkoeffizienten $\binom{r}{n}$ (sprich: r über n) wie folgt*

$$\binom{r}{n} := \frac{r \cdot (r-1) \cdot \ldots \cdot (r-n+1)}{n!}.$$

(ii) Für $r \in \mathbb{R}$, $n \in \mathbb{Z}$, $n \leq 0$ definieren wir den Binomialkoeffizienten $\binom{r}{n}$ durch

$$\binom{r}{n} := \begin{cases} 1 & \text{für } n = 0 \\ 0 & \text{für } n < 0. \end{cases}$$

Mit dieser Definition gilt $|\Omega_{III}| = \binom{n}{k}$. Für natürliche Zahlen n ist der Binomialkoeffizient $\binom{n}{k}$ also die Anzahl aller Teilmengen der Mächtigkeit k aus einer Menge der Mächtigkeit n. Dies gilt auch für negative ganze Zahlen sowie für $k > n$, da in beiden Fällen per Definition $\binom{n}{k} = 0$ ist. Diese Tatsache wird uns später in Berechnungen mit Binomialkoeffizienten helfen.

Bemerkung 2.9 Für $k \in \{0, \ldots, n\}$ und $n \in \mathbb{N}_0$ gilt folgende Identität

$$\binom{n}{k} = \frac{n!}{k!(n-k)!},$$

die oft als Definition der Binomialkoeffizienten verwandt wird. An dieser Darstellung erkennen wir, dass gilt

$$\binom{n}{n-k} = \binom{n}{k}.$$

Beispiel 2.10 Mit Hilfe dieses Urnenmodells und Lemma 2.7 können wir die Newton'sche Binomialformel

$$(x+y)^n = \sum_{k=0}^{n} \binom{n}{k} x^k y^{n-k} \tag{2.4}$$

beweisen. Wir schreiben dazu $(x+y)^n$ als n-faches Produkt $(x+y)^n = (x+y) \cdot \ldots \cdot (x+y)$. Das Ausmultiplizieren entspricht dem Vorgang, dass wir k Faktoren wählen, aus denen wir das x nehmen, und es verbleiben $(n-k)$ Faktoren, aus denen wir das y nehmen. So erhalten wir die Terme $x^k y^{n-k}$. Die Anzahl dieser Terme entspricht der Anzahl der Möglichkeiten k Faktoren aus dem n-fachen Produkt auszuwählen, und das sind $\binom{n}{k}$.

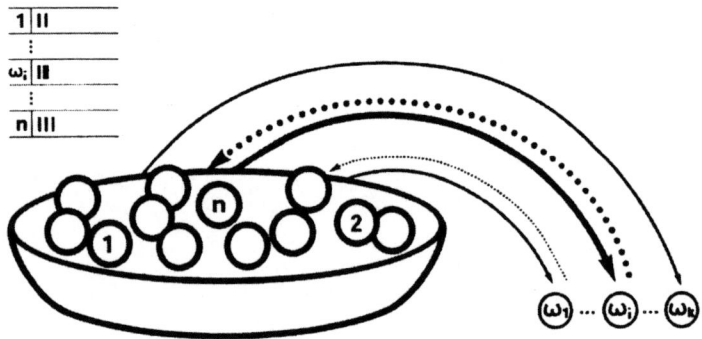

Abb. 2.4. Ziehen mit Zurücklegen, ohne Berücksichtigung der Reihenfolge

IV. Ziehen mit Zurücklegen, ohne Berücksichtigung der Reihenfolge. Zunächst bemerken wir, dass dies ein merkwürdiges Modell ist. Bei einem Ziehungsvorgang mit diesen Bedingungen können wir nicht alle k Kugeln auf einmal ziehen, aber die Reihenfolge soll keine Berücksichtigung finden. So merken wir uns nur die Tatsache, dass die i-te Kugel gezogen worden ist, dies ist zum Beispiel möglich mit einer Strichliste.

Nun lassen sich die Ergebnisse in diesem Modell als n-Tupel $(k_1, \ldots, k_n)$ beschreiben, wobei k_i angibt, wie oft die i-te Kugel gezogen wurde. Da wir insgesamt k Kugeln aus der Urne mit n Kugeln ziehen wollen, ergeben sich die Bedingungen $k_i \in \mathbb{N}_0$ und $\sum_{i=1}^{n} k_i = k$, und der Ergebnisraum ist

$$\Omega_{IV} = \{(k_1, \ldots, k_n) : k_i \in \mathbb{N}_0, \; k_1 + \ldots + k_n = k\}.$$

Die Besonderheit dieses Urnenmodells besteht darin, dass wir, obwohl wir k Kugeln ziehen, in dem Ergebnisraum n-Tupel verwenden.

Lemma 2.11 *Für die Mächtigkeit der Menge Ω_{IV} gilt*

$$|\Omega_{IV}| = \binom{k+n-1}{n-1} = \binom{k+n-1}{k}. \tag{2.5}$$

Beweis. Wir müssen die Anzahl der n-Tupel $(k_1, \ldots, k_n)$ nicht-negativer ganzer Zahlen k_i bestimmen, für die gilt $k_1 + \ldots + k_n = k$. Dazu denken wir uns jedes k_i als eine Liste von k_i Strichen, so entspricht etwa der 4 die Liste ||||. Wenn wir nun in obiger Gleichung alle k_i durch die Strichlisten ersetzen, dann gibt es zwei verschiedene Zeichen, | und +, und zwar k Striche und $(n-1)$ Additionszeichen, also zusammen $(k+n-1)$ Zeichen. Jedes n-Tupel ist genau festgelegt durch die Setzung der Additionszeichen, und dafür gibt es nach Lemma 2.7 genau $\binom{k+n-1}{n-1}$ Möglichkeiten. Die letzte Identität folgt aus Bemerkung 2.9, d.h. jedes n-Tupel ist genauso festgelegt durch die Setzung der k Striche. $\qquad\square$

Abschließend fassen wir alle Lemmata in der kürzesten Schreibweise in einem Satz zusammen.

Satz 2.12 *Für das zufällige k-malige Ziehen einer Kugel aus einer Urne mit n Kugeln gilt*

	Ziehen mit Zurücklegen	Ziehen ohne Zurücklegen
mit Berücksichtigung der Reihenfolge	$|\Omega_I| = n^k$	$|\Omega_{II}| = (n)_k$
ohne Berücksichtigung der Reihenfolge	$|\Omega_{IV}| = \binom{k+n-1}{k}$	$|\Omega_{III}| = \binom{n}{k}$

Übungen

Übung 2.1 Beschreibe für das Ziehen von 2 Kugeln aus einer Urne mit 5 Kugeln die Ergebnisräume Ω_I, Ω_{II}, Ω_{III} und Ω_{IV}. Bestimme die Mächtigkeiten dieser Mengen und vergleiche sie mit den obigen Formeln.

Übung 2.2 Wir werfen 3-mal mit einem unverfälschten Würfel. Bestimme die Wahrscheinlichkeit, dass die höchste Augenzahl k ist, für $k = 1, \ldots, 6$.

Übung 2.3 Eine Urne enthält 10 Kugeln mit den Nummern $1, \ldots, 10$. Wir ziehen 4-mal ohne Zurücklegen.
(i) Wie groß ist die Wahrscheinlichkeit, dass nur Kugeln mit ungeraden Nummern gezogen werden?
(ii) Wie groß ist die Wahrscheinlichkeit, dass die kleinste gezogene Nummer k ist, für $k = 1, \ldots, 10$?

Übung 2.4 In den Aufzug eines 10-stöckigen Hauses steigen im Erdgeschoss 7 Personen ein. Wie groß ist die Wahrscheinlichkeit, dass auf jeder Etage höchstens 1 Person aussteigt?

Übung 2.5 Wir werfen 6-mal mit einem unverfälschten Würfel. Wie groß ist die Wahrscheinlichkeit, dass 6 verschiedene Augenzahlen geworfen werden?

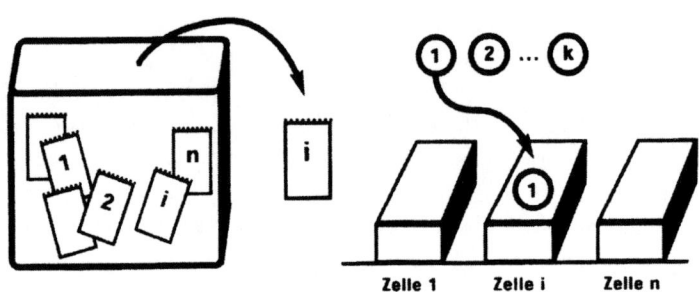

Abb. 2.5. Verteilen von Murmeln auf Zellen

2.2 Verteilen von Murmeln auf Zellen

Wir können Urnenmodelle natürlich nicht nur für das Ziehen von Kugeln aus einer Urne verwenden, sondern für alle Experimente, bei denen wir den Ergebnisraum bijektiv auf den Ergebnisraum eines der Urnenmodelle abbilden können. Wir betrachten in diesem Abschnitt exemplarisch das Verteilen von k Murmeln auf n Zellen. Zur Modellierung des Verteilungsvorgangs nehmen wir eine Urne mit n Zetteln, auf denen die Zahlen $1, \ldots, n$ stehen. Wir ziehen k-mal einen Zettel aus der Urne und legen dann jeweils eine Murmel in die Zelle mit der Nummer des Zettels, siehe Abb. 2.5. Dabei können wir, wie im vorigen Abschnitt, vier Ziehungsarten unterscheiden. Ziehen wir mit oder ohne Zurücklegen des Zettels in die Urne, so bedeutet dies, dass wir mehrere oder nur höchstens eine Murmel in eine Zelle legen können. Wenn wir mit Berücksichtigung der Reihenfolge ziehen, so müssen die Murmeln von 1 bis k nummeriert sein, wenn wir ohne Berücksichtigung der Reihenfolge ziehen, so dürfen die Murmeln nicht voneinander zu unterscheiden sein. In der Physik finden diese Modelle ihre Anwendung. Dann entspricht eine Zelle einem Teil des Phasenraumes und eine Murmel einem Teilchen.

Je nachdem, ob die Murmeln unterscheidbar sind, d.h. nummeriert werden können, und ob in einer Zelle mehrere Murmeln sein können, wählen wir Ω_I, Ω_{II}, Ω_{III} oder Ω_{IV}. Die Vielzahl der Modelle für das Verteilen von Murmeln auf Zellen mag verwirren, insbesondere die Unterscheidung zwischen Modell

Ω_I und Ω_{IV}. Dabei ist es ganz wichtig zu bedenken, dass die Entscheidung für eines der Modelle als Beschreibung nicht alleine von der Frage abhängt, ob die Murmeln unterscheidbar sind. Die Gleichwahrscheinlichkeit aller Ergebnisse ist Grundvoraussetzung für alle Laplace-Experimente.

Beispiel 2.13 Wir können das Werfen zweier unverfälschter Münzen als Verteilen zweier Murmeln auf zwei Zellen, K und Z, modellieren. Wir symbolisieren die Murmeln durch einen $*$ und die Wände zwischen zwei Zellen durch einen $|$ und betrachten die Ergebnisse $*|*$ und $**|$. Im Modell $\Omega_{IV} = \{(k_1, k_2) : k_1 \in \mathbb{N}_0, \ k_1 + k_2 = 2\}$, wobei k_i die Anzahl der Murmeln in der i-ten Zelle angibt, werden diese Ergebnisse durch $(1, 1)$ bzw. $(2, 0)$ dargestellt und haben beide dieselbe Wahrscheinlichkeit $\frac{1}{3}$. Im Modell $\Omega_I = \{(k_1, k_2) : 1 \leq k_i \leq 2\}$, wobei k_i das Ergebnis des i-ten Wurfs angibt und 1 für ‚Kopf‘ und 2 für ‚Zahl‘ steht, entspricht dem Ergebnis $*|*$ das Ereignis $\{(1, 2), (2, 1)\}$ und hat somit die Wahrscheinlichkeit $\frac{1}{2}$, und das Ergebnis $**|$ entspricht dem Elementarereignis $\{(1, 1)\}$ und hat die Wahrscheinlichkeit $\frac{1}{4}$. Es ist eigentlich merkwürdig, dass es in der Natur Teilchen gibt, deren Verteilung dem Modell Ω_{IV} entspricht.

Im Modell Ω_{IV} wird jedes Ergebnis des Experimentes durch ein n-Tupel $(k_1, \dots, k_n)$ beschrieben, wobei k_i angibt, wie viele Murmeln in der i-ten Zelle liegen, und die Nebenbedingung $k_1 + \dots + k_n = k$ gilt. Da die Murmeln nicht unterscheidbar sind, geht es nur um die Anzahl der Murmeln.

Wenn die Murmeln unterscheidbar sind, so verwenden wir das Modell Ω_I. Dann entspricht jedem Ergebnis aus Modell Ω_{IV} ein Ereignis in Ω_I, nämlich die Menge aller Ergebnisse, bei denen in der i-ten Zelle k_i Murmeln liegen. Im vorigen Abschnitt haben wir die Mächtigkeit der Mengen Ω_I, Ω_{II}, Ω_{III} und Ω_{IV} bestimmt. Die Wahrscheinlichkeit des Ereignisses, dass k_i Murmeln in der i-ten Zelle liegen, ist im Modell Ω_{IV} dadurch sofort gegeben. Zur Bestimmung der Wahrscheinlichkeit dieses Ereignisses in Ω_I müssen wir wissen, wie viele Möglichkeiten es gibt, k unterscheidbare Murmeln so auf n Zellen zu verteilen, dass k Murmeln in der i-ten Zelle liegen. Dazu benötigen wir folgendes Lemma.

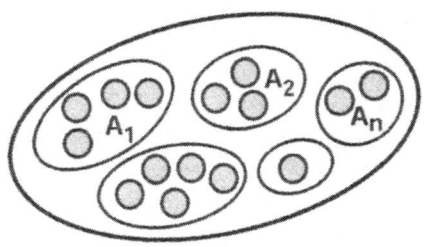

Abb. 2.6. Aufteilung einer Menge in Teilmengen gegebener Mächtigkeit

Lemma 2.14 *Die Anzahl der Möglichkeiten, eine Menge A der Mächtigkeit k in n Teilmengen $A_1, \ldots, A_n$ der Mächtigkeiten $k_1, \ldots, k_n$ aufzuteilen, wobei $k_1 + \ldots + k_n = k$, ist durch*

$$\frac{k!}{k_1! \cdot \ldots \cdot k_n!} \tag{2.6}$$

gegeben.

Bevor wir den Beweis dieses Lemmas geben, führen wir eine neue Bezeichnung ein, die uns eine kürzere Schreibweise der in (2.6) auftretenden Größe ermöglicht.

Definition 2.15 *Für Zahlen $k, k_1, \ldots, k_n \in \mathbb{Z}$ definieren wir den Multinomialkoeffizienten wie folgt*

$$\binom{k}{k_1, \ldots, k_n} := \begin{cases} \frac{k!}{k_1! \cdot \ldots \cdot k_n!} & \text{wenn } k_i \geq 0 \text{ und } \sum_{i=1}^{n} k_i = k \\ 0 & \text{sonst .} \end{cases} \tag{2.7}$$

Bemerkung 2.16 Das Ziehen von m Kugeln aus k, ohne Zurücklegen und ohne Berücksichtigung der Reihenfolge, lässt sich auch darstellen als Aufteilen einer Menge mit k Elementen in die beiden Teilmengen der gezogenen und der nicht gezogenen Kugeln. Diese Teilmengen haben die Mächtigkeiten m bzw. $k - m$. Es gibt also gemäß Lemma 2.14

$$\binom{k}{k, k-m} = \frac{k!}{m!(k-m)!} = \binom{k}{m}$$

Möglichkeiten, und damit erhalten wir in diesem Spezialfall die Aussage von Lemma 2.7.

Beweis von Lemma 2.14. Auf folgende Weise können wir die Menge A aufteilen: Wir wählen die Teilmenge A_1, $|A_1| = k_1$, dafür haben wir $\binom{k}{k_1}$ Möglichkeiten. Dann wählen wir aus der Restmenge $A \setminus A_1$, $|A \setminus A_1| = k - k_1$, die Teilmenge A_2 mit $|A_2| = k_2$, wofür wir $\binom{k-k_1}{k_2}$ Möglichkeiten haben. Die Teilmenge A_3, $|A_3| = k_3$, wählen wir aus $A \setminus (A_1 \cup A_2)$, $|A \setminus (A_1 \cup A_2)| = k - k_1 - k_2$, und dafür gibt es $\binom{k-k_1-k_2}{k_3}$ Möglichkeiten, usw. So erhalten wir

$$\binom{k}{k_1} \cdot \binom{k-k_1}{k_2} \cdot \binom{k-k_1-k_2}{k_3} \cdot \ldots \cdot \binom{k-k_1-\ldots-k_{n-1}}{k_n}$$

$$= \frac{k!}{k_1!(k-k_1)!} \cdot \frac{(k-k_1)!}{k_2!(k-k_1-k_2)!} \cdot \ldots \cdot \frac{(k-k_1-\ldots-k_{n-1})!}{k_n!(k-k_1-\ldots-k_n)!}$$

$$= \frac{k!}{k_1! \cdot \ldots \cdot k_n!},$$

da $k_1 + \ldots + k_n = k$.

Wir wollen uns die Formel noch mit einem zweiten Beweis vertraut machen,

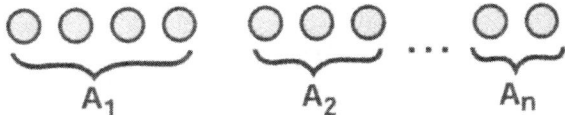

Abb. 2.7. Aufteilen von A in $A_1, \dots, A_n$ durch Anordnen

da der Multinomialkoeffizient später Grundlage für weitere Überlegungen sein wird. Wir können die Menge A der Mächtigkeit k in n Teilmengen $A_1, \dots, A_n$ der Mächtigkeiten $k_1, \dots, k_n$ aufteilen, indem wir alle Elemente der Menge A in einer Reihe anordnen und dann die ersten k_1 Elemente zur Teilmenge A_1, die nächsten k_2 Elemente zur Teilmenge A_2, usw., zusammenfassen. Es gibt $k!$ Möglichkeiten, die k Elemente von A anzuordnen. Da es in Mengen keine Anordnung gibt, ergibt sich keine neue Aufteilung in Teilmengen, wenn sich die Anordnung nur innerhalb der k_i Elemente der Teilmenge A_i unterscheidet. Für die k_i Elemente der Menge A_i gibt es $k_i!$ Anordnungen, die alle zur selben Aufteilung von A führen, also wegdividiert werden müssen. So erhalten wir wieder die obige Formel. $\qquad\square$

Mit Hilfe des Multinomialkoeffizienten können wir nun folgendes Lemma formulieren.

Lemma 2.17 *Für das Verteilen von k unterscheidbaren Murmeln auf n Zellen ist die Wahrscheinlichkeit, dass k_1 Murmeln in der 1-ten Zelle, $\dots$, k_n Murmeln in der n-ten Urne landen*

$$\binom{k}{k_1, \dots, k_n} \cdot \frac{1}{n^k}.$$

Beweis. Da die Murmeln unterscheidbar sind, verwenden wir Modell Ω_I und mit Satz 2.12 und Lemma 2.14 erhalten wir diese Aussage. $\qquad\square$

Beispiel 2.18 In der statistischen Mechanik spielen die Modelle für das Verteilen von Murmeln auf Zellen eine wichtige Rolle. Vereinfacht gesagt betrachtet man dort die Bewegung einer großen Zahl von Teilchen, etwa von Gasmolekülen, in einem Zylinder. Die Zahl der Teilchen ist so groß und es gibt so viele Wechselbeziehungen, dass es nicht mehr möglich und nicht mehr sinnvoll ist, die Bewegung jedes einzelnen Teilchens zu beschreiben. Man beschränkt sich dann auf statistische Aussagen über die Verteilung der Teilchen im Phasenraum. Dazu unterteilt man den Phasenraum in Zellen und fragt nach der Wahrscheinlichkeit, dass sich n_1 Teilchen in Zelle 1, n_2 Teilchen in Zelle 2, usw., befinden. Für klassische Teilchen erweist sich Ω_I, mit Laplace-Verteilung, als geeignetes Modell. In der Terminologie der statistischen Mechanik heißt dies Maxwell-Boltzmann Statistik. Man nimmt an, dass die Teilchen unterscheidbar sind, gewissermaßen Rückennummern tragen und dass alle Verteilungen der Teilchen auf die Zellen dieselbe Wahrscheinlichkeit haben. So sind die beiden in Abb 2.8 angegebenen Verteilungen von $k = 12$ Murmeln auf $n = 6$ Zellen gleich wahrscheinlich.

Jedes einzelne Ergebnis in diesem Modell heißt in der statistischen Mechanik ein Mikrozustand. Ein Mikrozustand ist aber nicht wahrnehmbar, weil die Teilchen eben keine Rückennummern tragen, bzw. man diese nicht lesen kann. Makrozustände, d.h. die Anzahl der Teilchen in den verschiedenen Zellen, sind wahrnehmbar. Es wäre ein Fehler, nun für die Makrozustände Ω_{IV} anzuwenden, denn die Erfahrung zeigt, dass, im Gegensatz zu den Mikrozuständen, die Makrozustände nicht alle gleich wahrscheinlich sein müssen. Das lässt sich erklären, da verschiedene Makrozustände durch eine unterschiedliche Anzahl von Mikrozuständen zustande kommen. So gibt es in unserem Beispiel nur genau einen Mikrozustand, der zu dem Makrozustand $(12, 0, 0, 0, 0, 0)$ führt, aber $\binom{12}{2,2,2,2,2,2} = \frac{12!}{2^6}$ Mikrozustände zu $(2, 2, 2, 2, 2, 2)$. Aufgrund dieses großen Unterschieds der Wahrscheinlichkeiten tritt der erste Makrozustand praktisch nicht auf.

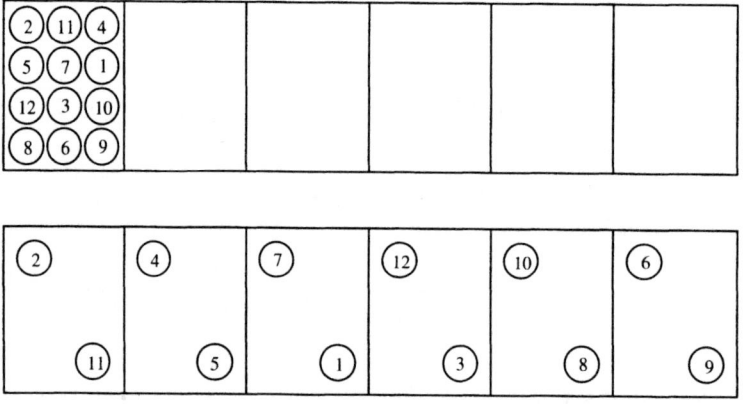

Abb. 2.8. Zwei Verteilungen von 12 nummerierten Murmeln auf 6 Zellen

Beispiel 2.19 Im Büro einer Firma kommen wöchentlich erfahrungsgemäß 5 Eilaufträge an, die bearbeitet werden müssen. Wenn an jedem der Arbeitstage ein solcher Auftrag ankäme, so würde sich die Arbeit gut verteilen. Oft kommen aber 3 Eilaufträge an einem Tag, an 2 Tagen je 1 Eilauftrag und an den übrigen 2 Arbeitstagen gar keiner an. Wie groß ist die Wahrscheinlichkeit dieses Ereignisses unter der Voraussetzung, dass die Eilaufträge zufällig ankommen? Wir wollen diese Frage mit Hilfe eines Modells des Verteilens von Murmeln auf Zellen beantworten. Dann entsprechen die Arbeitstage den Zellen mit den Nummern 1 bis 5, und die 5 unterscheidbaren Eilaufträge sind 5 Murmeln mit den Nummern 1 bis 5. Nun ziehen wir einen Zettel und legen eine Murmel in die entsprechende Zelle, d.h. dieser Eilauftrag ist an diesem Arbeitstag angekommen. Wir legen den Zettel wieder zurück, da ja der nächste Eilauftrag am gleichen Arbeitstag ankommen kann. Also sind die Bedingungen von Ω_I erfüllt, und es gibt $5^5 = 3125$ mögliche Ergebnisse, die wir als gleich wahrscheinlich betrachten. Von dieser entscheidenden Modellannahme können wir erst später im Rahmen der Statistik untersuchen, ob sie realistisch ist. Die Wahrscheinlichkeit, dass montags 3 Eilaufträge kommen, dienstags und mittwochs je 1 Eilauftrag und donnerstags und freitags keiner, ist also $\frac{5!}{3! \cdot 1! \cdot 1! \cdot 0! \cdot 0!} \cdot \frac{1}{3125} = \frac{20}{3125}$. Da wir aber in unserer Fragestellung die Wochentage nicht festgelegt hatten, ist dies noch keine Antwort. Eine andere Möglichkeit wäre ja, dass 3 Eilaufträge am Mittwoch, je 1 Eilauftrag am Donnerstag und Freitag und keiner am Montag und Dienstag ankommen. Wie viele solcher Möglichkeiten gibt es? Dazu teilen wir die 5 Arbeitstage in 3 Teilmengen der Mächtigkeiten 2, 2 und 1 auf, wobei an den Tagen der ersten Teilmenge kein Eilauftrag ankommt, an den Tagen der zweiten Teilmenge je ein Eilauftrag und an dem einen Tag der letzten Teilmenge 3 Eilaufträge ankommen. Nach Lemma 2.14 gibt es $\frac{5!}{2! 2! 1!} = 30$ Aufteilungen und somit ist die gesuchte Wahrscheinlichkeit $30 \cdot \frac{20}{3125} = \frac{600}{3125}$. In Tabelle 2.1 sind die Wahrscheinlichkeiten für alle möglichen Aufteilungen zusammengestellt.

	$\frac{5!}{n_1! \cdot \ldots \cdot n_5!}$	#Kombinationen von Tagen	Wahrscheinlichkeit
$(5,0,0,0,0)$	1	$\frac{5!}{1! 4!} = 5$	5/3125
$(4,1,0,0,0)$	5	$\frac{5!}{3! 1! 1!} = 20$	100/3125
$(3,2,0,0,0)$	10	$\frac{5!}{3! 1! 1!} = 20$	200/3125
$(3,1,1,0,0)$	20	$\frac{5!}{2! 2! 1!} = 30$	600/3125
$(2,2,1,0,0)$	30	$\frac{5!}{2! 1! 2!} = 30$	900/3125
$(2,1,1,1,0)$	60	$\frac{5!}{1! 3! 1!} = 20$	1200/3125
$(1,1,1,1,1)$	120	$\frac{5!}{5!} = 1$	120/3125

Tabelle 2.1. Wahrscheinlichkeiten der möglichen Verteilungen von 5 Eilaufträgen auf 5 Abeitstage, s. Beispiel 2.19

Übungen

Übung 2.6 Welche Möglichkeiten gibt es, eine Menge der Mächtigkeit 5 in 3 Teilmengen A_1, A_2, A_3 der Mächtigkeiten $k_1 = k_2 = 2$ und $k_3 = 1$ aufzuteilen? Überprüfe die Ergebnisse anschließend mit der Multinomialformel.

Übung 2.7 Wir werfen 12-mal einen unverfälschten Würfel. Wie groß ist die Wahrscheinlichkeit, dass jede Augenzahl genau 2-mal geworfen wird?

Übung 2.8 Jemand empfängt zu Hause wöchentlich 3 Briefe. Berechne die Wahrscheinlichkeiten der möglichen Aufteilungen auf die 6 Werktage einer Woche unter der Voraussetzung, dass die Briefe zufällig ankommen.

Übung 2.9 Wir ziehen aus einer Urne mit 4 nummerierten Kugeln 6-mal mit Zurücklegen. Wie groß ist die Wahrscheinlichkeit, dass die Kugeln 1 und 2 je 2-mal und die anderen Kugeln je einmal gezogen werden? Wie groß ist die Wahrscheinlichkeit, dass eine Kugel 6-mal gezogen wird?

2.3 Binomiale und hypergeometrische Verteilungen

Wir knüpfen an den Abschnitt 2.1 an. Zusätzlich zu den Gegebenheiten der Urnenmodelle haben die Kugeln außer ihrer Nummer nun noch eine Farbe, rot oder weiß. Diese Urnenmodelle können wir etwa anwenden für Lotteriespiele, bei denen ja entscheidend ist, welche Zahlen wir angekreuzt haben. Diesen Nummern entsprechen die roten Kugeln. Da die Formeln für die Wahrscheinlichkeitsverteilungen sich so besser merken lassen, führen wir nun neue Bezeichnungen ein. Wir haben eine Urne mit N Kugeln, wovon R Kugeln rot und die übrigen $(N - R)$ Kugeln weiß sind. Aus dieser Urne ziehen wir eine Stichprobe von n Kugeln. Wie groß ist die Wahrscheinlichkeit, dass r rote Kugeln in der Stichprobe sind? Die Antwort auf diese Frage ist natürlich abhängig von der Art der Ziehung, ob wir mit oder ohne Zurücklegen ziehen. In jedem Fall nehmen wir an, dass die Kugeln nummeriert sind und dass die roten Kugeln die Nummern $1, \dots, R$ haben.

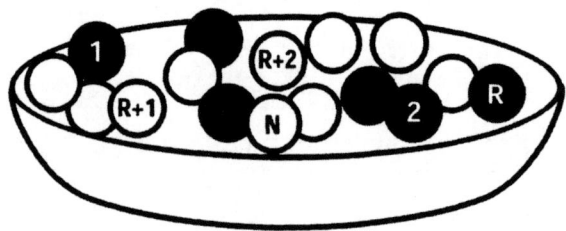

Abb. 2.9. Ziehen aus einer Urne mit roten und weißen Kugeln

Ziehen mit Zurücklegen, binomiale Verteilung. Wir verwenden den Ergebnisraum Ω_I mit Laplace-Verteilung. Das Ereignis, dessen Wahrscheinlichkeit wir suchen, entspricht der Menge

$$E_r = \{(\omega_1, \dots, \omega_n) : |\{i : \omega_i \in \{1, \dots, R\}\}| = r\}.$$

Um die Mächtigkeit von E_r zu berechnen, schreiben wir E_r als Vereinigung disjunkter Ereignisse E_I, wobei $I \subset \{1, \dots, n\}$ die Nummern der Ziehungen enthält, bei denen eine rote Kugel gezogen wird. Also ist

$$E_I = \{(\omega_1, \dots, \omega_n) : \ \omega_i \in \{1, \dots, R\} \text{ für } i \in I,$$
$$\omega_i \in \{R + 1, \dots, N\} \text{ für } i \in I^c\}$$

und weiter $E_r = \bigcup_{I \subset \{1,\ldots,n\}, |I|=r} E_I$. Es gilt $|E_I| = R^r(N-R)^{n-r}$ für jede Teilmenge $I \subset \{1,\ldots,n\}$ mit $|I| = r$. Da es $\binom{n}{r}$ solcher Teilmengen gibt, folgt

$$|E_r| = \binom{n}{r}|E_I| = \binom{n}{r}R^r(N-R)^{n-r}.$$

Mit der Laplace-Verteilung und $|\Omega_I| = N^n$ erhalten wir

$$P(E_r) = \frac{|E_r|}{|\Omega_I|} = \binom{n}{r}\left(\frac{R}{N}\right)^r\left(1-\frac{R}{N}\right)^{n-r}. \qquad (2.8)$$

Da $\{E_0,\ldots,E_n\}$ eine disjunkte Zerlegung des Ergebnisraumes ist, wird durch $p(r) := P(E_r)$, $r \in \{0,\ldots,n\}$, eine Wahrscheinlichkeitsfunktion auf $\{0,\ldots,n\}$ definiert. Die zugehörige Wahrscheinlichkeitsverteilung auf $\{0,\ldots,n\}$ heißt binomiale Verteilung mit den Parametern n und $\frac{R}{N}$. Wir bemerken, dass $p := \frac{R}{N}$ bzw. $q := 1 - \frac{R}{N}$ die Wahrscheinlichkeiten sind, bei einer einzelnen Ziehung eine rote bzw. eine weiße Kugel zu ziehen. Mit diesen Definitionen gilt $P(E_r) = \binom{n}{r}p^r q^{n-r}$. Das ist allgemein die Formel für die Wahrscheinlichkeit, r Erfolge zu erzielen bei n Experimenten, die jeweils zwei mögliche Ergebnisse, Erfolg oder Misserfolg, haben, wobei p die Wahrscheinlichkeit für ‚Erfolg' und q die Wahrscheinlichkeit für ‚Misserfolg' ist.

Ziehen ohne Zurücklegen, hypergeometrische Verteilung. In diesem Fall dürfen wir annehmen, dass alle Kugeln gleichzeitig gezogen werden, und verwenden den Ergebnisraum Ω_{III} mit Laplace-Verteilung. Dem Ereignis, dass genau r Kugeln in der Stichprobe rot sind, entspricht dann die Menge

$$E_r = \{A \subset \{1,\ldots,N\} : |A| = n, |A \cap \{1,\ldots,R\}| = r,$$
$$|A \cap \{R+1,\ldots,N\}| = n-r\}.$$

E_r enthält alle Teilmengen von $\{1,\ldots,N\}$, die die Mächtigkeit n haben und r Elemente aus $\{1,\ldots,R\}$ und $(n-r)$ Elemente aus $\{R+1,\ldots,N\}$ enthalten. Es gibt genau $\binom{R}{r}$ Teilmengen von $\{1,\ldots,R\}$ der Mächtigkeit r und $\binom{N-R}{n-r}$ Teilmengen von $\{R+1,\ldots,N\}$ der Mächtigkeit $(n-r)$, die alle miteinander kombiniert werden können. Somit folgt

$$|E_r| = \binom{R}{r}\binom{N-R}{n-r}$$

und aufgrund der Laplace-Verteilung und $\Omega_{III} = \binom{N}{n}$ gilt

$$P(E_r) = \frac{\binom{R}{r}\binom{N-R}{n-r}}{\binom{N}{n}}. \qquad (2.9)$$

Da $\{E_0,\ldots,E_n\}$ eine disjunkte Zerlegung des Ergebnisraumes ist, wird durch $p(r) := P(E_r)$, $r \in \{0,\ldots,n\}$, eine Wahrscheinlichkeitsfunktion auf $\{0,\dots,n\}$ definiert. Die zugehörige Wahrscheinlichkeitsverteilung auf $\{0,\dots,n\}$ heißt hypergeometrische Verteilung mit Parametern N, R und n.

Wir können für diesen Fall auch das Modell Ω_{II} verwenden. Dann entspricht dem Ereignis, dass genau r Kugeln in der Stichprobe rot sind, die Menge $E_r = \{(\omega_1,\dots,\omega_n) : |\{i : \omega_i \in \{1,\dots,R\}\}| = r\}$. Wie bei der Herleitung der binomialen Verteilung schreiben wir $E_r = \bigcup_{I\subset\{1,\dots,n\}, |I|=r} E_I$ als Vereinigung der disjunkten Ereignisse $E_I = \{(\omega_1,\dots,\omega_n) : \omega_i \in \{1,\dots,R\}$ für $i \in I, \omega_i \in \{R+1,\dots,N\}$ für $i \in I^c\}$, wobei $I \subset \{1,\dots,n\}$ mit $|I| = r$. Es gilt

$$
\begin{aligned}
|E_I| &= R \cdot (R-1) \cdot \dots \cdot (R - r + 1) \\
&\quad \cdot (N-R) \cdot (N-R-1) \cdot \dots \cdot (N - R - (n-r) + 1) \\
&= (R)_r (N-R)_{n-r}.
\end{aligned}
$$

Da es, wie oben, $\binom{n}{r}$ Möglichkeiten gibt, diese Indexmenge I zu wählen, folgt nun $|E_r| = \binom{n}{r} \cdot (R)_r (N-R)_{n-r}$ und wegen $|\Omega_{II}| = (N)_n$

$$
P(E_r) = \binom{n}{r} \frac{(R)_r (N-R)_{n-r}}{(N)_n}.
$$

Mit der Identität $\binom{R}{r} = \frac{(R)_r}{r!}$ und den entsprechenden Identitäten für die anderen Terme lässt sich diese Formel umschreiben als

$$
P(E_r) = \frac{\binom{R}{r}\binom{N-R}{n-r}}{\binom{N}{n}},
$$

und es ergibt sich wieder die hypergeometrische Verteilung. Wir erhalten also das gleiche Endergebnis, unabhängig davon, ob wir Ω_{II} oder Ω_{III} anwenden.

Beispiel 2.20 Wir werfen n-mal eine unverfälschte Münze und fragen nach der Wahrscheinlichkeit des Ereignisses E_k, dass wir dabei genau k-mal Kopf erhalten. Wir können dieses Experiment modellieren durch n-faches Ziehen mit Zurücklegen aus einer Urne mit zwei Kugeln, ‚Kopf‘ und ‚Zahl‘. Dann gilt nach (2.8)

$$
P(E_k) = \binom{n}{k} \left(\frac{1}{2}\right)^k \left(\frac{1}{2}\right)^{n-k} = \binom{n}{k} \frac{1}{2^n}.
$$

Übungen

Übung 2.10 Aus einer Urne mit 3 roten und 5 weißen Kugeln ziehen wir 2-mal ohne Zurücklegen. Wir definieren folgende Ereignisse

$$A : \text{‚die 1. gezogene Kugel ist weiß‘}$$
$$B : \text{‚die 2. gezogene Kugel ist rot‘}.$$

Berechne $P(A), P(A \cap B), P(A^c \cap B)$ und dann $P(B)$.

Übung 2.11 Wir werfen 12-mal mit einem unverfälschten Würfel. Wie groß ist die Wahrscheinlichkeit, k-mal eine 6 zu würfeln, für $k = 0, \ldots, 12$?

Übung 2.12 Aus einer Urne mit 3 roten und 6 weißen Kugeln ziehen wir 3-mal ohne Zurücklegen. Bestimme die Wahrscheinlichkeiten aller möglichen Aufteilungen der Stichprobe in rote und weiße Kugeln.

Übung 2.13 Aus einer Urne mit 2 roten, 2 schwarzen und 2 weißen Kugeln ziehen wir 3-mal ohne Zurücklegen. Wie groß ist die Wahrscheinlichkeit, dass die Stichprobe von jeder Farbe genau eine Kugel enthält?

2.4 Das Stimmzettel-Problem

In diesem Abschnitt beschäftigen wir uns mit einem schönen, nicht-trivialen Beispiel, in dem wir unsere Kenntnisse der Kombinatorik anwenden können. Es hat eine Wahl stattgefunden, bei der zwei Kandidaten, A und B, nominiert waren. Bei der Stimmauszählung wird ein Stimmzettel nach dem anderen registriert, so dass man jederzeit weiß, welcher Kandidat gerade vorne liegt. Das Wahlergebnis ist schließlich, dass A gewonnen hat, und zwar mit a Stimmen gegenüber b Stimmen für B ($b < a$). Wie groß ist jetzt die Wahrscheinlichkeit, dass A während der gesamten Stimmauszählung vorne lag?

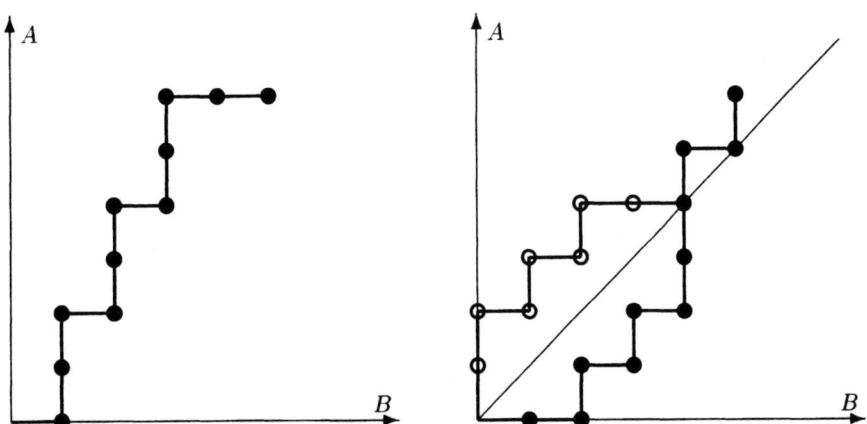

Abb. 2.10. Stimmzettel-Problem mit $b = 5$, $a = 6$: grafische Darstellung des Ergebnisses $BAABAABAABB$ als Pfad im Gitter $\mathbb{N}^2$ von $(0,0)$ nach $(5,6)$ (links) und Reflektionsprinzip (rechts)

Als erstes wollen wir den Ergebnisraum Ω beschreiben und seine Mächtigkeit bestimmen. Wir können den Ablauf der Stimmauszählung grafisch darstellen als Pfad des Koordinatenpaares (Anzahl der Stimmen für B, Anzahl der Stimmen für A) in $\mathbb{N}^2$. Der Ergebnisraum Ω ist dann die Menge aller Pfade von $(0,0)$ nach (b,a), die dadurch entstehen, dass wir stets von einem Gitterpunkt (x,y) nach $(x+1,y)$ oder $(x,y+1)$ gehen. Jedem Ergebnis ist eineindeutig eine Teilmenge der Mächtigkeit a aus der Menge $\{1, \ldots, a+b\}$ zugeordnet, entsprechend den Zeitpunkten, zu denen Stimmen für A registriert werden. Also ist nach Lemma 2.7

$$|\Omega| = \binom{a+b}{a}.$$

Unter der Annahme, dass die Stimmzettel in einer zufälligen Reihenfolge ausgezählt werden, wählen wir die Laplace-Verteilung auf Ω.

Nun definieren wir drei Teilmengen von Ω,

E_1: Menge aller Pfade, die ganz oberhalb der Diagonale liegen

E_2: Menge aller Pfade, die durch den Punkt $(1,0)$ gehen

E_3: Menge aller Pfade, die durch den Punkt $(0,1)$ gehen, aber nicht ganz oberhalb der Diagonalen bleiben.

Der Menge E_1 entspricht das Ereignis, dass A bei der Stimmauszählung stets vorne liegt. Da die Pfade aus der Menge E_1 durch den Punkt $(0,1)$ gehen, bilden die Mengen E_1, E_2 und E_3 eine disjunkte Zerlegung von Ω. Wir suchen die Mächtigkeit von E_1 und bemerken, dass

$$|E_1| = |\Omega| - |E_2| - |E_3|. \tag{2.10}$$

Folgende überraschende Identität kann uns an dieser Stelle weiterhelfen.

Lemma 2.21 (Reflektionsprinzip) *Die Mächtigkeiten der Mengen E_2 und E_3 stimmen überein.*

Beweis. Wir beweisen dieses Lemma, indem wir eine bijektive Abbildung zwischen den Mengen E_2 und E_3 beschreiben. Wir betrachten einen beliebigen Pfad aus E_2. Da er durch den Punkt $(1,0)$ geht und den Punkt (a,b) erreicht, muss er mindestens einmal die Diagonale schneiden. Wir wählen den ersten Schnittpunkt, spiegeln den Pfad bis zu diesem Punkt an der Diagonalen und lassen ihn weiter unverändert. Der neue Pfad geht durch $(0,1)$ und liegt nicht ganz oberhalb der Diagonalen. Er ist somit Element von E_3.

Umgekehrt hat jeder beliebige Pfad aus E_3 mindestens einen Berührungspunkt mit der Diagonalen. Und wenn wir einen solchen Pfad ebenso wie vorher bis zu diesem Punkt spiegeln, so erhalten wir einen Pfad aus E_2. Aufgrund dieser Abbildung gilt $|E_2| = |E_3|$. □

Satz 2.22 *Die Wahrscheinlichkeit, dass A während der gesamten Stimmauszählung vorne lag, ist*

$$P(E_1) = \frac{a-b}{a+b}.$$

Beweis. Die Mächtigkeit von E_2 können wir analog zur Mächtigkeit der Menge Ω bestimmen, nur ist in E_2 der erste Schritt des Pfades bereits vorgegeben. Es gilt also $|E_2| = \binom{a+b-1}{a}$. Aus der Identität (2.10) und Lemma 2.21 folgt

$$|E_1| = \binom{a+b}{a} - 2\binom{a+b-1}{a}$$

und schließlich

$$P(E_1) = 1 - 2\frac{\binom{a+b-1}{a}}{\binom{a+b}{a}} = 1 - 2\frac{(a+b-1)!\,a!\,b!}{a!(b-1)!(a+b)!} = 1 - 2\frac{b}{a+b} = \frac{a-b}{a+b}.$$

$\square$

Übungen

Übung 2.14 Wir betrachten eine Wahl mit dem Ergebnis $a = 3$ und $b = 2$. Gib alle möglichen Abläufe der Stimmauszählung an. In welchen Fällen liegt A die ganze Zeit vorne? Überprüfe die Aussage von Satz 2.22.

2.5 Aufgaben

Aufgabe 2.1 Beweise für nicht-negative ganze Zahlen k, m, n die folgenden Identitäten für Binomialkoeffizienten

(i) $\sum_{j=0}^{k} \binom{m}{j}\binom{n}{k-j} = \binom{m+n}{k}$

(ii) $\sum_{j=0}^{n} \binom{n}{j} = 2^n$

(iii) $\binom{n-1}{k-1} + \binom{n-1}{k} = \binom{n}{k}$ (‚Pascal'sches Dreieck‘).

Verwende die Identität (iii) und beweise mit vollständiger Induktion, dass es $\binom{n}{k}$ Teilmengen der Mächtigkeit k von einer Menge der Mächtigkeit n gibt.

Aufgabe 2.2 Beweise für nicht-negative ganzzahlige n folgende Identität

$$\sum_{j=0}^{n} \binom{n}{j}(-1)^j = \begin{cases} 0 & \text{für } n \geq 1 \\ 1 & \text{für } n = 0. \end{cases}$$

Aufgabe 2.3 (i) Aus einer Menge von N Objekten, die mit 1 bis N nummeriert sind, ziehen wir n Objekte ohne Zurücklegen. Wie groß ist die Wahrscheinlichkeit, dass die größte gezogene Nummer k ist, für $1 \leq k \leq N$?
(ii) Beweise mit Hilfe von (i) die Identität $\sum_{k=n}^{N} \binom{k}{n} = \binom{N+1}{n+1}$.

Aufgabe 2.4 Zwei Personen werfen je n-mal eine unverfälschte Münze. Zeige, dass die Wahrscheinlichkeit, dass beide gleich oft ‚Kopf‘ werfen $\binom{2n}{n}2^{-2n}$ ist. (Hinweis: Es gibt eine Lösung ohne jeglichen Rechenaufwand!)

Aufgabe 2.5 Wie groß ist die Wahrscheinlichkeit, dass bei einem Treffen von n Personen mindestens 2 an demselben Tag Geburtstag haben? Wie groß müssen wir n wählen, damit diese Wahrscheinlichkeit mindestens $\frac{1}{2}$ ist?

Aufgabe 2.6 Frau B und Herr G gehen zu einem Abendessen, bei dem die N Gäste in einer zufälligen Reihenfolge an einen runden Tisch gesetzt werden. Wie groß ist die Wahrscheinlichkeit, dass beide nebeneinander sitzen dürfen?

Aufgabe 2.7 Berechne für das Lottospiel ‚6 aus 49' die Wahrscheinlichkeiten für ‚6 Richtige', ‚5 Richtige' und ‚4 Richtige'.

Aufgabe 2.8 Wir ziehen ohne Zurücklegen aus einer Urne mit R roten und W weißen Kugeln. Bestimme die Wahrscheinlichkeit, dass die erste rote Kugel bei der k-ten Ziehung gezogen wird.

Aufgabe 2.9 (*Banach's Streichholzschachtelproblem*) Stefan Banach (1892-1945), einer der großen Mathematiker des 20. Jahrhunderts, hatte stets in seinen beiden Hosentaschen eine Streichholzschachtel. Zum Anzünden seiner Zigarette griff er zufällig in eine Hosentasche und nahm ein Streichholz aus der Schachtel. War die gewählte Schachtel leer, so warf er beide weg und steckte sich zwei neue Schachteln ein. Berechne die Wahrscheinlichkeit, dass Banach k Streichhölzer wegwirft, wenn jede volle Streichholzschachtel N Streichhölzer enthält.

Aufgabe 2.10 Die 4 Mitglieder einer Familie erledigen reihum den Abwasch. Dieses Jahr hat ein Familienmitglied dabei 3 Teller zerbrochen und insgesamt sind 4 Teller zu Bruch gegangen. Berechne die Wahrscheinlichkeiten für alle möglichen Verteilungen der zerbrochenen Teller auf die spülenden Familienmitglieder. Ist eines der Familienmitglieder wesentlich ungeschickter als die anderen?

Aufgabe 2.11 Wir ziehen ohne Zurücklegen n Kugeln aus einer Urne mit R roten, W weißen und B blauen Kugeln. Wie groß ist die Wahrscheinlichkeit, dass in der Stichprobe r rote, w weiße und b blaue Kugeln sind?

Aufgabe 2.12 Zu einer Theatervorstellung kommen n Besucher und jeder gibt seinen Regenschirm an der Garderobe ab. Nach der Vorstellung werden die Regenschirme zufällig an die Besucher ausgeteilt. Berechne die Wahrscheinlichkeit p_n, dass keiner der Besucher den eigenen Schirm erhält. Zeige, dass $\lim_{n \to \infty} p_n$ existiert und bestimme den Grenzwert.

3. Unabhängigkeit und bedingte Wahrscheinlichkeit

In jeder Wissenschaft geht es nicht nur um die Beschäftigung mit elementaren Objekten, sondern auch um die quantitative und qualitative Beschreibung ihrer Zusammenhänge. Die Begriffe ‚Unabhängigkeit' und ‚bedingte Wahrscheinlichkeit' spielen dabei eine große Rolle in der Wahrscheinlichkeitstheorie.

3.1 Unabhängige Ereignisse

Beim Aufbau der Wahrscheinlichkeitstheorie betrachten wir die Eigenschaft der Unabhängigkeit in Bezug auf Ereignisse, Experimente und später auch Zufallsvariablen. Wir nennen zwei Ereignisse A und B unabhängig voneinander, wenn das Eintreten von A die Wahrscheinlichkeit des Eintretens von B nicht verändert. Für die frequentistische Interpretation von Wahrscheinlichkeiten können wir dies so verstehen, dass die relative Häufigkeit der Experimente, bei denen B eintritt in der Teilfolge der Experimente, bei denen A eintritt, genauso groß ist wie in der Gesamtfolge aller Experimente. Wenn wir mit n_A, n_B und $n_{A \cap B}$ die Häufigkeiten des Eintretens von A, B bzw. $A \cap B$ bezeichnen, so entspricht dieser Bedingung, dass $\lim_{n \to \infty} \frac{n_{A \cap B}}{n_A} = \lim \frac{n_B}{n}$. Dies motiviert uns zu folgender Definition.

Definition 3.1 *Sei $(\Omega, \mathcal{F}, P)$ ein Wahrscheinlichkeitsraum. Dann heißen zwei Ereignisse A und B unabhängig, wenn gilt*

$$P(A \cap B) = P(A) \cdot P(B).$$

Für die Interpretation von Wahrscheinlichkeit als relative Häufigkeit eines Merkmals in einer endlichen Grundgesamtheit Ω können wir diese Definition auch einsehen. Dann bedeutet die Unabhängigkeit zweier Ereignisse, dass das Merkmal B in der Teilmenge A genauso oft eintritt wie in der Grundgesamtheit. Somit gilt $\frac{|B \cap A|}{|A|} = \frac{|B|}{|\Omega|}$ und für die Wahrscheinlichkeiten $P(A \cap B) = P(A) \cdot P(B)$.

Beispiel 3.2 (i) Wir werfen einen unverfälschten Würfel und definieren die Ereignisse

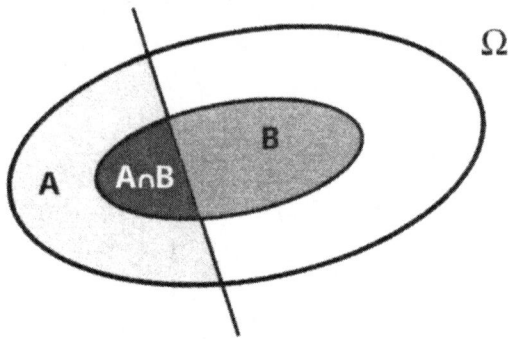

Abb. 3.1. Unabhängigkeit in einer endlichen Grundgesamtheit

$$A : \text{,die Augenzahl ist gerade'}$$

$$B : \text{,die Augenzahl ist durch 3 teilbar'}.$$

Diese beiden Ereignisse sind unabhängig im Sinne der obigen Definition, denn es gilt $P(A) = \frac{1}{2}$, $P(B) = \frac{1}{3}$ und $P(A \cap B) = \frac{1}{6}$.

(ii) Wir ziehen 2-mal mit Zurücklegen aus einer Urne mit 3 roten und 5 weißen Kugeln und betrachten die Ereignisse

$$A : \text{,die 1. gezogene Kugel ist rot'}$$

$$B : \text{,die 2. gezogene Kugel ist weiß'}.$$

Dann gilt $P(A) = \frac{3 \cdot 8}{8 \cdot 8} = \frac{3}{8}$, $P(B) = \frac{8 \cdot 5}{8 \cdot 8} = \frac{5}{8}$ und $P(A \cap B) = \frac{3 \cdot 5}{8 \cdot 8}$. Also sind die Ereignisse A und B unabhängig.

(iii) Nun betrachten wir dasselbe Experiment wie in (ii), aber wir ziehen ohne Zurücklegen. Dann gilt $P(A) = \frac{3}{8}$, $P(B) = \frac{5}{8}$ und $P(A \cap B) = \frac{3 \cdot 5}{8 \cdot 7}$, siehe Übung 2.10. Also ist $P(A \cap B) \neq P(A) \cdot P(B)$ und die beiden Ereignisse A und B sind abhängig. Dies können wir intuitiv auch verstehen. Wenn wir nicht zurücklegen, hat das Ergebnis der ersten Ziehung Einfluss auf die Möglichkeiten der zweiten Ziehung.

Wir erweitern nun den Begriff der Unabhängigkeit auf mehr als 2 Ereignisse. Wenn wir nur $P(A_1 \cap \ldots \cap A_n) = P(A_1) \cdot \ldots \cdot P(A_n)$ fordern würden, dann wäre jede Familie $\{A_i, i \in I\}$ von Ereignissen unabhängig, wenn eines der Ereignisse unmöglich wäre. Dass eine paarweise Unabhängigkeit auch nicht ausreicht, zeigt das Beispiel in Übung 3.3.

Definition 3.3 *Die Ereignisse $A_1, \ldots, A_n$ heißen unabhängig, wenn für jedes $k \in \{1, \ldots, n\}$ und für jede Auswahl von Indizes $1 \leq i_1 < \ldots < i_k \leq n$ gilt*

$$P(A_{i_1} \cap \ldots \cap A_{i_k}) = P(A_{i_1}) \cdot \ldots \cdot P(A_{i_k}). \tag{3.1}$$

Mit dieser Definition gilt die wünschenswerte Eigenschaft, dass eine Teilfamilie einer Familie unabhängiger Ereignisse stets auch unabhängig ist.

Das folgende Lemma ist eine Verallgemeinerung der einfachen Aussage, dass die Komplemente unabhängiger Ereignisse gleichfalls unabhängig sind. Obwohl dies selbstverständlich erscheinen mag, wollen wir dennoch einen exakten Beweis geben.

Lemma 3.4 *Es seien $A_1, \ldots, A_n$ unabhängige Ereignisse. Wir betrachten neue Ereignisse $B_1, \ldots, B_n$, für die gilt*

$$B_i = A_i \ \text{oder} \ B_i = A_i^c.$$

Dann sind $B_1, \ldots, B_n$ unabhängige Ereignisse.

Beweis. Wir zeigen, dass wir wieder eine Familie unabhängiger Ereignisse erhalten, wenn wir eines der Ereignisse durch sein Komplement ersetzen. Wiederholtes Ersetzen je eines Ereignisses durch sein Komplement liefert dann die Aussage des Lemmas. Nach eventueller Umindizierung der Ereignisse können wir annehmen, dass A_1 durch A_1^c ersetzt wird. Um zu zeigen, dass $A_1^c, A_2, \ldots, A_n$ unabhängig sind, muss für beliebige Indizes $1 \leq i_1 < \ldots < i_k \leq n$ die Identität (3.1) nachgewiesen werden. Ist $i_1 \neq 1$, so ist nichts zu zeigen. Es sei also $1 = i_1 < i_2 < \ldots < i_k \leq n$, dann gilt mit Satz 1.6 und der Unabhängigkeit von Teilfamilien

$$
\begin{aligned}
&P(A_1^c \cap A_{i_2} \cap \ldots \cap A_{i_k}) \\
&= P(A_{i_2} \cap A_{i_3} \ldots \cap A_{i_k}) - P(A_1 \cap A_{i_2} \cap \ldots \cap A_{i_k}) \\
&= P(A_{i_2}) \cdot P(A_{i_3}) \cdot \ldots \cdot P(A_{i_k}) - P(A_1) \cdot P(A_{i_2}) \cdot \ldots \cdot P(A_{i_k}) \\
&= (1 - P(A_1)) \cdot P(A_{i_2}) \cdot \ldots \cdot P(A_{i_k}) \\
&= P(A_1^c) \cdot P(A_{i_2}) \cdot \ldots \cdot P(A_{i_k})
\end{aligned}
$$

und somit Identität (3.1). □

In der Zahlentheorie finden wir interessante Anwendungen für Aussagen der Wahrscheinlichkeitstheorie. Es gibt die mathematische Disziplin ,Probabilistic Number Theory‘, zu deren bekanntesten Wegbereitern die ungarischen Mathematiker Paul Turan (1910-1976) und Paul Erdös (1913-1996) gehören. Viele schöne Beispiele finden sich in dem Büchlein ,Statistical Independence in Probability, Analysis and Number Theory‘ von Mark Kac (1914-1984). Oft lassen sich mit wahrscheinlichkeitstheoretischen Argumenten erheblich kürzere Beweise führen. Eines der besten Beispiele ist Turan's Beweis des Satzes von Hardy-Ramanujan, der im Wesentlichen sagt, dass die Zahlen $1, \ldots, N$ im Mittel $\log \log N$ verschiedene Primteiler haben.

Wir werden nun einen wahrscheinlichkeitstheoretischen Beweis der Produktformel für die nach Leonhard Euler (1707-1783) benannte φ-Funktion geben, wohlwissend, dass es auch einen direkten Beweis dieser Formel gibt. Die Euler'sche φ-Funktion ordnet jeder natürlichen Zahl N die Anzahl der zu N teilerfremden Zahlen kleiner als N zu

$$\varphi(N) := |\{k \le N : \mathrm{ggT}(k, N) = 1\}|.$$

Die Euler'sche Produktformel sagt, dass

$$\varphi(N) = N \cdot \prod_{p \text{ prim}, \, p|N} \left(1 - \frac{1}{p}\right).$$

Zum Beweis dieser Formel betrachten wir jetzt den Ergebnisraum $\Omega = \{1, \ldots, N\}$ mit der Laplace-Verteilung. In diesem Raum gilt

$$
\begin{aligned}
\frac{\varphi(N)}{N} &= P(\{k \le N : ggT(k, N) = 1\}) \\
&= 1 - P(\{k \le N : ggT(k, N) > 1\}) \\
&= 1 - P\left(\bigcup_{p \text{ prim}, \, p|N} A_p\right) = P\left(\bigcap_{p \text{ prim}, \, p|N} A_p^c\right),
\end{aligned}
\tag{3.2}
$$

wobei $A_k := \{n \in \Omega : k|n\}$. Wir zeigen weiter, dass die Ereignisse A_p, wobei p Primteiler von N ist, unabhängig sind. Ist k ein Teiler von N, so hat A_k die Elemente $k, 2k, \ldots, (\frac{N}{k}) \cdot k$. Dies sind $\frac{N}{k}$ Elemente, und somit gilt

$$P(A_k) = \frac{|A_k|}{|\Omega|} = \frac{1}{k} \quad \text{für alle } k|N.$$

Seien nun $p_1, \ldots, p_m$ verschiedene Primteiler von N. Dann gilt

$$
\begin{aligned}
A_{p_1} \cap \ldots \cap A_{p_m} &= \{n \in \Omega : p_1|n, \ldots, p_m|n\} = \{n \in \Omega : p_1 \cdot \ldots \cdot p_m | n\} \\
&= A_{p_1 \cdot \ldots \cdot p_m}
\end{aligned}
$$

und für die Wahrscheinlichkeiten

$$P(A_{p_1} \cap \ldots \cap A_{p_m}) = \frac{1}{p_1 \cdot \ldots \cdot p_m} = P(A_{p_1}) \cdot \ldots \cdot P(A_{p_m}).$$

Damit ist die Unabhängigkeit der Ereignisse A_p, p Primteiler von N, gezeigt. Mit Lemma 3.4 folgt dann die Unabhängigkeit der Komplemente und somit können wir die Reihe der Identitäten in (3.2) fortsetzen und erhalten schließlich

$$\frac{\varphi(N)}{N} = P\left(\bigcap_{p \text{ prim}, \, p|N} A_p^c\right) = \prod_{p \text{ prim}, \, p|N} \left(1 - \frac{1}{p}\right).$$

Bemerkung 3.5 Wir wissen nun, dass $A_{p_1}, \ldots, A_{p_m}$ unabhängige Ereignisse sind. Wir fassen zusammen. In unserem Modell ist eine Zahl n mit Wahrscheinlichkeit $\frac{1}{k}$ durch k teilbar (dies entspricht der Tatsache, dass in der Folge $1, 2, \ldots$ jede k-te Zahl durch k teilbar ist), und für 2 verschiedene

Primzahlen p und q sind die Ereignisse, dass eine Zahl n durch p bzw. q teilbar ist, unabhängig voneinander. Mark Kac formuliert dies in seinem Buch mit folgenden Worten ‚we can say, using a picturesque but not a very precise language that the primes play a game of chance'.

Man bemerke, dass wir in unseren Formulierungen möglichst vorsichtig waren, denn wir betrachten nur den endlichen Raum $\{1,\ldots,N\}$ und die gefundenen Eigenschaften gelten nur für Teiler von N. Am liebsten hätten wir eine Wahrscheinlichkeitsverteilung auf ganz $\mathbb{N}$, die obige Eigenschaften erfüllt. Die Laplace-Verteilung setzt eine endliche Grundgesamtheit voraus und es gibt keine Gleichverteilung auf $\mathbb{N}$, d.h. wir können nicht von einer zufällig gezogenen natürlichen Zahl sprechen. Als Ersatz nimmt man den Limes der relativen Häufigkeiten auf $\{1,\ldots,N\}$, d.h. der Teilmenge $A \subseteq \mathbb{N}$ wird die ‚Wahrscheinlichkeit'

$$P(A) = \lim_{N \to \infty} P_N(A \cap \{1,\ldots,N\}) = \lim_{N \to \infty} \frac{1}{N}|A \cap \{1,\ldots,N\}|$$

zugeordnet. Dieser Limes heißt asymptotische Dichte der Menge A. Aber dieser Limes existiert nicht für alle Mengen $A \subset \mathbb{N}$, und es gibt Mengen A und B, für die zwar $P(A)$ und $P(B)$ existieren, aber $P(A \cup B)$ existiert nicht.

Übungen

Übung 3.1 Es seien A, B und C drei unabhängige Ereignisse. Zeige, dass dann $A \cup B$ und C unabhängig sind.

Übung 3.2 Zeige, dass für unabhängige Ereignisse A und B gilt

$$P(B \backslash A) = P(B)(1 - P(A)).$$

Übung 3.3 Wir werfen 2-mal eine unverfälschte Münze und definieren folgende Ereignisse

A : ‚beim 1. Wurf erscheint Kopf'

B : ‚beim 2. Wurf erscheint Kopf'

C : ‚die Anzahl der Würfe, bei denen Kopf erscheint, ist gerade'.

Bestimme die Wahrscheinlichkeiten dieser Ereignisse und zeige, dass sie paarweise unabhängig sind und dass A, B und C nicht unabhängig sind.

Übung 3.4 Wir werfen 2-mal einen unverfälschten Würfel und definieren die Ereignisse

A : ‚die Augenzahl des 1. Wurfes ist gerade'

B : ‚die Summe beider Augenzahlen ist gerade'.

Sind diese Ereignisse unabhängig?

Übung 3.5 Zeige, dass für unabhängige Ereignisse $A_1,\ldots,A_n$ gilt

$$P(A_1 \cup \ldots \cup A_n) = 1 - \prod_{k=1}^{n}(1 - P(A_k)) \geq 1 - \exp\left(-\sum_{k=1}^{n} P(A_k)\right).$$

(Hinweis: Es gilt $e^{-x} \geq 1 - x$ für alle $x \in \mathbb{R}$.)

3.2 Modellierung von Produktexperimenten

Nachdem wir uns mit der Unabhängigkeit von Ereignissen beschäftigt haben, suchen wir nun ein Modell für eine Anzahl physisch unabhängiger Zufallsexperimente. Mit ‚physisch unabhängig' meinen wir, dass die Experimente sich gegenseitig nicht beeinflussen, d.h. dass der Ausgang eines der Experimente keinen Einfluss auf den Ausgang der anderen Experimente hat. Für ein Würfelexperiment kann dies bedeuten, dass verschiedene Personen an verschiedenen Orten würfeln. Physikalische Experimente werden bei jeder Wiederholung von Anfang an neu und von einem anderen Mitarbeiter durchgeführt. Beim wiederholten Ziehen von Kugeln aus einer Urne haben wir physische Unabhängigkeit, wenn wir die gezogene Kugel wieder zurücklegen und die Kugeln vor der nächsten Ziehung gut mischen. Ziehen ohne Zurücklegen ist dagegen ein klassisches Beispiel physisch abhängiger Experimente, weil ja bei den Wiederholungen die bereits gezogenen Kugeln in der Urne fehlen.

Das Modell, das wir suchen, soll die physische Unabhängigkeit in dem Sinne widerspiegeln, dass Ereignisse, deren Ergebnisse zu verschiedenen Experimenten gehören, innerhalb des Modells stochastisch unabhängig sind. Eine stochastische Unabhängigkeit zweier Ereignisse im Modell sagt aber nichts über die tatsächliche physische Unabhängigkeit dieser Ereignisse.

Beispiel 3.6 Wir betrachten das Werfen zweier unverfälschter Würfel und definieren die Ereignisse

A : ‚beim 1. Wurf wird eine 3 geworfen'

B : ‚die Augenzahl des 2. Wurfes ist gerade'.

Ohne Rechnung wissen wir, dass die Wahrscheinlichkeit bei einem Wurf eine 3 zu werfen $\frac{1}{6}$ und die Wahrscheinlichkeit bei einem Würfelwurf eine gerade Augenzahl zu werfen $\frac{1}{2}$ ist. Nun betrachten wir aber das Modell mit Ergebnisraum

$$\Omega = \{(\omega_1, \omega_2) : 1 \leq \omega_i \leq 6\}$$

und Laplace-Verteilung als gemeinsames Modell für das zweimalige Werfen des Würfels. Es ist nicht a priori selbstverständlich, dass beim Übergang zu einem anderen Modell die Wahrscheinlichkeiten gleich bleiben. Doch gilt hier $A = \{(3, \omega_2) : 1 \leq \omega_2 \leq 6\}$, also $P(A) = \frac{6}{36} = \frac{1}{6}$ und $B = \{(\omega_1, \omega_2) : 1 \leq \omega_1 \leq 6, \omega_2 \in \{2, 4, 6\}\}$, also $P(B) = \frac{18}{36} = \frac{1}{2}$. Wir können auch eine Aussage über die Unabhängigkeit der Ereignisse machen. Es ist $A \cap B = \{(3, 2), (3, 4), (3, 6)\}$ und somit

$$P(A \cap B) = \frac{1}{12} = P(A)P(B).$$

Also sind die Ereignisse A und B stochastisch unabhängig, und unser Modell spiegelt die physische Unabhängigkeit der beiden Experimente wider.

Wir betrachten jetzt den allgemeinen Fall, dass $(\Omega_1, P_1), \ldots, (\Omega_n, P_n)$ Modelle für physisch unabhängige Experimente sind. Wir nehmen weiter an, dass die Räume (Ω_i, P_i) diskret sind mit Wahrscheinlichkeitsfunktion $p_i : \Omega_i \to [0,1]$, gegeben durch $p_i(\omega_i) = P(\{\omega_i\})$, siehe Definition 1.11.

Definition 3.7 *Der Produktraum* (Ω, P) *ist der diskrete Wahrscheinlichkeitsraum mit Ergebnisraum*

$$\Omega := \Omega_1 \times \ldots \times \Omega_n = \{(\omega_1, \ldots, \omega_n) : \omega_i \in \Omega_i\}$$

und Wahrscheinlichkeitsfunktion

$$p(\omega_1, \ldots, \omega_n) := p_1(\omega_1) \cdot \ldots \cdot p_n(\omega_n).$$

Die durch p *definierte Wahrscheinlichkeitsverteilung auf* Ω *heißt Produktwahrscheinlichkeit.*

Beispiel 3.8 (i) Es beschreibe (Ω, P) ein Laplace-Experiment. Dann ist der Produktraum für die Modellierung von n physisch unabhängigen Wiederholungen des Experimentes gegeben durch den Ergebnisraum $\Omega^n = \Omega \times \ldots \times \Omega$ und die Wahrscheinlichkeitsfunktion $p(\omega_1, \ldots, \omega_n) = \frac{1}{|\Omega|^n}$. Also ist der Produktraum (Ω^n, P) wieder ein Laplace-Raum und beim Modellieren der wiederholten Ausführung eines Laplace-Experimentes führt die Annahme der physischen Unabhängigkeit zu demselben Modell wie die Annahme, dass alle Ergebnisse im gemeinsamen Modell gleich wahrscheinlich sind.

(ii) Das einfachste nicht triviale Zufallsexperiment hat genau 2 mögliche Ergebnisse. Wir können dabei denken an ‚Kopf‘ und ‚Zahl‘ beim Münzwurf, an ‚6‘ und ‚keine 6‘ beim Würfeln, ‚pair‘ und ‚impair‘ beim Roulette oder ‚gut‘ und ‚schlecht‘ bei einer Qualitätskontrolle. Als Modell für die einmalige Ausführung des Experimentes wählen wir den Ergebnisraum $\Omega_1 = \{0,1\}$, wobei 1 für Erfolg und 0 für Misserfolg steht. Die Wahrscheinlichkeitsverteilung auf Ω_1 ist vollkommen beschrieben durch die Erfolgswahrscheinlichkeit $p := p_1(1)$, denn dann muss die Misserfolgswahrscheinlichkeit $q := 1 - p = p_1(0)$ sein. Für die n-fache Wiederholung des Experimentes können wir als Modell den Produktraum und die Produktwahrscheinlichkeit wählen

$$\Omega = \{0,1\}^n = \{(\omega_1, \ldots, \omega_n) : \omega_i \in \{0,1\}\}$$
$$p(\omega) = p_1(\omega_1) \cdot \ldots \cdot p_1(\omega_n) = p^k (1-p)^{n-k},$$

wobei $k = \sum_{i=1}^n \omega_i$ die Anzahl der Erfolge in den n Experimenten angibt. Die Wahrscheinlichkeit eines Ergebnisses $(\omega_1, \ldots, \omega_n)$ hängt also nur von der Zahl der Erfolge ab.

Jedes Ergebnis mit k Erfolgen entspricht einer Teilmenge der Mächtigkeit k aus der Menge der Indizes $\{1, \ldots, n\}$, und davon gibt es $\binom{n}{k}$. Also gilt für die Wahrscheinlichkeit des Ereignisses $A_k : $ ‚es treten k Erfolge ein‘

$$P(A_k) = \binom{n}{k} p^k (1-p)^{n-k}.$$

Mit $p(k) := P(A_k)$ ist wieder eine binomiale Verteilung auf $\{0, \dots, n\}$ mit Parametern n und p gegeben, wie wir sie schon beim Ziehen mit Zurücklegen aus einer Urne mit roten und weißen Kugeln kennengelernt haben.

Wir wollen nun zeigen, dass die oben definierte Produktwahrscheinlichkeit in keinem Widerspruch steht zu den Wahrscheinlichkeitsverteilungen auf den einzelnen Räumen und dass Ereignisse, die vom Ausgang verschiedener Experimente bestimmt sind, unabhängig sind. Damit ist dann gezeigt, dass Produktmodelle sinnvolle Modelle für physisch unabhängige Experimente sind. Wir bemerken zunächst, dass wir das Ereignis, dass das Ergebnis des i-ten Experimentes in A_i liegt, als Teilmenge

$$A_i' := \{\omega \in \Omega : \omega_i \in A_i\} \tag{3.3}$$

von Ω darstellen können.

Satz 3.9 *Seien $A_i \subset \Omega_i$ Ereignisse und sei A_i' wie in (3.3) definiert. Dann gilt*

$$P(A_i') = P_i(A_i) \ \text{für } i = 1, \dots, n,$$

und die Ereignisse $A_1', \dots, A_n'$ sind stochastisch unabhängig.

Beweis. Es gilt

$$P(A_i') = \sum_{\omega \in A_i'} p(\omega) = \sum_{(\omega_1, \dots, \omega_n):\omega_i \in A_i} p_1(\omega_1) \cdot \ldots \cdot p_n(\omega_n)$$

$$= \left(\sum_{\omega_1 \in \Omega_1} p_1(\omega_1)\right) \cdot \ldots \cdot \left(\sum_{\omega_i \in A_i} p_i(\omega_i)\right) \cdot \ldots \cdot \left(\sum_{\omega_n \in \Omega_n} p_n(\omega_n)\right)$$

$$= \sum_{\omega_i \in A_i} p_i(\omega_i) = P_i(A_i),$$

da $\sum_{\omega_j \in \Omega_j} p_j(\omega_j) = 1$ für alle $j = 1, \dots, n$.
Für Indizes $1 \leq i_1 < \dots < i_k \leq n$ gilt

$$P(A_{i_1}' \cap \dots \cap A_{i_k}') = \sum_{\omega:\omega_{i_1} \in A_{i_1}, \dots, \omega_{i_k} \in A_{i_k}} p_{i_1}(\omega_{i_1}) \cdot \ldots \cdot p_{i_k}(\omega_{i_k})$$

$$= \left(\sum_{\omega_{i_1} \in A_{i_1}} p_{i_1}(\omega_{i_1})\right) \cdot \ldots \cdot \left(\sum_{\omega_{i_k} \in A_{i_k}} p_{i_k}(\omega_{i_k})\right)$$

$$= P_{i_1}(A_{i_1}) \cdot \ldots \cdot P_{i_k}(A_{i_k})$$

$$= P(A_{i_1}') \cdot \ldots \cdot P(A_{i_k}').$$

Also sind $A_1', \dots, A_n'$ unabhängige Ereignisse. $\square$

Mit der Identität $A_1' \cap \dots \cap A_n' = A_1 \times \dots \times A_n$ bedeutet die Aussage des Satzes 3.9, dass auf dem Produktraum (Ω, P) gilt

$$P(A_1 \times \ldots \times A_n) = P_1(A_1) \cdot \ldots \cdot P_n(A_n).$$

Allgemeiner kann man diese Formel auch für Produkte nicht notwendig diskreter Experimente als Ausgangspunkt einer Definition der Produktwahrscheinlichkeit nehmen. Dann muss man zeigen, dass P eindeutig bestimmt ist durch die Wahrscheinlichkeiten solcher kartesischen Produkte. Dies ist u.a. Thema in einer Vorlesung über Maß- und Wahrscheinlichkeitstheorie.

Übungen

Übung 3.6 Seien (Ω_i, P_i), $1 \le i \le n$, verschiedene Laplace-Experimente. Zeige, dass die Produktverteilung auf $\Omega_1 \times \ldots \times \Omega_n$ eine Laplaceverteilung ist.

3.3 Bedingte Wahrscheinlichkeiten

Nun wenden wir uns der Beschreibung von Abhängigkeitseigenschaften in Bezug auf Ereignisse zu. Dabei spielt der Begriff ‚bedingte Wahrscheinlichkeit‘ die zentrale Rolle. Wenn wir ein Würfelexperiment betrachten, bei dem zweimal mit einem unverfälschten Würfel geworfen wird, so können wir nach der Wahrscheinlichkeit fragen, dass die Augensumme 12 ist. Wenn wir bereits wissen, dass beim ersten Wurf eine 5 gewürfelt wurde, so würden wir dem Ereignis ‚Augensumme 12‘ intuitiv nicht mehr die gleiche Wahrscheinlichkeit geben, wie wir es ohne diese Teilinformation getan haben.

Wir betrachten die Situation erst für die frequentistische Interpretation von Wahrscheinlichkeit. Wir wissen, dass das Ergebnis eines Experimentes in A liegt. Zur Berechnung der Wahrscheinlichkeit eines Ereignisses B sind wir nun nicht mehr interessiert an der relativen Häufigkeit des Eintretens von B in der Gesamtfolge, sondern nur noch in der Teilfolge von Experimenten, in denen A eingetreten ist. Diese relative Häufigkeit ist durch $\frac{n_{A \cap B}}{n_A} = \frac{n_{A \cap B}/n}{n_A/n}$ gegeben. Sie ist also gleich dem Quotienten aus den relativen Häufigkeiten des Eintretens von $A \cap B$ und von A. So können wir durch Grenzwertbildung zu folgender Definition finden.

Definition 3.10 *Es seien A und B Ereignisse mit $P(A) > 0$. Dann definieren wir die bedingte Wahrscheinlichkeit von B gegeben A durch*

$$P(B|A) := \frac{P(A \cap B)}{P(A)}.$$

Auch für die Interpretation von Wahrscheinlichkeit als relative Häufigkeit eines Merkmals in einer endlichen Grundgesamtheit können wir diese Definition motivieren. Es seien A und B zwei Merkmale (Kind, Sänger), die wir mit den Teilmengen A und B der Grundgesamtheit identifizieren. Wenn wir

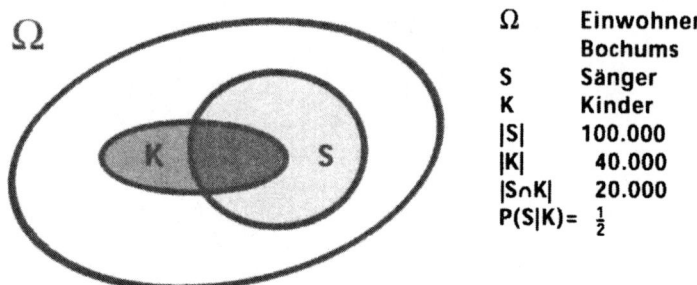

Ω	Einwohner Bochums
S	Sänger
K	Kinder
|S|	100.000
|K|	40.000
|S∩K|	20.000
P(S|K)=	$\frac{1}{2}$

Abb. 3.2. Bedingte Wahrscheinlichkeiten in einer endlichen Grundgesamtheit

von einer Person bereits wissen, dass sie Merkmal A hat, dann ist die Wahrscheinlichkeit, dass sie auch Merkmal B hat, gleich der relativen Häufigkeit des Merkmals B innerhalb der Teilmenge A, d.h. $P(B|A) = \frac{|A \cap B|}{|A|}$.

Bemerkung 3.11 Für unabhängige Ereignisse A und B mit $P(A) > 0$ gilt

$$P(B|A) = P(A \cap B)/P(A) = P(B),$$

d.h. die Wahrscheinlichkeit, dass B eintritt gegeben A, ist gleich der Wahrscheinlichkeit von B. Die Information, dass A eingetreten ist, hat also keinen Einfluss auf die Wahrscheinlichkeit, dass dann auch B eintritt. Umgekehrt folgt aus $P(B|A) = P(B)$ mit Hilfe der Definition der bedingten Wahrscheinlichkeit $P(A \cap B) = P(A) P(B|A) = P(A) P(B)$, d.h. dass die Ereignisse A und B unabhängig sind.

Beispiel 3.12 (i) Für ein Würfelexperiment, bei dem 2-mal mit einem unverfälschten Würfel geworfen wird, definieren wir die Ereignisse

A : ‚beim 1. Wurf wird eine 6 geworfen‘

B : ‚die Augensumme ist 12‘.

Mit $P(A) = \frac{1}{6}$ und $P(A \cap B) = \frac{1}{36}$ ist dann $P(B|A) = \frac{1}{6}$. Dies entspricht der intuitiven Überlegung, dass, wenn wir bereits wissen, dass beim ersten Wurf eine 6 gewürfelt wurde, die Wahrscheinlichkeit, dass die Augensumme gleich 12 ist, gleich der Wahrscheinlichkeit ist, dass beim zweiten Wurf auch eine 6 geworfen wird.

(ii) Wir ziehen 2-mal ohne Zurücklegen aus einer Urne mit R roten und $(N - R)$ weißen Kugeln. Wir definieren die Ereignisse

A : ‚die 1. gezogene Kugel ist rot‘

B : ‚die 2. gezogene Kugel ist rot‘.

Dann gilt $P(A) = \frac{R}{N}$, $P(A \cap B) = \frac{R(R-1)}{N(N-1)}$ und somit $P(B|A) = \frac{R-1}{N-1}$. Auch dieses Resultat entspricht unserer Intuition, denn, wenn bei der ersten

Ziehung eine rote Kugel gezogen wird, dann sind in der Urne danach noch $(N-1)$ Kugeln und davon sind $(R-1)$ rot.

Satz 3.13 (Multiplikationsregel)
Es seien $A_1, \ldots, A_n$ Ereignisse mit $P(A_1 \cap \ldots \cap A_{n-1}) \neq 0$. Dann gilt

$$P(A_1 \cap \ldots \cap A_n) = P(A_1) \cdot P(A_2|A_1) \cdot \ldots \cdot P(A_n|A_1 \cap \ldots \cap A_{n-1}). \quad (3.4)$$

Beweis. Wir wenden auf der rechten Seite von (3.4) auf jeden der Faktoren die Definition der bedingten Wahrscheinlichkeit an und erhalten so ein teleskopisches Produkt, d.h. dass sich jeweils Zähler und Nenner aufeinanderfolgender Faktoren wegkürzen. □

Satz 3.14 (Satz von der totalen Wahrscheinlichkeit)
Es sei $B_1, \ldots, B_n$ eine disjunkte Zerlegung des Ergebnisraumes Ω, d.h. $\Omega = B_1 \cup \ldots \cup B_n$ und $B_i \cap B_j = \emptyset$ für $i \neq j$, und es gelte $P(B_i) > 0$ für alle $i = 1, \ldots, n$. Dann gilt für jedes Ereignis $A \subset \Omega$

$$P(A) = \sum_{i=1}^{n} P(A|B_i)P(B_i). \quad (3.5)$$

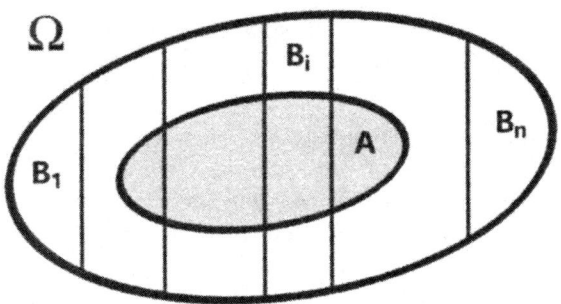

Abb. 3.3. Satz von der totalen Wahrscheinlichkeit

Beweis. Die Mengen $A \cap B_1, \ldots, A \cap B_n$ sind disjunkt und ihre Vereinigung ist A. Also gilt $P(A) = \sum_{k=1}^{n} P(A \cap B_k) = \sum_{k=1}^{n} P(A|B_k)P(B_k)$. □

Satz 3.15 (Bayes-Formel)
Es sei $B_1, \ldots, B_n$ eine disjunkte Zerlegung von Ω und es gelte $P(B_i) > 0$ für alle $i = 1, \ldots, n$. Dann gilt für jedes Ereignis $A \subset \Omega$

$$P(B_i|A) = \frac{P(A|B_i)P(B_i)}{\sum_{k=1}^{n} P(A|B_k)P(B_k)}. \quad (3.6)$$

Beweis. Nach Definition gilt $P(B_i|A) = \frac{P(A \cap B_i)}{P(A)}$, und wir wenden im Nenner die Formel von der totalen Wahrscheinlichkeit an. $\square$

In den Aufzeichnungen des englischen Pfarrers Thomas Bayes (1702-1761) ‚An essay towards solving a problem in the doctrine of chances‘, die im Jahre 1763 posthum herausgegeben wurden, erschien diese Formel zum ersten Mal.

Wir wollen jetzt einige Beispiele geben für die Anwendungen dieser drei Sätze. Wie auch an anderen Stellen in der elementaren Wahrscheinlichkeitsrechnung, z.B. Satz 1.6, sind die Aussagen der Sätze nicht sehr kompliziert und so auch die Beweise kurz. Ihre Bedeutung liegt in der Anwendung in unterschiedlichen Zusammenhängen. Wir beginnen mit einem Beispiel zur Multiplikationsregel. Mit ihrer Hilfe können wir Wahrscheinlichkeiten berechnen bei nacheinander ausgeführten Experimenten, indem wir für alle Zwischensituationen die bedingten Wahrscheinlichkeiten $P(A_k|A_1 \cap \ldots \cap A_{k-1})$ ausrechnen.

Beispiel 3.16 Gegeben sei eine Urne mit R roten und $(N - R)$ weißen Kugeln. Ein möglicher Ergebnisraum für das n-fache Ziehen ohne Zurücklegen ist

$$\Omega = \{(\omega_1, \ldots, \omega_n) : \omega_i \in \{0, 1\}\},$$

wobei 0 für weiß und 1 für rot steht. Wir definieren die Ereignisse

$$A_i^{(0)} : \text{,die } i\text{-te gezogene Kugel ist weiß‘}$$
$$A_i^{(1)} : \text{,die } i\text{-te gezogene Kugel ist rot‘}.$$

Dann können wir das Ergebnis $(\omega_1, \ldots, \omega_n)$ auch schreiben als Durchschnitt von $A_1^{\omega_1}, \ldots, A_n^{\omega_n}$, d.h. $\{(\omega_1, \ldots, \omega_n)\} = A_1^{\omega_1} \cap \ldots \cap A_n^{\omega_n}$. Mit Hilfe der Multiplikationsregel berechnen wir die Wahrscheinlichkeitsfunktion $p(\omega_1, \ldots, \omega_n) := P(\{(\omega_1, \ldots, \omega_n)\})$ und erhalten

$$p(\omega_1, \ldots, \omega_n) = P(A_1^{\omega_1}) \cdot P(A_2^{\omega_2}|A_1^{\omega_1}) \cdot \ldots \cdot P(A_n^{\omega_n}|A_1^{\omega_1} \cap \ldots \cap A_{n-1}^{\omega_{n-1}}).$$

Zur Berechnung dieser bedingten Wahrscheinlichkeiten bedenken wir die Bedingungen, die sich nach den ersten k Ziehungen ergeben. Die Urne enthält dann $(N - k)$ Kugeln und davon sind $(R - \sum_{i=1}^k \omega_i)$ rot und $(N - R - (k - \sum_{i=1}^k \omega_i))$ weiß. Damit folgt

$$P(A_{k+1}^0|A_1^{\omega_1} \cap \ldots \cap A_k^{\omega_k}) = \frac{N - R - k + \sum_{i=1}^k \omega_i}{N - k}$$

$$P(A_{k+1}^1|A_1^{\omega_1} \cap \ldots \cap A_k^{\omega_k}) = \frac{R - \sum_{i=1}^k \omega_i}{N - k}.$$

Zur Veranschaulichung berechnen wir für den Fall, dass 4-mal gezogen wird, die Wahrscheinlichkeit des Ergebnisses $\omega = (0, 1, 0, 0)$. Es gilt $P(A_1^0) = \frac{N-R}{N}$.

Nach der ersten Ziehung befinden sich noch $(N - 1)$ Kugeln in der Urne, von denen R rot und $(N - R - 1)$ weiß sind. Also ist $P(A_2^1|A_1^0) = \frac{R}{N-1}$. Anschließend sind $(R - 1)$ rote und $(N - R - 1)$ weiße Kugeln in der Urne, also $P(A_3^0|A_1^0 \cap A_2^1) = \frac{N-R-1}{N-2}$. Vor der letzten Ziehung enthält die Urne $(R-1)$ rote und $(N - R - 2)$ weiße Kugeln, sodass $P(A_4^0|A_1^0 \cap A_2^1 \cap A_3^0) = \frac{N-R-2}{N-3}$. Die Anwendung der Multiplikationsregel ergibt dann

$$p(0,1,0,0) = \frac{(N - R)(N - R - 1)(N - R - 2)R}{N(N - 1)(N - 2)(N - 3)} = \frac{(R)_1(N - R)_3}{(N)_4}.$$

Wenn wir diese Überlegungen verallgemeinern von 4-maligem auf n-maliges Ziehen und $r = \sum_{i=1}^{n} \omega_i$ die Anzahl der roten Kugeln in der Stichprobe ist, so erkennen wir als allgemeine Formel

$$p(\omega_1, \ldots, \omega_n) = \frac{(R)_r(N - R)_{n-r}}{(N)_n}. \tag{3.7}$$

Die Wahrscheinlichkeit einer bestimmten Stichprobe hängt also nur von der Anzahl der roten Kugeln in der Stichprobe ab und nicht von der Reihenfolge, in der die Kugeln gezogen werden. So können wir mit der Identität (3.7) auch die Wahrscheinlichkeit der Ereignisse

$$A_r : \text{,es werden genau } r \text{ rote Kugeln gezogen'}$$

berechnen. Es gibt $\binom{n}{r}$ Ergebnisse $(\omega_1, \ldots, \omega_n)$, bei denen r der ω_i's gleich 1 sind, und alle haben dieselbe Wahrscheinlichkeit. Also folgt

$$P(A_r) = \binom{n}{r} \frac{(R)_r(N - R)_{n-r}}{(N)_n} = \frac{\binom{R}{r}\binom{N-R}{n-r}}{\binom{N}{n}},$$

und mit $p(r) := P(A_r)$ ist dies wieder die hypergeometrische Verteilung auf $\{0, \ldots, n\}$ mit Parametern N, R und n.

In Beispiel 3.16 haben wir die bedingten Wahrscheinlichkeiten

$$P(A_{k+1}^{\omega_{k+1}}|A_1^{\omega_1} \cap \ldots \cap A_k^{\omega_k})$$

nicht mit der Definition berechnet, sondern wir haben Modelle für die Experimente ,Ziehen einer Kugel aus einer Urne mit $(R - \sum_{i=1}^{k} \omega_i)$ roten und $(N - R - (k - \sum_{i=1}^{k} \omega_i))$ weißen Kugeln' gemacht. Man beachte, dass jedes dieser Experimente vom Ausgang der vorhergehenden Experimente abhängt. Aus diesen Modellen haben wir dann mittels der Multiplikationsregel ein gemeinsames Modell für das Gesamtexperiment gemacht. Dies ist eine Analogie zur Vorgehensweise im vorigen Abschnitt, in dem wir, ausgehend von einer Anzahl physisch unabhängiger Experimente, Produktexperimente definiert haben. Es gibt auch einen allgemeinen Satz, der besagt, dass man, wie im obigen Beispiel, ein Gesamtexperiment modellieren kann, indem man Modelle für bedingte Experimente macht. Dies ist ein Analogon zu Satz 3.9 über Produktexperimente.

Der Satz von der totalen Wahrscheinlichkeit findet seine Anwendung in der Modellierung zweistufiger Experimente, bei denen in der ersten Stufe mit Hilfe eines Zufallsexperimentes festgelegt wird, welches von n möglichen Experimenten in der zweiten Stufe ausgeführt wird. Hier werden wir diesen Satz als Hilfsmittel anwenden, um aus den Modellen für die Teilexperimente ein gemeinsames Modell für das Gesamtexperiment zusammenzustellen.

1   **2**   **3**   **4**   **5**   **6**

Abb. 3.4. Ziehen aus einer zufällig gewählten Urne

Beispiel 3.17 Wir haben 6 Urnen mit jeweils 5 Kugeln. Die erste Urne enthält 5 weiße Kugeln, die zweite Urne enthält 4 weiße Kugeln und eine rote Kugel, usw., die sechste Urne enthält nur rote Kugeln, siehe Abb. 3.4. Mit Hilfe eines unverfälschten Würfels wählen wir in der ersten Stufe zufällig eine Urne aus. In der zweiten Stufe ziehen wir dann ausschließlich aus dieser Urne und stets mit Zurücklegen. Wir definieren die Ereignisse

$$B_i : \text{,es wird aus der } i\text{-ten Urne gezogen'}$$
$$A_1 : \text{,die 1. gezogene Kugel ist rot'}$$
$$A_2 : \text{,die 2. gezogene Kugel ist rot'}.$$

Wir fragen nun nach $P(A_1)$ und nach der bedingten Wahrscheinlichkeit $P(A_2|A_1)$, dass die zweite gezogene Kugel rot ist, gegeben, dass die erste gezogene Kugel rot war? $B_1, \ldots, B_6$ bilden eine disjunkte Zerlegung des Ergebnisraumes, und es gilt $P(B_i) = \frac{1}{6}$. Gegeben B_i wird in der zweiten Stufe aus einer Urne mit $(i-1)$ roten Kugeln gezogen und somit gilt $P(A_1|B_i) = \frac{i-1}{5}$. Mit der Formel von der totalen Wahrscheinlichkeit folgt dann

$$P(A_1) = \frac{1}{6} \sum_{i=1}^{6} \frac{i-1}{5} = \frac{1}{30} \sum_{i=0}^{5} i = \frac{1}{2}.$$

Diese Aussage, dass es beim ersten Ziehen gleich wahrscheinlich ist, eine rote Kugel oder eine weiße Kugel zu ziehen, lässt sich auch mit einer Symmetriebetrachtung einsehen. Wir könnten, als Gedankenexperiment, die Kugeln umfärben, die weißen Kugeln rot und die roten Kugeln weiß, und das Experiment bliebe gleich.

Weiter gilt

$$P(A_2|A_1) = P(A_1 \cap A_2)/P(A_1) = 2 \cdot P(A_1 \cap A_2).$$

Wir berechnen nun die Wahrscheinlichkeit, dass die erste und die zweite gezogene Kugel rot sind mit der Formel von der totalen Wahrscheinlichkeit. Gegeben B_i ziehen wir 2-mal mit Zurücklegen aus einer Urne mit $(i-1)$ roten Kugeln und erhalten so $P(A_1 \cap A_2|B_i) = \left(\frac{i-1}{5}\right)^2$. Hieraus folgt

$$P(A_1 \cap A_2) = \frac{1}{6}\sum_{i=1}^{6}\left(\frac{i-1}{5}\right)^2 = \frac{1}{150}\sum_{i=0}^{5}i^2 = \frac{11}{30}$$

und

$$P(A_2|A_1) = \frac{11}{15}.$$

Die bedingte Wahrscheinlichkeit, dass die zweite gezogene Kugel rot ist, gegeben, dass die erste gezogene Kugel rot ist, ist deutlich größer als $\frac{1}{2}$, welches die unbedingte Wahrscheinlichkeit ist, dass die zweite gezogene Kugel rot ist, siehe Aufgabe 3.3. Die beiden Ereignisse A_1 und A_2 sind eben nicht unabhängig. Die Information, dass die erste gezogene Kugel rot ist, vergrößert die Wahrscheinlichkeit, dass bei der zweiten Ziehung eine rote Kugel gezogen wird. Dies entspricht der Tatsache, dass das erste Ergebnis uns Informationen gibt über die Urne, aus der wir ziehen, z.B. kann das Ereignis A_1 bei der ersten Urne nicht eintreten.

Die Bayes-Formel findet ihre Anwendung bei Experimenten, bei denen wir die bedingten Wahrscheinlichkeiten $P(A|B_1), \ldots, P(A|B_n)$ für eine disjunkte Zerlegung $B_1, \ldots, B_n$ kennen und die Wahrscheinlichkeiten $P(B_1), \ldots, P(B_n)$. Wir können uns die Ereignisse $B_1, \ldots, B_n$ denken als verschiedene Ursachen, die das Ereignis A bewirken. Und mit der Bayes-Formel können wir aus der Wirkung Rückschlüsse auf die Ursachen ziehen, d.h. die ‚inversen‘ Wahrscheinlichkeiten $P(B_i|A)$ berechnen.

Beispiel 3.18 Wir betrachten nochmal die Gegebenheiten des letzten Beispiels und stellen nun die Frage:

Wie groß ist die bedingte Wahrscheinlichkeit, dass wir aus der i-ten Urne ziehen, gegeben, dass die erste gezogene Kugel rot ist?

Mit der Bayes-Formel erhalten wir

$$P(B_i|A_1) = \frac{P(A_1|B_i)P(B_i)}{\sum_{k=1}^{6}P(A_1|B_k)P(B_k)} = \frac{((i-1)/5)\cdot 1/6}{\sum_{k=1}^{6}((k-1)/5)\cdot 1/6} = \frac{i-1}{15}.$$

Die Information, dass die erste gezogene Kugel rot ist, verschiebt also die Wahrscheinlichkeitsverteilung unter den Urnen von $(P(B_i), 1 \leq i \leq 6) = (\frac{1}{6}, \frac{1}{6}, \frac{1}{6}, \frac{1}{6}, \frac{1}{6}, \frac{1}{6})$ zu $(P(B_i|A_1), 1 \leq i \leq 6) = (\frac{0}{15}, \frac{1}{15}, \frac{2}{15}, \frac{3}{15}, \frac{4}{15}, \frac{5}{15})$, also zugunsten der Urnen, die eine größere Anzahl roter Kugeln enthalten.

Die Statistik ist der Teilbereich der Mathematik, der sich mit Wahrscheinlichkeitsexperimenten befasst, deren Wahrscheinlichkeitsverteilung nicht vollständig bekannt ist. Wir haben bereits die binomiale und die hypergeometrische Verteilung kennengelernt, die verschiedene Parameter enthalten. Die Verwendung von Parametern ist eine Möglichkeit, die fehlenden Informationen auszudrücken. In der Statistik versucht man nun, aufgrund des Ergebnisses des Experimentes eine Aussage über den Wert des unbekannten Parameters zu machen.

Die Bayes-Formel ist die Grundlage für die Bayes'sche Statistik. In dieser Statistik wird der Parameter als Ergebnis eines weiteren Zufallsexperimentes aufgefasst, dessen Verteilung, die sogenannte a priori Verteilung, man kennt. Mit Hilfe der Bayes-Formel kombiniert man die a priori Verteilung mit der Information über den Ausgang des Experimentes zu einer a posteriori Verteilung des Parameters. Das vorige Beispiel können wir auch auf diese Weise betrachten. Die Nummer der Urne, aus der wir ziehen, ist der unbekannte Parameter. A priori waren alle Urnen gleich wahrscheinlich, weil wir die Urne mit einem unverfälschten Würfel ausgewählt haben. Im Sprachgebrauch der Bayes'schen Statistik ist also die a priori Verteilung auf dem Parameterraum $\{1, \ldots, 6\}$ die Laplace-Verteilung $(\frac{1}{6}, \ldots, \frac{1}{6})$. Ist die gezogene Kugel rot, so erhalten wir mit der Bayes-Formel die a posteriori Verteilung $(0, \frac{1}{15}, \frac{2}{15}, \frac{3}{15}, \frac{4}{15}, \frac{5}{15})$.

Das entscheidende Problem der Bayes'schen Statistik ist die Tatsache, dass man im Allgemeinen nicht weiß, wie der unbekannte Parameter gewählt wurde und dass deswegen die Interpretation der a priori Verteilung unklar ist. Man versucht dann, subjektive Empfindungen über den wirklichen Parameterwert durch eine Wahrscheinlichkeitsverteilung auszudrücken. Diese Wahrscheinlichkeiten lassen sich weder mit der frequentistischen Definition noch mit der Interpretation von Wahrscheinlichkeit als relative Häufigkeit eines Merkmals in einer endlichen Grundgesamtheit verbinden.

Übungen

Übung 3.7 Wir haben eine Urne mit R roten und W weißen Kugeln. Wir ziehen eine Kugel und legen diese wieder zurück zusammen mit einer weiteren Kugel derselben Farbe. Dann ziehen wir ein zweites Mal. Berechne für die Ereignisse

$$A : \text{,die 1. gezogene Kugel ist weiß'}$$
$$B : \text{,die 2. gezogene Kugel ist weiß'}$$

die Wahrscheinlichkeiten $P(A)$, $P(B|A)$ und $P(B)$. Berechne die Wahrscheinlichkeit $P(A|B)$.

Übung 3.8 Für eine seltene Krankheit, an der $0,1\%$ der Bevölkerung leidet, wurde ein Test entwickelt. Der Test fällt für 99% aller Kranken positiv aus, aber auch für 1% aller Gesunden. Wie groß ist die Wahrscheinlichkeit, dass eine Person, für die der Test positiv ausfiel, wirklich krank ist?

Übung 3.9 Wir haben 2 Urnen mit jeweils 5 Kugeln. Eine Urne enthält 3 weiße und 2 rote Kugeln, die andere Urne 2 weiße und 3 rote Kugeln. Wir wählen zufällig eine Urne aus und ziehen dann 2-mal ohne Zurücklegen. Bestimme die Wahrscheinlichkeit, dass r rote Kugeln, $r = 0, 1, 2$, in der Stichprobe sind und die bedingte Wahrscheinlichkeit, dass aus der ersten Urne gezogen wurde, gegeben, dass zwei rote Kugeln in der Stichprobe sind.

3.4 Ruinproblem

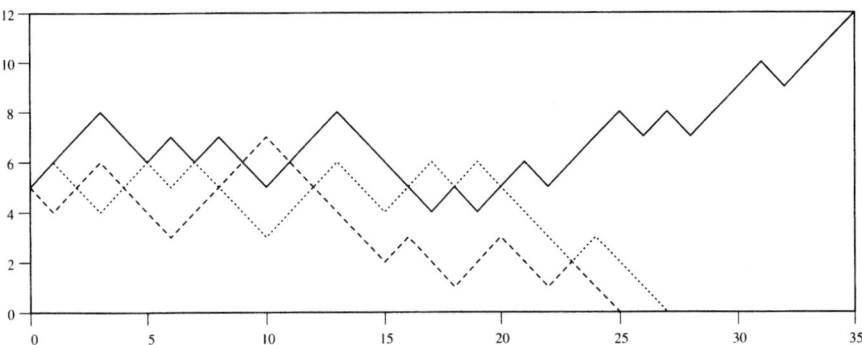

Abb. 3.5. Ruinproblem: einige mögliche Spielverläufe

Zwei Spieler, A und B, spielen ein Glücksspiel, das in mehreren Runden gespielt wird. Gewinnt A eine Runde, so erhält er einen Euro von B, verliert er, so muss er einen Euro an B zahlen. In jeder Runde hat A die Gewinnwahrscheinlichkeit p und B die Gewinnwahrscheinlichkeit $q = 1 - p$. Das gemeinsame Kapital der beiden Spieler ist K und davon besitzt A zu Beginn des Spiels den Anteil a. Das Spiel endet, sobald einer der Spieler pleite ist. Die Frage nach der Wahrscheinlichkeit, ob das Spiel mit dem Ruin von A endet oder mit dem Ruin von B, heißt das Ruinproblem.

Es wird sich als sinnvoll erweisen, dass wir die Funktion $\pi(x)$, $x = 0, \ldots, K$, betrachten, die die Wahrscheinlichkeit angibt, dass das Spiel mit dem Ruin von A endet, wenn dieser das Anfangskapital x hat. Alle Beträge, a, K und x, sind nicht-negative ganze Zahlen. Wir definieren das Ereignis E_A, dass A die 1. Runde gewinnt und das Ereignis E_B, dass B die 1. Runde gewinnt. Diese beiden Ereignisse sind eine disjunkte Zerlegung des Ergebnisraumes, so dass wir die Formel von der totalen Wahrscheinlichkeit anwenden können

$$P(\text{,Spiel endet mit dem Ruin von A'})$$
$$= P(\text{,Spiel endet mit dem Ruin von A'}|E_A) \cdot P(E_A)$$
$$+ P(\text{,Spiel endet mit dem Ruin von A'}|E_B) \cdot P(E_B).$$

Es gilt $P(E_A) = p$ und $P(E_B) = 1 - p$. Wenn Spieler A die 1. Runde gewinnt, so hat er nach der 1. Runde ein Kapital von $(x + 1)$. Daraus folgt, dass die bedingte Wahrscheinlichkeit, dass das Spiel mit dem Ruin von A endet, gegeben E_A, gleich $\pi(x+1)$ ist. Da das Gesamtkapital gleichbleibt, ist die bedingte Wahrscheinlichkeit, dass das Spiel mit dem Ruin von A endet, gegeben E_B, gleich $\pi(x - 1)$. Also erhalten wir folgende Gleichung

$$\pi(x) = p\,\pi(x + 1) + q\,\pi(x - 1) \quad \text{für } x = 1, \cdots, K - 1, \qquad (3.8)$$

eine Differenzengleichung zweiten Grades mit den Randbedingungen $\pi(0) = 1$ (A ist bereits zu Beginn pleite) und $\pi(K) = 0$ (B ist bereits zu Beginn pleite).

Satz 3.19 *(i) Für $p \neq q$ ist die Wahrscheinlichkeit, dass das Spiel mit dem Ruin von A endet, wenn A das Anfangskapital x hat, gegeben durch*

$$\pi(x) = \frac{(q/p)^x - (q/p)^K}{1 - (q/p)^K} \quad \text{für } x = 0, \ldots, K. \qquad (3.9)$$

(ii) Für $p = q = \frac{1}{2}$ ist die entsprechende Wahrscheinlichkeit gegeben durch

$$\pi(x) = 1 - \frac{x}{K} \quad \text{für } x = 0, \ldots, K. \qquad (3.10)$$

Beweis. Wir zeigen zunächst, dass die Differenzengleichung (3.8) höchstens eine Lösung hat zu den vorgegebenen Randbedingungen $\pi(0) = 1$ und $\pi(K) = 0$. Wir nehmen an, dass es zwei verschiedene Lösungen π_1 und π_2 von (3.8) gibt mit identischen Randwerten $\pi_1(0) = \pi_2(0) = 1$ und $\pi_1(K) = \pi_2(K) = 0$. Auch $\pi_3(x) := \pi_2(x) - \pi_1(x)$ ist dann eine Lösung von (3.8) mit den Randwerten $\pi_3(0) = \pi_3(K) = 0$. Wenn π_3 nicht identisch 0 ist, dann gibt es ein relatives Extremum. Ohne Einschränkung der Allgemeinheit nehmen wir an, dass dies ein Maximum sei, d.h. es gibt ein $x_0 \in \{1, \ldots, K - 1\}$ mit $\pi_3(x_0) \geq \pi_3(x_0 - 1)$ und $\pi_3(x_0) \geq \pi_3(x_0 + 1)$, wobei mindestens eine Ungleichung strikt ist. Daraus folgt mit (3.8)

$$\begin{aligned}
\pi_3(x_0) &= p\,\pi_3(x_0 + 1) + q\,\pi_3(x_0 - 1) \\
&< p\,\pi_3(x_0) + q\,\pi_3(x_0) \\
&= (p + q)\,\pi_3(x_0) = \pi_3(x_0).
\end{aligned}$$

Dies ist ein Widerspruch, und so ist gezeigt, dass $\pi_3 \equiv 0$ und somit $\pi_1 \equiv \pi_2$. Durch Einsetzen überprüfen wir, dass (3.9) bzw. (3.10) Lösungen der Gleichung (3.8) sind. Für $p = q = \frac{1}{2}$ erhalten wir

$$\frac{1}{2}\left(1 - \frac{x + 1}{K}\right) + \frac{1}{2}\left(1 - \frac{x - 1}{K}\right) - \left(1 - \frac{x}{K}\right) = 0$$

und $\pi(0) = 1$ sowie $\pi(K) = 0$. Für $p \neq q$ erhält man durch Einsetzen sofort die Randwerte $\pi(0) = 1$ und $\pi(K) = 0$. Weiter gilt

$$p\,\pi(x+1) + q\,\pi(x-1) - \pi(x) = \frac{p(q/p)^{x+1} + q(q/p)^{x-1} - (q/p)^x}{1 - (q/p)^K}$$

$$= \frac{(q/p)^{x-1}}{1 - (q/p)^K}\left(p\left(\frac{q}{p}\right)^2 + q - \frac{q}{p}\right)$$

$$= \frac{(q/p)^{x-1}}{1 - (q/p)^K}\frac{1}{p}\left(q(1-p) + pq - q\right) = 0,$$

da $p + q = 1$. $\qquad\qquad\qquad\qquad\qquad\qquad\qquad\qquad\qquad\Box$

Über den Beweis von Satz 3.19 hinaus können wir uns damit beschäftigen, wie wir alle Lösungen der Differenzengleichung (3.8) finden können, und damit eine Idee bekommen, wie die Formel in Satz 3.19 hergeleitet wurde.

Wir verwenden dazu den Ansatz $\pi(x) = \lambda^x$ für ein geeignetes $\lambda \in \mathbb{C}$. Es muss dann gelten

$$\lambda^x = p\lambda^{x+1} + q\lambda^{x-1},$$

was äquivalent ist zu

$$p\lambda^2 - \lambda + q = 0.$$

Diese quadratische Gleichung hat 2 Lösungen, $\lambda_1 = 1$ und $\lambda_2 = \frac{q}{p}$, und für $p \neq q$ erhalten wir nun 2 Lösungen für (3.8), nämlich $\pi_1(x) \equiv 1$ und $\pi_2(x) = \left(\frac{q}{p}\right)^x$. Alle Linearkombinationen $\pi(x) = c_1 \cdot \pi_1(x) + c_2 \cdot \pi_2(x)$ sind ebenfalls Lösungen von (3.8).

Die Festlegung der Randbedingungen $\pi(0)$ und $\pi(K)$ führt uns zur Bestimmung der Koeffizienten c_1 und c_2. Sie müssen das folgende Gleichungssystem erfüllen

$$c_1 + c_2 \left(\frac{q}{p}\right)^0 = \pi(0)$$

$$c_1 + c_2 \left(\frac{q}{p}\right)^K = \pi(K).$$

Für den Fall (i), d.h. $q \neq p$, hat das System eine eindeutige Lösung. Mit $\pi(0) = 1$, $\pi(K) = 0$ erhalten wir $c_1 + c_2 = 1$ und $c_1 + c_2\left(\frac{q}{p}\right)^K = 0$ und die Lösung

$$c_2 = \frac{1}{1 - (q/p)^K}$$

$$c_1 = 1 - c_2 = -\frac{(q/p)^K}{1 - (q/p)^K}.$$

Für den Fall (ii), d.h. $q = p = \frac{1}{2}$, haben wir eine doppelte Nullstelle in $\lambda = 1$, und darum liefert der Ansatz $\pi(x) = \lambda^x$ nur eine Lösung, nämlich $\pi_1(x) \equiv 1$.

In einer doppelten Nullstelle x_0 einer Funktion f gilt $f(x_0) = 0$ und $f'(x_0) = 0$. Damit können wir für eine doppelte Nullstelle λ_0 von $f(\lambda) = p\lambda^2 - \lambda + q$ zeigen, dass $\pi_2(x) = x\lambda_0^x$ eine weitere Lösung ist, denn

$$
\begin{aligned}
&x\lambda_0^x - p(x+1)\lambda_0^{x+1} - q(x-1)\lambda_0^{x-1} \\
&= \lambda_0^{x-1}\left((x-1+1)\lambda_0 - p(x-1+2)\lambda_0^2 - q(x-1)\right) \\
&= \lambda_0^{x-1}(x-1)\left(\lambda_0 - p\lambda_0^2 - q\right) + \lambda_0^{x-1}(\lambda_0 - 2p\lambda_0^2) \\
&= -\lambda_0^{x-1}(x-1)f(\lambda_0) - \lambda_0^x f'(\lambda_0) \\
&= 0.
\end{aligned}
$$

Auch die Linearkombinationen $\pi(x) = c_1\,\pi_1(x) + c_2\,\pi_2(x)$ sind Lösungen von (3.8). Mit $\lambda = 1$, $\pi_1 \equiv 1$, $\pi_2(x) = x$ suchen wir nun nach den Koeffizienten c_1 und c_2, so dass $\pi(x) = c_1 + c_2\,x$ die Randbedingungen des Ruinproblems erfüllt. Das lineare Gleichungssystem $c_1 = 1$, $c_1 + c_2\,K = 0$ liefert die Lösungen $c_1 = 1$ und $c_2 = -\frac{1}{K}$.

3.5 Aufgaben

Aufgabe 3.1 Wir betrachten noch einmal das Problem der gerechten Aufteilung des Einsatzes bei einem vorzeitig abgebrochenen Glücksspiel, siehe Beispiel 1.4. Sei $p(n,m)$ die Wahrscheinlichkeit, dass der erste Spieler gewinnt, wenn ihm noch n Punkte und seinem Mitspieler noch m Punkte fehlen. Zeige, dass für $n, m \geq 1$ gilt

$$
p(n,m) = \frac{1}{2}\left(p(n-1,m) + p(n,m-1)\right)
$$

und berechne $p(n,m)$ für $0 \leq n, m \leq 3$.

Aufgabe 3.2 Wir betrachten nun ein Analogon zu Aufgabe 3.1 für drei Spieler A, B, C. In jeder Runde gewinnt jeder der Spieler mit Wahrscheinlichkeit $\frac{1}{3}$ den Punkt. Das Spiel wird vorzeitig abgebrochen zu einem Zeitpunkt, als Spieler A und B noch je einen Punkt und Spieler C noch 2 Punkte benötigen. Welche Aufteilung wäre jetzt fair? Huygens hat dieses Problem auch bearbeitet und in einer Tabelle aufgeschrieben, bei welchem Spielstand er welche Aufteilung als fair ansieht, siehe Abb. 3.6. Vergleiche die Resultate!

Aufgabe 3.3 Wir haben $(N+1)$ Urnen mit jeweils N Kugeln. Die i-te Urne enthält $(i-1)$ rote Kugeln und $(N+1-i)$ weiße Kugeln. Wir wählen zufällig eine Urne aus und ziehen dann ausschließlich aus dieser Urne und stets mit Zurücklegen.
(i) Berechne die bedingte Wahrscheinlichkeit, gegeben dass die ersten n gezogenen Kugeln rot sind, dass auch die $(n+1)$-te gezogene Kugel rot ist. Berechne den Limes für $N \to \infty$. (Anhand dieses Modells hat Laplace die

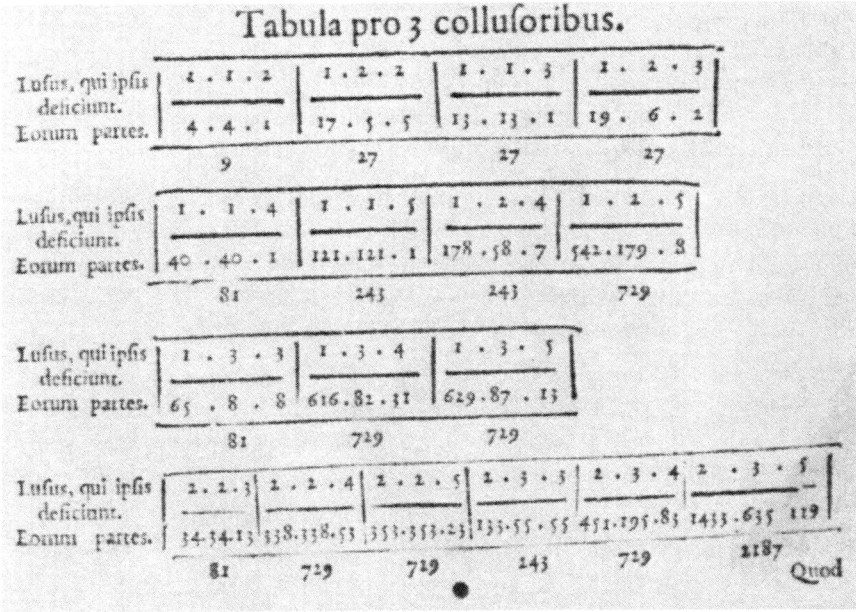

Abb. 3.6. Faire Aufteilung des Einsatzes bei 3 Spielern für verschiedene Punktestände zum Zeitpunkt des Spielabbruchs (Huygens, op.cit.)

Frage bewegt, wie groß die Wahrscheinlichkeit ist, dass morgen die Sonne aufgehen wird.)

(ii) Berechne die Wahrscheinlichkeit, dass die erste gezogene Kugel rot ist und die Wahrscheinlichkeit, dass die zweite gezogene Kugel rot ist.

Aufgabe 3.4 Wir werfen n-mal mit einem unverfälschten Würfel und bezeichnen mit p_n die Wahrscheinlichkeit, dass bei einer geraden Anzahl Würfen die Augenzahl 6 geworfen wird. Beweise folgende Rekursionsformel

$$p_n = \frac{1}{6}(1 - p_{n-1}) + \frac{5}{6}p_{n-1}.$$

Suche hiermit eine explizite Formel für p_n, mit der sich die Wahrscheinlichkeiten unmittelbar berechnen lassen.

Aufgabe 3.5 Wir werfen n-mal eine unverfälschte Münze und bezeichnen mit p_n die Wahrscheinlichkeit, dass in der Folge der Würfe an einer Stelle dreimal nacheinander ,Kopf' geworfen wird. Zeige, dass

$$p_n = p_{n-1} + \frac{1}{16}(1 - p_{n-4}).$$

Aufgabe 3.6 Wenn eine Familie zwei Kinder hat, so gibt es vier Möglichkeiten, ob dies Jungen oder Mädchen sind. Wir setzen voraus, dass alle Möglichkeiten gleich wahrscheinlich sind und wir zufällig einer vierköpfigen Familie begegnen.

(i) Wie groß ist die bedingte Wahrscheinlichkeit, dass die Familie zwei Jungen hat, gegeben, dass mindestens eines der Kinder ein Junge ist?

(ii) Wie groß ist die bedingte Wahrscheinlichkeit, dass die Familie zwei Mädchen hat, gegeben, dass das ältere Kind ein Mädchen ist?

Aufgabe 3.7 Wir haben 2 Beutel mit je 10 Äpfeln. In dem ersten Beutel ist ein angefaulter Apfel und in dem zweiten Beutel sind 2 angefaulte Äpfel. Wir wählen zufällig einen Beutel aus, nehmen einen Apfel heraus und freuen uns, dass dieser frisch ist. Wie groß ist die Wahrscheinlichkeit, dass der nächste, aus demselben Beutel genommene Apfel, auch frisch ist?

Aufgabe 3.8 Das folgende Urnenmodell geht auf den ungarischen Mathematiker Georg Pólya (1887-1985) zurück. Wir haben eine Urne mit einer roten und einer weißen Kugel. Aus dieser Urne ziehen wir zufällig eine Kugel und legen anschließend diese Kugel zusammen mit einer weiteren Kugel derselben Farbe zurück in die Urne. Nun ziehen wir zufällig aus der Urne, die nun drei Kugeln enthält, und setzen dieses Verfahren fort. Das Ergebnis der ersten n Ziehungen können wir durch ein n-Tupel $(\omega_1, \ldots, \omega_n)$ mit $\omega_i \in \{0, 1\}$ beschreiben, wobei $\omega_i = 0$ und $\omega_i = 1$ bedeutet, dass die i-te gezogene Kugel weiß bzw. rot ist.

(i) Wie groß sind die Wahrscheinlichkeiten der Ergebnisse $(0, 0, 1, 1, 1)$ und $(1, 0, 1, 0, 1)$?

(ii) Suche eine allgemeine Formel für die Wahrscheinlichkeit von $(\omega_1, \ldots, \omega_n)$.

(iii) Vor der n-ten Ziehung sind $(n + 1)$ Kugeln in der Urne. Berechne die Wahrscheinlichkeit, dass k dieser Kugeln rot sind, für $k = 1, \ldots, n$.

Aufgabe 3.9 Wir betrachten nun eine Abwandlung des Pólya'schen Urnenmodells. Wir haben eine Urne mit r roten und w weißen Kugeln. Nach jeder Ziehung wird die gezogene Kugel zusammen mit c weiteren Kugeln derselben Farbe zurückgelegt. Zeige, dass die Wahrscheinlichkeit, bei der n-ten Ziehung eine rote Kugel zu ziehen, $\frac{r}{r+w}$ ist (Hinweis: Bedinge auf das Ergebnis der ersten Ziehung).

Aufgabe 3.10 Bei einem Quiz kann der Gewinner am Ende noch ein Luxusauto als Zusatzpreis gewinnen. Das Auto steht hinter einer von drei Türen und, wenn der Kandidat die richtige Tür auswählt, gehört ihm das Auto. Das Verfahren ist stets so, dass der Kandidat zunächst auf eine Tür zeigt und dass anschließend der Quizmaster, der die richtige Tür kennt, eine der beiden anderen Türen öffnet, hinter der sich das Auto nicht befindet. Der Kandidat erhält dann die Möglichkeit, seine erste Wahl zu bedenken und eine andere Tür auszuwählen. Bedenke folgendes Argument: ‚Der Kandidat hat nach dem Hinweis des Quizmasters noch die Wahl zwischen zwei Türen, hinter denen das Auto stehen könnte. Die Wahrscheinlichkeit, die richtige Wahl zu treffen, ist für beide Türen dieselbe, und sie ist $\frac{1}{2}$. Also erhöht der Kandidat seine Gewinnchancen nicht, wenn er seine erste Wahl revidiert‘.

4. Zufallsvariablen und ihre Verteilungen

In diesem Kapitel wollen wir unser Handwerkszeug um ein Instrument, die Zufallsvariablen, erweitern. Zufallsvariablen spielen eine wichtige Rolle bei der Beschreibung von Zufallsexperimenten, bei denen wir uns nicht für alle Einzelheiten des Ergebnisses interessieren, sondern für eine zahlenmäßige Zusammenfassung. Die Zufallsvariable ordnet jedem Ergebnis des Experimentes eine Zahl zu und fasst so das Ergebnis des Experimentes zusammen. So können wir Übereinstimmungen bei äußerlich sehr unterschiedlichen Experimenten entdecken und gewinnen Ordnung und Übersicht für die Vielfalt möglicher Zufallsexperimente.

4.1 Zufallsvariablen

Einfach gesagt ist eine Zufallsvariable eine veränderliche Größe, deren Wert vom Zufall abhängt. Innerhalb unseres Modells $(\Omega, \mathcal{F}, P)$ entsprechen die Elemente $\omega \in \Omega$ den möglichen Ergebnissen des Zufallsexperimentes, so ist eine Zufallsvariable also eine Funktion $X : \Omega \to \mathbb{R}$ (später auch $\mathbb{R}^n$). Obwohl dies an dieser Stelle noch nicht einsichtig ist, ergänzen wir noch die Forderung der Messbarkeit von X.

Definition 4.1 *Sei $(\Omega, \mathcal{F}, P)$ ein Wahrscheinlichkeitsraum.*
(i) Eine Funktion $X : \Omega \to \mathbb{R}$ heißt messbar, wenn für alle $\alpha \in \mathbb{R}$ gilt

$$\{\omega : X(\omega) \leq \alpha\} \in \mathcal{F}.$$

(ii) Eine Zufallsvariable ist eine messbare Funktion $X : \Omega \to \mathbb{R}$.

In diskreten Wahrscheinlichkeitsräumen ist die σ-Algebra $\mathcal{F}$ im Allgemeinen die Potenzmenge $P(\Omega)$, und dann ist jede Funktion $X : \Omega \to \mathbb{R}$ messbar und somit eine Zufallsvariable. Noch ein Wort zur internationalen Schreibweise. Es ist üblich, Zufallsvariablen mit großen lateinischen Buchstaben zu bezeichnen. Der Wert $X(\omega)$ einer Zufallsvariablen $X : \Omega \to \mathbb{R}$ wird mit dem entsprechenden Kleinbuchstaben, hier also $x = X(\omega)$, bezeichnet und heißt Realisierung der Zufallsvariablen.

Zufallsvariablen sind ein so nützliches Hilfsmittel bei der Beschreibung von Ereignissen, dass wir nun oft dem ursprünglichen Ergebnisraum Ω nur

noch wenig Aufmerksamkeit schenken. Der große Vorteil von Zufallsvariablen
ist, dass wir mit ihnen rechnen können, d.h. wir können sie addieren, subtrahieren, multiplizieren, usw. Als erstes Beispiel betrachten wir wieder das
zweimalige Werfen eines unverfälschten Würfels mit dem Ergebnisraum

$$\Omega = \{(\omega_1, \omega_2) : \omega_i \in \{1, \ldots, 6\}\}.$$

Jetzt sind $X_1(\omega) := \omega_1$, $X_2(\omega) := \omega_2$ und $X := X_1 + X_2$ Beispiele für Zufallsvariablen. Das Ereignis A : ‚die Augensumme ist kleiner oder gleich 11‘
lässt sich dann beschreiben durch

$$A = \{\omega : X(\omega) \le 11\}$$

und noch kürzer $\{X \le 11\}$.

  Eine Zufallsvariable X definiert auf $\mathbb{R}$ eine Wahrscheinlichkeitsverteilung
P_X, indem wir jeder Teilmenge $A \subset \mathbb{R}$ die Wahrscheinlichkeit zuordnen, dass
X einen Wert in A annimmt, d.h. $P_X(A) = P(\{\omega \in \Omega : X(\omega) \in A\}) =$
$P(X^{-1}(A))$. Damit $P(X^{-1}(A))$ definiert ist, muss $X^{-1}(A)$ ein Ereignis sein,
d.h. in $\mathcal{F}$ liegen. Dies gilt unter der Voraussetzung, dass X messbar ist und
dass A eine (Borel-)messbare Teilmenge von $\mathbb{R}$ ist. Wir wollen an dieser Stelle auf die exakte Definition der (Borel-)Messbarkeit verzichten. Für unsere
Zwecke reicht es zu wissen, dass alle Intervalle sowie alle offenen und alle abgeschlossenen Mengen messbar sind. Weiter sind Komplemente sowie abzählbare Vereinigungen und Durchschnitte messbarer Mengen wieder messbar,
d.h. die Klasse der messbaren Teilmengen von $\mathbb{R}$ bildet eine σ-Algebra im
Sinne der Definition 1.5. Dass P_X wirklich eine Wahrscheinlichkeitsverteilung definiert, also den Kolmogorov'schen Axiomen genügt, ist Gegenstand
von Übung 4.1.

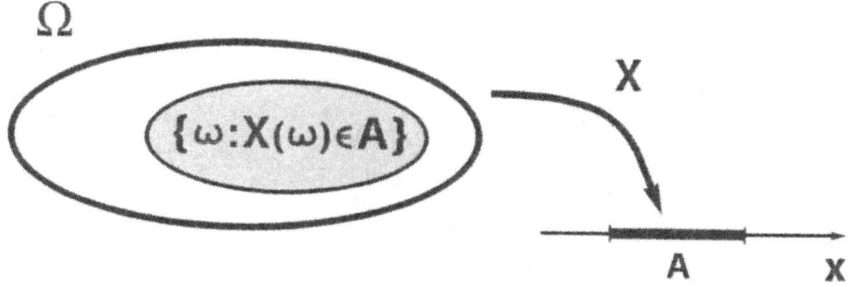

Abb. 4.1. Übertragung der Wahrscheinlichkeitsverteilung von Ω nach $\mathbb{R}$

Definition 4.2 *Sei X eine Zufallsvariable auf dem Wahrscheinlichkeitsraum*
$(\Omega, \mathcal{F}, P)$. Dann heißt die Wahrscheinlichkeitsverteilung P_X auf $\mathbb{R}$, die durch

$$P_X(A) := P(\{\omega : X(\omega) \in A\}), \ A \subset \mathbb{R} \ messbar, \tag{4.1}$$

definiert wird, die Verteilung von X. Für $P(\{\omega : X(\omega) \in A\})$ schreiben wir kurz $P(X \in A)$.

Wir können uns dabei bildlich vorstellen, dass die Zufallsvariable X die Wahrscheinlichkeit von Ω nach $\mathbb{R}$ überträgt. Das Vorteilhafte ist nun, dass sehr verschiedene Zufallsvariablen, definiert auf unterschiedlichen Wahrscheinlichkeitsräumen, dieselbe Verteilung haben können. Da wir uns nur für die Verteilung von X interessieren, können wir somit sehr verschiedene Zufallsexperimente auf ein und dieselbe Situation zurückführen.

Im Rahmen dieser Einführung wollen wir nur zwei verschiedene Arten von Verteilungen auf $\mathbb{R}$ betrachten, diskrete und stetige Verteilungen, womit wir alle gängigen Beispiele behandeln können.

Definition 4.3 *Eine Zufallsvariable X heißt diskret, wenn es eine endliche oder abzählbar unendliche Teilmenge $D \subset \mathbb{R}$ gibt mit $P(X \in D) = 1$.*

Im Abschnitt 1.4 haben wir diskrete Wahrscheinlichkeitsverteilungen definiert. Eine Zufallsvariable ist also genau dann diskret, wenn ihre Verteilung diskret ist. Und ebenso wie wir dort gezeigt haben, dass diskrete Verteilungen vollständig durch ihre Wahrscheinlichkeitsfunktion beschrieben werden können, gilt dies für diskrete Zufallsvariablen mit der Wahrscheinlichkeitsfunktion, die jeder möglichen Realisierung x die zugehörige Wahrscheinlichkeit $P(X = x)$ zuordnet.

Definition 4.4 *Es sei X eine diskrete Zufallsvariable mit Wertebereich $\{x_1, x_2, \dots\}$. Dann heißt die Funktion $p : X(\Omega) \to \mathbb{R}$, definiert durch*

$$p(x_i) := P(\{\omega : X(\omega) = x_i\}) = P(X = x_i), \tag{4.2}$$

die Wahrscheinlichkeitsfunktion von X. Gelegentlich wird p ausgedehnt zu einer Funktion auf ganz $\mathbb{R}$, indem gesetzt wird $p(x) = 0$ für $x \in \mathbb{R} \setminus X(\Omega)$.

Mit dem Kolmogorov'schen Axiom ($Ax3$) folgt aus (4.2)

$$P(X \in A) = P\left(\bigcup_{x_i \in A} \{X = x_i\} \right) = \sum_{x_i \in A} p(x_i),$$

d.h. wir können für alle Ereignisse der Form $\{X \in A\}$, $A \subset \mathbb{R}$, mit Hilfe der Wahrscheinlichkeitsfunktion $p(x)$ die Wahrscheinlichkeit berechnen. So benötigen und gebrauchen wir nicht mehr die Verteilung auf dem ursprünglichen Ergebnisraum Ω.

Beispiel 4.5 (i) Für das obige Beispiel des 2-maligen Werfens eines unverfälschten Würfels ist die durch $X(\omega) = \omega_1 + \omega_2$ definierte Zufallsvariable diskret mit Wertebereich $\{2, \dots, 12\}$. Mit ein wenig Rechnen erhalten

k	2	3	4	5	6	7	8	9	10	11	12
$p(k)$	$\frac{1}{36}$	$\frac{2}{36}$	$\frac{3}{36}$	$\frac{4}{36}$	$\frac{5}{36}$	$\frac{6}{36}$	$\frac{5}{36}$	$\frac{4}{36}$	$\frac{3}{36}$	$\frac{2}{36}$	$\frac{1}{36}$

Tabelle 4.1. Wertetabelle der Wahrscheinlichkeitsfunktion der Augenzahl beim Wurf mit zwei unverfälschten Würfeln

wir die in Tabelle 4.1 zusammengestellten Werte der Wahrscheinlichkeitsfunktion. Das Stabdiagramm, siehe Abb. 4.2, ist eine übersichtliche grafische Darstellung der Wahrscheinlichkeitsfunktion. Mit Hilfe der Wahrscheinlichkeitsfunktion können wir die Wahrscheinlichkeiten aller Ereignisse der Form $\{X \in A\}$ berechnen. So gilt in diesem Beispiel

$$P(X \geq 11) = p(11) + p(12) = \frac{1}{12}.$$

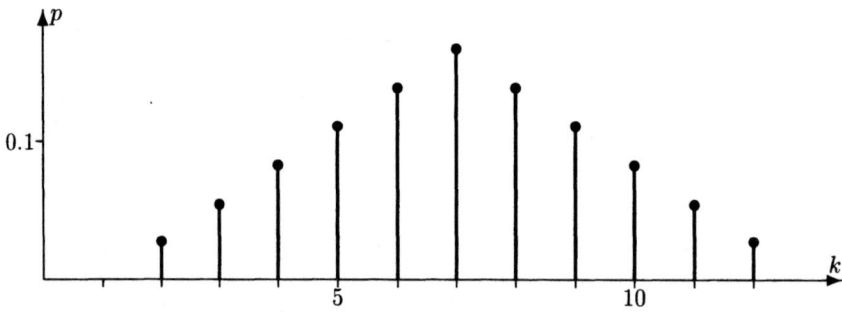

Abb. 4.2. Wahrscheinlichkeitsfunktion für die Augenzahl bei 2-maligem Werfen eines unverfälschten Würfels

(ii) Für ein beliebiges Ereignis $A \subset \Omega$ definieren wir die Indikatorfunktion

$$1_A(\omega) := \begin{cases} 1 & \text{für } \omega \in A \\ 0 & \text{für } \omega \in \Omega \setminus A. \end{cases}$$

Die Indikatorfunktion 1_A gibt also an, ob das Ereignis A eingetreten ist. Diese Funktion ist eine diskrete Zufallsvariable mit dem Wertebereich $\{0, 1\}$. Die zugehörige Wahrscheinlichkeitsfunktion ist gegeben durch $p(0) = 1 - P(A)$ und $p(1) = P(A)$.

In der Statistik werden Zufallsvariablen oft verwendet im Zusammenhang mit Ziehungen aus einer endlichen Grundgesamtheit. Wir nehmen an, dass $\Omega = \{\omega_1, \ldots, \omega_N\}$ eine solche Grundgesamtheit ist und dass jedem Element $\omega_i \in \Omega$ ein Wert $x_i \in \mathbb{R}$ zugeordnet wird. Dadurch wird dann eine Funktion

$X : \Omega \to \mathbb{R}$ definiert, die gelegentlich auch Populationsvariable genannt wird. Wir können dabei z.B. denken an die Bevölkerung Deutschlands (Ω) und an das Lebensalter jedes Einwohners (x_i). Dem zufälligen Ziehen entspricht im Modell die Laplace-Verteilung auf Ω und dann wird X eine Zufallsvariable mit Wahrscheinlichkeitsfunktion

$$p(x) = P(X = x) = \frac{1}{N}|\{\omega_i \in \Omega : x_i = x\}|.$$

Diese Wahrscheinlichkeitsfunktion gibt also die relative Häufigkeit der Anzahl von Individuen an, bei denen die Populationsvariable den Wert x hat. Im Statistischen Jahrbuch eines jeden Landes finden wir zahlreiche Beispiele solcher Populationsvariablen mit den zugehörigen Verteilungen.

Satz 4.6 *Es sei X eine diskrete Zufallsvariable mit Wertebereich $X(\Omega) = \{x_1, x_2, \dots\}$. Dann erfüllt die Wahrscheinlichkeitsfunktion $p(x)$ folgende Bedingungen*

$$p(x_i) \geq 0 \tag{4.3}$$

$$\sum_{i=1}^{\infty} p(x_i) = 1. \tag{4.4}$$

Umgekehrt gibt es zu jeder Funktion $p(x)$ mit diesen Eigenschaften eine Zufallsvariable mit Wahrscheinlichkeitsfunktion p.

Beweis. Für das sichere Ereignis gilt $P(X \in X(\Omega)) = 1$ und mit Axiom $(Ax3)$ folgt dann

$$1 = P(X \in X(\Omega)) = P\left(\bigcup_i \{X = x_i\}\right) = \sum_i P(X = x_i) = \sum_i p(x_i).$$

Umgekehrt sei $p(x_i)$ eine Funktion mit obigen Eigenschaften. Wir wählen als Ergebnisraum $\Omega = \{x_1, x_2, \dots\}$, definieren darauf eine Wahrscheinlichkeitsverteilung durch $P(A) := \sum_{x_i \in A} p(x_i)$ und die triviale Zufallsvariable $X(x_i) := x_i$. Dann ist die zugehörige Wahrscheinlichkeitsfunktion

$$P(X = x_i) = P(\{x_i\}) = p(x_i).$$

$\square$

Zur Vereinfachung der Schreibweise werden wir die verschiedenen Realisierungen der Zufallsvariablen X nun nicht mehr durch einen Index unterscheiden, sondern $\sum_{x \in A} p(x)$ schreiben. Da wir hierbei nicht-negative Zahlen aufsummieren, spielt die Reihenfolge bei der Summation keine Rolle.

Übungen

Übung 4.1 Zeige, dass die Verteilung einer Zufallsvariablen den Kolmogorov'schen Axiomen genügt.

Übung 4.2 Sei X die Augenzahl beim einmaligen Wurf mit einem unverfälschten Würfel. Bestimme Wertebereich und Wahrscheinlichkeitsfunktion der Zufallsvariablen $Y_1 := X^2$ und $Y_2 := -X$.

Übung 4.3 Wir werfen 3-mal mit einer unverfälschten Münze und bezeichnen mit X die Anzahl der Würfe, bei denen Kopf geworfen wurde. Bestimme den Wertebereich und die Wahrscheinlichkeitsfunktion von X.

Übung 4.4 Wir ziehen 2-mal ohne Zurücklegen aus einer Urne mit 5 nummerierten Kugeln und bezeichnen mit X die kleinste gezogene Nummer. Bestimme den Wertebereich und die Wahrscheinlichkeitsfunktion von X.

4.2 Wichtige diskrete Verteilungen

In diesem Abschnitt werden wir einige wichtige diskrete Verteilungen kennenlernen und untersuchen. Obwohl die zugrundeliegenden Experimente recht einfacher Art sind, führen uns die Zufallsvariablen zu durchaus interessanten Verteilungen und Zusammenhängen.

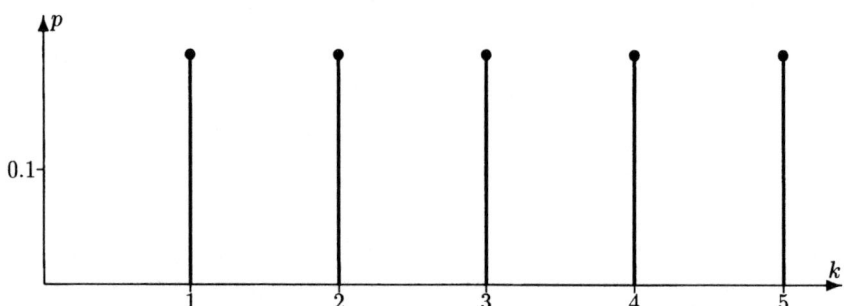

Abb. 4.3. Wahrscheinlichkeitsfunktion der Laplace-Verteilung auf $\{1, \ldots, 5\}$

Laplace-Verteilung. Die Verteilung einer Zufallsvariablen X heißt Laplace-Verteilung oder Gleichverteilung auf $\{1, \ldots, N\}$, wenn gilt

$$p(k) = P(X = k) = \frac{1}{N} \quad \text{für } k = 1, \ldots, N. \tag{4.5}$$

Die Zufallsvariable, die definiert ist durch die Nummer der Kugel beim einmaligen, zufälligen Ziehen aus einer Urne mit N Kugeln, hat eine Laplace-Verteilung auf $\{1, \ldots, N\}$.

Nun betrachten wir verschiedene Verteilungen, die im Zusammenhang mit Experimenten auftreten, die genau zwei mögliche Ergebnisse haben. Diese Experimente heißen Bernoulli-Experimente nach dem Schweizer Mathematiker Jakob Bernoulli (1654-1705). Die Ergebnisse eines Bernoulli-Experimentes nennen wir meist Erfolg (E) und Misserfolg (M), und wir bezeichnen die zugehörigen Wahrscheinlichkeiten mit p für Erfolg und q für Misserfolg. Unter der Voraussetzung der Unabhängigkeit wählen wir für die n-fache Wiederholung eines solchen Experimentes als Modell den Produktraum mit Ergebnisraum und Wahrscheinlichkeitsfunktion

$$\Omega = \{(\omega_1, \dots, \omega_n) : \omega_i \in \{E, M\}\}$$
$$p(\omega) = p^k (1 - p)^{n-k},$$

wobei $k = |\{i \in \{1, \dots, n\} : \omega_i = E\}|$ die Anzahl der Erfolge ist.

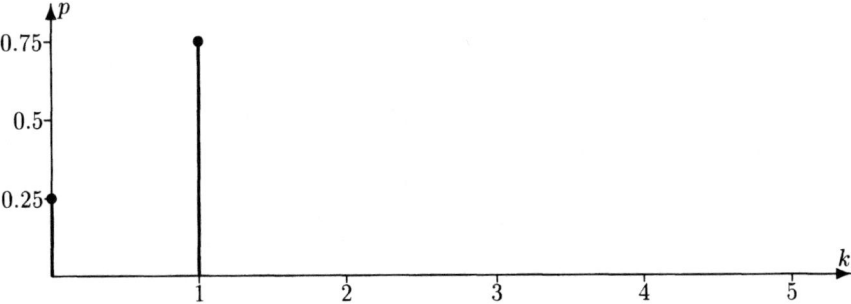

Abb. 4.4. Wahrscheinlichkeitsfunktion der Bernoulli(0.75)-Verteilung

Bernoulli-Verteilung. Wir definieren die Zufallsvariablen X_i, $i = 1, \dots, n$, durch

$$X_i(\omega) = \begin{cases} 1 & \text{für } \omega_i = E \\ 0 & \text{für } \omega_i = M. \end{cases}$$

X_i gibt an, ob das Ergebnis des i-ten Experimentes ein Erfolg oder ein Misserfolg ist. Diese Zufallsvariablen sind diskret mit Wertebereich $\{0, 1\}$ und haben die Wahrscheinlichkeitsfunktion

$$p(k) = \begin{cases} 1 - p & \text{für } k = 0 \\ p & \text{für } k = 1. \end{cases} \tag{4.6}$$

Die zugehörige Verteilung auf $\{0, 1\}$ heißt Bernoulli-Verteilung mit Parameter p, kurz Bernoulli(p)-Verteilung. Für viele Berechnungen ist eine geschlossene Darstellung der Wahrscheinlichkeitsfunktion als

$$p(k) = p^k (1 - p)^{1-k}, \quad k \in \{0, 1\}, \tag{4.7}$$

hilfreich.

Binomiale Verteilung. Durch $S_n := X_1 + \ldots + X_n$ wird eine Zufallsvariable definiert, die die Anzahl der Erfolge in den n Experimenten angibt. Wir wissen schon aus Beispiel 3.8, dass gilt

$$p(k) = P(S_n = k) = \binom{n}{k} p^k (1-p)^{n-k} \quad \text{für } k = 0, \ldots, n. \qquad (4.8)$$

Die zugehörige Verteilung auf $\{0, \ldots, n\}$ heißt binomiale Verteilung mit Parametern n und p, kurz $Bin(n, p)$-Verteilung. Da p die Wahrscheinlichkeitsfunktion einer Zufallsvariablen S_n ist, gelten die in Satz 4.6 formulierten Identitäten (4.3) und (4.4). Wir können (4.4) auch mit analytischen Methoden beweisen, indem wir die Newton'sche Binomialformel verwenden

$$\sum_{k=0}^{n} p(k) = \sum_{k=0}^{n} \binom{n}{k} p^k (1-p)^{n-k} = (p + (1-p))^n = 1.$$

So erhalten wir einen neuen Beweis, dass durch (4.8) eine Wahrscheinlichkeitsfunktion $p : \{0, \ldots, n\} \to \mathbb{R}$ definiert ist.

In Abschnitt 2.3 haben wir in Identität (2.8) schon einmal die binomiale Verteilung kennengelernt. Dort hatten wir eine Urne mit R roten und $(N - R)$ weißen Kugeln, aus der wir n-fach mit Zurücklegen gezogen haben. Wir können dies auch betrachten als n unabhängige Bernoulli-Experimente, wobei wir die Ziehung einer roten Kugel als Erfolg interpretieren. Dann hat die Anzahl roter Kugeln in der Stichprobe eine $Bin(n, \frac{R}{N})$-Verteilung auf $\{0, \ldots, n\}$.

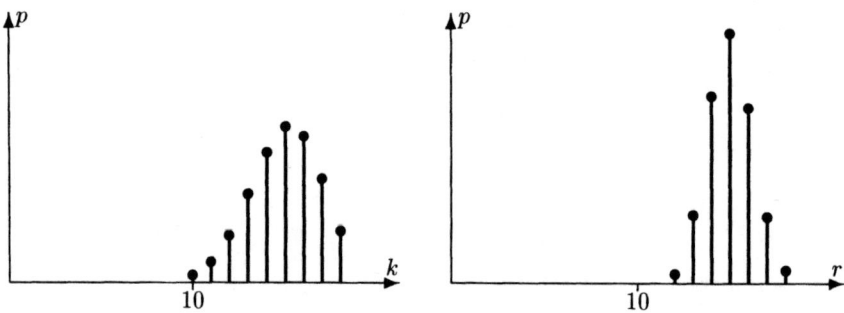

Abb. 4.5. Wahrscheinlichkeitsfunktion der binomialen Verteilung mit Parametern $n = 20$ und $p = 0.75$ (links) sowie der hypergeometrischen Verteilung mit Parametern $N = 32$, $R = 24$ und $n = 20$ (rechts)

Hypergeometrische Verteilung. Obwohl es sich dabei nicht um eine Folge unabhängiger Bernoulli-Experimente handelt, betrachten wir an dieser Stelle das Ziehen ohne Zurücklegen. Aus einer Urne mit N Kugeln, wovon R Kugeln rot und $(N - R)$ Kugeln weiß sind, ziehen wir ohne Zurücklegen n

Kugeln und bezeichnen mit X die Anzahl der roten Kugeln in der Stichprobe. Wir wissen schon aus Abschnitt 2.3, Identität (2.9), dass gilt

$$p(r) = P(X = r) = \frac{\binom{R}{r}\binom{N-R}{n-r}}{\binom{N}{n}} \quad \text{für } r = 0, \dots, n. \tag{4.9}$$

Man beachte, dass obige Formel für alle $r \in \mathbb{Z}$ Gültigkeit hat, da gemäß Definition 2.8 $\binom{k}{l} = 0$ für $l < 0$ und für $l > k$ gilt. Diese Verteilung heißt hypergeometrische Verteilung mit Parametern N, R und n.

Man kann zeigen, dass die hypergeometrische Verteilung mit Parametern $(N, [pN], n)$ für $N \to \infty$ gegen eine $Bin(n, p)$-Verteilung konvergiert, siehe Aufgabe 4.1. Intuitiv heißt dies, dass beim Ziehen ohne Zurücklegen aus einer Urne mit einer großen Anzahl Kugeln die Anzahl der roten Kugeln in der Stichprobe approximativ binomialverteilt ist, wobei der Parameter p dem Anteil $\frac{R}{N}$ der roten Kugeln in der Urne entspricht.

Geometrische Verteilung. Wir betrachten ab jetzt wieder unabhängige Bernoulli-Experimente. Für eine unendliche Folge unabhängiger Bernoulli-Experimente definieren wir eine Zufallsvariable T, die die Anzahl der Misserfolge angibt, die vor dem ersten Erfolg auftreten. So ist bei $MMME$ etwa $T = 3$. T ist eine diskrete Zufallsvariable mit Wertebereich $\{0, 1, \dots\}$. Falls $p > 0$, hat T die Wahrscheinlichkeitsfunktion

$$p(k) = P(T = k) = P(X_1 = \dots = X_k = 0, X_{k+1} = 1)$$
$$= (1-p)^k p \quad \text{für } k = 0, 1, \dots . \tag{4.10}$$

Diese Verteilung heißt geometrische Verteilung auf $\mathbb{N}_0$ mit Parameter p. Bei $p = 0$ wird nie ein Erfolg auftreten und dementsprechend ist $T = \infty$, sodass wir dann keine Zufallsvariable im eigentlichen Sinne haben.

Da p eine Wahrscheinlichkeitsfunktion ist, gilt $\sum_{k=0}^{\infty} p(k) = 1$. Mit Hilfe der Summenformel für die geometrische Reihe, $\sum_{n=0}^{\infty} x^n = \frac{1}{1-x}$ für $|x| < 1$, können wir dies auch analytisch nachweisen

$$\sum_{k=0}^{\infty} (1-p)^k p = \frac{p}{1 - (1-p)} = 1.$$

Für geometrisch verteilte Zufallsvariablen gibt es eine einfache Formel für die Wahrscheinlichkeit, dass $T \geq k$

$$P(T \geq k) = \sum_{j=k}^{\infty} (1-p)^j p = (1-p)^k p \sum_{j=0}^{\infty} q^j = q^k p \frac{1}{1 - (1-p)} = q^k.$$

Dies entspricht auch der unmittelbaren Anschauung, da $T \geq k$ bedeutet, dass die ersten k Experimente Misserfolge liefern, und dies hat die Wahrscheinlichkeit q^k.

Die Annahme einer geometrischen Verteilung ist naheliegend und wird häufig gemacht bei Modellen, bei denen es um Lebensdauer geht. Dabei wird allerdings der ‚Erfolg' gleichgesetzt etwa mit dem Tod eines Individuums oder dem Versagen eines Teils bei einer Maschine. In diesem Zusammenhang heißt die Wahrscheinlichkeit $P(T \geq k)$ auch die Überlebenswahrscheinlichkeit. Für die geometrische Verteilung gilt die bemerkenswerte Identität

$$P(T \geq k + j | T \geq k) = P(T \geq j). \tag{4.11}$$

Bei Anwendung dieses Modells für die menschliche Lebensdauer bedeutet dies, dass die Wahrscheinlichkeit, dass ein k Jahre alter Mensch noch mindestens j weitere Jahre lebt, genauso groß ist wie die Wahrscheinlichkeit, dass ein Neugeborenes mindestens j Jahre alt wird. Denken wir an Maschinen, so ist die bedingte Wahrscheinlichkeit, dass ein Teil einer Maschine noch mindestens j Jahre funktioniert, wenn es bereits k Jahre funktioniert hat, genauso groß wie die Wahrscheinlichkeit, dass ein Ersatzteil mindestens j Jahre funktioniert. Eigenschaft (4.11) wird auch die Gedächtnislosigkeit der geometrischen Verteilung genannt.

Bei der Verwendung dieser Lebensdauerverteilung liegt die Vorstellung zugrunde, dass zu jedem Zeitabschnitt wieder neu ein Münzwurf ausgeführt wird, dessen Ausgang über das weitere Funktionieren oder Versagen des Maschinenteils entscheidet. Dabei ist die entscheidende Annahme, dass es keine Alterungserscheinungen gibt, d.h. dass die Wahrscheinlichkeit, dass das Teil noch einen Zeitabschnitt funktioniert, zu allen Zeitpunkten gleich ist. Interessanterweise trifft diese Annahme für den radioaktiven Zerfall eines Elementes zu.

Wir sind bei der Frage nach der Wartezeit auf den ersten Erfolg an die Grenzen unserer bisherigen Modellierungsmöglichkeiten gestoßen bzw. haben sie überschritten. Denn die Anzahl der Experimente, die wir bis zum ersten Erfolg benötigen, ist nicht notwendigerweise beschränkt, sodass ein Modell für n-faches unabhängiges Wiederholen des Experimentes nicht ausreicht. Eigentlich haben wir folgenden Ergebnisraum nötig

$$\Omega = \{(\omega_1, \omega_2, \dots) : \omega_i \in \{E, M\}\}.$$

Diese Menge ist aber überabzählbar, sodass neue Ansätze nötig sind, um auf Ω eine Wahrscheinlichkeitsverteilung definieren zu können. In den vorhergehenden Überlegungen haben wir uns auf eine relativ kleine Klasse von Ereignissen beschränkt, nämlich $A_k := \{(\omega_1, \omega_2, \dots) : \omega_1 = \dots = \omega_k = M\}$, sodass die Überabzählbarkeit der Menge Ω kein direktes Problem wurde.

Negativ-binomiale Verteilung. Wir betrachten weiter eine unendliche Folge unabhängiger Bernoulli-Experimente und definieren eine Zufallsvariable X, die die Anzahl der Misserfolge angibt, die vor dem r-ten Erfolg eingetreten sind. Es bedeutet $X = k$ also, dass bei den ersten $(r + k - 1)$ Experimenten k Misserfolge auftreten und dass das $(r + k)$-te Experiment einen Erfolg liefert. Da es nur die zwei Ergebnisse Erfolg und Misserfolg gibt, gilt

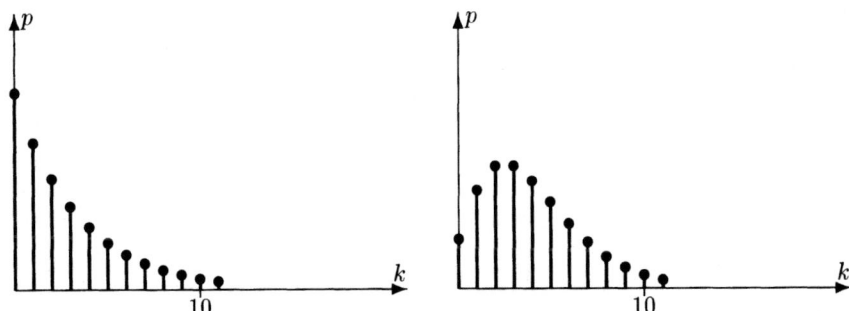

Abb. 4.6. Wahrscheinlichkeitsfunktion der geometrischen Verteilung mit Parameter $p = 0.25$ (links) und der negativ-binomialen Verteilung mit Parametern $r = 4$ und $p = 0.4$ (rechts)

$$p(k) = P(X = k) = \binom{r + k - 1}{k} p^{r-1} q^k p$$

$$= \binom{r + k - 1}{k} p^r q^k \quad \text{für } k = 0, 1, \ldots . \quad (4.12)$$

Diese Verteilung heißt negativ-binomiale Verteilung auf $\mathbb{N}_0$ mit Parametern r und p. Wieder gilt gemäß Satz 4.6, dass $\sum_{k=0}^{\infty} p(k) = 1$. Für einen analytischen Beweis dieser Eigenschaft benötigen wir folgende Summenformel für die sogenannte negativ-binomiale Reihe $\sum_{k=0}^{\infty} \binom{k+r-1}{k} x^k$.

Lemma 4.7 *Für $|x| < 1$ und $r = 1, 2, \ldots$*

$$\frac{1}{(1 - x)^r} = \sum_{k=0}^{\infty} \binom{k + r - 1}{k} x^k = \sum_{k=0}^{\infty} \binom{k + r - 1}{r - 1} x^k. \quad (4.13)$$

Mit Hilfe dieser Identität erhalten wir dann

$$\sum_{k=0}^{\infty} p(k) = \sum_{k=0}^{\infty} \binom{r + k - 1}{k} p^r q^k = p^r \frac{1}{(1 - q)^r} = 1.$$

Beweis von Lemma 4.7. Ausgehend von der Summenformel für die geometrische Reihe liefert einmaliges Differenzieren

$$\frac{1}{(1 - x)^2} = \sum_{k=1}^{\infty} k x^{k-1} = \sum_{k=0}^{\infty} (k + 1) x^k$$

und $(r - 1)$-faches Differenzieren

$$\frac{(r - 1)!}{(1 - x)^r} = \sum_{k=r-1}^{\infty} k \cdot (k - 1) \cdot \ldots \cdot (k - r + 2) \, x^{k-r+1}$$

$$= \sum_{k=0}^{\infty} (k + r - 1) \cdot (k + r - 2) \cdot \ldots \cdot (k + 1) \, x^k.$$

Dabei müssen wir bedenken, welche Voraussetzungen erfüllt sein müssen, damit wir Summation und Differenzieren vertauschen können. Aus der Analysis wissen wir, dass dies bei geometrischen Reihen $\sum_{k=0}^{\infty} x^k$ für $|x| < 1$ möglich ist. Nun folgt (4.13), wenn wir beide Seiten obiger Identität durch $(r-1)!$ teilen. $\square$

Der Name ‚negativ-binomiale Verteilung' wird verständlich, wenn wir die unendliche Reihe (4.13) folgendermaßen umschreiben. Wegen

$$\binom{k+r-1}{k} = \frac{(k+r-1) \cdot \ldots \cdot (r+1) \cdot r}{k!}$$

$$= (-1)^k \frac{(-r) \cdot (-r-1) \cdot \ldots \cdot (-r-k+1)}{k!} = (-1)^k \binom{-r}{k}$$

lässt sich (4.13) auch folgendermaßen schreiben

$$(1-x)^{-r} = \frac{1}{(1-x)^r} = \sum_{k=0}^{\infty} \binom{-r}{k}(-x)^k,$$

für $|x| < 1$ und $r \in \{0, 1, \ldots\}$. Diese Potenzreihe heißt negativ-binomiale Reihe. Durch die Substitutionen $-x \mapsto x$ und $-r \mapsto r$ erhalten wir schließlich die Potenzreihe

$$(1+x)^r = \sum_{k=0}^{\infty} \binom{r}{k} x^k, \tag{4.14}$$

für $|x| < 1$ und $r \in \{-1, -2, \ldots\}$. Für $r \in \mathbb{N}_0$ ist (4.14) die bekannte Newton'sche Binomialformel, denn dann bricht die unendliche Summe bei $k = r$ ab. Damit ist gezeigt, dass (4.14) für alle ganzzahligen r gilt. Obwohl wir dies an dieser Stelle nicht benötigen, sei darauf hingewiesen, dass (4.14) sogar für alle $r \in \mathbb{R}$ und $|x| < 1$ gilt.

Übungen

Übung 4.5 Zeige, dass für die Wahrscheinlichkeitsfunktion der hypergeometrischen Verteilung gilt $\sum_{r \in \mathbb{Z}} p(r) = 1$.

Übung 4.6 Wir werfen 12-mal einen unverfälschten Würfel und bezeichnen mit X die Anzahl der Würfe, bei denen eine 6 gewürfelt wird. Wie groß ist die Wahrscheinlichkeit, mindestens 4-mal eine 6 zu werfen?

Übung 4.7 Wir werfen einen unverfälschten Würfel. Mit X bezeichnen wir die Nummer des Wurfs, bei dem zum ersten Mal eine 6 geworfen wird. Bestimme die Wahrscheinlichkeitsfunktion von X und berechne die Wahrscheinlichkeit, dass die erste 6 erst nach dem 12. Wurf geworfen wird.

Übung 4.8 Wir haben 6 voneinander unterscheidbare Kugeln, die zufällig auf 7 nummerierte Zellen verteilt werden, wobei mehrere Kugeln in einer Zelle liegen können. Mit X bezeichnen wir die höchste Nummer der besetzten Zellen. Bestimme den Wertebereich und die Wahrscheinlichkeitsfunktion von X. Bestimme dies auch für Y_i, die Anzahl der Kugeln in der i-ten Zelle, und für $Z = Y_1 + Y_2 + Y_3$.

Übung 4.9 Wir werfen eine unverfälschte Münze so oft, bis zum ersten Mal ‚Kopf'
geworfen wird, aber höchstens 10-mal. Mit X bezeichnen wir die Anzahl der Würfe.
Bestimme den Wertebereich und die Wahrscheinlichkeitsfunktion von X.

Übung 4.10 Aus einer Urne mit 2 roten und 3 weißen Kugeln ziehen wir ohne
Zurücklegen 3 Kugeln. Mit X bezeichnen wir die Anzahl der roten Kugeln in der
Stichprobe. Bestimme den Wertebereich und die Verteilung von X.

4.3 Die Poisson-Verteilung

Bei der praktischen Anwendung von Zufallsvariablen ergibt sich auch die Aufgabe, die Zahlenwerte der Verteilungsfunktionen im Einzelnen auszurechnen.
Für große Werte von n ist dies für die binomiale Verteilung nicht einfach,
weil die Binomialkoeffizienten $\binom{n}{k}$ sehr groß werden. Dieses Problem können
wir lösen, indem wir Annäherungen zu Hilfe nehmen, die einfacher berechnet
werden können. Wir beschäftigen uns zunächst mit einer Approximation, die
nach dem französischen Physiker Simon-Denis Poisson (1781-1840) benannt
ist. Die Poisson-Approximation findet ihre Anwendung für große Werte von
n und sehr kleine Werte von p, also für seltene Ereignisse.

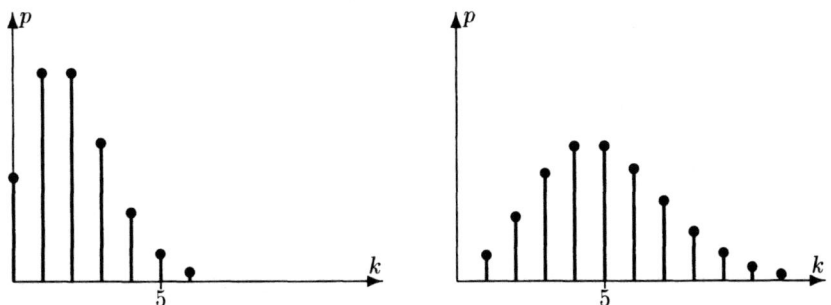

Abb. 4.7. Wahrscheinlichkeitsfunktion der Poisson-Verteilung mit Parameter $\lambda =$
2 (links) und $\lambda = 5$ (rechts)

Satz 4.8 (Poisson-Grenzwertsatz) *Es sei* $(X_n)_{n\geq 1}$ *eine Folge* $Bin(n, p_n)$-
verteilter Zufallsvariablen. Falls ein $\lambda \in (0, \infty)$ *existiert mit* $np_n \to \lambda$ *für*
$n \to \infty$, *so gilt für alle* $k \in \mathbb{N}_0$

$$\lim_{n\to\infty} P(X_n = k) = e^{-\lambda} \frac{\lambda^k}{k!}. \tag{4.15}$$

Durch $p_\lambda(k) = e^{-\lambda}\frac{\lambda^k}{k!}$ *wird eine Wahrscheinlichkeitsfunktion auf* $\mathbb{N}_0$ *definiert.*

Beweis. Für ein festes $k \in \mathbb{N}_0$ ist der Wert der binomialen Wahrscheinlichkeitsfunktion gegeben durch

$$P(X_n = k)$$

$$= \binom{n}{k} p_n^k (1 - p_n)^{n-k}$$

$$= \frac{n \cdot (n-1) \cdot \ldots \cdot (n-k+1)}{k!} \frac{1}{n^k} (np_n)^k \left(1 - \frac{np_n}{n}\right)^n (1 - p_n)^{-k}$$

$$= \left(\frac{n}{n}\right) \left(\frac{n-1}{n}\right) \cdot \ldots \cdot \left(\frac{n-k+1}{n}\right) \frac{1}{(1-p_n)^k} \frac{(np_n)^k}{k!} \left(1 - \frac{np_n}{n}\right)^n.$$

Nun gilt nach Voraussetzung $\lim_{n \to \infty} np_n = \lambda$ und somit $\lim_{n \to \infty} p_n = 0$. Wir benutzen weiter die aus der Analysis bekannte Identität $\lim_{n \to \infty} (1 + \frac{x_n}{n})^n = e^x$, für $x_n \to x$, und erhalten

$$P(X_n = k) \to e^{-\lambda} \frac{\lambda^k}{k!}.$$

Mit der Reihenentwicklung für die Exponentialfunktion $\sum_{k=0}^{\infty} \frac{\lambda^k}{k!} = e^\lambda$ erhalten wir $\sum_{k=0}^{\infty} p_\lambda(k) = 1$. Nach Satz 4.6 ist p_λ also eine Wahrscheinlichkeitsfunktion. □

Definition 4.9 *Die Verteilung p_λ auf $\mathbb{N}_0$ mit Wahrscheinlichkeitsfunktion*

$$p_\lambda(k) := e^{-\lambda} \frac{\lambda^k}{k!} \tag{4.16}$$

heißt Poisson-Verteilung mit Parameter λ und wird mit Poisson(λ) bezeichnet, $\lambda \in (0, \infty)$.

Verteilung	Wahrscheinlichkeiten						
	0	1	2	3	4	5	≥ 6
$Bin(10, 0.2)$	0.1074	0.2684	0.3020	0.2013	0.0881	0.0264	0.0064
$Bin(100, 0.02)$	0.1326	0.2707	0.2734	0.1823	0.0902	0.0353	0.0155
$Bin(1000, 0.002)$	0.1351	0.2707	0.2709	0.1806	0.0902	0.0360	0.0165
Poisson(2)	0.1353	0.2707	0.2707	0.1804	0.0902	0.0361	0.0166

Tabelle 4.2. Vergleich der Wahrscheinlichkeitsfunktionen der binomialen und der Poisson-Verteilung

Für die Anwendung spielt die Genauigkeit einer Approximation eine große Rolle. In Tabelle 4.2 haben wir Werte beider Verteilungen zusammengestellt. Die Parameter sind jeweils so gewählt, dass die zu erwartende Anzahl von Erfolgen stets 2 ist. Wenn wir die Werte der binomialen Verteilung mit denen der Poisson-Verteilung vergleichen, so bemerken wir, dass die Güte der

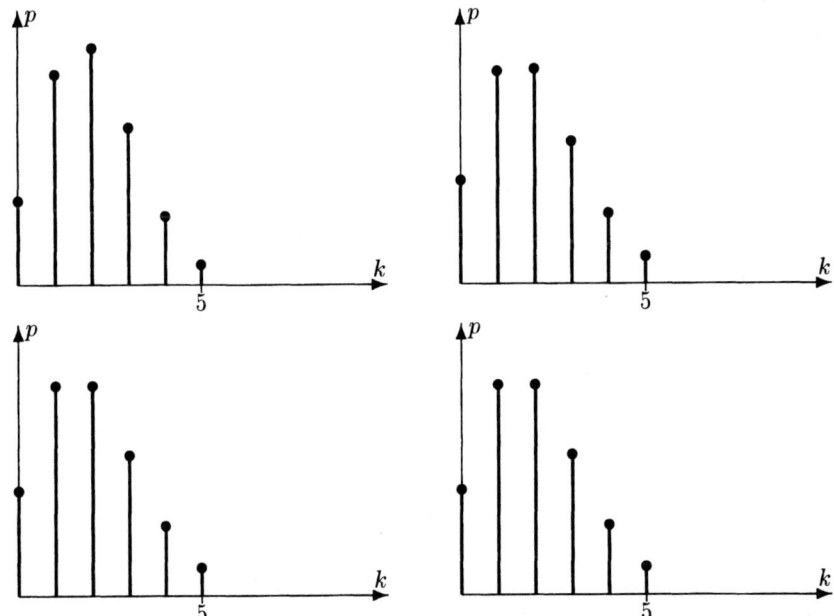

Abb. 4.8. Wahrscheinlichkeitsfunktionen der $Bin(10, 0.2)$-Verteilung (links oben), der $Bin(100, 0.02)$-Verteilung (rechts oben), der $Bin(1000, 0.002)$-Verteilung (links unten) sowie der Poisson(2)-Verteilung (rechts unten)

Poisson-Approximation bereits bei einer kleinen Anzahl von Experimenten ausgezeichnet ist, siehe auch Abb. 4.8.

Ein klassisches Beispiel für ein seltenes Ereignis ist die Anzahl von Druckfehlern auf einer Buchseite. Ausgehend davon, dass jeder Buchstabe eine geringe Wahrscheinlichkeit hat, etwa $p = 0.002$, ein Druckfehler zu sein und dass es ingesamt 1000 Buchstaben pro Seite gibt, hat die Anzahl der Druckfehler auf einer Buchseite eine $Bin(1000, 0.002)$-Verteilung. Diese wird ausgezeichnet durch die Poisson(2)-Verteilung approximiert.

In diesem Abschnitt haben wir die Poisson-Verteilung als Approximation der binomialen Verteilung betrachtet. In Kapitel 12 werden wir Modelle für zufällige, in Raum oder Zeit gleichmäßig verteilte Ereignisse betrachten, bei denen sich in natürlicher Weise eine exakte Poisson-Verteilung ergibt.

Zum Abschluss dieses Abschnitts wollen wir noch eine Aufgabenstellung betrachten, in der die Poisson-Verteilung als Approximation auftritt. In Aufgabe 2.12 haben wir die Aufteilung von n Regenschirmen auf n Besucher betrachtet. Es wurde dort die Wahrscheinlichkeit p_n gesucht, dass keiner der Besucher seinen eigenen Schirm zurückbekommt. Es gilt

$$p_n = \frac{1}{2!} - \frac{1}{3!} + \frac{1}{4!} - \ldots + (-1)^n \frac{1}{n!}.$$

Im Laplace-Raum berechnet sich die Wahrscheinlichkeit als Quotient der Anzahl der günstigen und der Anzahl aller möglichen Fälle. Also können wir mit Hilfe von bekannten Wahrscheinlichkeiten auch gesuchte Anzahlen ausrechnen, mit denen wir anschließend weitere Wahrscheinlichkeiten berechnen können.

Das Resultat von Aufgabe 2.12 bedeutet, dass es $n! \cdot p_n$ Möglichkeiten gibt, n Schirme auf n Besucher so zu verteilen, dass kein Schirm seinem rechtmäßigen Besitzer zurückgegeben wird. In mathematischer Sprache heißt dies, dass es $n!\, p_n$ Permutationen der Elemente von $\{1, \ldots, n\}$ gibt, die keinen Fixpunkt haben. Das Ereignis, dass ein Besucher seinen eigenen Schirm zurückerhält, d.h. dass es einen Fixpunkt gibt, wird auch ‚matching‘ genannt. Nun wollen wir die Verteilung der Anzahl matchings bestimmen. Es sei X die Zufallsvariable, die die Anzahl der Besucher angibt, die ihren eigenen Schirm zurückbekommen. Dann gilt

$$P(X = 0) = p_n.$$

Die Wahrscheinlichkeit $P(X = k)$, dass genau k der Besucher ihren eigenen Schirm erhalten, lässt sich wie folgt berechnen. Es gibt $\binom{n}{k}$ Möglichkeiten, k Schirme ihren rechtmäßigen Besitzern zurückzugeben. Dann sind diese k Schirme verteilt. Die übrigen $(n - k)$ Schirme müssen auf die übrigen $(n - k)$ Besucher so verteilt werden, dass kein Besucher seinen eigenen Schirm bekommt, wofür es $(n - k)!\, p_{n-k}$ Möglichkeiten gibt. Also gilt

$$P(X = k) = \frac{\binom{n}{k} \cdot (n - k)!\, p_{n-k}}{n!} = \frac{1}{k!}\, p_{n-k} \quad \text{für } k = 0, \ldots, n.$$

Diese Resultate fassen wir in einem Satz zusammen.

Satz 4.10 (Matching-Verteilung) *Die Wahrscheinlichkeit, dass eine zufällige Permutation der Elemente von $\{1, \ldots, n\}$ keinen Fixpunkt hat, ist*

$$p_n = \frac{1}{2!} - \frac{1}{3!} + \frac{1}{4!} - \ldots + (-1)^n \frac{1}{n!}.$$

Die Wahrscheinlichkeit, dass eine zufällige Permutation von $\{1, \ldots, n\}$ genau k Fixpunkte hat, ist $\frac{1}{k!}\, p_{n-k}$. Die Anzahl aller Permutationen der Elemente von $\{1, \ldots, n\}$, die genau k Fixpunkte haben, ist $\frac{n!}{k!}\, p_{n-k}$.

Aus der Reihenentwicklung für die Exponentialfunktion, $\sum_{k=0}^{\infty} \frac{x^k}{k!} = e^x$, folgt $\lim_{n \to \infty} p_n = e^{-1}$. Somit gilt

$$\lim_{n \to \infty} P(X = k) = e^{-1} \frac{1}{k!}, \tag{4.17}$$

d.h. die Wahrscheinlichkeit, dass wir genau k Fixpunkte haben, konvergiert gegen die Wahrscheinlichkeitsfunktion einer Poisson-Verteilung mit Parameter 1. Dieses Resultat können wir auch intuitiv einsehen. Interpretieren wir das Ereignis, dass der i-te Besucher seinen eigenen Schirm erhält, als Erfolg, so haben wir n Bernoulli-Experimente mit Erfolgswahrscheinlichkeit $\frac{1}{n}$. Diese Experimente sind allerdings nicht unabhängig, sodass die Anzahl der Erfolge nicht exakt binomial verteilt ist und wir den Poisson-Grenzwertsatz 4.8 eigentlich nicht anwenden können. Identität (4.17) zeigt aber, dass Satz 4.8 dennoch das richtige Resultat liefert. Dies kann man dadurch erklären, dass die Abhängigkeit der Experimente für große Werte von n geringer wird.

Übungen

Übung 4.11 Erfahrungsgemäß fallen in einer Vordiplomsklausur 5% der Studierenden durch. In diesem Jahr nehmen 100 Studierende an der Klausur teil. Bestimme die Wahrscheinlichkeiten, dass $0, 1, \ldots, 10$ Studierende durchfallen. Berechne jeweils den exakten Wert und die Poisson-Approximation.

Übung 4.12 Eine Kaffeeverpackungsmaschine produziert mit Wahrscheinlichkeit $p = \frac{1}{100}$ eine undichte Verpackung. Berechne den exakten Wert und die Poisson-Approximation der Wahrscheinlichkeiten, dass sich in einer Partie von 50 Packungen $k = 0, 1, 2, 3$ undichte befinden.

Übung 4.13 Einem Drucker unterläuft im Durchschnitt ein Fehler auf 1000 Buchstaben und eine Buchseite hat 2000 Buchstaben. Bestimme die Wahrscheinlichkeit, dass auf einer Buchseite $0, \ldots, 6$ oder mehr als 7 Druckfehler sind.

4.4 Aufgaben

Aufgabe 4.1 Seien X_N, $N = 1, 2, \ldots$ Zufallsvariablen mit einer hypergeometrischen Verteilung mit Parametern $(N, [pN], n)$ (mit $[x]$ bezeichnen wir die größte ganze Zahl kleiner oder gleich x). Zeige, dass

$$\lim_{N \to \infty} P(X_N = k) = \binom{n}{k} p^k (1 - p)^{n-k},$$

d.h. dass die hypergeometrische Verteilung gegen eine binomiale Verteilung konvergiert.

Aufgabe 4.2 Es sei X eine Zufallsvariable mit Werten in $\mathbb{N}_0$ und der Eigenschaft, dass

$$P(X \geq k + j | X \geq k) = P(X \geq j) \quad \text{für alle } j, k \in \mathbb{N}_0.$$

Zeige, dass X geometrisch verteilt ist.

Aufgabe 4.3 Aus einer Urne mit N Kugeln, die mit Nummern $1, \ldots, N$ nummeriert sind, ziehen wir ohne Zurücklegen n Kugeln. Mit X bezeichnen wir die kleinste gezogene Nummer. Bestimme die Verteilung von X.

Aufgabe 4.4 Eine Firma bekommt Warenlieferungen und entscheidet anhand von Stichproben, ob eine Lieferung abgewiesen wird. Für eine Warenlieferung, die aus 100 Stück besteht, wird eine Stichprobe von 10 Stück genommen, und die Lieferung wird abgewiesen, wenn in der Stichprobe ein oder mehrere defekte Stücke sind. Wie groß ist die Wahrscheinlichkeit, dass eine Lieferung von 100 Stück, die 10 defekte Stücke enthält, bei diesem Testverfahren abgewiesen wird? Wenn die Stücke für die Stichprobe nacheinander gezogen werden, kann manchmal die Entscheidung schon vor der 10-ten Ziehung getroffen werden. Berechne die Wahrscheinlichkeit, dass bei der k-ten Ziehung die Entscheidung getroffen werden kann.

Aufgabe 4.5 Wir betrachten die Grundgesamtheit der Haushalte in Bochum. Die Wahrscheinlichkeit, dass in einem Haushalt k Kinder wohnen, sei p_k, $k \in \mathbb{N}_0$. Wir wählen jetzt zufällig ein Kind aus der Grundgesamtheit aller Kinder und bezeichnen mit X die Anzahl aller Kinder, die in dem zugehörigen Haushalt leben. Bestimme die Wahrscheinlichkeitsfunktion dieser Zufallsvariablen.

Aufgabe 4.6 Die Anzahl der Kinder in einem Haushalt sei Poisson-verteilt mit Parameter λ, wobei für jedes Kind gilt, dass es mit gleicher Wahrscheinlichkeit ein Junge oder ein Mädchen ist. Bestimme die Verteilung der Zufallsvariablen, die durch die Anzahl der Jungen in einem Haushalt gegeben ist.

Aufgabe 4.7 Zeige, dass die binomiale Verteilung und die Poisson-Verteilung unimodal sind, d.h. dass ihre Wahrscheinlichkeitsfunktionen bis zu einem bestimmten Punkt x_0 monoton steigend sind und für $x \geq x_0$ monoton fallend. Bei welchen Werten nehmen die Wahrscheinlichkeitsfunktionen ihr Maximum an?

5. Erwartungswert und Varianz

Betrachten wir die Stabdiagramme der Wahrscheinlichkeitsfunktionen, so sehen wir sehr unterschiedliche Bilder. Diese Bilder können uns aufmerksam machen auf verschiedene Eigenschaften einer Verteilung, wie Konzentration, Lage, Position, Schiefe oder Streuung. In diesem Kapitel werden wir zwei neue Maßzahlen für Verteilungen einführen, Erwartungswert und Varianz. Für die wichtigsten Verteilungen werden wir den Erwartungswert und die Varianz berechnen und zwei grundlegende Ungleichungen beweisen. Die meisten der Resultate in diesem Kapitel gelten für beliebige Zufallsvariablen, auch wenn wir die Beweise und Definitionen hier nur für Zufallsvariablen mit einer diskreten Verteilung geben können. Bei Resultaten, die wirklich nur im diskreten Fall gelten, weisen wir entsprechend darauf hin.

5.1 Erwartungswert

Da die Einführung des Erwartungswertes ihren geschichtlichen Ursprung bei Glücksspielen hat, wollen wir uns zunächst mit einem Spiel beschäftigen. Angenommen, wir könnten gegen Bezahlung eines Einsatzes an folgendem Glücksspiel teilnehmen: Es wird ein unverfälschter Würfel geworfen. Als Gewinn erhalten wir die geworfene Augenzahl in Euro. Wie viel Euro wären wir bereit, als Einsatz für dieses Spiel zu bezahlen?

Das Problem bei dieser Frage liegt darin, dass es vom Zufall abhängt, wie viel wir für unseren Einsatz bekommen. Die Gegebenheiten bei Glücksspielen sind ganz anders als beim Einkauf in einem Laden. Dort können wir wissen, welchen Wert wir für den angegebenen Preis eines Artikels bekommen, z.B. eine Zeitschrift für 4 Euro. Welchen Wert wir bei unserem Glücksspiel bekommen, können wir nicht wissen, da dies ja vom Zufall abhängt. Wir können mit Wahrscheinlichkeit jeweils $\frac{1}{6}$ entweder $1, 2, 3, 4, 5$ oder 6 Euro gewinnen, d.h. im Mittel $\frac{1}{6} \cdot 1 + \ldots + \frac{1}{6} \cdot 6 = 3.5$. Die so berechnete Zahl nennen wir den Erwartungswert des Spiels. Bei einer frequentistischen Interpretation von Wahrscheinlichkeit ist dies der mittlere Gewinn bei einer langen Folge von Wiederholungen des Spiels, und dies werden wir später bestätigt finden durch das Gesetz der großen Zahlen. Wenn wir also pro Spiel weniger als 3.50 Euro bezahlen müssen, so werden wir langfristig Gewinn machen. Auf dieselbe Weise können wir auch für das Lottospiel und die Glücksspiele im Kasino die

Erwartungswerte ausrechnen und sind dann vielleicht erstaunt, dass so viele Menschen dabei mitspielen, obwohl der erwartete Gewinn kleiner ist als der Einsatz. Ist die kleine Chance eines großen Gewinns so verlockend?

PROPOSITIO I.

Si *a* vel *b* expectem, quorum utrumvis æquè facilè mihi obtingere poſſit, expectatio mea dicenda eſt valere $\frac{a+b}{2}$.

Ad hanc regulam non ſolùm demonſtrandam, verùm etiam primitùs eruendam poſito *x* pro eo quod æquivalet expectationi meæ, oportet me, quum *x* habeo, rurſus ad ſimilem ſortem pervenire poſſe, æquâ conditione certantem. Ponatur itaque luſus eſſe talis, ut cum altero certem hâc conditione, ut quiſque deponat *x*, ac ut victor victo traditurus ſit *a*. Hic autem luſus juſtus eſt, & patet me hâc ratione æquam habere ſortem ad obtinendum *a*, ſi luſum perdam ſcilicet; aut 2*x — a*, ſi vincam: tum enim obtineo 2*x*, id nempe quod depoſitum eſt, de quo alteri erogandum eſt *a*. Quòd ſi autem 2*x — a* tantundem valeret atque *b*, æqua mihi ſors obtingeret ad *a* quàm ad *b*. Pono itaque 2*x — a* ∞ *b*, & ſit *x* ∞ $\frac{a+b}{2}$, pro valore meæ expectationis. Cujus demonſtratio facilis eſt. Etenim habens $\frac{a+b}{2}$ poſſum cum alio certare, qui etiam $\frac{a+b}{2}$ deponere volet, hâc conditione ut vincens victo ſit traditurus *a*. Quâ ratione ſimilis expectatio mihi obtinget ad obtinendum *a*, ſi perdam, aut ad obtinendum *b*, ſi vincam; tum enim obtineo *a + b*, id nempe quod depoſitum eſt, alterique inde concedo *a*.

Abb. 5.1. Einführung des Erwartungswertes in Huygens' Traktat ‚De Rationiciniis in Ludo Aleae', Übersetzung am Ende des Kapitels

Definition 5.1 *Sei X eine diskrete Zufallsvariable mit Wahrscheinlichkeitsfunktion p. Wir sagen, dass der Erwartungswert von X existiert, wenn $\sum_x |x| p(x) < \infty$. In diesem Fall definieren wir den Erwartungswert $E(X)$ als gewogenen Mittelwert aller möglichen Realisierungen x der Zufallsvariable X mit den zugehörigen Wahrscheinlichkeiten $p(x)$ als Gewichten, d.h.*

$$E(X) := \sum_{x \in X(\Omega)} x \cdot p(x). \tag{5.1}$$

Als Symbol für den Erwartungswert wird oft μ bzw. μ_X verwendet.

Die erste Forderung in dieser Definition, die Existenz des Erwartungswertes, d.h $\sum_x |x| p(x) < \infty$, stellt sicher, dass der Wert der Reihe $\sum_x x p(x)$ nicht von der Reihenfolge der Summation abhängt. Wir wissen aus der Analysis, dass dies nur bei absoluter Konvergenz einer Reihe gilt. Zum Schluss noch eine Bemerkung zur Notation: Wir lassen die Klammern in $E(X)$ gerne weg und schreiben kurz EX, wenn dies keine Verwirrung stiftet und keine Verwechselung mit dem Produkt $E \cdot X$ geschehen kann.

Beispiel 5.2 (i) Es sei X Laplace-verteilt auf $\{1, \ldots, N\}$, d.h. $P(X = k) = \frac{1}{N}$ für $k = 1, \ldots, N$. Dann gilt

$$E(X) = \sum_{j=1}^{N} j \cdot \frac{1}{N} = \frac{1}{N} \frac{N(N+1)}{2} = \frac{N+1}{2}.$$

(ii) Es sei X Bernoulli-verteilt mit Parameter p, d.h. $P(X = 1) = p$ und $P(X = 0) = 1 - p$. Dann gilt

$$E(X) = 0 \cdot (1 - p) + 1 \cdot p = p.$$

Insbesondere gilt also für die Indikatorfunktion 1_A, dass $E(1_A) = P(A)$.

(iii) Es sei X binomial verteilt mit Parametern n und p, d.h. $P(X = k) = \binom{n}{k} p^k (1-p)^{n-k}$ für $k = 0, \ldots, n$. Dann gilt

$$E(X) = \sum_{k=0}^{n} k \binom{n}{k} p^k (1-p)^{n-k} = \sum_{k=1}^{n} n \binom{n-1}{k-1} p^k (1-p)^{n-k}$$

$$= np \sum_{k=1}^{n} \binom{n-1}{k-1} p^{k-1} (1-p)^{(n-1)-(k-1)}$$

$$= np \sum_{l=0}^{n-1} \binom{n-1}{l} p^l (1-p)^{(n-1)-l} = np.$$

Für diese Umformungen haben wir benutzt, dass $k\binom{n}{k} = n\binom{n-1}{k-1}$ und die Newton'sche Binomialformel mit $x = p, y = 1 - p$ und $n - 1$.

(iv) Es sei X hypergeometrisch verteilt mit Parametern N, R und n, d.h. $P(X = r) = \frac{\binom{R}{r}\binom{N-R}{n-r}}{\binom{N}{n}}$. Wir weisen an dieser Stelle nochmal darauf hin, dass per definitionem $\binom{n}{k} = 0$ gilt für $k < 0$ und für $k > n$. Dann gilt

$$E(X) = \binom{N}{n}^{-1} \sum_{r=1}^{n} r \binom{R}{r} \binom{N-R}{n-r}$$

$$= \binom{N}{n}^{-1} \sum_{r=1}^{n} R \binom{R-1}{r-1} \binom{N-R}{n-r}$$

$$= R \binom{N}{n}^{-1} \sum_{r=1}^{n} \binom{R-1}{r-1} \binom{N-R}{n-r} = R \binom{N}{n}^{-1} \binom{N-1}{n-1} = n\frac{R}{N},$$

wobei wir am Schluss die binomiale Identität $\sum_{j=0}^{k} \binom{n}{j}\binom{m}{k-j} = \binom{n+m}{k}$ verwendet haben, siehe Aufgabe 2.1.

(v) Es sei X Poisson-verteilt mit Parameter λ, d.h. $P(X = k) = e^{-\lambda}\frac{\lambda^k}{k!}$ für $k \in \mathbb{N}_0$. Dann gilt

$$E(X) = \sum_{k=0}^{\infty} k e^{-\lambda}\frac{\lambda^k}{k!} = \lambda e^{-\lambda} \sum_{k=1}^{\infty} \frac{\lambda^{k-1}}{(k-1)!} = \lambda,$$

wobei wir die Reihenentwicklung der Exponentialfunktion, $e^x = \sum_{n=0}^{\infty} \frac{x^n}{n!}$, verwendet haben.

(vi) Es sei X geometrisch verteilt mit Parameter p, d.h. $P(X = k) = q^k p$ für $k \in \mathbb{N}_0$. Dann gilt

$$E(X) = \sum_{k=0}^{\infty} k q^k p = pq \sum_{k=1}^{\infty} k q^{k-1} = pq \frac{1}{(1-q)^2} = \frac{q}{p}.$$

Dabei haben wir Lemma 4.7 für $r = 2$ verwendet.

(vii) Es sei X negativ-binomial verteilt mit Parametern r und p, d.h. $P(X = k) = \binom{r+k-1}{k}p^r q^k$ für $k \in \mathbb{N}_0$. Dann gilt

$$\begin{aligned}
E(X) &= \sum_{k=0}^{\infty} k \binom{r+k-1}{k} p^r q^k \\
&= \sum_{k=1}^{\infty} \frac{(r+k-1)!}{(k-1)!(r-1)!} p^r q^k \\
&= r p^r q \sum_{k=1}^{\infty} \frac{(r+k-1)!}{(k-1)! r!} q^{k-1} \\
&= r p^r q \sum_{j=0}^{\infty} \binom{r+j}{j} q^j = r p^r q \frac{1}{(1-q)^{r+1}} = r\frac{q}{p}.
\end{aligned}$$

An dieser Stelle haben wir die Summenformel für die negativ-binomiale Reihe verwendet, $\sum_{k=0}^{\infty} \binom{r+k}{k} q^k = \frac{1}{(1-q)^{r+1}}$, und immer wieder $p = 1 - q$.

Oft stehen wir vor dem Problem, den Erwartungswert einer Funktion $Y = u(X)$ einer Zufallsvariablen X berechnen zu wollen, z.B. $E(X^2)$ oder $E(e^X)$. Wenn wir dies mit der Definition tun, so bestimmen wir zuerst die Verteilung von Y, d.h. bei einer diskreten Zufallsvariablen, dass wir $p_Y(y) = P(Y = y)$ berechnen, und dann folgt

$$E(Y) = \sum_{y \in Y(\Omega)} y\, p_Y(y).$$

Dieser Weg ist meist sehr umständlich, und wir können ihn abkürzen, wenn wir den folgenden Satz anwenden. Es ist dies ein Spezialfall einer ganz allgemeinen Transformationsformel.

Satz 5.3 (Transformationsformel für den Erwartungswert) *Es sei X eine diskrete Zufallsvariable mit Wahrscheinlichkeitsfunktion p und $u : X(\Omega) \to \mathbb{R}$ eine Abbildung mit $\sum_{x \in X(\Omega)} |u(x)|\, p(x) < \infty$. Dann gilt*

$$E(u(X)) = \sum_{x \in X(\Omega)} u(x)\, p(x). \qquad (5.2)$$

Beweis. Die Wahrscheinlichkeitsfunktion von $Y = u(X)$ ist gegeben durch

$$p_Y(y) = P(u(X) = y) = \sum_{x:u(x)=y} p(x).$$

Dies setzen wir in die Definition von $E(Y)$ ein und erhalten

$$E(Y) = \sum_y y p_Y(y) = \sum_y y \sum_{x:u(x)=y} p(x) = \sum_y \sum_{x:u(x)=y} u(x)p(x)$$
$$= \sum_x u(x)p(x),$$

womit die Behauptung des Satzes bewiesen ist. $\qquad\square$

Beispiel 5.4 Wir betrachten eine Poisson(λ)-verteilte Zufallsvariable. Mit Satz 5.3 können wir nun den Erwartungswert der Funktion e^{tX}, $t \in \mathbb{R}$, berechnen, ohne die Verteilung von e^{tX} bestimmen zu müssen

$$E(e^{tX}) = \sum_{k=0}^{\infty} e^{tk} e^{-\lambda} \frac{\lambda^k}{k!} = e^{-\lambda} \sum_{k=0}^{\infty} \frac{(\lambda e^t)^k}{k!} = e^{\lambda(e^t-1)}.$$

Wir werden in Kapitel 7 die Bedeutung dieses Erwartungswertes, dessen Berechnung hier als Anwendungsbeispiel der Transformationsformel diente, noch weiter kennenlernen.

Satz 5.5 (Dreiecksungleichung für den Erwartungswert) *Es sei X eine Zufallsvariable, deren Erwartungswert existiert. Dann gilt*

$$|EX| \le E|X|. \qquad (5.3)$$

Beweis. Wir wenden Satz 5.3 mit $u(x) = |x|$ an, sowie die Dreiecksungleichung für Summen reeller Zahlen und erhalten

$$E|X| = \sum_{x \in X(\Omega)} |x|\, p(x) = \sum_{x \in X(\Omega)} |x\, p(x)| \ge \left| \sum_{x \in X(\Omega)} x\, p(x) \right| = |EX|. \qquad\square$$

Satz 5.6 (Linearität des Erwartungswertes) *Es seien X und Y zwei Zufallsvariablen, deren Erwartungswerte existieren. Dann gilt für $a, b \in \mathbb{R}$*
(i) $E(aX) = aE(X)$
(ii) $E(X + Y) = E(X) + E(Y)$
(iii) $E(b) = b$.

Beweis. (i) Mit $u(x) = ax$ liefert die Transformationsformel, Satz 5.3,

$$E(aX) = \sum_x (ax)p(x) = a \sum_x xp(x) = aE(X).$$

(iii) Die konstante Zufallsvariable $Y \equiv b$ hat nur eine mögliche Realisierung. Ihre Wahrscheinlichkeitsfunktion ist gegeben durch $p(b) = 1$ und $p(x) = 0$ für $x \neq b$.
(ii) Wir werden diese Aussage erst im nächsten Kapitel im Anschluss an die Tranformationsformel Satz 6.8 beweisen können und bis dahin nur für Beispiele benutzen. $\qquad\square$

Die Additivität des Erwartungswertes, die Eigenschaft (ii), ist für Anwendungen von großer Bedeutung. Mittels vollständiger Induktion können wir die Additivität auch auf jede endliche Summe von Zufallsvariablen ausdehnen

$$E(X_1 + \ldots + X_n) = EX_1 + \ldots + EX_n.$$

Wenn wir nun eine gegebene Zufallsvariable X als Summe von Zufallsvariablen $X_1, \ldots, X_n$ mit einer einfacheren Verteilung und bekannten Erwartungswerten darstellen können, so können wir den Erwartungswert EX auch dann berechnen, wenn sich die Verteilung von X nur schwer oder gar nicht bestimmen lässt.

Beispiel 5.7 (i) Sei X eine binomial verteilte Zufallsvariable mit Parametern n und p, die die Anzahl der Erfolge in n unabhängigen Bernoulli-Experimenten angibt. Wir definieren die Ereignisse A_i: ‚das i-te Experiment liefert einen Erfolg‘ und die Zufallsvariablen 1_{A_i}. Dann gilt $X = 1_{A_1} + \ldots + 1_{A_n}$ und somit

$$E(X) = E(1_{A_1}) + \ldots + E(1_{A_n}) = P(A_1) + \ldots + P(A_n) = np.$$

So erhalten auf diesem anderen Weg ohne Rechenaufwand dasselbe Resultat wie in Beispiel 5.2(iii).

(ii) Sei X eine hypergeometrisch verteilte Zufallsvariable mit Parametern N, R und n, die die Anzahl roter Kugeln in einer Stichprobe angibt, die wir durch n-faches Ziehen ohne Zurücklegen aus einer Urne mit R roten und $(N - R)$ weißen Kugeln erhalten haben. Wir definieren die Ereignisse A_i: ‚die i-te gezogene Kugel ist rot‘ und die Zufallsvariablen 1_{A_i}. Dann gilt $X = 1_{A_1} + \ldots + 1_{A_n}$ und $E(1_{A_i}) = P(A_i) = \frac{R}{N}$, und wir erhalten auch hier ohne großen Rechenaufwand das Resultat $E(X) = n \cdot \frac{R}{N}$ von Beispiel 5.2(iv).

(iii) In Abschnitt 4.3 haben wir die Anzahl X der matchings einer zufälligen Permutation der Zahlen $1, \ldots, n$ untersucht und in Satz 4.10 die Verteilung von X bestimmt. Auch hier gibt eine geeignete Darstellung von X als Summe von Zufallsvariablen mit einer einfachen Verteilung die Grundlage für eine schnelle Berechnung des Erwartungswertes $E(X)$. Wir definieren die Ereignisse A_i: ,der i-te Besucher erhält seinen eigenen Schirm' und die Zufallsvariablen 1_{A_i}. Dann gilt $X = 1_{A_1} + \ldots + 1_{A_n}$ und $P(A_i) = \frac{1}{n}$, also folgt $E(X) = n \cdot \frac{1}{n} = 1$, d.h. im Schnitt erhält genau ein Besucher seinen eigenen Schirm zurück.

Beispiel 5.8 (i) In einer Urne sind R rote und $(N - R)$ weiße Kugeln. Wir ziehen zufällig und ohne Zurücklegen nacheinander jeweils eine Kugel aus der Urne. Es sei X die Anzahl der weißen Kugeln, die vor der ersten roten Kugel gezogen wurden. Die Wahrscheinlichkeitsfunktion von X ist

$$P(X = k) = \frac{N - R}{N} \cdot \frac{N - R - 1}{N - 1} \cdot \ldots \cdot \frac{N - R - k + 1}{N - k + 1} \cdot \frac{R}{N - k} = \frac{(N - R)_k \cdot R}{(N)_{k+1}}$$

für $k = 0, \ldots, N - R$. Dies können wir einsehen, wenn wir uns überlegen, dass $X = k$ bedeutet, dass bis zur k-ten Ziehung nur weiße Kugeln, und zwar ohne Zurücklegen, gezogen werden und bei der $(k + 1)$-ten Ziehung dann eine rote Kugel gezogen wird.

Wir wollen jetzt $E(X)$ berechnen. Die direkte Berechnung mit der Definition, d.h. $E(X) = \sum_{k=0}^{N-R} k P(X = k)$, ist langwierig. Wir suchen stattdessen eine Zerlegung von X als Summe von Zufallsvariablen, deren Erwartungswerte einfacher zu berechnen sind. Dazu nummerieren wir die weißen Kugeln und definieren die Zufallsvariablen Y_i, $i = 1, \ldots, N - R$, wie folgt

$$Y_i := \begin{cases} 1 & \text{wenn die } i\text{-te weiße Kugel vor der 1. roten Kugel gezogen wird} \\ 0 & \text{sonst.} \end{cases}$$

Es gilt $X = Y_1 + \ldots + Y_{N-R}$. Wir benötigen die Wahrscheinlichkeiten $P(Y_i = 1)$, d.h. die Wahrscheinlichkeit, dass die i-te weiße Kugel vor der ersten roten Kugel gezogen wird. Zur Bestimmung dieser Wahrscheinlichkeit können wir, zumindest in Gedanken, die übrigen weißen Kugeln außer Betracht lassen. Wir können uns zum Beispiel vorstellen, dass die anderen weißen Kugeln eine neue Farbe bekommen, und dann geht es nur noch um die möglichen Anordnungen der R roten Kugeln und der einen, der i-ten, weißen Kugel. Der einzige günstige Fall ist dabei, dass die i-te Kugel vor allen roten Kugeln gezogen wird und damit ist die Wahrscheinlichkeit $P(Y_i = 1) = \frac{1}{R+1}$.

Nach diesen vielen Gedankenschritten, deren Nachvollzug nicht trivial ist, können wir den Erwartungswert sehr leicht berechnen

$$E(X) = \sum_{i=1}^{N-R} P(Y_i = 1) = \frac{N - R}{R + 1}. \tag{5.4}$$

Im Folgenden wollen wir Identität (5.4) noch auf einem anderen Wege herleiten, der eine neue Einsicht in die Problematik erlaubt. Dabei werden wir, zumindest in Gedanken, annehmen, dass wir nicht beim Ziehen der ersten roten Kugel das Experiment beenden, sondern dass wir solange ziehen, bis die Urne leer ist. Dann können wir uns die Menge der $(N-R)$ weißen Kugeln

Abb. 5.2. Aufteilen der $(N-R)$ weißen Kugeln in $(R+1)$ Teilmengen

wie folgt aufgeteilt vorstellen in $(R+1)$ Teilmengen. In der ersten Teilmenge sind die weißen Kugeln, die vor der ersten roten Kugel gezogen werden, in der zweiten Teilmenge die weißen Kugeln, die zwischen der ersten und der zweiten roten Kugel gezogen werden, u.s.w. bis zu der Menge der weißen Kugeln, die nach der letzten roten Kugel gezogen werden. Wir wollen nun zeigen, dass diese $(R+1)$ Mengen im Mittel gleich groß sind. Dazu führen wir die Zufallsvariablen $X_1, \ldots, X_{R+1}$ ein, die die Größen der $(R+1)$ Teilmengen angeben. Es gilt für nicht-negative ganze Zahlen $0 \le k_1, \ldots, k_{R+1} \le N - R$ mit $k_1 + \ldots + k_{R+1} = N - R$, dass

$$P(X_1 = k_1, \ldots, X_{R+1} = k_{R+1})$$

$$= \frac{(N-R)_{k_1} R (N-R-k_1)_{k_2} (R-1) \cdot \ldots \cdot 1 (N-R-k_1-\ldots-k_R)_{k_{R+1}}}{N(N-1) \cdot \ldots \cdot 1}$$

$$= \frac{(N-R)! R!}{N!} = \binom{N}{R}^{-1} \tag{5.5}$$

Mit der Terminologie des folgenden Kapitels ist dies die simultane Verteilung von $X_1, \ldots, X_{R+1}$. Also sind alle möglichen Auswahlen der Ziehungen, bei denen die weißen Kugeln gezogen werden, gleich wahrscheinlich. Wenn wir das Problem auffassen als Verteilung von $(N-R)$ weißen Kugeln auf $(R+1)$ Zellen, so zeigt (5.5), dass das Modell Ω_{IV} (nicht unterscheidbare Kugeln, mehrere Kugeln in einer Zelle möglich) passend ist.

Die Symmetrie in (5.5) liefert, dass die Zufallsvariablen $X_1, \ldots, X_{R+1}$ alle dieselbe Verteilung haben und damit auch denselben Erwartungswert. Aus $X_1 + \ldots + X_{R+1} = N - R$ folgt weiter

$$N - R = E(X_1 + \ldots + X_{R+1}) = (R+1)E(X_1)$$

und somit $E(X_1) = \frac{N-R}{R+1}$.

(ii) Jetzt betrachten wir dieses Beispiel für den Fall, dass mit Zurücklegen gezogen wird. Wieder wollen wir den Erwartungswert der Zufallsvariablen X berechnen, die die Anzahl der weißen Kugeln angibt, die vor der ersten roten Kugel gezogen werden. Beim Ziehen mit Zurücklegen stellen die aufeinanderfolgenden Ziehungen unabhängige Experimente dar. Wenn wir nur auf die Farbe der gezogenen Kugeln achten, so hat jedes Experiment zwei mögliche Ergebnisse, rot (Erfolg) und weiß (Misserfolg). Also haben wir eine Folge unabhängiger Bernoulli-Experimente mit Erfolgswahrscheinlichkeiten $p = \frac{R}{N}$, und X ist die Anzahl der Misserfolge vor dem ersten Erfolg. Wir haben im vorigen Kapitel gezeigt, dass X eine geometrische Verteilung hat und in Beispiel 5.2(vi) berechnet, dass $E(X) = \frac{q}{p} = \frac{N-R}{R}$.

Übungen

Übung 5.1 Wir betrachten ausnahmsweise ein Würfelexperiment mit einem gefälschten Würfel. Sei X die gewürfelte Augenzahl, und sei $P(X = k) = \alpha \cdot k$, für $1 \leq k \leq 6$, und eine Konstante $\alpha \geq 0$. Bestimme den Wert der Konstanten α und den Erwartungswert von X.

Übung 5.2 Aus einer Urne mit 2 roten und 3 weißen Kugeln ziehen wir 2 Kugeln ohne Zurücklegen. Bestimme die Verteilung und den Erwartungswert der Zufallsvariablen X, die die Anzahl der roten Kugeln in der Stichprobe angibt. Anschließend führen wir dieses Experiment 10-mal aus und legen nach jedem dieser Experimente die 2 Kugeln wieder zurück. Sei Y die Anzahl der roten Kugeln unter den 20 gezogenen Kugeln. Berechne den Erwartungswert von Y.

Übung 5.3 Wir werfen eine faire Münze solange, bis zum ersten Mal ‚Kopf' erscheint, aber höchstens 10-mal. Wir bezeichnen mit X die Anzahl der Würfe, bei denen ‚Zahl' erscheint. Gesucht ist die Verteilung und der Erwartungswert von X.

Übung 5.4 Wir betrachten das Experiment, dass n Kugeln zufällig auf N Zellen verteilt werden, wobei mehrere Kugeln in einer Zelle liegen können. Bestimme den Erwartungswert der Zufallsvariable X, die die Anzahl der leeren Zellen angibt.

Übung 5.5 Berechne für ein Würfelexperiment, bei dem 10 Würfel gleichzeitig geworfen werden, den Erwartungswert der Zufallsvariable X, die die Summe der Augenzahlen angibt.

5.2 Varianz

Definition 5.9 *Es sei X eine Zufallsvariable, für die $E(X - EX)^2$ existiert. Dann definieren wir die Varianz von X als*

$$\mathrm{Var}(X) := E(X - E(X))^2.$$

Als Symbol für die Varianz wird oft σ^2 bzw. σ_X^2 verwendet. Die Wurzel aus der Varianz heißt Standardabweichung.

Die Varianz ist per definitionem die mittlere quadratische Abweichung der Zufallsvariablen X von ihrem Erwartungswert und somit ein Maß für die Streuung. Es gibt kein intrinsisches Argument, weshalb man gerade die quadratische Abweichung verwenden sollte und nicht die absolute Abweichung oder eine höhere Potenz. Eine besondere Bedeutung bekommt die Varianz durch die mathematischen Eigenschaften von $E(X^2)$. So werden wir in Abschnitt 6.4 zeigen, dass durch $\sqrt{E(X^2)}$ eine Euklidische Norm auf dem Raum aller Zufallsvariablen definiert wird.

Satz 5.10 *Es sei X eine Zufallsvariable. Dann gilt*

(i) $\mathrm{Var}(aX + b) = a^2 \mathrm{Var}(X)$, *für* $a, b, \in \mathbb{R}$
(ii) $\mathrm{Var}(X) = E(X^2) - (E(X))^2$.

Beweis. (i) Aufgrund der Linearität des Erwartungswertes gilt $E(aX + b) = aE(X) + b$. Also folgt

$$\mathrm{Var}(aX + b) = E(aX + b - (aE(X) + b))^2 = a^2 E(X - E(X))^2 = a^2 \mathrm{Var}(X).$$

(ii) Wir schreiben

$$\begin{aligned}
\mathrm{Var}(X) &= E(X - E(X))^2 \\
&= E(X^2 - 2(E(X))X + (E(X))^2) = E(X^2) - (E(X))^2,
\end{aligned}$$

wobei wir mehrfach Satz 5.6 angewendet haben.   □

Bemerkung 5.11 Wir können durch Anwendung von Satz 5.10 die folgende Identität für reelle Zahlen $x_1, \ldots, x_n$ herleiten

$$\frac{1}{n} \sum_{i=1}^{n} (x_i - \bar{x})^2 = \frac{1}{n} \left(\sum_{i=1}^{n} x_i^2 \right) - (\bar{x})^2, \tag{5.6}$$

wobei $\bar{x} := \frac{1}{n} \sum_{i=1}^{n} x_i$. Dazu betrachten wir eine Zufallsvariable X mit Werten $\{x_1, \ldots, x_n\}$ und Laplace-Verteilung, d.h. $P(X = x_i) = \frac{1}{n}$. Für diese Zufallsvariable gilt $E(X) = \bar{x}$, $E(X^2) = \frac{1}{n} \sum_{i=1}^{n} x_i^2$ und $\mathrm{Var}(X) = \frac{1}{n} \sum_{i=1}^{n} (x_i - \bar{x})^2$, sodass (5.6) aus Satz 5.10(ii) folgt. Dies ist ein Beispiel, dass eine analytische Identität aus einer wahrscheinlichkeitstheoretischen hergeleitet werden kann, indem man eine geeignete Zufallsvariable betrachtet.

Satz 5.12 *Für eine Zufallsvariable X und* $a \in \mathbb{R}$ *gilt*

$$E(X - a)^2 = \mathrm{Var}(X) + (E(X) - a)^2 \tag{5.7}$$

und somit

$$E(X - a)^2 \geq \mathrm{Var}(X). \tag{5.8}$$

Gleichheit gilt in (5.8) genau dann, wenn $a = E(X)$.

Beweis. Da $E(X - EX) = 0$, gilt

$$\begin{aligned}
E(X - a)^2 &= E(X - EX + EX - a)^2 \\
&= E(X - EX)^2 + 2E((X - EX)(EX - a)) + E((EX - a)^2) \\
&= E(X - EX)^2 + 2(EX - a)E(X - EX) + (EX - a)^2 \\
&= E(X - EX)^2 + (EX - a)^2.
\end{aligned}$$

Die Ungleichung (5.8) folgt direkt aus der Identität (5.7).   □

So gewinnen wir mit der Varianz die interessante Minimumeigenschaft des Erwartungswertes, dass die mittlere quadratische Abweichung zwischen X und einer Konstanten a minimal wird für $a = EX$. Dies kann eine Begründung sein, den Erwartungswert als Zentrum der Verteilung einer Zufallsvariablen aufzufassen. Dabei ist wichtig zu bemerken, dass diese Minimumeigenschaft von EX nur für die mittlere quadratische Abweichung gilt. Die Bestimmung des Minimums von $E|X - a|$ führt zu einer anderen Kenngröße einer Verteilung, dem Median.

Definition 5.13 *Für eine Zufallsvariable X definieren wir das k-te Moment m_k und das k-te zentrale Moment c_k durch*

$$m_k := E(X^k),$$
$$c_k := E(X - EX)^k.$$

Das k-te faktorielle Moment von X ist durch $E\left(X(X-1) \cdot \ldots \cdot (X - k + 1)\right)$ gegeben.

Mit dieser Definition ist $E(X^2)$ das 2. Moment von X und $\operatorname{Var}(X)$ das 2. zentrale Moment von X. Die höheren Momente spielen eine geringere Rolle. Das 3. und 4. zentrale Moment wird in der Statistik verwandt als Kenngröße für Schiefe und Plattheit einer Verteilung. Die faktoriellen Momente haben ihre Bedeutung im rechentechnischen Zusammenhang. Wir werden bei vielen Beispielen feststellen, dass sich die faktoriellen Momente einfacher berechnen lassen als das k-te Moment. Da sich jedes k-te Moment als Funktion der ersten k faktoriellen Momente schreiben lässt, z.B. $E(X^2) = E(X(X-1)) + EX$, können wir mit Satz 5.10(ii) die Varianzen der verschiedenen Verteilungen ausrechnen. Dabei wenden wir auch immer wieder die Transformationsformel für Erwartungswerte an.

Beispiel 5.14 (i) Sei X Laplace-verteilt auf $\{1, \ldots, N\}$, so gilt

$$E(X^2) = \sum_{j=1}^{N} j^2 \frac{1}{N} = \frac{1}{N} \frac{N(N+1)(2N+1)}{6} = \frac{(N+1)(2N+1)}{6},$$

denn für die Quadratzahlen gilt $\sum_{j=1}^{n} j^2 = \frac{n(n+1)(2n+1)}{6}$. Weiter folgt

$$\operatorname{Var}(X) = E(X^2) - (EX)^2 = \frac{(N+1)(2N+1)}{6} - \frac{(N+1)^2}{4} = \frac{N^2 - 1}{12}.$$

(ii) Für eine Bernoulli-verteilte Zufallsvariable X mit Parameter p gilt

$$E(X^2) = 0^2(1-p) + 1^2 p = p$$

und somit

$$\text{Var}(X) = p - p^2 = p(1 - p) = pq.$$

(iii) Zur Berechnung der Varianz einer binomial verteilten Zufallsvariablen X mit Parametern n und p bestimmen wir zunächst das 2. faktorielle Moment

$$E(X(X - 1)) = \sum_{k=0}^{n} k(k - 1)\binom{n}{k}p^k(1 - p)^{n-k}$$

$$= n(n - 1)p^2 \sum_{k=2}^{n} \binom{n - 2}{k - 2}p^{k-2}(1 - p)^{(n-2)-(k-2)}$$

$$= n(n - 1)p^2.$$

Dabei sind wir analog vorgegangen wie in der Berechnung des Erwartungswertes einer binomial verteilten Zufallsvariablen. Weiter gilt nun

$$E(X^2) = E(X(X - 1)) + EX = n(n - 1)p^2 + np$$

und somit

$$\text{Var}(X) = n(n - 1)p^2 + np - (np)^2 = np - np^2 = np(1 - p) = npq.$$

(iv) Sei X hypergeometrisch verteilt mit Parametern N, R und n. Analog zur Berechnung des Erwartungswertes, bei der wir auch die binomiale Identität aus Aufgabe 2.1 benutzt haben, gilt

$$E(X(X - 1)) = \binom{N}{n}^{-1} \sum_{r=0}^{n} r(r - 1)\binom{R}{r}\binom{N - R}{n - r}$$

$$= R(R - 1)\binom{N}{n}^{-1} \sum_{r=0}^{n} \binom{R - 2}{r - 2}\binom{(N - 2) - (R - 2)}{(n - 2) - (r - 2)}$$

$$= R(R - 1)\binom{N}{n}^{-1}\binom{N - 2}{n - 2} = R(R - 1)\frac{n(n - 1)}{N(N - 1)}.$$

Daraus folgt

$$\text{Var}(X) = E(X^2) - (EX)^2$$

$$= R(R - 1)\frac{n(n - 1)}{N(N - 1)} + \frac{nR}{N} - \frac{n^2R^2}{N^2}$$

$$= n\frac{R}{N}\left(\frac{(R - 1)(n - 1)}{N - 1} + 1 - \frac{nR}{N}\right)$$

$$= n\frac{R}{N^2(N - 1)}((R - 1)(n - 1)N + N(N - 1) - nR(N - 1))$$

$$= n\frac{R}{N}\left(1 - \frac{R}{N}\right)\frac{N - n}{N - 1}.$$

Wir haben eine Form gefunden, die sich für $p = \frac{R}{N}$ von der Varianz der binomialen Verteilung nur durch einen Korrekturfaktor $\frac{N-n}{N-1}$ unterscheidet. Das bedeutet, dass für $n > 1$ die Varianz beim Ziehen ohne Zurücklegen stets kleiner ist als beim Ziehen mit Zurücklegen. Für den Sonderfall $n = N$ gilt sogar $\mathrm{Var}(X) = 0$, und dies können wir auch direkt einsehen, denn in diesem Fall ziehen wir alle Kugeln und dann ist $X \equiv R$.

(v) Für eine Poisson-verteilte Zufallsvariable X mit Parameter λ gilt

$$E(X(X-1)) = e^{-\lambda} \sum_{k=0}^{\infty} k(k-1)\frac{\lambda^k}{k!} = \lambda^2 e^{-\lambda} \sum_{k=2}^{\infty} \frac{\lambda^{k-2}}{(k-2)!} = \lambda^2$$

und somit

$$\mathrm{Var}(X) = \lambda^2 + \lambda - \lambda^2 = \lambda.$$

(vi) Sei X geometrisch verteilt mit Parameter p, so gilt

$$E(X(X-1)) = \sum_{k=0}^{\infty} k(k-1)q^k p$$

$$= pq^2 \sum_{k=2}^{\infty} k(k-1)q^{k-2} = pq^2 \frac{2}{(1-q)^3} = \frac{2q^2}{p^2}.$$

Dabei haben wir Lemma 4.7 für $r = 3$ angewendet. Es folgt

$$E(X^2) = E(X(X-1)) + EX = \frac{2q^2}{p^2} + \frac{q}{p}$$

und

$$\mathrm{Var}(X) = \frac{2q^2}{p^2} + \frac{q}{p} - \frac{q^2}{p^2} = \frac{q}{p^2}(q+p) = \frac{q}{p^2}.$$

(vii) Für eine negativ-binomial verteilte Zufallsvariable X mit Parametern r und p gilt

$$E(X(X-1)) = \sum_{k=0}^{\infty} k(k-1)\binom{r+k-1}{k}q^k p^r$$

$$= r(r+1) \sum_{k=2}^{\infty} \binom{r+k-1}{k-2}q^k p^r$$

$$= r(r+1)p^r q^2 \sum_{j=0}^{\infty} \binom{r+j+1}{j}q^j$$

$$= r(r+1)p^r q^2 \frac{1}{(1-q)^{r+2}} = r(r+1)\frac{q^2}{p^2}.$$

Dabei haben wir wieder die Summenformel für die negativ-binomiale Reihe verwendet. Nun folgt

$$E(X^2) = r(r+1)\frac{q^2}{p^2} + \frac{rq}{p}$$

und

$$\text{Var}(X) = r(r+1)\frac{q^2}{p^2} + r\frac{q}{p} - \left(r\frac{q}{p}\right)^2 = r\frac{q^2+qp}{p^2} = r\frac{q}{p^2}.$$

Für $r=1$ ist $\text{Var}(X) = \frac{q}{p^2}$, und das ist die Varianz einer geometrisch verteilten Zufallsvariable. In der Tat ist die geometrische Verteilung mit Parameter p ein Spezialfall der negativ-binomialen Verteilung mit Parametern r und p für $r=1$.

Die Erwartungswerte und Varianzen der wichtigsten diskreten Verteilungen haben wir in Tabelle 5.1 zusammengestellt.

Verteilung	$X(\Omega)$	Wahrscheinlichkeitsfkt.	$E(X)$	$\text{Var}(X)$
Laplace	$\{1,\dots,N\}$	$\dfrac{1}{N}$	$\dfrac{N+1}{2}$	$\dfrac{N^2-1}{12}$
Bernoulli	$\{0,1\}$	$p^k q^{1-k}$	p	pq
binomial	$\{0,\dots,n\}$	$\binom{n}{k}p^k q^{n-k}$	np	npq
hypergeom.	$\{0,\dots,n\}$	$\dfrac{\binom{R}{k}\binom{N-R}{n-k}}{\binom{N}{n}}$	$n\dfrac{R}{N}$	$n\dfrac{R}{N}\left(\dfrac{N-R}{N}\right)\dfrac{N-n}{N-1}$
Poisson	$\{0,1,\dots\}$	$e^{-\lambda}\dfrac{\lambda^k}{k!}$	λ	λ
geometrisch	$\{0,1,\dots\}$	$q^k p$	$\dfrac{q}{p}$	$\dfrac{q}{p^2}$
neg.-bin.	$\{0,1,\dots\}$	$\binom{r+k-1}{k}q^k p^r$	$r\dfrac{q}{p}$	$r\dfrac{q}{p^2}$

Tabelle 5.1. Wahrscheinlichkeitsfunktionen, Erwartungswerte und Varianzen wichtiger diskreter Verteilungen

Mit Hilfe unserer Sätze 5.6 und 5.10 können wir auch Erwartungswerte und Varianzen von Verteilungen berechnen, die durch eine affin-lineare Transformation aus einer der Verteilungen in der obigen Liste hervorgehen. Als Beispiel betrachten wir eine Laplace-Verteilung auf $\{\frac{1}{N+1},\dots,\frac{N}{N+1}\}$. Diese Verteilung erhalten wir, indem wir eine auf $\{1,\dots,N\}$ Laplace-verteilte Zufallsvariable Y durch $(N+1)$ teilen. Es gilt dann $EX = E\left(\frac{Y}{N+1}\right) = \frac{1}{N+1}EY$, und somit

$$E(X) = \frac{N+1}{2} \cdot \frac{1}{N+1} = \frac{1}{2}$$

$$\text{Var}(X) = \frac{N^2-1}{12} \cdot \frac{1}{(N+1)^2} = \frac{N-1}{N+1} \cdot \frac{1}{12}.$$

Eine Laplace-Verteilung auf $\{\frac{1}{N+1}, \ldots, \frac{N}{N+1}\}$ können wir für große N als approximatives Modell für einen auf dem Intervall $[0, 1]$ gleichverteilten Zufallsvorgang auffassen. Wir werden in Kapitel 8 eine Gleichverteilung auf $[0, 1]$ einführen und dann zeigen, dass diese Verteilung Erwartungswert $\frac{1}{2}$ und Varianz $\frac{1}{12}$ hat.

Übungen

Übung 5.6 Wir werfen einmal einen unverfälschten Würfel und bezeichnen mit X die geworfene Augenzahl. Berechne Varianz und Standardabweichung von X.

Übung 5.7 Es sei X eine Zufallsvariable mit $\text{Var}(X) = 0$. Zeige, dass es dann eine Konstante c gibt mit $P(X = c) = 1$. Wir sagen auch, dass X fast sicher eine Konstante ist.

Übung 5.8 Es sei X eine $\mathbb{N}$-wertige Zufallsvariable mit $P(X \geq k) = \frac{1}{k^2}$. Zeige, dass der Erwartungswert von X existiert und dass die Varianz nicht existiert.

5.3 Die Ungleichungen von Chebychev und Markov

Wir werden zwei Ungleichungen kennenlernen, die von den bedeutenden russischen Mathematikern Pafnuty Lvovich Chebychev (1821-1894) und Andrey Andreyvich Markov (1856-1922) erstmals formuliert wurden. Beide Ungleichungen sind in den meisten Beispielen nicht scharf, aber ihr großer Vorteil liegt in ihrer allgemeinen Gültigkeit. Dadurch werden sie unverzichtbares Hilfsmittel in verschiedenen theoretischen Berechnungen, vor allem des asymptotischen Verhaltens von Zufallsvariablen.

Satz 5.15 (Markov-Ungleichung) *Für eine Zufallsvariable X und eine reelle Zahl $a > 0$ gilt*

$$P(|X| \geq a) \leq \frac{1}{a} E(|X|). \tag{5.9}$$

Beweis. Für $x \in \mathbb{R}$ mit $|x| \geq a$ gilt $\frac{|x|}{a} \geq 1$ und somit

$$P(|X| \geq a) = \sum_{x:|x|\geq a} p(x) \leq \sum_{x:|x|\geq a} \frac{|x|}{a} p(x) \leq \sum_{x \in X(\Omega)} \frac{|x|}{a} p(x) = \frac{1}{a} E|X|.$$

Für die letzte Identität haben wir wieder die Transformationsformel, Satz 5.3, verwendet. $\qquad\square$

Satz 5.16 (Chebychev-Ungleichung) *Für eine Zufallsvariable X und eine reelle Zahl $a > 0$ gilt*

$$P(|X - EX| \geq a) \leq \frac{1}{a^2} \mathrm{Var}(X). \tag{5.10}$$

Beweis. Wir wenden die Markov-Ungleichung (5.9) auf die Zufallsvariable $|X - EX|^2$ an und erhalten

$$P(|X - EX| \geq a) = P(|X - EX|^2 \geq a^2) \leq \frac{1}{a^2} E(|X - EX|^2) = \frac{1}{a^2} \mathrm{Var}(X).$$

$\square$

Die Chebychev-Ungleichung gibt uns eine einfache Abschätzung der Wahrscheinlichkeiten für Abweichungen einer Zufallsvariablen von ihrem Erwartungswert. Sie wird manchmal auch in der Form

$$P(|X - EX| \geq a\sigma_X) \leq \frac{1}{a^2} \tag{5.11}$$

geschrieben. Wir werden im Zusammenhang mit dem Zentralen Grenzwertsatz in Kapitel 10 zeigen, dass für eine $Bin(n, p)$-verteilte Zufallsvariable X und für große Werte von n gilt $P(|X - EX| \geq 2\sigma_X) \approx 0.05$. Die Chebychev-Ungleichung hingegen liefert nur die Obergrenze 0.25.

Wir wollen nun an zwei Beispielen die Chebychev-Ungleichung für theoretische Berechnungen anwenden. Wir wissen, dass für eine $Bin(n, p)$-verteilte Zufallsvariable S_n gilt

$$E(S_n) = np \quad \text{und} \quad \mathrm{Var}(S_n) = np(1 - p).$$

Daraus folgt

$$E\left(\frac{S_n}{n}\right) = p \quad \text{und} \quad \mathrm{Var}\left(\frac{S_n}{n}\right) = \frac{p(1 - p)}{n}$$

und mit der Chebychev-Ungleichung erhalten wir den folgenden Satz.

Satz 5.17 (Schwaches Gesetz der großen Zahlen für Bernoulli-Experimente) *Es sei S_n die Zahl der Erfolge bei n unabhängigen Bernoulli-Experimenten. Dann gilt für jedes $\epsilon > 0$*

$$P\left(|\frac{S_n}{n} - p| \geq \epsilon\right) \leq \frac{1}{\epsilon^2} \frac{p(1 - p)}{n},$$

und die rechte Seite konvergiert für $n \to \infty$ gegen 0.

Die relative Häufigkeit der Anzahl der Erfolge konvergiert also gegen die Erfolgswahrscheinlichkeit in dem Sinne, dass Abweichungen der relativen Häufigkeit $\frac{S_n}{n}$ von der Wahrscheinlichkeit p immer unwahrscheinlicher werden, wenn n gegen ∞ strebt.

Bemerkung 5.18 Wir betrachten jetzt ein beliebiges Wahrscheinlichkeits-experiment, das wir mit dem Wahrscheinlichkeitsraum $(\Omega, \mathcal{F}, P)$ modelliert haben. Sei $A \subset \Omega$ ein Ereignis, so erhalten wir ein Bernoulli-Experiment, in-dem wir die beiden Ergebnisse ‚A tritt ein' (Erfolg) bzw. ‚A^c tritt ein' (Miss-erfolg) festlegen. Die Erfolgswahrscheinlichkeit ist dann $p = P(A)$. Für die n-fache, unabhängige Wiederholung des Experimentes entspricht die Anzahl der Erfolge gerade der Anzahl der Experimente, bei denen A auftritt. Das Gesetz der großen Zahlen besagt in diesem Zusammenhang, dass die relative Häufigkeit des Auftretens von A gegen $P(A)$ konvergiert, womit wir eine Ver-bindung zwischen dem axiomatischen Aufbau der Wahrscheinlichkeitstheorie und der frequentistischen Interpretation von Wahrscheinlichkeit haben.

Zum Abschluss wollen wir ein Beispiel geben, dass die Chebychev-Un-gleichung auch in der Analysis angewendet werden kann. Zu jeder stetigen Funktion $f : [0,1] \to \mathbb{R}$ ist das Bernstein-Polynom wie folgt definiert

$$B_n^f(x) := \sum_{k=0}^{n} \binom{n}{k} f\left(\frac{k}{n}\right) x^k (1-x)^{n-k}.$$

Satz 5.19 *Für jede stetige Funktion $f : [0,1] \to \mathbb{R}$ gilt für $n \to \infty$*

$$\sup_{0 \le x \le 1} |B_n^f(x) - f(x)| \to 0,$$

d.h. die Folge der Bernstein-Polynome konvergiert gleichmäßig gegen f.

Beweis. Wir wissen, dass für eine $Bin(n,x)$-verteilte Zufallsvariable gilt

$$Ef\left(\frac{S_n}{n}\right) = \sum_{k=0}^{n} f\left(\frac{k}{n}\right) P(S_n = k) = B_n^f(x).$$

Dies ist zusammen mit Satz 5.17 die entscheidende Beweisidee, da $\frac{S_n}{n}$ gegen x konvergiert. Wegen der Stetigkeit von f konvergiert auch $f(\frac{S_n}{n})$ gegen $f(x)$. Es bleibt zu zeigen, dass daraus folgt $Ef(\frac{S_n}{n}) \to E(f(x)) = f(x)$. Dass von der Konvergenz einer Folge von Zufallsvariablen auf die Konvergenz ihrer Erwartungswerte geschlossen werden kann, gilt unter gewissen Bedingungen sehr allgemein. Da uns entsprechende Sätze an dieser Stelle noch nicht zur Verfügung stehen, geben wir nun einen direkten Beweis.
Es sei $\epsilon > 0$ gegeben. Wegen der Kompaktheit von $[0,1]$ ist f gleichmäßig stetig, und so gibt es ein $\delta > 0$, sodass für alle $x, y \in [0,1]$ mit $|x - y| \le \delta$ gilt $|f(x) - f(y)| \le \epsilon$. Also folgt mit der Dreiecksungleichung für den Erwar-tungswert (5.3)

$$|B_n^f(x) - f(x)| = \left| E\left(f\left(\frac{S_n}{n} \right) - f(x) \right) \right|$$

$$\leq E\left| f\left(\frac{S_n}{n} \right) - f(x) \right|$$

$$= E\left(\left| f\left(\frac{S_n}{n} \right) - f(x) \right| 1_{\{|\frac{S_n}{n} - x| \leq \delta\}} \right)$$

$$+ E\left(\left| f\left(\frac{S_n}{n} \right) - f(x) \right| 1_{\{|\frac{S_n}{n} - x| > \delta\}} \right)$$

$$\leq \epsilon + 2 \sup_{0 \leq x \leq 1} |f(x)| P\left(\left| \frac{S_n}{n} - x \right| > \delta \right).$$

Mit Hilfe der Chebychev-Ungleichung erhalten wir

$$|B_n^f(x) - f(x)| \leq \epsilon + 2 \sup_{0 \leq x \leq 1} |f(x)| \frac{1}{\delta^2} \frac{x(1-x)}{n},$$

und für genügend großes n wird die rechte Seite $\leq 2\epsilon$. $\square$

Übungen

Übung 5.9 Es sei X eine Zufallsvariable mit Werten in $\mathbb{N}_0$. Zeige, dass

(i) $P(X = 0) \leq \frac{\mathrm{Var}(X)}{(EX)^2}$

(ii) $\frac{(EX)^2}{E(X^2)} \leq P(X \neq 0) \leq E(X)$.

5.4 Aufgaben

Aufgabe 5.1 Es sei $(A_n)_{n \in \mathbb{N}}$ eine Folge von Ereignissen in $(\Omega, \mathcal{F}, P)$ und X eine Zufallsvariable, die jedem $\omega \in \Omega$ die Anzahl der eingetretenen Ereignisse zuordnet, d.h. $X(\omega) = |\{n : \omega \in A_n\}|$. Zeige, dass $E(X) = \sum_{n=1}^{\infty} P(A_n)$.

Aufgabe 5.2 Sei X eine Zufallsvariable mit Werten in $\mathbb{N}_0$. Zeige, dass

$$E(X) = \sum_{k=0}^{\infty} P(X > k)$$

und überprüfe die Formel für eine geometrisch verteilte Zufallsvariable.

Aufgabe 5.3 Ein betrunkener Mann hat ein Bund mit N Schlüsseln, von denen genau einer zu seinem Haustürschloss passt. Er probiert einen nach dem anderen aus, bis er den richtigen Schlüssel gefunden hat. Die Zufallsvariable X gibt die Anzahl der Schüssel an, die der Mann ausprobiert, bis er den passenden gefunden hat. Bestimme Erwartungswert und Varianz von X unter folgenden Modellannahmen.

(i) Der Mann merkt sich, welche Schlüssel er ausprobiert hat.

(ii) Er ist so betrunken, dass er jedesmal neu unter allen Schlüsseln aussucht, welchen er als nächsten probieren will.

Aufgabe 5.4 Zeige, dass für Indikatorfunktionen gilt

$$1_{A_1 \cup \ldots \cup A_n} = 1 - (1 - 1_{A_1}) \cdot \ldots \cdot (1 - 1_{A_n}).$$

Führe damit einen neuen Beweis der Inklusions-/Exklusionsformel, Satz 1.8.

Aufgabe 5.5 (*St. Petersburger Paradoxon*) Bei einem Glücksspiel wird eine unverfälschte Münze so oft geworfen, bis zum ersten Mal ‚Kopf' erscheint. Ein Mitspieler bekommt für seinen Einsatz einen Gewinn von 2^k Euro, wenn beim k-ten Wurf zum ersten Mal ‚Kopf' erscheint. Berechne den zu erwartenden Gewinn und entscheide, ob ein Einsatz von 100 Euro lohnend ist.

Aufgabe 5.6 Wir ziehen aus einer Urne mit N Kugeln mit Zurücklegen und interessieren uns für die erwartete Anzahl der Ziehungen, die nötig sind, bis jede Kugel mindestens einmal gezogen wurde. (Hinweis: Schreibe $X = X_1 + \ldots + X_N$, wobei X_i die Anzahl der Ziehungen zwischen dem ersten Erscheinen der $(i-1)$-ten und der i-ten Kugel ist, $i = 1, \ldots, N$.)

Aufgabe 5.7 Wir betrachten die Zufallsvariable X aus Beispiel 5.8. Berechne für $R = 1$ und $R = 2$ den Erwartungswert $E(X)$ direkt mit der Definition, d.h. $E(X) = \sum_{k=0}^{N-R} kP(X = k)$. Vergleiche das Resultat mit der im Text hergeleiteten Formel (5.4).

Aufgabe 5.8 In einer patriarchalisch orientierten Gesellschaft bekommen Eltern so lange Kinder, bis der erste Sohn geboren ist. Für unsere Überlegungen nehmen wir an, dass es keine Mehrlingsgeburten gibt und dass die Wahrscheinlichkeit für die Geburt eines Jungen gleich der Wahrscheinlichkeit für die Geburt eines Mädchens ist.

(i) Ist zu erwarten, dass in einer solchen Gesellschaft die Anzahl der Jungen größer ist als die Anzahl der Mädchen?

(ii) Bestimme die Verteilung der Anzahl der Mädchen in einer Familie und berechne Erwartungswert und Varianz.

(iii) Wie groß ist die erwartete Anzahl der Jungen in einer Familie? Berechne auch hier die Varianz.

Aufgabe 5.9 Es sei $(X_1, \ldots, X_n)$ eine zufällige Permutation von $(1, \ldots, n)$. Wir nennen X_i einen Rekord, wenn gilt $X_i > \max(X_1, \ldots, X_{i-1})$, für $i = 2, \ldots, n$. X_1 ist stets ein Rekord. Wir definieren die Zufallsvariable R als Gesamtzahl der Rekorde.

(i) Bestimme den Wertebereich von R. Wie groß ist die Wahrscheinlichkeit, dass R ihren minimalen bzw. maximalen Wert annimmt?

(ii) Berechne den Erwartungswert von R. (Hinweis: Definiere für $i = 1, \ldots, n$ die Zufallsvariablen

$$R_i = \begin{cases} 1 & \text{wenn } X_i \text{ ein Rekord ist} \\ 0 & \text{sonst} \end{cases}$$

und berechne $E(R_i) = P(R_i = 1)$.)

(iii) Zeige, dass für $\delta_i \in \{0, 1\}$, $i = 1, \dots, n$, gilt

$$P(R_1 = \delta_1, \dots, R_n = \delta_n) = \prod_{i=1}^{n} P(R_i = \delta_i).$$

Übersetzung der Auszüge aus Christiaan Huygens Traktat ,*De Ratiociniis in Ludo Aleae*'. (*,Abhandlungen über die bei Glücksspielen möglichen Berechnungen*', Übersetzung von Robert Hausner, erschienen 1899 im Band 107/108 in Ostwalds Klassiker der exakten Wissenschaft)

Übersetzung des Textes auf Seite 82:

Satz. Wenn ich die Summe a oder die Summe b erwarte, von denen ich die eine ebenso leicht wie die andere erhalten kann, so ist der Werth meiner Hoffnung gleich $\frac{a+b}{2}$.

Um diesen Satz nicht nur zu beweisen, sondern ihn sogar von Grund aus aufzubauen, setze ich meine Hoffnung gleich x. Dann muss ich, wenn ich x habe, die gleiche Hoffnung wieder erlangen können, sobald ich unter der gleichen Bedingung spiele. Gesetzt nun, ich spiele mit einem Andern unter der Bedingung, dass jeder von uns Beiden die Summe x einsetzt und der Gewinner des ganzen Einsatzes dem Verlierer die Summe a geben muss. Dieses Spiel ist völlig gerecht, und es ist klar, dass ich unter diesen Bedingungen die gleiche Erwartung habe, die Summe a zu erhalten, wenn ich nämlich das Spiel verliere, als wie die Summe $(2x - a)$, wenn ich gewinne (denn dann erhalte ich den ganzen Einsatz $2x$, von welchem ich die Summe a meinem Mitspieler geben muss). Wenn nun aber $2x - a$ ebensoviel werth wäre als b, so hätte ich auf a dieselbe Hoffnung wie auf b. Ich setze also $2x - a = b$ und erhalte dann $x = \frac{a+b}{2}$ als Werth meiner Hoffnung. Der Beweis ist leicht. Wenn ich nämlich die Summe $\frac{a+b}{2}$ habe, so kann ich mit einem Andern, welcher ebenfalls $\frac{a+b}{2}$ einsetzen will, unter der Bedingung spielen, dass der Gewinner dem Verlierer die Summe a giebt. Auf diese Weise ist meine Hoffnung, a zu erhalten (wenn ich verliere), gleich der, b zu bekommen (wenn ich gewinne); im letzteren Fall erhalte ich nämlich den ganze Einsatz $a + b$, und von diesem habe ich dem Andern die Summe a zu geben.

6. Mehrdimensionale Verteilungen

Wenn wir mehrere Zufallsvariablen gleichzeitig betrachten, wird Wahrscheinlichkeitstheorie noch spannender. Wir können dann die Verteilung von verschiedenen Funktionen der Zufallsvariablen, z. B. die Summe oder das Maximum, untersuchen. Wir werden in diesem Kapitel Zusammenhänge zwischen Zufallsvariablen beschreiben und quantifizieren und als kleinen Höhepunkt eine erste allgemeine Version des Gesetzes der großen Zahlen kennenlernen. Die meisten der Resultate in diesem Kapitel gelten für beliebige Zufallsvariablen, auch wenn wir die Beweise hier nur für Zufallsvariablen mit einer diskreten Verteilung geben können. Bei Resultaten, die wirklich nur im diskreten Fall gelten, weisen wir entsprechend darauf hin.

6.1 Gemeinsame und marginale Verteilungen

Zur Berechnung der Wahrscheinlichkeit eines Ereignisses, das von mehreren Zufallsvariablen $X_1, \dots, X_n$ abhängt, reicht es nicht aus, die Verteilungen der einzelnen Zufallsvariablen zu kennen. Wenn wir etwa zwei auf $\{1, \dots, 6\}$ Laplace-verteilte Zufallsvariablen haben, so können wir ohne weitere Informationen z.B. $P(X_1 + X_2 = 12)$ nicht berechnen. Wählen wir als Laplace-Experiment das zweimalige, unabhängige Werfen eines unverfälschten Würfels und bezeichnen mit X_1 und X_2 die Augenzahl beim ersten bzw. zweiten Wurf, so ist $P(X_1 + X_2 = 12) = \frac{1}{36}$. Definieren wir andererseits zwei Laplace-verteilte Zufallsvariablen Y_1, Y_2, wobei Y_1 die Augenzahl beim ersten Wurf bezeichnet und $Y_2 = Y_1$, so ist $P(Y_1 + Y_2 = 12) = \frac{1}{6}$.

Wir wollen nun Verteilungen von mehreren Zufallsvariablen beschreiben, d.h. wir betrachten Zufallsvariablen $X_1, \dots, X_n$ auf einem Wahrscheinlichkeitsraum $(\Omega, \mathcal{F}, P)$. Wir können diese Zufallsvariablen auch auffassen als einen Zufallsvektor, also als messbare Funktion $X : \Omega \to \mathbb{R}^n$. Messbarkeit bedeutet hier, dass für jedes n-dimensionale Rechteck $R = (a_1, b_1] \times \dots \times (a_n, b_n]$ gilt, dass $\{\omega : X(\omega) \in R\}$ ein Ereignis ist, d.h. in $\mathcal{F}$ liegt. Es lässt sich zeigen, dass die Messbarkeit eines Zufallsvektors $(X_1, \dots, X_n)^t$ äquivalent ist zu der Messbarkeit aller Koordinaten X_i. Diese Funktion $X : \Omega \to \mathbb{R}$ bewirkt dann eine Wahrscheinlichkeitsverteilung P_X bzw. $P_{X_1, \dots, X_n}$ auf $\mathbb{R}^n$, indem wir jeder Teilmenge $A \subset \mathbb{R}^n$ die Wahrscheinlichkeit zuordnen, dass X einen Wert in A annimmt, d.h. $P_X(A) = P_{X_1, \dots, X_n}(A) := P(X^{-1}(A))$.

Damit $P(X^{-1}(A))$ definiert ist, muss $X^{-1}(A) \in \mathcal{F}$ gelten. Entsprechend den Überlegungen, die wir der Definition 4.2 vorangestellt haben, gilt dies, sofern $X_1, \dots, X_n$ messbar sind und A eine (Borel-) messbare Teilmenge des $\mathbb{R}^n$ ist. Auch an dieser Stelle verzichten wir auf eine exakte Definition der Messbarkeit. Für unsere Zwecke reicht es zu wissen, dass alle Rechtecke sowie alle offenen und alle abgeschlossenen Mengen messbar sind. Weiter sind Komplemente sowie abzählbare Vereinigungen und Durchschnitte messbarer Mengen wieder messbar, d.h. die Klasse der messbaren Teilmengen von $\mathbb{R}$ bildet eine σ-Algebra im Sinne der Definition 1.5.

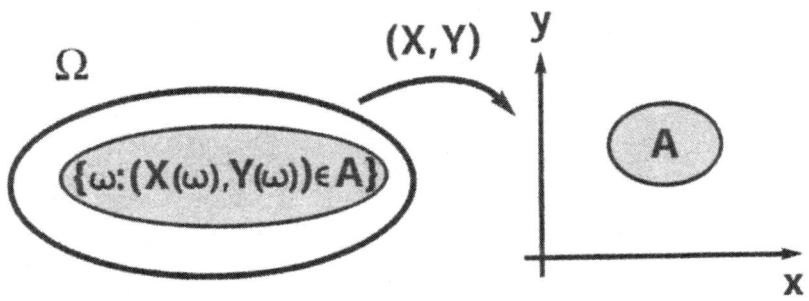

Abb. 6.1. Übertragung der Wahrscheinlichkeitsverteilung von Ω nach $\mathbb{R}^2$

Definition 6.1 *Seien* $X_1, \dots, X_n$ *Zufallsvariablen auf dem Wahrscheinlichkeitsraum* $(\Omega, \mathcal{F}, P)$. *Dann heißt die Wahrscheinlichkeitsverteilung* P_X *bzw.* $P_{X_1,\dots,X_n}$ *auf* $\mathbb{R}^n$, *die durch*

$$P_X(A) = P_{X_1,\dots,X_n}(A) := P((X_1, \dots, X_n) \in A), \ A \subset \mathbb{R}^n \ messbar , \quad (6.1)$$

definiert wird, die gemeinsame Verteilung von $X_1, \dots, X_n$.

Die Wahrscheinlichkeitsverteilung auf Ω wird damit gewissermaßen nach $\mathbb{R}^n$ übertragen.

Wir werden zunächst die gemeinsame Verteilung diskreter Zufallsvariablen betrachten, d.h. die Wertebereiche $X_1(\Omega), \dots, X_n(\Omega)$ sind höchstens abzählbar unendlich. Dann ist auch der Wertebereich des Zufallsvektors X, $(X_1, \dots, X_n)(\Omega)$, höchstens abzählbar unendlich.

Definition 6.2 *Seien* $X_1, \dots, X_n$ *diskrete Zufallsvariablen. Dann heißt die Funktion* $p : X(\Omega) \to \mathbb{R}$, *definiert durch*

$$p_X(x) = p_{X_1,\dots,X_n}(x_1, \dots, x_n) := P(X_1 = x_1, \dots, X_n = x_n),$$

die gemeinsame Wahrscheinlichkeitsfunktion von $X_1, \dots, X_n$ *bzw. die Wahrscheinlichkeitsfunktion des Zufallsvektors* $(X_1, \dots, X_n)^t$. *Gelegentlich wird* p *ausgedehnt zu einer Funktion auf ganz* $\mathbb{R}^n$, *indem gesetzt wird* $p(x) = 0$ *für* $x \in \mathbb{R}^n \setminus X(\Omega)$.

Die zwei grundlegenden Eigenschaften, die wir für Wahrscheinlichkeitsfunktionen auf $\mathbb{R}^1$ in Satz 4.6 gezeigt haben, gelten auch für gemeinsame Wahrscheinlichkeitsfunktionen, d.h.

$$p(x_1, \ldots, x_n) \geq 0 \tag{6.2}$$

$$\sum_{(x_1, \ldots, x_n) \in X(\Omega)} p(x_1, \ldots, x_n) = 1. \tag{6.3}$$

Wie im eindimensionalen Fall ist die Verteilung eines diskreten Zufallsvektors vollständig durch die gemeinsame Wahrscheinlichkeitsfunktion beschrieben, denn es gilt für $A \subset \mathbb{R}^n$

$$P_X(A) = P((X_1, \ldots, X_n) \in A)$$
$$= \sum_{(x_1, \ldots, x_n) \in A} P(X_1 = x_1, \ldots, X_n = x_n) = \sum_{x \in A} p_X(x).$$

Ist der Wertebereich endlich und haben wir nur zwei Zufallsvariablen, so lässt sich die gemeinsame Verteilung vollständig in einer 2-dimensionalen Wertetabelle darstellen, siehe Tabelle 6.1. Zusätzlich haben wir an den Rändern die Zeilen- und Spaltensummen $p_1(x_i) := \sum_{j=1}^n p(x_i, y_j)$ bzw. $p_2(y_j) := \sum_{i=1}^m p(x_i, y_j)$ angegeben. Zum Verständnis dieser Terme betrachten wir als Beispiel die i-te Zeilensumme am rechten Rand. Die Ereignisse $\{X = x_i, Y = y_j\}$, $j = 1, \ldots, n$, sind eine disjunkte Zerlegung des Ereignisses $\{X = x_i\}$, und ebenso sind die Ereignisse $\{X = x_i, Y = y_j\}$, $i = 1, \ldots, m$, eine disjunkte Zerlegung des Ereignisses $\{Y = y_j\}$. So gilt

$$p_1(x_i) = \sum_{j=1}^n p(x_i, y_j) = \sum_{j=1}^n P(X = x_i, Y = y_j) = P(X = x_i) \tag{6.4}$$

$$p_2(y_j) = \sum_{i=1}^m p(x_i, y_j) = \sum_{i=1}^m P(X = x_i, Y = y_j) = P(Y = y_j). \tag{6.5}$$

Also finden wir am rechten Rand in Tabelle 6.1 die Wahrscheinlichkeitsfunktion von X und am unteren Rand die Wahrscheinlichkeitsfunktion von Y.

	y_1	$\cdots$	y_n	$\sum_j p(x_i, y_j)$
x_1	$p(x_1, y_1)$	$\cdots$	$p(x_1, y_n)$	$p_1(x_1)$
$\vdots$	$\vdots$	$\ddots$	$\vdots$	$\vdots$
x_m	$p(x_m, y_1)$	$\cdots$	$p(x_m, y_n)$	$p_1(x_m)$
$\sum_i p(x_i, y_j)$	$p_2(y_1)$	$\cdots$	$p_2(y_n)$	1

Tabelle 6.1. Wertetabelle der Wahrscheinlichkeitsfunktion zweier Zufallsvariablen mit je endlich vielen Werten sowie der marginalen Wahrscheinlichkeitsfunktionen

Wir nennen die Verteilungen von X und Y auch marginale Verteilungen der gemeinsamen Verteilung von X, Y. Entsprechend heißen p_1 und p_2 auch marginale Wahrscheinlichkeitsfunktionen, beides abgeleitet vom englischen Wort für Rand, margin.

x \ y	2	3	4	5	6	7	8	9	10	11	12	
1	$\frac{1}{36}$	$\frac{1}{36}$	$\frac{1}{36}$	$\frac{1}{36}$	$\frac{1}{36}$	$\frac{1}{36}$	0	0	0	0	0	$\frac{1}{6}$
2	0	$\frac{1}{36}$	$\frac{1}{36}$	$\frac{1}{36}$	$\frac{1}{36}$	$\frac{1}{36}$	$\frac{1}{36}$	0	0	0	0	$\frac{1}{6}$
3	0	0	$\frac{1}{36}$	$\frac{1}{36}$	$\frac{1}{36}$	$\frac{1}{36}$	$\frac{1}{36}$	$\frac{1}{36}$	0	0	0	$\frac{1}{6}$
4	0	0	0	$\frac{1}{36}$	$\frac{1}{36}$	$\frac{1}{36}$	$\frac{1}{36}$	$\frac{1}{36}$	$\frac{1}{36}$	0	0	$\frac{1}{6}$
5	0	0	0	0	$\frac{1}{36}$	$\frac{1}{36}$	$\frac{1}{36}$	$\frac{1}{36}$	$\frac{1}{36}$	$\frac{1}{36}$	0	$\frac{1}{6}$
6	0	0	0	0	0	$\frac{1}{36}$	$\frac{1}{36}$	$\frac{1}{36}$	$\frac{1}{36}$	$\frac{1}{36}$	$\frac{1}{36}$	$\frac{1}{6}$
	$\frac{1}{36}$	$\frac{2}{36}$	$\frac{3}{36}$	$\frac{4}{36}$	$\frac{5}{36}$	$\frac{6}{36}$	$\frac{5}{36}$	$\frac{4}{36}$	$\frac{3}{36}$	$\frac{2}{36}$	$\frac{1}{36}$	1

Tabelle 6.2. Gemeinsame und marginale Wahrscheinlichkeitsfunktion der Augenzahl beim ersten Wurf sowie der Gesamtaugenzahl bei zwei Würfen mit einem unverfälschten Würfel, siehe Beispiel 6.3

Beispiel 6.3 Wir werfen 2-mal mit einem unverfälschten Würfel und bezeichnen mit X_1 und X_2 die Augenzahl beim ersten bzw. zweiten Wurf. In Tabelle 6.2 haben wir die gemeinsame Verteilung von $X := X_1$ und $Y := X_1 + X_2$ dargestellt, indem wir alle Werte der gemeinsamen Wahrscheinlichkeitsfunktion angegeben haben. Die Verteilung am unteren Rand, die zweite der beiden eindimensionalen marginalen Verteilungen, ist die Verteilung von $X_1 + X_2$, wie wir sie bereits in Beispiel 4.5 (i) berechnet haben.

Definition 6.4 *Seien $X_1, \ldots, X_n$ Zufallsvariablen auf dem Wahrscheinlichkeitsraum $(\Omega, \mathcal{F}, P)$ und $1 \leq i_1 < \ldots < i_k \leq n$. Dann heißt die gemeinsame Verteilung von $X_{i_1}, \ldots, X_{i_k}$ eine k-dimensionale marginale Verteilung der gemeinsamen Verteilung von $X_1, \ldots, X_n$. Sind $X_1, \ldots, X_n$ diskrete Zufallsvariablen, so heißt die gemeinsame Wahrscheinlichkeitsfunktion von $X_{i_1}, \ldots, X_{i_k}$ marginale Wahrscheinlichkeitsfunktion und wird mit $p_{i_1, \ldots, i_k}$ bezeichnet.*

Mit dem Attribut marginal wird nicht eine besondere Eigenschaft der marginalen Verteilung beschrieben, sondern ihre Beziehung zur gemeinsamen Verteilung von $X_1, \ldots, X_n$ zum Ausdruck gebracht. Die eindimensionalen marginalen Verteilungen können wir durchnummerieren. Die i-te eindimensionale marginale Verteilung wird auch kurz die i-te marginale Verteilung oder i-te Marginale genannt.

Die zugehörigen marginalen Wahrscheinlichkeitsfunktionen erhalten wir aus der gemeinsamen Wahrscheinlichkeitsfunktion durch Summation über die komplementären Indizes. Dies ist die Aussage des folgenden Satzes. Der Beweis ist analog zur Herleitung der Identitäten (6.4) und (6.5), welche den Fall $n = 2$ und $k = 1$ darstellen.

Satz 6.5 *Es seien $X_1, \ldots, X_n$ diskrete Zufallsvariablen mit gemeinsamer Wahrscheinlichkeitsfunktion $p(x_1, \ldots, x_n)$. Dann ist die Wahrscheinlichkeitsfunktion von $X_{i_1}, \ldots, X_{i_k}$ gegeben durch*

$$p_{i_1, \ldots, i_k}(x_{i_1}, \ldots, x_{i_k}) = \sum_{x_{j_1}, \ldots, x_{j_{n-k}}} p(x_1, \ldots, x_n),$$

wobei die Indizes $\{j_1, \ldots, j_{n-k}\}$ das Komplement der Indizes $\{i_1, \ldots, i_k\}$ in $\{1, \ldots, n\}$ sind.

Beispiel 6.6 Wir betrachten ein Experiment mit k möglichen Ergebnissen, etwa $1, \ldots, k$, und den zugehörigen Wahrscheinlichkeiten $p_1, \ldots, p_k$, wobei $p_i \geq 0$ und $p_1 + \ldots + p_k = 1$. Dieses Experiment wird n-fach unabhängig wiederholt. Wir bezeichnen mit N_i die Anzahl der Experimente mit dem Ergebnis i, $i = 1, \ldots, k$, und fragen nach der gemeinsamen Verteilung von $N_1, \ldots, N_k$. Die Wahrscheinlichkeit für genau eine Reihenfolge der Ergebnisse

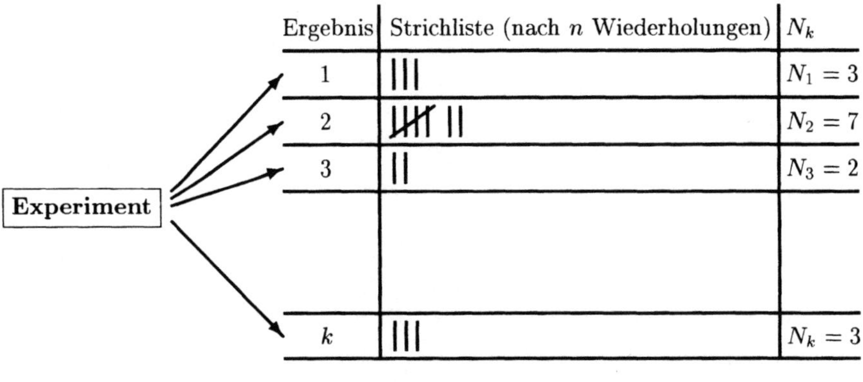

Ergebnis	Strichliste (nach n Wiederholungen)	N_k
1	|||	$N_1 = 3$
2	⊮⊮⊮ ||	$N_2 = 7$
3	||	$N_3 = 2$
k	|||	$N_k = 3$

Experiment

Abb. 6.2. Multinomiale Verteilung bei n unabhängigen Wiederholungen eines Experimentes mit k möglichen Ergebnissen

$(i_1, \ldots, i_n)$ ist gleich dem Produkt der zugehörigen Wahrscheinlichkeiten

$$p_{i_1} \cdot \ldots \cdot p_{i_n} = p_1^{n_1} \cdot \ldots \cdot p_k^{n_k},$$

wobei n_i die Anzahlen der Experimente mit Ergebnis i darstellt, $i = 1, \ldots, k$. Bei einem gegebenen Vektor $(n_1, \ldots, n_k)$ gibt es $\binom{n}{n_1, \ldots, n_k} = \frac{n!}{n_1! \cdot \ldots \cdot n_k!}$ mögliche Reihenfolgen der Ergebnisse, sodass n_1-mal Ergebnis 1, n_2-mal Ergebnis

2, usw., und n_k-mal Ergebnis k eintritt. So erhalten wir für $(n_1, \ldots, n_k)$ mit $0 \le n_i \le n$ und $n_1 + \ldots + n_k = n$

$$p_{N_1, \ldots, N_k}(n_1, \ldots, n_k) = P(N_1 = n_1, \ldots, N_k = n_k)$$

$$= \binom{n}{n_1, \ldots, n_k} p_1^{n_1} \cdot \ldots \cdot p_k^{n_k}. \tag{6.6}$$

Aufgrund der Definition 2.15 des Multinomialkoeffizienten gilt (6.6) sogar für alle $n_1, \ldots, n_k \in \mathbb{Z}$. Die durch die Identität (6.6) beschriebene gemeinsame Verteilung von $N_1, \ldots, N_k$ heißt multinomiale Verteilung mit Parametern n und $p_1, \ldots, p_k$. Die Eigenschaft einer Verteilung, dass $\sum_{n_1, \ldots, n_k} p(n_1, \ldots, n_k) = 1$, ist eine einfache Anwendung der folgenden Identität

$$(x_1 + \ldots + x_k)^n = \sum_{n_1, \ldots, n_k} \binom{n}{n_1, \ldots, n_k} x_1^{n_1} \cdot \ldots \cdot x_k^{n_k},$$

auch Multinomialformel genannt.

Wir können nun die eindimensionalen marginalen Verteilungen der multinomialen Verteilung mit Satz 6.5 bestimmen, z.B. die erste Marginale

$$p_1(n_1) = \sum_{n_2, \ldots, n_k} p_N(n_1, \ldots, n_k)$$

$$= \binom{n}{n_1} p_1^{n_1} \sum_{n_2, \ldots, n_k} \binom{n - n_1}{n_2, \ldots, n_k} p_2^{n_2} \cdot \ldots \cdot p_k^{n_k}$$

$$= \binom{n}{n_1} p_1^{n_1} (p_2 + \ldots + p_k)^{n - n_1} = \binom{n}{n_1} p_1^{n_1} (1 - p_1)^{n - n_1}.$$

Die erste Marginale von N ist also eine binomiale Verteilung mit Parametern n und p_1, d.h. dass N_1 eine $Bin(n, p_1)$-Verteilung hat. Diese Aussage können wir auch ganz ohne Berechnungen einsehen. In einer Interpretation, bei der bei jedem Experiment das erste Ergebnis als Erfolg und alle weiteren Ergebnisse als Misserfolge aufgefasst werden, ist N_1 die Anzahl der Erfolge in n Bernoulli-Experimenten mit Erfolgswahrscheinlichkeit p_1. Wir wissen bereits aus Beispiel 3.8(ii), dass N_1 dann $Bin(n, p_1)$ verteilt ist.

Oft stehen wir vor der Aufgabe, bei gegebener Wahrscheinlichkeitsfunktion $p_{X_1, \ldots, X_n}$ von $X_1, \ldots, X_n$ die gemeinsame Verteilung einer Anzahl von Funktionen $Y_1 = u_1(X_1, \ldots, X_n), \ldots, Y_m = u_m(X_1, \ldots, X_n)$ zu bestimmen. Aus der Tatsache, dass $Y_1 = y_1, \ldots, Y_m = y_m$ genau dann gilt, wenn $X_1, \ldots, X_n$ Werte $x_1, \ldots, x_n$ mit $u_1(x_1, \ldots, x_n) = y_1, \ldots, u_m(x_1, \ldots, x_n) = y_m$ annimmt, folgt

$$P(Y_1 = y_1, \ldots, Y_m = y_m) = \sum_{(x_1, \ldots, x_n) \in B(y_1, \ldots, y_m)} p_{X_1, \ldots, X_n}(x_1, \ldots, x_n),$$

mit $B(y_1, \ldots, y_m) = \{(x_1, \ldots, x_n) : u_i(x_1, \ldots, x_n) = y_i, \text{ für } i = 1, \ldots, m\}$.

x_1\\x_2	1	2	3	4	5	6
1	$\frac{1}{36}$	$\frac{1}{36}$	$\frac{1}{36}$	$\frac{1}{36}$	$\frac{1}{36}$	$\frac{1}{36}$
2	$\frac{1}{36}$	$\frac{1}{36}$	$\frac{1}{36}$	$\frac{1}{36}$	$\frac{1}{36}$	$\frac{1}{36}$
3	$\frac{1}{36}$	$\frac{1}{36}$	$\frac{1}{36}$	$\frac{1}{36}$	$\frac{1}{36}$	$\frac{1}{36}$
4	$\frac{1}{36}$	$\frac{1}{36}$	$\frac{1}{36}$	$\frac{1}{36}$	$\frac{1}{36}$	$\frac{1}{36}$
5	$\frac{1}{36}$	$\frac{1}{36}$	$\frac{1}{36}$	$\frac{1}{36}$	$\frac{1}{36}$	$\frac{1}{36}$
6	$\frac{1}{36}$	$\frac{1}{36}$	$\frac{1}{36}$	$\frac{1}{36}$	$\frac{1}{36}$	$\frac{1}{36}$

y_1	1	2	3	4	5	6
$P(Y_1 = y_1)$	$\frac{1}{36}$	$\frac{3}{36}$	$\frac{5}{36}$	$\frac{7}{36}$	$\frac{9}{36}$	$\frac{11}{36}$

Tabelle 6.3. Gemeinsame Wahrscheinlichkeitsfunktion der Augenzahlen bei 2 unabhängigen Würfelexperimenten (links) und Wahrscheinlichkeitsfunktion der maximalen Augenzahl (rechts), siehe Beispiel 6.7(i)

Beispiel 6.7 (i) Es seien X_1 und X_2 die Augenzahlen beim 2-maligen Werfen eines unverfälschten Würfels. Links in Tabelle 6.3 ist die gemeinsame Wahrscheinlichkeitsfunktion $p(i, j) = P(X_1 = i, X_2 = j)$ dargestellt. Wir betrachten nun die Zufallsvariable $Y_1 := \max(X_1, X_2)$ und suchen ihre Verteilung. Wir konnten früher bereits berechnen, wie groß zum Beispiel die Wahrscheinlichkeit ist, dass die höchste geworfene Augenzahl 4 ist, indem wir die zu diesem Ereignis gehörige Teilmenge von Ω bestimmt haben. Jetzt können wir $P(Y_1 = k)$ berechnen, indem wir alle Wahrscheinlichkeiten $p(i, j)$ mit $\max(i, j) = k$ aufaddieren. In der linken Tabelle ergeben diese Paare ein umgekehrt L-förmiges Gebiet. Die Summen sind in der rechten Tabelle dargestellt, und sie lassen sich mit der Formel $P(Y_1 = k) = \frac{2k-1}{36}$, $k = 1, \ldots, 6$, schreiben.

(ii) Weiter definieren wir die Zufallsvariable $Y_2 := X_1 + X_2$, d.h. die Augensumme bei 2-maligem Werfen eines unverfälschten Würfels. Die gemeinsame Wahrscheinlichkeitsfunktion $p(k, l) = P(Y_1 = k, Y_2 = l)$ erhalten wir, indem

y_1\\y_2	2	3	4	5	6	7	8	9	10	11	12	
1	$\frac{1}{36}$	0	0	0	0	0	0	0	0	0	0	$\frac{1}{36}$
2	0	$\frac{2}{36}$	$\frac{1}{36}$	0	0	0	0	0	0	0	0	$\frac{3}{36}$
3	0	0	$\frac{2}{36}$	$\frac{2}{36}$	$\frac{1}{36}$	0	0	0	0	0	0	$\frac{5}{36}$
4	0	0	0	$\frac{2}{36}$	$\frac{2}{36}$	$\frac{2}{36}$	$\frac{1}{36}$	0	0	0	0	$\frac{7}{36}$
5	0	0	0	0	$\frac{2}{36}$	$\frac{2}{36}$	$\frac{2}{36}$	$\frac{2}{36}$	$\frac{1}{36}$	0	0	$\frac{9}{36}$
6	0	0	0	0	0	$\frac{2}{36}$	$\frac{2}{36}$	$\frac{2}{36}$	$\frac{2}{36}$	$\frac{2}{36}$	$\frac{1}{36}$	$\frac{11}{36}$
	$\frac{1}{36}$	$\frac{2}{36}$	$\frac{3}{36}$	$\frac{4}{36}$	$\frac{5}{36}$	$\frac{6}{36}$	$\frac{5}{36}$	$\frac{4}{36}$	$\frac{3}{36}$	$\frac{2}{36}$	$\frac{1}{36}$	1

Tabelle 6.4. Gemeinsame Wahrscheinlichkeitsfunktion von Augensumme und maximaler Augenzahl bei zwei unabhängigen Würfelexperimenten, siehe Beispiel 6.7(ii)

wir alle Paare (i, j) mit $\max(i, j) = k$ und $i + j = l$ aufaddieren. In der Wertetabelle sind dies die Paare, die in dem Durchschnitt des umgekehrt L-förmigen Gebiets und der Diagonalen $i + j = l$ liegen. In Tabelle 6.4 haben wir die gemeinsame Wahrscheinlichkeitsfunktion von Y_1 und Y_2 darstellt. An den Rändern stehen die eindimensionalen marginalen Verteilungen von Y_1 und Y_2.

Es seien $X_1, \ldots, X_n$ diskrete Zufallsvariablen und es sei $u : \mathbb{R}^n \to \mathbb{R}$ eine Funktion. Dann ist $Y = u(X_1, \ldots, X_n)$ eine neue diskrete Zufallsvariable. Wir können $E(Y)$ berechnen, indem wir die Verteilung von Y bestimmen und dann die Definition des Erwartungswertes anwenden. Ebenso wie bei Funktionen einer einzelnen Zufallsvariablen gibt es auch für dieses Problem eine Transformationsformel, die uns den umständlichen Weg erspart.

Satz 6.8 (Transformationsformel für den Erwartungswert) *Es seien $X_1, \ldots,$ X_n diskrete Zufallsvariablen mit gemeinsamer Wahrscheinlichkeitsfunktion p und $u : \mathbb{R}^n \to \mathbb{R}$ eine Funktion. Dann gilt*

$$E(u(X_1, \ldots, X_n)) = \sum_{(x_1, \ldots, x_n) \in X(\Omega)} u(x_1, \ldots, x_n) p(x_1, \ldots, x_n), \qquad (6.7)$$

unter der Voraussetzung, dass die Reihe auf der rechten Seite absolut konvergiert.

Beweis. Die Wahrscheinlichkeitsfunktion von $Y = u(X_1, \ldots, X_n)$ ist gegeben durch

$$p_Y(y) = P(Y = y) = P(u(X_1, \ldots, X_n) = y)$$
$$= \sum_{(x_1, \ldots, x_n) : u(x_1, \ldots, x_n) = y} p(x_1, \ldots, x_n).$$

Dies setzen wir in die Definition von $E(Y)$ ein und erhalten

$$E(Y) = \sum_y y\, p_Y(y)$$
$$= \sum_y y \sum_{(x_1, \ldots, x_n) : u(x_1, \ldots, x_n) = y} p(x_1, \ldots, x_n)$$
$$= \sum_y \sum_{(x_1, \ldots, x_n) : u(x_1, \ldots, x_n) = y} u(x_1, \ldots, x_n) p(x_1, \ldots, x_n)$$
$$= \sum_{(x_1, \ldots, x_n)} u(x_1, \ldots, x_n) p(x_1, \ldots, x_n).$$

Bei Verwendung von Vektornotation $(x_1, \ldots, x_n) = x$ ist dieser Beweis genau derselbe wie für Funktionen einer Variablen, siehe Satz 5.3. $\qquad \square$

Die Identität (6.7) beruht auf der Tatsache, dass es zwei verschiedene Möglichkeiten gibt, die Terme $u(x_1, \ldots, x_n)\, p(x_1, \ldots, x_n)$, $x_i \in X_i(\Omega)$, zu

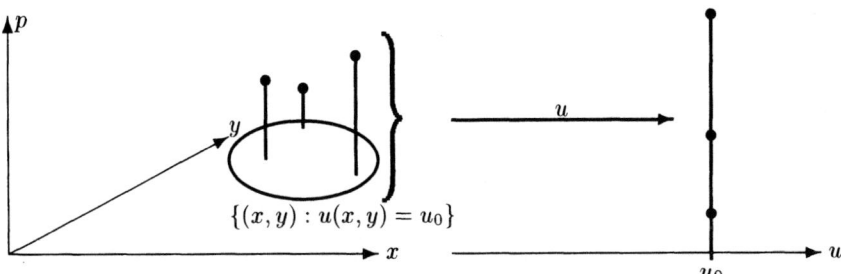

Abb. 6.3. Zwei Möglichkeiten, $\sum_{x_1,x_2} u(x_1,x_2)p(x_1,x_2)$ zu berechnen.

summieren. Wir können die Summe einerseits direkt bilden über alle möglichen $(x_1,\ldots,x_n)$. Die zweite Möglichkeit besteht darin, die $(x_1,\ldots,x_n)$ zunächst gemäß der $u(x_1,\ldots,x_n)$-Werte zu ordnen, dann die zugehörigen $p(x_1,\ldots,x_n)$-Werte zu addieren, mit dem u-Wert zu multiplizieren und erst abschließend alles zu summieren, wie in Abb. 6.3 dargestellt.

An dieser Stelle steht uns mit der Begriffsbildung der gemeinsamen Verteilung das Hilfsmittel zur Verfügung, mit dem wir endlich den Beweis der Additivität des Erwartungswertes führen können, siehe Satz 5.6 (ii). Wir betrachten also zwei diskrete Zufallsvariablen X und Y mit gemeinsamer Wahrscheinlichkeitsfunktion $p_{X,Y}(x,y)$ sowie die Abbildung $u(x,y) := x$. Gemäß der Transformationsformel Satz 6.8 gilt

$$E(X) = \sum_{x,y} x \cdot p_{X,Y}(x,y). \tag{6.8}$$

Weiter wenden wir die Transformationsformel auf $u(x,y) = x + y$ an und erhalten

$$E(X + Y) = \sum_{x,y}(x + y)p(x,y)$$
$$= \sum_{x,y} xp(x,y) + \sum_{x,y} yp(x,y) = E(X) + E(Y).$$

Dabei haben wir Identität (6.8) sowie das Analogon für $E(Y)$ benutzt.

Beispiel 6.9 Es seien $N_1,\ldots,N_k$ Zufallsvariablen, deren gemeinsame Verteilung eine multinomiale Verteilung mit Parametern n und $p_1,\ldots,p_k$ ist. Wir können $E(N_iN_j)$ wie folgt berechnen

$$E(N_iN_j) = \sum_{n_1,\ldots,n_k} n_in_j \binom{n}{n_1,\ldots,n_k} p_1^{n_1} \cdot \ldots \cdot p_k^{n_k}.$$

Für $i \neq j$ gilt aufgrund der Definition des Multinomialkoeffizienten (2.6)

$$n_i n_j \binom{n}{n_1, \ldots, n_k} = n(n-1) \binom{n-2}{n_1, \ldots, n_i - 1, \ldots, n_j - 1, \ldots, n_k}.$$

Mit Hilfe dieser Identität erhalten wir dann

$$E(N_i N_j) = n(n-1) p_i p_j \sum_{n_1, \ldots, n_k} \binom{n-2}{n_1, \ldots, n_i - 1, \ldots, n_j - 1, \ldots, n_k}$$

$$\cdot p_1^{n_1} \cdot \ldots \cdot p_i^{n_i - 1} \cdot \ldots \cdot p_j^{n_j - 1} \cdot \ldots \cdot p_k^{n_k}$$

$$= n(n-1) p_i p_j (p_1 + \ldots + p_k)^{n-2}$$

$$= n(n-1) p_i p_j.$$

Für den letzten Schritt haben wir die Multinomialformel und die Identität $\sum_{i=1}^{k} p_i = 1$ verwendet.

Übungen

Übung 6.1 Wir werfen 2-mal einen unverfälschten Würfel und bezeichnen mit X bzw. Y die kleinste bzw. größte Augenzahl. Bestimme die gemeinsame Verteilung von X, Y und stelle diese in einer Wertetabelle dar. Bestimme die marginalen Verteilungen.

Übung 6.2 Eine Urne enthält a weiße, b schwarze und c rote Kugeln. Wir ziehen zufällig und ohne Zurücklegen n Kugeln und bezeichnen mit X, Y und Z die Anzahlen der weißen, schwarzen und roten Kugeln in der Stichprobe. Bestimme die gemeinsame Verteilung von X, Y, Z, die 1. marginale Verteilung, d.h. die Verteilung von X, sowie $E(XY)$.

Übung 6.3 Wir betrachten eine Folge unabhängiger Bernoulli-Experimente. Das Experiment wird so lange wiederholt, bis zum zweiten Mal ein Erfolg eingetreten ist. Wir bezeichnen mit X die Anzahl der Misserfolge vor dem ersten Erfolg und mit Y die Anzahl der Misserfolge zwischen dem ersten und dem zweiten Erfolg. Bestimme die gemeinsame Wahrscheinlichkeitsfunktion von X, Y.

Übung 6.4 Jemand wiederholt ein Bernoulli-Experiment mit Wahrscheinlichkeit p solange, bis zum ersten Mal ein Erfolg eintritt und bezeichnet mit X die Anzahl der Misserfolge vor dem ersten Erfolg. Eine zweite Person führt unabhängig davon dasselbe Experiment durch und bezeichnet die Anzahl der Misserfolge vor dem ersten Erfolg mit Y.
(i) Bestimme die gemeinsame Wahrscheinlichkeitsfunktion von X, Y.
(ii) Bestimme die Verteilung von $U := \min(X, Y)$.
(iii) Sei $V := \max(X, Y)$. Bestimme die gemeinsame Verteilung von U, V.

Übung 6.5 Es seien X_1 und X_2 die Augenzahlen beim 2-maligen Werfen eines unverfälschten Würfels. Bestimme die gemeinsame Verteilung von $Y_1 := \max(X_1, X_2)$ und $Y_2 := |X_1 - X_2|$ sowie die beiden Marginalen.

Übung 6.6 Eine Urne enthält a weiße, b schwarze und c rote Kugeln. Wir ziehen n-mal mit Zurücklegen und bezeichnen mit X, Y und Z die Anzahl der weißen, schwarzen bzw. roten Kugeln in der Stichprobe. Bestimme die gemeinsame Verteilung von X, Y, Z, die Verteilung von X und die Verteilung von $Y + Z$. Berechne $E(XY)$.

Übung 6.7 Wir werfen 10-mal einen unverfälschten Würfel. Berechne die Wahrscheinlichkeit des Ereignisses, dass 5-mal eine ungerade Zahl, 3-mal eine 6 und je einmal eine 2 und eine 4 geworfen wird.

6.2 Unabhängige Zufallsvariablen

Wir schließen jetzt wieder bei den Überlegungen von Kapitel 3 an und betrachten Unabhängigkeitseigenschaften für Zufallsvariablen.

Definition 6.10 *Die Zufallsvariablen* $X_1, \ldots, X_n$ *heißen (stochastisch) unabhängig, wenn für alle Intervalle* $I_1, \ldots, I_n \subset \mathbb{R}$ *gilt*

$$P(X_1 \in I_1, \ldots, X_n \in I_n) = \prod_{i=1}^{n} P(X_i \in I_i). \tag{6.9}$$

In vielen Fällen lassen wir das Adjektiv ‚stochastisch' weg, sofern eine Verwechslung mit linearer Unabhängigkeit der Funktionen $X_i : \Omega \to \mathbb{R}$ ausgeschlossen ist.

Lemma 6.11 *Die Zufallsvariablen* $X_1, \ldots, X_n$ *sind genau dann unabhängig, wenn die Ereignisse* $\{X_1 \in I_1\}, \ldots, \{X_n \in I_n\}$ *unabhängig sind für alle Intervalle* $I_1, \ldots, I_n \subset \mathbb{R}$.

Beweis. Aus der Unabhängigkeit der Ereignisse $\{X_1 \in I_1\}, \ldots, \{X_n \in I_n\}$ folgt per definitionem die Identität (6.9).

Umgekehrt müssen wir zeigen, dass aus der Unabhängigkeit von $X_1, \ldots, X_n$ folgt, dass für alle Indizes $1 \le i_1 < \ldots < i_k \le n$ gilt

$$P(X_{i_1} \in I_{i_1}, \ldots, X_{i_k} \in I_{i_k}) = \prod_{j=1}^{k} P(X_{i_j} \in I_{i_j}). \tag{6.10}$$

Entsprechend den Vorüberlegungen zu Definition 3.3 ist es nicht trivial, dass (6.10) aus (6.9) folgt. Für eine feste Familie von Intervallen wäre dies auch falsch. Wir benötigen die Forderung, dass die Identität (6.9) für alle Intervalle $I_1, \ldots, I_n \subset \mathbb{R}$ gilt. Wir setzen $I_i = \mathbb{R}$ für die komplementären Indizes $i \in \{1, \ldots, n\} \setminus \{i_1, \ldots, i_k\}$ und erhalten

$$P(X_{i_1} \in I_{i_1}, \ldots, X_{i_k} \in I_{i_k}) = P(X_1 \in I_1, \ldots, X_n \in I_n)$$

$$= \prod_{i=1}^{n} P(X_i \in I_i) = \prod_{j=1}^{k} P(X_{i_j} \in I_{i_j}),$$

wobei wir $P(X_i \in \mathbb{R}) = 1$ verwendet haben. $\qquad\square$

Stochastische Unabhängigkeit ist eine Eigenschaft der gemeinsamen Verteilung. Insbesondere können wir für diskrete Zufallsvariablen die stochastische Unabhängigkeit feststellen mit Hilfe der gemeinsamen Wahrscheinlichkeitsfunktion. Der folgende Satz präzisiert diese Aussage.

Satz 6.12 *Die gemeinsame Wahrscheinlichkeitsfunktion unabhängiger, diskreter Zufallsvariablen X, Y ist gleich dem Produkt der marginalen Wahrscheinlichkeitsfunktionen, d.h.*

$$p_{X,Y}(x,y) = p_X(x)p_Y(y). \tag{6.11}$$

Hat umgekehrt die gemeinsame Wahrscheinlichkeitsfunktion eine Produktgestalt, d.h.

$$p_{X,Y}(x,y) = \varphi(x)\psi(y), \tag{6.12}$$

so sind X und Y unabhängige Zufallsvariablen mit den eindimensionalen marginalen Wahrscheinlichkeitsfunktionen $p_X(x) = \alpha\,\varphi(x)$ und $p_Y(y) = \beta\,\psi(y)$, wobei $\alpha := (\sum_x \varphi(x))^{-1}$ und $\beta := (\sum_y \psi(y))^{-1}$.

Beweis. Sind X, Y unabhängige Zufallsvariablen, so folgt gemäß Definition 6.10, dass für beliebige x, y die Ereignisse $\{X = x\}$ und $\{Y = y\}$ unabhängig sind. Es gilt also

$$p_{X,Y}(x,y) = P(X = x, Y = y) = P(X = x)\,P(Y = y) = p_X(x)\,p_Y(y).$$

Gilt umgekehrt (6.12), so folgt wegen Satz 6.5

$$1 = \sum_{x,y} p_{X,Y}(x,y) = \sum_{x,y} \varphi(x)\psi(y) = \sum_x \varphi(x) \sum_y \psi(y) = (\alpha\beta)^{-1}$$

und somit $\alpha\beta = 1$. Also hat X die marginale Wahrscheinlichkeitsfunktion

$$p_X(x) = P(X = x) = \sum_y p_{X,Y}(x,y) = \alpha\varphi(x)\beta \sum_y \psi(y) = \alpha\,\varphi(x)$$

und Entsprechendes gilt für $p_Y(y)$. Damit folgt für beliebige Teilmengen $A, B \subset \mathbb{R}$, dass

$$\begin{aligned}
P(X \in A, Y \in B) &= \sum_{x \in A, y \in B} p_{X,Y}(x,y) = \sum_{x \in A, y \in B} \varphi(x)\psi(y) \\
&= \sum_{x \in A, y \in B} (\alpha\varphi(x))(\beta\psi(y)) \\
&= \left(\sum_{x \in A} p_X(x)\right)\left(\sum_{y \in B} p_Y(y)\right) \\
&= P(X \in A)P(Y \in B),
\end{aligned}$$

und somit haben wir gezeigt, dass X und Y unabhängige Zufallsvariablen sind. $\qquad\square$

Bemerkung 6.13 (i) Die Aussage von Satz 6.12 gilt allgemein für die gemeinsame Wahrscheinlichkeitsfunktion von n diskreten Zufallsvariablen. Der Beweis verläuft analog zum obigen Beweis.

(ii) Oft wird Satz 6.12 so formuliert, dass diskrete Zufallsvariablen $X_1, \ldots, X_n$ genau dann unabhängig sind, wenn ihre gemeinsame Wahrscheinlichkeitsfunktion das Produkt der eindimensionalen marginalen Wahrscheinlichkeitsfunktionen ist. Die von uns gewählte Formulierung ist stärker, da eine Produktgestalt mit beliebigen Faktoren ausreicht zum Nachweis der stochastischen Unabhängigkeit von $X_1, \ldots, X_n$.

(iii) Wenn wir nun zu n unabhängigen Experimenten diskrete Zufallsvariablen $X_1, \ldots, X_n$ so definieren, dass der Wert von X_i nur vom Ergebnis des i-ten Experimentes abhängt, so sind die Zufallsvariablen $X_1, \ldots, X_n$ unabhängig. Auf diese Weise finden wir eine große Anzahl von Beispielen für unabhängige Zufallsvariablen. Wir werden darum oft darauf verzichten, ein Modell für den gemeinsamen Ergebnisraum mehrerer unabhängiger Experimente zu machen und stattdessen die Unabhängigkeit der Zufallsvariablen zur Modellannahme erklären.

(iv) Für unabhängige, diskrete Zufallsvariablen $X_1, \ldots, X_n$ und Funktionen $f_i : \mathbb{R} \to \mathbb{R}$ sind auch die Zufallsvariablen $f_1(X_1), \ldots, f_n(X_n)$ unabhängig, denn es gilt

$$
\begin{aligned}
P(f_1(X_1) \in I_1, \ldots, f_n(X_n) \in I_n) &= P(X_1 \in f_1^{-1}(I_1), \ldots, X_n \in f_n^{-1}(I_n)) \\
&= P(X_1 \in f_1^{-1}(I_1)) \cdot \ldots \cdot P(X_n \in f_n^{-1}(I_n)) \\
&= P(f_1(X_1) \in I_1) \cdot \ldots \cdot P(f_n(X_n) \in I_n).
\end{aligned}
$$

Dabei haben wir benutzt, dass die Identität (6.9) nicht nur für alle Intervalle, sondern für beliebige Mengen $B_1, \ldots, B_n \subset \mathbb{R}$ gilt. Für $n = 2$ ist dies im Beweis von Satz 6.12 ausgeführt, und analog kann der Beweis für beliebiges n geführt werden. Noch allgemeiner lässt sich beweisen, dass auch Funktionen disjunkter Gruppen unabhängiger Zufallsvariablen, $f(X_1, \ldots, X_k)$ und $g(X_{k+1}, \ldots, X_n)$, wieder unabhängig sind. Wir verzichten an dieser Stelle auf einen Beweis und verweisen auf die Maßtheorie.

In vielen Anwendungen und in theoretischen Fragestellungen sucht man nach der Verteilung der Summe einer Anzahl unabhängiger Zufallsvariablen, etwa als Voraussetzung zur Bestimmung der Verteilung des Mittelwertes. Der folgende Satz gibt für zwei unabhängige diskrete Zufallsvariablen eine wichtige Formel für die Wahrscheinlichkeitsfunktion ihrer Summe.

Satz 6.14 (Faltungsformel für Wahrscheinlichkeitsfunktionen) *Es seien X und Y unabhängige, diskrete Zufallsvariablen mit Wahrscheinlichkeitsfunktionen p bzw. q. Dann hat ihre Summe $Z = X + Y$ die Wahrscheinlichkeitsfunktion*

$$
r(z) = \sum_x p(x)q(z - x) = \sum_y p(z - y)q(y). \tag{6.13}
$$

Beweis. Das Ereignis $\{X + Y = z\}$ lässt sich schreiben als disjunkte Vereinigung der Ereignisse $\{X = x, Y = y\}$, wobei $x + y = z$ und daher $y = z - x$. Damit und unter Verwendung der Definition von Unabhängigkeit erhalten wir

$$
\begin{aligned}
P(X + Y = z) = \sum_{x,y:x+y=z} P(X = x, Y = y) &= \sum_x P(X = x, Y = z - x) \\
&= \sum_x P(X = x)P(Y = z - x) \\
&= \sum_x p(x)q(z - x).
\end{aligned}
$$

Analog erhält man die zweite Identität in (6.13).

Wir führen nun noch einen zweiten Beweis durch, weil darin eine Methode verwendet wird, die später bei stetigen Zufallsvariablen eine wichtige Rolle spielen wird, siehe Beispiel 9.7. Wir bestimmen zunächst die gemeinsame Wahrscheinlichkeitsfunktion $p_{X,Z}$ von X, Z. Da $(x, y) \mapsto (x, x + y)$ eine bijektive Abbildung ist, gilt

$$
\begin{aligned}
p_{X,Z}(x, z) &= P(X = x, X + Y = z) \\
&= P(X = x, Y = z - x) \\
&= P(X = x)P(Y = z - x) = p(x)q(z - x).
\end{aligned}
$$

Die gesuchte Wahrscheinlichkeitsfunktion von $Z = X + Y$ ist nun die zweite marginale Wahrscheinlichkeitsfunktion, und diese berechnet sich gemäß Satz 6.5 als

$$
r(z) = \sum_x p_{X,Z}(x, z) = \sum_x p(x)q(z - x).
$$

So haben wir, um die Verteilung einer Funktion $u(X, Y)$ zu bestimmen, zunächst eine weitere Funktion $v(X, Y)$ definiert, dann die gemeinsame Verteilung von $u(X, Y), v(X, Y)$ bestimmt und schließlich die marginale Verteilung von $u(X, Y)$ berechnet. $\qquad \square$

Mit der Identität (6.13) wird eine Operation definiert, die zwei Wahrscheinlichkeitsfunktionen p_X und p_Y eine dritte Wahrscheinlichkeitsfunktion r zuordnet. Diese Operation heißt Faltung und das Ergebnis heißt Faltungsprodukt der beiden Wahrscheinlichkeitsfunktionen. Als Symbol verwenden wir $p_X * p_Y$. Sind X und Y Zufallsvariablen mit Werten in $\mathbb{N}_0$, so können wir die zugehörigen Wahrscheinlichkeitsfunktionen mit den Folgen $(p_i)_{i \geq 0}$ und $(q_i)_{i \geq 0}$ identifizieren, wobei $p_i := p_X(i)$ und $q_i := p_Y(i)$, $i \in \mathbb{N}_0$. Sind X und Y unabhängig, so hat ihre Summe eine Wahrscheinlichkeitsfunktion, die der Folge

$$r_i := P(X + Y = i) = \sum_{j=0}^{i} p_j q_{i-j}$$

entspricht. Die so definierte Folge $(r_i)_{i\geq 0}$ heißt Faltungsprodukt der Folgen $(p_i)_{i\geq 0}$ und $(q_i)_{i\geq 0}$ und wird mit dem Symbol $(p_i) * (q_i)$ bezeichnet. In der Analysis dient das Faltungsprodukt zur Berechnung der Koeffizienten des Produktes zweier Potenzreihen.

Beispiel 6.15 (i) Es seien X und Y unabhängige Zufallsvariablen mit einer $Bin(n,p)$ bzw. $Bin(m,p)$-Verteilung. Mit Hilfe der Faltungsformel lässt sich die Wahrscheinlichkeitsfunktion der Summe $X + Y$ berechnen

$$p(k) = \sum_{i=0}^{k} \binom{n}{i} p^i (1-p)^{n-i} \binom{m}{k-i} p^{k-i}(1-p)^{m-(k-i)}$$

$$= p^k(1-p)^{n+m-k} \sum_{i=0}^{k} \binom{n}{i}\binom{m}{k-i} = \binom{n+m}{k} p^k (1-p)^{n+m-k}.$$

Dabei haben wir die binomiale Identität (i) aus Aufgabe 2.1 angewendet. Also hat die Zufallsvariable $X + Y$ eine $Bin(n+m,p)$-Verteilung. Dieses Resultat können wir mit folgenden Überlegungen auch intuitiv einsehen. Die Zufallsvariable X zählt die Erfolge in n unabhängigen Bernoulli-Experimenten mit Erfolgswahrscheinlichkeit p, und Y ist die Anzahl der Erfolge in weiteren m unabhängigen Bernoulli-Experimenten mit derselben Erfolgswahrscheinlichkeit. $X + Y$ zählt also die Erfolge in $(n + m)$ Experimenten und hat somit eine $Bin(n + m, p)$-Verteilung.

Mit vollständiger Induktion können wir diese Aussage erweitern auf eine Summe unabhängiger $Bin(m_i, p)$-verteilter Zufallsvariablen X_i. Die Zufallsvariable $S_n = \sum_{i=1}^{n} X_i$ ist dann binomial verteilt mit Parametern $m = \sum_{i=1}^{n} m_i$ und p. Für den Sonderfall $m_1 = \ldots = m_n = 1$ ist dies ein weiterer Beweis der bereits bei der Einführung der Binomialverteilung gefundenen Tatsache, dass die Summe von n Bernoulli-verteilten Zufallsvariablen mit Parameter p eine $Bin(n, p)$-Verteilung hat.

(ii) Es seien nun X und Y unabhängige Poisson-verteilte Zufallsvariablen mit Parameter λ bzw. μ. Dann hat ihre Summe $X + Y$ die Wahrscheinlichkeitsfunktion

$$p(k) = \sum_{i=0}^{k} e^{-\lambda} \frac{\lambda^i}{i!} e^{-\mu} \frac{\mu^{k-i}}{(k-i)!}$$

$$= e^{-(\lambda+\mu)} \frac{1}{k!} \sum_{i=0}^{k} \binom{k}{i} \lambda^i \mu^{(k-i)} = e^{-(\lambda+\mu)} \frac{(\lambda+\mu)^k}{k!},$$

d.h. $X + Y$ ist Poisson-verteilt mit Parameter $\lambda + \mu$.

Nach den Summen unabhängiger Zufallsvariablen wenden wir uns jetzt dem Produkt zu. In diesem Fall gilt die einfache Tatsache, dass der Erwartungswert des Produktes zweier unabhängiger Zufallsvariablen gleich dem Produkt der Erwartungswerte ist.

Satz 6.16 *Für zwei unabhängige Zufallsvariablen X und Y gilt*

$$E(XY) = (EX)(EY), \tag{6.14}$$

sofern die Erwartungswerte EX und EY existieren.

Beweis. Es sei $p(x, y)$ die gemeinsame Wahrscheinlichkeitsfunktion von X und Y. So gilt

$$E(XY) = \sum_{x,y} xy\, p_X(x)p_Y(y) = \sum_x x\, p_X(x) \sum_y y\, p_Y(y) = (EX)(EY),$$

da aus Satz 6.12 folgt, dass $p_{X,Y}(x,y) = p_X(x) \cdot p_Y(y)$. □

Satz 6.17 *Für unabhängige Zufallsvariablen $X_1, \dots, X_n$ gilt*

$$\mathrm{Var}(X_1 + \dots + X_n) = \mathrm{Var}(X_1) + \dots + \mathrm{Var}(X_n), \tag{6.15}$$

d.h. die Varianz einer Summe unabhängiger Zufallsvariablen ist gleich der Summe der Varianzen.

Beweis. Für $1 \le i \ne j \le n$ gilt wegen der Unabhängigkeit und Satz 6.16

$$E\left((X_i - EX_i)(X_j - EX_j)\right) = E(X_i - EX_i)E(X_j - EX_j) = 0.$$

Dann folgt

$$\mathrm{Var}\left(\sum_{i=1}^n X_i\right) = E\left(\sum_{i=1}^n (X_i - EX_i)\right)^2$$

$$= E\left(\sum_{i=1}^n (X_i - EX_i)^2 + \sum_{1 \le i \ne j \le n} (X_i - EX_i)(X_j - EX_j)\right)$$

$$= \sum_{i=1}^n E(X_i - EX_i)^2 + \sum_{1 \le i \ne j \le n} E\left((X_i - EX_i)(X_j - EX_j)\right)$$

$$= \sum_{i=1}^n \mathrm{Var}(X_i),$$

wobei wir an mehreren Stellen die Linearität des Erwartungswertes verwendet haben. □

Nun haben wir das nötige Handwerkszeug, um eines der großen, klassischen Resultate der Wahrscheinlichkeitstheorie darzustellen und zu beweisen.

Es ist das (schwache) Gesetz der großen Zahlen. Es sei $(X_k)_{k\geq 1}$ eine Folge unabhängiger, identisch verteilter Zufallsvariablen (als Abkürzung schreiben wir oft u.i.v. Zufallsvariablen, gelegentlich auch i.i.d. für independent, identically distributed). Wir betrachten die Partialsummen $S_n := X_1 + \ldots + X_n$ und die arithmetischen Mittel $\frac{S_n}{n}$ und berechnen die Erwartungswerte und Varianzen. Für alle n gilt

$$E\left(\frac{S_n}{n}\right) = \frac{1}{n}(EX_1 + \ldots + EX_n) = EX_1,$$

$$\mathrm{Var}\left(\frac{S_n}{n}\right) = \frac{1}{n^2}\sum_{i=1}^{n}\mathrm{Var}(X_i) = \frac{\mathrm{Var}(X_1)}{n}.$$

Es ist also das Zentrum der Verteilung des arithmetischen Mittels $\frac{S_n}{n}$ gleich dem Erwartungswert einer Einzelbeobachtung. Die Varianz ist gleich der Varianz einer Einzelbeobachtung, dividiert durch n. Die Verteilung von $\frac{S_n}{n}$ ist mit wachsendem n stets mehr in der Umgebung von EX_1 konzentriert. Dies können wir mit Hilfe der Chebychev-Ungleichung noch präzisieren. Für $\epsilon > 0$ gilt

$$P\left(\left|\frac{1}{n}\sum_{i=1}^{n}X_i - EX_1\right| \geq \epsilon\right) \leq \frac{1}{\epsilon^2}\mathrm{Var}\left(\frac{S_n}{n}\right) = \frac{1}{\epsilon^2}\frac{\mathrm{Var}X_1}{n}.$$

Wir bemerken, dass für festes $\epsilon > 0$ der Term auf der rechten Seite gegen 0 konvergiert. Damit haben wir den folgenden Satz bewiesen.

Satz 6.18 (Schwaches Gesetz der großen Zahlen) *Es sei $(X_i)_{i\geq 1}$ eine Folge unabhängiger, identisch verteilter (u.i.v.) Zufallsvariablen mit endlicher Varianz σ^2. Dann gilt für alle $\epsilon > 0$*

$$P\left(\left|\frac{1}{n}\sum_{i=1}^{n}X_i - EX_1\right| > \epsilon\right) \to 0$$

für $n \to \infty$.

Das Attribut schwach in dem Namen dieses Gesetzes bezieht sich auf die Art der Konvergenz, die auch Konvergenz in Wahrscheinlichkeit genannt wird. Wir werden in Kapitel 12 verschiedene Konvergenzbegriffe systematisch kennenlernen und dann dieses Attribut einordnen können.

Übungen

Übung 6.8 Sei $(X_i)_{i\geq 1}$ eine Folge unabhängiger Bernoulli-verteilter Zufallsvariablen mit Erfolgswahrscheinlichkeit p. Wir bezeichnen mit S_1 die Anzahl der Misserfolge vor dem ersten Erfolg, mit S_2 die Anzahl der Misserfolge zwischen dem ersten und dem zweiten Erfolg, und allgemein mit S_k die Anzahl der Misserfolge zwischen dem $(k-1)$-ten und dem k-ten Erfolg. Bestimme die gemeinsame Wahrscheinlichkeitsfunktion von $S_1, \ldots, S_n$ und zeige, dass $S_1, \ldots, S_n$ stochastisch unabhängig sind. Bestimme die marginalen Wahrscheinlichkeitsfunktionen.

Übung 6.9 Es seien X und Y zwei unabhängige Zufallsvariablen mit Werten in $\mathbb{N}$ und den Wahrscheinlichkeitsfunktionen p bzw. q. Zeige, dass

$$r(k) := \sum_{1 \le i \le k,\, i \mid k} p(i) q\left(\frac{k}{i}\right)$$

die Wahrscheinlichkeitsfunktion von $X \cdot Y$ ist. Berechne mit dieser Formel die Wahrscheinlichkeitsfunktion des Produktes der Augenzahlen beim 2-maligen unabhängigen Werfen eines unverfälschten Würfels.

Übung 6.10 Es seien X und Y zwei unabhängige Zufallsvariablen, die beide geometrisch verteilt sind mit Parameter p. Bestimme die Verteilung von $X + Y$.

Übung 6.11 Es seien X und Y zwei unabhängige Zufallsvariablen, die negativ-binomial verteilt sind mit Parametern r und p bzw. s und p. Bestimme die Verteilung von $X + Y$.

Übung 6.12 Wir ziehen zufällig und ohne Zurücklegen aus einer Urne, die a weiße und b schwarze Kugeln enthält, 2 Kugeln und legen diese dann in die Urne zurück. Diesen Vorgang wiederholen wir n-mal. Es sei X die Gesamtzahl der weißen Kugeln von den so gezogenen $2n$ Kugeln. Bestimme den Erwartungswert und die Varianz von X.

6.3 Bedingte Verteilungen

Analog zur Vorgehensweise in Kapitel 3 wenden wir uns nun der Beschreibung von Abhängigkeitseigenschaften in Bezug auf Zufallsvariablen zu. Es seien X und Y zwei Zufallsvariablen. Wenn wir die Realisierung $x = X(\omega)$ bereits kennen und die Zufallsvariablen eben nicht unabhängig sind, so wird diese Information die Wahrscheinlichkeit der möglichen Realisierungen von Y beeinflussen. Es ist nicht mehr die absolute Wahrscheinlichkeit einer Realisierung von Y von Interesse, sondern die bedingte Wahrscheinlichkeit unter der Voraussetzung, dass $X = x$. Im nächsten Abschnitt werden wir noch eine weitere Beschreibung der Abhängigkeit von Zufallsvariablen kennenlernen.

Definition 6.19 *Es seien X und Y diskrete Zufallsvariablen und sei x gegeben mit $P(X = x) > 0$. Die Wahrscheinlichkeitsverteilung auf $\mathbb{R}$, die jeder messbaren Teilmenge $A \subset \mathbb{R}$ die Wahrscheinlichkeit*

$$P(Y \in A | X = x)$$

zuordnet, heißt bedingte Verteilung von Y gegeben $X = x$. Die bedingte Wahrscheinlichkeitsfunktion von Y gegeben $X = x$ wird definiert durch

$$p_{Y|X}(y|x) := P(Y = y | X = x) = \frac{p_{X,Y}(x,y)}{p_X(x)}$$

und wird oft mit $p(y|x)$ abgekürzt.

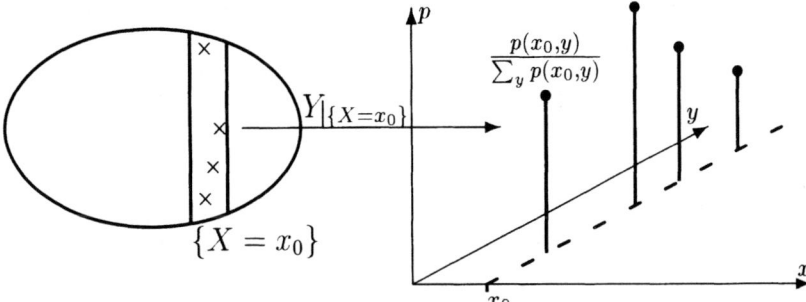

Abb. 6.4. Die bedingte Verteilung von Y gegeben $X = x_0$ ist die Verteilung der Zufallsvariablen Y, eingeschränkt auf die Teilmenge $\{X = x_0\}$, versehen mit der bedingten Wahrscheinlichkeit $P(\cdot|X = x_0)$.

Bemerkung 6.20 (i) Definition 6.19 kann gleichlautend auch für Zufallsvektoren formuliert werden, wobei sogar X und Y Werte in Räumen verschiedener Dimension annehmen können.

(ii) Die bedingte Wahrscheinlichkeitsfunktion ist eine Wahrscheinlichkeitsfunktion in dem Sinne, dass sie die Bedingungen von Satz 4.6 erfüllt. Aus $p_X(x) = P(X = x) > 0$ folgt

$$p_{Y|X}(y|x) = \frac{p_{X,Y}(x,y)}{p_X(x)} \geq 0,$$

und aus der Definition der bedingten Wahrscheinlichkeit und Satz 6.5

$$\sum_y p_{Y|X}(y|x) = \sum_y \frac{p_{X,Y}(x,y)}{p_X(x)} = \frac{\sum_y p_{X,Y}(x,y)}{p_X(x)} = 1.$$

(iii) Die bedingte Verteilung von Y gegeben $X = x$ wird vollständig beschrieben durch die bedingte Wahrscheinlichkeitsfunktion $p(y|x)$, denn es gilt

$$P(Y \in A|X = x) = \sum_{y \in A} P(Y = y|X = x) = \sum_{y \in A} p(y|x).$$

Wenn wir die Zufallsvariable Y, die ja eine Abbildung von Ω auf $\mathbb{R}$ ist, beschränken auf die Teilmenge $\{X = x\} \subset \Omega$ und auf dieser Teilmenge die Wahrscheinlichkeiten $P(\cdot|X = x)$ einführen, so hat Y darauf die Wahrscheinlichkeitsfunktion $p(y|x)$.

(iv) Wir wollen schon an dieser Stelle darauf hinweisen, dass die Einführung der bedingten Verteilung für nicht-diskrete Zufallsvariablen erheblich aufwendiger ist. Das Problem besteht darin, dass dann $P(X = x) = 0$ gelten wird und somit die Definition von $P(Y \in A|X = x)$ als $\frac{P(X=x, y \in A)}{P(X=x)}$ nicht mehr möglich ist. In Kapitel 9 werden wir für stetige Zufallsvariablen noch einen Ausweg finden. Eine allgemeine Definition kann nur mit Hilfsmitteln der Maßtheorie gegeben werden. Die Beschäftigung mit dem diskreten Fall bleibt aber auch dann wichtig für ein intuitives Verständnis der bedingten Verteilung.

x \ y	2	3	4	5	6	7	8	9	10	11	12
1	$\frac{1}{6}$	$\frac{1}{6}$	$\frac{1}{6}$	$\frac{1}{6}$	$\frac{1}{6}$	$\frac{1}{6}$	0	0	0	0	0
2	0	$\frac{1}{6}$	$\frac{1}{6}$	$\frac{1}{6}$	$\frac{1}{6}$	$\frac{1}{6}$	$\frac{1}{6}$	0	0	0	0
3	0	0	$\frac{1}{6}$	$\frac{1}{6}$	$\frac{1}{6}$	$\frac{1}{6}$	$\frac{1}{6}$	$\frac{1}{6}$	0	0	0
4	0	0	0	$\frac{1}{6}$	$\frac{1}{6}$	$\frac{1}{6}$	$\frac{1}{6}$	$\frac{1}{6}$	$\frac{1}{6}$	0	0
5	0	0	0	0	$\frac{1}{6}$	$\frac{1}{6}$	$\frac{1}{6}$	$\frac{1}{6}$	$\frac{1}{6}$	$\frac{1}{6}$	0
6	0	0	0	0	0	$\frac{1}{6}$	$\frac{1}{6}$	$\frac{1}{6}$	$\frac{1}{6}$	$\frac{1}{6}$	$\frac{1}{6}$

Tabelle 6.5. Bedingte Wahrscheinlichkeitsfunktion $p(y|x)$ der Augensumme gegeben die Augenzahl beim 1. Wurf, siehe Beispiel 6.21(i)

Beispiel 6.21 (i) Wir werfen 2-mal einen unverfälschten Würfel und bezeichnen mit X die Augenzahl beim ersten Wurf und mit Y die Gesamtaugenzahl beider Würfe. In Tabelle 6.5 ist die bedingte Wahrscheinlichkeitsfunktion $p(y|x)$ dargestellt. Wenn wir wissen, dass beim ersten Wurf eine 6 geworfen wurde, so können wir die bedingte Verteilung von Y in der letzten Zeile finden. Die bedingte Verteilung ist konzentriert auf $7, \ldots, 12$, und die Wahrscheinlichkeit jeder dieser Realisierungen von Y gegeben $X = 6$ ist $\frac{1}{6}$.

(ii) Es seien X und Y unabhängige $Bin(n,p)$ bzw. $Bin(m,p)$-verteilte Zufallsvariablen. Dann gilt für die bedingte Wahrscheinlichkeitsfunktion von X gegeben $X + Y = k$

$$p_{X|X+Y}(j|k) = P(X = j|X + Y = k)$$

$$= \frac{P(X = j, Y = k - j)}{P(X + Y = k)}$$

$$= \frac{\binom{n}{j}p^j(1-p)^{n-j}\binom{m}{k-j}p^{k-j}(1-p)^{m-(k-j)}}{\binom{n+m}{k}p^k(1-p)^{n+m-k}} = \frac{\binom{n}{j}\binom{m}{k-j}}{\binom{n+m}{k}},$$

d.h. die Verteilung von X gegeben $X + Y = k$ ist eine hypergeometrische Verteilung mit Parametern $(n + m), n$ und k.

(iii) Es seien X und Y unabhängige Poisson-verteilte Zufallsvariablen mit Parameter λ bzw. μ. Dann hat X gegeben $X + Y = n$ die bedingte Wahrscheinlichkeitsfunktion

$$p_{X|X+Y}(k|n) = P(X = k|X + Y = n)$$

$$= \frac{P(X = k, Y = n - k)}{P(X + Y = n)}$$

$$= \frac{e^{-\lambda}\frac{\lambda^k}{k!}e^{-\mu}\frac{\mu^{n-k}}{(n-k)!}}{e^{-(\lambda+\mu)}\frac{(\lambda+\mu)^n}{n!}} = \binom{n}{k}\left(\frac{\lambda}{\lambda + \mu}\right)^k\left(\frac{\mu}{\lambda + \mu}\right)^{n-k}$$

d. h. die Verteilung von X gegeben $X + Y = n$ ist eine binomiale Verteilung mit Parametern n und $\frac{\lambda}{\lambda+\mu}$. Zum intuitiven Verständnis dieses Resultates können wir uns X und Y als die Anzahl der Druckfehler auf zwei verschiedenen Seiten eines Buches vorstellen. Es sei bereits bekannt, dass $X + Y$, die Gesamtzahl der Fehler, gleich n ist. Anschließend stellen wir dann für jeden der n Fehler mit einem Bernoulli-Experiment mit Erfolgswahrscheinlichkeit $\frac{\lambda}{\lambda+\mu}$ fest, auf welcher Seite dieser Fehler erscheint.

Für zwei unabhängige Zufallsvariablen X und Y erwarten wir intuitiv, dass Kenntnisse über die Realisierung von X uns keine Information über die Verteilung von Y liefern. So erhalten wir auch eine neue Charakterisierung für Unabhängigkeit, die im nächsten Lemma formuliert ist.

Lemma 6.22 *Zwei Zufallsvariablen X und Y sind genau dann unabhängig, wenn die bedingte Verteilung von Y gegeben $X = x$ nicht von x abhängt.*

Beweis. Sind X und Y unabhängige Zufallsvariablen, so gilt nach Satz 6.12 $p_{X,Y}(x,y) = p_X(x)p_Y(y)$ und somit

$$p(y|x) = \frac{p_X(x)p_Y(y)}{p_X(x)} = p_Y(y).$$

Hängt umgekehrt $f(y) := p(y|x)$ nicht von x ab, so folgt $p_{X,Y}(x,y) = p_X(x)f(y)$, und damit sind ebenfalls nach Satz 6.12 die Zufallsvariablen X und Y unabhängig. $\square$

Definition 6.23 *(i) Für zwei diskrete Zufallsvariablen wird der bedingte Erwartungswert von Y gegeben $X = x$ definiert durch*

$$E(Y|X = x) := \sum_{y \in Y(\Omega)} y p_{Y|X}(y|x). \tag{6.16}$$

(ii) Die bedingte Varianz von Y gegeben $X = x$ wird definiert durch

$$\text{Var}(Y|X = x) := E([Y - E(Y|X = x)]^2|X = x). \tag{6.17}$$

So ist der bedingte Erwartungswert von Y gegeben $X = x$ gleich dem Erwartungswert der bedingten Verteilung und die bedingte Varianz von Y gegeben $X = x$ ist gleich der Varianz der bedingten Verteilung. Diese Überlegungen sind die Grundlage dafür, dass wir alle Sätze und Identitäten, die wir bislang für Erwartungswerte und Varianzen bewiesen haben, auch für den bedingten Erwartungswert und die bedingte Varianz von Y gegeben $X = x$ zur Verfügung haben.

Um eine anschauliche Vorstellung vom bedingten Erwartungswert zu erhalten, können wir uns $E(Y|X = x)$ denken als den Mittelwert von Y auf der Menge $\{X = x\}$. Dabei nehmen wir einen gewogenen Mittelwert mit den auf 1 normierten Gewichten $\frac{p_{X,Y}(x,y)}{p_X(x)}$.

Beispiel 6.24 Für das 2-malige Werfen eines unverfälschten Würfels können wir den bedingten Erwartungswert von Y, der Gesamtaugenzahl, gegeben $X = x$, der Augenzahl beim ersten Wurf, in einer Tabelle darstellen.

x	1	2	3	4	5	6
$E(Y|X = x)$	4.5	5.5	6.5	7.5	8.5	9.5

Die hier berechneten Werte der bedingten Erwartung können wir auch intuitiv einsehen. Wenn wir etwa wissen, dass beim ersten Wurf eine 6 geworfen wurde, dann können wir als Gesamtaugenzahl $6 + EX = 9.5$ erwarten.

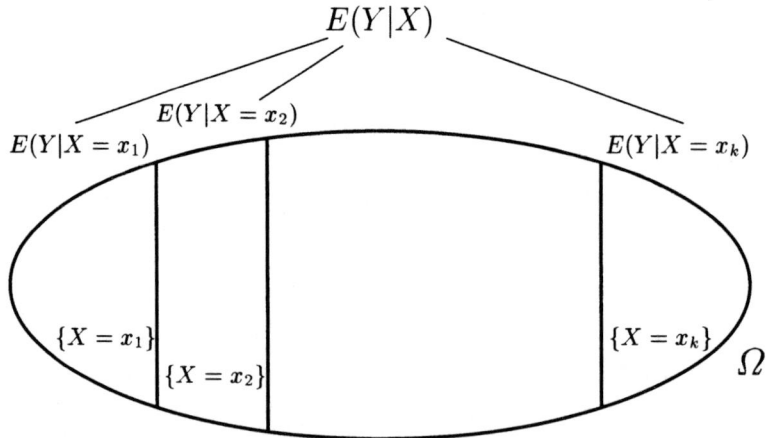

Abb. 6.5. Die bedingte Erwartung von Y gegeben X ist eine Zufallsvariable, die auf den Teilmengen $\{X = x\}$ den konstanten Wert $E(Y|X = x)$ hat.

Wir können den bedingten Erwartungswert von Y gegeben $X = x$ auch als Funktion von x betrachten, d.h. $g(x) = E(Y|X = x)$. Indem wir diese Funktion mit der Zufallsvariablen X verknüpfen, erhalten wir eine neue Zufallsvariable.

Definition 6.25 *Seien X und Y zwei diskrete Zufallsvariablen und $g(x) :=$ $E(Y|X = x)$. Dann heißt die Zufallsvariable $g(X)$ die bedingte Erwartung von Y gegeben X, geschrieben $E(Y|X)$. Auf gleiche Weise definieren wir die* *bedingte Varianz von Y gegeben X, geschrieben $\mathrm{Var}(Y|X)$, indem wir die Funktion $h(x) := \mathrm{Var}(Y|X = x)$ mit der Zufallsvariablen X verknüpfen.*

Als Funktionen auf Ω sind $E(Y|X)$ sowie $\mathrm{Var}(Y|X)$ konstant auf den Mengen $\{X = x\}$ und haben dort den Wert $E(Y|X = x)$ bzw. $\mathrm{Var}(Y|X = x)$, siehe Abb. 6.5.

Satz 6.26 (Satz von der totalen Erwartung) *Für zwei Zufallsvariablen X und Y gilt*

$$E(Y) = E(E(Y|X)), \qquad (6.18)$$

d.h. der Erwartungswert der bedingten Erwartung von Y gegeben X ist gleich dem Erwartungswert von Y.

Beweis. Es sei $g(x) = E(Y|X = x)$ und somit $E(Y|X) = g(X)$. Nach Satz 5.3 und den Anmerkungen zur Übertragbarkeit auf die bedingte Erwartung von Y gegeben $X = x$ gilt

$$E(g(X)) = \sum_x g(x)p_X(x) = \sum_x \left(\sum_y y p_{Y|X}(y|x) \right) p_X(x)$$

$$= \sum_x \left(\sum_y y p_{X,Y}(x,y) \right) = EY.$$

Für den letzten Schritt haben wir Satz 6.8 angewendet. $\qquad \square$

In dem obigen Beispiel des Würfelexperimentes können wir uns die Aussage des Satzes veranschaulichen. Mit Hilfe der Tabelle berechnen wir $E(E(Y|X)) = \frac{1}{6}(4.5 + 5.5 + 6.5 + 7.5 + 8.5 + 9.5) = 7$, und das ist der Erwartungswert von Y, der Gesamtaugenzahl bei 2 Würfen mit einem unverfälschten Würfel.

Der Satz von der totalen Erwartung gibt uns die Möglichkeit, den Erwartungswert einer Zufallsvariable Y zu berechnen, indem wir eine andere Zufallsvariable X zu Hilfe nehmen. Dieses Verfahren ist analog zum Satz von der totalen Wahrscheinlichkeit, siehe Satz 3.14. Ein Analogon des Satzes von der totalen Erwartung gilt für die Varianz, die sich mit dem Erwartungswert der bedingten Varianz und der Varianz der bedingten Erwartung berechnen lässt.

Satz 6.27 *Für zwei Zufallsvariablen X und Y gilt*

$$\mathrm{Var}(Y) = E(\mathrm{Var}(Y|X)) + \mathrm{Var}(E(Y|X)). \qquad (6.19)$$

Beweis. Wir wenden die Identität (5.7) aufgrund der Übertragbarkeit auf den bedingten Erwartungswert von Y gegeben $X = x$ und die bedingte Varianz von Y gegeben $X = x$ an

$$E((Y - EY)^2|X = x) = \text{Var}(Y|X = x) + (E(Y|X = x) - EY)^2.$$

Wir können beide Seiten dieser Gleichung als Funktionen $g(x)$ und $h(x)$ betrachten. Von den Zufallsvariablen, die durch Verknüpfung dieser Funktionen mit der Zufallsvariablen X entstehen, berechnen wir jeweils den Erwartungswert und erhalten (6.19). □

Lemma 6.28 *Seien X und Y Zufallsvariablen, und $f : \mathbb{R}^2 \to \mathbb{R}$ eine messbare Funktion. Dann gilt für $x_0 \in \mathbb{R}$*

$$E(f(X,Y)|X = x_0) = E(f(x_0,Y)|X = x_0).$$

Sind X und Y unabhängige Zufallsvariablen, so gilt für $x_0 \in \mathbb{R}$

$$E(f(X,Y)|X = x_0) = Ef(x_0,Y).$$

Beweis. Intuitiv können wir $E(f(X,Y)|X = x_0)$ auffassen als Mittelwert von $f(X,Y)$ auf der Menge $\{X = x_0\}$, und dann ergibt sich obige Formel aus der Tatsache, dass auf dieser Menge gilt $f(X,Y) = f(x_0,Y)$. Wir wollen aber einen exakten mathematischen Beweis geben. Es gilt

$$P(X = x, Y = y|X = x_0) = \begin{cases} 0 & \text{für } x \neq x_0 \\ p(y|x_0) & \text{für } x = x_0. \end{cases}$$

So folgt mit Satz 6.8, übertragen auf den bedingten Erwartungswert gegeben $X = x_0$,

$$E(f(X,Y)|X = x_0) = \sum_{x,y} f(x,y)P(X = x, Y = y|X = x_0)$$

$$= \sum_y f(x_0,y)p(y|x_0) = E(f(x_0,Y)|X = x_0).$$

Sind X und Y unabhängige Zufallsvariablen, so sind auch $f(x_0,Y)$ und X unabhängig und es gilt $E(f(x_0,Y)|X = x_0) = Ef(x_0,Y)$. □

Setzen wir in obigem Satz $f(x,y) = y$, so erhalten wir für zwei unabhängige Zufallsvariablen X und Y die Identität

$$E(Y|X = x) = EY,$$

d.h. der bedingte Erwartungswert von Y gegeben $X = x$ ist gleich der (unbedingten) Erwartung. Der folgende Satz, den wir durch Anwendung der obigen Überlegungen beweisen können, ist eine diskrete Version des bekannten Satzes von Fubini (Guido Fubini, 1897-1943).

Satz 6.29 *Seien X und Y unabhängige Zufallsvariablen, $f : \mathbb{R}^2 \to \mathbb{R}$ eine messbare Funktion und sei $g(x) := Ef(x,Y)$. Dann gilt*

$$Ef(X,Y) = Eg(X), \tag{6.20}$$

sofern der Erwartungswert von $f(X,Y)$ existiert.

Beweis. Die Identität (6.20) folgt aus Lemma 6.28 zusammen mit dem Satz von der totalen Erwartung. Ein anderer Beweis verwendet die Transformationsformel Satz 6.8 und Satz 6.5

$$Ef(X,Y) = \sum_{x,y} f(x,y)p_{X,Y}(x,y) = \sum_x \left(\sum_y f(x,y)p_Y(y) \right) p_X(x)$$

$$= \sum_x g(x)p_X(x) = Eg(X).$$

Dabei haben wir benutzt, dass die Reihenfolge der Summation für absolut konvergente Reihen beliebig vertauscht werden kann.   □

Die Aussage von Satz 5.12 können wir auch so interpretieren, dass der Erwartungswert $E(Y)$ der beste konstante Vorhersager von Y ist unter der Forderung, die mittlere quadratische Abweichung zu minimieren. Der folgende Satz sagt, dass die bedingte Erwartung von Y gegeben X der beste Vorhersager von Y ist unter allen Funktionen von X. Auch hierbei ist die mittlere quadratische Abweichung das Maß. Im Allgemeinen wird $E(Y|X)$ keine lineare Funktion sein. Im Abschnitt 6.4 über Kovarianz und Korrelationskoeffizienten werden wir auch einen besten linearen Vorhersager von Y gegeben $X = x$ kennenlernen. Da wir dabei die Menge der möglichen Vorhersager erheblich einschränken, wird die Vorhersagequalität i.a. schlechter sein. In der Anwendung haben lineare Vorhersager jedoch den großen Vorteil, dass nicht eine ganze Funktion bestimmt werden muss, sondern nur zwei Parameter.

Satz 6.30 *Für zwei Zufallsvariablen X und Y und jede Funktion $\varphi : \mathbb{R} \to \mathbb{R}$ gilt*

$$E(Y - \varphi(X))^2 \geq E(Y - E(Y|X))^2 \tag{6.21}$$

und Gleichheit gilt für $\varphi(x) = E(Y|X = x)$.

Beweis. Gemäß dem Satz von der totalen Erwartung gilt $E(Y - \varphi(X))^2 = E(g(X))$, wobei $g(x) := E((Y - \varphi(X))^2 | X = x)$. Nach Lemma 6.28 ist weiter $g(x) = E((Y - \varphi(x))^2 | X = x)$. Entsprechend ist $E((Y - E(Y|X))^2 | X = x) = E(h(X))$, wobei $h(x) := E((Y - E(Y|X = x))^2 | X = x)$. Zum Nachweis von (6.21) reicht es nun zu zeigen, dass $g(x) \geq h(x)$ für jedes feste x gilt, d.h.

$$E((Y - \varphi(x))^2 | X = x) \geq E((Y - E(Y|X = x))^2 | X = x).$$

Dies ist aber gerade die Minimumeigenschaft (5.8) des Erwartungswertes, übertragen auf den bedingten Erwartungswert gegeben $X = x$.   □

Als weitere Anwendung des Satzes von der totalen Erwartung wollen wir eine Formel von Abraham Wald (1900-1950) über den Erwartungswert der Summe einer zufälligen Anzahl von Zufallsvariablen beweisen. Es sei N eine

Zufallsvariable mit Werten in $\mathbb{N}_0$, und es sei $(X_i)_{i \geq 1}$ eine Folge von Zufallsvariablen, die alle denselben Erwartungswert haben und unabhängig von N sind. Wir definieren die zufällige Summe

$$S_N(\omega) := \sum_{i=1}^{N(\omega)} X_i(\omega) = X_1(\omega) + \ldots + X_{N(\omega)}(\omega). \qquad (6.22)$$

In der Physik betrachtet man das Phänomen, dass von einer Strahlenquelle N Teilchen ausgesandt werden, von denen jedes einzelne mit Wahrscheinlichkeit p von einem Zähler registriert wird und mit Wahrscheinlichkeit $(1-p)$ unbemerkt bleibt. Setzen wir für das i-te Teilchen $X_i = 1$ bzw. $X_i = 0$, je nachdem, ob es registriert wird oder nicht, so ist S_N die Gesamtzahl der registrierten Teilchen. In der Versicherungsmathematik treten solche zufälligen Summen als totale Schadenhöhe auf, wobei N die Anzahl der Schäden in einem gegebenen Zeitabschnitt ist und X_i die Höhe des i-ten Schadens.

Wir berechnen nun $E(S_N)$, indem wir zunächst für ein festes n den bedingten Erwartungswert $E(S_N|N = n)$ bestimmen. Wegen der Unabhängigkeit von N und $X_1, X_2, \ldots$ gilt

$$E(S_N|N = n) = E\left(\sum_{i=1}^{n} X_i\right) = nE(X_i).$$

Den totalen Erwartungswert erhalten wir, indem wir den Erwartungswert der Funktion $g(n) := E(S_N|N = n)$ bestimmen

$$E(S_N) = E(g(N)) = E(N \cdot E(X_1)) = E(X_1) \cdot E(N). \qquad (6.23)$$

Dieses Resultat heißt Wald'sche Identität.

Übungen

Übung 6.13 Wir werfen 2-mal einen unverfälschten Würfel und bezeichnen mit X die Augenzahl beim ersten Wurf und mit Y das Maximum der beiden Augenzahlen.
(i) Bestimme die bedingte Wahrscheinlichkeitsfunktion von Y gegeben $X = k$ für $k = 1, \ldots, 6$.
(ii) Bestimme $v(k) = E(Y|X = k)$ für jedes k und anschließend $E(v(X))$. Vergleiche die beiden Erwartungswerte $E(v(X))$ und $E(Y)$.

Übung 6.14 Eine Quelle sendet eine Poisson(λ)-verteilte Anzahl von Teilchen aus, die jeweils mit einer Wahrscheinlichkeit p von einem Zähler registriert werden. Bestimme die Verteilung der Anzahl registrierter Teilchen. Zeige, dass die Wald'sche Identität (6.23) den Erwartungswert korrekt berechnet.

Übung 6.15 Die Zufallsvariablen $X_1, \ldots, X_n$ seien unabhängig und Poisson-verteilt mit Parametern $\lambda_1, \ldots, \lambda_n$.
(i) Bestimme die Verteilung von $S_n = X_1 + \ldots + X_n$.
(ii) Bestimme die bedingte Verteilung von $(X_1, \ldots, X_n)$ gegeben $S_n = s$.
(iii) Bestimme die bedingte Verteilung von X_1 gegeben $S_n = s$.
(iv) Bestimme die Funktion $v(s) = E(X_1|S_n = s)$. Berechne $E(v(S_n))$ und vergleiche mit $E(X_1)$.

Übung 6.16 Es seien $X_1, \ldots, X_n$ unabhängige Bernoulli(p)-verteilte Zufallsvariablen. Bestimme die bedingte Verteilung von $(X_1, \ldots, X_n)$ gegeben $X_1 + \ldots + X_n = s$. Wie lässt sich das Resultat intuitiv erfassen?

6.4 Kovarianz und Korrelationskoeffizient

In diesem Abschnitt werden wir uns damit beschäftigen, die Abhängigkeit zweier Zufallsvariablen mit einer linearen Funktion zahlenmäßig zu erfassen. Wir werden den Korrelationskoeffizienten definieren und zeigen, wie gut die Abhängigkeit der Zufallsvariablen durch eine lineare Funktion beschrieben werden kann.

Zum intuitiven Erfassen des Problems ist es hilfreich, zunächst eine endliche Grundgesamtheit zu betrachten. Sei zum Beispiel Ω die Gesamtheit aller Haushalte in Deutschland. Mit den beiden Zufallsvariablen X und Y erfassen wir das Jahreseinkommen und die jährlichen Ausgaben für Urlaubsreisen eines jeden Haushaltes. Wenn wir nun die Paare $(X(\omega), Y(\omega))$, $\omega \in \Omega$, in ein Koordinatensystem eintragen, so können sich mindestens drei qualitativ verschiedene Situationen ergeben. Vom linken zum rechten Bild nimmt der

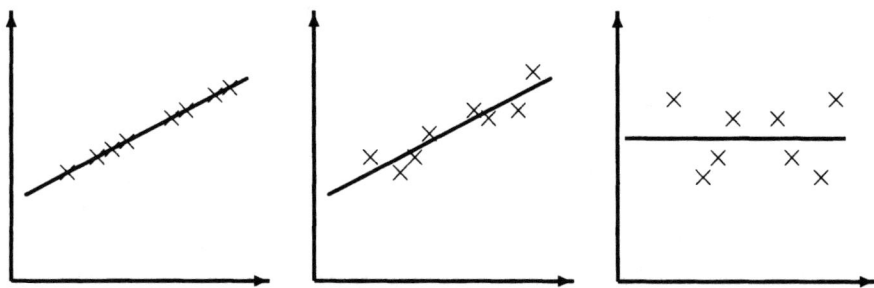

Abb. 6.6. Lineare Abhängigkeit zwischen zwei Zufallsvariablen

Zusammenhang zwischen den Zufallsvariablen ab. In der Situation, die im linken Bild dargestellt ist, gibt es eine Gerade $y = ax + b$ durch alle Punkte $(X(\omega)), Y(\omega))$, $\omega \in \Omega$, und somit eine lineare Abbildung $f(x) = ax + b$ mit $Y(\omega) = f(X(\omega))$. Wir können also aus den Realisierungen der Zufallsvariablen X den Wert der Zufallsvariablen Y berechnen. Dies ist sehr nützlich, insbesondere dann, wenn die Werte von Y schwer zu messen sind. Wir können den Y-Wert fehlerfrei vorhersagen, wenn wir den X-Wert kennen.

Im mittleren Fall gibt es noch immer einen deutlichen Zusammenhang zwischen den Werten der beiden Zufallsvariablen. Große X-Werte gehen einher mit großen Y-Werten. Wir erkennen eine lineare Abbildung $f(x) = ax + b$, die den Zusammenhang zwischen den X- und Y-Werten beschreibt. Es gilt zwar nicht mehr $Y(\omega) = f(X(\omega))$, aber die Differenz $Y(\omega) - f(X(\omega))$ ist klein.

Die Bedeutung dieses Zusammenhangs können wir besser verstehen, wenn wir die Frage bedenken, wie wir eine Realisierung $y = Y(\omega)$ optimal vorhersagen können. Wenn wir ausschließlich Informationen über eine Zufallsvariable Y haben, so wissen wir nach Satz 5.12, dass der Erwartungswert EY die beste Vorhersage ist in dem Sinne, dass der erwartete quadratische Vorhersagefehler minimiert wird. Haben wir nun aber Informationen über den Zusammenhang von Y und einer zweiten Zufallsvariablen X, und kennen wir die Realisierung $X(\omega)$, so können wir $Y(\omega)$ durch $f(X(\omega))$ vorhersagen. Im ersten Fall ist der mittlere quadratische Vorhersagefehler $E(Y - EY)^2 = \mathrm{Var}(Y)$, im zweiten Fall $E(Y - f(X))^2$. Ein Maß für den Zusammenhang von X und Y sollte diese beiden Vorhersagefehler miteinander vergleichen.

Im rechten Bild ist die Gerade, die am besten zu den Daten passt, die Horizontale $y = EY$. Hier verbessern Informationen über die Realisierung $X(\omega)$ nichts bei der Berechnung bzw. Vorhersage von Y.

Definition 6.31 *Für zwei Zufallsvariablen X und Y definieren wir die Kovarianz $\mathrm{Cov}(X, Y)$ sowie den Korrelationskoeffizienten $\rho_{X,Y}$ durch*

$$\mathrm{Cov}(X, Y) := E((X - EX)(Y - EY)) \qquad (6.24)$$

$$\rho_{X,Y} := \frac{\mathrm{Cov}(X, Y)}{\sqrt{\mathrm{Var}(X)}\sqrt{\mathrm{Var}(Y)}}. \qquad (6.25)$$

Die Zufallsvariablen heißen unkorreliert, wenn $\rho_{X,Y} = 0$.

Der Korrelationskoeffizient ist skaleninvariant, d.h. für alle $\lambda > 0$ gilt

$$\rho_{\lambda \cdot X, Y} = \rho_{X, \lambda \cdot Y} = \rho_{X,Y}.$$

Wenn wir also X oder Y in einer anderen Einheit messen, z.B. in cm anstatt in mm, so verändert dies den Korrelationskoeffizienten nicht.

Satz 6.32 *Es seien X und Y zwei Zufallsvariablen. Dann gilt*

$$\mathrm{Cov}(X, X) = \mathrm{Var}(X) \qquad (6.26)$$
$$\mathrm{Cov}(X, Y) = E(XY) - (EX)(EY). \qquad (6.27)$$

Sind X und Y unabhängig, so ist $\rho_{X,Y} = 0$, d.h. die Zufallsvariablen sind unkorreliert.

Beweis. Identität (6.26) folgt direkt aus den Definitionen von Kovarianz und Varianz. (6.27) folgt aus der Linearität des Erwartungswertes. Diese Identität ist eine Verallgemeinerung der Formel $\mathrm{Var}(X) = E(X^2) - (EX)^2$ und somit kann der Beweis analog zum Beweis von Satz 5.10 geführt werden. Sind X und Y unabhängig, so gilt $E(XY) = E(X)E(Y)$ nach Satz 6.16, und damit folgt aus (6.27), dass $\mathrm{Cov}(X, Y) = 0$ und damit auch $\rho_{X,Y} = 0$. $\qquad \square$

Satz 6.33 *Es seien X und Y zwei Zufallsvariablen mit positiven, endlichen Varianzen σ_X^2 und σ_Y^2. Dann ist $E(Y - aX - b)^2$ minimal für*

$$a^* = \frac{\sigma_Y}{\sigma_X}\rho_{X,Y} \quad und \quad b^* = EY - \frac{\sigma_Y}{\sigma_X}\rho_{X,Y}EX.$$

Für den minimalen Wert gilt

$$E(Y - a^*X - b^*)^2 = (1 - \rho_{X,Y}^2)\mathrm{Var}(Y). \tag{6.28}$$

Beweis. Für festes $a \in \mathbb{R}$ folgt aus Satz 5.12, dass $E(Y - aX - b)^2$ minimal wird für $b^* = E(Y - aX) = EY - aEX$ und

$$E(Y - aEX - b^*)^2 = \mathrm{Var}(Y - aX).$$

Nun müssen wir $a \in \mathbb{R}$ so bestimmen, dass $\mathrm{Var}(Y - aX)$ minimal wird. Dazu schreiben wir $\mathrm{Var}(Y - aX)$ um, sodass wir nach a differenzieren können. Wir verwenden die Definition von Varianz und Kovarianz und mehrfach die Linearität des Erwartungswertes und erhalten

$$
\begin{aligned}
&\mathrm{Var}(Y - aX) \\
&= E((Y - aX) - E(Y - aX))^2 \\
&= E((Y - EY) - a(X - EX))^2 \\
&= E((Y - EY)^2 - 2a(Y - EY)(X - EX) + a^2(X - EX)^2) \\
&= E((Y - EY)^2) - 2aE((Y - EY)(X - EX)) + a^2E((X - EX)^2) \\
&= \mathrm{Var}(Y) - 2a\mathrm{Cov}(X,Y) + a^2\mathrm{Var}(X).
\end{aligned}
$$

Die Nullstelle der ersten Ableitung liefert uns $a^* = \mathrm{Cov}(X,Y)/\mathrm{Var}(X) = \frac{\sigma_Y}{\sigma_X}\rho_{X,Y}$. Mit Hilfe der obigen Identität können wir nun auch den minimalen Wert berechnen.

$$
\begin{aligned}
E(Y - a^*X - b^*)^2 &= \mathrm{Var}(Y - a^*X) \\
&= \mathrm{Var}(Y) - 2a^*\mathrm{Cov}(X,Y) + (a^*)^2\mathrm{Var}(X) \\
&= \mathrm{Var}(Y) - 2\frac{(\mathrm{Cov}(X,Y))^2}{\mathrm{Var}(X)} + \frac{(\mathrm{Cov}(X,Y))^2}{\mathrm{Var}(X)} \\
&= \mathrm{Var}(Y)(1 - \rho_{X,Y}^2)
\end{aligned}
$$

$\square$

Zusammen mit den einführenden Betrachtungen dieses Abschnittes erkennen wir mit Satz 6.33 den Zusammenhang zwischen der technischen Definition eines Korrelationskoeffizienten und der Frage, die Abhängigkeit zweier Zufallsvariablen mit einer linearen Funktion zahlenmäßig zu erfassen. Die in Satz 6.33 bezeichnete Funktion $f(x) = a^*x + b^*$ ist der beste lineare Vorhersager für die Realisierung von Y, wenn bekannt ist, dass X den Wert

x annimmt. Das Vorzeichen von a^* und somit von $\rho_{X,Y}$ besagt noch etwas Grundsätzliches über die Abhängigkeit zwischen X und Y, denn a^* ist die Steigung der Geraden. Ist a^* positiv, so sind bei zunehmenden X-Werten zunehmende Y-Werte zu erwarten, ist a^* negativ, so werden die Y-Werte bei zunehmenden X-Werten kleiner werden. Die Identität (6.28) besagt, dass der mittlere quadratische Vorhersagefehler um den Faktor $(1-\rho_{X,Y}^2)$ kleiner wird gegenüber dem trivialen Vorhersager EY, wenn wir die Information über die Realisierung von X und den Zusammenhang zu X einbeziehen.

Für eine endliche Grundgesamtheit mit Laplace-Verteilung und möglichen Realisierungen $(x_1, y_1), \ldots, (x_N, y_N)$ entspricht die Aussage von Satz 6.33 der Minimierung von

$$\frac{1}{N} \sum_{i=1}^{N} (y_i - ax - b)^2.$$

Die Gerade $y = a^*x + b^*$ heißt auch Kleinste Quadrate Regressionsgerade.

Beispiel 6.34 Anknüpfend an das Beispiel 6.6 aus dem Abschnitt 6.1 können wir die paarweisen Kovarianzen von Zufallsvariablen $N_1, \ldots, N_k$ berechnen, die multinomial verteilt sind mit Parametern n und $p_1, \ldots, p_k$. Wir wissen, dass für $i \neq j$ gilt $E(N_i N_j) = n(n-1)p_i p_j$ und dass die Zufallsvariablen N_i eine $Bin(n, p_i)$-Verteilung haben. Also gilt $E(N_i) = np_i$ und mit Identität (6.27)

$$\mathrm{Cov}(N_i, N_j) = n(n-1)p_i p_j - np_i np_j = -np_i p_j \quad \text{für } i \neq j.$$

Für $i = j$ gilt $\mathrm{Cov}(N_i, N_i) = \mathrm{Var}(N_i) = np_i(1 - p_i)$. Dass die paarweise Kovarianz eine negative Zahl ist, können wir auch intuitiv verstehen, denn je mehr Experimente das Ergebnis i haben, desto weniger Experimente können das Ergebnis j haben, weil die Gesamtzahl der Experimente feststeht. Dies ist also ein Beispiel für einen negativen Zusammenhang.

Wir wollen jetzt untersuchen, wie Erwartungswerte und paarweise Kovarianzen eines Zufallsvektors sich unter linearen Transformationen verhalten. Dazu ist es zweckmäßig, die Erwartungswerte und die paarweisen Kovarianzen zu einem Vektor bzw. zu einer Matrix zusammenzufassen.

Definition 6.35 *Es seien* $X_1, \ldots, X_n$ *reellwertige Zufallsvariablen und* $X := (X_1, \ldots, X_n)^t$. *Dann heißen*

$$E(X) := (E(X_1), \ldots, E(X_n))^t$$

und

$$\Sigma_X := (\mathrm{Cov}(X_i, X_j))_{1 \leq i,j \leq n}$$

Erwartungswert bzw. Kovarianzmatrix des Zufallsvektors X.

Satz 6.36 *Sei* $X = (X_1, \ldots, X_n)^t$ *ein Zufallsvektor mit Erwartungswert* EX *und Kovarianzmatrix* Σ_X *und seien* $A = (a_{ij})_{1 \leq i \leq m, 1 \leq j \leq n} \in \mathbb{R}^{m \times n}$ *sowie* $b \in \mathbb{R}^m$. *Dann gilt*

$$E(AX + b) = AE(X) + b \tag{6.29}$$

$$\Sigma_{AX+b} = A\Sigma_X A^t \tag{6.30}$$

$$\mathrm{Var}(X_1 + \ldots + X_n) = \sum_{i=1}^{n} \mathrm{Var}(X_i) + \sum_{1 \leq i \neq j \leq n} \mathrm{Cov}(X_i, X_j). \tag{6.31}$$

Beweis. Die erste Identität (6.29) folgt direkt aus der Linearität des Erwartungswertes. Zum Beweis von (6.30) definieren wir die m-dimensionale Zufallsvariable Y durch $Y := AX + b$. Dann gilt

$$
\begin{aligned}
\mathrm{Cov}(Y_i, Y_j) &= E\left(\left(b_i + \sum_{k=1}^{m} a_{ik}X_k - E(b_i + \sum_{k=1}^{m} a_{ik}X_k)\right)\right. \\
&\qquad \left.\cdot \left(b_j + \sum_{l=1}^{m} a_{jl}X_l - E(b_j + \sum_{l=1}^{m} a_{jl}X_l)\right)\right) \\
&= E\left(\left(\sum_{k=1}^{m} a_{ik}(X_k - E(X_k))\right)\left(\sum_{l=1}^{m} a_{jl}(X_l - E(X_l))\right)\right) \\
&= \sum_{k=1}^{m}\sum_{l=1}^{m} a_{ik}a_{jl}\mathrm{Cov}(X_k, X_l) = \left(A\Sigma_X A^t\right)_{ij}
\end{aligned}
$$

Die letzte Identität ist ein Spezialfall von (6.30), wobei $m = 1$ und $A = (1, \ldots, 1)^t$. $\qquad\square$

Identität (6.31) zeigt, dass keine Linearität für Varianzen bei beliebigen Zufallsvariablen gilt. Linearität gilt nur unter der Voraussetzung, dass die Zufallsvariablen paarweise unkorreliert sind. Für unabhängige Zufallsvariablen haben wir im Satz 6.17 die Linearität der Varianz bewiesen und dies für den Beweis des schwachen Gesetzes der großen Zahlen verwendet. Nach der Einführung des Begriffes der Kovarianz können wir nun die Bedingungen für die Aussage des schwachen Gesetzes der großen Zahlen abschwächen. Wir benötigen nur, dass die Zufallsvariablen unkorreliert sind.

Die Identität (6.31) liefert eine hilfreiche Möglichkeit, die Varianz einer Zufallsvariablen zu berechnen, die wir als Summe einfacher Zufallsvariablen schreiben können. Als Anwendung dieser Idee werden wir nun auf eine zweite Weise die Varianz einer hypergeometrisch verteilten Zufallsvariablen und die Varianz der matching-Verteilung berechnen.

Beispiel 6.37 (i) Sei X eine hypergeometrisch verteilte Zufallsvariable mit Parametern N, R und n. Wir haben die hypergeometrische Verteilung kennengelernt bei den Urnenmodellen. X gibt die Anzahl der roten Kugeln in einer Stichprobe von n Kugeln an, die aus einer Urne mit R roten und $(N - R)$ weißen Kugeln ohne Zurücklegen gezogen werden. Nun schreiben wir $X = X_1 + \ldots + X_n$, mit $X_i = 1_{A_i}$ für $i = 1, \ldots, n$, wobei A_i das Ereignis ist, dass bei der i-ten Ziehung eine rote Kugel gezogen wird. Die i-te marginale Verteilung von $X = (X_1, \ldots, X_n)$, d.h. die Verteilung von X_i, ist eine Bernoulli-Verteilung mit Erfolgswahrscheinlichkeit $\frac{R}{N}$ und somit gilt $E(X_i) = \frac{R}{N}$ und $\text{Var}(X_i) = \frac{R}{N}(1 - \frac{R}{N})$. Außerdem gilt für $i \neq j$

$$E(X_i X_j) = E(X_1 X_2)$$

$$= E(1_{A_1} \cdot 1_{A_2}) = P(\text{ 1. und 2. Kugel rot}) = \frac{R(R - 1)}{N(N - 1)},$$

wobei die erste Identität aufgrund von Symmetrieeigenschaften gilt. Es hat nämlich jede Permutation von $X_1, \ldots, X_n$ dieselbe Verteilung. Nun können wir mit Satz 6.32 die Kovarianzen berechnen

$$\text{Cov}(X_i, X_j) = E(X_i X_j) - (EX_i)(EX_j) = \frac{R(R - 1)}{N(N - 1)} - \left(\frac{R}{N}\right)^2$$

$$= \frac{R}{N}\left(\frac{(R - 1)N - R(N - 1)}{N(N - 1)}\right)$$

$$= -\frac{R}{N}\left(1 - \frac{R}{N}\right)\frac{1}{N - 1}$$

und mit der Identität (6.31) die Varianz von X

$$\text{Var}(X) = n\text{Var}(X) + n(n - 1)\text{Cov}(X_1, X_2)$$

$$= n\frac{R}{N}\left(1 - \frac{R}{N}\right) - n(n - 1)\frac{R}{N}\left(1 - \frac{R}{N}\right)\frac{1}{N - 1}$$

$$= n\frac{R}{N}\left(1 - \frac{R}{N}\right)\frac{N - n}{N - 1}.$$

Dieses Resultat stimmt überein mit der direkten Berechnung der Varianz einer hypergeometrischen Verteilung in Beispiel 5.14.

Aus den obigen Berechnungen erhalten wir auch die Korrelationskoeffizienten. Sie lassen sich leicht berechnen, da $\text{Var}(X_i) = \text{Var}(X_j) = \frac{R}{N}(1 - \frac{R}{N})$, und damit folgt

$$\rho_{X_i, X_j} = \frac{\text{Cov}(X_i, X_j)}{\text{Var}(X_i)} = -\frac{1}{N - 1}.$$

Wenn wir also wissen, dass bei der 1. Ziehung eine rote Kugel gezogen wurde, dann bleiben für die 2. Ziehung weniger rote Kugeln in der Urne und so sinkt die Wahrscheinlichkeit bei der 2. Ziehung eine rote Kugel zu ziehen. Dies erklärt das negative Vorzeichen des Korrelationskoeffizienten. Weiter nimmt die paarweise Korrelation der Zufallsvariablen X_i, X_j ab, d.h. die Abhängigkeit der einzelnen Ziehungsergebnisse untereinander. Bei einer großen Anzahl von Kugeln in der Urne macht es kaum einen Unterschied, ob wir mit oder ohne Zurücklegen ziehen. Dies zeigt uns der kleiner werdende Korrelationskoeffizient.

(ii) Wir wollen nun die Varianz der Anzahl der Fixpunkte einer zufälligen Permutation von $1, \ldots, N$ bestimmen, d.h. die Varianz der matching-Verteilung. Wir schreiben wieder $X = X_1 + \ldots + X_N$, wobei $X_i = 1_{A_i}$ und A_i das Ereignis ist, dass i ein Fixpunkt ist. Dann sind die Zufallsvariablen X_i Bernoulli($\frac{1}{N}$)-verteilt und somit

$$E(X_i) = \frac{1}{N} \quad \text{und} \quad \text{Var}(X_i) = \frac{1}{N}\left(1 - \frac{1}{N}\right).$$

Weiter gilt

$$
\begin{aligned}
E(X_i X_j) &= E(1_{A_i} 1_{A_j}) \\
&= P(\text{i und j sind Fixpunkte}) = \frac{(N-2)!}{N!} = \frac{1}{N(N-1)}.
\end{aligned}
$$

Mit Satz 6.32 können wir so die Kovarianzen berechnen

$$\text{Cov}(X_i, X_j) = \frac{1}{N(N-1)} - \frac{1}{N^2} = \frac{1}{N^2(N-1)}$$

und mit der Identität (6.31) die Varianz von X

$$\text{Var}(X) = N\text{Var}(X_i) + N(N-1)\text{Cov}(X_i, X_j) = \left(1 - \frac{1}{N}\right) + \frac{1}{N} = 1.$$

Wir hatten bereits im Satz 4.10 bemerkt, dass die Verteilung von X gegen eine Poisson-Verteilung mit Parameter 1 konvergiert, und wir hatten auch den Erwartungswert von X berechnet, $EX = 1$. Da die Poisson(1)-Verteilung Varianz 1 hat, war zu erwarten, dass die Varianz von X für $N \to \infty$ gegen 1 konvergiert. Obige Berechnungen haben nun gezeigt, dass sogar $\text{Var}(X) = 1$ für alle N gilt.

Am Ende dieses Abschnitts beschäftigen wir uns noch mit einer nach Augustin Louis Cauchy (1789-1857) und Hermann Amandus Schwarz (1843-1921) benannten Ungleichung. Den meisten Lesern wird die Cauchy-Schwarz Ungleichung in der Form $| < x, y > | \leq \|x\| \cdot \|y\|$ für Vektoren x, y in einem Euklidischen Raum mit dem inneren Podukt $< \cdot, \cdot >$ und der Norm $\|x\| = \sqrt{< x, x >}$ bekannt sein. Wir haben nun den Raum aller Zufallsvariablen mit $E(X^2) < \infty$, auf dem ein inneres Produkt definiert ist durch $< X, Y > = E(X \cdot Y)$ Die Euklidische Norm einer Zufallsvariablen X in diesem sogenannten L_2-Raum ist dann $\|X\| = \sqrt{E(X^2)}$. So hat die Cauchy-Schwarz Ungleichung in Innenprodukträumen für Zufallsvariablen folgende Form.

Satz 6.38 (Cauchy-Schwarz Ungleichung) *Für Zufallsvariablen X und Y mit $E(X^2) < \infty$ und $E(Y^2) < \infty$ gilt*

$$|E(XY)| \leq \sqrt{E(X^2)}\sqrt{E(Y^2)}. \tag{6.32}$$

Gleichheit gilt genau dann, wenn es $a, b \in \mathbb{R}$, nicht beide $= 0$, mit $aX+bY \equiv 0$ gibt, d.h. wenn X und Y linear abhängig sind mit Wahrscheinlichkeit 1.

Beweis. Wir können o.B.d.A annehmen, dass $X \neq 0$, da sonst (6.32) trivialerweise gilt. Wir betrachten die Funktion $f(a) := E(Y - aX)^2$. Es gilt $f(a) \geq 0$ und wir können mit der Linearität des Erwartungswertes umformen zu $f(a) = E(Y^2) - 2aE(XY) + a^2 E(X^2)$. Die Nullstelle der 1. Ableitung $f'(a) = -2E(XY) + 2aE(X^2)$ liefert uns das Minimum $a = \frac{E(XY)}{E(X^2)}$. Es folgt

$$0 \leq f\left(\frac{E(XY)}{E(X^2)}\right) = E(Y^2) - \frac{(E(XY))^2}{E(X^2)}$$

und somit $(E(XY))^2 \leq E(X^2)E(Y^2)$. Das Ziehen der Wurzel liefert (6.32). Außerdem gilt $f(b) = 0$ genau dann, wenn es ein b gibt, sodass $E(Y - bX)^2 = 0$, also $Y = bX$, d.h. X und Y sind linear abhängig. $\square$

Nun wenden wir die Cauchy-Schwarz Ungleichung auf die Zufallsvariablen $(X - EX)$ und $(Y - EY)$ an und erhalten folgende wichtige Ungleichung für Kovarianzen.

Korollar 6.39 *Es seien X, Y Zufallsvariablen mit endlichen Varianzen. Dann gilt*

$$|\text{Cov}(X, Y)| \leq \sqrt{\text{Var}(X)}\sqrt{\text{Var}(Y)}. \tag{6.33}$$

Dabei gilt die Gleichheit genau dann, wenn es $a, b, c \in \mathbb{R}$ gibt, nicht alle $= 0$, sodass $aX + bY + c = 0$ mit Wahrscheinlichkeit 1. Weiter gilt

$$-1 \leq \rho_{X,Y} \leq 1, \tag{6.34}$$

und $|\rho_{X,Y}| = 1$ genau dann, wenn es $a, b, c \in \mathbb{R}$ gibt, nicht alle $= 0$, sodass $aX + bY + c = 0$ mit Wahrscheinlichkeit 1.

Wir können (6.34) auch direkt aus der Identität (6.28) herleiten. Die linke Seite von (6.28) ist nicht-negativ und so muss gelten $\rho_{X,Y}^2 \leq 1$, denn die Varianz ist stets nicht-negativ. Außerdem gilt $\rho_{X,Y}^2 = 1$ genau dann, wenn die linke Seite von (6.28) gleich 0 ist, und das heißt, dass $Y = a^* X + b^*$.

Übungen

Übung 6.17 Aus einer Urne mit a weißen, b schwarzen und c roten Kugeln ziehen wir zufällig und ohne Zurücklegen n Kugeln und bezeichnen mit X die Anzahl der weißen und mit Y die Anzahl der schwarzen Kugeln in der Stichprobe. Weiter definieren wir die Zufallsvariablen X_i und Y_i durch

$$X_i := \begin{cases} 1 & \text{wenn die i-te gezogene Kugel weiß ist} \\ 0 & \text{wenn die i-te gezogene Kugel nicht weiß ist} \end{cases}$$

$$Y_i := \begin{cases} 1 & \text{wenn die i-te gezogene Kugel schwarz ist} \\ 0 & \text{wenn die i-te gezogene Kugel nicht schwarz ist.} \end{cases}$$

Berechne $\text{Cov}(X_i, Y_i)$ und $E(XY)$.

Übung 6.18 Berechne Kovarianz und Erwartungswert der in Übung 6.17 definierten Zufallsvariablen unter der Voraussetzung, dass mit Zurücklegen gezogen wird. Vergleiche dieses Ergebnis mit der allgemeinen Formel für die Kovarianz multinomial verteilter Zufallsvariablen.

Übung 6.19 Es seien $(x_1, y_1), \ldots, (x_n, y_n)$ Punkte im $\mathbb{R}^2$, und wir definieren die Mittelwerte $\bar{x} := \frac{1}{n} \sum_{i=1}^{n} x_i, \bar{y} := \frac{1}{n} \sum_{i=1}^{n} y_i$.
(i) Zeige, dass $\sum_{i=1}^{n}(x_i - \bar{x})^2 = \sum_{i=1}^{n} x_i^2 - n(\bar{x})^2$ und $\sum_{i=1}^{n}(x_i - \bar{x})(y_i - \bar{y}) = \sum_{i=1}^{n} x_i y_i - n\bar{x}\bar{y}$.
(ii) Zeige, dass für

$$\rho = \frac{\sum_{i=1}^{n}(x_i - \bar{x})(y_i - \bar{y})}{\sqrt{\sum_{i=1}^{n}(x_i - \bar{x})^2}\sqrt{\sum_{i=1}^{n}(y_i - \bar{y})^2}}$$

gilt $|\rho| \leq 1$ und suche Bedingungen für $|\rho| = 1$.
(iii) Bestimme a^* und b^*, sodass $\sum_{i=1}^{n}(y_i - a^* x_i - b^*)^2$ minimal wird.
(iv) Zeige, dass $\sum_{i=1}^{n}(y_i - a^* x_i - b^*)^2 = (1 - \rho^2) \sum_{i=1}^{n}(y_i - \bar{y})^2$.
(Hinweis: Diese Übung lässt sich ohne großen Rechenaufwand bearbeiten, indem man den Zufallsvektor (X, Y) einführt, der mit Wahrscheinlichkeit $\frac{1}{n}$ einen der Werte (x_i, y_i) annimmt.)

Übung 6.20 Wir betrachten ein Würfelexperiment, bei dem 2-mal unabhängig ein unverfälschter Würfel geworfen wird, und bezeichnen mit X die Augenzahl beim ersten Wurf und mit Y die Augensumme beider Würfe. Berechne $\text{Cov}(X, Y)$ und $\rho_{X,Y}$ und bestimme den besten linearen Vorhersager der Form $aX + b$ für Y.

Übung 6.21 Wir werfen 2-mal einen unverfälschten Würfel und bezeichnen mit X und Y die kleinere bzw. die größere Augenzahl. Berechne $\text{Cov}(X, Y)$ und $\rho_{X,Y}$ und bestimme den besten linearen Vorhersager der Form $aX + b$ für Y.

Übung 6.22 Es seien X und Y zwei unabhängige Zufallsvariablen. Berechne $\text{Cov}(X, X + Y)$ und $\rho_{X,X+Y}$ und bestimme den besten linearen Vorhersager der Form $aX + b$ für $X + Y$.

Übung 6.23 Sei X eine diskrete Zufallsvariable mit einer symmetrischen Verteilung (d.h. $P(X = x) = P(X = -x)$). Zeige, dass dann X und $Y := X^2$ unkorreliert sind und dass sie nicht unabhängig sind.

6.5 Aufgaben

Aufgabe 6.1 Wir betrachten die Anzahl der Kinder in einer Familie als Poisson(λ)-verteilt, und wir nehmen weiterhin an, dass jedes Kind mit gleicher Wahrscheinlichkeit ein Junge oder ein Mädchen ist. Wir bezeichnen mit

X und Y die Anzahl der Mädchen bzw. Jungen in einer Familie.

(i) Bestimme die Verteilung von X.

(ii) Berechne EX auf zwei Weisen, mit Hilfe von (i), und mit der Wald'schen Identität (6.23).

(iii) Bestimme die gemeinsame Verteilung von X, Y. Sind die Zufallsvariablen X und Y unabhängig?

Aufgabe 6.2 Es sei $(X_i)_{i \geq 1}$ eine Folge unabhängiger Zufallsvariablen mit demselben Erwartungswert und N eine Zufallsvariable mit Werten in $\mathbb{N}_0$. Es gelte für alle $n \in \mathbb{N}_0$, dass $1_{\{N=n\}}$ unabhängig ist von $X_{n+1}, X_{n+2}, \ldots$. Zeige

$$E\left(\sum_{n=1}^{N} X_n\right) = (EN)(EX_1).$$

(Dies ist die allgemeine Formulierung der Wald'schen Identität.)

Aufgabe 6.3 Wir betrachten das folgende Glücksspiel. Ein unverfälschter Würfel wird solange geworfen, bis das erste Mal eine 6 geworfen wird. Anschließend an jeden Würfelwurf wird eine unverfälschte Münze solange geworfen, bis das erste Mal ‚Kopf' erscheint. Am Schluss des Spiels wird ein Gewinn ausgezahlt, der sich nach der Gesamtzahl X der Münzwürfe, bei denen ‚Zahl' erschien, richtet. Bestimme die Verteilung von X und den Erwartungswert $E(X)$.

Aufgabe 6.4 Wir betrachten ein Glücksspiel, bei dem ein unverfälschter Würfel zunächst einmal geworfen wird. Wir haben dann die Wahl, uns die gewürfelte Augenzahl in Euro auszahlen zu lassen oder ein weiteres Mal zu würfeln und uns diese zweite gewürfelte Augenzahl auszahlen zu lassen. Welche Strategie führt zur maximalen erwarteten Auszahlung?

Aufgabe 6.5 Eine Anzahl n voneinander unterscheidbarer Kugeln wird zufällig auf N Zellen verteilt. Wir bezeichnen mit X die Anzahl der leergebliebenen Zellen. Berechne den Erwartungswert sowie die Varianz von X.

Aufgabe 6.6 Zeige, dass eine Kovarianzmatrix positiv semidefinit und symmetrisch ist.

Aufgabe 6.7 Es seien $X_1, \ldots, X_n$ unabhängige, identisch verteilte Zufallsvariablen mit Werten in $\mathbb{N}$ und Wahrscheinlichkeitsfunktion $p(k) = \frac{1}{k(k+1)}$. Bestimme $P(X_1 \geq k)$, $P(\max(X_1, \ldots, X_n) \geq k)$ und die Wahrscheinlichkeitsfunktion von $M_n = \max\{X_1, \ldots, X_n\}$. Zeige, dass $P(M_n > \lambda \cdot n)$ für jedes $\lambda > 0$ konvergiert und bestimme den Grenzwert.

7. Analytische Methoden

Mit Wahrscheinlichkeitsverteilungen lässt sich nur schwer rechnen. Bereits bei der Bestimmung der Verteilung einer Summe von zwei unabhängigen Zufallsvariablen haben wir es mit dem komplizierten Faltungsprodukt zu tun. An dieser Stelle helfen manchmal analytische Methoden. Indem wir eine Abbildung von Wahrscheinlichkeitsverteilungen auf geeignete reell- oder komplexwertige Funktionen auf $\mathbb{R}$ definieren, können wir uns die Ergebnisse der Analysis nutzbar machen. In diesem Kapitel werden wir zwei solcher Abbildungen vorstellen und an wichtigen Anwendungen diese neuen Möglichkeiten veranschaulichen.

7.1 Die erzeugende Funktion

Die erste Abbildung definieren wir für diskrete, $\mathbb{N}_0$-wertige Zufallsvariablen bzw. deren Verteilungen.

Definition 7.1 *Es sei X eine Zufallsvariable mit Werten in $\mathbb{N}_0$ und der Wahrscheinlichkeitsfunktion $p_k = P(X = k)$, $k \in \mathbb{N}_0$. Dann heißt die Funktion*

$$g_X(t) := \sum_{k=0}^{\infty} p_k t^k, \tag{7.1}$$

definiert im Konvergenzbereich der Potenzreihe $\sum_{k=0}^{\infty} p_k t^k$, die erzeugende Funktion von X bzw. von der Verteilung von X. Wir schreiben auch kurz $g(t)$, wenn eindeutig ist, auf welche Zufallsvariable wir uns beziehen.

Die erzeugende Funktion einer Wahrscheinlichkeitsverteilung ist stets mindestens im Intervall $[-1, 1]$ definiert, denn es gilt für $t \in [-1, 1]$

$$\sum_{k=0}^{\infty} |p_k t^k| \leq \sum_{k=0}^{\infty} p_k = 1,$$

d.h. die Reihe $\sum_{k=0}^{\infty} p_k t^k$ konvergiert dort absolut.

Allgemeiner können wir jeder Folge $(a_k)_{k \geq 0}$ reeller oder komplexer Zahlen ihre erzeugende Funktion $g(t) = \sum_{k=0}^{\infty} a_k t^k$ zuordnen. In dieser allgemeinen

Betrachtung ist die erzeugende Funktion einer Zufallsvariablen X dann die erzeugende Funktion der Folge $(P(X = k))_{k \geq 0}$. Erzeugende Funktionen beliebiger Folgen spielen unter anderem eine wesentliche Rolle bei der Lösung linearer Differenzengleichungen.

Beispiel 7.2 (i) Die erzeugende Funktion einer $Bin(n, p)$-verteilten Zufallsvariablen X ist gegeben durch

$$g_X(t) = \sum_{k=0}^{n} \binom{n}{k} p^k (1-p)^{n-k} t^k = (1 - p + pt)^n = (1 + p(t-1))^n,$$

wobei wir die Newton'sche Binomialformel angewendet haben. Da für $n = 1$ die $Bin(n, p)$-Verteilung eine Bernoulli(p)-Verteilung ist, erhalten wir sofort, dass

$$g_X(t) = 1 - p + pt = 1 + p(t-1)$$

die erzeugende Funktion einer Bernoulli(p)-verteilten Zufallsvariablen ist.

(ii) Die erzeugende Funktion einer Poisson(λ)-verteilten Zufallsvariablen X ist gegeben durch

$$g_X(t) = \sum_{k=0}^{\infty} e^{-\lambda} \frac{\lambda^k}{k!} t^k = e^{-\lambda} \sum_{k=0}^{\infty} \frac{(\lambda t)^k}{k!} = e^{\lambda(t-1)},$$

wobei wir die Reihenentwicklung der Exponentialfunktion verwendet haben.

(iii) Es sei X negativ-binomial verteilt mit Parametern r und p. Dann gilt

$$g_X(t) = \sum_{k=0}^{\infty} \binom{r+k-1}{k} p^r q^k t^k = p^r \sum_{k=0}^{\infty} \binom{r+k-1}{k} (qt)^k = \frac{p^r}{(1-qt)^r},$$

wobei wir die Summenformel für die negativ-binomiale Reihe verwendet haben (Lemma 4.7). Da für $r = 1$ die negativ-binomiale Verteilung eine geometrische Verteilung mit Parameter p ist, erhalten wir sofort, dass

$$g_X(t) = \frac{p}{1-qt}$$

die erzeugende Funktion einer geometrisch verteilten Zufallsvariablen ist. Die erzeugenden Funktionen aus (i) und (ii) sind auf ganz $\mathbb{R}$ definiert, die letzte dagegen nur im Intervall $[-\frac{1}{q}, \frac{1}{q})$.

Im folgenden Satz haben wir einige elementare Eigenschaften von erzeugenden Funktionen zusammengestellt, auf die wir dann in den Anwendungen leichter zurückgreifen können.

Satz 7.3 *Es sei X eine Zufallsvariable mit Werten in $\mathbb{N}_0$ und g_X die erzeugende Funktion von X. Dann gilt*

(i) g_X ist nicht-negativ, monoton steigend und konvex auf $[0, \infty)$,

(ii) $\frac{d^k}{dt^k} g_X(0) = k! \, p_k = k! \, P(X = k), k \in \mathbb{N}_0$; insbesondere $g_X(0) = p_0$,

(iii) $g_X(1) = 1$ und $\frac{d}{dt} g_X(1) = E(X)$,

(iv) $g_X(t) = E(t^X)$.

Beweis. Durch k-faches Differenzieren der Potenzreihe $g_X(t) = \sum_{k=0}^{\infty} p_k t^k$ erhalten wir

$$\frac{d^k}{dt^k} g_X(t) = \sum_{j=k}^{\infty} j(j-1) \cdot \ldots \cdot (j-k+1) p_j t^{j-k}. \qquad (7.2)$$

Diese Funktion ist für alle $k = 0, 1 \ldots$ nicht-negativ auf $[0, \infty)$. Insbesondere sind die ersten beiden Ableitungen von g_X nicht-negativ und somit ist g_X monoton steigend und konvex. Wenn wir in (7.2) $t = 0$ einsetzen, so erhalten wir die erste Aussage unter (ii); die zweite Aussage erhalten wir für $k = 0$. Für $t = 1$ gilt $g_X(1) = \sum_{k=0}^{\infty} p_k = 1$. Für $k = 1, t = 1$ erhalten wir aus (7.2)

$$\frac{d}{dt} g_X(1) = \sum_{j=1}^{\infty} j \, p_j = E(X),$$

womit auch (iii) bewiesen ist. Zum Beweis von (iv) wenden wir die Transformationsformel Satz 5.3 auf $u(x) = t^x$ für festes t an und erhalten dann $E(t^X) = \sum_{k=0}^{\infty} t^k p_k = g_X(t)$. $\qquad \square$

Beispiel 7.4 Mit Aussage (iii) des obigen Satzes können wir den Erwartungswert einer Zufallsvariablen aus ihrer erzeugenden Funktion berechnen. So erhalten wir zum Beispiel für eine $Bin(n, p)$-verteilte Zufallsvariable aus $g_X(t) = (1 + p(t-1))^n$ die bekannte Formel $E(X) = g_X'(1) = n \, p$.

Mit Hilfe der in Satz 7.3(ii) gewonnenen Formel können wir aus der erzeugenden Funktion einer Zufallsvariablen ihre Wahrscheinlichkeitsfunktion berechnen. Die Abbildung, die jeder Verteilung ihre erzeugende Funktion zuordnet, ist also injektiv. Damit haben wir den Beweis des folgenden wichtigen Satzes geliefert.

Satz 7.5 *Es seien X und Y zwei $\mathbb{N}_0$-wertige Zufallsvariablen mit identischer erzeugender Funktion. Dann haben beide Zufallsvariablen auch dieselbe Verteilung.*

Wir wollen nun eine Formel für die erzeugende Funktion einer Summe unabhängiger Zufallsvariablen angeben.

Satz 7.6 *Es seien $X_1, \ldots, X_n$ unabhängige, $\mathbb{N}_0$-wertige Zufallsvariablen mit zugehörigen erzeugenden Funktionen $g_{X_1}, \ldots, g_{X_n}$. Dann hat ihre Summe $S_n = X_1 + \ldots + X_n$ die erzeugende Funktion*

$$g_{S_n}(t) = g_{X_1}(t) \cdot \ldots \cdot g_{X_n}(t),$$

d.h. die erzeugende Funktion einer Summe unabhängiger Zufallsvariablen ist gleich dem Produkt der erzeugenden Funktionen.

Beweis. Wenn wir diese Aussage für zwei Zufallsvariablen X und Y zeigen, dann folgt die Aussage für beliebiges $n \in \mathbb{N}$ durch vollständige Induktion. Aus Satz 7.3(iv) und Satz 6.16 folgt

$$g_{X+Y}(t) = E(t^{X+Y}) = E(t^X) \cdot E(t^Y) = g_X(t) \cdot g_Y(t).$$

Wir geben noch einen zweiten Beweis, der an die Ausführungen im Anschluss an den Beweis von Satz 6.14 anknüpft. Für $\mathbb{N}_0$-wertige Zufallsvariablen X und Y können wir die zugehörigen Wahrscheinlichkeitsfunktionen mit den Folgen $(p_k)_{k \geq 0}$ bzw. $(q_k)_{k \geq 0}$ identifizieren. Die erzeugenden Funktionen sind $g_X(t) = \sum_{k=0}^{\infty} p_k t^k$ und $g_Y(t) = \sum_{k=0}^{\infty} q_k t^k$, und das Produkt dieser beiden Potenzreihen ist wieder eine Potenzreihe, für die gilt

$$\left(\sum_{k=0}^{\infty} p_k t^k \right) \left(\sum_{k=0}^{\infty} q_k t^k \right) = \sum_{k=0}^{\infty} r_k t^k. \tag{7.3}$$

Die Koeffizienten r_k sind dabei gegeben durch das Faltungsprodukt $r_k = \sum_{j=0}^{k} p_j q_{k-j}$. In Satz 6.14 haben wir bewiesen, dass $(r_k)_{k \geq 0}$ gerade die Wahrscheinlichkeitsfunktion der Summe $X + Y$ ist. Also ist die rechte Seite der Identität (7.3) die erzeugende Funktion von $X + Y$. $\square$

Für unabhängige, $\mathbb{N}_0$-wertige Zufallsvariablen können wir unter Anwendung der letzten beiden Sätze nun die Verteilung der Summe bestimmen. Mit Satz 7.6 lässt sich die erzeugende Funktion der Summe von unabhängigen Zufallsvariablen berechnen und nach Satz 7.5 bestimmt diese eindeutig die Verteilung.

Beispiel 7.7 (i) Sei X_1 die Augenzahl beim einmaligen Wurf mit einem unverfälschten Würfel. Dann gilt

$$g_{X_1}(t) = \sum_{k=1}^{6} p_k t^k = \frac{1}{6}(t + t^2 + t^3 + t^4 + t^5 + t^6).$$

Für $S_n = X_1 + \ldots + X_n$, die Augensumme bei n unabhängigen Würfen, erhalten wir mit Satz 7.6 die erzeugende Funktion

$$g_{S_n}(t) = g_{X_1}(t) \cdot \ldots \cdot g_{X_n}(t) = \left(\frac{1}{6} \right)^n (t + t^2 + t^3 + t^4 + t^5 + t^6)^n.$$

Nach Ausmultiplizieren erhalten wir als Koeffizienten von t^k die Wahrscheinlichkeit der Augensumme k bei n Würfen mit einem unverfälschten Würfel. Moderne Computeralgebraprogramme wie MATHEMATICA bewältigen das

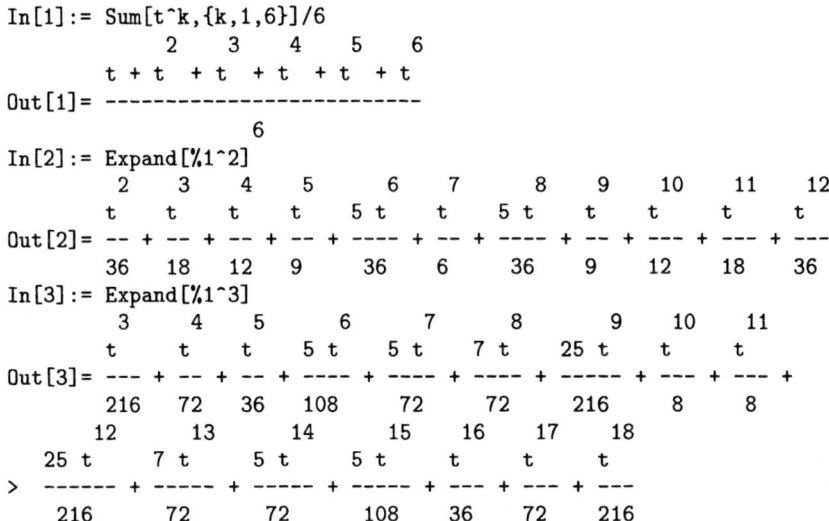

Tabelle 7.1. MATHEMATICA-Programm zur Berechnung der erzeugenden Funktion der Augensumme bei 2 und bei 3 Würfen mit einem unverfälschten Würfel

Ausmultiplizieren im Bruchteil einer Sekunde, siehe Tabelle 7.1. Jetzt können wir durch Koeffizientenvergleich die Wahrscheinlichkeitsfunktionen für die Augensumme bei $n = 2$ und $n = 3$ Würfen mit einem unverfälschten Würfel ablesen.

(ii) Wir haben in Beispiel 7.2(i) gezeigt, dass die erzeugende Funktion einer Bernoulli-verteilten Zufallsvariablen gegeben ist durch $g_X(t) = 1 + p(t - 1)$. Satz 7.6 liefert nun direkt die erzeugende Funktion für die Summe S_n von n unabhängigen, Bernoulli-verteilten Zufallsvariablen

$$g_{S_n}(t) = (1 + p(t - 1))^n.$$

Dies ist die erzeugende Funktion einer $Bin(n, p)$-Verteilung und wir erhalten so einen kurzen Beweis der bereits in Beispiel 6.15(i) hergeleiteten Tatsache, dass die Summe von n unabhängigen, Bernoulli-verteilten Zufallsvariablen binomial verteilt ist.

(iii) Auch hier knüpfen wir am Beispiel 7.2(ii) an. Sind X und Y unabhängige, Poisson-verteilte Zufallsvariablen mit Parametern λ bzw. μ, so hat $X + Y$ die erzeugende Funktion

$$g_{X+Y}(t) = e^{\lambda(t-1)} e^{\mu(t-1)} = e^{(\lambda+\mu)(t-1)},$$

und dies ist die erzeugende Funktion einer Poisson-Verteilung mit Parameter $\lambda + \mu$. So haben wir auch hier einen kurzen Beweis der bekannten Tatsache, dass die Summe zweier unabhängiger, Poisson-verteilter Zufallsvariablen eine Poisson-Verteilung hat, deren Parameter die Summe der Einzelparameter ist, siehe Beispiel 6.15(ii).

(iv) Es seien X und Y unabhängige Zufallsvariablen mit negativ-binomialer Verteilung mit Parametern r und p bzw. s und p. Mit Beispiel 7.2(iii) ist dann die erzeugende Funktion ihrer Summe gegeben durch

$$g_{X+Y}(t) = \frac{p^r}{(1-qt)^r} \cdot \frac{p^s}{(1-qt)^s} = \frac{p^{r+s}}{(1-qt)^{r+s}},$$

welches die erzeugende Funktion einer negativ-binomialen Verteilung mit Parametern $r + s$ und p ist.

Dass die Summe zweier unabhängiger, negativ-binomial verteilter Zufallsvariablen mit identischen zweiten Parametern wieder negativ-binomial verteilt ist, lässt sich auch wahrscheinlichkeitstheoretisch begründen. Wir betrachten dazu eine Folge unabhängiger Bernoulli-Experimente mit Erfolgswahrscheinlichkeit p und bezeichnen mit X und Y die Anzahl der Misserfolge vor dem r-ten bzw. zwischen dem r-ten und $(r + s)$-ten Erfolg. Diese Zufallsvariablen sind unabhängig und jeweils negativ-binomial verteilt mit Parametern r und p bzw. s und p, siehe Übung 6.8. Ihre Summe ist gerade die Anzahl der Misserfolge vor dem $(r + s)$-ten Erfolg und hat damit eine negativ-binomiale Verteilung mit Parametern $r + s$ und p.

Im Zusammenhang mit der Wald'schen Formel haben wir bereits zufällige Summen $S_N = X_1 + \ldots + X_N$ betrachtet, wobei N eine $\mathbb{N}_0$-wertige Zufallsvariable ist, siehe Identität (6.22). Bei der Bestimmung der Verteilung einer solchen zufälligen Summe sind die erzeugenden Funktionen ein unverzichtbares Hilfsmittel.

Satz 7.8 *Seien N und $X_1, X_2, \ldots$ unabhängige Zufallsvariablen mit Werten in $\mathbb{N}_0$. Wenn alle X_i dieselbe Verteilung haben, und damit auch dieselbe erzeugende Funktion g_X, so hat $S_N := \sum_{i=1}^{N} X_i$ die erzeugende Funktion*

$$g_{S_N}(t) = g_N(g_X(t)).$$

Beweis. Mit Satz 7.3(iv) erhalten wir

$$g_{S_N}(t) = E(t^{X_1 + \ldots + X_N})$$

Da N unabhängig ist von der Folge $(X_i)_{i \geq 1}$, können wir die bedingte Erwartung von $t^{X_1 + \ldots + X_N}$ gegeben $N = n$ nach Lemma 6.28 und Satz 7.6 wie folgt berechnen

$$E(t^{X_1 + \ldots + X_N} | N = n) = E(t^{X_1 + \ldots + X_n}) = (g_X(t))^n.$$

Wir wenden nun den Satz von der totalen Erwartung an und erhalten

$$g_{S_N}(t) = E(t^{S_N}) = E(g_X(t))^N = g_N(g_X(t)).$$

Zusätzlich geben wir noch einen direkten Beweis, indem wir zunächst die Wahrscheinlichkeitsfunktion von S_N berechnen

$$P(S_N = k) = \sum_{n=0}^{\infty} P(S_N = k, N = n)$$

$$= \sum_{n=0}^{\infty} P(S_n = k, N = n) = \sum_{n=0}^{\infty} P(S_n = k)P(N = n).$$

Wenn wir dies in die Definition der erzeugenden Funktion einsetzen, erhalten wir

$$g_{S_N}(t) = \sum_{k=0}^{\infty} P(S_N = k)t^k = \sum_{k=0}^{\infty} \sum_{n=0}^{\infty} P(S_n = k)P(N = n)t^k$$

$$= \sum_{n=0}^{\infty} P(N = n) \sum_{k=0}^{\infty} P(S_n = k)t^k$$

$$= \sum_{n=0}^{\infty} P(N = n)g_{S_n}(t)$$

$$= \sum_{n=0}^{\infty} P(N = n)(g_X(t))^n = g_N(g_X(t)),$$

womit der Satz bewiesen ist. $\qquad\qquad\qquad\qquad\qquad\qquad\qquad\qquad\square$

Beispiel 7.9 Bei einem Glücksspiel wird ein unverfälschter Würfel geworfen und anschließend gemäß der geworfenen Augenzahl eine unverfälschte Münze. Wir bezeichnen mit N die Augenzahl beim Würfelwurf und mit S die Anzahl der Münzwürfe mit dem Ergebnis ‚Kopf' bei den N Münzwürfen. Wir fragen nach der Verteilung von S. Definieren wir die Bernoulli-verteilten Zufallsvariablen X_i wie folgt

$$X_i = \begin{cases} 1 & \text{wenn beim } i\text{-ten Münzwurf ,Kopf' erscheint} \\ 0 & \text{sonst,} \end{cases}$$

so gilt $S = \sum_{i=1}^{N} X_i$. Die erzeugende Funktion von X_i ist gemäß Beispiel 7.2(i) $g_{X_i}(t) = 1 - p + pt$ und die erzeugende Funktion von N ist

$$g_N(t) = \sum_{k=1}^{6} \frac{t^k}{6}.$$

Also hat S mit Satz 7.8 die erzeugende Funktion

$$g_S(t) = g_N(g_{X_1}(t)) = \frac{1}{6} \sum_{k=1}^{6} (1 - p + pt)^k = \frac{1}{6} \sum_{k=1}^{6} \sum_{i=0}^{k} \binom{k}{i} (1-p)^{k-i}(pt)^i$$

$$= \frac{1}{6} \sum_{i=0}^{6} \sum_{k=i}^{6} \binom{k}{i} (1-p)^{k-i}p^i t^i,$$

wobei wir im letzten Schritt die Summationsreihenfolge geändert haben. Durch Koeffizientenvergleich erhalten wir die Wahrscheinlichkeitsfunktion von S

$$P(S = i) = \frac{1}{6} \sum_{k=i}^{6} \binom{k}{i} (1 - p)^{k-i} p^i.$$

Übungen

Übung 7.1 Angenommen, wir haben eine Strahlungsquelle, die pro Stunde eine Poisson(λ)-verteilte Anzahl Teilchen emittiert. Jedes Teilchen wird mit Wahrscheinlichkeit p von einem Detektor registriert. Bestimme die erzeugende Funktion für die Anzahl der registrierten Teilchen und die zugehörige Verteilung.

Übung 7.2 Es seien $X_1, \ldots, X_n$ unabhängige, identisch verteilte Zufallsvariablen mit einer Laplace-Verteilung auf $\{0, 1, 2\}$. Bestimme die erzeugenden Funktionen von X_i und $S_n = X_1 + \ldots + X_n$. Berechne die Wahrscheinlichkeitsfunktion von S_2, S_3, S_4 und zeichne die zugehörigen Stabdiagramme.

Übung 7.3 Es wird eine $Bin(n, p)$-verteilte Anzahl unabhängiger Bernoulli-Experimente ausgeführt. Die Bernoulli-Experimente haben die Erfolgswahrscheinlichkeit r. Berechne die erzeugende Funktion und die Verteilung für die Anzahl der Erfolge und gib eine intuitive Interpretation des Ergebnisses.

7.2 Der Galton-Watson Prozess

Um 1873/74 studierten in England der Pastor Henry William Watson (1822-1911) und der Naturwissenschaftler Sir Francis Galton (1827-1903) das Aussterben berühmter Familiennamen. Aufgrund des damals geltenden Namensrechts beschäftigten sie sich mit der Frage nach den männlichen Nachkommen eines Urvaters. Die Generationenfolge lässt sich gut in einem sich verzweigenden Baum darstellen, siehe Abb. 7.1. Manchmal bricht ein solcher Baum nach einigen Generationen ab, und manchmal scheint er ohne Ende zu wachsen. Pastor Watson fragte sich, wie groß die Wahrscheinlichkeit ist, dass ein Familienname ausstirbt. Um eine Antwort auf diese Frage zu finden, überlegte Pastor Watson sich ein stochastisches Modell für die Anzahl der männlichen Nachkommen in der n-ten Generation. Bei der Analyse seines Prozesses kam er dann zu dem pessimistischen Ergebnis, dass Familiennamen mit Wahrscheinlichkeit 1 aussterben. Später stellte sich dann heraus, dass er einen Fehler bei seinen Berechnungen gemacht hatte, der durch Galton korrigiert wurde.

In dem Modell von Watson wird eine Zufallsvariable Z_n definiert, die die Anzahl der männlichen Familienmitglieder in der n-ten Generation angibt. In der 0-ten Generation entspricht dies dem Urvater, und somit ist $Z_0 = 1$. Weiterhin werden Zufallsvariablen $X_{n,i}$ eingeführt, die die Anzahl der Söhne des i-ten Gliedes der n-ten Generation bezeichnen. Es ist Teil des Modells,

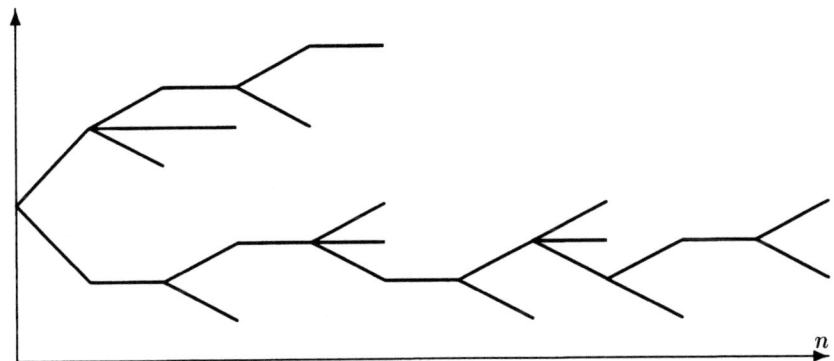

Abb. 7.1. Eine mögliche Realisierung des Galton-Watson Prozesses

dass diese Zufallsvariablen unabhängig und identisch verteilt sind mit Wahrscheinlichkeitsfunktion $p_k = P(X_{n,i} = k)$. Da die Anzahl der männlichen Familienmitglieder der n-ten Generation gerade die Anzahl der Söhne der Männer der $(n-1)$-ten Generation ist, gilt folgende Rekursionsformel

$$Z_n = \sum_{i=1}^{Z_{n-1}} X_{n-1,i}. \tag{7.4}$$

Durch (7.4) und den Anfangswert $Z_0 = 1$ wird eine Folge von Zufallsvariablen $(Z_n)_{n \geq 0}$ definiert, die man den Galton-Watson Prozess oder Verzweigungsprozess nennt. An dieser Stelle begegnen wir zum ersten Mal einem stochastischen Prozess, der allgemein definiert ist als indizierte Menge $(X_t)_{t \in T}$ von Zufallsvariablen. Die Indexmenge T ist meist $\mathbb{N}_0$ oder $\mathbb{R}$, und wir denken dann bei dem Parameterwert oft an Zeit. Die Beschäftigung mit Verzweigungsprozessen spielt heutzutage eine wichtige Rolle bei der Modellierung von Kettenreaktionen in der Kernphysik. Für eine friedliche Anwendung geht es dann in erster Linie darum, dass der Prozess nicht unkontrolliert wächst.

Wir berechnen nun die Verteilung von Z_n mit Hilfe ihrer erzeugenden Funktion $g_n := g_{Z_n}$. Wir bezeichnen mit g die erzeugende Funktion der Zufallsvariablen $X_{n,i}$ und erhalten aus (7.4) mit Satz 7.8 die Rekursionsformel

$$g_n(t) = g_{n-1}(g(t)) \quad \text{für } n \in \mathbb{N} \tag{7.5}$$

mit dem Anfangswert $g_0(t) = t$, da $Z_0 = 1$. Wiederholtes Anwenden von (7.5) liefert uns

$$g_n(t) = g_{n-1}(g(t)) = \ldots = g(g(\ldots g(t))) = g^{(n)}(t), \tag{7.6}$$

wobei mit $g^{(n)}(t)$ die n-te Iterierte der Funktion g bezeichnet wird. Aus der Rekursionsformel (7.4) für Z_n ist so eine einfache Iterationsformel für die erzeugende Funktion g_n von Z_n geworden, und es gilt folgendes Lemma.

Lemma 7.10 *Die Wahrscheinlichkeit $P(Z_n = 0)$, d.h. dass der Galton-Watson Prozess in der n-ten Generation abgebrochen ist, wird durch $g^{(n)}(0)$ gegeben. Die Wahrscheinlichkeit, dass der Prozess jemals abbricht, ist gegeben durch*

$$q = \lim_{n \to \infty} g^{(n)}(0).$$

Beweis. Mit Satz 7.3(ii) gilt $P(Z_n = 0) = g_{Z_n}(0)$, und mit Identität (7.6) folgt $g_{Z_n}(0) = g^{(n)}(0)$. Da ein in der n-ten Generation abgebrochener Prozess in der $(n+1)$-ten Generation nicht wieder beginnen kann, folgt aus $Z_n = 0$ stets $Z_{n+1} = 0$. Damit ist $(\{Z_n = 0\})_{n \geq 0}$ eine aufsteigende Folge von Ereignissen und mit Satz 1.10 gilt

$$P\left(\bigcup_{n=1}^{\infty} \{Z_n = 0\}\right) = \lim_{n \to \infty} P(Z_n = 0) = \lim_{n \to \infty} g^{(n)}(0).$$

Das Ereignis $\bigcup_{n=1}^{\infty} \{Z_n = 0\}$ ist gerade das Ereignis, dass der Prozess jemals abbricht. $\square$

Mit den Aussagen von Lemma 7.10 ist die Frage der Wahrscheinlichkeit des Aussterbens von Familiennamen bzw. des Abbrechens von Galton-Watson Prozessen im Rahmen der Wahrscheinlichkeitstheorie beantwortet. Die Bestimmung des Grenzwertes $\lim_{n \to \infty} g^{(n)}(0)$ ist eigentlich eine Aufgabe aus dem Teilgebiet der Analysis, das sich mit der Theorie dynamischer Systeme beschäftigt. Aus Interesse an einem konkreten Endergebnis werden wir jetzt die erzeugende Funktion g der Zufallsvariablen $X_{n,i}$ auf dem Intervall $[0,1]$ betrachten. Aus Satz 7.3 wissen wir, dass g monoton steigend ist mit $g(0) = p_0 \geq 0$ und $g(1) = 1$. Also folgt

$$g : [0,1] \to [0,1]$$

und damit auch $g^{(n)}(0) \in [0,1]$. Im Intervall $[0,1]$ ist die Potenzreihe, durch die g darstellbar ist, konvergent und so ist g auf $[0,1]$ stetig. Weiter folgt

$$g(q) = g\left(\lim_{n \to \infty} g^{(n)}(0)\right) = \lim_{n \to \infty} g^{(n+1)}(0) = q, \tag{7.7}$$

d.h. die Wahrscheinlichkeit q, dass der Prozess abbricht, ist ein Fixpunkt der erzeugenden Funktion g. Aus Satz 7.3(iii) kennen wir bereits einen Fixpunkt, nämlich $t = 1$. Pastor Watson zog aus diesem Resultat den Schluss, dass Familiennamen mit Wahrscheinlichkeit 1 aussterben. Galton brachte ihn dann auf die weiterführende Idee, dass es in $[0,1]$ eventuell noch andere Fixpunkte gibt. Zunächst beschäftigen wir uns mit der Frage, welcher Fixpunkt gesucht ist.

Satz 7.11 *Die Wahrscheinlichkeit, dass der Galton-Watson Prozess $(Z_n)_{n \geq 0}$ abbricht, ist gleich dem kleinsten nicht-negativen Fixpunkt der erzeugenden Funktion g von $X_{n,i}$.*

Beweis. Mit $g(1) = 1$ hat g mindestens einen Fixpunkt im Intervall $[0,1]$. In jedem Fixpunkt schneiden sich der Graph von g und die Diagonale. Da g stetig ist, gibt es einen kleinsten Fixpunkt $t_0 \in [0,1]$ und da zusätzlich $g(0) = p_0 \geq 0$ ist, liegt der Graph von g in $[0,t_0]$ oberhalb der Diagonalen. Also folgt

$$g(t) \geq t \quad \text{für } t \in [0,t_0]. \tag{7.8}$$

Da jede erzeugende Funktion monoton steigend ist, folgt aus $g(t_0) = t_0$ nun

$$0 \leq g(t) \leq g(t_0) = t_0 \quad \text{für } t \in [0,t_0],$$

und die Folge $g^{(n)}(0)$ liegt in $[0,t_0]$. Weiter liefert (7.8), dass $g^{(n)}(0) \leq g^{(n+1)}(0)$, d.h. dass $g^{(n)}(0)$ eine monoton steigende Folge ist. Also existiert der Grenzwert $q = \lim_{n\to\infty} g^{(n)}(0)$ in $[0,t_0]$. (In Lemma 7.10 hatten wir bereits mit wahrscheinlichkeitstheoretischen Mitteln gezeigt, dass dieser Grenzwert existiert, und hier haben wir einen analytischen Beweis gegeben). Da q ein Fixpunkt sein muss, siehe Identität (7.7), gilt $q = t_0$. $\qquad \square$

Satz 7.12 *Für die Wahrscheinlichkeit q, dass der Galton-Watson Prozess abbricht, gilt*

(i) $q = 0$, falls $p_0 = 0$,
(ii) $0 < q < 1$, falls $p_0 > 0$ und $E(X_{n,i}) = g'(1) > 1$,
(iii) $q = 1$ falls $p_0 > 0$ und $E(X_{n,i}) \leq 1$.

Anstelle eines formellen Beweises stellen wir in Abb. 7.2 die drei möglichen Lagen des Graphen von g bezüglich der Diagonalen dar.

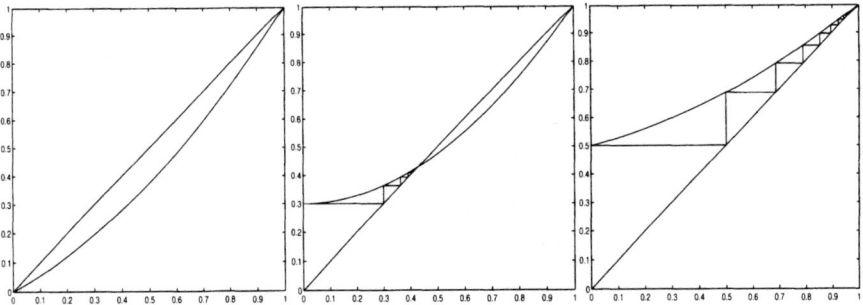

Abb. 7.2. Die drei möglichen Fälle beim Galton-Watson Prozess: $p_0 = 0$ (links), $p_0 > 0, E(X_{n,i}) = g'(1) > 1$ (Mitte), $p_0 > 0, E(X_{n,i}) = g'(1) \leq 1$ (rechts)

Das Resultat von Satz 7.12 können wir auch gut intuitiv verstehen. Ist $p_0 = P(X_{n,i} = 0) = 0$, so gibt es mit Sicherheit in jeder Generation einen Sohn und der Familienname stirbt nicht aus. Außer in diesem trivialen Fall gibt es immer eine positive Wahrscheinlichkeit, dass der Prozess einmal abbricht. Ist die erwartete Anzahl der Söhne größer als 1, so gibt es auch eine positive Wahrscheinlichkeit, dass der Familienname nicht ausstirbt. Ist die erwartete Anzahl der Söhne kleiner als 1, so stirbt der Familienname sicher aus. Diese beiden Fälle nennt man auch super- bzw. subkritischen Fall. Im sogenannten kritischen Fall, d.h. $E(X_{n,i}) = 1$, stirbt der Familienname ebenfalls aus, außer in dem Spezialfall $p_1 = 1$ und $p_i = 0$ für $i \neq 1$, d.h. dass es in jeder Generation genau einen Sohn gibt.

Übungen

Übung 7.4 Betrachte den Galton-Watson Prozess mit Wahrscheinlichkeitsfunktion

$$p_0 = \frac{1}{4}, \ p_1 = \frac{1}{2}, \ p_2 = \frac{1}{4},$$

d.h. in jeder Generation werden mit Wahrscheinlichkeit $\frac{1}{4}$ kein oder zwei Söhne geboren und mit Wahrscheinlichkeit $\frac{1}{2}$ ein Sohn. Berechne die Wahrscheinlichkeit, dass der Familienname nach $n = 1, 2, 3$ Generationen ausstirbt und bestimme den Grenzwert der Wahrscheinlichkeiten, dass der Familienname je ausstirbt.

Übung 7.5 Betrachte den Galton-Watson Prozess mit Wahrscheinlichkeitsfunktion

$$p_0 = r, \ p_1 = s, \ p_2 = 1 - r - s.$$

Bestimme die Wahrscheinlichkeit, dass der Prozess abbricht, als Funktion von r und s. Für welche Werte von r und s ist der Prozess (sub-, super-) kritisch?

7.3 Die momenterzeugende Funktion

In den beiden vorhergehenden Abschnitten haben wir gezeigt, dass die erzeugende Funktion ein nützliches Hilfsmittel ist bei der Beschäftigung mit $\mathbb{N}_0$-wertigen Zufallsvariablen. In diesem Abschnitt werden wir eine Funktion einführen, die sich für beliebige Zufallsvariablen definieren lässt.

Definition 7.13 *Für eine Zufallsvariable $X : \Omega \to \mathbb{R}$, bzw. für die zugehörige Verteilung, wird die momenterzeugende Funktion $m_X(t)$, oder kurz $m(t)$, definiert durch*

$$m_X(t) := E(e^{tX}),$$

für alle $t \in \mathbb{R}$, für die dieser Erwartungswert existiert.

Für die erzeugende Funktion $g_X(t)$ hatten wir stets mindestens den Definitionsbereich $[-1, 1]$. Für momenterzeugende Funktionen kann es geschehen, dass sie nur für $t = 0$ existieren. Ein beliebtes Beispiel dafür ist die diskrete

Zufallsvariable X mit $P(X = k) = \frac{1}{2(k^2+|k|)}$ für $k \in \mathbb{Z}, k \neq 0$. Die Definition der momenterzeugenden Funktion führt für diese Zufallsvariable zu der Reihe

$$m_X(t) = \sum_{k \in \mathbb{Z}, k \neq 0} \frac{1}{2(k^2 + |k|)} e^{tk},$$

und diese Reihe divergiert für alle $t \neq 0$. So ist das größte Problem bei der Beschäftigung mit momenterzeugenden Funktionen ihr Definitionsbereich. Die meisten Zufallsvariablen, denen wir in der Praxis begegnen, haben jedoch eine momenterzeugende Funktion, die zumindest in einer Umgebung von 0 existiert, und dann ist die momenterzeugende Funktion ein sehr nützliches Hilfsmittel etwa beim Abschätzen von Wahrscheinlichkeiten seltener Ereignisse.

Eine erste elementare Eigenschaft momenterzeugender Funktionen folgt direkt aus der Definition sowie den Eigenschaften des Erwartungswertes.

Lemma 7.14 *Es sei X eine Zufallsvariable mit momenterzeugender Funktion m_X, und es seien $a, b \in \mathbb{R}$. Dann gilt $m_X(0) = 1$ und*

$$m_{aX+b}(t) = e^{bt} m_X(at),$$

für alle $t \in \mathbb{R}$, in denen die momenterzeugende Funktion existiert.

Ersetzen wir in der Definition der momenterzeugenden Funktion e^{tX} durch ihre Potenzreihenentwicklung, so lässt sich die momenterzeugende Funktion wie folgt umschreiben

$$m_X(t) = E\left(\sum_{k=0}^{\infty} \frac{(tX)^k}{k!}\right) = \sum_{k=0}^{\infty} \frac{E(X^k)}{k!} t^k. \tag{7.9}$$

Bei der Herleitung dieser Identität haben wir Erwartungswert und unendliche Reihe vertauscht. Dass dies zulässig ist, zumindest dort, wo $m_X(t)$ existiert, können wir erst in einer späteren Vorlesung über Maßtheorie als Folge des Satzes von der majorisierten Konvergenz beweisen. Wir benutzen diese Identität hier nur für den folgenden Satz, der uns die Herkunft des Namens ‚momenterzeugende Funktion' erklären wird, sowie für Beispiele.

Satz 7.15 *Sei X eine Zufallsvariable, deren momenterzeugende Funktion $m_X(t)$ in einer Umgebung von 0 existiert. Dann gilt*

$$\frac{d^n}{dt^n} m_X(0) = E(X^n) = m_n,$$

wobei m_n das n-te Moment von X ist.

Beweis. Wir differenzieren die Potenzreihe aus der Identität (7.9) n-mal und erhalten

$$\frac{d^n}{dt^n} m_X(t) = \sum_{k=n}^{\infty} \frac{m_k}{k!} k(k-1) \cdot \ldots \cdot (k-n+1) t^{k-n}.$$

Der Wert dieser Potenzreihe in $t = 0$ ist ihr konstanter Term, d.h. m_n.   □

Kennen wir also $m_X(t)$ in einer kleinen Umgebung von $t = 0$, so können wir daraus alle Momente bestimmen. Insbesondere gilt

$$E(X) = m'(0), \quad \mathrm{Var}(X) = m''(0) - (m'(0))^2.$$

Beispiel 7.16 (i) Eine $Bin(n,p)$-verteilte Zufallsvariable X hat die momenterzeugende Funktion

$$m(t) = E(e^{tX}) = \sum_{k=0}^{n} e^{tk} \binom{n}{k} p^k (1-p)^{n-k} = \sum_{k=0}^{n} \binom{n}{k} (e^t p)^k (1-p)^{n-k}$$

$$= (1 - p + pe^t)^n = (1 + p(e^t - 1))^n.$$

Insbesondere hat die Bernoulli(p)-Verteilung die momenterzeugende Funktion $m(t) = 1 + p(e^t - 1)$. Wir differenzieren die momenterzeugende Funktion der $Bin(n,p)$-Verteilung und erhalten

$$m'(t) = n(1 + p(e^t - 1))^{n-1} pe^t$$
$$m''(t) = n(n-1)(1 + p(e^t - 1))^{n-2} (pe^t)^2 + n(1 + p(e^t - 1))^{n-1} pe^t.$$

Also ist $E(X) = m'(0) = np$ sowie $\mathrm{Var}(X) = m''(0) - (m'(0))^2 = np(1-p)$. Diese Resultate stimmen mit denen aus Kapitel 5 überein.

(ii) Sei X negativ-binomial verteilt mit Parametern r und p. Dann gilt

$$m(t) = \sum_{k=0}^{\infty} e^{tk} \binom{r+k-1}{k} p^r q^k = \sum_{k=0}^{\infty} \binom{r+k-1}{k} p^r (qe^t)^k = \frac{p^r}{(1 - qe^t)^r},$$

wobei wir für die letzte Identität die negativ-binomiale Reihe verwendet haben, siehe Lemma 4.7. Weiter gilt

$$m'(t) = \frac{rp^r}{(1 - qe^t)^{r+1}} qe^t$$

$$m''(t) = \frac{r(r+1)p^r}{(1 - qe^t)^{r+2}} (qe^t)^2 + \frac{rp^r}{(1 - qe^t)^{r+1}} qe^t,$$

und daraus folgt

$$E(X) = m'(0) = \frac{rp^r}{p^{r+1}} q = r\frac{q}{p},$$

$$m''(0) = \frac{r(r+1)p^r}{p^{r+2}} q^2 + \frac{rp^r}{p^{r+1}} q = r(r+1) \left(\frac{q}{p}\right)^2 + r\frac{q}{p},$$

$$\mathrm{Var}(X) = m''(0) - (m'(0))^2 = r\frac{q}{p}\left(1 + \frac{q}{p}\right) = r\frac{q}{p^2}.$$

Als Sonderfall erhalten wir für $r = 1$ die momenterzeugende Funktion der geometrischen Verteilung $m(t) = p/(1 - qe^t)$.

Ebenso wie die erzeugende Funktion charakterisiert auch die momenterzeugende Funktion die Verteilung eindeutig. Dies ist die Aussage des folgenden Satzes.

Satz 7.17 *Sind X und Y zwei Zufallsvariablen, deren momenterzeugende Funktionen in einer Umgebung von $t = 0$ existieren und einander gleich sind, so haben X und Y dieselbe Verteilung.*

Anders als bei den erzeugenden Funktionen lässt sich die Verteilung einer Zufallsvariablen nicht direkt aus der momenterzeugenden Funktion zurückberechnen. Ein Beweis des obigen Eindeutigkeitssatzes ist daher nicht so leicht und erfordert Hilfsmittel aus der Funktionentheorie, die uns hier nicht zur Verfügung stehen. Die momenterzeugende Funktion hat für Summen unabhängiger Zufallsvariablen eine analoge Eigenschaft wie die erzeugende Funktion.

Satz 7.18 *Es seien $X_1, \ldots, X_n$ unabhängige Zufallsvariablen mit zugehörigen momenterzeugenden Funktionen $m_{X_1}, \ldots, m_{X_n}$. Dann hat ihre Summe $S_n = X_1 + \ldots + X_n$ die momenterzeugende Funktion*

$$m_{S_n}(t) = m_{X_1}(t) \cdot \ldots \cdot m_{X_n}(t),$$

d.h. die momenterzeugende Funktion einer Summe unabhängiger Zufallsvariablen ist gleich dem Produkt der momenterzeugenden Funktionen.

Beweis. Wenn wir diese Aussage für zwei Zufallsvariablen X und Y zeigen, dann folgt die Aussage für beliebiges $n \in \mathbb{N}$ durch vollständige Induktion. Mit X und Y sind auch e^{tX} und e^{tY} unabhängige Zufallsvariablen, siehe Bemerkung 6.13(iv), und somit gilt

$$m_{X+Y}(t) = E(e^{t(X+Y)}) = E(e^{tX}) \cdot E(e^{tY}) = m_X(t) \cdot m_Y(t),$$

wobei wir Satz 6.16 verwendet haben.   □

Mit Hilfe der letzten beiden Sätze könnten wir an dieser Stelle wieder die Verteilungen von Summen unabhängiger Zufallsvariablen bestimmen. Da wir fast alle Beispiele diskreter Verteilungen schon mit Hilfe erzeugender Funktionen behandelt haben, werden wir dieses Verfahren mit momenterzeugenden Funktionen erst im Kapitel über stetige Verteilungen anwenden.

Die momenterzeugende Funktion spielt eine entscheidende Rolle in der Theorie großer Abweichungen. In dieser Theorie versucht man Verfeinerungen des Gesetzes der großen Zahlen zu geben, indem man schärfere Abschätzungen für Wahrscheinlichkeiten von Ereignissen der Form

$$P\left(\frac{1}{n}\left|\sum_{i=1}^{n} X_i - E(X_1)\right| > \epsilon\right)$$

bestimmt. Die zentrale Idee liegt darin, die Markov-Ungleichung auf die Zufallsvariable $\exp(t \sum_{i=1}^{n} X_i)$ anzuwenden und durch geschickte Wahl von t dann von den so erhaltenen Ungleichungen die schärfste auszuwählen. Wir führen dies nun für unabhängige Bernoulli($\frac{1}{2}$)-verteilte Zufallsvariablen $X_1, \ldots, X_n$ aus.

Für $x \geq \frac{1}{2}$ und alle $t \geq 0$ gilt die Abschätzung

$$
P\left(\frac{1}{n} \sum_{i=1}^{n} X_i \geq x\right) = P\left(t \sum_{i=1}^{n} X_i \geq ntx\right)
$$

$$
= P\left(\exp\left(t \sum_{i=1}^{n} X_i\right) \geq \exp(ntx)\right)
$$

$$
\leq e^{-ntx} E\left(\exp\left(t \sum_{i=1}^{n} X_i\right)\right), \tag{7.10}
$$

wobei wir für den letzten Schritt die Markov-Ungleichung (5.9) angewendet haben. Auf der rechten Seite der obigen Ungleichung haben wir nun die momenterzeugende Funktion von $\sum_{i=1}^{n} X_i$. Aus Beispiel 7.16(i) zusammen mit Satz 7.18 folgt, dass diese gegeben ist durch $(\frac{1}{2}(1 + e^t))^n$. So können wir die rechte Seite von (7.10) umschreiben zu

$$
e^{-ntx}\left(\frac{1}{2}(1 + e^t)\right)^n = \exp(-n(tx + \log 2 - \log(1 + e^t))).
$$

Dieser Term liefert für jedes $t \geq 0$ eine obere Schranke für die Wahrscheinlichkeit $P(\frac{1}{n} \sum_{i=1}^{n} X_i \geq x)$. Die schärfste Schranke erhalten wir, indem wir t^* so wählen, dass $tx + \log 2 - \log(1 + e^t)$ maximal wird. Diese Extremwertaufgabe hat die Lösung $t^* = \log \frac{x}{1-x}$ (siehe Übung 7.9) und es gilt weiter

$$
t^* x + \log 2 - \log(1 + e^{t^*}) = x \log x + (1 - x) \log(1 - x) + \log 2.
$$

Die Funktion $I(x) := x \log x + (1-x) \log(1-x) + \log 2$ heißt Entropiefunktion. Aus (7.10) erhalten wir so für $x \geq \frac{1}{2}$ insgesamt die Ungleichung

$$
P\left(\frac{1}{n} \sum_{i=1}^{n} X_i \geq x\right) \leq \exp(-nI(x)).
$$

Auf ähnliche Weise kann man für $x \leq \frac{1}{2}$ zeigen, dass

$$
P\left(\frac{1}{n} \sum_{i=1}^{n} X_i \leq x\right) \leq \exp(-nI(x)).
$$

Die Wahrscheinlichkeit, dass $\frac{1}{n} \sum_{i=1}^{n} X_i$ einen Wert außerhalb eines offenen Intervalls um den Punkt $\frac{1}{2}$ annimmt, nimmt also exponentiell ab.

Bemerkenswert ist die Tatsache, dass die hier gegebene obere Schranke für $P(\frac{1}{n}\sum_{i=1}^{n} X_i \leq x)$ in gewissem Sinne scharf ist, d.h. der Faktor $I(x)$ im Exponenten lässt sich nicht verbessern. Man kann zeigen, dass für $x \geq \frac{1}{2}$ gilt

$$\lim_{n\to\infty} \frac{1}{n} \log P\left(\frac{1}{n}\sum_{i=1}^{n} X_i \geq x\right) = -I(x),$$

und Analoges für $x \leq \frac{1}{2}$.

Übungen

Übung 7.6 Zeige, dass die momenterzeugende Funktion einer Poisson(λ)-verteilten Zufallsvariablen X gegeben ist durch $m(t) = e^{\lambda(e^t-1)}$. Berechne damit $E(X), E(X^2)$ und $\text{Var}(X)$.

Übung 7.7 Zeige, dass die momenterzeugende Funktion einer Laplace-Verteilung auf $\{1,\dots,n\}$ gegeben ist durch

$$m(t) = \frac{1}{n}\frac{e^{nt} - e^t}{e^t - 1}.$$

Berechne damit $E(X)$, $E(X^2)$ und $\text{Var}(X)$.

Übung 7.8 Bestimme die momenterzeugende Funktion $m_n(t)$ einer Laplace-Verteilung auf $\{\frac{1}{n+1},\dots,\frac{n}{n+1}\}$ und den Grenzwert $m(t) := \lim_{n\to\infty} m_n(t)$, $t \in \mathbb{R}$. (Wir werden später sehen, dass $m(t)$ die momenterzeugende Funktion einer Gleichverteilung auf $[0,1]$ ist.)

Übung 7.9 Zeige, dass das Maximum der Funktion

$$f(t) = tx + \log 2 - \log(1 + e^t)$$

im Punkt $t^* = \log\frac{x}{1-x}$ angenommen wird.

7.4 Aufgaben

Aufgabe 7.1 Sei $(X_i)_{i\geq 1}$ eine Folge unabhängiger, identisch verteilter, $\mathbb{N}_0$-wertiger Zufallsvariablen und sei N eine von $(X_i)_{i\geq 1}$ unabhängige, $\mathbb{N}_0$-wertige Zufallsvariable. Beweise mit Hilfe der erzeugenden Funktion der Summe $S_N = \sum_{k=1}^{N} X_k$ die Wald'sche Formel.

Aufgabe 7.2 Zeige, dass für die erzeugende Funktion $g(t)$ einer $\mathbb{N}_0$-wertigen Zufallsvariablen X mit $E(X^2) < \infty$ gilt

$$g''(1) = E(X(X-1)).$$

Aufgabe 7.3 Sei $(X_i)_{i \geq 1}$ eine Folge unabhängiger, identisch verteilter, $\mathbb{N}_0$-wertiger Zufallsvariablen und sei N eine von $(X_i)_{i \geq 1}$ unabhängige, $\mathbb{N}_0$-wertige Zufallsvariable. Zeige für $S_N = \sum_{k=1}^{N} X_k$ folgende Identität

$$\mathrm{Var}(S_N) = \mathrm{Var}(N) \cdot (EX_1)^2 + E(N)\mathrm{Var}(X_1).$$

Aufgabe 7.4 Beweise die folgenden Identitäten für den Erwartungswert $\mu_n = E(Z_n)$ und die Varianz $\sigma_n^2 = \mathrm{Var}(Z_n)$ eines Galton-Watson Prozesses

$$\mu_n = (\mu_1)^n$$
$$\sigma_n^2 = \sigma_{n-1}^2 \cdot (\mu_1)^2 + \mu_{n-1}\ \sigma_1^2.$$

Aufgabe 7.5 Es seien $X_1, X_2, \ldots$ Zufallsvariablen mit Werten in $\mathbb{N}_0$ und erzeugenden Funktionen $g_n(t)$. Weiter existiere für $t \in [0,1]$ der Grenzwert

$$g(t) := \lim_{n \to \infty} g_n(t).$$

Zeige, dass g die erzeugende Funktion einer Zufallsvariablen X ist und

$$P(X = k) = \lim_{n \to \infty} P(X_n = k).$$

Aufgabe 7.6 Es sei $(X_n)_{n \geq 1}$ eine Folge $Bin(n, p_n)$-verteilter Zufallsvariablen mit $\lim_{n \to \infty} np_n = \lambda \in (0, \infty)$. Berechne die erzeugende Funktion g_n von X_n und den Grenzwert $g(t) = \lim_{n \to \infty} g_n(t)$. Welche Schlussfolgerung kann man für $\lim_{n \to \infty} P(X_n = k)$ ziehen? (Hinweis: Verwende Aufgabe 7.5.)

8. Stetige Verteilungen

In Kapitel 4 haben wir ganz allgemein Zufallsvariablen als messbare Funktionen mit Wertebereich in $\mathbb{R}$ sowie die zugehörigen Wahrscheinlichkeitsverteilungen auf $\mathbb{R}$ definiert. Direkt anschließend haben wir den Begriff der diskreten Zufallsvariablen eingeführt und uns in den folgenden Kapiteln ausführlich mit den Möglichkeiten, Eigenschaften und Zusammenhängen der Verteilungen diskreter Zufallsvariablen beschäftigt. Für viele Zufallsexperimente, die wir modellieren wollen, benötigen wir aber ein Kontinuum an möglichen Werten für die zuhilfegenommenen Zufallsvariablen. Wir können dabei denken an die Lebensdauer einer Person, an den Durchmesser einer von einer Maschine produzierten Schraube oder an eine beliebige Zahl aus dem Intervall [0,1]. Bei der Behandlung der diskreten Verteilungen haben wir eine gewisse Vollständigkeit und Genauigkeit der mathematischen Beweise schaffen können, für die stetigen Verteilungen werden wir dem einführenden Charakter diese Buches entsprechend auch Aussagen vorstellen, für deren Beweis wir auf weiterführende Literatur zur Maßtheorie verweisen müssen.

8.1 Dichtefunktionen

Für diskrete Zufallsvariablen haben wir in Definition 4.4 die zugehörige Wahrscheinlichkeitsfunktion eingeführt, und diese Funktion war Grundlage und Mittelpunkt der anschließenden Betrachtungen. Bevor wir nun den Begriff ‚Wahrscheinlichkeitsdichte' formal definieren, wollen wir eine heuristische Einführung geben. Dafür beginnen wir nochmal mit der Betrachtung eines Laplace-Raumes Ω, also eines endlichen Ergebnisraumes, in dem alle Ergebnisse gleichwahrscheinlich sind. Auf Ω sei eine Zufallsvariable $X : \Omega \to \mathbb{R}$ definiert mit Wertebereich $\{a_1, \ldots, a_k\}$. Die Verteilung von X wird vollständig durch die Wahrscheinlichkeitsfunktion beschrieben, welche gegeben ist durch

$$p(a_i) = \frac{|\{\omega \in \Omega : X(w) = a_i\}|}{|\Omega|}.$$

Ist k nicht allzu groß, so können wir p gut mit Hilfe eines Stabdiagramms darstellen, wie wir dies im Kapitel 4 für die wichtigen diskreten Verteilungen ausgeführt haben.

Ist die Mächtigkeit k des Wertebereiches der Zufallsvariablen X dagegen sehr groß, so ist ein Stabdiagramm nicht brauchbar, da die Werte $p(a_i)$ der Wahrscheinlichkeitsfunktion dann sehr klein sind. Wir suchen nun eine neue, approximative Beschreibung der Verteilung von X. Sei der Wertebereich von X im Intervall $(\alpha, \beta]$ enthalten, so teilen wir $(\alpha, \beta]$ in m Teilintervalle $(t_{i-1}, t_i]$, $i = 1, \ldots, m$, mit $\alpha = t_0 < t_1 < \ldots < t_m = \beta$ auf. Wir betrachten den Anteil der Ergebnisse ω, denen ein Wert $X(\omega) \in (t_{i-1}, t_i]$ zugeordnet wird, und wir definieren

$$p((t_{i-1}, t_i]) := \frac{|\{\omega \in \Omega : X(\omega) \in (t_{i-1}, t_i]\}|}{|\Omega|}. \tag{8.1}$$

Eine Möglichkeit, diese Wahrscheinlichkeiten grafisch darzustellen, könnte ein Stabdiagramm sein, bei dem über dem Mittelpunkt $\frac{t_{i-1}+t_i}{2}$ des Intervalls $(t_{i-1}, t_i]$ ein Stab der Höhe $p((t_{i-1}, t_i])$ gezeichnet wird. Gegen diese Darstellung gibt es zwei erhebliche Einwände. Es wird so nicht deutlich, dass X nicht in diesen Mittelpunkten konzentriert ist, sondern Werte im gesamten Intervall annimmt, und weiter sollte $p((t_{i-1}, t_i])$ relativ zur Länge des Intervalls $(t_{i-1}, t_i]$ betrachtet werden.

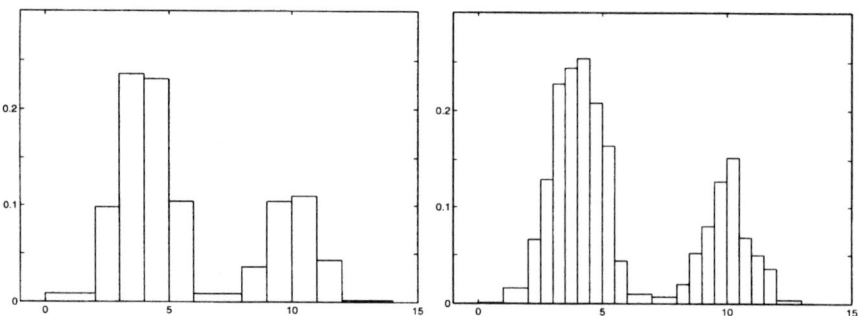

Abb. 8.1. Histogramm bei zwei verschiedenen Intervalleinteilungen

Eine bessere Darstellung der in (8.1) definierten approximativen Verteilung einer diskreten Zufallsvariablen mit sehr großem Wertebereich ist ein Histogramm. Dafür zeichnen wir über jedem der Intervalle $(t_{1-i}, t_i]$ ein zugehöriges Rechteck der Höhe $\frac{p((t_{i-1}, t_i])}{t_i - t_{i-1}}$, $i = 1, \ldots, m$. Das Histogramm ist formal der Graph der Funktion

$$h(x) = \sum_{i=1}^{m} \frac{p((t_{i-1}, t_i])}{t_i - t_{i-1}} \, 1_{(t_{i-1}, t_i]}(x),$$

und der Flächeninhalt des Rechtecks über dem Intervall $(t_{i-1}, t_i]$ ist genau $p((t_{i-1}, t_i])$. Die Wahrscheinlichkeit, dass X einen Wert in $(t_i, t_j]$ annimmt, d.h. $P(X \in (t_i, t_j])$, ist also in einem Laplace-Raum gleich der Fläche unter dem Histogramm zwischen t_i und t_j

$$P(X \in (t_i, t_j]) = \int_{t_i}^{t_j} h(x)dx.$$

Wenn wir die approximative Darstellung der Verteilung von X verbessern wollen, müssen wir die Intervalleinteilung verfeinern, siehe Abb. 8.1. Es scheint, dass h so im Limes in eine Funktion f übergeht mit der Eigenschaft $P(X \in (a, b]) = \int_a^b f(x)dx$, für jedes $a, b \in \mathbb{R}$ mit $a < b$. Nach diesen Überlegungen für eine Laplace-verteilte Zufallsvariable X geben wir nun die allgemeine Definition einer Wahrscheinlichkeitsdichte f für beliebige Zufallsvariablen.

Definition 8.1 *Eine integrierbare, nicht-negative Funktion f heißt Wahrscheinlichkeitsdichte der Zufallsvariablen X bzw. ihrer Verteilung P_X, wenn für alle $a, b \in \mathbb{R}$ mit $a \leq b$ gilt*

$$P(a < X \leq b) = P_X((a, b]) = \int_a^b f(x)dx. \tag{8.2}$$

Wir benutzen für f auch die Bezeichnungen Dichtefunktion oder Dichte. Verteilungen mit einer Dichtefunktion heißen stetige Verteilungen.

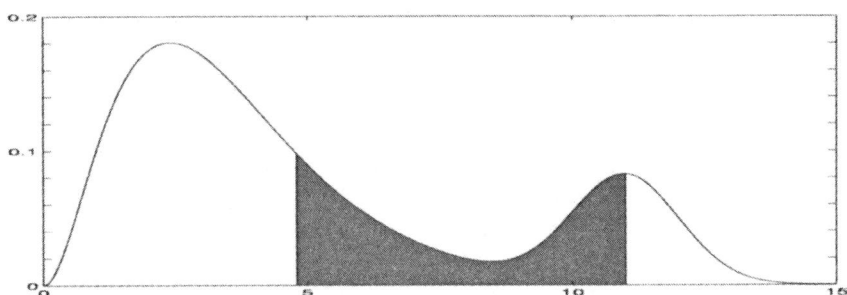

Abb. 8.2. Wahrscheinlichkeit definiert durch eine Dichtefunktion

Bemerkung 8.2 (i) Zufallsvariablen mit einer stetigen Verteilung werden kurz auch stetige Zufallsvariablen genannt. Man beachte, dass diese Notation etwas ungenau ist, da es sich hier nicht um eine Eigenschaft der Zufallsvariablen, sondern um eine Eigenschaft der Verteilung handelt.

(ii) Beim Begriff ,integrierbar' in der obigen Definition mag der Leser vorläufig an Riemann-integrierbar denken. Besser und unverzichtbar in einem exakten Aufbau der Wahrscheinlichkeitstheorie ist allerdings der Lebesguesche Integralbegriff.

(iii) Die Verteilung von X legt die Dichtefunktion nicht ganz eindeutig fest. Eine Änderung von f in endlich vielen Punkten verändert den Wert des Integrals (8.2) nicht. Man kann zeigen, dass zwei Funktionen f_1 und f_2, für die

(8.2) gilt, ‚fast überall' übereinstimmen. Diese Aussage kann in der Lebesgueschen Integrationstheorie präzisiert und bewiesen werden.

(iv) Für eine Dichtefunktion f gilt stets $\int_{-\infty}^{\infty} f(x)dx = 1$ (ab jetzt schreiben wir $\int$ anstelle von $\int_{-\infty}^{\infty}$). Umgekehrt definiert eine nicht-negative, integrierbare Funktion f mit dieser Eigenschaft eine Wahrscheinlichkeitsverteilung auf $\mathbb{R}$. Daher ist jede solche Funktion f eine Wahrscheinlichkeitsdichte.

Zum intuitiven Verständnis der Dichtefunktion f einer Zufallsvariablen X können uns folgende Überlegungen helfen. Ist f stetig in x und Δx klein, so gilt $P(x < X \le x + \Delta x) = \int_{x}^{x+\Delta x} f(t)dt \approx \Delta x \cdot f(x)$ und

$$f(x) \approx \frac{1}{\Delta x} P(x < X \le x + \Delta x). \tag{8.3}$$

Die Dichte ist also approximativ gleich der Wahrscheinlichkeit, dass X einen Wert im Intervall $(x, x + \Delta x]$ annimmt geteilt durch die Länge dieses Intervalls. Man kann eine solche Betrachtungsweise auch in der Physik finden bei dem Begriff ‚Massendichte', der definiert wird als Grenzwert von Masse pro Volumeneinheit. Die Beziehung einer diskreten Wahrscheinlichkeitsverteilung zu einer Wahrscheinlichkeitsverteilung mit Dichte ist vergleichbar dem Verhältnis eines Systems diskreter Punktmassen zu einer stetigen Massenverteilung.

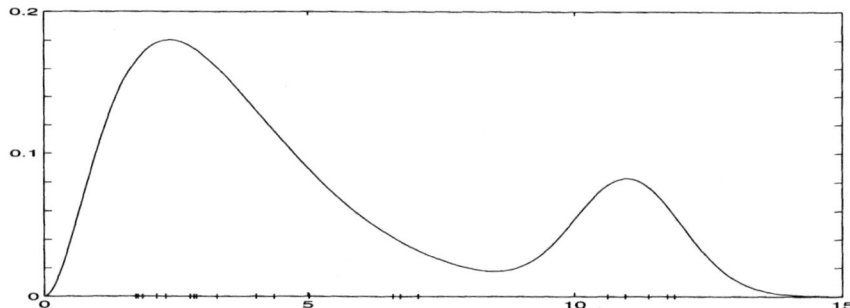

Abb. 8.3. Dichtefunktion $f(x)$ und Realisierungen einer entsprechenden Zufallsvariablen

Sind $X_1, \ldots, X_n$ unabhängige Zufallsvariablen mit derselben Dichtefunktion f, so gilt gemäß dem Gesetz der großen Zahlen $P(x < X_1 \le x + \Delta x) \approx \frac{1}{n} |\{1 \le i \le n : x < X_i \le x + \Delta x\}|$, und daher mit (8.3)

$$f(x) \approx \frac{1}{\Delta x} \frac{1}{n} |\{1 \le i \le n : x < X_i \le x + \Delta x\}|. \tag{8.4}$$

So erhält $f(x)$ eine ganz konkrete Bedeutung als mathematische Idealisierung der empirischen Dichte der Realisierungen in einem kleinen Intervall. Wenn wir die Realisierungen als kleine Striche auf der Zahlengerade eintragen, erhalten wir Abb. 8.3. Bei diesen intuitiven Überlegungen muss man allerdings aufpassen. Man kann in (8.4) nicht unabhängig voneinander $\Delta x \to 0$ und $n \to \infty$ streben lassen. So erhält man in (8.4) für $\Delta x \to 0$ bei festem n stets den Limes 0. In welcher Weise man Δx am besten von n abhängen lässt, ist ein nicht-triviales Problem, das in der Statistik als Dichteschätzung behandelt wird.

Übungen

Übung 8.1 Für welche Werte von $c \in \mathbb{R}$ ist $f(x) = cx^3 1_{[0,1]}(x)$ eine Dichtefunktion? Berechne $P(\frac{1}{4} \le X \le \frac{1}{2})$ sowie $P(X \le a)$, $a \in \mathbb{R}$, für eine Zufallsvariable X mit dieser Dichte.

8.2 Wichtige stetige Verteilungen

In Analogie zu Abschnitt 4.2, in dem wir die wichtigsten diskreten Verteilungen beschrieben haben, werden wir nun die bekanntesten stetigen Verteilungen einführen, indem wir die zugehörigen Dichtefunktionen angeben, den Graph der Dichte darstellen und Anmerkungen zu der jeweiligen Geschichte oder Anwendung machen. Oft bestehen Bezüge zu den diskreten Verteilungen.

Gleichverteilung. Die Gleichverteilung auf dem Intervall $[a, b] \subset \mathbb{R}$ ist definiert durch die Dichte

$$f(x) := \frac{1}{b - a} \, 1_{[a,b]}(x). \tag{8.5}$$

Dass f eine Dichtefunktion ist, d.h. nicht-negativ und $\int f(x)\,dx = 1$, ist offensichtlich. Als Symbol für diese Verteilung verwenden wir $U(a, b)$, und wir schreiben $X \sim U(a, b)$, wenn X diese Verteilung hat. Die Gleichverteilung ist ein stetiges Analogon der Laplace-Verteilung. Für jedes Intervall $I \subset [a, b]$ gilt $P(X \in I) = \frac{1}{b-a}|I|$, d.h. die Wahrscheinlichkeit einer Realisierung in I ist proportional zur Länge von I. Eine Gleichverteilung auf $[a, b]$ wird als Modell für die zufällige Wahl einer Zahl aus $[a, b]$ verwendet. So können wir etwa den Rundungsfehler bei numerischen Berechnungen als gleichverteilt auf $[-\frac{1}{2}, \frac{1}{2}]$ modellieren. Wir bemerken noch, dass es wegen Bemerkung 8.2(ii) keinen Unterschied macht, ob wir die Endpunkte a, b zum Intervall dazunehmen oder nicht.

Normalverteilung. Die Normalverteilung mit den Parametern μ und σ^2, $\mu \in \mathbb{R}$, $\sigma^2 > 0$, ist definiert durch die Dichte

$$f(x) := \frac{1}{\sqrt{2\pi\sigma^2}} \, e^{-\dfrac{(x - \mu)^2}{2\sigma^2}}. \tag{8.6}$$

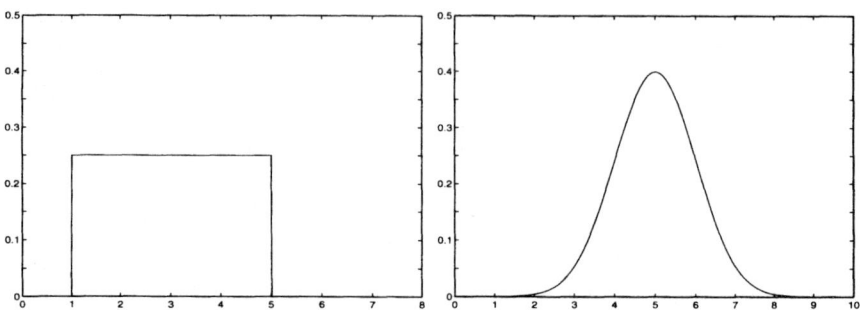

Abb. 8.4. Dichte einer Gleichverteilung (links) und einer Normalverteilung (rechts)

Als Symbol für diese Verteilung verwenden wir $N(\mu, \sigma^2)$. Die Normalverteilung hat eine große Bedeutung in der Statistik, da viele in der Natur auftretende Messgrößen zumindest approximativ normalverteilt sind. In einem späteren Kapitel werden wir hierfür eine Erklärung geben können mit dem ‚Zentralen Grenzwertsatz‘, der im Wesentlichen besagt, dass eine Summe von vielen, je kleinen, unabhängigen Zufallsvariablen approximativ normalverteilt ist.

Die Normalverteilung wurde zuerst von Abraham de Moivre (1667-1754) als Approximation der binomialen Verteilung für große Werte von n eingeführt. Im Unterschied zur Poisson-Approximation ist dabei p fest. Carl Friedrich Gauß (1777-1855) hat der Normalverteilung einen zentralen Stellenwert in der Statistik gegeben, weshalb sie auch Gauß-Verteilung heißt. Die dazugehörige Dichtefunktion wird wegen der Form ihres Graphen auch Gauß'sche Glockenkurve genannt. Auf dem letzten Zehnmarkschein vor der Einführung des Euro war neben einem Porträt von Gauß die Gauß'sche Glockenkurve abgebildet.

Abb. 8.5. Zehnmarkschein mit Porträt von Gauß.

Der Spezialfall $\mu = 0$, $\sigma^2 = 1$ heißt Standardnormalverteilung. Die dazugehörige Dichtefunktion kommt so oft vor, dass dafür eine eigene Abkürzung
verwendet wird,

$$\varphi(x) := \frac{1}{\sqrt{2\pi}} e^{-\frac{x^2}{2}}. \tag{8.7}$$

Für den Umgang mit der Normalverteilung ist es eine Schwierigkeit, dass
die Stammfunktion ihrer Wahrscheinlichkeitsdichte sich nicht durch elementare Funktionen ausdrücken lässt. Es ist bereits eine nicht-triviale Aufgabe
nachzuweisen, dass $\int \varphi(x)dx = 1$ ist, d.h. dass φ eine Dichtefunktion ist. Ein
Beweis dieser Identität wird in der Analysis gegeben.

Exponentielle Verteilung. Die exponentielle Verteilung mit Parameter
$\lambda > 0$ ist definiert durch die Dichte

$$f(x) := \lambda e^{-\lambda x} 1_{[0,\infty)}(x). \tag{8.8}$$

Als Symbol für diese Verteilung verwenden wir $Exp(\lambda)$. Die exponentielle
Verteilung ist das stetige Analogon der geometrischen Verteilung und dient
zur Modellierung von Lebensdauern. Für eine $Exp(\lambda)$-verteilte Zufallsvariable T und $t \geq 0$ gilt

$$P(T \geq t) = \int_t^\infty \lambda e^{-\lambda x} dx = e^{-\lambda t}.$$

Daraus folgt $P(T \geq s+t | T \geq t) = \frac{P(T \geq s+t, T \geq t)}{P(T \geq t)} = \frac{P(T \geq s+t)}{P(T \geq t)} = e^{-\lambda(s+t)} e^{\lambda t} = e^{-\lambda s} = P(T \geq s)$ für alle $s, t > 0$. Diese Identität haben wir für ganzzahlige
s, t schon bei der geometrischen Verteilung kennengelernt. Die dort im An-
schluss an Identität (4.11) gemachten Anmerkungen zur ‚Gedächtnislosigkeit'
gelten auch für die exponentielle Verteilung.

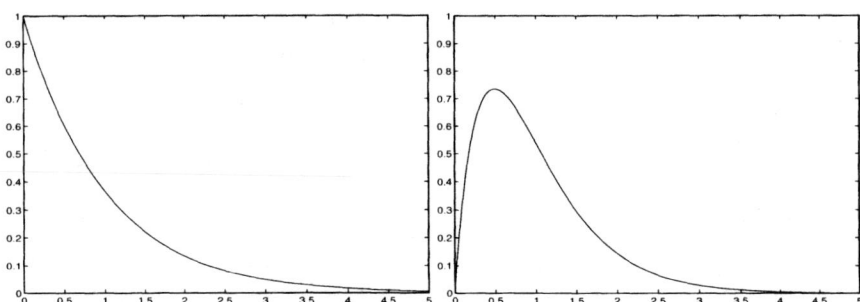

Abb. 8.6. Dichte einer exponentiellen Verteilung(links) und einer Gammavertei-
lung(rechts)

Gammaverteilung, Chiquadrat-Verteilung. Die Gammaverteilung mit den Parametern $r > 0$ und $\lambda > 0$ ist definiert durch die Dichte

$$f(x) := \frac{\lambda^r}{\Gamma(r)} x^{r-1} e^{-\lambda x} 1_{[0,\infty)}(x), \tag{8.9}$$

wobei die Gammafunktion definiert ist durch $\Gamma(t) := \int_0^\infty x^{t-1} e^{-x} dx$, $t > 0$. Als Symbol für die Gammaverteilung verwenden wir $Gamma(r, \lambda)$.

Die Gammaverteilung ist das stetige Analogon der negativ-binomialen Verteilung. Dies können wir etwa sehen, wenn wir das Stabdiagramm der Wahrscheinlichkeitsfunktion mit dem Graphen der Dichtefunktion vergleichen. Ein tieferer Zusammenhang wird in Kapitel 11 bei der Behandlung der Poisson-Prozesse deutlich werden.

Setzen wir $r = 1$, so sehen wir, dass die exponentielle Verteilung ein Spezialfall der Gammaverteilung ist. Die $Gamma(\frac{n}{2}, \frac{1}{2})$-Verteilung heißt auch Chiquadrat-Verteilung mit n Freiheitsgraden, wofür wir als Symbol χ_n^2 verwenden, $n \in \mathbb{N}$.

Betaverteilung. Die Betaverteilung mit Parametern $r > 0$ und $s > 0$ ist definiert durch die Dichte

$$f(x) := \frac{1}{B(r, s)} x^{r-1} (1 - x)^{s-1} 1_{[0,1]}(x), \tag{8.10}$$

wobei die Betafunktion definiert ist durch $B(r, s) := \int_0^1 x^{r-1}(1-x)^{s-1} dx$. Als Symbol für die Betaverteilung verwenden wir $Beta(r, s)$. Betaverteilungen sind auf das Intervall $[0, 1]$ konzentriert.

In dem Spezialfall $r = s = 1$ erhalten wir die Gleichverteilung auf $[0, 1]$. Durch geschickte Wahl der beiden Parameter können viele verschiedene Verteilungen auf $[0, 1]$ durch Betaverteilungen approximiert werden. Die Betaverteilungen spielen in der Bayes-Statistik eine wichtige Rolle als apriori Verteilung der Erfolgswahrscheinlichkeit bei einem Bernoulli-Experiment.

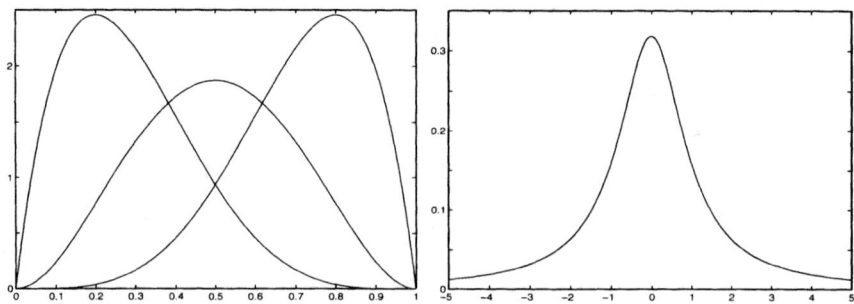

Abb. 8.7. Dichte einiger Betaverteilungen (links) und der Cauchy-Verteilung (rechts)

Cauchy-Verteilung. Die Cauchy-Verteilung ist definiert durch die Dichte

$$f(x) := \frac{1}{\pi(1+x^2)}. \tag{8.11}$$

Diese Verteilung findet Anwendung in der Modellierung von Zufallsexperimenten, bei denen seltene, extrem große Beobachtungswerte auftreten, etwa bei Schadensversicherungen gegen Naturkatastrophen. Die Cauchy-Verteilung hat die bemerkenswerte Eigenschaft, dass der Mittelwert von n unabhängigen Cauchy-verteilten Zufallsvariablen dieselbe Verteilung wie eine einzelne der Zufallsvariablen hat. Insbesondere gilt also hier das schwache Gesetz der großen Zahlen nicht. Dies können wir so verstehen, dass der diesem Gesetz zugrunde liegende Effekt des Ausgleichs positiver und negativer Abweichungen vom Erwartungswert wegen des Auftretens dominanter Beobachtungen nicht greift.

Übungen

Übung 8.2 Beweise folgende Identitäten für die Gammafunktion

(i) $\Gamma(t+1) = t\Gamma(t)$ für $t \in (0, \infty)$

(ii) $\Gamma(1) = 1$ und allgemein $\Gamma(k) = (k-1)!$ für $k \in \mathbb{N}$

(iii) $\Gamma(\frac{1}{2}) = \sqrt{\pi}$ (Hinweis: benutze $\int e^{-x^2/2} = \sqrt{2\pi}$).

Übung 8.3 Überprüfe die Eigenschaft einer Dichte, dass $\int f(x)dx = 1$ ist, für die Gleichverteilung, die exponentielle Verteilung, die Gammaverteilung sowie für die Betaverteilung.

Übung 8.4 Bestimme $c \in \mathbb{R}$ so, dass die Funktion f, gegeben durch

$$f(x) = cx^{-\lambda}1_{(1,\infty)}(x),$$

eine Dichtefunktion ist, für $\lambda > 1$. Die zugehörige Verteilung heißt Pareto-Verteilung. Berechne die Wahrscheinlichkeiten $P(2 \leq X \leq 5)$ und $P(X \geq 4)$ für eine Pareto-verteilte Zufallsvariable X mit $\lambda = 2$.

Übung 8.5 Bestimme eine Stammfunktion der Dichtefunktion (8.11) der Cauchy-Verteilung und zeige, dass $\int f(x)dx = 1$. Berechne $P(2 < X \leq 10)$ für eine Cauchy-verteilte Zufallsvariable X.

8.3 Verteilungsfunktion

Definition 8.3 *Für eine Zufallsvariable X, bzw. ihre Verteilung, definieren wir die Verteilungsfunktion $F : \mathbb{R} \to \mathbb{R}$ durch*

$$F(x) := P(X \leq x),$$

d.h. die Verteilungsfunktion gibt die Wahrscheinlichkeit für eine Realisierung kleiner oder gleich einem gegebenen x an.

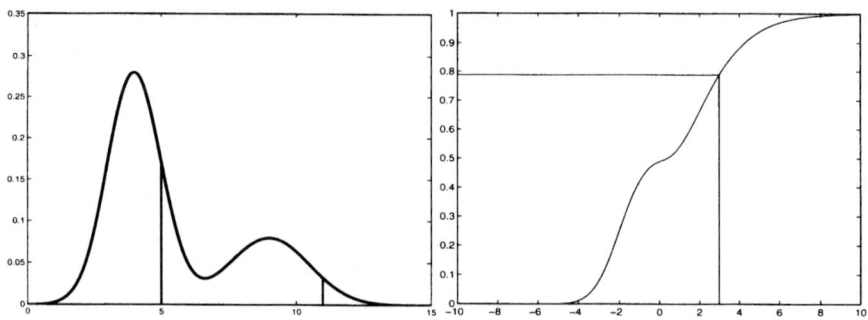

Abb. 8.8. Dichte und zugehörige Verteilungsfunktion

Man spricht auch von einer kumulativen Verteilungsfunktion, weil die Wahrscheinlichkeiten von verschiedenen Realisierungen zusammengefasst werden. Für diskrete Zufallsvariablen mit Wahrscheinlichkeitsfunktion p und für stetige Zufallsvariablen mit Dichte f können wir die Verteilungsfunktion wie folgt berechnen

$$F(x) = \sum_{y \leq x} p(y) \qquad \text{(diskret)}$$

$$F(x) = \int_{-\infty}^{x} f(y)dy \qquad \text{(stetig)}.$$

Beispiel 8.4 (i) Sei X die Augenzahl beim einmaligen Werfen eines unverfälschten Würfels. Dann hat X die Verteilungsfunktion

$$F(x) = \begin{cases} 0 & \text{für } x < 1 \\ \frac{i}{6} & \text{für } i \leq x < i+1 \\ 1 & \text{für } x \geq 6. \end{cases}$$

Der Graph dieser Verteilungsfunktion hat eine Treppenform, die charakteristisch ist für die Verteilungsfunktionen diskreter Verteilungen.

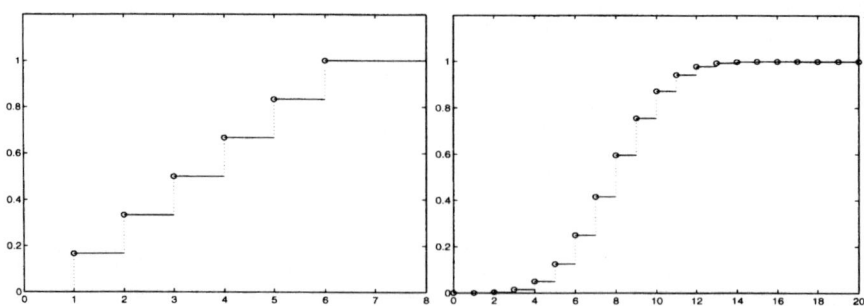

Abb. 8.9. Verteilungsfunktion einer Laplace- und einer binomialen Verteilung

(ii) Die Verteilungsfunktion einer $Bin(n,p)$-verteilten Zufallsvariablen wird gegeben durch

$$F(x) = \sum_{k=0}^{[x]} \binom{n}{k} p^k (1-p)^{n-k}.$$

Da dieses Summe für große n schwer zu berechnen ist, werden wir später Approximationen dafür studieren.

(iii) Für die Verteilungsfunktion einer auf dem Intervall $[a,b]$ gleichverteilten Zufallsvariablen X gilt

$$F(x) = \begin{cases} 0 & \text{für } x < a \\ \int_{-\infty}^{x} \frac{1}{b-a} 1_{(a,b)}(s)ds = \int_{a}^{x} \frac{1}{b-a}ds = \frac{x-a}{b-a} & \text{für } a \leq x \leq b \\ 1 & \text{für } x > b. \end{cases}$$

Die Verteilungsfunktion ist also linear im Intervall $[a,b]$ mit Steigung $\frac{1}{b-a}$.

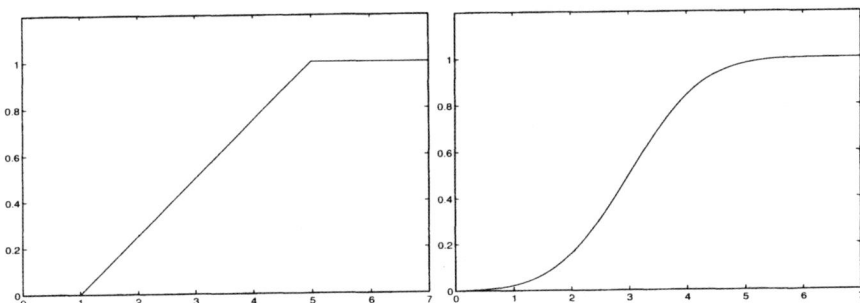

Abb. 8.10. Verteilungsfunktion einer Gleichverteilung und einer Normalverteilung

(iv) Die Verteilungsfunktion einer $N(0,1)$-verteilten Zufallsvariablen ist gegeben durch

$$F(x) = \Phi(x) := \int_{-\infty}^{x} \frac{1}{\sqrt{2\pi}} e^{-s^2/2} ds. \tag{8.12}$$

Wie bereits bei der Definition der Normalverteilung erwähnt, lässt sich die durch (8.12) definierte Funktion $\Phi(x)$, die Stammfunktion der standardnormalen Dichtefunktion $\varphi(x)$, nicht durch elementare Funktionen ausdrücken. Daher sind wir zur Bestimmung der Werte $\Phi(x)$ angewiesen auf Computerprogramme oder Tabellen, wie sie in fast allen Lehrbüchern zur Statistik zu finden sind. Meist sind die Werte von $\Phi(x)$ für $x \geq 0$ angegeben. Da φ symmetrisch ist, folgt

$$\Phi(-x) = 1 - \Phi(x),$$

und damit können wir $\Phi(x)$ auch für $x < 0$ bestimmen.

Einige Werte der Φ-Funktion sollte man im Kopf behalten, etwa $\Phi(1) \approx 0.84$, $\Phi(1.65) \approx 0.95$ und $\Phi(1.96) \approx 0.975$. Daraus können wir für eine standard-normal verteilte Zufallsvariable X folgende Wahrscheinlichkeiten ausrechnen

$$P(-1 \leq X \leq 1) = \Phi(1) - \Phi(-1) = 2\Phi(1) - 1 \approx 0.68.$$

Analog erhalten wir die Wahrscheinlichkeiten $P(-1.65 \leq X \leq 1.65) \approx 0.90$ und $P(-1.96 \leq X \leq 1.96) \approx 0.95$.

(v) Die Verteilungsfunktion einer $N(\mu, \sigma^2)$-verteilten Zufallsvariablen ist gegeben durch

$$F(x) = \int_{-\infty}^{x} \frac{1}{\sqrt{2\pi\sigma^2}}\, e^{-\frac{(s-\mu)^2}{2\sigma^2}}\, ds = \int_{-\infty}^{\frac{x-\mu}{\sigma}} \frac{1}{\sqrt{2\pi}}\, e^{-\frac{t^2}{2}}\, dt = \Phi\left(\frac{x-\mu}{\sigma}\right).$$

Eine Tabelle für die Werte dieser Verteilungsfunktion können wir also durch Transformation aus der Wertetabelle der Verteilungsfunktion $\Phi(x)$ der standardnormalen Verteilung erhalten. Die Graphen der Verteilungsfunktionen normalverteilter Zufallsvariablen haben eine charakteristische S-Form, siehe Abbildung 8.10.

Satz 8.5 *Die Verteilungsfunktion F einer Zufallsvariablen X hat folgende Eigenschaften.*

(i) F ist monoton steigend, d.h. für alle $s, t \in \mathbb{R}$ mit $s \leq t$ gilt $F(s) \leq F(t)$.

(ii) F ist rechtsstetig, d.h. für jedes $x \in \mathbb{R}$ gilt $\lim_{y \searrow x} F(y) = F(x)$.

(iii) F hat einen linksseitigen Limes $F(x-) := \lim_{y \nearrow x, y < x} F(y)$ in jedem $x \in \mathbb{R}$, und es gilt

$$F(x-) = P(X < x).$$

(iv) F ist stetig in x genau dann, wenn $P(X = x) = 0$, und weiter gilt

$$P(X = x) = F(x) - F(x-).$$

(v) $\lim_{x \to -\infty} F(x) = 0$ und $\lim_{x \to \infty} F(x) = 1$.

Beweis. Ist $s \leq t$, so gilt $\{X \leq s\} \subset \{X \leq t\}$ und somit folgt (i) aus Satz 1.6(iii). Aus der Analysis ist bekannt, dass für jede monoton wachsende Funktion g der rechtsseitige Limes $g(x+) := \lim_{y \searrow x} g(y)$ existiert und dass für jede monoton fallende Folge $(y_n)_{n \geq 1}$ mit $\lim_{n \to \infty} y_n = x$ gilt, dass

$$\lim_{y_n \searrow x} g(y_n) = g(x+).$$

Also existiert $F(x+)$ wegen (i). Ist nun $(y_n)_{n > 0}$ eine monoton fallende Folge mit Limes x, so ist die Folge der Ereignisse $\{X \leq y_n\}$ monoton fallend, und es gilt

$$\bigcap_{n=1}^{\infty} \{\omega : X(\omega) \leq y_n\} = \{\omega : X(\omega) \leq x\}.$$

Aus Satz 1.10 folgt dann $\lim_{y_n \searrow x} F(y_n) = F(x)$ und somit $F(x+) = F(x)$, d.h. (ii) ist bewiesen. Ist aber $(y_n)_{n \geq 1}$ eine monoton fallende Folge mit Limes $-\infty$, so gilt

$$\bigcap_{n=1}^{\infty} \{\omega : X(\omega) \leq y_n\} = \emptyset$$

und somit folgt $\lim_{y \to -\infty} F(y) = \lim_{y_n \to -\infty} F(y_n) = P(\emptyset) = 0$, d.h. der erste Teil von (v) ist bewiesen.

Für jede monoton wachsende Funktion g existiert der linksseitige Limes $g(x-)$, und für jede monoton wachsende Folge $(y_n)_{n \geq 1}$ mit $\lim_{n \to \infty} y_n = x$ gilt $\lim_{y_n \nearrow x} g(y_n) = g(x-)$. Also existiert auch $F(x-)$ wegen (i). Ist nun $(y_n)_{n \geq 1}$ eine monoton wachsende Folge mit Limes x, so ist $\{X \leq y_n\}$ eine monoton wachsende Folge von Ereignissen mit

$$\bigcup_{n=1}^{\infty} \{\omega : X(\omega) \leq y_n\} = \{\omega : X(\omega) < x\}.$$

Mit Satz 1.10 gilt dann $F(x-) = \lim_{y_n \nearrow x} F(y_n) = P(X < x)$, und somit ist (iii) bewiesen. Aus $\{X = x\} = \{X \leq x\} \setminus \{X < x\}$ sowie (iii) folgt (iv). Für $y_n \nearrow \infty$ gilt $\{X \leq y_n\} \nearrow \Omega$ und somit folgt $\lim_{y_n \nearrow \infty} F(y_n) = P(\Omega) = 1$, womit der zweite Teil von (v) gezeigt ist. $\square$

Bemerkung 8.6 (i) Als teilweise Umkehrung des obigen Satzes gilt, dass jeder Funktion $F : \mathbb{R} \to [0,1]$, die die Bedingungen (i),(ii) und (v) erfüllt, genau eine Wahrscheinlichkeitsverteilung P auf $\mathbb{R}$ zugeordnet ist durch

$$P((-\infty, x]) := F(x) \quad \text{für } x \in \mathbb{R}.$$

So ist P auf allen halboffenen Intervallen der Form $(-\infty, x]$, $x \in \mathbb{R}$, definiert. Ein beliebiges halboffenes Intervall $(a, b]$ lässt sich als Differenz $(a, b] = (-\infty, b] - (-\infty, a]$ schreiben, und wir definieren deshalb

$$P((a, b]) := P((-\infty, b]) - P((-\infty, a]) = F(b) - F(a).$$

Für disjunkte Vereinigungen halboffener Intervalle $A = (a_1, b_1] \cup (a_2, b_2] \cup \ldots$ definieren wir wegen der Additivität von Wahrscheinlichkeiten

$$P(A) := \sum_n (F(b_n) - F(a_n)).$$

Um zu zeigen, dass sich P weiter auf alle messbaren Mengen in $\mathbb{R}$ ausdehnen lässt, benötigen wir Hilfsmittel aus der Maßtheorie.

(ii) Die Aussage von Satz 8.5(iv) besagt, dass X genau dann eine stetige

Verteilungsfunktion hat, wenn $P(X = x) = 0$ für alle $x \in \mathbb{R}$. Dies ist sicher erfüllt, wenn X eine Dichte hat, da durch $F(x) = \int_{-\infty}^{x} f(t)dt$ eine stetige Funktion von x definiert ist. Die Umkehrung gilt aber nicht, d.h. eine Zufallsvariable mit stetiger Verteilungsfunktion besitzt nicht unbedingt eine Dichte.

Abschließend zitieren wir einen Satz, der eine hinreichende Bedingung dafür angibt, dass F eine Dichte besitzt und zeigt, wie man diese berechnen kann.

Satz 8.7 *Jede Verteilungsfunktion F ist fast überall differenzierbar. Sie hat eine Dichte genau dann, wenn*

$$\int F'(x)dx = 1, \tag{8.13}$$

und diese Dichte f ist gegeben durch

$$f(x) = \frac{d}{dx}F(x).$$

Gelegentlich ist es schwierig (8.13) nachzuweisen. In der Praxis genügt meist die folgende hinreichende Bedingung.

Lemma 8.8 *Ist F eine stetige und bis auf endlich viele Ausnahmepunkte stetig differenzierbare Verteilungsfunktion, so gilt $\int F'(x)dx = 1$, und F hat die Dichtefunktion F'.*

Beweis. Es sei F' definiert und stetig außer in den Punkten $c_1, \ldots, c_k$ mit $c_1 < \ldots < c_k$. Wir setzen weiter $c_0 = -\infty$ und $c_{k+1} = +\infty$. Dann gilt für $i = 0, \ldots, k$

$$\int_{c_i}^{c_{i+1}} F'(x)dx = \lim_{a \searrow c_i,\, b \nearrow c_{i+1}} \int_a^b F'(x)dx = \lim_{a \searrow c_i,\, b \nearrow c_{i+1}} (F(b) - F(a))$$
$$= F(c_{i+1}) - F(c_i),$$

wobei wir für die letzte Identität die Stetigkeit von F verwendet haben. Nun folgt

$$\int F'(x)dx = \sum_{i=0}^{k} \int_{c_i}^{c_{i+1}} F'(x)dx$$
$$= \sum_{i=0}^{k} (F(c_{i+1}) - F(c_i)) = F(c_{k+1}) - F(c_0) = 1,$$

und damit ist (8.13) nachgewiesen.   □

Übungen

Übung 8.6 Bestimme die Verteilungsfunktion einer exponentiell verteilten Zufallsvariablen und berechne für eine $Exp(1)$-verteilte Zufallsvariable X die Wahrscheinlichkeit $P(X \geq 4)$.

Übung 8.7 Bestimme die Verteilungsfunktion einer $Gamma(2,1)$-verteilten Zufallsvariablen.

Übung 8.8 Bestimme mit Hilfe einer Tabelle die Werte der Verteilungsfunktion $\Phi(x)$ der $N(0,1)$-Verteilung für $x = -3$, $x = -1$ und $x = 3$ und berechne dann die Wahrscheinlichkeit, dass eine $N(0,1)$-verteilte Zufallsvariable X Werte außerhalb von $[-3,3]$ annimmt.

Übung 8.9 Gegeben ist die Funktion

$$F(x) = \begin{cases} 0 & \text{für } x < 0 \\ 1 - \frac{1}{2}e^{-x} & \text{für } x \geq 0. \end{cases}$$

Zeige, dass F eine Verteilungsfunktion ist. Beschreibe die zugehörige Verteilung und berechne $P(0 \leq X \leq 1)$, $P(0 < X \leq 1)$ sowie $P(X = 0)$ für eine Zufallsvariable X mit dieser Verteilungsfunktion.

Übung 8.10 Berechne und skizziere den Graph der Verteilungsfunktion F_N einer Laplace-Verteilung auf $\{\frac{1}{N+1}, \frac{2}{N+1}, \ldots, \frac{N}{N+1}\}$. Zeige, dass F_N gegen die Verteilungsfunktion einer Gleichverteilung auf $[0,1]$ konvergiert.

Übung 8.11 Es sei X eine Zufallsvariable mit Werten in $(0, \infty)$ und der Eigenschaft

$$P(X \geq s + t | X \geq s) = P(X \geq t).$$

Charakterisiere die möglichen Verteilungen von X.

Übung 8.12 Bestimme die Verteilungsfunktion einer Pareto-Verteilung.

Übung 8.13 Zeige, dass es eine Verteilungsfunktion F gibt, für die gilt $F(x) = x^2$ für $0 \leq x \leq 1$. Zeige dann, dass F eine Dichte hat und berechne diese.

8.4 Transformation von Dichten

In diesem Abschnitt wollen wir die Dichte einer transformierten Zufallsvariablen $Y = u(X)$ bestimmen. Dabei ist die Dichtefunktion f_X der Zufallsvariablen X gegeben. Zunächst werden wir für einige Beispiele, in denen es einfach ist, die Verteilungsfunktion von Y zu bestimmen, die Dichte direkt durch Differenzieren der Verteilungsfunktion berechnen. Dann werden wir eine allgemeine Transformationsformel beweisen.

Beispiel 8.9 (i) Es sei X eine $N(0,1)$-verteilte Zufallsvariable und $Y = X^2$. Dann gilt $P(Y \leq y) = 0$ für $y \leq 0$. Für $y > 0$ gilt

$$F_Y(y) = P(Y \leq y) = P(-\sqrt{y} \leq X \leq \sqrt{y}) = \Phi(\sqrt{y}) - \Phi(-\sqrt{y}),$$

wobei $\Phi(x)$ die Verteilungsfunktion der $N(0,1)$-Verteilung ist. Nun ist $F_Y(y)$ stetig differenzierbar, und somit hat Y die Dichte

$$f_Y(y) = \frac{d}{dy}(\Phi(\sqrt{y}) - \Phi(-\sqrt{y}))$$

$$= \varphi(\sqrt{y})\frac{1}{2\sqrt{y}} - \varphi(-\sqrt{y})\frac{(-1)}{2\sqrt{y}} = \frac{1}{\sqrt{2\pi}}y^{-\frac{1}{2}}e^{-\frac{y}{2}} \quad \text{für } y > 0$$

und $f_Y(y) = 0$ für $y \leq 0$. Da $\Gamma(\frac{1}{2}) = \sqrt{\pi}$, lässt sich die Dichte von Y auch wie folgt schreiben

$$f_Y(y) = \frac{(\frac{1}{2})^{\frac{1}{2}}}{\Gamma(\frac{1}{2})}y^{\frac{1}{2}-1}e^{-\frac{y}{2}}\mathbb{1}_{(0,\infty)}(y).$$

Dies ist die Dichte einer $Gamma(\frac{1}{2}, \frac{1}{2})$- bzw. χ_1^2-Verteilung. Damit haben wir also herausgefunden, dass das Quadrat einer $N(0,1)$-verteilten Zufallsvariablen eine χ_1^2-Verteilung hat.

(ii) Es sei X gleichverteilt auf $(0,1]$ und $Y = \frac{1}{X}$. Es gilt

$$P(Y \leq y) = P\left(\frac{1}{X} \leq y\right) = P\left(X \geq \frac{1}{y}\right) = 1 - \frac{1}{y} \quad \text{für } y > 1$$

und $P(Y \leq y) = 0$ für $y \leq 1$. Die Verteilungsfunktion von Y ist also stetig und stetig differenzierbar außer in $y = 1$. Dann hat Y die Dichte

$$f_Y(y) = \begin{cases} 0 & \text{für } y \leq 1 \\ \frac{1}{y^2} & \text{für } y > 1. \end{cases}$$

Nachdem wir hier an zwei Beispielen gezeigt haben, wie wir ohne neue Theorie die Verteilung einer transformierten Zufallsvariablen berechnen können, wollen wir jetzt eine allgemeine Transformationsformel angeben. Diese gilt für Diffeomorphismen, das sind bijektive Abbildungen $u: \mathbb{R} \to \mathbb{R}$, für die u und u^{-1} stetig differenzierbar sind.

Satz 8.10 (Transformationsformel für Dichten) *Es sei X eine Zufallsvariable mit Werten im offenen Intervall $I \subset \mathbb{R}$ und Dichtefunktion f_X. Ist J ein weiteres offenes Intervall und $u: I \to J$ ein Diffeomorphismus, so hat $Y := u(X)$ die Dichtefunktion*

$$f_Y(y) = f_X(u^{-1}(y)) \left|\frac{d}{dy}u^{-1}(y)\right| \tag{8.14}$$

für $y \in J$ und $f_Y(y) = 0$ für $y \in \mathbb{R} \setminus J$.

Beweis. Eine bijektive, differenzierbare Funktion u ist entweder strikt monoton steigend oder strikt monoton fallend. Wir betrachten hier den Fall, dass u monoton steigend ist. Dann gilt für $a, b \in J$

$$P(a < Y \leq b) = P(u^{-1}(a) < X \leq u^{-1}(b))$$
$$= \int_{u^{-1}(a)}^{u^{-1}(b)} f_X(x)dx = \int_a^b f_X(u^{-1}(y)) \frac{d}{dy} u^{-1}(y)dy,$$

wobei wir für die letzte Identität die Substitutionsregel für Integrale mit $y = u(x)$ angewendet haben. Also hat Y auf dem Intervall J die Dichtefunktion

$$f_Y(y) = f_X(u^{-1}(y)) \frac{d}{dy} u^{-1}(y).$$

Da Y keine Werte außerhalb von J annehmen kann, ist die Dichte dort gleich 0. Der Beweis im Fall, dass u monoton fallend ist, verläuft analog. $\square$

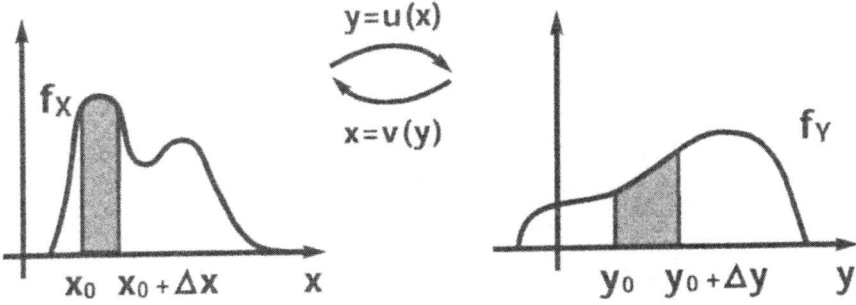

Abb. 8.11. Transformation von Dichten

Fast wichtiger als der formelle Beweis der Transformationsformel ist die zugrundeliegende Intuition. Für stetige Zufallsvariablen ist die Wahrscheinlichkeit, dass Realisierungen in einem gegebenen Intervall sind, gleich dem Integral der Dichte über diesem Intervall. Bei einer Transformation bleibt die Wahrscheinlichkeit erhalten, wird aber über ein Intervall einer anderen Länge verteilt. Wir können diesen Gedanken präzisieren, indem wir definieren $v(y) := u^{-1}(y)$. Wir setzen voraus, dass u monoton wachsend ist, dann ist auch v monoton wachsend, und es gilt gemäß Approximation (8.3) für kleine Δx

$$f_Y(y) \approx \frac{1}{\Delta y} P(y < Y \leq y + \Delta y) = \frac{1}{\Delta y} P(v(y) < X \leq v(y + \Delta y))$$
$$\approx f_X(v(y)) \frac{|v(y + \Delta y) - v(y)|}{\Delta y}$$
$$\approx f_X(v(y)) |v'(y)|.$$

Beispiel 8.11 (i) Wir betrachten wieder, wie in Beispiel 8.9(ii), eine Zufallsvariable X, die auf $(0,1]$ gleichverteilt ist, und fragen nach der Dichte von $Y = \frac{1}{X}$. Die Funktion $u(x) = \frac{1}{x}$ ist bijektiv und stetig differenzierbar auf $(0,\infty)$ mit inverser Abbildung $u^{-1}(y) = \frac{1}{y}$. Also hat $Y = \frac{1}{X}$ nach Satz 8.10 die Dichte

$$f_Y(y) = f_X\left(\frac{1}{y}\right) \cdot \frac{1}{y^2} = 1_{(0,1]}\left(\frac{1}{y}\right)\frac{1}{y^2} = \frac{1}{y^2}\, 1_{[1,\infty)}(y).$$

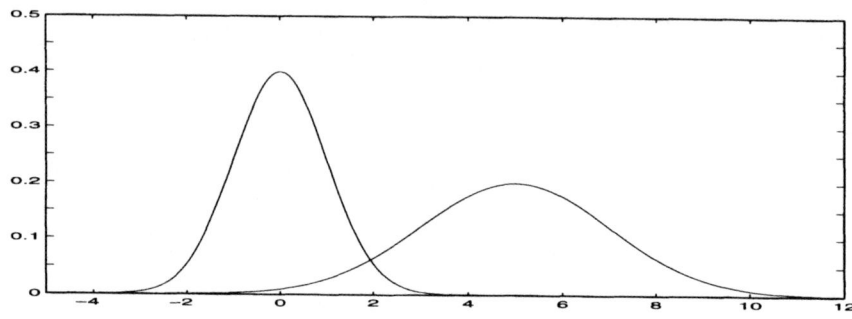

Abb. 8.12. Dichten von $Z \sim N(0,1)$ und $X = 2Z + 5$

(ii) Nun betrachten wir eine $N(0,1)$-verteilte Zufallsvariable Z und definieren $X := \sigma Z + \mu$, für $\sigma, \mu \in \mathbb{R}$ und $\sigma \neq 0$. Also hat X die Dichtefunktion

$$f_X(x) = \frac{1}{\sqrt{2\pi}}\, \frac{1}{|\sigma|}\, e^{-(\frac{x-\mu}{\sigma})^2/2} = \frac{1}{\sqrt{2\pi\sigma^2}}\, e^{-\frac{(x-\mu)^2}{2\sigma^2}},$$

und wir sehen, dass X eine $N(\mu, \sigma^2)$-Verteilung hat. Umgekehrt gilt, dass für jede $N(\mu, \sigma^2)$-verteilte Zufallsvariable X die transformierte Zufallsvariable $Z = \frac{X-\mu}{\sigma}$ eine $N(0,1)$-Verteilung hat. Damit können wir die Wahrscheinlichkeiten von Ereignissen, die in Termen einer $N(\mu, \sigma^2)$-verteilten Zufallsvariable definiert sind, mit Hilfe einer Tabelle der Standardnormalverteilung berechnen. So erhält man etwa aus $P(-1 \leq Z \leq 1) = 0.68$, dass

$$P(\mu - \sigma \leq X \leq \mu + \sigma) = 0.68,$$

d.h. mit Wahrscheinlichkeit 68% liegen die Werte einer $N(\mu, \sigma^2)$-verteilten Zufallsvariablen im 2σ-Intervall um μ.

Übungen

Übung 8.14 Es sei X eine auf $(0,1]$ gleichverteilte Zufallsvariable. Bestimme die Dichte von X^2, $\sqrt{X}$ und $-\log X$.

Übung 8.15 Gegeben sei eine Zufallsvariable X mit $Exp(2)$-Verteilung. Bestimme die Dichte und die Verteilungsfunktion von $Y = e^X$.

Übung 8.16 Eine nicht-negative Zufallsvariable X heißt log-normalverteilt, falls $\log X$ normalverteilt ist. Bestimme die Dichte einer log-normalen Verteilung.

Übung 8.17 Es sei X eine Zufallsvariable mit $Gamma(r, \lambda)$-Verteilung. Bestimme die Dichte von aX, $a > 0$. Welche Verteilung hat diese Zufallsvariable?

Übung 8.18 Es sei X eine Zufallsvariable mit $Exp(1)$-Verteilung. Bestimme die Verteilung von X/λ, $\lambda > 0$.

Übung 8.19 Es sei X eine Zufallsvariable mit $Beta(r, s)$-Verteilung. Bestimme die Dichte von $\sqrt{X}$.

Übung 8.20 Es sei X eine $N(10, 4)$-verteilte Zufallsvariable. Berechne $P(X \leq 8)$, $P(X \geq 14)$, $P(6 \leq X \leq 14)$ und $P(|X - 10| \geq 6)$.

8.5 Erwartungswert und Varianz

In diesem Abschnitt wollen wir den Erwartungswert für stetige Zufallsvariablen einführen und dann Erwartungswerte und Varianzen der bekannten stetigen Verteilungen angeben. Wir werden auch eine Transformationsformel vorstellen.

Definition 8.12 *Es sei X eine stetige Zufallsvariable mit Dichte f. Wir sagen, dass der Erwartungwert von X existiert, wenn $\int |x| f(x) dx < \infty$, und wir definieren dann den Erwartungswert $E(X)$ durch*

$$E(X) := \int x f(x) dx. \tag{8.15}$$

Wir haben hier den Erwartungswert, den wir für diskrete Zufallsvariablen bereits kennen, neu für stetige Zufallsvariablen definiert. Man beachte die formale Analogie zwischen beiden Definitionen, $\sum_x x \, p(x)$ im diskreten und $\int x f(x) dx$ im stetigen Fall, die noch deutlicher wird, wenn man das Integral durch eine Riemann-Summe approximiert und dabei (8.3) beachtet.

Beispiel 8.13 (i) Für eine Zufallsvariable X, die auf $[a, b]$ gleichverteilt ist, gilt

$$EX = \int_a^b x \, \frac{1}{b-a} \, dx = \frac{1}{b-a} \frac{b^2 - a^2}{2} = \frac{a+b}{2}.$$

(ii) Für eine $N(\mu, \sigma^2)$-verteilte Zufallsvariable X gilt

$$EX = \int x \frac{1}{\sqrt{2\pi\sigma^2}} e^{-(x-\mu)^2/(2\sigma^2)} dx$$

$$= \int (\sigma y + \mu) \frac{1}{\sqrt{2\pi}} e^{-y^2/2} dy$$

$$= \frac{\sigma}{\sqrt{2\pi}} \int y e^{-y^2/2} dy + \mu \int \frac{1}{\sqrt{2\pi}} e^{-y^2/2} dy = \mu.$$

Im letzten Schritt haben wir benutzt, dass das Integral einer ungeraden Funktion über $\mathbb{R}$ gleich 0 ist und das Integral einer Dichtefunktion 1. Damit sehen wir, dass der Parameter μ einer $N(\mu, \sigma^2)$-Verteilung genau der Erwartungswert ist.

(iii) Es sei X eine Cauchy-verteilte Zufallsvariable, d.h. X hat die Dichtefunktion $f(x) = 1/(\pi(1 + x^2))$. Dann ist $\int |x| f(x) dx = \infty$, d.h. der Erwartungswert existiert nicht.

Die Erwartungswerte und Varianzen der wichtigsten stetigen Verteilungen haben wir in Tabelle 8.1 am Ende des Abschnitts zusammengestellt.

Auch für stetige Zufallsvariablen gibt es eine Transformationsformel, die es ermöglicht, den Erwartungswert von $u(X)$ zu berechnen ohne erst ihre Verteilung zu bestimmen.

Satz 8.14 (Transformationsformel für den Erwartungswert) *Es sei X eine stetige Zufallsvariable mit Dichte f und $u : \mathbb{R} \to \mathbb{R}$ eine messbare Abbildung. Dann gilt*

$$E(u(X)) = \int u(x) f(x) dx, \tag{8.16}$$

wenn das Integral auf der rechten Seite absolut konvergent ist.

Beweis. Wir können den Beweis hier nur für strikt monotone und stetig differenzierbare Funktionen u geben. Dann hat $Y = u(X)$ nach Satz 8.10 die Dichtefunktion $f_Y(y) = |\frac{d}{dy} u^{-1}(y)| \, f(u^{-1}(y))$, und so gilt

$$E(u(X)) = \int y \left| \frac{d}{dy} u^{-1}(y) \right| f(u^{-1}(y)) \, dy$$

$$= \int u(x) f(x) \, dx.$$

Mit Hilfsmitteln der Maßtheorie kann ein Beweis für beliebige messbare Funktionen u und beliebige Zufallsvariablen X gegeben werden. $\square$

Die Varianz sowie die Kovarianz haben wir in Definition 5.9 und in Definition 6.31 für beliebige Zufallsvariablen eingeführt. Alle Sätze, die wir in Kapitel 5 und 6 für Erwartungswerte, Varianzen und Kovarianzen bewiesen haben und bei denen nicht ausdrücklich gefordert wurde, dass die Zufallsvariablen diskret sind, behalten auch für stetige und sogar für beliebige Zufallsvariablen ihre Gültigkeit.

Wir berechnen im folgenden Beispiel die Varianzen einiger Zufallsvariablen, wobei wir die Identität $\mathrm{Var}(X) = E(X^2) - (EX)^2$ aus Satz 5.10 verwenden.

Beispiel 8.15 (i) Für eine auf $[a, b]$ gleichverteilte Zufallsvariable X gilt

$$E(X^2) = \frac{1}{b-a} \int_a^b x^2 dx = \frac{b^3 - a^3}{3(b-a)} = \frac{1}{3}(b^2 + ab + a^2)$$

und somit

$$\text{Var}(X) = \frac{b^2 + ab + a^2}{3} - \frac{(b+a)^2}{4} = \frac{b^2 - 2ab + a^2}{12} = \frac{(b-a)^2}{12}.$$

(ii) Für eine $N(\mu, \sigma^2)$-verteilte Zufallsvariable X gilt

$$\text{Var}(X) = E(X - \mu)^2 = \int (x - \mu)^2 \frac{1}{\sqrt{2\pi\sigma^2}} e^{-(x-\mu)^2/(2\sigma^2)} dx$$

$$= \int \sigma^2 y^2 \frac{1}{\sqrt{2\pi}} e^{-y^2/2} dy$$

$$= \frac{\sigma^2}{\sqrt{2\pi}} \int y(y e^{-y^2/2}) dy$$

$$= \frac{\sigma^2}{\sqrt{2\pi}} \left([-y e^{-y^2/2}]_{-\infty}^{\infty} + \int e^{-y^2/2} dy \right) = \sigma^2.$$

Damit sehen wir, dass der Parameter σ^2 einer $N(\mu, \sigma^2)$-Verteilung genau die Varianz ist. Insbesondere hat die $N(0,1)$-Verteilung Erwartungswert 0 und Varianz 1, wodurch die Bezeichung Standardnormalverteilung erklärt wird.

Verteilung	Wahrscheinlichkeitsdichte	$E(X)$	$\text{Var}(X)$
$U[a,b]$	$\dfrac{1}{b-a} 1_{(a,b)}(x)$	$\dfrac{b+a}{2}$	$\dfrac{(b-a)^2}{12}$
$N(\mu, \sigma^2)$	$\dfrac{1}{\sqrt{2\pi\sigma^2}} e^{-\frac{(x-\mu)^2}{2\sigma^2}}$	μ	σ^2
$Exp(\lambda)$	$\lambda e^{-\lambda x} 1_{(0,\infty)}(x)$	$\dfrac{1}{\lambda}$	$\dfrac{1}{\lambda^2}$
$Gamma(r,\lambda)$	$\dfrac{\lambda^r}{\Gamma(r)} x^{r-1} e^{-\lambda x} 1_{(0,\infty)}(x)$	$\dfrac{r}{\lambda}$	$\dfrac{r}{\lambda^2}$
χ_n^2	$\dfrac{2^{-\frac{n}{2}}}{\Gamma(\frac{n}{2})} x^{\frac{n}{2}-1} e^{-\frac{x}{2}} 1_{(0,\infty)}(x)$	n	$2n$
$Beta(r,s)$	$\dfrac{1}{B(r,s)} x^{r-1}(1-x)^{s-1} 1_{(0,1)}(x)$	$\dfrac{r}{r+s}$	$\dfrac{rs}{(r+s+1)(r+s)^2}$

Tabelle 8.1. Dichtefunktionen, Erwartungswerte und Varianzen wichtiger stetiger Verteilungen

Die Erwartungswerte und Varianzen der wichtigsten stetigen Verteilungen haben wir in Tabelle 8.1 zusammengestellt. Die Beweise finden sich zum Teil im Text und zum Teil in den Übungsaufgaben.

Übungen

Übung 8.21 Berechne Erwartungswert und Varianz der Gammaverteilung, der exponentiellen Verteilung, der χ_n^2-Verteilung und der Betaverteilung und überprüfe Tabelle 8.1.

Übung 8.22 Überprüfe die Formel für die Dichte der χ_n^2-Verteilung, die in Tabelle 8.1 angegeben ist.

Übung 8.23 Berechne Erwartungswert und Varianz einer Pareto-verteilten Zufallsvariablen, siehe Übung 8.4. Für welche Werte von λ existieren Erwartungswert und Varianz?

Übung 8.24 Gegeben sei eine Zufallsvariable X mit Dichtefunktion $f_X(x) = 2e^{-2x}1_{(0,\infty)}(x)$. Bestimme den Erwartungswert der Zufallsvariablen $Y = e^x$ auf zwei verschiedene Arten, zum einen mit der Definition, d.h. als $\int y f_Y(y) dy$, und zum anderen mit der Transformationsformel, d.h. als $\int e^x f_X(x) dx$.

Übung 8.25 Es sei X eine auf $[0,1]$ gleichverteilte Zufallsvariable. Berechne den Erwartungswert von $Y = \sqrt{X}$ auf zwei verschiedene Arten, mit der Definition und mit der Transformationsformel.

8.6 Aufgaben

Aufgabe 8.1 Es sei X eine exponentiell verteilte Zufallsvariable und ε eine von X unabhängige Zufallsvariable mit $P(\varepsilon = 1) = P(\varepsilon = -1) = \frac{1}{2}$. Bestimme die Dichte von εX. (Die zu εX gehörige Verteilung heißt in der Statistik auch Laplace-Verteilung, da Laplace sie als Verteilung von Messfehlern postuliert hat. Man beachte, dass es keinen Zusammenhang zu der diskreten Laplace-Verteilung gibt.)

Aufgabe 8.2 Es seien X und Y Zufallsvariablen mit Dichtefunktionen f bzw. g und ξ eine von X und Y unabhängige, Bernoulli-verteilte Zufallsvariable. Bestimme die Dichtefunktion von $\xi X + (1 - \xi)Y$.

Aufgabe 8.3 Bestimme die Verteilungsfunktion einer geometrisch verteilten Zufallsvariablen. Es sei $(X_n)_{n \geq 1}$ eine Folge von geometrisch verteilten Zufallsvariablen mit Parametern $\frac{\lambda}{n}$, $\lambda > 0$, und es bezeichne F_n die Verteilungsfunktion von X_n/n. Bestimme $F(x) = \lim_{n \to \infty} F_n(x)$.

Aufgabe 8.4 Es sei X eine Zufallsvariable, für die $E|X|^p$, $p > 0$ existiert. Zeige, dass dann $E|X|^q$ für alle $q \in [0,p]$ existiert. (Für den Beweis darf zusätzlich angenommen werden, dass X entweder diskret oder stetig ist. Das Ergebnis gilt ganz allgemein.)

9. Mehrdimensionale stetige Verteilungen

Entsprechend den Gegebenheiten im diskreten Fall sind auch für Zufallsvariablen mit stetiger Verteilung zur Berechnung der Wahrscheinlichkeit von Ereignissen, die von mehreren Zufallsvariablen abhängen, Informationen über die Verteilungen der einzelnen Zufallsvariablen nicht ausreichend. Diese Ausführungen über mehrdimensionale stetige Verteilungen knüpfen auf zwei Weisen an vorhergehende Kapitel an. Zum einen an Kapitel 6, in dem wir, noch vor der Einführung von stetigen Verteilungen, den Übergang von eindimensionalen zu mehrdimensionalen Verteilungen behandelt haben. Alle Sätze dort, die nicht ausdrücklich Wahrscheinlichkeitsfunktionen nennen, sind auch für den stetigen Fall gültig. Zum anderen schließen wir bei Kapitel 8 an und haben nun weiterhin mit Dichtefunktionen und Integrationen anstelle von Wahrscheinlichkeitsfunktionen und Summationen zu tun. Zur Vereinfachung der Darstellung werden wir uns im Folgenden auf 2-dimensionale Verteilungen beschränken.

9.1 Gemeinsame und marginale Dichten

Definition 9.1 *Eine integrierbare, nicht-negative Funktion $f : \mathbb{R}^2 \to \mathbb{R}$ heißt gemeinsame Wahrscheinlichkeitsdichte der Zufallsvariablen X, Y oder Wahrscheinlichkeitsdichte des Zufallsvektors (X, Y), wenn für alle Rechtecke $R = (a_1, b_1] \times (a_2, b_2] \subset \mathbb{R}^2$ gilt*

$$P((X, Y) \in R) = \int_R f(x, y) dx dy. \tag{9.1}$$

Wir benutzen für f auch die Bezeichnungen (gemeinsame) Dichtefunktion oder (gemeinsame) Dichte.

Wir haben im Anschluss an die Definition der Dichte im eindimensionalen Fall in Bemerkung 8.2 einige Anmerkungen gemacht, die hier ganz entsprechend gelten.

Auch die Überlegungen zum intuitiven Verständnis der Dichtefunktion können wir für den mehrdimensionalen Fall weiterführen, indem wir in Identität (8.3) Intervall durch Rechteck und Länge durch Flächeninhalt ersetzen. Für ein kleines Rechteck ΔR um den Punkt (x, y) gilt dann

$$f(x,y) \approx \frac{1}{|\Delta R|} P\left((X,Y) \in \Delta R\right). \qquad (9.2)$$

Sind $(X_1, Y_1), \ldots, (X_n, Y_n)$ unabhängige Zufallsvektoren mit Dichtefunktion $f(x,y)$, so ist $f(x,y)$ analog zur Approximation (8.4) der Limes der empirischen Dichten

$$\frac{1}{n|\Delta R|} \left|\{1 \leq i \leq n : (X_i, Y_i) \in \Delta R\}\right|,$$

wie wir in Abb. 9.1 an einem Beispiel dargestellt haben.

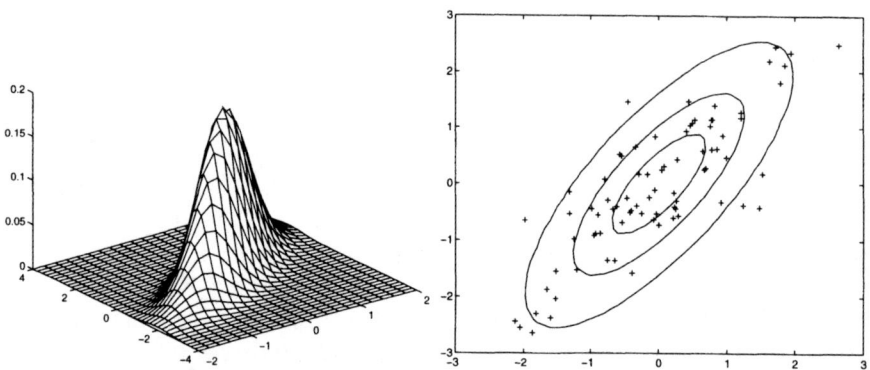

Abb. 9.1. 2-dimensionale Dichte $f(x,y) = \frac{1}{\pi}\exp(-\frac{1}{2}(x^2 + 4(y - x)^2))$ (links), Höhenlinien sowie $n = 100$ Realisierungen von Zufallsvariablen mit dieser Dichte (rechts)

In vielen Anwendungen benötigen wir eine Verallgemeinerung der Identität (9.1) für beliebige glatte Gebiete. In der Theorie der mehrfachen Riemann-Integrale heißt ein Gebiet $A \subset \mathbb{R}^2$ glatt, wenn der Rand von A eine stetige, stückweise stetig differenzierbare Kurve ist. Für solche Gebiete läßt sich $\int_A f(x,y)dxdy$ im Riemann'schen Sinn definieren. Wer mit der Lebesgue'schen Integrationstheorie vertraut ist, kann ‚glatt' durch ‚messbar' ersetzen.

Lemma 9.2 *Es seien X, Y Zufallsvariablen mit der gemeinsamen Dichtefunktion $f(x,y)$. Dann gilt für jedes glatte Gebiet $A \subset \mathbb{R}^2$*

$$P((X,Y) \in A) = \int_A f(x,y)dxdy.$$

Beweis. Für Vereinigungen disjunkter Rechtecke folgt die Behauptung aus Identität (9.1) mit der Additivität von Wahrscheinlichkeiten und Integralen. Beliebige glatte Gebiete können wir durch Vereinigungen disjunkter Rechtecke approximieren. Auf die Ausführung der Details dieses Beweises verzichten wir an dieser Stelle. $\qquad \square$

Gleichverteilung. In Erweiterung der Definition (8.5) der Gleichverteilung für Intervalle definieren wir für jedes glatte Gebiet $I \subset \mathbb{R}^2$ mit endlichem Flächeninhalt die Gleichverteilung auf I durch die Dichte

$$f(x,y) := \frac{1}{|I|} 1_I(x,y). \qquad (9.3)$$

Für ein Gebiet $A \subset I$ ist die Wahrscheinlichkeit einer Realisierung in A dann proportional zum Flächeninhalt von A. Die Gleichverteilung ist ein Modell für die zufällige Wahl eines Punktes in I.

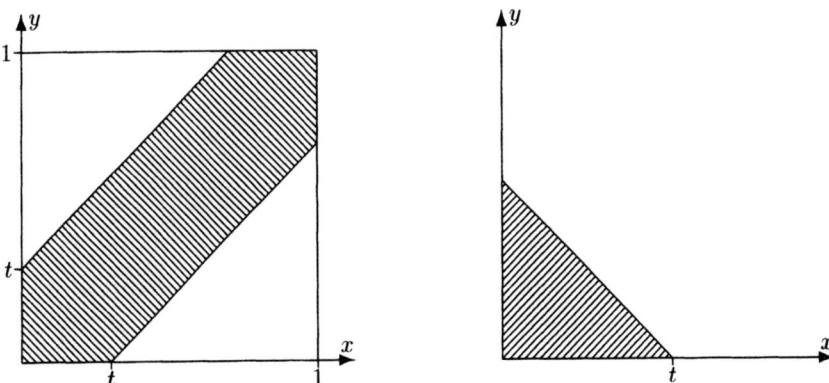

Abb. 9.2. $P(|X - Y| \le t)$ (links), $P(X + Y \le t)$ (rechts), siehe Beispiel 9.3

Beispiel 9.3 (i) Es sei (X, Y) gleichverteilt auf dem Einheitsquadrat $[0, 1]^2$, d.h. $P((X, Y) \in A) = |A|$ für jedes Gebiet $A \subset [0, 1]^2$. Wir fragen nach der Wahrscheinlichkeit, dass $|X - Y| \le \frac{1}{2}$. Dieses Ereignis können wir schreiben als $\{(X, Y) \in A\}$ mit $A := \{(x, y) : |x - y| \le \frac{1}{2}\}$. Nun gilt $|A| = \frac{3}{4}$ und somit $P(|X - Y| \le \frac{1}{2}) = P((X, Y) \in A) = \frac{3}{4}$.
Allgemeiner können wir nach der Wahrscheinlichkeit fragen, dass $|X - Y| \le t$, für $t \in \mathbb{R}$. Für $t < 0$ ist dies ein unmögliches Ereignis und für $t > 1$ ist es ein sicheres Ereignis, da (X, Y) auf $[0, 1]^2$ konzentriert ist. Für $t \in [0, 1]$ gilt mit $A_t := \{(x, y) \in [0, 1]^2 : |x - y| \le t\}$, siehe Abb. 9.2,

$$P(|X - Y| \le t) = P((X, Y) \in A_t) = |A_t| = 1 - 2\frac{1}{2}(1 - t)^2 = 1 - (1 - t)^2.$$

Mit dieser Berechnung haben wir implizit auch die Verteilungsfunktion der Zufallsvariablen $Z := |X - Y|$ bestimmt. Es gilt

$$F(t) = \begin{cases} 0 & \text{für } t \le 0 \\ 1 - (1 - t)^2 & \text{für } 0 < t < 1 \\ 1 & \text{für } t \ge 1. \end{cases}$$

Da F stetig und stückweise stetig differenzierbar ist, können wir mit Hilfe von Lemma 8.8 die Dichtefunktion von Z durch Differenzieren berechnen, und erhalten

$$f(t) = 2(1 - t)1_{[0,1]}(t).$$

(ii) Es habe (X, Y) die Dichte $f(x, y) = e^{-(x+y)}1_{(0,\infty)}(x)1_{(0,\infty)}(y)$. Wir fragen nach der Dichte der Zufallsvariablen $Z := X + Y$. Dazu bestimmen wir die zugehörige Verteilungsfunktion $F(t) = P(X + Y \le t)$, und es gilt $P(X + Y \le t) = P((X, Y) \in D_t)$ mit $D_t := \{(x, y) : x, y \ge 0 \text{ und } x + y \le t\}$. Also folgt

$$P(X + Y \le t) = \int_{D_t} e^{-(x+y)}dxdy = \int_0^t \left(\int_0^{t-x} e^{-(x+y)}dy \right) dx$$

$$= \int_0^t e^{-x}(1 - e^{-(t-x)})dx$$

$$= \int_0^t e^{-x}dx - \int_0^t e^{-t}dx = 1 - e^{-t} - te^{-t},$$

für $t \ge 0$. Für $t < 0$ ist $P(X + Y \le t) = 0$, und somit erhalten wir die Verteilungsfunktion

$$F(t) = \begin{cases} 0 & \text{für } t \le 0 \\ 1 - e^{-t} - te^{-t} & \text{für } t > 0. \end{cases}$$

Da F stetig und stückweise stetig differenzierbar ist, können wir wieder mit Lemma 8.8 die Dichte berechnen und erhalten

$$f(t) = F'(t) = te^{-t}1_{(0,\infty)}(t),$$

welches die Dichte einer *Gamma*$(2, 1)$-Verteilung ist.

Analog zum eindimensionalen Fall, Definition 8.3, führen wir die Verteilungsfunktion ein.

Definition 9.4 *Für einen Zufallsvektor (X, Y), bzw. seine Verteilung, definieren wir die Verteilungsfunktion $F : \mathbb{R}^2 \to \mathbb{R}$ durch*

$$F(x, y) = P(X \le x, Y \le y).$$

Wir nennen F auch die gemeinsame Verteilungsfunktion der Zufallsvariablen X, Y.

Die Verteilungsfunktion ist für beliebige Zufallsvektoren definiert. Für einen Zufallsvektor (X, Y) mit Wahrscheinlichkeitsfunktion $p(x, y)$, bzw. mit Dichtefunktion $f(x, y)$, können wir die Verteilungsfunktion jeweils wie folgt berechnen

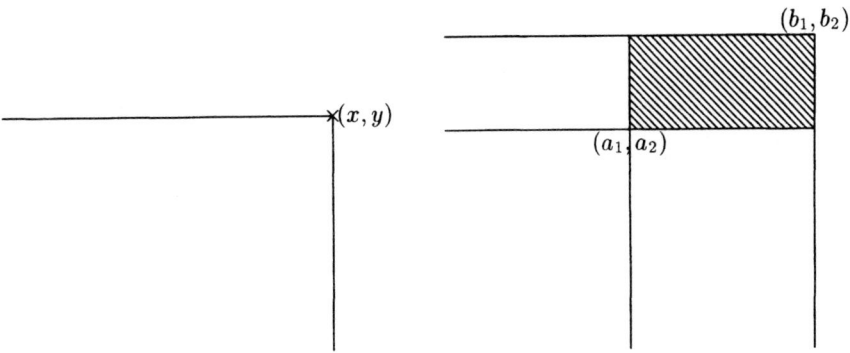

Abb. 9.3. Gemeinsame Verteilungsfunktion $F(x, y)$ (links) und $P((X, Y) \in (a_1, b_1] \times (a_2, b_2]$ (rechts)

$$F(x, y) = \sum_{(s,t):s\leq x, t\leq y} p(s, t) \qquad \text{(diskret)}$$

$$F(x, y) = \int_{-\infty}^{x} \int_{-\infty}^{y} f(s, t) dt ds \qquad \text{(stetig)}.$$

Die gemeinsame Verteilungsfunktion bestimmt eindeutig die gemeinsame Verteilung von X und Y, d.h. wir können $P((X, Y) \in A)$ bestimmen, wenn wir die gemeinsame Verteilungsfunktion kennen. Es gilt für ein Rechteck $R = (a_1, b_1] \times (a_2, b_2]$

$$P((X, Y) \in R) = F(b_1, b_2) - F(a_1, b_2) - F(b_1, a_2) + F(a_1, a_2). \qquad (9.4)$$

Es gilt auch im mehrdimensionalen Fall eine Analogie zu Satz 8.7 über den Zusammenhang von Dichtefunktion und Verteilungsfunktion. Wenn F eine Dichtefunktion f hat, so gilt

$$f(x, y) = \frac{\partial^2}{\partial x \partial y} F(x, y).$$

Wir haben bislang in diesem Abschnitt im Wesentlichen angeknüpft an die Abschnitte 8.1 und 8.2 und eine Erweiterung der Begriffsbildung für eindimensionale stetige Zufallsvariablen zu mehrdimensionalen Zufallsvektoren durchgeführt. Nun werden wir weiterführend zu Abschnitt 8.3 eine Transformationsformel für gemeinsame Dichten beweisen.

Satz 9.5 (Transformationsformel für gemeinsame Dichtefunktionen) *Es sei* $X = (X_1, X_2)$ *ein Zufallsvektor mit Werten im offenen Gebiet* $M \subset \mathbb{R}^2$ *und*

Dichtefunktion f_X. Ist $N \subset \mathbb{R}^2$ ein weiteres offenes Gebiet und $u : M \to N$ ein Diffeomorphismus, so hat $Y = (Y_1, Y_2) := u(X_1, X_2)$ die Dichtefunktion

$$f_Y(y_1, y_2) = f_X(u^{-1}(y_1, y_2)) \ |J_{u^{-1}}(y_1, y_2)|$$

für $y \in N$ und $f_Y(y_1, y_2) = 0$ außerhalb von N. Hierbei ist $J_{u^{-1}}$ die Determinante der Jacobi-Matrix von u^{-1}.

Beweis. Wir verwenden aus der Analysis die Transformationsformel für Doppelintegrale. Für ein glattes Gebiet $A \subset N$ gilt

$$\begin{aligned}
P((Y_1, Y_2) \in A) &= P((X_1, X_2) \in u^{-1}(A)) \\
&= \int_{u^{-1}(A)} f_X(x_1, x_2) \, dx_1 dx_2 \\
&= \int_A f_X(u^{-1}(y_1, y_2)) |J_{u^{-1}}(y_1, y_2)| \, dy_1 dy_2,
\end{aligned}$$

und somit ist $f_X(u^{-1}(y_1, y_2))|J_{u^{-1}}(y_1, y_2)|$ die Dichte von (Y_1, Y_2). □

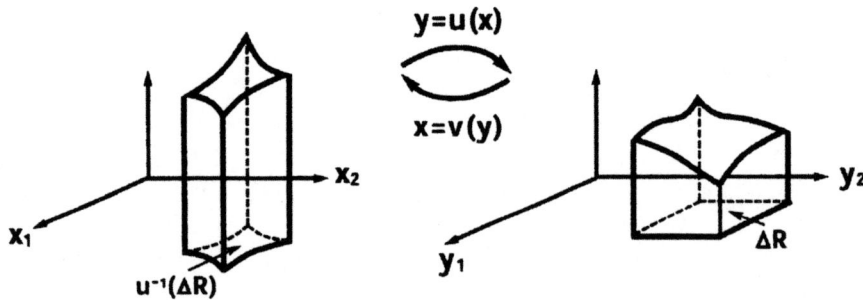

Abb. 9.4. Transformation gemeinsamer Dichten

Die der Transformationsformel zugrundeliegende Intuition ist ein Analogon zum eindimensionalen Fall, wenn wir verwenden, dass die Oberfläche von $u^{-1}(\Delta R)$ für ein kleines Rechteck ΔR um (y_1, y_2) mit Flächeninhalt $|\Delta R|$ gegeben wird durch $|J_{u^{-1}}(y_1, y_2)| \cdot |\Delta R|$. Dann folgt aus der Approximation 9.2

$$\begin{aligned}
f_Y(y_1, y_2) &\approx \frac{1}{|\Delta R|} P((Y_1, Y_2) \in \Delta R) = \frac{1}{|\Delta R|} P((X_1, X_2) \in u^{-1}(\Delta R)) \\
&\approx f_X(u^{-1}(y_1, y_2)) \frac{|u^{-1}(\Delta R)|}{|\Delta R|} \\
&\approx f_X(u^{-1}(y_1, y_2))|J_{u^{-1}}(y_1, y_2)|.
\end{aligned}$$

Anknüpfend an Kapitel 6 werden wir uns nun mit marginalen Verteilungen, einer Transformationsformel für Erwartungswerte sowie der Kovarianz beschäftigen. Sind X, Y zwei Zufallsvariablen mit gemeinsamer Dichte

$f(x,y)$, so heißen die Dichten von X und Y die erste bzw. zweite marginale Dichte. Das folgende Lemma, ein Analogon zu Satz 6.5, gibt an, wie wir die Dichte von X bestimmen können, wenn wir die gemeinsame Dichte kennen.

Lemma 9.6 *Es sei (X,Y) ein Zufallsvektor mit Dichtefunktion $f(x,y)$. Dann ist die Dichte von X gegeben durch*

$$f_X(x) = \int f(x,y)dy$$

und Entsprechendes gilt für $f_Y(y)$.

Beweis. Für $a < b$ gilt

$$P(a < X \le b) = P(a < X \le b, Y \in \mathbb{R}) = \int_a^b \left(\int f(x,y)dy \right) dx.$$

Aus dieser Identität folgt, dass $\int f(x,y)\,dy$ die Dichte von X ist.   □

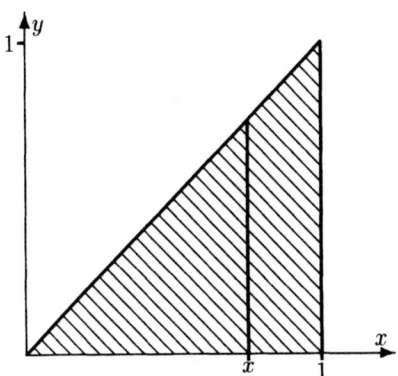

Abb. 9.5. Marginale Dichte von X für eine Gleichverteilung auf dem Dreieck Δ, siehe Beispiel 9.7(i)

Beispiel 9.7 (i) Es sei (X,Y) gleichverteilt auf dem Dreieck

$$\Delta = \{(x,y) : 0 \le y \le x \le 1\},$$

d.h. wegen $|\Delta| = \frac{1}{2}$ hat (X,Y) die Dichte $f(x,y) = 2 \cdot 1_\Delta(x,y)$. Die Dichte von X ist dann die erste marginale Dichte und mit Lemma 9.6 erhalten wir

$$f(x) = 2 \int 1_\Delta(x,y)dy = 2\,x\,1_{[0,1]}(x),$$

siehe Abb. 9.5.

(ii) Es sei (X_1, X_2) gleichverteilt auf $(0,1)^2$, und es seien Zufallsvariablen Y_1

und Y_2 definiert durch $Y_1 := \dfrac{X_1}{X_2}$ und $Y_2 := X_2$. Dann ist die Abbildung

$u : \mathbb{R}_+ \times \mathbb{R}_+ \to \mathbb{R}_+ \times \mathbb{R}_+$ mit $u(x_1, x_2) := (\dfrac{x_1}{x_2}, x_2)$ eine bijektive Abbildung,

deren Inverse gegeben ist durch $v(y_1, y_2) = (y_1 y_2, y_2)$. Die Jacobi-Matrix

dieser Abbildung ist $\begin{pmatrix} y_2 & y_1 \\ 0 & 1 \end{pmatrix}$, und sie hat die Determinante $J_v(y_1, y_2) = y_2$.

Es folgt mit der Transformationsformel für gemeinsame Dichten (9.5), da u und v stetig differenzierbar sind,

$$f_Y(y_1, y_2) = y_2 f_X(y_1 y_2, y_2) = y_2 1_{(0,1)}(y_1 y_2) 1_{(0,1)}(y_2)$$
$$= y_2 1_A(y_1, y_2), \tag{9.5}$$

wobei A das Gebiet der Punkte (y_1, y_2) mit $0 < y_1 y_2 < 1$ und $0 < y_2 < 1$ ist, d.h. $A := \{(y_1, y_2) : 0 < y_2 < 1, \, 0 < y_1 < 1/y_2\}$. Dieses Gebiet ist genau das Bild von $(0, 1)^2$ unter der Abbildung u, siehe Abb. 9.6. Aus der gemeinsamen

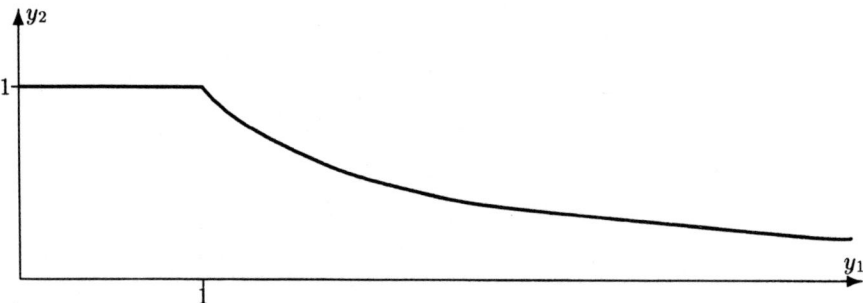

Abb. 9.6. Bild von $(0, 1)^2$ unter der Abbildung $(x_1, x_2) \mapsto (\dfrac{x_1}{x_2}, x_2)$

Dichte können wir nun mit Lemma 9.6 die Dichte von Y_1 bestimmen. Es ist die zweite Marginale der durch (9.5) gegebenen Dichte

$$f_{Y_1}(y_1) = \int y_2 1_A(y_1, y_2) dy_2 = \begin{cases} \int_0^1 y_2 dy_2 & \text{für } 0 < y_1 < 1 \\ \int_0^{1/y_1} y_2 dy_2 & \text{für } y_1 \geq 1 \end{cases}$$

$$= \begin{cases} \dfrac{1}{2} & \text{für } 0 < y_1 < 1 \\ \dfrac{1}{2y_1^2} & \text{für } y_1 \geq 1. \end{cases}$$

In diesem Beispiel haben wir nun die Methode, die wir schon im Beweis der Faltungsformel für diskrete Zufallsvariablen verwendet haben, zur

Bestimmung der Verteilung einer stetigen Zufallsvariablen nutzen können. Wenn die gemeinsame Verteilung von X_1, X_2 bekannt ist, so wählen wir zur Bestimmung der Verteilung einer Zufallsvariablen $Y_1 = u_1(X_1, X_2)$ zunächst eine zweite Funktion $u_2 : \mathbb{R}^2 \to \mathbb{R}$ so, dass $(u_1, u_2) : \mathbb{R}^2 \to \mathbb{R}^2$ ein Diffeomorphismus ist. Anschließend suchen wir die gemeinsame Dichte von Y_1, Y_2, wobei $Y_2 = u_2(X_1, X_2)$, mit Hilfe der Transformationsformel und berechnen die Dichte von Y_1 als erste Marginale durch Integration. Im obigen Beispiel ist dies sicher ein umständliches Verfahren zur Bestimmung der Dichte von $\frac{X_2}{X_1}$, aber manches Mal ist diese Methode ein einfacherer Weg als der direkte.

Auch für mehrdimensionale stetige Zufallsvariablen gibt es eine Transformationsformel für Erwartungswerte. Wir können diese Formel im Rahmen dieser Einführung nicht beweisen. In einem maßtheoretisch fundierten Aufbau der Wahrscheinlichkeitsrechnung ist diese Transformationsformel ein Spezialfall einer allgemeinen Transformationsformel für Integrale. Diese umfasst dann alle bisher bewiesenen Transformationsformeln für Erwartungswerte, für ein- bzw. mehrdimensionale diskrete Zufallsvariablen und für eindimensionale stetige Zufallsvariablen.

Satz 9.8 (Transformationsformel für den Erwartungswert) *Es seien X_1 und X_2 Zufallsvariablen mit gemeinsamer Dichte f und $u : \mathbb{R}^2 \to \mathbb{R}$ eine messbare Abbildung. Dann gilt*

$$E(u(X_1, X_2)) = \int u(x_1, x_2) f(x_1, x_2) \, dx_1 \, dx_2,$$

wenn das Integral auf der rechten Seite absolut konvergent ist.

Beispiel 9.9 Das zufällige Wählen eines Punktes aus dem Dreieck $\Delta = \{(x, y) : 0 \leq x, y \leq 1, 0 \leq x + y \leq 1\}$ lässt sich modellieren durch einen auf Δ gleichverteilten Zufallsvektor (X, Y). Wir betrachten das Rechteck R mit Eckpunkten $(0, 0)$ und (X, Y) und fragen nach dem Erwartungswert des Flächeninhalts von R. Es gilt offensichtlich $|R| = X \cdot Y$ und somit

$$E|R| = 2 \int_\Delta xy \, dx dy = 2 \int_0^1 \left(\int_0^{1-y} xy \, dx \right) dy = 2 \int_0^1 y \frac{1}{2} (1-y)^2 \, dy = \frac{1}{12}.$$

Wir schließen diesen Abschnitt ab mit einigen Anmerkungen über Kovarianz und Korrelationskoeffizienten, die an Abschnitt 6.4 anknüpfen. Für stetige Zufallsvariablen bleibt die Definition 6.31 der Kovarianz und des Korrelationskoeffizienten unverändert erhalten, die wir dort bereits für beliebige Zufallsvariablen formuliert haben. Gleiches gilt für die in Satz 6.32 zusammengestellten Eigenschaften, da wir in Definition 6.10 auch den Begriff der stochastischen Unabhängigkeit für beliebige Zufallsvariablen definiert haben. Die Interpretation der Kovarianz und des Korrelationskoeffizienten als Maß für den linearen Zusammenhang der Zufallsvariablen lässt sich ebenfalls übertragen.

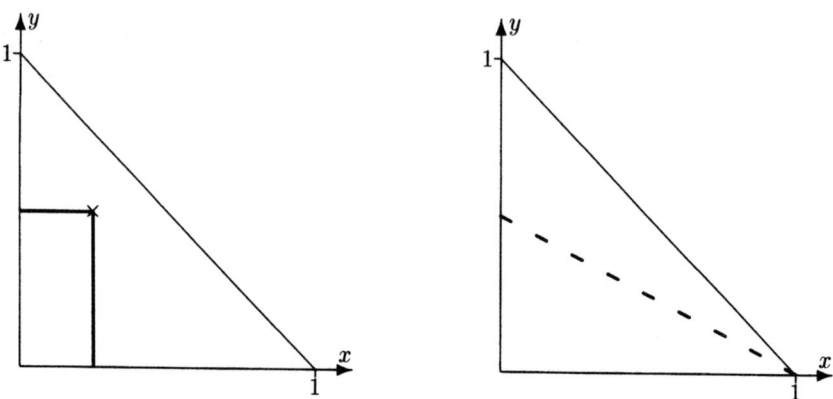

Abb. 9.7. Zufälliges Rechteck in $\Delta = \{(x,y) : 0 \leq x, y \leq 1, x + y \leq 1\}$ (links) Lineare Regressionsgerade von Y auf X für eine Gleichverteilung auf Δ (rechts)

Beispiel 9.10 Für die im Beispiel (9.9) definierten Zufallsvariablen gilt

$$EX = 2 \int_{\Delta} x\, dxdy = 2 \int_0^1 \left(\int_0^{1-y} x\, dx \right) dy = \int_0^1 (1-y)^2 dy = \frac{1}{3}.$$

Da aus Symmetriegründen ebenfalls $EY = \frac{1}{3}$, folgt

$$\mathrm{Cov}(X,Y) = E(XY) - (EX)(EY) = \frac{1}{12} - \frac{1}{9} = -\frac{1}{36}.$$

Weiter ist

$$E(X^2) = 2 \int_{\Delta} x^2 dxdy = 2 \int_0^1 \left(\int_0^{1-y} x^2 dx \right) dy = \frac{2}{3} \int_0^1 (1-y)^3 dy = \frac{1}{6},$$

und somit $\mathrm{Var}(X) = \frac{1}{6} - \frac{1}{9} = \frac{1}{18}$. Also gilt für den Korrelationskoeffizienten $\rho_{X,Y} = -\frac{1}{2}$. Gemäß Satz 6.33 ist der beste lineare Vorhersager von Y gegeben durch die Regressionsgerade $f(x) = \frac{1}{2}(1-x)$. Mit Hilfe der Darstellung in Abb. 9.7 können wir dies auch intuitiv einsehen.

Übungen

Übung 9.1 Es sei (X,Y) gleichverteilt auf dem Einheitsquadrat $(0,1)^2$. Bestimme die Verteilungsfunktion von Y/X und die zugehörige Dichte.

Übung 9.2 Es sei (X,Y) auf dem Dreieck $\Delta = \{(x,y) : 0 < x, y < 1, x + y < 1\}$ gleichverteilt. (i) Bestimme die marginalen Dichten f_X und f_Y.
(ii) Bestimme die Verteilungsfunktion sowie die Dichte von Y/X.
(iii) Bestimme die gemeinsame Dichte von X und Y/X und daraus erneut die marginale Dichte von Y/X.

Übung 9.3 Bestimme die Dichte von $Y - X$, wenn X, Y die gemeinsame Dichte $f(x,y) = e^{-x-y} 1_{(0,\infty)}(x) 1_{(0,\infty)}(y)$ hat.

Übung 9.4 Wähle zufällig einen Punkt (X, Y) aus der Einheitskreisscheibe $B = \{(x, y) : x, y > 0, x^2 + y^2 \leq 1\}$.
(i) Bestimme die Dichte von X sowie von Y.
(ii) Berechne den Erwartungswert des Flächeninhalts des Rechtecks mit den Eckpunkten $(0,0)$ und (X, Y).
(iii) Bestimme die Kovarianz von X und Y.

Übung 9.5 Beweise Satz 9.8, die Transformationsformel für den Erwartungswert, für die Funktion $u(x, y) = x$.

Übung 9.6 Es sei (X, Y) gleichverteilt auf $(0, 1)^2$ und $Z := Y/X$. Berechne $E(\sqrt{Z})$ auf zwei Weisen, einmal als $\int_0^1 \int_0^1 \sqrt{y/x}\, dx\, dy$ und dann als $\int_0^1 t f_{\sqrt{Z}}(t)\, dt$, wobei $f_{\sqrt{Z}}$ die Dichte von $\sqrt{Z}$ ist.

9.2 Unabhängigkeit stetiger Zufallsvariablen

Wir haben in Kapitel 3 eine Unabhängigkeitseigenschaft für Ereignisse definiert und darauf aufbauend die Definition 6.10 für die Unabhängigkeit beliebiger Zufallsvariablen gegeben. Für diskrete Zufallsvariablen haben wir schon in Abschnitt 6.2 gezeigt, dass die Unabhängigkeit an der gemeinsamen Wahrscheinlichkeitsfunktion zu erkennen ist. In Satz 6.12 haben wir bewiesen, dass eine notwendige und hinreichende Bedingung dafür die Faktorisierbarkeit der Wahrscheinlichkeitsfunktion ist. Nun betrachten wir für den stetigen Fall die gemeinsame Dichtefunktion und beweisen einen analogen Sachverhalt.

Satz 9.11 *Die gemeinsame Dichtefunktion unabhängiger stetiger Zufallsvariablen X, Y ist gleich dem Produkt der marginalen Dichtefunktionen, d.h.*

$$f(x, y) = f_X(x)\, f_Y(y). \tag{9.6}$$

Hat umgekehrt die gemeinsame Dichtefunktion eine Produktgestalt, d.h.

$$f(x, y) = \phi(x) \cdot \psi(y), \tag{9.7}$$

so sind X und Y unabhängige Zufallsvariablen mit den marginalen Dichtefunktionen $f_X(x) = \alpha\, \phi(x)$ und $f_Y(y) = \beta\, \psi(y)$, wobei $\alpha := (\int \phi(x) dx)^{-1}$ und $\beta := (\int \psi(y) dy)^{-1}$.

Beweis. Sind X und Y unabhängige Zufallsvariablen, so folgt gemäß Definition 6.10, dass für beliebige $a_1, b_1, a_2, b_2 \in \mathbb{R}$ gilt

$$P(a_1 < X \leq b_1,\ a_2 < Y \leq b_2) = P(a_1 < X \leq b_1) P(a_2 < Y \leq b_2)$$

$$= \int_{a_1}^{b_1} f_X(x) dx \int_{a_2}^{b_2} f_Y(y) dy$$

$$= \int_{a_2}^{b_2} \left(\int_{a_1}^{b_1} f_X(x) f_Y(y) dx \right) dy,$$

und somit hat X, Y die gemeinsame Dichtefunktion $f_X(x) f_Y(y)$.

Zum Beweis der Umkehrung bemerken wir zunächst, dass aus (9.7) und der Definition der Dichtefunktion folgt

$$1 = \int_{\mathbb{R}^2} f(x,y)dxdy = \int_{\mathbb{R}^2} \phi(x)\psi(y)dxdy = \int \phi(x)dx \int \psi(y)dy = (\alpha\beta)^{-1}$$

und somit $\alpha\beta = 1$. Also gilt

$$P(a < X \le b) = P(a < X \le b, \ -\infty < Y < \infty)$$

$$= \int \int_a^b \phi(x)\psi(y)dxdy$$

$$= \int \int_a^b \alpha\beta\phi(x)\psi(y)dxdy = \int_a^b \alpha\phi(x)dx,$$

d.h. X hat die Dichtefunktion $\alpha\phi(x)$. Ebenso lässt sich zeigen, dass Y die Dichte $\beta\,\psi(y)$ hat. Damit folgt für beliebige Intervalle $(a_1, b_1]$, $(a_2, b_2] \subset \mathbb{R}$

$$P(a_1 < X \le b_1, \ a_2 < Y \le b_2) = \int_{a_2}^{b_2} \int_{a_1}^{b_1} \phi(x)\psi(y)\,dxdy$$

$$= \int_{a_2}^{b_2} \int_{a_1}^{b_1} \alpha\phi(x)\beta\psi(y)\,dxdy$$

$$= \int_{a_1}^{b_1} \alpha\phi(x)dx \int_{a_2}^{b_2} \beta\psi(y)\,dy$$

$$= P(a_1 < X \le b_1)P(a_2 < Y \le b_2).$$

So haben wir gezeigt, dass X und Y unabhängige Zufallsvariablen sind. $\square$

Für unabhängige diskrete Zufallsvariablen X, Y haben wir in Satz 6.16 gezeigt, dass $E(XY) = (EX)(EY)$. Diese Identität gilt auch für stetige Zufallsvariablen und den dafür definierten Erwartungswert. Seien f bzw. g die marginalen Dichten von X und Y, so folgt

$$E(XY) = \int xy f(x)g(y)\,dxdy = \int \int xy f(x)g(y)\,dxdy$$

$$= \int x f(x)\,dx \int y g(y)\,dy = (EX)(EY).$$

Ganz allgemein gilt diese Eigenschaft für beliebige unabhängige Zufallsvariablen. In Folge bleiben dann die Sätze 6.32 und 6.17, dass unabhängige Zufallsvariablen unkorreliert sind und dass die Varianz einer Summe unabhängiger Zufallsvariablen die Summe der Varianzen ist, gültig.

Beispiel 9.12 (i) Es seien X und Y unabhängige, auf $[0, 1]$ gleichverteilte Zufallsvariablen. Dann hat (X, Y) die Dichte

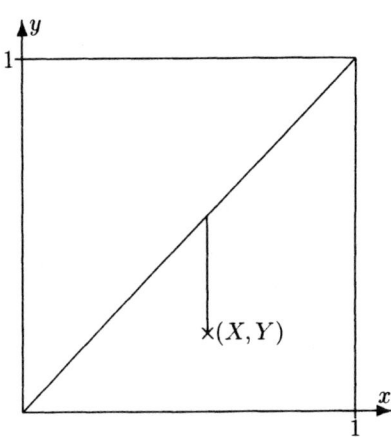

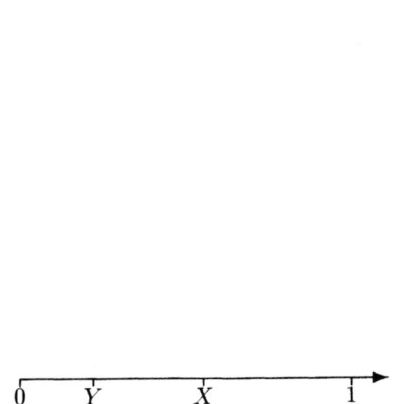

Abb. 9.8. Zwei Punkte unabhängig aus $[0,1]$ zu wählen entspricht der Wahl eines Punktes (X,Y) aus $[0,1]^2$. Der Abstand $|X-Y|$ ist gleich dem vertikalen Abstand zur Diagonale in $[0,1]^2$.

$$f(x,y) = 1_{[0,1]}(x)\,1_{[0,1]}(y) = 1_{[0,1]^2}(x,y),$$

und somit ist (X,Y) gleichverteilt auf $[0,1]^2$. Also ist das unabhängige, zufällige Wählen zweier Zahlen aus $[0,1]$ gleich der zufälligen Wahl eines Punktes aus $[0,1]^2$.

(ii) Wir betrachten den Abstand $Z := |X-Y|$ zweier zufällig aus $[0,1]$ gewählter Zahlen und fragen nach dessen Verteilung. Nach (i) ist diese gleich der Verteilung des Abstandes der beiden Koordinaten eines zufällig aus dem Einheitsquadrat $[0,1]^2$ gewählten Punktes. Die Verteilung von Z und ihre Dichtefunktion haben wir im Beispiel 9.3 bereits bestimmt.

(iii) Es seien X und Y unabhängige Gamma-verteilte Zufallsvariablen mit Parametern (r,λ) bzw. (s,λ). Wir wollen die Verteilung der Zufallsvariablen $V := \frac{Y}{X}$ bestimmen. Diese Fragestellung können wir geometrisch so formulieren, dass wir die Steigung der Geraden, die (X,Y) mit dem Ursprung verbindet, berechnen wollen. Nun hat (X,Y) die gemeinsame Dichte

$$f(x,y) = \frac{\lambda^{r+s}}{\Gamma(r)\Gamma(s)}x^{r-1}e^{-\lambda x}y^{s-1}e^{-\lambda y}1_{(0,\infty)}(x)1_{(0,\infty)}(y).$$

Da $\frac{Y}{X} > 0$, gilt $P\left(\frac{Y}{X} \leq t\right) = 0$ für $t \leq 0$. Für $t > 0$ können wir umformen

$$P\left(\frac{Y}{X} \leq t\right) = P(Y \leq tX) = P((X,Y) \in A_t),$$

wobei $A_t := \{(x,y) : y \leq tx\}$. Dann gilt

$$P\left(\frac{Y}{X} \leq t\right) = \int_0^\infty \left(\int_0^{tx} \frac{\lambda^{r+s}}{\Gamma(r)\Gamma(s)} x^{r-1} y^{s-1} e^{-\lambda(x+y)} dy\right) dx$$

$$= \int_0^\infty \left(\int_0^t \frac{\lambda^{r+s}}{\Gamma(r)\Gamma(s)} x^{r-1}(zx)^{s-1} e^{-\lambda(x+zx)} x\, dz\right) dx$$

$$= \frac{\lambda^{r+s}}{\Gamma(r)\Gamma(s)} \int_0^t z^{s-1} \left(\int_0^\infty x^{r+s-1} e^{-\lambda x(1+z)} dx\right) dz$$

$$= \frac{\lambda^{r+s}}{\Gamma(r)\Gamma(s)} \int_0^t z^{s-1} \left(\int_0^\infty \left(\frac{u}{\lambda(1+z)}\right)^{r+s-1} e^{-u} \frac{du}{\lambda(1+z)}\right) dz$$

$$= \frac{1}{\Gamma(r)\Gamma(s)} \int_0^t \frac{z^{s-1}}{(1+z)^{r+s}} \left(\int_0^\infty u^{r+s-1} e^{-u} du\right) dz$$

$$= \frac{\Gamma(r+s)}{\Gamma(r)\Gamma(s)} \int_0^t \frac{z^{s-1}}{(1+z)^{r+s}} dz.$$

Hieraus erkennen wir, dass die Zufallsvariable $\frac{Y}{X}$ die Dichtefunktion

$$f_{\frac{Y}{X}}(z) = \frac{\Gamma(r+s)}{\Gamma(r)\Gamma(s)} \frac{z^{s-1}}{(1+z)^{r+s}} 1_{(0,\infty)}(z) \tag{9.8}$$

hat. Dieses Ergebnis können wir auch erhalten, indem wir die gemeinsame Dichte von $X, \frac{Y}{X}$ bestimmen und anschließend daraus die zweite Marginale.

(iv) Wir werden nun weiter die Dichte der Zufallsvariablen $W := \frac{X}{X+Y}$ bestimmen, wobei X und Y wie in (iii) definiert sind. Mit dem oben definierten $V = \frac{Y}{X}$ gilt $W = \frac{1}{1+V}$, und wir verwenden die Transformationsformel (8.14) für $u(v) = \frac{1}{1+v}$. Die inverse Abbildung von u ist $u^{-1}(w) = \frac{1}{w} - 1$ und es gilt $\frac{d}{dw} u^{-1}(w) = -\frac{1}{w^2}$. Die Dichtefunktion von V haben wir in (9.8) bestimmt und damit gilt

$$f_W(w) = f_V(u^{-1}(w)) \left|\frac{d}{dw} u^{-1}(w)\right|$$

$$= \frac{\Gamma(r+s)}{\Gamma(r)\Gamma(s)} \left(\frac{1}{w} - 1\right)^{s-1} w^{r+s} 1_{(0,\infty)} \left(\frac{1}{w} - 1\right) \frac{1}{w^2}$$

$$= \frac{\Gamma(r+s)}{\Gamma(r)\Gamma(s)} (1-w)^{s-1} w^{r-1} 1_{(0,1)}(w).$$

Da das Integral $\int_0^1 (1-w)^{s-1} w^{r-1} dw$ für $r, s > 0$ genau die Betafunktion $B(r,s)$ definiert und für alle Dichten $\int f(w) dw = 1$ gilt, erhalten wir als Zwischenschritt

$$B(r,s) = \frac{\Gamma(r)\Gamma(s)}{\Gamma(r+s)}.$$

Diese Identität für die Betafunktion, die wir hier mit Hilfsmitteln der Wahrscheinlichkeitsrechnung bewiesen haben, ist in der Analysis auf direktem Wege nicht so leicht zu beweisen.

Wir können nun die Dichtefunktion f_W damit weiter umformen und erhalten

$$f_W(w) = \frac{1}{B(r,s)} w^{r-1}(1-w)^{s-1} \, 1_{(0,1)}(w).$$

Also hat $W = \frac{X}{X+Y}$ eine $Beta(r,s)$-Verteilung.

Im Folgenden wollen wir die Dichte einer Summe unabhängiger, stetiger Zufallsvariablen bestimmen.

Satz 9.13 (Faltungsformel für Dichten) *Es seien X und Y unabhängige Zufallsvariablen mit Dichten f bzw. g. Dann hat ihre Summe $Z = X + Y$ die Dichte*

$$h(z) = \int f(z-y)g(y)\,dy = \int f(x)g(z-x)\,dx. \tag{9.9}$$

Beweis. Wir bestimmen die Verteilungsfunktion von $X + Y$. Da X und Y unabhängig sind, hat (X, Y) die Dichte $f(x)g(y)$, und es folgt

$$\begin{aligned}
P(X+Y \leq t) &= \int\int_{\{(x,y):\, x+y \leq t\}} f(x)g(y)\,dx\,dy \\
&= \int \left(\int_{-\infty}^{t-y} f(x)g(y)\,dx \right) dy \\
&= \int \left(\int_{-\infty}^{t} f(z-y)g(y)\,dz \right) dy \\
&= \int_{-\infty}^{t} \left(\int f(z-y)g(y)\,dy \right) dz.
\end{aligned}$$

Also hat $X + Y$ die Dichte $\int f(z-y)g(y)\,dy$ und die zweite Identität kann analog bewiesen werden. □

Mit der Identität (9.9) wird eine Operation definiert, die zwei integrierbaren Funktionen eine dritte Funktion zuordnet. Diese Operation heißt Faltung und das Ergebnis heißt Faltungsprodukt der Funktionen f und g. Als Symbol verwenden wir $f * g$. Dies ist eine Analogie zu dem mit (6.13) definierten Faltungsprodukt für Wahrscheinlichkeitsfunktionen. Damit können wir Satz 9.13 kurz formulieren. Die Dichte der Summe zweier unabhängiger Zufallsvariablen ist das Faltungsprodukt der einzelnen Dichten.

Beispiel 9.14 Es seien X und Y unabhängige Zufallsvariablen mit einer $Gamma(r,\lambda)$ bzw. $Gamma(s,\lambda)$-Verteilung. Mit Hilfe der Faltungsformel lässt sich die Dichte der Summe $X + Y$ berechnen

$$h(z) = \int \frac{\lambda^r}{\Gamma(r)} x^{r-1} e^{-\lambda x} \, 1_{(0,\infty)}(x) \, \frac{\lambda^s}{\Gamma(s)} (z-x)^{s-1} e^{-\lambda(z-x)} \, 1_{(0,\infty)}(z-x) \, dx$$

$$= \frac{\lambda^{r+s}}{\Gamma(r)\Gamma(s)} e^{-\lambda z} \, 1_{(0,\infty)}(z) \int_0^z x^{r-1}(z-x)^{s-1} \, dx$$

$$= \frac{\lambda^{r+s}}{\Gamma(r)\Gamma(s)} e^{-\lambda z} z^{r+s-1} \, 1_{(0,\infty)}(z) \int_0^z \left(\frac{x}{z}\right)^{r-1} \left(1-\frac{x}{z}\right)^{s-1} z^{-1} \, dx$$

$$= \frac{\lambda^{r+s}}{\Gamma(r)\Gamma(s)} e^{-\lambda z} z^{r+s-1} \, 1_{(0,\infty)}(z) \int_0^1 u^{r-1}(1-u)^{s-1} \, du$$

$$= \frac{B(r,s)}{\Gamma(r)\Gamma(s)} \lambda^{r+s} z^{r+s-1} e^{-\lambda z} 1_{(0,\infty)}(z)$$

$$= \frac{\lambda^{r+s}}{\Gamma(r+s)} z^{r+s-1} e^{-\lambda z} 1_{(0,\infty)}(z).$$

Also hat $X+Y$ eine $Gamma(r+s, \lambda)$-Verteilung. Mit vollständiger Induktion können wir diese Aussage erweitern auf eine Summe von n $Gamma(r_i, \lambda)$-verteilten Zufallsvariablen X_i. Die Zufallsvariable $S_n = \sum_{i=1}^n X_i$ ist dann Gamma-verteilt mit Parametern $r = \sum_{i=}^n r_i$ und λ. Für den Sonderfall $r_1 = \ldots = r_n = 1$ erhalten wir die Aussage, dass die Summe von n unabhängigen $Exp(\lambda)$-verteilten Zufallsvariablen $Gamma(n, \lambda)$-verteilt ist. Analoge Zusammenhänge gelten im diskreten Fall für die geometrische und die negativbinomiale Verteilung, siehe Übung 6.10 und 6.11. Es gibt einen tieferen und allgemeineren Zusammenhang. Die exponentielle bzw. die Gammaverteilung beschreiben die Wartezeit bis zum ersten bzw. n-ten Erfolg bei einer ‚stetigen Folge von Bernoulli-Experimenten‘, womit wir uns im Kapitel 11 über Poissonprozesse beschäftigen werden.

Übungen

Übung 9.7 Es seien X und Y unabhängige $N(0,1)$-verteilte Zufallsvariablen. Bestimme die gemeinsame Dichte von $(X, \frac{Y}{X})$ sowie die Dichte von $\frac{Y}{X}$.

Übung 9.8 Bestimme das Faltungsprodukt der Dichten zweier auf $[0,1]$ gleichverteilter Zufallsvariablen.

Übung 9.9 Es seien X und Y unabhängige Zufallsvariablen. X sei $N(0,1)$-verteilt und $Y > 0$ habe die Dichte f. Bestimme die Dichte von $X \cdot Y$.

Übung 9.10 Es seien X und Y unabhängige, auf $[0,1]$ gleichverteilte Zufallsvariablen. Bestimme die Dichten von $Y - X$ sowie von $X \cdot Y$.

Übung 9.11 (i) Es seien $X_1, \ldots, X_n$ unabhängige, identisch verteilte Zufallsvariablen mit Verteilungsfunktion $F(x)$. Zeige, dass $U := \min(X_1, \ldots, X_n)$ und $V := \max(X_1, \ldots, X_n)$ die Verteilungsfunktionen $F_U(u) = 1-(1-F(u))^n$ bzw. $F_V(v) = (F(v))^n$ haben.
(ii) Bestimme die Dichten von U bzw. V unter der Voraussetzung, dass F die Dichte f hat.

9.3 Die momenterzeugende Funktion

Im Abschnitt 7.3 haben wir für beliebige Zufallsvariablen die momenterzeugende Funktion $m(t) = Ee^{tX}$ definiert. Nun können wir für Zufallsvariablen mit stetiger Verteilung unter Verwendung der Transformationsformel (8.16) die momenterzeugende Funktion m einer Zufallsvariablen X mit Dichte f wie folgt berechnen

$$m(t) = E\left(e^{tX}\right) = \int e^{tx} f(x) dx.$$

Die momenterzeugende Funktion ist ein sehr nützliches Hilfsmittel bei der Bestimmung der Verteilung einer Summe unabhängiger Zufallsvariablen. Die Sätze, die in Abschnitt 7.3 aufgeführt sind, gelten für beliebige Zufallsvariablen, insbesondere Satz 7.18, dass die momenterzeugende Funktion einer Summe unabhängiger Zufallsvariablen gleich dem Produkt der momenterzeugenden Funktionen ist.

Beispiel 9.15 (i) Eine $Gamma(r, \lambda)$-verteilte Zufallsvariable X hat die momenterzeugende Funktion

$$m_X(t) = \int_0^\infty e^{tx} \frac{\lambda^r}{\Gamma(r)} x^{r-1} e^{-\lambda x} dx = \int_0^\infty \frac{\lambda^r}{\Gamma(r)} x^{r-1} e^{-(\lambda-t)x} dx$$

$$= \left(\frac{\lambda}{\lambda - t}\right)^r \int_0^\infty \frac{(\lambda - t)^r}{\Gamma(r)} x^{r-1} e^{-(\lambda-t)x} dx$$

$$= \left(\frac{\lambda}{\lambda - t}\right)^r,$$

wobei wir für die letzte Identität verwendet haben, dass der Integrand die Dichtefunktion der $Gamma(r, \lambda - t)$-Verteilung ist. Diese Berechnungen gelten für $t < \lambda$. Für $t \geq \lambda$ existiert die momenterzeugende Funktion nicht. Sind nun X und Y unabhängige, $Gamma(r, \lambda)$ bzw. $Gamma(s, \lambda)$-verteilte Zufallsvariablen, so hat $X + Y$ nach Satz 7.18 die momenterzeugende Funktion

$$m_{X+Y}(t) = \left(\frac{\lambda}{\lambda - t}\right)^r \left(\frac{\lambda}{\lambda - t}\right)^s = \left(\frac{\lambda}{\lambda - t}\right)^{r+s}.$$

Dies ist die momenterzeugende Funktion einer $Gamma(r + s, \lambda)$-Verteilung, und mit der Aussage von Satz 7.17 können wir daraus folgern, dass $X + Y$ eine $Gamma(r + s, \lambda)$-Verteilung hat.

(ii) Eine $N(0, 1)$-verteilte Zufallsvariable X hat die momenterzeugende Funktion

$$m_X(t) = \int \frac{1}{\sqrt{2\pi}} e^{tx} e^{-\frac{1}{2}x^2} dx$$

$$= \int \frac{1}{\sqrt{2\pi}} e^{-\frac{1}{2}(x^2 - 2tx + t^2)} e^{\frac{1}{2}t^2} dx$$

$$= e^{\frac{1}{2}t^2} \int \frac{1}{\sqrt{2\pi}} e^{-\frac{1}{2}(x-t)^2} dx \quad = \quad e^{\frac{1}{2}t^2},$$

wobei wir für die letzte Identität verwendet haben, dass $\frac{1}{\sqrt{2\pi}} e^{-\frac{1}{2}(x-t)^2}$ die Dichtefunktion der $N(t, 1)$-Verteilung ist. Eine $N(\mu, \sigma^2)$-verteilte Zufallsvariable Y können wir auch schreiben als $Y = \sigma X + \mu$, wobei X eine $N(0, 1)$-Verteilung hat. Somit hat Y nach Lemma 7.14 die momenterzeugende Funktion

$$m_Y(t) = e^{\mu t} m_X(\sigma t) = \exp\left(\mu t + \frac{1}{2}\sigma^2 t^2\right).$$

Sind nun X und Y unabhängige, $N(\mu_1, \sigma_1^2)$ bzw. $N(\mu_2, \sigma_2^2)$-verteilte Zufallsvariablen, so hat $X + Y$ nach Satz 7.18 die momenterzeugende Funktion

$$m_{X+Y}(t) = \exp\left((\mu_1 + \mu_2) t + \frac{1}{2}\left(\sigma_1^2 + \sigma_2^2\right) t^2\right).$$

Dies ist die momenterzeugende Funktion einer $N(\mu_1 + \mu_2, \sigma_1^2 + \sigma_2^2)$-Verteilung. Mit der Aussage von Satz 7.17 können wir also daraus folgern, dass die Summe zweier unabhängiger, normalverteilter Zufallsvariablen wieder normalverteilt ist, wobei beide Parameter jeweils aufaddiert werden müssen.

Übungen

Übung 9.12 Bestimme die momenterzeugende Funktion einer auf $[-\frac{1}{2}, \frac{1}{2}]$ gleichverteilten Zufallsvariablen und die momenterzeugende Funktion einer Verteilung, die die Dichte $f(x) = (1 - |x|)1_{[-1,1]}(x)$ hat. Zeige, dass die Summe $X + Y$ der unabhängigen, auf $[-\frac{1}{2}, \frac{1}{2}]$ gleichverteilten Zufallsvariablen X und Y die Dichtefunktion f hat.

9.4 Maximum, Minimum und Ordnungsstatistiken

Es seien $X_1, \ldots, X_n$ reellwertige Zufallsvariablen. Für jedes feste $\omega \in \Omega$ haben wir die Möglichkeit, die Werte $X_1(\omega), \ldots, X_n(\omega)$ der Größe nach zu ordnen. Wir definieren neue Zufallsvariablen $X_{(k)}$, die für jedes $\omega \in \Omega$ den Wert haben, der an der k-ten Stelle der Größenordnung steht, $1 \le k \le n$. Insbesondere gilt

$$X_{(1)} = \min\{X_1, \ldots, X_n\}$$
$$X_{(n)} = \max\{X_1, \ldots, X_n\}.$$

Definition 9.16 *Die Zufallsvariablen $X_{(1)}, \ldots, X_{(n)}$ heißen die Ordnungsstatistik der Zufallsvariablen $X_1, \ldots, X_n$, wenn für jedes $\omega \in \Omega$ gilt*

$$X_{(1)}(\omega) \leq \ldots \leq X_{(n)}(\omega)$$

und $(X_{(1)}(\omega), \ldots, X_{(n)}(\omega)) = (X_{\sigma_1}(\omega), \ldots, X_{\sigma_n}(\omega))$, wobei $(\sigma_1, \ldots, \sigma_n)$ eine Permutation von $(1, \ldots, n)$ ist. $X_{(k)}$ heißt die k-te Ordnungsstatistik der Zufallsvariablen $X_1, \ldots, X_n$.

Eine andere Schreibweise für die Ordnungsstatistik ist $(X_{n:1}, \ldots, X_{n:n})$. Diese Schreibweise ist vor allem dann sinnvoll, wenn n variieren kann, da dabei die Abhängigkeit von n deutlich zum Ausdruck kommt.

Wir bestimmen nun die Verteilungsfunktion sowie die Dichte der einzelnen Ordnungsstatistiken.

Satz 9.17 *Es seien $X_1, \ldots, X_n$ unabhängige, identisch verteilte Zufallsvariablen mit Verteilungsfunktion F. Dann ist die Verteilungsfunktion $F_{(k)}$ der k-ten Ordnungsstatistik $X_{(k)}$ gegeben durch*

$$F_{(k)}(x) = P(X_{(k)} \leq x) = \sum_{j=k}^{n} \binom{n}{j} (F(x))^j (1 - F(x))^{n-j}. \qquad (9.10)$$

Haben die Zufallsvariablen die Dichte f, so hat die k-te Ordnungsstatistik $X_{(k)}$ eine Dichte, welche gegeben ist durch

$$f_{(k)}(x) = n f(x) \binom{n-1}{k-1} (F(x))^{k-1} (1 - F(x))^{n-k}. \qquad (9.11)$$

Beweis. Für jedes feste x gilt $X_{(k)}(\omega) \leq x$ genau dann, wenn mindestens k der Beobachtungswerte $X_1(\omega), \ldots, X_n(\omega)$ im Intervall $(-\infty, x]$ liegen. Betrachten wir nun zu jedem $i \in \{1, \ldots, n\}$ die Ereignisse $\{\omega : X_i(\omega) \leq x\}$ (Erfolg) und $\{\omega : X_i(\omega) > x\}$ (Misserfolg), so bedeutet dies, dass unter den n Bernoulli-Experimenten mindestens k Erfolge eintreten müssen. Die Erfolgswahrscheinlichkeit ist $P(X_i \leq x) = F(x)$, und somit gilt

$$P(X_{(k)} \leq x) = \sum_{j=k}^{n} \binom{n}{j} (F(x))^j (1 - F(x))^{n-j}.$$

Wir bestimmen die Dichte von $X_{(k)}$ gemäß Lemma 8.8 durch Differenzieren der Verteilungsfunktion $F_{(k)}$ nach x und erhalten so

$$f_{(k)}(x) = \sum_{j=k}^{n} \binom{n}{j} \left(j(F(x))^{j-1} f(x)(1 - F(x))^{n-j} \right.$$

$$\left. -(n-j)(F(x))^{j}(1 - F(x))^{n-j-1} f(x) \right)$$

$$= nf(x) \sum_{j=k}^{n} \left(\binom{n-1}{j-1} (F(x))^{j-1}(1 - F(x))^{n-j} \right.$$

$$\left. -\binom{n-1}{j}(F(x))^{j}(1 - F(x))^{n-j-1} \right).$$

Beim Umformen haben wir die beiden Identitäten $j\binom{n}{j} = n\binom{n-1}{j-1}$ und $(n-j)\binom{n}{j} = n\binom{n-1}{j}$ verwendet. Auf der rechten Seite haben wir nun eine teleskopische Summe. Die Summanden heben sich bis auf den ersten Term für $j = k$ auf, da $\binom{n-1}{j}(F(x))^{j}(1 - F(x))^{n-j-1}$ für $j = n$ gleich 0 ist.   □

Haben wir nun n unabhängige, identisch verteilte Zufallsvariablen, so können wir die Dichten des Minimums sowie des Maximums dieser Zufallsvariablen mit Hilfe dieses Satzes bestimmen, da $X_{(1)}$ das Minimum und $X_{(n)}$ das Maximum ist. Es gilt

$$f_{(1)}(x) = nf(x)(1 - F(x))^{n-1}$$
$$f_{(n)}(x) = nf(x)(F(x))^{n-1},$$

was sich übrigens auch direkt zeigen lässt, siehe Übung 9.11.

Beispiel 9.18 Wir bestimmen die Dichte der k-ten Ordnungsstatistik von n unabhängigen, auf $[0,1]$ gleichverteilten Zufallsvariablen. Die Gleichverteilung auf dem Einheitsintervall ist definiert durch die Dichte $f(x) = 1_{[0,1]}(x)$ und die Verteilungsfunktion ist $F(x) = x$ auf $[0,1]$. Also hat $X_{(k)}$ mit Satz 9.17 die Dichtefunktion

$$f_{(k)}(x) = n\binom{n-1}{k-1} x^{k-1}(1 - x)^{n-k} 1_{(0,1)}(x)$$

$$= \frac{n!}{(n-k)!(k-1)!} x^{k-1}(1 - x)^{n-k} 1_{(0,1)}(x)$$

$$= \frac{\Gamma(n+1)}{\Gamma(k)\Gamma(n-k+1)} x^{k-1}(1 - x)^{n-k} 1_{(0,1)}(x)$$

$$= \frac{1}{B(k, n-k+1)} x^{k-1}(1 - x)^{n-k} 1_{(0,1)}(x),$$

wobei wir verwendet haben, dass $\Gamma(n) = (n-1)!$ und $B(r,s) = \frac{\Gamma(r)\Gamma(s)}{\Gamma(r+s)}$, siehe 9.12. Damit haben wir gezeigt, dass die k-te Ordnungsstatistik von n unabhängigen, auf $[0,1]$ gleichverteilten Zufallsvariablen $Beta(k, n-k+1)$-verteilt ist.

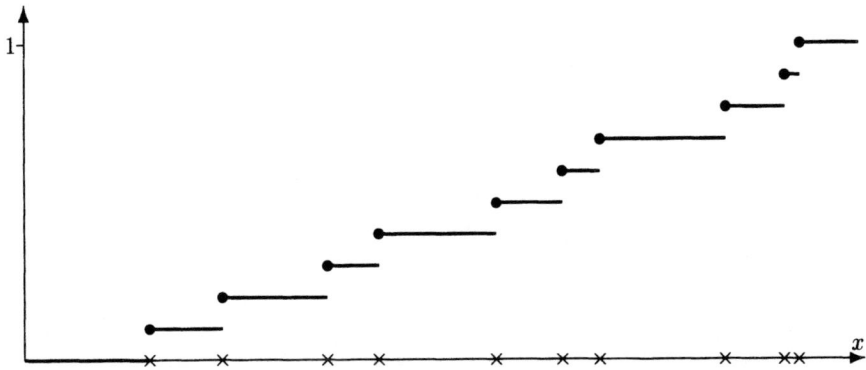

Abb. 9.9. Empirische Verteilungsfunktion von $n = 10$ Beobachtungen.

In engem Zusammenhang zu den Ordnungsstatistiken steht die empirische Verteilung der Beobachtungen $X_1, \ldots, X_n$, die jedem Beobachtungswert die Wahrscheinlichkeitsmasse $\frac{1}{n}$ zuordnet. In Abb. 9.9 ist eine Darstellung der Verteilungsfunktion dieser diskreten Verteilung gegeben. Diese Verteilungsfunktion hat Sprünge der Größe $\frac{1}{n}$ an jedem der Beobachtungswerte.

Definition 9.19 *Es seien $X_1, \ldots, X_n$ reellwertige Zufallsvariablen. Dann heißt die Funktion $F_n : \mathbb{R} \to [0,1]$, gegeben durch*

$$F_n(x) := \frac{1}{n} \sum_{i=1}^{n} 1_{\{X_i \leq x\}}$$

die empirische Verteilungsfunktion.

Die empirische Verteilungsfunktion ist eine auf Ω definierte Zufallsvariable, die wir auch mit $F_n(x, \omega)$ bezeichnen. Jede Realisierung von F_n für festes $\omega \in \Omega$ ist eine Verteilungsfunktion auf $\mathbb{R}$. Auch diese Realisierung heißt empirische Verteilungsfunktion.

Der Zusammenhang zwischen der empirischen Verteilungsfunktion und der Ordnungsstatistik besteht in der folgenden Äquivalenz

$$X_{(k)} \leq x \iff n\, F_n(x) \geq k.$$

Für festes $x \in \mathbb{R}$ ist $F_n(x)$ eine reellwertige Zufallsvariable, für die gilt $n\, F_n(x) = \sum_{i=1}^{n} 1_{\{X_i \leq x\}}$. Sind die Zufallsvariablen $X_1, \ldots, X_n$ unabhängig und identisch verteilt, so ist $nF_n(x)$ die Summe von n unabhängigen Bernoulliverteilten Zufallsvariablen mit Erfolgswahrscheinlichkeit $p = F(x) = P(X_i \leq x)$, und somit hat $nF_n(x)$ eine $Bin(n, F(x))$-Verteilung. Mit diesen Begriffsbildungen können wir den Beweis des ersten Teils von Satz 9.17 auch so geben

$$P(X_{(k)} \leq x) = P(nF_n(x) \geq k)$$

$$= \sum_{j=k}^{n} P(nF_n(x) = j) = \sum_{j=k}^{n} \binom{n}{j} (F(x))^j (1 - F(x))^{n-j}.$$

Übungen

Übung 9.13 Es seien $X_1, \ldots, X_n$ unabhängige, $Exp(\lambda_1)$, $\ldots$, $Exp(\lambda_n)$-verteilte Zufallsvariablen. Bestimme die Verteilung von $\min(X_1, \ldots, X_n)$. Überprüfe für den Spezialfall $\lambda_1 = \ldots = \lambda_n$, dass dies mit dem Resultat von Satz 9.17 übereinstimmt.

Übung 9.14 Es seien X_1 und X_2 unabhängige, auf $[0, 1]$ gleichverteilte Zufallsvariablen. Bestimme die gemeinsame Verteilung von $U := \min(X_1, X_2)$ und $V := \max(X_1, X_2)$. Zeige, dass die marginalen Verteilungen Betaverteilungen sind.

Übung 9.15 Es seien $X_1, \ldots, X_n$ unabhängige, Pareto(2)-verteilte Zufallsvariablen. Berechne die Wahrscheinlichkeit $p_n(k)$, dass k der Zufallsvariablen einen Wert $x \geq n$ annehmen und bestimme eine Approximation für $p_n(k)$.

Übung 9.16 Es seien $X_1, \ldots, X_n$ unabhängige, $Exp(\lambda)$-verteilte Zufallsvariablen. Zu einer Folge $(a_n)_{n \geq 1}$ sei $p_n(k)$ die Wahrscheinlichkeit, dass k der Zufallsvariablen einen Wert $x \geq a_n$ annehmen. Bestimme eine Folge $(a_n)_{n \geq 1}$ so, dass $\lim_{n \to \infty} p_n(k)$ existiert.

9.5 Geometrische Wahrscheinlichkeiten

In diesem Abschnitt werden wir uns mit der Modellierung von Experimenten beschäftigen, in denen ein geometrisches Objekt, etwa ein Punkt, eine Gerade oder ein Intervall, eine zentrale Rolle spielen oder hilfreich sein können. Die dabei zu berechnenden Wahrscheinlichkeiten von Ereignissen heißen geometrische Wahrscheinlichkeiten. Meist beginnt die Aufgabenstellung damit, dass ein geometrisches Objekt zufällig gewählt wird. In der Geschichte der Wahrscheinlichkeitstheorie haben geometrische Wahrscheinlichkeiten unter anderem deshalb eine wichtige Rolle gespielt, weil hierbei immer wieder Paradoxa auftreten, die Anlass zu Diskussionen über die Modellierung des Phänomens der ‚zufälligen Wahl' waren und sind. Während es ein eindeutiges Modell für die zufällige Wahl eines Objektes aus einer endlichen Menge gibt, nämlich den Laplace-Raum, ist es bei der Ziehung aus einer unendlichen Menge möglich, verschiedene, intuitiv passende Modelle für die Aufgabenstellung des zufälligen Ziehens zu machen. Das sogenannte Bertrand'sche Paradoxon, siehe Übung 9.18, beruht vollständig darauf, dass wir das zufällige Wählen einer Gerade in $\mathbb{R}^2$ verschieden modellieren können, und dass in diesen unterschiedlichen Modellen dann ein- und demselben Ereignis verschiedene Wahrscheinlichkeiten zugeordnet werden. Wir müssen daher bei den folgenden Beispielen stets bedenken, dass die Berechnungen nur innerhalb des gewählten Modells gelten.

Das Buffon'sche Nadelproblem. Gegeben sei ein Linienraster von parallelen Geraden mit Abstand 1, auf das wir zufällig eine Nadel der Länge $2a$ werfen, wobei $0 < a < \frac{1}{2}$. Wir fragen nach der Wahrscheinlichkeit, dass die Nadel eine Gerade schneidet. Zuerst benötigen wir ein passendes Modell für das ‚zufällige Werfen einer Nadel'. Das gesuchte Ereignis ist eindeutig

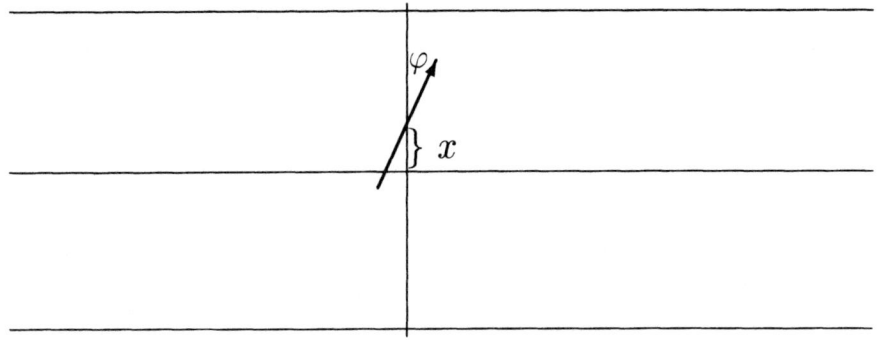

Abb. 9.10. Buffon'sches Nadelproblem

festgelegt durch den Abstand x zwischen der Nadelmitte und der nächsten daruntergelegenen Geraden sowie dem Winkel φ zwischen der Nadel und einer Senkrechten auf dem Linienraster, siehe Abb. 9.10. Diese Größen können wir als Realisierungen von Zufallsvariablen X und Φ verstehen. Wir machen die Modellannahme, dass X und Φ unabhängige, auf $[0, 1]$ bzw. $[0, 2\pi]$ gleichverteilte Zufallsvariablen sind. Dann entspricht dem gesuchten Ereignis, dass die Nadel die nächste darunter gelegene Gerade schneidet, die Bedingung $a|\cos\varphi| > x$ und analog für die nächste oberhalbgelegene Gerade die Bedingung $1 - a|\cos\varphi| < x$. Diese beiden Gebiete haben in der (x, φ)-Ebene die in Abbildung 9.11 angegebene Form. Die gemeinsame Verteilung von (X, Φ) ist eine Gleichverteilung auf dem Rechteck $[0, 1] \times [0, 2\pi]$ und somit gilt für das schraffierte Gebiet A unter Ausnutzung der Symmetrieeigenschaften

$$P(A) = \frac{|A|}{2\pi} = \frac{2a \int_0^{2\pi} |\cos\varphi| d\varphi}{2\pi} = \frac{8a}{2\pi} = \frac{4a}{\pi}.$$

Wir können das Resultat des Buffon'schen Nadelproblems auch dazu benutzen, den Wert von π annäherungsweise zu bestimmen, indem wir dieses einfache Experiment oft wiederholen.

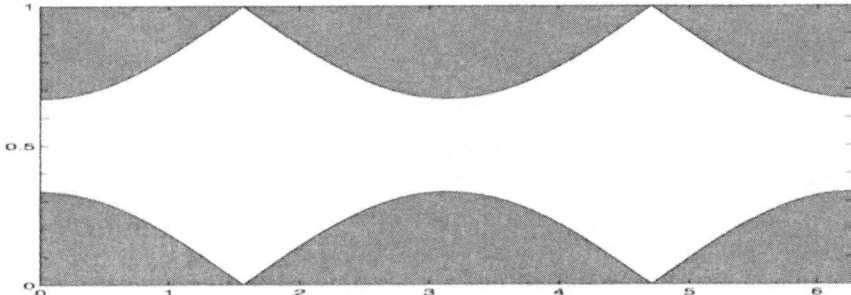

Abb. 9.11. Das Ereignis A im Buffon'schen Nadelproblem in der (φ, x)-Ebene

Längenproportional verzerrte Stichproben. Wir gehen in ein Gefängnis und fragen jeden Gefangenen danach, zu welcher Haftstrafe er verurteilt wurde. Können wir uns aus diesen Angaben, wenn wir nur ausreichend viele Gefangene befragen, ein unverfälschtes Bild davon machen, zu welcher Länge von Haftstrafen die Gefangenen verurteilt worden sind? Es wird sich herausstellen, dass dies nicht der Fall ist, weil Gefangene mit langen Haftstrafen in diesen Stichproben überrepräsentiert sind. Sie haben einfach eine größere Chance, am Tage unseres Besuches im Gefängnis zu sitzen. Ein ähnliches Phänomen erleben wir, wenn wir uns auf diese Weise mit der Frage nach der Lebensdauer aller Glühbirnen, die in den in unserem Arbeitszimmer installierten Lampen brennen, beschäftigen. Gehen wir jeweils von den zu einem Zeitpunkt intakten Glühbirnen aus, so sind die langlebigen Glühbirnen in der Stichprobe überrepräsentiert. Es kommt häufiger vor und ist nicht leicht zu verstehen, warum scheinbar unverfälschte Stichproben für eine bestimmte Fragestellung eine verfälschte Antwort geben.

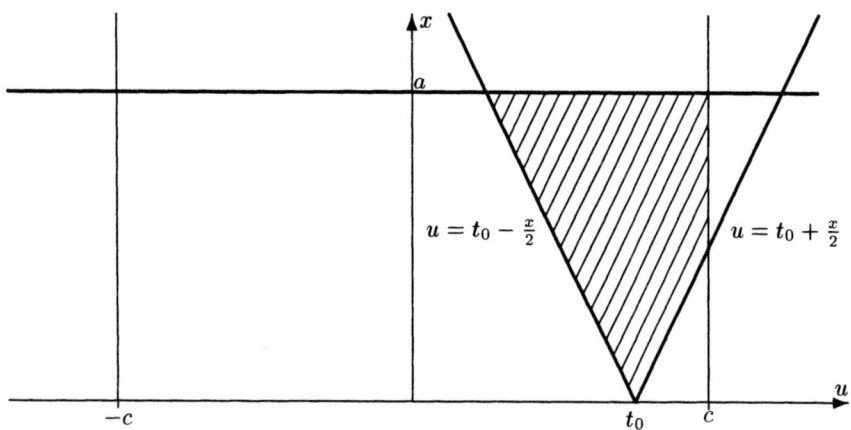

Abb. 9.12. Längenproportional verzerrte Stichproben

Wir wollen dieses Problem an einem einfachen Beispiel näher untersuchen. Die Haftdauer der Gefängnisinsassen modellieren wir als Intervall mit zufälliger Länge X und zufälligem Mittelpunkt U, wobei wir zusätzlich annehmen, dass X und U stochastisch unabhängig sind. Für die Länge X nehmen wir an, dass sie eine Dichte $p(x)$ habe, die auf $(0, \infty)$ konzentriert ist. Für den Mittelpunkt U würden wir am besten annehmen, dass er auf $\mathbb{R}$ gleichverteilt ist. Aber es gibt keine Gleichverteilung auf $\mathbb{R}$, denn die zugehörige Dichte $f(u)$ müsste auf $\mathbb{R}$ konstant sein, und dies ist mit der Bedingung $\int f(u)du = 1$ unvereinbar. So wählen wir für U eine Gleichverteilung auf $(-c, c)$ und berechnen anschließend den Grenzwert für c gegen ∞.

Es sei t_0 der Zeitpunkt unseres Besuches im Gefängnis. Den von uns wahrgenommenen Längen der Haftstrafen liegt zugrunde die bedingte Verteilung von X gegeben, dass das Intervall $(U - \frac{X}{2}, U + \frac{X}{2})$ den Punkt t_0 überdeckt.

Letzteres ist gleichbedeutend mit $|U - t_0| < \frac{X}{2}$ und somit gilt

$$P\left(X \leq a \,\Big|\, |U - t_0| < \frac{X}{2}\right) = \frac{P\left(X \leq a, |U - t_0| < \frac{X}{2}\right)}{P\left(|U - t_0| < \frac{X}{2}\right)}.$$

Der Zähler gibt die Wahrscheinlichkeit an, dass das Paar (U, X) im Gebiet

$$G_a := \left\{(u, x) : 0 \leq x \leq a,\ t_0 - \frac{x}{2} < u < t_0 + \frac{x}{2}\right\}$$

liegt. In Abbildung 9.12 ist dieses Gebiet in der (u, x)-Ebene skizziert. Die Dichte von (U, X) ist wegen der Unabhängigkeit von U und X nach Satz 9.11 gleich $\frac{1}{2c}1_{(-c,c)}(u)p(x)$ und somit gilt

$$P((U, X) \in G_a) = \int_0^a \left(\int_{(t_0 - \frac{x}{2}) \vee (-c)}^{(t_0 + \frac{x}{2}) \wedge c} \frac{1}{2c} du\right) p(x) dx$$

sowie

$$P\left(X \leq a \,\Big|\, |U - t_0| \leq \frac{X}{2}\right) = \frac{\int_0^a \left([(t_0 + \frac{x}{2}) \wedge c] - [(t_0 - \frac{x}{2}) \vee (-c)]\right) p(x) dx}{\int_0^\infty \left([(t_0 + \frac{x}{2}) \wedge c] - [(t_0 - \frac{x}{2}) \vee (-c)]\right) p(x) dx}.$$

Machen wir nun den Grenzübergang $c \to \infty$, so konvergieren beide Integranden gegen

$$\left((t_0 + \frac{x}{2}) - (t_0 - \frac{x}{2})\right) p(x) = xp(x).$$

An dieser Stelle benutzen wir nun einen Satz aus der Maßtheorie, den Satz von der monotonen Konvergenz, der besagt, dass unter den hier gegebenen Bedingungen Grenzübergang und Integration vertauscht werden können. So erhalten wir

$$P\left(X \leq a \,\Big|\, |U - t_0| < \frac{X}{2}\right) \to \frac{\int_0^a xp(x) dx}{\int_0^\infty xp(x) dx}.$$

Die gesuchte Verteilung hat also die Dichte $xp(x)/\int_0^\infty xp(x) dx$ und diese ist genau dann definiert, wenn $\int xp(x) dx < \infty$, d.h. wenn EX existiert.

Abschließend betrachten wir ein konkretes Zahlenbeispiel. Wir nehmen an, dass X, die Haftdauer der Gefängnisinsassen, $Exp(1)$-verteilt ist, d.h. $p(x) = e^{-x}1_{(0,\infty)}(x)$. In diesem Fall ist $\int xp(x) dx = 1$ und somit hat die Länge des beobachteten Intervalls die Dichte xe^{-x}. Dies ist die Dichte einer $Gamma(2, 1)$-Verteilung, deren Erwartungswert 2 ist und damit genau das Doppelte von EX.

Übungen

Übung 9.17 Wir wählen zwei Punkte X und Y unabhängig voneinander, zufällig aus der Einheitskreisscheibe $B = \{(x_1, x_2) \in \mathbb{R}^2 : x_1^2 + x_2^2 \leq 1\}$. Zusammen mit dem Mittelpunkt des Kreises definieren diese Punkte ein Dreieck, siehe Abb. 9.13. Berechne den Erwartungswert des Flächeninhalts dieses Dreiecks.

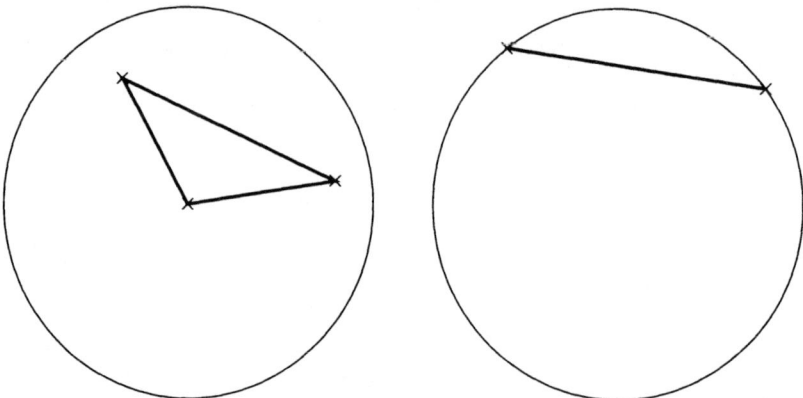

Abb. 9.13. Zufälliges Dreieck in der Einheitskreisscheibe (links), Bertrand'sches Problem (rechts)

Übung 9.18 (Bertrand'sches Paradoxon) Wir wählen zufällig eine Sekante aus dem Einheitskreis $S_1 = \{(x_1, x_2) \in \mathbb{R}^2 : x_1^2 + x_2^2 = 1\}$ und fragen nach der Verteilung ihrer Länge L. Da $\sqrt{3}$ die Länge einer Seite des dem Einheitskreis eingeschriebenen gleichseitigen Dreiecks ist, fragen wir insbesondere nach der Wahrscheinlichkeit, dass $L > \sqrt{3}$.

Wir können diese Frage unter folgenden zwei Modellannahmen berechnen, die uns verschiedene Antworten geben. Dies ist in der Literatur unter dem Namen ‚Bertrand'sches Paradoxon' bekannt.

(i) Die Sekante wird durch ihren Mittelpunkt M festgelegt, welcher zufällig aus der Einheitskreisscheibe ausgewählt wird.

(ii) Die Sekante wird festgelegt durch ihre beiden Endpunkte $P, Q \in S_1$. Wir nehmen an, dass diese unabhängig voneinander gemäß einer Gleichverteilung auf S_1 gewählt werden.

9.6 Bedingte Dichten

Wir haben in Definition 6.19 die bedingte Verteilung von Y gegeben $X = x$ für diskrete Zufallsvariablen X und Y mit $P(X = x) > 0$ definiert, indem wir direkt an die Definition 3.10 der bedingten Wahrscheinlichkeit bei Ereignissen angeknüpft haben. Dies ist nun für stetige Zufallsvariablen nicht möglich, da in diesem Fall das Ereignis $\{X = x\}$ stets Wahrscheinlichkeit 0 hat. Im diskreten Fall haben wir dann gesehen, dass die bedingte Verteilung von Y gegeben $X = x$ vollständig durch die bedingte Wahrscheinlichkeitsfunktion $p(y|x) = \frac{p(x,y)}{p_X(x)}$ beschrieben ist und dass gilt

$$P(Y \in A | X = x) = \sum_{y \in A} p(y|x).$$

Diese Überlegungen motivieren die folgende Definition für den stetigen Fall.

Definition 9.20 *Es seien X, Y stetige Zufallsvariablen mit gemeinsamer Dichte $f(x, y)$.*
(i) Dann wird die bedingte Dichte $f(y|x)$ von Y gegeben $X = x$ definiert durch

$$f(y|x) := \begin{cases} \frac{f(x,y)}{f_X(x)} & \text{für } f_X(x) > 0 \\ 0 & \text{für } f_X(x) = 0. \end{cases}$$

(ii) Die bedingte Verteilung von Y gegeben $X = x$ ist die Verteilung mit Dichtefunktion $f(y|x)$, d.h.

$$P(Y \in A | X = x) := \int_A f(y|x)\, dy.$$

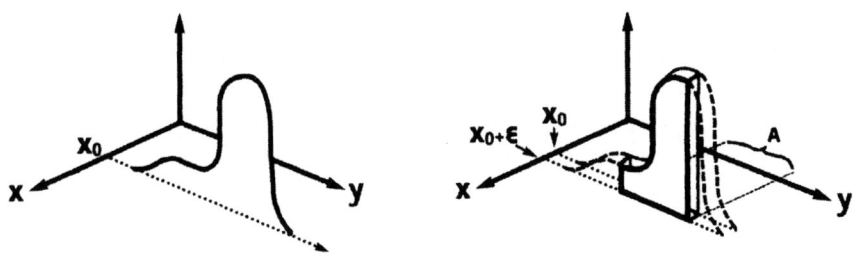

Abb. 9.14. Bedingte Dichte (links), $P(Y \in A | x \leq X \leq x + \epsilon)$ (rechts)

Zu der Definition der bedingten Verteilung können wir auch noch mit Hilfe einer Grenzwertbetrachtung Zugang finden. Es seien X und Y stetige Zufallsvariablen mit gemeinsamer Dichtefunktion $f(x, y)$ und $x \in X(\Omega)$ ein Punkt im Wertebereich von X mit $f_X(x) > 0$. Wir wollen nun die bedingte Wahrscheinlichkeit $P(Y \in A | X = x)$ als Grenzwert bedingter Wahrscheinlichkeiten $\lim_{\epsilon \to 0} P(Y \in A | x \leq X \leq x + \epsilon)$ einführen. Wir erhalten

$$
\begin{aligned}
P(Y \in A | x \leq X \leq x + \epsilon) &= \frac{P(Y \in A, x \leq X \leq x + \epsilon)}{P(x \leq X \leq x + \epsilon)} \\
&= \frac{\int_A \left(\int_x^{x+\epsilon} f(t, y)\, dt \right) dy}{\int_x^{x+\epsilon} f_X(t)\, dt} \\
&= \frac{\int_A (\epsilon f(x, y) + o(\epsilon))\, dy}{\epsilon f_X(x) + o(\epsilon)} \longrightarrow \frac{\int_A f(x, y)\, dy}{f_X(x)},
\end{aligned}
$$

und somit hat die bedingte Verteilung von Y gegeben $x \leq X \leq x + \epsilon$ im Limes für $\epsilon \to 0$ die Dichte $\frac{f(x,y)}{f_X(x)}$. Da es sich hier um heuristische Überlegungen handelt, haben wir auf ein exaktes Bedenken, unter welchen Bedingungen dieser Grenzübergang korrekt ist, verzichtet.

Definition 9.21 *Es seien X, Y stetige Zufallsvariablen mit gemeinsamer Dichte $f(x,y)$. Der bedingte Erwartungswert von Y gegeben $X = x$ ist der Erwartungswert bezüglich der bedingten Dichte, d.h.*

$$E(Y|X = x) := \int y\, f(y|x)\, dy.$$

In Kapitel 6 haben wir für diskrete Zufallsvariablen Sätze über die bedingte Erwartung und die bedingte Verteilung bewiesen, welche auch für stetige Zufallsvariablen ihre Gültigkeit behalten. Insbesondere gilt auch im stetigen Fall die Formel von der totalen Erwartung

$$EY = E(E(Y|X)),$$

wobei $E(Y|X)$ die Zufallsvariable ist, die wir durch Verknüpfen von X mit der Funktion $u(x) = E(Y|X = x)$ erhalten. Für stetige Zufallsvariablen können wir diese Formel wie folgt beweisen

$$E(E(Y|X)) = \int E(Y|X = x) f_X(x)\, dx = \int \int y f(y|x) f_X(x)\, dy dx$$

$$= \int \int y f(x,y)\, dy dx = EY.$$

Beispiel 9.22 (i) Es sei (X, Y) gleichverteilt auf dem Dreieck $\Delta = \{(x,y) : 0 \le y \le x \le 1\}$. Wie im Beispiel 9.7 berechnet, hat X die marginale Dichte $f_X(x) = 2\,x\,1_{[0,1]}(x)$, und so ist die bedingte Dichte von Y gegeben $X = x$

$$f_{Y|X}(y|x) = \frac{f(x,y)}{f_X(x)} = \frac{2\,1_\Delta(x,y)}{2\,x\,1_{[0,1]}(x)} = \frac{1}{x} 1_{[0,x]}(y).$$

Gegeben $X = x$ hat Y also eine Gleichverteilung auf dem Intervall $[0, x]$. Der bedingte Erwartungswert von Y gegeben $X = x$ ist damit $\frac{x}{2}$ und so folgt

$$E(E(Y|X)) = \int_0^1 \frac{1}{2} x f_X(x) dx = \int_0^1 x^2 dx = \frac{1}{3}.$$

Da Y die marginale Dichte $f_Y(y) = 2\,(1 - y)\,1_{[0,1]}(y)$ hat, erhalten wir nun $EY = \int_0^1 2\,y\,(1 - y)\, dy = \frac{1}{3}$, und dies ist auch die Aussage des Satzes von der totalen Erwartung in diesem Fall.

(ii) Es seien $X_1, \dots, X_n$ unabhängige, $Exp(1)$-verteilte Zufallsvariablen. Wir werden nun die bedingte Verteilung von X_1 gegeben $S := X_1 + \dots + X_n$ bestimmen, und dazu benötigen wir zuerst die gemeinsame Verteilung von X_1 und S. Wir verwenden eine Methode, die bei solchen Aufgabenstellungen häufig sehr hilfreich ist. Zunächst definieren wir eine weitere Zufallsvariable $Y := X_2 + \dots + X_n$, wobei wir bemerken, dass X_1 und Y unabhängig sind.

Aus Beispiel 9.14 wissen wir, dass Y eine $Gamma(n-1, 1)$-Verteilung hat, und mit Satz 9.11 ist die gemeinsame Dichte von X_1 und Y gegeben durch

$$f_{X_1, Y}(x_1, y) = e^{-x_1} \frac{1}{(n-2)!} y^{n-2} e^{-y} 1_{(0,\infty)}(x_1) 1_{(0,\infty)}(y).$$

Da $S = X_1 + Y$, können wir hieraus die gemeinsame Dichte von X_1 und S mit Hilfe der Transformationsformel aus Satz 9.5 angewendet auf die Abbildung $u(x_1, y) = (x_1, x_1 + y)$ berechnen. Die zugehörige inverse Abbildung ist

$$u^{-1}(x_1, s) = (x_1, s - x_1)$$

und diese lineare Abbildung hat die Jacobi-Determinante 1. Also gilt

$$f_{X_1, S}(x_1, s) = \frac{1}{(n-2)!} e^{-s} (s - x_1)^{n-2} 1_{(0,s)}(s) 1_{(0,s)}(x_1).$$

Zur Bestimmung der bedingten Dichte von X_1 gegeben $S = s$ benötigen wir noch die marginale Dichte von S. Diese könnten wir mit Lemma 9.6 durch Integration von $f_{X_1, S}(x_1, s)$ über x_1 berechnen. Diesen Rechenaufwand ersparen wir uns mit der Bemerkung, dass S als Summe von n unabhängigen, $Exp(1)$-verteilten Zufallsvariablen eine $Gamma(n, 1)$ Verteilung hat, und somit die Dichte

$$f_S(s) = \frac{1}{(n-1)!} s^{n-1} e^{-s} 1_{(0,\infty)}(s).$$

Aus der gemeinsamen Dichte von X_1 und S und der marginalen Dichte von S können wir nun mit der Definition 9.20 die bedingte Dichte von X_1 gegeben $S = s$ wie folgt bestimmen

$$f_{X_1|S}(x_1|s) = \frac{f_{X_1, S}(x_1, s)}{f_S(s)} = (n-1) \frac{1}{s} \left(1 - \frac{x_1}{s}\right)^{n-2} 1_{[0,s]}(x_1).$$

(iii) Weiterführend zu (ii) bestimmen wir noch die bedingte Dichte von $\frac{X_1}{S}$ gegeben $S = s$. Da wir nach $S = s$ bedingen, dürfen wir S als Konstante betrachten. Hat X die Dichte $f(x)$, so hat $\frac{X}{a}$ die Dichte $af(ax)$. Also hat $\frac{X_1}{S}$ gegeben $S = s$ die Dichte $(n-1)(1-u)^{n-1} 1_{(0,1)}(u)$, welches die Dichte des Minimums von $(n-1)$ unabhängigen $U([0,1])$-verteilten Zufallsvariablen ist. Dieses Resultat hat noch eine weitergehende Verallgemeinerung, siehe Aufgabe 9.11. Der Vektor

$$\left(\frac{X_1}{S}, \frac{X_1 + X_2}{S}, \dots, \frac{X_1 + \dots + X_{n-1}}{S}\right)$$

hat dieselbe gemeinsame Verteilung wie die Ordnungsstatistik von $(n-1)$ auf $[0,1]$ gleichverteilten Zufallsvariablen. Dieses Ergebnis spielt eine wichtige Rolle beim Studium der Ordnungsstatistik sowie der empirischen Verteilungsfunktion.

Übungen

Übung 9.19 Es seien X_1 und X_2 unabhängige Gamma-verteilte Zufallsvariablen mit Parametern (r_1, λ) bzw. (r_2, λ). Bestimme die bedingte Dichte von X_1 gegeben $X_1 + X_2 = s$.

9.7 Die mehrdimensionale Normalverteilung

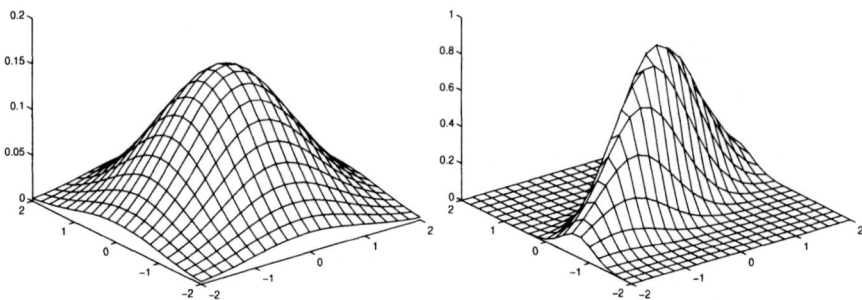

Abb. 9.15. Dichte der 2-dimensionalen Standardnormalverteilung (links) und Dichte einer 2-dimensionalen Normalverteilung (rechts)

In diesem Abschnitt werden wir das mehrdimensionale Analogon der Normalverteilung einführen und untersuchen. Als Ausgangspunkt wählen wir eine Verallgemeinerung der Standardnormalverteilung.

n-dimensionale Standardnormalverteilung. Es seien $Z_1, \ldots, Z_n$ unabhängige $N(0,1)$-verteilte Zufallsvariablen, die wir für diese Verteilung nun zum Spaltenvektor $Z = (Z_1, \ldots, Z_n)^t$ zusammenfassen. Die Verteilung des Vektors Z heißt Standardnormalverteilung im $\mathbb{R}^n$. Ihre gemeinsame Dichte ist dann nach Satz 9.11

$$f(z_1, \ldots, z_n) = \prod_{i=1}^{n} \frac{1}{\sqrt{2\pi}} \exp\left(-\frac{1}{2}z_i^2\right) = \frac{1}{(2\pi)^{n/2}} \exp\left(-\frac{1}{2}\sum_{i=1}^{n} z_i^2\right), \quad (9.12)$$

bzw. in vektorieller Schreibweise

$$f(z) = \frac{1}{(2\pi)^{n/2}} \exp\left(-\frac{1}{2}z^t z\right),$$

mit $z = (z_1, \ldots, z_n)^t$. Erwartungswert und Kovarianzmatrix von Z sind gegeben durch

$$E(Z) = 0$$
$$\Sigma_Z = I_n$$

wobei $0 \in \mathbb{R}^n$ der Nullvektor und $I_n \in \mathbb{R}^{n \times n}$ die Einheitsmatrix ist. In Analogie zum eindimensionalen Fall verwendet man daher als Symbol für die n-dimensionale Standardnormalverteilung $N(0, I_n)$.

n-dimensionale Normalverteilung. Sei Z ein $N(0, I_n)$-verteilter Zufallsvektor und sei A eine $n \times n$-Matrix sowie $\mu \in \mathbb{R}^n$. Dann heißt die Verteilung von

$$X = AZ + \mu \tag{9.13}$$

eine n-dimensionale Normalverteilung. Nach Satz 6.36 sind der Erwartungswert und die Kovarianzmatrix von X gegeben durch

$$E(X) = \mu$$
$$\Sigma_X = AA^t$$

Im nächsten Satz bestimmen wir die Dichtefunktion von X, wenn A und somit auch die Kovarianzmatrix Σ_X invertierbar ist.

Satz 9.23 *Eine n-dimensionale Normalverteilung hat genau dann eine Dichte, wenn ihre Kovarianzmatrix Σ invertierbar ist. In diesem Fall ist die gemeinsame Dichte*

$$f(x) = \frac{1}{(2\pi)^{n/2}\sqrt{\det \Sigma}} \, \exp\left(-\frac{1}{2}(x - \mu)^t \Sigma^{-1}(x - \mu)\right).$$

Beweis. Zur Bestimmung der Dichte wenden wir die Transformationsformel für gemeinsame Dichten aus Satz 9.5 an für die Abbildung $u(z) = Az + \mu$. Unter der Voraussetzung, dass die Kovarianzmatrix und damit auch A invertierbar ist, gilt dann $u^{-1}(x) = A^{-1}(x - \mu)$. Also folgt

$$\begin{aligned}
f(x) &= |\det A^{-1}| f_Z(A^{-1}(x - \mu)) \\
&= \frac{1}{(2\pi)^{n/2}|\det A|} \exp\left(-\frac{1}{2}(x - \mu)^t (A^{-1})^t A^{-1}(x - \mu)\right) \\
&= \frac{1}{(2\pi)^{n/2}|\det A|} \exp\left(-\frac{1}{2}(x - \mu)^t (AA^t)^{-1}(x - \mu)\right),
\end{aligned}$$

sodass mit $\Sigma = AA^t$ und $\det \Sigma = (\det A)^2$ der erste Teil des Beweises gegeben ist.

Ist umgekehrt die Kovarianzmatrix und damit auch A nicht invertierbar, so ist $X = AZ + \mu$ auf einen echten Unterraum von $\mathbb{R}^n$ konzentriert und kann damit keine Dichte haben. □

Aus Satz 9.23 und der obigen Bemerkung können wir schließen, dass die Verteilung von $X = AZ + \mu$ für invertierbare A nur von μ und $\Sigma = AA^t$ abhängt. Dies gilt sogar ganz allgemein, auch für nicht-invertierbare A, aber dazu ist ein anderer Beweis erforderlich. Zusammenfassend gilt, dass die n-dimensionale Normalverteilung vollständig bestimmt ist durch den Erwartungswert μ und die Kovarianzmatrix Σ, und dies rechtfertigt die Schreibweise $N(\mu, \Sigma)$.

Wir untersuchen jetzt die zweidimensionale Normalverteilung, die in Abb. 9.15 dargestellt ist. Es seien X_1, X_2 gemeinsam normalverteilt mit Varianzen $\sigma_1^2 := \mathrm{Var}(X_1), \sigma_2^2 := \mathrm{Var}(X_2)$ und Korrelationskoeffizienten $\rho := \rho_{X_1,X_2} = \mathrm{Cov}(X_1, X_2)/\sigma_1\sigma_2$. Dann hat die Kovarianzmatrix die Form

$$\Sigma = \begin{pmatrix} \mathrm{Cov}(X_1, X_1) & \mathrm{Cov}(X_1, X_2) \\ \mathrm{Cov}(X_2, X_1) & \mathrm{Cov}(X_2, X_2) \end{pmatrix} = \begin{pmatrix} \sigma_1^2 & \rho\sigma_1\sigma_2 \\ \rho\sigma_1\sigma_2 & \sigma_2^2 \end{pmatrix}.$$

Die Determinante von Σ ist $\det \Sigma = (1 - \rho^2)\sigma_1^2\sigma_2^2$ und die inverse Matrix

$$\Sigma^{-1} = \frac{1}{(1 - \rho^2)\sigma_1^2\sigma_2^2} \begin{pmatrix} \sigma_2^2 & -\rho\sigma_1\sigma_2 \\ -\rho\sigma_1\sigma_2 & \sigma_1^2 \end{pmatrix} = \frac{1}{1 - \rho^2} \begin{pmatrix} \frac{1}{\sigma_1^2} & -\frac{\rho}{\sigma_1\sigma_2} \\ -\frac{\rho}{\sigma_1\sigma_2} & \frac{1}{\sigma_2^2} \end{pmatrix}.$$

Daraus ergibt sich mit Satz 9.23 für die gemeinsame Dichte von X_1, X_2

$$f(x_1, x_2) = \frac{1}{2\pi\sigma_1\sigma_2\sqrt{1 - \rho^2}} \exp\left(-\frac{1}{2(1 - \rho^2)} \left[\frac{(x_1 - \mu_1)^2}{\sigma_1^2}\right.\right. \tag{9.14}$$
$$\left.\left. -2\rho\frac{(x_1 - \mu_1)(x_2 - \mu_2)}{\sigma_1\sigma_2} + \frac{(x_2 - \mu_2)^2}{\sigma_2^2}\right]\right).$$

Satz 9.24 *Haben X_1 und X_2 die gemeinsame Dichte (9.14), so hat X_1 eine $N(\mu_1, \sigma_1^2)$-Verteilung und X_2 gegeben $X_1 = x$ eine Normalverteilung mit Erwartungswert $\mu_2 + \rho\frac{\sigma_2}{\sigma_1}(x_1 - \mu_1)$ und Varianz $(1 - \rho^2)\sigma_2^2$.*

Beweis. Wir können die gemeinsame Dichte $f(x_1, x_2)$ von (X_1, X_2) auch schreiben als

$$f(x_1, x_2) = \frac{1}{2\pi\sigma_1\sigma_2\sqrt{1 - \rho^2}} e^{-\frac{1}{2}A(x_1,x_2)},$$

wobei

$$A(x_1, x_2) := \frac{1}{1 - \rho^2}\left(\frac{(x_1 - \mu_1)^2}{\sigma_1^2} - 2\rho\frac{(x_1 - \mu_1)(x_2 - \mu_2)}{\sigma_1\sigma_2} + \frac{(x_2 - \mu_2)^2}{\sigma_2^2}\right).$$

Durch Umformung der Terme im Exponenten lässt sich die Dichte umschreiben zu

$$f(x_1, x_2) = \frac{1}{\sqrt{2\pi\sigma_1^2}} e^{-\frac{(x_1 - \mu_1)^2}{2\sigma_1^2}} \cdot \frac{1}{\sqrt{2\pi(1-\rho^2)\sigma_2^2}} e^{-\frac{1}{2}B(x_1, x_2)},$$

wobei

$$\begin{aligned}B(x_1, x_2) &:= \frac{1}{\sigma_2^2(1-\rho^2)} \left(\left(\rho\frac{\sigma_2}{\sigma_1}\right)^2 (x_1 - \mu_1)^2 \right. \\ &\quad \left. -2\left(\rho\frac{\sigma_2}{\sigma_1}\right)(x_1 - \mu_1)(x_2 - \mu_2) + (x_2 - \mu_2)^2 \right) \\ &= \frac{1}{\sigma_2^2(1-\rho^2)} \left(x_2 - \mu_2 - \rho\frac{\sigma_2}{\sigma_1}(x_1 - \mu_1) \right)^2 .\end{aligned}$$

Wir erkennen nun in

$$\frac{1}{\sqrt{2\pi(1-\rho^2)\sigma_2^2}} e^{-\frac{1}{2}B(x_1, x_2)}$$

für festes x_1 die Dichte einer Normalverteilung mit den Parametern $\mu_2 + \rho\frac{\sigma_2}{\sigma_1}(x_1 - \mu_1)$ und $(1-\rho^2)\sigma_2^2$. So ergibt die Integration dieser Funktion den Wert 1. Wir erhalten nach Lemma 9.6 folgende Formel für die Dichte von X_1

$$f_{X_1}(x_1) = \int f(x_1, x_2)dx_2 = \frac{1}{\sqrt{2\pi\sigma_1^2}} e^{-\frac{(x_1 - \mu_1)^2}{2\sigma_1^2}},$$

und dies ist die Dichte einer $N(\mu_1, \sigma_1^2)$-Verteilung. Analog können wir zeigen, dass X_2 eine $N(\mu_2, \sigma_2^2)$-Verteilung hat.

Für die bedingte Dichte von X_2 gegeben $X_1 = x_1$ gilt per definitionem

$$f(x_2|x_1) = \frac{f(x_1, x_2)}{f_{X_1}(x_1)} = \frac{1}{\sqrt{2\pi(1-\rho^2)\sigma_2^2}} e^{-\frac{1}{2}B(x_1, x_2)}$$

und von dieser Funktion hatten wir mit Hilfe des Terms $B(x_1, x_2)$ bereits festgestellt, dass sie die Dichte einer $N(\mu_2 + \rho\frac{\sigma_2}{\sigma_1}(x_1 - \mu_1), (1-\rho)^2\sigma_2^2)$-Verteilung ist. $\qquad\square$

Bemerkenswert an der Aussage des obigen Satzes ist, dass $E(X_2|X_1 = x_1) = \mu_2 + \rho\frac{\sigma_2}{\sigma_1}(x_1 - \mu_1)$ eine lineare Funktion in x_1 ist. In Zusammenhang mit Satz 6.21, der allgemein für alle Zufallsvariablen gilt, bedeutet dies, dass für normalverteilte Zufallsvariablen lineare Vorhersager nicht schlechter als nichtlineare Vorhersager sind. Dies ist einer der Gründe, warum Normalverteilungsannahmen in der Statistik so beliebt sind. Man kann stets lineare Vorhersager benutzen und lineare Verfahren sind besonders gut zu berechnen, da sie durch zwei Parameter bestimmt sind.

Satz 9.25 *Es seien $X_1, \ldots, X_n$ Zufallsvariablen, deren gemeinsame Verteilung eine n-dimensionale Normalverteilung ist. Sind $X_1, \ldots, X_n$ paarweise unkorreliert, so sind sie unabhängig.*

Beweis. Aus der paarweisen Unkorreliertheit von $X_1, \ldots, X_n$ folgt, dass die Kovarianzmatrix Σ_x eine Diagonalform hat mit Diagonalelementen $\sigma_i^2 = \mathrm{Var}(X_i)$. Damit lässt sich die gemeinsame Dichte

$$f(x_1, \ldots, x_n) = \frac{1}{(2\pi)^{\frac{n}{2}} \sigma_1 \cdot \ldots \cdot \sigma_n} \exp\left(-\frac{1}{2} \sum_{i=1}^n \frac{(x_i - \mu_i)^2}{\sigma_i^2} \right)$$

$$= \prod_{i=1}^n \left(\frac{1}{\sqrt{2\pi\sigma_i^2}} \exp\left(-\frac{(x_i - \mu_i)^2}{2\sigma_i^2} \right) \right)$$

als Produkt der marginalen Dichten schreiben und nach Satz 9.11 sind die Zufallsvariablen $X_1, \ldots, X_n$ unabhängig. $\qquad\square$

Übungen

Übung 9.20 Es seien X und Y unabhängige $N(0,1)$-verteilte Zufallsvariablen. Bestimme die gemeinsame Dichte von $(X, X + \alpha Y)$ sowie die bedingte Dichte von $X + \alpha Y$ gegeben $X = x$.

Übung 9.21 Zeige, dass es zu jedem $\mu \in \mathbb{R}^n$ und jeder nicht-negativ definiten Matrix Σ eine n-dimensionale Normalverteilung mit Erwartungswert μ und Kovarianzmatrix Σ gibt.

Übung 9.22 Es seien $X_1, \ldots, X_n$ unabhängige $N(0,1)$-verteilte Zufallsvariablen und $a_1, \ldots, a_n \in \mathbb{R}$. Bestimme die Verteilung von $\sum_{i=1}^n a_i X_i$.

Übung 9.23 Es sei $(X_1, \ldots, X_n)$ ein n-dimensional normalverteilter Zufallsvektor mit Erwartungswert μ und Kovarianzmatrix Σ. Bestimme die Verteilung von $\sum_{i=1}^n a_i X_i$ für $a_1, \ldots, a_n \in \mathbb{R}$.

9.8 Aufgaben

Aufgabe 9.1 Es seien X und Y unabhängige, exponentiell verteilte Zufallsvariablen. Bestimme die gemeinsame Dichte von $(X, \frac{Y}{X})$ sowie die Dichte von $\frac{Y}{X}$. (Die Tatsache, dass $E\left(\frac{Y}{X}\right) = \infty$, heißt Warteschlangenparadoxon. Interpretiert man X und Y als die Wartezeiten von zwei Kunden, die in verschiedenen Warteschlangen an der Kasse stehen, so ist der Erwartungswert von $\frac{Y}{X}$ und $\frac{X}{Y}$ unendlich groß. So haben also beide stets das Gefühl, in der falschen Warteschlange zu stehen!)

Aufgabe 9.2 Beweise folgenden Satz für beliebige Zufallsvariablen, d.h. es soll weder die Voraussetzung diskret noch stetig gemacht werden. Zwei Zufallsvariablen X und Y sind genau dann unabhängig, wenn ihre gemeinsame Verteilungsfunktion $F(x,y) = P(X \leq x, Y \leq y)$ das Produkt der marginalen Verteilungsfunktionen $F_X(x)$ und $F_Y(y)$ ist. (Hinweis: verwende Identität (9.4))

Aufgabe 9.3 Wir wählen zufällig einen Punkt (X, Y) aus der Einheitsscheibe

$$B = \{(x, y) : x^2 + y^2 \leq 1\}.$$

(i) Bestimme Verteilungsfunktion und Dichte von $R := \sqrt{X^2 + Y^2}$ sowie von $|X|$.
(ii) Bestimme Verteilungsfunktion und Dichte von (R, Φ), wobei Φ der Winkel ist, den (X, Y) mit der x-Achse bildet.
(iii) Zeige, dass R und Φ unabhängig sind.

Aufgabe 9.4 Sei f eine stetige Dichtefunktion auf $(0, \infty)$, und sei F_n die empirische Verteilungsfunktion von n unabhängigen Zufallsvariablen mit dieser Dichte. Zeige, dass die Verteilung von $nF_n(\frac{x}{n})$ gegen eine Poisson-Verteilung mit Parameter $xf(0)$ konvergiert. ($nF_n(\frac{x}{n})$ können wir uns vorstellen als die durch eine Lupe betrachtete empirische Verteilung.)

Aufgabe 9.5 Es seien X und Y zwei unabhängige $Exp(\frac{1}{2})$-verteilte Zufallsvariablen. Bestimme die Dichte von $X - Y$.

Aufgabe 9.6 Es seien $X_1, \ldots, X_n$ unabhängige, $Exp(\lambda)$-verteilte Zufallsvariablen. Wir definieren $S_n := X_1 + \ldots + X_n$ und $N_t := \max\{n : S_n \leq t\}$.
(i) Bestimme die Verteilung der Zufallsvariablen N_t.
(ii) Bestimme die Dichte f_n von $\frac{S_n - n\lambda}{\sqrt{n\lambda}}$ und $\lim_{n \to \infty} f_n(x)$.

Aufgabe 9.7 Es seien $U_1, \ldots, U_n$ unabhängige, $U(0, 1)$- verteilte Zufallsvariablen.
(i) Bestimme

$$P(U_1 \leq \ldots \leq U_n).$$

(ii) Berechne

$$\int_0^1 \left(\int_0^{u_n} \ldots \left(\int_0^{u_2} du_1 \right) \ldots du_{n-1} \right) du_n.$$

Aufgabe 9.8 Wir wählen zufällig einen Punkt (X, Y) aus dem Einheitsquadrat $(0, 1)^2$. Bestimme die Verteilungsfunktion und die Dichte der Steigung der Geraden, die (X, Y) mit dem Ursprung $(0, 0)$ verbindet.

Aufgabe 9.9 Es seien U und V unabhängige Zufallsvariablen, wobei U eine $U(0, 2\pi)$-Verteilung und V eine $Exp(\frac{1}{2})$-Verteilung hat. Wir wählen nun den zufälligen Punkt $(X, Y) \in \mathbb{R}^2$ mit Polarkoordinaten $R = \sqrt{V}$ und $\Phi = U$.
(i) Bestimme die gemeinsame Dichte von X und Y.
(ii) Zeige, dass X und Y unabhängig sind und bestimme die marginalen Dichten.

Aufgabe 9.10 Es seien X_1 und X_2 unabhängige Zufallsvariablen mit einer $Gamma(r_1, \lambda)$ bzw. $Gamma(r_2, \lambda)$-Verteilung.

(i) Bestimme die gemeinsame Dichte von $(\frac{X_1}{X_1+X_2}, X_1 + X_2)$ und zeige, dass $\frac{X_1}{X_1+X_2}$ und $X_1 + X_2$ unabhängig sind.

(ii) Bestimme die Dichte von $\frac{X_1}{X_1+X_2}$.

Aufgabe 9.11 Es seien $X_1, \ldots, X_n$ unabhängige, $Exp(\lambda)$-verteilte Zufallsvariablen, und es sei $S_k := X_1 + \ldots + X_k$.

(i) Bestimme die gemeinsame Dichte von $S_1, \ldots, S_{n+1}$.

(ii) Bestimme die gemeinsame Dichte von $\frac{S_1}{S_{n+1}}, \ldots, \frac{S_n}{S_{n+1}}, S_{n+1}$.

(iii) Bestimme die gemeinsame Dichte von $\frac{S_1}{S_{n+1}}, \ldots, \frac{S_n}{S_{n+1}}$.

Aufgabe 9.12 Es sei X eine diskrete Zufallsvariable mit Werten in $\mathbb{N}_0$ und Wahrscheinlichkeitsfunktion $p(k)$. U sei eine $U(0, 1)$-verteilte und von X unabhängige Zufallsvariable. Bestimme die Verteilung und Dichte von $X + U$.

Aufgabe 9.13 Bestimme Verteilungsfunktion und Dichte des Abstandes eines zufällig aus $[0, 1]^2$ gewählten Punktes vom Ursprung $(0, 0)$.

Aufgabe 9.14 Es seien X und Y unabhängige Zufallsvariablen mit Dichten f bzw. g. Bestimme die Dichte von $X - Y$.

Aufgabe 9.15 Es seien X und Y unabhängige Zufallsvariablen mit Werten in $(0, \infty)$ und Dichten f bzw. g. Bestimme eine Formel für die Dichte von $X \cdot Y$ sowie von Y/X.

10. Der Zentrale Grenzwertsatz

Der Graph der Verteilungsfunktion einer Summe von n unabhängigen, identisch verteilten Zufallsvariablen mit endlicher Varianz gleicht für große n stets mehr und mehr der Verteilungsfunktion einer Normalverteilung. Diese bemerkenswerte Tatsache ist eines der fundamentalen Ergebnisse der Wahrscheinlichkeitstheorie und wird der ‚Zentrale Grenzwertsatz' (ZGS) genannt. Es gibt ein breites Spektrum von Anwendungen, von approximativen Berechnungen von Wahrscheinlichkeiten bis zur Motivation für die Verwendung der Normalverteilung in statistischen Modellen. In diesem Kapitel werden wir eine exakte Formulierung des Zentralen Grenzwertsatzes geben und diesen für Bernoulli-verteilte Zufallsvariablen beweisen.

In der geschichtlichen Entwicklung der Wahrscheinlichkeitstheorie hat der Zentrale Grenzwertsatz eine ebenso herausragende Bedeutung wie das Gesetz der großen Zahlen. Erstmals wurde der Zentrale Grenzwertsatz in dem 1733 erschienenen Buch ‚The doctrine of chances' von Abraham de Moivre veröffentlicht, und zwar für Summen unabhängiger Bernoulli-verteilter Zufallsvariablen. Die Dichtefunktion der Normalverteilung, die später auch Gaußsche Dichtefunktion genannt wurde, wurde dort ebenso erstmalig erwähnt. In den 20er und 30er Jahren des 20. Jahrhunderts wurde in den Arbeiten von William Feller (1906-1970) und Paul Lévy (1886-1971) die Gültigkeit des ZGS für beliebige unabhängige, nicht notwendig identisch verteilte Zufallsvariablen untersucht. Erweiterungen, etwa auf abhängige Zufallsvariablen oder auf Zufallsvariablen mit Werten in Funktionenräumen, sind noch Gegenstand der aktuellen Forschung.

10.1 Motivation und Formulierung des ZGS

Wenn wir die Wahrscheinlichkeitsfunktion einer Summe von n unabhängigen, Bernoulli($\frac{1}{2}$)-verteilten Zufallsvariablen betrachten, so wie sie in Abbildung 10.1 für $n = 3, 5, 10, 20$ dargestellt ist, dann erkennen wir, dass diese Wahrscheinlichkeitsfunktion der Dichte einer Normalverteilung stets ähnlicher wird. Dasselbe Phänomen entdecken wir auch, wenn wir die Wahrscheinlichkeitsfunktion der Summe von n unabhängigen, identisch verteilten, $\mathbb{Z}$-wertigen Zufallsvariablen mit endlicher Varianz betrachten, ungeachtet welche Verteilung die Zufallsvariablen haben. Die Wahrscheinlichkeitsfunktion

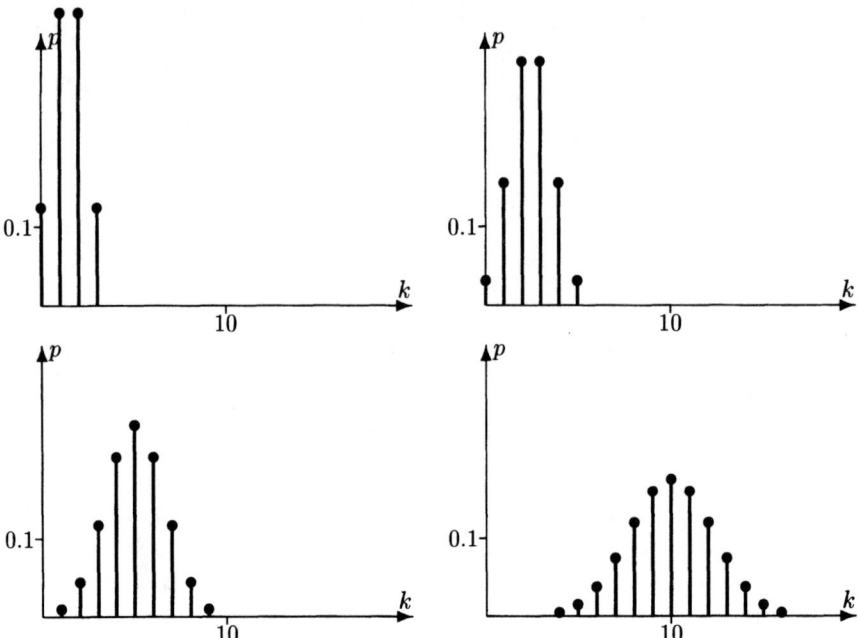

Abb. 10.1. Wahrscheinlichkeitsfunktion einer Summe von n unabhängigen, Bernoulli($\frac{1}{2}$)-verteilten Zufallsvariablen für $n = 3, 5, 10, 20$

ähnelt mit wachsendem n mehr und mehr der Dichte einer Normalverteilung. Wir müssen jedoch feststellen, dass die Wahrscheinlichkeitsfunktion selbst nicht konvergiert. Im Beispiel der Bernoulli-verteilten Zufallsvariablen ist der Erwartungswert $\frac{n}{2}$ und die Varianz $\frac{n}{4}$, und beide Werte konvergieren gegen ∞. Ohne die in den Abbildungen vorgenommene Reskalierung der Achsen würde der Graph der Wahrscheinlichkeitsfunktion stets breiter und flacher werden und gegen ∞ driften.

Um Konvergenz der Wahrscheinlichkeitsfunktion zu erhalten, unterwerfen wir die Partialsummen $S_n := X_1 + \ldots + X_n$ einer Transformation mit dem Ziel, eine standardisierte Zufallsvariable mit Erwartungswert 0 und Varianz 1 zu erhalten. Sind $X_1, \ldots, X_n$ unabhängige, identisch verteilte Zufallsvariablen mit Erwartungswert μ und Varianz σ^2, so wissen wir, dass S_n Erwartungswert $n\mu$ und Varianz $n\sigma^2$ hat. Wir definieren die standardisierte Zufallsvariable S_n^* wie folgt

$$S_n^* := \frac{S_n - n\mu}{\sigma\sqrt{n}}. \tag{10.1}$$

Es gilt $E(S_n^*) = 0$ und $\mathrm{Var}(S_n^*) = \frac{1}{(\sigma\sqrt{n})^2}\mathrm{Var}(S_n - n\mu) = 1$ für alle n. Mit diesen Vorbereitungen können wir nun den Zentralen Grenzwertsatz formulieren. Dieser Satz gilt ganz allgemein und nicht nur für $\mathbb{Z}$-wertige Zufallsvariablen. Deshalb ist die Formulierung auch in Termen der Wahrscheinlichkeiten

$P(a \leq S_n^* \leq b)$ gegeben und nicht für Wahrscheinlichkeitsfunktionen bzw. $P(S_n^* = a)$.

Satz 10.1 (Zentraler Grenzwertsatz) *Seien* $X_1, \ldots, X_n$ *unabhängige, identisch verteilte Zufallsvariablen mit endlicher, positiver Varianz und* S_n^* *die in (10.1) definierte standardisierte Zufallsvariable. Dann gilt für* $a, b \in \mathbb{R}$ *mit* $a \leq b$

$$\lim_{n \to \infty} P(a \leq S_n^* \leq b) = \int_a^b \varphi(x)dx, \qquad (10.2)$$

wobei $\varphi(x) = \frac{1}{\sqrt{2\pi}} e^{-\frac{x^2}{2}}$ *die standardnormale Dichtefunktion ist .*

Die rechte Seite der Identität (10.2) können wir auch lesen als die Wahrscheinlichkeit, dass eine $N(0,1)$-verteilte Zufallsvariable einen Wert zwischen a und b annimmt. Durch die Identität (10.2) wird eine Konvergenz der standardisierten Zufallsvariablen S_n^* beschrieben, die Konvergenz in Verteilung heißt und in weiterführenden Vorlesungen über Wahrscheinlichkeitstheorie ausführlich betrachtet wird.

Beispiel 10.2 (i) Es seien $X_1, \ldots, X_n$ unabhängige, $Exp(1)$-verteilte Zufallsvariablen. Dann ist $\mu = \sigma^2 = 1$ und somit $S_n^* = (S_n - n)/\sqrt{n}$. Der ZGS sagt aus, dass

$$P\left(a \leq \frac{S_n - n}{\sqrt{n}} \leq b\right) \to \int_a^b \varphi(x)dx.$$

Wir haben in Tabelle 10.1 für $a = -1, b = 1$ und verschiedene Werte von n die exakten Wahrscheinlichkeiten $P\left(-1 \leq \dfrac{S_n - n}{\sqrt{n}} \leq 1\right)$ und die Wahrscheinlichkeit der Standardnormalverteilung für $[-1, 1]$ angegeben um einen Eindruck zu vermitteln, mit welcher Güte dieser Wert zur Approximation geeignet ist.

n	5	10	20	50	100
$P\left(n - \sqrt{n} \leq S_n \leq n + \sqrt{n}\right)$	0.7007	0.6912	0.6868	0.6843	0.6835
$\int_{-1}^1 \varphi(x)dx$	0.6827	0.6827	0.6827	0.6827	0.6827

Tabelle 10.1. Approximation der Verteilung einer Summe von n unabhängigen $Exp(1)$-verteilten Zufallsvariablen durch eine Normalverteilung

(ii) Es seien $X_1, \ldots, X_n$ die Augenzahlen bei unabhängigen Würfen mit einem unverfälschten Würfel. Diese haben Erwartungswert $\mu = 3.5$ und Varianz $\sigma^2 = \frac{35}{12} \approx 2.917$. Der ZGS sagt dann, dass für die Augensumme S_n gilt

$$P\left(a \le \frac{S_n - 3.5n}{\sqrt{2.917n}} \le b\right) \to \int_a^b \varphi(x)dx.$$

Wir können nun fragen nach der Wahrscheinlichkeit, dass bei $n = 1000$ Würfen die Augensumme zwischen 3400 und 3600 liegt. Durch Umformen erhalten wir

$$P(3400 \le S_n \le 3600) = P\left(\frac{3400 - 3500}{\sqrt{2917}} \le \frac{S_n - 3500}{\sqrt{2917}} \le \frac{3600 - 3500}{\sqrt{2917}}\right)$$
$$= P(-1.85 \le S_n^* \le 1.85)$$
$$\approx \int_{-1.85}^{1.85} \varphi(x)dx = 0.936.$$

Wir können dies Ergebnis auch so formulieren, dass die mittlere Augenzahl $\frac{S_n}{n}$ bei 1000 Würfen mit einem unverfälschten Würfel mit einer Wahrscheinlichkeit von ungefähr 93.6% zwischen 3.4 und 3.6 liegt.

Einen vollständigen Beweis des allgemeinen ZGS, so wie wir ihn im Satz 10.1 formuliert haben, können wir im Rahmen dieses einführenden Buches nicht geben.

Übungen

Übung 10.1 Es seien $U_1, \ldots, U_{12}$ unabhängige, $U([0,1])$-verteilte Zufallsvariablen und $S_{12} := U_1 + \ldots + U_{12}$. Bestimme $E(S_{12})$, $\mathrm{Var}(S_{12})$ und S_{12}^*. Berechne approximativ $P(5 \le S_{12} \le 7)$.

Übung 10.2 Zeige, dass die Aussage von Satz 10.1 äquivalent ist zur Behauptung, dass

$$P(S_n^* \le x) \to \Phi(x)$$

für alle $x \in \mathbb{R}$, wobei $\Phi(x)$ die Verteilungsfunktion der Standardnormalverteilung ist.

Übung 10.3 Wir werfen n-mal mit einem unverfälschten Würfel und bezeichnen mit S_n die Augensumme. Wie groß müssen wir n wählen, damit die mittlere Augenzahl $\frac{S_n}{n}$ mit 95% Wahrscheinlichkeit zwischen 3.49 und 3.51 liegt?

Übung 10.4 Berechne approximativ die Wahrscheinlichkeit, dass bei $n = 10000$ Würfen mit einer unverfälschten Münze zwischen 4900- und 5100-mal Kopf fällt.

10.2 Vom lokalen zum zentralen Grenzwertsatz

Das Phänomen, dass die Verteilung einer Summe unabhängiger, identisch verteilter Zufallsvariablen stets mehr einer Normalverteilung gleicht, lässt sich auf verschiedene Weise mathematisch formulieren. Wir haben in Satz 10.1 eine Formulierung für Wahrscheinlichkeiten $P(a \le S_n^* \le b)$ kennengelernt. Für

$\mathbb{Z}$-wertige Zufallsvariablen betrachten wir nun den lokalen Grenzwertsatz, der eine Aussage über Konvergenz der Wahrscheinlichkeitsfunktion $P(S_n^* = k)$ macht. Wir beweisen dann, dass aus dem lokalen Grenzwertsatz der Zentrale Grenzwertsatz folgt. In Abbildung 10.1, die wir zur Motivation des ZGS betrachtet haben, ist eigentlich der lokale Grenzwertsatz dargestellt.

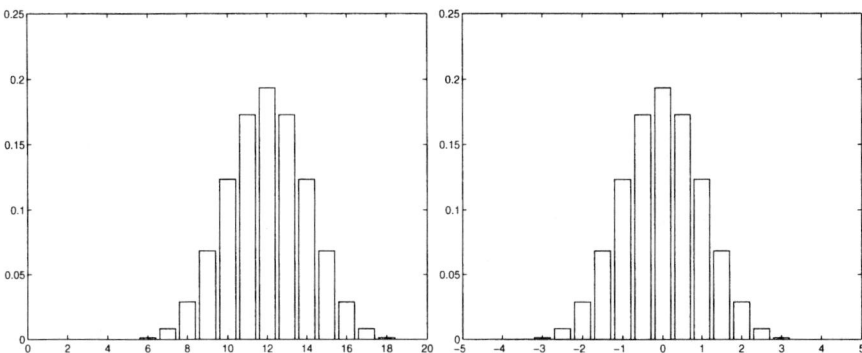

Abb. 10.2. f_n in alten Koordinaten (links), f_n in neuen Koordinaten (rechts)

Wir betrachten jetzt unabhängige, identisch verteilte $\mathbb{Z}$-wertige Zufallsvariablen $X_1, \dots, X_n$ mit Erwartungswert μ und Varianz σ^2. Dann hat auch S_n Werte in $\mathbb{Z}$ und so kann ihre Verteilung durch die Wahrscheinlichkeitsfunktion $p_n(k) = P(S_n = k)$ beschrieben werden. Diese Funktion auf $\mathbb{Z}$ dehnen wir zu einer Funktion $f_n : \mathbb{R} \to \mathbb{R}$ aus, indem wir

$$f_n(x) := p_n(k) \quad \text{für } x \in \left(k - \frac{1}{2}, \ k + \frac{1}{2} \right] \tag{10.3}$$

definieren. Damit gilt dann

$$p_n(k) = \int_{k-\frac{1}{2}}^{k+\frac{1}{2}} f_n(y) dy. \tag{10.4}$$

In Abbildung 10.2(i) haben wir die so definierte Funktion f_n für eine Summe von 6 unabhängigen, auf $\{1, 2, 3\}$ gleichverteilten Zufallsvariablen, dargestellt. Da weder p_n noch f_n konvergieren, gehen wir wieder über zur Betrachtung der standardisierten Zufallsvariablen S_n^*. Diese ist diskret mit Wertebereich $\{\frac{k-n\mu}{\sigma\sqrt{n}} : k \in \mathbb{Z}\}$ und Wahrscheinlichkeitsfunktion

$$p_n^* \left(\frac{k - n\mu}{\sigma\sqrt{n}} \right) = P \left(S_n^* = \frac{k - n\mu}{\sigma\sqrt{n}} \right) = P(S_n = k) = p_n(k).$$

Den Graphen von p_n^* erhalten wir aus dem Graphen von p_n durch Reskalierung der horizontalen Achse, d.h. durch Einführung neuer Koordinaten

$$\xi = \frac{y - n\mu}{\sigma\sqrt{n}}.$$

Unter dieser Koordinatentransformation geht die Funktion f_n dann über in $f_n^*(x) = f_n(n\mu + \xi\sigma\sqrt{n})$, und der Abstand zwischen zwei Punkten im Wertebereich von S_n^* ist nun $\frac{1}{\sigma\sqrt{n}}$. Zur Wiederherstellung des Zusammenhangs zwischen Oberfläche unter dem Graphen und den Wahrscheinlichkeiten $P(S_n^* = \frac{k-n\mu}{\sigma\sqrt{n}})$ multiplizieren wir abschließend mit $\sigma\sqrt{n}$ und erhalten

$$g_n(x) := \sigma\sqrt{n}\, f_n(n\mu + x\sigma\sqrt{n}). \tag{10.5}$$

Die Aussage des lokalen Grenzwertsatzes ist, dass unter gewissen Voraussetzungen $g_n(x)$ gegen $\varphi(x) = \frac{1}{\sqrt{2\pi}}e^{-x^2/2}$ konvergiert, d.h. dass diese Reskalierung von f_n genau passend ist.

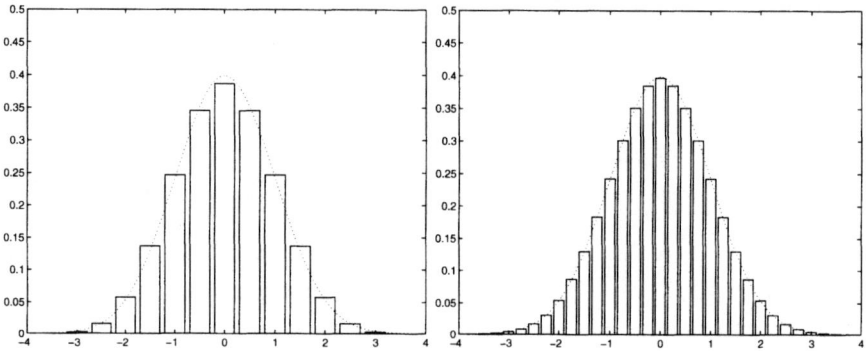

Abb. 10.3. $g_n(x)$ und $\varphi(x)$ für eine Summe von $n = 6$ auf $\{1,2,3\}$ gleichverteilten Zufallsvariablen (links), sowie $n = 50$ Bernoulli($\frac{1}{2}$)-verteilten Zufallsvariablen (rechts)

Satz 10.3 (Lokaler Grenzwertsatz) *Seien $X_1, X_2, \ldots$ unabhängige, identisch verteilte, $\mathbb{Z}$-wertige Zufallsvariablen mit $\mu = EX_1$ und $\sigma^2 = \mathrm{Var}(X_1) < \infty$. Dann gilt*

$$\lim_{n\to\infty} \sqrt{n\sigma^2}\, P(S_n = n\mu + x\sigma\sqrt{n}) = \frac{1}{\sqrt{2\pi}}e^{-\frac{x^2}{2}}.$$

Zur Veranschaulichung haben wir in Abb. 10.3 die Graphen von g_n und φ (gestrichelte Linie) für die Summe von 6 auf $\{1, 2, 3\}$ gleichverteilten Zufallsvariablen sowie für die Summe von 50 Bernoulli($\frac{1}{2}$)-verteilten Zufallsvariablen dargestellt. Im Rahmen dieses Buches können wir den lokalen Grenzwertsatz für beliebige Zufallsvariablen nicht beweisen. Für Bernoulli-verteilte Zufallsvariablen werden wir diese Aussage, den Satz von de Moivre und Laplace, im nächsten Abschnitt beweisen.

Die durch geometrische Betrachtungen gefundene Transformation werden wir jetzt für einen analytischen Zugang verwenden. Aus der Identität (10.4) erhalten wir für ganze Zahlen $k \leq l$

$$P(k \leq S_n \leq l) = \sum_{j=k}^{l} p_n(k) = \sum_{j=k}^{l} \int_{j-\frac{1}{2}}^{j+\frac{1}{2}} f_n(y)dy = \int_{k-\frac{1}{2}}^{l+\frac{1}{2}} f_n(y)dy.$$

Durch die Substitution $y = n\mu + x\sigma\sqrt{n}$ folgt

$$P(k \leq S_n \leq l) = \int_{\frac{k-\frac{1}{2}-n\mu}{\sigma\sqrt{n}}}^{\frac{l+\frac{1}{2}-n\mu}{\sigma\sqrt{n}}} \sigma\sqrt{n} f_n(\sigma\sqrt{n}x + n\mu)dx$$

$$= \int_{\frac{k-\frac{1}{2}-n\mu}{\sigma\sqrt{n}}}^{\frac{l+\frac{1}{2}-n\mu}{\sigma\sqrt{n}}} g_n(x)dx. \tag{10.6}$$

Wenn nun $(g_n)_{n\geq 1}$ in geeigneter Weise gegen g konvergiert, können wir das Integral in (10.6) durch das entsprechende Integral über $g(x)$ approximieren. Eigentlich reicht punktweise Konvergenz von g_n gegen eine Dichtefunktion g hierfür aus. Da uns jedoch die entsprechenden Hilfsmittel der Maßtheorie nicht zur Verfügung stehen, führen wir nun einen stärkeren Konvergenzbegriff ein.

Definition 10.4 *Eine Folge $(h_n)_{n\geq 1}$ von Funktionen $h_n : \mathbb{R} \to \mathbb{R}$ heißt kompakt konvergent gegen die Funktion $h : \mathbb{R} \to \mathbb{R}$, wenn für jedes $K > 0$ gilt*

$$\lim_{n\to\infty} \sup_{-K \leq x \leq K} |h_n(x) - h(x)| = 0.$$

Lemma 10.5 *Seien $(S_n)_{n\geq 1}$ $\mathbb{Z}$-wertige Zufallsvariablen mit Wahrscheinlichkeitsfunktionen $p_n(k) := P(S_n = k)$ und sei g_n durch (10.5) definiert. Falls $(g_n)_{n\geq 1}$ kompakt gegen eine Funktion $g : \mathbb{R} \to \mathbb{R}$ konvergiert, so gilt für alle Folgen $(k_n)_{n\geq 1}$ und $(l_n)_{n\geq 1}$ ganzer Zahlen mit $k_n \leq l_n$ und der zusätzlichen Eigenschaft, dass $\frac{k_n - n\mu}{\sigma\sqrt{n}}$ und $\frac{l_n - n\mu}{\sigma\sqrt{n}}$ beschränkt sind, dass*

$$\lim_{n\to\infty} \left| P(k_n \leq S_n \leq l_n) - \int_{\frac{k_n-\frac{1}{2}-n\mu}{\sigma\sqrt{n}}}^{\frac{l_n+\frac{1}{2}-n\mu}{\sigma\sqrt{n}}} g(x)dx \right| = 0. \tag{10.7}$$

Beweis. Aus der Identität (10.6) folgt

$$\left| P(k_n \leq S_n \leq l_n) - \int_{\frac{k_n-\frac{1}{2}-n\mu}{\sigma\sqrt{n}}}^{\frac{l_n+\frac{1}{2}-n\mu}{\sigma\sqrt{n}}} g(x)dx \right| \leq \int_{\frac{k_n-\frac{1}{2}-n\mu}{\sigma\sqrt{n}}}^{\frac{l_n+\frac{1}{2}-n\mu}{\sigma\sqrt{n}}} |g_n(x) - g(x)|dx.$$

Unter den gegebenen Voraussetzungen gibt es ein $K > 0$, sodass

$$-K \le \frac{k_n - \frac{1}{2} - n\mu}{\sigma\sqrt{n}} \le \frac{l_n + \frac{1}{2} - n\mu}{\sigma\sqrt{n}} \le K,$$

und so lässt sich das Integral auf der rechten Seite wie folgt abschätzen

$$\int_{\frac{k_n - \frac{1}{2} - n\mu}{\sigma\sqrt{n}}}^{\frac{l_n + \frac{1}{2} - n\mu}{\sigma\sqrt{n}}} |g_n(x) - g(x)|dx \le 2K \sup_{-K \le x \le K} |g_n(x) - g(x)|.$$

Aufgrund der kompakten Konvergenz von g_n gegen g konvergiert dieser Term gegen 0. □

Wir wenden uns nun wieder der standardisierten Zufallsvariablen S_n^* zu, deren Konvergenz in Verteilung Aussage des Zentralen Grenzwertsatzes ist. Aus (10.6) folgt

$$P\left(\frac{k - n\mu}{\sigma\sqrt{n}} \le S_n^* \le \frac{l - n\mu}{\sigma\sqrt{n}}\right) = \int_{\frac{k - \frac{1}{2} - n\mu}{\sigma\sqrt{n}}}^{\frac{l + \frac{1}{2} - n\mu}{\sigma\sqrt{n}}} g_n(x)dx. \qquad (10.8)$$

Lemma 10.6 *Unter denselben Voraussetzungen wie in Lemma 10.5 gilt für alle $a, b \in \mathbb{R}, a \le b$*

$$\lim_{n \to \infty} P(a < S_n^* \le b) = \int_a^b g(x)dx. \qquad (10.9)$$

Beweis. Da S_n nur ganzzahlige Werte annehmen kann, gilt

$$P(a < S_n^* \le b) = P(n\mu + a\sigma\sqrt{n} < S_n \le n\mu + b\sigma\sqrt{n})$$
$$= P([n\mu + a\sigma\sqrt{n}] + 1 \le S_n \le [n\mu + b\sigma\sqrt{n}]).$$

Nun erfüllen $k_n := [n\mu + a\sigma\sqrt{n}] + 1$ und $l_n := [n\mu + b\sigma\sqrt{n}]$ die Bedingungen von Lemma 10.5, und so folgt

$$\left| P(a < S_n^* \le b) - \int_a^b g(x)dx \right|$$

$$= \left| P([n\mu + a\sigma\sqrt{n}] + 1 \le S_n \le [n\mu + b\sigma\sqrt{n}]) - \int_a^b g(x)dx \right|$$

$$\le \left| P([n\mu + a\sigma\sqrt{n}] + 1 \le S_n \le [n\mu + b\sigma\sqrt{n}]) - \int_{\frac{[n\mu + a\sigma\sqrt{n}] + 1/2 - n\mu}{\sigma\sqrt{n}}}^{\frac{[n\mu + b\sigma\sqrt{n}] + 1/2 - n\mu}{\sigma\sqrt{n}}} g(x)dx \right|$$

$$+ \left| \int_{\frac{[n\mu + a\sigma\sqrt{n}] + 1/2 - n\mu}{\sigma\sqrt{n}}}^{\frac{[n\mu + b\sigma\sqrt{n}] + 1/2 - n\mu}{\sigma\sqrt{n}}} g(x)dx - \int_a^b g(x)dx \right|.$$

Nach Lemma 10.5 konvergiert der erste Term auf der rechten Seite gegen 0. Dasselbe gilt auch für den zweiten Term, da $\frac{\lfloor n\mu + a\sigma\sqrt{n}\rfloor + 1/2 - n\mu}{\sigma\sqrt{n}} \to a$ und $\frac{\lfloor n\mu + b\sigma\sqrt{n}\rfloor + 1/2 - n\mu}{\sigma\sqrt{n}} \to b$ für $n \to \infty$. $\qquad\square$

Wenn wir also zeigen können, dass g_n kompakt gegen $\varphi(x)$ konvergiert, dann haben wir den ZGS in der Formulierung von Satz 10.1 für $\mathbb{Z}$-wertige Zufallsvariablen bewiesen. Im nächsten Abschnitt werden wir dies für Bernoulli-verteilte Zufallsvariablen tun.

In erster Linie wird der ZGS verwendet zur approximativen Berechnung von Wahrscheinlichkeiten der Form $P(k \leq S_n \leq l)$. Mit der Konvergenz von g_n gegen φ können wir aus der Identität (10.7) auf folgende Approximation schließen

$$P(k \leq S_n \leq l) \approx \int_{(k-\frac{1}{2}-n\mu)/(\sigma\sqrt{n})}^{(l+\frac{1}{2}-n\mu)/(\sigma\sqrt{n})} \varphi(x)dx.$$

Andererseits können wir das Ereignis $\{k \leq S_n \leq l\}$ in Termen von S_n ausdrücken und dann Identität (10.9) verwenden. So erhalten wir

$$P(k \leq S_n \leq l) = P\left(\frac{k-n\mu}{\sigma\sqrt{n}} \leq S_n^* \leq \frac{l-n\mu}{\sigma\sqrt{n}}\right) \approx \int_{(k-n\mu)/(\sigma\sqrt{n})}^{(l-n\mu)/(\sigma\sqrt{n})} \varphi(x)dx.$$

Der Unterschied zwischen beiden Approximationen liegt in den $\pm\frac{1}{2}$-Termen. Diese heißen auch Stetigkeitskorrektur, da sie bei der Approximation einer diskreten Verteilung durch eine stetige Verteilung auftreten. Im Limes macht es keinen Unterschied, ob wir den ZGS mit oder ohne Stetigkeitskorrektur verwenden, da der Nenner $\sigma\sqrt{n}$ gegen ∞ konvergiert. Für kleine Werte von n gibt es aber eine deutliche Verbesserung der Approximation durch die Stetigkeitskorrektur.

Übungen

Übung 10.5 Wir werfen 10-mal mit einem unverfälschten Würfel und bezeichnen mit S_{10} die Augensumme. Bestimme die kleinste Zahl k mit der Eigenschaft

$$P(35 - k \leq S_{10} \leq 35 + k) \geq 0.9.$$

(Verwende den ZGS mit Stetigkeitskorrektur.)

Übung 10.6 Wir werfen 3-mal mit einem unverfälschten Würfel und bezeichnen mit S_3 die Augensumme. Bestimme die Wahrscheinlichkeitsfunktion von S_3 auf zwei Weisen, exakt und mit Hilfe des ZGS mit Stetigkeitskorrektur.

10.3 Der Satz von De Moivre und Laplace

In diesem Abschnitt wollen wir einen Beweis des lokalen Grenzwertsatzes für Bernoulli-verteilte Zufallsvariablen geben. Diese Aussage ist auch bekannt als Satz von De Moivre und Laplace. Es seien also $X_1, \ldots, X_n$ unabhängige, Bernoulli(p)-verteilte Zufallsvariablen. Dann ist die Summe S_n binomialverteilt, d.h.

$$P(S_n = k) = \binom{n}{k} p^k q^{n-k}.$$

Das erste Problem bei einer Approximation der binomialen Verteilung ist es, eine Näherungsformel für die Binomialkoeffizienten zu finden. Dazu beschäftigen wir uns zunächst mit der Stirling-Formel.

Definition 10.7 *Es seien* $(a_n)_{n \geq 1}$, $(b_n)_{n \geq 1}$ *zwei Folgen positiver reeller Zahlen. Wir sagen, dass* $(a_n)_{n \geq 1}$ *und* $(b_n)_{n \geq 1}$ *asymptotisch gleich sind, wenn* $\lim_{n \to \infty} \dfrac{a_n}{b_n} = 1$, *und wir schreiben* $a_n \sim b_n$.

Lemma 10.8 (Stirling-Formel) *Es gibt eine Konstante* $C \in (0, \infty)$ *mit der Eigenschaft, dass*

$$n! \sim C\, n^{n + \frac{1}{2}} e^{-n}. \tag{10.10}$$

Beweis. Die Behauptung des Lemmas, $\lim_{n \to \infty} \dfrac{n!}{C\, n^{n + \frac{1}{2}} e^{-n}} = 1$, ist äquivalent dazu, dass $c_n := \log n! - (n + \frac{1}{2}) \log n + n$ konvergiert. Wir betrachten nun die Folge der Differenzen

$c_n - c_{n+1}$

$$= \log n! - \left(n + \frac{1}{2}\right) \log n + n - \log(n+1)! + \left(n + \frac{3}{2}\right) \log(n+1) - n - 1$$

$$= \left(n + \frac{1}{2}\right) \log \left(\frac{n+1}{n}\right) - 1 = \left(n + \frac{1}{2}\right) \log \left(1 + \frac{1}{n}\right) - 1.$$

An dieser Stelle verwenden wir die Taylor-Approximation des Logarithmus um den Punkt 1, d.h. $\log(1 + x) = x - \frac{x^2}{2} + O(x^3)$, und erhalten

$$c_n - c_{n+1} = \left(n + \frac{1}{2}\right) \left(\frac{1}{n} - \frac{1}{2n^2} + O\left(\frac{1}{n^3}\right)\right) - 1$$

$$= 1 + \frac{1}{2n} - \frac{1}{2n} - \frac{1}{4n^2} + O\left(\frac{1}{n^2}\right) - 1 = O\left(\frac{1}{n^2}\right).$$

Also ist $\sum_{n=1}^{\infty} (c_n - c_{n+1})$ eine absolut konvergente Reihe mit Partialsummen $\sum_{k=1}^{n} (c_k - c_{k+1}) = c_1 - c_{n+1}$, und somit konvergiert c_n. $\square$

Für Bernoulli(p)-verteilte Zufallsvariablen gilt $EX_i = p$ und $\mathrm{Var}(X_i) = pq$, und somit müssen wir für den lokalen Grenzwertsatz die Konvergenz von

$$g_n(x) = \sqrt{npq}\, f_n(np + x\sqrt{npq})$$

gegen die Dichte der $N(0,1)$-Verteilung untersuchen. Zur Veranschaulichung der Güte der Approximation, die wir im folgenden Lemma beweisen werden, haben wir in Tabelle 10.2 die Werte der binomialen Wahrscheinlichkeitsfunktion sowie die zugehörigen Approximationen für $n = 24$, $p = 0.4$ und einige Werte von k zusammengestellt. Hierbei haben wir auch schon ein Resultat aus dem Beweis von Satz 10.10 verwendet, dass gilt $C = \sqrt{2\pi}$. Es ist zu sehen, dass die Approximation bereits für kleine Werte von n sehr gut ist.

k	4	5	6	7	8	9	10	11	12	13
$P(S_n = k)$	0.010	0.027	0.056	0.096	0.136	0.161	0.161	0.137	0.099	0.061
$\dfrac{1}{\sqrt{2\pi npq}}e^{-\frac{(k-np)^2}{2npq}}$	0.011	0.026	0.054	0.092	0.133	0.161	0.164	0.140	0.101	0.061

Tabelle 10.2. Approximation der binomialen Wahrscheinlichkeitsfunktion durch die Dichte der Normalverteilung

Lemma 10.9 *Für $K > 0$ gilt gleichmäßig für alle $x \in [-K, K]$ mit der Eigenschaft $np + x\sqrt{npq} \in \mathbb{N}_0$, dass*

$$P(S_n = np + x\sqrt{npq}) \sim \frac{1}{\sqrt{npq}}\frac{1}{C}e^{-\frac{x^2}{2}},$$

wobei C die Konstante aus der Stirling-Formel ist.

Beweis. Für die Approximation der Binomialkoeffizienten wenden wir die Stirling-Formel (10.10) an auf $n!$, $(np + x\sqrt{npq})!$, $(nq - x\sqrt{npq})!$ und erhalten

$$\binom{n}{np + x\sqrt{npq}} = \frac{n!}{(np + x\sqrt{npq})!(nq - x\sqrt{npq})!}$$

$$\sim \frac{Cn^{n+\frac{1}{2}}e^{-n}}{C(np + x\sqrt{npq})^{np+x\sqrt{npq}+\frac{1}{2}}e^{-np-x\sqrt{npq}}}$$

$$\cdot \frac{1}{C(nq - x\sqrt{npq})^{nq-x\sqrt{npq}+\frac{1}{2}}e^{-nq+x\sqrt{npq}}}.$$

Durch Ausklammern und Kürzen folgt daraus

$$\frac{n^{\frac{1}{2}}}{C(np + x\sqrt{npq})^{1/2}(nq - x\sqrt{npq})^{\frac{1}{2}}}$$

$$\cdot \frac{n^n}{(np + x\sqrt{npq})^{np+x\sqrt{npq}}(nq - x\sqrt{npq})^{nq-x\sqrt{npq}}}$$

$$= \frac{1}{C\sqrt{n}(p + x\sqrt{pq/n})^{\frac{1}{2}}(q - x\sqrt{pq/n})^{\frac{1}{2}}}$$

$$\cdot \frac{1}{(p + x\sqrt{pq/n})^{np+x\sqrt{npq}}(q - x\sqrt{pq/n})^{nq-x\sqrt{npq}}}.$$

Wegen $p + x\sqrt{pq/n} \sim p$ folgt

$$\binom{n}{np + x\sqrt{npq}} \sim \frac{1}{\sqrt{n}C\sqrt{pq}(p + x\sqrt{pq/n})^{np+x\sqrt{npq}}(q - x\sqrt{pq/n})^{nq-x\sqrt{npq}}}.$$

Damit ergibt sich für die binomialen Wahrscheinlichkeiten folgende asymptotische Identität

$$P(S_n = np + x\sqrt{npq})$$

$$= \binom{n}{np + x\sqrt{npq}} p^{np+x\sqrt{npq}} q^{nq-x\sqrt{npq}}$$

$$\sim \frac{1}{\sqrt{n}C\sqrt{pq}} \frac{1}{(1 + x\sqrt{q/(np)})^{np+x\sqrt{npq}}(1 - x\sqrt{p/(nq)})^{nq-x\sqrt{npq}}}.$$

Es bleibt zu zeigen, dass

$$\frac{1}{(1 + x\sqrt{q/(np)})^{np+x\sqrt{npq}}(1 - x\sqrt{p/(nq)})^{nq-x\sqrt{npq}}} \sim e^{-x^2/2}.$$

Wir betrachten dazu den Logarithmus des Nenners und verwenden die Taylorapproximation $\log(1 + x) = x - \frac{1}{2}x^2 + O(x^3)$,

$$(np + x\sqrt{npq})\log(1 + x\sqrt{q/(np)}) + (nq - x\sqrt{npq})\log(1 - x\sqrt{p/(nq)})$$

$$= (np + x\sqrt{npq})\left(x\sqrt{q/(np)} - \frac{x^2}{2}\frac{q}{np} + O\left(\frac{1}{n^{\frac{3}{2}}}\right)\right)$$

$$+ (nq - x\sqrt{npq})\left(-x\sqrt{p/(nq)} - \frac{x^2}{2}\frac{p}{nq} + O\left(\frac{1}{n^{\frac{3}{2}}}\right)\right)$$

$$= -\frac{x^2}{2}q + x^2 q - \frac{x^2}{2}p + x^2 p + O\left(\frac{1}{\sqrt{n}}\right)$$

$$= \frac{x^2}{2} + O\left(\frac{1}{\sqrt{n}}\right).$$

Bislang haben wir alle Approximationen für festes x durchgeführt. Ein Beweis der kompakten Konvergenz erfordert eine nochmalige Betrachtung der einzelnen Schritte, was wir an dieser Stelle nicht ausführen.   □

Abschließend formulieren und beweisen wir nun den Satz von De Moivre und Laplace.

Satz 10.10 (De Moivre-Laplace) *Es sei $f_n : \mathbb{R} \to \mathbb{R}$ definiert durch $f_n(x) :=$ $P(S_n = k)$ für $x \in (k-1/2, k+1/2]$, wobei S_n die Summe von n Bernoulli(p)-verteilten Zufallsvariablen ist. Dann konvergiert*

$$g_n(x) := \sqrt{npq}\, f_n(x\sqrt{npq} + np)$$

kompakt gegen $\frac{1}{\sqrt{2\pi}}e^{-x^2/2}$.

Beweis. Aus Lemma 10.9 folgt unmittelbar die kompakte Konvergenz von $g_n(x)$ gegen $\frac{1}{C}e^{-x^2/2}$. Es bleibt zu zeigen, dass $C = \sqrt{2\pi}$. Wegen der Chebychev-Ungleichung gilt für jedes $K > 0$

$$P(|S_n^*| \geq K) \leq \frac{1}{K^2}$$

und somit folgt

$$1 - \frac{1}{K^2} \leq P(-K \leq S_n^* \leq K) \leq 1.$$

Andererseits folgt mit Lemma 10.6

$$P(-K \leq S_n^* \leq K) \to \int_{-K}^{K} \frac{1}{C}e^{-x^2/2}dx,$$

sodass

$$1 - \frac{1}{K^2} \leq \int_{-K}^{K} \frac{1}{C}e^{-x^2/2}dx \leq 1.$$

Für $K \to \infty$ ergibt sich

$$\int \frac{1}{C}e^{-x^2/2}dx = 1,$$

und so gilt $C = \int e^{-x^2/2}dx = \sqrt{2\pi}$. $\qquad\square$

Satz 10.11 (Zentraler Grenzwertsatz für Bernoulli-verteilte Zufallsvariablen) *Es sei $(X_k)_{k\geq 1}$ eine Folge unabhängiger, Bernoulli(p)-verteilter Zufallsvariablen und $S_n := \sum_{k=1}^{n} X_k$. Dann gilt für alle Folgen $(k_n)_{n\geq 1}$, $(l_n)_{n\geq 1}$ ganzzahliger Zufallsvariablen mit der Eigenschaft, dass $\frac{k_n-np}{\sqrt{npq}}$ und $\frac{l_n-np}{\sqrt{npq}}$ beschränkt sind, dass*

$$\lim_{n\to\infty}\left| P(k_n \leq S_n \leq l_n) - \int_{\frac{k_n-\frac{1}{2}-np}{\sqrt{npq}}}^{\frac{l_n+\frac{1}{2}-np}{\sqrt{npq}}} \frac{1}{\sqrt{2\pi}}e^{-\frac{x^2}{2}}dx \right| = 0$$

Wir haben damit jetzt zwei Approximationen für die Binomialverteilung gefunden, die Normalapproximation sowie die Poisson-Approximation aus Abschnitt 4.3. Während beim Poisson-Grenzwertsatz die Erfolgswahrscheinlichkeit p_n asymptotisch gleich $\frac{\lambda}{n}$ ist, bleibt sie im Zentralen Grenzwertsatz konstant.

Übungen

Übung 10.7 Wir werfen $2n$ Münzen und fragen nach der Wahrscheinlichkeit, dass genau n-mal Kopf fällt. Berechne die Wahrscheinlichkeit exakt und näherungsweise.

Übung 10.8 Bestimme $n!$ exakt und mit Hilfe der Stirling-Formel für $n = 1, \ldots, 10$.

Übung 10.9 Es sei $f_n(x)$ die Dichtefunktion von $\frac{S_n - n}{\sqrt{n}}$, wobei S_n eine Summe von n unabhängigen $Exp(1)$-verteilten Zufallsvariablen ist. Zeige, dass $f_n(x)$ gegen $\varphi(x)$ konvergiert.

Übung 10.10 Aus einer Gruppe von $2n$ Jungen und $2n$ Mädchen werden zufällig $2n$ Kinder ausgewählt. Bestimme die Wahrscheinlichkeit, dass unter den ausgewählten Kindern jeweils n Jungen bzw. n Mädchen sind, sowohl exakt als auch näherungsweise.

10.4 Aufgaben

Aufgabe 10.1 Wir werfen 600-mal mit einem unverfälschten Würfel. Bestimme näherungsweise die Wahrscheinlichkeit, dass zwischen 90 und 110-mal eine 6 gewürfelt wird.

Aufgabe 10.2 Wie oft müssen wir eine faire Münze werfen, damit mit Wahrscheinlichkeit 0.95 bei 49% bis 51% der Würfe Kopf erscheint.

11. Grundbegriffe der Schätztheorie

In diesem Kapitel wenden wir uns einem zentralen Thema der Statistik zu. Während wir uns in der Wahrscheinlichkeitstheorie stets mit einer bestimmten Wahrscheinlichkeitsverteilung für das Ergebnis eines Experimentes oder die Realisierung einer Zufallsvariablen befasst haben, gehört zu einem statistischen Experiment eine Familie von Verteilungen. Die Aufgabe eines Statistikers besteht darin, aufgrund von Beobachtungen Aussagen über die dem Experiment tatsächlich zugrundeliegende Verteilung zu machen.

11.1 Terminologie und Beispiele

Wie in der Wahrscheinlichkeitstheorie beginnt auch in der Statistik die Modellbildung mit der Festlegung des Ergebnisraumes Ω eines Zufallsexperimentes. Auch hier interessieren wir uns meist nicht für das vollständige Ergebnis des Experiments, sondern für die Realisierung einer Zufallsvariablen $X : \Omega \to \mathcal{X}$. Der Bildbereich $\mathcal{X}$ der Zufallsvariablen, in den meisten Beispielen eine Teilmenge des $\mathbb{R}^n$, heißt in der statistischen Terminologie Stichprobenraum. Jede Realisierung $x = X(\omega)$ der Zufallsvariable X heißt eine Stichprobe. Tatsächlich ist in vielen Anwendungen $X(\omega)$ das Resultat von wiederholten Ziehungen aus einer endlichen Grundgesamtheit und stellt so eine echte Stichprobe dar. Wir verwenden die Bezeichnung Stichprobe auch für die Zufallsvariable X.

Neu bei der statistischen Modellbildung ist die Tatsache, dass wir nicht eine bestimmte Wahrscheinlichkeitsverteilung P auf Ω bzw. P_X auf dem Stichprobenraum gegeben haben, sondern eine ganze Familie $\mathcal{P}$ von Wahrscheinlichkeitsverteilungen. Zur Vereinfachung der Schreibweise verwenden wir für die Verteilungen auf Ω und auf $\mathcal{X}$ dasselbe Symbol P. Da in allen Beispielen nur eine einzige Zufallsvariable X betrachtet wird, kann dies nicht zu Verwechslungen führen. Wie schon in den vorhergehenden Kapiteln interessieren wir uns auch hier kaum für die Verteilung auf dem Ergebnisraum Ω, sondern fast ausschließlich für die Verteilung auf dem Stichprobenraum $\mathcal{X}$. In vielen Beispielen können wir $\mathcal{P}$ auf eine natürliche Weise parametrisieren, d.h. $\mathcal{P} = \{P_\theta, \theta \in \Theta\}$, wobei Θ der sogenannte Parameterraum ist.

Definition 11.1 *Sei $X : \Omega \to \mathcal{X}$ eine Zufallsvariable mit Werten im Stichprobenraum $\mathcal{X}$. Ein statistisches Modell für X ist eine Familie von Wahrscheinlichkeitsverteilungen $\mathcal{P}$ auf $\mathcal{X}$. Gilt $\mathcal{P} = \{P_\theta : \theta \in \Theta\}$, so heißt Θ der Parameterraum und $\theta \in \Theta$ ein Parameter.*

Ist die Verteilung P_θ diskret, so bezeichnen wir die zugehörige Wahrscheinlichkeitsfunktion mit p_θ. Wir verwenden dasselbe Symbol für die Dichtefunktion von X bei stetigen Verteilungen, weil dies im Folgenden die Darstellung vereinfacht. Da wir in der Statistik eine ganze Familie möglicher Verteilungen einer gegebenen Zufallsvariablen betrachten, hängen auch Kennzahlen wie Erwartungswert und Varianz von den jeweils zugrundeliegenden Verteilungen bzw. dem Parameter ab. Dies bringen wir durch die Schreibweise E_P bzw. E_θ sowie Var_P bzw. Var_θ zum Ausdruck.

Beispiel 11.2 (i) Eine Heftzwecke wird 20-mal geworfen und wir bezeichnen mit X die Anzahl Würfe, bei denen die Spitze oben liegt. Als Stichprobenraum nehmen wir $\mathcal{X} = \{0, \dots, 20\}$. Unter der Annahme, dass die einzelnen Würfe unabhängig und unter identischen Bedingungen ausgeführt werden, hat X eine $Bin(20, \theta)$-Verteilung, wobei $\theta \in \Theta = [0, 1]$ die unbekannte Wahrscheinlichkeit ist, dass die Heftzwecke mit der Spitze nach oben aufkommt. Also hat X die Wahrscheinlichkeitsfunktion

$$p_\theta(k) = \binom{20}{k} \theta^k (1 - \theta)^{20-k}$$

(ii) Die Qualitätskontrolle einer Lampenfabrik interessiert sich für die Lebensdauer der produzierten Glühlampen. Um hierüber Informationen zu erhalten, lässt sie n Glühlampen brennen und notiert ihre Lebensdauern mit $X_1, \dots, X_n$. Die Stichprobe ist hier also der Zufallsvektor $X = (X_1, \dots, X_n)^t$, der Werte im Stichprobenraum $\mathcal{X} = [0, \infty)^n$ annimmt. Wir gehen nun davon aus, dass die X_i unabhängig sind mit derselben Dichtefunktion $f : [0, \infty) \to [0, \infty)$. Dann hat X die Dichte

$$p(x_1, \dots, x_n) = f(x_1) \cdot \dots \cdot f(x_n). \tag{11.1}$$

Zur vollständigen Spezifizierung des Modells müssen wir noch die Familie der zulässigen Dichtefunktionen festlegen. Wir können zum Beispiel annehmen, dass die X_i eine $Exp(\frac{1}{\theta})$-Verteilung haben, wobei $\theta \in \Theta = (0, \infty)$. Dann hat X die Dichte

$$p_\theta(x_1, \dots, x_n) = \frac{1}{\theta^n} e^{-(x_1 + \dots + x_n)/\theta}.$$

Wir bemerken am Rande, dass die Parametrisierung mit $\frac{1}{\theta}$ den Vorteil hat, dass der Parameter θ dann gleich dem Erwartungswert der Zufallsvariablen X_i ist.

(iii) Wir knüpfen im Beispiel (ii) bei Identität (11.1) an. Das statistische Modell, das die wenigsten Einschränkungen macht, lässt zu, dass f eine beliebige Dichtefunktion auf $[0, \infty)$ ist, sodass wir

$$\Theta = \left\{ f : [0, \infty) \to [0, \infty) : \int_0^\infty f(x)dx = 1 \right\}$$

als Parameterraum erhalten.

(iv) Sei μ eine physikalische Konstante, die wir mittels einer Messung bestimmen wollen. Im Allgemeinen wird die Messung fehlerbehaftet sein, d.h. der gemessene Wert x ist nicht exakt gleich μ. Wir modellieren den Messfehler, indem wir annehmen, dass $x - \mu$ die Realisierung einer Zufallsvariablen ϵ ist. Damit ist dann auch x die Realisierung einer Zufallsvariablen X und es gilt

$$X = \mu + \epsilon. \tag{11.2}$$

Wir nehmen an, dass $E(\epsilon) = 0$, d.h. dass die Messung keine systematischen Fehler enthält. Für viele Berechnungen ist es weiter wichtig, dass $\sigma^2 := \text{Var}(\epsilon) < \infty$ gilt, d.h. dass der Messfehler ϵ endliche Varianz hat. Hat ϵ die Dichtefunktion $f(u)$, so hat X die Dichte $f(u - \mu)$. Im Allgemeinen belässt man es nicht bei einer Messung, sondern man führt n unabhängige Wiederholungen durch und erhält so den Zufallsvektor $(X_1, \ldots, X_n)^t$ mit Werten im Stichprobenraum $\mathcal{X} = \mathbb{R}^n$ und der Dichtefunktion

$$p_{\mu,f}(x_1, \ldots, x_n) = f(x_1 - \mu) \cdot \ldots \cdot f(x_n - \mu). \tag{11.3}$$

Ohne weitere Annahmen an die Verteilung von ϵ ist dann der Parameterraum

$$\Theta = \left\{ (\mu, f) : \mu \in \mathbb{R}, f : \mathbb{R} \to [0, \infty), \int f(u)du = 1, \right.$$

$$\left. \int u f(u)du = 0, \int u^2 f(u)du < \infty \right\}.$$

(v) Wir knüpfen im Beispiel (iv) bei Identität (11.3) an und spezifizieren zusätzlich, dass der Messfehler ϵ eine $N(0, \sigma^2)$-Verteilung hat. Dann hat $(X_1, \ldots, X_n)^t$ die Dichtefunktion

$$p_{\mu,\sigma^2}(x_1, \ldots, x_n) = \frac{1}{(2\pi\sigma^2)^{n/2}} e^{-\frac{1}{2\sigma^2} \sum_{i=1}^n (x_i - \mu)^2}. \tag{11.4}$$

In diesem Fall ist der Parameter $\theta = (\mu, \sigma^2)$ und der Parameterraum $\Theta = \mathbb{R} \times (0, \infty)$. Wir bemerken, dass aus (11.2) und der Annahme, dass ϵ eine $N(0, \sigma^2)$-Verteilung hat, folgt, dass X eine $N(\mu, \sigma^2)$-Verteilung hat. Damit sind die Zufallsvariablen $X_1, \ldots, X_n$ unabhängige, $N(\mu, \sigma^2)$-verteilte Zufallsvariablen, was wir auch aus der gemeinsamen Dichte (11.4) und Satz 9.11 herleiten können.

Viele statistische Experimente bestehen aus unabhängigen Wiederholungen eines einzelnen Experimentes unter identischen Bedingungen. Die Stichprobe ist dann ein Zufallsvektor $(X_1, \ldots, X_n)^t$, dessen Verteilung völlig bestimmt ist durch die marginale Verteilung von X_1. Zur Spezifizierung des statistischen Modells benötigen wir nur noch die Angabe einer Klasse $\mathcal{P}^{(1)} = \{P_\theta^{(1)}, \theta \in \Theta\}$ von möglichen eindimensionalen Verteilungen. Das gesamte Modell heißt auch Produktexperiment.

Die Aufgabe des Statistikers besteht darin, aufgrund einer Beobachtung x Aussagen über die Verteilung P_θ bzw. über den unbekannten Parameter $\theta \in \Theta$ zu treffen. Solche Aussagen können sehr verschiedene Gestalt haben, etwa die eines Punktschätzers $t(x) \in \Theta$, eines Bereichsschätzers $C(x) \subset \Theta$ oder einer ja/nein Entscheidung $\varphi(x) \in \{0, 1\}$ über eine Hypothese den Parameter θ betreffend. Wir wollen uns hier zunächst mit Punktschätzern beschäftigen. Dabei soll eventuell nicht der ganze Parameter θ, sondern nur ein Teilaspekt $\gamma := g(\theta)$ geschätzt werden, wobei $g : \Theta \to \Gamma$ eine Abbildung des Parameterraumes in eine Menge Γ ist.

Definition 11.3 *Es sei $(P_\theta)_{\theta \in \Theta}$ ein statistisches Modell für die Verteilung der Zufallsvariable $X : \Omega \to \mathcal{X}$ und $g : \Theta \to \Gamma$ eine Abbildung. Eine Abbildung $t : \mathcal{X} \to \Gamma$ bzw. die Zufallsvariable $T = t(X)$ heißt Schätzer für $g(\theta)$. Eine Realisierung $t(x)$ heißt Schätzung.*

Es ist wichtig, sich den Unterschied zwischen einem Schätzer und einer Schätzung zu verdeutlichen. Ein Schätzer ist eine Vorschrift, die jeder Stichprobe x einen Wert $t(x)$ zuordnet, während eine Schätzung das Ergebnis der Anwendung dieser Vorschrift bei einem konkreten Experiment ist. Eine gebräuchliche Schreibweise sowohl für einen Schätzer des Parameters $\gamma = g(\theta)$ als auch für die zugehörige Schätzung ist $\hat{\gamma}$.

In jeder nicht-trivialen Situation wird es viele verschiedene Schätzer für einen gegebenen Parameter $\theta \in \Theta$ bzw. $g(\theta) \in \Gamma$ geben. Wir werden jetzt Kriterien kennenlernen, nach denen wir die Schätzer bewerten und miteinander vergleichen können. Ausgangspunkt unserer Überlegungen ist die Betrachtung der Verteilung von $T = t(X)$. Je näher diese um den wahren Wert $g(\theta)$ liegt, um so besser ist der Schätzer. Um hiermit arbeiten zu können, müssen wir zunächst präzisieren, was der Abstand einer Verteilung auf Γ von einem gegebenen Wert $\gamma \in \Gamma$ ist. Im Folgenden nehmen wir stets an, dass $\Gamma \subset \mathbb{R}$.

Definition 11.4 *Es sei $(P_\theta)_{\theta \in \Theta}$ ein statistisches Modell für die Verteilung der Zufallsvariable $X : \Omega \to \mathcal{X}$, $g : \Theta \to \Gamma$ eine Abbildung und $t : \mathcal{X} \to \Gamma$ ein Schätzer für $g(\theta)$.*

(i) Wir definieren den Bias des Schätzers t durch

$$Bias_t(\theta) := E_\theta(t(X)) - g(\theta).$$

(ii) Der Schätzer t heißt erwartungstreu für $g(\theta)$, wenn $Bias_t(\theta) = 0$ für alle $\theta \in \Theta$ gilt, d.h.

$$E_\theta(t(X)) = g(\theta) \quad \text{für alle } \theta \in \Theta.$$

(iii) Das Risiko des Schätzers t im Punkte θ wird definiert durch

$$R(\theta, t) := E_\theta(t(X) - g(\theta))^2.$$

Die durch $\theta \mapsto R(\theta, t)$ definierte Funktion heißt Risikofunktion des Schätzers.

(iv) Sind $t_1, t_2 : \mathcal{X} \to \Gamma$ zwei Schätzer für $g(\theta)$, so heißt t_1 mindestens so gut wie t_2, wenn

$$R(\theta, t_1) \leq R(\theta, t_2) \quad \text{für alle } \theta \in \Theta.$$

Gilt zusätzlich für mindestens ein $\theta \in \Theta$ die strikte Ungleichung, d.h. $R(\theta, t_1) < R(\theta, t_2)$, so heißt t_1 besser als t_2.

Lemma 11.5 *Es sei $t(X)$ ein Schätzer für $g(\theta)$. Dann gilt*

$$R(\theta, t) = (Bias_t(\theta))^2 + \text{Var}_\theta(t(X)).$$

Insbesondere ist für einen erwartungstreuen Schätzer das Risiko gleich der Varianz von $t(X)$.

Beweis. Wir verwenden die Identität (5.7), $E(X-a)^2 = \text{Var}(X) + (EX-a)^2$. Damit erhalten wir

$$R(\theta, t) = E_\theta(t(X) - g(\theta))^2 = \text{Var}_\theta(t(X)) + (E_\theta(t(X)) - g(\theta))^2$$
$$= (Bias_t(\theta))^2 + \text{Var}_\theta(t(X)).$$

Für einen erwartungstreuen Schätzer entfällt der erste Term auf der rechten Seite. $\qquad\square$

Jetzt werden wir zu den obigen Beispielen einige Schätzer und deren Eigenschaften betrachten. Die Motivation für die verwendeten Schätzer wird eher ad hoc sein. Im nächsten Abschnitt werden wir systematische Schätzverfahren kennenlernen.

Beispiel 11.6 (i) Im binomialen Modell für das Experiment mit einer Heftzwecke wollen wir die Wahrscheinlichkeit θ selber schätzen, d.h. $\Gamma = \Theta$ und $g : \Theta \to \Theta$ ist die Identität. Es liegt nahe, die relative Häufigkeit der Experimente, bei denen die Spitze oben liegt, als Schätzer zu nehmen, d.h. $t(x) := \frac{x}{20}$. Wegen $E_\theta\left(\frac{X}{20}\right) = \theta$ ist dieser Schätzer erwartungstreu. Mit Lemma 11.5 und Tabelle 5.1 erhalten wir die Risikofunktion

$$R(\theta, t) = \text{Var}_\theta\left(\frac{X}{20}\right) = \frac{\theta(1-\theta)}{20}.$$

(ii) Im exponentiellen Modell für die Lebensdauer von Glühlampen wollen wir die erwartete Lebensdauer, d.h. den Parameter θ schätzen. Das Gesetz der großen Zahlen legt den Mittelwert $t(x) := \frac{1}{n}(x_1 + \ldots + x_n)$ als Schätzer für den Erwartungswert nahe. Wegen $E_\theta\left(\frac{1}{n}(X_1 + \ldots + X_n)\right) = E_\theta(X_1) = \theta$ ist dieser Schätzer erwartungstreu. Mit Lemma 11.5 und Tabelle 8.1 erhalten wir die Risikofunktion

$$R(\theta, t) = \text{Var}_\theta\left(\frac{1}{n}(X_1 + \ldots + X_n)\right) = \frac{1}{n^2}\sum_{i=1}^{n}\text{Var}_\theta(X_i) = \frac{\theta^2}{n}.$$

(iii) In dem bereits in (ii) betrachteten Modell können wir uns auch für die Wahrscheinlichkeit interessieren, dass eine Glühlampe eine Lebensdauer größer als ein gegebenes $c \in [0, \infty)$ hat. In diesem Fall betrachten wir also

$$\gamma = g(\theta) := P_\theta(X_1 > c) = \int_c^\infty \frac{1}{\theta} e^{-x/\theta} dx = e^{-c/\theta}.$$

Da wir bereits einen Schätzer t für θ haben, ist

$$t_1(x) = g(t(x)) = \exp\left(-\frac{c}{\frac{1}{n}\sum_{i=1}^n x_i}\right)$$

ein naheliegender Schätzer für $g(\theta)$.

Wir erinnern daran, dass wir die Wahrscheinlichkeit eines Ereignisses auffassen können als relative Häufigkeit ihres Eintretens in einer langen Folge unabhängiger Wiederholungen. Dies motiviert, den Parameter γ, d.h. die Wahrscheinlichkeit einer Lebensdauer von mehr als c, durch den Anteil der Glühlampen in der Stichprobe, die länger als c gebrannt haben, zu schätzen. So erhalten wir einen zweiten Schätzer für γ,

$$t_2(x) = \frac{1}{n}\sum_{i=1}^n 1_{\{x_i \geq c\}}.$$

Da $1_{\{X_i \geq c\}}$ eine Bernoulli-Verteilung mit Parameter $p = P_\theta(X_i \geq c) = e^{-c/\theta}$ hat, gilt

$$E_\theta(t_2(X)) = \frac{1}{n}\sum_{i=1}^n E_\theta\left(1_{\{X_i \geq c\}}\right) = \frac{1}{n}\sum_{i=1}^n P_\theta(X_i \geq c) = P_\theta(X_1 \geq c) = g(\theta).$$

Also ist $t_2(X)$ ein erwartungstreuer Schätzer für $g(\theta)$. Mit Lemma 11.5 und Tabelle 5.1 erhalten wir die Risikofunktion

$$R(\theta, t_2) = \text{Var}_\theta\left(\frac{1}{n}\sum_{i=1}^n 1_{\{X_i \geq c\}}\right) = \frac{e^{-c/\theta}\left(1 - e^{-c/\theta}\right)}{n}.$$

Bias und Risiko des Schätzers t_1 lassen sich analytisch nicht so einfach berechnen. Wir bemerken, dass t_1 ein kleineres Risiko hat als t_2. Allerdings ist t_1 nur dann ein sinnvoller Schätzer, wenn die Lebensdauer wirklich exponentiell verteilt ist, während t_2 ein universell verwendbarer Schätzer ist.

(iv) Im Modell normalverteilter Messfehler wollen wir die physikalische Konstante μ sowie die Varianz σ^2 des Messfehlers schätzen. Wie bereits oben ausgeführt, bedeuten diese Annahmen, dass die Messwerte Realisierungen von unabhängigen, $N(\mu, \sigma^2)$-verteilten Zufallsvariablen sind. Die gebräuchlichen Schätzer für μ und σ^2 sind der Stichprobenmittelwert

$$\bar{X} := \frac{1}{n} \sum_{i=1}^{n} X_i$$

bzw. die Stichprobenvarianz

$$s_X^2 := \frac{1}{n-1} \sum_{i=1}^{n} (X_i - \bar{X})^2.$$

Nach Beispiel 9.15 hat $\bar{X}$ eine $N(\mu, \frac{\sigma^2}{n})$-Verteilung. Also ist $\bar{X}$ ein erwartungstreuer Schätzer für μ mit der Risikofunktion

$$R((\mu, \sigma^2), \bar{X}) = \mathrm{Var}_{(\mu, \sigma^2)}(\bar{X}) = \frac{\sigma^2}{n}.$$

Nach Satz 11.16 hat $(n-1)s_X^2/\sigma^2$ eine χ_{n-1}^2- bzw. $Gamma(\frac{n-1}{2}, \frac{1}{2})$-Verteilung, siehe Abschnitt 8.2. Mit Hilfe der Transformationsformel für eindimensionale Dichten erhalten wir, dass s_X^2 eine $Gamma(\frac{n-1}{2}, \frac{n-1}{2\sigma^2})$-Verteilung hat. Der Tabelle 8.1 entnehmen wir schließlich, dass s_X^2 ein erwartungstreuer Schätzer für σ^2 ist mit der Risikofunktion

$$R((\mu, \sigma^2), s_X^2) = \mathrm{Var}_{(\mu, \sigma^2)}(s_X^2) = \frac{2\sigma^4}{n-1}.$$

Übungen

Übung 11.1 Es seien $X_1, \dots, X_n$ Poisson(λ)-verteilte Zufallsvariablen mit unbekanntem Parameter $\lambda \in (0, \infty)$. Zeige, dass $\hat{\lambda} = \frac{1}{n} \sum_{i=1}^{n} X_i$ ein erwartungstreuer Schätzer für λ ist und berechne das Risiko dieses Schätzers.

Übung 11.2 Zeige, dass die empirische Verteilungsfunktion $F_n(x)$ für festes x ein erwartungstreuer Schätzer für $F(x)$ ist. Berechne das Risiko dieses Schätzers.

11.2 Einige Schätzverfahren

Die bislang betrachteten Schätzer haben wir mit ad hoc Überlegungen motiviert. In diesem Abschnitt wollen wir einige allgemeine Verfahren vorstellen, mit deren Hilfe wir Schätzer finden können.

Momentenmethode. Gegeben sei hier ein Produktexperiment, d.h. $X = (X_1, \dots, X_n)$, wobei die X_i unabhängig und identisch verteilt sind mit unbekannter Verteilungsfunktion F_θ, $\theta \in \Theta$. Wir betrachten die k-ten Momente von X_i bzw. von deren Verteilung, definiert durch $m_k(\theta) = E_\theta(X_i^k)$. Das Gesetz der großen Zahlen legt nahe, $m_k(\theta)$ durch den Mittelwert der X_i^k, $i = 1, \dots, n$, zu schätzen. Dieser Schätzer,

$$\hat{m}_k(\theta) := \frac{1}{n} \sum_{i=1}^{n} X_i^k,$$

heißt das k-te Stichprobenmoment. Die Momentenmethode findet Anwendung, wenn der Parameter γ als Funktion der ersten K Momente dargestellt werden kann, d.h.

$$\gamma = g(\theta) = h(m_1(\theta), \ldots, m_K(\theta)). \tag{11.5}$$

Wir schätzen dann γ durch die entsprechende Funktion der Stichprobenmomente

$$\hat{\gamma} = h(\hat{m}_1(\theta), \ldots, \hat{m}_K(\theta)).$$

Dieser Schätzer heißt Momentenmethode-Schätzer. Eine Darstellung der Form (11.5) existiert im Allgemeinen, wenn K die Dimension des Parameterraums Θ ist. Wir berechnen dazu die ersten K Momente als Funktion des Parameters θ und lösen dieses Gleichungssystem anschließend nach θ auf.

Beispiel 11.7 (i) Es seien $X_1, \ldots, X_n$ unabhängige, *Gamma*(r, λ)-verteilte Zufallsvariablen. Tabelle 8.1 können wir entnehmen, dass $m_1(r, \lambda) = \frac{r}{\lambda}$ und $m_2(r, \lambda) = \frac{r}{\lambda^2} + \frac{r^2}{\lambda^2}$, woraus wir durch Auflösen nach r und λ folgende Darstellung der Parameter als Funktion der Momente gewinnen

$$r = \frac{m_1^2(r, \lambda)}{m_2(r, \lambda) - m_1^2(r, \lambda)}$$

$$\lambda = \frac{m_1(r, \lambda)}{m_2(r, \lambda) - m_1^2(r, \lambda)}.$$

Die Momentenmethode liefert dann die Schätzer

$$\hat{r} = \frac{\hat{m}_1^2}{\hat{m}_2 - \hat{m}_1^2} = \frac{\left(\frac{1}{n}\sum_{i=1}^n X_i\right)^2}{\frac{1}{n}\sum_{i=1}^n (X_i - \bar{X})^2}$$

$$\hat{\lambda} = \frac{\hat{m}_1}{\hat{m}_2 - \hat{m}_1^2} = \frac{\frac{1}{n}\sum_{i=1}^n X_i}{\frac{1}{n}\sum_{i=1}^n (X_i - \bar{X})^2},$$

wobei wir (5.6) benutzt haben.

(ii) Es seien $X_1, \ldots, X_n$ unabhängige Poisson(λ)-verteilte Zufallsvariablen. Nun gilt $m_1 = \lambda$, und so liefert die Momentenmethode den Schätzer

$$\hat{\lambda} = \hat{m}_1 = \frac{1}{n}\sum_{i=1}^n X_i.$$

Für Poisson-verteilte Zufallsvariablen gilt $\mathrm{Var}_\lambda(X) = \lambda$, d.h. $\lambda = m_2 - m_1^2$, und somit ergibt die Momentenmethode den Schätzer

$$\tilde{\lambda} = \hat{m}_2 - \hat{m}_1^2 = \frac{1}{n}\sum_{i=1}^n (X_i - \bar{X})^2,$$

wobei wir erneut (5.6) benutzt haben. Von diesen beiden Schätzern hat $\hat{\lambda}$ das kleinere Risiko, was wir jedoch an dieser Stelle nicht zeigen können.

Die Stärke der Momentenmethode liegt in ihrer universellen Anwendbarkeit und einfachen Handhabung. Jedoch führt die Momentenmethode oft nicht zum besten Schätzer. Dies gilt etwa für den in Beispiel 11.7(i) hergeleiteten Schätzer für die Parameter einer Gamma-Verteilung. Das letzte Beispiel zeigt eine weitere Schwäche der Momentenmethode auf, dass sie nicht unbedingt zu einem eindeutigen Ergebnis führt.

Stichprobenanalogon. Wir betrachten wieder ein Produktexperiment, d.h. $X = (X_1, \ldots, X_n)$, wobei die X_i unabhängige, identisch verteilte Zufallsvariablen mit unbekannter Verteilung $P \in \mathcal{P}$ sind. Wir wollen den Parameter $\gamma = g(P)$ schätzen, wobei $g : \mathcal{P} \to \Gamma$ eine Abbildung ist. Wir schätzen nun γ, indem wir in $g(P)$ die unbekannte Verteilung P ersetzen durch die empirische Verteilung P_n, welche jedem Beobachtungswert $X_i(\omega)$, $i = 1, \ldots, n$, die Wahrscheinlichkeit $\frac{1}{n}$ zuordnet. Die zugehörige Verteilungsfunktion ist dann die empirische Verteilungsfunktion $F_n(x) = \frac{1}{n} \sum_{i=1}^{n} 1_{\{X_i(\omega) \leq x\}}$. So erhalten wir als Stichprobenanalogon zu $\gamma = T(P)$ den Schätzer

$$\hat{\gamma} := T(P_n).$$

Das Stichprobenanalogon ist ein sogenanntes nicht-parametrisches Verfahren, da es nicht voraussetzt, dass die Familie der möglichen Verteilungen eine endlich-dimensionale Parametrisierung zulässt. Die in den folgenden Beispielen gefundenen Schätzer gelten für Zufallsvariablen mit beliebigen Verteilungen.

Beispiel 11.8 (i) Wir wollen $\gamma = g(P) := E_P(X_1)$ schätzen, d.h. den Erwartungswert einer Zufallsvariablen mit Verteilung P. Das Stichprobenanalogon ist der Erwartungswert einer Zufallsvariablen mit Verteilung P_n. Eine solche Zufallsvariable nimmt die Werte $X_1(\omega), \ldots, X_n(\omega)$ mit Wahrscheinlichkeit $\frac{1}{n}$ an und hat somit Erwartungswert $\frac{1}{n} \sum_{i=1}^{n} X_i(\omega)$, d.h.

$$\hat{\gamma} = \frac{1}{n} \sum_{i=1}^{n} X_i.$$

Der Mittelwert ist also das Stichprobenanalogon des Erwartungswertes.

(ii) Wir wollen die Wahrscheinlichkeit schätzen, dass eine Beobachtung einen gegebenen Schwellwert c überschreitet, d.h. $\gamma = g(P) := P(X_1 > c)$. Das entsprechende Stichprobenanalogon ist

$$\hat{\gamma} = g(P_n) = P_n(X > c) = \frac{1}{n} |\{1 \leq i \leq n : X_i > c\}|,$$

also der Anteil der Beobachtungen in der Stichprobe, die den Schwellwert überschreiten.

(iii) ‚Gini's mean difference' ist ein Maß für die Streuung einer Verteilung und definiert durch

$$\gamma = g(P) := E_P |U - V|,$$

wobei U und V unabhängige, identisch verteilte Zufallsvariablen mit der Verteilung P sind. Zur Bestimmung des Stichprobenanalogons für γ verwenden wir, dass ein Paar (U, V) unabhängiger P_n-verteilter Zufallsvariablen die Werte $(X_i(\omega), X_j(\omega))$ mit Wahrscheinlichkeit $\frac{1}{n^2}$ annimmt, und somit wird das Stichprobenanalogon

$$\hat{\gamma} = E_{P_n} |U - V| = \frac{1}{n^2} \sum_{1 \le i, j \le n} |X_i - X_j|.$$

Meist ersetzt man den Nenner n^2 durch $n(n-1)$, wodurch $\hat{\gamma}$ ein erwartungstreuer Schätzer für Gini's mean difference wird.

Maximum Likelihood Methode. Wir betrachten ein statistisches Modell $(P_\theta)_{\theta \in \Theta}$ für die Verteilung der Zufallsvariable $X : \Omega \to \mathcal{X}$, bei dem die Verteilung P_θ durch eine Wahrscheinlichkeitsfunktion bzw. Dichte p_θ beschrieben wird.

Definition 11.9 *(i) Bei gegebenem $x \in \mathcal{X}$ definieren wir die Likelihoodfunktion $L_x : \Theta \to \mathbb{R}$ durch*

$$L_x(\theta) := p_\theta(x)$$

und die Loglikelihoodfunktion durch $l_x(\theta) := \log L_x(\theta)$.
(ii) Der Maximum Likelihood Schätzer (ML-Schätzer) $\hat{\theta}_{ML}$ für θ ist derjenige θ-Wert, für den die Likelihoodfunktion ihr Maximum annimmt.
(iii) Es sei $g : \Theta \to \Gamma$ eine Abbildung. Dann wird der Maximum Likelihood Schätzer für $\gamma = g(\theta)$ definiert durch $\hat{\gamma}_{ML} := g(\hat{\theta}_{ML})$, d.h. durch Einsetzen des ML-Schätzers für θ in g.

Die Maximum Likelihood Methode ist universell anwendbar und liefert Schätzer, die in einem gewissen Sinne asymptotisch optimal sind. Abgesehen von einfachen Fällen kann man ML-Schätzer leider nur mit Hilfe numerischer Verfahren bestimmen. Doch zunächst betrachten wir Beispiele aus Abschnitt 11.1, in denen wir $\hat{\theta}_{ML}$ analytisch finden können. In diesen Berechnungen nutzen wir aus, dass der Logarithmus eine monotone Funktion ist und somit die Likelihoodfunktion und die Loglikelihoodfunktion an derselben Stelle ihr Maximum haben, und wir somit den ML-Schätzer sowohl durch Maximierung der Likelihoodfunktion als auch durch Maximierung der Loglikelihoodfunktion bestimmen können.

Beispiel 11.10 (i) Es sei X eine $Bin(n, \theta)$-verteilte Zufallsvariable, wobei $\theta \in [0, 1]$ der unbekannte Parameter ist. Die Likelihood- und die Log-Likelihoodfunktion sind dann gegeben durch

$$L_x(\theta) = \binom{n}{x} \theta^x (1 - \theta)^{n-x}$$

$$l_x(\theta) = \log \binom{n}{x} + x \log \theta + (n - x) \log(1 - \theta).$$

Den ML-Schätzer für θ finden wir durch Auflösen der Gleichung

$$\frac{d}{d\theta}l_x(\theta) = \frac{x}{\theta} - \frac{n-x}{1-\theta} = 0$$

nach θ. Wir erhalten daraus durch einige Umformungen den ML-Schätzer $\hat{\theta}_{ML} = \frac{x}{n}$.

(ii) Im exponentiellen Modell für die Lebensdauer von n Glühlampen nehmen wir an, dass die gemessenen Werte $x_1, \ldots, x_n$ Realisierungen von n unabhängigen, $Exp(\frac{1}{\theta})$-verteilten Zufallsvariablen sind. Die Likelihood- und die Loglikelihoodfunktion sind dann gegeben durch

$$L_{x_1,\ldots,x_n}(\theta) = \frac{1}{\theta^n} \exp\left(-\frac{1}{\theta}\sum_{i=1}^{n} x_i\right)$$

$$l_{x_1,\ldots,x_n}(\theta) = -n\log(\theta) - \frac{1}{\theta}\sum_{i=1}^{n} x_i.$$

Zur Bestimmung von $\hat{\theta}_{ML}$ lösen wir wieder die Gleichung

$$\frac{d}{d\theta}l_{x_1,\ldots,x_n}(\theta) = -\frac{n}{\theta} + \frac{1}{\theta^2}\sum_{i=1}^{n} x_i = 0$$

nach θ. Wir erhalten daraus durch einige Umformungen $\hat{\theta}_{ML} = \frac{1}{n}\sum_{i=1}^{n} x_i$.

(iii) Im Modell unabhängiger, normalverteilter Messfehler sind die Likelihood- und die Loglikelihoodfunktion der Stichprobe $(X_1, \ldots, X_n)^t$ gegeben durch

$$L_{x_1,\ldots,x_n}(\mu,\sigma) = \frac{1}{(2\pi)^{n/2}\sigma^n} \exp\left(-\frac{1}{2\sigma^2}\sum_{i=1}^{n}(x_i - \mu)^2\right)$$

$$l_{x_1,\ldots,x_n}(\mu,\sigma) = -\frac{n}{2}\log 2\pi - n\log\sigma - \frac{1}{2\sigma^2}\sum_{i=1}^{n}(x_i - \mu)^2.$$

Wir bestimmen die ML-Schätzer für μ und σ^2, indem wir die beiden partiellen Ableitungen der Loglikelihoodfunktion gleich 0 setzen,

$$\frac{\partial}{\partial\mu}l_{x_1,\ldots,x_n}(\mu,\sigma) = \frac{1}{\sigma^2}\sum_{i=1}^{n}(x_i - \mu) = 0$$

$$\frac{\partial}{\partial\sigma}l_{x_1,\ldots,x_n}(\mu,\sigma) = -\frac{n}{\sigma} + \frac{1}{\sigma^3}\sum_{i=1}^{n}(x_i - \mu)^2 = 0$$

und anschliessend dieses Gleichungssystem nach μ und σ^2 auflösen. Durch Auflösen der ersten Gleichung nach μ erhalten wir $\hat{\mu}_{ML} = \frac{1}{n}\sum_{i=1}^{n} x_i$. Dies können wir in die zweite Gleichung einsetzen und finden so $\hat{\sigma}_{ML}^2 = \frac{1}{n}\sum_{i=1}^{n}(x_i - \bar{x})^2$. Der ML-Schätzer für die Varianz ist nicht erwartungstreu, da wir durch n anstelle von $(n-1)$ teilen.

In den bisherigen Beispielen lieferte die Maximum Likelihood Methode Schätzer, die wir bereits vorher gefunden hatten, entweder ad hoc oder mittels anderer Schätzverfahren. In den nächsten beiden Beispielen ist das nicht mehr der Fall.

Beispiel 11.11 Seien $X_1, \ldots, X_n$ unabhängige, $Gamma(r, \lambda)$-verteilte Zufallsvariablen. Die Dichte des Zufallsvektors $(X_1, \ldots, X_n)^t$ ist dann

$$
p_{r,\lambda}(x_1, \ldots, x_n) = \prod_{i=1}^{n} \frac{\lambda^r}{\Gamma(r)} x_i^{r-1} \exp\left(-\lambda x_i\right)
$$

$$
= \left(\frac{\lambda^r}{\Gamma(r)}\right)^n \exp\left(-\lambda \sum_{i=1}^{n} x_i + (r-1) \sum_{i=1}^{n} \log x_i\right)
$$

und somit lautet die Loglikelihoodfunktion

$$
l_{x_1, \ldots, x_n}(r, \lambda) = nr \log \lambda - n \log \Gamma(r) - \lambda \sum_{i=1}^{n} x_i + (r-1) \sum_{i=1}^{n} \log x_i.
$$

Zur Bestimmung des Maximums von l_x setzen wir die partiellen Ableitungen nach r und λ gleich 0 und erhalten so

$$
\frac{\partial}{\partial r} l_{x_1, \ldots, x_n}(r, \lambda) = n \log \lambda - n \frac{\Gamma'(r)}{\Gamma(r)} + \sum_{i=1}^{n} \log x_i = 0
$$

$$
\frac{\partial}{\partial \lambda} l_{x_1, \ldots, x_n}(r, \lambda) = \frac{nr}{\lambda} - \sum_{i=1}^{n} x_i = 0.
$$

Dieses Gleichungssystem kann man leider nicht analytisch lösen, was vor allem am Auftreten des Terms $\Gamma'(r)$ liegt. In der Praxis verwendet man daher iterative numerische Verfahren zur Bestimmung der Lösung, etwa die Newton-Raphson Methode. Als Startpunkt für die Iteration eignet sich dabei der Momentenmethode-Schätzer. Mit weiterführenden Hilfsmitteln der Statistik kann man zeigen, dass der ML-Schätzer besser ist als der, den wir in Beispiel 11.7 mit Hilfe der Momentenmethode bestimmt haben.

Wir wollen noch einmal anknüpfen bei dem in Beispiel 11.2(iv) betrachteten Modell für wiederholtes fehlerbehaftetes Messen einer physikalischen Konstante μ. In Beispiel 11.10(iii) haben wir den Maximum Likelihood Schätzer bei normalverteilten Messfehlern bestimmt und dabei als Schätzer für μ den Mittelwert $\frac{1}{n} \sum_{i=1}^{n} x_i$ erhalten. Das folgende Beispiel kann uns darauf aufmerksam machen, dass eine andere Annahme über die Verteilung des Messfehlers zu einem völlig anderen Schätzer führt.

Beispiel 11.12 Wir schließen an bei Beispiel 11.2 (iv) und nehmen nun an, dass die Messfehler die Dichte

$$p_\sigma(u) = \frac{1}{2\sigma} e^{-\frac{|u|}{\sigma}}$$

haben, wobei $\sigma > 0$ ein unbekannter Parameter ist. Die zugehörige Verteilung heisst doppelt-exponentielle oder auch Laplace-Verteilung, nicht zu verwechseln mit der diskreten Laplace-Verteilung. Die Zufallsvariablen X_i haben dann die Dichte $f(x_i) = \frac{1}{2\sigma} e^{-|x_i - \mu|/\sigma}$, sodass die Likelihood- und die Loglikelihoodfunktion gegeben sind durch

$$L_{x_1,\dots,x_n}(\mu,\sigma) = \frac{1}{(2\sigma)^n}\, e^{-\frac{1}{\sigma}\sum_{i=1}^n |x_i - \mu|}$$

$$l_{x_1,\dots,x_n}(\mu,\sigma) = -n\log(2\sigma) - \frac{1}{\sigma}\sum_{i=1}^n |x_i - \mu|.$$

Das übliche Verfahren zur Bestimmung eines Maximums, die Ableitung gleich 0 zu setzen, scheitert hier an der Nicht-Differenzierbarkeit von $l_{x_1,\dots,x_n}$. Wir betrachten zuerst das Problem, $l_{x_1,\dots,x_n}(\mu,\sigma)$ bei festem σ zu maximieren. Dies führt auf die Aufgabe, bei gegebenen reellen Zahlen $x_1,\dots,x_n$ den Ausdruck

$$\sum_{i=1}^n |x_i - \mu|$$

zu minimieren. Dies Minimierungsproblem wird gelöst durch den Median $med(x_1,\dots,x_n)$ der Beobachtungswerte, siehe Definition 11.13 und Lemma 11.14. Nachdem wir das Maximum in μ bei festem σ gefunden haben, können wir das absolute Maximum bestimmen, indem wir die Loglikelihoodfunktion $-n\log(2\sigma) - \frac{1}{\sigma}\sum_{i=1}^n |x_i - med(x)|$ als Funktion von σ minimieren. Wir setzen dazu die Ableitung nach σ gleich 0 und erhalten nach einigen Umformungen

$$\hat{\sigma}_{ML} = \frac{1}{n}\sum_{i=1}^n |x_i - med(x)|,$$

im englischen auch Median Absolute Deviation genannt.

Definition 11.13 *Für reelle Zahlen $x_1,\dots,x_n$ ist der Median definiert durch*

$$med(x_1,\dots,x_n) := \begin{cases} \frac{1}{2}\left(x_{(\frac{n}{2})} + x_{(\frac{n}{2}+1)}\right) & \text{falls } n \text{ gerade} \\ x_{(\frac{n+1}{2})} & \text{falls } n \text{ ungerade,} \end{cases}$$

wobei $x_{(1)} \leq \dots \leq x_{(n)}$ die Ordnungsstatistik ist.

Lemma 11.14 *Seien $x_1,\dots,x_n$ reelle Zahlen mit Ordnungsstatistik $x_{(1)} \leq \dots \leq x_{(n)}$. Dann hat die Funktion $f(\mu) := \sum_{i=1}^n |x_i - \mu|$ ihr Minimum im*

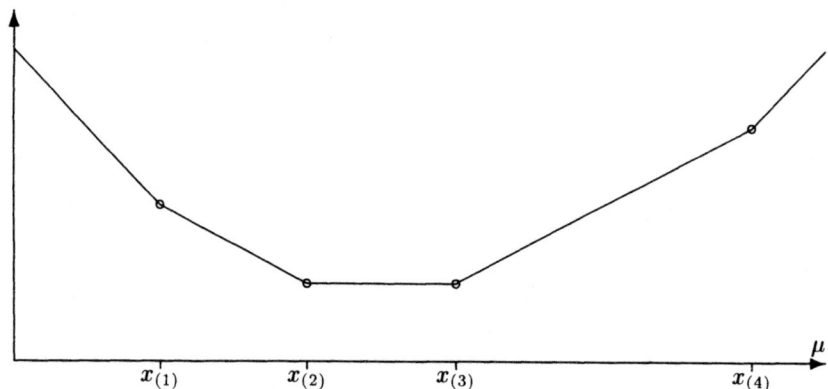

Abb. 11.1. Graph der Funktion $f(\mu) := \sum_{i=1}^{n} |x_i - \mu|$, siehe Lemma 11.14

Median $med(x_1, \ldots, x_n)$. Ist n ungerade, so gibt es ein eindeutiges Minimum in $m = x_{\left(\frac{n+1}{2}\right)}$. Ist n gerade, so ist $f(\mu)$ in $[x_{\left(\frac{n}{2}\right)}, x_{\left(\frac{n}{2}\right)+1}]$ konstant und nimmt dort ihr Minimum an.

Beweis. Wir bemerken, dass $f(\mu) = \sum_{i=1}^{n} |x_{(i)} - \mu|$ gilt. Für $\mu \in (x_{(j)}, x_{(j+1)})$ können wir f umformen zu

$$f(\mu) = \sum_{i=1}^{j} (\mu - x_{(i)}) + \sum_{i=j+1}^{n} (x_{(i)} - \mu)$$

$$= (2j - n)\mu - \sum_{i=1}^{j} x_{(i)} + \sum_{i=j+1}^{n} x_{(i)}.$$

Also ist f stückweise linear, in den Intervallen $(x_{(j)}, x_{(j+1)})$ monoton fallend für $j < \frac{n}{2}$, und monoton steigend für $j > \frac{n}{2}$. Ist n eine gerade Zahl, so ist f konstant im Intervall $[x_{\left(\frac{n}{2}\right)}, x_{\left(\frac{n}{2}+1\right)}]$. Für $\mu < x_{(1)}$ ist f monoton fallend und für $\mu > x_{(n)}$ monoton steigend. Da f stetig ist, ist f also für gerades n monoton fallend in $(-\infty, x_{\frac{n}{2}})$, konstant in $(x_{\frac{n}{2}}, x_{\frac{n}{2}+1})$ und monoton steigend in $(x_{\frac{n}{2}+1}, \infty)$. Für ungerades n ist f monoton fallend in $(-\infty, x_{\frac{n+1}{2}})$ und monoton steigend in $(x_{\frac{n+1}{2}}, \infty)$. $\qquad\square$

Übungen

Übung 11.3 Es seien $X_1, \ldots, X_n$ unabhängige Poisson(λ)-verteilte Zufallsvariablen, wobei $\lambda \in (0, \infty)$ ein unbekannter Parameter ist. Bestimme den Maximum Likelihood Schätzer $\hat{\lambda}_{ML}$ für λ.

Übung 11.4 Seien $X_1, \ldots, X_n$ unabhängige Zufallsvariablen mit Dichtefunktion $p_\theta(x) = (\theta + 1)x^\theta 1_{[0,1]}(x)$, wobei $\theta \in (0, \infty)$ ein unbekannter Parameter sei.
(i) Berechne $E_\theta(X_1)$ und bestimme einen Schätzer für θ nach der Momentenmethode.

(ii) Bestimme den Maximum Likelihood Schätzer für θ.
(iii) Bestimme die Dichte von $-\log(X_1)$ sowie von $-\sum_{i=1}^{n}\log(X_i)$.
(iv) Berechne Bias und Risiko des ML-Schätzers.

11.3 Lineare Regression

In diesem Abschnitt betrachten wir Zufallsexperimente, deren Ergebnisse nicht nur vom Zufall abhängen, sondern auch vom Wert einer sogenannten erklärenden Variablen. Wir wiederholen ein solches Zufallsexperiment bei verschiedenen Werten der erklärenden Variablen und fragen nach dem Zusammenhang zwischen den Werten der erklärenden Variablen und den Ergebnissen des Zufallsexperimentes. Wir können zum Beispiel an ein agrarwissenschaftliches Experiment denken, bei dem der Einfluss der Luftfeuchtigkeit auf die Tomatenernte im Gewächshaus untersucht werden soll.

Wenn wir mit Y das Ergebnis eines Experiments bezeichnen und mit x den Wert der erklärenden Variablen, dann heißt das durch die Gleichung

$$Y = \alpha + \beta x + \epsilon \tag{11.6}$$

beschriebene Modell, wobei $\alpha, \beta \in \mathbb{R}$ und ϵ eine $N(0, \sigma^2)$-verteilte Zufallsvariable ist, ein lineares Regressionsmodell. Das durch (11.6) spezifizierte Modell kann man so verstehen, dass es zwischen der erklärenden Variable und dem Erwartungswert der Zufallsvariablen Y eine lineare Abhängigkeit gibt, denn es gilt $E(Y) = \alpha + \beta x$. Dass das Ergebnis des Experimentes vom Zufall beeinflusst wird, ist im Modell durch die Zufallsvariable ϵ wiedergegeben. In diesen Term ist alles aufgenommen, was wir bei unserem Experiment nicht festlegen können, im obigen Beispiel etwa die äußeren Wetterbedingungen, die Bodenqualität, genetische Variationen der Pflanzen oder die Sorgfalt der Mitarbeiter. Die durch $y = \alpha + \beta x$ beschriebene Gerade heißt Regressions-

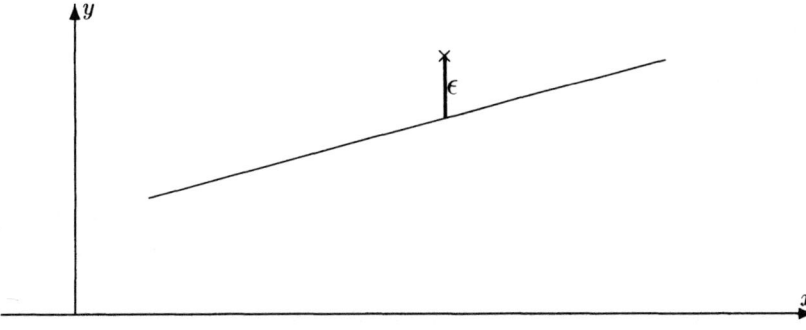

Abb. 11.2. Lineares Regressionsmodell $Y = \alpha + \beta x + \epsilon$

gerade, die Parameter α und β heißen Regressionskoeffizienten.

Das lineare Regressionsmodell ist das einfachste Modell zur Beschreibung der Abhängigkeit eines Zufallsexperimentes von einer erklärenden Variablen. Wir weisen darauf hin, dass ein lineares Modell immer nur in einem begrenzten Intervall von Werten der erklärenden Variablen angemessen ist und dass über dieses Intervall hinausgehende Extrapolationen zu Fehlinterpretationen führen können. Dies kann man am Beispiel der Luftfeuchtigkeit im Gewächshaus leicht einsehen.

Der Wissenschaftler, der ein solches Experiment ausführt, kennt die Regressionskoeffizienten nicht. Um α, β zu bestimmen, lässt er bei verschiedenen Werten $x_1, \ldots, x_n$ der erklärenden Variablen unabhängige Experimente ausführen. Wir bezeichnen die zugehörigen Zufallsvariablen mit $Y_1, \ldots, Y_n$ und erhalten für das Gesamtexperiment das Modell

$$Y_i = \alpha + \beta x_i + \epsilon_i \quad i = 1, \ldots, n, \qquad (11.7)$$

wobei ϵ_i unabhängige, $N(0, \sigma^2)$-verteilte Zufallsvariablen sind. Die Zufallsvariablen $Y_1, \ldots, Y_n$ sind somit unabhängige, aber nicht identisch verteilte Zufallsvariablen. Grafisch kann man die Daten als Punktwolke der (x_i, y_i) in einem zweidimensionalen Koordinatensystem darstellen, siehe Abb. 11.3. Wegen der ϵ_i-Terme und damit wegen des Zufallseinflusses auf das Ergebnis unseres Experimentes liegen diese Punkte nicht alle auf der Regressionsgeraden, sondern um diese herum verstreut.

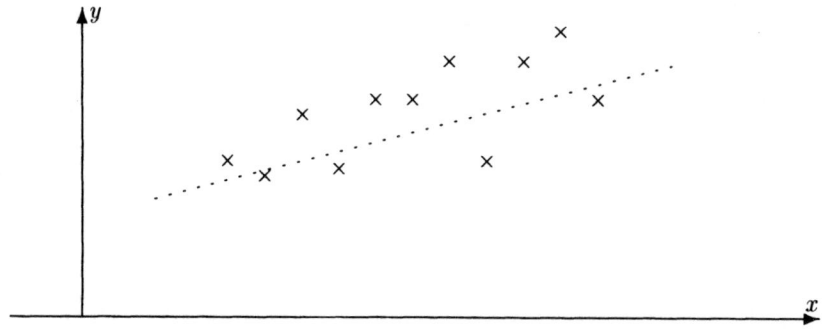

Abb. 11.3. Ergebnis eines linearen Regressionsexperimentes

Das statistische Problem besteht nun darin, aus den Daten die Regressionsgerade zu schätzen. Zur Lösung dieser Aufgabe wollen wir die Maximum Likelihood Methode verwenden, wofür wir zunächst die gemeinsame Dichte von $Y_1, \ldots, Y_n$ bestimmen. Für jedes $i \in \{1, \ldots, n\}$ hat Y_i wegen (11.6) eine $N(\alpha + \beta x_i, \sigma^2)$-Verteilung und somit die Dichte

$$p_{(\alpha,\beta,\sigma^2)}(y_i) = \frac{1}{\sqrt{2\pi\sigma^2}} e^{-\frac{1}{2\sigma^2}(y_i-\alpha-\beta x_i)^2}.$$

Wegen der Unabhängigkeit der Experimente ist die gemeinsame Dichte von $Y_1, \ldots, Y_n$ dann

$$p_{(\alpha,\beta,\sigma^2)}(y_1,\ldots,y_n) = \frac{1}{(2\pi\sigma^2)^{\frac{n}{2}}} e^{-\frac{1}{2\sigma^2}\sum_{i=1}^{n}(y_i-\alpha-\beta x_i)^2}.$$

Der Parameter ist in diesem Fall $\theta = (\alpha, \beta, \sigma^2)$ und der Parameterraum ist $\Theta = \mathbb{R}^2 \times (0,\infty)$. Aus der gemeinsamen Dichte der Beobachtungen erhalten wir die Loglikelihoodfunktion

$$l_{y_1,\ldots,y_n}(\alpha,\beta,\sigma^2) = -\frac{n}{2}\log(2\pi\sigma^2) - \frac{1}{2\sigma^2}\sum_{i=1}^{n}(y_i-\alpha-\beta x_i)^2.$$

Zur Bestimmung des Maximums dieser Funktion gehen wir wieder wie in Beispiel 11.12 vor und halten zunächst σ fest. Die Maximierung von l als Funktion von α, β führt auf die Minimierung des Terms

$$Q(\alpha,\beta) := \sum_{i=1}^{n}(y_i-\alpha-\beta x_i)^2.$$

$Q(\alpha,\beta)$ stellt die Summe der Quadrate der vertikalen Abstände zwischen den Datenpunkten und der Geraden $y = \alpha + \beta x$ dar. Der Maximum Likelihood Ansatz führt also dazu, die Gerade zu suchen, für die diese Summe der vertikalen Abstandsquadrate minimal wird. Deshalb heißt diese Methode Kleinste Quadrate Methode und der daraus resultierende Schätzer für die Regressionsgerade bzw. für ihre Koeffizienten α, β heißt Kleinste Quadrate Schätzer.

Im folgenden Satz geben wir eine explizite Darstellung des Kleinste Quadrate Schätzers für α und β.

Satz 11.15 *Die Kleinste Quadrate Schätzer für die Regressionskoeffizienten α und β sind gegeben durch*

$$\hat{\alpha} = \bar{y} - \hat{\beta}\bar{x} \tag{11.8}$$

$$\hat{\beta} = \frac{\sum_{i=1}^{n}(x_i-\bar{x})(y_i-\bar{y})}{\sum_{i=1}^{n}(x_i-\bar{x})^2}. \tag{11.9}$$

Beide Schätzer sind erwartungstreu, d.h. $E(\hat{\alpha}) = \alpha$ und $E(\hat{\beta}) = \beta$. Ihre Varianzen sind gegeben durch

$$\text{Var}(\hat{\alpha}) = \sigma^2 \frac{\sum_{i=1}^{n}x_i^2}{n\sum_{i=1}^{n}(x_i-\bar{x})^2} \tag{11.10}$$

$$\text{Var}(\hat{\beta}) = \sigma^2 \frac{1}{\sum_{i=1}^{n}(x_i-\bar{x})^2} \tag{11.11}$$

Beweis. Wir bestimmen den Kleinste Quadrate Schätzer für α und β, indem wir die partiellen Ableitungen von $Q(\alpha, \beta)$ nach α und β gleich 0 setzen. Dies führt uns auf das lineare Gleichungssystem

$$\sum_{i=1}^{n}(y_i - \alpha - \beta x_i) = 0$$

$$\sum_{i=1}^{n}(y_i - \alpha - \beta x_i)\, x_i = 0.$$

Mit den Abkürzungen $\bar{x} := \frac{1}{n}\sum_{i=1}^{n} x_i$ und $\bar{y} := \frac{1}{n}\sum_{i=1}^{n} y_i$ folgt aus der ersten Gleichung $\alpha = \bar{y} - \beta\bar{x}$ und damit die Identität (11.8). Wir setzen dies in die zweite Gleichung ein, erhalten $\sum_{i=1}^{n}(y_i - \bar{y} - \beta(x_i - \bar{x}))\, x_i = 0$ und bestimmen daraus $\hat{\beta}$,

$$\hat{\beta} = \frac{\sum_{i=1}^{n} x_i(y_i - \bar{y})}{\sum_{i=1}^{n}(x_i - \bar{x})x_i} = \frac{\sum_{i=1}^{n}(x_i - \bar{x})(y_i - \bar{y})}{\sum_{i=1}^{n}(x_i - \bar{x})^2} = \frac{\sum_{i=1}^{n}(x_i - \bar{x})y_i}{\sum_{i=1}^{n}(x_i - \bar{x})^2}.$$

Für die beiden letzten Identitäten haben wir benutzt, dass $\sum(x_i - \bar{x}) = \sum(y_i - \bar{y}) = 0$. Durch Einsetzen der Zufallsvariablen Y_i in die letzte Darstellung von $\hat{\beta}$ erhalten wir

$$\hat{\beta} = \frac{1}{\sum_{i=1}^{n}(x_i - \bar{x})^2}\sum_{i=1}^{n}(x_i - \bar{x})Y_i. \tag{11.12}$$

Zur Berechnung von $E(\hat{\beta})$ verwenden wir die Linearität des Erwartungswertes, $E(Y_i) = \alpha + \beta x_i$ sowie erneut $\sum_{i=1}^{n}(x_i - \bar{x}) = 0$ und finden

$$E(\hat{\beta}) = \frac{1}{\sum_{i=1}^{n}(x_i - \bar{x})^2}\sum_{i=1}^{n}(x_i - \bar{x})E(Y_i)$$

$$= \frac{1}{\sum_{i=1}^{n}(x_i - \bar{x})^2}\sum_{i=1}^{n}(x_i - \bar{x})(\alpha + \beta x_i)$$

$$= \beta\frac{1}{\sum_{i=1}^{n}(x_i - \bar{x})^2}\sum_{i=1}^{n}(x_i - \bar{x})^2 = \beta.$$

Aus $\hat{\alpha} = \bar{Y} - \hat{\beta}\bar{x} = \frac{1}{n}\sum_{i=1}^{n} Y_i - \hat{\beta}\bar{x}$ folgt weiter

$$E(\hat{\alpha}) = \frac{1}{n}\sum_{i=1}^{n} E(Y_i) - \bar{x}E(\hat{\beta}) = \frac{1}{n}\sum_{i=1}^{n}(\alpha + \beta x_i) - \bar{x}\beta = \alpha + \beta\bar{x} - \bar{x}\beta = \alpha.$$

Zur Berechnung von $\mathrm{Var}(\hat{\beta})$ verwenden wir erneut die Darstellung (11.12) sowie die Unabhängigkeit der Y_i und $\mathrm{Var}(Y_i) = \sigma^2$ und finden damit

$$\text{Var}(\hat{\beta}) = \frac{1}{\left(\sum_{i=1}^{n}(x_i - \bar{x})^2\right)^2} \sum_{i=1}^{n}(x_i - \bar{x})^2 \sigma^2 = \frac{\sigma^2}{\sum_{i=1}^{n}(x_i - \bar{x})^2}.$$

Zur Berechnung von $\text{Var}(\hat{\alpha})$ schreiben wir

$$\hat{\alpha} = \frac{1}{n} \sum_{i=1}^{n} Y_i - \hat{\beta}\bar{x} = \sum_{i=1}^{n} \left(\frac{1}{n} - \bar{x}\frac{(x_i - \bar{x})}{\sum_{i=1}^{n}(x_i - \bar{x})^2} \right) Y_i.$$

Daraus erhalten wir

$$\text{Var}(\hat{\alpha}) = \sum_{i=1}^{n} \left(\frac{1}{n} - \bar{x}\frac{(x_i - \bar{x})}{\sum_{i=1}^{n}(x_i - \bar{x})^2} \right)^2 \sigma^2$$

$$= \frac{1}{n} + \frac{(\bar{x})^2}{\left(\sum_{i=1}^{n}(x_i - \bar{x})^2\right)^2} \sum_{i=1}^{n}(x_i - \bar{x})^2 = \frac{1}{n} + \frac{(\bar{x})^2}{\sum_{i=1}^{n}(x_i - \bar{x})^2},$$

wobei wir erneut $\sum_{i=1}^{n}(x_i - \bar{x}) = 0$ verwendet haben. Wir benutzen schließlich die Identität $\sum_{i=1}^{n}(x_i - \bar{x})^2 = \sum_{i=1}^{n} x_i^2 - n(\bar{x})^2$ und erhalten (11.10). $\square$

Wenn wir noch einmal auf die Bestimmung des Maximum Likelihood Schätzers für die Regressionskonstanten zurückblicken, so stellen wir fest, dass diese deshalb relativ einfach war, weil die ML Methode wegen der Form der normalen Dichtefunktion auf die Minimierung einer quadratischen Form führte und damit letztlich auf ein lineares Gleichungssystem. Dass die Annahme der Normalverteilung in der Statistik oft zu einfachen Verfahren führt, hat wohl als erster Gauß erkannt, auf den die herausragende Rolle der Normalverteilung in der Statistik zurückgeht. Als weiteres Argument für die häufige Verwendung der Normalverteilung in der Statistik diente Gauß die Behauptung, dass Zufallseffekte eine Summe vieler kleiner, unabhängiger Beiträge sind, was zusammen mit dem Zentralen Grenzwertsatz die Normalverteilungsannahme nahelegt.

Laplace stellte die doppelt-exponentielle Dichtefunktion als Verteilung für ϵ vor, wodurch die Maximum Likelihood Methode auf die Minimierung der Summe der absoluten vertikalen Abstände zur Geraden $y = \alpha + \beta x$ führt, d.h. zur Minimierung von

$$D(\alpha, \beta) = \sum_{i=1}^{n} |y_i - \alpha - \beta x_i|.$$

Dieses Minimierungsproblem kann nicht analytisch gelöst werden. In der heutigen Zeit schneller Computer tritt dieser Aspekt etwas in den Hintergrund, und so besinnt man sich auf die Vorteile dieses Verfahrens. Sie liegen gegenüber der Kleinste Quadrate Methode vor allem in der geringeren Empfindlichkeit gegenüber Abweichungen von den Modellannahmen.

Über die Frage, wer die Kleinste Quadrate Methode entdeckt hat, gibt es einen berühmten Prioritätenstreit. Zum ersten Mal publizierte die Methode 1805 der französische Mathematiker Adrien-Marie Legendre (1752-1833).

Allerdings behauptete Carl Friedrich Gauß, dass er die Methode bereits vor 1800 benutzt, aber eine Veröffentlichung nicht für nötig gehalten habe.

Übungen

Übung 11.5 Wir betrachten das Modell (11.7), nehmen aber jetzt an, dass die ϵ_i eine $N(0, w_i^2 \sigma^2)$-Verteilung haben, wobei $w_i > 0$ bekannte Gewichte sind.
(i) Bestimme die Maximum Likelihood Schätzer für α, β und σ^2.
(ii) Bestimme die Verteilung von $\hat{\alpha}_{ML}$ und $\hat{\beta}_{ML}$.

11.4 Normalverteilte Stichproben

In diesem Abschnitt wollen wir uns etwas ausführlicher mit einer normalverteilten Stichprobe $X_1, \ldots, X_n$ beschäftigen und dabei die gemeinsame Verteilung des Mittelwertes und der Varianz einer Stichprobe bestimmen.

Satz 11.16 *Es seien $X_1, \ldots, X_n$ unabhängige, $N(\mu, \sigma^2)$-verteilte Zufallsvariablen. Dann gilt*

(i) $\bar{X} := \frac{1}{n} \sum_{i=1}^{n} X_i$ und $s_X^2 := \frac{1}{n-1} \sum_{i=1}^{n} (X_i - \bar{X})^2$ sind stochastisch unabhängig.

(ii) $\bar{X}$ ist $N(\mu, \frac{\sigma^2}{n})$-verteilt.

(iii) $\frac{(n-1)s_X^2}{\sigma^2}$ ist χ_{n-1}^2-verteilt.
(iv) $E(s_X^2) = \sigma^2$

Beweis. Wir führen zuerst die standardisierten Zufallsvariablen $Z_i := \frac{X_i - \mu}{\sigma}$ ein und bemerken, dass $Z_1, \ldots, Z_n$ unabhängig, $N(0, 1)$-verteilt sind. Mit $\bar{Z}$ und s_Z^2 bezeichnen wir den Mittelwert bzw. die Varianz der Stichprobe $Z_1, \ldots, Z_n$. Wir werden jetzt zeigen, dass für $\bar{Z}$ und s_Z^2 die entsprechenden Eigenschaften (i)-(iv) gelten. Dazu führen wir in $\mathbb{R}^n$ eine neue orthonormale Basis $\{u_1, \ldots, u_n\}$ mit $u_1 = \frac{1}{\sqrt{n}}(1, \ldots, 1)^t$ ein. Es sei U die zugehörige Koordinatenwechselmatrix, d.h. die Matrix mit den Zeilen $u_1^t, \ldots, u_n^t$. Die neuen Koordinaten des Zufallsvektors $(Z_1, \ldots, Z_n)^t$ sind dann gegeben durch

$$(Y_1, \ldots, Y_n)^t = U(Z_1, \ldots, Z_n)^t.$$

Da U orthogonal und die n-dimensionale Standardnormalverteilung rotationsinvariant ist, hat der neue Koordinatenvektor $(Y_1, \ldots, Y_n)^t$ ebenfalls eine n-dimensionale Standardnormalverteilung, und somit sind $Y_1, \ldots, Y_n$ unabhängige, $N(0, 1)$-verteilte Zufallsvariablen. Damit sind Y_1 und $Y_2^2 + \ldots + Y_n^2$ ebenfalls unabhängig und $N(0, 1)$- bzw. χ_{n-1}^2-verteilt. Weiter gilt

$$Y_1 = u_1^t (Z_1, \ldots, Z_n)^t = \frac{1}{\sqrt{n}} \sum_{i=1}^{n} Z_i = \sqrt{n}\bar{Z}$$

$$Y_2^2 + \ldots + Y_n^2 = Y_1^2 + \ldots + Y_n^2 - Y_1^2 = Z_1^2 + \ldots + Z_n^2 - n(\bar{Z})^2,$$

wobei wir benutzt haben, dass aus der Orthogonalität der Matrix U folgt $Y_1^2 + \ldots + Y_n^2 = Z_1^2 + \ldots + Z_n^2$. Wegen $Z_1^2 + \ldots + Z_n^2 - n(\bar{Z})^2 = \sum_{i=1}^{n}(Z_i - \bar{Z})^2$ hat $\sum_{i=1}^{n}(Z_i - \bar{Z})^2$ eine χ_{n-1}^2-Verteilung und außerdem ist diese Zufallsvariable unabhängig von $\bar{Z}$, sodass wir (i)-(iv) für die Z-Stichprobe gezeigt haben. Es gilt $\bar{X} = \sigma \bar{Z} + \mu$ und $s_X^2 = \sigma^2 s_Z^2$ und so folgen die Aussagen des Satzes direkt aus den obigen Aussagen über die gemeinsame Verteilung von $\bar{Z}$ und s_Z^2. $\qquad \Box$

Wir werden nun noch zwei weitere Verteilungen einführen, die in der Statistik normalverteilter Stichproben eine enorme Bedeutung haben.

Definition 11.17 *Es seien X, Y und Z unabhängige Zufallsvariablen, wobei Z eine $N(0,1)$-Verteilung, X eine χ_f^2-Verteilung und Y eine χ_g^2-Verteilung hat.*
(i) Die Verteilung der Zufallsvariablen

$$T := \frac{Z}{\sqrt{X/f}}$$

heißt t-Verteilung mit f Freiheitsgraden und wird mit t_f bezeichnet.
(ii) Die Verteilung der Zufallsvariablen

$$F := \frac{X/f}{Y/g}$$

heißt F-Verteilung mit (f, g) Freiheitsgraden und wird mit $F_{f,g}$ bezeichnet.

Satz 11.18 *Es seien $X_1, \ldots, X_n$ unabhängige, $N(\mu, \sigma^2)$-verteilte Zufallsvariablen. Dann hat die durch*

$$T := \sqrt{n}\frac{\bar{X} - \mu}{s_X}$$

definierte Zufallsvariable T eine t_{n-1}-Verteilung.

Beweis. Wir formen T wie folgt um

$$T = \sqrt{n}\frac{\bar{X} - \mu}{s_X} = \frac{\sqrt{n}\left(\bar{X} - \mu\right)/\sigma}{\sqrt{\frac{1}{n-1}\frac{(n-1)s_X^2}{\sigma^2}}}.$$

Auf der rechten Seite steht im Zähler eine $N(0,1)$-verteilte Zufallsvariable. Aus Satz 11.16 folgt, dass die durch den Term $\frac{(n-1)s_X^2}{\sigma^2}$ definierte Zufallsvariable eine χ_{n-1}^2-Verteilung hat und dass Zähler und Nenner unabhängige Zufallsvariablen sind. Somit ist T in der Tat t_{n-1}-verteilt. $\qquad \Box$

Die Definition der t-Verteilung geht auf den englischen Statistiker William Sealy Gosset (1876-1937) zurück, der für die Bierbrauerei Guinness in Dublin arbeitete. Er publizierte unter dem Pseudonym ‚Student', weshalb die t-Verteilung auch Student- oder Student-t-Verteilung heißt. Die F-Verteilung hat ihren Namen von dem englischen Statistiker Sir Ronald Aylmer Fisher (1890-1962), dem wohl bedeutendsten Statistiker des 20. Jahrhunderts.

Übungen

Übung 11.6 Zeige, dass $s_X := \sqrt{s_X^2}$ kein erwartungstreuer Schätzer für σ ist. Bestimme eine Konstante a, für die $a \cdot s_X$ erwartungstreu ist.

11.5 Aufgaben

Aufgabe 11.1 Es seien $X_1, \dots, X_n$ unabhängige Zufallsvariablen, wobei X_i eine $N(\mu, \sigma_i^2)$-Verteilung hat und die σ_i^2 bekannt sind. Als Beispiel denke man an Messungen einer Konstanten μ, ausgeführt in unterschiedlich genau arbeitenden Laboratorien.
(i) Zeige, dass $\bar{X} = \frac{1}{n} \sum_{i=1}^{n} X_i$ ein erwartungstreuer Schätzer für μ ist und berechne das Risiko dieses Schätzers.
(ii) Betrachte als Schätzer für μ die gewogenen Mittelwerte $\bar{X}_w := \sum_{i=1}^{n} w_i X_i$, wobei $0 \leq w_i \leq 1$ und $\sum_{i=1}^{n} w_i = 1$ gilt. Zeige, dass $\bar{X}_w$ ein erwartungstreuer Schätzer ist und berechne das Risiko. Für welchen Gewichtsvektor $(w_1, \dots, w_n)$ wird das Risiko minimal?
(iii) Bestimme den Maximum Likelihood Schätzer für μ.

Aufgabe 11.2 Es seien $X_1, \dots, X_n$ unabhängige Zufallsvariablen, gleichverteilt auf $[0, \theta]$, wobei $\theta \in (0, \infty)$ ein unbekannter Parameter ist.
(i) Bestimme den Maximum Likelihood Schätzer $\hat{\theta}_{ML}$ für θ.
(ii) Bestimme eine Konstante a, sodass $a \cdot \hat{\theta}_{ML}$ ein erwartungstreuer Schätzer für θ ist.
(iii) Berechne das Risiko des Schätzers $a \cdot \hat{\theta}_{ML}$ für jede Konstante $a > 0$. Für welche Wahl von a wird das Risiko minimal?

Aufgabe 11.3 Seien $X_1, \dots, X_m$ und $Y_1, \dots, Y_n$ unabhängige Zufallsvariablen, wobei $X_i \sim N(\mu_1, \sigma_1^2)$ und $Y_i \sim N(\mu_2, \sigma_2^2)$. Bestimme die Verteilung der Zufallsvariablen

$$F = \frac{s_X^2}{s_Y^2},$$

wobei $s_X^2 := \frac{1}{m-1} \sum_{i=1}^{m} (X_i - \bar{X})^2$ und $s_Y^2 := \frac{1}{n-1} \sum_{i=1}^{n} (Y_i - \bar{Y})^2$.

Aufgabe 11.4 Beim Werfen einer Heftzwecke liegt die Spitze mit einer unbekannten Wahrscheinlichkeit θ oben. Um θ zu schätzen, wirft man, bis zum ersten Mal die Spitze oben liegt, und notiert die Gesamtzahl der Würfe mit T. Berechne Erwartungswert und Varianz des Schätzers $\frac{1}{T}$ für θ.

12. Grundbegriffe der Testtheorie

In diesem Kapitel wenden wir uns der statistischen Testtheorie zu, die neben der Schätztheorie eines der beiden Hauptgebiete der Statistik darstellt. Wir arbeiten wie im vorigen Kapitel mit einem statistischen Modell in der Form einer Familie von Verteilungen für eine gegebene Zufallsvariable. In der Testtheorie geht es darum, aufgrund einer Realisierung der Zufallsvariablen eine Entscheidung über die Gültigkeit einer gegebenen Hypothese über die zugrundeliegende Verteilung der Zufallsvariablen zu treffen.

12.1 Einige Beispiele zur Einführung

In diesem Abschnitt stellen wir drei Beispiele zur Einführung in die Problemstellung der Testtheorie vor. In jedem der Beispiele werden wir zur Modellierung des Sachverhalts eine Zufallsvariable $X : \Omega \to \mathcal{X}$ definieren und dazu ein statistisches Modell $(P_\theta)_{\theta \in \Theta}$ für ihre Verteilung festlegen. Weiter liegt jeweils eine Hypothese vor, die sich in die Form der Aussage, dass $\theta \in \Theta_0 \subset \Theta$, übersetzen lässt. Die Aufgabe besteht nun darin, aufgrund einer Realisierung der Zufallsvariablen X eine Entscheidung über die Gültigkeit der Hypothese $H : \theta \in \Theta_0$ zu treffen. Zu diesem Zweck definieren wir jeweils eine Prüfgröße $t(x)$, auch Teststatistik genannt, die in gewisser Weise den Abstand der Beobachtung $x = X(\omega)$ von der Hypothese misst.

Beispiel 12.1 Die Durchfallquote bei der theoretischen Fahrprüfung lag im langjährigen Durchschnitt bei 20%. Seit kurzem wird ein neuer Fragenkatalog verwendet, von dem man erwartet, dass er anspruchsvoller ist und eine höhere Durchfallquote hat. Bei einer ersten Testrunde fallen von 20 zufällig ausgewählten Kandidaten 8 durch, also 40%. Deutet diese Durchfallquote auf eine höhere Durchfallwahrscheinlichkeit hin oder kann man das Ergebnis durch Zufall erklären? Um diese Frage beantworten zu können, betrachten wir ein statistisches Modell. Wir bezeichnen das Prüfungsergebnis des Kandidaten i mit $x_i \in \{0, 1\}$, wobei 0 bedeutet, dass die Prüfung bestanden wurde und 1, dass der Kandidat durchgefallen ist. Wir nehmen an, dass $x_1, \ldots, x_{20}$ Realisierungen von unabhängigen Bernoulli(θ)-verteilten Zufallsvariablen $X_1, \ldots, X_{20}$ sind, wobei $\theta \in [0, 1]$ der unbekannte Parameter ist. Diesem Modell liegt die Idee zugrunde, dass die 20 Kandidaten eine zufällige

Auswahl aus der als unendlich groß gedachten Grundgesamtheit aller möglichen Kandidaten sind, von der ein Anteil θ die Prüfung nicht bestehen würde. Wir wählen nun als Prüfgröße die Summe $S = X_1 + \ldots + X_{20}$, welche die Zahl der durchgefallenen Kandidaten angibt. Wir wissen, dass S eine $Bin(20, \theta)$-Verteilung hat, d.h. $P_\theta(S = k) = \binom{20}{k} \theta^k (1 - \theta)^{20-k}$. In der folgenden Tabelle haben wir einige Werte der Wahrscheinlichkeitsfunktion von S für $\theta = 0.2$ dargestellt, d.h. unter der Annahme, dass die Durchfallquote noch immer 20% beträgt.

k	0	1	2	3	4	5	6	7	≥ 8
$P_{0.2}(S = k)$	0.01	0.06	0.14	0.21	0.22	0.17	0.11	0.05	0.03

Die Wahrscheinlichkeit des Ergebnisses, dass 40% der Kandidaten oder mehr durchfallen, beträgt also nur 3%. Diese kleine Wahrscheinlichkeit lässt uns zweifeln an der Gültigkeit der Hypothese, dass $\theta = 0.2$.

Die Vorgehensweise und Argumentation kann uns verständlicher werden, wenn wir sie in Analogie zu einem Beweis durch Widerspruch betrachten. Wir gehen zunächst aus von der Annahme, dass $\theta = 0.2$, betrachten Konsequenzen dieser Annahme und versuchen, zu einem Widerspruch zu kommen. Im Rahmen der statistischen Testtheorie ist dies allerdings kein Widerspruch im streng logischen Sinn. Im diesem Beispiel ist ja nicht auszuschließen, dass $S \geq 8$ auch bei $\theta = 0.2$ eintritt, es ist nur eben sehr unwahrscheinlich. Letzteres führt dazu, dass wir große Zweifel an der Annahme bekommen, dass $\theta = 0.2$. Das hier benutzte Entscheidungsverfahren heißt auch Binomialtest.

Beispiel 12.2 Ein Pharmaunternehmen hat ein neues Schlafmittel B entwickelt, das wirksamer sein soll als das bewährte Mittel A des Konkurrenten. Im Abstand von jeweils einem Monat erhalten 10 Patienten zunächst das eine und dann das andere Mittel verabreicht. Die Reihenfolge wird durch einen Münzwurf festgelegt. In der folgenden Tabelle ist für jeden Patienten i, $i = 1, \ldots, 10$, die Schlafdauer, gemessen in Stunden, nach Einnahme des Medikaments A bzw. B mit X_i^A bzw. X_i^B angegeben. Außerdem haben wir mit $+$ bzw. $-$ festgehalten, ob die Schlafdauer bei Schlafmittel B länger war als bei Schlafmittel A oder nicht.

Patient	1	2	3	4	5	6	7	8	9	10
X_i^A	6.5	7.3	6.1	5.2	9.5	4.1	4.9	6.8	5.7	5.2
X_i^B	7.9	8.1	5.8	5.5	8.5	4.8	6.3	4.5	6.2	5.7
	$+$	$+$	$-$	$+$	$-$	$+$	$+$	$-$	$+$	$+$

Bei 7 Patienten war also die Schlafdauer nach Einnahme des Mittels B länger und nur bei 3 Patienten nach Einnahme des Mittels A. Bedeutet dies, dass B wirksamer ist als A, oder kann man dieses Ergebnis durch Zufall erklären? Wir nehmen an, dass (X_i^A, X_i^B), $i = 1, \ldots, 10$, unabhängige $\mathbb{R}^2$-wertige Zufallsvariablen sind. Wir weisen darauf hin, dass dies nicht bedeutet, dass X_i^A und X_i^B unabhängig sind. Im Gegenteil sind diese Zufallsvariablen gerade

abhängig, da sie auf Beobachtungen bei demselben Patienten zurückgehen. Als Prüfgröße wählen wir die Summe der positiven Vorzeichen und bemerken, dass $S = \sum_{i=1}^{10} sgn(X_i^B - X_i^A)$, mit $sgn(x) := 1_{\{x>0\}}$. S ist also die Summe der Bernoulli(θ)-verteilten Zufallsvariablen $sgn(X_i^B - X_i^A)$, $i = 1, \ldots, 10$, wobei $\theta = P(X_i^B > X_i^A)$ der unbekannte Parameter ist, und somit hat S eine $Bin(10, \theta)$-Verteilung.

Unter der Hypothese, dass beide Medikamente gleich wirksam sind, hat S dann eine $Bin(10, \frac{1}{2})$-Verteilung, deren Wahrscheinlichkeitsfunktion wir in der folgenden Tabelle wiedergegeben haben.

k	0	1	2	3	4	5	6	7	≥ 8
$P_{\frac{1}{2}}(S = k)$	0.00	0.01	0.04	0.12	0.21	0.25	0.21	0.12	0.05

Die Wahrscheinlichkeit des Ereignisses, dass 7 oder mehr positive Vorzeichen beobachtet werden, ist also $P_{\frac{1}{2}}(S \geq 7) = 17\%$. Dies ist kein sonderlich seltenes Ereignis, und somit besteht kein Anlass, die Hypothese zu verwerfen. In diesem Beispiel haben wir den sogenannten Zeichentest verwendet.

Beispiel 12.3 Wir interessieren uns für die Frage, ob ein neugekaufter Würfel unverfälscht ist. Dazu werfen wir den Würfel unabhängig 36-mal. In der folgenden Tabelle sind die beobachteten Häufigkeiten wiedergegeben.

Augenzahl	1	2	3	4	5	6
Häufigkeiten	9	4	3	1	7	12

Die beobachteten Häufigkeiten weichen deutlich von der $(6, 6, 6, 6, 6, 6)$-Verteilung ab, die wir bei einem unverfälschten Würfel erwarten würden. Auch hier stellt sich die Frage, ob dies Zufall sein kann oder ob Anlass besteht, an der Unverfälschtheit des Würfels zu zweifeln.

Bevor wir ein statistisches Modell aufstellen, betrachten wir eine etwas allgemeinere Situation. Gegeben sei ein Experiment mit K möglichen Ergebnissen und den zugehörigen, unbekannten Wahrscheinlichkeiten $\theta_1, \ldots, \theta_K$, wobei $(\theta_1, \ldots, \theta_K)$ Element des Parameterraums

$$\Theta := \left\{ (\theta_1, \ldots, \theta_K) \in \mathbb{R}^K : 0 \leq \theta_k \leq 1, \sum_{k=1}^{K} \theta_k = 1 \right\}$$

ist. Dieses Experiment wiederholen wir n-mal unabhängig und bezeichnen mit $(N_1, \ldots, N_K)$ die beobachteten Häufigkeiten der K möglichen Ergebnisse. Wir wissen aus Beispiel 6.6, dass dieser Vektor eine multinomiale Verteilung mit Parametern n und $\theta_1, \ldots, \theta_K$ hat, und es ist hier $(\theta_1, \ldots, \theta_K) \in \Theta$ der unbekannte Parameter. Wir betrachten nun die Hypothese, dass $(\theta_1, \ldots, \theta_K) = (\theta_1^0, \ldots, \theta_K^0)$ ist, wobei $(\theta_1^0, \ldots, \theta_K^0) \in \Theta$ ein fester Parameterwert ist. Unter dieser Hypothese gilt $E(N_k) = n\theta_k^0$, $k = 1, \ldots, K$, und es liegt der Gedanke nahe, die Abweichungen zwischen den wahrgenommenen Häufigkeiten N_k und diesen Erwartungswerten als Grundlage für die Entscheidung über die Gültigkeit der Hypothese zu nehmen. Der englische Statistiker Karl Pearson

(1857-1936) hat im Jahre 1900 vorgeschlagen, diese Abweichung mittels der Größe

$$X = \sum_{k=1}^{K} \frac{(N_k - n\theta_k^0)^2}{n\theta_k^0}$$

zu messen. X wird auch die χ^2-Teststatistik genannt. Wir bemerken, dass X eine Zufallsvariable ist, deren Verteilung von dem unbekannten Parameter $(\theta_1, \ldots, \theta_K)$ abhängt. Zur Entscheidung über die Hypothese benötigen wir die Verteilung von X für $(\theta_1, \ldots, \theta_K) = (\theta_1^0, \ldots, \theta_K^0)$. Anders als bei den ersten beiden Besispielen, bei denen wir die Verteilung der Prüfgröße S kannten, ist die Verteilung der χ^2-Prüfgröße keine der einfachen bekannten Verteilungen. Die Verteilung von X können wir im Prinzip berechnen mit Hilfe der Formel

$$P(X = x) = \sum P(N_1 = n_1, \ldots, N_K = n_K)$$

$$= \sum \binom{n}{n_1, \ldots, n_K} \left(\theta_1^0\right)^{n_1} \cdot \ldots \cdot \left(\theta_K^0\right)^{n_K},$$

wobei die Summationen sich über alle Realisierungen $(n_1, \ldots, n_K)$ mit $\sum_{k=1}^{K} \frac{(n_k - n\theta_k^0)^2}{n\theta_k^0} = x$ erstrecken. Für große Werte von n ist diese Aufgabe jedoch praktisch nicht durchführbar, sodass man auf die Hilfe eines Rechners oder auf Approximationen angewiesen ist. Eine solche Approximation hat bereits Karl Pearson gegeben, der bewies, dass X unter der Hypothese $(\theta_1, \ldots, \theta_K) = (\theta_1^0, \ldots, \theta_K^0)$ approximativ χ^2_{K-1}-verteilt ist. Für kleine n muss man zurückhaltend sein bei der Anwendung dieser Approximation. In der einschlägigen statistischen Literatur wird empfohlen, dass $n\theta_k^0 \geq 1$ für alle $k \in \{1, \ldots, K\}$ gelten sollte.

Wir kehren schließlich zurück zum obigen Zahlenbeispiel, bemerken, dass dabei $K = 6$ und $\theta_1^0 = \ldots = \theta_6^0 = \frac{1}{6}$ und berechnen den Wert der χ^2-Teststatistik. Es ist

$$x = \frac{(9-6)^2 + (4-6)^2 + (3-6)^2 + (1-6)^2 + (7-6)^2 + (12-6)^2}{6} = 13.$$

Nach dem obengenannten Resultat von Karl Pearson hat X unter der Hypothese $\theta_1 = \ldots = \theta_6 = \frac{1}{6}$ approximativ eine χ^2_5-Verteilung. Einer Tabelle, wie man sie im Anhang zu den meisten einschlägigen Büchern zur Statistik findet, können wir entnehmen, dass $P(X \geq 13) \approx 0.02$, d.h. eine Abweichung größer oder gleich dem von uns beobachteten Wert hat bei unverfälschten Würfeln eine Wahrscheinlichkeit von ungefähr 2%. Anlass genug, an der Gültigkeit der Hypothese zu zweifeln. Das in diesem Beispiel eingeführte Entscheidungsverfahren heißt χ^2-Test.

Zum Ende dieses Abschnitts wollen wir das Vorgehen bei den obigen Beispielen noch einmal abstrakt formulieren. Gegeben ist jeweils eine Zufallsvariable $X : \Omega \to \mathcal{X}$ und ein statistisches Modell $(P_\theta)_{\theta \in \Theta}$ für die unbekannte

Verteilung von X. Weiter ist eine Hypothese gegeben, die sich in der Form

$$H : \theta \in \Theta_0$$

darstellen lässt, wobei $\Theta_0 \subset \Theta$ eine Teilmenge des Parameterraums ist. Wir stehen nun vor dem Problem, eine Entscheidung über die Gültigkeit dieser Hypothese treffen zu müssen. Dazu legen wir uns zunächst auf eine Prüfgröße $T = t(X)$ fest. T sollte so gewählt werden, dass große Werte von T auf eine Abweichung des Beobachtungswerts X von den unter der Hypothese zu erwartenden Werten hinweist. Dies Konzept lässt verschiedene Wahlen von T zu. Nur in einfachen Situationen kann klar entschieden werden, welche Prüfgröße wir wählen sollten, dies meist auf Grund von Optimalitätskriterien, mit denen wir uns in den folgenden Abschnitten noch befassen werden. Nach der Wahl von T bestimmen wir deren Verteilung für jedes $\theta \in \Theta_0$. Dann untersuchen wir, ob der betrachtete Wert $t(x)$ zu einer dieser Verteilungen passt, wobei als Kriterium die Größe

$$p(x) := \sup_{\theta \in \Theta_0} P_\theta(T \geq t(x)) \tag{12.1}$$

dient, welche auch p-Wert genannt wird. Wir verwerfen die Hypothese, wenn der p-Wert unterhalb eines vorgegebenen Schwellenwerts α liegt. Ein üblicher Schwellenwert ist $\alpha = 5\%$, aber auch kleinere Werte sind gebräuchlich, wenn man wirklich sicher sein will, dass eine Hypothese nicht vorschnell verworfen wird. Die Betrachtungen des folgenden Abschnitts werden zu einer weiteren Klärung der Bedeutung des Schwellenwerts führen.

12.2 Neyman-Pearson Formulierung der Testtheorie

In einer Reihe von Arbeiten in den 30er Jahren des vorigen Jahrhunderts haben Jerzy Neyman (1894-1981) und Egon Sharpe Pearson (1895-1980), Sohn des oben im Zusammenhang mit dem χ^2-Test erwähnten Karl Pearson, der Testtheorie eine solide mathematische Grundlage gegeben, die heute allgemein anerkannt ist. Der Neyman-Pearson'sche Ansatz macht es möglich, die Qualität eines Tests zahlenmäßig zu erfassen und damit über die Vorzüge und Nachteile eines Tests im Vergleich zu anderen Tests zu diskutieren.

Definition 12.4 *Sei* $(P_\theta)_{\theta \in \Theta}$ *ein statistisches Modell für die Verteilung der Zufallsvariable* $X : \Omega \to \mathcal{X}$. *Gegeben seien zwei disjunkte Teilmengen* $\Theta_0, \Theta_1 \subset \Theta$. *Die Aussagen* $H : \theta \in \Theta_0$ *und* $A : \theta \in \Theta_1$ *heißen Hypothese bzw. Alternative. Das Entscheidungsproblem*

$$H : \theta \in \Theta_0 \ \ gegen \ \ A : \theta \in \Theta_1$$

heißt Testproblem.

Die Aufgabe des Statistikers bei einem Testproblem besteht darin, aufgrund des Datenmaterials, d.h. einer Realisierung $x = X(\omega)$ der Zufallsvariablen X, eine Entscheidung zwischen Hypothese und Alternative zu treffen. In der folgenden Definition wird dieser Gedanke mathematisch präzisiert.

Definition 12.5 *Ein Test ist eine Abbildung $\phi : \mathcal{X} \to \{0,1\}$, wobei $\phi(x) = 1$ bedeutet, dass wir die Hypothese verwerfen und $\phi(x) = 0$, dass wir die Hypothese nicht verwerfen.*

Bemerkung 12.6 (i) Wir wollen besonders aufmerksam machen auf die Formulierung an einer Stelle in der Definition eines Tests. Wir verwerfen die Hypothese, wenn $\phi(x) = 1$, aber wir verwerfen nicht die Alternative, wenn $\phi(x) = 0$. Dies soll zum Ausdruck bringen, dass wir uns einer Entscheidung für die Hypothese nie so sicher sind wie einer Entscheidung gegen die Hypothese. Wenn wir die Hypothese nicht verwerfen, so bedeutet dies oft nur, dass wir nicht ausreichend Beweismaterial für eine Ablehnung haben.

(ii) Oft verwendet man für H auch den Ausdruck Nullhypothese, da H in vielen Fällen zum Ausdruck bringt, dass kein Effekt etwa einer Behandlung vorliegt.

(iii) Ein Test kann auch durch das Gebiet $C := \{x \in \mathcal{X} : \phi(x) = 1\}$ beschrieben werden. C heißt kritisches Gebiet oder Verwerfungsbereich. Ein Test verwirft die Hypothese genau dann, wenn die Beobachtung im Verwerfungsbereich liegt.

(iv) Enthält Θ_0 nur ein Element, d.h. ist $\Theta_0 = \{\theta_0\}$, so sprechen wir von einer einfachen Hypothese; sonst heißt die Hypothese zusammengesetzt. Entsprechende Bezeichnungen gelten auch für die Alternative.

Der Zufallscharakter der von uns betrachteten Experimente hat zur Folge, dass Fehler bei der Entscheidung zwischen Hypothese und Alternative auftreten können. In der Testtheorie unterscheiden wir zwei Fehler.

Fehler 1. Art: Eine gültige Hypothese wird verworfen, d.h. es gilt $\theta \in \Theta_0$, aber $\phi(x) = 1$.

Fehler 2. Art: Eine ungültige Hypothese wird nicht verworfen, d.h. es gilt $\theta \in \Theta_1$, aber $\phi(x) = 0$.

Die Wahrscheinlichkeiten dieser beiden möglichen Fehler eines statistischen Tests sind die entscheidenden Messzahlen zur Beurteilung ihrer Qualität.

Definition 12.7 *Sei $(P_\theta)_{\theta \in \Theta}$ ein statistisches Modell für die Verteilung der Zufallsvariable $X : \Omega \to \mathcal{X}$ und sei $\phi : \mathcal{X} \to \{0,1\}$ ein Test für das Testproblem $H : \theta \in \Theta_0$ gegen $A : \theta \in \Theta_1$.*
(i) Die Funktion $\beta_\phi : \Theta \to [0,1]$ definiert durch

$$\beta_\phi(\theta) := P_\theta(\phi(X) = 1)$$

heißt Gütefunktion des Tests.
(ii) Der Test ϕ heißt Test zum Niveau α, $\alpha \in [0,1]$, wenn

$$\sup_{\theta \in \Theta_0} \beta_\phi(\theta) \leq \alpha.$$

Die Größe $\sup_{\theta \in \Theta_0} \beta_\phi(\theta)$ *heißt Niveau des Tests.*

(iii) Für $\theta \in \Theta_1$ *heißt* $\beta_\phi(\theta)$ *die Macht des Tests* ϕ *im Parameterwert* θ.

Bemerkung 12.8 (i) Die übliche Vorgehensweise in der Testtheorie besteht darin, ein $\alpha \in (0,1)$ fest zu wählen und dann nur Tests zu diesem vorgegebenen Niveau α zu betrachten. Solche Tests haben dann eine Obergrenze α für die Wahrscheinlichkeit eines Fehlers 1. Art, unabhängig vom wahren Wert des Parameters θ. Die Wahrscheinlichkeit eines Fehlers 2. Art ist hingegen meist viel schwerer zu berechnen und zu kontrollieren und außerdem vom Wert des unbekannten Parameters θ abhängig. Daher können wir uns in dem Fall, dass der Test die Hypothese verwirft, viel sicherer sein, keinen Fehler begangen zu haben, als in dem Fall, dass der Test nicht verwirft. Diese Asymmetrie hat weiter zur Folge, dass das Hypothese/Alternative-Paar nicht beliebig vertauscht werden darf. Man sollte Hypothese und Alternative stets so festlegen, dass der resultierende Fehler 1. Art der gravierendere Fehler ist, den man möglichst vermeiden möchte.

(ii) Für jedes $\theta \in \Theta$ gibt $\beta_\phi(\theta)$ die Wahrscheinlichkeit an, dass die Hypothese verworfen wird, wenn P_θ die Verteilung von X ist. Für $\theta \in \Theta_0$ gibt $\beta_\phi(\theta)$ die Wahrscheinlichkeit eines Fehlers 1. Art an. Für $\theta \in \Theta_1$ gibt $\beta_\phi(\theta)$ die Wahrscheinlichkeit einer korrekten Entscheidung an und $1 - \beta_\phi(\theta)$ die Wahrscheinlichkeit eines Fehlers 2. Art.

(iii) Wir machen aufmerksam darauf, dass wir die Bezeichnung Niveau sowohl für α als auch für $\sup_{\theta \in \Theta_0} \beta_\phi(\theta)$ benutzen. Im Englischen sind die Begriffe ‚level' für α und ‚size' für $\sup_{\theta \in \Theta_0} \beta_\phi(\theta)$ gebräuchlich.

Wir haben in Abschnitt 12.1 und in den Definitionen dieses Abschnitts zwei Zugänge zur Testtheorie vorgestellt. In der historischen Entwicklung der Testtheorie, die vor allem mit den Namen von Karl Pearson und Ronald Fisher verbunden ist, stand am Anfang die Betrachtungsweise aus Abschnitts 12.1. Dabei wird ausschließlich der Fehler 1. Art betrachtet. Dazu passt auch, dass man nur die Hypothese klar formuliert, nicht aber die Alternative. Später war es das große Verdienst von Jerzy Neyman und Egon Pearson, dass sie mit den in diesem Abschnitt gegebenen Definitionen auf die Bedeutung des Fehlers 2. Art hingewiesen haben. Damit ist es möglich geworden, Tests mit derselben Fehlerwahrscheinlichkeit 1. Art miteinander zu vergleichen aufgrund ihrer Fehlerwahrscheinlichkeiten 2. Art.

Wir wollen jetzt auch die Gemeinsamkeiten zwischen der Herangehensweise in Abschnitt 12.1 und den Definitionen dieses Abschnitts aufzeigen, und dabei klären wir insbesondere die Bedeutung des Schwellenwerts aus Abschnitt 12.1. Nach Festlegung einer Teststatistik $T = t(X)$ und eines Schwellenwerts α verwarfen wir im vorigen Abschnitt bei einer Beobachtung x die Hypothese, falls $\sup_{\theta \in \Theta_0} P_\theta(T \geq t(x)) \leq \alpha$. Diese Vorschrift definiert einen Test ϕ im Sinne der Definition 12.5 wie folgt

$$\phi(x) = \begin{cases} 1 & \text{falls } \sup_{\theta \in \Theta_0} P_\theta(T \geq t(x)) \leq \alpha \\ 0 & \text{falls } \sup_{\theta \in \Theta_0} P_\theta(T \geq t(x)) > \alpha. \end{cases} \tag{12.2}$$

Satz 12.9 *Der in (12.2) definierte Test ϕ hat Niveau α.*

Mit diesem Satz haben wir den Zugang des Abschnitts 12.1 in den Zugang dieses Abschnitts integriert. Für den Beweis von Satz 12.9 benötigen wir das folgende Lemma.

Lemma 12.10 *Sei $(\Omega, \mathcal{F}, P)$ ein Wahrscheinlichkeitsraum und T eine $\mathbb{R}$-wertige Zufallsvariable. Für $\alpha \in (0,1)$ sei die Menge $C_\alpha \subset \mathbb{R}$ definiert durch*

$$C_\alpha := \{u \in \mathbb{R} : P(T \geq u) \leq \alpha\}.$$

Dann gilt $P(T \in C_\alpha) \leq \alpha$.

Beweis. Durch $S(u) := P(T \geq u)$ wird eine monoton fallende Funktion $S : \mathbb{R} \to [0,1]$ definiert. Dann folgt aus $u_1 \in C_\alpha$ und $u_2 \geq u_1$, dass $u_2 \in C_\alpha$. Also ist C_α ein Intervall der Form $[k_\alpha, \infty)$ oder (k_α, ∞), mit $k_\alpha \in \mathbb{R}$. Im ersten Fall ist $k_\alpha \in C_\alpha$ und somit gilt

$$P(T \in C_\alpha) = P(T \geq k_\alpha) \leq \alpha.$$

Im zweiten Fall gilt $u \in C_\alpha$ für alle $u > k_\alpha$ und somit $P(T \geq k_\alpha + \frac{1}{n}) \leq \alpha$, für alle $n \in \mathbb{N}$. Nun ist $(\{T \geq k_\alpha + \frac{1}{n}\})_{n \in \mathbb{N}}$ eine monoton steigende Folge von Mengen und $\bigcup_{n=1}^{\infty} \{T \geq k_\alpha + \frac{1}{n}\} = \{T > k_\alpha\}$. Damit folgt mit Satz 1.10

$$P(T \in C_\alpha) = P(T > k_\alpha) = \lim_{n \to \infty} P(T \geq k_\alpha + \frac{1}{n}) \leq \alpha,$$

womit die Aussage des Lemmas in beiden Fällen gezeigt ist. $\qquad\square$

Beweis von Satz 12.9. Für jedes $\theta^* \in \Theta_0$ gilt

$$P_{\theta^*}(\phi(X) = 1) = P_{\theta^*}\left(T \in \{u : \sup_{\theta \in \Theta_0} P(T \geq u) \leq \alpha\}\right)$$

$$\leq P_{\theta^*}\left(T \in \{u : P_{\theta^*}(T \geq u) \leq \alpha\}\right) \leq \alpha.$$

Damit ist gezeigt, dass ϕ ein Test zum Niveau α ist. $\qquad\square$

Bemerkung 12.11 Im Abschnitt 12.1 haben wir stets den p-Wert, definiert durch $p(x) = \sup_{\theta \in \Theta_0} P_\theta(T \geq t(x))$, betrachtet. Dieser Wert enthält mehr Information als der in (12.2) definierte Test ϕ. Während $\phi(x)$ nur angibt, ob wir die Hypothese verwerfen, sagt $p(x)$ etwas über die Deutlichkeit dieser Entscheidung aus. Viele Statistiker, und vor allem alle gängige statistische Software, geben daher stets den p-Wert des Tests an.

Beispiel 12.12 Sei S die im Beispiel 12.1 betrachtete Zufallsvariable, d.h. S hat eine $Bin(20, \theta)$-Verteilung. Die Hypothese lautet $\theta = 0.2$. Da die Fragestellung des Beispiels nahelegt, dass es, wenn überhaupt, eine Veränderung in Richtung einer höheren Durchfallquote gegeben hat, wählen wir als Alternative $A : \theta > 0.2$. Also sind $\Theta_0 = \{0.2\}$ und $\Theta_1 = (0.2, 1]$, d.h. wir haben eine einfache Hypothese und eine zusammengesetzte Alternative.

Wir betrachten zunächst den Test $\phi_1(S) = 1_{\{S \geq 8\}}$, also den Test mit Verwerfungsbereich $C = \{8, \ldots, 20\}$. Dieser Test hat die Gütefunktion

$$\beta_{\phi_1}(\theta) = P_\theta(S \geq 8) = \sum_{k=8}^{20} \binom{20}{k} \theta^k (1 - \theta)^{20-k},$$

die wir in Abbildung 12.1 grafisch dargestellt haben. An der Gütefunktion

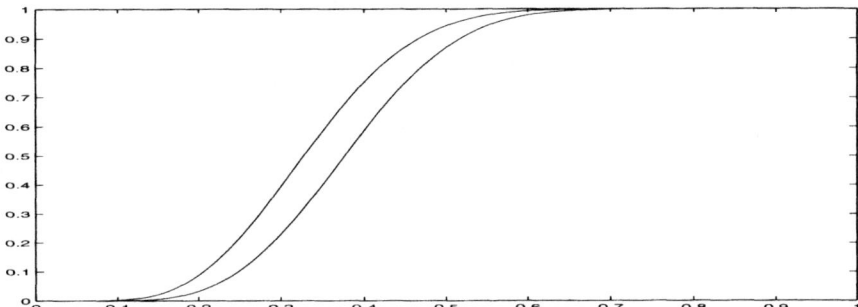

Abb. 12.1. Grafik der Gütefunktion des Tests $\phi_1(S) = 1_{\{S \geq 8\}}$ (unten) und des Tests $\phi_2(S) = 1_{\{S \geq 7\}}$ (oben), siehe Beispiel 12.12

können wir beide Fehlerwahrscheinlichkeiten ablesen. Die Wahrscheinlichkeit des Fehlers 1. Art beträgt $\beta_{\phi_1}(0.2) = P_{0.2}(S \geq 8) \approx 0.03$, vergleiche auch die Wertetabelle in Beispiel 12.1. Wir haben also einen Test zum Niveau $\approx 3\%$. Die Wahrscheinlichkeit eines Fehlers 2. Art hängt von $\theta \in \Theta_1$ ab und lässt sich berechnen aus $1 - \beta_{\phi_1}(\theta) = P_\theta(S < 8)$. Für $\theta \in \Theta_1$ und $\theta \to 0.2$ folgt mit der Stetigkeit der Gütefunktion, dass $\beta_{\phi_1}(\theta) \to \beta_{\phi_1}(0.2)$ und somit konvergiert die Fehlerwahrscheinlichkeit 2. Art gegen $1 - \beta_{\phi_1}(0.2) \approx 97\%$. In Abhängigkeit von θ ist die Fehlerwahrscheinlichkeit 2. Art monoton fallend und für $\theta \to 1$ konvergiert sie gegen 0. Der Fehler 1. Art hat also stets eine geringe Wahrscheinlichkeit, während die Fehlerwahrscheinlichkeit 2. Art vom unbekannten Parameterwert $\theta \in \Theta_1$ abhängt und für θ, die nahe an θ_0 liegen, sehr groß ist. Dieses Verhalten ist typisch für Testprobleme, bei denen Θ_0 und Θ_1 einen gemeinsamen Rand haben.

Wir betrachten noch einen weiteren Test, bei dem wir den Wert 7 zum Verwerfungsbereich hinzunehmen, d.h. $\phi_2(S) = 1_{\{S \geq 7\}}$. Dieser Test hat die Gütefunktion

$$\beta_{\phi_2}(\theta) = P_\theta(S \geq 7) = \sum_{k=7}^{20} \binom{20}{k} \theta^k (1 - \theta)^{20-k},$$

die wir ebenfalls in Abbildung 12.1 grafisch dargestellt haben. Beim Vergleich der beiden Gütefunktionen fällt auf, dass der Test ϕ_2 eine größere Wahrscheinlichkeit des Fehlers 1. Art hat als der Test ϕ_1, dafür aber eine kleinere Wahrscheinlichkeit eines Fehlers 2. Art. Falls die Hypothese nicht gilt, so wird dies durch den Test ϕ_2 schneller entdeckt als durch ϕ_1, aber um den Preis einer größeren Fehlerwahrscheinlichkeit 1. Art.

Übungen

Übung 12.1 Sei X eine $N(\mu, 1)$-verteilte Zufallsvariable, wobei $\mu \in \mathbb{R}$ ein unbekannter Parameter ist. Wir betrachten das Testproblem $H : \mu \leq 0$ gegen $A : \mu > 0$ und den Test $\phi(X) = 1_{\{X \geq 1\}}$. Bestimme das Niveau dieses Tests und berechne die Gütefunktion.

Übung 12.2 Sei X eine $Exp(1/\theta)$-verteilte Zufallsvariable, wobei $\theta \in (0, \infty)$ ein unbekannter Parameter ist. Wir betrachten das Testproblem $H : \theta \leq 1$ gegen $A : \theta > 1$ und den Test $\phi(X) = 1_{\{X \geq 2\}}$. Bestimme das Niveau dieses Tests und berechne die Gütefunktion. Wie groß ist die Wahrscheinlichkeit, dass der Test verwirft, wenn $\theta = 4$?

Übung 12.3 Betrachte die Testgröße $S = \sum_{i=1}^{10} sgn(X_i^B - X_i^A)$ aus Beispiel 12.2. Bestimme das Niveau des Tests $\phi(X) = 1_{\{S \geq 8\}}$ für das Testproblem $H : \theta = \frac{1}{2}$ gegen $A : \theta > \frac{1}{2}$ und berechne die Gütefunktion.

12.3 Das Neyman-Pearson Lemma

Ziel der statistischen Testtheorie ist es, Tests mit möglichst kleinen Fehlerwahrscheinlichkeiten zu finden. Ein gleichzeitiges Minimieren beider Fehlerwahrscheinlichkeiten ist grundsätzlich nicht möglich. Um dies einzusehen, betrachten wir die beiden trivialen Tests, die entweder stets die Hypothese verwerfen oder stets nicht verwerfen, unabhängig vom Ausgang des Experiments. Diese beiden Tests haben Fehlerwahrscheinlichkeit 1. Art bzw. 2. Art gleich 0, während es außer in trivialen Fällen keinen Test gibt, für den beide Fehlerwahrscheinlichkeiten 0 sind. Die von Neyman und Pearson vorgeschlagene Vorgehensweise besteht darin, nur Tests zu betrachten, deren Fehlerwahrscheinlichkeit 1. Art unter einem vorgegebenen Schwellenwert liegt, und dann innerhalb der Klasse dieser Tests die Fehlerwahrscheinlichkeit 2. Art zu minimieren.

Es erweist sich aus verschiedenen Gründen als sinnvoll, dass wir den Testbegriff der Definition 12.5 nun erweitern.

Definition 12.13 *Ein randomisierter Test ist eine Abbildung* $\phi : \mathcal{X} \to [0, 1]$, *wobei* $\phi(x)$ *die Wahrscheinlichkeit angibt, dass wir die Hypothese verwerfen, wenn* x *beobachtet wurde. Die Funktion* $\beta_\phi : \Theta \to [0, 1]$, *definiert durch* $\beta_\phi(\theta) := E_\theta(\phi(X))$, *heißt Gütefunktion des Tests.*

Bemerkung 12.14 (i) Nicht-randomisierte Tests gehören zur Klasse aller Tests und die Interpretation der möglichen Werte $\phi(x) \in \{0,1\}$ ist im Einklang mit der in Definition 12.13 gegebenen Interpretation für (randomisierte) Tests. Ist $\phi(x) = 1$, so wird die Hypothese mit Wahrscheinlichkeit 1 verworfen und bei $\phi(x) = 0$ mit Wahrscheinlichkeit 0.

(ii) Bei einem randomisierten Test hängt die Entscheidung über die Ablehnung der Hypothese nicht allein von der Beobachtung ab, sondern darüber hinaus vom Ausgang eines weiteren Zufallsexperiments, bei dem mit Wahrscheinlichkeit $\phi(x)$ verworfen wird und mit Wahrscheinlichkeit $1 - \phi(x)$ nicht, d.h. es ist

$$P_\theta(H \text{ wird verworfen} | X = x) = \phi(x). \tag{12.3}$$

(iii) Mit Hilfe des Satzes von der totalen Erwartung folgt aus (12.3)

$$P_\theta(H \text{ wird verworfen}) = E_\theta(\phi(X)).$$

Diese Darstellung der Wahrscheinlichkeit, dass die Hypothese verworfen wird, rechtfertigt die Definition der Gütefunktion bei randomisierten Tests. Für nicht-randomisierte Tests hatten wir in Definition 12.7 die Gütefunktion durch $\beta_\phi(\theta) = P_\theta(\phi(X) = 1)$ definiert. Da ein nicht-randomisierter Test nur die Werte 0 und 1 annimmt, gilt $E_\theta(\phi(X)) = P_\theta(\phi(X) = 1)$, sodass beide Definitionen übereinstimmen.

In der mathematischen Statistik ist es üblich, stets randomisierte Tests zu betrachten. Daher lässt man das Attribut ‚randomisiert' meist weg und definiert Tests als Abbildungen $\phi : \mathcal{X} \to [0,1]$. Will man ausdrücklich nur Tests mit Wertebereich $\{0,1\}$ betrachten, so spricht man von nicht-randomisierten Tests. Wir schließen uns im Folgenden diesem Sprachgebrauch an.

Definition 12.15 *Sei $(P_\theta)_{\theta \in \Theta}$ ein statistisches Modell für die Verteilung der Zufallsvariable $X : \Omega \to \mathcal{X}$ und sei durch $H : \theta \in \Theta_0$ gegen $A : \theta \in \Theta_1$ ein Testproblem gegeben. Für ein gegebenes $\alpha \in [0,1]$ bezeichnen wir mit Φ_α die Klasse aller Tests zum Niveau α, d.h.*

$$\Phi_\alpha := \{\phi : \mathcal{X} \to [0,1] : \sup_{\theta \in \Theta_0} E_\theta(\phi(X)) \le \alpha\}.$$

Ein Test $\phi^* \in \Phi_\alpha$ heißt gleichmäßig trennschärfster Test zum Niveau α, wenn

$$E_\theta(\phi^*(X)) = \sup\{E_\theta(\phi(X)) : \phi \in \Phi_\alpha\} \tag{12.4}$$

für alle $\theta \in \Theta_1$ gilt. Liegt eine einfache Alternative vor, d.h. ist $\Theta_1 = \{\theta_1\}$, so heißt ein Test ϕ^* mit der obigen Eigenschaft ein trennschärfster Test.

Ein gleichmäßig trennschärfster Test hat in allen $\theta \in \Theta_1$ die maximale Macht unter allen Tests zum Niveau α. Es gibt leider nur für relativ einfache Testprobleme gleichmäßig trennschärfste Tests. Meist wird das Supremum auf der rechten Seite von (12.4) für verschiedene Werte aus Θ_1 durch verschiedene Tests angenommen und es gibt damit keinen gleichmäßig trennschärfsten Test.

In diesem Abschnitt wollen wir das einfachste Testproblem betrachten, das Testen einer einfachen Hypothese $H : \theta = \theta_0$ gegen eine einfache Alternative $A : \theta = \theta_1$. Für diesen Fall haben Neyman und Pearson den trennschärfsten Test bestimmt, d.h. den Test mit maximaler Macht bei festgelegtem Niveau α. Ihr Resultat ist auch von großer Bedeutung bei Testproblemen mit zusammengesetzter Hypothese oder Alternative. Zur Vereinfachung der Notation schreiben wir in diesem Abschnitt P_0 und P_1 anstelle von P_{θ_0} bzw. P_{θ_1}, und entsprechend für die Erwartungswerte. Weiter nehmen wir an, dass P_0 und P_1 entweder beide diskret oder beide stetig sind mit Wahrscheinlichkeitsfunktion bzw. -dichte p_0 bzw. p_1.

Satz 12.16 *(Neyman-Pearson Fundamentallemma) (i) Jeder Test der Form*

$$\phi^*(x) = \begin{cases} 1 & \text{falls} \quad p_1(x) > k\,p_0(x) \\ \gamma(x) & \text{falls} \quad p_1(x) = k\,p_0(x) \\ 0 & \text{falls} \quad p_1(x) < k\,p_0(x), \end{cases} \tag{12.5}$$

mit $k \in [0,\infty)$ und $\gamma(x) \in [0,1]$, ist für das Testproblem $H : P = P_0$ gegen $A : P = P_1$ trennschärfster Test zum eigenen Niveau $E_0(\phi^*(X))$.
(ii) Zu jedem $\alpha \in [0,1]$ gibt es einen Test $\phi : \mathcal{X} \to [0,1]$ mit $E_0(\phi(X)) = \alpha$ der Form

$$\phi(x) = \begin{cases} 1 & \text{falls} \quad p_1(x) > k\,p_0(x) \\ \gamma & \text{falls} \quad p_1(x) = k\,p_0(x) \\ 0 & \text{falls} \quad p_1(x) < k\,p_0(x), \end{cases} \tag{12.6}$$

mit $k \in [0,\infty)$ und $\gamma \in [0,1]$.

Beweis. (i) Wir führen den Beweis für den Fall, dass P_0 und P_1 stetige Verteilungen mit Dichten p_0 bzw. p_1 sind. Im diskreten Fall geht der Beweis analog, indem man die Integrale durch entsprechende Summenzeichen ersetzt.
Sei also $\phi : \mathcal{X} \to [0,1]$ ein weiterer Test zum selben Niveau $E_0(\phi^*(X))$, d.h. $E_0(\phi(X)) \leq E_0(\phi^*(X))$. Wir werden nun zeigen, dass die Macht dieses Tests nicht größer ist als die Macht des Tests ϕ^*, d.h. dass $E_1(\phi(X)) \leq E_1(\phi^*(X))$.

$$E_1(\phi^*(X)) - E_1(\phi(X))$$
$$= \int (\phi^*(x) - \phi(x))\,p_1(x)dx$$
$$= \int (\phi^*(x) - \phi(x))(p_1(x) - kp_0(x))dx + k \int (\phi^*(x) - \phi(x))p_0(x)dx$$
$$= \int (\phi^*(x) - \phi(x))(p_1(x) - kp_0(x))dx + k(E_0\phi^*(X) - E_0\phi(X)).$$

Da $k \geq 0$ und $E_0(\phi(X)) \leq E_0(\phi^*(X))$, folgt

$$E_1(\phi^*(X)) - E_1(\phi(X)) \geq \int (\phi^*(x) - \phi(x))(p_1(x) - kp_0(x))dx \geq 0.$$

Zum Beweis der letzten Ungleichung verwenden wir die Darstellung (12.5) sowie die Tatsache, dass $0 \leq \phi(x) \leq 1$. Wir unterscheiden drei Fälle, nämlich $p_1(x) - kp_0(x) > 0$, $= 0$ und < 0. Im ersten Fall ist $\phi^*(x) = 1$ und somit $\phi^*(x) - \phi(x) \geq 0$. Im zweiten Fall ist der Integrand 0. Im dritten Fall ist $\phi^*(x) = 0$ und somit $\phi^*(x) - \phi(x) \leq 0$.

(ii) Es ist $P_0(\{x : p_0(x) = 0\}) = 0$, sodass wir für die Berechnung des Niveaus annehmen dürfen, dass $p_0(x) \neq 0$. Wir definieren $L(x) := \frac{p_1(x)}{p_0(x)}$ und damit lässt sich (12.6) schreiben als

$$\phi(x) = \begin{cases} 1 & \text{falls } L(x) > k \\ \gamma & \text{falls } L(x) = k \\ 0 & \text{falls } L(x) < k. \end{cases}$$

Nun gilt

$$E_0(\phi(X)) = P_0(L(X) > k) + \gamma P_0(L(X) = k). \tag{12.7}$$

Wir müssen jetzt zeigen, dass es ein $k = k_\alpha$ und ein $\gamma = \gamma_\alpha$ gibt, sodass $P_0(L(X) > k) + \gamma P_0(L(X) = k) = \alpha$. Wir definieren dazu

$$k_\alpha := \inf\{t : P_0(L(X) \leq t) \geq 1 - \alpha\} \tag{12.8}$$

und zeigen, dass

$$P_0(L(X) > k_\alpha) \leq \alpha \leq P_0(L(X) \geq \alpha). \tag{12.9}$$

Wegen der Monotonie und Rechtsstetigkeit der Verteilungsfunktion, siehe Satz 8.5, ist $\{P_0(L(X) \leq t) \geq 1 - \alpha\}$ ein Intervall der Form $[k_\alpha, \infty)$. Also gilt $k_\alpha \in \{P_0(L(X) \leq t) \geq 1 - \alpha\}$ und $P_0(L(X) \leq k_\alpha) \geq 1 - \alpha$ und $P_0(L(X) > k_\alpha) \leq \alpha$.

Für alle $t < k_\alpha$ gilt $P_0(L(X) \leq t) < 1 - \alpha$ und somit folgt aus Satz 8.5(iii)

$$P_0(L(X) < k_\alpha) = \lim_{t < k_\alpha, t \nearrow k_\alpha} P_0(L(X) < t) \leq 1 - \alpha.$$

Also folgt $P_0(L(X) \geq k_\alpha) \geq \alpha$, sodass wir die Ungleichungskette (12.9) bewiesen haben. Wir setzen nun $\gamma_\alpha := \frac{\alpha - P_0(L(X) > k_\alpha)}{P_0(L(X) = k_\alpha)}$. Aus (12.9) folgt

$$0 \leq \alpha - P_0(L(X) > k_\alpha) \leq P_0(L(X) \geq k_\alpha) - P_0(L(X) > k_\alpha)$$
$$= P_0(L(X) = k_\alpha)$$

und damit $0 \leq \gamma_\alpha \leq 1$. Mit den so gewählten k_α und γ_α gilt nun

$$E_0(\phi(X)) = P_0(L(X) > k_\alpha) + \gamma_\alpha P_0(L(X) = k_\alpha)$$
$$= P_0(L(X) > k_\alpha) + \frac{\alpha - P_0(L(X) > k_\alpha)}{P_0(L(X) = k_\alpha)} P_0(L(X) = k_\alpha) = \alpha.$$

Also hat der hier bestimmte Test ϕ Niveau α. $\square$

Bemerkung 12.17 (i) Tests der Form (12.5) heißen Neyman-Pearson Tests.
(ii) Man kann weiter noch zeigen, dass jeder trennschärfste Test für eine einfache Hypothese gegen eine einfache Alternative ein Neyman-Pearson Test ist, d.h. dass die Umkehrung von Satz 12.16(i) gilt.
(iii) Ist $p_0(x) \neq 0$ für alle $x \in \mathcal{X}$, so können wir den Test (12.6) darstellen als

$$\phi(x) = \begin{cases} 1 & \text{falls} \quad L(x) > k \\ \gamma & \text{falls} \quad L(x) = k \\ 0 & \text{falls} \quad L(x) < k, \end{cases}$$

d.h. dieser Test verwirft für große Werte der Prüfgröße

$$L(x) := \frac{p_1(x)}{p_0(x)}. \tag{12.10}$$

$L(x)$ heißt Likelihoodquotient, und der Test (12.6) heißt Likelihoodquotiententest. Dieser unterscheidet sich von einem Neyman-Pearson Test nur dadurch, dass die Randomisierung γ auf der Menge $\{x : p_1(x) = k\,p_0(x)\}$ konstant ist.

(iv) Für Teil (ii) des Neyman-Pearson Lemmas ist von entscheidender Bedeutung, dass wir randomisierte Tests zulassen. Ohne diese Möglichkeit wird es im Allgemeinen keinen Test der Form (12.5) geben, dessen Niveau exakt gleich einem vorgegebenen α ist.

Beispiel 12.18 (i) Seien $X_1, \ldots, X_n$ unabhängige, Bernoulli(θ)-verteilte Zufallsvariablen, wobei $\theta \in [0, 1]$ unbekannt ist. Es ist also $\mathcal{X} = \{0, 1\}^n$ und

$$p_\theta(x_1, \ldots, x_n) = \prod_{i=1}^n \theta^{x_1}(1 - \theta)^{x_i} = \theta^{\sum_{i=1}^n x_i}(1 - \theta)^{n - \sum_{i=1}^n x_i},$$

siehe (4.7). Wir wollen das Testproblem

$$H : \theta = \theta_0 \text{ gegen } A : \theta = \theta_1$$

betrachten, wobei $\theta_0, \theta_1 \in [0, 1]$ zwei feste Parameterwerte sind mit $\theta_0 < \theta_1$. Der Likelihoodquotient ist in diesem Fall

$$L(x_1, \ldots, x_n) = \frac{p_{\theta_1}(x_1, \ldots, x_n)}{p_{\theta_0}(x_1, \ldots, x_n)} = \frac{\theta_1^s (1 - \theta_1)^{n-s}}{\theta_0^s (1 - \theta_0)^{n-s}},$$

wobei $s = \sum_{k=1}^n x_k$. Der Neyman-Pearson Test verwirft für große Werte der Prüfgröße $L(x_1, \ldots, x_n)$. Zur Bestimmung des kritischen Werts k und der Randomisierung γ benötigen wir eigentlich die Verteilung von $L(X_1, \ldots, X_n)$. In diesem Fall können wir jedoch eine äquivalente Prüfgröße bestimmen, deren Verteilung uns bekannt ist. Dazu schreiben wir den Likelihoodquotienten um

$$L(x_1, \ldots, x_n) = \left(\frac{\theta_1(1-\theta_0)}{\theta_0(1-\theta_1)}\right)^s \left(\frac{1-\theta_1}{1-\theta_0}\right)^n.$$

Aus $\theta_0 < \theta_1$ folgt $\frac{\theta_1(1-\theta_0)}{\theta_0(1-\theta_1)} > 1$. Somit ist $L(x_1, \ldots, x_n)$ eine strikt monoton wachsende Funktion von $s = \sum_{k=1}^{n} x_k$. Der Neyman-Pearson Test verwirft also für große Werte von $S = \sum_{k=1}^{n} X_k$, d.h. ist von der Form

$$\phi^*(X) = \begin{cases} 1 & \text{falls } S > k \\ \gamma & \text{falls } S = k \\ 0 & \text{falls } S < k. \end{cases}$$

Der kritische Wert k sowie die Randomisierung γ sind so zu wählen, dass der Test das gewünschte Niveau erhält.

(ii) Es seien $X_1, \ldots, X_n$ unabhängige $N(\mu, \sigma^2)$-verteilte Zufallsvariablen, wobei $\sigma^2 > 0$ bekannt ist und $\mu \in \mathbb{R}$ unbekannt. Wir betrachten das Testproblem

$$H : \mu = \mu_0 \text{ gegen } A : \mu = \mu_1,$$

wobei $\mu_0, \mu_1 \in \mathbb{R}$ zwei feste Parameterwerte sind mit $\mu_0 < \mu_1$. Der Likelihoodquotient ist in diesem Fall

$$L(x_1, \ldots, x_n) = \frac{p_{\mu_1}(x_1, \ldots, x_n)}{p_{\mu_0}(x_1, \ldots, x_n)} = \frac{\exp\left(-\frac{1}{2\sigma^2}\sum_{i=1}^{n}(x_i - \mu_1)^2\right)}{\exp\left(-\frac{1}{2\sigma^2}\sum_{i=1}^{n}(x_i - \mu_0)^2\right)}$$

$$= \exp\left(\frac{\mu_1 - \mu_0}{\sigma^2}\sum_{i=1}^{n} x_i + \frac{n}{2\sigma^2}(\mu_0^2 - \mu_1^2)\right).$$

Analog zu (i) stellen wir fest, dass $L(x_1, \ldots, x_n)$ wegen $\mu_0 < \mu_1$ eine strikt monoton steigende Funktion von $\sum_{i=1}^{n} x_i$ ist und damit auch von $\frac{1}{\sigma\sqrt{n}}\sum_{i=1}^{n}(x_i - \mu_0) = \frac{\sqrt{n}}{\sigma}(\bar{x} - \mu_0)$. Da die in diesem Beispiel betrachteten Zufallsvariablen eine stetige Verteilung haben, ist $P_{\mu_0}\left(\frac{\sqrt{n}}{\sigma}(\bar{X} - \mu_0) = k\right) = 0$ für jedes k, und somit können wir die Randomisierung vernachlässigen. Also lautet der Neyman-Pearson Test für das hier betrachtete Testproblem

$$\phi(X) = \begin{cases} 1 & \text{falls } \frac{\sqrt{n}}{\sigma}(\bar{X} - \mu_0) \geq k \\ 0 & \text{falls } \frac{\sqrt{n}}{\sigma}(\bar{X} - \mu_0) < k \end{cases}$$

Zu vorgegebenem Niveau α ist auch hier wieder k so zu wählen, dass der resultierende Test Niveau α hat.

Das Bestimmen eines Tests zu einem vorgegebenen Niveau α zerfällt wie in den obigen Beispielen praktisch immer in 2 Teile. Zunächst bestimmt man eine geeignete Teststatistik $T = t(X)$ mit der Maßgabe, die Hypothese für große Werte von T zu verwerfen, d.h. nur noch Tests der Form

$$\phi(X) = \begin{cases} 1 & \text{falls } T > k \\ \gamma & \text{falls } T = k \\ 0 & \text{falls } T < k \end{cases}$$

zu betrachten. Anschließend sind k und γ so zu bestimmen, dass der Test Niveau α hat, d.h. dass

$$\sup_{\theta \in \Theta_0} E_\theta \phi(X) = \alpha. \tag{12.11}$$

Im Beweis von Satz 12.16 haben wir gezeigt, wie wir (12.11) für eine einfache Hypothese lösen können. In diesem Fall sind der kritische Wert und die Randomisierung gegeben durch

$$k_\alpha = \inf\{t : P_0(T \leq t) \geq 1 - \alpha\}$$
$$\gamma_\alpha = \frac{\alpha - P_0(T > k_\alpha)}{P_0(T = k_\alpha)}.$$

Definition 12.19 *Für eine Verteilungsfunktion $F : \mathbb{R} \to [0,1]$ definieren wir die Quantilfunktion $F^{-1} : [0,1] \to [-\infty, \infty]$ durch*

$$F^{-1}(p) := \inf\{x : F(x) \geq p\}.$$

F^{-1} wird auch verallgemeinerte Inverse genannt. Der Wert $F^{-1}(p)$ heißt das p-te Quantil der Verteilung.

Bemerkung 12.20 (i) Mit dieser Definition können wir das Ergebnis der obigen Überlegungen zusammenfassen zu der Feststellung, dass der kritische Wert k_α das $(1 - \alpha)$-te Quantil der Verteilung P_{θ_0} ist.

(ii) Für stetige, strikt monoton wachsende Verteilungsfunktionen F ist $F^{-1}(p)$ die eindeutig bestimmte Lösung der Gleichung $F(x) = p$. In diesem Fall ist F^{-1} also die übliche inverse Funktion von F. Ist T eine Zufallsvariable mit einer stetigen, strikt monoton wachsenden Verteilungsfunktion, so ist $F^{-1}(p)$ die eindeutig bestimmte Lösung der Gleichung

$$P(T \leq F^{-1}(p)) = p.$$

(iii) Für Verteilungen mit einer stetigen, strikt monoton wachsenden Verteilungsfunktion F, die symmetrisch um 0 verteilt sind, gilt $F^{-1}(p) = -F^{-1}(1 - p)$. Für eine Zufallsvariable T mit dieser Verteilung gilt weiter

$$P(-F^{-1}(1 - p) \leq T \leq F^{-1}(1 - p)) = 1 - 2p$$

(iv) Für die meisten der in der Statistik verwendeten Verteilungen können wir die Quantile nicht analytisch berechnen, da bereits die Verteilungsfunktionen nicht in einer geschlossenen analytischen Form vorliegen. Wir sind daher auf numerische Verfahren oder auf die Benutzung von Tabellen angewiesen, die sich in fast allen Lehrbüchern zur Statistik finden. Als Symbol für das p-te Quantil einer Verteilung verwenden wir das Symbol der Verteilung, versehen mit dem Index p, also etwa $t_{n;p}$, $\chi^2_{n;p}$ und $F_{f,g;p}$ für das p-te Quantil der t_n-, χ^2_n- bzw. der $F_{f,g}$-Verteilung. Für das p-te Quantil der $N(0,1)$-Verteilung verwenden wir das Symbol z_p.

Die obigen Überlegungen gelten zunächst nur für den Fall einer einfachen Hypothese. In vielen Fällen mit einer zusammengesetzten Hypothese gibt es jedoch ein $\theta_0 \in \Theta_0$ mit der Eigenschaft, dass

$$P_{\theta_0}(T \geq x) = \sup_{\theta \in \Theta_0} P_\theta(T \geq x), \qquad (12.12)$$

und dann kann man den kritischen Wert und die Randomisierung noch stets nach obigem Verfahren wählen. Die Identität (12.12) gilt unter anderem in zwei Fällen, zum einen, falls die Verteilung von $T = t(X)$ für $\theta \in \Theta_0$ nicht von θ abhängt und zum anderen, falls $\Theta_0 = (-\infty, \theta_0]$ und zusätzlich $P_\theta(T \geq x)$ eine monoton steigende Funktion von θ ist.

Die Bestimmung des kritischen Wertes und der Randomisierung gehört in den Bereich der Wahrscheinlichkeitstheorie, da es hier um die Aufgabe geht, die Verteilung einer gegebenen Prüfgröße zu berechnen. Die Bestimmung einer geeigneten Prüfgröße T ist die eigentliche statistische Aufgabe. Ähnlich wie bei der Wahl eines Schätzers gibt es auch hier verschiedene Herangehensweisen. Man kann aufgrund intuitiver Argumente eine Prüfgröße finden, man kann einem allgemeinen Prinzip folgen oder schließlich Optimalitätskriterien heranziehen. Intuitive Argumente haben uns im Abschnitt 12.1 begleitet. Wesentliche Idee war es dabei, Prüfgrößen zu finden, die Abweichungen von den unter der Hypothese zu erwartenden Beobachtungen messen. Dies ist ein vages Konzept und somit ist das Ergebnis der Überlegungen auch keine eindeutige Wahl.

Es gibt ein wichtiges Testverfahren, das in vielerlei Hinsicht ein Analogon der Maximum Likelihood Methode der Schätztheorie darstellt, und das für sehr allgemeine Testprobleme angewendet werden kann. Die wesentliche Voraussetzung besteht darin, dass jede der Verteilungen P_θ eine Wahrscheinlichkeitsdichte oder -funktion p_θ hat. Als Prüfgröße für das Testproblem $H : \theta \in \Theta_0$ gegen $A : \theta \in \Theta_1$ verwendet man

$$L(x) := \frac{\sup_{\theta \in \Theta_1} p_\theta(x)}{\sup_{\theta \in \Theta_0} p_\theta(x)}.$$

Diese Prüfgröße heißt verallgemeinerter Likelihoodquotient und der Test heißt verallgemeinerter Likelihoodquotiententest. Wir werden im Rahmen dieses Buches nicht weiter auf diese Tests eingehen und bemerken nur, dass wir für einfache Hypothese und einfache Alternative den in (12.6) definierten Likelihoodquotiententest erhalten.

Übungen

Übung 12.4 Seien $X_1, \dots, X_n$ Poisson(λ)-verteilte Zufallsvariablen, wobei $\lambda \in (0, \infty)$ ein unbekannter Parameter ist. Bestimme die allgemeine Form des Likelihoodquotiententests für $H : \lambda = \lambda_0$ gegen $A : \lambda = \lambda_1$, wobei $\lambda_0 < \lambda_1$ gegebene Parameterwerte sind. Zeige weiter, dass dieser Test sich schreiben lässt als

$$\phi(X) = \begin{cases} 1 & \text{falls} & \sum_{i=1}^{n} X_i > k \\ \gamma & \text{falls} & \sum_{i=1}^{n} X_i = k \\ 0 & \text{falls} & \sum_{i=1}^{n} X_i < k. \end{cases}$$

Übung 12.5 Seien $X_1, \ldots, X_n$ $Exp(1/\theta)$-verteilte Zufallsvariablen, wobei $\theta \in (0, \infty)$ ein unbekannter Parameter ist. Bestimme die allgemeine Form des Likelihoodquotiententests für $H : \theta = \theta_0$ gegen $A : \theta = \theta_1$, wobei $\theta_0 < \theta_1$ gegebene Parameterwerte sind. Zeige weiter, dass dieser Test sich schreiben lässt als

$$\phi(X) = \begin{cases} 1 & \text{falls} & \sum_{i=1}^{n} X_i > k \\ \gamma & \text{falls} & \sum_{i=1}^{n} X_i = k \\ 0 & \text{falls} & \sum_{i=1}^{n} X_i < k. \end{cases}$$

Übung 12.6 Seien $X_1, \ldots, X_n$ $N(0, \sigma^2)$-verteilte Zufallsvariablen, wobei $\sigma \in (0, \infty)$ ein unbekannter Parameter ist. Bestimme den trennschärfsten Test für das Testproblem

$$H : \sigma^2 = 1 \text{ gegen } A : \sigma^2 = 2$$

zum Niveau 5%.

12.4 Tests bei normalverteilten Beobachtungen

In diesem Abschnitt wollen wir einige der am häufigsten verwendeten Tests bei normalverteilten Beobachtungen vorstellen. Seien $X_1, \ldots, X_n$ unabhängige, $N(\mu, \sigma^2)$-verteilte Zufallsvariablen. Dieses Modell findet Anwendung, wenn ein einzelnes Zufallsexperiment n-fach unabhängig und unter identischen Umständen wiederholt wird und die Beobachtungen bei jedem Einzelexperiment als normalverteilt angenommen werden können. Im Allgemeinen sind beide Parameter, μ und σ^2, unbekannt, sodass der Parameterraum

$$\Theta = \{(\mu, \sigma^2) : \mu \in \mathbb{R}, \sigma^2 \geq 0\} = \mathbb{R} \times (0, \infty)$$

ist. In einigen speziellen Situationen ist einer der beiden Parameter, μ oder σ^2, bekannt und dann ist der Parameterraum $(0, \infty)$ bzw. $\mathbb{R}$. Wir betrachten hier Tests zu Hypothesen über den Parameter μ, wobei wir zwei Fälle unterscheiden, je nachdem ob σ^2 bekannt ist oder nicht.

Einseitige Hypothese/Alternative über μ bei bekanntem σ^2. Wir betrachten das Testproblem

$$H : \mu \leq \mu_0 \text{ gegen } A : \mu > \mu_0.$$

Da μ der Erwartungswert unserer Zufallsvariablen ist, liegt die Idee nahe, die Abweichung des Mittelwerts $\bar{X}$ von μ_0 als Prüfgröße zu verwenden. Große Werte von $\bar{X} - \mu_0$ weisen dann auf eine Abweichung von der Hypothese in Richtung der Alternative hin. Nach Satz 11.16 hat $\bar{X} - \mu_0$ eine $N(\mu - \mu_0, \frac{\sigma^2}{n})$-Verteilung. Wir standardisieren noch zu

$$Z := \frac{\sqrt{n}}{\sigma}(\bar{X} - \mu_0),$$

und bemerken, dass Z eine $N(\frac{(\mu-\mu_0)\sqrt{n}}{\sigma}, 1)$-Verteilung hat. Zur Bestimmung des kritischen Wertes müssen wir die Gleichung $\sup_{\mu \le \mu_0} P_\mu(Z \ge z) = \alpha$ nach z auflösen. Eine kleine Schwierigkeit liegt darin, dass wir eine zusammengesetzte Hypothese haben und somit das Supremum über $P_\mu(Z \ge z)$ berechnen müssen. Wir bemerken dazu, dass $Z - \frac{(\mu-\mu_0)\sqrt{n}}{\sigma}$ eine $N(0,1)$-Verteilung hat, sodass

$$P_\mu(Z \ge z) = P_\mu\left(Z - \frac{(\mu-\mu_0)}{\sqrt{n}} \ge z - \frac{(\mu-\mu_0)}{\sqrt{n}}\right) = 1 - \Phi\left(z - \frac{(\mu-\mu_0)}{\sqrt{n}}\right),$$

wobei Φ die Verteilungsfunktion der $N(0,1)$-Verteilung ist. Also ist $P_\mu(Z \ge z)$ eine monoton steigende Funktion von μ, und somit gilt $\sup_{\mu \le \mu_0} P_\mu(Z \ge z) = P_{\mu_0}(Z \ge z) = 1 - \Phi(z)$. Dann haben wir mit

$$\phi(X) = \begin{cases} 1 & \text{falls } \frac{\sqrt{n}}{\sigma}(\bar{X} - \mu_0) \ge z_{1-\alpha} \\ 0 & \text{falls } \frac{\sqrt{n}}{\sigma}(\bar{X} - \mu_0) < z_{1-\alpha} \end{cases}$$

einen Test zum Niveau α, wobei $z_{1-\alpha}$ das $(1-\alpha)$-Quantil der $N(0,1)$-Verteilung ist. Dieser Test heißt der einseitige Gaußtest.

Zweiseitige Alternative über μ bei bekanntem σ^2. Wir betrachten das Testproblem

$$H : \mu = \mu_0 \text{ gegen } A : \mu \neq \mu_0.$$

Wir verwenden dieselbe Prüfgröße $Z = \frac{\sqrt{n}}{\sigma}(\bar{X} - \mu_0)$ wie beim einseitigen Gaußtest. Für das hier vorliegende Hypothese/Alternative Paar weisen sowohl große positive als auch große negative Werte in Richtung der Alternative, sodass wir einen zweiseitigen Test der Form

$$\phi(X) = \begin{cases} 1 & \text{falls } Z \le -k_\alpha \text{ oder } Z \ge k_\alpha \\ 0 & \text{falls } -k_\alpha < Z < k_\alpha \end{cases}$$

wählen. Damit der Test Niveau α hat, muss der kritische Wert k_α die Bedingung

$$E_{\mu_0}(\phi(X)) = P_{\mu_0}(Z \le -k_\alpha) + P_{\mu_0}(Z \ge k_\alpha) = \alpha \tag{12.13}$$

erfüllen. Wegen der Symmetrie der Normalverteilung ist $P_{\mu_0}(Z \le -k_\alpha) = P_{\mu_0}(Z \ge k_\alpha)$, sodass aus (12.13) folgt, dass $k_\alpha = z_{1-\frac{\alpha}{2}}$. Damit lautet der Test schließlich

$$\phi(X) = \begin{cases} 1 & \text{falls } \frac{\sqrt{n}}{\sigma}(\bar{X} - \mu_0) \le -z_{1-\alpha/2} \text{ oder } \frac{\sqrt{n}}{\sigma}(\bar{X} - \mu_0) \ge z_{1-\alpha/2} \\ 0 & \text{falls } -z_{1-\alpha/2} < \frac{\sqrt{n}}{\sigma}(\bar{X} - \mu_0) < z_{1-\alpha/2}. \end{cases}$$

Dieser Test heißt zweiseitiger Gaußtest.

Einseitige Hypothese/Alternative über μ bei unbekanntem σ^2. Wir betrachten das Testproblem

$$H : \mu \leq \mu_0 \text{ gegen } A : \mu > \mu_0.$$

Wenn wir zur Orientierung noch einmal den im obigen Fall einer bekannten Varianz verwendeten einseitigen Gaußtest betrachten, so erkennen wir das Problem, dass die Testgröße $\frac{\sqrt{n}}{\sigma}(\bar{X} - \mu_0)$ nicht berechnet werden kann, da nun σ^2 unbekannt ist. Es liegt nahe, in der Definition der Testgröße Z die unbekannte Varianz durch ihren Schätzer s_X^2 zu ersetzen. Dies führt uns zu der Prüfgröße

$$T := \frac{\sqrt{n}}{\sqrt{s_X^2}}(\bar{X} - \mu_0). \tag{12.14}$$

Es bleibt die Aufgabe, den kritischen Wert zu bestimmen. Dazu bedenken wir, dass T für $\mu = \mu_0$ nach Satz 11.18 eine t_{n-1}-Verteilung hat. Somit gilt $P_{(\mu_0,\sigma^2)}(T \geq t_{n-1;1-\alpha}) = \alpha$ für alle $\sigma^2 \in (0,\infty)$. Man kann weiter zeigen, dass $P_{(\mu,\sigma^2)}(T \geq t_{n-1;1-\alpha})$ eine monoton wachsende Funktion von μ ist, siehe Aufgabe 12.1. Also gilt

$$\sup_{\mu \leq \mu_0} P_{(\mu,\sigma^2)}(T \geq t_{n-1;1-\alpha}) = \alpha,$$

und somit ist ein Test zum Niveau α gegeben durch

$$\phi(X) = \begin{cases} 1 & \text{falls } \frac{\sqrt{n}}{\sqrt{s_X^2}}(\bar{X} - \mu_0) \geq t_{n-1;1-\alpha} \\ 0 & \text{falls } \frac{\sqrt{n}}{\sqrt{s_X^2}}(\bar{X} - \mu_0) < t_{n-1;1-\alpha}. \end{cases}$$

Dieser Test heißt der einseitige t-Test oder Student-t-Test.

Zweiseitige Alternative über μ bei unbekanntem σ^2. Wir betrachten das Testproblem

$$H : \mu = \mu_0 \text{ gegen } A : \mu \neq \mu_0.$$

Ganz analog zum Übergang vom einseitigen auf den zweiseitigen Gauß-test verwenden wir für dieses Testproblem wieder die in (12.14) definierte Prüfgröße für das einseitige Testproblem bei unbekannter Varianz. Wir verwerfen für große positive und für große negative Werte von T und ersetzen in dem zweiseitigen Gaußtest die z-Quantile durch die entsprechenden t-Quantile. Dann erhalten wir, dass durch

$$\phi(X) = \begin{cases} 1 & \text{falls } \frac{\sqrt{n}}{\sqrt{s_X^2}}(\bar{X} - \mu_0) \leq -t_{n-1;1-\alpha/2} \\ & \text{oder } \frac{\sqrt{n}}{\sqrt{s_X^2}}(\bar{X} - \mu_0) \geq t_{n-1;1-\alpha/2} \\ 0 & \text{falls } -t_{n-1;1-\alpha/2} < \frac{\sqrt{n}}{\sqrt{s_X^2}}(\bar{X} - \mu_0) < t_{n-1;1-\alpha/2} \end{cases} \tag{12.15}$$

ein Test zum Niveau α gegeben ist. Dieser Test heißt zweiseitiger t-Test oder Student t-Test.

Übungen

Übung 12.7 Zeige, dass die folgende Beziehung zwischen den Quantilen der $F_{f,g}$ und der $F_{g,f}$-Verteilung gilt

$$F_{f,g;p} = \frac{1}{F_{g,f;1-p}}.$$

12.5 Konfidenzbereiche

Wir knüpfen an dieser Stelle an die in Kapitel 11 behandelte Fragestellung an. Dort war ein statistisches Modell $(P_\theta)_{\theta \in \Theta}$ für die Verteilung einer Zufallsvariablen $X : \Omega \to \mathcal{X}$ gegeben sowie eine Abbildung $g : \Theta \to \Gamma$, und wir standen vor der Aufgabe, den Parameter $\gamma = g(\theta)$ zu schätzen. Mit der Definition 11.3 haben wir (Punkt-)Schätzer $t : \mathcal{X} \to \Gamma$ eingeführt und diese im weiteren Verlauf des Kapitels untersucht. Gegeben die Beobachtung $x = X(\omega)$, haben wir den Parameter $g(\theta)$ durch den Punkt $t(x) \in \Gamma$ geschätzt. Dieses Verfahren liefert einen präzisen Wert, wodurch aber nicht zum Ausdruck kommt, mit welcher Ungenauigkeit dieser Schätzwert behaftet ist. In dieser Situation helfen Bereichsschätzer, die uns zusätzlich eine Idee geben, in welchem Bereich des Parameterraums wir den wahren Parameterwert zu erwarten haben. Ziel dieses Abschnitts soll es sein, dies zu präzisieren und Verfahren zur Bestimmung von Bereichsschätzern anzugeben. Es gibt eine enge Beziehung zwischen Konfidenzbereichen und statistischen Tests, was uns veranlasst, die Theorie der Konfidenzbereiche in diesem Kapitel zu behandeln.

Definition 12.21 *Es sei $(P_\theta)_{\theta \in \Theta}$ ein statistisches Modell für die Verteilung der Zufallsvariable $X : \Omega \to \mathcal{X}$ und $g : \Theta \to \Gamma$ eine Abbildung.*
(i) Eine Abbildung C, die jeder Beobachtung $x \in \mathcal{X}$ eine Teilmenge $C(x) \subset \Gamma$ zuordnet, heißt Bereichsschätzer.
(ii) Der Bereichsschätzer C heißt $(1-\alpha)$-Konfidenzbereich für $g(\theta)$, $\alpha \in [0,1]$, wenn

$$P_\theta(g(\theta) \in C(X)) \geq 1 - \alpha \tag{12.16}$$

für alle $\theta \in \Theta$ gilt. Ist $\Gamma = \mathbb{R}$ und $C(x)$ für alle $x \in \mathcal{X}$ ein Intervall, so heißt C auch ein Konfidenzintervall.

Beispiel 12.22 (i) Seien $X_1, \ldots, X_n$ unabhängige $N(\mu, \sigma^2)$-verteilte Zufallsvariablen, wobei $\sigma^2 > 0$ bekannt und $\mu \in \mathbb{R}$ ein unbekannter Parameter ist. Wir suchen zu vorgegebenem $\alpha \in [0,1]$ ein $(1-\alpha)$-Konfidenzintervall für μ. Nach Satz 11.16(ii) hat $\sqrt{n}\frac{\bar{X}-\mu}{\sigma}$ eine $N(0,1)$-Verteilung und somit gilt mit Wahrscheinlichkeit $(1-\alpha)$, dass

$$-z_{1-\alpha/2} \leq \sqrt{n}\frac{\bar{X}-\mu}{\sigma} \leq z_{1-\alpha/2}. \tag{12.17}$$

Hier ist $z_{1-\alpha/2}$ das $(1 - \alpha/2)$-Quantil der $N(0,1)$-Verteilung, siehe Definition 12.19. Durch Umformen von (12.17) erhalten wir, dass ebenfalls mit Wahrscheinlichkeit $(1 - \alpha)$ gilt

$$\bar{X} - z_{1-\alpha/2}\frac{\sigma}{\sqrt{n}} \leq \mu \leq \bar{X} + z_{1-\alpha/2}\frac{\sigma}{\sqrt{n}}.$$

Damit definiert die Abbildung, die jeder Beobachtung $x = (x_1, \ldots, x_n)$ das Intervall $C(x) := [\bar{x} - z_{1-\alpha/2}\frac{\sigma}{\sqrt{n}}, \bar{x} + z_{1-\alpha/2}\frac{\sigma}{\sqrt{n}}]$ zuordnet, ein $(1 - \alpha)$ Konfidenzintervall für μ.

(ii) Wir betrachten dasselbe Modell wie in (i), wobei jetzt auch die Varianz unbekannt ist. Wir suchen weiterhin nur ein Konfidenzintervall für μ. Es ist naheliegend, in dieser Situation in den obigen Überlegungen die unbekannte Varianz σ^2 durch den Schätzer $s_X^2 := \frac{1}{n-1}\sum_{i=1}^{n}(X_i - \bar{X})^2$ zu ersetzen, bzw. σ durch $s_X = \sqrt{s_X^2}$. Jetzt hat $T = \sqrt{n}\frac{\bar{X}-\mu}{s_X}$ nach Satz 11.18 eine t_{n-1}-Verteilung, sodass mit Wahrscheinlichkeit $(1 - \alpha)$ gilt, dass

$$-t_{n-1;1-\alpha/2} \leq \sqrt{n}\frac{\bar{X}-\mu}{s_X} \leq t_{n-1;1-\alpha/2}, \tag{12.18}$$

wobei $t_{n-1;1-\alpha/2}$ das $(1-\alpha/2)$-Quantil der t_{n-1}-Verteilung ist. Durch Umformen von (12.18) erhalten wir, dass ebenfalls mit Wahrscheinlichkeit $(1 - \alpha)$ gilt

$$\bar{X} - \frac{s_X}{\sqrt{n}}t_{n-1;1-\alpha/2} \leq \mu \leq \bar{X} + \frac{s_X}{\sqrt{n}}t_{n-1;1-\alpha/2}.$$

Damit definiert die Abbildung, die jeder Beobachtung $x = (x_1, \ldots, x_n)$ das Intervall $C(x) := [\bar{x} - \frac{s_X}{\sqrt{n}}t_{n-1;1-\alpha/2}, \bar{x} + \frac{s_X}{\sqrt{n}}t_{n-1;1-\alpha/2}]$ zuordnet, ein $(1 - \alpha)$-Konfidenzintervall für μ.

Bemerkung 12.23 Wir wollen noch einige Überlegungen zum Verständnis der Konfidenzintervalle anschließen. Das Gebiet $C(X)$ ist eine zufällige Teilmenge von Γ, die bei jeder Ausführung des Experiments anders ist. Insbesondere wird der wahre Parameterwert $\gamma = g(\theta)$ manchmal von $C(X)$ überdeckt und manchmal nicht. Die Bedingung (12.16) garantiert, dass $g(\theta)$ mit einer Wahrscheinlichkeit mindestens $(1 - \alpha)$ in $C(X)$ liegt. Diese Überlegungen gelten vor Ausführung eines Experiments. Nach der Ausführung ist $C(x)$ ein festes Gebiet, das $g(\theta)$ entweder überdeckt oder nicht. Da wir $g(\theta)$ nicht kennen, können wir nicht entscheiden, was der Fall ist, aber es ist nicht sinnvoll, von der Wahrscheinlichkeit zu sprechen, dass $g(\theta)$ in $C(x)$ liegt.

Es gibt eine enge Beziehung zwischen Konfidenzbereichen und statistischen Tests, die wir im folgenden Satz vorstellen werden.

Satz 12.24 *Sei $(P_\theta)_{\theta\in\Theta}$ ein statistisches Modell für die Verteilung der Zufallsvariablen $X : \Omega \to \mathcal{X}$ und $g : \Theta \to \Gamma$ eine Abbildung. Für festes $\gamma \in \Gamma$*

sei $\phi_\gamma : \mathcal{X} \to \{0,1\}$ *ein nicht-randomisierter Test zum Niveau* α *für das Testproblem* $H : g(\theta) = \gamma$ *gegen* $A : g(\theta) \neq \gamma$. *Dann wird durch*

$$C(x) := \{\gamma \in \Gamma : \phi_\gamma(x) = 0\} \tag{12.19}$$

ein $(1 - \alpha)$-*Konfidenzintervall für* $g(\theta)$ *definiert.*

Beweis. Da ϕ_γ ein Test zum Niveau α ist, gilt für alle $\theta \in \Theta$, die die Hypothese $g(\theta) = \gamma$ erfüllen, dass

$$P_\theta(\phi_\gamma(X) = 1) \leq \alpha.$$

Nach der in (12.19) gegebenen Definition von C gilt $\gamma \in C(X)$ genau dann, wenn $\phi_\gamma(X) = 0$ und somit folgt

$$P_\theta(\gamma \in C(X)) = P_\theta(\phi(X) = 0) = 1 - P_\theta(\phi(X) = 1) \geq 1 - \alpha,$$

womit die Aussage des Satzes bewiesen ist. $\qquad\square$

Bemerkung 12.25 Der in (12.19) definierte Konfidenzbereich enthält für einen gegebenen Beobachtungswert x genau diejenigen $\gamma \in \Gamma$, die durch die Tests $(\phi_\gamma)_{\gamma \in \Gamma}$ nicht als mögliche Werte des Parameters $g(\theta)$ verworfen wurden. Es enthält also $C(x)$ genau die Parameterwerte $\gamma \in \Gamma$, von denen wir nicht ausschließen können, dass sie der wahre Wert von $g(\theta)$ sind.

Beispiel 12.26 Wir betrachten noch einmal dasselbe Problem wie in Beispiel 12.22 (ii), d.h. die Bestimmung eines Konfidenzbereichs für den Erwartungswert einer Normalverteilung bei unbekannter Varianz. Um das in Satz 12.24 dargestellte Verfahren anwenden zu können, benötigen wir zu jedem $\mu_0 \in \mathbb{R}$ einen Test ϕ_{μ_0} für das Testproblem $H : \mu = \mu_0$ gegen $A : \mu \neq \mu_0$. Für dieses Testproblem haben wir in (12.15) den zweiseitigen t-Test eingeführt. Dieser Test verwirft genau dann nicht, wenn

$$-t_{n-1;1-\alpha/2} \leq \sqrt{n}\frac{\bar{x} - \mu_0}{s_X} \leq t_{n-1;1-\alpha/2}. \tag{12.20}$$

Somit ist μ_0 genau dann in $C(x)$ wenn (12.20) gilt, d.h. wenn

$$\bar{x} - \frac{s_X}{\sqrt{n}}t_{n-1;1-\alpha/2} \leq \mu_0 \leq \bar{x} + \frac{s_X}{\sqrt{n}}t_{n-1;1-\alpha/2}$$

und somit wird

$$C(x) = [\bar{x} - \frac{s_X}{\sqrt{n}}t_{n-1;1-\alpha/2}, \bar{x} + \frac{s_X}{\sqrt{n}}t_{n-1;1-\alpha/2}].$$

Mit dem in Satz 12.24 dargestellten Verfahren haben wir also genau dasselbe Konfidenzintervall gefunden wie zuvor mit Hilfe von ad-hoc Ideen.

12.6 Aufgaben

Aufgabe 12.1 Seien $X : \Omega \to (0, \infty)$, $Y : \Omega \to \mathbb{R}$ zwei Zufallsvariablen und sei $a \in \mathbb{R}$ fest.
(i) Zeige , dass die durch

$$f(t) := P\left(\frac{Y + t}{X} \geq a\right)$$

definierte Funktion $f : \mathbb{R} \to \mathbb{R}$ monoton steigend ist.
(ii) Sei jetzt speziell Y eine $N(t, 1)$-verteilte Zufallsvariable. Zeige, dass $f(t) := P(\frac{Y}{X} \geq a)$ eine monoton steigende Funktion definiert.

Aufgabe 12.2 Gegeben sei ein statistisches Modell $(P_\theta)_{\theta \in \{0,1\}}$ für die Verteilung der Zufallsvariable X sowie das Testproblem $H : P = P_0$ gegen $A : P = P_1$. Weiter seien beide Verteilungen, P_0 und P_1 entweder diskret oder stetig. Bestimme den Test $\phi : \mathcal{X} \to \{0, 1\}$, der die Summe der beiden Fehlerwahrscheinlichkeiten, also

$$P_0(\phi(X) = 1) + P_1(\phi(X) = 0)$$

minimiert.

13. Der Poisson-Prozess

In diesem Kapitel knüpfen wir an die Bemerkungen zur Bedeutung der Poisson-Verteilung in Abschnitt 4.3 und an das erste Kennenlernen von stochastischen Prozessen beim Galton-Watson Prozess in Abschnitt 7.2 an. Wir werden den Poisson-Prozess definieren, das wichtigste Modell zur Beschreibung zufälliger, in Zeit oder Raum gleichmäßig verteilter Ereignisse. Wir können dabei denken an Zeitpunkte, zu denen Versicherungsschäden eintreten bzw. Telefongespräche in einer Zentrale eintreffen oder an Orte, an denen eine seltene Pflanze wächst bzw. eine bestimmte Vogelart brütet.

13.1 Ein Modell für Schadensfälle

Eine Versicherungsgesellschaft hat über viele Jahre Aufzeichnungen gemacht über die Zeitpunkte, zu denen Schadensfälle gemeldet worden sind, siehe Abb. 13.1. Nun fragt die Versicherungsgesellschaft nach einem passenden ma-

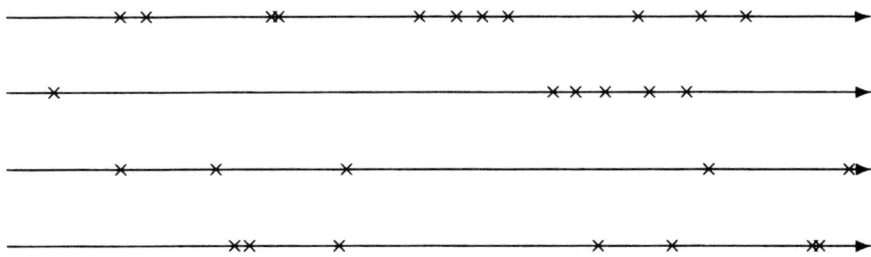

Abb. 13.1. Zeitpunkte des Eintretens von Schadensfällen in 4 aufeinanderfolgenden Jahren

thematischen Modell, mit dessen Hilfe sie die Anzahl der zu bearbeitenden Schäden im nächsten Quartal abschätzen kann. In dem Modell können aufgrund der langjährigen Erfahrungen der Versicherungsgesellschaft folgende Tatsachen als gegeben angenommen werden.

1. Die Meldungen erfolgen nacheinander, d.h. zu einem Zeitpunkt kann es nur maximal einen Schadensfall geben.
2. Die gemeldeten Schadensfälle sind unabhängig voneinander, d.h. die Gesamtzahlen der gemeldeten Schadensfälle in disjunkten Zeitintervallen sind unabhängig.
3. Die Meldungen der Schadensfälle sind gleichmäßig in der Zeit verteilt, d.h. die mittlere Anzahl Schadensfälle in einem Zeitintervall ist proportional zur Länge des Zeitintervalls. Durchschnittlich werden täglich λ Schadensfälle gemeldet.

Wenn wir nun das Eintreten der Schadensfälle modellieren wollen, so liegt die Idee nahe, dazu einen zeitstetigen Prozess $(X_t)_{t \in \mathbb{R}^+}$ unabhängiger, Bernoulliverteilter Zufallsvariablen zu verwenden, wobei $X_t = 1$ bedeutet, dass zum Zeitpunkt t ein Schadensfall eintritt und $X_t = 0$, dass zum Zeitpunkt t kein Schadensfall eintritt. Dabei ergibt sich jedoch ein ähnliches Problem, wie wir es schon beim Übergang von diskreten zu stetigen Verteilungen kennengelernt haben. In diesem Modell könnte nur $p = P(X_t = 1) = 0$ gewählt werden, da es für $p = P(X_t = 1) > 0$ bereits in jedem endlichen Zeitintervall unendlich viele Schadensfälle gäbe. Dass zu jedem festen Zeitpunkt t die Wahrscheinlichkeit, dass dann ein Schadensfall eintritt, gleich 0 ist, d.h. $P(X_t = 1) = 0$, steht nicht im Widerspruch zu $P(\{\text{es gibt ein } t \in (a, b] \text{ mit } X_t = 1\}) > 0$. Wegen der Überabzählbarkeit des Zeitintervalls $(a, b]$ findet hier das Kolmogorov'sche Additivitätsaxiom keine Anwendung. So wie die Verteilung einer stetigen Zufallsvariablen nicht durch die Angabe der Wahrscheinlichkeiten $P(X = x)$ beschrieben werden kann, so kann das Modell für die Zeitpunkte der Schadensfälle nicht durch $P(X_t = 1)$ beschrieben werden.

Obwohl ein zeitstetiger Prozess unabhängiger, Bernoulli-verteilter Zufallsvariablen als mathematisches Objekt nicht existiert, gibt dieses Bild doch eine brauchbare Vorstellung. Als ersten Schritt zu einem mathematischen Modell stellen wir jetzt eine Approximation vor, wobei wir annehmen, dass Schadensfälle nur zu diskreten Zeitpunkten eintreten können.

Definition 13.1 *Eine Folge unabhängiger, Bernoulli(p)-verteilter Zufallsvariablen $(X_t)_{t \in T}$ auf einer abzählbaren Indexmenge T heißt ein Bernoulli-Prozess.*

Bei festem $n \in \mathbb{N}$ betrachten wir nun einen Bernoulli-Prozess auf der Indexmenge $T^{(n)} := \{\frac{i}{n} : i \in \mathbb{N}\}$. In Abb. 13.2 ist eine Realisierung eines Bernoulli-Prozesses für $n = 4$ und $p = 0.5$ dargestellt. Die Kreuzchen auf der Zeitachse geben jeweils die Zeitpunkte der Schadensfälle an. Hier wird also 4-mal in jeder Zeiteinheit eine Münze geworfen, die entscheidet, ob zu diesem Zeitpunkt ein Schadensfall eintritt.

Für einen Bernoulli-Prozess lässt sich die Gesamtzahl der Schadensfälle $N^{(n)}(I)$ in einem Zeitintervall $I = [a, b]$ berechnen als die Anzahl der ‚Erfolge' der Bernoulli-Experimente, die zu den Zeitpunkten $s_i = \frac{i}{n}$ in I ausgeführt werden,

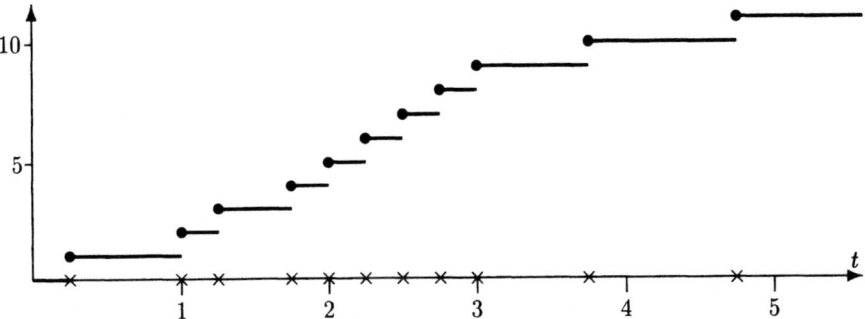

Abb. 13.2. Bernoulli-Prozess und zugehöriger Zählprozess bei $n = 4$, $p = 0.5$

$$N^{(n)}(I) = \sum_{s \in I} X^{(n)}_{s_i} = \sum_{i=[na]+1}^{[nb]} X^{(n)}_{\frac{i}{n}}.$$

Aus der Unabhängigkeit der Zufallsvariablen $X^{(n)}_{\frac{i}{n}}$ folgt, dass die Gesamtzahl $N^{(n)}(I)$ eine $Bin([nb] - [na], p)$ Verteilung hat. Die erwartete Anzahl Schadensfälle pro Zeiteinheit ist dann $E(N^{(n)}[0,1]) = np$ und aus der 3. Modellannahme folgt $p = \frac{\lambda}{n}$. In der Tatsache, dass die Gesamtzahlen der Schadensfälle in disjunkten Intervallen unabhängige Zufallsvariablen sind, spiegelt sich die 2. Modellannahme wider. Der Bernoulli-Prozess erfüllt den ersten Teil der 3. Annahme jedoch nicht. Der Prozess ist nicht zeithomogen, weil in den Intervallen $(\frac{i-1}{n}, \frac{i}{n})$ keine Schadensfälle eintreten können. Bei großem Wert von n wird dies aber kein praktisches Problem sein, da im Alltag die Zeitpunkte nicht so genau festgestellt werden.

Wir interessieren uns nun besonders für große Werte von n und den Grenzübergang $n \to \infty$. Für den Bernoulli-Prozess $(X^{(n)}_{\frac{i}{n}})_{i \in \mathbb{N}}$ gibt es aus den oben aufgeführten Gründen keinen sinnvollen Grenzwert. Daher führen wir an dieser Stelle den zugehörigen Zählprozess $(N^{(n)}_t)_{t \in \mathbb{R}^+}$ ein durch

$$N^{(n)}_t := \left| \left\{ \frac{i}{n} \in (0, t] : X^{(n)}_{\frac{i}{n}} = 1 \right\} \right|.$$

Dieser Bernoulli-Zählprozess erfasst für jedes $t \in \mathbb{R}$ die Gesamtzahl der Schadensfälle, die bis zu diesem Zeitpunkt eingetreten sind. Wir können den Bernoulli-Prozess mit Hilfe der Sprungzeiten des Bernoulli-Zählprozesses wieder zurückgewinnen, siehe Abb. 13.2. Für ein Intervall $(a, b]$ ist die Anzahl der Schadensfälle gegeben durch $N^{(n)}_b - N^{(n)}_a$, und es gelten folgende Aussagen für den Bernoulli-Zählprozess $(N^{(n)}_t)_{t \in \mathbb{R}^+}$.

1. $N^{(n)}_t$ hat für alle $t \in \mathbb{R}^+$ nicht-negative ganzzahlige Werte und $N^{(n)}_0 = 0$. Die Funktion $t \mapsto N^{(n)}_t$ ist monoton steigend, rechtsstetig und es gilt $\Delta N^{(n)}_t := N^{(n)}_t - N^{(n)}_{t-} \in \{0, 1\}$.

2. Für $0 = t_0 \leq t_1 \leq \ldots \leq t_k$ sind die Zuwächse $N_{t_i}^{(n)} - N_{t_{i-1}}^{(n)}$, $i = 1, \ldots, k$, unabhängige Zufallsvariablen.

3. Für $0 \leq a < b < \infty$ hat $N_b^{(n)} - N_a^{(n)}$ eine $Bin(([nb]-[na]), \frac{\lambda}{n})$-Verteilung.

Nun gilt für den Grenzübergang $\lim_{n \to \infty}([nb] - [na])\frac{\lambda}{n} = \lambda(b - a)$, und damit sind alle Voraussetzungen des Poisson-Grenzwertsatzes, Satz 4.8, erfüllt. Also konvergiert die Verteilung des Zuwachses $N_b^{(n)} - N_a^{(n)}$ gegen eine Poisson($\lambda(b - a)$)-Verteilung. Diese Überlegungen können hinführen zu einem Konvergenzbegriff, der beschreibt, dass der obige Zählprozess $(N_t^{(n)})_{t \in \mathbb{R}^+}$ für große n gegen einen Prozess $(N_t)_{t \in \mathbb{R}^+}$ konvergiert, dessen Zuwächse unabhängige, Poisson-verteilte Zufallsvariablen sind. Wir geben hier aber stattdessen einen axiomatischen Zugang und definieren, motiviert durch die obige Herleitung.

Definition 13.2 *Ein stochastischer Prozess $(N_t)_{t \in \mathbb{R}^+}$ heißt Poisson-Prozess, wenn folgende Eigenschaften erfüllt sind*

1. *N_t hat für alle $t \in \mathbb{R}^+$ nicht-negative ganzzahlige Werte und $N_0 = 0$. Die Funktion $t \mapsto N_t$ ist monoton steigend, rechtsstetig und $\Delta N_t = N_t - N_{t-} \in \{0, 1\}$.*
2. *Für $0 = t_0 \leq t_1 \leq \ldots \leq t_k$ sind die Zuwächse $N_{t_i} - N_{t_{i-1}}$, $i = 1, \ldots, k$, unabhängige Zufallsvariablen.*
3. *Für $0 \leq a < b < \infty$ hat $N_b - N_a$ eine Poisson($\lambda(b - a)$)-Verteilung.*

Der Parameter λ heißt Intensitätsparameter, oder Intensität, des Poisson-Prozesses.

Wir verwenden Poisson-Prozesse oft zur Beschreibung zufälliger, in der Zeit gleichmäßig verteilter Ereignisse. Neben den genannten Schadensfällen bei einer Versicherungsgesellschaft sind Beispiele die ankommenden Telefongespräche in einer Telefonzentrale bzw. der Auskunft oder das Eintreffen neuer Kunden an der Supermarktkasse.

Übungen

Übung 13.1 Es sei $(N_t)_{t \in [0,10]}$ ein Poisson-Prozess mit Intensität $\lambda = 1$. Mit $X_1, \ldots, X_{10}$ bezeichnen wir die Anzahl der Ereignisse in den disjunkten Zeitintervallen $(0, 1], (1, 2], \ldots, (9, 10]$. Bestimme die Verteilung von $M = \max(X_1, \ldots, X_{10})$. Bestimme die Wahrscheinlichkeit, dass $X_1 = 4$ und dass $M = 4$.

Übung 13.2 Es sei $(N_t)_{t \in [0,10]}$ ein Poisson-Prozess mit Intensität $\lambda = 1$. Wir bezeichnen mit X die Anzahl der Intervalle der Form $(i - 1, i]$, $1 \leq i \leq 10$, in denen kein Ereignis eintritt. Bestimme die Verteilung von X und berechne EX.

13.2 Die Verteilung der Sprungzeiten

Wir können einen Poisson-Prozess eindeutig durch den zugehörigen Zählprozess $(N_t)_{t \in \mathbb{R}^+}$ beschreiben und ebenso durch die Folge $(T_k)_{k \in \mathbb{N}}$ der Zeitpunkte

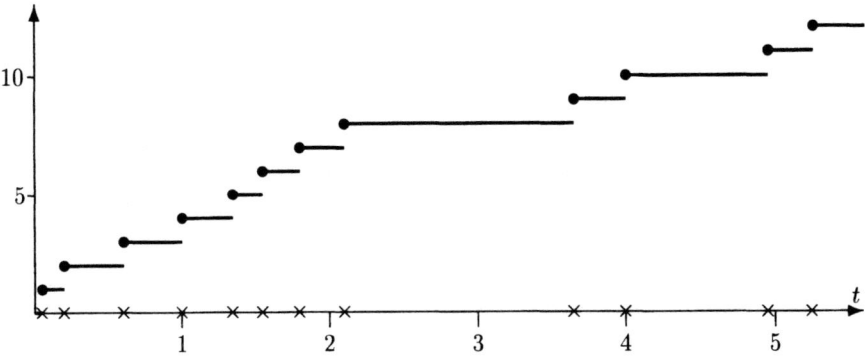

Abb. 13.3. Realisierung eines Poisson-Prozesses

$T_1, T_2, \ldots$, an denen der Zählprozess Sprünge macht. Diese Sprungzeiten sind genau die Zeitpunkte, zu denen ein Ereignis eintritt, siehe Abb. 13.3. Formell können wir $T_k, k = 1, 2, \ldots$, definieren als Wartezeit bis zum k-ten Sprung

$$T_k := \inf\{t \in \mathbb{R}^+ : N_t \geq k\}.$$

In diesem Abschnitt werden wir uns nun mit der gemeinsamen Verteilung der Folge $(T_k)_{k \in \mathbb{N}}$ beschäftigen und bestimmen dazu zunächst die marginalen Verteilungen.

Satz 13.3 *Sei $(N_t)_{t \in \mathbb{R}^+}$ ein Poisson-Prozess und $(T_k)_{k \in \mathbb{N}}$ die zugehörige Folge der Sprungzeiten. Dann hat für jedes $k \in \mathbb{N}$ die Zufallsvariable T_k eine Gamma(k, λ)-Verteilung.*

Beweis. Wir bestimmen zunächst die Verteilungsfunktion von T_k. Für $t \leq 0$ gilt $P(T_k \leq t) = 0$. Für $t > 0$ gilt $T_k \leq t$, d.h. das k-te Ereignis tritt genau dann vor dem Zeitpunkt t ein, wenn $N_t \geq k$. Also hat N_t gemäß Definition 13.2(*3.*) eine Poisson(λt)-Verteilung, und es gilt

$$P(T_k \leq t) = P(N_t \geq k) = \sum_{j=k}^{\infty} e^{-\lambda t} \frac{(\lambda t)^j}{j!}.$$

Damit ist die Verteilungsfunktion von T_k stetig und, außer in $t = 0$, stetig differenzierbar. Also existiert nach Satz 8.7 die Dichte und lässt sich für $t \geq 0$ wie folgt bestimmen

$$\begin{aligned}
f_k(t) = \frac{d}{dt} P(T_k \leq t) &= \sum_{j=k}^{\infty} \left((-\lambda) e^{-\lambda t} \frac{(\lambda t)^j}{j!} + e^{-\lambda t} \lambda^j \frac{t^{j-1}}{(j-1)!} \right) \\
&= \lambda e^{-\lambda t} \sum_{j=k}^{\infty} \left(\frac{(\lambda t)^{j-1}}{(j-1)!} - \frac{(\lambda t)^j}{j!} \right) \\
&= \lambda e^{-\lambda t} \frac{(\lambda t)^{k-1}}{(k-1)!} = \frac{\lambda^k}{(k-1)!} t^{k-1} e^{-\lambda t}.
\end{aligned}$$

Für $t \leq 0$ gilt $f_k(t) = 0$ und so ist $f_k(t)$ die Dichte einer $Gamma(k, \lambda)$-Verteilung, denn es ist $\Gamma(k) = (k-1)!$.   □

Die Wartezeit bis zum Auftreten des k-ten Ereignisses in einem Poisson-Prozess hat also eine $Gamma(k, \lambda)$-Verteilung und so gilt insbesondere, dass die Wartezeit bis zum Eintreten des ersten Ereignisses eine $Exp(\lambda)$-Verteilung hat. Wir haben den Poisson-Prozess eingeführt als stetiges Analogon des Bernoulli-Prozesses, und in diesem Sinne sind die exponentielle und die Gamma-Verteilung stetige Analoga zur geometrischen bzw. negativbinomialen Verteilung, von denen wir in Übung 6.8 gezeigt haben, dass sie als Verteilungen der Wartezeiten in einem Bernoulli-Prozess eintreten.

Dass die exponentielle und die Gamma-Verteilung als Wartezeit bis zum ersten bzw. k-ten Ereignis in einem Poisson-Prozess auftreten, weist noch auf einen tieferen Zusammenhang hin. Im folgenden Satz werden wir zeigen, dass die Wartezeiten zwischen je zwei Ereignissen unabhängige, $Exp(\lambda)$-verteilte Zufallsvariablen sind. Damit lässt sich T_k als Summe der k unabhängigen Zwischenwartezeiten $T_i - T_{i-1}$, $i = 1, \ldots, k$, schreiben und hat eine $Gamma(k, \lambda)$-Verteilung, siehe Beispiel 9.14.

Satz 13.4 *Sei $(N_t)_{t \in \mathbb{R}^+}$ ein Poisson-Prozess und $(T_k)_{k \in \mathbb{N}}$ die zugehörige Folge der Sprungzeiten. Dann sind die Wartezeiten zwischen dem Eintreten zweier Ereignisse, also $T_1, T_2 - T_1, T_3 - T_2, \ldots$, unabhängige, $Exp(\lambda)$-verteilte Zufallsvariablen.*

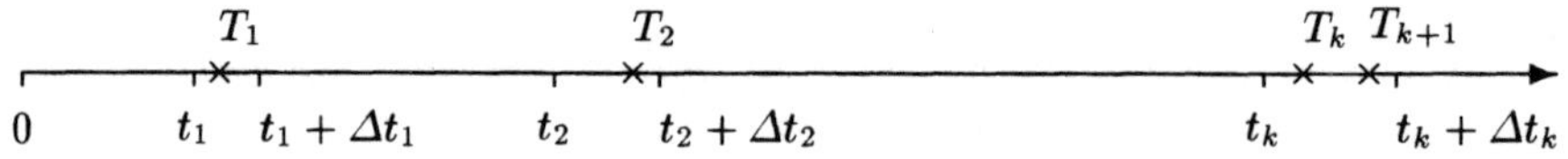

Abb. 13.4. $t_1 < T_1 \leq t_1 + \Delta t_1, t_2 < T_2 \leq t_2 + \Delta t_2, \ldots, t_k < T_k \leq t_k + \Delta t_k$

Beweis. Wir bestimmen zunächst die gemeinsame Dichte $f(t_1, \ldots, t_k)$ der Sprungzeiten $T_1, \ldots, T_k$. Aus $0 < T_1 < \ldots < T_k$ folgt, dass $f(t_1, \ldots, t_k)$ stets 0 ist, außer für $0 < t_1 < \ldots < t_k$. Wir betrachten jetzt $t_1, \ldots, t_k$ mit $0 < t_1 < \ldots < t_k$ und wählen $\Delta t_i \in \mathbb{R}^+$ so klein, dass

$$t_i + \Delta t_i \leq t_{i+1} \quad \text{für } i = 1, \ldots, k-1.$$

Dann gelten die Ungleichungen

$$t_1 < T_1 \leq t_1 + \Delta t_1, \ldots, t_k < T_k \leq t_k + \Delta t_k$$

genau dann, wenn keine Ereignisse in den Intervallen $(0, t_1], (t_1 + \Delta t_1, t_2], \ldots$, $(t_{k-1} + \Delta t_{k-1}, t_k]$ eintreten, jeweils genau ein Ereignis in den Intervallen

$(t_1, t_1 + \Delta t_1], \dots, (t_{k-1}, t_{k-1} + \Delta t_{k-1}]$ und mindestens ein Ereignis im Intervall $(t_k, t_k + \Delta t_k]$. Die entsprechende Wahrscheinlichkeit ist

$$
\begin{aligned}
P(t_1 &< T_1 \leq t_1 + \Delta t_1, \dots, t_k < T_k \leq t_k + \Delta t_k) \\
&= e^{-\lambda t_1} e^{-\lambda(t_2 - t_1 - \Delta t_1)} \cdots e^{-\lambda(t_k - t_{k-1} - \Delta t_{k-1})} \\
&\quad \cdot \lambda \Delta t_1 e^{-\lambda \Delta t_1} \cdots \lambda \Delta t_{k-1} e^{-\lambda \Delta t_{k-1}} (1 - e^{-\lambda \Delta t_k}) \\
&= e^{-\lambda(t_k + \Delta t_k)} \lambda^k \Delta t_1 \cdots \Delta t_k \frac{1 - e^{-\lambda \Delta t_k}}{\lambda \Delta t_k}.
\end{aligned}
$$

Wir teilen jetzt durch $\Delta t_1 \cdots \Delta t_k$, machen den Grenzübergang Δt_i gegen 0 und erhalten mit Hilfe von (9.2)

$$
f_T(t_1, \dots, t_k) = \lambda^k e^{-\lambda t_k} 1_{\{0 \leq t_1 < \dots < t_k\}}
$$

als gemeinsame Dichte von $T_1, \dots, T_k$. Die gemeinsame Dichte der Zwischenwartezeiten $S_1 := T_1, S_2 := T_2 - T_1, \dots, S_k := T_k - T_{k-1}$ bestimmen wir hieraus mit Hilfe der Transformationsformel für gemeinsame Dichten, Satz 9.5. Es ist $T_i = S_1 + \dots + S_i$, und somit hat die Jacobimatrix Halbdiagonalform mit 1-en auf der Diagonalen und Determinante 1. Wir erhalten also

$$
\begin{aligned}
f_S(s_1, \dots, s_k) &= f_T(s_1, s_1 + s_2, \dots, s_1 + \dots + s_k) \\
&= \lambda^k e^{-\lambda(s_1 + \dots + s_k)} 1_{\{0 \leq s_1 < s_1 + s_2 < \dots < s_1 + \dots + s_k\}} \\
&= \lambda e^{-\lambda s_1} 1_{[0,\infty)}(s_1) \cdots \lambda e^{-\lambda s_k} 1_{[0,\infty)}(s_k).
\end{aligned}
$$

An der Produktgestalt der gemeinsamen Dichte erkennen wir mit Satz 9.11, dass $S_1, \dots, S_k$ stochastisch unabhängig und $Exp(\lambda)$-verteilt sind. $\square$

Die Aussage des obigen Satzes können wir aus der sogenannten Erneuerungseigenschaft des Poisson-Prozesses verstehen. Bei jedem Ereignis startet der Poisson-Prozess wieder von neuem, unabhängig von allem was sich zuvor ereignet hat. Die Wartezeit auf das nächste Ereignis ist damit genauso verteilt wie die auf das erste Ereignis und unabhängig von den vorhergehenden Wartezeiten. Da der Poisson-Prozess $(N_t)_{t \in \mathbb{R}^+}$ und die Zwischenwartezeiten $T_1, T_2 - T_1, T_3 - T_2, \dots$ einander eindeutig bestimmen, können wir einen Poisson-Prozess simulieren, indem wir unabhängige, exponentiell verteilte Zufallsvariablen $S_1, S_2, \dots$ nehmen und dann $S_1, S_1 + S_2, S_1 + S_2 + S_3, \dots$ als Sprungzeiten des Zählprozesses $(N_t)_{t \in \mathbb{R}^+}$ verwenden.

Übungen

Übung 13.3 Die Lebensdauer einer Glühlampe sei $Exp(\lambda)$-verteilt. Jedesmal wenn eine Glühlampe defekt ist, wird sie sofort durch eine neue Lampe ersetzt. Bestimme die Verteilung der Anzahl der Lampen, die bis zum Zeitpunkt t benötigt werden.

13.3 Das Inspektionsparadoxon

Die Abfahrtszeiten der U-Bahn, mit der wir alle täglich zur Universität fahren können, wollen wir als Poisson-Prozess betrachten. Dies ist, wie wir am Ende von Abschnitt 11.2. bemerkt haben, gleichbedeutend damit, dass die Zeiten zwischen den Abfahrzeiten zweier aufeinanderfolgender U-Bahnen unabhängig und exponentiell verteilt sind. Wir fragen nun für die Fahrgäste, die stets um 8.00 Uhr zur Haltestelle kommen und die nächste U-Bahn nehmen wollen, nach der Verteilung und dem Erwartungswert ihrer Wartezeit.

Wir nehmen an, dass zwischen 24.00 Uhr und 4.00 Uhr keine U-Bahn fährt, sodass der Poisson-Prozess jeweils um 4.00 Uhr neu beginnt. Die erste U-Bahn am Morgen fährt dann ebenfalls nach Ablauf einer Wartezeit, die exponentiell verteilt ist. Macht es nun einen Unterschied für die Wartezeit, ob wir um 4.00 Uhr oder um 8.00 Uhr an die Haltestelle kommen? Erste Überlegungen führen uns zu zwei sich widersprechenden Antworten.

- Die Wartezeit um 8.00 Uhr muss kürzer sein, weil wir im Durchschnitt genau in der Mitte zwischen zwei Abfahrtszeiten an der Haltestelle eintreffen und dann nur noch die halbe Zwischenzeit warten müssen.

- Die Wartezeit um 8.00 Uhr hat dieselbe Verteilung wie die Wartezeit um 4.00 Uhr, da die exponentielle Verteilung gedächtnislos ist, d.h. sie erinnert sich nicht daran, wieviel Zeit seit der Abfahrt der letzten U-Bahn vergangen ist.

Die weiteren Überlegungen werden uns zeigen, welche Teile der Antworten sich auch im Modell wiederfinden und welche wichtige Tatsache zur Auflösung des Widerspruchs führt. Die Verteilung der Wartezeiten zwischen den Abfahrtszeiten zweier U-Bahnen ist unterschiedlich, je nachdem ob wir die Wartezeit zwischen der Abfahrt der letzten U-Bahn vor 8.00 Uhr und der ersten nach 8.00 Uhr betrachten oder die Wartezeit etwa zwischen der 20-ten und der 21-ten U-Bahn. Lange Zwischenzeiten haben eine größere Wahrscheinlichkeit wahrgenommen zu werden. Dies ist der gleiche Effekt, den wir bereits bei der Betrachtung der längenproportional verzerrten Stichproben im Abschnitt über geometrische Wahrscheinlichkeiten untersucht haben.

Sei nun $(N_t)_{t \in \mathbb{R}^+}$ ein Poisson-Prozess mit Intensität λ und $(T_k)_{k \in \mathbb{N}}$ die zugehörige Folge der Sprungzeiten. Für einen fest gewählten Zeitpunkt t_0 bezeichnen wir mit $T_{k(t_0)}$ den ersten Sprung nach dem Zeitpunkt t_0, d.h. $k(t_0) := \min\{k : T_k \geq t_0\}$. Weiter definieren wir die Zufallsvariablen $U_{t_0} := t_0 - T_{k(t_0)-1}$ und $V_{t_0} := T_{k(t_0)} - t_0$, wobei wir $T_0 = 0$ setzen. Im Beispiel des U-Bahnbetriebs ist dann V_{t_0} die Wartezeit bis zur nächstfolgenden Abfahrt der U-Bahn und U_{t_0} die Zeit seit der letzten Abfahrt bzw. seit $t = 0$, wenn es noch keine Abfahrt gegeben hat. In einem anderen Zusammenhang, wenn etwa T_k die Erneuerungszeiten einer Glühlampe sind, heißt U_{t_0} die verstrichene Lebensdauer und V_{t_0} die verbliebene Lebensdauer.

Lemma 13.5 *U_{t_0} und V_{t_0} sind unabhängige Zufallsvariablen. V_{t_0} hat eine Exp(λ)-Verteilung und U_{t_0} hat die Verteilungsfunktion*

$$F_{t_0}(u) = \begin{cases} 0 & \text{für } u \leq 0 \\ 1 - e^{-\lambda u} & \text{für } 0 < u < t_0 \\ 1 & \text{für } u \geq t_0. \end{cases}$$

Beweis. Wir bestimmen zunächst die gemeinsame Verteilungsfunktion der Zufallsvariablen U_{t_0} und V_{t_0}, d.h. $P(U_{t_0} \leq u, V_{t_0} \leq v)$, und unterscheiden dabei die Fälle $u < t_0$ und $u \geq t_0$. Für $0 < u < t_0$ gilt $U_{t_0} \leq u$ genau dann, wenn es in $[t_0 - u, t_0]$ mindestens eine Sprungzeit des Poisson-Prozesses gibt, d.h. wenn $N_{t_0-u} - N_{t_0} \geq 1$. Für $u \geq t_0$ gilt stets $U_{t_0} \leq u$, da $U_{t_0} \leq t_0$. Weiter gilt $V_{t_0} \leq v$ genau dann, wenn $N_{t_0+v} - N_{t_0} \geq 1$. Da gemäß der Definition des Poisson-Prozesses die Ereignisse in disjunkten Zeitintervallen unabhängig sind, folgt für $0 \leq u < t_0$

$$\begin{aligned} P(U_{t_0} \leq u, V_{t_0} \leq v) &= P(N_{t_0} - N_{t_0-u} \geq 1)P(N_{t_0+v} - N_{t_0} \geq 1) \\ &= (1 - e^{-\lambda u})(1 - e^{-\lambda v}), \end{aligned}$$

und für $u \geq t_0$

$$P(U_{t_0} \leq u, V_{t_0} \leq v) = P(V_{t_0} \leq v) = 1 - e^{-\lambda v}.$$

Beide Fälle können wir zusammenfassen zu

$$P(U_{t_0} \leq u, V_{t_0} \leq v) = [(1 - e^{-\lambda u})1_{[0,t_0)}(u) + 1_{[t_0,\infty)}(u)](1 - e^{-\lambda v}).$$

An dieser Produktdarstellung der gemeinsamen Verteilungsfunktion erkennen wir, dass U_{t_0} und V_{t_0} unabhängig sind, dass V_{t_0} eine exponentielle Verteilung hat und dass U_{t_0} die im Lemma angegebene Verteilungsfunktion besitzt; siehe Übung 9.2. □

Die Unstetigkeit in der Verteilungsfunktion von U_{t_0} entspricht der Tatsache, dass wir zum Zeitpunkt t_0 mit positiver Wahrscheinlichkeit noch stets auf die erste U-Bahn warten. Es ist $U_{t_0} = t_0$ gleichbedeutend mit $N_{t_0} = 0$, und somit gilt gemäß der Definition des Poisson-Prozesses, dass $P(U_{t_0} = t_0) = P(N_{t_0} = 0) = e^{-\lambda t_0}$. Das obige Lemma liefert dieselbe Aussage, da die Sprunghöhe der Verteilungsfunktion im Punkt t_0 gleich $1 - (1 - e^{-\lambda t_0}) = e^{-\lambda t_0}$ ist. So ist also U_{t_0} eine Zufallsvariable, deren Verteilung weder diskret noch stetig ist.

Für $t \to \infty$ konvergiert die Verteilung von U_t gegen eine $Exp(\lambda)$-Verteilung in dem Sinne, dass für alle $u \geq 0$

$$\lim_{t \to \infty} P(U_t \leq u) \to 1 - e^{-\lambda u}.$$

Da V_t ebenfalls exponentiell verteilt und unabhängig von U_t ist, hat die wahrgenommene Zwischenzeit $U_t + V_t$ im Limes also eine $Gamma(2, \lambda)$-Verteilung mit Erwartungswert $\frac{2}{\lambda}$. In dieser Tatsache liegt die Auflösung des Widerspruchs zwischen den beiden Antworten auf die Frage nach der Wartezeit des um 8:00 Uhr bei der U-Bahnhaltestelle eintreffenden Fahrgastes. Bei der ersten Antwort fehlte die Überlegung, dass die um 8:00 Uhr wahrgenommene Wartezeit im Mittel doppelt so lang ist wie die Wartezeit bis zur Abfahrt der ersten U-Bahn.

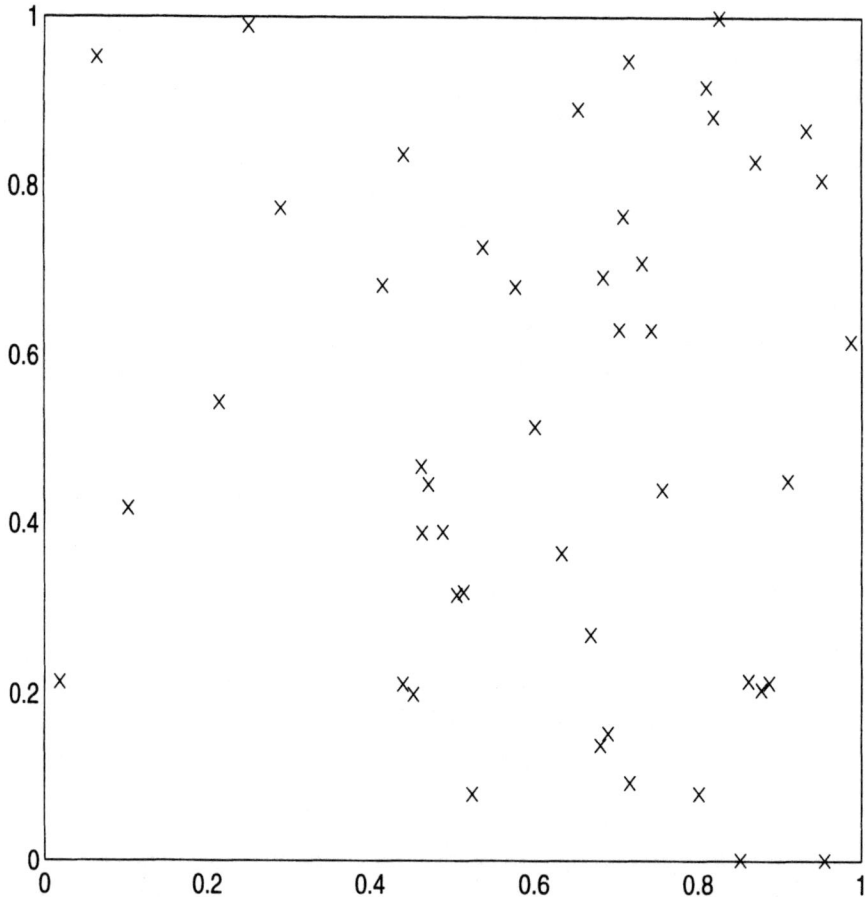

Abb. 13.5. Ausschnitt aus einem homogenen Poisson-Prozess in der Ebene

13.4 Der Poisson-Prozess als Punktprozess

Wir haben bislang zwei Beschreibungen eines Poisson-Prozesses kennengelernt, einmal durch den Zählprozess $(N_t)_{t\in\mathbb{R}^+}$, der angibt, wieviele Ereignisse in jedem der Intervalle $(0, t]$ auftreten, und dann über die Folge $(S_k)_{k\in\mathbb{N}}$ der Wartezeiten zwischen je zwei Ereignissen. In diesem Abschnitt stellen wir noch eine dritte Möglichkeit vor, deren besondere Bedeutung darin besteht, dass sie eine Verallgemeinerung auf mehrdimensionale Poisson-Prozesse ermöglicht.

Eine Menge von Punkten in $\mathbb{R}^+$ können wir auch als Massenverteilung auffassen, indem wir jedem Punkt die Masse 1 zuordnen. In natürlicher Weise kann diese Verteilung beschrieben werden durch die Anzahl $n(A)$ der Punkte, die in jeder messbaren Menge $A \subset \mathbb{R}^+$ liegen. Werden die Punkte in $\mathbb{R}^+$ zufällig gewählt, so lassen sich die Werte $n(A)$ modellieren durch Zufallsvariablen $N(A)$, $A \subset \mathbb{R}^+$, deren gemeinsame Verteilung das Verfahren der Punktauswahl beschreibt. Erfolgt diese Punktauswahl gemäß einem Poisson-Prozess, so lassen sich folgende Eigenschaften zeigen.

1. Für jede messbare Menge $A \subset \mathbb{R}^+$ ist $N(A)$ Poisson$(\lambda|A|)$-verteilt, wobei $|A|$ die Länge (Lebesgue-Maß) von A bezeichnet.

2. Für paarweise disjunkte, messbare Mengen $A_1, \ldots, A_n$ sind die Zufallsvariablen $N(A_1), \ldots, N(A_n)$ unabhängig.

Für Intervalle sind diese Eigenschaften Teil der Definition eines Poisson-Prozesses. Dass sie auch für beliebige messbare Mengen gelten, werden wir in diesem Buch nicht ausführen.

Einen Poisson-Prozess im $\mathbb{R}^n$ definiert man über die obigen Eigenschaften, wobei dann $|A|$ Oberfläche, Volumen bzw. allgemeiner das Lebesgue-Maß der Menge $A \subset \mathbb{R}^n$ bezeichnet.

Beispiel 13.6 William Feller beschäftigt sich in seinem Buch ‚An Introduction to Probability Theory and its Applications' mit einer Landkarte der Bombeneinschläge, die während des 2. Weltkrieges den südlichen Teil Londons getroffen haben. Er teilt das Gebiet in 576 Quadrate A_i mit Seitenlänge 500 m auf und zählt dann die Bombeneinschläge für jedes Quadrat. In Tabelle 13.1 sind diese Informationen aufgelistet nach der Anzahl Bombeneinschläge pro Quadrat. Wenn wir dies mit einem Poisson-Prozess modellieren,

k	0	1	2	3	4	≥ 5
$|\{i : n(A_i) = k\}|$	229	211	93	35	7	1
$E(N(A_i))$	226.74	211.39	98.54	30.62	7.14	1.57

Tabelle 13.1. Verteilung der Bombeneinschläge auf 576 Planquadrate

so sind die Summen $n(A_i)$, $i = 1, \ldots, 576$, Realisierungen von 576 unabhängigen Poisson-verteilten Zufallsvariablen. Da wir den Intensitätsparameter λ nicht kennen, müssen wir ihn anhand der Daten schätzen. Wenn wir als Maßeinheit die Oberfläche eines Planquadrats nehmen, folgt $E(N(A_i)) = \lambda$, sodass die durchschnittliche Anzahl der Bombeneinschläge pro Planquadrat sich als Schätzer für λ anbietet. Mit den gegebenen Daten folgt $\lambda = 0.9323$. Wir erwarten dann, dass es $576 \cdot e^{-\lambda} \frac{\lambda^k}{k!}$ Planquadrate mit k Einschlägen gibt, und haben diese Werte zum Vergleich in der Tabelle aufgenommen. Es besteht eine sehr gute Übereinstimmung zwischen den mit Hilfe des Modells eines Poisson-Prozesses berechneten Werten und den gegebenen Daten.

Einen homogenen Poisson-Prozess in $\mathbb{R}^2$ können wir uns vorstellen als Modell für die zufällige Wahl von Punkten in $\mathbb{R}^2$. Wir sind bei der Beschäftigung mit geometrischen Wahrscheinlichkeiten bereits auf das Problem gestoßen, dass es keine Gleichverteilung auf $\mathbb{R}$ gibt und wir somit kein Modell für die zufällige Wahl eines Punktes in $\mathbb{R}$ haben. Dieselbe Problematik gilt für $\mathbb{R}^2$, und auch hier wählen wir den Weg, erst eine Gleichverteilung auf den endlichen Quadraten $V := [-\frac{K}{2}, \frac{K}{2}] \times [-\frac{K}{2}, \frac{K}{2}]$ zu definieren und anschließend den Grenzübergang $K \to \infty$ zu machen. Wir nehmen an, dass wir $N = \lambda K^2$ unabhängige, zufällige Punkte $(X_i, Y_i), i = 1, \ldots, N$ gemäß der Gleichverteilung auf V gewählt haben. Die Zahl N ist so gewählt, dass wir im Durchschnitt λ Punkte pro Einheitsquadrat erhalten. Diese Form der Abhängigkeit der Anzahl N der Punkte von K, der Seitenlänge der Quadrate, ist wichtig, da wir sonst keinen sinnvollen Grenzwert beim Übergang $K \to \infty$ erwarten können.

Es seien nun $A_1, \ldots, A_n$ disjunkte, beschränkte Mengen in $\mathbb{R}^2$ und sei $N(A_j)$ die Anzahl der Punkte $(X_i, Y_i), i = 1, \ldots, N$, die in A_j liegen. Wir wählen K so groß, dass alle Mengen A_i in V liegen. Jeder der Punkte $(X_i, Y_i), i = 1, \ldots, N$, kann dann in eine der Mengen A_i fallen oder in die komplementäre Menge $V \setminus (A_1 \cup \ldots \cup A_n)$ und zwar mit Wahrscheinlichkeit $|A_i|/K^2, i = 1, \ldots, n$, bzw. $1 - (|A_1| + \ldots + |A_n|)/K^2$. Damit hat der Vektor $(N(A_1), \ldots, N(A_n), N - N(A_1) - \ldots - N(A_n))$ eine multinomiale Verteilung mit Parametern $(N, \frac{|A_1|}{K^2}, \ldots, \frac{|A_n|}{K^2}, 1 - \frac{|A_1| + \ldots + |A_n|}{K^2})$, sodass

$$P(N(A_1) = n_1, \ldots, N(A_k) = n_k)$$

$$= \frac{N!}{n_1! \cdots n_k!(N - n_1 - \ldots - n_k)!} \left(\frac{|A_1|}{K^2} \right)^{n_1} \cdots \left(\frac{|A_k|}{K^2} \right)^{n_k}$$

$$\cdot \left(1 - \frac{|A_1| + \ldots + |A_k|}{K^2} \right)^{N - n_1 - \ldots - n_k}$$

$$= \frac{1}{n_1! \cdots n_k!} \left(\frac{N|A_1|}{K^2} \right)^{n_1} \cdots \left(\frac{N|A_k|}{K^2} \right)^{n_k} \left(1 - \frac{|A_1| + \ldots + |A_k|}{K^2} \right)^N$$

$$\cdot \frac{N(N-1) \cdots (N - n_1 - \ldots - n_k + 1)}{N^{n_1 + \ldots + n_k}} \left(1 - \frac{|A_1| + \ldots + |A_k|}{K^2} \right)^{-n_1 - \ldots - n_k}$$

$$\to \frac{1}{n_1! \cdots n_k!} (\lambda|A_1|)^{n_1} \cdots (\lambda|A_k|)^{n_k} e^{-\lambda(|A_1| + \ldots + |A_k|)}$$

$$= \prod_{j=1}^{k} e^{-\lambda|A_j|} \frac{(\lambda|A_j|)^{n_j}}{n_j!}$$

für $K \to \infty$. Mit Hilfe von Satz 6.12 erkennen wir, dass im Limes die Anzahlen $N(A_1), \ldots, N(A_n)$ unabhängig und Poisson($\lambda|A_i|$)-verteilt sind. Wählen wir also λK^2 Punkte zufällig gemäß einer Gleichverteilung auf $V = [-\frac{K}{2}, \frac{K}{2}]$ und lassen K gegen ∞ streben, so erhalten wir im Limes einen Poisson-Prozess. Dies ermöglicht auch, einen Poisson-Prozess approximativ zu simulieren.

Eine andere, exakte Simulationsmethode ist in Aufgabe 13.1 beschrieben. Dort wird zunächst die Gesamtzahl N der Punkte in dem zu betrachtenden

Gebiet R gemäß einer Poisson($\lambda|R|$)-Verteilung gewählt und anschließend werden die N Punkte gemäß einer Gleichverteilung auf R verteilt.

Übungen

Übung 13.4 Wir wählen $2n$ Punkte zufällig aus $[0, n]$. Bestimme die Verteilung der Anzahl Punkte in $[0, 1]$ und berechne den Grenzwert für $n \to \infty$.

Übung 13.5 Wir wählen zufällig eine Poisson(λ)-verteilte Anzahl Punkte aus $[0, 1]$. Bestimme die Verteilung der Anzahl Punkte in einem beliebigen Intervall $[a, b] \subset [0, 1]$.

13.5 Aufgaben

Aufgabe 13.1 Wir wählen zufällig und unabhängig voneinander n Punkte aus dem Einheitsquadrat $R = [0, 1]^2$ und bezeichnen diese mit $(X_1, Y_1), \ldots,$ (X_n, Y_n). Sei $A_1, \ldots, A_k$ eine disjunkte Zerlegung von R. Wir definieren die Zufallsvariablen

$$N_j := |\{i : (X_i, Y_i) \in A_j\}| \quad \text{für } j = 1, \ldots, k.$$

(i) Bestimme die gemeinsame Verteilung von $N_1, \ldots, N_k$.
(ii) Bestimme die gemeinsame Verteilung von $N_1, \ldots, N_k$ unter der Annahme, dass die Gesamtzahl der zufällig gewählten Punkte die Realisierung einer Poisson-verteilten Zufallsvariablen ist.

Aufgabe 13.2 Für einen Bernoulli-Prozess $(X_{\frac{i}{n}}^{(n)})_{i \in \mathbb{N}}$ mit Parameter $p_n = \frac{\lambda}{n}$ sei T der Zeitpunkt des ersten Erfolgs. Bestimme die Wahrscheinlichkeitsfunktion und die Verteilungsfunktion von T und berechne $\lim_{n \to \infty} F_n(t)$.

Aufgabe 13.3 Es sei $f(x)$ eine nicht-negative, integrierbare Funktion auf $[0, 1]$. Wir betrachten folgendes Verfahren zufällig Punkte aus $[0, 1]$ zu wählen: Zunächst wählen wir die Gesamtzahl N gemäß einer Poisson-Verteilung mit Parameter $\lambda = \int_0^1 f(x)dx$ und anschließend wählen wir N Punkte aus $[0, 1]$ gemäß einer Verteilung mit Dichtefunktion $\tilde{f}(x) := f(x)/\int_0^1 f(x)dx$. Für eine Teilmenge $A \subset [0, 1]$ bezeichnen wir mit $N(A)$ die Anzahl der gewählten Punkte in A. Bestimme für disjunkte Mengen $A_1, \ldots, A_k \subset [0, 1]$ die gemeinsame Verteilung von $N(A_1), \ldots, N(A_k)$. (Dieses Verfahren heißt inhomogener Poisson-Prozess, und wir können es uns als stetiges Analogon eines Bernoulli-Prozesses mit nicht-konstanten Erfolgswahrscheinlichkeiten vorstellen.)

14. Einige Konvergenzbegriffe

Wir haben in vorhergehenden Kapiteln einige bedeutende Sätze kennengelernt, in denen verschiedene Konvergenzbegriffe verwendet werden, etwa das schwache Gesetz der großen Zahlen, den Zentralen Grenzwertsatz und den Poisson-Grenzwertsatz. Wir werden nun diese und weitere Konvergenzbegriffe für Zufallsvariablen und für Verteilungen einführen und studieren. Damit werden wir dann wichtige Sätze der Wahrscheinlichkeitstheorie formulieren und beweisen, etwa das starke Gesetz der großen Zahlen und eine allgemeine Formulierung des Zentralen Grenzwertsatzes.

14.1 Konvergenz von Zufallsvariablen

Definition 14.1 *Es seien X und $X_1, X_2, \ldots$ Zufallsvariablen auf dem Wahrscheinlichkeitsraum $(\Omega, \mathcal{F}, P)$. Dann heißt*
(i) X_n fast sicher konvergent gegen X, wenn

$$P(\{\omega : \lim_{n \to \infty} X_n(\omega) = X(\omega)\}) = 1,$$

und wir schreiben $X_n \xrightarrow{f.s.} X$.
(ii) X_n in Wahrscheinlichkeit konvergent gegen X, wenn für jedes $\epsilon > 0$ gilt

$$\lim_{n \to \infty} P(|X_n - X| > \epsilon) = 0,$$

und wir schreiben $X_n \xrightarrow{P} X$.

Wir sagen, dass eine Eigenschaft $E(\omega)$ fast überall bzw. für fast alle $\omega \in \Omega$ gilt, wenn $P(\{\omega : E(\omega) \text{ gilt }\}) = 1$. Die fast sichere Konvergenz ist ein ganz wichtiges Beispiel einer solchen Eigenschaft. So betrachtet bedeutet $X_n \xrightarrow{f.s.} X$, dass die Folge $(X_n(\omega))_{n \geq 1}$ für fast alle $\omega \in \Omega$ gegen $X(\omega)$ konvergiert. Von der Einführung her ist die fast sichere Konvergenz der einfachste unter den Konvergenzbegriffen in der Wahrscheinlichkeitstheorie, da er direkt abgeleitet wird von der Konvergenz einer Folge reeller Zahlen. Leider ist der Nachweis der fast sicheren Konvergenz meist nicht einfach zu geben.
Konvergenz in Wahrscheinlichkeit bedeutet, dass die Wahrscheinlichkeit des Ereignisses $\{\omega : |X_n(\omega) - X(\omega)| > \epsilon\}$ für $n \to \infty$ gegen 0 konvergiert.

Im folgenden Beispiel werden wir zeigen, dass dies nicht den Schluss zulässt, dass für festes $\omega_0 \in \Omega$ der Abstand $|X_n(\omega_0) - X(\omega_0)|$ schließlich kleiner als ϵ wird. Obwohl die Ausnahmemengen $\{\omega : |X_n(\omega) - X(\omega)| \geq \epsilon\}$ immer kleiner werden und ihre Wahrscheinlichkeit gegen 0 konvergiert, können sie doch Ω durchlaufen und dabei unendlich oft ein gegebenes ω_0 überdecken.

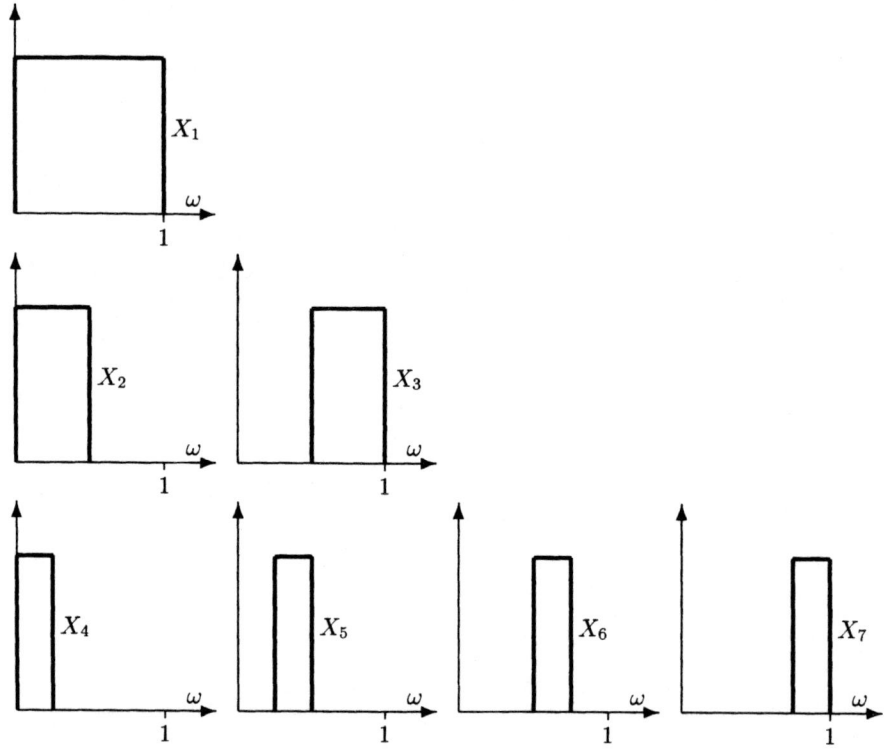

Abb. 14.1. Folge von Zufallsvariablen, die in Wahrscheinlichkeit, aber nicht fast sicher konvergiert

Beispiel 14.2 Wir geben jetzt ein Standardbeispiel, dass Konvergenz in Wahrscheinlichkeit nicht fast sichere Konvergenz impliziert. Als Wahrscheinlichkeitsraum wählen wir $\Omega = [0,1]$ mit der Gleichverteilung, und wir definieren die Zufallsvariablen X_n, $n \geq 1$, durch

$$X_n(\omega) := \begin{cases} 1 & \text{für } \omega \in [j2^{-k}, (j+1)2^{-k}] \\ 0 & \text{sonst ,} \end{cases}$$

wobei $n = 2^k + j$, mit $k = 0, 1, \ldots$ und $j = 0, \ldots, 2^k - 1$. Jede natürliche Zahl n lässt sich eindeutig als $n = 2^k + j$ mit $k \in \mathbb{N}_0$ und $j \in \{0, \ldots, 2^k - 1\}$ darstellen, und somit ist die Folge $(X_n)_{n \geq 1}$ eindeutig definiert. Für $X \equiv 0$ ist die Folge der Wahrscheinlichkeiten $(P(|X_n - X| > 0))_{n \geq 1}$ monoton fallend und wegen

$$P(|X_{2^k} - X| > 0) = 2^{-k}$$

gilt $\lim_{n \to \infty} P(|X_n - X| > 0) = 0$. Also konvergiert X_n in Wahrscheinlichkeit gegen die Zufallsvariable $X \equiv 0$. Andererseits enthält die Folge $(X_n(\omega))_{n \geq 1}$ für jedes $\omega \in \Omega$ unendlich viele 0-en und 1-en und konvergiert somit nicht.

Im folgenden Satz haben wir einige zur fast sicheren Konvergenz äquivalente Aussagen zusammengestellt, die in Konvergenzbeweisen hilfreich sein können. Die unterschiedlichen Formulierungen dieser Aussagen beruhen eigentlich nur auf verschiedenen Formulierungen der Konvergenz einer Zahlenfolge $(X_n(\omega))_{n \geq 1}$.

Satz 14.3 *Es seien X und $X_1, X_2, \ldots$ Zufallsvariablen auf dem Wahrscheinlichkeitsraum $(\Omega, \mathcal{F}, P)$. Dann sind folgende Aussagen äquivalent*

(i) X_n konvergiert fast sicher gegen X.

(ii) Für alle $\epsilon > 0$ gilt

$$\lim_{n \to \infty} P(|X_k - X| \leq \epsilon \text{ für alle } k \geq n) = 1. \tag{14.1}$$

(iii) Für alle $\epsilon > 0$ gilt

$$P\left(\bigcup_{n=1}^{\infty} \bigcap_{k=n}^{\infty} \{\omega : |X_k(\omega) - X(\omega)| \leq \epsilon\} \right) = 1. \tag{14.2}$$

(iv) Für alle $\epsilon > 0$ gilt

$$P(|X_k - X| > \epsilon \text{ für unendlich viele } k) = 0. \tag{14.3}$$

Beweis. Für die Äquivalenz von (ii) und (iii) betrachten wir die Ereignisse $A_k(\epsilon) := \{\omega : |X_k(\omega) - X(\omega)| \leq \epsilon\}$ sowie

$$B_n(\epsilon) := \bigcap_{k \geq n} A_k(\epsilon) = \{\omega : |X_k(\omega) - X(\omega)| \leq \epsilon \text{ für alle } k \geq n\}.$$

Die Ereignisse $(B_n(\epsilon))_{n \geq 1}$ bilden eine aufsteigende Folge und somit folgt aus der Stetigkeit von Wahrscheinlichkeitsverteilungen

$$P\left(\bigcup_{n=1}^{\infty} B_n(\epsilon) \right) = \lim_{n \to \infty} P(B_n(\epsilon)) = \lim_{n \to \infty} P(|X_k - X| \leq \epsilon \text{ für alle } k \geq n).$$

Damit ist die Äquivalenz von (ii) und (iii) gezeigt. Weiter gilt

$$\left(\bigcup_{n=1}^{\infty} \bigcap_{k=n}^{\infty} A_k \right)^c = \bigcap_{n=1}^{\infty} \bigcup_{k=n}^{\infty} A_k^c$$

$$= \{\omega : \text{ für jedes } n \geq 1 \text{ gibt es ein } k \geq n \text{ mit } \omega \in A_k^c\}$$

$$= \{\omega : \omega \in A_k^c \text{ für unendlich viele } k\}$$

$$= \{\omega : |X_k(\omega) - X(\omega)| > \epsilon \text{ für unendlich viele } k\}.$$

Also sind (iii) und (iv) äquivalent. Zum Beweis der Äquivalenz von (i) und (iv) bemerken wir zunächst, dass aus der Identität (14.3) für ein $\epsilon > 0$ folgt, dass diese Identität für alle $\epsilon' \geq \epsilon$ auch gilt. Damit ist (iv) äquivalent mit der zunächst schwächeren Aussage, dass die Identität (14.3) für alle ϵ der Form $\epsilon = \frac{1}{j}$ mit $j \in \mathbb{N}$ gilt. Aber $X_n(\omega)$ konvergiert genau dann nicht gegen $X(\omega)$, wenn es ein j gibt, sodass $|X_n(\omega) - X(\omega)| > \frac{1}{j}$ für unendlich viele n, d.h.

$$ P\left(X_n(\omega) \not\to X(\omega)\right) = P\left(\bigcup_{j=1}^{\infty} \left\{ |X_n - X| > \frac{1}{j} \text{ für unendliche viele } n \right\} \right). $$

Somit ist $P(X_n \not\to X) = 0$ genau dann, wenn für jedes $j \in \mathbb{N}$ gilt

$$ P\left(|X_n - X| > \frac{1}{j} \text{ für unendlich viele } n \right) = 0. $$

Damit ist auch die Äquivalenz von (i) und (iv) gezeigt.   □

Die zweite Aussage des obigen Satzes verdeutlicht den Unterschied zwischen Konvergenz in Wahrscheinlichkeit und fast sicherer Konvergenz. Während Konvergenz in Wahrscheinlichkeit fordert, dass $P(|X_n - X| \leq \epsilon) \to 1$, muss für fast sichere Konvergenz gelten, dass

$$ P(|X_k - X| \leq \epsilon \text{ für alle } k \geq n) \to 1. $$

Da $P(|X_n - X| \leq \epsilon) \geq P(|X_k - X| \leq \epsilon \text{ für alle } k \geq n)$, folgt daraus die Aussage des folgenden Satzes.

Satz 14.4 *Fast sichere Konvergenz impliziert Konvergenz in Wahrscheinlichkeit.*

Übungen

Übung 14.1 Es sei $(X_n)_{n \geq 1}$ eine Folge Poisson$(\frac{1}{n})$-verteilter Zufallsvariablen. Zeige, dass $X_n \xrightarrow{P} 0$.

14.2 Das starke Gesetz der großen Zahlen

Im Kapitel 6 haben wir mit Hilfe der Chebychev-Ungleichung das schwache Gesetz der großen Zahlen bewiesen, d.h. für eine Folge $(X_n)_{n \geq 1}$ unabhängiger, identisch verteilter Zufallsvariablen mit endlicher Varianz gilt, dass

$$ \frac{1}{n} \sum_{j=1}^{n} X_j \xrightarrow{P} EX. $$

In diesem Abschnitt werden wir nun das starke Gesetz der großen Zahlen beweisen, das sich genau an der Aussage über die Art der Konvergenz unterscheidet. Anstelle der Konvergenz in Wahrscheinlichkeit steht nun die stärkere Aussage der fast sicheren Konvergenz. Zunächst formulieren und beweisen wir ein klassisches Lemma, benannt nach den Mathematikern Emile Borel (1871-1956) und Francesco Paolo Cantelli (1875-1966), das die Grundlage der meisten Beweise fast sicherer Konvergenz ist.

Lemma 14.5 (Borel-Cantelli Lemma) *Sei $(A_k)_{k \geq 1}$ eine Folge von Ereignissen in dem Wahrscheinlichkeitsraum $(\Omega, \mathcal{F}, P)$.*
(i) Gilt $\sum_{k=1}^{\infty} P(A_k) < \infty$, so folgt

$$P\left(\bigcap_{n=1}^{\infty} \bigcup_{k=n}^{\infty} A_k\right) = P(\{\omega : \omega \in A_k \text{ für unendlich viele } k\}) = 0.$$

(ii) Sind die Ereignisse $(A_k)_{k \geq 1}$ unabhängig mit $\sum_{k=1}^{\infty} P(A_k) = \infty$, so gilt

$$P\left(\bigcap_{n=1}^{\infty} \bigcup_{k=n}^{\infty} A_k\right) = 1.$$

Beweis. (i) Es gilt $\omega \in A_k$ für unendlich viele k genau dann, wenn für alle $n \in \mathbb{N}$ gilt $\omega \in \bigcup_{k=n}^{\infty} A_k$ oder äquivalent $\omega \in \bigcap_{n=1}^{\infty} \bigcup_{k=n}^{\infty} A_k$. Da $B_n := \bigcup_{k=n}^{\infty} A_k$ eine absteigende Folge von Ereignissen ist, folgt mit der Stetigkeit von Wahrscheinlichkeitsverteilungen

$$P\left(\bigcap_{n=1}^{\infty} \bigcup_{k=n}^{\infty} A_k\right) = \lim_{n \to \infty} P\left(\bigcup_{k=n}^{\infty} A_k\right) \leq \lim_{n \to \infty} \sum_{k=n}^{\infty} P(A_k) = 0,$$

da $\sum_{k=n}^{\infty} P(A_k)$ eine konvergente Reihe ist.
(ii) Wir bemerken zunächst, dass für eine beliebige Folge von Ereignissen $(B_n)_{n \geq 1}$ gilt, dass $P(\bigcap_{n=1}^{\infty} B_n) = 1$ genau dann, wenn $P(B_n) = 1$ für alle n. Also ist zu zeigen, dass $P(\bigcup_{k=n}^{\infty} A_k) = 1$ bzw. $P(\bigcap_{k=n}^{\infty} A_k^c) = 0$ für alle n. Wegen der Unabhängigkeit der Mengen A_k^c gilt

$$P\left(\bigcap_{k=n}^{\infty} A_k^c\right) = \prod_{k=n}^{\infty} P(A_k^c) = \prod_{k=n}^{\infty} (1 - P(A_k))$$

$$\leq \prod_{k=n}^{\infty} e^{-P(A_k)} = \exp\left(-\sum_{k=n}^{\infty} P(A_k)\right) = 0,$$

wobei wir die Ungleichung $1 - x \leq e^{-x}$, $x \in \mathbb{R}$, verwendet haben. $\qquad\Box$

Für eine Folge unabhängiger Ereignisse $(A_k)_{k \geq 1}$ kann nach dem Borel-Cantelli Lemma das Ereignis $\bigcap_{n=1}^{\infty} \bigcup_{k=n}^{\infty} A_k$ nur Wahrscheinlichkeit 0 oder 1 haben. Zu dieser Aussage gibt es eine weitreichende Verallgemeinerung, das sogenannte 0-1-Gesetz von Kolmogorov. Dieses Gesetz sagt aus, dass Ereignisse, deren Eintreten für jedes n aufgrund der unabhängigen Ereignisse $A_n, A_{n+1}, \ldots$ entschieden werden kann, stets die Wahrscheinlichkeit 0 oder 1 haben. Solche Ereignisse heißen terminale Ereignisse. Auch im Borel-Cantelli Lemma werden Aussagen über ein terminales Ereignis gemacht. Es hängt für jedes $n \in \mathbb{N}$ nur von $A_n, A_{n+1}, \ldots$ ab, ob $\omega \in \bigcap_{n=1}^{\infty} \bigcup_{k=n}^{\infty} A_k$ gilt.

Lemma 14.6 *Es seien X und $X_1, X_2, \ldots$ Zufallsvariablen, und es gelte für alle $\epsilon > 0$*

$$\sum_{n=1}^{\infty} P(|X_n - X| > \epsilon) < \infty.$$

Dann konvergiert $(X_n)_{n \geq 1}$ fast sicher gegen X.

Beweis. Dies folgt aus dem Borel-Cantelli Lemma und Satz 14.3(iv).   □

Lemma 14.7 *Es seien X und $X_1, X_2, \ldots$ Zufallsvariablen mit $X_n \overset{P}{\longrightarrow} X$. Dann gibt es eine Teilfolge $(X_{n_k})_{k \geq 1}$, die fast sicher gegen X konvergiert.*

Beweis. Da für jedes feste $\epsilon > 0$ gilt $\lim_{n \to \infty} P(|X_n - X| > \epsilon) = 0$, können wir zu jedem k ein n_k bestimmen, sodass $P(|X_{n_k} - X| > \frac{1}{k}) \leq \frac{1}{k^2}$. Dann gilt für jedes $\epsilon > 0$ und $k > \frac{1}{\epsilon}$

$$P(|X_{n_k} - X| > \epsilon) \leq P\left(|X_{n_k} - X| > \frac{1}{k}\right) \leq \frac{1}{k^2}.$$

Also konvergiert die Reihe $\sum_{k=1}^{\infty} P(|X_{n_k} - X| > \epsilon)$ für jedes ϵ und daraus folgt mit Lemma 14.6 die fast sichere Konvergenz von $(X_{n_k})_{k \geq 1}$.   □

Satz 14.8 (Starkes Gesetz der großen Zahlen) *Es sei $(X_n)_{n \geq 1}$ eine Folge unabhängiger, identisch verteilter Zufallsvariablen mit $E|X_1| < \infty$. Dann gilt*

$$\frac{1}{n} \sum_{i=1}^{n} X_i \overset{f.s.}{\longrightarrow} EX_1.$$

Beweis. Wir geben hier einen Beweis unter der etwas stärkeren Annahme, dass $E(X_1^4) < \infty$. Ein Beweis unter der schwächsten möglichen Voraussetzung, dass $E|X_1| < \infty$, ist wesentlich aufwendiger und sprengt den Rahmen dieses einführenden Buches.

Wir dürfen ab jetzt annehmen, dass $EX_i = 0$, da wir sonst X_i durch $X_i - EX_i$ ersetzen können. Damit gilt

$$E\left(\frac{1}{n} \sum_{i=1}^{n} X_i\right)^4 = \frac{1}{n^4} \sum_{1 \leq i,j,k,l \leq n} E(X_i X_j X_k X_l)$$

$$= \frac{3}{n^4} \sum_{1 \leq i \neq j \leq n} E(X_i^2 X_j^2) + \frac{1}{n^4} \sum_{i=1}^{n} E(X_i^4),$$

denn $E(X_i X_j X_k X_l) = 0$, außer wenn die Indizes paarweise gleich sind. Da $E(X_i^2 X_j^2) = (EX_i^2)(EX_j^2)$ für $i \neq j$, erhalten wir weiter

$$E\left(\frac{1}{n}\sum_{i=1}^{n} X_i\right)^4 = \frac{3}{n^4}n(n-1)(EX_1^2)^2 + \frac{1}{n^3}E(X_1^4) \leq \frac{C}{n^2},$$

wobei C eine positive Konstante ist. Mit Hilfe der Markov-Ungleichung finden wir schließlich

$$P\left(\left|\frac{1}{n}\sum_{i=1}^{n} X_i\right| > \epsilon\right) = P\left(\left|\frac{1}{n}\sum_{i=1}^{n} X_i\right|^4 > \epsilon^4\right) \leq \frac{1}{\epsilon^4}\frac{C}{n^2}.$$

Mit Lemma 14.6 folgt daraus die fast sichere Konvergenz von $\frac{1}{n}\sum_{i=1}^{n} X_i$ gegen 0. $\qquad\square$

In der Statistik findet das Gesetz der großen Zahlen Anwendung bei Konsistenzbeweisen für Schätzer. Vereinfacht gesagt heißt ein Schätzer für $g(\theta)$ konsistent, wenn dieser bei zunehmender Anzahl von Beobachtungswerten gegen den wahren Wert $g(\theta)$ konvergiert. Genauer formuliert haben wir eine Familie $\{P_\theta, \theta \in \Theta\}$ von Wahrscheinlichkeitsverteilungen und eine Schätzerfolge $t_n(X_1, \dots, X_n)$. Diese Folge heißt konsistent, wenn gilt $t_n(X_1, \dots, X_n) \to g(\theta)$. Je nach Art der Konvergenz unterscheidet man auch hier eine schwache oder starke Konsistenz.

Beispiel 14.9 (i) Sei $(X_n)_{n\geq1}$ eine Folge unabhängiger, identisch verteilter Zufallsvariablen, so ist der Mittelwert $\frac{1}{n}\sum_{k=1}^{n} X_k$ ein konsistenter Schätzer für EX_1. Insbesondere ist für $Exp(\lambda)$-verteilte Zufallsvariablen der Mittelwert ein konsistenter Schätzer für $\frac{1}{\lambda}$.

(ii) Sei $(Y_n)_{n\geq1}$ eine Folge reellwertiger Zufallsvariablen mit $Y_n \xrightarrow{f.s.} Y$ und sei $f : \mathbb{R} \to \mathbb{R}$ eine stetige Abbildung. Da für jede reelle Zahlenfolge $(x_n)_{n\geq1}$ mit $\lim_{n\to\infty} x_n = x$ gilt $\lim_{n\to\infty} f(x_n) = f(x)$, folgt $f(Y_n) \xrightarrow{f.s.} f(Y)$. Ist also $t_n(X_1, \dots, X_n)$ eine konsistente Schätzerfolge für $g(\theta)$, so ist $f(t_n(X_1, \dots, X_n))$ ein konsistenter Schätzer für $f(g(\theta))$. Oft erhalten wir die Schätzer $t_n(x_1, \dots, x_n)$ für alle n nach demselben Verfahren, etwa der Mittelwert oder die Varianz einer Stichprobe. Wir nennen dann auch das entsprechende Verfahren konsistent.

Übungen

Übung 14.2 Es sei $(X_n)_{n\geq1}$ eine Folge unabhängiger, identisch verteilter Zufallsvariablen mit $E(X_1^2) < \infty$. Zeige, dass

$$\frac{1}{n}\sum_{j=1}^{n} X_j^2 \xrightarrow{f.s.} E(X_1^2).$$

Übung 14.3 Es sei $(X_n)_{n \geq 1}$ eine Folge unabhängiger, identisch verteilter Zufallsvariablen mit $\sigma^2 = \text{Var}(X_1) < \infty$. Zeige, dass für die Stichprobenvarianz $s_X^2 := \frac{1}{n-1} \sum_{k=1}^n (X_k - \bar{X})^2$ gilt, dass

$$s_X^2 \xrightarrow{f.s.} \sigma^2.$$

Übung 14.4 Es sei $(X_n)_{n \geq 1}$ eine Folge unabhängiger, identisch verteilter Zufallsvariablen mit $\text{Var} X_1 < \infty$. Zeige mit Hilfe der Chebychev-Ungleichung und Lemma 14.6, dass $\frac{1}{n^\alpha} \sum_{i=1}^n (X_i - E X_i) \to 0$ für $\alpha > 1$.

14.3 Konvergenz in L_r

Wir führen noch einen weiteren Konvergenzbegriff für Zufallsvariablen ein, der auf einem Abstandsbegriff zwischen zwei Zufallsvariablen aufbaut, und werden dann die Zusammenhänge zu den in Abschnitt 13.1 eingeführten Konvergenzbegriffen untersuchen.

Definition 14.10 *Es seien X und $X_1, X_2, \ldots$ Zufallsvariablen auf dem Wahrscheinlichkeitsraum $(\Omega, \mathcal{F}, P)$ und $r \in (0, \infty)$. Dann heißt $(X_n)_{n \geq 1}$ in L_r konvergent gegen X, wenn gilt*

$$\lim_{n \to \infty} E(|X_n - X|^r) = 0,$$

und wir schreiben $X_n \xrightarrow{r} X$.

Lemma 14.11 *Konvergenz in L_r impliziert Konvergenz in Wahrscheinlichkeit.*

Beweis. Mit Hilfe der Markov-Ungleichung erhalten wir

$$P(|X_n - X| > \epsilon) = P(|X_n - X|^r > \epsilon^r) \leq \frac{1}{\epsilon^r} E(|X_n - X|^r).$$

Wenn also $X_n \xrightarrow{r} X$, so konvergiert die rechte Seite gegen 0 und somit auch $P(|X_n - X| > \epsilon)$, d.h. $X_n \xrightarrow{P} X$. $\qquad \square$

Anhand zweier Beispiele werden wir nun zeigen, dass Konvergenz in L_r weder hinreichend noch notwendig für fast sichere Konvergenz ist, d.h. fast sichere Konvergenz impliziert nicht Konvergenz in L_r und umgekehrt.

Beispiel 14.12 (i) Es sei $(X_n)_{\geq 1}$ die im Beispiel 14.2 definierte Folge von Zufallsvariablen. Diese Folge konvergiert, wie wir dort gezeigt haben, nicht fast sicher, aber wohl in L_r, denn es gilt

$$E|X_n|^r = 2^{-k}$$

für $n = 2^k + j$, $j = 0, \ldots, 2^k - 1$ und $k \in \mathbb{N}_0$.
(ii) Wir betrachten als Wahrscheinlichkeitsraum $\Omega = (0,1)$ mit der Gleichverteilung und definieren die Zufallsvariablen

$$X_n(\omega) := \begin{cases} n^2\omega & \text{für } \omega \in (0, \frac{1}{n}) \\ n^2(\frac{2}{n} - \omega) & \text{für } \omega \in (\frac{1}{n}, \frac{2}{n}) \\ 0 & \text{sonst,} \end{cases}$$

die in Abbildung 14.2 grafisch dargestellt sind. Für festes $\omega_0 \in [0,1]$ gibt es

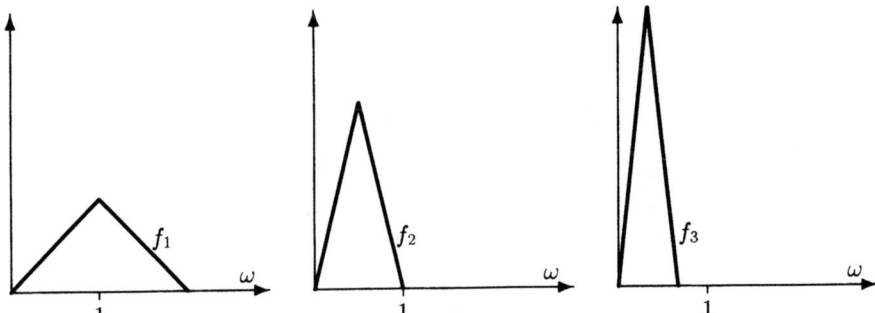

Abb. 14.2. Fast sicher konvergente Folge, die nicht in L_r konvergiert

ein $n_0 \in \mathbb{N}$, sodass für $n \geq n_0$ gilt $X_n(\omega_0) = 0$. Somit konvergiert $(X_n)_{n \geq 1}$ fast überall gegen $X \equiv 0$. Andererseits gilt

$$E|X_n|^r = 2 \int_0^{1/n} (n^2 x)^r dx = n^{2r} \left. \frac{x^{r+1}}{r+1} \right|_0^{1/n} = \frac{2n^{r-1}}{r+1}$$

und somit konvergiert $(X_n)_{n \geq 1}$ für $r \geq 1$ nicht in L_r.

Wir können nun die Frage stellen, unter welchen zusätzlichen Bedingungen fast sichere Konvergenz die Konvergenz in L_r impliziert, und diese Frage hängt eng zusammen mit der Frage, wann es möglich ist, bei einer Folge von Zufallsvariablen Grenzwert und Erwartungswert zu vertauschen. Dazu gibt es zwei wichtige Sätze, die wir hier ohne Beweis nennen.

Satz 14.13 (Satz von der monotonen Konvergenz) *Sei $0 \leq X_1 \leq X_2 \leq \ldots$ eine monoton wachsende Folge nicht-negativer, reellwertiger Zufallsvariablen und sei $X(\omega) := \lim_{n \to \infty} X_n(\omega)$. Dann gilt*

$$E(X) = \lim_{n \to \infty} E(X_n). \tag{14.4}$$

Satz 14.14 (Satz von der dominierten Konvergenz) *Seien X und $X_1, X_2, \ldots$ Zufallsvariablen mit $X_n \xrightarrow{f.s.} X$. Sei weiter Y eine nicht-negative Zufallsvariable mit $EY < \infty$ und $P(|X_n| \leq Y) = 1$ für alle n. Dann gilt*

$$E(X) = \lim_{n \to \infty} E(X_n).$$

Die Beweise dieser Aussagen sind Höhepunkte der von Henri Lebesgue (1875-1941) begründeten Integrationstheorie. Der Satz von der dominierten Konvergenz ist von Lebesgue selbst erstmalig veröffentlicht, der Satz von der monotonen Konvergenz wird sowohl Lebesgue als auch dem italienischen Mathematiker Beppo Levi (1875-1961) zugeschrieben. Zu dem Satz von der dominierten Konvergenz lässt sich das folgende Korollar über Konvergenz in L_r formulieren.

Korollar 14.15 *Es sei* $X_n \xrightarrow{f.s.} X$ *und* $|X_n| \leq Y$ *für eine nichtnegative Zufallsvariable* Y *mit* $E(Y^r) < \infty$. *Dann gilt* $X_n \xrightarrow{r} X$.

Beweis Wir definieren $Z_n := |X_n - X|^r$. Dann gilt $|Z_n| \leq (2Y)^r$ und $Z_n \xrightarrow{f.s.} 0$. Also folgt mit dem Satz von der dominierten Konvergenz, dass $\lim_{n \to \infty} E(Z_n) = 0$. $\qquad\square$

Satz 14.16 *Es sei* $0 < r \leq s < \infty$. *Dann folgt aus der* L_s-*Konvergenz die* L_r-*Konvergenz.*

Beweis. Sei $(X_n)_{n \geq 1}$ eine Folge von Zufallsvariablen, die in L_s gegen X konvergiert. Dann gilt

$$
\begin{aligned}
E(|X_n - X|^r) &= E|X_n - X|^r 1_{\{|X_n - X| \leq (\epsilon/3)^{1/r}\}} \\
&\quad + E|X_n - X|^r 1_{\{(\epsilon/3)^{1/r} < |X_n - X| < 1\}} \\
&\quad + E|X_n - X|^r 1_{\{1 \leq |X_n - X|\}} \\
&\leq \frac{\epsilon}{3} + E(|X_n - X|^s) \frac{1}{(\epsilon/3)^{s/r}} + E(|X_n - X|^s),
\end{aligned}
$$

wobei wir die Markov-Ungleichung verwendet haben und die Tatsache, dass $x^r \leq x^s$ für $x \geq 1$. Da $E(|X_n - X|^s) \to 0$, gibt es ein $n_0 \in \mathbb{N}$, sodass für $n \geq n_0$ die rechte Seite durch ϵ beschränkt ist. Also folgt $X_n \xrightarrow{r} X$. $\qquad\square$

Übungen

Übung 14.5 Es sei $(X_n)_{n \geq 1}$ eine Folge $N(\mu_n, \sigma_n^2)$-verteilter Zufallsvariablen. Gib notwendige und hinreichende Bedingungen für L_r-Konvergenz von X_n gegen $X \equiv 0$ an.

Übung 14.6 Wir betrachten als Wahrscheinlichkeitsraum $\Omega = \{1, \ldots, N\}$ mit Laplace-Verteilung. Berechne für eine Zufallsvariable $X : \Omega \to \mathbb{R}$ den Erwartungswert $E|X|^r$ und zeige, dass in diesem Wahrscheinlichkeitsraum L_r-Konvergenz und fast sichere Konvergenz dasselbe sind.

14.4 Konvergenz in Verteilung

In den ersten Abschnitten dieses Kapitels haben wir uns mit Konvergenz von Folgen $(X_n)_{n \geq 1}$ von Zufallsvariablen beschäftigt und verschiedene Konvergenzbegriffe kennengelernt. Jetzt werden wir noch einen weiteren Konvergenzbegriff einführen, der auf einem Konvergenzverhalten von Wahrscheinlichkeitsverteilungen aufbaut. Wir bezeichnen die Verteilungsfunktionen mit denselben Buchstaben wie die zugehörigen Verteilungen, d.h.

$$F_n(x) = F_n((-\infty, x]), \quad F(x) = F((-\infty, x]).$$

Definition 14.17 *(i) Die Folge $(F_n)_{n \geq 1}$ von Verteilungen heißt schwach konvergent gegen F, wenn für alle Stetigkeitspunkte x von F gilt*

$$\lim_{n \to \infty} F_n(x) = F(x),$$

und wir schreiben $F_n \overset{w}{\to} F$.

(ii) Eine Folge $(X_n)_{n \geq 1}$ von Zufallsvariablen heißt konvergent in Verteilung gegen die Zufallsvariable X, wenn die Verteilung von X_n schwach gegen die Verteilung von X konvergiert, und wir schreiben $X_n \overset{D}{\longrightarrow} X$.

Ist $(X_n)_{n \geq 1}$ eine Folge von Zufallsvariablen, die in Verteilung gegen X konvergiert, und ist $(Y_n)_{n \geq 1}$ eine zweite Folge, wobei X_n und Y_n für jedes n dieselbe Verteilung haben, so gilt $Y_n \overset{D}{\longrightarrow} X$. Die Konvergenz in Verteilung hängt also nur von den Verteilungen der einzelnen Zufallsvariablen ab. Dass dies ein deutlicher Unterschied zu den bislang definierten Konvergenzbegriffen ist, zeigt das folgende Beispiel.

Beispiel 14.18 Sei $(X_n)_{n \geq 1}$ die in Beispiel 14.2 definierte Folge. Wir definieren für $k \in \mathbb{N}_0$ und $j \in \{0, \dots, 2^{k-1}\}$ weitere Zufallsvariablen $Y_{2^k + j} := X_{2^k}$. Dann gilt $P(X_{2^k + j} = 1) = P(Y - 2^k + j = 1) = 2^{-k}$ und $P(X_{2^k + j} = 0) = P(Y_{2^k + j} = 0) = 1 - 2^{-k}$. Also hat für jedes n die Zufallsvariable Y_n dieselbe Verteilung wie die Zufallsvariable X_n. Wie wir bereits gesehen haben, konvergiert die Folge $(X_n)_{n \geq 1}$ nicht fast sicher. Man kann aber anhand einer Abbildung, analog zu Abb. 14.1, einsehen, dass $Y_n \overset{f.s.}{\longrightarrow} 0$. Die fast sichere Konvergenz einer Folge von Zufallsvariablen hängt also entscheidend von deren gemeinsamer Verteilung ab und nicht nur von den marginalen Verteilungen.

Definition 14.19 *Es sei X eine reellwertige Zufallsvariable. Dann heißt*

$$\varphi_X(t) := E(e^{itX})$$

die charakteristische Funktion von X.

Die Definition der charakteristischen Funktion verwendet den Erwartungswert einer komplexwertigen Zufallsvariablen, der so definiert ist, dass wir für Real- und Imaginärteil getrennt den Erwartungswert berechnen. Also gilt für $Z = U + iV$, wobei U und V reellwertige Zufallsvariablen sind, $EZ := EU + i\,EV$. Für die charakteristische Funktion erhalten wir mit Hilfe der Euler'schen Identität $e^{it} = \cos t + i \sin t$, dass gilt

$$\varphi_X(t) = E(\cos(tX)) + iE(\sin(tX)).$$

Charakteristische Funktionen haben viele Gemeinsamkeiten mit momenterzeugenden Funktionen $m_X(t) = E(e^{tX})$. Gegenüber momenterzeugenden Funktionen haben charakteristische Funktionen den Vorteil, dass sie für jede Zufallsvariable für alle t existieren, da $|e^{itX}| \leq 1$.

Beispiel 14.20 (i) Es sei X Poisson(λ)-verteilt. Dann ist die charakteristische Funktion

$$\varphi(t) = \sum_{k=0}^{\infty} e^{itk} e^{-\lambda} \frac{\lambda^k}{k!} = e^{\lambda(e^{it}-1)}.$$

(ii) Es sei X $Bin(n,p)$-verteilt. Dann ist die charakteristische Funktion

$$\varphi(t) = \sum_{k=0}^{n} e^{itk} \binom{n}{k} p^k (1-p)^{n-k} = (pe^{it} + 1 - p)^n = (1 + p(e^{it} - 1))^n.$$

(iii) Es sei X $N(\mu,\sigma^2)$-verteilt. Dann ist die charakteristische Funktion

$$\varphi(t) = e^{i\mu t - t^2 \frac{\sigma^2}{2}}.$$

Formell erhalten wir dieses Ergebnis, indem wir in die momenterzeugende Funktion $m(t) = e^{\mu t + \frac{t^2 \sigma^2}{2}}$ das Argument it einsetzen. Um diesen Schritt auszuführen, sind Hilfsmittel aus der Funktionentheorie erforderlich.

Lemma 14.21 *Für die charakteristische Funktion φ_X der Zufallsvariablen X gilt*
(i) $\varphi_{aX+b}(t) = e^{ibt}\varphi_X(at)$, für $a,b \in \mathbb{R}$.
(ii) Ist das k-te Moment von X endlich, d.h. $E(|X|^k) < \infty$, so ist φ_X k-fach differenzierbar und

$$\frac{d^k}{dt^k}\varphi(t) = E((iX)^k e^{itX}).$$

Insbesondere gilt $\frac{d^k}{dt^k}\varphi(0) = i^k E(X^k)$.

Beweis. (i) Diese Identität folgt aus der Linearität des Erwartungswertes.
(ii) Wir zeigen die Behauptung für die erste Ableitung. Für Ableitungen höherer Ordnung zeigt man die Behauptung per Induktion nach k. Es gilt zunächst

$$\varphi_X'(t) = \lim_{h \to 0} \frac{Ee^{i(t+h)X} - Ee^{itX}}{h} = \lim_{h \to 0} E\left(e^{itX} \frac{e^{ihX} - 1}{h}\right).$$

Die Zufallsvariable $Z_h := e^{itX} \frac{e^{ihX}-1}{h}$ auf der rechten Seite konvergiert fast sicher gegen iXe^{itX}. Aus der Ungleichung $|e^{is} - 1| \leq s$, gültig für alle $s \in \mathbb{R}$, folgt weiter $|Z_h| \leq |X|$. Wegen $E|X| < \infty$ können wir den Satz von der dominierten Konvergenz anwenden und erhalten $\varphi_X'(t) = E(iXe^{itX})$.   □

Satz 14.22 *Die charakteristische Funktion einer Summe zweier unabhängiger Zufallsvariablen X und Y ist gleich dem Produkt der einzelnen charakteristischen Funktionen, d.h.*

$$\varphi_{X+Y}(t) = \varphi_X(t)\varphi_Y(t). \tag{14.5}$$

Beweis. Der Erwartungswert eines Produktes unabhängiger Zufallsvariablen ist gleich dem Produkt der Erwartungswerte, und dies gilt auch für komplexwertige Zufallsvariablen. Somit folgt die Behauptung (14.5) aus der Identität $e^{it(X+Y)} = e^{itX}e^{itY}$. □

Ebenso wie für die erzeugende Funktion und die momenterzeugende Funktion gilt auch für die charakteristische Funktion ein Eindeutigkeitssatz, den wir jetzt ohne Beweis nennen.

Satz 14.23 *Zwei Zufallsvariablen X und Y, deren charakteristische Funktionen auf ganz $\mathbb{R}$ übereinstimmen, haben dieselbe Verteilung.*

Der folgende Satz von Paul Lévy und Harald Cramér (1893-1985), den wir hier ebenfalls ohne Beweis nennen, gibt uns die Möglichkeit, Verteilungskonvergenz mittels analytischer Hilfsmittel zu beweisen, indem wir die Konvergenz der zugehörigen charakteristischen Funktionen beweisen.

Satz 14.24 (Lévy-Cramér) *Seien X und $X_1, X_2, \ldots$ Zufallsvariablen. Dann gilt $X_n \xrightarrow{\mathcal{D}} X$ genau dann, wenn $\varphi_{X_n}(t) \to \varphi_X(t)$ für alle $t \in \mathbb{R}$.*

Als schönes Beispiel für die Anwendung analytischer Methoden werden wir nun den Zentralen Grenzwertsatz in einer allgemeinen Form beweisen.

Satz 14.25 *Sei $(X_k)_{k\geq 1}$ eine Folge unabhängiger, identisch verteilter Zufallsvariablen mit $\mu = EX_1$ und $\sigma^2 = \text{Var}(X_1) < \infty$. Dann gilt*

$$\frac{1}{\sqrt{n}} \sum_{k=1}^{n} (X_k - \mu) \xrightarrow{\mathcal{D}} N(0, \sigma^2).$$

Beweis. Es sei φ die charakteristische Funktion von $X_1 - \mu$ und φ_n die charakteristische Funktion von $\frac{1}{\sqrt{n}} \sum_{k=1}^{n}(X_k - \mu)$. Dann gilt mit Lemma 14.21 und Satz 14.22, dass $\varphi_n(t) = (\varphi(t/\sqrt{n}))^n$. Da $E(X_1 - \mu)^2$ existiert, ist φ nach Lemma 14.21 zweifach differenzierbar mit $\varphi'(0) = iE(X_1 - \mu) = 0$ und $\varphi''(0) = i^2 E(X_1 - \mu)^2 = -\sigma^2$. Dann folgt mit der Taylor-Formel

$$\varphi_n(t) = \left(1 - \frac{\sigma^2}{2}\left(\frac{t}{\sqrt{n}}\right)^2 + o\left(\left(\frac{t}{\sqrt{n}}\right)^2\right)\right)^n$$

$$= \left(1 - \frac{\sigma^2 t^2 + o(1)}{2n}\right)^n \longrightarrow e^{-\frac{1}{2}\sigma^2 t^2}.$$

Rechts steht die charakteristische Funktion einer $N(0, \sigma^2)$-Verteilung, und so folgt der ZGS mit Hilfe des Satzes von Lévy-Cramér. □

14.5 Aufgaben

Aufgabe 14.1 Es sei $(X_n)_{n\geq 1}$ eine Folge unabhängiger, identisch verteilter Zufallsvariablen mit $E|X_1| < \infty$ und $EX_1 = 0$. Zeige mit Hilfe charakteristischer Funktionen, dass $\frac{1}{n}\sum_{k=1}^n X_k \xrightarrow{\mathcal{D}} \delta_0$, wobei δ_0 die diskrete Verteilung auf $\mathbb{R}$ ist, die dem Punkt 0 die Masse 1 gibt.

Aufgabe 14.2 Es sei $(X_n)_{n\geq 1}$ eine Folge $Bin(n, p_n)$-verteilter Zufallsvariablen mit $np_n \to \lambda \in (0, \infty)$. Bestimme die charakteristische Funktion φ_n von X_n. Zeige, dass $\lim_{n\to\infty} \varphi_n(t) = \varphi(t)$, wobei φ die charakteristische Funktion einer Poisson-Verteilung ist.

Aufgabe 14.3 Sei $(X_n)_{n\geq 1}$ eine Folge von Zufallsvariablen mit $X_n \xrightarrow{P} X$. Zeige, dass dann $X_n \xrightarrow{\mathcal{D}} X$.

Aufgabe 14.4 Es sei $(x_n)_{n\geq 1}$ eine konvergente Folge reeller Zahlen mit Limes x. Definiere Zufallsvariablen $X_n :\equiv x_n$ und $X :\equiv x$ und zeige, dass $X_n \xrightarrow{\mathcal{D}} X$.

Aufgabe 14.5 Es sei $X \equiv c$ eine konstante Zufallsvariable. Zeige, dass eine Folge $(X_n)_{n\geq 1}$ genau dann in Verteilung gegen X konvergiert, wenn sie in Wahrscheinlichkeit gegen X konvergiert.

Aufgabe 14.6 Zeige, dass $E|X|^p < \infty$ genau dann gilt, wenn die Reihe $\sum_{n=1}^\infty P(|X| \geq n^{1/p})$ konvergiert.

Aufgabe 14.7 Sei $(X_n)_{n\geq 1}$ eine Folge unabhängiger, identisch verteilter Zufallsvariablen. Zeige, dass $E|X_1|^p < \infty$ genau dann gilt, wenn $\frac{1}{n^{1/p}}X_n \xrightarrow{f.s.} 0$.

Aufgabe 14.8 Es sei $(X_n)_{n\geq 1}$ eine Folge unabhängiger, identisch verteilter Zufallsvariablen mit $E(X_1^2) < \infty$. Zeige, dass dann gilt

$$\frac{1}{\sqrt{n}}\max(X_1, \dots, X_n) \xrightarrow{f.s.} 0.$$

Aufgabe 14.9 Für zwei Zufallsvariablen X und Y definieren wir einen Abstand durch

$$d_0(X, Y) := E\left(\frac{|X - Y|}{1 + |X - Y|}\right).$$

(i) Zeige, dass d_0 der Dreiecksungleichung genügt, d.h. dass für Zufallsvariablen X, Y, Z gilt, dass $d_0(X, Y) \leq d_0(X, Z) + d_0(Z, Y)$.

(ii) Zeige, dass $X_n \xrightarrow{P} X$ genau dann gilt, wenn $d_0(X_n, X) \to 0$.

Literaturverzeichnis

Aus der großen Fülle an Büchern zur Wahrscheinlichkeitstheorie und mathematischen Statistik können wir an dieser Stelle nur einige wenige nennen. Unsere Auswahl ist sehr subjektiv und im Wesentlichen ein Querschnitt durch unsere privaten Bibliotheken. Wir unterscheiden zunächst nach der Art der Darstellung zwischen elementarer und fortgeschrittener Literatur, je nachdem ob die Begriffsbildung der Maßtheorie verwendet wird oder nicht. Weiter unterscheiden sich die Bücher ganz erheblich nach dem Raum, den die Statistik einnimmt.

I. Elementare Darstellungen.

1. K. L. Chung: *Elementary Probability Theory with Stochastic Processes.* 3rd edition, Springer Verlag, Berlin 1979.
2. M. Denker, W. A. Woyczynski: *Introductory Statistics and Random Phenomena.* Birkhäuser Boston 1998.
3. W. Feller: *An Introduction to Probability Theory and Its Applications, Vol. I.* 3rd edition, J.Wiley, New York 1968.
4. H.-O. Georgii: *Stochastik.* De Gruyter Verlag 2002.
5. G. Grimmett, D. Stirzaker: *Probability and Random Processes.* 2nd edition, Oxford University Press 1992.
6. G. Grimmett, D. Welsh: *Probability: an introduction.* Oxford University Press 1986.
7. R. V. Hogg, A. T. Craig: *Introduction to Mathematical Statistics.* 4th edition, Macmillan 1978
8. U. Krengel: *Einführung in die Wahrscheinlichkeitstheorie und Statistik.* 5. Auflage, Vieweg Verlag 2000.
9. D. Stirzaker: *Elementary Probability.* Cambridge University Press 1994.

Unter den oben genannten Büchern nimmt das Buch von Feller einen besonderen Platz ein. Dieses Buch ist ohne Zweifel der Klassiker unter den modernen Lehrbüchern zur Wahrscheinlichkeitstheorie und auch heute, 50 Jahre nach dem Erscheinen der ersten Ausgabe, noch stets sehr zu empfehlen.

II. Fortgeschrittene Literatur.

1. H. Bauer: *Wahrscheinlichkeitstheorie.* 5. Auflage, De Gruyter Verlag 2001
2. P. Billingsley: *Probability and Measure.* 2nd edition, J. Wiley, New York 1986

3. H. Cramér: *Mathematical Methods of Statistics.* Princeton University Press 1945.
4. R. M. Dudley: *Real Analysis and Probability.* Wadsworth 1989
5. R. Durrett: *Probability: Theory and Examples.* Wadsworth 1991
6. W. Feller: *An Introduction to Probability Theory and Its Applications, Vol. II.* 2nd edition, J. Wiley, New York 1971
7. P. Gänssler, W. Stute: *Wahrscheinlichkeitstheorie.* Springer Verlag 1973.

Die obigen Bücher entwickeln die Wahrscheinlichkeitstheorie und Statistik auf maßtheoretischer Grundlage. Dabei wird entweder Kenntnis der Maßtheorie vorausgesetzt oder die Grundlagen werden im Text vermittelt. Einen besonderen Platz nimmt in dieser Hinsicht das Buch von Billingsley ein, in dem Maßtheorie und Wahrscheinlichkeitsrechnung integriert dargestellt werden. Erwähnen wollen wir wieder das Buch von Feller, das eine Fülle an fortgeschrittenen Themen behandelt, meist in einer exemplarischen Darstellung, und damit zu einem Klassiker der fortgeschrittenen Literatur geworden ist. Auf dem Gebiet der mathematischen Statistik ist Cramér in ähnlicher Weise ein Klassiker.

III. Literatur zur Maßtheorie. An verschiedenen Stellen im Text haben wir darauf hingewiesen, dass eine weiterführende Beschäftigung mit der Wahrscheinlichkeitstheorie Grundkenntnisse der Maßtheorie erfordert. Wir nennen an dieser Stelle zwei Standardwerke der deutschsprachigen Literatur zu diesem Thema.

1. H. Bauer: *Maß- und Integrationstheorie.* 2. Auflage, De Gruyter 1992.
2. J. Elstrodt: *Maß- und Integrationstheorie.* 3. Auflage, Springer Verlag 2002

IV. Historische Werke.

1. C. Huygens: *De Ratiociniis in Ludo Aleae.* Amsterdam 1657.
2. Jakob Bernoulli: *Ars Conjectandi.* Basel 1713.
3. A. de Moivre: *The doctrine of chances.* 2nd edition, London 1738.
4. A.N. Kolmogorov: *Grundbegriffe der Wahrscheinlichkeitsrechnung.* Springer Verlag, Berlin 1933.

Von den vielen historischen Werken zur Wahrscheinlichkeitstheorie haben wir diese vier Werke aus gutem Grund hervorgehoben. Die Bücher von Huygens und Kolmogorov standen zu ihrer Zeit jeweils am Anfang einer Entwicklung und haben nachfolgende Wissenschaftler entscheidend beeinflusst. Huygens' Traktat war der Beginn einer ernsthaften wissenschaftlichen Beschäftigung mit der Wahrscheinlichkeitsrechnung und Kolmogorov verschaffte der Wahrscheinlichkeitstheorie einen Platz als exakte, auf Axiomen aufgebaute mathematische Theorie. In den beiden anderen Büchern trat jeweils ein großes Resultat der Wahrscheinlichkeitstheorie zum ersten Mal auf. Bernoulli gab den ersten Beweis des Gesetzes der großen Zahlen, De Moivre den ersten Beweis des zentralen Grenzwertsatzes für Bernoulli-verteilte Zufallsvariablen.

Sachverzeichnis

Inhaltsverzeichnis

Inhaltsübersicht

Vorwort zur 2. Auflage

Seit der ersten Auflage im Juli 1998 ist das Thema Due Diligence immer weiter in den Vordergrund gerückt, sei es bei den zahlreichen M&A-Transaktionen, sei es bei den Börseneinführungen in der Blütezeit des Neuen Marktes. Inzwischen sind einige Träume zerplatzt, Planungen enthalten wieder etwas bescheidenere Zuwachsraten und die genaue Analyse eines Unternehmens ist gerade vor dem gestiegenen Risikobewußtsein der Investoren zu einem wichtigen Bestandteil geworden.

Nach wie vor geht es um die Gesamtwürdigung des Unternehmens, in der die Vergangenheit und die geplante Entwicklung, das Marktumfeld und die interne Struktur des Unternehmens bis hin zu den psychologischen Facetten dargestellt und analysiert wird. Gerade die psychologische Seite der Unternehmensbewertung ist vor allem bei Unternehmen, die in innovativen Branchen tätig sind, von großer Bedeutung, da oft die wissenschaftliche und die betriebswirtschaftliche Ernsthaftigkeit des Jungunternehmers das einzig erkennbare im Beurteilungsmaß für den potentiellen Investor darstellt.

Mittelständische Unternehmer stehen der Due Diligence inzwischen aufgeschlossener gegenüber. Sie wissen, wie wichtig es beim Kauf eines Unternehmens ist, eine umfassende Analyse durchzuführen, bevor das Unternehmen in das eigene integriert werden kann. Hier schafft die Due Diligence Sicherheit. Beim Verkauf des Unternehmens, insbesondere, wenn es um Nachfolgeregelungen geht, tun sich viele Unternehmer noch schwer, vor dem Verkauf eine Due Diligence durchführen zu lassen. Falsches Kostenbewußtsein führt dazu, daß es nicht zu der Wertkonkretisierung kommt, die das Unternehmen und auch der verkaufende Unternehmer verdient hätte. Der Vorteil einer Due Diligence wiegt hier die Kosten mehr als auf.

Im Rahmen der Beteiligungsführung ist die Due Diligence insbesondere in Form der jährlich wiederholten Folge-Due Diligence inzwischen etabliert. Eine solche Folge-Due Diligence ermöglicht es auch, dem Aufsichtsrat im Hinblick auf eine mögliche Haftung nach den KonTraG eine optimale Überwachung seines Unternehmens durchzuführen.

Diese Auflage ist in den Bereichen Psychologische Due Diligence, Rating, Qualitative Bewertungsverfahren und Folge-Due Diligence neu geschrieben worden. Die anderen Bereiche wurden aktualisiert und kritisch durchgesehen.

Düsseldorf, im Februar 2002

Wolfgang Koch
Jürgen Wegmann

Vorwort zur 1. Auflage

Der Erwerb oder der Verkauf von Unternehmen, die Börseneinführung, die Vorbereitung der Nachfolgeregelung, der Zusammenschluß mehrerer Unternehmen: all' das setzt eine intime Kenntnis der beteiligten Unternehmen voraus, die nicht aus der Analyse der Jahresabschlüsse allein zu erlangen ist. Erforderlich ist eine Gesamtwürdigung des Unternehmens, in der die Vergangenheit und die geplante Entwicklung, das Marktumfeld und die interne Struktur des Unternehmens bis hin zu den psychologischen Facetten dargestellt und analysiert werden. Diese umfassende Analyse wird im internationalen Bereich Due Diligence genannt. Der mittlerweile auch in Deutschland gebräuchliche Begriff ist eine andere Bezeichnung für die Unternehmensanalyse, die z.B. einer Unternehmensbewertung vorausgeht.

Mittelständische Unternehmer tun sich mit einer so umfassenden Analyse schwer. Sie haben die Sorge, zuviele Informationen über ihr Unternehmen preiszugeben. Gerade bei mittelständischen Unternehmen ist eine solche Analyse zur Lösung drängender Probleme, wie einer nicht ausreichenden Eigenkapitalausstattung oder einer anstehenden Nachfolgeregelung, außerordentlich wichtig.

Hier will das Buch mit einer praxisbezogenen Darstellung Aufklärungsarbeit leisten, um der Due Diligence eine Bahn zu brechen. Erst mit dem richtigen Verständnis der Due Diligence wird es dem Mittelständler gelingen, von einer passiven Erduldung einer solchen Analyse zu einer aktiv durchgeführten Selbstdarstellung zu gelangen. Nur dann kann er sein Unternehmen, sein Lebenswerk, für einen potentiellen Investor oder das breite Börsenpublikum optimal darstellen.

Die Autoren gehen davon aus, daß die Due Diligence, insbesondere eine regelmäßig wiederholte Due Diligence, zum Standard einer modernen Unternehmensführung wird. Anleger und Unternehmen, die Eigenkapital zur Verfügung stellen, werden diesen Standard als ein Argument für ein Engagement in ein mittelständisches Unternehmen ansehen.

Düsseldorf, im Juli 1998

Wolfgang Koch
Jürgen Wegmann

Wolfgang Koch / Jürgen Wegmann

Praktiker-Handbuch
Due Diligence

Analyse mittelständischer Unternehmen

2., überarbeitete und aktualisierte Auflage

2002
Schäffer-Poeschel Verlag Stuttgart

Personalmanagement
für Dummies

Volker Stein

Personalmanagement
für Dummies

WILEY-VCH

WILEY-VCH Verlag GmbH & Co. KGaA

**Bibliografische Information
der Deutschen Nationalbibliothek**

Die Deutsche Nationalbibliothek verzeichnet diese
Publikation in der Deutschen Nationalbibliografie;
detaillierte bibliografische Daten sind im Internet über
http://dnb.d-nb.de abrufbar.

1. Auflage 2013

2. Nachdruck 2017

Das vorliegende Werk wurde sorgfältig erarbeitet. Dennoch übernehmen Autor und Verlag für die Richtigkeit
von Angaben, Hinweisen und Ratschlägen sowie eventuelle Druckfehler keine Haftung.

Printed in Germany

Coverfoto: © viktor88 - Fotolia.com
Korrektur: Frauke Wilkens, München
Satz: Beltz Bad Langensalza GmbH, Bad Langensalza
Druck und Bindung: CPI – Ebner & Spiegel, Ulm

Print ISBN: 978-3-527-70642-6

Über den Autor

Volker Stein ist Inhaber des Lehrstuhls für Betriebswirtschaftslehre, insbesondere Personalmanagement und Organisation an der Universität Siegen (`volker.stein@uni-siegen.de`). Nach absolvierter Banklehre und betriebswirtschaftlichem Studienabschluss als Diplom-Kaufmann an der Universität Mannheim folgten Promotion und Habilitation an der Universität des Saarlandes in Saarbrücken, dann 2006 die Berufung als Universitätsprofessor nach Siegen. Er lehrt regelmäßig als Gastprofessor, unter anderem an der Universität Straßburg, und ist Gründungsvorstand der Universität Siegen Business School zur Weiterbildung von Führungskräften.

Seine Forschungsschwerpunkte umfassen das strategische Personalmanagement im Mittelstand, internationale empirische Organisationsforschung, marktbasierte Führung in Organisationen sowie die Steuerungslogik von Universitäten. Recht bekannt ist die von ihm mitentwickelte »Saarbrücker Formel« als Methode zur personalwirtschaftlichen Humankapitalbewertung. Volker Stein ist Autor von *Emergentes Organisationswachstum* (2000) und *Integration in Organisationen* (2014), Ko-Autor von *Human Capital Management* (2004, 3. Auflage 2011), *Der Talente-Krieg* (2007), *Interkulturelle Wettbewerbsstrategien* (2013) und Mitherausgeber des *Bologna-Schwarzbuchs* (2009) sowie von *The Dean in the University of the Future* (2014).

Auf den ersten Blick eher untypisch, aber vielleicht für einen Personalforscher gerade passend, ist seine intensive Beschäftigung mit Klang, Stimme und Resonanz. Letztlich hat nicht nur Gesang mit Schwingungen zu tun, die beim Hörer »ankommen« müssen: Jegliche Botschaft, die begeistern soll, muss in Schwingung versetzt werden und als solche den Adressaten erreichen. Wenn sie dort ähnliche Schwingungen auslöst, lässt sich auf dieser Basis etwas Gemeinsames gestalten. Personalmanagement ist auf solche wechselwirkende Resonanz zwischen Menschen angewiesen.

Cartoons im Überblick
von Christian Kalkert

Seite 27

Seite 71

Seite 197

Seite 309

Seite 373

Internet: www.stiftundmaus.de

Inhaltsverzeichnis

Kapitel 20
Tarifpartner, weit weg und doch so nah

Kapitel 21
Wer gibt dem Unternehmen Geld? Die Investoren

Kapitel 22
Wo kommen Sie denn her? Ach, von der Unternehmensberatung ...

Kapitel 23
Die Rahmenbedingungen für das Personalmanagement bestimmt immer noch »der Staat«

Kapitel 24
Die Öffentlichkeit, das schwer zu bändigende Wesen

Teil V
Der Top-Ten-Teil   373

Kapitel 25
Zehn Kernfragen erfolgreichen Personalmanagements   375

Kapitel 26
Zehn Erfolgsgrößen, an denen sich Personaler messen lassen   385

Einführung

Wie schön, dass Sie nicht der Meinung sind, Personalmanagement ließe sich allein »aus dem hohlen Bauch heraus« gestalten – denn sonst hätten Sie dieses Buch sicherlich nicht erworben! Sie scheinen ein gutes Gespür dafür zu haben, dass Personalmanagement einerseits eine durchaus befriedigende Aufgabe sein kann, andererseits aber auch eine herausfordernde Arbeit ist, für die Sie Fachwissen benötigen. Präsentiert werden daher Grundkenntnisse wie auch viele weiterführende hilfreiche Informationen, von denen Sie profitieren können. Sie werden den personalwirtschaftlichen Umgang mit Menschen im Unternehmen und mit Menschen im Umfeld des Unternehmens sicherer bewältigen. Sie werden Akzente setzen, die das Unternehmen zu einem attraktiveren Arbeitgeber machen oder dazu beitragen, dass Menschen sich engagiert für das Überleben und Wachsen des Unternehmens einsetzen. Sie werden durch stimmige Personalarbeit zum Erfolg des Unternehmens beitragen. In *Personalmanagement für Dummies* finden Sie das Handwerkszeug einer – *Ihrer!* – professionellen Personalarbeit.

Über dieses Buch

So verschieden Menschen sind, so verschieden muss man ihnen begegnen. Dies trifft besonders auf Unternehmen zu. Dort verbringt man üblicherweise den Großteil seiner Arbeitszeit und begegnet täglich vielen Personen. Als Akteur des betrieblichen Personalmanagements ist es Ihre Aufgabe, *für* das Unternehmen und seine dort beschäftigten Mitarbeiter zu wirken, aber auch *mit* ihnen gemeinsam.

Personalmanagement unterscheidet sich in einer Sache nicht wesentlich von anderen betrieblichen Funktionen wie Beschaffung, Finanzierung, Rechnungslegung oder Marketing: Ohne fundierte Kenntnis fachlicher Grundlagen stößt man schnell an die Grenzen der eigenen Gestaltungsfähigkeit. Personalmanagement ist viel zu wichtig, um es einer amateurhaften Personalarbeit zu überlassen. Dennoch sind in der Praxis heutiger Unternehmen viele Personen, die Personalverantwortung tragen, nicht so »entscheidungssicher« im Personalmanagement, wie sie es eigentlich sein müssten.

Personalmanagement für Dummies will hier Abhilfe schaffen. Es betrachtet Personalmanagement unmittelbar handlungsorientiert und hangelt sich nicht von einem klassischen Personalmanagementfeld zum nächsten, sondern stellt konkrete Fragen, was das Personalmanagement in Bezug auf unterschiedliche Zielgruppen genau tun sollte und tun kann. So wird deutlich, dass Personalmanagement sich nicht allein auf die Mitarbeiter bezieht. Die klassische Personalarbeit von Unternehmen ist nur ein Teil der Aufgaben, die das Personalmanagement heutzutage übernimmt. Personalmanagement wird darüber hinaus als eine strategische Aufgabe begriffen, die frühzeitig und in viele Richtungen Fragen bedenken muss wie »Welche Personalarbeit hilft dem Unternehmen für sein Überleben?« oder »Wie kann das Personalmanagement wichtige Kooperationspartner ins Boot holen?«.

Die Aufgaben des Personalmanagements müssen in jedem Unternehmen zwingend erfüllt werden. Geht man davon aus, dass es in Deutschland gut 3,9 Millionen Unternehmen gibt,

davon über 99 Prozent kleine und mittelgroße Unternehmen und immer wieder auch Tausende von Neugründungen (Start-ups) pro Jahr, so ist der Bedarf an Personalexperten gegeben. Nimmt man hinzu, dass Personalmanagement nicht nur in Personalabteilungen praktiziert wird, sondern im Grunde überall dort, wo Menschen im Unternehmen geführt werden, so müssten auch Führungsverantwortliche von Teams, Projektgruppen und Abteilungen großes Interesse an moderner Personalarbeit haben. Dieses Buch berücksichtigt, dass sie nicht alle einen betriebswirtschaftlichen Fachhintergrund haben, sondern auch aus anderen beruflichen Karrieren heraus in ihre Führungsrolle kommen.

Im Vordergrund steht eine zentrale Frage für Personalverantwortliche, die sich auch Ihnen in der Praxis stellt, wenn Sie Partnern im Unternehmen und in seinem Umfeld begegnen, von denen Sie »als Personaler etwas wollen«: Wie sollen Sie mit ihnen umgehen, damit Sie Ihre Ziele als Personaler umsetzen können? Von diesen Partnern gibt es eine Menge: nicht nur die Mitarbeiter, sondern auch die übrigen Führungskräfte im Unternehmen, die Unternehmensleitung, der Betriebsrat, Unternehmensberater, Zeitarbeitnehmer, Gewerkschaften, Staat und Öffentlichkeit – um nur einige zu nennen. Alle sind wichtig für das Unternehmen und üben zugleich einen bestimmenden, aber jeweils unterschiedlichen Einfluss auf die Gestaltungsmöglichkeiten des Personalmanagements aus. Diese sogenannten Anspruchsgruppen liegen der Systematik des Buches *Personalmanagement für Dummies* zugrunde und bilden die Gliederungslogik.

Gleichzeitig ist dieses Buch in der aktuellen Arbeitswelt verortet mitsamt ihren neuartigen Bedingungen: befristete Arbeitsverträge, Zeitarbeit, dynamische Veränderungen, Offenheit und Kooperation statt Abgeschlossenheit. Das Buch achtet auf die Stimmigkeit Ihrer einzelnen personalbezogenen Entscheidungen und Handlungen zu der vorherrschenden Unternehmens- und Personalstrategie. Es ist nicht sinnvoll, isolierte personalwirtschaftliche Entscheidungen voranzutreiben, nur um dann später zu merken, dass diese Entscheidungen nicht ins unternehmensweite Handeln passen.

Konventionen in diesem Buch

Die einzelnen Kapitel in diesem Buch können Sie unabhängig von anderen Kapiteln verstehen. Ohne Vorkenntnisse können Sie direkt dort mit dem Lesen beginnen, wo Sie Ihr Interesse hinführt. Sie können das Buch jedoch auch Kapitel für Kapitel durchgehen. Wo auch immer Sie beginnen: Sie finden die wichtigsten personalwirtschaftlichen Konzepte verständlich und praxisnah erläutert. Auf langatmige theoretische Ausführungen verzichte ich, dafür erkennen Sie anhand von Symbolen im Text (die ich weiter hinten in dieser Einführung erkläre) unmittelbar, wenn ich besondere Erklärungshinweise, Gestaltungshilfen und praktische Tipps, Fachbegriffe oder Gefahren hervorhebe. Begriffe, die ich neu einführe, setze ich in *Kursivschrift* und erläutere sie direkt im Anschluss. Internetseiten und E-Mail-Adressen gebe ich in `Nichtproportionalschrift` an, damit sie Ihnen auffallen. Wenn Sie schnell Informationen aufnehmen möchten, können Sie die grauen Kästen zunächst überlesen, weil ich in ihnen vor allem zusätzliche Erläuterungen und Beispiele untergebracht habe. Am Ende dieses Buches finden Sie im Stichwortverzeichnis eine hilfreiche Navigationshilfe zu wichtigen Fachbegriffen.

Törichte Annahmen über den Leser

Sie haben sich dieses Buch sicherlich nicht gekauft, um Ihrem Umfeld zu signalisieren, dass Sie nur an der Oberfläche kratzen möchten. Denn genau das ist nicht der Anspruch von *Personalmanagement für Dummies*. Sie zeigen vielmehr, dass Sie in ein Fachgebiet einsteigen und es dann komplett überblicken wollen. Die zentrale Servicefunktion des Buches hilft Ihnen dabei. Mit vergleichsweise wenig Aufwand erschließen Sie sich die Welt des Personalmanagements und finden sich rasch darin zurecht. Damit sind Sie

✔ **kreativ:** Sie sind offen für Neues und bereit, Altes dafür über Bord zu schmeißen. Nicht alles, was »schon immer« zum Personalmanagement gesagt wurde, ist auch hilfreich. Sie suchen nach Methoden und Instrumenten, die zur heutigen Zeit passen.

✔ **bewegend:** Sie warten nicht nur, dass alles um Sie herum Ihre Probleme löst, sondern Sie wollen selbst anpacken. Im Personalmanagement heißt das vor allem, gute Entscheidungen zu treffen. Dabei muss nicht jeder immer absolut zufrieden sein – aber das Gesamtpaket Ihrer Entscheidungen muss letztlich Ihrem Unternehmen und Ihren Mitarbeitern nützen.

✔ **professionell:** Sie wollen, dass Ihr Personalmanagement durch Ihr Mitwirken zur Visitenkarte Ihres Unternehmens wird – und zwar nicht zu irgendeiner x-beliebigen. Sondern zu einer Visitenkarte, die Ihr Unternehmen aufgrund Ihrer fachlichen Fähigkeiten strahlend dastehen lässt. Und das klappt nur, wenn Sie genau wissen, was Sie tun. Dann können Sie auch beruhigt die Verantwortung für Ihr Handeln übernehmen.

Personalmanagement ist ein Fachgebiet, das recht gut intuitiv erfassbar ist – was jedoch nicht bedeutet, dass die Inhalte für sich genommen reine Intuition wären. Im Gegenteil: Die dahinterstehende intensive Forschung ist sowohl empirisch basiert als auch theoretisch begründet. *Personalmanagement für Dummies* richtet sich an alle, die eine moderne Herangehensweise an das Personalmanagement erhalten wollen – um es zu verstehen, um es zu erklären, um es zu gestalten, um es einzufordern.

Wie dieses Buch aufgebaut ist

Auch wenn Sie die Kapitel dieses Buches im Wesentlichen unabhängig voneinander lesen können, folgt das Buch einer klaren Logik und ist systematisch aufgebaut. Jeder der fünf Teile dieses Buches befasst sich mit einer anderen Zielrichtung des Personalmanagements. Stellen Sie sich einen Stein vor, den Sie ins Wasser werfen und der Wellen verursacht: Das Zentrum bilden die Grundideen des Personalmanagements (Teil I), darum herum entdecken Sie Ihre Mitarbeiter als Gestaltungsfeld (Teil II), bevor Sie sich dem unternehmensinternen Umfeld öffnen (Teil III) und schließlich als äußersten Kreis das unternehmensexterne Umfeld ins Visier nehmen (Teil IV). Die breiteste Perspektive ergänzt dann der Top-Ten-Teil (Teil V). Die Einzelheiten dieser Teile stelle ich Ihnen im Folgenden vor.

Teil I: Die Grundlagen des Personalmanagements kennenlernen

Zunächst sollten Sie verstehen, was Personalmanagement ist und wie es sich zurzeit modernisiert, es sich also an die Rahmenbedingungen einer Wirtschaft im 21. Jahrhundert anpasst.

Wenn Sie Personalmanagement gestalten wollen, benötigen Sie als Kompass ein personal-strategisches Selbstverständnis, an dem Sie Ihr Handeln ausrichten können. Interessant und äußerst spannend wird es, wenn Personalmanagement sich nicht nur auf einzelne Menschen bezieht, sondern die gesamte Belegschaft als Sinn- und Wertegemeinschaft begreift: Spätes-tens dann wird Ihnen klar, dass Personalmanagement sich auch um die Unternehmenskul-tur kümmern muss. Schließlich möchte ich Sie mit dem Leitbild eines professionellen Per-sonalmanagements dafür gewinnen, einen grundlegenden Qualitätsanspruch für die Personalarbeit zu definieren. Sie werden erkennen: Eine solche Professionalisierung zahlt sich letztlich für das gesamte Unternehmen aus.

Teil II: Die Mitarbeiter entdecken

In Teil II erfahren Sie, wie Sie die Kernaufgaben der traditionellen Personalarbeit in der heutigen Zeit bewältigen. Sie entdecken, wie Sie zukünftige Mitarbeiter beschaffen, neue Mitarbeiter willkommen heißen, die leistungsbereiten Mitarbeiter bei ihrer Arbeit begleiten, sie entlohnen und durch gute Personalführung an das Unternehmen binden, wie Sie sich von Mitarbeitern trennen und auch mit ehemaligen Mitarbeitern noch den Kontakt pflegen können. In diesem Teil setzen Sie sich also mit der jeden Tag neu abzuliefernden Personal-arbeit auseinander, die Sie »nah am Menschen« erbringen, um diese so angenehm wie mög-lich zu guter Leistung anzuregen.

Teil III: Interne Verzahnung ist das A und O

In diesem Teil zeige ich Ihnen, dass Personalmanagement mehr umfasst als die unmittelbare Sorge um die Mitarbeiter. Im unternehmensinternen Umfeld sind nämlich einige Akteure am Werk, die einen bedeutenden Einfluss darauf haben, wie erfolgreich Sie Ihr Personalma-nagement betreiben. So müssen Sie mit einem Betriebsrat genauso in Kontakt treten wie mit allen Führungskräften, die im Unternehmen verteilt sind. Auch die Unternehmenslei-tung möchte vom Personalmanagement unterstützt und informiert werden. Und nachdem Sie systematisch die Schnittstellen zu Produktions-, Finanz- und Rechnungslegungs- sowie IT- (Informationstechnologie-)Abteilung auf Sachverhalte hin abgeklopft haben, die sich auf die Mitarbeiter auswirken, können Sie schließlich sogar ein Personalmanagement für die eigene Personalabteilung entwerfen. Nicht zu vergessen sind die Auslandsstandorte, die ebenfalls auf Ihr Personalmanagement bauen. Je intensiver Sie unternehmensinterne Netz-werke knüpfen und pflegen, desto größer ist Ihre Chance, gute Arbeits- und Leistungsbedin-gungen herzustellen und damit zu Produktivität und Mitarbeiterzufriedenheit beizutragen.

Teil IV: Externe Partner mischen kräftig mit

Vielleicht hätten Sie nicht erwartet, dass auch unternehmensexterne Akteure etwas mit Ihrem Personalmanagement zu tun haben. Doch dies ist heutzutage häufiger der Fall, als man dies üblicherweise wahrnimmt. So verlagern einige Unternehmen ihre Personalarbeit teilweise auf externe Dienstleister oder leihen sich von externen Zeitarbeitsunternehmen Mitarbeiter aus. Externe Tarifpartner wie die Gewerkschaften und Arbeitgeberverbände be-einflussen die Bezahlung der Mitarbeiter, während externe Investoren neuerdings bohrend nachfragen, wie es ein Unternehmen denn bitteschön mit den Personalrisiken hält. Externe

Unternehmensberatungen klinken sich in das Personalmanagement ein, der Staat fordert Gesetzestreue und bietet seine Leistungen an, und ganz am Schluss will die externe Öffentlichkeit immer auch gut über alles Mögliche aus dem Inneren des Unternehmens informiert werden. Bei so vielen externen Bezügen wird schnell deutlich, dass Sie hier ebenfalls ein breites Betätigungsfeld für das Personalmanagement vorfinden.

Teil V: Der Top-Ten-Teil

Im abschließenden Teil möchte ich Sie – der guten Tradition von ... *für Dummies*-Büchern folgend – in die Lage versetzen, in übersichtlichen Zehnerpaketen komprimiertes Wissen zu erhalten, mit dem Sie als Personalmanagementprofi glänzen können. Hierzu zählen zehn Kernfragen erfolgreicher Personalarbeit ebenso wie zehn Erfolgsgrößen, an denen Sie sich messen lassen müssen, zehn Schritte zu einem kompetenten Auftreten als Personalmanagementstratege ebenso wie zehn Vordenker modernen Personalmanagements, die Sie auf jeden Fall kennen sollten. Solchermaßen mit Personalmanagementwissen ausgestattet, sollten Sie sich bezüglich Personalmanagement auf sicherem Terrain fühlen.

Symbole, die in diesem Buch verwendet werden

Im gesamten Buch habe ich einige Symbole eingesetzt, um Sie gezielt auf bestimmte interessante Punkte aufmerksam zu machen.

Bei diesem Symbol finden Sie Hinweise aus der personalwirtschaftlichen Literatur, die Ihnen helfen, ein schwieriges Problem klarer zu fassen und zu verstehen. Zudem verweise ich Sie auf besonders wichtige Zusammenhänge.

Im Buch klingt Personalmanagement immer einfach, in der Praxis ist das Selbermachen aber viel schwerer. Damit die Umsetzung Ihrer Personalmanagementideen gelingt, präsentiere ich an dieser Stelle Gestaltungshilfen sowie praktische Tipps.

An dieser Stelle finden Sie Fachbegriffe zum Personalmanagement: Denn auch die Personalprofis haben ihre eigene Sprache und nutzen sie als ihr Handwerkszeug. Aber keine Angst vor diesem Spezialvokabular. Einmal gelernt, gewöhnen Sie sich schnell daran und machen es sogar zum Bestandteil Ihres eigenen Wortschatzes.

Hier lauert eine Gefahr! Meistens besteht sie darin, dass Probleme ohne viel Nachdenken mit der erstbesten Idee angegangen werden, die Ihnen in den Kopf kommt. Beobachten Sie sich und Ihre Umwelt mal, wie häufig der Satz »... da können wir doch *einfach mal* dieses oder jenes tun« fällt. *Einfach* ist meist gar nichts – denn auch in Situationen, in denen sich ein Sachverhalt vermeintlich einfach entscheiden lässt, können daraus recht schwerwiegende Konsequenzen erwachsen. Dieses Symbol warnt Sie also vor vorschnellem Entscheiden ohne vorheriges vertieftes Nachdenken über Fern- und Nebenwirkungen Ihrer »Einfach mal«-Entscheidung.

Wie es weitergeht

Dieses Buch bietet Ihnen einen breiten Einstieg in die faszinierende Welt des Personalmanagements von heute. Es ermöglicht Ihnen Standortbestimmung und Standortgestaltung zugleich. Selbstverständlich können Sie sich alle einzelnen Aspekte noch viel weiter erschließen (an ergänzender Literatur besteht kein Mangel) und Sie wissen ja: Man lernt niemals aus. Dennoch finden Sie ein reichhaltiges Basiswissen vor, das Sie in die Lage versetzt, verantwortlich mit Ihren Mitarbeitern und Ihrem personalwirtschaftlichen Umfeld umzugehen. Dabei steht es Ihnen vollkommen frei, dort mit dem Lesen zu beginnen, wo Sie möchten. Alle Kapitel sind kleine Mosaiksteine und das Gesamtbild erschließt sich nach und nach von selbst. Nach erfolgreicher Beschäftigung mit *Personalmanagement für Dummies* sollten Sie nicht nur – wie man so schön sagt – »in der Lage sein, die richtigen Fragen zu stellen«. Sie sollten auch mit gutem Gewissen Ihre Antworten verantworten können!

Wenn Sie allerdings erwarten, dass man im Unternehmen alle Ihre Ideen und Impulse begierig aufsaugt wie ein trockener Schwamm, könnte es Ihnen passieren, dass Sie den berühmten »Praxisschock« erleiden. Denn häufig ist es so, dass immer dann, wenn jemand mit etwas Neuem kommt (also Sie!), zunächst einmal eine große Ablehnung möglicher Veränderung zu spüren ist.

An dieser Stelle sind Sie gefordert, Schwingungen auszusenden, also Ihre Ideen zu kommunizieren und Ihr Gegenüber zu faszinieren. Diskutieren Sie mit Kolleginnen und Kollegen, mit Entscheidern und Betroffenen, und holen Sie sich durchaus auch in Ihrem privaten Umfeld – natürlich unter Wahrung aller betrieblichen Geheimnisse – Anregungen, Einschätzungen und auch kritische Sichtweisen ein. Je vollständiger Ihr Bild von Ihren Gestaltungsmöglichkeiten und Ihren Gestaltungsgrenzen wird, desto besser. Je klarer Sie Ihre Position finden zwischen »es allen recht machen wollen« und »etwas Sinnvolles bewirken wollen«, desto weniger werden Sie für fremde Interessen instrumentalisiert. Und je mehr begeisternde Resonanz Sie bei anderen erzeugen, desto eher können Sie Ihre zuvor bewusst durchdachten Ideen auch zum Leben erwecken.

Es lohnt sich allemal: Immerhin entscheiden Sie darüber mit, wie sich Mitmenschen in Ihrem Unternehmen entfalten können beziehungsweise wie sie sich im Kontakt mit Ihrem Unternehmen fühlen. Als Mitgestalter können Sie bremsen, aber auch beschleunigen. Sie können verhindern, aber auch ermöglichen. Sie können Türen zuschlagen, aber auch weit aufreißen. Kaum ein betriebliches Handlungsfeld bietet wie das Personalmanagement die Chance, die eigene Freude an der Arbeit mit anderen zu teilen!

Teil I
Die Grundlagen
des Personalmanagements
kennenlernen

In diesem Teil ...

In diesem Teil werde ich Ihnen den Einstieg in die Welt des Personalmanagements erläutern. Sie benötigen ein sicheres Fundament, auf dem Sie Ihr personalwirtschaftliches Handeln aufbauen können. Dieses Fundament besteht aus den Antworten auf die Fragen, die Sie stellen: Was ist Personal? Als was begreife ich Personalmanagement? Wozu dient Personalmanagement? Wer gestaltet und verantwortet Personalmanagement? Durch diese und ähnliche Themen entwickeln Sie einen Bezug zu den Aufgaben und zum Selbstverständnis eines modernen Personalmanagements. Ihr Fundament berücksichtigt aber auch schon, dass Sie es nicht immer nur mit einzelnen Menschen im Unternehmen zu tun haben werden: Sie werden auch die Arbeitsbedingungen von Arbeitsgruppen, Projektteams und ganzen Unternehmensbelegschaften beeinflussen. Daher erläutere ich schon zu Beginn die kollektiven Aspekte des Personalmanagements, zum Beispiel die ganz wichtige Unternehmenskultur. Und damit Sie eine persönliche Vision für Ihr personalwirtschaftliches Handeln entwickeln, die Sie anstreben können, möchte ich Sie für den Unterschied zwischen amateurhaftem und professionellem Personalmanagement sensibilisieren.

Wie Personalmanagement
dem Unternehmen dient

In diesem Kapitel ...

▶ Personal definieren

▶ Aufgaben des Personalmanagements verstehen

▶ Die Dynamik des Personalmanagements erkennen

Möchten Sie in das Personalmanagement einsteigen? Ich kann Sie nur dazu ermutigen. Zunächst erkläre ich, was Personal ist, damit dann geklärt werden kann, welche Ziele das Personalmanagement hat.

Natürlich handelt das gesamte Buch vom Personalmanagement, sodass dieser Einstieg erst einmal nur das Wichtigste betont. Aber ich möchte Ihnen deutlich machen, dass Sie bereits an dieser Stelle mit Ihrer Gestaltung von Personalarbeit beginnen: Denn je nachdem, welche Perspektive Sie einnehmen und mit welcher Sichtweise Sie auf das Personalmanagement schauen, können Sie Ihrem Personalmanagement von vornherein eine persönliche Note geben.

Im Gesamtzusammenhang von Unternehmen nimmt das Personalmanagement traditionell eine unterstützende Funktion wahr. Dies ändert sich jedoch derzeit: Immer stärker stößt das Personalmanagement Schritt für Schritt auch in die Unternehmensführung vor und übernimmt dort Verantwortung. Wer diese Verantwortung trägt, werden Sie im Folgenden genauso erfahren wie die Gründe und die Stufen dieser Modernisierung.

Personal im Unternehmen

Das Personalmanagement deckt ein eigenständiges Aufgabengebiet ab, das keine andere betriebliche Funktion bearbeitet: Es kümmert sich um das Personal, also um einen ganz besonderen Produktionsfaktor.

Überraschende Begriffsvielfalt für Personal

Leichte Frage zum Start: Was eigentlich ist Personal? Ganz einfach, werden Sie sagen, Personal, das sind die Menschen im Unternehmen. Und ganz verkehrt liegen Sie damit nicht.

Doch schon wird es kompliziert:

✔ Ist Personal die Summe der *Menschen*, dann zählt zunächst das bloße Vorhandensein von Personen. Im ähnlichen Sinne deutet das Wort »Belegschaft« an, dass es um eine möglichst vollständige Belegung des Unternehmens und seiner Arbeitsplätze mit Men-

schen geht. Im Hinblick auf Menschen würden sich zumindest philosophisch orientierte Betrachter zunächst fragen, ob das Wichtige für das Personalmanagement der Körper ist oder der Geist oder beides. Ein Personalmanager, der sich auf Menschen ausrichtet, müsste dementsprechend zunächst für sich klären, welches Menschenbild er hat, wie er also ganz allgemein Menschen und deren Besonderheiten sieht und wie er damit umgehen will.

✔ Ist Personal die Summe der *Persönlichkeiten*, so rückt das Individuum mit seinem Verhalten in den Vordergrund: Ein Personalmanager weiß, dass er es mit Subjektivität, Emotionen und Intuition zu tun haben wird – und wenn er alle Persönlichkeiten zusammengefasst als Kollektiv betrachtet, mit kollektiven Werten, also mit der Unternehmenskultur. Da ist der Psychologe im Personalmanager gefragt.

✔ Ist Personal die Summe der *Rollen*, so lassen sich hierzu Angestellte, Arbeiter und Führungskräfte unterscheiden. Wer darf entscheiden, wer muss gehorchen? Die Frage von »oben und unten« stellt sich, und schon gerät das gesamte organisationale Rollengefüge eines Unternehmens mit den Stellen und Instanzen ins Blickfeld des Personalmanagements.

✔ Ist Personal die Summe aus *Produktionsfaktoren*, so sieht man Personal als Ressource an: Neben »Kapital« (also vor allem Geld und Sachkapital wie die Maschinen) gibt es in der klassischen Betriebswirtschaftslehre noch den »Boden« (also vor allem Grundstücke und Gebäude) und eben die »Arbeit«. Dieser Produktionsfaktor unterteilt sich in die ausführende Arbeit und in die, die Entscheidungen trifft (hier spricht man vom dispositiven Faktor). Heutzutage kommt noch der Produktionsfaktor Wissen dazu. Auf jeden Fall geht es hierbei gleich immer um Investitionen, denn Produktionsfaktoren sind nicht kostenlos zu bekommen.

✔ Ist Personal die Summe aus *Vermögenswerten*, dann liegt die Sichtweise auf dem, was ein Unternehmen an wertvollen Personen angesammelt und – etwa durch Weiterbildung – wertvoller gemacht hat. Man spricht dann vom »Humanvermögen« und tut ein wenig so, als »gehöre« das Personal dem Unternehmen. In der heutigen Zeit ist Personal allerdings mobiler, als es sich Unternehmen wünschen, und manchmal läuft es einem Unternehmen einfach weg. Hinzu kommt, dass neuerdings auch Personal im Unternehmen mitwirkt, das dem Unternehmen überhaupt nicht gehört, zum Beispiel Zeitarbeitnehmer oder Unternehmensberater.

✔ Ist Personal die Summe aus *Datensätzen*, dann freut sich deren Verwalter: In Personalakten und Excel-Tabellen müssen für jeden Arbeitenden alle möglichen Daten gesammelt und aktuell gehalten werden; jeder wird zu einer Personalnummer.

✔ Ist Personal die Summe aus *Wertschöpfungspotenzialen*, dann sieht man auf die Möglichkeiten, die im Personal stecken, also auf das, was die Mitarbeiter letztlich leisten und erwirtschaften könnten. In diesem Zusammenhang ist häufig auch von »Humankapital« die Rede, das zur Wertschöpfung eingesetzt werden kann. Relevanter als die bloße Zahl der Personen werden hier die sogenannten »weichen Faktoren«, also die Leistungsbereitschaft, die Motivation oder die Bereitschaft, bei einem Unternehmen zu bleiben.

Nun wird es doch wieder einfach: Personal ist natürlich gleichzeitig alles zusammen.

Als Leser dieses Buches werden Sie schließlich in der Lage sein, virtuos mit den verschiedenen Bedeutungen des Begriffs Personal umzugehen und den unterschiedlichen Anforderungen jeder der Sichtweisen gerecht zu werden. Vielleicht bevorzugen Sie ja wie ich für das Personal das Wort *Mitarbeiter* – denn hiermit wird ausgedrückt, dass eine Person Teil eines gemeinschaftlichen Arbeitszusammenhangs ist.

Die Funktion, die das Personal managt

Personalmanagement ist die betriebliche Funktion, die sich mit dem Personal von Unternehmen beschäftigt und für dessen Arbeit die unternehmensbezogen sinnvollen Rahmenbedingungen schafft.

Unabhängig davon, ob es durch eine eigene Abteilung in Großunternehmen oder nur durch eine oder wenige Personen im kleinen oder mittelgroßen Unternehmen bewältigt wird:

✔ Personalmanagement soll durch seine Kompetenzen dafür sorgen, dass genügend Mitarbeiter mit ausreichender Qualifikation und hohem Leistungspotenzial für die Unternehmensaufgaben zur Verfügung stehen.

✔ Personalmanagement soll verhindern, dass vor allem gut qualifizierte Mitarbeiter das Unternehmen verlassen.

✔ Personalmanagement soll dem Unternehmen in einer Zeit des Innovations- und Qualitätswettbewerbs nachhaltige Wettbewerbsvorteile auf seinen Märkten erschließen.

✔ Personalmanagement soll die personellen Ressourcen des Unternehmens – und indirekt das gesamte Unternehmen – durch ruhige wie auch durch wirtschaftlich turbulente Zeiten steuern.

Das Personalmanagement samt personeller Führung ist eine zentrale Unternehmensüberlebensfunktion. Es umfasst, Entscheidungen zu treffen, die unmittelbar mit Menschen im Unternehmen zu tun haben. Das bedeutet, dass sich Ihre Entscheidungen auf Menschen auswirken werden. Sie tragen die Verantwortung dafür, dass Ihre Entscheidungen gut sind und Nutzen sowohl für Ihr Unternehmen als auch für die Mitarbeiter stiften. Je gewissenhafter Sie sich darauf vorbereiten, desto eher werden Sie dieser Verantwortung gerecht.

Wie sich Personalmanagement und Organisationsaufgaben verzahnen

Als Einstieg in die schrittweise Entwicklung des Personalmanagements bietet sich die Frage nach dem »Was« an: Was für Aufgaben werden durch diese Funktion im Zeitablauf wahrgenommen, welche Inhalte stehen jeweils im Mittelpunkt?

Die Inhalte des Personalmanagements konzentrierten sich bis in die 1980er-Jahre hinein auf einen traditionellen Kern an Aufgaben. Der bestand aus den ursprünglichen Handlungsfeldern der Personalarbeit:

✔ der Personalplanung (Bestandsanalyse und Bedarfsbestimmung),

✔ der Personalbeschaffung und dem Personaleinsatz,

✔ der Personalführung und Personalentwicklung,

✔ der Personalentlohnung und

✔ der Personalfreisetzung.

Daneben stand als nahe Verwandte die klassische Organisationsfunktion, die Aufgaben der Planung, Durchführung, Steuerung und Kontrolle wahrnahm, vor allem konzentriert auf die Strukturierung des Unternehmens (Aufbauorganisation) und die Leistungserstellungsprozesse (Ablauforganisation).

Später und besonders im Laufe der 1990er-Jahre erfolgte eine schrittweise Ergänzung der Kernaufgaben des Personalmanagements: In dem Maße, wie Wirtschaft und Umwelt komplexere Aufgaben bereithielten – zu denken ist an neue Technologien wie das Internet, an die europäische und globale Vernetzung von Unternehmen und an einen intensiveren Wettbewerb um Kunden –, entstanden *Querschnittsfunktionen*, die Personalmanagement mit folgenden Bereichen kombinierten:

✔ Informationstechnologie,

✔ Arbeitsrecht,

✔ Marketing,

✔ Controlling und

✔ Internationalisierungsmanagement.

Parallel hierzu bemühte man sich auf der Seite der Organisationsfunktion um eine feinere Systematisierung der Gestaltungsfelder. Im Rahmen von *multiperspektivischen Ansätzen* erschloss man sich dort neue Themen jenseits der klassischen Organisation, kümmerte sich also neben Aufbau- und Ablauforganisation (»mechanisch«) um folgende Bereiche:

✔ die Unternehmensziele (»strategisch«),

✔ das Management des Unternehmenswachstums (»organisch«),

✔ die Unternehmenskultur (»kulturell«),

✔ das Wissensmanagement (»intelligent«) sowie

✔ das Management von Unternehmenskooperationen (»virtuell«).

Die bis dahin noch recht deutlich spürbare Trennung zwischen den Funktionen Personalmanagement und Organisation löste sich dann um die Jahrtausendwende auf. Im Zuge einer integrativen Neuordnung beider Funktionen bilden sich drei Bereiche aus:

✔ In der *strategischen Führung* verzahnen sich Personalmanagement und Organisation mit der Unternehmensführung. Es werden Aufgaben wie die Festlegung von Unternehmenspolitik und Unternehmensstrategie wahrgenommen, und zwar sowohl mit Blick auf

den unternehmensexternen Absatzmarkt für die erstellten Leistungen als auch mit Blick auf die unternehmensintern verfügbare Ressourcenausstattung.

✔ Ein zweiter Bereich ist das _Change Management_ mit dem Schwerpunkt auf Beratungsaktivitäten zum strategischen Wandel, das individuelle Personalentwicklung und kollektive Organisationsentwicklung miteinander verzahnt.

✔ Schließlich entsteht als dritter großer Bereich der _operative Service_, in dem es darum geht, mengenmäßig umfangreiche und möglichst standardisierbare Personal- und Organisationsaufgaben wirtschaftlich abzuwickeln. Das geschieht entwoder in einem Dienstleistungsbereich des Unternehmens oder bei externen Dienstleistern, wobei diese dann mit Steuerungsinformationen versorgt und angemessen überwacht werden müssen.

Abbildung 1.1 fasst diese Entwicklung zusammen.

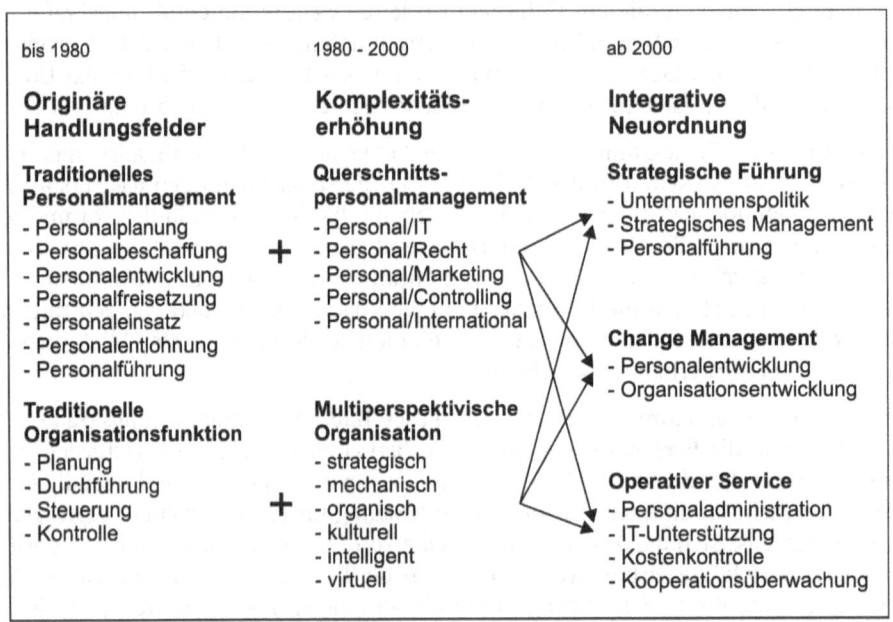

Abbildung 1.1: Verzahnte Entwicklung von Personalmanagement und Organisation

In modernen Unternehmen wird an das Personalmanagement häufig der Wunsch herangetragen, dass es alle neuen Aufgabenbereiche gleichermaßen übernimmt. So soll das Personalmanagement als _Business Partner_ (sorry, in der Personalmanagementsprache werden immer diese englischen Begriffe verwendet!) die Unternehmensführung unterstützen, als _Change Agent_ den ständigen Wandel begleiten und als _Service Center_ ein professioneller interner Dienstleister für Personalmanagement- und Organisationsaufgaben sein.

Wenn wir ehrlich sind, wird schnell klar: All diese Funktionen gleichzeitig wird ein Personalmanagement nur in den seltensten Fällen stemmen können. Sie müssen daher dazu beitragen, dass das Personalmanagement keine übersteigerten Erwartungen weckt und dass es stattdessen eine ehrliche Rolle spielt, die es glaubwürdig einlöst.

Wer die Personalarbeit eigentlich verantwortet

Die zweite Frage, die sich zum Verständnis des Personalmanagements stellt, ist die nach dem »Wer«: Wer genau übernimmt die Verantwortung für Personalmanagementaufgaben? Auch hier ist die leichte Antwort »die Personalabteilung« nur ein Teil der Wirklichkeit.

Stellen Sie sich ein Unternehmen vor, das ein wenig größer ist und damit auch eine zentrale Personalabteilung hat – über das Personalmanagement in kleinen Unternehmen erfahren Sie in Kapitel 2 mehr. In diesem Unternehmen leiten weitere Linienführungskräfte andere Abteilungen wie etwa die Produktions- oder Vertriebsabteilung und auch Arbeitsgruppen wie Projektteams oder Montageteams. Sie sind in den Arbeitsbereichen, die über das Unternehmen verteilt sind, ebenfalls für personalwirtschaftliche Belange verantwortlich.

Betrachtet man die Entwicklung von Verantwortlichkeiten des Personalmanagements (siehe Abbildung 1.2), so wickelten in den 1980er-Jahren Personalabteilungen die Personalmanagementaufgaben unangefochten allein ab. Sie gaben inhaltliche Grundlinien vor und setzten die Personalführung, die Mitarbeiterkontrolle und die Personalverwaltung um. Dort, wo Aufgaben, vor allem die Personalführung von Mitarbeitern, bereits an Linienführungskräfte delegiert wurden, nahmen die Personalabteilungen dann immer noch von zentraler Warte die Kontrollfunktion wahr und überwachten, ob die Mitarbeiter sich tatsächlich gemäß den Vorstellungen des Unternehmens verhielten.

Im Laufe der 1990er-Jahre veränderte sich dieses Bild. Die Linienführungskräfte wurden immer stärker in die Personalmanagementaufgaben eingebunden. Sie entschieden nun dezentral mit über den Zuschnitt ihrer Abteilungen, über Ressourcen und über Ziele. Auch wurde ihnen mehr an direkter Führungsverantwortung für die Mitarbeiter übertragen, weil man erkannte, dass sich die organisationale Nähe von Führenden und Geführten positiv auf den Führungserfolg auswirkte. Waren vor allem die Kontrollaufgaben und einige Verwaltungsaufgaben auf die Linienführungskräfte übergegangen, konzentrierten sich die Personalabteilungen nun auf die Personalentwicklung von Mitarbeitern, Führungskräften und die Organisationsentwicklung des Unternehmens.

Auch über den Jahrtausendwechsel hinweg setzte sich die Aufgabenverschiebung fort: Während die Kontrollaufgaben der Linienführungskräfte und einige Führungsaufgaben allmählich auf die Mitarbeiter weiterdelegiert wurden, die sich über den Weg von Zielvereinbarungen und leistungsorientierter Entlohnung selbst hinsichtlich ihrer Leistung kontrollieren konnten und mussten, gingen nun die Personalentwicklungsaufgaben auf die Linienführungskräfte über. Sie sollten die Entwicklungsbedarfe ihrer Mitarbeiter direkt erfassen und auch mehr Verantwortung für die fachliche Qualität ihrer Mitarbeiter übernehmen. Die Personalabteilungen zogen sich aus vielen Einzelentscheidungen zu Karriere und Weiterbildung zurück, standen aber hierzu wie auch zu anderen grundlegenden Fragen zum Umgang mit dem Personal mit Rat zur Verfügung.

Eine nächste Stufe ist die Bewegung seit ungefähr 2010: Erneut verschieben sich Verantwortlichkeiten von den Linienführungskräften in Richtung der Mitarbeiter und gleichzeitig von den Personalabteilungen in Richtung der Linienführungskräfte. Im Hinblick auf die Mitarbeiter wird nun deren bislang dezentral-fremdgesteuerte Personalentwicklung zusätzlich zu einer Selbstentwicklung: Mitarbeiter sollen immer eigenständiger und eigenverantwortlicher die Möglichkeiten ihrer Entwicklung mit dem Unternehmen aushandeln.

Letztlich sind die Mitarbeiter inzwischen für ihr Lernen selbst verantwortlich. Darüber hinaus sollen sie sich immer selbstständiger über sogenannte *Employee-Self-Service-Systeme*, also intranetbasierte Mitarbeiter-Selbstbedienungssysteme, selbst verwalten. Zur gleichen Zeit geben die Personalabteilungen ihre Ratgeberfunktion an die Linienführungskräfte weiter, die – unterstützt durch ein Managementinformationssystem – den Mitarbeitern unterstützende Impulse zukommen lassen können. Die Personalabteilung wandelt sich dafür zu einem strategischen Business Partner der Unternehmensleitung, begleitet also Wandel- und Anpassungsprozesse im Unternehmen in ihren personalwirtschaftlichen und organisationalen Auswirkungen.

Welche Möglichkeiten der zukünftige Weg des Personalmanagements bringen wird, zeichnet sich bereits ab. Selbst wenn es nicht immer sinnvoll erscheinen mag: Es ist davon auszugehen, dass die Verschiebung weiterer Verantwortlichkeiten von Personalabteilungen auf Linienführungskräfte und von dort aus auf die Mitarbeiter zunächst anhalten wird – allein schon aus Kostengründen.

Das Prinzip, nach dem Unternehmen handeln, lautet: Wissen und Information sind Holschulden. Daher werden die Mitarbeiter noch stärker verantwortlich gemacht für ihre eigene Informationsversorgung. Die Linienführungskräfte ziehen sich damit aus der systematischen Beratungsfunktion zurück auf die Rolle eines fallweisen Informationsgebers (Coach), werden aber noch stärker als bislang in Anspruch genommen werden, wenn es um ihren unterstützenden Einsatz für die Unternehmensführung geht.

Was allerdings im Zuge dieses jahrzehntelangen *Empowerments* der Mitarbeiter, also deren Erhöhung von Selbstbestimmung und Selbstverantwortlichkeit, für die Personalabteilung an Aufgaben übrig bleiben wird, ist momentan umstritten: Es besteht die Gefahr, dass eine Personalabteilung nicht mehr als Zentralabteilung gebraucht wird und daher deren Reste ausgelagert werden – oder aber ihr gelingt es, neue Aufgaben zu finden und zu übernehmen.

Personalmanagement für Dummies zeigt auf, welch neue Vielfalt an Aufgaben sich der Personalabteilung über die bisher verantworteten Aufgaben hinaus erschließen können. Eines ist sicher: Selbst wenn Unternehmen auf ihre Personalabteilungen verzichten sollten, die Aufgaben des Personalmanagements sind unverzichtbar und werden bleiben.

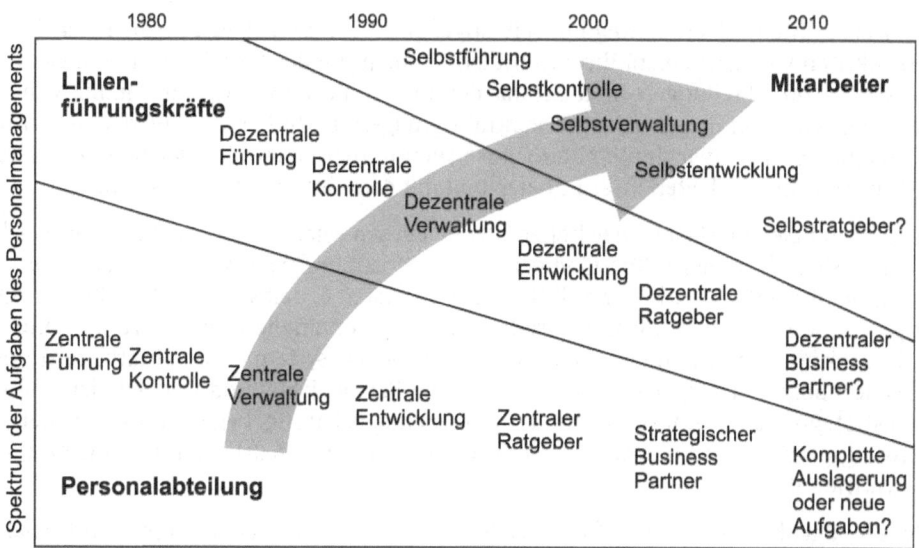

Abbildung 1.2: Verteilung von Personalmanagementaufgaben auf Akteure

Warum das Personalmanagement immer moderner wird

Eine weitere Frage wird das »Warum« des Personalmanagements sein: Warum tut sich im Personalmanagement so viel? Könnte man sich nicht mal auf einen Kern des Personalmanagements einigen und dann in Ruhe daran arbeiten?

Gerade die Denkrahmen, unter denen die Akteure die Personalmanagementaufgaben begreifen und gestalten wollen, ändern sich ständig – weil sich die Umwelt so schnell ändert. In dem Maße, in dem immer wieder ein anderer externer Druck neue Rahmenbedingungen für das Handeln setzt, verändern sich auch die Auffassungen, was jeweils »modernes Personalmanagement« ist (siehe Tabelle 1.1).

Dieser Druck macht vor keinem Unternehmen halt. Gerade kleinere und mittelgroße Unternehmen sind von konjunkturellen, technologischen, demografischen und kulturellen Verwerfungen und Herausforderungen viel unmittelbarer betroffen als Großunternehmen, die über vielfältige Puffer zum längerfristigen Aushalten und Abfedern von externem Druck verfügen.

Wenn Sie einen Blick in die Vergangenheit werfen, sehen Sie: Die Personalfunktion ist eine der jüngsten betrieblichen Funktionen, die Eingang in die Betriebswirtschaftslehre an Hochschulen gefunden haben, andere Funktionen wie Kostenrechnung und Produktion gibt es dort schon viel länger. Offensichtlich sind aber die ersten personalwirtschaftlichen Lehrstühle in den 1960er-Jahren »gerade zur rechten Zeit« entstanden, denn seit diesem Zeitpunkt kam dem betrieblichen Personalmanagement, das bis dahin vor allem rein administrativ ausgerichtet war, eine wachsende Bedeutung zu. Auslöser war die damals boomende Wirtschaft und das damit einhergehende Wachstum der Unternehmen.

Zeitrahmen	Neu aufkommender Druck	Modernes Personal-management ist ...	Fortschrittliche Zielrichtung
1960er		mehr als Improvisation	Personalverwaltung
1970er	Wachstum der Unternehmen	mehr als reine Verwaltungs-funktion	Planung/Organisation
1980er	Wirtschaftsdynamik in Deutschland	mehr als rein unterstützende Planungsfunktion	Personalentwicklung
1990er	Technologisierung, europäische Einigung, Globalisierung	mehr als reine Entwicklungs-funktion	strategischer Motor
2000er	gesellschaftlicher Werte-wandel, Kulturver-mischung, Vernetzung, weltweiter Wettbewerb	mehr als reiner Unterneh-mensvisionär	Ausrichtung auf Wert-schöpfung unter Berück-sichtigung der Interes-sen des Einzelnen
2010er	Wirtschafts- und Finanz-krise, demografische Ver-schiebungen, ökologische Herausforderung, Digitali-sierung	mehr als reine Wachstums-funktion	Nachhaltigkeit

Tabelle 1.1: Denkfortschritte des Personalmanagements

In den 1970er-Jahren wurde es daher notwendig, modernes Personalmanagement nicht mehr nur als rein intuitiv zu gestaltendes Handlungsfeld zu sehen, sondern als ein strate-gisch zu managendes Feld, dessen Aktivitäten möglichst im Vorhinein geplant und organi-siert werden müssen. In allen traditionellen Kerngebieten des Personalmanagements setzte damals ein erster Professionalisierungsschub ein: Man entwickelte immer neue Erfolg ver-sprechende Instrumente für die Personalarbeit und interessierte sich für die Effizienz des Personalmanagements. Allerdings wurde Mitte der 1970er-Jahre in Deutschland eine Rezes-sion spürbar, die den Aufschwung der Personalfunktion etwas bremste.

Die 1980er-Jahre brachten mit sich, dass sich modernes Personalmanagement von der rei-nen Planungs- und Unterstützungsfunktion emanzipieren konnte und ein eigenes zentrales Feld entdeckte – die Personalentwicklung. Hier wollte und konnte die Personalfunktion erstmals systematisch eigene Impulse schaffen, die dem Unternehmen auch in längerfristi-ger Perspektive einen Nutzen versprachen. Aber auch hier kehrte keine Ruhe ein: Neuer Veränderungsdruck entstand aus der Dynamik der europäischen Einigung und der Glo-balisierung wie auch aus dem Beginn der flächendeckenden Technologisierung, vor allem mit Computern.

Daher wandelte sich der Denkrahmen der Akteure des Personalmanagements in den 1990er-Jahren hin zu einem Personalmanagement, das von sich forderte, mehr als eine reine Ent-wicklungsfunktion zu sein. Es wollte stattdessen strategischer Motor für die Unternehmens-entwicklung werden. In diese Zeit fielen visionäre, zukunftsweisende Ideen wie die *virtuelle Personalabteilung* als Grundmodell für eine Personalarbeit in Unternehmen, deren Außen-grenzen immer schwieriger zu bestimmen waren und deren Kooperationen immer stärker

zunahmen. Im Zuge der zunehmenden internationalen Migration von Arbeitskräften entstand in dieser Entwicklungsphase ein neuer Druck aus der Vermischung von Kulturen sowie aus dem gesellschaftlichen Wertewandel, der die Verhaltensweisen der Mitarbeiter deutlich beeinflusste, zum Beispiel in Form einer höheren Freizeitorientierung und eines bewussteren Strebens nach Selbstverwirklichung.

Das führte dazu, dass in den 2000er-Jahren modernes Personalmanagement mehr sein wollte als eine Funktion, die eine Unternehmensvision nach der anderen entwickelt. Es strebte viel stärker als zuvor an, der Vielfalt der Mitarbeiter gerecht werden zu wollen, und betonte, wie wichtig der einzelne Mensch sei. Diese Ausrichtung auf den individuellen Mitarbeiter führte zur Wiederbelebung mitarbeiterorientierter Aktivitäten wie etwa Mitarbeiterbefragungen, aber auch zur Entwicklung neuer Instrumente wie der leistungsorientierten Entlohnung, den Employee-Self-Service-Systemen in der Personalverwaltung, Zielvereinbarungen, Leistungsbeurteilungen und Mitarbeitergesprächen in der Personalführung oder interkulturellen Trainings im Hinblick auf die Globalisierung. Kaum absehbar war, mit welcher Geschwindigkeit ein weiterer großer Druck auf die Personalfunktion zukommen würde, der sich aus der technologischen Vernetzung und der wachsenden Konkurrenz auf dem Weltmarkt ergab. Ab circa 2005 begriff sich modernes Personalmanagement daher noch stärker als Wertschöpfungsfunktion, die anderen Wertschöpfungsfunktionen im Unternehmen ebenbürtig sein wollte. Um das Unternehmen im harten Wettbewerb zu behaupten, war die volle Leistungsfähigkeit der Mitarbeiter gefordert, die jedoch nicht immer daran interessiert sind, sich ausschließlich für das Unternehmen einzusetzen. Daher ging es dem Personalmanagement vor allem um die Ausbalancierung von Unternehmensinteressen auf der einen Seite und Mitarbeiterinteressen auf der anderen Seite. Wenn da nicht plötzlich die Wirtschafts- und Finanzkrise, eine starke Verschiebung im demografischen Aufbau der Bevölkerung und dramatische ökologische Herausforderungen aufgekommen wären …

Die 2010er-Jahre stehen im Zeichen einer Neuorientierung des Personalmanagements hin zu einer Nachhaltigkeitsfunktion. Dieser Gedanke löst den Glauben an unbegrenztes Wachstum ab: Auch in Unternehmen wird nun versucht, Unternehmenserfolg mit längerfristigen Zielen zu verbinden. Es reift die Erkenntnis, dass jegliches personalwirtschaftliches Handeln Konsequenzen mit sich bringt, die auch nach einiger Zeit noch verantwortet werden müssen. Dies gilt umso mehr, als wirtschaftliches Handeln in Zeiten allgemeiner Digitalisierung immer dynamischer wird.

 Fortschritte der Entwicklung des Personalmanagements fallen allerdings nicht vom Himmel. Vielmehr ist es ein ständiges Ringen um Position und Richtung des Personalmanagements. Gerade die Wirtschafts- und Finanzkrise zwischen 2008 und 2010 hat gezeigt, wie schnell sich bei Personalmanagern Zufriedenheit in vollkommene Ratlosigkeit, Massenentlassungen in die händeringende Suche nach Fachkräften und Problemignoranz in Problemdruck verwandeln.

Wer hier ab und zu einen Schritt zurücktritt und sich aus der Distanz anschaut, was er eigentlich personalwirtschaftlich gerade macht, hat die Chance, dem Unternehmen durch das Personalmanagement längerfristig zu nützen.

Personalstrategisches Selbstverständnis

2

In diesem Kapitel ...

▶ Kunden und Partner erkennen

▶ Bewusst Akzente setzen

▶ Unternehmenswachstum begleiten

▶ Selbstverständlich international denken

Sollte man Personaler fragen, welches personalstrategische Selbstverständnis sie haben, kommt das ins Spiel, was sie unhinterfragt als »normal« unterstellen. Sie nehmen ja im Rahmen des Personalmanagements eine Rolle ein, von der sie glauben, man würde sie allgemein für angemessen halten. Ob das tatsächlich so ist, merken sie jedoch erst, wenn sie dieses personalstrategische Selbstverständnis für sich formulieren und vielleicht sogar mit anderen Personen besprechen.

Eine solche Diskussion kann durchaus lohnen, weil Personaler dadurch ihre eigene Grundposition finden. Auf deren Grundlage versehen sie ihre Rolle als Personalverantwortlicher dann »mit einem roten Faden«. Ihre personalwirtschaftliche Arbeit wird von denen, die sie nutzen, als sicher, kompetent und glaubwürdig, da prinzipientreu, wahrgenommen. Ihr personalstrategisches Selbstverständnis ist also ganz grundlegend für ihre weitere personalwirtschaftliche Arbeit. Ich überdenke daher in diesem Kapitel, für wen Personalmanagement gemacht wird, was Mitarbeiter für das Unternehmen sind und als was Sie sie in Ihrer Rolle als Personaler wahrnehmen. Dann zeichne ich den Weg nach, den Sie und das Personalmanagement nehmen, wenn das Unternehmen entsteht und wächst. Am Schluss des Kapitels begründe ich, warum Personalmanagement als Grundfunktion eines globalisierten Unternehmens weltweit mit der gleichen Kompetenz und Qualität durchgeführt werden sollte.

Wenn Personaler Personalmanagement gestalten und verantworten wollen, liegt es an ihnen, aus dieser Aufgabe etwas zu machen: etwas Sinnvolles, etwas Wertschöpfendes, etwas Besonderes. Sie können allerdings nur dann deutliche Akzente setzen, wenn ihnen selbst bewusst ist, wie sie Personalmanagement verstehen. In dem Moment, in dem Personaler weder eine eigene Linie für ihr Personalmanagement sehen noch eine eigene Linie für ihr Personalmanagement haben, werden auch alle anderen Personen um sie herum keine Linie entdecken.

Die Frage, die sich Personaler stellen sollten, lautet also zunächst einmal: »Als was begreife ich Personalmanagement und für wen ist es da?«

Personalmanagement hat Kunden und Partner

Jedes Interesse an einer vernünftigen Personalarbeit lässt sich auf Personen oder Einrichtungen zurückführen, die davon profitieren wollen. Das Personalmanagement wird also von Interessen- oder Anspruchsgruppen (im Englischen _Stakeholder_) in die Pflicht genommen. Sie äußern ihre Ansprüche und haben eventuell auch die Macht, sie durchzusetzen. Doch nicht jede Anspruchsgruppe ist gleich wichtig, einige kann man eher vertrösten als andere. Spricht man von »Kunden« (die etwas vom Personalmanagement wollen) und »Partnern« (mit denen das Personalmanagement gemeinsam etwas gestalten will), verlieren die Anspruchsgruppen auch gleich einen Großteil ihrer Bedrohlichkeit.

Die Vielfalt lässt sich ordnen

Will man die Anspruchsgruppen des Personalmanagements systematisieren, so kann man dies anhand ihrer Nähe zum Kernbereich des Personalmanagements tun. Tabelle 2.1 gibt einen ersten Überblick, den ich danach erläutern werde.

Ganz nah am Kernbereich des Personalmanagements	Noch im Unternehmen	Schon außerhalb des Unternehmens
✔ zukünftige Mitarbeiter	✔ Betriebsrat	✔ Outsourcing-Anbieter
✔ neue Mitarbeiter	✔ Führungskräfte	✔ Zeitarbeitsunternehmen
✔ leistende Mitarbeiter	✔ Unternehmensleitung	✔ Tarifpartner (Gewerkschaften und Arbeitgeberverbände)
✔ bleibende Mitarbeiter	✔ Produktionsabteilung	
✔ ausscheidende Mitarbeiter	✔ Finanz- und Rechnungslegungsabteilung	✔ Investoren
✔ ehemalige Mitarbeiter	✔ IT-Abteilung	✔ Unternehmensberatungen
	✔ Personalabteilung	✔ Staat
	✔ Auslandsstandorte	✔ Öffentlichkeit

Tabelle 2.1: Die Anspruchsgruppen des Personalmanagements

Ganz nah am Kernbereich des Personalmanagements

Im Kernbereich befinden sich die Mitarbeiter in ihren unterschiedlichen Formen:

✔ _zukünftige Mitarbeiter_, die das Personalmanagement als Bewerber anspricht und nach Möglichkeit für die Arbeit im Unternehmen gewinnen will

✔ _neue Mitarbeiter_, die das Personalmanagement sachlich, zeitlich und räumlich in den Arbeitsprozess des Unternehmens integriert

✔ _leistende Mitarbeiter_, die das Personalmanagement für ihre Arbeit entlohnt

✔ _bleibende Mitarbeiter_, die das Personalmanagement täglich führt und sie dem Unternehmen langfristig erhält

✔ _ausscheidende Mitarbeiter_, die das Personalmanagement verabschiedet

✔ _ehemalige Mitarbeiter_, zu denen das Personalmanagement Kontakt hält

Noch im Unternehmen

Auch im Unternehmen gibt es im Hinblick auf die Personalarbeit viele Partner des Personalmanagements, die entweder Leistungen abnehmen oder aber Rahmenbedingungen des Personalmanagements formen:

✔ der *Betriebsrat*, mit dem das Personalmanagement als Partner der betrieblichen Mitbestimmung zusammenarbeiten muss

✔ die *Führungskräfte*, denen das Personalmanagement vermittelt, was eine gute Führung im Unternehmen ist und wie Führungsprobleme gelöst werden können

✔ die *Unternehmensleitung*, die in ihren Entscheidungen die Belange des Personalmanagements berücksichtigen soll

✔ die *Produktionsabteilung*, deren Produktivität nicht zuletzt vom Einsatz der Mitarbeiter abhängt

✔ die *Finanz- und Rechnungslegungsabteilung*, die dem Personalmanagement den finanziellen Rahmen vorgibt

✔ die *IT-Abteilung*, die das Personalmanagement in ihren Systemen abbilden soll

✔ Die *Personalabteilung*, die ebenfalls Interesse an einem vernünftigen Personalmanagement hat

✔ die *Auslandsstandorte*, die trotz ihrer räumlichen Entfernung an der personellen Vernetzung mit dem unternehmensweiten Personalmanagement interessiert sind und von ihm mit Mitarbeitern aus der Heimat versorgt werden

Schon außerhalb des Unternehmens

Auch im Umfeld des Unternehmens bewegen sich viele Anspruchsgruppen des Personalmanagements, die nicht vernachlässigt werden dürfen:

✔ *Outsourcing-Anbieter*, auf die das Personalmanagement Teile seiner Arbeit verlagern kann

✔ *Zeitarbeitsunternehmen*, die befristet externe Mitarbeiter bereitstellen und so dem Personalmanagement mehr Flexibilität verschaffen

✔ *Tarifpartner*, die als Gewerkschaften und Arbeitgeberverbände die Rahmenbedingungen für die Entlohnung der meisten Mitarbeiter prägen

✔ *Investoren*, die dem Unternehmen Geld geben, aber darauf schauen, ob das Unternehmen innerlich gesund ist und ob das Personalmanagement mit Ressourcen wie den Mitarbeitern wertschöpfend umgeht

✔ *Unternehmensberatungen*, die dem Personalmanagement Handlungsimpulse von außen bringen können

✔ der *Staat*, dessen Gesetze das Personalmanagement einhalten muss

✔ die *Öffentlichkeit*, in der das Personalmanagement als ein wichtiger Botschafter des Unternehmens wahrgenommen wird und mit der das Personalmanagement in vielen Formen kommuniziert

Beziehung zu Kunden und Partnern

Die Beziehung zwischen dem Personalmanagement und seinen Anspruchsgruppen ist keine Einbahnstraße, auf der immer nur eine Seite fordert und die andere liefert. Es herrscht vielmehr »Gegenverkehr«, bei dem das Personalmanagement zunächst aus seiner Perspektive die Aktivierung der Zusammenarbeit übernimmt.

 **Aktivierung:** Was will das Personalmanagement von dem Kunden oder Partner? Was will das Personalmanagement wissen und haben und einfordern, damit es zur Wertschöpfung des Unternehmens beitragen kann? Das Personalmanagement will damit seine personalwirtschaftlichen Interessen zur Geltung bringen.

Daraufhin arbeitet das Personalmanagement die zuvor aktivierten Aufgaben ab, tut also etwas für die Kunden oder Partner oder nimmt deren Interessen, Informationen und Rückmeldungen entgegen.

 **Dienstleistung:** Was will der Kunde oder Partner vom Personalmanagement? Was will der Kunde oder Partner wissen und haben und einfordern, damit er von sich aus seine personalwirtschaftlichen und sonstigen Potenziale optimal ausnutzen kann? Das Personalmanagement muss liefern – und damit dient es nicht nur dem Kunden oder Partner, sondern dem gesamten Unternehmen.

Im Ergebnis entsteht ein auf die einzelnen Anspruchsgruppen bezogenes Personalmanagement, bei dem das Personalmanagement zwei aktive Rollen hat: die der Aktivierung und die der Dienstleistung. Alle vier Aktivierungs-Dienstleistungs-Zusammenhänge, die in Tabelle 2.2 zeilenweise genannt sind, müssen in jeder einzelnen Kunden- oder Partnerbeziehung des Personalmanagements bearbeitet werden.

Aktivierung durch das Personalmanagement	Dienstleistung durch das Personalmanagement
Ich will für meine Arbeit Informationen und Rückmeldung von euch.	Ich nehme eure Informationen und Rückmeldungen entgegen und baue sie in meine Arbeit ein.
Ich will, dass ihr etwas für mich tut.	Ich nehme eure Leistung entgegen und baue sie in meine Arbeit ein.
Ich will wissen, welche Informationen und Rückmeldungen ihr von mir erhalten wollt.	Ich gebe Informationen und Rückmeldungen.
Ich will wissen, was ich für euch tun soll.	Ich erledige Arbeit für euch.

Tabelle 2.2: Beziehung des Personalmanagements zu seinen Kunden und Partnern

Personal als Gewinn für jedes Unternehmen

Personalmanagement zu begreifen beginnt auch damit, das Personal als etwas in den Blick zu rücken, das sich zu verstehen lohnt. Zunächst als Gruppe von Menschen im Unternehmen, die im Grunde freiwillig dazu bereit sind, in einer vorgegebenen Richtung zu arbeiten, um gemeinsam Ziele zu erreichen, die sie nie allein erreichen könnten. Dann aber auch als

Gruppe von Menschen, von denen man hofft, dass sie sich emotional an das Unternehmen binden und mit Freude die gemeinsamen Ziele verfolgen. Im personalwirtschaftlichen Selbstverständnis von Personalern ist daher umgekehrt genauso Platz für eine emotionale Bindung an ihre Mitarbeiter.

Mitarbeiter: Nicht wirklich »Eigentum« des Unternehmens

Im Normalfall gehen Personaler davon aus, dass alles, was vom Unternehmen gestaltet wird, vom Unternehmen auch gestaltet werden darf. Das Unternehmen – vor allem in Form seiner Führungskräfte als Vertreter der Interessen des Unternehmens – ist ermächtigt, Entscheidungen zu treffen. Diese Ermächtigung resultiert aus sogenannten *Eigentumsrechten*: Wer das Eigentum an einer Sache hat, darf diese Sache nutzen, sich ihre Erträge aneignen, diese Sache verändern und diese Sache veräußern.

In diesem Sinne sind sehr viele Dinge, die es in einem Unternehmen gibt, Eigentum der Eigentümer: Geld, Maschinen, Materialien, Vorprodukte, Fertigprodukte, Grundstücke, Gebäude, Autos, Computer, Patente und vieles mehr. Alles gehört jemandem. Die Eigentumsrechte erlauben es diesen Personen, über all diese Sachen zu verfügen.

Nur im Hinblick auf die Mitarbeiter verhält es sich anders: Hier verfügt das Unternehmen nicht über ein Eigentumsrecht, sondern lediglich über ein eingeschränktes »Nutzungsrecht«. Schließlich sind die Mitarbeiter nicht Sklaven des Unternehmens und das Eigentum an Menschen ist in unserem Wirtschaftssystem nicht vorgesehen. Dennoch sind die Mitarbeiter ein Teil des immateriellen Vermögens des Unternehmens. Aus den damit zusammenhängenden Besonderheiten ergeben sich drei wichtige Konsequenzen:

✔ Während in einer normalen Bilanz eines Unternehmens dessen gesamtes Eigentum aufgeführt wird, tauchen die Mitarbeiter dort nicht als Bilanzposition auf. Sie sind eben kein Eigentum des Unternehmens.

✔ Mitarbeiter verändern sich während ihrer »Nutzung« anders als Sachen. So können Mitarbeiter in der Qualität ihres Wissens oder in ihrer allgemeinen Motivation nachlassen oder aber stärker werden, was zu einer Schwankung des zur Verfügung stehenden Wertes führt.

✔ Mitarbeiter sind nicht allein ein Verfügungsobjekt des Unternehmens, sondern ein – in bestimmten Grenzen – autonom handelndes Subjekt im Unternehmen. Mitarbeiter treffen eigene Entscheidungen, bis hin zur Kündigung des Arbeitsverhältnisses.

Das Verfügen eines Unternehmens über seine Mitarbeiter hat demnach eine andere Qualität als das Verfügen über »richtiges Eigentum« des Unternehmens.

 Personaler sind weniger derjenigen, die Mitarbeiter wie Schachfiguren hin und her schieben, als vielmehr derjenigen, die die Mitarbeiter als Individuen, als einzelne Persönlichkeiten im Blick halten und mit ihnen gemeinsam ihren Einsatz verabreden. Mitarbeiter sind das *Potenzial* des Unternehmens, mit dem das Unternehmen Erfolge erzielt und Gewinn erwirtschaftet. Personaler müssen dafür sorgen, dass dieses Potenzial tatsächlich diese Erfolge erzielen und Gewinn erwirtschaften kann.

Eingebildete und wahre Kenntnis der eigenen Mitarbeiter

Seien wir doch mal ehrlich: Wie genau können Personaler ihre Mitarbeiter »kennen«? Es ist schon schwer genug, seinen Lebenspartner zu kennen, seine Kinder, einzelne Nachbarn, einzelne Kollegen. Noch schwieriger ist es, eine ganze Gruppe von Mitarbeitern zu kennen, geschweige denn alle Mitarbeiter eines Unternehmens. Denn kennen müsste man im Idealfall die einzelnen Persönlichkeiten, ihre offenen wie die verdeckten Stärken und Schwächen, ihre Erwartungen und Wünsche, ihre Werte und Einstellungen, ihre Motivation und Leistung.

Weil dies für alle Mitarbeiter – auch wenn es wenige sein sollten – wohl kaum möglich ist, verallgemeinern Personalverantwortliche ihre Wahrnehmungen über einzelne Mitarbeiter. Sie bilden im Kopf »Schubladen«, in die sie die Mitarbeiter nach Typen einordnen. So gibt es die Fleißigen und die Faulen, die Schlauen und die Doofen, die Teamfähigen und die Einzelgänger, die Egoisten und die Altruisten, die Offenen und die Verschlossenen und viele weitere Typen. Intuitiv haben Personaler dann ein Gefühl dafür, welcher Mitarbeiter für sie in welche Schublade gehört.

Damit sind Personaler bei *Stereotypen*, also Vorurteilen, angelangt und wissen: Ihren Mitarbeitern werden sie in der Regel vielleicht gerade noch durchschnittlich gerecht, aber nicht in jedem Einzelfall.

Vieles, was Personaler über die Mitarbeiter zu wissen meinen, ist eingebildet oder geht in ihren Verallgemeinerungen unter. Die wahre Kenntnis der eigenen Mitarbeiter hält sich in engen Grenzen. Je näher sie jemanden kennen, desto eher können sie diese Person auch einschätzen. Aber alle Mitarbeiter werden Personaler im Detail nicht kennen können.

Personalverantwortliche können jedoch lernen, differenzierter auf die einzelnen Mitarbeiter zu schauen. Dann erkennen sie, dass trotz gleicher Schublade eine unterschiedliche Ansprache verschiedener Mitarbeiter sinnvoll sein könnte. Und wenn sie dann einen realistischen Blick auf die Mitarbeiter entwickeln, ist es nicht weit dahin, dass sie auch einen realistischen Blick darauf werfen wollen, wo ihr Unternehmen gerade steht.

Von null auf hundert: Wenn das Unternehmen wächst ...

Unternehmen werden »geboren« – sie sind also nicht von vornherein große, erfolgreiche Weltkonzerne. Auch Weltkonzerne wie SAP, Daimler oder Adidas haben mal ganz klein angefangen. Was für eine Rolle spielt das Personalmanagement am Anfang? Nun, ebenfalls eine nur ganz kleine.

Geburt eines Unternehmens

Am Anfang eines Unternehmens stehen Idee und Vision eines oder mehrerer Unternehmensgründer. Diese Personen wollen etwas Geschäftliches unternehmen und fangen mit der Umsetzung an. Oder sie schreiben einen Geschäftsplan, um für ihre Ideen Unterstützung von Dritten zu bekommen, zum Beispiel Geld und gute Tipps. Die Eigentümer des *Start-up*, des neuen Unternehmens, leiten meist zunächst selbst das Unternehmen. In ihren Aufgaben-

bereich fällt dann auch alles, was mit Personal zu tun hat. Häufig ist das noch gar nicht viel, denn zu Beginn eines Unternehmens mit zwei bis vier Mitarbeitern scheint eine Personalarbeit noch nicht notwendig zu sein.

Als Leser von *Personalmanagement für Dummies* ahnen Sie bereits, dass man dennoch auch gleich zu Anfang eines neuen Unternehmens mit der Personalarbeit beginnen sollte. Schließlich stehen wichtige Fragen im Raum:

✔ Wer führt und wer wird geführt?

✔ Soll notwendiges Wissen auf mehrere Personen verteilt werden?

✔ Soll man sich schon weiterbilden?

✔ Wie regeln sich Arbeitszeiten, Urlaub, Gehaltsauszahlung?

✔ Wie werden die Gewinne verteilt?

✔ Wer motiviert wen?

✔ Ab wann soll man sich um neue Mitarbeiter kümmern?

Sie können diese Fragen natürlich gar nicht erst stellen oder sie bei vollem Bewusstsein der dahinterstehenden Problematiken dennoch ignorieren. Aber das neue Unternehmen ist ungeachtet dessen darauf angewiesen, dass sich der ursprüngliche Schwung der Gründung fortsetzt. Fatal ist es für ein neues Unternehmen, wenn die Mitarbeiter nach kurzer Zeit frustriert abspringen, weil sie sich nicht auf den Weg des Wachstums mitgenommen fühlen. In der Managementliteratur spricht man hier von einer »Säuglingssterblichkeit« von Unternehmen – die es natürlich mithilfe einer bewussten personalwirtschaftlichen Orientierung von Anfang an zu vermeiden gilt.

Kindheit eines Unternehmens

In kleinen und wachsenden Unternehmen wird häufig – wenn auch nicht immer – die Unternehmensführung durch den oder die Eigentümer wahrgenommen. Diese *Einheit von Eigentum und Führung* bringt einige Konsequenzen für den Umgang mit den Mitarbeitern und damit für die personelle Führung insgesamt mit sich.

In dem Maße, wie die Gründer bei allen Mitarbeitern präsent sind und direkten Kontakt pflegen, beeinflussen sie alle Systeme der personellen Führung. Eine solche Anfangssituation eines neuen Unternehmens zeichnet sich durch die besondere Nähe zwischen dem Unternehmer und den Mitarbeitern aus. Dieser persönliche Einfluss auf die Mitarbeiter durch direkte Anweisungen und direkte Information, direkte Rückmeldungen und das unmittelbare Vorleben von Leistungsprinzipien und unternehmenskulturellen Grundwerten kann bei den Mitarbeitern besonders motivierend wirken. Fragen der Mitarbeiter können direkt durch den Unternehmer beantwortet und so Fehlerquellen vermieden werden. Gemeinsam probiert man viele Möglichkeiten, die sich für das Unternehmen ergeben, sozusagen spielerisch aus.

Andersherum besteht auch für die Mitarbeiter eine große Nähe zu gesamtstrategischen Entscheidungen. Dieser Vorteil wird besonders für solche Mitarbeiter wichtig, die gern Verant-

wortung im Unternehmen übernehmen möchten: In neuen und wachsenden Unternehmen haben sie eher die Möglichkeit dazu als in etablierten Großunternehmen.

Mit zunehmender Größe eines Unternehmens geht, da sich Hierarchiestufen im Unternehmen herausbilden, allerdings die direkte Präsenz des Unternehmers für die Mitarbeiter immer stärker verloren. In Großunternehmen schließlich ist die Distanz zum Unternehmer derartig ausgebildet, dass häufig Anonymität besteht. Eine Folge ist der Rückgang des direkten Einflusses des Unternehmers auf die Mitarbeiter. Wenn der Unternehmer die Mitarbeiter nicht mehr persönlich zu Motivation und Leistung begeistern kann, müssen anderweitige Wege zu Motivation gefunden werden.

 Gerade in der Kindheitsphase eines Unternehmens bietet es sich an, sich zum Zweck des Aufbaus einer motivierten und leistungsfähigen Belegschaft der Nähe des Unternehmers zu den Mitarbeitern bewusst zu werden und deren Vorteile bewusst einzusetzen. Der Gründer sollte nicht alle Entscheidungen allein treffen und alle Arbeit an sich ziehen, denn mittel- und langfristig müssen sowieso die wachsenden Arbeitsmengen auf alle Mitarbeiter verteilt werden.

Eine weitere personalwirtschaftliche Besonderheit ist die nur zögerlich einsetzende *Institutionalisierung* des Personalmanagements in kleinen Unternehmen, also das Ausmaß, in dem das Personalmanagement geregelt wird und sich als eigenständige Funktion im Unternehmen etabliert.

Unternehmen in der Gründungsphase zeichnen sich zunächst durch ihre Orientierung auf ihre Leistungserstellung hin aus: Wichtig sind die Herstellung des Produkts oder der Dienstleistung sowie deren Vertrieb. Im Vordergrund stehen damit Existenzaufbau und Existenzsicherung des Unternehmens.

Die professionelle Ausgestaltung des Personalmanagements wird in jungen Unternehmen oftmals noch nicht in den Vordergrund gerückt. Das spiegelt sich unter anderem in dem Fehlen einer Personalstrategie oder einer Personalpolitik, in einem unstrukturierten Bewerbungsmanagement und durch die vielfach fehlenden Personalentwicklungsmöglichkeiten der Mitarbeiter wider.

Sehr wenige Kleinstunternehmen haben eine eigenständige Personalabteilung. Die Personalarbeit wird vom Gründer oder Unternehmer übernommen beziehungsweise auf das Sekretariat übertragen und verharrt im Stadium der reinen Personalverwaltung. Aufgaben wie die Beschaffung neuer Mitarbeiter werden meist vom Unternehmer selbst durchgeführt. Allerdings ist der Umfang der Personalarbeit gerade in der Gründungsphase auch noch nicht ganz so groß wie in Unternehmen, die von ihrem Umsatz her und personell bereits gewachsen sind.

Ein Vorteil eines noch nicht organisierten Personalmanagements liegt bei kleineren Unternehmen darin, dass die Zusammenarbeit zwischen den (wenigen) vorhandenen Mitarbeitern sehr informell gehalten werden kann. Diese *Informalität*, also der spontane und nicht durch Regeln beeinflusste Umgang miteinander, resultiert aus der Nähe von Eigentümer und Mitarbeitern. Das Erfahrungswissen des Unternehmers kann ohne viele Umwege an die entsprechenden Mitarbeiter weitergegeben werden. Hierdurch besteht zudem der Vorteil, dass das Personalmanagement weniger bürokratisch bewältigt wird als in Großunternehmen. Wach-

same Personaler vermeiden darüber hinaus die typischen Nachteile der Informalität, die sich aus dem »Alles-einfach-vor-sich-hin-laufen-Lassen« ergeben können, wenn man nicht aufpasst:

✔ Wer auch in kleinen Unternehmen Mitarbeiter über betriebliche Vorgänge systematisch und ausreichend informiert, vermeidet, dass wichtige Informationen für Personalmanagemententscheidungen, die den Erfolg beeinflussen, fehlen.

✔ Wer auch in kleinen Unternehmen Mitarbeiter hinsichtlich Personalmanagement und Personalführung systematisch schult, verhindert, dass strategische und damit weiter in die Zukunft reichende Personalmanagementaufgaben hauptsächlich vom Eigentümer selbst durchgeführt werden, die Tätigkeiten des operativen Personalmanagements dagegen von Mitarbeitern, die zufällig Kapazitäten frei haben, sodass dann jedoch niemand diese Aufgaben qualitativ hochwertig durchführt.

Häufig werden in neuen Unternehmen Mitarbeitern erst dann Weiterbildungsmaßnahmen angeboten, wenn bei Bildungslücken Misserfolge sichtbar werden und das Stopfen dieser Lücken direkten Einfluss auf den Unternehmenserfolg verspricht. Weiterbildung bezieht sich dann auf reine Produkt-, EDV- und Vertriebsschulung. Mitarbeiter hinsichtlich ihrer persönlichen Entwicklungspotenziale zu schulen, also ein wenig auch »um ihrer selbst willen«, wird dann genauso als »Luxus« angesehen wie Schulungen, die Personalmanagement zum Thema haben.

Gerade wachsende Unternehmen sollten ihre Mitarbeiter möglichst gut qualifizieren – je früher damit begonnen wird, desto besser. Denn im Vergleich zu Großunternehmen haben die Mitarbeiter kleinerer Unternehmen relativ häufiger Außenkontakte, weil sich die notwendigen Außenkontakte auf weniger Mitarbeiter konzentrieren. Das bedeutet, dass die Unternehmensumwelt in direkten Kontakt mit vielen Mitarbeitern des wachsenden Unternehmens kommt. Ein wenig professionelles Auftreten dieser Mitarbeiter fällt auf das Unternehmen zurück. Sind die Mitarbeiter aber gut weitergebildet, arbeiten und führen sie nicht nur im Unternehmen qualitativ hochwertiger, sie vermitteln dann auch ein positives Bild des Unternehmens nach außen.

Jugend eines Unternehmens

Tritt ein Unternehmen in die Wachstumsphase ein und etabliert sich auf den Absatzmärkten, aber auch schon im Arbeitsmarkt, so ändert sich vieles allmählich. Es reicht oftmals nicht aus, dass wichtige personalwirtschaftliche Angelegenheiten immer noch von Nichtpersonalern durchgeführt werden, denen es möglicherweise an Professionalität mangelt (die ich in Kapitel 4 vorstelle). Irgendwann fällt es im Unternehmen auf, dass wichtige Aufgaben der Personalarbeit geordnet und organisiert durchgeführt werden müssten.

Mit zunehmender Unternehmensgröße, aber auch mit zunehmendem Unternehmensalter steht dann nicht mehr nur die Sicherung des Überlebens des Unternehmens im Vordergrund, es rückt vermehrt eine Mitarbeiterorientierung in den Blickwinkel der Unternehmenstätigkeiten. Als Folge ist eine zunehmende Strukturierung und Planung von Personalmanagementaktivitäten zu verzeichnen, die häufig in einer kleinen und dann stetig

wachsenden Personalabteilung resultiert. Aber auch mittelgroße Unternehmen haben im Durchschnitt nicht mehr als eine dreiköpfige Besetzung der Personalabteilung.

Eine Faustregel besagt, dass sich bereits ab etwa 200 zu betreuenden Mitarbeitern die Einrichtung einer Stelle zur Erledigung des betrieblichen Personalmanagements wirtschaftlich lohnt und dass die Einrichtung einer solchen Stelle ab etwa 500 zu betreuenden Mitarbeitern zwingend notwendig ist.

Ein Personalmanagement, das sich ausschließlich auf die Personalverwaltung konzentriert, kann natürlich keine besonderen Kernkompetenzen in seiner Personalarbeit aufbauen. Daher ist es in sich entwickelnden Unternehmen sinnvoll, mit der Zeit den Bogen von der operativen Personalarbeit zu strategischeren Aufgaben des Personalmanagements zu schlagen.

Das Personalmanagement kann zudem dazu beitragen, typische Probleme eines sich entwickelnden Unternehmens abzufedern. Das betrifft zum Beispiel meist in Phasen auftretende Führungskrisen, bei denen häufig das geschulte Personalmanagement den Übergang auf die nächste Phase einleitet und begleitet:

✔ Wenn die Kreativität der Gründungsphase mit ihrer von allen geteilten, aber interpretationsfähigen Vision allein nicht mehr ausreicht, ein Unternehmen in eine eindeutige Richtung zu entwickeln, und die Mitarbeiter mit der Zeit orientierungslos werden, werden straffere Führungsstile benötigt.

✔ Wenn dann die straffere, engere Führung die Freiräume der Mitarbeiter zu sehr einschränkt, müssten eigentlich Aufgaben an Mitarbeiter delegiert werden, also Aufgaben sowie die Verantwortung für die Aufgabenerledigung.

✔ Wenn dann vor lauter Aufgabenumverteilung an die Mitarbeiter die Leistungserstellung des Unternehmens insgesamt nicht mehr ausreichend zusammengeführt und kontrolliert werden kann, wäre die Zeit reif für eine sinnvolle bürokratische Koordination.

✔ Wenn dann jedoch eine Überbürokratisierung einsetzen sollte, müsste die übersteigerte Verwaltung durch Führungskonzepte ergänzt werden, die den gemeinsamen Teamgeist wieder stärker aktivieren.

Personalmanagementprofis kennen solche Problemmuster. Sie können das Unternehmen auch im Vorhinein auf diese Muster einstellen und ihre Konsequenzen vielleicht schon abmildern. Außerdem federn sie die typischen Probleme »reifender Unternehmen« ab, die etwa dann entstehen, wenn der Gründer das Unternehmen verlässt und dessen Schicksal in andere Hände gibt. Dieser Übergang ist besonders kritisch und muss gelingen, da das Unternehmen ansonsten schnell wieder eingehen kann.

Personalstrategisches Selbstverständnis darf von der Unternehmensgründung an, vor allem aber während der Etablierung des Unternehmens, ruhig selbstbewusst sein. Schon von den Anfängen eines Unternehmens an müssen Personalmanagementaufgaben bewältigt werden, wenn auch nicht in einer eigenständigen Abteilung. Die Fähigkeiten von personalwirtschaftlich geschulten Mitarbeitern werden vom Tage eins an gebraucht.

Wir arbeiten in einem globalisierten Umfeld

Heutzutage ist es selbstverständlich, dass die meisten Unternehmen international tätig sind, was auch Auswirkungen auf das Personalmanagement hat.

Mitarbeiter stammen aus vielen Ländern und haben unterschiedliche Herkunft, unterschiedliche kulturelle Prägungen und vielleicht Migrationserfahrungen. In der Regel ist eine Belegschaft eines Unternehmens kulturell divers. Diese Diversität ergibt sich nicht nur durch Zufall, sondern auch aufgrund der zunehmenden Internationalisierung des Arbeitsmarkts: Sie führt dazu, dass Unternehmen von sich aus im Ausland nach Spezialisten suchen. In kulturell diversen Belegschaften begegnen sich Menschen mit unterschiedlicher kultureller Prägung. Das Personalmanagement kann die Mitarbeiter dabei unterstützen, mögliche kulturbedingte Konflikte zu minimieren und zu bewältigen und darüber hinaus einen zusätzlichen Nutzen aus der kulturellen Unterschiedlichkeit zu ziehen.

Viele Unternehmen, auch kleinere und mittelgroße, sind im Ausland vertreten. Sie suchen die Nähe ihrer internationalen Kunden und richten dort manchmal Vertriebsbüros oder eigene Auslandsstandorte ein. Zudem erfolgt die Produktion von Gütern nicht immer nur in den Industrieländern, sondern auch dort, wo die Produktionskosten für geringer gehalten werden. Mitarbeiter aus dem Stammland des Unternehmens werden als sogenannte Expatriates ins Ausland geschickt, meistens für eine begrenzte Zeit. Sie müssen dann vor Ort mit fremden Kulturen zurechtkommen. Das Personalmanagement kann sie darauf vorbereiten und die Auslandsentsendung organisieren.

Unternehmen machen mit internationalen Kunden Geschäfte und kooperieren mit Partnern aus vielen Ländern. Die Zusammenarbeit in internationalen Teams sowie Verhandlungen in fremden Ländern erfordern Methoden und Kompetenzen, die ein international ausgerichtetes Personalmanagement vermitteln kann.

 In den vergangenen Jahrzehnten haben sich nicht nur die Unternehmen globalisiert, sondern auch das Personalmanagement. Das personalstrategische Selbstverständnis richtet sich daher darauf aus, Personalarbeit unabhängig vom Einsatzort und Kulturkreis überall gleichmäßig kompetent durchzuführen.

Sobald Personalmanagementaufgaben internationale Bezüge zeigen, kommen einige international ausgerichtete Wissensgebiete hinzu:

✔ *Interkulturelles* Personalmanagement bedeutet zu verstehen, was Landeskultur ist und worin sich verschiedene Landeskulturen unterscheiden. Immer wenn es Berührungen von Menschen unterschiedlicher Kulturen gibt, muss in die Führung dieser Personen einbezogen werden, dass es Passungen und Nichtpassungen kultureller Eigenschaften gibt und dass man mit kulturellen Stereotypen umgehen muss.

✔ *Landesspezifisches* Personalmanagement bedeutet, dass die Personalarbeit die Länder, in denen oder mit denen das Unternehmen arbeitet, ganz genau kennen sollte. Das Personalmanagement muss sich auf die Besonderheiten und Erfordernisse dieser einzelnen für das Unternehmen wichtigen Länder ausrichten, also genau wissen, an welche kulturellen Gegebenheiten es sich anpassen sollte, aber auch, von welchen kulturellen Gegebenheiten es sich bewusst abgrenzen kann, um erfolgreich zu sein.

✔ *Internationales* Personalmanagement bedeutet, die üblichen – bereits national zu bewältigenden – Aufgaben der Personalarbeit vor dem Hintergrund der gewählten Internationalisierungsstrategie um grenzüberschreitende Aspekte anzureichern, etwa in die Personalentwicklung die Auslandsvorbereitung aufzunehmen oder im Rahmen der Personalentlohnung entstehende Kaufkraftunterschiede zwischen verschiedenen Ländern auszugleichen, sodass die Expatriates keine Nachteile durch ihre Auslandsentsendung erfahren.

Dennoch sind die Kernaufgaben des Personalmanagements im nationalen wie im internationalen Rahmen sehr ähnlich: Es müssen hier wie dort Personalplanungen durchgeführt, Mitarbeiter müssen beschafft, entlohnt, weitergebildet oder geführt werden. Auch die Querschnittsfunktionen des Personalmanagements sind sowohl national wie international gefragt. Personalmanagement kann als Grundfunktion eines Unternehmens im globalisierten Unternehmen angesehen werden.

Personalarbeit mal Kollektiv gleich Unternehmenskultur

3

In diesem Kapitel ...

► In Kollektiven denken

► Informelle Kommunikation verstehen

► Unternehmenskultur systematisieren

► Werte effektiv managen

*W*as macht eine Familie aus? Jedes Mitglied hat eigene Wünsche, eigene Freiräume, eigene Rollen, eigene Pflichten. Innerhalb der Familie geht es auch schon einmal hoch her, es werden Interessen abgeglichen und Konflikte ausgetragen. Aber in dem Moment, in dem man nach außen als Familie auftritt, ist man plötzlich »eins«: Man identifiziert sich miteinander, man lässt auf die anderen Familienmitglieder nichts kommen, man vertritt gemeinsame Interessen. Offensichtlich gibt es in den Köpfen der Familienmitglieder ein gemeinsames Bild davon, wer und was man gemeinsam ist, sozusagen als Kollektiv.

Unternehmen sind wie eine Familie: Ihre Mitglieder, die Mitarbeiter und Führungskräfte, haben ebenfalls eigene Wünsche, eigene Freiräume, eigene Rollen und eigene Pflichten. Und sie entwickeln ein gemeinsames Bild davon, was sie als Unternehmen eigentlich ausmacht: die Unternehmenskultur. Dieses Kapitel erklärt Ihnen, wie Unternehmenskultur entsteht, welche Funktionen sie im Personalmanagement hat, wie Sie die Unternehmenskultur in Ihrem Unternehmen analysieren und wie Sie sie beeinflussen können.

Über den Einzelnen hinaus denken

In Unternehmen entwickelt sich durch das Zusammenwirken der Mitarbeiter ein Interaktionsnetzwerk. Aus dessen Netzwerkstruktur resultieren Eigendynamiken, die wiederum Dinge hervorbringen, die dem Unternehmen gar nicht bewusst sind: Durch bereits vorhandene Gegebenheiten, durch Kommunikation und durch gemeinsame Interpretation entwickelt sich ungeplant und ungesteuert eine Sichtweise, die alle Mitarbeiter mehr oder weniger teilen. Diese Art kollektiven Bewusstseins nennt man Unternehmenskultur.

Informelle Kommunikation als Mechanismus

Wo Menschen gemeinsam arbeiten, zeichnen sich Unternehmen – neben der formalen und damit organisatorisch so vorgesehenen Kommunikation – durch eine informelle, also nicht explizit geregelte, Struktur und auch durch eine informelle Kommunikation aus.

Die *formale Kommunikation* im Unternehmen ist die offizielle Kommunikation zwischen Führungskraft und Mitarbeiter oder zwischen verschiedenen Abteilungen – aber immer »auf dem vorgesehenen Dienstweg« oder in »offiziellen Meetings«. Sie ist hinsichtlich der Inhalte und Abläufe geregelt, man kann sich auf formal zustande gekommene Kommunikationsergebnisse weitgehend verlassen und vor allem prägt sie das Erscheinungsbild eines Unternehmens nach innen und außen.

Die *informelle Kommunikation* dagegen läuft außerhalb der formalen Strukturen jederzeit und unverbindlich ab, dafür aber hoch eigendynamisch. Beispiele sind das Gespräch in der Kaffeeküche oder der »Flurfunk«, bei dem Mitarbeiter die neuesten Gerüchte austauschen. Informelle Kommunikationsprozesse entziehen sich zentralen Vorgaben oder Steuerungsinstrumenten, beeinflussen sie aber. Wenn sich Mitarbeiter jenseits der offiziellen Hierarchie kennenlernen, sich beiläufig austauschen und wechselseitig vertrauen, erleichtert das auch die formale Kommunikation. Entlang der Bedürfnisse und Interessen von Individuen entstehen in Unternehmen informelle Kommunikationsnetzwerke mit ihnen eigenen Subkulturen.

Unternehmenskultur als Resultat

Ab dem Moment, in dem sich kommunikative Prozesse selbst verstärken, geht es dann nicht mehr um den einzelnen Mitarbeiter allein, sondern um alle Mitarbeiter zusammen als Kollektiv. Unternehmenskultur ist ein sich selbst organisierendes, soziales Phänomen.

Unternehmenskultur ist niemals nur die Kulturvorstellung einer Einzelperson, also beispielsweise eines Unternehmensgründers oder eines hochrangigen Managers: Der Hauptinhalt von Unternehmenskultur ist, was die Mitarbeiter gemeinsam für richtig und falsch, für gut und schlecht halten. Unternehmenskultur ist damit der Oberbegriff für die in einem Unternehmen geteilten Wertvorstellungen und Normen. Die Unternehmenskultur umfasst den Identitätskern des gesamten Unternehmens.

Unternehmenskultur – so hat es der Managementforscher Christian Scholz grundlegend als *Dualitätsprinzip* formuliert – hat einen prägenden Einfluss auf das Verhalten der Mitarbeiter, aber das Verhalten wirkt seinerseits prägend auf die Unternehmenskultur zurück.

Ein kulturbewusstes Personalmanagement stellt sich auch auf nicht geplante Prozesse ein, die sich auf der Ebene aller Mitarbeiter ergeben. Zwar sind die Gestaltungsmöglichkeiten des Personalmanagements aufgrund der Eigendynamik von Unternehmenskultur begrenzt, dennoch gibt es Eingriffs- und Korrekturmöglichkeiten. Personalarbeit für und im Kollektiv aller Mitarbeiter ist immer auch Unternehmenskulturarbeit.

Unternehmenskultur – und hier ist sich die entsprechende Forschung, die unter anderem auf den amerikanischen Psychologen Edgar H. Schein zurückgeht, seit Langem einig – manifestiert sich auf einer unsichtbaren und auf einer sichtbaren Ebene:

✔ Auf der unsichtbaren Ebene, also in den Köpfen der Mitarbeiter, gibt es konkrete Wertvorstellungen: Zum Beispiel findet man gute Qualität aller Produkte für unverzichtbar

oder ist der Meinung, dass das Unternehmen vor allem für seine Mitarbeiter da sein soll-te, oder man will immer die technologisch anspruchsvollste Problemlösung finden, egal was dies kostet. Es befinden sich auf der unsichtbaren Ebene aber auch ganz grund-legende Annahmen über das Leben an sich: Zum Beispiel teilen die Mitarbeiter die Vor-stellung, Risiko sei immer gut (oder eben immer schlecht), andere Menschen seien einem von vornherein freundlich gesonnen (oder eben feindlich gesonnen), man müsse alles Erreichte bewahren (oder eben permanent nach Veränderungen suchen). Solche Grundannahmen werden in der Regel gar nicht mehr reflektiert, sondern sind eine voll-ständig unbewusste Grundlage menschlichen Handelns.

✔ Auf der sichtbaren Ebene, also im Erscheinungsbild des Unternehmens, spiegeln sich diese Wertvorstellungen und Grundannahmen dann wider: So etwa im Verhalten der Mitarbeiter (ob sie beim ersten Kontakt freundlich und offen sind oder erst mal abwei-send und zugeknöpft), in Strukturen und Prozessen (die sich beispielsweise konsequent auf Qualität ausrichten oder auf Technik oder auf die menschliche Komponente) und so-gar im Erscheinungsbild von Gebäuden, Büros und den Mitarbeitern selbst (die auf den ersten Blick schon nach Offenheit oder Abschottung, Tradition oder Moderne und vielem mehr aussehen können). Aufgeschrieben werden die Wertvorstellungen manchmal auch, und zwar in Unternehmensleitbildern und Führungsleitbildern.

Unternehmenskultur kann man hören

Nicht nur Geschriebenes transportiert die Unternehmenskultur an die unternehmensin-terne wie auch unternehmensexterne Öffentlichkeit. Ein wichtiges Feld sind die Lieder, Jingles in Telefonwarteschleifen, Melodien eines Unternehmens, kurz: die »Corporate Acoustics«. Wer erinnert sich nicht an die eine oder andere Erkennungsmelodie eines Un-ternehmens – selbst wenn es das Unternehmen schon längst nicht mehr gibt: »Mit dem grünen Band der Sympathie« war die Erkennungsmelodie der Dresdner Bank, die vielen noch lange, nachdem sie nicht mehr verwendet wurde, und lange, nachdem es das Unter-nehmen gar nicht mehr gibt, im Ohr ist.

In den USA oder in Japan ist das weiter verbreitet als in Deutschland: Unternehmen geben bei Textern und Komponisten eine Unternehmenshymne in Auftrag, mit der sie bei den Mitarbeitern das Gemeinschaftsgefühl wecken und den unternehmensinternen Zusam-menhalt stärken wollen. Darüber hinaus betonen die Unternehmenslieder häufig, wie wichtig jeder einzelne Mitarbeiter für Leistung, Kreativität oder Markterfolg ist, was zur Motivation beitragen soll. Anlässe sind runde Gründungsjubiläen des Unternehmens, bei denen es etwas zu feiern gibt, wodurch ein angemessener Rahmen zur Präsentation des Unternehmenslieds gegeben ist.

Aufpassen muss das Personalmanagement, dass der Inhalt des Unternehmenslieds realis-tisch bleibt und dass der Umgang mit dem Unternehmenslied nicht den Eindruck er-weckt, das Unternehmen benehme sich wie eine Sekte.

Das Bild in den Köpfen, das sich dann Außenstehende – nicht also die Mitarbeiter des eige-nen Unternehmens – vom Unternehmen machen, nennt man im Unterschied zur Unter-nehmenskultur das Außenbild oder Image.

In dem Maße, wie die Unternehmenskultur sich stimmig auf der sichtbaren Ebene widerspiegelt und wie dies ebenso stimmig im Image der Außenstehenden reflektiert wird, spricht man von der *Corporate Identity*, also dem Einssein des Unternehmens mit sich selbst. Je größer die Überdeckung von Unternehmenskultur, Erscheinungsbild und Außenimage ist, desto stärker ist die Unternehmensidentität. Aus ihr heraus kann ein Unternehmen dann auch *authentisch* auftreten, scheint also »ganz bei sich« zu sein.

Die Inhalte von Unternehmenskultur, also Werte und Normen, Rituale und Spielregeln, Geschichte und Tradition, geteilte Emotionen und Gefühle, kurz: die kollektive »Sicht der Welt«, werden als die *weichen Faktoren* des Unternehmens bezeichnet. Hier verstärkt sich durch ein parallelisiertes geistiges Einschwingen der Mitarbeiter ihre gemeinsame Resonanz. Mitarbeiter und Kunden reagieren sehr sensibel auf diese Faktoren. Im Gegensatz hierzu erschließen die *harten Faktoren* die Welt des Geldes, der Kosten, der mechanistischen Strukturen und der erhebbaren Daten.

Unternehmenskultur hat viele Funktionen

Der hauptsächliche Grund dafür, dass sich das Personalmanagement auch mit der Unternehmenskultur befasst, liegt darin, dass es die Werte und Normen dazu nutzen möchte, um bezogen auf die Mitarbeiter die Unternehmensziele umzusetzen und Unternehmenserfolg hervorzubringen. Die strategische Ausrichtung eines Unternehmens ist nur ein Baustein des Unternehmenserfolgs: Die Kulturgemeinschaft der Mitarbeiter muss aber letztlich dafür sorgen, dass die strategischen Zielvorstellungen auch umgesetzt werden.

Meist werden mehrere primäre Funktionen von Unternehmenskultur benannt, die dem Oberziel der Mitarbeitersteuerung dienen:

✔ Sie *identifiziert* die Mitarbeiter mit ihrem Unternehmen, indem sie deren Zugehörigkeit zum Unternehmen und den vorherrschenden Konsens symbolisiert.

✔ Sie *legitimiert* und *koordiniert* das Arbeitsverhalten der Mitarbeiter durch das Bestimmen der »zulässigen« Handlungsfreiräume und der als »akzeptabel« angesehenen Handlungsabläufe.

✔ Sie *motiviert* die Mitarbeiter, indem sie den gemeinsamen Sinn des Arbeitens ins Blickfeld rückt und zu Kreativität, kollektivem Lernen und Sichentwickeln anregt.

✔ Sie *hilft bei Konfliktlösungen*, indem sie auf der Metaebene durch den Rückgriff auf die Gemeinsamkeiten die Kommunikation über die Konfliktsituationen erleichtert.

✔ Sie *profiliert* das Unternehmen, indem sie die Abgrenzung zu anderen Unternehmen erlaubt.

Dabei ist Unternehmenskultur nicht nur etwas, was von selbst passiert, und auch nicht nur ein beliebtes Gestaltungsfeld des Personalmanagements: Unternehmenskultur ist auch eine Anforderung der Mitarbeiter an Unternehmen. Sie fällen ihre Entscheidung, in ein Unternehmen einzutreten und dort mitzuarbeiten, häufig danach, ob sie der Meinung sind, sie passten zur Unternehmenskultur und die Unternehmenskultur passte zu ihnen.

Unternehmenskultur ist nicht nur durchgehend positiv zu bewerten, sondern kann auch negative Effekte mit sich bringen: So neigen zu starke Unternehmenskulturen – denken Sie nur an Sekten – dazu, das unternehmensinterne Denken und Handeln so zu verfestigen, dass neue Herausforderungen in der Aufgabenumwelt nicht mehr wahrgenommen und deren Konsequenzen ignoriert werden (Inflexibilität) oder dass strategische Veränderungen von vornherein abgeblockt werden (Innovationsfeindlichkeit). Der Satz »Das haben wir noch nie so gemacht«, der immer wieder Neues verhindert, ist ein Beispiel für eine solche Erstarrung.

Zudem können krankhafte (sogenannte »pathologische«) Unternehmenskulturen entstehen, wenn neurotische Stile einzelner einflussreicher Personen, also zumeist Führungskräfte, in der Unternehmenskultur die Oberhand gewinnen und dann in der kollektiven Dynamik übersteigert werden.

Werte erkennen, Werte schaffen, Werte leben

Dem Personalmanagement kommt die Aufgabe zu, Unternehmenskultur wahrzunehmen und dann, wenn sie die unternehmerische Zielerreichung behindern könnte, angemessen gegenzusteuern. Ansonsten müssen die unternehmenskulturellen Werte auch konsequent gelebt werden. Allerdings sind sowohl die Wahrnehmung als auch das Gegensteuern und damit die Kulturbeeinflussung gar nicht so einfach möglich, weil sich vieles auf der unbewussten Ebene abspielt.

Der unternehmenskulturelle Status quo

Nicht jeder einzelne Mitarbeiter des Unternehmens ist in der Lage, die Unternehmenskultur in Worte zu fassen. Aus der individuellen Sichtweise heraus ist es schwierig zu beurteilen, welche Wertvorstellungen sich in der kollektiven Unternehmenskultur durchgesetzt haben. Wenn Sie den Stand der unternehmenskulturellen Dinge in Ihrem Unternehmen erfahren möchten, müssen Sie mehr tun, als einen einzigen Mitarbeiter zu fragen:

✔ Entweder starten Sie eine Mitarbeiterbefragung, in deren Rahmen Sie – oder auch Unternehmensexterne – mögliche Werte und unternehmenskulturelle Eigenschaften bei einer größeren Zahl von Mitarbeitern abfragen. So bekommen Sie eine objektivierte Datenbasis, die mittels statistischer Verfahren auswertbar ist und zu Kulturprofilen führt. Achten Sie jedoch darauf, dass Sie die Befragung nicht so formulieren, dass das Ergebnis lediglich eine Bestätigung Ihrer vorgefertigten Einschätzungen zur Unternehmenskultur liefern kann, denn dann täuschen Sie sich nur selbst.

✔ Die Alternative besteht darin, dass Sie als Mitglied des Unternehmens in einer beobachtenden Rolle am Unternehmensgeschehen teilnehmen und subjektiv zu erfahren und zu erspüren versuchen, welcher gemeinsame Sinnzusammenhang vorherrscht, und dies dann allein, im Idealfall aber mit anderen Beobachtern gemeinsam interpretieren.

Sie können natürlich auch beides kombinieren. Hierbei spielt das Bezugssystem eine große Rolle: Ein Unternehmen hat keine einheitliche Unternehmenskultur, sondern verschiedene Subkulturen – in Teams, in Projekten, in Abteilungen, an einzelnen Standorten. Diese Sub-

kulturen können voneinander auch abweichen, auch wenn sie alle im gleichen Unternehmen bestehen. Unternehmenskultur ist zudem eingebunden in das vorherrschende kulturelle Umfeld und wird daher durch die Landeskultur der Beteiligten beeinflusst.

Als Ergebnis erhalten Sie üblicherweise ein Gesamtbild, das Licht und Schatten aufweist. Gerade das Unangenehme, das Sie entdecken, ist aber wichtig: Es zeigt Ihnen im Sinne eines Frühwarnsystems, wo Veränderungsbedarf besteht, der sich vor allem auf die Personalführung durch die Führungskräfte und durch das obere Management bezieht.

 *Wann* immer Sie etwas erheben: Sie laden indirekt die Mitarbeiter zur Kommunikation ein und wecken die Erwartung, dass etwas verändert werden könnte. Diese müssen Sie dann mit der Perspektive versehen, dass die Erwartungen ansatzweise eingelöst werden. Und *was* immer Sie erheben: Sie erheben in der Regel nur eine Momentaufnahme. Wenn Sie auf der Basis Ihrer Erkenntnisse zur Unternehmenskultur eine Veränderung anstreben, müssen Sie wissen, dass sich die Unternehmenskultur auch bereits von selbst im Zeitablauf verändert. Warten Sie also nicht zu lange mit der Reaktion, denn sonst starten Sie Ihren unternehmenskulturellen Veränderungsprozess unter falschen, da inzwischen veränderten Voraussetzungen!

Es soll anders werden

Die Unternehmenskultur kann auf zweierlei Arten beeinflusst werden:

✔ Der erste Weg geht davon aus, dass Unternehmenskultur effektiv gelehrt und gelernt werden kann, und basiert auf der Einsicht der Mitarbeiter in offengelegte Zusammenhänge. Kulturworkshops versuchen daher, die Ergebnisse von Kulturerhebungen zu präsentieren und dabei die unerwünschten Sachverhalte tadelnd hervorzuheben, die gewünschten Szenarien aber als attraktiv zu kommunizieren. Dies kommt einem Versuch zur Steuerung der Unternehmenskultur gleich, wobei davon ausgegangen wird, dass bestimmte Kulturreize stabil zu ähnlichen kollektiven Kulturreaktionen führen. Kritiker könnten auch von Manipulationsversuchen sprechen.

✔ Der zweite Weg besteht darin, unmittelbar als Teil des Kollektivs auf das gemeinsame Verändern von Kultur hinzuwirken. Der Anstoßgeber für unternehmenskulturelle Veränderung beteiligt sich selbst an der Arbeit der Gruppe, erklärt und diskutiert Sinn und lässt sich auf den länger andauernden, behutsamen Prozess der Kulturevolution ein. Gemeinsame Erfahrung kann mittels qualitativ-interaktiver Methoden unterstützt werden, etwa in Form eines gemeinsamen Outdoor-Trainings im Kletterpark, einer psychologisch geleiteten Unternehmensaufstellung oder des Unternehmenstheaters, in dem die Unternehmenskultur als Theaterstück gespielt wird.

Auch wenn eine Unternehmenskultur zuvor als passabel oder stimmig oder gut geeignet diagnostiziert wurde, kann das Personalmanagement trotzdem im Sinn einer personalwirtschaftlichen Daueraufgabe an ihr weiterarbeiten.

Positive Emotionalisierung

Dem Personalmanagement kommt im Zusammenhang der Unternehmenskultur die Aufgabe zu, einen positiv belegten Rahmen für das kollektive Arbeiten im Unternehmen zu schaffen und aufrechtzuerhalten.

Geht es bei der Arbeit nicht letztlich um Zufriedenheit, Freude, Glück? Obwohl diese Stichworte für die meisten betriebswirtschaftlich geschulten Entscheider zunächst unökonomische Tabuthemen sind, liegen gerade in ihnen die spannenden Inhalte, die Personalmanagement zu einem attraktiven Arbeitsfeld machen. »Ich will etwas mit Menschen machen!« als Motivation, im Personalmanagement zu arbeiten, ist die unmittelbare Übersetzung dafür, sich auch um Zufriedenheit, Freude und Glück anderer kümmern zu wollen.

Personalmanagement ist nur auf der einen Seite Dienstleister im Unternehmen und Geschäftspartner anderer betrieblicher Funktionen mit dem Ziel, den ökonomischen Erfolg des Unternehmens zu sichern. Auf der anderen Seite ist Personalmanagement in seiner auf das Kollektiv bezogenen Rolle dafür verantwortlich, die positive Energie und Emotionalität aufrechtzuerhalten und sich als ständig laufender Motor für Kreativität, Innovation und Veränderung zu begreifen.

Positive Emotionalisierung ist damit die Ausrichtung des gemeinsamen Denkens und Fühlens auf das Positive und nicht auf das Negative. Das Personalmanagement kann den Führungsverantwortlichen beibringen, dass sie als Vorbilder die motivierenden Kernwerte des Unternehmens einlösen und vorleben, und dass sie hierbei glaubwürdig sein müssen.

Mit positiver Emotionalisierung lassen sich Wettbewerbsvorteile auf dem Arbeitsmarkt erlangen. Ein Unternehmen, das sich durch eine positiv aufgeladene Unternehmenskultur von anderen Unternehmen abhebt, wirkt als attraktiverer Arbeitgeber. Dagegen weckt es bei emotionaler Leere weder Motivation noch Einsatz bei seinen Mitarbeitern.

Unternehmenskulturoptimierung und Unternehmenserfolg

Die Unternehmenskultur wird im Unternehmen besonders durch die Beschreibung der *Kulturarten* fassbar: So werden gemäß ihres Zeitbezugs Unternehmenskulturen beispielsweise dadurch beschrieben, wie intensiv sie sich auf Vergangenheit, Gegenwart oder die Zukunft ausrichten. Auch die Normen charakterisieren Unternehmenskulturen, wenn zum Beispiel von Kunden-, Mitarbeiter-, Innovations-, Kosten- oder Technologiekultur die Rede ist.

Unternehmenskulturen lassen sich auch durch ihre *Kulturstärke* beschreiben. Hierzu zählt, wie klar und umfassend die vermittelte unternehmenskulturelle Zielvorstellung ist, wie viele Mitarbeiter sich von der Unternehmenskultur leiten lassen und wie kulturdurchdrungen das unternehmerische Handeln tatsächlich ist. Zu starke Unternehmenskulturen können auch negative Wirkungen haben:

✔ Autoritäre Unternehmenskulturen behindern durch ein Klima aus Misstrauen, Angst, Repression und Distanz das Zustandekommen von offener Kommunikation.

✔ Unternehmenskulturen mit starken Vorgaben ideologischer Denkmuster können zu Schubladendenken und Dogmatisierung führen und so die Beschäftigung mit Alternativen verhindern.

✔ Stark auf Kontrolle fokussierte Unternehmenskulturen neigen zu einer Kommunikation, die sich selbst verteidigt und damit vom Wesentlichen des Unternehmens ablenkt.

✔ Starke Unternehmenskulturen, in denen sich unter den Mitarbeitern das Gefühl von Hilflosigkeit und Fatalismus breitgemacht hat, verhindern effektive Problemlösung.

Die Vielzahl möglicher Blockaden zeigt bereits an, dass nicht jede starke Unternehmenskultur zum Unternehmenserfolg beiträgt.

Hinsichtlich der Wirkung der Kulturstärke auf den Führungserfolg gibt es ein Optimum, ab dem eine weitere Verstärkung der Unternehmenskultur den Erfolg wieder vermindert. Den Punkt zu treffen, bei dem möglichst viele erwünschte Kultureffekte eintreten, gleichzeitig aber viele drohende Blockaden vermieden werden, ist eine der schwierigen Aufgaben des Personalmanagements. Insbesondere muss das Personalmanagement darauf achten, dass die (starke) kulturelle Führung keine Impulse aussendet, die einem gegebenenfalls ebenso stark ausgeprägten nicht-kulturellen Führungssystem widersprechen.

Will das Personalmanagement die Unternehmenskultur zum Positiven verändern, kann es damit beginnen, indem es an den Kulturen einzelner Teilbereiche des Unternehmens ansetzt. Die sogenannten Subkulturen lassen sich viel gezielter an die unterschiedlichen Arbeitszusammenhänge im Unternehmen anpassen. Unternehmensweite Kulturstärke ist damit nicht mehr vorrangig: Vielmehr wird es wichtig, in einem ersten Schritt lokale Stimmigkeiten zwischen Arbeitszusammenhang und Subkultur herzustellen und in einem zweiten Schritt alle Subkulturen hinsichtlich einer gemeinsamen Werteschnittmenge aufeinander abzustimmen. Dadurch wird die Beschäftigung mit Unternehmenskultur zwar komplexer, aber dafür auch konkreter handhabbar.

Wenn sich das Personalmanagement von der Annahme verabschiedet, es gebe nur eine einzige Unternehmenskultur für das Unternehmen, hat es die Chance, zu einer Unternehmenskulturvielfalt zu gelangen. Daraus folgt dann auch eine entsprechende Kommunikationsvielfalt.

Die bewusste Gestaltung von Unternehmenskultur und Unternehmenserfolg gehen Hand in Hand. Umstritten sind jedoch in der Diskussion Ursache und Wirkung: Während die eine Position der Meinung ist, dass eine intensive Gestaltung von Unternehmenskultur den Unternehmenserfolg steigert, geht die Gegenposition davon aus, dass sich gerade Unternehmen, die bereits erfolgreich sind, den Luxus leisten können, sich um die Unternehmenskultur besonders intensiv zu kümmern. Welche Position sich auch immer in der weiteren Forschung zur Kausalitätsfrage durchsetzt: Die Bedeutung der Unternehmenskultur bleibt davon unangetastet.

Leitbild »Professionelles Personalmanagement«

In diesem Kapitel ...

▶ Auf Profiniveau arbeiten

▶ Professionalität verstehen

▶ Durch Unprofessionalität entstandene Schäden vermeiden

▶ Nutzen der Professionalisierung erschließen

*I*n diesem Kapitel möchte ich Ihnen die Professionalisierung des Personalmanagements näherbringen. Sie ist für Sie Anspruch und Weg zugleich. Anspruch, weil Professionalisierung die Messlatte für Ihr personalwirtschaftliches Handeln hochhängt. Weg, weil Sie die Aufgaben des Personalmanagements mit Bezug auf die Professionalisierung durchdenken und Schritt für Schritt verbessern können. Die Professionalisierung des Personalmanagements wird in *Personalmanagement für Dummies* an vielen Stellen aufgegriffen. Im Folgenden erfahren Sie, warum sie erforderlich ist, welche Bestandteile sie umfasst und was sie Ihnen bringt.

Das Bessere erwarten

In einem Unternehmen nehmen sich die Abteilungen und Projektteams gegenseitig wahr. Im Tagesgeschäft werden dauernd Urteile gefällt wie »die sind gut« oder »bei denen klappt ja gar nichts«. Das Personalmanagement wird von vielen Personen aus dem Unternehmen und über seine Grenzen hinaus wahrgenommen. Umso wichtiger ist, dass das Urteil positiv ausfällt. Am besten: »Die wissen genau, was sie tun – und was sie tun, hat Hand und Fuß«.

Nachdenken und Vorausdenken als Daueraufgabe

Eine ausführliche Grundsatzdiskussion darüber, was die Professionalität des Personalmanagements ausmacht, findet in zeitlichen Wellen von etwa 25 Jahren statt. 1961 greift der erste personalwirtschaftliche Lehrstuhl einer deutschen Universität den Bedarf auf, Personalmanagement als betriebswirtschaftliche Funktion zu verstehen und zu gestalten. Mitte der 1980er-Jahre wird intensiv diskutiert, welches Ausmaß an Wissen, Handlungsautonomie und ethischer Grundausrichtung für das Personalmanagement gebraucht wird. Im Laufe und nach der Wirtschafts- und Finanzkrise 2009 stellen sich diese Fragen erneut, weil man inzwischen fast schon ein komplettes »ABC der Herausforderungen« zusammenbekam – beginnend mit alternde Belegschaft, Bindungsmanagement, Corporate Social Responsibility, Diversitätsmanagement, Employer Branding und so weiter. Noch immer interessieren

✔ die relevanten *Aufgaben* für die Personalarbeit sowie die passenden *Lösungen*,

✔ die *Rolle* des Personalmanagements im Unternehmen und für das Unternehmen und seine zugrunde gelegte *Ethik* sowie

✔ die angemessene *Organisation* von Strukturen und Prozessen des Personalmanagements.

Das zusammen soll ein professionelles Personalmanagement in einer komplexer werdenden Umwelt ermöglichen.

Professionelles Personalmanagement ist das Ergebnis einer Personalarbeit, die den jeweils aktuellen wie auch den sich abzeichnenden Herausforderungen möglichst gerecht wird und die Erwartungen unterschiedlicher Kunden des Personalmanagements an die zur Verfügung gestellten Lösungswege erfüllt. Die Personalarbeit soll dabei nicht inhaltliches Mittelmaß, sondern eben »Profiniveau« erreichen: die Ziele erreichen und dabei kein Geld verschwenden, keine unerwünschten Fern- und Nebenwirkungen hervorrufen und vorausschauend den eingegangenen Verantwortlichkeiten gerecht werden.

Professionalisierung besteht aus »neuem Denken« und »neuem Handeln«. Wer auf Profiniveau arbeiten möchte, dem helfen die folgenden Einsichten sicherlich weiter.

Warum Profis Amateure übertreffen

Lassen Sie uns auf der Akteursebene beginnen. Die für die Personalarbeit Verantwortlichen können Personalmanagement »einfach mal machen«, also aus dem Bauch heraus und rein intuitiv. Gerade das Personalmanagement scheint dem »gesunden Menschenverstand« recht leicht zugänglich zu sein: Schließlich hat fast jeder Mensch in seinem Leben schon einmal außerhalb von Unternehmen Führungsverantwortung übernommen, sei es in der Familie, im Freundeskreis, im Sportteams, in Vereinen, in der Kirche oder in Parteien. Auch wenn das ohne besondere Ausbildung funktioniert haben sollte: Auf Dauer sollte man sich nicht darauf verlassen, dass immer alles von selbst gut geht.

Professionelle Personalakteure üben ihren Beruf – ihre »Profession« – besonders gut aus. Sie haben ihre personalwirtschaftlichen Grundlagen in der Betriebswirtschaftslehre, in der Arbeitspsychologie oder im Arbeitsrecht gelegt, sich vom Neuling zum Experten entwickelt, letztlich gelernt, welches Wissen und welche Fähigkeiten für die erfolgreiche Bewältigung ihrer berufsspezifischen Herausforderungen nötig sind, und können sie auch einsetzen. Sie übernehmen dann in urteilssicherer Abschätzung ihrer Handlungsfolgen Verantwortung im Sinne eines Mit- und Vorwärtsdenkens aus Unternehmensperspektive, um das Weiterbestehen des Unternehmens zu sichern.

Genauso notwendig wird es, das vorhandene Wissen eines professionellen Personalakteurs vor dem Ausscheiden dieser Person aus dem Unternehmen systematisch weiterzugeben, also eine professionelle Wissensstafette einzurichten.

Mit dem Qualitätsaspekt professionellen Arbeitens samt nachgewiesenen Ergebnissen geht häufig die Steigerung des berufsbezogenen Sozialprestiges der Akteure einher: Sie werden

im Unternehmen und darüber hinaus als glaubwürdige Experten respektiert. Auch entstehen berufsorientierte *Communitys*, Gemeinschaften wie etwa Vereine, Verbände oder Netzwerke mit dem Fokus auf Personalarbeit, in denen man Ansprüche an professionelles Arbeiten definiert und als *Best Practice*, also als ein besonders gutes Handlungsmuster, legitimiert.

 Während sich Professionalität entwickelt, kann es unter den Personalakteuren zu Spannungen und zu Widerstand kommen: Den professionellen Personalakteuren mit ihrer sachbezogenen Autorität und ihrem Handlungsdrang stehen nach wie vor Mitarbeiter gegenüber, die aufgrund ihrer geringer ausgeprägten Fähigkeiten und Kompetenzen befürchten, dass dies im direkten Vergleich sichtbar wird. Sie arbeiten daher zum Teil gegen die Professionalisierung, da diese ihren bisherigen Status bedroht oder dazu führen könnte, dass ihr bislang bequemes Arbeiten plötzlich mit einer professionalitätsorientierten Qualitätserwartung belegt wird und der Leistungsdruck für sie steigt.

Achtung Theorie: Das Professionalisierungsmodell

Heutzutage müssen Mitarbeiter im Personalmanagement nicht nur Personalarbeit bewältigen und Mitarbeiter führen. Die Aufgabe besteht in Wirklichkeit darin, Personalarbeit *professionell* zu bewältigen und die Mitarbeiter *professionell* zu führen. Ziel und Akteure der Professionalisierung sind das eine – der Weg zu einem professionellen Personalmanagement das andere.

Es bedarf des Zusammenspiels aus vier Selbstverpflichtungen des Personalmanagements, die ständig eingelöst werden müssen, damit dieser Weg zur Professionalisierung des Personalmanagements beschritten werden kann und er, einmal beschritten, nicht wieder verlassen wird. Eine solche Selbstverpflichtung ist als eine grundlegende Einsicht in die Notwendigkeit plus eine verbindliche Zusage zu verstehen (das sogenannte *Commitment*), dies auch umsetzen zu wollen (siehe Abbildung 4.1).

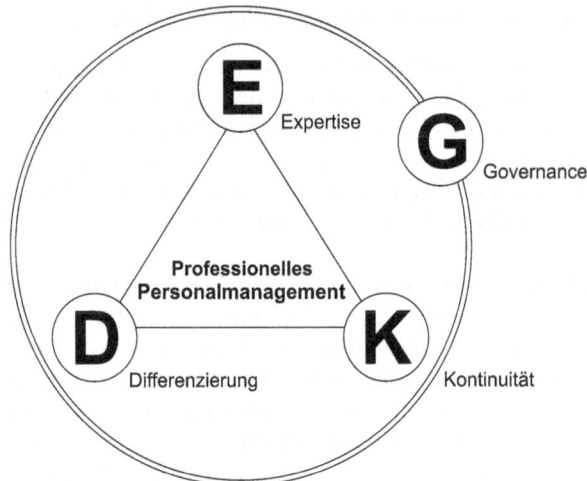

Abbildung 4.1: Professionalisierungsmodell des Personalmanagements

Die vier in Abbildung 4.1 berücksichtigten Professionalisierungsaspekte leiten sich nicht nur aus allgemeinen Diskussionen über Professionalisierung ab, sondern auch aus besonderen personalwirtschaftlichen Managementdiskursen. So wurde 1994 die damals recht neue »ressourcenbasierte Perspektive des Managements (RBV)« auf das Personalmanagement übertragen: Plötzlich begriffen Theoretiker, die bislang vor allem Kunden und Absatzmärkte des Unternehmens im Blick hatten, dass auch die im Unternehmen vorhandenen Ressourcen nachhaltige Wettbewerbsvorteile für Unternehmen darstellen können.

Erkannt wurde, dass die gezielte Nutzung der Belegschaft als Quelle nachhaltiger Wettbewerbsvorteile Kompetenzen für die Personalfunktion, für die Manager und für das gesamte Unternehmen voraussetzt, die entwickelt und kontinuierlich überwacht werden müssen. Heute ist mit der Professionalisierung des Personalmanagements genau diese Kompetenzentwicklung gemeint.

Differenzierung statt »eine Lösung für alle«

Die Professionalisierung des Personalmanagements beschreitet bewusst den Weg zur Erfassung und Berücksichtigung der differenzierten Bedürfnisse der Zielgruppen: Es gibt nicht _das eine_ Arbeitgeberimage, nicht _den einen_ Motivationsfaktor, nicht _das eine_ Bindungsinstrument für »die Mitarbeiter«. Dies gilt erst recht in der heutigen Zeit, in der als Folge eines enormen Wertewandels in den vergangenen zwei Jahrzehnten die Mitarbeiter von ihren Unternehmen ihre Wahrnehmung als Einzelpersonen mit individuellen Bedürfnissen einfordern.

Die Professionalisierung des Personalmanagements strebt bewusst an, die tatsächlichen, differenzierten Bedürfnisse seiner Kunden zu kennen und sie professionell in der Personalarbeit zu spiegeln. Das kann nur durch die Erfassung der differenzierten Bedürfnisse der Zielgruppen gewährleistet werden, etwa über die Befragung gegenwärtiger und potenzieller Mitarbeiter sowie weiterer Zielgruppen der Personalarbeit. Ohne ausreichende Informationen ist eine Differenzierung der Personalarbeit nicht möglich.

Die Differenzierung der Personalarbeit dient dem Ziel der Stärkung der Wettbewerbsposition des Unternehmens als Arbeitgeber: Unternehmen müssen es in ihrem Umfeld schaffen, Mitarbeiter zu gewinnen. Zum Beispiel lesen nicht alle Bewerber, die für das Unternehmen interessant sein könnten, dieselbe Zeitung. Auch sprechen nicht alle Bewerber auf dieselben Formulierungen an. Daher bietet es sich an, im Rahmen der Personalbeschaffung unterschiedliche Anzeigen für unterschiedliche Zielgruppen in unterschiedlichen Medien zu schalten.

Wer den Differenzierungsaspekt vernachlässigt, läuft Gefahr, das _Commitment_ der Mitarbeiter, also deren verbindliches und engagiertes Sicheinlassen auf die Arbeit, zu verlieren. Die Mitarbeiter fühlen sich »persönlich nicht mitgenommen«. Mit dem Commitment der Mitarbeiter sackt jedoch auch deren Leistungsbereitschaft ab. Wer verloren gegangenes Commitment wieder aufbauen will, wird viel Arbeit damit haben, sich zu entschuldigen, das unglückliche Verhalten zu erklären oder symbolisch Buße zu tun. Dies alles kann durch professionelles Personalmanagement von vornherein vermieden werden.

Personaler sollten daher versuchen, die besonderen Aspekte ihrer Mitarbeiter in den unterschiedlichen Arbeitssituationen wahrzunehmen, also die wesentlichen Persönlichkeitseigenschaften, Bedürfnisse, Fähigkeiten und Umfeldsituationen, bei denen es nicht hilft, wenn alle Mitarbeiter über einen Kamm geschoren werden. Sie haben recht, wenn Sie sagen, es könne doch nicht das Ziel sein, den Mitarbeitern jeglichen erdenklichen Wunsch zu erfüllen – denn auch das Unternehmen hat doch berechtigte Wünsche und Ansprüche. Dennoch müssen die Interessen von Mitarbeitern genauso wie die Interessen des Unternehmens balanciert werden, wenn eine längerfristige Arbeitsbeziehung entstehen und aufrechterhalten werden soll.

Professionalisierungscheckliste: Differenzierung

✔ regelmäßige Lektüre personalwirtschaftlicher Fachzeitschriften mit aktuellen Beiträgen, um die Vielfalt und Breite möglicher Personalmanagementaktivitäten zu kennen

✔ Beobachtung der tatsächlichen Lage des Einflussbereichs, etwa im Rahmen der qualitativen Personalplanung (»Sehen, was ist«)

✔ bewusst unterschiedliche Ansprache der verschiedenen Zielgruppen des Personalmanagements

✔ Verwendung fortschrittlicher personalwirtschaftlicher Methoden (in Kapitel 11 erfahren Sie mehr zu verschiedenen »psychologischen Arbeitsverträgen«), die über allgemeine Standards hinausgehen

✔ unterschiedliche Einschätzung des Personalmanagements im Mittelstand als in Großunternehmen

Kontinuität statt »immer wieder neu«

Für Mitarbeiter und sonstige Partner des Personalmanagements ist weniges so beziehungsschädigend wie ein nicht eingelöstes Versprechen. In dem Moment, in dem Versprechen geäußert werden, erzeugen sie Erwartungen bei den Adressaten. Jedes Kind kennt den Reim »Versprochen ist versprochen – und wird auch nicht gebrochen«. Diese Maxime kann auch einem professionellen Personalmanagement vorangestellt werden. Mitarbeiter wollen sich darauf verlassen, dass die nach einer Mitarbeiterbefragung in Aussicht gestellten Veränderungen in Angriff genommen werden. Ein Betriebsrat ist daran interessiert, dass bei einer versprochenen »weitreichenden Information« das Personalmanagement auch einmal von sich aus aktiv wird und Informationen bereitstellt. Ein am Unternehmen Interessierter will auf der Internetseite des Personalmanagements nur den aktuellen Stand vorfinden.

Die Professionalisierung des Personalmanagements strebt an, dass Einmalaktionen durch Langfristhandeln ersetzt werden. Die Versprechen und Ankündigungen, die Mitarbeitern und Bewerbern gemacht werden, müssen authentisch sein. Dies bedeutet, dass auch in der Vergangenheit Versprechen bereits eingelöst wurden und dass Signale gegeben werden, die nahelegen, dass die Versprechen und Ankündigungen auch in der Zukunft glaubwürdig eingelöst werden.

Kontinuität dient dem Ziel der Schaffung von *Nachhaltigkeit*. Unternehmen, deren Personalmanagement zwangsläufig vor dem Hintergrund verschiedener Restriktionen wie dem Mangel an Zeit und Geld oder den ständig wechselnden Ansprüchen von außen abläuft, brauchen dennoch jeweils eine eindeutige und klar erkennbare Linie ihrer Personalarbeit. Sie muss wie ein Leitstern allen signalisieren, wohin der Weg geht und warum kommunizierte Ziele erstrebenswert und erreichbar sind. Wenn dann etwas als wichtig und erstrebenswert erkannt wurde, ist es sinnvoll, das eine gewisse Zeit beizubehalten, damit es seine Orientierungsfunktion entwickeln kann.

 Wer den Kontinuitätsaspekt vernachlässigt, läuft Gefahr, das *Vertrauen* der Mitarbeiter zu verlieren. Sprunghaftes Verhalten des Personalmanagements führt bei den Mitarbeitern zu dem Gefühl, dass sie sich nicht langfristig auf das Gesagte einlassen und verlassen können. Vertrauensverlust ist ein wichtiger Schritt zu einer inneren Kündigung von Mitarbeitern. Wer verloren gegangenes Vertrauen wieder reparieren will, wird viel Arbeit damit haben, das soziale Gleichgewicht zwischen Personalmanagement und Mitarbeitern wiederherzustellen und die vormalig geltenden Vertrauensnormen erneut zu bestätigen. Dies alles kann durch professionelles Personalmanagement von vornherein vermieden werden.

Sprunghaftigkeit im Denken, Kommunizieren und Handeln ist Gift für den Aufbau von Kontinuität. Personaler arbeiten daher aktiv an der Herstellung eines langfristig verbindlichen und verlässlichen Beziehungsgefüges im Unternehmen.

Professionalisierungscheckliste: Kontinuität

✔ klare Definition der Prozesse des Personalmanagements mit eindeutig zugeordneten Prozessverantwortlichen

✔ Bewusstsein, dass die jeweiligen Kunden bestimmen, wann eine Aufgabe des Personalmanagements beendet ist, und zwar erst dann, wenn sie zufrieden mit der Leistung sind

✔ Integration der Mitarbeiter als Prozessbeteiligte in die Personalarbeit

✔ Prinzip, dass auftretende Fehler in Personalprozessen weder von vorangehenden Prozessstufen angenommen noch an nachfolgende Prozessstufen weitergegeben werden dürfen

---

Expertise statt »aus dem Bauch heraus«

In Unternehmen wird das Berufsfeld der Personalarbeit häufig von Personen gestaltet, die die betriebswirtschaftlichen Systemzusammenhänge des Personalmanagements nicht wirklich von Grund auf gelernt haben. Auch Psychologen, Soziologen und Quereinsteiger aus noch entfernteren Berufen können gute Personaler werden. Doch sie müssen verstehen, wie die Personalarbeit als betriebliche Funktion in die betriebswirtschaftlichen Unternehmens-

strategie-, Rechnungslegungs-, Finanzierungs- und Controllingzusammenhänge eingebettet ist, weil gerade sie stark beeinflussen, was das Personalmanagement gestalten kann und was nicht. Personaler müssen neben ihrer Kernarbeit auch ihr Umfeld verstehen, um sich darin zu behaupten.

Die Professionalisierung des Personalmanagements will die Personalarbeit zu einer zentralen Kernkompetenz des Unternehmens entwickeln. Personalmanagement muss daher durch Experten geleitet werden und eine Funktion sein, die ständig lernt.

Expertise dient dem Ziel der umfassenden *Kompetenzentwicklung*. Sicherlich gibt es einige begnadete Personen, die von der Mitarbeiterführung bis zur operativen Personalarbeit von vornherein alles richtig machen. Nur: Nicht jeder ist derartig mit Intuition gesegnet. Vor allem bedeutet gute Personalarbeit wesentlich mehr als lediglich gute Personalführung. Personalbedarfsanalysen (Wie viele Mitarbeiter mit welchen Qualifikationen braucht das Unternehmen?), Stellenanzeigen, Personalauswahl und Personalförderung sind nur einige der Themen, die man nicht mit Intuition und auch nicht nur mit den Arbeitsgesetzen angehen kann. Das gleiche Professionalisierungsniveau, das in Produktionstechnik, Vertrieb oder Logistik an den Tag gelegt wird, sollte auch bei der Personalarbeit zum Standard werden. Es gibt genügend Weiterbildungsmöglichkeiten – vom Lehrbuch über Fachzeitschriften bis zu Seminaren und Aufbaustudiengängen an Hochschulen –, die helfen, das fachliche Niveau des Personalmanagements zu verbessern.

Wer die Expertise vernachlässigt, läuft Gefahr, die *Akzeptanz* der Mitarbeiter, deren Mitwirken an der Umsetzung der Entscheidungen, zu verlieren. Die Mitarbeiter nehmen Personaler nicht ernst, wenn sie das Gefühl haben, ihre Entscheidungen seien nicht ausreichend fundiert. Mit nachlassender Akzeptanz weicht die Kooperationsbereitschaft und wird durch eine zunehmend kritische Perspektive ersetzt, die zunächst grundsätzlich alles infrage stellt. Wollen Personaler verloren gegangene Akzeptanz wieder aufbauen und die Kooperation wiederherstellen, werden sie viel Arbeit damit haben, ihre Kompetenz nachzuweisen, Kontrollmöglichkeiten für ihre Entscheidungen zu schaffen oder formale Qualitätssicherung einzurichten. Das alles kann durch professionelles Personalmanagement von vornherein vermieden werden.

Expertise bedeutet, dass die Entscheider neben ihrem Erfahrungswissen auch über Fachwissen zu Arbeitsabläufen, Gesetzen, personalwirtschaftlichen Methoden und vielem mehr verfügen, es regelmäßig aktualisieren und es auch einsetzen können. Unternehmen benötigen für ihre Personalarbeit »echte Fachleute«, die nicht im erstbesten Gespräch mit Unternehmensberatern mangels Argumenten einknicken, sondern ernst zu nehmende Partner auf der Suche nach guten Problemlösungen sind. Ohne professionelle Personalarbeit haben Unternehmen keine Chance, langfristig erfolgreich zu sein.

Professionalisierungscheckliste: Expertise

✔ Kommunikation der Personalarbeit als zentrale Kernkompetenz des Unternehmens und entsprechende Umsetzung

✔ Entwicklung der Personalfunktion auf Grundlage ermittelter Qualifizierungsbedarfe

✔ Schulung der Personaler durch Seminare zu aktuellen Entwicklungen und Trends im Personalmanagement

✔ Übertragung der Personalleitung an einen personalwirtschaftlich ausgebildeten Personalmanager

✔ Verteilung der Personalaufgaben gemäß Fähigkeiten, nicht gemäß Personalverfügbarkeit

✔ Erteilung entsprechender Befugnisse an jeden, der Personalarbeit fachlich kompetent bewältigen soll, damit er seine Personalarbeit formal umsetzen kann

✔ Auslagerung der Personalarbeit nur dann, wenn dadurch kein »strategischer Kollateralschaden« für die Personalarbeit entsteht, die im Unternehmen verbleibt

✔ Schutz des Personalwesens des Unternehmens, weil es eine wichtige Grundlage für die Wettbewerbsfähigkeit des Unternehmens ist

Governance statt »allein geht's doch auch«

Governance beschreibt die umfassende, regelkonforme betriebswirtschaftlich-strategische Steuerung von Unternehmen. Diese Steuerung wird durch die obere Unternehmensführung verantwortet, ist aber auf die Mitwirkung aller betrieblichen Funktionen im Unternehmen angewiesen. So wie die Unternehmensführung seine Wertschöpfungs- oder Gewinnziele nicht ohne das Personalmanagement erreichen kann, kommt das Personalmanagement nicht ohne die Unterstützung durch die Unternehmensführung aus. Beide brauchen sich als strategische Verbündete, die sich gegenseitig unterstützen. Dazu müssen sie allerdings auch »die gleiche Sprache sprechen«.

Führung im Unternehmen und damit auch das Personalmanagement sollte nicht allein »die Menschen« und damit »weiche Faktoren« berücksichtigen, sondern im Idealfall auch »die Zahlen« und damit »harte Faktoren«. Wenn es dem Personalmanagement gelingt, etwa durch seine auf die Finanz- und Rechnungslegungsabteilung und die Unternehmensleitung ausgerichteten Aktivitäten des Personalcontrollings oder der Humankapitalbewertung seine Wertschöpfung für das Unternehmen nachzuweisen, wird es auch in der Unternehmensleitung ernst genommen, wenn es gilt, gemeinsam die Unternehmensstrategie für die Zukunft zu formulieren. Dieses Ernstgenommenwerden gelingt dem Personalmanagement vor allem mit betriebswirtschaftlichen Argumenten, etwa mit den gemeinsamen Währungen »Geld«, »Kosten« oder »Wertschöpfung«. Somit ist auch die klassisch-betriebswirtschaftliche Einbettung der Personalarbeit ein »Muss«.

Die Professionalisierung des Personalmanagements bringt die Personalarbeit bewusst auf den Radarschirm des Unternehmens und seiner Leitung. Das Personalmanagement muss Einfluss auf strategische Unternehmensentscheidungen haben, in der Unternehmensleitung (und wenn vorhanden, auch den Aufsichtsgremien) ständig präsent sein und von ihr unterstützt werden. Governance dient dem Ziel, die Personalstrategie im Unternehmen im Einklang mit der Unternehmensstrategie umzusetzen.

Je präsenter die Personalaufgaben der Unternehmensleitung sind, desto höher wird die Chance, dass aufgrund einer Unterstützung »von oben« die Ziele des professionellen Personalmanagements auch erreicht werden. In einer professionalisierten Zukunft wird ein reges Interesse an der Leistung des Personalmanagements bestehen. Sie wird nicht nur pro forma als zuständig für die »wichtigste Ressource des Unternehmens« angesehen, sondern im Unternehmen werden sich unterschiedliche Stellen für die Antwort auf die Frage interessieren, in welchem Maß das Personalmanagement zur Wertschöpfung und zum Erfolg des Unternehmens beiträgt. Von außen werden sowieso bereits genau diese Fragen an das Personalmanagement gestellt, beispielsweise von Banken, die gemäß den Basel-II-Regelungen die Qualität von Management- und Personalführungsarbeit als Kriterien für die Kreditvergabe abfragen.

Wer Governance vernachlässigt, läuft Gefahr, dass sich im Hinblick auf personalwirtschaftliches Handeln im Unternehmen *Frustration* ausbreitet. Zunächst fühlen sich die Personaler selbst nicht ernst genommen, wenn ihre Arbeit auf die Personalverwaltung reduziert und damit insgesamt marginalisiert wird. Darüber hinaus betrifft die Frustration aber auch das allgemeine Selbstverständnis aller Mitarbeiter und Partner des Personalmanagements, weil dann offensichtlich der Rückhalt für die Belange von Mitarbeitern zu fehlen scheint, was in einem Gefühl der Vergeblichkeit resultieren kann. Wer Frustration wieder abbauen will, wird viel Arbeit damit haben, mit neuen Anreizen die Motivation für die Arbeit wiederherzustellen und durch kulturelle Leitbilder die Bedeutung des Personalmanagements zu unterstreichen. Das alles kann durch professionelles Personalmanagement von vornherein vermieden werden.

Darüber hinaus müssen Unternehmen es nicht nur zulassen, sondern fördern, dass ihr Personalmanagement im Unternehmen als originäre Funktion gleichberechtigten Einfluss auf strategische Entscheidungen hat und nicht von anderen Funktionen wie der Kostenrechnung oder der Finanzfunktion dominiert wird. Die übrigen Funktionen im Unternehmen sollten bereit sein, den Beitrag der Personalfunktion anzuerkennen, wie auch die Personalfunktion deren Beiträge zum Gesamterfolg würdigt. Die Arroganz, mit der einige Finanzmanager und Controller auf das aus ihrer Sicht nachrangige Personalmanagement herabblicken, ist unangebracht, weil es den Gesamtzusammenhang ignoriert.

Professionalisierungscheckliste: Governance

✔ Platzierung des professionellen Personalmanagements »auf dem Radarschirm« der Unternehmensleitung und der Aufsichtsgremien – zum ständigen Erinnern und Einfordern von Aufmerksamkeit und Interesse

✔ Befürwortung der Einrichtung von Zielvereinbarungen und leistungsorientierter Entlohnung für Personaler auf allen Hierarchieebenen, unter anderem mit Zielen zur Humankapitalentwicklung, die sich messen lassen

✔ Erhöhung des Einflusses des Personalmanagements auf strategische Entscheidungen des Unternehmens

✔ Einforderung unternehmensstrategischer Informationen, die Personaler dann in ihrer Arbeit vorausschauend berücksichtigen

✔ Weitergabe von personalstrategischen Informationen an die Unternehmensleitung

✔ Sicherstellung, dass der Einfluss des Personalmanagements im Unternehmen gleichberechtigt mit Einflüssen anderer Funktionen wie etwa Kostenrechnung oder Finanzfunktion ist und nicht von ihnen dominiert wird

Professionalisierung zahlt sich aus

Die Professionalisierung des Personalmanagements führt zu vielfachem Erfolg:

✔ längere Geltungsdauer der Entscheidungen des Personalmanagements

✔ Vermeidung typischer, häufig von unprofessionellem Personalmanagement ausgelöster Beziehungsschäden im Unternehmen wie die Zerstörung von Mitarbeitercommitment, Vertrauen und Akzeptanz sowie die Entstehung allgemeiner Frustration

✔ produktivere Mitarbeiterbasis durch qualitätsverbessertes Personalmanagement

✔ effektivere Arbeit der Führungskräfte durch qualitätsverbessertes Personalmanagement

✔ präzisere Kostensteuerung für die Durchführung des Personalmanagements, weil die Personalarbeit selbst differenzierter und damit präziser gesteuert wird

✔ gezieltere Überwachung des Personalmanagements hinsichtlich der Amortisation der Investitionen in die Personalarbeit

✔ Bildung eines Arbeitsethos für das Personalmanagement und einer unternehmensweiten Personalmanagementethik, die unterscheidet, was hinsichtlich des Personalmanagements für schlecht und für gut gehalten wird

Das Professionalisierungsmodell kann auch für kleine und mittelgroße Unternehmen ein wichtiger Impuls sein. Mittelständische Unternehmen sehen sich im »Talentekrieg« der Konkurrenz größerer Unternehmen gegenüber. Um sich in diesem Konkurrenzkampf durchzusetzen und die Mitarbeiter nicht zu enttäuschen, sondern längerfristig im Unternehmen zu halten, bedarf es eines Personalmanagements, das alle Professionalisierungspos-

tulate erfüllt. Mittelständische Unternehmen können sich bei jeder einzelnen Personalaufgabe fragen, ob es wirklich professionell zugeht. Das bedeutet zum Beispiel:

✔ Wird wirklich differenziert mit denen umgegangen, die gerade von der Personalaufgabe betroffen sind? Haben diese Adressaten tatsächlich alle dieselben Ziele oder müsste man nicht klarer unterscheiden, welche Erwartungen bestehen?

✔ Wurde auch gestern bereits das gesagt, was heute gelten soll, und wird dies morgen immer noch Bestand haben können? Setzen Sie die Ideen der personellen Führung auch dann noch durch, wenn es Gegenwind geben sollte? Gilt im Unternehmen Kontinuität oder hängt es sein Fähnchen nach dem Wind?

✔ Wann haben diejenigen, die sich mit Personalmanagement und Führung beschäftigen, das letzte Mal eine Schulung in diesem Bereich erhalten? Verfügen sie noch über aktuelles Wissen?

✔ Was weiß die Unternehmensführung über die gerade anstehenden Personalaufgaben? Ist das Personalmanagement umgekehrt darüber informiert, was sonst noch im Unternehmen passiert und in Kürze für die Personalarbeit wichtig werden könnte?

Damit hat das Personalmanagement im Auf und Ab von Wirtschaftskrisen eine gute Chance, sich zu profilieren und zu professionalisieren. Es kann besser durch die Rezession steuern und dann wieder besser in den nächsten Aufschwung kommen.

Aus der Diskussion über Professionalisierung erwächst eine neue Rolle, die nur ein professionelles Personalmanagement im Unternehmen übernehmen kann: Es geht um *Beziehungsreparatur*. Sie wird überall dort notwendig, wo verlorene Leistungsbereitschaft, enttäuschtes Vertrauen, fehlende Akzeptanz und eingetretene Frustration bewältigt werden müssen. Wenn sich ein Personalmanagement auf Professionalisierung ausrichtet,

✔ vermindert es bestehende negative Emotionen aufseiten der Mitarbeiter wie auch aufseiten des Personalmanagements und des Unternehmens,

✔ fordert es die Einhaltung der Verhaltensregeln, auf die man sich zuvor verständigt hat,

✔ löst es Vertrauensprobleme zwischen den Mitarbeitern und den Funktionsträgern des Unternehmens,

✔ stärkt es die Bereitschaft aller Parteien, in der Zukunft wieder effektiver zusammenzuarbeiten.

Ein professionelles Personalmanagement bewirkt nicht nur die Beziehungsreparatur, sondern die Beziehungsreparatur bewirkt auch eine steigende Professionalisierung des Personalmanagements. Professionelles Personalmanagement ist ein »natürlicher Träger« von strategischer Beziehungsentwicklungsarbeit. Daher besteht hier für Unternehmen eine Chance, durch die Vergabe der Rolle »Beziehungsreparateur« an das professionelle Personalmanagement einen Verantwortlichen für jegliche inner- und außerbetriebliche Beziehungspflege zu etablieren.

Teil II
Die Mitarbeiter entdecken

In diesem Teil ...

Kennen Sie eigentlich Ihre Mitarbeiter? Tatsächlich? Denn ihre Vielfalt ist überraschend groß. Es gibt zukünftige Mitarbeiter, die noch nicht im Unternehmen sind, die sich für Ihr Unternehmen interessieren, neu beginnende Mitarbeiter und solche, die schon länger da sind und bezahlt, geführt und gebunden werden, Mitarbeiter, die aus dem Unternehmen scheiden, und ehemalige Mitarbeiter. Sie alle haben Wünsche und Bedürfnisse, Kenntnisse und Fähigkeiten, Leistungen und Potenziale, dienstliche und persönliche Belange.

Jeder der genannten Mitarbeitergruppen ist in diesem Teil ein eigenes Kapitel gewidmet. Sie alle sind die Anspruchsgruppe des Personalmanagements, die den größten Anteil der Personalarbeit beanspruchen wird. Hier lohnen sich alle Anstrengungen, denn es ist eine unmittelbare Resonanz zu erwarten. Von der Leistung zufriedener Mitarbeiter hängt letztlich der Unternehmenserfolg ab.

Personalbeschaffung: Zukünftige Mitarbeiter

5

In diesem Kapitel ...

▶ Um Qualifizierte kämpfen

▶ Personalmarketing intensivieren

▶ Personalplanung mit Personalbeschaffung verzahnen

▶ Gekonnt Bewerber auswählen

A n dieser Stelle nähern sich Personalmanagementbücher üblicherweise Hochzeiten an, wo ebenfalls *Das Lied von der Glocke* von Friedrich Schiller zitiert wird: »Drum prüfe, wer sich ewig bindet«. Wäre dies nicht bereits so abgedroschen, würde ich das Zitat jetzt auch bringen. Denn es stimmt tatsächlich: Das Personalmanagement sollte sich intensiv damit beschäftigen, mit welchen Mitarbeitern es zukünftig zusammenarbeiten möchte. Diese Beschäftigung ist aber ein in sich zusammenhängendes System, das aus mehreren Stufen besteht – vom Begreifen der schwierigen Ausgangslage über die Selbstvermarktung als attraktiver Arbeitgeber, weiter über die Personalplanung bis hin zum eigentlichen Personalauswahlprozess – und das zudem viele Fallstricke bereithält. Damit Sie nicht darüber stolpern, wird Sie dieses Kapitel in die Mysterien der Personalbeschaffung einweihen.

Talentekrieg: Wer die wenigen potenziellen Mitarbeiter bekommt

Was für ein hartes Wort gleich zu Beginn: »Krieg«. Und doch hat dieses Wort Eingang in die personalwirtschaftliche Literatur gefunden, in der man seit der Wortschöpfung durch eine Unternehmensberatung 1997 vom *War for Talents* spricht. Im Wort Krieg schwingen immense Bedrohung und Aggressivität mit, und beides scheint in der Praxis der Fall zu sein:

✔ Unternehmen sind dadurch bedroht, dass sie auf dem Arbeitsmarkt nicht mehr beliebig viele und beliebig gut qualifizierte Mitarbeiter beschaffen können. Die Gründe dafür sind vielfältig. Unter anderem sind die demografischen Verschiebungen (die Zahl jüngerer Personen nimmt absolut sowie im Verhältnis zu den älteren Personen ab) und die nicht immer qualitätssichernden Reformen im Bildungssektor zu nennen, zudem eine über viele Jahre hinweg restriktive Einwanderungspolitik. Der viel beschworene »Fach- und Führungskräftemangel« wird in Unternehmen dadurch spürbar, dass offene Stellen und Ausbildungsplätze mit immer größerer Verzögerung oder gar nicht mehr besetzt werden können. Die Konsequenzen bestehen darin, dass Aufträge nicht mehr in der zugesagten Zeit abgearbeitet werden können, Kompetenznetzwerke ausgehöhlt werden und die Basis für neue Innovation erodiert.

✔ Je mehr Angst Unternehmen haben, unter den Konsequenzen des Fachkräftemangels zu leiden, desto mehr Anstrengungen unternehmen sie, um gar nicht erst in diese Lage zu kommen. Sie konkurrieren auf dem Arbeitsmarkt mit den Vorzügen, die sie als Arbeitgeber haben, verlegen sich zum Teil aber bereits auf aggressivere Anwerbestrategien für Personal und jagen den Konkurrenten Mitarbeiter ab.

Der Talentekrieg ist so dramatisch, weil letztlich der Bestand von Unternehmen auf dem Spiel steht. Dies ist nicht überall der Fall, weil die Versorgung mit Fachkräften von Region zu Region unterschiedlich ist. Doch gerade in den Regionen, die Bevölkerungsnettoabgänge zu verzeichnen haben, intensiviert sich der Wettbewerb um Talente.

Personalwirtschaftliche Reise nach Jerusalem

Wer kennt nicht das Gesellschaftsspiel »Reise nach Jerusalem«: Im Raum stehen viele Stühle, allerdings einer weniger, als es Mitspieler gibt. Alle tanzen um die Stühle herum, und wenn die Musik abrupt abbricht, gilt es, einen Stuhl zu ergattern. Wem dies nicht gelingt, der scheidet aus. Dies wird so lange wiederholt, bis sich aus den zwei verbleibenden Mitspielern einer durch-»gesetzt« hat: Er ist zwar Sieger – aber er ist auch allein. Dieses einsame Überleben in einem Verdrängungswettbewerb bekommt damit plötzlich eine weniger heitere Note.

Ähnlich funktioniert der Talentekrieg: In einer Region gibt es viele qualifizierte Mitarbeiter/Auszubildende/Führungsnachwuchskräfte, allerdings weniger als der Bedarf. Alle Unternehmen tanzen um die potenziellen Arbeitskräfte herum und versuchen (»Musik aus« würde »Konjunktur an« entsprechen), einen Mitarbeiter zu ergattern. Wem dies nicht gelingt, der kann nicht so erfolgreich bestehen wie die Gewinner. Im Kampf um immer weniger verfügbare Arbeitskräfte sind die meisten Unternehmen die Verlierer, wenn sie immer höhere Preise für Mitarbeiter zahlen müssen. Und wer als Unternehmen seine Konkurrenz – möglicherweise sogar unfair – aussticht, könnte am Ende in der Region tatsächlich recht allein dastehen.

Unternehmen sollten gar nicht erst beginnen, Reise nach Jerusalem zu spielen. Sie könnten im Gegenteil dafür sorgen, dass die Region so attraktiv für qualifizierte Arbeitnehmer ist, dass man sich nicht um die Wenigen prügeln muss. Doch dies ist leichter gesagt als getan. Die Erfahrung zeigt, dass Unternehmen Problemdruck aus Bequemlichkeit verdrängen. Sie suchen häufig erst nach dem tatsächlichen Eintritt einer Problemsituation nach Lösungen, anstatt mögliche Risiken im Vorfeld abzufedern. Noch immer führt die Gefahr, im demografischen Wandel plötzlich nicht mehr genug qualifizierte Mitarbeiter zu bekommen, nur selten zu strategischen Aktivitäten: etwa Frauen in die Arbeitswelt zu integrieren; etwa sich von Vorurteilen gegenüber Langzeitarbeitslosen zu verabschieden und davon auszugehen, dass diese trotz Brüchen im Lebenslauf motiviert und leistungsfähig sind; etwa qualifizierten Führungsnachwuchs so zeitig und gezielt fortzubilden und mit führungsspezifischem Wissen auszustatten, dass frei werdende Leitungspositionen qualifiziert nachbesetzt werden können.

Doch selbst wer diesen Problemdruck voraussieht und qualifizierte Fachkräfte gefunden hat, ist auf seiner Reise noch nicht in Jerusalem angekommen: Denn schon gilt es, sich auf den nächsten wirtschaftlichen Abschwung vorzubereiten. Bereits als Talentekrieger im Erfolg müssen Unternehmen gute Mitarbeiter binden, damit diese selbst eine (subjektiv) weniger attraktive Region nicht nach kurzer Zeit wieder verlassen. Und sie müssen sicherstellen, dass diese Mitarbeiter in einer Krise wertschöpfend, motiviert und innovativ bleiben. Auch hier liegt der Schlüssel in der frühzeitigen Schaffung eines attraktiven Arbeitsumfelds sowie in Investitionen in Fort- und Weiterbildung.

Wer gegen wen?

Der Talentekrieg ist im Grunde eine Daueraufgabe in Arbeitsmärkten, in denen qualifizierte Menschen ein knappes Gut sind – und die mittlerweile aufgrund deren immer dominanteren Position als »Arbeitnehmerarbeitsmärkte« bezeichnet werden. In ihnen scheint es, zumindest in einigen Branchen und Regionen, bereits so zu sein, dass nicht das Unternehmen sich Bewerber aussucht, sondern dass Bewerber sich Unternehmen auswählen.

 Nicht jedes Unternehmen ist in gleicher Intensität in den Talentekrieg verwickelt. Besonders intensiv sind jedoch die Spitzenunternehmen aller Größenklassen betroffen, die als Marktführer, Qualitätsanbieter, Innovationstreiber oder Technologiekonzern sehr gut ausgebildetes Personal benötigen. Da diese Unternehmen in der Regel international agieren, benötigen sie zudem qualifizierte Mitarbeiter, die sie auch im Ausland einsetzen können.

Der Kampf um Talente wird auf zwei Feldern ausgetragen:

✔ Nach außen konkurriert das Unternehmen mit anderen Unternehmen der gleichen oder ähnlicher Branchen, die identische Mitarbeiterkompetenzen suchen. So bemühen sich zum Beispiel die meisten Unternehmen, Personen aus den besten fünf Prozent der Hochschulabsolventen für sich zu gewinnen, obwohl diese nicht für alle Unternehmen ausreichen. Auch das Wort *Headhunting* (»Jagd nach Köpfen«) weist darauf hin, dass sich Unternehmen wechselseitig die Führungskräfte abzuwerben versuchen. Die Unternehmen streben daher an, als Arbeitgeber attraktiver zu sein als ihre Konkurrenz.

✔ Nach innen in das eigene Unternehmen hinein wird der Talentekrieg als Kampf geführt, die Besten für das Unternehmen zu halten. Hierbei geht es um eine Balance zwischen der Leistung und Loyalität der Mitarbeiter auf der einen Seite und der Gegenleistungen des Unternehmens auf der anderen Seite.

 Im Kampf um Talente unterscheidet das Personalmanagement seine Stoßrichtung je nach Mitarbeitergruppe. Im Zentrum der Bemühungen stehen die hoch qualifizierten Mitarbeiter, die besonders viel zur betrieblichen Wertschöpfung beitragen. Hinzu kommen die sogenannten *High Potentials*, also der entsprechend hoch qualifizierte Nachwuchs. Zusammen sind sie die Gruppe der schwer zu ersetzenden Verantwortlichen und Impulsgeber für die Unternehmensentwicklung. Etwas weniger intensiv erfolgt der Kampf um die mittel qualifizierten Mitarbeiter, die sich auf dem Arbeitsmarkt noch ersetzen ließen. Dennoch sind auch sie nicht ganz zu vernachlässigen, weil sie den

Großteil der Leistung erstellen und auch hier Mitarbeiterqualität zählt. Gar nicht im Fokus des Talentekriegs stehen in der Regel die leicht austauschbaren Niedrigqualifizierten, weil für sie die Kosten für Bindungsmaßnahmen höher wären als die Kosten ihres Ersatzes. Hier zeigt sich die Asymmetrie des Talentekriegs: Nicht jeder Mitarbeiter oder jeder Bewerber wird mit der gleichen Aufmerksamkeit bedacht und nicht in jeden Mitarbeiter oder Bewerber wird gleich viel Geld investiert.

Der Erfolg im Talentekrieg lässt sich daran bestimmen, ob es dem Personalmanagement gelingt,

✔ kurzfristig qualifizierte Mitarbeiter in das Unternehmen aufzunehmen und die für den nachhaltigen Unternehmenserfolg wichtigen Mitarbeiter dauerhaft zu binden,

✔ das Unternehmen mittelfristig als attraktiven Arbeitgeber zu positionieren sowie sich auf zeitlich befristete Beschäftigungsformen einzustellen und

✔ langfristig eine professionelle und glaubwürdige Personalstrategie im Talentekrieg zu verfolgen.

Von der Personalplanung über das Personalmarketing bis hin zur Personalbeschaffung müssen hierzu viele Aufgaben gelöst werden.

Wo die Talentereservoirs liegen

In einer Arbeitswelt, die – auch wenn dies in der heutigen Zeit als veraltet zu bewerten ist – vom »Normalfall« des arbeitenden Mannes ausgeht, müssen die Reservoirs an Talenten außerhalb dieser Beschäftigtengruppe liegen. Im Folgenden lege ich die Aufmerksamkeit auf einige Gruppen, die in der Vergangenheit teilweise sogar diskriminiert wurden. Eine solche Diskriminierung ist, so sehr sie indiskutabel ist, bereits personalwirtschaftlich gesehen unsinnig, weil ein Unternehmen mit einem solchen Verhalten auf Kompetenzträger verzichten würde, die es für seine Ressourcenausstattung mit dem Ziel des Überlebens brauchen könnte.

Hochschulabsolventen

Ob der Fachkräftemangel anhalten wird, ist umstritten. Einige Experten argumentieren in Bezug auf die in Hochschulen ausgebildeten »Kopfarbeiter«, dass die Zahl der verfügbaren Arbeitsplätze im hohen Qualifikationsbereich stagniert und zugleich Arbeitsplätze im mittleren Qualifikationsbereich mit viel Routineanteil durch intelligente Maschinen ersetzt werden. Diese geistigen Routinearbeiten lassen sich auch einfacher als Handarbeit an Servicegesellschaften auslagern, sogar ins Ausland. Damit würde längerfristig der Bedarf an qualifizierten Hochschulabsolventen sinken.

Dennoch strömen in Deutschland immer mehr Schulabgänger in die Hochschulen und sehen sich einer Angebotsvielfalt an Abschlüssen gegenüber. Sie können an Universitäten eher theorieorientiert Bachelor- und Masterprogramme belegen oder Diplome beziehungsweise Staatsexamina absolvieren. Sie können eine eher auf die Praxis ausgerichtete Ausbildung an Fachhochschulen durchlaufen, sie können in Kooperation von Unternehmen und Ausbildungsakademien sogenannte duale Studiengänge durchlaufen und darüber hinaus aus einer Vielzahl hoch spezialisierter Zertifikatsprogramme auswählen.

Für das Personalmanagement ist es wichtig, die für das Unternehmen passenden Sollqualifikationsniveaus zu bestimmen und dann gezielt dort zu werben, wo es diese Qualifikationen gibt. Es liegt am Personalmanagement, sich über die Angebote von Hochschulen zu informieren und das dort vorhandene Potenzial unter den Absolventen frühzeitig zu nutzen. Hier sind nicht nur die im Rahmen des Hochschulmarketings viel zitierten Angebote von Praktikumsplätzen, die Mitbetreuung von Abschlussarbeiten, Förderprogramme, betrieblichen Informationsveranstaltungen oder Beteiligungen an Jobmessen und Fachmessen sinnvoll, sondern auch der Kontakt zu einzelnen passenden Lehrstühlen und Instituten.

Hinzu kommt, dass das Personalmanagement den Hochschulabsolventen maßgeschneiderte Einstiegsprogramme anbieten kann. Es wäre zu undifferenziert und den verschiedenen Qualifikationsniveaus nicht angemessen, wenn dasselbe Einstiegsprogramm für Bachelor-, Master- und Diplomabsolventen sowie Promovierte angeboten würde. Ein Unternehmen, das qualifizierte Mitarbeiter sucht, muss sich hiermit schon ein wenig Mühe geben und die verschiedenen Einstiegsoptionen zielgruppengenau kommunizieren.

Frauen und Mütter

Ein Fachkräftepotenzial, das nicht in ausreichendem Ausmaß genutzt wird, besteht aus Frauen und Müttern. Diese stehen dem Arbeitsmarkt in Deutschland nicht wie in anderen europäischen Ländern umfassend zur Verfügung, sondern vergleichsweise viel kürzer. Dies liegt daran, dass Frauen zugunsten ihrer Kinder früher ihren Beruf verlassen und auch später als in anderen Ländern wieder in den Beruf zurückkehren. Nach ihrer Rückkehr sind sie dann häufig nur teilzeitbeschäftigt, und dies dauerhaft.

Das Personalmanagement muss stärker als bisher die Präferenzen von Frauen und Müttern hinsichtlich der Arbeitszeit abfragen. Viele von ihnen möchten ihre Teilzeitbeschäftigung ausweiten – wenn auch nicht auf eine Vollzeitbeschäftigung, dann doch auf mehr Stunden bei gleichzeitig flexiblen Arbeitszeiten. Eine solche »vollzeitnahe Teilzeitbeschäftigung« würde dann zwischen 20 und 35 Wochenstunden betragen.

Hierbei ist zu beachten, dass Flexibilisierung familienfreundlich ausgestaltet wird. Dies bedeutet beispielsweise, Arbeitszeiten individuell zu vereinbaren, Möglichkeiten zur Heimarbeit zu geben, Arbeitszeitkonten anzulegen und auf die Vertrauensarbeitszeit zu setzen. Unterstützt wird dies durch eine Veränderung der Unternehmenskultur, die nicht länger darauf besteht, dass jeder Mitarbeiter permanent am Arbeitsplatz erreichbar sein muss. So kann das Personalmanagement das dem Unternehmen zur Verfügung stehende Beschäftigungspotenzial stärker ausschöpfen.

Das Personalmanagement hat die Möglichkeit, Flexibilisierungsangebote offensiv zu kommunizieren. Hierzu gehört es nicht nur, zu Frauen und Müttern während der Elternzeit Kontakt zu halten – was einige Unternehmen durch ein Patensystem tun – und ihnen regelmäßig Personalentwicklungsmaßnahmen anzubieten, sondern sie auch zum Wiedereinstieg zu motivieren und ihnen diese Flexibilisierungsmodelle bereits bei ihrem Ausscheiden für die Wiedereinstiegs- und Qualifizierungsphase anzubieten.

Dass es darüber hinaus keine diskriminierende Differenzierung von Gehältern oder Arbeitsbedingungen zwischen Frauen und Männern geben darf, sollte selbstverständlich sein. Frauenquoten, die eine prozentuale Besetzung bestimmter Arbeitsplätze mit Frauen vorsehen, werden kontrovers diskutiert. In Deutschland müssen ab 2016 große – börsennotierte und voll mitbestimmte – Unternehmen ihren Aufsichtsrat mit mindestens 30 Prozent Frauen (und Männern) besetzen. Viele weitere Unternehmen setzen sich freiwillig Zielvorgaben für den Anteil von Frauen in oberen und mittleren Führungspositionen. Die Frage stellt sich allerdings bei einem Personalmanagement, das glaubhaft auf Chancengleichheit abstellt, immer weniger.

Behinderte Mitarbeiter

Behinderte Menschen können mit ihrer Arbeit dem Unternehmen als personelle Ressourcen und Fachkräfte genauso viel Leistung zur Verfügung stellen wie nicht behinderte Menschen. Heutzutage gleichen technische Unterstützung und gezielte Beratung sowie Förderung viele gesundheitliche Einschränkungen aus.

Gesetzliche Definition von Behinderung gemäß § 2 Sozialgesetzbuch IX

(1) Menschen sind behindert, wenn ihre körperliche Funktion, geistige Fähigkeit oder seelische Gesundheit mit hoher Wahrscheinlichkeit länger als sechs Monate von dem für das Lebensalter typischen Zustand abweicht und daher ihre Teilhabe am Leben in der Gesellschaft beeinträchtigt ist. Sie sind von Behinderung bedroht, wenn die Beeinträchtigung zu erwarten ist.

(2) Menschen sind im Sinne des Teils 2 schwerbehindert, wenn bei ihnen ein Grad der Behinderung von wenigstens 50 vorliegt und sie ihren Wohnsitz, ihren gewöhnlichen Aufenthalt oder ihre Beschäftigung auf einem Arbeitsplatz im Sinne des § 73 rechtmäßig im Geltungsbereich dieses Gesetzbuches haben.

(3) Schwerbehinderten Menschen gleichgestellt werden sollen behinderte Menschen mit einem Grad der Behinderung von weniger als 50, aber wenigstens 30, bei denen die übrigen Voraussetzungen des Absatzes 2 vorliegen, wenn sie infolge ihrer Behinderung ohne die Gleichstellung einen geeigneten Arbeitsplatz im Sinne des § 73 nicht erlangen oder nicht behalten können (gleichgestellte behinderte Menschen).

Das Personalmanagement muss besondere Vorgaben für Schwerbehinderte – dies sind Personen, bei denen ein Grad der Behinderung von 50 und mehr festgestellt wurde – und mit Schwerbehinderten gleichgestellten Mitarbeitern beachten. Diese ergeben sich hauptsächlich aus dem Sozialgesetzbuch IX:

✔ Unternehmen, die im Jahresdurchschnitt 20 oder mehr Mitarbeiter beschäftigen, müssen mindestens 5 Prozent ihrer Arbeitsplätze mit schwerbehinderten Mitarbeitern besetzen.

✔ Einmal jährlich muss bis zum 31. März des Folgejahrs hierüber eine Anzeige an die Bundesagentur für Arbeit erfolgen.

✔ Hat ein Unternehmen seine Pflichtquote nicht erreicht, muss es bis zum 31. März des Folgejahrs pro unbesetztem Pflichtarbeitsplatz eine Ausgleichsabgabe an das Integrationsamt zahlen, deren Höhe von der Quotenerfüllung abhängt.

✔ Bei Neueinstellungen müssen Unternehmen prüfen, ob die ausgeschriebene Stelle für einen Schwerbehinderten geeignet ist, und frühzeitig mit der Bundesagentur für Arbeit in Kontakt treten, damit sich dort gemeldete arbeitsuchende schwerbehinderte Menschen bewerben können.

✔ Schwerbehinderte Mitarbeiter dürfen gegenüber nicht behinderten Mitarbeitern nicht benachteiligt werden, was das Allgemeine Gleichbehandlungsgesetz im Einzelnen regelt.

✔ Schwerbehinderte Mitarbeiter haben einen Anspruch auf eine behinderungsgerechte Beschäftigung, behindertengerechte Arbeitsstätten- sowie Arbeitsplatzgestaltung, bevorzugte Berücksichtigung bei innerbetrieblichen Maßnahmen der Personalentwicklung und Erleichterungen zur Teilnahme an außerbetrieblicher Personalentwicklung.

✔ Schwerbehinderte Mitarbeiter haben einen Anspruch auf einen bezahlten Zusatzurlaub von fünf Arbeitstagen im Urlaubsjahr, ihnen gleichgestellte Mitarbeiter allerdings nicht.

✔ Ab fünf schwerbehinderten Mitarbeitern müssen sie eine Schwerbehindertenvertretung mit einer regulären Amtszeit von vier Jahren wählen. Sie berät die Schwerbehinderten, vertritt ihre Interessen gegenüber dem Unternehmen und achtet darauf, dass die geltenden Gesetze, Tarifverträge oder Betriebsvereinbarungen eingehalten werden. Dabei hat die Schwerbehindertenvertretung im Hinblick auf die Belange Schwerbehinderter weitreichende Informations-, Beratungs- und Mitwirkungsrechte.

✔ Das Unternehmen bestellt einen Beauftragten, der möglichst selbst schwerbehindert ist und das Unternehmen in Angelegenheiten schwerbehinderter Menschen vertritt.

✔ Die Kündigung schwerbehinderter Mitarbeiter bedarf zusätzlich zum allgemeingültigen Vorgehen eines schriftlichen Antrags beim Integrationsamt, das seine Entscheidung über Zustimmung oder Nichtzustimmung innerhalb eines Monats trifft und dabei die Interessen sowohl des Arbeitnehmers als auch des Arbeitgebers berücksichtigt.

Sowohl die Unternehmen wie auch die schwerbehinderten Mitarbeiter können bei der Bundesagentur für Arbeit, bei den Sozialversicherungsträgern oder bei den Integrationsämtern Zuschüsse und organisatorische Unterstützung zur behindertengerechten Arbeitsplatzgestaltung oder zu Eingliederung in Arbeit, Praktika oder in die betriebliche Ausbildung beantragen. Ein wichtiger Partner ist hierbei der Betriebsarzt, der sowohl die Situation der Mitarbeiter als auch des Unternehmens kennt.

Die Integrationsämter oder die für diese Aufgaben beauftragten Stellen nehmen für die Bundesländer die Aufsichtsaufgaben des Schwerbehindertenrechts wahr. Bei ihnen sind vielfältige Informationen – gerade auch für die praktische Personalarbeit – erhältlich, etwa über http://integrationsaemter.de.

Personen mit Migrationshintergrund

In dem Maße, wie einheimische qualifizierte Mitarbeiter fehlen, rücken Personen aus dem Ausland in den Blickpunkt, so zum Beispiel aus Osteuropa oder aus südeuropäischen Krisen-

ländern mit hoher Arbeitslosigkeit. Die Bundesagentur für Arbeit unterstützt die Arbeits-kräftesuche im Ausland ebenso wie die Industrie- und Handelskammern oder die Arbeits-vermittlungsdienste der Europäischen Union.

Die Hauptaufgabe für das Personalmanagement besteht im Kern darin, den sozioökonomi-schen Zusammenhang von Migranten sowie ihre kulturelle Passung zur heimischen Arbeitswelt zu verstehen. Bei der Anwerbung und Beschäftigung von Migranten kommt es auf intensive Information und Kommunikation an:

✔ Migranten müssen im Vorfeld und auch nach Aufnahme ihrer Tätigkeit im Unternehmen wiederholt damit vertraut gemacht werden, was ein typisch deutsches Unternehmen ist, also wie darin gearbeitet wird, welche Rechte und Pflichten sie haben und welcher Arbeitskultur üblicherweise gefolgt wird. Hier hat das Personalmanagement umfangrei-che Sozialisationsaufgaben. Personen mit Migrationshintergrund können nicht von vornherein wissen, wie in Deutschland gearbeitet wird.

✔ Umgekehrt müssen die Unternehmen im Vorfeld die Situation der Migranten verstehen: Sie verlassen ihr Land meistens, weil sie dort kaum Arbeitschancen haben. Einige von ihnen suchen Sicherheit im neuen Land und daher auch stabile Arbeitsverhältnisse. Sie lassen sich daher von Unternehmen auch gut binden. Andere jedoch machen mit ihrer Auswanderung die Erfahrung, dass sich neue Chancen bieten, und wollen sich diese Chance der Verbesserung häufiger geben. Sie sind eher schlecht an ein Unternehmen zu binden und sehen diese daher als befristete Durchlaufstation an. Das Personalmanage-ment muss sich frühzeitig um Informationen bemühen, um welchen Migrantentyp es sich handelt, damit es seine Bindungsmaßnahmen und die damit verbundenen In-vestitionen darauf abstimmen kann.

Wenn das Personalmanagement unter falschen Voraussetzungen (auf welcher Seite auch immer) Personen mit Migrationshintergrund einstellt, kann es sonst nicht nur zu Enttäuschungen auf allen Seiten kommen, sondern auch zu Fehlinvestitionen, die für das Personalmanagement teuer werden.

Nicht alle Rahmenbedingungen der Arbeit von Mitarbeitern mit Migrationshintergrund können Unternehmen beeinflussen, beispielsweise nicht die Anerkennung von im Ausland erworbenen Bildungsabschlüssen. Auch das für viele Mitarbeiter mit Migrationshintergrund gerade aus südlichen Ländern problematische Wetter in Deutschland können sie natürlich nicht ändern. Aber sie können dennoch vieles tun, was zu einer sichtbaren Willkommens-kultur beiträgt. In der Personalführung von Mitarbeitern mit Migrationshintergrund haben Unternehmen dann etwa Geduld bei der Arbeitsanleitung. Einige Unternehmen engagieren bei Sprachschwierigkeiten für eine Übergangszeit Sprachstudenten als Dolmetscher. Als hilfreich wird auch wahrgenommen, wenn im Hinblick auf das Verstehen der deutschen Kultur ein Ansprechpartner in Reichweite ist, zu dem der Mitarbeiter mit Migrationshin-tergrund Vertrauen hat. Dieser kann ihn auch in die lokale Sozialstruktur einbinden.

Ältere Mitarbeiter

In vielen Unternehmen wurden und werden ältere Mitarbeiter freigesetzt, also solche, die älter als 50 Jahre sind. Diese heften sich dann häufig auch selbst das Etikett an »mich braucht doch sowieso keiner mehr«. Gerade dies ist aber ein Irrtum: Geht man davon aus,

dass diese Arbeitnehmer bis zur Rente mit 67 noch mehr als zehn Jahre arbeiten können, ist diese Zeitspanne in der mobilen Arbeitswelt von heute eher der Regelfall einer durchschnittlichen Beschäftigungsdauer in einem Unternehmen als die Ausnahme. Das Personalmanagement muss sich also im Hinblick auf alle Altersklassen darauf einrichten, dass seine Mitarbeiter im Laufe ihres Arbeitslebens mehrere Tätigkeiten annehmen und mehrmals Unternehmen wechseln. Dies bedeutet, dass Arbeitnehmer auch mehrmals in ihrem Arbeitsleben in Unternehmen eintreten – und damit auch dann, wenn sie älter sind.

Ältere Mitarbeiter sind heutzutage bis zu ihrem Renteneintritt durchschnittlich belastbarer als früher. Hierzu trägt in den meisten Berufen bei, dass die körperlichen Belastungen reduziert wurden und durch arbeitsmedizinische und gesundheitliche Prävention eventuellen Schädigungen vorgebeugt wird. Auch leben viele Menschen heutzutage gesünder.

Der Vorteil älterer Mitarbeiter ergibt sich aus ihrem Schatz an Erfahrung. Dies bezieht sich nicht nur auf das Unternehmen und die Tätigkeit selbst, sondern ist zudem das Ergebnis des heutzutage üblichen »lebenslangen Lernens«. Hiervon zu profitieren, besonders auch dann, wenn Erfahrungen auch aus inhaltlich benachbarten Gebieten vorliegen, kann für ein Unternehmen attraktiv sein. Hinzu kommen die Netzwerkverbindungen, die sich ältere Personen im Laufe ihres Arbeitslebens aufgebaut haben. In Anbetracht der durchaus ausreichenden Verbleibezeit auf einem Arbeitsplatz lohnen sich darüber hinaus die standardisierte Einarbeitung sowie die regelmäßige gezielte Weiterbildung für ältere Arbeitnehmer in gleichem Maße wie für jüngere Arbeitnehmer. Auch die Zukunft von Projektarbeit wird in altersgemischten Teams gesehen.

Personalmarketing und der Wettbewerbsvorteil

Für das Personalmanagement ist die Personalbeschaffung ein zentrales Aufgabenfeld. Für jedes Unternehmen müssen Antworten gefunden werden, da Standardrezepte sich nicht »einfach mal eben« auf die unterschiedlichen Situationen übertragen lassen.

Als Investitionsentscheidung in die Zukunft des Unternehmens erfordert die Personalbeschaffung insgesamt, dass das Unternehmen im schwierigen Umfeld des Talentekriegs viel Geld für das Personalmanagement ausgeben und dort bewusst einsetzen muss, wenn es sich qualifiziertes Personal beschaffen will. Hinzu muss eine durchdachte Kommunikations- und Medienstrategie kommen. Sie ist eine Gratwanderung zwischen dem *Employer Branding* als dem Herausstellen einer überdurchschnittlich attraktiven Arbeitgebermarke und dem *Employee Trapping*, also dem Nichteinlösen von Versprechen mit negativen Folgen für die Arbeitgeberattraktivität. Also: Unternehmen dürfen viel versprechen – aber nicht mehr, als sie einlösen können!

Während das klassische Marketing mögliche Kunden für Produkte zu interessieren versucht, will das Personalmarketing mögliche Mitarbeiter für das Unternehmen als Arbeitgeber interessieren. Es analysiert daher die Ausgangssituation, erarbeitet eine Potenzialstrategie, die in die Personalplanung übergeht, und wirbt dann mit allen Vorzügen, die das Unternehmen als Arbeitgeber auszeichnet.

Potenzialstrategie mit integrierter Personalplanung

Strategie bedeutet immer: Vorher nachdenken! Ein Personalmarketing wird nur wenig erreichen, wenn nicht im Vorfeld klar ist, was genau erreicht werden soll. Hierzu muss quantitativ (Menge) und qualitativ (Kompetenzen) festgelegt werden, welcher Bedarf an Arbeitskräften (insbesondere qualifizierte Wissensarbeiter) langfristig sowie kurzfristig vorliegt und wie sich dieser Bedarf zukünftig verändern wird.

Startpunkt Umfeldanalyse

Unternehmen können Ressourcen wie hoch qualifiziertes Personal nur dann gewinnen, wenn sie mit den bestehenden Beschränkungen der jeweiligen Beschaffungsmärkte strategisch-vorausschauend umgehen: Sie müssen analysieren, welche Arbeitskräfte sie gewinnen können. Hierzu dienen Arbeitsmarktstatistiken und -analysen, die unter anderem von Hochschulen, von Arbeitgeberverbänden, von der regionalen Politik oder von Industrie- und Handelskammern zur Verfügung gestellt werden.

Unternehmen können aktiv auf den Arbeitsmarkt Einfluss nehmen, indem sie etwa bestimmte Berufsfelder so bewerben, dass diese für Qualifizierte interessant werden. Sie können zudem im Rahmen von Arbeitgeberverbänden das Berufsimage der von ihnen gesuchten Berufe erhöhen.

Zur Analyse zählt auch, die auf dem für das Unternehmen relevanten Teilarbeitsmarkt geltenden Besonderheiten zu verstehen. Ein Aspekt ist das Anhalten von Wirkungen, deren Ursachen bereits weggefallen sind. Dieses Phänomen, das in der Fachsprache als *Hysterese* bezeichnet wird, ist vor allem konjunkturabhängig:

✔ Steigt die Arbeitslosigkeit in einer Rezession, so sinkt sie dagegen nach Ende der Rezession nicht gleich wieder ab. Dies liegt daran, dass die Arbeitslosen sich in der Regel nicht beruflich weiterqualifizieren und deshalb zunächst nach Rezessionsende nicht gleich bevorzugt gesucht werden. Zudem steigen nach Ende der Rezession die tariflichen Löhne wieder, was das zusätzliche Einstellen von Arbeitslosen für Unternehmen auch nicht attraktiver macht.

✔ Sinkt dagegen die Arbeitslosigkeit im Verlauf des Aufschwungs, hält auch dieser Effekt noch eine Zeit lang an, wenn die Rezession wieder einsetzt. Denn auch wenn sich das wirtschaftliche Klima eintrübt, wollen Arbeitgeber nicht gleich wieder auf die Qualifikationsgewinne der Neueingestellten verzichten. Zudem unterliegen die eingestellten Mitarbeiter dem üblichen Kündigungsschutz.

Der Arbeitsmarkt reagiert also träge und hinkt konjunkturellen Entwicklungen hinterher. Das Personalmanagement kann dieses Wissen nutzen, um den idealen Zeitpunkt zur Einstellung von Mitarbeitern zu bestimmen. Es kann sinnvoll sein, auf dem Arbeitsmarkt antizyklisch zur konjunkturellen Entwicklung zu handeln.

Ein Analyseschwerpunkt im Personalmarketing ergibt sich im Hinblick auf die Attraktivität des Unternehmens aus Sicht möglicher Bewerber. Das Personalmanagement sollte zumindest zu den für sie wichtigsten Zielgruppen der Personalbeschaffung exakt wissen, welche persönlichen Wahrnehmungen und

Erwartungen diese an ihre Wunscharbeitgeber haben. An dieser Stelle zahlen sich Investitionen in eine systematische Arbeitsmarktforschung umso eher aus, je knapper die zu beschaffenden Arbeitnehmer sind. Das Instrument der Wahl sind Imageanalysen: Hier werden Personen aus der angedachten Zielgruppe möglicher Mitarbeiter zu dem Eindruck, den das Unternehmen als Arbeitgeber auf sie macht, systematisch befragt.

Wenn das Personalmanagement solche Analysen durchführt oder die Ergebnisse von der Wissenschaft durchgeführter Analysen nutzt, wird es erkennen, dass die anvisierte Zielgruppe alles andere als einheitlich ist. Die Unterschiede zeigen sich insbesondere im Hinblick auf Persönlichkeitstypen. Dies bedeutet, dass es innerhalb einer einzigen Qualifiziertengruppe die »Zupacker«, die »Leistungsorientierten«, die »Risikosuchenden«, die »Nachdenklichen«, die »Fleißigen«, die »Bequemen«, die »Visionäre«, die »Kreativen«, die »Umweltbewussten« und viele Persönlichkeitstypen mehr geben kann. Es wird deutlich, dass das Personalmanagement die gesuchten Typen konkretisieren kann. Hinzu kommt jedoch, dass diese verschiedenen Persönlichkeitstypen das Unternehmen mit unterschiedlichen Augen sehen. Hieraus folgt, dass das Personalmanagement deren unterschiedliche Perspektiven einnimmt und – bei Interesse, jemanden aus einer bestimmten Gruppe zu gewinnen – für diese Gruppe die spezifischen attraktivitätserhöhenden Argumente, Vorstellungen und Präferenzen in seine Werbung aufnimmt. Erst dies führt zu einem zielgruppenspezifischen Personalmarketing, das seinen Namen verdient.

Ohne Personalplanung ist alles nichts

Die quantitative Personalplanung umfasst die Bestimmung der genauen Anzahl von Mitarbeitern, die eingestellt werden sollen.

Der erste Schritt besteht darin, die vorhandenen Mitarbeiter zahlenmäßig zu beziffern, und zwar den gegenwärtigen Stand wie auch die zukünftige Entwicklung. Bereits die Zahl der vorhandenen Mitarbeiter, also der Personalbestand, ist nicht so einfach zu ermitteln, wie man dies meint: In Zeiten von Arbeitszeitflexibilisierung mit Teilzeitoptionen und Heimarbeit, der Befristung von Beschäftigungsverhältnissen, dem Einsatz von Zeitarbeitnehmern und der Auslagerung von Arbeit an externe Dienstleister ist es gar nicht mehr auf den ersten Blick offensichtlich, wie viele Stunden Arbeit genau in die Leistungserstellung fließen. Will das Personalmanagement die Zeitbedarfe exakt ermitteln, kann es Zeitstudien durchführen, bei denen sowohl die Zeiten für die Ausführung von Arbeiten als auch Zeiten des Wartens, des Erholens, des Umrüstens von Maschinen und des Verteilens von Material einberechnet werden.

 Anspruchsvoll ist es, die zukünftige Entwicklung des Personalbestands zu erfassen. Hierzu müssen auf Basis des diagnostizierten Personalbestands vorausschauend die Personalabgänge und Personalzugänge einberechnet werden, die im betrachteten Zeitraum erfolgen werden. Hierzu gibt es zwei Möglichkeiten:

✔ Entweder sind die zukünftigen Entwicklungen absehbar, sodass sie exakt einberechnet werden können.

✔ Oder es gibt Erfahrungswerte aus der Vergangenheit, beispielsweise erfasst in der Personalbewegungsstatistik, die dann im Rahmen einer Simulation der zukünftigen Entwicklung als Schätzung erfolgen.

Beide Möglichkeiten führen zur Abbildung sowohl der gegenwärtigen als auch der zukünftigen Personalstruktur. Sie zeigt jeweils an, wie die Belegschaft sich nach mindestens einem Ordnungskriterium zahlenmäßig verteilt. Es gibt beispielsweise Personalstrukturen nach Alter, nach Tätigkeitsbereich und nach Qualifikationsgruppe.

Der zweite Schritt besteht darin, dass das Personalmanagement beurteilt, ob die ermittelte Personalstruktur zur Aufrechterhaltung des Leistungserstellungsprogramms ausreichend ist. Hierfür gibt es eine Reihe von Verfahren, die im Wesentlichen auf Produktivitätskennzahlen basieren: Die zukünftig angestrebte Menge an Leistungsoutput wird durch die individuelle Leistungsfähigkeit pro Mitarbeiter geteilt, um den Bedarf an Personen zu ermitteln. Um dies im Einzelfall sinnvoll zu berechnen, sind allerdings exakte Erfahrungswerte aus einem effizient arbeitenden Leistungserstellungssystem notwendig. Hilfreich sind darüber hinaus Informationen über mögliche Rationalisierungseffekte, die sich in bestehenden Arbeitssystemen realisieren lassen. So wird es ein Nebeneffekt einer Einführung neuer Produktionsroboter oder neuer Verfahrenssoftware sein, dass einige Mitarbeiter zeitlich entlastet werden, andere Mitarbeiter unter Umständen aber neue Aufgaben hinzubekommen.

Wird absehbar, dass Mitarbeiter schon von ihrer Menge her fehlen werden, muss das Personalmanagement in einem dritten Schritt das zukünftige Defizit an Personal benennen und festlegen, wie die Entstehung dieses Defizits verhindert wird. Die Maßnahmen müssen realisierbar sein, ansonsten liegt eine unrealistische Planung vor.

Die quantitative Personalplanung wird ergänzt durch die qualitative Komponente: Das Personalmanagement muss nicht nur wissen, wie viele Mitarbeiter es braucht – es muss auch genau die gesuchten Qualifikationen bestimmen. Dies erfolgt im Rahmen der qualitativen Personalplanung.

Bezugspunkt für die qualitative Personalplanung sind die zu erreichenden Unternehmensziele. Davon lassen sich die betrieblichen Funktionen, die Arbeitsfelder und Schritt für Schritt die einzelnen Aufgaben ableiten, die zur Zielerreichung notwendig sind. Für sie werden die Mitarbeiter benötigt.

 Sie können sich die Kompetenzplanung wie ein Kuchenrezept vorstellen: Bevor es ans Backen geht, ist die Zutatenliste die wichtigste Information. Kompetenzplanung bedeutet, für die einzelnen Arbeitsfelder so genau wie möglich zu bestimmen, welche Kombinationen an Fähigkeiten und Fertigkeiten, Persönlichkeitsmerkmalen, Einstellungen, Verantwortungsübernahmen und möglichen physischen und psychischen Belastungen zur Aufgabenerledigung notwendig sind. Entscheidend sind nicht allein die Mindestanforderungen, sondern die Kombinationen von Kompetenzen, die zu einer überdurchschnittlichen Leistung führen können. Aus diesem Grund werden für einige Stellen Mehrfachqualifikationen vorgesehen.

Wie lassen sich die benötigten Kompetenzen im Rahmen der qualitativen Personalplanung bestimmen? Hier hilft nachfragen, und zwar bei

✔ Mitarbeitern mit einer ähnlichen Arbeit,

✔ Mitarbeitern, die nachhaltig überdurchschnittliche Leistung erbringen,

✔ Führungskräften aus dem gleichen Arbeitsbereich,

✔ Kunden, die von den Leistungen der benötigten Mitarbeiter profitieren,

✔ externen Personalberatern oder

✔ externen Spezialisten, die sich darum kümmern, wie sich Arbeiten in der Zukunft weiterentwickelt.

Die Ergebnisse gehen in die Anforderungsprofile für jede einzelne Stelle ein und resultieren in Stellenbeschreibungen.

Eine Stellenbeschreibung listet für eine bestimmte Stelle im Unternehmen auf, wie sie heißt, in welchem Bereich des organisatorischen Gefüges sie angesiedelt ist, welche Aufgaben der Stelleninhaber bearbeiten soll, welche Verantwortlichkeiten und welche Entscheidungsbefugnisse damit verbunden sind, welche Fähigkeiten, Fertigkeiten und welches Erfahrungswissen benötigt werden, wem die Stelle unterstellt ist, wen sie vertreten darf sowie welche besonderen Belastungen mit der Stelle verbunden sind. Die Stellenbeschreibung ist dann im Arbeitsalltag brauchbar, wenn ihre Formulierungen eindeutig sind und klar erläutern, was gemeint ist. Statt »gute Konfliktfähigkeit« könnte man schreiben: »nimmt fremde Kritik als Verbesserungshinweis auf und formuliert eigene Kritik in motivierender Form«. Statt »Kostenbewusstsein« bietet sich an: »gibt im Rahmen des verfügbaren Budgets nicht mehr als das zur Zielerreichung erforderliche Geld aus«.

Stellenbeschreibungen werden im Rahmen des Personalmanagements immer wieder gebraucht:

✔ bei der Personalbeschaffung als Input für das Verfassen der Stellenausschreibung und als Orientierungshilfe zwecks Stellenbesetzung sowohl für die Auswählenden als auch für den Bewerber,

✔ beim Personaleinsatz zur Ausgestaltung des Arbeitsplatzes und der Arbeitsumgebung,

✔ bei der Entlohnung als eine wichtige Bemessungsgrundlage für die Vergütung,

✔ bei der Personalentwicklung als Orientierungshilfe für notwendige Weiterbildungsmaßnahmen sowie

✔ bei der Personalführung als Anhaltspunkt zur Formulierung von Zielvereinbarungen und ihrer späteren Evaluation.

Daher bietet es sich an, sie online zur Verfügung zu stellen, etwa im Intranet oder in einem Wiki.

Personalplanung kann gar nicht wichtig genug eingeschätzt werden. Vielen Unternehmen fehlen die grundlegendsten Personalplanungssysteme. Dabei sind diese in ihren einfachen Varianten bereits in einer Excel-Datei abbildbar und das Personalmanagement muss zwar viele Gedanken, aber wenig Geld investieren, um sich den Nutzen der Personalplanung zu erschließen. Das Vor-

handensein einer Personalplanung ist ein guter Indikator für die Nachhaltigkeit des Personalmanagements: Gerade Unternehmen ohne vorausschauende quantitative und qualitative Personalplanung müssen sich nicht wundern, wenn sie durch Notwendigkeiten zu größerer Personalveränderung überrascht werden. Diese hätten häufig eher bemerkt und dann im Vorfeld abgefedert werden können.

Employer Branding als Dauerbrenner

Basierend auf Ihrer Personalplanung müssen Sie als Personalverantwortlicher wissen, was Sie mit Ihrer Personalbeschaffung konkret erreichen wollen. Ist doch sowieso klar, meinen Sie? So einfach ist es aber nicht:

✔ Sie können nur eine offene Stelle besetzen wollen – aber Sie können auch fragen, was in Ihrem Unternehmen Hochleistung und in Ihrer Branche Wettbewerbsfähigkeit bedeuten, um profilierte Anforderungen formulieren zu können.

✔ Sie gehen von den Anforderungen der zu besetzenden Stelle aus – aber Sie können auch fragen, welche Fähigkeiten, Potenziale und Verantwortungsbereitschaft Sie für Ihr Unternehmen beschaffen wollen, damit es seine Ziele erreicht und übertrifft.

✔ Sie können isoliert einen optimal zur Stelle passenden Bewerber suchen – aber Sie können auch in Ressourcen denken und eine optimale Mischung aus Festangestellten, Zeitarbeit und Aufgabenauslagerung für Ihre Unternehmenswertschöpfung bestimmen.

✔ Sie können den jeweils Qualifiziertesten für eine Stelle auswählen – aber Sie können auch diejenigen ins Auge fassen, die zusätzlich zu Ihrer Unternehmenskultur passen.

✔ Sie können Ihrer intuitiven Wahrnehmung des Bewerbungsgesprächs vertrauen – aber Sie können auch die Palette an Auswahlverfahren nutzen.

Diese Entscheidungen trifft das Personalmanagement zwar nicht allein, aber es kann im Dialog mit der Unternehmensleitung versuchen, die Personalbeschaffung strategisch und zukunftsorientiert auszurichten. Hinzu kommt: Jede zu Beginn der Personalbeschaffung investierte Minute zahlt sich aus, denn einmal getroffene Entscheidungen ziehen sich dann durch den gesamten weiteren Personalbeschaffungsprozess.

Markenbildung für Arbeitgeber

»Branding« kennt man aus dem Wilden Westen, wo Cowboys den Tieren ihrer Herde Brandzeichen verpassten, um sie zu kennzeichnen und von Tieren anderer Herden unterscheiden zu können. Dasselbe tun Unternehmen: Sie wollen auf dem Arbeitsmarkt einzigartig und wiedererkennbar sein.

Unter *Employer Branding* versteht das Personalmanagement die Schaffung eines klaren Arbeitgeberprofils mit dem Ziel, sich hiermit auf dem Arbeitsmarkt als attraktiver Arbeitgeber zu positionieren. Wie in der Werbung, die Marken für Produkte bildet, lebt auch die Arbeitgebermarke von ihrer möglichst unverwechselbaren und auf die Zielgruppe gewünschter Mitarbeiter zugeschnit-

tenen Markenidentität. Diese soll den Unternehmen einen Wettbewerbsvorteil auf dem Arbeitsmarkt verschaffen.

Voraussetzung ist, dass das Unternehmen weiß, was seine Identität ausmacht. Die Unternehmenskultur mit ihren Werten und Visionen ist hier ein wichtiger Bestandteil der Arbeitgebereigenschaften, hinzu kommen aber auch die Qualität des Managements, das Verhalten der Führungskräfte, die Arbeitszufriedenheit der Mitarbeiter und die Perspektiven der Unternehmensentwicklung.

 Die Markenidentität schlägt sich in einem verbindlichen Arbeitgeberversprechen nieder, das sich als *Employee Value Proposition* (EVP) in einem Satz zusammenfassen lässt: Dieser Satz erklärt, warum eine Person genau im betreffenden Unternehmen arbeiten soll und nicht in einem anderen Unternehmen. Damit ist die Employee Value Proposition mehr als ein einfacher Werbespruch: Sie muss bewusst geschaffen, glaubwürdig und widerspruchsfrei im Unternehmen gelebt und damit sowohl nach innen als auch nach außen vertreten werden.

»Was ist das Besondere an unserem Unternehmen?« ist die Frage, die jeder Mitarbeiter beantworten können muss. Wie beim Alleinstellungsmerkmal aus dem Marketing gehört zur klaren Linie im Personalmanagement eine nachvollziehbare Abgrenzung zu anderen Arbeitgebern. Die beliebte Aussage wie »Wir kommunizieren offen und transparent« wäre zwar inhaltlich tragfähig, wenn sie in aller Konsequenz eingelöst werden würde, eignet sich aber nur begrenzt als Alleinstellungsmerkmal, weil annähernd jedes Unternehmen dies von sich behauptet. Die Employee Value Proposition thematisiert daher spezifische Aspekte wie die Arbeitsinhalte, Karrieremöglichkeiten, die Bekanntheit des Unternehmens, Mitarbeitervergünstigungen oder die Vergütung.

 Wie belastbar die Arbeitgebermarke ist, zeigt sich vor allem in Krisensituationen. Selbst wenn ein Unternehmen Mitarbeiter entlassen muss, kann dies fair bewerkstelligt werden, ohne dass das Vertrauen der eigenen Mitarbeiter und der Öffentlichkeit in das Unternehmen größeren Schaden nimmt.

Umsetzung im Handeln für die Mitarbeiter

Das Employer Branding ist in einer Arbeitswelt, in der Unternehmen sich bereits viele unterschiedliche Maßnahmen überlegt haben, schwierig: Wie soll man sich von Unternehmen abgrenzen, die ähnliche Dinge anbieten wie man selbst?

Die Antwort ergibt sich aus der Konsequenz, in der Maßnahmen tatsächlich ergriffen werden. So kann nicht jedes Unternehmen einen eigenen Betriebskindergarten einrichten. Dennoch bieten sich für Unternehmen, denen ein eigener Betriebskindergarten zu teuer ist, kostengünstigere Alternativen an. So können sie entweder mit anderen Unternehmen einen Betriebskindergarten betreiben oder in Kooperation eine Tagesmutter für Kleinkinder beschäftigen. Wenn dann ein Betriebskindergarten eingerichtet wird, kann dessen Ausgestaltung zum Employer Branding beitragen, etwa durch lange Öffnungszeiten (7 bis 19 Uhr) oder durch die Beschäftigung von englisch- oder französischsprachigen Erziehern.

Zur Entlastung von Mitarbeitern trägt auch die Hilfe im Hinblick auf pflegebedürftige Angehörige bei:

✔ Wenn ein Pflegefall im Umfeld eines Mitarbeiters eintritt, kommt zur Verunsicherung des Mitarbeiters noch eine große zeitliche Belastung hinzu. Das Unternehmen kann Information in Form einer Pflegebibliothek und einer Übersicht über die angebotenen Unterstützungsinstrumente geben. Bewährt sind auch Vorträge zu Pflegethemen. Andere Unternehmen halten einen Rollstuhl vor, der im Bedarfsfall ausgeliehen werden kann – was zeitsparender für die Mitarbeiter ist als das eigenständige Organisieren. Häufig sind es solche Kleinigkeiten, die nicht nur den Mitarbeitern helfen, sondern auch den Ruf des Unternehmens als mitarbeiterorientiert begründen.

✔ Das Personalmanagement kann unbürokratisch flexible Arbeitszeiten und Freistellungen für Mitarbeiter anbieten, in deren Umfeld ein Pflegefall eintritt, sowie eine probeweise Teilzeitarbeit (»Schnupperteilzeit«). Dies würde dann über die bestehenden Regelungen des Familienpflegezeitgesetzes hinausgehen, gemäß dem Mitarbeiter das Recht haben, bei einer akut auftretenden Pflegesituation, durch die sie kurzzeitig an der Arbeit gehindert sind, bis zu zehn Tage der Arbeit fernzubleiben, dann bis maximal sechs Monate zur Pflege von der Arbeit freigestellt zu werden (Pflegezeit) sowie innerhalb maximal zwei Jahren die Arbeitszeit zwecks häuslicher Pflege von Angehörigen zu reduzieren, wobei die Entgeltreduzierung unter bestimmten Voraussetzungen durch staatliche Zuschüsse aufgestockt werden kann.

✔ Noch umfangreichere Maßnahmen kann sich nicht jedes Unternehmen leisten, aber einige lassen ein eigenes Pflegeheim betreiben, auf dessen Plätze die Eltern der Mitarbeiter und später – auch nach dem Eintritt in die Rente – die Mitarbeiter selbst einen Anspruch haben. Dies ist eine langfristige Bindungsmaßnahme.

Diese Beispiele zeigen, dass erst das Konkretisieren von tatsächlich Gewünschtem wirksam zum Aufbau der Arbeitgebermarke beiträgt. Das Employer Branding muss darüber hinaus auf die übrigen strategischen Aktivitäten des Unternehmens zurückwirken. Daher muss das Personalmanagement für den Fall, dass Teilstrategien anderer Arbeitsbereiche im Unternehmen das Employer Branding beeinflussen könnten, bei diesen um eine Stimmigkeit zum Employer Branding werben. Schließlich ist der Idealfall fast erreicht, wenn alle Mitarbeiter des Unternehmens sich als aktive Botschafter des Employer Brandings begreifen.

Eine Warnung zum Employer Branding: Wenn es nicht mehr ist als Oberflächenkosmetik und außer einem tollen Design nichts zu bieten hat, weder substanzielle Inhalte noch den Bezug zu der im Unternehmen vorherrschenden Realität der Arbeitgebereigenschaften, kehrt sich seine Wirkung um. Das Ergebnis ist die Arbeitgeberunattraktivität, die sich über enttäuschte Bewerber und Mitarbeiter schnell herumspricht. Daher liegt nur der kleinste Teil des Employer Brandings auf der externen Kommunikation – und der viel größere auf den Vorstufen der internen Analyse, internen Strategiebildung und internen Kommunikation. Entsprechend sinnvoll ist es, alle Maßnahmen des Employer Brandings regelmäßig über Mitarbeiterbefragungen zu überprüfen.

Umsetzung im Werben um neue Mitarbeiter

Für zu besetzende Stellen wird umfassend geworben, um passenden Personen die Chance zu geben, die Stelle zu finden. Der erste Blick geht in das Unternehmen hinein: Sind hier die benötigten Personalressourcen vorhanden? Eine innerbetriebliche Personalbeschaffung wäre

✔ *schneller*, weil der externe Suchprozess entfallen könnte,

✔ *kostengünstiger*, weil der Personalbeschaffungsprozess damit extrem verkürzt würde,

✔ *verlässlicher*, weil der betreffende Bewerber dem Unternehmen schon bekannt ist,

✔ *motivierender*, weil andere Mitarbeiter mitbekommen, dass sie sich im Unternehmen auch verbessern können,

✔ *reibungsloser*, weil der Einstieg in die neue Arbeit kein langes Kennenlernen des Unternehmens benötigt.

Der Betriebsrat kann die innerbetriebliche Ausschreibung offener Stellen verlangen; dies geschieht dann in der Regel durch Rundschreiben oder Aushänge am Schwarzen Brett.

Dagegen ist die unternehmensexterne Personalbeschaffung

✔ *weniger beschränkend*, weil mehr potenzielle Bewerber erreichbar sind,

✔ *offener*, weil neue Ideen von außen in das Unternehmen eingebracht werden können,

✔ *diverser*, weil mit Bewerbern mit möglicherweise ungewohntem persönlichem Hintergrund das Spektrum an unterschiedlichen Mitarbeitern verbreitert werden kann.

Es wird Sie überraschen, wie viele Möglichkeiten der Werbung ein Unternehmen für sich als Arbeitgeber hat. Es ist nicht nur die traditionelle Stellenanzeige, sondern es kommen viele weitere Werbekanäle und Beschaffungswege für Personal hinzu.

Traditionelle Stellenanzeige

Um dennoch mit der Stellenanzeige zu starten: Sie führt die Informationen der Stellenbeschreibung der zu besetzenden Stelle für mögliche Bewerber zusammen und ergänzt Informationen wie die Arbeitszeit oder die Vergütung sowie administrative Angaben wie die Kontaktadresse oder die Internetseite des Unternehmens. Über ihren informativen Gehalt hinaus wird sie auch emotional so gestaltet, dass sie Bewerber anspricht und zur Markenbildung des Unternehmens passt. Ist das Unternehmen als seriös auf dem Markt bekannt, wird auch seine Werbung in Stellenanzeigen sicherlich nicht zu lustig oder reißerisch sein.

Stellenanzeigen erscheinen in Printmedien oder auf Plakaten, die in Hochschulen oder an anderen öffentlich zugänglichen Plätzen ausgehängt werden können. Zudem werden sie innerhalb des Unternehmens bekannt gemacht, damit sich Mitarbeiter bewerben können, wenn sie eine Stelle attraktiver finden als ihre bisherige Stelle. Gerade in Zeiten des Internets signalisieren gedruckte Stellenanzeigen dem Bewerber, dass das Unternehmen sich ernsthaft um sie bemüht und dass das Arbeitsangebot so hochwertig ist, dass es dem Unternehmen eine Anzeige wert ist.

Personal-Homepage im Internet

Auch im Internet suchen Bewerber Informationen über offene Stellen – und gelangen dann auf die Personal-Homepage des Unternehmens. Sie ist so etwas wie der Eingangsbereich des Unternehmens: Auf den ersten Blick erkennt ein Interessent, wie viel Wert das Unternehmen auf seine Positionierung als attraktiver Arbeitgeber legt.

Die Personal-Homepage ist die Eingangstür zum *e-Recruiting*, der internetbasierten Personalbeschaffung. Dessen Bedeutung ist so weit gestiegen, dass mittlerweile rund 80 Prozent der Bewerbungen über das Internet bei den Unternehmen eingehen. Zwar gibt es auch Jobbörsen im Internet, doch diese ermöglichen es den Unternehmen in der Regel weniger gut, ihr Angebot individuell zu gestalten. Damit sind Internetjobbörsen eher geeignet für Unternehmen, die von Bewerbern nicht auf andere Weise gefunden werden würden. Auch auf bestimmte Berufsfelder spezialisierte Jobbörsen können – im Sinne von Nischenanbietern – sinnvoll sein.

Gemäß der vom Personalmanagementforscher Christian Scholz entwickelten CUBE-Formel sind vier Aspekte besonders wichtig:

✔ Content (Inhalt): Der Besucher der Personal-Homepage möchte seine Informationsbedürfnisse umfassend befriedigt sehen.

✔ Usability (Benutzerfreundlichkeit): Bereits technologisch muss die Personal-Homepage den Anforderungen von Internetnutzern, zunehmend aber auch von Nutzern mobiler Endgeräte, entsprechen.

✔ Branding (Markenbezug): Die Personal-Homepage muss zur Arbeitgebermarke passen und damit stimmiger Bestandteil der Aktivitäten zur Erhöhung der Arbeitgeberattraktivität sein.

✔ Emotion: Dem Besucher der Personal-Homepage muss es Spaß machen, sich auf der Seite aufzuhalten.

Tabelle 5.1 zeigt, wie Sie diese Aspekte im Einzelnen berücksichtigen können.

Bewerbungsspiele

Im Internet finden sich auch Bewerbungsspiele (englisch: Recruiting Games), die das Unternehmen bei der Personalbeschaffung gerade jüngerer Personen unterstützt. Es sind beispielsweise kleinere Unternehmensplanspiele oder Branchenkennlernspiele, aber teilweise auch Actionspiele, und sie verfolgen zwei Ziele:

✔ Sie helfen, Bewerber anzusprechen, die auf anderem Wege nicht erreicht worden wären. Das Personalmanagement lockt diese Bewerber durch den Unterhaltungswert des Spiels, wobei es allerdings sicherstellen muss, dass Optik und Spielspaß dem allgemeinen Stand der Spieltechnik annähernd entsprechen.

✔ Sie dienen dem Personalmanagement als Instrument der Bewerbervorauswahl, indem durch das Spiel bereits verwertbare Informationen über die Bewerber erhalten werden können. So ermöglichen diese Spiele erste Hinweise auf die Kompetenzen der Bewerber, aber auch zu ihrer Passung zum Unternehmen sowie auf weitere Eigenschaften wie Kreativität, Lernfähigkeit oder Leistungsorientierung.

Content	Usability	Branding	Emotion
✔ Verweis auf offene Stellen und deren Anforderungsprofile	✔ Sofortige Erreichbarkeit von der Startseite	✔ Argumentation, warum man bei diesem Unternehmen arbeiten soll und nirgendwo anders	✔ Direkte Ansprache
✔ Beschreibung der Arbeitsumgebung	✔ Vermeiden zu vieler Weiterleitungen		✔ Einbindung kurzer Videos, in denen Mitarbeiter und Unternehmensleitung zu Wort kommen
✔ Personalentwicklungsprogramme	✔ Vermeiden »toter Links«	✔ Verwenden von Logo und Unternehmensdesign	
✔ Vergütungssystem	✔ Bereitstellung eines Onlinebewerbungsformulars	✔ Verweis auf Auszeichnungen aus Arbeitgeberwettbewerben	✔ Freundliches Design
✔ Führungsleitbild und Unternehmenskultur	✔ Bereitstellung einer Onlinekontaktmöglichkeit		✔ Abrufmöglichkeit der Mitarbeiterzeitschrift
✔ Arbeitszeitmodelle		✔ Nennung von Hochschulpartnern	
✔ Hilfestellungen zum Bewerbungsverfahren		✔ Verweis auf Besonderheiten wie Familienfreundlichkeit, Freizeitwert und Sicherheit der Region	

Tabelle 5.1: Anforderungen an die Personal-Homepage aus der CUBE-Formel

Das Personalmanagement muss in der Lage sein, den sich an das Bewerbungsspiel anschließenden Kommunikations- und Abwicklungsaufwand bewältigen zu können, damit der positive Werbeeffekt nicht in sein Gegenteil umschlägt. Auch ist der Datenschutz zu beachten und damit, dass die Bewerber selbst entscheiden müssen, ob sie nach Spielende ihre Daten an das Unternehmen weitergeben möchten oder nicht. Schließlich müssen auch Verfahren zum Einsatz kommen, die sicherstellen, dass die Spielenden mit den Bewerbern identisch sind, was sich technologisch oder durch die Einladung der Bewerber an einen realen Spielort realisieren lässt.

Angesprochen werden mit Spielvarianten Bewerber der jüngeren Generation, die sich in ihrer Freizeit mit Videospielen beschäftigen und so gelernt haben, als Teamleiter im Internet Teams aus Spielern mit allen ihren Bedürfnissen und Konflikten zu führen. Es kann im Interesse des Personalmanagements liegen, solche Bewerber zu erreichen, die als führungsstark, leistungsbereit und intrinsisch motiviert gelten.

Sonstige Imagewerbung

Viele Unternehmen zielen mit ihrer Markenbildung auf Personen, wenn diese noch nicht in ihrer Bewerbungsphase stehen. Sie beteiligen sich beispielsweise am jährlichen Girl's Day (und inzwischen auch Boy's Day), bei dem Mädchen und Jungen im Alter von etwa elf bis 16 Jahren in das Unternehmen eingeladen werden, um sich frühzeitig mit der Berufswahl auseinanderzusetzen und anhand eines eigenen Einblicks in die Arbeitswelt die Gelegenheit

bekommen, Rollenklischees infrage zu stellen und für sich auch ungewöhnlich erscheinende Ausbildungswege als Möglichkeit zu durchdenken.

Das Employer Branding basiert nicht allein auf speziellen Veröffentlichungen des Personalmanagements, sondern nutzt auch andere Veröffentlichungen des Unternehmens. So können in den Lagebericht, der Bilanzen zwecks Erläuterung begleitet, Informationen über den Umgang des Unternehmens mit seinem Personal integriert werden. Darüber hinaus verfassen einige Unternehmen separat Berichte über ihre Belegschaft, die Personalbericht oder Corporate-Social-Responsibility-Bericht genannt werden. Darin signalisiert das Personalmanagement, wie wichtig ihm ein professioneller, ethischer und nachhaltiger Umgang mit seinem Personal ist.

Auch publizieren Unternehmen Imageberichte in Zeitungen und Zeitschriften sowie Mitarbeiterzeitschriften. Damit möchten sie sich möglichst arbeitnehmerfreundlich darstellen und als Arbeitgeber interessant machen. In ihnen nennen sie ausdrücklich die Vorzüge, bei diesem Unternehmen zu arbeiten.

 Der Mittelstand kann seine Aktivitäten auf sein regionales Einzugsgebiet begrenzen und dort die Vorteile kommunizieren, die ihn von Großunternehmen unterscheiden. Mittelständler legen in der Regel Wert auf breit qualifizierte Personen, die in mehreren betrieblichen Funktionen eingesetzt werden können. Die Attraktivität von Mittelständlern resultiert aus

✔ ihrer Flexibilität: Mitarbeiter können eher zwischen Funktionen wechseln und müssen eine größere Bandbreite an Aufgaben wahrnehmen. Außerdem wird ihnen vergleichsweise früher als in Großunternehmen Verantwortung für Mitarbeiter, Projekte und Ergebnisse übertragen und sie sind in ihren Entscheidungen autonomer.

✔ ihrer Nähe zur Unternehmensleitung: Diese führt dazu, dass Ideen und Initiativen qualifizierter Mitarbeiter eine hohe Umsetzungschance haben.

✔ ihrem Arbeitsklima: Mittelständische Unternehmen gelten als familiär und kollegial, weil man sich untereinander besser kennt als in Großunternehmen.

✔ ihrer Konkurrenzfähigkeit in der Vergütung: Im Mittelstand sind die Einstiegsgehälter zwar teilweise niedriger als in Großunternehmen, aber durch einen schnelleren Karrierefortschritt werden in wenigen Jahren vergleichbare Gehaltsniveaus erreicht.

✔ ihrer Internationalität: Heutzutage sind Mittelständler fast durchgehend international aufgestellt und können ebenso wie Großunternehmen internationale Karrieren anbieten.

✔ ihrer Sprungbrettfunktion: Wer im Mittelstand Verantwortung übernommen hat, ist für Großunternehmen attraktiv, weil er selbstständiges Entscheiden gelernt hat und sich nicht in der Großorganisation zu verstecken gelernt hat.

Viele mittelständische Unternehmen kommunizieren ihre Vorteile häufig nicht so geschickt wie die Großunternehmen. Dabei gibt es sogar spezielle Foren dafür, beispielsweise an Hochschulen angesiedelte, nicht kommerzielle Arbeitgeberwettbewerbe um den Preis für die »beste Personalarbeit im Mittelstand«.

Eine wichtige Komponente der Arbeitgebermarke ist der Standort des Unternehmens. Das Image des Standorts überlagert häufig das Image des Unternehmens als Arbeitgeber, sodass selbst attraktive Unternehmen an einem als unattraktiv wahrgenommenen Standort stark verminderte Chancen haben, ihre Wunscharbeitnehmer zu gewinnen.

Das Personalmanagement kann hier gegensteuern, indem es die Vorteile des Standorts aktiv vermarktet. So kann es auf verfügbaren Wohnraum, Lebenshaltungskostenvorteile, die allgemeine Sicherheit, die Infrastruktur für Kinder und Jugendliche oder den Erholungswert der Region verweisen. Einige Unternehmen bieten Stadtführungen an, bei denen sie die Vorbehalte von Bewerbern entkräften, und laden die Partner der Bewerber zum zweiten Bewerbungsgespräch mit ein. Das Personalmanagement kann vermeintliche Nachteile auch ausgleichen, indem es zum Beispiel Lebenspartner bei der Arbeitsplatzsuche unterstützt oder Unterstützung für die Eingewöhnungsphase neu hinzuziehender Mitarbeiter und ihrer Familien anbietet.

Ein weiteres Feld von Publikationen der Unternehmen sind die sozialen Netzwerke. Darin beteiligt sich das Personalmanagement von Unternehmen zunehmend an Blogs, in denen es unter anderem auch um die Darstellung des Unternehmens als Arbeitgeber geht. Dort sucht das Personalmanagement auch aktiv nach interessanten potenziellen Mitarbeitern, die eher angesprochen werden möchten, als dass sie von sich aus auf ein Unternehmen zugehen. Auch findet hier als elektronische Mundpropaganda die persönliche Weiterempfehlung von potenziellen Bewerbern statt, auf das Unternehmen im Talentekrieg angewiesen sind.

Headhunting

Eine Form der Werbung ergibt sich dadurch, dass das Personalmanagement kommerzielle Personalberater beauftragt, nach Mitarbeitern für das Unternehmen zu suchen. Dies nennt man *Headhunting*, also die »Jagd nach Köpfen«. Headhunter versuchen unter anderem, exzellente Mitarbeiter anderer Unternehmen dazu zu bewegen, ihr Unternehmen zu verlassen und zu dem suchenden Unternehmen zu wechseln.

 Zur Vorbereitung stattet das Personalmanagement die Headhunter mit wichtigen Informationen aus: zu der zu besetzenden Stelle und über seine Attraktivität als Arbeitgeber. Gute Headhunter werden schließlich nicht nur die Fachkompetenz und die Sozialkompetenz möglicher Kandidaten im Voraus prüfen, sondern zudem ihre Passung zur Unternehmenskultur beurteilen.

Headhunting wird vor allem dann eingesetzt, wenn die zu besetzende Stelle für das Unternehmen sehr wichtig ist, passende Kandidaten knapp sind und es nicht zu erwarten ist, dass dem Personalmanagement die Stellenbesetzung in angemessener Zeit mit angemessener Qualität selbst gelingen wird. Die Bezeichnung *Executive Search* – also Suche nach leitenden Angestellten – drückt bereits aus, dass dies sich in der Regel auf Topmanager bezieht.

Wenn das Personalmanagement Headhunter aussucht, achtet es darauf, dass es sich um Qualitätsanbieter handelt, die einen tadellosen Ruf als Dienstleister haben, gut organisiert sind, über eine ausreichende Anzahl an Mitarbeitern verfügen, sich in der gesuchten Branche auskennen, Qualitätsstandards befolgen und bei Bedarf international aufgestellt sind. Auch die Honorarfrage ist relevant: Headhunter lassen sich ihre Suche nach Spitzenkräften – abgesehen von der Erstattung ihrer Aufwendungen – erfolgsabhängig bezahlen und fordern bis zu einem Bruttojahresgehalt des Gefundenen als Honorar. Das Personalmanagement einiger Unternehmen versucht ergänzend, eigene Führungskräfte zur Suche anderer Führungskräfte einzusetzen und sie im Erfolgsfall mit Prämien zu belohnen, muss dann aber sicherstellen, dass seine Führungskräfte zuvor angemessen geschult werden.

Her mit den neuen Mitarbeitern

Das Personalmarketing geht unmittelbar in die eigentliche Personalbeschaffung über, die sich mit der Auswahl der neuen Mitarbeiter befasst. Wie können oder sollen Unternehmen zusätzlich benötigte Mitarbeiter auf dem unternehmensexternen Arbeitsmarkt gewinnen, wenn der innerbetriebliche Arbeitsmarkt die Vakanzen nicht zu füllen vermag? Dies ist die Kernfrage der Personalbeschaffung.

Personaler müssen sieben

»Sieben« klingt vor diesem Hintergrund zunächst unpassend und auch hart – aber dennoch: Was ist die unternehmensseitige Auswahl von geeigneten Bewerbern anderes als die Prüfung der Kandidaten anhand eines Rasters und dann die Entscheidung *für* jemanden und damit *gegen* die restlichen Bewerber?

Nun ist dieses Sieben – umgangssprachlich für Auswählen – gar nicht so einfach, wie man es sich vorstellen könnte: Eingebettet in den Prozess der Personalauswahl von der Stellenanzeige bis zur Kontrolle des Beschaffungserfolgs gibt es vielfältige Möglichkeiten, etwas falsch zu machen.

So nicht!

Voll eingebunden ins Tagesgeschäft, das an allen Ecken und Enden trubelt, wird der Personalverantwortliche durch seinen automatischen Terminplaner 15 Minuten vor 11 Uhr erinnert: Gleich finden drei Bewerbungsgespräche statt. Hoppla, ganz vergessen! Aber es bleiben ja noch ein paar Minuten für einen kurzen Blick in die Bewerbungsunterlagen. Dann den Katalog mit den Standardfragen hervorgeholt, und los gehen die Gespräche in etwas gehetzter Atmosphäre. Gut, dass er sich auf seine Erfahrung und sein Bauchgefühl verlassen kann, mitschreiben ist nicht nötig. Später am Abend, kurz vor Verlassen des Büros, fällt ihm ein, dass er ja noch eine Entscheidung treffen muss. Wie waren die einzelnen Bewerber noch gerade? Egal – der Beste könnte der zweite gewesen sein. Oder doch der dritte …?

Die professionelle Personalvorauswahl und Personalauswahl funktioniert anders.

Bewerbungsunterlagen als Basisinformation

Auf die Anzeige hin gehen im Unternehmen die Bewerbungen für die ausgeschriebene Stelle ein. War man früher nur schriftliche Bewerbungen gewohnt, so dominieren mittlerweile Onlinebewerbungen. Manche Unternehmen stellen den Bewerbern zudem eigens Bewerbungsformulare zur Verfügung, die online ausgefüllt werden müssen. In einem Onlineformular erscheinen Felder zum Anklicken sowie Textfelder, die ein Bewerber ausfüllen muss, beispielsweise eines für das Anschreiben. Weitere Unterlagen kann der Bewerber als Anhänge hochladen. Wenn ein Bewerber Onlineformulare bei Bewerbungsportalen pflegt und für mehrere Bewerbungen nutzt, ist die regelmäßige Aktualisierung der gespeicherten Daten zu empfehlen.

Die klassische Papierbewerbung ist auf dem Rückzug: Mittlerweile gehen mehr als 40 Prozent der Bewerbungen per Mail ein, circa 35 Prozent über Onlineformulare und nur noch ein knappes Viertel auf Papier. Einige Großunternehmen akzeptieren überhaupt keine Bewerbungen in Papierform mehr. Inhaltlich gleicht die Onlinebewerbung der klassischen Papierbewerbung. Auch erwarten Unternehmen die gleiche Sorgfalt.

Die Bewerbungen werden in der Regel in einer Bewerberdatei erfasst, aus der nicht nur die wichtigsten Daten der Bewerber ersichtlich sind, sondern auch, welche Schritte des Bewerbungsverfahrens jeweils bereits durchlaufen wurden.

Der Personalbeschaffer muss alle Bewerbungsunterlagen sichten. Im Rahmen dieser Sichtung erfolgt bereits eine Vorauswahl: Durch Beurteilung verschiedener Kriterien (siehe Tabelle 5.2), die sich das Unternehmen überlegen und dann beispielsweise mittels Schulnoten bewerten kann, ist es bereits zu diesem Zeitpunkt möglich, die Bewerber in A-, B- und C-Kandidaten einzuteilen:

✔ A-Kandidaten sollten auf jeden Fall zu einem Bewerbungsgespräch eingeladen werden.

✔ B-Kandidaten werden nur bei weiterem Bedarf persönlich angeschaut.

✔ C-Kandidaten kommen nicht infrage.

Bewertungskriterien der Vorauswahl von Personal können unternehmensspezifisch sein. So gibt es ein Verfahren, das unterschiedliche Eigenschaften der bisherigen Mitarbeiter sammelt und statistisch auswertet: Worin unterschieden sich die erfolgreichen unter ihnen von den nicht erfolgreichen? Erkennt das Personalmanagement darin Muster (zum Beispiel: Unsere erfolgreichen Mitarbeiter kamen aus kinderreichen Familien, unsere nicht erfolgreichen Mitarbeiter dagegen nicht. Oder: Unsere erfolgreichen Mitarbeiter haben zuvor in bis zu zwei anderen Unternehmen gearbeitet, unsere nicht erfolgreichen Mitarbeiter in drei oder mehr Unternehmen.), kann es diese Muster der Vorauswahl zugrunde legen und Bewerber mit dem gleichen Muster in die engere Wahl nehmen. Dieses Verfahren ist unter der englischen Bezeichnung *Weighted Application Blank* (WAB) bekannt.

Analyseobjekt	Kriterium	Bewertung
Bewerbung allgemein (schriftlicher Eingang)	✔ fristgerechter Eingang ✔ sauberer Eindruck ✔ Vollständigkeit ✔ …	
Bewerbung allgemein (Eingang online)	✔ Sorgfalt, üblicher Stil der Schriftform, keine Emoticons ✔ Absender: privater Account mit seriöser Adresse ✔ Adressat: nicht die anonyme info@unternehmensadresse.de ✔ kein Virenbefall der Datei ✔ druckfreundlich in einer PDF-Datei ✔ Nutzung des Onlinebewerberformulars (falls bereitgestellt) ✔ …	
Anschreiben	✔ persönliche Anrede ✔ Rechtschreibung und Interpunktion ✔ Stil ✔ Begründung der Initiative ✔ Bezug zu Firma/Stellenanzeige/Stellenanforderungen ✔ Motivation ✔ …	
Lebenslauf	✔ Vollständigkeit inklusive Ort, Datum und Unterschrift ✔ Übersichtlichkeit ✔ Kurzerläuterung relevanter Aufgaben ✔ Konsistenz, Plausibilität, Trends ✔ erkennbarer »roter Faden« der Karriere ✔ Häufigkeit des Stellenwechsels ✔ persönliche Besonderheiten, zum Beispiel soziales Engagement ✔ …	
Schulzeugnisse, Studienzeugnisse	✔ Beglaubigung ✔ Noten in den relevanten Fächern ✔ Leistungskonstanz ✔ Erkennbarkeit der Zielsetzung ✔ …	
Praktikumszeugnisse, Arbeitszeugnisse	✔ Beglaubigung ✔ Leistungsbeurteilung ✔ Zwischentöne der Beurteilung, auffällige Formulierungen ✔ …	
Referenzen	✔ Neutralität der Referenzgeber ✔ beruflicher und sozialer Status der Referenzgeber ✔ Aussage der Gesamtwürdigung ✔ …	

Tabelle 5.2: Beurteilungsbogen zu den schriftlichen Bewerbungsunterlagen

Manche Unternehmen setzen telefonische Vorabinterviews ein, um eventuelle Unklarheiten, die sich aus den Bewerbungsunterlagen ergeben, auszuräumen. Ansonsten werden die möglicherweise passend erscheinenden Bewerber zu einem Bewerbungsgespräch eingeladen.

Ethisch höchst bedenklich ist es, wenn – was ab und an vorkommt – das Personalmanagement von Bewerbern »auf freiwilliger Basis« eine Blutprobe erbittet. Bewerber könnten diese zwar abgeben, damit das Unternehmen damit Gesundheits- und Leistungsfähigkeitstests durchführen kann. Doch trägt das Blut über seine Zusammensetzung und die in ihm enthaltene Erbsubstanz unzählige Informationen über Krankheitsanlagen, die Unternehmen unmöglich interpretieren können. Fehlschlüsse sind vorprogrammiert. Hinzu kommen die Herausforderungen des Datenschutzes. Am meisten spricht gegen ein solches Ansinnen, dass Unternehmen mit einer solchen Forderung ihr Arbeitgeberimage stark schädigen.

Anonymisierte Bewerbungsverfahren

Eine Neuerung, mit der sich Personaler in Deutschland zunehmend auseinandersetzen müssen, sind anonymisierte Bewerbungen. Diese gehen im Unternehmen bereits ohne Bewerbungsfoto ein, und spätestens, wenn sie der Personaler liest, sind aus den Unterlagen Name, Familienstand, Geburtsort, Alter und Wohnort gestrichen, etwa durch das Sekretariat oder sogar durch externe Dienstleister. Fehlen damit alle Informationen, die Rückschlüsse auf diskriminierungsfähige Charakteristika einer Person zulassen, dann – so die Idee – ist für alle Bewerber eine annähernd gleiche Chance gegeben, zum Bewerbungsgespräch eingeladen zu werden, unabhängig von ihrem Geschlecht, ihrem Alter oder ihrer Nationalität. Denn in internationalen Studien zeigt sich, dass im Rahmen der Personalbeschaffung Benachteiligungen vorkommen: Niedrigqualifizierte werden häufiger benachteiligt als Hochqualifizierte, und kleinere Unternehmen benachteiligen häufiger als größere Unternehmen.

Seit den 1960er-Jahren ist es in den USA üblich, Bewerbungen ohne Foto einzureichen, und in jüngster Zeit gibt es Pilotprojekte mit anonymisierten Bewerbungen in Frankreich, Schweden und der Schweiz. Ein deutsches Modellprojekt »Anonym ewerben – weil Qualifikation zählt« wurde im Herbst 2010 durch die Antidiskriminierungsstelle des Bundes (ADS) gestartet. Es umfasst große wie mittelständische Unternehmen sowie Behörden und Kommunen. In der Studie wird mit geschwärzten Lebensläufen gearbeitet, aus denen Foto, Name, Lebenslauf und weitere Angaben mit Rückschlussmöglichkeit entfernt werden. Erste Erfahrungen nach eineinhalb Jahren weisen darauf hin, dass sich mit der Anonymisierung von Bewerbungsunterlagen die Einladungshäufigkeit bei Bewerbern mit Migrationshintergrund, Frauen und älteren Menschen tatsächlich erhöht. Allerdings sind die Repräsentativität der ersten Evaluationsstudie und ihre Methodik umstritten.

Im Hinblick auf die Methode der Anonymisierung bewährt sich offensichtlich das Schwärzen von einzelnen Angaben in den originalen Bewerbungsunterlagen weniger. Handhabbarer ist ein aussagekräftiges Standardformular, in das zentrale Informationen aus den Bewerbungen übertragen werden und das auf die Abfrage kritischer Merkmale verzichtet. Eine Alternative besteht darin, von vornherein Bewerbungen nur per Onlinebewerbungsbogen entgegenzunehmen.

Gegner der anonymisierten Bewerbung führen die geringe Praxistauglichkeit und die Erhöhung der innerbetrieblichen Bürokratie an (siehe Tabelle 5.3). Zudem verweisen sie darauf, dass es heutzutage sehr viele Menschen mit ausländischen Namen gebe und dass eine darauf basierende Diskriminierung durch Personalabteilungen sowieso nicht erfolge. Schließlich befürchten sie eine Verlagerung der Auswahlentscheidung in die Runde nach dem ersten Bewerbungsgespräch, was eine Verlängerung und Verteuerung des Auswahlprozesses mit sich bringen würde. Daher setzen sie zur Erreichung der diskriminierungsarmen Personalbeschaffung statt auf anonymisierte Bewerbungen eher auf die Mitwirkung des Betriebsrats und die Regelungen des Allgemeinen Gleichbehandlungsgesetzes.

Pro	Kontra
✔ erhöhte Chancengleichheit bezüglich der Einladung zum Bewerbungsgespräch (ab da müssen sich die Bewerber wie gehabt bewähren)	✔ hohe Kosten (zum Beispiel Anonymisierung durch externe Dienstleister)
✔ weniger Diskriminierung bei der Stellensuche aufgrund von Herkunft, Alter, Geschlecht	✔ viel Bürokratie, unnötiger Zeitverlust
✔ Chance für das Unternehmen, qualifizierte Personen zu rekrutieren, die sonst schon an der ersten Hürde gescheitert wären oder sich aus Selbstzensur gar nicht erst beworben hätten	✔ man kann sowieso aus den Aufgaben aus dem Lebenslauf auf bestimmte Merkmale schließen
	✔ eine Anonymisierung kann nie vollständig sein
✔ Die Bürokratie ist gar nicht groß: Es ist nur die Aufteilung der Bewerbung in Anschreiben und übrige (anonymisierte) Unterlagen notwendig.	✔ Unternehmen haben bereits von sich aus ein Interesse an Vielfalt in ihrer Belegschaft (Diversity Management)
✔ in Deutschland Freiwilligkeit statt gesetzlicher Zwangsregelung	✔ noch defensivere Rekrutierungsverfahren (»nur kein Risiko eingehen«)

Tabelle 5.3: Argumente in der Diskussion um anonymisierte Bewerbungen

 Ein Tipp für professionelles Handeln lautet, auf keinen Fall beim Bewerber rückzufragen, wenn entgegen der im Unternehmen üblichen Praxis eine anonyme Bewerbung eingehen sollte, da sonst eine Diskriminierungsabsicht unterstellt werden könnte und dadurch eine Schadensersatzklage möglich wäre.

Anonymisierte Bewerbungsverfahren werden auch zukünftig – nicht zuletzt aufgrund der Vertragsfreiheit – freiwillig sein. Ihre Einführung hat die Arbeitgeber jedoch im Hinblick auf die Benachteiligungsthematik in der Personalbeschaffung sensibilisiert.

Bewerbungsgespräch – die reinste Psychologie

Im Bewerbungsgespräch sammeln sowohl das Unternehmen als auch der Bewerber erstmalig unmittelbare persönliche Eindrücke vom jeweiligen Gegenüber. Wird man zusammenpassen? Beide Parteien bekommen die Chance, dem Gesprächspartner »auf den Zahn zu fühlen«, also herauszubekommen, ob das in der Stellenanzeige Angekündigte genauso eingehalten wird wie das in der Bewerbung Angekündigte.

Für das Unternehmen kommt es – neben der Anforderung, überhaupt jemanden Passendes zu finden – darauf an, zwei Beurteilungsfehler zu vermeiden: zum einen, leistungsschwache Bewerber einzustellen, zum anderen, gut geeignete Bewerber abzulehnen. Daher nutzen erfahrene Personaler nicht nur einzelne gute Auswahlverfahren, sondern kombinieren am besten mehrere, um ein möglichst tief gehendes Bild von den Bewerbern, ihren Fähigkeiten und Motivationen zu erhalten. Einige Auswahlverfahren wie zum Beispiel psychologische Tests, grafologische Gutachten oder computergestützte Verfahren sind allerdings rechtlich umstritten: Daher müssen die Persönlichkeitsrechte des Bewerbers hierbei explizit geschützt werden.

Wie gut sagt eigentlich ein Bewerbungsgespräch den späteren Erfolg oder Misserfolg eines Bewerbers voraus, wie hoch ist also seine prognostische Validität? Tabelle 5.4 zeigt die Validität verschiedener Auswahlverfahren, wie sie in der personalwirtschaftlichen Fachliteratur zu finden ist. Die Faustregel besagt: Bei Validitätswerten ab 30 Prozent aufwärts gilt die Verfahrensqualität als angemessen belegt. Allerdings werden von vielen Unternehmen Einstellungsentscheidungen ohne den Einsatz valider Verfahren gefällt.

Unzureichende Validität (weniger als 30 Prozent)	Gerade ausreichende Validität (um 30 Prozent)	Brauchbare Validität (mehr als 30 Prozent)
✔ nur Schulnoten	✔ Persönlichkeitstests	✔ strukturierte Vorstellungsgespräche
✔ nur Bewerbungsunterlagen	✔ Intelligenztests	
✔ nur Arbeitszeugnisse/Referenzen		✔ Bewerbungsinterviews mit Arbeitsproben
✔ nur unstrukturierte Bewerbungsinterviews		✔ Assessment-Center
✔ graphologische Gutachten		

Tabelle 5.4: Prognostische Validität von Auswahlverfahren

Unterschieden werden Bewerbungsgespräche

✔ nach ihrem Gestaltungsfreiraum in freies, halbstrukturiertes und strukturiertes Interview,

✔ nach der Anzahl der Beteiligten in Einzelgespräch und Gruppengespräch sowie

✔ nach der Intensität in Normalinterview, Stressinterview und Tiefeninterview.

Häufig sieht das Personalmanagement vor, dass neben dem Bewerbungsgespräch mit ihm ein weiteres Gespräch mit der in Betracht kommenden Fachabteilung geführt wird.

Wie auch immer sie geführt werden – der Personaler sollte sich zunächst vor dem Bewerbungsgespräch immer vorbereiten. Erfahrene Personalmanager werden sich einen Leitfaden für das Bewerbungsgespräch entwerfen, auf dem nicht nur die Fragen skizziert, sondern auch Beurteilungsmöglichkeiten vorgegeben werden, die dann gesprächsbegleitend genutzt werden.

Das Hauptziel des Bewerbungsgesprächs ist es, die Passung des Bewerbers zum Unternehmen herausbekommen. Diese Passung ist mit Erwartungen verbunden, die im Rahmen der Vorbereitung zu spezifizieren sind. Erste Mindesterwartungen bestehen bereits an die Vorbereitung des Bewerbers:

✔ Der Bewerber sollte den organisatorischen Teil (gelingende, pünktliche Anreise, angemessene Kleidung und so weiter) bewältigen.

✔ Der Bewerber sollte in der Lage sein, durch Blickkontakt, seine Körpersprache und seinen Händedruck zum angenehmen Gespräch beizutragen.

✔ Der Bewerber sollte eine gepflegte Sprache nutzen und sowohl authentisch reden wie auch authentisch auftreten.

✔ Der Bewerber sollte einen typischen Gesprächsablauf und zumindest die zu erwartenden Standardfragen erwarten und nicht von ihnen überrascht sein.

✔ Dem Bewerber sollte seine Ausgangsposition klar sein und er sollte darüber Auskunft geben können.

✔ Dem Bewerber sollten Details über das Unternehmen bekannt sein.

Darüber hinaus sollte sich der Personaler zunächst noch einmal das Anforderungsprofil für die zu besetzende Stelle bewusst machen und daher die Fähigkeiten, die der Bewerber mitbringen soll (siehe Tabelle 5.5): Wer nicht genau weiß, wen er sucht, wird bestenfalls Zufallstreffer landen.

Kategorie	Merkmale	Beispiele
Kenntnis-bezogen	Ausbildungsabschlüsse	Studiengänge, akademischer Grad, Lehrgänge
	Zusatzqualifikationen	Fremdsprachen, Computerkenntnisse, Spezialkurse
	beruflicher Werdegang	vorheriger Arbeitgeber, innerbetriebliche Laufbahn
	Leistungs- und Entwicklungs-potenzial	Lernbereitschaft, Veränderungsbereitschaft, Leistungsmotivation, Führungsmotivation, visionäre Kraft
Physisch	physischer Zustand	Körpergewicht, chronische Erkrankungen, Behinderungen
	körperliche Fähigkeiten	Funktionstüchtigkeit der Körperteile, Bewegungsbereiche
	körperliche Beanspruchbarkeit	Ausdauer, Kraft, Geschicklichkeit, Lärm, Klima
Psychisch	geistige Leistungsfähigkeit	Auffassungsgabe, Kreativität, Gedächtnisleistung
	Arbeitsverhalten	Pünktlichkeit, Exaktheit, Hilfsbereitschaft, Teamarbeitsfähigkeit, Überzeugungskraft
	psychomotorische Fähigkeiten	Auge-Hand-Koordination
	psychische Beanspruchbarkeit	Stresstoleranz, Bereitschaft zur Übernahme von Verantwortung

Tabelle 5.5: Fähigkeitsmerkmale

Der Ablauf eines Bewerbungsgesprächs umfasst einige typische Phasen (siehe Tabelle 5.6). Dabei richtet sich die Dauer des Gesprächs nach der Wichtigkeit der zu besetzenden Stelle. Für einfachere Berufsklassen reichen bereits 45 bis 60 Minuten Gesprächsdauer, vor allem wenn – wie beispielsweise im Mittelstand bei handwerklich-technischen Berufen – eine konkrete Arbeitsprobe einen höheren Aussagewert hat und sie daher den Auswahlprozess dominiert. Sind die Bewerber erfahrener in ihrem Beruf oder möchte das Unternehmen eine Stelle in höheren Verwaltungs- und Leitungsfunktionen besetzen, ist eine Dauer von 90 bis 120 Minuten pro Bewerbungsgespräch angemessener.

Basierend auf dem Schema von Tabelle 5.6 kommt es für den Personalverantwortlichen darauf an, in den meisten dieser Phasen – Ausnahmen sind die Phasen 1 und 10 – entscheidungsrelevante Informationen zu erlangen: Hier erfolgt das eigentliche »Sieben«. Daher werden die vorbereiteten Fragen zu jeder Phase auf dem Bewerbungsgesprächsbogen auch während des Gesprächs bewertet; idealerweise ist dafür eine jeweils geeignete Skala vorbereitet, etwa von 1 (sehr schlecht) bis 5 (sehr gut) oder Einschätzungen in Prozent.

Phase	Inhalt	Dauer in Minuten
1	Begrüßung und Einleitung des Gesprächs	3
2	Bewerbungsmotive und Leistungsmotivation	10 bis 14
3	beruflicher Werdegang	
4	persönlicher, familiärer und sozialer Hintergrund	
5	berufliche Eignung und Fachkompetenz	12 bis 16
6	Sozialkompetenzen	
7	realistische Tätigkeitsinformationen für den Bewerber	10 bis 14
8	Vergütung	
9	Fragen des Bewerbers	7 bis 10
10	Abschluss des Gesprächs und Verabschiedung	3
		45 bis 60

Tabelle 5.6: Möglicher Ablauf eines Bewerbungsgesprächs in zehn Phasen

Die möglichen Fragen für das Bewerbungsgespräch sind für jede einzelne Phase sehr vielfältig. Sie sollten mittels einer offenen, zielorientierten Fragetechnik gestellt werden. Ein professioneller Personalmanager steuert das Gespräch auf die entscheidungsrelevanten Informationen, die er benötigt. Dabei vermeidet er es, das Gespräch durch eigenes Reden zu dominieren, und belässt die wesentlichen Gesprächsanteile beim Bewerber.

Im Folgenden werden für einzelne Phasen Beispielfragen vorgestellt und diese bei weiterem Erläuterungsbedarf mit Anmerkungen versehen.

✔ **Phasen 2 bis 4: Fragen zum Bewerber**

- Wie ist es eigentlich zu Ihrer Bewerbung bei unserem Unternehmen gekommen?

- Wie verlief Ihr bisheriger Berufsweg? Erzählen Sie doch mal, was Sie nach der Schule gemacht haben.

- Was reizt Sie an dieser Aufgabe?

- Wie gut kennen Sie uns bereits, zum Beispiel die Produkte, die Marktposition? Kennen Sie Mitarbeiter aus unserem Haus?

- Wer und wie sind Sie? Wie würden Sie sich kurz charakterisieren? Welche Hobbys haben Sie?

- Was sind Ihre Stärken, was Ihre Schwächen?

- Was hat für Sie Priorität bei der Arbeit? Auf welche Ihrer beruflichen Leistungen und Erfolge sind Sie besonders stolz? Worüber können Sie sich so richtig ärgern?

- Was würden Sie tun, wenn Sie nicht mehr arbeiten müssten? _[Der Personalprofi will herausfinden, ob der Bewerber ausgeglichen ist, seine Zeit managen kann und positive persönliche Visionen hat.]_

✔ **Phasen 5 bis 6: Fragen zur Passung des Bewerbers zur Stelle und zum Unternehmen**

- Welche Fachzeitschrift lesen Sie regelmäßig?

- Wie schätzen Sie die aktuelle Marktsituation ein?

- Trauen Sie sich die mit der Stelle verbundene Belastung zu? _[Der Personalprofi möchte herausfinden, ob der Bewerber gesund ist.]_

- Gibt es ein Projekt, das auf Ihre Initiative hin in Angriff genommen wurde? _[Hier erwartet der Personalprofi konkrete Beispiele und fragt auch nach dem Ergebnis, das eingetreten ist.]_

- Wie würden Sie eine bestimmte Aufgabe XY aus dem zukünftigen Arbeitsgebiet angehen? _[Der Personalprofi fragt vorher Experten aus seinem Unternehmen mit Kenntnissen über die zu besetzende Stelle: Was sind erfolgskritische Situationen? Welches Verhalten ist erfolgsbehindernd? Welches Verhalten ist erfolgsentscheidend? Mithilfe dieses Wissens lassen sich die Antworten des Bewerbers gut beurteilen.]_

- Was zeichnet Ihrer Meinung nach eine gute Führungskraft aus? Was schätzen Sie an Kollegen überhaupt nicht? _[Der Personalprofi erfragt hiermit die Passung zur Unternehmenskultur. Zudem kann er herausbekommen, ob jemand dazu neigt, Schwierigkeiten zu machen oder illoyal gegenüber Kollegen zu sein.]_

- Sind Überstunden für Sie in Ordnung? _[Der Personalprofi fragt hiermit die Selbstkompetenz ab, insbesondere das Zeitmanagement: Gute Bewerber vermitteln den Eindruck, dass sie ihre Arbeit in der gegebenen Zeit schaffen werden.]_

- Glauben Sie, sich in einem Männerteam durchsetzen zu können? _[Der Personalprofi möchte insbesondere bei Frauen das Selbstbewusstsein abfragen.]_

- Sie waren ja als Freiberufler ganz lange ein toller Einzelkämpfer ...? *[Der Personal-profi hinterfragt die Teamfähigkeit.]*

- Wie gehen Sie mit Kritik um? *[Der Personalprofi fragt hiermit die Kritikfähigkeit ab.]*

- Wie denken Sie über die Krise der Bundesregierung / einer bestimmten politischen Partei? *[Mit dieser eigentlich unerlaubten Frage prüft der Personalprofi, ob der Bewerber diplomatisch reagieren kann.]*

- Wo sehen Sie sich in fünf Jahren? *[Der Personalprofi bewertet sowohl, ob die Antwort zur Unternehmenskultur passt, also beispielsweise wichtige Komponenten wie Wettbewerbs-, Karriere-, Leistungsorientierung aufgreift, als auch, ob die Antwort mit klarem individuellem Handlungsbezug gegeben wird.]*

✔ **Phase 7: Realistische Tätigkeitsinformationen**

- Hier werden dem Bewerber realistische Informationen über die zu besetzende Stelle gegeben. Beschrieben werden zum Beispiel die Tätigkeit, die Einarbeitungsphase, die Teamstrukturen und die Aufstiegsmöglichkeiten. Dabei wird nicht zum Positiven übertrieben: Verzerrte Darstellungen gefährden die erfolgreiche Zusammenarbeit. *[Der Personalprofi nutzt das Gespräch für sein Personalmarketing, macht also Werbung für sein Unternehmen als guter Arbeitgeber. Er zeigt insbesondere die Vorteile auf, die es hat, wenn der Bewerber in diesem Unternehmen arbeitet. Er bietet dem Bewerber auch an, dass dieser sich mit Mitarbeitern aus seinem Unternehmen unterhalten kann, und signalisiert so Offenheit und Transparenz.]*

✔ **Phase 8: Vergütung**

- Wie stellen Sie sich Ihr Gehalt vor? *[Der Personalprofi kalkuliert ein, dass der Bewerber üblicherweise etwa 5 bis 20 Prozent über seinem jetzigen Gehalt angibt. Im Rahmen der Erläuterung der Gehaltskonditionen skizziert er auch die zukünftige Gehaltsentwicklung.]*

- Für Ihre Stelle wird üblicherweise ein jährliches Gehalt zwischen 60.000 und 72.000 Euro gezahlt. Wo sehen Sie sich? *[Der Personalprofi erwartet, dass der Bewerber sich für das obere Ende der Bandbreite entscheidet und dies auch begründet.]*

- Wir haben zwei Gehaltsmodelle: eines fix 3.700 Euro im Monat, dazu ein maximaler umsatzabhängiger Bonus von 500 Euro, das andere fix 3.000 Euro im Monat mit einem nach oben offenen umsatzabhängigen Bonus. Welches würden Sie bevorzugen? *[Mit einer solchen »Selbstselektionsfrage« fragt der Personalprofi nicht nur nach dem Gehaltswunsch, sondern auch nach der persönlichen Risikobereitschaft und dem Vertrauen in die eigene Leistung.]*

 Im Sinne einer sicherheitsorientierten Personalauswahl ist das Bewerbungsgespräch der Ort, an dem das Personalmanagement alle Hinweise darauf ausschließen muss, dass ein potenzieller Mitarbeiter zum Sicherheitsrisiko wird. Also sollte es sich alle Lücken im Lebenslauf schlüssig erklären lassen, wichtige Zeugnisse auf Echtheit prüfen und bei Bedarf die Beglaubigung von Dokumenten nachfordern. Wenn ein Bewerber vertrauliche Informationen von sei-

nem bisherigen Arbeitgeber erzählt oder anbietet, ist dies ein Zeichen für Illoyalität, die auch Sie als Arbeitgeber später treffen könnte. Wenn ein Bewerber aus Ländern stammt, deren Nachrichtendienste besonders für Wirtschaftsspionage bekannt sind, oder dorthin Verbindungen zu haben scheint, ist besondere Vorsicht geboten. Sie müssen immer im Blick haben, dass alle Mitarbeiter, die Sie in Ihr Unternehmen aufnehmen, damit leichten Zugang zu den Unternehmensgeheimnissen erlangen.

Ist das Bewerbungsgespräch beendet, liegen im Hinblick auf den betreffenden Bewerber viele – teilweise bereits bewertete – Informationen vor, sodass entschieden werden kann, ob weitere Auswahlmethoden wie Arbeitsproben, Persönlichkeits- oder Intelligenztests, Fallstudienbearbeitungen, Rollenspiele mit Inhalten des späteren Arbeitsfelds oder Gruppendiskussionen zur Anwendung kommen sollen, ob ein zweites – bereits konkretisierendes – Bewerbungsgespräch geführt werden soll oder ob eine unmittelbare Einstellung infrage kommt.

Assessment-Center, die Krone der Personalbeschaffung

Für das Personalmanagement mit höheren Kosten verbunden als das bloße Bewerberinterview, aber dafür als noch etwas aussagekräftiger im Hinblick auf die zu erwartende Leistung der Bewerber gilt das Assessment-Center. Dabei werden

✔ mehrere Bewerber gleichzeitig (häufig bilden fünf bis zwölf Personen eine Gruppe),

✔ von mehreren geschulten Beobachtern (meistens vier bis sechs Personen, darunter Personaler, Führungskräfte unterschiedlicher Fachabteilungen und Hierarchiestufen, teilweise auch externe Berater mit psychologischem Hintergrund),

✔ über einen längeren Zeitraum hinweg (meist zwei oder drei Tage),

✔ in vielen verschiedenen Situationen (einzeln, innerhalb der Gruppe, im Kontakt mit Außenstehenden),

✔ mittels unterschiedlicher Verfahren (unter anderem Tests, Interviews, Rollenspiele, Arbeitsproben),

✔ im Hinblick auf die wichtigsten Anforderungskriterien der Stelle (so die Durchsetzungsfähigkeit, Kreativität, Arbeitseffizienz, Stresstoleranz oder Delegationsfähigkeit),

✔ unter Einsatz von festgelegten Beurteilungsregeln (passend zu den jeweiligen Testverfahren)

in ihrem Verhalten beurteilt. Diese Kombination der besten Aspekte verschiedener Einzelverfahren soll Qualität und Erfolg der Personalauswahl sicherstellen. Das setzt allerdings voraus, dass das Personalmanagement das Assessment-Center substanziell vorbereitet und professionell durchführt.

 Das Personalmanagement setzt das – recht kostenintensive – Assessment-Center bei der Suche nach Mitarbeitern ein, die besonders wichtig für das Unternehmen werden. Der Erfolg lässt sich noch steigern, wenn diese Personalauswahl von vornherein einbezieht, in welchem psychologischen Arbeitsver-

trag die Bewerber später arbeiten werden: Wird es sich um ein Innovations-umfeld handeln, sind risikofreudig-kreative Bewerber geeignet, wird es da-gegen um ein Umfeld mit hohem Zeitdruck gehen, sind belastbare Bewerber geeignet. Zu einem eher ruhigen Arbeitsumfeld passen eher die loyalen, ver-lässlichen Bewerber, zu einem Wissens- und Leistungsumfeld die selbstbe-wussten, verhandlungsfähigen Bewerber.

Vorsicht, Falle

Das Sieben der Personaler findet nicht im Sandkasten statt, sondern in der Realität eines Wirtschafts- und Gesellschaftssystems, in dem einiges verkehrt gemacht werden kann, was dann negative Konsequenzen hat. Nachfolgend werden die vier wichtigsten Fallen benannt.

Diskriminierungsverbot

Das Allgemeine Gleichbehandlungsgesetz (AGG) von 2006 verpflichtet Arbeitgeber über das Grundgesetz hinaus in fast allen Bereichen der Personalarbeit, Benachteiligungen zu ver-hindern beziehungsweise zu unterlassen – und damit auch bei der Personalbeschaffung.

Durch das AGG geschützt sind »Beschäftigte«, also Arbeitnehmerinnen/Arbeit-nehmer, Beamtinnen/Beamte, Auszubildende, arbeitnehmerähnliche Beschäf-tigte (zum Beispiel Heimarbeitende), Bewerberinnen/Bewerber für ein Be-schäftigungsverhältnis sowie Personen, deren Beschäftigungsverhältnis been-det ist. Betroffen sind Benachteiligungen aufgrund sechs personenbezogener Merkmale: ethnische Herkunft, Religion oder Weltanschauung, Behinderung, Alter, sexuelle Identität und Geschlecht.

Verbotene Verhaltensweisen sind im Einzelnen:

✔ unmittelbare Benachteiligung gemäß §3 (1) AGG: offensichtliche Ungleichbehandlung im Einzelfall

✔ mittelbare Benachteiligung gemäß §3 (2) AGG: verdeckte Ungleichbehandlung aufgrund von Regelungen

✔ Belästigung gemäß § 3 (3) AGG: direkte oder indirekte Verletzung der Würde im Arbeits-umfeld

✔ sexuelle Belästigung gemäß §3 (4) AGG: unerwünschtes, sexuell bestimmtes Verhalten

✔ Anweisung zur Benachteiligung gemäß §3 (5) AGG: zum Beispiel Mobbing, Bossing

Erfolgt eine unerlaubte Ungleichbehandlung, haben die Betroffenen ein Beschwerderecht, ein Leistungsverweigerungsrecht und einen Entschädigungsanspruch; zudem haben Be-triebsrat und Gewerkschaft ein Klagerecht.

Das AGG im Rahmen der Personalauswahl zu beachten, gilt bereits für die Stellenanzeige: Vermieden werden sollten nicht geschlechtsneutrale Formu-lierungen, Angaben von Mindest- und Höchstalter, die Anforderung einer Mindestanzahl an Berufsjahren sowie die ausdrückliche Anforderung eines

Lichtbilds. Der Personalverantwortliche lässt sich, wenn er Personal mittels Dienstleistern sucht, die Stellenanzeigen vorab zur Genehmigung vorlegen, weil er auch für Fehler Dritter haftbar gemacht werden könnte. Auch im Rahmen von Absagen an nicht ausgewählte Bewerber muss den Anforderungen des AGG entsprochen werden. Daher geben erfahrene Personaler in ihren Absageschreiben keine Gründe für die Absage an, sondern verlegen sich auf neutrale Formulierungen wie »Wir danken Ihnen noch einmal für Ihre Bewerbung und für Ihr Interesse an einer Mitarbeit in unserem Unternehmen. Zwischenzeitlich haben wir die ausgeschriebene Stelle anderweitig besetzt. Wir wünschen Ihnen, dass Sie bald eine Ihren Vorstellungen entsprechende Stelle finden. Gerne können Sie sich bei entsprechender Vakanz auch wieder bei unserem Unternehmen bewerben«.

Unzulässigkeit von Fragen im Bewerbungsgespräch

Fragen, die sich aus Unternehmenssicht für ein Bewerbungsgespräch eignen, müssen schrittweise eingegrenzt werden: Sie müssen plausibel *und* sachlich erforderlich und ökonomisch zweckmäßig *und* zuverlässig erfassbar *und* rechtlich zulässig sein. Insbesondere die rechtliche Zulässigkeit ist ein Kriterium, das die Menge möglicher Fragen stark einschränkt. Das Bundesarbeitsgericht hat in mehreren Urteilen unzulässige Fragen präzisiert. Unzulässige Fragen betreffen:

✔ Partnerschaft, Familienverhältnisse, Herkunft, Familienplanung

✔ Schwangerschaft (Ausnahme: Bewerbung zum Beispiel als Röntgenassistentin)

✔ Religionszugehörigkeit, Parteizugehörigkeit, politische Meinung, gewerkschaftliches Engagement (Ausnahme: bei »Tendenzarbeitgebern« wie Kirche, Partei, Gewerkschaft)

✔ Vorstrafen (Ausnahme: wenn für den Arbeitsplatz erforderlich, zum Beispiel Kassierer wegen Vermögensdelikten, Kraftfahrer wegen Verkehrsdelikten; wenn Vorstrafen aus dem Strafregister getilgt wurden, darf der Bewerber Straffreiheit behaupten; ein polizeiliches Führungszeugnis darf nicht gefordert werden; Ausnahme: öffentlicher Dienst, Sicherheitsdienste)

✔ finanzielle Verhältnisse, Schulden (Ausnahme: Vertrauensstellungen wie leitende Funktion in einer Bank, Verfügung über Vermögenswerte, Kontakt zu Betriebsgeheimnissen)

✔ bisheriges Gehalt (erlaubt ist die Frage nach den Gehalts*vorstellungen*)

✔ frühere Krankheiten (Ausnahme: Bewerbung zum Beispiel als Pilot, Zugführer)

 Für Fragen im Bewerbungsgespräch, die dem Bewerber zu persönlich oder zu intim erscheinen, bestehen keine Antwort- und Wahrheitspflicht und damit sogar ein Recht auf Notlüge. Dies ist auch im Nachhinein kein Grund zur fristlosen Kündigung. Es sind unter Umständen sogar Schadensersatzforderungen des Bewerbers möglich.

Allerdings muss der Bewerber von sich aus auf Fakten hinweisen, die sein vollumfängliches Arbeiten verhindern können – so etwa, wenn er schwerbehindert ist –, und das Unterneh-

men kann bei wahrheitswidriger Beantwortung den Arbeitsvertrag wegen arglistiger Täuschung anfechten.

Beobachtungs- und Beurteilungsfehler

Die vielen Informationen, die ein Personaler während eines Bewerbungsgesprächs sammelt, werden von ihm wahrgenommen und bewertet. Dabei kann es zu typischen Wahrnehmungsverzerrungen kommen:

✔ Der Personaler richtet sich von vornherein auf einige isolierte Verhaltensweisen des Bewerbers aus.

✔ Der Personaler wird durch Eigenschaften des Bewerbers, die seine übrigen Eigenschaften überstrahlen, in den Bann gezogen.

✔ Der Personaler erinnert sich vor allem an das erste geführte Gespräch (»das Erste wird behalten«) und an das zuletzt geführte Gespräch (»das Letzte wird behalten«); die dazwischen geführten Bewerbungsgespräche fallen in seiner Erinnerung ab.

✔ Der Personaler fällt bereits nach wenigen Minuten ein Urteil über den Bewerber, das später nur noch schwer zu korrigieren ist.

✔ Der Personaler sucht unbewusst nach Eigenschaften des Bewerbers, die seinen eigenen Eigenschaften ähneln.

✔ Der Personaler sucht stärker nach negativen als nach positiven Informationen.

✔ Der Personaler bewertet auf seinen Bewertungsskalen tendenziell durchschnittlich ohne Extreme.

✔ Der Personaler beurteilt die Bewerber nicht unabhängig voneinander nach objektiven Kriterien, sondern im Vergleich der Kandidaten untereinander.

Ein erfahrener Personaler vermeidet Wahrnehmungsverzerrungen im Bewerbungsgespräch dadurch, dass er bereits während des Bewerbungsgesprächs auf dem Interviewbogen Bewertungen notiert, dann aber nicht mehr nach dem Gespräch einzelne Antworten des Bewerbers nachbewertet. Zu dieser Bewertung gibt er Kategorien vor, etwa dreistufige oder zehnstufige Skalen. Zudem bietet es sich an, das Gespräch mit dem Bewerber zu zweit oder zu dritt führen und sich im Nachgang über die Bewertungen auszutauschen. Möglichst vermeidet er schnelle Ersteinschätzungen, die auf Sympathie und Intuition und nicht auf den geforderten Anforderungskriterien beruhen.

»Erwünschtes Verhalten« der Bewerber

Es ist wahrscheinlich, dass Bewerber sich vor dem Bewerbungsgespräch gut darüber informieren, wie sie ihre Chancen optimieren können. Es gibt viel Vorbereitungsliteratur für Bewerber. Es gilt: Standardfragen provozieren Standardantworten. Natürlich kennt auch ein Personaler diese Standardantworten, die zum Beispiel im Internet zu Schlagworten wie »Schlagfertigkeit beim Bewerbungsgespräch« zu finden sind. Bewerber meinen häufig, mit

solchen Antworten am ehesten den Anforderungen des Bewerbungsgesprächs gerecht werden zu können.

 Damit das Bewerbungsgespräch nicht in Floskeln und vorhersehbaren Antworten erstarrt, stellt der Personaler vor allem Fragen mit konkretem Aufgabenbezug. Er erwartet zwar Methodenwissen, aber lässt dies vom Bewerber auf konkrete Fälle aus dem Unternehmen anwenden und leitet so zu fiktiven oder realen Arbeitsproben über.

Was die gute Personalbeschaffung ausmacht

Das »Sieben« von Bewerbern ist unvermeidlich, wenn Unternehmen mehr Bewerber als offene Stellen haben. Gerade die Form des Bewerbungsgesprächs eröffnet Vorteile: Es ist flexibel genug, um aus den Bewerbern wichtige Informationen herauszubekommen. Unklarheiten aus den Bewerbungsunterlagen können hinterfragt werden, zusätzliche Informationen aus vielen Bereichen lassen sich sammeln. Zudem ist es relativ kostengünstig – außer einer Tasse Kaffee und der Erstattung der angemessenen Vorstellungskosten des Bewerbers (dies sollte eine Selbstverständlichkeit sein, allerdings besteht auch gemäß § 670 Bürgerliches Gesetzbuch für den Bewerber ein Anspruch darauf, sofern die Kostenübernahme nicht im Vorfeld explizit ausgeschlossen wurde) sind keine besonderen Investitionen notwendig. Schließlich ist es – Stichwort AGG – gut dokumentierbar, insbesondere durch den Gesprächsbogen mit den vorgenommenen Bewertungen.

 Es empfiehlt sich, nicht zu strikt zu sieben: Eine zu kritische Personalauswahl kann den Blick darauf verstellen, dass die Bewerber in das Unternehmen passen müssen – sowohl von ihrer Persönlichkeit als auch von ihren Kompetenzen her. Damit geht es nicht mehr nur um »so gut wie möglich«, sondern darüber hinaus um »integrierbar«, »bezahlbar«, »entwicklungsfähig«. Vor allem wenn es auch in der Zukunft nicht automatisch genügend geeignete Bewerber für eine ausgeschriebene Stelle geben sollte, ist eine realistische Einschätzung der Lage, der zu rekrutierenden Personen und der Zusatzinvestitionen, die dann in der Einarbeitungszeit notwendig werden, anzuraten.

Der Zusatznutzen des Siebens ist, dass sich die Personaler nicht nur über den Bewerber informieren können, sondern dass sie gleichzeitig aktiv Personalmarketing betreiben können, also ihr Unternehmen als attraktiven Arbeitgeber positionieren. Dazu zählt, dass sie ihre angebotene Stelle erneut interessant machen, sich selbst als Unternehmensvertreter und das Unternehmen insgesamt in einem guten Licht erscheinen lassen und weitere Informationen geben, vielleicht auf einem Betriebsrundgang. Selbst wenn ein Bewerber dann nicht ausgewählt wird oder aber sich seinerseits nicht für das Unternehmen entscheidet, wird er dennoch seinen guten Eindruck von dem Unternehmen als Arbeitgeber in die Welt hinaustragen.

Eine Personalauswahl bedeutet, Auswahlrichtlinien zur Anwendung zu bringen. Für Auswahlrichtlinien gibt es ein Mitbestimmungsrecht des Betriebsrats; in Betrieben mit mehr als 500 Arbeitnehmern kann der Betriebsrat sogar die Aufstellung solcher Auswahlrichtlinien verlangen, die fachliche, persönliche und soziale Auswahlkriterien festlegen.

Das Bewerbungsverfahren ist dann abgeschlossen, wenn eine Entscheidung über die einzustellende Person getroffen wurde, der Betriebsrat zu dieser Entscheidung angehört wurde, der zwischen Unternehmen und Bewerber verhandelte Arbeitsvertrag ausgefertigt und unterschrieben wurde und damit der Einstiegstermin feststeht. Den nicht ausgewählten Bewerbern wird eine freundliche Absage geschrieben. Wie es dann mit den neuen Mitarbeitern weitergeht, erfahren Sie in Kapitel 6.

Die Effektivität der Personalauswahl kann kurzfristig und mittelfristig beurteilt werden. Kurzfristig erkennt man den Personalbeschaffungserfolg unmittelbar an der *No-show-Quote*, wie erfolgreich die Personalauswahl war: Diese Quote fasst das Phänomen in Zahlen, wie viele der ausgewählten Bewerber trotz erfolgter Unterzeichnung eines Arbeits- oder Ausbildungsvertrags gar nicht erst bei ihrem neuen Arbeitgeber erscheinen und ihre Stelle antreten. In den Hochzeiten des Talentekriegs werden No-show-Quoten von bis zu 25 Prozent geschätzt. Die Folgen für Unternehmen sind gravierend, weil in einem solchen Fall Stellenausschreibungsverfahren wiederholt, Ersatzpersonal beschafft oder gar Projekte abgesagt werden müssen.

Die Ursachen für das Nichterscheinen von neuen Arbeitnehmern sind in sich kurzfristig ergebenden attraktiveren Beschäftigungsmöglichkeiten zu finden, aber auch in sich zwischen Vertragsunterzeichnung und geplantem Arbeitsantritt verstärkenden Zweifeln, ob die getroffene Entscheidung die richtige war. Auch kommt es vor, dass ein Bewerber zwei Arbeitgeber hinsichtlich der Beschäftigungskonditionen offen gegeneinander ausspielt.

Rechtliche Maßnahmen stehen den Unternehmen faktisch kaum zur Verfügung. Den vertraglich vereinbarten Leistungsanspruch gegenüber dem nicht erschienenen Mitarbeiter durchzusetzen, würde dem Unternehmen wenig bringen, da dieser dann nicht produktiv arbeiten würde. Schadensersatzklagen von Arbeitgebern scheitern in der Regel daran, dass ein Schaden schwer nachzuweisen und zu beziffern ist. Kurzfristig beschaffte Leiharbeitnehmer begründen ebenfalls nur in Höhe der Differenz zu dem sowieso aufzuwendenden Gehalt für den Nichterschienenen einen Schaden. Nur in Ausnahmefällen lässt sich der Schaden für einen nachgewiesenermaßen durch das Nichterscheinen verursachten Auftragsentgang einklagen. Viele Unternehmen ziehen daher eine No-show-Quote in Betracht und schließen mehr Arbeits- oder Ausbildungsverträge ab, als dies ihrem eigentlichen Bedarf entspricht. Andere Unternehmen investieren in die Mitarbeiterbindung bereits vor Beginn der Laufzeit des Arbeitsvertrags, indem sie persönliche Kontakte zwischen den Bewerbern und Mitarbeitern herstellen oder die Bewerber bereits in die unternehmensinternen Informationsstrukturen integrieren. Wieder andere Unternehmen zahlen ausgewählten Bewerbern sogar ein Handgeld (*Sign-up-Bonus*) dafür, dass sie ihre Arbeit tatsächlich antreten – sie haben offensichtlich wenig Vertrauen in ihrer eigene Arbeitgeberattraktivität.

Mittelfristig zeigt sich der Personalbeschaffungserfolg darin, wie viele der ausgewählten Mitarbeiter nach einem halben Jahr oder nach einem Jahr noch im Unternehmen arbeiten. Eine erfolgreiche Rekrutierung hat die Mitarbeiter so ausgesucht, dass sie das Unternehmen nicht sofort wieder verlassen.

Weitere Erfolgskriterien der Personalbeschaffung sind die im Personalbeschaffungsprozess aufgewendeten Kosten im Verhältnis zum Nutzen sowie die Prozesseffizienz, die im internen Prozesscontrolling überprüft werden kann. Es ist zum Beispiel nicht effizient, die Stellenanzeigen so unspezifisch zu formulieren, dass sich Hunderte Bewerber auf sie melden, nur um ihre Zahl dann aufwendig wieder auf zehn Bewerber zu reduzieren, die in die engere Wahl kommen. Effizient ist vielmehr, diejenigen Bewerber anzusprechen, die später mit hoher Wahrscheinlichkeit auf die zu besetzende Stelle passen. Ein weiteres Erfolgskriterium für das Personalmarketing ist die Anzahl von Initiativbewerbungen, die beim Unternehmen für Stellen eingehen, für die gerade keine Ausschreibung bestehen, denn dies ist ein Anzeichen für eine erfolgreiche Positionierung als attraktiver Arbeitgeber.

Personaleinsatz: Willkommen, neue Mitarbeiter

In diesem Kapitel ...

▶ Neue Mitarbeiter integrieren

▶ Arbeitsplätze optimieren

▶ Arbeitszeiten flexibilisieren

Nachdem die Personalbeschaffung und die Auswahl eines neuen Mitarbeiters erfolgreich abgeschlossen wurden, ist der effektive Personaleinsatz samt Integration des neuen Mitarbeiters im Unternehmen der Prozess, der für den Erfolg entscheidend ist: Denn gerade im ersten Jahr einer Beschäftigung ist die Fluktuation neuer Mitarbeiter besonders hoch.

Dieses Kapitel erklärt, welchen Beitrag die Einarbeitungsphase zum Erfolg leistet und wie das Personalmanagement sie mit den neuen Mitarbeitern optimieren kann. Je schneller die neuen Mitarbeiter sich willkommen fühlen und in ihre neue Arbeit einsteigen können, desto schneller tragen sie auch durch ihre Leistung zur Erreichung der Unternehmensziele bei. Darüber hinaus betrachte ich auch den Personaleinsatz derjenigen Mitarbeiter, die schon länger im Unternehmen arbeiten. Denn nicht nur für in das Unternehmen eintretende Mitarbeiter, sondern auch für vorhandene Mitarbeiter werden immer wieder auch Fragen der Arbeitsplatzgestaltung und der flexiblen Arbeitszeitgestaltung wichtig.

Vorbereitung des Einstiegs

In ein Unternehmen treten als neue Mitarbeiter nicht nur fertig ausgebildete Personen ein, sondern auch solche, die erst an einen Beruf herangeführt werden. Das Personalmanagement heißt alle in ihrer Unterschiedlichkeit willkommen.

Ausbildungsverhältnis

Ein Ausbildungsverhältnis wird zwischen Ausbilder und Auszubildendem geschlossen. Der Ausbilder stellt den Auszubildenden ein und vermittelt ihm innerhalb der Berufsausbildung berufliche Fähigkeiten und Kenntnisse. Ausbilder dürfen gemäß Berufsbildungsgesetz nur dann Auszubildende einstellen, wenn sie persönlich geeignet sind, und auch nur dann ausbilden, wenn sie ebenfalls persönlich und zudem fachlich geeignet sind. Unter der Verantwortung des Ausbilders dürfen auch dritte Personen an der Vermittlung der Ausbildungsinhalte mitwirken, die über die erforderlichen beruflichen Fertigkeiten, Kenntnisse und Fähigkeiten verfügen und ebenfalls persönlich geeignet sind. Festgestellt wird die berufs- und arbeitspädagogische Eignung in der Regel durch eine Ausbildereignungsprüfung. Ausbilder tragen Verantwortung für den Ausbildungserfolg und die Entwicklung der Auszubildenden

und fördern somit Fachkräftenachwuchs. Über ihre Rolle als fachliche Anleiter hinaus sind sie zudem für die Förderung der Motivation und des Sachinteresses der Auszubildenden verantwortlich und treten als Berater bei individuellen Schwierigkeiten auf. Häufig betreuen Ausbilder mehrere Auszubildende gleichzeitig. Die meisten Ausbilder bilden neben ihrer beruflichen Haupttätigkeit aus.

Der Auszubildende ist die von einem Unternehmen im Rahmen eines gesetzlich anerkannten Ausbildungsberufs eingestellte Person, die berufliche Fertigkeiten, Kenntnisse und Fähigkeiten erlernt. Meist sind Auszubildende junge Menschen, die ihre erste berufliche Qualifikation erwerben. Je nach Berufsbild werden verschiedene Schulabschlüsse als Einstellungsvoraussetzung gefordert. Auszubildende müssen in ihrer zwei- bis dreijährigen Ausbildungszeit zum einen eine praktische Ausbildung im Unternehmen absolvieren und zum anderen eine berufsbildende Schule besuchen. Der Ausbildungsvertrag regelt nach Vorgabe des Berufsbildungsgesetzes Genaueres. Der Auszubildende erhält eine Ausbildungsvergütung, die angemessen sein und nach Lebensalter und Ausbildungsfortschritt mindestens jährlich ansteigen muss.

Gemäß § 13 Berufsbildungsgesetz müssen sich Auszubildende bemühen, die berufliche Handlungsfähigkeit zu erwerben, die zur Erreichung des Ausbildungsziels erforderlich ist. Weitere gesetzliche Pflichten bestehen für Auszubildende hinsichtlich einer sorgfältigen Aufgabenausführung, der Teilnahme an Ausbildungsmaßnahmen, der Befolgung von Anordnungen weisungsberechtigter Personen, der Beachtung der für die Ausbildungsstätte geltenden Ordnung, der pfleglichen Behandlung der dortigen Werkzeuge, Maschinen und sonstigen Einrichtungen sowie hinsichtlich des Stillschweigens über Betriebs- und Geschäftsgeheimnisse.

Man geht davon aus, dass etwa zwei Drittel aller Auszubildenden nach abgeschlossener Ausbildung zunächst in ihrem Ausbildungsbetrieb weiterarbeiten, von denen nach dem ersten Jahr noch etwa drei Viertel übrig sind. Die anderen ehemaligen Auszubildenden verlassen ihren Ausbildungsbetrieb: entweder unfreiwillig, weil sie nicht übernommen werden, oder freiwillig, weil sie sich umorientieren.

Das Personalmanagement sollte nicht automatisch davon ausgehen, dass Auszubildende, die nach abgeschlossener Ausbildung wechseln, »die Schlechteren« sind, weil doch Betriebe normalerweise ihre guten Auszubildenden an sich binden. In Zeiten gestiegener Mobilität sind Unternehmenswechsel auch von gut ausgebildeten, produktiven jungen Menschen normal. Aufgabe des Personalmanagements ist es, die Qualität der vorausgegangenen Ausbildung zu analysieren, um eine realistische Lohneinstufung sicherzustellen.

Grenzfall Praktikum

Junge Leute kommen auch dann in ein Unternehmen, wenn sie weder Auszubildende sind noch als vollwertige Mitarbeiter eingestellt werden und damit auch (noch) kein Arbeitsverhältnis vorliegt. Dies ist beispielsweise bei Schülern der Fall, die ein *Betriebspraktikum* absolvieren und dadurch einen ersten Kontakt mit der Arbeitswelt aufnehmen. Auch gilt dies

für die unbezahlte Schnupper- oder Kennenlernphase von Interessenten, was auch als _Einfühlungsverhältnis_ bezeichnet wird. Während der ins Unternehmen Hineinschnuppernde nicht arbeiten muss und auch nicht bezahlt wird, hat das Unternehmen kein arbeitsbezogenes Weisungsrecht, nur ein allgemeines Hausrecht. Sobald der Hineinschnuppernde aber in den normalen Arbeitsablauf eingegliedert wird, kann bereits stillschweigend ein Arbeitsverhältnis entstehen.

Zur Qualifikation von Personen außerhalb eines Ausbildungsverhältnisses dient ein _Volontariat_: Es werden im Unternehmen zwar neue Kenntnisse und Fertigkeiten erworben, dies findet jedoch nicht im Rahmen einer Berufsausbildung statt. Auch hier entsteht gegebenenfalls bereits ein Arbeitsverhältnis, wenn der Volontariatsvertrag den Arbeitsanteil über den Lernanteil stellt. Hingegen werden befristete Arbeitsverhältnisse, die vor allem für Personen, die bereits in einem Beruf gearbeitet haben, dem Lernen neuer Arbeitsinhalte dienen, als _betriebliche Umschulung_ bezeichnet. Schließlich gibt es noch das _Aushilfsarbeitsverhältnis_: Es ist meistens befristet und dient der Arbeit. Darunter fallen zum Beispiel Werkstudenten.

Bei den _Praktika_ gibt es ebenfalls viele Spielarten. Manche Hochschulen schreiben sie als Teil des Studiums vor. Studenten wirken dann meistens ohne Vergütung auf Basis eines Dienstvertrags im Unternehmen mit. Wenn Praktika freiwillig in den Semesterferien absolviert werden, in deren Rahmen ein Bezug zum späteren Beruf besteht, muss das Unternehmen das Praktikum vergüten. Wenn Praktika zu einem länger andauernden Erwerb von Berufserfahrung dienen, wird ein zu vergütendes Ausbildungsverhältnis angenommen.

 Einige Unternehmen nutzen Praktika von Absolventen von Hochschulen dazu, sich preiswert Arbeit erledigen zu lassen, für die sie sonst Mitarbeiter fest anstellen müssten. Es entstehen Beschäftigungsverhältnisse, die als »prekär« bezeichnet werden, denn die solcherart beschäftigten Personen werden nicht qualifikationsgemäß bezahlt und sind nur rudimentär sozial abgesichert, bekommen kaum Lernchancen und werden tendenziell für Arbeiten ausgenutzt, für die sie überqualifiziert sind. Aus personalmanagementethischer Sicht ist dies äußerst fragwürdig.

Es ist die Aufgabe des Personalmanagements, für die Hineinschnuppernden, Volontäre, Umschüler, Aushilfskräfte und Praktikanten die jeweils passende Vertragsform zu finden und die Vertragsdauer, Vertragsziele und wechselseitigen Vertragspflichten festzulegen. Das professionelle Personalmanagement weiß aber gleichzeitig, dass die Behandlung dieser Personen einen großen Imageeffekt in Richtung Arbeitsmarkt hat. Deshalb sollten Verpflichtungen aus Praktikumsverträgen seitens des Unternehmens ernsthaft eingegangen und verantwortlich eingelöst werden. Dafür bietet sich hier schon eine gute Möglichkeit, potenzielle Nachwuchskräfte frühzeitig an das Unternehmen zu binden.

Eintrittskarte Arbeitsvertrag

Meistens werden in Personalbeschaffungsverfahren Mitarbeiter mit absolvierter beruflicher Ausbildung rekrutiert. Nachdem im Rahmen der Personalbeschaffung die Entscheidung zugunsten eines neuen Mitarbeiters getroffen wurde, wird noch vor Arbeitsbeginn der Arbeitsvertrag unterschrieben. In der Regel übersendet das Personalmanagement dem neuen Arbeitnehmer vor dessen Einstieg in das Unternehmen einen Vertragsentwurf, in den die

Verabredungen aus dem Bewerbungsgespräch eingearbeitet wurden. Außerdem finden sich hier die grundlegenden Klauseln zu Tätigkeit, Arbeitsort, Arbeitszeit, Arbeitsentgelt, Urlaub, Probezeit, Kündigungsfristen und zur Geltung von Tarifverträgen. Als Arbeitsvertragsformen gibt es

✔ unbefristete Arbeitsverträge mit einer vereinbarten Probezeit, wobei der Vertrag sich auf eine Tätigkeit im Umfang der vollen Regelarbeitszeit oder in zeitlich reduziertem Umfang (Teilzeitbeschäftigung) beziehen kann,

✔ befristete Arbeitsverträge, deren in der Regel maximal zweijährige Befristung einen der im Teilzeit- und Befristungsgesetz genannten sachlichen Grund hat, und

✔ Anstellungsverträge auf Probe, die für eine festgelegte Erprobungszeit gelten.

Es kommt vor, dass Mitarbeiter einzelne Klauseln des Arbeitsvertrags weiter verhandeln und Veränderungen erbitten. Der Arbeitsvertrag kommt erst dann zustande, wenn beide Vertragsparteien ihn unterzeichnen.

Vertragsparteien sind

✔ der Arbeitgeber, also eine natürliche oder juristische Person, die mindestens einen Arbeitnehmer beschäftigt, und

✔ der Arbeitnehmer als nicht selbstständig erwerbstätige Person, die von dem Arbeitgeber angestellt wird. Zu den Arbeitnehmern zählen Angestellte, Arbeiter und Auszubildende, nicht dagegen Arbeitslose, Schüler, Selbstständige, Rentner und Pensionäre. Auch eine Führungskraft ist ein Arbeitnehmer, aber einer, der Personal- und Führungsverantwortung wahrnimmt und für das Unternehmen das arbeitsrechtliche Weisungsrecht gegenüber Mitarbeitern ausübt und daher zu den leitenden Angestellten zählt.

Der Arbeitnehmer ist in das Unternehmen des Arbeitgebers eingegliedert, schuldet diesem eine Arbeitsleistung gemäß Arbeitsvertrag und muss dessen Weisungen hinsichtlich Arbeitsinhalt, Arbeitsort und Arbeitszeit folgen. Der Arbeitgeber schuldet ihm dafür das Arbeitsentgelt.

In der Regel wird im Rahmen des Arbeitsvertrags eine Probezeit vereinbart, die höchstens sechs Monate beträgt. In dieser Probezeit gilt für beide Vertragsparteien eine zweiwöchige Frist für die Kündigung des Arbeitsverhältnisses. Dies macht es sowohl dem Unternehmen als auch dem Mitarbeiter möglich, sich zu trennen, wenn etwas nicht gefällt. Auch wenn der Betriebsrat bei einer Kündigung während der Probezeit angehört werden muss: Die Kündigung selbst kann ohne Angabe gesonderter Kündigungsgründe erfolgen. Doch auch wenn im Arbeitsvertrag keine Probezeit vereinbart wurde, beginnt der gesetzliche Kündigungsschutz erst nach sechs Monaten, dann allerdings mit einer gesetzlichen Kündigungsfrist von vier Wochen.

Unternehmen sind flexibel, Mitarbeitern, die zeitbefristet eingestellt sind, einen Anschlussvertrag anzubieten. Dies kann rechtlich – bei nur einer geringfügigen Verschiebung des ursprünglichen Vertragsendes – eine Vertragsverlängerung oder aber einen Neuabschluss eines befristeten Arbeitsvertrags bedeuten. Im Fall des Neuabschlusses ohne zeitliche Unterbre-

chung entstehen dann »Kettenarbeitsverhältnisse«. Sie sind grundsätzlich zulässig, wenn es dafür sachliche Gründe gibt, allerdings nicht immer im Sinne der Mitarbeiter, wenn diese nach langfristiger Beschäftigungssicherheit streben. Das Personalmanagement kann hier nach Alternativen suchen, also etwa Leiharbeitnehmer einsetzen oder eine Reserve fest angestellter Mitarbeiter für die Vertretung ausscheidender befristet beschäftigter Mitarbeiter (sogenannte »Springer«) vorhalten.

Die Richtung muss klar sein

Für den Einstieg eines neuen Mitarbeiters in das Unternehmen gibt es zwei Möglichkeiten:

✔ **Direkteinstieg:** Der neue Mitarbeiter arbeitet von Beginn an verantwortlich in einer Abteilung mit, wobei er im Rahmen seiner neuen Tätigkeit die erforderlichen Fähigkeiten erlernt und dies gegebenenfalls durch Schulungsmaßnahmen unterstützen kann.

✔ **Traineeprogramm:** Neue Mitarbeiter, die sich zunächst in verschiedenen Bereichen des Unternehmens orientieren wollen oder später Führungsverantwortung übernehmen werden, kommen in Einarbeitungsprogrammen oder Traineeprogrammen unter. Diese sind entweder standardisiert oder auf einzelne Mitarbeiter zugeschnitten und können sich auf unterschiedliche Projekte, Abteilungen oder sogar international verteilte Standorte beziehen, in denen abwechselnd Wissen erworben und mitgearbeitet wird. Auch hier können weitere Schulungsmaßnahmen ergänzt werden.

 Die Aufgabe des Personalmanagements besteht darin, den Einstiegsweg für die neuen Mitarbeiter, aber auch für die aufnehmenden Abteilungen attraktiv zu machen. Während des Einstiegsprogramms muss nicht nur auf die Stringenz des Programms, die alternative Passung zu kaufmännischen oder gewerblich-technischen Karrierepfaden und die allgemeine Anerkennung der Programmqualität geachtet werden, sondern auch auf die Steuerung der neuen Mitarbeiter durch Mitarbeitergespräche und Vernetzung von Personen in ähnlichen Einstiegssituationen. Nach Abschluss des Einstiegsprogramms wird eine dem Lernerfolg angemessene Arbeits- und Entwicklungsperspektive für den Mitarbeiter notwendig, damit die Anstrengungen sich auch in Form von Leistung auszahlen können.

Und jetzt: Die Einstiegsphase

Bei neuen Arbeitsverhältnissen geht es darum, gar nicht erst den Praxisschock beim neuen Mitarbeiter aufkommen zu lassen und zwischen Unternehmen und Mitarbeiter eine langfristig erfolgreiche und beidseitig nutzbringende Verbindung aufzubauen.

Erster Arbeitstag

Am ersten Arbeitstag meldet sich der neue Mitarbeiter bei seinem Ansprechpartner in der Personalabteilung. Dort wird er ersten Kollegen vorgestellt und willkommen geheißen.

Gerade wenn der erste Arbeitstag der »Berufsgeburtstag« ist, ist es wichtig, dass er als besonderer Tag in Erinnerung bleibt. Daher darf sich das Personalmanagement ruhig ein wenig Mühe geben und neue Mitarbeiter freundlich begrüßen. Einige Unternehmen laden zur Begrüßung neuer Mitarbeiter die bereits vorhandenen Mitarbeiter zu einem Kennlernen ein. Das professionelle Personalmanagement weiß, dass ein neuer Mitarbeiter zu Beginn besonders nervös ist und unter Stress steht. Der Erfolg der Einarbeitungsphase hängt davon ab, dass Nervosität, Stress und Unsicherheit durch die möglichst vorausschauende Unterstützung des Mitarbeiters seitens des Personalmanagements abgebaut wird.

Am ersten Arbeitstag steht die Ersteinweisung des neuen Mitarbeiters an:

✔ Er muss seinen Arbeitsvertrag unterschreiben oder abgeben.

✔ Er wird im Hinblick auf sein gewünschtes Verhalten belehrt und ihm werden die rechtlichen Vorschriften erläutert.

✔ Er füllt den Personalfragebogen aus und gibt notwendige Bescheinigungen wie die Kopie des Personalausweises für die Personalakte oder seine Einverständniserklärung zur Speicherung personenbezogener Daten im Computersystem ab.

✔ Er wird in den Arbeits- und Gesundheitsschutz unterwiesen und bekommt gegebenenfalls seine Schutzausrüstung und seinen Sicherheitspass.

✔ Er erhält je nach Verfügbarkeit Schlüssel oder Codekarte, Parkmarke, Zugangsdaten für das Computersystem, eine Zeiterfassungskarte, eine Kantinenkarte und vieles mehr.

Danach wird dem neuen Mitarbeiter sein Arbeitsplatz gezeigt und er wird mit einem ständigen Ansprechpartner bekannt gemacht.

Der erste Arbeitsmonat

Der erste Arbeitsmonat im Unternehmen wird vom neuen Mitarbeiter häufig damit verbracht, den Arbeitsplatz und die Aufgaben zu entdecken, die Teammitglieder kennenzulernen, die Verhaltensregeln zu erspüren, den »Papierkram« zu erledigen und sich mit den vielfältigen Informationen im Intranet bekannt zu machen.

Das Personalmanagement unterscheidet zwei Aspekte der Einarbeitung:

✔ Die *formelle* Einarbeitung orientiert sich an den Strukturen des Unternehmens, den konkreten Aufgaben und Prozessen. Hier werden Leitlinien des Unternehmens verteilt, zum Beispiel die Vorschriften zum Datenschutz, die Regelungen zur Compliance und so weiter.

✔ Im Rahmen der *informellen* Einarbeitung lernt der neue Mitarbeiter die eher verborgenen Strukturen und Gegebenheiten des Unternehmens kennen. Hierbei geht es zu einem großen Teil auch um die unternehmenskulturellen Charakteristika des Unternehmens.

Neue Mitarbeiter auf Arbeitsplätzen mit Routinetätigkeiten können bereits nach wenigen Wochen ihre volle Arbeitsleistung erbringen. Bei ihnen spielt das Anlernen im Hinblick auf

die neue Tätigkeit die größte Rolle. Neue Mitarbeiter auf Arbeitsplätzen mit komplexeren Tätigkeiten brauchen etwas länger Zeit.

 Ein schriftlich oder elektronisch verfügbarer Einarbeitungsplan fasst die geplanten Schritte zusammen und kombiniert sie mit einem Zeitplan. Dieser Plan wird neben dem neuen Mitarbeiter auch den Partnern zur Verfügung gestellt, die ihn mit dem neuen Mitarbeiter abarbeiten sollen. Wenn das Personalmanagement die Einarbeitung als mehrmonatiges Programm begreift, kann es hierin verschiedene Bestandteile unterbringen:

✔ das Kennenlernen von wichtigen Mitarbeitern,

✔ unternehmensspezifisches Training,

✔ Diskussionen in unterschiedlichen Teams,

✔ Lernen am neuen Arbeitsplatz,

✔ das Kennenlernen von Anspruchsgruppen der eigenen Arbeit, von Absatzmärkten, Kunden und Lieferanten durch entsprechende Besuche,

✔ Unterstützung in persönlichen Belangen durch das Personalmanagement und gegebenenfalls durch einen Mentor.

Der Einarbeitungsplan wird zwischen dem neuen Mitarbeiter, der Personalabteilung sowie der Einsatzabteilung erarbeitet. Ein wichtiger Bestandteil ist es, die wechselseitigen Erwartungen zu klären. Nicht nur im Rahmen der Bewerbungsgespräche, sondern auch während der Einarbeitung präzisieren sich die sogenannten psychologischen Arbeitsverträge zwischen neuem Mitarbeiter und Unternehmen, also die »Spielregeln«, die unausgesprochen für das weitere Zusammenarbeiten gelten sollen. Sie bestimmen auch die Rolle, die der neue Mitarbeiter im Gefüge des Unternehmens einnehmen soll. Zudem wird die vom neuen Mitarbeiter wahrgenommene Selbstwirksamkeit gestärkt, also die eigene Erwartung, wie erfolgreich man im Rahmen seiner Arbeit sein wird.

Das Personalmanagement ermutigt den neuen Mitarbeiter, sich in die Arbeitsstrukturen und -prozesse des Unternehmens einzubringen und an so vielen Stellen wie möglich immer wieder Fragen zu stellen, die der Integration dienen, zum Beispiel:

✔ Wer ist wichtig, um Dinge zu bewegen und voranzutreiben?

✔ Wer verfügt über Kontakte zu diesen wichtigen Mitarbeitern?

✔ Mit wem muss ich als neuer Mitarbeiter auf meiner Stelle Kompromisse finden?

✔ Welche Rituale gibt es im Unternehmen, in der Abteilung und im Projektteam?

Das erste Arbeitsjahr

Während des ersten Jahres eines Mitarbeiters im Unternehmen strebt das Personalmanagement an, seine Bindung an das Unternehmen zu intensivieren. So wird die Vernetzung im Unternehmen mit Kollegen mit ähnlichen Arbeitsaufgaben und Interessen vorangetrieben. Mit der Zeit soll der Mitarbeiter den spezifischen Weg des Arbeitens im Unternehmen ver-

stehen und annehmen, sodass nach etwa einem Jahr eine vollständige Integration des Mitarbeiters erreicht ist. Auf diesem Weg wird der Mitarbeiter in einigen Unternehmen durch einen Coach oder einen Mentor begleitet:

✔ Ein Coach ist ein unternehmensexterner oder zumindest abteilungsexterner Ansprechpartner, der neue Mitarbeiter aus seiner Expertenstellung heraus beraten kann, wie sie sich am besten ihrer neuen Aufgabe im Unternehmen nähern.

✔ Ein Mentor ist eine erfahrene Person im Unternehmen, die einen neuen Mitarbeiter an ihrer Erfahrung und ihren Beziehungsnetzwerken teilhaben lässt und die Sozialisation begleitet. Die Beziehung zwischen Mentor und neuem Mitarbeiter hängt von dem gegenseitigen Vertrauensverhältnis ab. Der Mentor ist keine Führungskraft im Arbeitsbereich des neuen Mitarbeiters.

Das Personalmanagement kann ein Mentorenprogramm für die Einarbeitung neuer Mitarbeiter einrichten. Dies umfasst nicht nur die Suche nach möglichen Mentoren, sondern auch deren Zuordnung zu den neuen Mitarbeitern, wozu auch die Passung auf persönlicher Ebene geprüft werden sollte. Hinzu kommen konkrete Zielvereinbarungen und die Definition des Endes der Mentorenbeziehung.

Im ersten Arbeitsjahr findet die soziale Integration des neuen Mitarbeiters in das unternehmenskulturelle Umfeld statt, an dessen Ende er von seinen Kollegen als vollwertiges Unternehmensmitglied akzeptiert und als »einer von uns« angesehen wird. Das Personalmanagement versucht, den neuen Mitarbeiter damit zu unterstützen, was die erfolgreiche Integration in das Unternehmen beschleunigt.

Wie in jedem personalwirtschaftlichen Prozess ist es auch im Hinblick auf die Einstiegsphase notwendig, eine Fortschrittskontrolle vorzusehen. Sie sorgt dafür, dass das Personalmanagement und die Abteilung des neuen Mitarbeiters Informationen über den Fortschritt des neuen Mitarbeiters bekommen, wobei dieser Fortschritt sowohl vom neuen Mitarbeiter selbst als auch von Dritten beurteilt wird. Der neue Mitarbeiter hat also die Aufgabe, Rückmeldungen zu seinen Erfahrungen während der Einarbeitungszeit zu geben.

Wie der Arbeitsplatz aussieht

Das Fundament des Personaleinsatzes, wie einzelne Mitarbeiter auf einzelne Arbeitsplätze zugeordnet werden, ist die Arbeitswissenschaft. Sie erfasst als interdisziplinäre Wissenschaft (Teil-)Erkenntnisse aus sozialen, rechtlichen, wirtschaftlichen, technischen sowie arbeitsmedizinischen Disziplinen und versucht, diese Erkenntnisse so zu kombinieren, dass eine Arbeitsumgebung entsteht, in der der Mitarbeiter langfristig arbeiten kann, ohne nachhaltig geschädigt zu werden. Zentrales Konzept ist die Ergonomie, die eine Anpassung der Arbeit an den Menschen sowie zum Teil auch eine Anpassung des Menschen an die Arbeit anstrebt.

Der Schutz der Gesundheit steht ganz oben

Der Arbeitsschutz ist europaweit geregelt. Es gibt eine EU-Rahmenrichtlinie zum Arbeitsschutz, die für die EU-Mitgliedsländer einen einheitlichen Standard zum Arbeits- und

Gesundheitsschutz schafft und konkrete Zielsetzungen vorgibt. In ihrem Rahmen legen in Deutschland mehrere rechtliche Grundlagen Näheres fest:

✔ Das *Arbeitsschutzgesetz* sichert die Gesundheit aller Beschäftigten und verbessert und regelt insbesondere die Verpflichtung des Unternehmens zur Durchführung von Gefährdungsbeurteilungen.

✔ Die *Betriebssicherheitsverordnung* konzentriert sich auf die vom Unternehmen bereitgestellten Arbeitsmittel und Anlagen und entwickelt ein Schutzkonzept im Hinblick auf die von den Arbeitsmitteln ausgehenden Gefährdungen.

✔ Im *Berufsgenossenschaftlichen Vorschriften- und Regelwerk* sind rechtsverbindliche Unfallverhütungsvorschriften enthalten, die über das staatliche Recht hinaus die Arbeitssicherheit und die dazu notwendigen vorbeugenden Maßnahmen konkretisieren. Berufsgenossenschaften haben darüber hinaus eine weitreichende Beratungsfunktion für Unternehmen.

✔ Das *Sozialgesetzbuch VII* regelt die staatliche Aufsicht über die Einhaltung der Vorschriften und deren Vorrang vor der Kontrolle durch Berufsgenossenschaften.

 Einerseits entstehen durch die Maßnahmen des Arbeits- und Gesundheitsschutzes Kosten, andererseits erhöht sich die Wettbewerbsfähigkeit des Unternehmens. Wenn durch die Maßnahmen die Zahl der Unfälle und Krankheiten verringert wird, werden langfristige Kosten für die Lohnfortzahlung und für den Ersatz von Mitarbeitern vermieden. Außerdem kann sich das Betriebsklima durch die Maßnahmen verbessern.

Gefährdungsbeurteilung als Kern

Der Arbeits- und Gesundheitsschutz stellt die Gefährdungsbeurteilung gemäß Arbeitsschutzgesetz in den Mittelpunkt der Aktivitäten. An ihr richten sich auf der Grundlage der arbeits- und gesundheitsschutzrelevanten Defizite alle Maßnahmen des Arbeits- und Gesundheitsschutzes aus. Unterbleibt die Gefährdungsbeurteilung, kann es nach einem schweren Unfall das Unternehmen bei der Klärung der Schuldfrage belasten.

 Während bei Arbeitsplätzen in der Fertigung eher mechanische und elektrische Gefährdung, Gefahrstoffe und Brand-/Explosionsgefährdung, physikalische Einwirkungen, Belastungen durch die Arbeitsumgebung, die physische Schwere der Arbeit und sonstige Belastungen geprüft werden, sind es bei Bildschirmarbeitsplätzen eher Bildschirm und Tastatur, Arbeitsstuhl und -tisch, Platzbedarf, Arbeitsumgebung sowie die Aufstellung der Arbeitsplatzkomponenten. Werden bei den Prüffragen Defizite festgestellt, sind Maßnahmen zu deren Abstellung erforderlich.

Unternehmen sind verpflichtet, sowohl die Gefährdungsbeurteilungsergebnisse als auch die Maßnahmen und ihre Umsetzung aktuell und vollständig zu dokumentieren. Diese Dokumentation kann in Form eines auf Arbeits- und Gesundheitsschutzinhalte bezogen lückenlosen Arbeitsschutzordners oder eines umfassenden Arbeitsschutz-Managementsystems erfolgen. Tabelle 6.1 zeigt Beispiele für Dokumente, die in eine solche Dokumentation gehören.

Bereich	Dokumente
Unternehmens-leitung	✔ Arbeitsschutzstrategie der Unternehmensleitung samt Relevanz, Arbeits-schutzzielen, System der Maßnahmen, Kontrollkonzeption und Ressourcen-ausstattung
Arbeitsschutz-organisation	✔ Übersicht über sicherheitsbezogene Ansprechpartner des Unternehmens ✔ Übersicht über die sicherheitsbezogenen Verantwortlichen in einzelnen Arbeitsbereichen ✔ Dokumentation der arbeitsschutzrechtlichen Grundlagen ✔ Dokumentation der Arbeitsschutz-, Unfallverhütungs- und Brand-verhütungsvorschriften ✔ Dienstanweisungen zu arbeitsschutzbezogenen Themen ✔ schriftliche Übertragung von sicherheitsbezogenen Pflichten an einzelne Mitarbeiter ✔ Bestellung von Sicherheitsbeauftragten ✔ Bestellung von Sachkundigen zur Prüfung, Einrichtung oder Kontrolle von Arbeitsmitteln ✔ Aushänge des Sicherheitsbeauftragten ✔ Qualifikationsnachweise zu arbeitssicherheitsrelevanten Schulungen ✔ Erlaubnisscheine zur Durchführung gefährlicher Tätigkeiten
Ablauf- und Prozessplanung	✔ Checklisten zur Durchführung der Einrichtung, Inbetriebnahme, Wartung, Inspektion, Sicherheitsüberprüfung, Veränderung und Außerbetriebnahme von Maschinen, technischen Anlagen oder Arbeitsplätzen ✔ Aushang der Prüfintervalle ✔ Unfallanzeigen und Verbandbücher
Gefährdungs-beurteilung	✔ Prüfbogen zur Gefährdungsbeurteilung von Arbeitsplätzen, Arbeitsverfahren, Arbeitsgeräten, Tätigkeitsabläufen ✔ Dokumentation von Unfällen und Berufserkrankungen ✔ Leitfäden zur Beurteilung von Arbeitsbedingungen und zur Ermittlung von Risikobereichen der Belastung ✔ aktuelles Explosionsschutzdokument
Mitarbeiter-information	✔ Aufträge an Führungskräfte zur präventiven Unterweisung der Mitarbeiter in Belangen des Arbeits- und Gesundheitsschutzes ✔ Bestätigung durchgeführter Erstunterweisungen neuer Mitarbeiter ✔ Bestätigung durchgeführter Wiederholungssicherheitsunterweisungen und Belehrungen der eigenen Mitarbeiter sowie der Mitarbeiter von Fremdfirmen ✔ Aushänge von Brandschutzordnung, Verhaltensrichtlinien im Brand- oder außergewöhnlichen Schadensfall ✔ Arbeitsplatzgrenzwerte ✔ Betriebsanweisungen zum Umgang mit Gefahrstoffen ✔ Gefahrstoffverzeichnisse ✔ Sicherheitsdatenblätter ✔ Checklisten für Verhalten im Notfall ✔ Informationen zu Notfallhilfsmitteln und Erste-Hilfe-Material
Arbeits-medizinische Vorsorge	✔ Übersicht über gegebene präventive Information ✔ Katalog der Gesundheitsschutzmaßnahmen ✔ Übersicht über durchgeführte Maßnahmen des Gesundheitsschutzes

Tabelle 6.1: Beispiele zur Dokumentationspflicht des Arbeits- und Gesundheitsschutzes

Im Arbeits- und Gesundheitsschutz müssen qualifizierte Personen als Ansprechpartner im Unternehmen zur Verfügung stehen. Dies sind entweder speziell ausgebildete Mitarbeiter oder Führungskräfte oder aber externe Fachkräfte für Arbeitssicherheit. Insbesondere die Berufsgenossenschaften unterstützen Unternehmen bei dieser Qualifikation. Darüber hinaus muss auch die Betriebsorganisation auf die Erfordernisse des Arbeits- und Gesundheitsschutzes ausgerichtet werden, was bis zum Managementsystem des Unternehmens reicht.

Gesetzliche Unfallversicherung

Unternehmen müssen sich im Hinblick auf Arbeitsunfälle ihrer Mitarbeiter in der gesetzlichen Unfallversicherung versichern. Träger sind die Berufsgenossenschaften, deren Aufgaben Vorbeugung, Rehabilitation und Entschädigung im Zusammenhang mit Arbeitsunfällen und Berufskrankheiten sind. Es besteht eine Zwangsmitgliedschaft für die versicherungspflichtigen Unternehmen, die mit Eröffnung beziehungsweise Gründung des Unternehmens beginnt.

 Ursprüngliche Rechtsgrundlage der Berufsgenossenschaften war das von Bismarck 1884 initiierte Unfallversicherungsgesetz. Nach zahlreichen Erweiterungen, die sowohl die Einbeziehung aller Wirtschaftsbereiche als auch die Ausweitung des Versicherungsschutzes enthielten, wurde 1996 das Recht der Unfallversicherung in das Sozialgesetzbuch VII aufgenommen. Stand 2012 gibt es neun gewerbliche Berufsgenossenschaften und 26 Unfallversicherungsträger der öffentlichen Hand. Sie haben sich zum Spitzenverband Deutsche Gesetzliche Unfallversicherung (DGUV) zusammengeschlossen und bilden auf regionaler Ebene sechs Landesverbände.

Die Berufsgenossenschaften finanzieren sich allein aus Pflichtbeiträgen aller Arbeitgeber. Berechnungsgrundlage sind der Finanzbedarf, die Arbeitsentgelte der Versicherten sowie die Unfallhäufigkeit der betreffenden Branche. So zahlen 2012 Unternehmen der Baubranche 4,04 Prozent der Arbeitsentgelte an ihre Berufsgenossenschaft, Unternehmen im Bereich der Wohlfahrtspflege 0,77 Prozent. Versicherungsschutz erhalten alle Mitarbeiter in einem Arbeits-, Dienst- oder Ausbildungsverhältnis.

Führungskräfte schaffen gesundheitsförderliche Arbeitsbedingungen

Im Rahmen des betrieblichen Gesundheitsschutzes verpflichtet § 15 Arbeitsschutzgesetz alle Beschäftigten, an ihrem Arbeitsplatz sowohl für ihre eigene Sicherheit und Gesundheit als auch für die von ihrer Arbeit Betroffenen Sorge zu tragen. Dies betrifft zunächst die Einhaltung der gesetzlichen Vorschriften aus dem Arbeits- und Gesundheitsschutz im Sinne eines Sicherheitsmanagements. Das Personalmanagement im Unternehmen unterstützt die Führungskräfte bei der Wahrnehmung dieser Aufgaben, etwa, indem es die Vorschriften kommuniziert und Gesundheitsrisiken sowie Arbeitsbelastungen zu minimieren trachtet.

Darüber hinaus können sich Führungskräfte auch weitere Gestaltungsspielräume zur Verringerung von Gesundheitsrisiken bei sich und bei ihren Mitarbeitern erschließen. Diese Spielräume ergeben sich, wenn im Hinblick auf die Gesundheitsförderung Weiterbildungen erfolgen oder Strukturen und Prozesse im Unternehmen verbessert werden. Das Personalmanagement unterstützt die Führungskräfte, indem es Ressourcen über das Mindestmaß

hinaus bereitstellt und die Führungskräfte befugt, im Hinblick auf Gesundheitsmaßnahmen Entscheidungen zu treffen, die sich auf Arbeitsgestaltung, Aufgabenverteilung oder Arbeitszeiten auswirken.

Das Personalmanagement kann schließlich – noch weitergehend – dazu beitragen, im Unternehmen eine gesundheitsförderliche Führungskultur zu etablieren. Seine Aufgabe besteht darin, den Führungskräften im Unternehmen gesundheitsbezogene Einstellungen und Verhaltensweisen bewusst zu machen. Hieraus ergibt sich, wie neuere arbeitspsychologische Untersuchungen zeigen, ein doppelter Wirkmechanismus. Zum einen beeinflussen die Führungskräfte die Arbeitsbedingungen der Mitarbeiter in Richtung eines sicheren und die Gesundheit schützenden Arbeitsplatzes, indem sie die Mitarbeiter zu gesundem Verhalten anleiten, sie unterstützen und motivieren und bei Erfolgen auch loben. Zum anderen wirkt sich ein gesundheitsbewusstes Verhalten der Führungskräfte über ihre Vorbildfunktion auf die Mitarbeiter aus.

Ergonomie – nicht zum Ärgern

Im Rahmen der Arbeitsgestaltung kommt der Ergonomie die Aufgabe zu, die Arbeit so zu gestalten, dass sie möglichst effizient durchgeführt werden kann und dabei nicht zu unerwünschten Nebenwirkungen wie Gesundheitsschädigungen führt. Ergonomie kombiniert Sicherheit, Wirtschaftlichkeit und Menschlichkeit der Arbeit.

Um Arbeit ergonomisch zu gestalten, muss das Personalmanagement zunächst die auf die Mitarbeiter einwirkenden Faktoren möglichst objektiv erfassen, wobei das in den 1970er-Jahren entwickelte Belastungs-Beanspruchungs-Konzept den Rahmen vorgibt:

✔ Die *Belastung* durch Arbeit ergibt sich aus physikalischen (zum Beispiel Schwingungen, Lärm, Strahlung) und sozialen Einflussgrößen (zum Beispiel Gruppendruck, Zeitdruck), deren Intensität und Dauer bestimmt werden können.

✔ Die *Beanspruchung* ist dann die Wirkung der Belastung bei jedem Einzelnen, die von dessen Eigenschaften, Persönlichkeitsmerkmalen und Bedürfnissen abhängt.

Die Zusammenführung beider Informationen ergibt, in welchem Maße eine bestimmte Person sich an ihrem Arbeitsplatz von den gegebenen Belastungsbedingungen beansprucht fühlt. Verschiedene Personen können auf gleiche Belastungen unterschiedlich reagieren.

Das Personalmanagement bemüht sich, im Rahmen ergonomischer Maßnahmen für jeden einzelnen Mitarbeiter die Arbeitsumgebung so zu gestalten, dass die Belastung minimiert wird. Ansatzpunkte hierfür gibt es zur Genüge, etwa die ergonomische Gestaltung von Computer- oder Montagearbeitsplätzen, die dafür sorgen soll, dass Menschen selbst bei langfristiger Ausübung ihrer Arbeit gesund bleiben. Für viele Gestaltungsbereiche der Ergonomie existieren DIN-Normen.

Ergonomie bezieht den Arbeitsablauf ein und hierbei besonders Gegenstände wie Werkzeuge und Materialien, die benutzerfreundlich angeordnet werden sollen. Hinzu kommt die Bedie-

nung von Maschinen und Computern. Sie sollen passend zur Arbeitsaufgabe gesteuert werden können, ohne Sicherheit, Bedienkomfort und Kosten aus der Balance zu bringen.

Auch beim Lichtdesign für den Arbeitsplatz können kleine Unterschiede eine große Wirkung hervorrufen. Eine ergonomisch durchdachte Beleuchtung berücksichtigt unter anderem folgende Erkenntnisse:

✔ Die Beleuchtung sollte stark genug sein (Helligkeit zwischen 500 und 1.000 Lux), um Ermüdung zu vermeiden. Mit wachsender Beleuchtungsstärke lässt sich die Arbeitsleistung steigern.

✔ Direkte Blendungen und unerwünschte Lichtspiegelungen sollten vermieden werden.

✔ Die Kombination von direktem Licht (spendet Schatten) und indirekter Beleuchtung (vermeidet Blendungen) ist ebenso sinnvoll wie die Kombination von Tageslicht und Kunstlicht.

✔ Die Lichtfarbe hat einen Einfluss auf die Produktivität und die Motivation. Bei Licht mit hohem Blauanteil lassen sich bessere Arbeitsergebnisse erzielen, weil es die Aktivität steigert. Allerdings ist es nicht sinnvoll, Gehirn und Körper mit blauem Licht gleichbleibend zu aktivieren. Daher sollen tagsüber im Idealfall auch neutralweißes oder tageslichtweißes Licht zum Zuge kommen und abends warme Lichtfarben mit höherem Rotanteil die Entspannung einleiten.

In Büros können verschiedenfarbige Leuchtdioden verwendet werden, die je nach Tageszeit andere Farbanteile im Licht herstellen und dazu noch sparsam sind. Insgesamt hat Licht Einfluss auf die Sehleistung und den Sehkomfort, auf die Emotion und das persönliche Wohlbefinden sowie auf den Biorhythmus, die Gesundheit und das Leistungsvermögen.

Moderne Bürokonzepte

Insbesondere in Dienstleistungsunternehmen macht man sich Gedanken darüber, wie der Büroraum gestaltet werden soll, der Hochleistung erlaubt. In vielen Bürolandschaften dominierten Großraumbüros mit den typisch kubusförmigen Arbeitsbereichen mit jeweils einem Schreibtisch in den durch brusthohe Stellwände abgeteilten Parzellen. In der Regel wurden alle Arbeitsplätze einer Abteilung nahe zusammengefasst und symbolisierten im Übrigen die Hierarchie im Unternehmen: Je höher die hierarchische Position, desto größer und abgeschlossener der Büroraum und desto näher am Chefbüro.

Modernere, flexible Bürokonzepte sehen nicht nur vor, dass Arbeitsplätze verschiedener Abteilungen so gemischt werden, dass die abteilungsübergreifende Kommunikation und Zusammenarbeit gestärkt werden. Es wird auch Abstand davon genommen, Arbeitsplätze fest einzelnen Mitarbeitern zuzuweisen. Dafür steigt der Anteil befristet genutzter Arbeitsplätze, die von wechselnden Mitarbeitern besetzt werden. Hinzu kommen Arbeitsinseln für verschiedene Zwecke, so etwa Ruheräume für konzentriertes Arbeiten, Kaffeeecken für kommunikative Treffen und abtrennbare Besprechungsräume mit der Möglichkeit von Privatsphäre, wodurch die Parzellenstruktur aufgebrochen wird und an Attraktivität gewinnt. Zudem wird auf geräuschdämpfende Architektur und Ausstattung geachtet. Durch diese Möglichkeiten wird nicht nur eine effektivere Arbeit möglich, sondern auch eine intensivere hierarchieübergreifende Zusammenarbeit.

Aus der Ferne nah dabei

Aufgrund mobiler Datenverarbeitung und Vernetzung spielt der Standort eines Arbeitsplatzes eine immer geringere Rolle. Dies hat dazu geführt, dass Arbeit nicht nur in einem Büro zu erledigen ist, sondern auch an anderen Orten, so etwa beim Kunden, beim Kooperationspartner, in dafür eingerichteten Büros oder zu Hause.

Telearbeit ist eine Art des Arbeitens, die für Unternehmen des Dienstleistungssektors eine Rolle spielt, darüber aber auch für Sachbearbeitung und im Verwaltungs- und Entscheidungsbereich von Unternehmen des Produktionssektors. Auch Tätigkeiten der Produktion lassen sich »fernsteuern«. Als Telearbeit werden alle Formen verteilter Aufgabenbewältigung zwischen verteilten Aufgabenträgern, Unternehmenseinheiten und/oder Unternehmen verstanden, wobei raum- und zeitüberbrückende Medien den Kontakt mit dem eigenen Unternehmen sichern.

Einem Unternehmen kann Telearbeit durchaus entgegenkommen. Nicht zuletzt der CO_2-Bilanz der Leistungserstellung nützt es, wenn durch sie Anfahrtswege eingespart werden.

Gerade zur Unterstützung von Telearbeit kommt dem Personalmanagement eines Unternehmens eine besondere Aufgabe zu: Es ist die »Basisstation« für die dezentral Arbeitenden. Damit stellt das Personalmanagement die Orte der Begegnung, der informellen Kommunikation, der Identitätsbildung, der Koordination, der Konfliktlösung und der Wissensvermittlung zur Verfügung. Das Personalmanagement unterstützt die Telearbeit, indem es den Telearbeitenden im Unternehmen die flexiblen Bürokonzepte bereitstellt, die es erlauben, per Rollcontainer und Datenanschluss in Minutenschnelle einen persönlichen »Arbeitsplatz auf Zeit« bereitzustellen.

Für die flexibel dezentral-zentral Arbeitenden entsteht ein fließender Übergang zwischen Arbeits- und Lebensraum. Der zunehmenden Mobilität, die aus der Perspektive des Unternehmens zu beobachten ist, steht in dem Maße eine zunehmende Immobilität der Arbeitenden gegenüber, denn bei ihnen zu Hause gehen Lebens- und Arbeitsraum ineinander über. Dieser Wohnraum – auch als *Habitat* bezeichnet – sollte allerdings sowohl Privatheit für das Privatleben als auch Privatheit für die Arbeit gewähren.

Unter dem Begriff *Smart Working* wird in verschiedenen Ländern, so in den Niederlanden und Südkorea, ein Prozess initiiert, der als Ziel hat, dass die Menschen immer arbeiten können, egal wo sie sind oder wie spät es ist. Damit wird vor allem das umweltbelastende Pendeln zu den Arbeitsplätzen reduziert, aber auch die Integration von Frauen und älteren Personen in den Erwerbssektor soll erleichtert werden. Smart Working kombiniert die Arbeit im Büro mit Heimarbeit und mit Arbeit in dezentralen Bürokomplexen, die Smart Work Center genannt werden, in der Nähe von Wohngebieten errichtet werden und jeglichen Interessenten das zeitweise Anmieten eines Büroarbeitsplatzes ermöglichen.

Telearbeit von und in Teams wird als _virtuelles Team_ bezeichnet. Die an verschiedenen Orten arbeitenden Teammitglieder treffen sich – bis auf Ausnahmefälle – nicht mehr real, sondern über multimediale Vernetzung. So kann man sich zwecks gegenseitiger Abstimmung

✔ E-Mails schicken,

✔ sich in Chats von Computer zu Computer in Echtzeit schriftlich austauschen und in demselben Datenbestand und an denselben Dokumenten arbeiten,

✔ auf Wissensbestände in Wikis oder Foren zugreifen und über Versionskontrollsysteme den Arbeitsfortschritt sichtbar machen oder

✔ sich in Videokonferenzen oder über internetbasierte Telefonprogramme sehen und miteinander sprechen.

Die Reichhaltigkeit der übertragenen Informationen nimmt zu: Videokonferenzen sind »reichhaltiger«, weil neben den Sachinformationen auch noch Gestik und Mimik zu erkennen sind und auch Emotionen übertragen werden.

Für das Personalmanagement bringt die Unterstützung virtueller Teams noch mehr Herausforderungen mit sich, weil neben der Anbindung aller einzelnen Teammitglieder an die Zentrale die Vernetzung und Integration der Teammitglieder untereinander erfolgen soll. Daher sorgt das Personalmanagement für das Kennenlernen der Teammitglieder, was zu Beginn dieser Zusammenarbeit über reale Treffen erfolgt, später durch internetbasierte Systeme unterstützt wird, bei denen die soziale Vernetzung auch persönliche Hintergrundinformationen wie etwa Fotos oder Vorlieben einbezieht, die als Ansatzpunkte für gegenseitiges Interesse der Teammitglieder dienen.

Die Arbeitszeit als Wunschkonzert

Alle Mitarbeiter des Unternehmens wollen wissen, wann und wie lange ihr Arbeitseinsatz stattfindet. Das Personalmanagement entwirft daher Arbeitszeitmodelle, die einerseits den Bedürfnissen des Unternehmens entsprechen, die andererseits aber auch die Interessen der Mitarbeiter berücksichtigen. Dass dies nicht ganz einfach ist, wird spätestens dann klar, wenn ein Unternehmen aus Gründen des Personalmarketings und der Mitarbeiterbindung die Devise »Wir haben so viele Arbeitszeitmodelle, wie wir Mitarbeiter haben« ausgibt. Dies bedeutet maximale Arbeitszeitflexibilität. Doch kann man hiermit auch offensiv umgehen, wie es Unternehmen auf ihren Internetseiten tun. Dort notieren sie auf den Vorstellungsseiten der Mitarbeiter und Ansprechpartner, an welchen Tagen der Woche und zu welchen Zeiten diese im Büro anwesend sind und an welchen nicht.

Grunddefinitionen zur Arbeitszeit

Das Arbeitszeitgesetz hat 1994 die davor geltende Arbeitszeitordnung als Regelwerk zur Arbeitszeitgestaltung ersetzt.

Zweck des Arbeitszeitgesetzes: § 1 Arbeitszeitgesetz im Wortlaut

Zweck des Gesetzes ist es,

1. die Sicherheit und den Gesundheitsschutz der Arbeitnehmer bei der Arbeitszeitgestaltung zu gewährleisten und die Rahmenbedingungen für flexible Arbeitszeiten zu verbessern sowie

2. den Sonntag und die staatlich anerkannten Feiertage als Tage der Arbeitsruhe und der seelischen Erhebung der Arbeitnehmer zu schützen.

Die Mitarbeiter sollen vor übermäßiger zeitlicher Arbeitsbelastung geschützt werden, die sie physisch und psychisch gefährden könnte. Als Arbeitszeit gilt laut Arbeitszeitgesetz die Zeit von Beginn bis Ende der Arbeit ohne die Ruhepausen. Damit zählt das normale Arbeiten dazu, zudem die Arbeitsbereitschaft. Die normale Arbeit beginnt mit dem tatsächlichen Beginn der Leistungserbringung am Arbeitsplatz, nicht aber bereits zum Zeitpunkt des Betretens des Betriebsgeländes.

 Arbeitsbereitschaft wird in der Rechtsprechung als die Zeit der »wachen Achtsamkeit im Zustand der Entspannung« definiert. In dieser Zeit arbeiten die Mitarbeiter nicht, sondern warten am Arbeitsplatz oder in dessen Nähe auf Anweisungen ihres Unternehmens.

Zur Arbeitszeit zählen nicht

✔ die *Wegezeiten*, die vom Mitarbeiter für die Fahrt von der Wohnung zum Arbeitsort benötigt werden.

✔ die *Ankleide- und Umziehzeiten*, sofern das Unternehmen dies nicht vorschreibt.

✔ die *Ruhepausen*, die zwecks Erholung und Entspannung der Mitarbeiter deren Arbeitszeit unterbrechen und die gemäß Arbeitszeitgesetz spätestens nach sechs Stunden ununterbrochener Arbeit eingeplant werden müssen. In ihnen ist der Mitarbeiter von seiner Arbeit freigestellt und er darf die Ruhepausen frei gestalten.

✔ die *Rufbereitschaft*, in der ein Mitarbeiter zwar für sein Unternehmen erreichbar ist, aber nicht arbeitet.

✔ die *Reisezeiten einer Dienstreise*, sofern der Mitarbeiter während dieser Fahrtzeit nicht seiner hauptsächlichen Arbeitsleistung nachkommt.

✔ die *Ruhezeit*, die das Gegenteil der Arbeitszeit darstellt.

Die Ruhezeit ist im Arbeitszeitgesetz geregelt. Sie muss im Anschluss an die Arbeitszeit ununterbrochen mindestens elf Stunden dauern, damit sich der Mitarbeiter erholen kann. So-

bald ein Unternehmen diese Ruhezeit unterbrechen würde, würde der Anspruch auf elf Stunden am Stück erneut beginnen. Eine Ausnahme ist im Gesetz nur für Behandlungs-, Pflege- und Betreuungseinrichtungen (Krankenhäuser), Bewirtungs- und Beherbergungseinrichtungen (Gaststätten), Verkehrsbetriebe, Rundfunk, Landwirtschaft und Tierhaltung vorgesehen. Hier darf die Ruhezeit auch mal zehn Stunden betragen, wenn dies innerhalb eines Kalendermonats oder innerhalb von vier Wochen durch eine andere mindestens zwölfstündige Ruhezeit ausgeglichen wird.

Der Arbeits- oder der Tarifvertrag regelt, welche Zeiten dem Mitarbeiter vergütet werden. Grundsätzlich gilt für die werktägliche Arbeitszeit:

✔ Eine Woche besteht aus sechs Werktagen. Dies sind die Tage, die weder ein Sonntag noch ein gesetzlicher Feiertag sind.

✔ Die werktägliche Arbeitszeit darf acht Stunden pro Tag nicht überschreiten.

✔ Ausnahmsweise darf die Arbeitszeit ohne Begründung auf maximal zehn Stunden verlängert werden, wenn innerhalb von sechs Kalendermonaten oder 24 Wochen ein entsprechender Ausgleich erfolgt.

✔ Insgesamt darf daher innerhalb eines 24-Wochen-Zeitraums die Obergrenze von 24 Wochen x sechs Werktage x acht Arbeitsstunden = 1.152 Arbeitsstunden nicht überschritten werden.

✔ An Sonntagen und an gesetzlichen Feiertagen dürfen Mitarbeiter nicht von 0 bis 24 Uhr beschäftigt werden.

✔ Sonntags- und Feiertagsarbeit ist nur in bestimmten, im Gesetz genannten Betrieben zulässig. Hierzu zählen unter anderem Not- und Rettungsdienste, die Feuerwehr, Krankenhäuser, Polizei, Kirchen, Rundfunk, Verkehrsbetriebe, Versorgungsbetriebe oder die Landwirtschaft. Beschäftigt werden darf ein Mitarbeiter nur dann, wenn mindestens 15 Sonntage pro Jahr arbeitsfrei bleiben und die sonntagsarbeitenden Mitarbeiter innerhalb von zwei Wochen Ausgleichszeit vorher oder nachher (die feiertagsarbeitenden Mitarbeiter innerhalb von acht Wochen Ausgleichszeit vorher oder nachher) einen arbeitsfreien Werktag als Ersatzruhetag erhalten.

Tabelle 6.2 stellt Möglichkeiten dar, die wöchentliche Arbeitszeit im Ausgleichszeitraum von 24 Monaten zu verteilen.

Wochen	Werktage	Stunden	Summe Arbeitszeit in Stunden
24	6	8	1.152
24	5	8	960
24	5	9,6	1.152
8	6	10	720
16	6	6	432	1.152
12	6	10	480
12	6	7	672	1.152
16	6	10	960
8	4	6	192	1.152
1	7*	10	70
1	5	10	50
22	6	7,5	990	1.110

* im Betrieb muss Sonntagsarbeit zulässig sein

Tabelle 6.2: Beispiele für zulässige Verteilungen der Arbeitszeit im Ausgleichszeitraum von 24 Monaten

Bei Schichtarbeit wird es komplex

Die Schichtarbeit ist eine Abweichung vom »normalen« Achtstundentag, die in der Verteilung der Wochenarbeitszeit zum Ausdruck kommt. Als Schichtarbeit wird eine Arbeit bezeichnet, die zu konstant ungewöhnlicher Arbeitszeit (als permanentes Schichtsystem) oder zu wechselnder Tageszeit (als Wechselschichtsystem) an einem gleichbleibend eingesetzten Betriebsmittelpotenzial vollzogen wird. Dabei kommt es zu Blöcken komprimierter Arbeitszeit, die sich mit Blöcken komprimierter Freizeit abwechseln.

Die Arbeitswissenschaft verfügt über viele Erkenntnisse zur Schichtarbeit. So sollten Dauernacht-, Dauerfrüh- und Dauerspätschichten vermieden werden. Es muss eine ausreichende Ruhezeit zwischen zwei Schichten liegen. Der Frühschichtbeginn sollte am Tage nicht zu früh, das Spät- und Nachtschichtende dagegen am Tage nicht zu spät liegen. Es sollte keine Massierung von Arbeitszeiten auftreten; geblockte Freizeit am Wochenende gilt wertvoller als einzelne freie Tage während der Woche. Änderungen am Schichtplan sollten rechtzeitig angekündigt werden können.

Es gibt einige typische Ziele, die – im Rahmen der arbeitszeitgesetzlichen Vorgaben – bei der Findung von Schichtarbeitssystemen vom Personalmanagement angestrebt werden, weil sie weniger gesundheitsbeeinträchtigend sind als ihre Alternativen und den Interessen von Mitarbeitern und Unternehmen entgegenkommen:

✔ Der Schichtwechselrhythmus sollte vorwärts erfolgen, also nach einigen Frühschichten sollten Spätschichten und Nachtschichten auf dem Schichtplan der Mitarbeiter stehen und nicht die umgekehrte Reihenfolge gewählt werden.

✔ Die Länge des Schichtintervalls, in dem sich der Rhythmus der Schichten wiederholt, sollte möglichst kurz sein, damit die Mitarbeiter das Schichtmodell gut nachvollziehen können und eine dezentrale, flexible Planung möglich wird.

✔ Die wöchentliche Arbeitsverteilung sollte trotz unterschiedlicher Schichten möglichst gleichmäßig sein.

✔ Nach Möglichkeit sollten im Schichtsystem mehrere freie Tage ohne Arbeitsunterbrechung aufeinanderfolgen.

✔ Der Wechsel zwischen Schichtteams sollte für Mitarbeiter möglichst einfach sein.

✔ Das Schichtsystem sollte von möglichst vielen Mitarbeitern als fair empfunden und akzeptiert werden.

Daraus ergeben sich für ein Planungsproblem in der Regel viele Modelle, beispielsweise solche mit wochenweisem Wechsel von gleich langen Früh-, Spät- und Nachtschichten, solche mit unterschiedlich langen Schichten, bei denen sich noch Fünf- und Sechstagewoche abwechseln, oder Systeme mit wochenweisen Überstunden, die durch ganze Freiwochen kompensiert werden.

In der Praxis werden Schichtmodelle unter Zuhilfenahme von Arbeitszeitkonten umgesetzt, beispielsweise durch Jahresarbeitszeitkonten, deren Regeljahresarbeitszeit durch die Schichtarbeit abgearbeitet wird. Durch eine jährliche Durchschnittsberechnung der Arbeitszeit erhalten Mitarbeiter auch bei vorübergehender schichtbedingter Wenigerarbeit eine gleichmäßige Bezahlung, wohingegen bei Mehrarbeit die Arbeitszeitkontoguthaben auch als Überstunden vergütet werden können.

Nachtarbeit fordert heraus

Als Nachtarbeit gilt jede Arbeit von mehr als zwei Stunden in der Nachtzeit von 23 Uhr bis 6 Uhr. Nachtarbeitnehmer sind Mitarbeiter, die

✔ an mindestens 48 Tagen im Kalenderjahr Nachtarbeit verrichten oder

✔ Nachtarbeit in Wechselschicht leisten.

Die werktägliche Arbeitszeit von Nachtarbeitnehmern ist auf acht Stunden begrenzt. Eine Verlängerung im Ausnahmefall auf bis zu zehn Stunden ist möglich, muss jedoch innerhalb von einem Kalendermonat oder vier Wochen ausgeglichen werden.

Bei der Nachtarbeit ist der *Healthy Worker Effect* zu beobachten. Er besagt, dass im Rahmen von Nachtarbeitssystemen sich besonders die gesunderen Mitarbeiter die Nachtarbeit selbst zutrauen oder vom Unternehmen ausgewählt werden. Des Weiteren sind im Verlauf des Beschäftigungsverhältnisses diejenigen Mitarbeiter, deren gesundheitliche Kraft unter ein für die Aufga-

benerfüllung notwendiges Mindestmaß sinkt, gezwungen, die Nachtarbeit aufzugeben. Als Ergebnis verbleiben die gesünderen Mitarbeiter in Arbeitsbereichen mit hohen Anforderungen und folglich werden die Krankheits- und Sterberaten in diesen Arbeitsbereichen im Vergleich zur allgemeinen Krankheits- und Sterberate niedriger. Der Mitarbeiterbestand der Nachtschicht füllt sich mit »gesunden« Mitarbeitern, während die »kranken« Beschäftigten in die Tagesschichten wechseln. Somit ergibt sich eine Gesundheitsstatistik mit mehr Krankheitsfällen in den Tagesschichten als in der Nachtschicht.

Die betriebliche Arbeitszeitpraxis

In vielen Unternehmen wandelt sich jedoch der Umgang mit der Arbeitszeit. Unter dem Stichwort »Vertrauensarbeitszeit« gibt es keine Pflicht mehr zur Anwesenheit im Unternehmen zu bestimmten Zeiten und auch keine Pflicht mehr, täglich die Regelarbeitszeit zu erfüllen. Stattdessen werden zwischen Führungskraft und Mitarbeiter Arbeitsziele festgelegt, die es in einer bestimmten Zeit zu erreichen gilt. Wann genau und wo genau die dazu notwendige Arbeit von den Mitarbeitern erledigt wird, können sie selbstständig bestimmen. Hierbei gelten die gesetzlichen und tariflichen Bestimmungen zu Arbeitszeit, Pausen und Überstunden. Daher geben Unternehmen mit Vertrauensarbeitszeit werktägliche Zeitkorridore vor, in denen die Arbeit dann erfolgen soll.

In dem Maße, wie die Arbeitszeitflexibilisierung der Selbstkontrolle des Mitarbeiters unterstellt wird, steigt die Gefahr, dass sich die Mitarbeiter überlasten und selbst ausbeuten. Nicht jeder Mitarbeiter ist in der Lage, sich selbst zu managen. Von Gewerkschaften und Betriebsräten wird kritisiert, dass sich durch die Vertrauensarbeitszeit die Leistungspflicht des Mitarbeiters vom Bemühen zum tatsächlichen Arbeitsergebnis wandele und damit die Mitarbeiter zu ihrer Arbeit auch noch die Verantwortung schultern müssten, die ursprünglich das Unternehmen tragen musste. Daher sehen einige Unternehmen für Konfliktfälle eine Schlichtungskommission vor, an der neben dem Personalmanagement auch der Betriebsrat beteiligt ist.

Gelebte Vielfalt

Variationen der Arbeitszeit beziehen sich auf die tägliche, die wöchentliche, die Jahresarbeitszeit oder die Lebensarbeitszeit. In ihnen können die Dauer (etwa durch Teilzeitarbeit) und/oder die Lage (etwa durch Gleitzeit) der Arbeitszeit variieren.

Das Arbeitszeitgesetz setzt für die Gestaltung der Arbeitszeit lediglich grundlegende Leitplanken. In diesem Rahmen ist vieles möglich und Unternehmen reizen vielfach den ihnen zur Verfügung stehenden Gestaltungsrahmen aus, wobei folgende Fälle typisch sind und immer wieder für innerbetriebliche Diskussionen sorgen:

✔ Bei *Dienstreisen* sieht das Bundesarbeitsgericht die Zeit der An- und Abreise, also die Fahrt oder den Flug, als Freizeit an, sofern keine Arbeitsleistung erbracht wird. Werden jedoch für die Reisezeit Arbeitsaufgaben auf den Mitarbeiter delegiert, gilt die Reisezeit als Arbeitszeit. Dies ist auch der Fall, wenn – so etwa bei Außendienstmitarbeitern – eine arbeitsvertragliche Pflicht zur Durchführung dienstlicher Reisen besteht.

✔ Eine *Rufbereitschaft*, also die »Erreichbarkeit rund um die Uhr«, kann von Unternehmen für bestimmte Arbeitsplätze angeordnet werden, muss dann aber auch entsprechend der Tarif- oder Betriebsvereinbarungen vergütet werden. Bestehen solche Regelungen nicht, gelten die Vorschriften des Arbeitszeitgesetzes und damit die ununterbrochene Ruhephase von elf Stunden. Dies ist selbst dann der Fall, wenn das Unternehmen das Gerät zur mobilen Kommunikation kostenlos bereitstellt.

✔ In *internationalen Teams* müssen aufgrund der Zeitverschiebung zwischen entfernteren Ländern Besprechungen via Telefon oder Videokonferenz manchmal zu Terminen stattfinden, zu denen Mitarbeiter ihre übliche Arbeitszeit bereits beendet haben. In der Regel lassen sich solche Besprechungen auch außerhalb des normalen Arbeitsplatzes durchführen, also von zu Hause. Die hierzu aufgewendete Arbeitszeit wird dann von der Arbeitszeit im Unternehmen abgezogen.

 Nicht freigestellt werden müssen Mitarbeiter für Arztbesuche, sofern es sich nicht um einen Notfall handelt. Mitarbeiter müssen ihren Arzt außerhalb ihrer Arbeitszeit aufsuchen oder sie müssen sich für eine Zeit während der Arbeitszeit beurlauben lassen.

Abgeltung von Überstunden

Die Abgeltung geleisteter Überstunden durch Geld oder Freizeit erfolgt nicht automatisch, sondern muss gesondert vereinbart werden, etwa per Arbeitsvertrag, per Tarifvereinbarung oder per Betriebsvereinbarung.

Eine verbreitete Klausel in Arbeitsverträgen besagt: »Etwaige Überstunden sind mit dem monatlichen Gehalt abgegolten.« Diese Klausel ist rechtlich unwirksam,

✔ wenn Grenzen der Sittenwidrigkeit überschritten werden, also unverhältnismäßig viele Überstunden angeordnet werden,

✔ wenn sich aus der Vereinbarung im Arbeitsvertrag nicht klar ergibt, auf welche Leistungen sich die Überstunden beziehen und welcher maximale Überstundenumfang vereinbart wird, oder

✔ wenn eine unangemessene Benachteiligung erfolgen kann, also für Überstunden keine Bezahlung vorgesehen wird.

Bei rechtlicher Unwirksamkeit dieser Pauschalabgeltungsklausel ergibt sich für den Mitarbeiter ein Anspruch auf die übliche Vergütung der geleisteten Mehrarbeit. Daher sollte das Personalmanagement die Formulierung einer Pauschalabgeltungsklausel für Überstunden auf ihre Gültigkeit prüfen lassen. Leitenden Angestellten, die nicht den Vorschriften des Arbeitszeitgesetzes unterliegen, werden in der Regel Überstunden nicht vergütet, aber auch hier ist eine rechtlich einwandfreie Formulierung im Arbeitsvertrag von Vorteil.

Damit in Sachen Arbeitszeit Klarheit herrscht

In Konfliktfällen haben die Mitarbeiter die Möglichkeit, die Hilfe ihres Betriebsrats in Anspruch zu nehmen. Die Einhaltung der Vorschriften des Arbeitszeitgesetzes wird durch Aufsichtsbehörden der Bundesländer überwacht. Sie können nicht nur Auskunft von Unter-

nehmen verlangen und Betriebsprüfungen einleiten und durchführen, sondern sind auch Beschwerdestelle. Die Unternehmen tragen die Beweislast dafür, dass sie ihren arbeitszeitrechtlichen Pflichten nachkommen. Die Unternehmen müssen auch alle arbeitszeitrelevanten Gesetze, Tarifverträge und Betriebsvereinbarungen zur Einsichtnahme auslegen oder aushängen.

Verstöße gegen das Arbeitszeitgesetz können für Unternehmen teuer werden. Das Arbeitszeitgesetz sieht bei Verstößen Bußgelder bis zu einer Höhe von 15.000 Euro pro Tag und Arbeitnehmer vor. Auch können die Verantwortlichen für Ordnungswidrigkeiten persönlich belangt werden. Ihnen drohen Geldstrafen und im Höchstfall eine Freiheitsstrafe bis zu einem Jahr.

Personalentlohnung: Leistungsbereite Mitarbeiter

7

In diesem Kapitel ...

▶ Entlohnungssystem strategisch aufsetzen

▶ Mitarbeitervergütung gestalten

▶ Ethische Leitplanken beachten

Das Unternehmen hat mit seinen Mitarbeitern vereinbart, dass sie für ihre Arbeitsleistung entlohnt werden. Dies muss das Unternehmen auch einlösen. Darüber hinaus möchte es das Geld, das es den Mitarbeitern zahlt, für weitere Zwecke einsetzen – vor allem für eine zusätzliche Steigerung der Leistungsmotivation und für die langfristige Bindung der Mitarbeiter an das Unternehmen.

Ob und wie dies alles geschieht, zeigt dieses Kapitel. Dabei wird deutlich, dass die Personalkosten, die in der Regel den größten Kostenblock des Unternehmens ausmachen, nicht allein als strategische Frage betrachtet werden können. Die Zahlungen müssen auch so abgewickelt werden, dass jeder Mitarbeiter rechtzeitig über seinen versprochenen Lohn verfügen kann. »Das ist doch selbstverständlich«, sagen Sie. Nun, in der Regel gelingt dies den Unternehmen tatsächlich. Aber, was meinen Sie, würde im Unternehmen los sein, wenn dies mal nicht so wäre!

Entlohnungssystem als Rahmen

Das Entlohnungssystem soll gleichzeitig mehrere Ziele erfüllen. Es soll

✔ die individuelle Arbeitsleistung der Mitarbeiter in eine angemessene Entlohnung übersetzen,

✔ die Verfolgung der Unternehmensziele unterstützen,

✔ insgesamt ein unternehmensweit gerechtes System sein,

✔ zur Unternehmenskultur passen,

✔ sich flexibel an Änderungen im Unternehmen sowie in der Unternehmensumwelt anpassen können sowie

✔ für die Mitarbeiter verständlich und durchschaubar sein.

Um alle diese Ansprüche möglichst gleichzeitig zu erreichen, ist viel strategische Konzeptionsarbeit notwendig. Diese lohnt sich jedoch, weil das Entlohnungssystem wie kaum ein anderes personalwirtschaftliches System unter der Beobachtung sowohl von Unternehmens-

leitung, Finanz- und Rechnungslegungsabteilung als auch von den Mitarbeitern und Bewerbern steht und dabei auch noch mit »exakten« Zahlen operiert.

Die Personalkosten des Unternehmens lassen sich in zwei Kostenkategorien aufspalten:

✔ in die Kosten der Personalvergütung auf der einen Seite – sie werden Personalbestandskosten genannt – und

✔ in die Kosten für die Personalarbeit auf der anderen Seite – sie werden Personalarbeitskosten genannt.

Dass neben der Entlohnung aller Mitarbeiter, der Führungskräfte und der Unternehmensleitung noch Kosten für die Bewältigung des Personalmanagements anfallen, ist einsichtig: so die Kosten für die Bewältigung der personalwirtschaftlichen Aufgaben von Personalplanung über Personalbeschaffung und Personalführung bis hin zum Personalcontrolling, zudem die Kosten für die Einrichtung einer Personalabteilung.

Die Kosten für die Personalentlohnung unterliegen drei wesentlichen Aufgaben:

✔ Entlohnungsplanung: Ihr liegt die Personalstrukturplanung zugrunde, die den Personalbestand in die Zukunft fortschreibt und daher regelmäßig aktualisiert werden sollte. Auf Basis dieser Daten kann das Personalmanagement nicht nur abschätzen, wie sich die Personalstruktur entwickeln wird, sondern auch, wie sich die damit verbundenen Entlohnungskosten verändern werden.

✔ Durchführung der Entlohnung: Hier erfolgen die Festlegung der Entlohnung sowie die Abwicklung des Auszahlungsprozesses mit seinen bürokratischen Anforderungen.

✔ Entlohnungscontrolling: Hier unterzieht das Personalmanagement das Entlohnungssystem einer Kontrolle und steuert bei Bedarf. Hierbei helfen Kennzahlen wie der Entlohnungsaufwand pro Mitarbeiter oder die Gesamtpersonalkosten pro Mitarbeiter, die im Zeitverlauf verfolgt oder mit den entsprechenden Verhältniszahlen ähnlicher Unternehmen verglichen werden können.

 Es ist im Grunde unerheblich, ob von Lohn, Gehalt, Vergütung oder Entgelt gesprochen wird. Einige Systematiken sehen »Entgelt« als Oberbegriff für die Zahlungen an die Mitarbeiter an, weil deren Leistung entgolten wird.

Ein Entlohnungssystem ist immer von den spezifischen Bedingungen abhängig, also vor allem von den konjunkturellen Rahmenbedingungen und den tarifvertraglichen Gegebenheiten. Bei der Metall- und Elektroindustrie gibt es einen Tarifvertrag über das Entgelt-Rahmenabkommen (ERA). Dieses Regelwerk verändert eine über 100-jährige Tariftradition dieser Branche und ordnet sie neu. Es hebt die Differenzierung zwischen Arbeitern und Angestellten auf und stellt die Abschaffung einer »Zweiklassengesellschaft« dar, indem es ein einheitliches System für alle Arbeitnehmer schafft. An die Stelle der 25 Lohn- und Gehaltsgruppen für gewerbliche Mitarbeiter, technische und kaufmännische Angestellte sowie Meister treten, abhängig vom jeweiligen Bundesland, neun bis 17 Entgeltgruppen. Das Entgelt wird in eine anforderungsbezogene und eine leistungsbezogene Komponente untergliedert, die durch eine Erschwerniszulage ergänzt werden kann. Damit ist die Struktur des Entgelt-

Rahmenabkommens den variablen Entgeltsystemen zuzuordnen, die durch ein fixes Grundentgelt, einen variablen Entgeltbestandteil und oftmals eine Zulage geprägt sind.

Das Entgelt-Rahmenabkommen ist ein Beispiel dafür, wie stark tarifliche Vereinbarungen in das Personalmanagement von Unternehmen – auch und gerade im Mittelstand – eingreifen können. Das Personalmanagement hat viel damit zu tun, ein solches System im Unternehmen einzuführen. Automatismen wie eine Regelüberführung alter Lohn- oder Gehaltsgruppen in neue Entgeltgruppen sollten dabei vermieden werden, da sonst mögliche Fehlentwicklungen aus der Vergangenheit in die Zukunft fortgeschrieben werden könnten. Zur Erarbeitung neuer, aussagekräftiger Aufgabenbeschreibungen und -bewertungen gewährleistet das Personalmanagement ein Projektmanagement unter Einbeziehung der Mitarbeiter, des Betriebsrats und der Führungskräfte.

Mit der Einführung eines Entgelt-Rahmenabkommens geht in der Regel nicht nur die Umstrukturierung der bisherigen Löhne und Gehälter für das Unternehmen einher, es verändern sich auch die Entgelte fast aller Mitarbeiter. Daher sind Übergangsregelungen für den Systemwechsel und entsprechende Anpassungssysteme wichtig. Das Personalmanagement muss die mit dem Entgelt-Rahmenabkommen verbundenen Werte in die Unternehmenskultur einbringen und die Beteiligten hinsichtlich dieser Werte sensibilisieren.

Die Vergütung der Mitarbeiter

Bei der Personalentlohnung erhalten die Mitarbeiter gemäß den Regelungen ihres Arbeitsvertrags ein tätigkeitsbezogenes Entgelt, das auch als Lohn, Gehalt oder Vergütung bezeichnet wird. Hinzu kommen Entgeltbestandteile, die aufgrund gesetzlicher, tarifvertraglicher oder freiwillig getroffener Regelung an die Mitarbeiter gezahlt werden. Zusammengefasst ergeben diese Entgeltbestandteile für alle Mitarbeiter die Personalbestandskosten des Unternehmens.

Kosten der Arbeit

Der Gesamtaufwand, den das Unternehmen für die Entlohnung eines Mitarbeiters bereitstellen muss, ist die Gesamtheit aller von ihm zu leistenden Zahlungen im Zusammenhang mit dem Beschäftigungsverhältnis, also abhängig vom vereinbarten Umfang unter anderem

✔ das vertraglich festgelegte und an die Arbeitszeit gebundene Grundgehalt einschließlich Lohn- und gegebenenfalls Kirchensteuer und Solidaritätszuschlag sowie allen Zahlungen für die Sozialversicherung (dies sind Beiträge zur Krankenversicherung, Pflegeversicherung, Rentenversicherung, Arbeitslosenversicherung, aber auch die weniger bekannten Entgeltfortzahlungsversicherungen für den Krankheitsfall sowie für Mutterschaftsfälle und die Insolvenzgeldumlage),

✔ Urlaubs- und Weihnachtsgeld,

✔ Zuschüsse für Werkswohnungen und Dienstwagen,

✔ Kosten für das subventionierte Essen in der Kantine,

✔ Beiträge zu Versicherungen für den Mitarbeiter sowie

✔ Zahlungen für die betriebliche Altersversorgung.

Das Unternehmen führt einen Teil dieses Gesamtaufwands als Arbeitgeberanteil zur Sozialversicherung an die Sozialversicherungsträger ab, der Rest ist dann der Bruttolohn des Mitarbeiters. Davon werden weitere Anteile abgezogen, der Arbeitnehmeranteil zur Sozialversicherung sowie die Steuern für den Staat. Der verbleibende Betrag wird dem Mitarbeiter als Nettolohn ausgezahlt.

Es ist für die Höhe des Gesamtaufwands für das Unternehmen unerheblich, ob es als Arbeitgeber einen höheren oder niedrigeren Anteil an der Sozialversicherung abführen muss als der Mitarbeiter. Letztlich muss das Unternehmen beides zahlen.

Das Statistische Bundesamt hat für 2011 ermittelt, dass eine Stunde Arbeit einschließlich aller Lohnnebenkosten in der Privatwirtschaft Deutschlands 34,40 Euro kostet, was in der Europäischen Union den siebten Platz der 27 EU-Staaten ausmachte. Auf Basis einer 40-Stunden-Woche ergäbe sich aus Unternehmensperspektive ein durchschnittlicher Bruttolohn in Höhe von knapp 6.000 Euro pro Monat.

Vorsicht, Bürokratiefalle

Die Gehaltsabrechnung basiert auf den Personaldaten jedes Mitarbeiters, so den

✔ persönlichen Daten (Geschlecht, Geburtsdatum, Eintrittsdatum, Staatsangehörigkeit und so weiter),

✔ arbeitsvertraglichen Daten (Tätigkeit, Tarifgruppe und so weiter),

✔ Daten zu zugesagten Einmalzahlungen (Weihnachtsgeld, Urlaubsgeld, Prämien, Überstundenabgeltung und so weiter) und den

✔ Fehlzeitendaten (Krankheiten, Urlaub und so weiter).

Die Gehaltsabrechnung ist mit unzähligen bürokratischen Regelungen befrachtet. So müssen die Gesamtsozialversicherungsbeiträge beispielsweise alle an die Krankenkassen überwiesen werden und sind jeweils am drittletzten banküblichen Arbeitstag des Monats fällig, wobei die Beiträge dann bereits auf den Konten der Krankenkassen eingegangen sein müssen. Die Kommunikation zwischen Unternehmen und Krankenkasse wurde weitgehend auf den elektronischen Datenaustausch umgestellt, sodass viele Anträge, Meldungen oder Bescheinigungen über diesen Kommunikationsweg abgewickelt werden müssen. Zudem müssen die Unternehmen vielfältige Prüf- und Meldepflichten erfüllen und dazu beispielsweise

✔ die aktuellen Daten zur Beitragsberechnung und -abführung in die Datenverarbeitungssysteme einpflegen,

✔ etwaige Erstattungsanträge wegen zu viel gezahlter Sozialversicherungsbeiträge einreichen,

✔ alle erforderlichen Entgeltmeldungen wie Abmeldungen, Ummeldungen, Unterbrechungsmeldungen, Jahresmeldungen oder diverse Sondermeldungen abgeben,

✔ von den Mitarbeitern die Nachweise wie Krankenversicherungsnachweise, Rentenbescheide, Erklärungen zu weiteren Beschäftigungsverhältnissen oder Immatrikulationsbescheinigungen einfordern und

✔ prüfen, ob Veränderungen in Tarifverträgen oder sozialversicherungsrechtlichen Bestimmungen sich bei den einzelnen Mitarbeiter auswirken.

Zur Unterstützung gibt es Softwarelösungen für Unternehmen sowie die Möglichkeit, die Lohnzahlung/Sozialversicherung an darauf spezialisierte Dienstleister auszulagern.

Auf der Suche nach Glück und Leistung

Versetzt sich das Personalmanagement in die Situation der Mitarbeiter, versteht es, dass diese ihre persönlichen Bedürfnisse erfüllen möchten und hierzu Geld brauchen. Deren Ideal ist es, für ihre Arbeitsleistung eine Vergütung zu erhalten, die es ihnen erlaubt, davon zumindest den Lebensunterhalt bestreiten zu können. Dafür kämpfen sie von Beginn an. Sie verhandeln um ihr Einstiegsgehalt und später um Gehaltserhöhungen.

Versetzen sich umgekehrt die Mitarbeiter in das Personalmanagement, so verstehen sie, dass es die Entlohnung als Mittel nutzen möchte, die Mitarbeiterleistung zu steigern.

Verhandlungen um Entlohnung sind Verhandlungen um persönliches Glück für die Mitarbeiter und um Leistungserbringung für das Unternehmen. Obwohl dies ganz unterschiedliche Kategorien sind, muss das Personalmanagement alles tun, um sie zusammenzubringen.

Ich wünsch mir ein Einstiegsgehalt

Einstiegsgehälter sind durch Gesetz, Tarifverträge und durch interne Vergütungssysteme weitgehend festgelegt.

✔ Alle Arbeitnehmer, unabhängig von Befristung, Teilzeitregelung und Geringfügigkeit ihrer Stelle, haben Anspruch auf den einheitlichen gesetzlichen Mindestlohn (2015: 8,50 Euro brutto pro Zeitstunde). Es gibt nur wenige Ausnahmen, zum Beispiel Kinder und Jugendliche ohne abgeschlossene Berufsausbildung, freie Mitarbeiter, bestimmte Arten von Praktikanten, Ehrenamtliche und Langzeitarbeitslose in den ersten sechs Monaten ihrer Beschäftigung.

✔ Berufseinsteiger, die nach Tarifvertrag bezahlt werden, bekommen in der Regel das Gehalt, das der Tarifvertrag für ihre berufliche Eingruppierung vorsieht. Darüber hinaus kann das Personalmanagement darüber entscheiden, ob das Unternehmen weitere Zulagen gewährt.

✔ Außertariflich eingestufte Mitarbeiter, also etwa leitende Angestellte, können flexibler mit Vergütungspaketen bedacht werden.

Das Personalmanagement berücksichtigt im Rahmen der Gehaltsverhandlungen viele Faktoren. Einige kann ein Bewerber nicht beeinflussen, wie zum Beispiel

✔ **konjunkturelle Lage:** In einer Rezession sind Einstiegsgehälter und Gehaltssteigerungen eher niedriger als in einem Wirtschaftsboom.

✔ **Unternehmensgröße:** Große Unternehmen zahlen tendenziell besser als kleine und mittelständische Unternehmen.

✔ **Unternehmensstandort:** In großen Städten wird häufig mehr gezahlt als auf dem Land.

Andere Faktoren hängen sehr wohl mit dem Bewerber zusammen, so etwa

✔ **Qualifikation:** Je besser dessen Kenntnisse und Fertigkeiten sind, desto höher kann das Gehalt sein. Hierzu schaut das Personalmanagement auf die Ausbildung, die besuchten Schulen und Hochschulen, die belegten Fächer und die Noten, die Abschlüsse, eventuelle Praktika und Auslandserfahrungen.

✔ **Persönlichkeit:** Je gereifter eine Persönlichkeit in ihrem Auftreten, der Kommunikation, Kooperation und Verhandlung erscheint, desto höhere Einstiegsgehälter sind möglich.

Gehaltsbestandteile sind über das Grundgehalt hinaus freiwillige Leistungen wie Weihnachtsgeld und Urlaubsgeld, vermögenswirksame Leistungen, eine betriebliche Altersversorgung, Prämien sowie geldwerte Vorteile durch vom Unternehmen zur Verfügung gestellte Firmenwagen, Handys, Laptops oder Versicherungsleistungen.

Bedingungsloses Grundeinkommen

Im politischen Diskurs wird das »bedingungslose Grundeinkommen« diskutiert. Hiermit ist gemeint, dass allen Bürgern unabhängig von allen anderen Randbedingungen vom Staat ohne Gegenleistung monatlich der gleiche Betrag ausgezahlt werden soll, etwa 1.000 bis 1.500 Euro. Dieser Betrag soll ausreichen, dass jeder Bürger unabhängig von weiteren Einkommen wirtschaftlich existieren würde. Finanziert werden soll er aus eingesparten Sozialleistungen wie unter anderem Sozialhilfe, Kindergeld, Arbeitslosengeld, die nicht mehr ausgezahlt werden, sowie aus einem vereinfachten Steuersystem ohne Freibeträge und Subventionen, das weniger Bürokratieaufwand mit sich brächte und gegebenenfalls statt einer Einkommensteuer nur noch eine Umsatzsteuer auf den Konsum vorsähe. Personen, die sich darüber hinaus etwas hinzuverdienen möchten, können dies durch Arbeit tun, wobei in verschiedenen Modellen mit steigendem Zusatzeinkommen das bedingungslose Grundeinkommen entweder konstant bleibt oder reduziert wird.

Während die Befürworter auf die gesellschaftlichen Vorteile gerade für sozial Schwache hinweisen, ethische Argumente der Verteilungsgerechtigkeit anführen und die ökonomische Realisierbarkeit in einer alternden Gesellschaft zu belegen suchen, sehen die Kritiker neben Fehlanreizen zum Nichtlernen und Nichtarbeiten sowie der Gefahr eines grundsätzlichen Anspruchsdenkens gegenüber dem Staat bei gleichzeitiger Nichtfinanzierbarkeit die Problematik einer internationalen Wohlfahrtsmigration nach Deutschland.

Auch wenn das bedingungslose Grundeinkommen eine gesellschaftliche Entscheidung ist, betrifft es auch das Personalmanagement. So würde sich durch ein bedingungsloses Grundeinkommen die Lohnstruktur der Unternehmen verändern, weil die Lohnnebenkosten wegfallen würden und somit für Unternehmen die Arbeitskosten sinken könnten. Dem steht aber die Unsicherheit gegenüber, ob die Unternehmen ausreichend Mitarbeiter bekommen würden, wenn Arbeit zur Existenzsicherung nicht mehr zwingend notwendig wäre und sich die gesellschaftliche Einstellung zur Leistung verändern würde.

Es ist üblich, dass ein Einstiegsgehalt sich nach erster Bewährung im Unternehmen erhöht. Daher ist nicht nur die Höhe des Einstiegsgehalts für einen Berufseinsteiger wichtig, sondern auch das System, nach dem sich die mögliche Gehaltsentwicklung richtet. Gehaltssteigerungen können zeitlich automatisch erfolgen, aber auch bezogen auf die Erreichung vereinbarter Leistungen.

Ein Bonus obendrauf

Bonus ist der Oberbegriff für Sonderzahlungen, die über das reguläre Festgehalt hinaus gezahlt werden. Einen Bonus bekommen nicht nur Führungskräfte, sondern häufig auch die normalen Mitarbeiter. Boni unterscheiden sich nach ihrem Zweck:

✔ Sie motivieren zu Leistung: als leistungsabhängige Zulagen, Honorierung erreichter Zielvereinbarungen, Aktienoptionen für Führungskräfte.

✔ Sie führen zur Mitarbeiterbindung: als freiwillige Sozialleistungen wie Weihnachtsgeld, betriebliche Altersversorgung, Jahresabschlusssonderzahlungen.

✔ Sie dienen dem Ausgleich sozialer Aspekte: als Zulagen zur Unterstützung von Familien, Behinderungen, Partnerschaften mit zwei Karrieren.

Für ein professionelles Personalmanagement ist es wichtig, in Bezug auf die Boni glaubwürdig zu sein: Das Engagement der Mitarbeiter wird zurückgehen, wenn zugesagte Boni, selbst wenn sie freiwillig vom Unternehmen gezahlt werden, nach einer Gewöhnungszeit wieder zurückgenommen werden. Mitarbeitern sollte transparent gemacht werden, womit sie rechnen können und unter welchen Bedingungen der Bonus doch nicht gezahlt wird.

Ansonsten sind Boni nicht gesetzlich geregelt. Individuell rechtsverbindlich sind die Regelungen im individuellen Arbeitsvertrag. Ein Unternehmen kann mit dem Betriebsrat eine Betriebsvereinbarung über Boni abschließen, in der die Modalitäten von Bonuszahlungen festgelegt werden. Reduktionen können nach Abschluss nur noch durch einvernehmliche Veränderung der Betriebsvereinbarung erfolgen.

Freiwillige Sozialleistung: Das Beispiel »betriebliche Altersversorgung«

Die heute 30- bis 40-Jährigen werden im Durchschnitt zwei Jahre älter werden als die heutigen Rentner. Außerdem kommen in Deutschland immer weniger Kinder zur Welt. Das sogenannte Umlagesystem, das momentan noch die gesetzliche Rente in Deutschland garantiert, gerät dadurch in eine Schieflage, weil in dreißig Jahren aller Voraussicht nach viel weniger junge Arbeitnehmer die Renten der älteren Menschen bezahlen müssen. Aufgrund des absehbaren Sinkens des Rentenniveaus entsteht für die zukünftigen Rentner eine Versorgungslücke. Sie kann durch private Zusatzabsicherungen geschlossen werden. Die Rentenreform aus dem Jahr 2001 wollte überdies insbesondere die betriebliche Altersversorgung in den Vordergrund stellen und fördern.

Die betriebliche Altersversorgung umfasst Versorgungszusagen des Unternehmens an seine Mitarbeiter, die dann eingelöst werden müssen, wenn ein Mitarbeiter in die Rente geht. Es werden Ansprüche auf eine vom Unternehmen gezahlte Betriebsrente begründet. Für Unternehmen ist die betriebliche Altersversorgung eine freiwillige Sozialleistung. Sie erweitert das Arbeitsverhältnis zwischen Unternehmen und Mitarbeiter um ein Versorgungsverhältnis. In dieses Versorgungsverhältnis werden Entgeltbestandteile investiert und damit zeitlich verschoben, wobei dem Mitarbeiter hieraus ein zusätzlicher Nutzen entsteht. Der Betriebsrat hat nur im Hinblick auf die Verteilung dieser Leistung ein Mitbestimmungsrecht, nicht aber im Hinblick auf die Entstehung dieser Leistung. Für einen Tarifangestellten werden üblicherweise etwa 100 Euro pro Monat fällig, um für eine betriebliche Altersversorgung anzusparen.

Grundsätzlich werden drei Arten der Versorgungszusagen an Mitarbeiter unterschieden:

✔ *Tarifvertragliche Versorgungszusagen* werden im Rahmen von Tarifverträgen zwischen einem Arbeitgeberverband oder einem Unternehmen und einer Gewerkschaft vereinbart und gelten für die dem Tarifvertrag unterliegenden Mitarbeiter unterschiedlicher Unternehmen.

✔ *Versorgungszusagen per Betriebsvereinbarung* sind innerhalb eines Unternehmens mit dem Betriebsrat geregelt und gelten für die Mitarbeiter dieses Unternehmens.

✔ *Einzelvertraglich zugesicherte Versorgungszusagen* beziehen sich auf einzelne Mitarbeiter. Mit ihnen kann ein Unternehmen individuelle Vereinbarungen treffen. Hierzu zählt auch die Variante, dass mehrere Mitarbeiter im Unternehmen die gleiche Vereinbarung erhalten und es faktisch zu einer Gleichbehandlung der Mitarbeiter kommt.

Einmal einzelvertraglich vereinbarte Versorgungszusagen können durch das Unternehmen verbessert werden, allerdings unter bestimmten Voraussetzungen auch verschlechtert. Dies wird beispielsweise bei wirtschaftlichen Schwierigkeiten des Unternehmens erwogen wie auch bei Unternehmensfusionen, in deren Rahmen mehrere Versorgungswerke in eines zusammengeführt werden sollen. Eine Verschlechterung wird erst dann wirksam, wenn sie der Mitarbeiter ausdrücklich angenommen hat. Grundsätzlich ist der individuelle Besitzstand eines Mitarbeiters angemessen zu wahren. In der Regel können bereits erworbene Anwartschaften nicht angetastet werden.

Werden einzelvertragliche Versorgungszusagen durch eine Betriebsvereinbarung ersetzt, muss der Gesamtbetrag der Zusagen des Unternehmens im Rahmen dieser Umstrukturierung erhalten bleiben, sofern nicht explizit eine Verschlechterung vereinbart wird. Auch können Versorgungszusagen in Betriebsvereinbarungen und Tarifverträgen verändert werden, doch auch dies gilt in der Regel nicht rückwirkend.

Unternehmen, die das Geld der betrieblichen Altersversorgung in Anleihen mit langer Laufzeit und höchster Bonität anlegen, bekommen in einer Phase niedriger Kapitalmarktzinsen nicht genügend Rendite, um ihren Verpflichtungen aus den Zusagen an die Mitarbeiter nachzukommen. Sie müssen dann Geld aus ihrem Eigenkapital zur Deckung der betrieblichen Altersversorgungszusagen aufwenden. Daher bilden Unternehmen Rückstellungen und Rücklagen,

wenn sie ihre Verpflichtungen bei Fälligkeit nicht aus dem Geldzufluss des operativen Geschäfts bezahlen wollen. Dies wird in der Regel erst bei großen Unternehmen mit hohem Umsatz möglich, deren jährliche Versorgungszahlungen weit unter 10 Prozent des Jahresumsatzes betragen.

Die Durchführungswege der betrieblichen Altersversorgung unterscheiden sich durch ihre Finanzierungsart:

✔ Die *Direktauszahlung* als gebräuchlichste Form ist ausschließlich arbeitgeberfinanziert. Der Arbeitgeber sagt seinem Arbeitnehmer zu, Risiken wie Alter, Tod oder Invalidität abzusichern, indem er für den Ruhestand Pensionsrückstellungen bildet. Sein Insolvenzrisiko muss beim Pensions-Sicherungs-Verein aG abgesichert werden. Die Pensionsrückstellungen des Unternehmens schmälern seinen Gewinn, aber reduzieren seine Steuerbelastung.

✔ Die Variante einer *Versicherung* bietet sich insbesondere für ein kleineres Unternehmen an, das dann als Gesamtversicherungsnehmer einen Vertrag mit einem externen Versicherungsunternehmen abschließt, das seinerseits im Versicherungsfall dem Arbeitnehmer die versprochene Leistung zahlt. Die Direktversicherung ist bilanzneutral.

✔ Eine *Pensionskasse* ist in erster Linie für größere Unternehmen interessant. Ein Mittler in Form eines eingetragenen Vereins oder einer Stiftung wird zwischen die betriebliche Zusage an den Mitarbeiter und die Auszahlung der Leistung geschaltet. Ein *Pensionsfonds* kann als rechtlich selbstständiger Versorgungsträger von einem Arbeitgeber oder branchenübergreifend von mehreren Arbeitgebern gegründet werden. Beide zeichnen sich durch eine flexible und wenig geregelte Kapitalanlagepolitik aus, haben folglich höhere Renditechancen, müssen aber auch ein größeres Risiko absichern.

Abbildung 7.1 fasst die Möglichkeiten der betrieblichen Altersversorgung zusammen, also die unterschiedlichen Varianten der Zusagen, der Formen der Zusageerteilung und der späteren Leistungserbringung. Für das Personalmanagement relevant werden insbesondere die sich anschließenden Verwaltungsaufgaben. Das Personalmanagement muss das unternehmensinterne System der betrieblichen Altersversorgung pflegen, ein entsprechendes Risikomanagement unterhalten, die Personaldaten der einbezogenen Mitarbeiter fortlaufend aktuell halten sowie die Abwicklung der Leistungserbringung sicherstellen.

Variable, leistungsorientierte Entlohnung

Das Personalmanagement versucht, den wirksamsten Leistungsanreiz für seine Mitarbeiter zu finden. Neben der motivierenden Personalführung rangiert die leistungsorientierte Entlohnung ganz vorn auf der Instrumentenliste.

Zusageinhalt		Eine Mindest-leistung	Eine beitrags-abhängige Leistung	Eine feste Leistung
	Bei Erreichen einer Altersgrenze			
	Bei Invalidität			
	Im Todesfall			
und Zusageerteilung	Einzelzusage oder Globalzusage			
	Betriebliche Praxis			
	Betriebsvereinbarung			
	Tarifvertrag			
Leistungserbringung		Einmalig	Auf Raten	Kontinuierlich als Rente
	Über Direkt-auszahlung			
	Über eine Versicherung			
	Über Pensions-kasse/-fonds			
Verwaltung	Pflege des Systems der betrieblichen Altersversorgung			
	Risikomanagement der betrieblichen Altersversorgung			
	Pflege von Personaldaten			
	Abwicklung der Leistungserbringung			

Abbildung 7.1: Personalwirtschaftliche Aktivitäten der betrieblichen Altersversorgung

Neben der festen und an die Arbeitszeit gebundenen Grundentlohnung (dem Fixlohn) wird bei entsprechender arbeitsvertraglicher Vereinbarung ein weiterer Gehaltsbestandteil gezahlt, der von der tatsächlich erbrachten Leistung des Mitarbeiters abhängt, also von den Leistungsergebnissen und vom Leistungsverhalten. Dieser Gehaltsbestandteil kann je nach erbrachter Leistung schwanken und wird deshalb variabel genannt. Bemessungsgrundlagen sind eine Einzelleistung, eine Gruppenleistung, die Gesamtunternehmensleistung oder beliebige Kombinationen aller drei Leistungsarten in einem zurückliegenden Beurteilungszeitraum.

Um die leistungsorientierte Entlohnung zu zahlen, ermittelt das Personalmanagement zunächst über die Leistungsbeurteilung die qualitative Leistung. Für sie werden Punktwerte vergeben, die dann mit zuvor beschriebenen Tabellen verglichen werden. Dort werden die Leistungen mit der Höhe der Leistungsentgelte in Form von Leistungsstufen verbunden.

Eine Leistungsbeurteilung kann *analytisch* erfolgen, indem einzelne Leistungsmerkmale nach einem vorgegebenen Beurteilungsverfahren beurteilt werden und sich aus der Zusammenführung mehrerer Teilbeurteilungen eine Gesamtbeurteilung ergibt. Alternativ kann eine Leistungsbeurteilung *summarisch* erfolgen, indem für die Leistung eine einzige Einschätzung vorgenommen wird nach der Form »die Mitarbeiterleistung war überdurchschnittlich« oder »die Leistung von Frau X war besser als die Leistung von Herrn Y«. Die analytische Leistungsbeurteilung ist differenzierter.

Weil die leistungsorientierte Entlohnung sich auf eine vom Unternehmen erwünschte Leistung bezieht, sorgt das Personalmanagement dafür, dass sich die Leistungsbeurteilung später auch tatsächlich auf diese Leistungsziele bezieht. Diese sollen realistisch erreichbar sein, damit sich die Motivationswirkung bei den Mitarbeitern auch einstellen kann. Bei einigen leistungsorientierten Entlohnungsformen hat das Personalmanagement allerdings nicht die vollständige Gestaltungsfreiheit, so beispielsweise bei Provisionszahlungen, die im Handelsgesetzbuch gesetzlich geregelt sind. Auch gibt es gesetzliche Vorgaben im Aktiengesetz über die Vergütung von Vorständen.

Schwierig wird es, im Rahmen der leistungsorientierten Entlohnung Minderleistungen zu berücksichtigen. Wenn Leistungen unterhalb der Mindestleistungsgrenze erbracht wird, ist in der Regel der Fixlohn die Entlohnungsuntergrenze, die nicht weiter reduziert wird. Ein Malussystem, bei dem weitere Abzüge wirksam werden, ist selten.

Zur leistungsorientierten Entlohnung passt das Cafeteria-System. Hier kann sich jeder Mitarbeiter, der leistungsorientiert entlohnt werden soll, die für ihn persönlich am besten passenden Entlohnungsbestandteile aus einem Katalog an Alternativen auswählen – ähnlich wie er sich das Essen in der Cafeteria zusammenstellen würde. Das Personalmanagement wird dann im Rahmen des ihm zustehenden Entgelts diese Wünsche berücksichtigen, also einem Mitarbeiter eher einen Firmenwagen zur Verfügung stellen, einem anderen bestimmte Versicherungen bezahlen, einem dritten das Geld auf sein Gehaltskonto überweisen.

Leistungsorientierte Entlohnungssysteme werden heutzutage in vielen Unternehmen eingesetzt und ergänzen die Fixlöhne. Allerdings verfügen kleine und mittelgroße Unternehmen im Mittelstand häufig nicht über die finanziellen Mittel, um im gleichen Maße leistungsorientierte Entlohnung zu zahlen wie manche Großunternehmen. Sie versuchen sich als Arbeitgeber dadurch attraktiv zu machen, dass sie ein Gehaltsbündel aus monetären und nicht monetären Bestandteilen schnüren und auch als solches kommunizieren. Hier gehen psychologische Aspekte wie das Betriebsklima, die Kollegialität in der Belegschaft, Weiterbildungsmöglichkeiten und Karrierechancen, Anerkennung durch die Unternehmensleitung, Rückmeldung durch die Führungskraft sowie ein flexibel zu wählendes Verhältnis zwischen fixem und variablem Lohnanteil ein.

Ein Schuss kulturelle Führung zur Abrundung

Es gibt immer wieder Themen im Bereich der Personalentlohnung, die über das rein Finanzielle hinausreichen. Sie betreffen das Erscheinungsbild des Unternehmens in Wirtschaft und Gesellschaft oder wirken sich im Unternehmen auf die Unternehmenskultur aus.

Wann Entlohnung gerecht ist

Als gerecht wird eine Entlohnung angesehen

✔ vom einzelnen Mitarbeiter, wenn sie das widerspiegelt, was der Mitarbeiter auf seiner Arbeitsstelle leisten soll beziehungsweise geleistet hat;

✔ von Mitarbeitern in Arbeitsteams, wenn sie ihre eigene Entlohnungs-/Leistungs-Relation mit denen ihrer Kollegen vergleichen und keine Ungleichbehandlung entdecken, sowie

✔ von der Gesellschaft, die ihrer Beurteilung vor allem sozial erwünschte Ansprüche zugrunde legt.

Dies in jedem Einzelfall sowie im Gesamtzusammenhang des Unternehmens zu erreichen ist für das Personalmanagement eine große Herausforderung. Es kann allerdings versuchen, sich dem Idealzustand der Entlohnungsgerechtigkeit anzunähern – wissend, dass dies kein statischer Zustand sein wird, sondern ein ständiger Anpassungsprozess, der sich in der Dynamik der Unternehmens- und Umweltveränderungen mit wandeln wird. Dennoch: Was sozial gerecht ist, kann dem Leistungsprinzip widersprechen. Daher erreichen Unternehmen kaum die vollständige Integration von Wirtschaftlichkeit und Gerechtigkeit.

Ein Unternehmen kann die Personalentlohnung personalmanagementethisch prägen, indem es die Gleichwertigkeit von Anforderungen, Leistungen und Entlohnungshöhe regelmäßig hinterfragt und die fixen sowie variablen Vergütungsbestandteile auf Veränderungen der Arbeit anpasst. Auch kann ein Unternehmen bewusst Löhne zahlen, deren Höhe auch die Verbesserung der Lebensbedingungen seiner Mitarbeiter anstrebt – man nennt dies Soziallöhne –, oder im Rahmen der betrieblichen Sozialpolitik den Mitarbeitern Vergünstigungen bereitstellen, so etwa günstige Werkswohnungen, Kindergärten, Altershilfe, Krankenversorgung und kulturelle Angebote.

Als gerecht wird es von der Gesellschaft auch angesehen, wenn ein Unternehmen Teile seines Gewinns, den die Mitarbeiter mit erwirtschaften, an diese zurückfließen lässt. Dies kann über eine Erfolgsbeteiligung der Mitarbeiter geschehen, in deren Rahmen ein Gewinnanteil an die Mitarbeiter ausgeschüttet wird, oder über die Beteiligung des Unternehmens an der Vermögensbildung der Mitarbeiter durch regelmäßige Zuschüsse.

Ein brennendes Gerechtigkeitsthema ist die Diskriminierungsfreiheit der Personalentlohnung. Wenn ein Unternehmen das Ziel verfolgt, Frauen und Männer für die gleiche Arbeit gleich zu entlohnen, muss das Personalmanagement dies beachten. Eine solche diskriminierungsfreie Personalentlohnung bezieht sich nicht nur auf die Einordnung von Frauen und Männern in Gehaltsgruppen. Manchmal ist es notwendig, unterschiedliche Leistungen gegeneinander

aufzuwiegen. Während in einigen Männerberufen die Leistung zum Beispiel in physischer Anstrengung liegt, ist dies für Frauen nicht möglich. Als gleichwertig können im Rahmen von Arbeitsbewertungen daher soziale Anstrengungen bewertet werden. Im Ergebnis werden dann trotz unterschiedlicher Anstrengungsausprägungen zwischen Frauen und Männern ähnliche Anstrengungsniveaus ähnlich entlohnt.

Lebensphasendynamik als Leitprinzip

Die bisher verbreiteten Entlohnungssysteme basieren auf der Grundidee, dass die Mitarbeiter im Verlauf ihres Arbeitslebens immer weiter Karriere machen und dass die Vergütung daher kontinuierlich bis hin zu einer erreichbaren Höchstvergütung ansteigt.

Ein unbedingtes »immer mehr« der Entlohnung im Karriereverlauf kann dort auf den Prüfstand gestellt werden, wo

✔ die Karriereverläufe nicht mehr ständig ansteigen, sondern sich inhaltlich auf demselben Niveau abspielen (die sogenannten horizontalen Karrieren) und von Karrierestaus begleitet sind,

✔ die tatsächliche Leistung von Mitarbeitern gegen Karriereende nicht ständig weitersteigt, sondern motivations- oder gesundheitsbedingt wieder sinkt, und

✔ der demografische Aufbau der Personalstruktur sich in Richtung einer alternden Belegschaft verändert, was ein Senioritätsprinzip der Entlohnung für das Unternehmen immer teurer macht.

In diesem Zusammenhang verändern sich die Bedürfnisse der Mitarbeiter: Sie möchten häufig, dass sich ihr Engagement zu Beginn ihrer Karriere und die Wachstumsraten ihrer Leistung eher im Entgelt niederschlagen, und sind dafür bereit, gegen Ende der Karriere geringere Steigerungsraten oder sogar eine Stagnation der Gehaltsentwicklung in Kauf zu nehmen, wenn dies in einem attraktiven Langfristvertrag abgebildet wird.

Wählt das Personalmanagement die Lebensphasendynamik als Leitprinzip, versucht es, die automatische Verbindung von Vergütung und Lebensalter voneinander zu entkoppeln und dafür die tatsächliche Produktivität der Mitarbeiter stärker als Vergütungsmaßstab einzusetzen, was dennoch unternehmensweit wirkungsneutral im Hinblick auf den Gesamtaufwand der Mitarbeiterentlohnung bleibt. Dies ist ein Signal an die Mitarbeiter, dass etwaige Gehaltszuwächse gerechter erfolgen werden.

Realisiert werden kann eine Berücksichtigung der Lebensdynamik beispielsweise durch

✔ die Gewährung flexibler individueller Zulagen an leistungsstarke Mitarbeiter,

✔ die Festlegung von Entgeltbändern, in denen das Gehalt der dort zugeordneten Mitarbeiter dann flexibel schwanken und auch einmal stagnieren kann,

✔ die Einrichtung von langfristigen Wertkonten, auf denen Gehaltsanteile zum Zweck eines Schwankungsausgleichs angespart werden können,

✔ die Nutzung von Maßnahmen zur Gesunderhaltung, die dazu führen, dass etwaige Produktivitätsverminderungen im Alter gar nicht erst zum Tragen kommen,

✔ die altersfreundliche Gestaltung eines sanfteren Übergangs in den Ruhestand, die individuelle Bedürfnisse mit unternehmensbezogenen Interessen in Einklang bringen können.

Das professionelle Personalmanagement besinnt sich in diesem Zusammenhang auf die Komponente »Differenzierung« im Professionalisierungsmodell. Es beurteilt, wie sich die Mitarbeiterpräferenzen im Hinblick auf vergütungsrelevante Nebenleistungen im Lebensphasenverlauf verändern. Nimmt das Personalmanagement die Lebensjahrzehnte ihrer Mitarbeiter als Grundlage, zeigt sich etwa, dass die Präferenz von Weiterbildungsmaßnahmen eher in den Dreißigern, die Präferenz von Lebensarbeitszeitkonten, Sabbaticals oder Dienstwagen eher in den Vierzigern, von Gesundheitsmaßnahmen oder Versicherungsleistungen eher in den Fünfzigern und Sechzigern ihren Höhepunkt erreicht. Über diese Komponenten können Schwankungen der produktivitätsbezogenen Entlohnung in gewissem Rahmen ausgeglichen werden und weitere Motivationswirkung entfalten.

Reizthema Managervergütung

Ein Reizthema ist die Managervergütung. Unternehmensleitung und Personalmanagement werden immer wieder rechtfertigen müssen, warum die Manager so viel verdienen, wie sie es tun. Dies ist weniger eine Problematik des Mittelstands als vielmehr der Großunternehmen, die zudem stärker von der Öffentlichkeit wahrgenommen werden.

Seit den 1980er-Jahren läuft die Schere der Gehaltsentwicklung von Mitarbeitern und Topmanagern auseinander. Während sich zuvor beide im Wesentlichen parallel mit dem Bruttoinlandsprodukt entwickelten, wachsen die Vorstandsgehälter seitdem überproportional an. Erklären lässt sich dies durch mehrere Faktoren:

✔ Es herrscht ein zunehmend internationaler Wettbewerb um international mobile Spitzenkräfte, was zu Zuständen ähnlich denen auf dem Fußballertransfermarkt geführt haben kann, bei dem für Spitzensportler ebenfalls viel Geld geboten wird, damit sie zu einem bestimmten Arbeitgeber kommen oder sich dort binden lassen.

✔ Vorstände wollen sich im Hinblick auf ihre persönliche Verantwortung und ihr gestiegenes persönliches Haftungs- und Verbleiberisiko entlohnen lassen. So ist beispielsweise die durchschnittliche Verbleibedauer auf einem Vorstandsposten gesunken.

✔ Der variable, leistungsorientierte Anteil am Gehalt beträgt bei Topmanagern bis zu 80 Prozent. In Phasen steigender Unternehmensgewinne kann dies zu bedeutenden Gehaltszuwächsen führen.

Eine managerkritische Perspektive geht hingegen davon aus, dass die Topmanager einen bedeutenden Einfluss auf die Bestimmung ihrer eigenen Gehälter haben, der umso größer ist, je weniger Aufsicht und Kontrolle im Unternehmen wirksam werden, und den sie dann zur Selbstbereicherung nutzen.

Auch die Transparenz der Managervergütung ist ein interessantes Thema: Denn selbst wenn die Struktur der Managervergütung und damit die Anteile fixer und variabler Entlohnung sowie die Bemessungskriterien für den variablen Entlohnungsteil offengelegt werden, bedeutet dies noch nicht automatisch, dass das Unternehmen Jahr für Jahr die konkret erreichten Ausprägungen dieser Bemessungskriterien ebenfalls transparent macht. Doch nur wenn dies der Fall ist, können Mitarbeiter und auch die Öffentlichkeit beurteilen, ob und in welchem Ausmaß ein Managergehalt tatsächlich angemessen steigt oder nicht. Es hat schon Fälle gegeben, in denen trotz einer Verschlechterung zentraler Bemessungskriterien die Gesamtentlohnung eines Managers gestiegen ist, was dann nicht mehr nachvollziehbar wirkt.

Der Weg in die Hochleistungskultur

Gerade durch die Gestaltung des Personalentlohnungssystems werden wichtige Weichen für eine Hochleistungskultur im Unternehmen gestellt. Insgesamt ist die Ausrichtung des Gesamtunternehmens auf wirtschaftliche Ergebnisse, die auch mit dem Begriff *Performance Management* bezeichnet wird, ein übergreifender Personalführungsansatz, der Elemente des organisationalen Wandels, der Unternehmenskulturbeeinflussung, der Führungsnachhaltigkeit, der Personalentwicklung, des Leistungscontrollings und der persönlichen Verantwortungsübernahme enthält. Im Rahmen des letztgenannten Punkts geht es daher nicht nur um Zielvereinbarungen und spätere Leistungsbewertungen, sondern auch um die finanzielle Belohnung erreichter Ziele. Allerdings bringt gerade die Ausrichtung auf eine Hochleistungskultur die Notwendigkeit zum Umdenken mit.

Die Personalentlohnung muss sich darauf einstellen, dass sie in diesem Rahmen flexibler als bislang gefordert wird. Während bisher beispielsweise die Leistungsziele vor einem Prozess festgelegt wurden, verlagert sich diese Zielfestlegung nun in den laufenden Prozess hinein und kann sich auch fortlaufend aktualisieren. Dies bedeutet, dass auch die damit verbundenen Personalkostenplanungen fortlaufend aktualisiert werden müssen.

Ein anderer Aspekt sind die zu erreichenden Ziele, die einer leistungsorientierten Entlohnung zugrunde liegen. Während sie in der Vergangenheit pro erreichtem Meilenstein auf ihre Erfüllung abgeprüft werden konnten, erfolgt in einer Hochleistungskultur eine prozessbegleitende Abfrage dynamischer Stromgrößen wie Engagement, Zufriedenheit, Leistungsergebnisse und Wertschöpfung, wie sie ähnlich in der Humankapitalbewertung vorgenommen wird. Damit werden nicht zeitpunktbezogene Bestandsgrößen, sondern zeitraumbezogene Veränderungsgrößen zur Bemessungsgrundlage von Leistung – und von der entsprechenden leistungsorientierten Entlohnung.

Personalführung: Mitarbeiter erhalten

8

In diesem Kapitel ...

▶ Motivation erhalten

▶ Qualifikation erhalten

▶ Gesundheit erhalten

Schaut das Personalmanagement auf die Zielgruppe der Mitarbeiter, so hat es eine ganz zentrale Langfristaufgabe zu bewältigen. Von ihm wird erwartet, dass es deren Leistungsbereitschaft und die Leistungsfähigkeit aufrechterhält. Unter dem Oberbegriff Personalführung finden sich viele Aktivitäten wieder, die dem Ziel der Leistungsmotivation sowie der fachlichen Verbesserung und Entwicklung der Mitarbeiter dienen, darüber hinaus der langfristigen Gesunderhaltung der Mitarbeiter und ihrer Bindung. Dieses Kapitel stellt die wichtigsten Handlungsfelder aus diesen Bereichen vor.

Dabei muss das Personalmanagement alle diese Aktivitäten nicht allein durchführen, sondern es verlässt sich auf die engagierte Mitwirkung der Führungskräfte im Unternehmen. Dennoch hat es im Hinblick auf diese Führungskräfte auch eine Steuerungsfunktion, denn es muss ihnen angemessene Anweisungen geben. Es kommt also darauf an, dass das Personalmanagement die Gesamtheit der Personalführungsaufgaben durchdenkt, konzipiert, kommuniziert und im Blick behält.

Es gibt genügend Personalmanagementbücher, die die immer wieder gleichen Motivationskonzepte wiederholen und vor lauter Hintergrundtheorie den Handlungsbezug untergehen lassen. *Personalmanagement für Dummies* konzentriert sich daher ohne Anspruch auf Vollständigkeit auf einige ausgewählte Felder, zu denen es aktuelle Erkenntnisse gibt, die es in den Vordergrund rücken möchte.

Personalführung: Und täglich grüßt das Murmeltier

Personalführung ist eigentlich eine undankbare Aufgabe. Wenn Führung funktioniert, wird sie von den Geführten nicht als besonders erwähnenswert angesehen. Man ist allgemein zufrieden, hält jedoch die akzeptablen Arbeitsbedingungen gerade auch auf der zwischenmenschlichen Ebene für selbstverständlich. Doch wehe, wenn die Mitarbeiterführung auch nur einmal einen unerwünschten Effekt mit sich bringt. Dann spätestens reagieren Mitarbeiter mit »das ist aber ungerecht«, ärgern sich über eine aus ihrer Sicht ungerechtfertigte Behandlung und beginnen, ihren Ärger im Netzwerk der übrigen Mitarbeiter zu verbreiten.

Personalführung bedeutet immer Höchstleistung bringen, jeden Tag aufs Neue, aber auch frustrationstolerant bleiben, wenn nur die Hälfte der eigenen Anstrengungen wahrgenommen wird und wenn Kritik unverhältnismäßig und unausgewogen erscheint.

Der modernen Führungslehre liegt die Grundidee der transformationalen Führung zugrunde. Anstatt dass Führung allein ein Austausch (eine Transaktion) von Arbeitsleistung und Entlohnung ist, wie es in der transaktionalen Führung unterstellt wird, erwartet man einen Zuwachs an Führungseffektivität dadurch, dass die Persönlichkeit der Führungskraft die Mitarbeiter zusätzlich zum Erreichen eines höheren Leistungsniveaus anregt.

Durch die Persönlichkeit der Führungskraft wird im Geführten eine Veränderung seiner Anspruchsniveaus angestoßen. In deren Folge verändert sich der Geführte im Hinblick auf seine Eigenmotivation (es erfolgt eine »Transformation«) und er setzt sich für Ziele ein, die über seine ursprünglich verfolgten Ziele hinausgehen. Es geht dem Geführten dann nicht mehr nur um das Erreichen vereinbarter Unternehmensziele, sondern auch um die Erarbeitung und das Erreichen weiterer, mit der Führungskraft gemeinsam neu definierter Ziele. Somit kann aufgrund transformationaler Führung durch erhöhte Motivation ein Führungserfolg erzielt werden, der über die ursprünglichen Erfolgserwartungen der transaktional denkenden Führungskraft hinausgeht.

Dieses Modell enthält vier Ausprägungen der transformationalen Führung:

✔ **Charisma:** spezifische persönliche Ausstrahlungskraft einer Führungskraft, die sich auf das Leistungsverhalten der Mitarbeiter auswirkt

✔ **Inspirierende Motivation:** Begeisterungskraft in Form emotional positiv belegter Zukunftsvisionen

✔ **Intellektuelle Stimulierung:** Fähigkeit zur Anregung der Mitarbeiter im Hinblick auf Ideenfindung, eigenständige Problemanalyse und -lösung

✔ **Individuelle Wertschätzung:** Fähigkeit der Führungskraft, jeden Mitarbeiter als Individuum zu behandeln, ihm Aufmerksamkeit entgegenzubringen und ihn zu fördern

Die Führungsrolle ist nicht mehr nur das Managen von Mitarbeitern, sondern vielmehr die ganzheitliche Führung mithilfe von Inspiration und Innovation, das die Grenzen des durch Führung Erreichbaren immer weiter hinausschiebt. Dies gilt auch für Teams, in denen sich die Erreichung von Hochleistung in den genannten Rahmenbedingungen selbst verstärken kann. Letztlich werden die Mitarbeiter angespornt, selbst Verantwortung für ihre Arbeit zu übernehmen, nicht mehr nur den Anweisungen der Führungskraft nachzukommen und den sich selbst verwirklichenden Weg von der Verfolgung ihrer Eigeninteressen hin zu Team-, Unternehmens- oder Gemeinschaftsinteressen zu beschreiten.

Damit sind bereits die wirksamsten Motivatoren benannt: für etwas »zu brennen«, die Ziele zu kennen und sie als faszinierende Vision zu formulieren, die Mitarbeiter dann einzeln und gemeinsam auf den Weg mitnehmen und sie dabei geistig zu fordern und weiterzuentwickeln. Begeisterung, Richtung, Einbindung und Lernen – diese vier Motivationsfaktoren haben sich als höchst wirksam herausgestellt.

Motivation als die Königsdisziplin des Personalmanagements

Es gibt unzählige Bücher, die die verschiedenen Motivationstheorien erklären. Für jede Motivationstheorie lassen sich die Wirkungsweise erläutern und wissenschaftliche Studien anführen, die den tatsächlichen Eintritt einer vermuteten Motivationswirkung belegen. Dies alles im Einzelnen zu beschreiben würde nur wieder weitere Bücher füllen. Daher gehe ich in *Personalmanagement für Dummies* mit Ihnen einen anderen Weg: Ich führe den jeweiligen Motivationsansatz ganz kurz ein, stelle seine Besonderheit heraus und verdeutliche dann, was genau man tun muss, um mit seiner Hilfe Personen zu motivieren.

Begriffliches Grundverständnis

Motivation ist zunächst ein individuumsbezogenes Phänomen, das mehrfach geprägt ist: durch biologisch-genetische Faktoren wie auch durch sozial-kulturelle Faktoren:

✔ Das Verhalten einzelner Personen lässt sich nicht vorhersagen und damit auch nicht vollständig steuern. Dennoch gibt es Erkenntnisse aus der Hirnforschung, die nahelegen, dass es grundlegende biologisch-genetische Muster gibt, nach denen Personen sich motivieren lassen. So ist etwa ein Areal im Gehirn bekannt, das als Belohnungssystem bezeichnet wird und das, wenn es aktiviert ist, mit einem Wohlgefühl einhergeht. Dinge, die dies bewirken, tut ein Mensch bevorzugt. Er ist also motiviert, für sich ein Wohlgefühl auszulösen. Das ist der Fall, wenn man seine Grundbedürfnisse befriedigt oder wenn man etwas Neues lernt. Allerdings wurde auch herausgefunden, dass bei aktiviertem Belohnungssystem die Qualität des rationalen Entscheidens negativ beeinflusst, dass also nicht mehr so intensiv nachgedacht wird. Zusätzlich treten Gewöhnungseffekte auf.

✔ Auch sozial-kulturelle Faktoren spielen bei der Motivation eine Rolle. Die Motivationsneigung ist durch sozialen Austausch beeinflussbar. Wenn Personen miteinander diskutieren, kann sich eine Präferenz bilden, die der biologisch-genetischen Motivation entgegensteht. Damit bildet der Wille eine sozial-kulturelle Motivation aus, die andere Motivationsmuster überlagern kann. Das geschieht, wenn man mit anderen Personen die gemeinschaftlichen Lebensbedingungen für seine Zukunft sichert oder wenn man eine Situation herbeiführen kann, die man als fair wahrnimmt. Den Mechanismus der gemeinsamen Diskussion und Abstimmung kann gerade das Personalmanagement intensiv nutzen.

Motivieren beziehungsweise Motivation im Sinne einer Tätigkeit (»ich motiviere«) wird definiert als das Ausrichten eines individuellen Verhaltens in Richtung eines als positiv wahrgenommenen Ziels. Motivation im Sinne eines Zustands (»ich bin motiviert«) beschreibt, dass das Verhalten einer Person bereits auf ein positiv wahrgenommenes Ziel hin ausgerichtet ist. Voraussetzung eines erfolgreichen Motivierens ist, dass die zu motivierende Person über Motive verfügt, also über ein Grundmuster, das die Präferenz bestimmter Ziele festlegt.

Gründe einer Motivation können innerhalb einer Person liegen, dann spricht man von intrinsischer Motivation: Offenbar sind dann die inneren Motive so stark, dass sie verhaltenswirksam werden. Intrinsisch motivierte Mitarbeiter wollen ihre Motivation, Leistung zu erbringen, in ihrer Arbeit ausleben. Das muss dann entsprechend zugelassen werden. Grün-

de können aber auch außerhalb einer Person liegen, sodass von extrinsischer Motivation die Rede ist. In diesem Fall werden der Person von außen Anreize angeboten, die zur Befriedigung der inneren Motive beitragen.

Wie Führung die Mitarbeiter motiviert

Wenn die Arbeit nicht ausreichende Potenziale zur intrinsischen Motivation aufweist, kann man die Motivation durch äußere Anreize steigern. Mittels Belohnungen lenkt man Handlungen in eine gewünschte Richtung:

✔ Einige dieser Belohnungen, so der Personalforscher Frederick Herzberg in den 1960er-Jahren, können gerade einmal dazu dienen, vorhandene Unzufriedenheit abzubauen, ohne aber eine nachhaltige Zusatzmotivation aufzubauen. Hierzu zählen die Verbesserung von Arbeitsbedingungen, die Entlohnung, der persönliche Status, die Beziehung zu Kollegen, Untergebenen und Vorgesetzten oder die allgemeine Unternehmenspolitik.

✔ Andere Belohnungen schaffen es, im Sinne der transformationalen Führung die Mitarbeiter weiterzuentwickeln und zur nachhaltigen Leistung zu motivieren. Hierzu zählen die persönliche Weiterentwicklung, herausfordernde Arbeit, die Bestätigung durch die geschaffte Leistung und die Anerkennung durch andere.

Lob und Anerkennung halten also gesund. Daher ist es nicht allein die Gehaltserhöhung, die motiviert – mindestens genauso stark wirkt der freundliche, persönliche Dankesbrief der Unternehmensleitung. Belohnungen sollten allerdings in ihrem absoluten Beitrag zu einer Verhaltensbeeinflussung ausreichen und grundsätzlich allen Mitarbeitern mit berechtigten Ansprüchen gewährt werden. Die Alternative zu Belohnungen sind Bestrafungen für das Nichterreichen gesetzter Ziele. Das Personalmanagement, das am längeren Hebel sitzt, übt einen ökonomischen Zwang auf die Mitarbeiter aus, entzieht also Entgeltkomponenten, sozialen Status, soziale Sicherheit, bestimmte Tätigkeiten oder Lernmöglichkeiten. Die Langfristwirkungen von Bestrafungen sind denen von Belohnungen unterlegen.

Ein Problem der extrinsischen Motivation über Belohnungen wird als Verdrängungseffekt (*Crowding-out-Effekt*) bezeichnet. Wenn man Personen, die eine Arbeit intrinsisch motiviert erledigen, für diese bislang nicht extra belohnte Arbeit freiwillig eine zusätzliche Belohnung gibt, kann die Motivation kurzzeitig steigen. Sollte man nach einiger Zeit jedoch die zusätzliche Belohnung wieder weglassen und den ursprünglichen Zustand herstellen wollen, sinkt die Leistung unter das ursprünglich gezeigte Niveau ab. Offensichtlich empfinden die Personen es als ungerecht, dass ihnen etwas weggenommen wird, obwohl sie objektiv nicht schlechter gestellt sind als zu Beginn. Die extrinsische Motivation hat also dazu geführt, dass die intrinsische Motivation verloren gegangen ist beziehungsweise verdrängt wurde.

Es gibt zwei Hauptrichtungen der Motivationsbeeinflussung:

✔ Das Personalmanagement kann Motivation über die Beeinflussung von *Personen* erlangen. Hier versucht es, deren Motive zu beeinflussen, indem es sie auf Erfolg ausrichtet und im Sinne einer mentalen Prägung ein gelingendes Vorgefühl erzeugt.

✔ Es kann Motivation auch über die Beeinflussung der *Situation* erlangen. Das Personalmanagement versucht dies im Rahmen des Personaleinsatzes dadurch, dass es im Hinblick auf zu erledigende Aufgaben und Tätigkeiten möglichst passende Mitarbeiter auswählt und diese hierauf zuordnet. Zudem kann das Personalmanagement versuchen, Arbeitsbedingungen herzustellen, in denen das gemeinschaftliche Wohl erkennbar wird und nicht durch Dritte ausgenutzt wird, damit die Mitarbeiter die Bereitschaft entwickeln, dazu beizutragen.

Die Mitarbeiter sollten den Eindruck haben, dass die Motivationsanstrengungen tatsächlich auf sie orientiert sind. Dies bezieht die Wahrnehmung der Mitarbeiter und die bewusste Reflexion ihrer Bedürfnisse ein.

Von einigen Seiten wird ein systematisches »Staff Relationship Management« vorgeschlagen, also ein Mitarbeiterbeziehungsmanagement, das man dem Marketing abschaut, das Ähnliches bereits lange in Form des Kundenbeziehungsmanagements kennt. Kern eines solchen systematischen Mitarbeiterbeziehungsmanagements ist die unternehmenskulturelle Ausrichtung auf die Mitarbeiter als wichtige Kunden. Zu dieser Grundphilosophie kommen entsprechende Analyse- sowie Motivationsinstrumente und Führungsstile hinzu.

Ein gebräuchliches und verbreitetes Analyseinstrument ist die Mitarbeiterbefragung. Darin erhebt das Personalmanagement zu einem Zeitpunkt den Stand der Motivation unter den Mitarbeitern. Es integriert Fragen zur Leistungsbereitschaft, zu den Rahmenbedingungen des Arbeitens, zur Bindungsbereitschaft, zum Betriebsklima und zu Verbesserungsimpulsen. Einerseits sollen Schwachstellen diagnostiziert werden, andererseits sollen Motivationsmaßnahmen abgeleitet werden. Um möglichst ehrliche Antworten zu bekommen, empfiehlt es sich, Mitarbeiterbefragungen anonymisiert durch unabhängige Dienstleister durchführen zu lassen. Auf jeden Fall aber müssen in den Prozess die Unternehmensleitung und der Betriebsrat integriert werden. Ein professionelles Personalmanagement strebt an, den Zeitraum zwischen Datenerhebung, Ableitung von Maßnahmen und Kommunikation des Veränderungsbeginns möglichst zu minimieren. Eine wiederholte Mitarbeiterbefragung mit ähnlichen Fragen (ein »Panel«) erlaubt es, längerfristige Trends in der Entwicklung des Motivationsstatus der Mitarbeiter zu erkennen.

Wie Zielvereinbarungen das Führen erleichtern

Der Abschluss von Zielvereinbarungen ist die Grundlage für eine sinnvolle Beziehung zwischen einer Führungskraft und einem Mitarbeiter und ein zentraler Zeitpunkt, zu dem Motivation unmittelbar in der Kommunikation geschieht. Dementsprechend verlangen Unternehmen von ihren Führungskräften, dass Zielvereinbarungsgespräche geführt werden. Eng verbunden damit sind die Kontrolle der Zielerreichung sowie die Führung von Beurteilungsgesprächen. Daher stellt sich die Frage: Wie geht das genau?

Einordnung in den Führungszusammenhang

Zielvereinbarungsgespräche dienen dazu, zwischen Führungskraft und Mitarbeiter Ziele zu vereinbaren, die der Mitarbeiter in der Zukunft erfüllen soll. Aus dieser Vereinbarung lassen

sich die zur Zielerreichung notwendigen Aufgaben, Prioritäten, Ressourcen, unterstützende Maßnahmen sowie Verantwortlichkeiten ableiten.

Die Ziele für die Mitarbeiter leiten sich aus den Unternehmenszielen ab. Beispielsweise werden strategische Ziele über das Instrument der Balanced Scorecard in operative Teilziele heruntergebrochen. Über diese Ziele verständigen sich die Führungskraft und der Mitarbeiter dann, damit die Wahrscheinlichkeit einer erfolgreichen Zielerreichung steigt. Über die unternehmensbezogenen Ziele hinaus werden auch mögliche Projektziele besprochen, dann allgemeine Entwicklungsziele für das Unternehmen oder einzelne Gruppen und schließlich persönliche Entwicklungsziele für den Mitarbeiter.

Eine Zielvereinbarung dient der Umsetzung des Führungskonzepts »Management by Objectives« (MbO), das sich dadurch auszeichnet, dass Führungskräfte mit Mitarbeitern Ziele gemeinsam erarbeiten oder im etwas autoritäreren Fall Ziele vorgeben, der Weg zur Zielerreichung allerdings der autonomen Entscheidung der Mitarbeiter überlassen wird. Demzufolge sollte das Personalmanagement darauf achten, dass die Führungskräfte des Unternehmens folgende drei Aspekte berücksichtigen:

✔ Die Ziele sollen klar formuliert werden und es sollen eindeutige und gerechte Erfolgsmaßstäbe angelegt werden.

✔ Die Zielformulierung soll Raum für Selbstverantwortung des Mitarbeiters lassen, denn der Mitarbeiter wünscht Beschränkung der Kontrolle auf das Wesentliche.

✔ Eine Zielvereinbarung soll wiederholt und in regelmäßigen Abständen erfolgen, damit sie von allen Beteiligten planmäßig bearbeitet werden kann.

Zielvereinbarungen unterliegen der Mitbestimmung des Betriebsrats, der das Recht hat, bei der Ausgestaltung des Zielvereinbarungssystems mitzuwirken sowie den Ablauf des Systems zu überwachen. In der Regel werden auf Betriebsebene Betriebsvereinbarungen zu Zielvereinbarungssystemen geschlossen.

Gestaltung durch die Führungskraft

Zur Vorbereitung des Zielvereinbarungsgesprächs, das mindestens einmal im Jahr stattfinden sollte, hilft der Führungskraft eine Checkliste, die die wesentlichen Inhalte im Vorfeld zu durchdenken hilft:

✔ **Was weiß ich über den Mitarbeiter?** Verantwortung, Pflichten, erforderliche Fertigkeiten/Kenntnisse, Einstellung zur Arbeit, Einstellung zu den Kollegen, Einstellung zu mir als Führungskraft, Ehrgeiz und berufliche Entwicklung, Hauptarbeitsinteressen, Stärken/Schwächen, persönliche Probleme

✔ **Welche Ergebnisse liegen aus dem letzten Zielvereinbarungsgespräch vor?** Was wurde besprochen (Ergebnisprotokoll), was wurde vereinbart (Leistungsrückmeldung zu Stärken und Schwächen)?

✔ **Welche Zielsetzung habe ich für dieses Gespräch?** Inhaltlich: Verbesserung der Einstellung, Fertigkeiten oder Kenntnisse, Herausarbeitung von Schwerpunkten der zukünftigen Arbeit, Fortbildungsplan, Verhinderung von Störungen. Formal: genaue Aufgabenbeschreibung, klare Zeitplanung.

✔ **Wie gehe ich am besten vor?** Wann ist der günstigste Zeitpunkt? Nenne ich dem Mitarbeiter den Gesprächsanlass? Fordere ich eine Selbsteinschätzung des Mitarbeiters bezogen auf seine Leistungen ein und lasse ich ihn diese begründen? Wie und wann mache ich mir Notizen?

✔ **Worauf achte ich während des Gesprächs?** Nennt der Mitarbeiter realistische Ziele für die Zukunft? Wie können diese Ziele erreicht werden? Welche Unterstützung kann ich ihm geben? Welche Zielkontrollen vereinbaren wir?

Das Ergebnis eines Zielvereinbarungsgesprächs wird schriftlich niedergelegt und von beiden Gesprächsteilnehmern unterzeichnet. Damit bekommt die Zielvereinbarung ihre Verbindlichkeit: Arbeitsrechtlich handelt es sich dann um eine schriftliche Ergänzung des Arbeitsvertrags.

Zur Bewältigung des Zielvereinbarungsprozesses mit allen Mitarbeitern eines Unternehmens sowie zur Unterstützung der Führungskräfte stehen Softwareanwendungen zur Verfügung. Während die Führungskräfte die vereinbarten Ziele erfassen, kann das Personalmanagement diese Daten zur Dokumentation, zum Zielcontrolling und zur Gehaltsberechnung verwenden. Unter Beachtung der Vertraulichkeit können die Daten auch Verantwortungsträgern zwecks Zielüberwachung in ihren Bereichen zugänglich gemacht werden.

Nach der Zielerreichung ist vor der Zielerreichung

Die Kontrolle der Einhaltung der vereinbarten Ziele kann von Zielvereinbarungsgespräch zu Zielvereinbarungsgespräch erfolgen. Es können auch separate Beurteilungsgespräche geführt werden, sogenannte Beratungsgespräche oder Fördergespräche. Darin geht es nicht allein um die Zielbewertung, sondern auch – und gegebenenfalls noch während der Laufzeit der Zielvereinbarung – um eine Unterstützung des Mitarbeiters bei der Erreichung seiner Ziele.

Vor dem Beurteilungsgespräch muss die Führungskraft für sich eine Beurteilung des Mitarbeiters und seiner Leistung erstellen. In dem Beurteilungsgespräch geht es dann darum, dass der Mitarbeiter zunächst für sich seine Leistung bewertet, damit zwischen beiden Beurteilungen ein Abgleich erfolgen kann.

Beurteilungsgespräche werden von Mitarbeitern sehr ernst genommen. Sie fühlen sich nicht nur in ihrer Leistung, sondern auch in ihrer Persönlichkeit bewertet. Zudem werden die Gesprächsergebnisse im Unternehmen dokumentiert und damit »offiziell«. Damit solche Gespräche keine Konflikte auslösen, sollten Führungskräfte sowohl die Methodik als auch die typischen Inhalte von Beurteilungsgesprächen erlernen. Darüber hinaus sind psychologisches Geschick, Menschenkenntnis und Kommunikationsfähigkeit von Nutzen. Es gehört zu den Aufgaben von Führungskräften, ihre Mitarbeiter ständig zu beobachten, damit sie sich ein fundiertes Urteil bilden können.

Die Rolle des Personalmanagements besteht dabei darin, dass es die Führungskräfte im Hinblick auf die Führung solcher Gespräche schult und sie für typische Beurteilungsfehler sensibilisiert. Vermieden werden sollen bei der Führungskraft insbesondere:

✔ selektive Wahrnehmung, Vorurteile, Sympathie und Antipathie,

✔ die Beeinflussung der Beurteilung durch die persönlich-emotionale Situation des Mitarbeiters sowie

✔ ungerechtfertigter Schutz einzelner Mitarbeiter oder das Wegloben von Mitarbeitern.

Der Mitarbeiter erwartet offene Anerkennung oder Kritik – allerdings nicht seiner Person, sondern seines Arbeitsverhaltens. Aus diesem Grund bieten sich für die Führungskraft Selbsteinschätzungsbogen an, die die Gesprächsführungskompetenz beurteilen. In manchen Unternehmen stellt das Personalmanagement den Führungskräften Checklisten für das Gespräch und Formulare für die Zielvereinbarung zur Verfügung und macht idealerweise vor den jährlich anstehenden Gesprächen die Teilnahme an einem Auffrischungsworkshop zur Gesprächsführung verpflichtend.

Selbsteinschätzungsbogen zur Gesprächsführungskompetenz

✔ Ich habe den Willen des Mitarbeiters an einer besseren Zusammenarbeit mit mir geweckt.

✔ Ich habe beim Mitarbeiter keinen Widerstand erzeugt.

✔ Ich habe dem Mitarbeiter genügend Zeit gegeben, seine persönliche Einschätzung auszudrücken.

✔ Ich habe dem Mitarbeiter Hilfestellung und zusätzliche Sicherheit gegeben.

✔ Der Mitarbeiter versteht meine Erwartungen an ihn.

✔ Der Mitarbeiter akzeptiert die gemeinsam gefundene Beurteilung.

✔ Ich habe mit dem Mitarbeiter Maßnahmen besprochen, die er verwirklichen kann.

✔ Ich habe dem Mitarbeiter nichts versprochen, was ich nicht einhalten kann (zum Beispiel Gehaltserhöhung).

✔ Ich habe mit dem Mitarbeiter offen über Kontrollen gesprochen.

✔ Ich habe einen zeitlichen Rahmen für Maßnahmen festgelegt.

✔ Ich habe bei dem Mitarbeiter Zuversicht in seine Fähigkeiten geweckt.

✔ Der Mitarbeiter kann in Zukunft besser über Schwächen reden.

✔ Der Mitarbeiter hat mir offene Rückmeldung zu meinem Führungsverhalten gegeben.

✔ Ich bin mit dem Gesprächsverlauf zufrieden.

Manchmal ist wenig auch schon was

Nicht immer muss das Personalmanagement für die Motivation der Mitarbeiter sorgen. Es kann auch gelingen, den Mitarbeitern Rahmenbedingungen zu schaffen, in denen sie sich selbst motivieren oder in denen erwünschte Motivationswirkungen unbeabsichtigt oder ungeplant eintreten. In diesem Fall spricht man von der emergenten (vom lateinischen Wort

emergere = auftauchen) Personalführung. Und hier brauchen weder Personalmanagement noch die Führungskräfte andauernd lenkend einzugreifen.

Emergente Personalführung setzt darauf, Mitarbeiter sich weitgehend selbst zu überlassen, sodass sie sich ihre eigenen intrinsischen Motivationspotenziale erschließen. Dieses Führungskonzept kann man auch als »Führung durch Nichtführung« bezeichnen. Es ersetzt sicherlich nicht die bewusste Personalführung, kann aber insbesondere bei erfahrenen Mitarbeitern zur Anwendung kommen. Dort sieht es Fremdmotivation als weniger wichtig für das Mitarbeiterhandeln an als den sich aus dem Moment heraus ergebenden Spaß an der Arbeit.

Ein Beispiel für diese Art der emergenten Personalführung ist das Flow-Konzept von Mihalyi Csikszentmihalyi: Darin tauchen Führungswirkungen wie von selbst aus den verborgenen Strukturen des Unternehmens und des Mitarbeiters auf, wenn sich ein Arbeitsfluss einstellt. Handeln und Aufmerksamkeit des Mitarbeiters fallen nach und nach zusammen und es erscheint ihm, als gehe die Arbeit von selbst. Wer kennt nicht die Erfahrung, dass man manchmal über die Arbeit die Zeit und die Umgebung völlig vergisst und sich dafür an den direkt erfahrbaren Arbeitsergebnissen begeistert?

Probleme der emergenten Personalführung liegen darin, dass das Unternehmen die Arbeitsresultate nicht genau steuern kann. Es ist möglich, dass Mitarbeiter im Zustand des Flows aus Unternehmenssicht unerwünschte Arbeitsresultate hervorbringen, zum Beispiel zu sorgfältig arbeiten. Zudem muss das Arbeitssystem ständig Innovationspotenziale bereithalten, die sich der Mitarbeiter erschließen kann, was jedoch im Hinblick auf das Gesamtunternehmen nicht immer möglich und auch nicht immer in der gleichen Intensität notwendig oder erwünscht ist. Der Vorteil der emergenten Personalführung liegt hingegen darin, dass sie – wenn sie funktioniert – den Mitarbeitern äußerst befriedigende Arbeitserfahrungen und Lernprozesse ermöglicht.

Personalbindung als Motivationsziel

Als Bindung bezeichnet man zwei Dinge:

✔ Zunächst den *Zustand* der Bindung: Es besteht ein unsichtbares Band zwischen Mitarbeiter und seinem Unternehmen, das es beiden Partnern erlaubt, sich beinahe blind zu vertrauen. Dies ist zunächst unabhängig davon, ob der eine Partner den Erwartungen des anderen Partners entspricht oder seinen Anweisungen gehorcht.

✔ Dann der *Prozess* der Bindung: Hiermit sind die Aktivitäten der Beziehungspflege gemeint, die dazu führen, dass die Bindung sich vertieft. Da es sich um eine Vertrauensbildung handelt, ist die Bindung ein ständiger, langfristiger Prozess.

Im Kern der Definition steht also eine besonders enge soziale Beziehung.

Zu große Erwartungen an die Bindung führen zu Enttäuschungen. Eine dieser zu großen Erwartungen ist, dass Mitarbeiter, die an ein Unternehmen gebunden sind, diesem automatisch gehorchen. Die realistische Sicht auf Bindung erkennt, dass es nicht um loyalen Gehorsam, sondern um freiwillige Zusammenarbeit/Kooperation geht.

Die Bindung von Mitarbeitern an das Unternehmen wird unter anderem über die Fluktuationsrate gemessen, also den Anteil der von sich aus das Unternehmen verlassenden Mitarbeiter an der Gesamtmitarbeiterzahl. Eine Fluktuationsrate nahe null lässt sich in der Regel nicht realisieren. Dieselben Personalverantwortlichen, die sich um Personalbindung bemühen, haben häufig keine Scheu davor, anderen Unternehmen qualifizierte Mitarbeiter abzuwerben. Aus diesem Grund ist ein ständiges Fließgleichgewicht aus (idealerweise: wenigen) Eintritten und Austritten der Normalfall für Unternehmen.

Führung ganzer Gruppen

Gruppenarbeit zielt darauf ab, spezialisierte Gruppen (Teams) zu bilden, die verschiedene Leistungen miteinander verzahnt auf hohem Qualitätsniveau erbringen können und zu einem Arbeitsergebnis zusammenführen. Je mehr solcher Projektteams und Arbeitsgruppen es im Unternehmen gibt, desto mehr Mitarbeiter bekommen die Gelegenheit, eine solche Gruppe zu führen. Wechselnde Führungsverantwortlichkeiten bringen es mit sich, dass es noch viel mehr als früher auf die Beziehungen aller Mitarbeiter untereinander ankommt. Die Führungsforschung spricht in diesem Zusammenhang von »relationaler Führung« und meint damit, dass zusätzlich zu den Belangen einzelner Mitarbeiter die Belange der Gruppen in den Vordergrund rücken, also zum Beispiel kollektive Motivation, kollektive Wahrnehmung und auf das Gruppenergebnis bezogene Entlohnung.

Damit Gruppenarbeit funktioniert, haben sich folgende Grundregeln für die Führung solcher Gruppen bewährt:

✔ Die Mitarbeiter wissen, wer Gruppenleiter ist und welche Mitglieder zur jeweiligen Gruppe gehören, und übernehmen in diesem Rahmen gemeinsam die Verantwortlichkeit für die Effektivität der Gruppenarbeit.

✔ Die Gruppenaufgaben sind klar definiert und für sie stimmen Aufgabeninhalt, Verantwortung für die Aufgabenbearbeitung sowie Entscheidungsbefugnis überein.

✔ Die Steuerung der Gruppe erfolgt auf Gruppenebene, zum Beispiel über Gruppenzielvereinbarungen, Gruppenautonomie, Gruppeninformation und Gruppencontrolling. Hierbei sind gemäß dem Prinzip der Selbststeuerung Transparenz und Beteiligung der Gruppenmitglieder wichtige Voraussetzungen für eine effektive Gruppenarbeit.

✔ Engagement und Motivation sind nicht nur innerhalb der Gruppe wichtig, die Gruppe tritt im Unternehmen auch engagiert bei gruppenübergreifenden Aktivitäten in Erscheinung, damit es nicht zu einem Abteilungsdenken auf Gruppenebene kommt.

✔ Die Gruppenmitglieder werden an der Formulierung und Abarbeitung der Gruppenaufgabe beteiligt und erhalten Befugnisse beispielsweise für bestimmte Entscheidungen oder für den Zugriff auf dieselbe Wissensbasis.

Eine Herausforderung für die gelingende Gruppenarbeit ist der Wissenstransfer zwischen Mitarbeitern, deren Aufgabe es mit sich bringt, dass sie auf verteiltes Wissen zugreifen müssen. Obwohl es schwierig ist, wenn es viele verschiedene Datenquellen gibt und wenn viele verschiedene Mitarbeiter Wissen teilen beziehungsweise aufnehmen müssen, ist dennoch eine einfache und relativ leicht im Unternehmen einführbare Lösung notwendig. Damit wird das Wissensmanagement zu einem zentralen Führungsinstrument für Teams.

Unter Wissensmanagement versteht man die organisatorischen und die informationstechnologischen Maßnahmen, die dazu beitragen, dass Mitglieder von Arbeits- und Projektteams auf Basis des jeweils aktuellen Fach- und Erfahrungswissens einfacher und besser zusammenarbeiten. Über die Optimierung des individuellen Wissens hinaus ist also die Teilung von Wissen in Teams an einem Ort, in regional oder international verteilten Teams und im gesamten Unternehmen die Aufgabe des Wissensmanagements. Ziel des Wissensmanagements ist es, die Kosten der kooperativen Leistungserstellung zu senken und die Zielerreichung zu verbessern.

In seiner Rolle als Partner der Unternehmensleitung kann das Personalmanagement mit kritischer Distanz Fragen stellen, die darauf hinauslaufen, ob das Wissensmanagement im Unternehmen sinnvoll ist. Die Sinnhaftigkeit ist die Grundvoraussetzung dafür, dass die Mitarbeiter es später nutzen.

Checkliste: Ist unser Wissensmanagement gut aufgestellt?

✔ Gibt es eine mit den Unternehmenszielen verbundene Notwendigkeit im Unternehmen, untereinander Wissen zu teilen?

✔ Entscheiden die Anwender des Wissensmanagements über dessen Ausgestaltung mit?

✔ Ist das Wissensmanagement in der bestehenden Unternehmensstrategie verankert und damit kompatibel?

✔ Gibt es klare Ziele des Wissensmanagements?

✔ Wird die Zielerreichung zum Wissensmanagement bei uns gemessen?

✔ Wissen wir, wer im Rahmen des Wissensmanagements wofür verantwortlich ist?

✔ Kennen alle am Wissensmanagement Beteiligten ihre Ziele genau?

✔ Gibt es eine regelmäßige Kommunikation des Wissensmanagements zu Aufgaben, Zielen, Maßnahmen und Erfolgen?

✔ Ist es in unserer Unternehmenskultur verankert, dass wir untereinander Wissen teilen?

✔ Wird Wissensmanagement bei uns in der täglichen Arbeit genutzt?

✔ Gibt es eine ausreichende Verzahnung der normalen Arbeitsprozesse und -systeme mit dem Wissensmanagement?

✔ Haben wir kurzfristig etwas vom Wissensmanagement und haben wir langfristig etwas davon?

✔ Wird das Wissensmanagement regelmäßig auf den Prüfstand gestellt und gegebenenfalls verändert?

✔ Würde jemand bei uns das Wissensmanagement vermissen, wenn wir es abschafften?

Kernbestandteil eines modernen Wissensmanagements ist seine Verankerung in IT-Systemen. Für die Mitarbeiter sichtbar sind besonders die Profile, die sich für einzelne Aufgaben oder Projekte anlegen lassen. In einem Projektprofil, das mit den Daten konkreter Projekte gefüllt werden muss, können beispielsweise

✔ Projektname und Projektnummer,

✔ verantwortlicher Projektmanager, beteiligte Mitarbeiter, verantwortliche Organisationseinheit und unterstützende Organisationseinheiten,

✔ Kunde, Branche, Land, Sprache,

✔ Kundenauftrag, finanzielles Projektvolumen,

✔ Lösungsansatz, informationstechnologische Umsetzung,

✔ Vorschlag und Realisation zu genutztem Vorwissen, genutzten Wissensquellen, genutzten Ressourcen sowie

✔ Leistungsdaten zur Budgeteinhaltung, Zeitplaneinhaltung, Kundenzufriedenheit

dokumentiert werden. Die Projektprofile bilden eine Wissens- und Erfahrungsdatenbank, die später per Computerabfrage nach Stichworten durchsuchbar ist. Eine Regel aus der Beratungsbranche besagt, dass in Projekten zwischen 30 und 40 Prozent des Wissens und der Dokumente aus bereits durchgeführten Projekten wiederverwendet werden. Aus diesem Grund kann ein gut systematisiertes Wissensmanagement dem Unternehmen nützen.

 Die Aufgabe des Personalmanagements besteht im Rahmen des Wissensmanagements darin, die Mitarbeiter in die Lage zu versetzen, Wissen zu teilen und gemeinsam zu nutzen, und sie hierzu zu motivieren. Daher arbeitet es im Idealfall eng mit Organisationsverantwortlichen und mit der IT-Abteilung zusammen.

Das Personalmanagement wirkt darauf hin, dass der Austausch von Wissen möglichst einfach gestaltet wird. Dies betrifft die Wissensbereitstellung, die -vernetzung und den -abruf. Weil in vielen Unternehmen – und insbesondere denen, die komplexe Systemlösungen anbieten – die Aufgaben immer schwieriger und für Einzelne unübersichtlicher werden, gleichzeitig aber jeder Einzelne an der Gesamtaufgabe des Unternehmens mitwirken soll, ist die Einfachheit des Wissensmanagements eine zentrale Anforderung. So liegt der Fokus des Personalmanagements nicht zuerst auf dem technisch Machbaren und dem technisch Wünschenswerten, was die IT-Abteilung im Blick hat, sondern vielmehr darauf zu schauen, wie die Mitarbeiter das Wissensmanagement und den Umgang damit verstehen und nutzen können:

✔ **Wissensbereitstellung:** Nicht jeder Mitarbeiter ist bereit oder fähig, sein Wissen in den Computer einzugeben – denken Sie nur an den Maschinenschlosser, der bereits 30 Jahre im Unternehmen arbeitet und dem es gar nicht einfallen würde, an einen Computer zu gehen. Es müssen für alle Mitarbeiter Wege gefunden werden, wie Wissen in das Wissensmanagement eingespeist wird, zum Beispiel auch Mitarbeiter, die andere Mitarbeiter nach ihrem Wissen und ihren Erfahrungen befragen und dies dann an ihrer Stelle bereitstellen.

✔ **Wissensvernetzung:** Hier sollten nicht zu viele Einstiegswege angelegt werden, um das Wissen zu strukturieren. Das Wissen sollte sich nicht dauernd wiederholen. Doppeltes, redundantes Wissen sollte aus dem Wissensmanagement entfernt werden. Einfachheit bezieht sich schließlich auch auf die Darstellung des Wissens, die von jedem Mitarbeiter verstanden werden muss.

✔ **Wissensabruf:** Was nützt ein schickes Intranetportal mit viel Wissen, wenn die Mitarbeiter es nicht bedienen können, vielleicht, weil die Umstände ihrer Arbeit es gar nicht zulassen? Manchmal tun traditionelle Kärtchen aus Papier einen besseren Dienst, als es ein Intranet je könnte, manchmal sind mobile Endgeräte sinnvoll.

Das Personalmanagement kann als Anwalt der Mitarbeiter einen Beitrag zur Umsetzung des Wissensmanagements auf Gruppenebene und damit zur Gruppenführung leisten.

Eine Methode, Arbeitsgruppen im Hinblick auf bessere Zusammenarbeit zu entwickeln, sind die *Outdoor-Trainings*: Als handlungsorientierte Lehrmethode ermöglichen sie den Teilnehmern das Erlebnis der Entfaltung ihrer Potenziale. Outdoor-Training funktioniert dadurch, dass die Teilnehmer außerhalb des Unternehmens in eine für sie neuartige, unkomfortable Situation gebracht werden, die sie mit Neugier und Kreativität bewältigen müssen, und dadurch ihr Verhaltensrepertoire anreichern. Zu den klassischen Outdoor-Trainingsaktivitäten zählen Überlebenstrainings und Natursportarten wie Rafting, Eisklettern, Kanutouren und Mountainbiking. In jüngerer Zeit werden vor allem Aktivitäten verwendet, die in ihrem Anspruch und ihrer Ernsthaftigkeit eine größere Nähe zu den psychologischen Anforderungen realer Arbeitssituationen aufweisen. Im Hochseilgarten etwa auf künstlich angelegten Parcours aus über zehn Meter hohen Pfählen mit Seil-, Balken- und Bretterkonstruktionen werden insbesondere Vertrauensbildung, Teamidentität, Kreativität und die Überwindung von Ängsten gelernt. Andere Projektaufgaben in Natur (wie Expeditionen) oder Gesellschaft (wie Zirkusse oder Camps für Kinder) sind aufgrund ihrer Verzahnung aller Akteure so ausgestaltet, dass sie von einem Team nur arbeitsteilig gelöst werden können. Dabei lassen sich die Spielregeln so verändern, dass die in realen Arbeitssituationen vorhandenen Restriktionen und Konflikte simuliert werden können. Gelernt werden soll der Umgang mit Unwägbarkeiten und die Erfahrung der wechselseitigen Abhängigkeit der Teammitglieder.

Ein Outdoor-Training dauert in der Regel ein bis zwei Tage und wird durch Nachbereitungstreffen ergänzt. Um einen Transfer des Lernerlebnisses in das betriebliche Arbeits- und Entscheidungsverhalten zu bewirken, muss das Personalmanagement das Training vorbereiten, indem es den Personalentwicklungsbedarf analysiert und die Zielsetzung der Outdoor-Methoden sowie ihre Einbindung in die übrigen Maßnahmen der Personalentwicklung klärt. Zudem legt es in der Vorbereitung die Lerntransfermechanismen während und nach der Maßnahme fest und plant die Nachbearbeitung über Instrumente wie Analysen, Auswertungsworkshops oder Coachings. Schließlich sucht es Trainer, die sich in Pädagogik, Psychologie, Wirtschaftswissenschaft und Outdoor-Methodiken auskennen.

Mobbing ist, wenn Teamführung nicht klappt

Gerade in Bezug auf Teamführung kann es vorkommen, dass trotz Personalführung Störungen auftreten. Eine davon ist das »Mobbing«. Es leitet sich von dem englischen Begriffe für »über jemanden herfallen« ab und beschreibt eine Situation, in deren Rahmen im Unternehmen einzelne Personen Opfer von Schädigungshandlungen durch Kollegen oder durch Vorgesetzte werden. Man spricht daher auch vom »Psychoterror am Arbeitsplatz«.

Einige Fakten zum Mobbing

Definiert wird Mobbing über konkrete Schädigungshandlungen, die in negativer Absicht mindestens einmal wöchentlich über mindestens ein halbes Jahr stattfinden. Zur Identifikation dieser Schädigungshandlungen gibt es Kataloge, die sich in typische Handlungsgruppen unterteilen:

✔ Handlungen, die die Kommunikation mit der angegriffenen Person ins Absurde treibt oder sie verkümmern lässt (zum Beispiel Schreien, Schimpfen, Unterbrechungen, ständig unbefugte Kritik über Arbeitseinsätze oder Privatleben, Telefonterror, Ignorieren, Tuschelei)

✔ Handlungen zur Zerstörung des Ansehens der angegriffenen Person (zum Beispiel Klatsch, Beleidigungen, öffentliche Verhöhnung von Lebensauffassungen, Kränkungen, Imitieren von Schwächen)

✔ Handlungen zur Manipulation des Arbeitseinsatzes der Person und Angriffe auf die Gesundheit (zum Beispiel Zuteilung sinnloser/gar keiner/sehr gefährlicher/tief kränkender Arbeitsaufgaben, körperliche Gewalt, sexuelle Belästigung)

Mehrere Arbeitsgerichte haben in Urteilen Definitionen für Mobbing formuliert, die entweder sehr grob sind (»das systematische Anfeinden, Schikanieren oder Diskriminieren von Arbeitnehmern untereinander oder durch Vorgesetzte«) oder aber sich eng an obige Katalogdefinition anlehnen.

 Gerichte schließen bei drei Gegebenheiten auf Mobbing: ein systematisches Vorgehen (einzelne Vorkommnisse sind kein Mobbing), eine Rechtsgutverletzung (es müssen also Rechtsfolgen wie Gesundheitsschädigung, Verletzung des Eigentums oder Verletzung allgemeiner Persönlichkeitsrechte gegeben sein; ein negativ wahrgenommenes, aber folgenloses Verhalten reicht für Mobbing nicht aus) sowie eine eindeutige Täter-Opfer-Konstellation (damit ist auch eine Konflikteskalation ohne klare Täter-Opfer-Beziehung kein Mobbing).

Mobbing ist in Unternehmen durchaus verbreitet: Untersuchungen gehen davon aus, dass zwischen 3 und 6 Prozent der arbeitenden Bevölkerung akut gemobbt werden und dass jeder Vierte zumindest einmal während seines Berufslebens zum Mobbingopfer wird. Dabei geht Mobbing nicht nur von gleichrangigen Kollegen aus – entweder von Einzelnen oder Gruppen von zwei bis vier Mitarbeitern –, sondern auch von Führungskräften. Das wird auch als »Bossing« oder »Mobbing von oben« bezeichnet. Doch auch Führungskräfte werden von ihren Mitarbeitern gemobbt, gerade dann, wenn sie führungsschwach erscheinen, Angriffsflächen bieten und sich nicht zur Wehr setzen. Das Mobbingrisiko von Frauen gilt allgemein

als circa 75 Prozent höher als das von Männern – was Anzeichen einer noch immer männerdominierten Arbeitswelt ist.

 Folgen von Mobbing sind nicht nur Unfrieden, Konflikte und eine Störung des Betriebsklimas, sondern auch hohe Kosten für das Unternehmen. Gemobbte Mitarbeiter sind nicht mehr vollständig einsatzfähig, ihre Leistung lässt nach und ihre Fehlzeiten häufen sich. Rechnet man die Kosten zusammen, können die zusätzlichen Kosten das Anderthalbfache der sowieso anfallenden Gehaltskosten betragen.

In der Praxis zeigt sich, dass Mobbingopfer unter Sanktionen des Arbeitgebers leiden – so etwa unter Kündigung, zwangsweiser Versetzung, Nötigung zur Unterzeichnung eines Auflösungsvertrags und Abmahnungen. Dies signalisiert eine Unsicherheit des Personalmanagements bezüglich des rechtlichen Umgangs mit Mobbing. Denn offensichtlich werden diejenigen sanktioniert, die sich am wenigsten wehren können.

Vier Auslöser, vier Phasen, vier Folgen

Wie kommt es überhaupt zum Mobbing? Man geht davon aus, dass es vier Auslöser gibt, die an unterschiedlichen Akteuren ansetzen und die einzeln oder in Kombination wirken:

✔ Mobbender/mobbende Arbeitsgruppe: Mobbing wird als Ventil genutzt, um arbeitsbezogenen Stress zu bewältigen oder um Langeweile auszugleichen.

✔ Mobbender/mobbende Arbeitsgruppe: Ihnen fehlt das moralische Korrektiv, das verhindern würde, andere über einen längeren Zeitraum zu verfolgen.

✔ Gemobbte: Sie befinden sich in einer sozial herausgehobenen Situation, sind zum Beispiel behindert oder arbeiten in einer traditionell eher untypischen Arbeitssituation wie etwa ein »männlicher Kindergärtner«. Auch unspektakulärere Auslöser wie das Sichanbiedern beim Chef durch übertriebenen Arbeitseinsatz oder ständiges Stören der Gruppenatmosphäre durch immer neue Ideen können die Aufmerksamkeit auf sie lenken.

✔ Führungskraft: Ihr mangelt es an Handlungskompetenz im Hinblick auf soziale Konflikte, wodurch sie entstehendem Mobbing nicht früh genug entgegentritt.

Das Mobbing entwickelt sich aus der Perspektive des Opfers in vier Phasen:

✔ Phase 1: Das Mobbing bahnt sich durch einzelne Unverschämtheiten, die sich wiederholen und in ihrer Intensität zunehmen, an.

✔ Phase 2: Es kommt zu einer deutlichen Abgrenzung der betroffenen Person von ihrer Gruppe, verbunden mit zunehmenden Fehlzeiten.

✔ Phase 3: Das Mobbingopfer sucht Hilfe und tritt in die »offizielle« Auseinandersetzung mit Führungskräften und dem Management ein, erhält aber keinen wirksamen Schutz. Schließlich scheidet das Mobbingopfer aus dem Arbeitsverhältnis aus.

✔ Phase 4: Im Nachhinein kommt es zu arbeitsrechtlichen Auseinandersetzungen mit dem Unternehmen und zum zumeist unfreiwilligen Ausschluss des Mobbingopfers aus der Arbeitswelt.

Führungskräften muss bekannt sein, dass Mobbing für Betroffene drastische Folgen haben kann:

✔ gesundheitliche Folgen wie Schlafstörungen, Übelkeit, Herz-Kreislauf-Erkrankungen oder Kopfschmerzen

✔ psychische Folgen in Form von Depressionen, Selbstzweifeln, Albträumen, Antriebslosigkeit oder Selbstmordgedanken

✔ soziale Folgen wie der Verlust von Selbstvertrauen und Optimismus, Kommunikationsbereitschaft und Konfliktfähigkeit

✔ private Folgen wie Auswirkungen auf das Familienleben und die Freizeit des Mobbingopfers, so etwa Gereiztheit, ständige Arztbesuche, Beeinträchtigung des Familienlebens durch Arbeitsunfähigkeit, Vernachlässigung von Freundschaften und von Vereins- und Familienaktivitäten

Konsequenzen für das Führungslernen

Der klassische Dreiklang an Schutzmaßnahmen zum geeigneten Umgang mit Mobbing besteht aus Prävention, frühem Eingreifen und Rehabilitation. Er leitet sich aus der Fürsorgepflicht des Arbeitgebers gegenüber dem Arbeitnehmer ab, die eine arbeitsvertragliche Nebenpflicht ist.

 Ein gemobbter Arbeitnehmer hat nach § 611 des Bürgerlichen Gesetzbuches in Verbindung mit §§ 241 (2), 242 BGB einen aktiven, gerichtlich durchsetzbaren Leistungsanspruch, wenn der Arbeitgeber seine Fürsorgepflicht verletzt hat und Wiederholungsgefahr besteht.

Vorbeugungsmaßnahmen bietet vor allem eine professionelle Personalführung. So ist es eine wichtige Aufgabe von Führungskräften, neu eingestellte Mitarbeiter gleich zur Einführung mit den Anti-Mobbing-Bestimmungen des Unternehmens vertraut zu machen, insbesondere mit einer Null-Toleranz-Politik. Auch können bereits im Arbeitsvertrag Mechanismen zur Konfliktbegrenzung festgehalten werden sowie abschreckende Maßnahmen für den Fall aktiven Mobbings angekündigt werden. Im Übrigen verstößt Mobbing von Arbeitnehmern sowieso bereits gegen deren arbeitsvertragliche Treuepflicht dem Arbeitgeber gegenüber, die für Arbeitnehmer das unbedingte Gebot des betriebsfördernden Verhaltens aufstellt.

Vorbeugung im Arbeitsbetrieb lässt sich beispielsweise über Gesprächsrunden zum Thema Mobbing, über Schulungen und Supervision vornehmen. Sollte doch einmal Mobbing auftauchen, besteht eine Vorbeugungsmaßnahme darin, schnell und bestimmt das Mobbing abzustellen, damit hierdurch anderen Mitarbeitern gegenüber ein Signal der Nichtakzeptanz von Mobbing gesetzt wird.

Als Nächstes gilt es, Mobbingfälle schnell zu identifizieren. Hier können sich Hinweise aus regelmäßigen Mitarbeiterbefragungen ergeben. Sollte im Unternehmen ein Mobbingfall auftreten, ist die Führungskraft gehalten, früh einzugreifen. Dies sollte schnell und mit Nachdruck erfolgen. Angemessene Maßnahmen sind Rügen und Ermahnungen, formale Abmahnungen, die Versetzung oder die verhaltensbedingte Kündigung von Mobbenden.

Auch kann die Möglichkeit bestehen, dass der Arbeitgeber den mobbenden Arbeitnehmer auf Schadensersatz in Anspruch nimmt, wenn es zu einer unmittelbaren Schädigung des Arbeitgebers gekommen ist.

Bei der Lösung eines Mobbingfalls unterstützt werden kann die Führungskraft zum Beispiel mit Arbeitsmaterial wie Videos, das sie in Gruppengesprächen einsetzen kann. Auch der Betriebsrat muss informiert werden und das Abstellen des Mobbings unterstützen, wie es § 75 des Betriebsverfassungsgesetzes vorsieht.

§ 75 Betriebsverfassungsgesetz: Grundsätze für die Behandlung der Betriebsangehörigen

(1) Arbeitgeber und Betriebsrat haben darüber zu wachen, dass alle im Betrieb tätigen Personen nach den Grundsätzen von Recht und Billigkeit behandelt werden, insbesondere, dass jede Benachteiligung von Personen aus Gründen ihrer Rasse oder wegen ihrer ethnischen Herkunft, ihrer Abstammung oder sonstigen Herkunft, ihrer Nationalität, ihrer Religion oder Weltanschauung, ihrer Behinderung, ihres Alters, ihrer politischen oder gewerkschaftlichen Betätigung oder Einstellung oder wegen ihres Geschlechts oder ihrer sexuellen Identität unterbleibt.

(2) Arbeitgeber und Betriebsrat haben die freie Entfaltung der Persönlichkeit der im Betrieb beschäftigten Arbeitnehmer zu schützen und zu fördern. Sie haben die Selbstständigkeit und Eigeninitiative der Arbeitnehmer und Arbeitsgruppen zu fördern.

Schwierig ist es zu beurteilen, ob dem Mobbingopfer ein Zurückbehaltungsrecht seiner persönlichen Arbeitsleistung oder ein Leistungsverweigerungsrecht bei bestehen bleibendem Vergütungsanspruch zusteht. Auch die Konsequenzen einer Eigenkündigung des Mobbingopfers, die sich beispielsweise aus Klauseln im Arbeitsvertrag zur Rückzahlung von Treueprämien oder in Hinblick auf die Sozialversicherung ergeben können, müssen im Einzelfall betrachtet werden.

Zur Rehabilitation von Mobbingopfern sind Unternehmen in der Regel nicht geeignet, denn die entstandenen psychischen Schäden sind weitreichend. Daher sind professionelle Einrichtungen und spezialisierte Selbsthilfegruppen gefragt. Ansprechpartner für Rehabilitationsmaßnahmen können der Betriebsrat, Freunde, der Hausarzt, Kollegen und die Führungskraft sein. Häufig ist es wichtig, die psychologische Rehabilitation mit juristischen Vorgängen zu kombinieren, die dem Mobbingopfer eine positive Perspektive für sein Berufsleben eröffnen können.

Dass sich Vorbeugung und die Rehabilitation von Mobbing für ein Unternehmen auch finanziell lohnen, wird deutlich, wenn man sich vor Augen führt, dass beides etwa nur 10 bis 20 Prozent von dem kostet, was die Alternative – das reine Abwarten und Nichtstun – das Unternehmen kosten würde.

Personalentwicklung als langfristige Führungsaufgabe

Im Rahmen der Personalführung wurde bereits weiter vorn in diesem Kapitel darauf hingewiesen, dass einer der wirksamsten Motivationsfaktoren darin besteht, Mitarbeitern Lern- und Entwicklungschancen zu eröffnen. In diesem Rahmen dient die Personalentwicklung dazu, die Mitarbeiter kontinuierlich mit aktuellem Wissen zu versorgen. Da das zum Zeitpunkt ihres Eintritts in das Unternehmen annähernd aktuelle Fachwissen im Zeitverlauf immer weniger zur Wertschöpfung beitragen kann und auch Erfahrungsgewinne diese Wissenserosion nicht wettmachen können, ist es die Aufgabe des Personalmanagements, eine Kompensation durch neues Wissen sicherzustellen.

 Auch in der Talententwicklung für das Unternehmen spielt die Personalentwicklung eine wichtige Rolle. Sie begleitet die Karrieren der Mitarbeiter. Dabei hat sich der Karrierebegriff in den letzten Jahrzehnten weiterentwickelt. Im Vordergrund steht nicht nur die vertikale Karriere, bei der es um den Aufstieg in der Unternehmenshierarchie geht, sondern alternativ oder ergänzend die horizontale Karriere, bei der Mitarbeiter auf derselben Hierarchieebene anspruchsvollere Aufgaben oder mehr Personal-, Prozess- oder Projektverantwortung übernehmen. Überhaupt wird Personalentwicklung langfristiger gedacht als früher. Da der Lernstoff aufgrund der Technologisierung von Leistungserstellungsprozessen so umfangreich geworden ist, dauert die Ausbildung einer Spitzenqualifikation einschließlich eines profunden Erfahrungswissens für alle möglichen Ausnahmesituationen bei Mitarbeitern teilweise bis zu zehn Jahren. Umso wichtiger ist es, dass das Personalmanagement diese ausgebildeten Spezialisten nicht an seine Konkurrenten verliert.

Lebenslanges Lernen als Idealvorstellung

Will das Personalmanagement das Entwicklungspotenzial, das in ihren Mitarbeitern liegt, nutzen, bietet es sich an, auch die nebenberufliche Weiterbildung zu fordern und zu fördern. Wenn Mitarbeiter sich in Dingen weiterbilden, die zugleich einen Nutzen für das Unternehmen darstellen könnten, und dies ihrem Unternehmen verdeutlichen, können sie häufig auch mit einer Unterstützung rechnen:

✔ Gewährung von Lernzeiten im Unternehmen in Zeiten geringer Arbeitsbelastung,

✔ Gewährung von Freistellungen und Sonderurlaub für Lern- und Klausurphasen,

✔ finanzielle Unterstützung bei der Aufnahme von Aufbaustudien wie etwa einem Master of Business Administration (MBA) oder einem Fernstudium oder

✔ Bereitstellung von fachlicher Unterstützung.

Der Nutzen dieser Investition in das sogenannte »lebenslange Lernen« erschließt sich dem Unternehmen über fachlich weitergebildete, motivierte und zur Innovation fähige Mitarbeiter, die sich zudem an das Unternehmen binden wollen.

Bildungsurlaub ist in einigen Bundesländern ein gesetzlicher Anspruch auf Zusatzurlaub für Mitarbeiter, die sich auf eigene Kosten berufsbezogen, allgemein politisch oder kulturell weiterbilden wollen und damit der Zielsetzung des lebenslangen Lernens entsprechen. Hierfür sind je nach gesetzlicher Regelung bis zu fünf Arbeitstage im Jahr vorgesehen, die in der Regel über zwei Jahre zusammengefasst werden dürfen. Kursangebote müssen von Landesbehörden als Bildungsurlaub anerkannt sein. Wo es Bildungsurlaub gibt, muss er spätestens sechs Wochen vor der Bildungsmaßnahme beim Arbeitgeber beantragt werden, der den Antrag nur ablehnen darf, wenn dem wichtige betriebliche Gründe entgegenstehen. Obwohl Unternehmen die Mitarbeiter während des Bildungsurlaubs weiter bezahlen, werden die Angebote selten genutzt – teils aus Unkenntnis, teils aus Furcht vor einer ablehnenden Haltung von Führungskräften oder Kollegen.

Finanzielle Beteiligungen sind kein Fall für das undifferenzierte Gießkannenprinzip, vielmehr handelt es sich um teilweise nicht unerhebliche Investitionen des Unternehmens. Das Personalmanagement verantwortet diese Investitionen. Daher sollte es seiner Verantwortlichkeit nachkommen, indem es

✔ sich Leitlinien überlegt, die eine Auswahl der Geförderten, die Durchführung der finanziellen Unterstützung und die eventuellen anteiligen Rückzahlungsmodalitäten festschreibt,

✔ die ständige Begleitung der Geförderten sicherstellt, damit die erworbenen Ausbildungsinhalte auch mit den Interessen des Unternehmens in Einklang gebracht werden,

✔ den grundsätzlichen Erfolg seines Förderprogramms misst, beispielsweise am Ausbildungserfolg und an einer daran ansetzenden Leistungssteigerung,

✔ das Gelernte wertschätzt und zum Zweck der Erledigung von Unternehmensaufgaben abruft,

✔ die für die Geförderten verantwortliche Führungskraft leistungsbezogen vergütet, und zwar so, dass sie am Erfolg der Geförderten teilhat, aber auch einen eventuellen Misserfolg der Geförderten im Rahmen ihres eigenen Gehalts verspürt.

Von den Adressaten des Lernens und des Wissensmanagements gesehen ist vor allem die Stammbelegschaft nicht zu vergessen, die einige Jahre im Unternehmen arbeitet und dann langsam aus dem Blickfeld des (unprofessionellen) Personalmanagements verschwindet. Auch weitere Mitarbeitergruppen wie Nachtarbeitende, im Ausland Tätige sowie die Führungskräfte sind nach wie vor Zielgruppen einer Personalentwicklung.

Macht sich das Personalmanagement die Erkenntnisse der Hirnforschung für die Mitarbeiterführung nutzbar, spricht man von »Neuroleadership«. Um von den neuesten interdisziplinären Erkenntnissen der biologischen Hirnforschung zu profitieren, müssen die dort gefundenen Forschungsergebnisse zunächst in umsetzbares Führungswissen umgewandelt werden. Basierend auf den Erkenntnissen des Neuroleadership lässt sich die Leistungsfähigkeit des Gehirns älterer Menschen neu beurteilen: Demgemäß ist auch im Alter die Lernfähigkeit immer noch in großem Ausmaß gegeben. Ältere Menschen haben einen

größeren Erfahrungsschatz, den sie kurzfristig abrufen können, wohingegen ihre Fähigkeit zur Informationsverarbeitung tendenziell abnimmt. Ihre intuitive Entscheidungsfähigkeit steigt daher an, während die rationale Entscheidungsfähigkeit eher nachlässt. In der Personalentwicklung sind für ältere Menschen Programme sinnvoll, die den Erfahrungsschatz und die Intuition in die Lernsysteme einbeziehen und langwierige Erklärungen vermeiden.

Der klassische Personalentwicklungsprozess

Der Begriff der Personalentwicklung umfasst Ausbildung, Fortbildung und Weiterbildung sowie die Mitarbeiterförderung. Eine Personalentwicklung wird immer dann erforderlich, wenn Abweichungen zwischen den vorhandenen Mitarbeiterfähigkeiten und den an sie gestellten Anforderungen nicht über die Beschaffung neuer Mitarbeiter ausgeglichen werden können oder sollen.

Der klassische Personalentwicklungsprozess umfasst neun Teilaspekte:

1. Die Lernhistorie des Mitarbeiters wird in der *Personalakte* archiviert. Sie ist eine wichtige Datenquelle auch für die Personalentwicklung. Moderne Personalabteilungen verwenden nicht mehr die Papierform, sondern die elektronische Personalakte, die aus einem elektronischen Archiv sowie dem Personalinformationssystem besteht.

2. Die *Personalentwicklungsziele* können sich aus der Unternehmensstrategie ergeben, etwa dann, wenn das Unternehmen sich auf seinem Markt als Technologieunternehmen positionieren will. Sie können zudem aus der *Personalstrategie* abgeleitet werden, die Ziele im Hinblick auf die langfristige Mitarbeiterentwicklung und Organisationsentwicklung formuliert.

3. Als Nächstes gilt es, den *Ansatzpunkt der Personalentwicklungsmaßnahmen* zu definieren: entweder konkrete Tätigkeiten, die erlernt werden, oder ganze Systeme, die es zu verstehen gilt, oder sogar die Unternehmenskultur, die erspürt und verinnerlicht werden soll.

4. Der *Entwicklungsbedarf* als Basis für die Personalentwicklung ist die Gegenüberstellung von aufgabenseitigem Anforderungsprofil und mitarbeiterseitigem Fähigkeitsprofil. Dieser Vergleich führt zur Bestimmung einer Fähigkeitslücke.

5. Entscheidend für das Gelingen der Personalentwicklung ist das individuelle *Entwicklungspotenzial* des Mitarbeiters, der lernen soll. Ob es vorhanden ist, beurteilen in der Regel die unmittelbaren Führungskräfte.

6. Das Personalmanagement achtet auf die Wirtschaftlichkeit und wird daher nicht das gesamte Entwicklungspotenzial ausschöpfen, das gegeben ist. Daher hängt das *Entwicklungsvolumen* von den zur Personalentwicklung bereitstehenden Ressourcen ab, darüber hinaus von der übergeordneten Entwicklungsstrategie sowie den individuellen Entwicklungszielen der Mitarbeiter.

7. Welcher Mitarbeiter genau *Entwicklungsadressat* wird, hängt von der Entscheidung des Personalmanagements ab. Die personalwirtschaftliche Literatur schlägt hierzu vier alternative Prinzipien vor: (a) Die Engpassregel sucht die Mitarbeiter aus, deren Nicht-

qualifizierung dem Unternehmen am meisten schaden würde; (b) die Suche nach Chancengleichheit lässt alle Mitarbeiter zu; (c) die Privilegierung bevorzugt bestimmte Beschäftigtengruppen wie beispielsweise Führungskräfte; (d) die Begabtenförderung will die Mitarbeiter mit dem höchsten Entwicklungspotenzial weiterbilden.

8. Die *Entwicklungsmaßnahmen* spezifizieren, wie ein Mitarbeiter geschult wird. Dafür gibt es vier Gruppen von Aktivitäten: (a) Personalentwicklung *into the job* als Hinführung zu einer neuen Tätigkeit, (b) Personalentwicklung *on the job* und *along the job* als direkte Maßnahmen am Arbeitsplatz, beispielsweise planmäßiger Arbeitswechsel (»Jobrotation«), Sonderaufgaben, Projektarbeit oder Strategie-Workshops, (c) Personalentwicklung *near the job* als arbeitsplatznahes Training und Stellvertretung, dazu Personalentwicklung *off the job* als Weiterbildung außerhalb der Arbeitszeit, beispielsweise Seminare, Fallstudien, Sensitivitätstraining oder der Besuch einer Corporate University, sowie (d) Personalentwicklung *out of the job* als Sicherstellung der Beschäftigungsfähigkeit und Vorbereitung auf ein Verlassen des Unternehmens.

9. Jeder formal vollständige Personalentwicklungsplan enthält Aussagen über die *Personalentwicklungskontrolle*. Bei der prozeduralen Kontrolle wird der Personalentwicklungsprozess auf Sinnhaftigkeit geprüft. Bei der Ergebniskontrolle wird überprüft, inwieweit die Ziele der Personalentwicklung erreicht wurden und ob ein Transfer des Gelernten in die Arbeit des Mitarbeiters und gegebenenfalls sogar auf weitere Kollegen erfolgt ist.

 Weil Personalentwicklung von Budgets abhängt, ist sie häufig ein strittiger Punkt. Bei guter Wirtschaftslage werden eher »Geschenke verteilt«, bei nachlassender Konjunktur kommt zwecks allgemeiner Kürzung die »Rasenmähermethode« zum Zuge. Beim Mittelstand kommt noch dazu, dass eine vom Unternehmen durchgeführte Personalentwicklung scheinbar immer eine Mindestunternehmensgröße voraussetzt – ein Gedanke, der weit verbreitet und nicht ganz falsch ist, trotzdem aber nicht zwingend. Zwar lässt sich ein Zusammenhang zwischen dem Umfang der Personalentwicklung und der Unternehmensgröße feststellen. Größere Unternehmen können einen umfangreicheren Werkzeugkasten bereitstellen und deshalb auch für den Einzelfall passendere Qualifikationsmaßnahmen liefern. Da aber gut qualifizierte Mitarbeiter für die meisten Unternehmen wichtig sind und zudem die Personalentwicklung für Mitarbeiter eine hohe Motivationswirkung entfaltet, brauchen auch kleinere Unternehmen Personalentwicklungsprogramme zur Erhaltung ihrer Wettbewerbsfähigkeit.

Einen Ausweg aus diesem Problem besonders für den Mittelstand bieten zum einen die Verbundqualifikation, in deren Rahmen mehrere Unternehmen bei ihrer Personalentwicklung kooperieren, zum anderen externe Anbieter, schließlich die Personalentwicklung per E-Learning.

E-Learning

Als E-Learning wird das mittels elektronischer Medien unterstützte Lernen bezeichnet, also das Anleiten und Lenken des Lernens mittels Computer oder mobiler Endgeräte.

 Zum E-Learning zählt das synchrone Lernen, bei dem Lernender und Lehrender miteinander in unmittelbarem Kontakt stehen und sich daher Rückmeldungen geben können. Medien sind hier Videokonferenzen, die gemeinsame Nutzung derselben Dateien auf mehreren Computern oder Chatfunktionen (dies sind schriftliche Gespräche von Computer zu Computer). Zum E-Learning zählt auch das asynchrone Lernen, bei dem der Lernende zeitversetzt mit dem Lehrenden kommuniziert. Typische Medien hierfür sind beispielsweise die Kommunikation per E-Mail oder Internetforen.

Lerninhalte werden beim E-Learning in verschiedenen Formen präsentiert, unter anderem durch:

✔ *Übungsprogramme* stellen den Lernstoff in einzelnen Schritten dar, die vom Lernenden abgearbeitet werden müssen. Ist die Bearbeitung eines Schrittes erfolgreich, was durch Kontrollfragen überprüft werden kann, kann der folgende Lernschritt begonnen werden. Der Lernende erhält eine Rückmeldung über die Qualität seiner Bearbeitung.

✔ *Tutorensysteme* sind Übungsprogramme, die nicht schrittweise vorgehen, sondern in Abhängigkeit von den Lernerfolgen und Präferenzen des Lernenden individuell abgestimmte Lernpfade entwickeln.

✔ *Hypertext* vermittelt Lernstoff in einer vernetzten Struktur, wobei der Lernende wie auf einer Internetseite selbstständig Verknüpfungen mit anderen Datenbeständen aufruft (also Links anklickt). Dies können Filme, Texte oder Tondateien sein.

✔ *Einfache Simulationen* ermöglichen es dem Lernenden, ein bestimmtes Modell dadurch zu verstehen, dass sich im Computer bestimmte Rahmendaten verändern lassen, wodurch das Modellverhalten sich unmittelbar verändert.

✔ *Planspiele* sind *komplexe Simulationen*, bei denen der Lernende ganze Systeme durch seine Dateneingaben zu steuern versucht, wobei der Steuerungserfolg durch das zeitliche Fortschreiben des Systems ersichtlich wird.

✔ *Wikis* nennt man ein gemeinschaftlich erzeugtes Verwaltungssystem für Wissen im Internet. Als offene Plattform bietet ein Wiki die Möglichkeit, dass freiwillige Nutzer ihr Wissen beitragen und in das bereits bestehende Wissen integrieren. Das Ergebnis ist eine in sich verzahnte Wissensdatenbank.

✔ *Blogs* sind Sammlungen von themenbezogenen Informationen, Meinungen und Kommentaren im Internet, die ständig aktualisiert und durch neue Einträge ergänzt werden. Für Lernende sind sie informativ, weil sie sich auf einzelne Themen fokussieren.

✔ Sammlungen von Lehrfilmen zu allen möglichen Themen finden sich mittlerweile auf den gängigen *Videoportalen* und auf Seiten von Bildungsanbietern.

Mit der rasanten Entwicklung des Internets und der mobilen Datenverarbeitung ist in den letzten Jahren auch eine Entwicklung des E-Learnings einhergegangen. So gibt es als E-Learning-Ansätze:

✔ *Computer Based Training*, bei dem vor allem DVDs die Inhalte bereitstellen;

✔ *Web Based Training*, bei dem die Lerninhalte aus dem Internet abgerufen werden, hier auch Lernportale;

✔ *mobiles Lernen*, das über mobile Endgeräte erfolgt;

✔ *virtuelle Seminare*, die Livestreams von Lehrveranstaltungen nutzen, was auch als Webcast oder Webinar bezeichnet wird, wobei Lehrender und Lernende von verschiedenen Orten aus agieren;

✔ *Blended Learning*, was alle vorgenannten Möglichkeiten miteinander verzahnt.

Damit ist E-Learning nicht nur an individuelle Lernbedürfnisse anpassbar, sondern flexibel einsetzbar, was Lernzeiten, -orte, -inhalte und -methoden betrifft. Zudem lässt es sich in individuellen wie auch in teambezogenen Lernzusammenhängen einsetzen und nutzt die Vorteile moderner Kommunikationsmedien.

Da E-Learning die Selbstständigkeit des Lernenden voraussetzt, kann das Personalmanagement diese durch die Bereitstellung der technischen und datenschutzrechtlichen Voraussetzungen sowie durch eine anfängliche Schulung unterstützen. Hinzu kommt, dass das E-Learning als Lehrmethode im Unternehmen positiv besetzt werden muss, dass es also ein Teil der Lernkultur des Unternehmens wird, sich am E-Learning zu beteiligen.

Die Grenzen des E-Learning liegen zunächst in den Lernenden selbst. Nicht jeder lässt sich zum eigenverantwortlichen Lernen motivieren und nicht jeder kommt mit den technischen Gegebenheiten des Lernprogramms zurecht. Es kommt erfahrungsgemäß zu Abbruchraten, die über 50 Prozent der entsprechenden Schulungen liegen. Die Mitarbeiter fühlen sich von den Materialien nicht abgeholt, insbesondere dann, wenn nur bereits existierende Lernmaterialien in elektronischen Medien eingestellt werden. Hieraus hat man gelernt, dass die Vorteile elektronischer Medien zum Tragen kommen müssen, beispielsweise Filme und Animationen eingebaut werden sollten. Ansonsten fühlen sich Mitarbeiter beim E-Learning nicht mit anderen Kollegen verbunden. Es wurden daher insbesondere solche Kurse entworfen, die einen Kontakt zwischen verschiedenen Lernenden mit sich bringen.

Zur bewussten personalwirtschaftlichen Entscheidung, ob und in welchem Maße E-Learning im Unternehmen eingesetzt werden soll, zählt auch die Kostenkalkulation. Während für die Entwicklung, die Ersteinrichtung, die Pflege und Aktualisierung oder alternativ für die Lizenzierung oder für den Kauf des E-Learning Kosten anfallen, ist der tatsächliche Einsatz bei den Lernenden im Vergleich zu Präsenzseminaren kostengünstig: Es entfallen Anreise- und Abwesenheitskosten der Mitarbeiter und es verkürzen sich die Lernzeiten. E-Learning reduziert Weiterbildungskosten teilweise bis zur Hälfte, was insbesondere für mittelständische Unternehmen attraktiv sein kann. Eine verglei-

chende Kostenkalkulation sollte auf der Annahme wiederholten Lernens basieren, um eine mittelfristige Betrachtung zu ermöglichen.

Ein E-Learning-System besteht aus einem Lernmanagementsystem zur Abwicklung der Verwaltung und einem Lerninhaltssystem zur Bereitstellung der Kursinhalte.

 Der Einsatz von Technologie bedeutet noch nicht automatisch ein effektives E-Learning. Für die Lernergebnisse ist es besonders wichtig, dass sowohl ein vernünftiges Lernkonzept hinter dem E-Learning steht als auch, dass die Lernpräferenzen der Mitarbeiter berücksichtigt werden.

Das *Digital Game Based Learning* ist ein solches E-Learning-Angebot, das sich insbesondere auf die Lernpräferenzen junger Menschen ausrichtet. Als Instrument des elektronischen Lernens verwendet es Computer-, Internet- und Videospiele.

Allgemein lassen sich zwei Arten von digitalen Spielen unterscheiden:

✔ Die einen werden geschaffen, um dem Nutzer einen hohen Spaßfaktor zu bieten, wobei es in ihrem Rahmen auch zu beiläufigen Lerneffekten kommt, die auch personalwirtschaftlich relevant sein können.

✔ Andere zielen von vornherein auf die Vermittlung von Lerninhalten ab.

 Bei der Entwicklung des spielbasierten E-Learnings für Unternehmen wird das Design der Spiele mit pädagogischem Wissen angereichert, weshalb man auch von »Positive Impact Games« spricht, Spielen mit ernsthaftem Bildungsauftrag. Dennoch adressiert es jüngere Bewerber, Mitarbeiter und Nachwuchsführungskräfte. Bei ihnen geht man davon aus, dass sie als Teil der »digitalen Netzwerkgeneration« (oder »Net Generation«) einen engeren Bezug zu Videospielen haben. Die Net Generation glaubt an die eigene Selbstwirksamkeit, ist risikobereit, bevorzugt induktives Denken, fordert häufige und direkte Möglichkeiten der Interaktion, benutzt mehrere Informationskanäle gleichzeitig und zieht visuelle Reize vor, um zu lernen. Erfahrungen mit dem Angebot von Digital Game Based Learning zeigen jedoch, dass sich auch ältere Nutzer von diesen Spielen angesprochen fühlen. Insofern trägt es zu lebenslangem Lernen bei.

Das Gleichgewicht zwischen Arbeit und Freizeit

Heutzutage wird nicht nur von den Mitarbeitern ein ausgewogenes Verhältnis von Arbeit und Privatleben – die sogenannte *Work-Life-Balance* – angestrebt, auch vonseiten des Personalmanagements ist dies ein wichtiges Ziel. Das Personalmanagement will seine gut qualifizierten Mitarbeiter möglichst langfristig an das Unternehmen binden. Dies gelingt eher, wenn die Zufriedenheit mit den Arbeitsbedingungen hoch ist. Die Work-Life-Balance trägt hierzu bei.

Die Komponenten, die es in ein ausgewogenes Verhältnis zu bringen gilt, sind Arbeitszeit, Freizeit und Urlaubszeit. Selbst wenn flexibel arbeitende Mitarbeiter oder sogar Selbstständige keiner festen Zeiteinteilung mehr folgen, sollte das Verhältnis zwischen Arbeit und Freizeit noch »gesund« sein.

 Was individuell als »gesund« erachtet wird, ist verschieden. Nicht nur bei Selbstständigen lauert die Falle, dass in dem Maße, wie Mitarbeiter ihre Arbeit als deckungsgleich mit ihrem persönlichen Lebensentwurf empfinden und hier ihre primäre Chance auf Selbstverwirklichung sehen, die Gefahr besteht, dass sie Arbeitszeit als »ist doch eigentlich Freizeit« umdefinieren. Damit ebnen sie den Weg zu ihrer Selbstausbeutung.

Es kommt darauf an, dass jeder Mitarbeiter für sich definiert, in welchem Maße er wo – also in der Arbeit, in der Freizeit oder im Urlaub – bestimmte seiner Bedürfnisse befriedigen kann. Üblicherweise haben sowohl Arbeit als auch Freizeit als auch Urlaub gleichzeitig Aspekte auf folgenden Dimensionen:

✔ Anerkennung – Unterdrückung

✔ Abwechslung – Langeweile

✔ Gesunderhalten – Krankmachen

✔ Erholung – Gestresstwerden

✔ Geborgenheit – Flucht

✔ Weiterentwicklung – Stagnation

Deshalb ist es für einen Mitarbeiter möglich, seine Bedürfnisse nicht nur in einem einzigen Lebensbereich zu befriedigen, sondern in einer ausgewogenen Mischung aus Arbeit und Privatleben. Er kann allerdings nicht gezwungen werden, den Arbeitsaspekt nicht überzubetonen, wie es bei Workaholics zu beobachten ist. Daher kann das Personalmanagement lediglich versuchen, die Mitarbeiter von einer gesunden Mischung aus Arbeit und Freizeit zu überzeugen.

Die Rolle des Personalmanagements besteht darin, den Mitarbeitern Hilfestellung beim Finden ihrer eigenen Work-Life-Balance zu geben. Auch unter ähnlichen Begriffen wie »familienbewusstes Personalmanagement« werden viele Maßnahmen einzeln oder in Kombination eingesetzt, wie die folgende Auswahl zeigt:

✔ **Arbeitszeit:** flexible Arbeitszeitgestaltung, Teilzeitmodelle für Mitarbeiter sowie für Führungskräfte, Vertrauensarbeitszeit, bezahlte kurzfristige Auszeit, Schnupperteilzeit;

✔ **Maßnahmen der Arbeitsgestaltung:** Kombination von Büro- und Telearbeit zu Hause, flexible Arbeitsplätze im Büro, moderne Informationsinfrastruktur zur Unterstützung;

✔ **Unternehmenskultur:** werteorientierte Unternehmensführung, flache Hierarchien, Förderung von sozialer Vielfalt (Diversity), Gesundheitsmanagement, familienfreundliche Personalpolitik;

✔ **praktische Unterstützung:** Personalentwicklungsmaßnahmen, Kontakthalteprogramm für Beurlaubte, Kinderbetreuungszuschuss, Notfallbetreuung für Kinder im Betrieb, individuelle Firmenwagenwahl, Informationsangebote zu Themen wie Kinderbetreuung und Pflege.

Das Personalmanagement kann zukunftsorientierte Maßnahmen im Hinblick auf demografische Entwicklung und gesellschaftlichen Wandel anbieten, Familienfreundlichkeit als Markenzeichen entwickeln, seine Arbeitgeberattraktivität steigern, möglicherweise Imagegewinne bei seinen Kunden und in der Gesellschaft erzielen und langfristig die Unternehmensinteressen mit den Mitarbeiterinteressen in Einklang bringen, sodass die qualifizierten Mitarbeiter das Unternehmen nicht verlassen. Hinzu kommen die personalwirtschaftlichen Effekte wie niedrige Krankheitsquote, geringe Fluktuation, Erhöhung der Rückkehrquote, Senkung der Abwesenheitsdauer im Anschluss an den Mutterschutz, Reduzierung von Überbrückungs- und Wiedereingliederungskosten sowie Vermeidung oder Senkung von Personalwiederbeschaffungskosten.

Im Erfolgsfall lassen sich die Work-Life-Balance-Programme von Unternehmen auch zertifizieren, wozu es eine ganze Reihe an Audits, Wettbewerben und Preisen der öffentlichen Hand, von Unternehmensverbänden und Zertifizierern gibt.

Mit dem Urlaub fängt es an

In Deutschland richtet sich der Mindesturlaubsanspruch nach dem Bundesurlaubsgesetz. Der Anspruch auf bezahlten Erholungsurlaub beträgt mindestens 24 Werktage (also alle Tage außer Sonn- und Feiertagen) im Jahr – sobald das Arbeitsverhältnis sechs Monate besteht. Wechselt ein Arbeitnehmer seinen Arbeitsplatz, muss der bisherige Arbeitgeber den bereits gewährten Urlaub bescheinigen, damit gegen den neuen Arbeitgeber kein Anspruch auf bereits gewährten Urlaub geltend gemacht werden kann.

Das Personalmanagement muss laut Gesetz die Urlaubswünsche des Mitarbeiters berücksichtigen, wenn dem keine betrieblichen Belange oder Urlaubswünsche von unter sozialen Gesichtspunkten vorrangigen Mitarbeitern entgegenstehen. Grundsätzlich muss der Urlaub im laufenden Kalenderjahr gewährt und genommen werden, wobei in Ausnahmefällen die Übertragung in die ersten drei Monate des Folgejahrs möglich ist.

Während seines Urlaubs darf der Mitarbeiter keine Erwerbsarbeit leisten, die dem Zweck von Urlaub widerspricht. Wird ein Mitarbeiter während seines Urlaubs krank, zählen die Tage, für die eine ärztliche Arbeitsunfähigkeitsbescheinigung vorliegt, nicht als Urlaubstage.

In Deutschland haben Schulkinder 75 Werktage Urlaub, davon zwölf Samstage. Dies bedeutet, dass es sich um circa zwölfeinhalb Ferienwochen für Schulkinder handelt – gegen die etwa sechs Urlaubswochen ihrer Eltern stehen. Daher sind Kinderferienbetreuungsprogramme sinnvolle Angebote im Bereich Work-Life-Balance.

Krankheit als Weckruf

Wenn ein Mitarbeiter krank ist, muss er dies gemäß den Regelungen des Entgeltfortzahlungsgesetzes dem Arbeitgeber unverzüglich melden. Er muss seine Arbeitsunfähigkeit und die voraussichtliche Dauer mitteilen. Bei einer Arbeitsunfähigkeit, die länger als drei Tage dauert, muss er eine ärztliche Arbeitsunfähigkeitsbescheinigung vorlegen, sofern im Arbeitsvertrag keine kürzere Vorlagefrist vereinbart wurde oder das Unternehmen nicht früher eine Bescheinigung einfordert.

Die Arbeitsunfähigkeitsbescheinigung kann aus dem Inland oder dem EU-Ausland stammen. Stammt die Arbeitsunfähigkeitsbescheinigung aus einem Land außerhalb der EU, muss sie die sozialversicherungsrechtliche Unterscheidung zwischen Krankheit und Arbeitsunfähigkeit vornehmen. Das Unternehmen muss den Beweiswert einer ärztlichen Arbeitsunfähigkeitsbescheinigung anerkennen. Hat das Unternehmen Zweifel, liegt die Beweislast bei ihm.

 Nach dem Entgeltfortzahlungsgesetz besteht Arbeitern, Angestellten und den zu ihrer Berufsbildung Beschäftigten, die von diesem Gesetz erfasst werden, ein Anspruch auf Entgeltfortzahlung im unverschuldeten Krankheitsfall. Dieser gilt sechs Wochen und beläuft sich auf das bei normaler Arbeit zustehende Arbeitsentgelt. Dies bedeutet, dass normalerweise anfallende Überstundenzuschläge und Aufwandsentschädigungen in der Regel nicht vergütet werden. Bei leistungsbezogener Entlohnung wird der üblicherweise erzielbare Durchschnittsverdienst gezahlt. Liegt die ärztliche Arbeitsunfähigkeitsbescheinigung nicht vor, darf das Unternehmen die Entgeltfortzahlung verweigern. Gesonderte Regelungen bestehen hinsichtlich der Entgeltfortzahlung bei Heimarbeit.

War ein Mitarbeiter innerhalb eines Jahres länger als sechs Wochen arbeitsunfähig erkrankt, muss das Unternehmen ihm eine Maßnahme des betrieblichen Eingliederungsmanagements gemäß Sozialgesetzbuch IX anbieten, die allerdings nur mit dem Einverständnis des Betroffenen durchgeführt werden kann. Die Aufgabe des Personalmanagements ist es, Vorbereitungen für solche Wiedereingliederungsmaßnahmen zu treffen, damit diese im Bedarfsfall sofort anlaufen können, und dann im Einzelfall die Kommunikation mit den betroffenen Mitarbeitern einzuleiten.

Das Personalmanagement ist auch mit langandauernd Kranken konfrontiert. Solche Mitarbeiter fehlen dem Unternehmen nicht nur bei der Leistungserstellung, vielmehr entstehen weitere Kosten: Urlaubsansprüche von Mitarbeitern, die aufgrund einer langandauernden Krankheit nicht wahrgenommen werden können, verfallen nicht, auch nicht gemäß § 7 Bundesurlaubsgesetz nach dem Ablauf des dreimonatigen Übertragungszeitraums im Folgejahr. Ein aus längerer Krankheit wiederkehrender Mitarbeiter kann also zunächst seinen ausgefallenen Urlaub – im Extremfall für mehr als ein Jahr – nachholen oder aber diesen in finanzieller Form als Urlaubsgeld beanspruchen. Daher ist es für das Personalmanagement ratsam, für den Fall langandauernder Erkrankter entsprechende Rückstellungen zu bilden. Einige Unternehmen versuchen zur Vermeidung dieser Zahlungen, personenbedingte Kündigungen durchzusetzen, was jedoch nicht immer funktioniert. Eine Alternative ist es, im Einvernehmen mit dem Mitarbeiter das Arbeitsverhältnis zu beenden, gleichzeitig aber eine Widereinstellungszusage zu geben, damit einerseits die Kosten nicht entstehen, andererseits der Mitarbeiter aber eine Perspektive zur Weiterarbeit nach seiner Genesung erhält.

Fehlt ein Mitarbeiter häufig aus anderen Gründen als infolge tatsächlicher Krankheit, also beispielsweise wegen Motivationsmangel oder Privatproblemen, wird von »Absentismus« gesprochen. Ein solches »Krankfeiern« ist schwer nachzuweisen, weil in der Regel trotzdem Krankmeldungen vorgelegt werden. Das Gegenteil ist der »Präsentismus«. Hier kommen Mitarbeiter zur Arbeit, obwohl sie krank sind. Sie begründen dies mit ihrer Angst um den Arbeitsplatz und nehmen nicht nur in Kauf, dass ihre Gesundheit langfristig leidet, sondern auch, dass die Fehler- und Unfallgefahr während ihrer Leistungsbeeinträchtigung ansteigt. Untersuchungen belegen, dass die Produktivitätsverluste durch Präsentismus höher sind als die Verluste durch krankgeschriebene Mitarbeiter.

Eskalation »Burn-out«

Der Begriff Burn-out ist noch nicht eindeutig definiert, sondern gilt eher als Beschreibung eines Gesamtbilds aus Person und Arbeitsumgebung. Burn-out benennt bestimmte Formen von arbeitsbezogenen Depressionserkrankungen, vermeidet aber den negativen Beigeschmack des Wortes Depression. Beim Burn-out stellen sich über Stufen zunehmender psychischer Beanspruchung nach und nach unumkehrbare Stresszustände ein, die sich in permanenter Erschöpfung, Vernachlässigung sozialer Kontakte, ständigen Konzentrationsstörungen, Gereiztheit, Hang zu Zynismus, Angstzuständen, innerer Leere, Dauererkrankungen oder im Extremfall Selbstmord zeigen.

Studien zeigen, dass Burn-out zunimmt und zu einer Erhöhung von Krankheitstagen in Unternehmen geführt hat, was mit Ausfallkosten für die Unternehmen verbunden ist. Allerdings wird dies auch darauf zurückgeführt, dass die Sensibilisierung gegenüber Depressionserkrankungen beispielsweise durch die inflationäre Berichterstattung in den Medien gestiegen ist, sodass eine entsprechende Diagnose auch häufiger erfolgt.

Schätzungen zum Zeitpunkt der Drucklegung des Buches gehen davon aus, dass je Arbeitnehmer im Jahr durchschnittlich zwei Arbeitsunfähigkeitstage anfallen, die auf psychische Erkrankungen zurückgehen. Hierbei sind die meistverbreiteten Krankheitsbilder Depressionen, Anpassungsstörungen und Burn-out. Auf Deutschland hochgerechnet ergeben sich hierdurch Produktionsausfälle von circa 26 Milliarden Euro.

Was genau kann das Personalmanagement bei auftretendem Burn-out tun? Es gilt das Arbeitsschutzgesetz, das in § 1 Satz 1 formuliert: »Dieses Gesetz dient dazu, Sicherheit und Gesundheitsschutz der Beschäftigten bei der Arbeit durch Maßnahmen des Arbeitsschutzes zu sichern und zu verbessern.« Es konkretisiert hier also die allgemeine Fürsorgepflicht des Arbeitgebers.

Es lassen sich Vorbeugung, Behandlung und Prävention unterscheiden. Zur *Vorbeugung* gegen Burn-out zählen:

✔ Zunächst sollte im Rahmen einer Gefährdungsanalyse erhoben werden, ob mögliche Schäden und Gesundheitsgefährdungen der Mitarbeiter im Rahmen ihrer Tätigkeit auftreten können – was bei mehr als zehn Mitarbeitern dokumentiert werden muss. Dem

Betriebsrat kommt gemäß Betriebsverfassungsgesetz ein Mitbestimmungsrecht zu, in dessen Rahmen er beispielsweise den Abschluss einer Betriebsvereinbarung mit grundsätzlichen Regelungen zur Gefährdungsbeurteilung anstoßen kann. Obwohl es keine standardisierte Erhebungsmethode für psychische Belastungen gibt, existieren dennoch Verfahren, die mittels Mitarbeiterfragebogen oder Führungskräfteinterviews eine Gefährdungslage zu identifizieren helfen. Die Bundesanstalt für Arbeitsschutz und Arbeitsmedizin hat viele solcher Verfahren unter www.baua.de/toolbox zusammengestellt.

✔ Der Arbeitgeber muss seine Mitarbeiter hinsichtlich der Sicherheits- und Gesundheitsschutzlage ausreichend und angemessen unterweisen, damit die Mitarbeiter auch selbst Gefährdungen erkennen können. Insbesondere können Mitarbeiter ihre Resilienz trainieren. Hiermit wird die persönliche Widerstandskraft gegenüber Stress bezeichnet. Unter der Annahme, dass jede Person selbst für ihre Gesundheit verantwortlich ist, lernen sie persönliche Stressauslöser in ihrem Alltag zu erkennen und entwickeln Aufmerksamkeit für Anzeichen persönlicher Überforderung.

✔ Erkannte Gefahren müssen abgemildert oder beseitigt werden. Hierzu kann das Personalmanagement organisatorische Veränderungen genauso in Erwägung ziehen wie Modifikationen im Arbeitsinhalt oder Arbeitsumfeld.

Zu der *Behandlung* von Burn-out kann das Personalmanagement unter anderem

✔ die persönliche Stressbewältigung der Betroffenen unterstützen,

✔ Arbeitsprozesse durchdenken und verbessern sowie

✔ den Führungskräften Anreize zur Verminderung des Arbeitsdrucks auf die Mitarbeiter setzen. Hierzu zählt ein bewusstes unternehmenskulturelles Umsteuern, denn bislang gelten die Mitarbeiter, die immer bis an ihre Leistungsgrenze gehen, noch als »die Guten«, obwohl sie ihre längerfristige Leistungsfähigkeit aufs Spiel setzen. In diesem Zusammenhang sind gerade die Führungskräfte selbst Vorbilder für eine nicht gesundheitsschädigende Arbeit.

Die Verantwortlichen im Personalmanagement stehen vor der Aufgabe, sich ihre Prioritäten genau zu überlegen, die irgendwo zwischen zwei Extremen liegen:

✔ Das eine Extrem ist eine übertriebene Leistungserwartung, die bereits bei der Personalauswahl beginnen kann und dann die Personalführung prägt. Sie führt zu einer hohen Dauerbelastung der Mitarbeiter und provoziert dann individuell Burn-out.

✔ Das andere Extrem ist die umfassende Schonung der Mitarbeiter, damit sie sich wohlfühlen, was aber zulasten der unternehmerischen Wertschöpfung geht.

Burn-out zu vermeiden heißt, einen Mittelweg zu finden und die Schwankung von Leistung nicht nur zu tolerieren, sondern bewusst in die langfristige Arbeitsgestaltung einzubauen.

 Als relativ neues Gestaltungsfeld entwickelt sich der »psychische Arbeitsschutz«: Mitarbeiter sollen davor geschützt werden, dass sie auf ihren Smartphones auch in ihrer Freizeit jederzeit erreichbar sein müssen. Das Personalmanagement kann hierzu Regeln setzen, die es dann von den Mitarbeitern umzusetzen gilt. Einige Unternehmen haben Regeln eingeführt wie »Der Mail-

server wird zwischen 20 Uhr abends und 7 Uhr morgens heruntergefahren und ist nicht erreichbar.« oder »In der Freizeit und am Wochenende müssen keine Mails beantwortet werden.« Dies funktioniert allerdings dann nicht, wenn die Mitarbeiter diese Regeln dadurch umgehen, dass sie in ihrer Freizeit über ihr privates Mailkonto mit der Arbeit fortfahren – auch hier ist also wieder Überzeugungsarbeit zu leisten. Mitarbeiter, die sich unausgesprochenen, psychisch hoch belastenden Leistungserwartungen des Unternehmens ausgesetzt sehen und sich davon überbeansprucht fühlen, können vom Unternehmen eine explizite Anweisung erbitten. Eine solche Anweisung muss dann die Regelungen des Arbeitszeitgesetzes beachten.

Hinsichtlich einer *Vorbeugung* beauftragen Unternehmen externe Experten oder fest angestellte Therapeuten damit, die Mitarbeiter zu beraten und ihnen unter Wahrung der Anonymität zu helfen. Unternehmen können damit kalkulieren, dass sich die Kosten solcher Vorbeugungsmaßnahmen pro Mitarbeiter auf bis zu 5 Euro pro Monat belaufen.

Das Gegenteil des Burn-out-Syndroms ist das Bore-out-Syndrom. Es wird durch das Gefühl der permanenten Unterforderung bei der Arbeit hervorgerufen (von englisch bored = gelangweilt). Es kommt primär in Dienstleistungsberufen vor, in denen der Arbeitserfolg nicht so sichtbar und einfach messbar ist wie etwa in der Produktion. Gründe für das Bore-out-Syndrom sind Routine und mangelnde Abwechslung in der Arbeit oder die personelle Überausstattung eines Arbeitsbereichs. Von Bore-out betroffene Mitarbeiter langweilen sich und sind unzufrieden mit ihrer Arbeitssituation, deren Schein des Ausgelastetseins sie nur aufrechterhalten, um ihren Arbeitsplatz zu bewahren. Ähnlich wie das Burn-out-Syndrom kann auch das Bore-out-Syndrom psychosomatische Krankheiten wie Verspannungen oder Magenbeschwerden auslösen.

Mehr zum Thema erfahren Sie in *Burn-out für Dummies*.

Systematisches Gesundheitsmanagement

Unternehmen, die auf die Gesundheit ihrer Mitarbeiter Wert legen, können von einem Gesundheitsmanagement wirtschaftlich profitieren. Sie vermeiden nicht nur Kosten von Ausfalltagen und den damit verbundenen Beeinträchtigungen der betrieblichen Leistungserstellung. Vielmehr halten sie ihre Mitarbeiter leistungsfähig, erzeugen eine höhere Mitarbeiterzufriedenheit und werden auf dem Arbeitsmarkt als attraktiver Arbeitgeber wahrgenommen.

Als Gesundheit gilt der Zustand des körperlichen, geistigen und sozialen Wohlbefindens eines Menschen. Gesundheit im Arbeitszusammenhang ist mehr als reiner Arbeitsschutz und Unfallverhütung am Arbeitsplatz. Ein Unternehmen hat auch eine gesundheitsbezogene Fürsorgepflicht seinen Mitarbeitern gegenüber.

Das betriebliche Gesundheitsmanagement verfolgt das Ziel, die Mitarbeiter hinsichtlich eines gesundheitsbewussten Arbeits- und Lebensstils zu unterstützen. Es will daher über eine

gesunde Arbeitsweise sowie über das Gesundheitsmanagement informieren, die Bedeutung von Gesundheit betonen und Mitarbeiter zu gesundheitsförderlichem Verhalten motivieren.

Das Personalmanagement entscheidet über die Intensität des betrieblichen Gesundheitsmanagements und über die Wahl von Maßnahmen mit. Als Handlungsfelder gelten:

✔ die *Arbeitsorganisation*, die wenig gesundheitsschädigend und möglichst gesundheitsförderlich erfolgt und dabei die Anforderungen von Arbeits- und Gesundheitsschutz berücksichtigt,

✔ die *Personalführung*, in deren Rahmen die Kommunikation zu Themen des Gesundheitsmanagements zwischen Führungskräften und Mitarbeitern stattfindet,

✔ die *Personalentwicklung*, die von Gesundheitskursen für alle Mitarbeiter bis zum individuellen Gesundheitscoaching eine große Bandbreite an Schulungsmaßnahmen bereitstellen kann, sowie

✔ die Beeinflussung der *Unternehmenskultur*, die Gesundheit als zentralen Wert verankern kann.

Als erfolgssteigernd gilt hierbei, die Mitarbeiter in Gefährdungsbeurteilungen und in die Gestaltung gesundheitsförderlicher Maßnahmen einzubeziehen. Insbesondere die Führungskräfte sind wichtige Gesundheitsvorbilder im Unternehmen, die nicht nur hinsichtlich der Gestaltungsmöglichkeiten des Gesundheitsmanagements geschult werden können, sondern auch hinsichtlich der arbeitsrechtlichen Grenzen.

Im Hinblick auf die Sensibilität der Gesundheitsdaten von Mitarbeitern, die das Personalmanagement zur Planung seines Gesundheitsmanagements benötigt, müssen die Vorschriften des Datenschutzes beachtet werden. Die Erhebung von Gesundheitsdaten nach der Rückkehr eines Mitarbeiters aus einer längeren Krankheitsphase unterliegt engen rechtlichen Grenzen. So ist eine datenschutzrechtliche Belehrung des Mitarbeiters vor dem Gespräch zum Umfang seiner Auskunftspflicht notwendig. Hierbei müssen die Führungskräfte Informationen zum Zweck der Datensammlung, zur Art der Verarbeitung, Auswertung und eventuellen Weitergabe geben. Die möglichen Datenerhebungszwecke liegen im Wesentlichen lediglich in einer Gefahrenabwehr für Mitarbeiter (Gefährdungsbeurteilung), in einer gesundheitlich angemessenen Stellenzuordnung oder in der Vorbereitung von Wiedereingliederungsmaßnahmen.

Die Aufbewahrung von personenbezogenen Gesundheitsdaten sollte besonders gesichert sein; sie erfolgt – wenn vorhanden – häufig beim Betriebsarzt. Die Speicherung von Krankheitsdaten in der Personalakte ist unzulässig. Grundsätzlich empfiehlt es sich für das Personalmanagement, alle Schritte und Ergebnisse gesundheitsbezogener Mitarbeitergespräche zu dokumentieren. Dennoch: Das Personalmanagement darf einem Mitarbeiter im Rahmen des Arbeitsverhältnisses durchaus gesundheitsbezogene Verhaltensanweisungen geben, die dann beachtet werden müssen.

Gerade das Gesundheitsmanagement ist ein Gestaltungsfeld, in dem die Mitbestimmung des Betriebsrats zum Tragen kommt. Ihm kommen Initiativrechte zu, beispielsweise Gesund-

heitsgefährdungen beurteilen zu lassen. Auch bei der Gestaltung der Unterweisung der Mitarbeiter über Sicherheits- und Gesundheitsschutzmaßnahmen bestimmt der Betriebsrat mit.

Welche Maßnahmen kann das Personalmanagement konkret anbieten? Es gibt folgende Angebote:

✔ Entspannungstrainings,

✔ Ernährungsberatung,

✔ Lauf- und Bewegungstrainings,

✔ Rückenschule,

✔ Stresskontrolle und Stressbewältigung sowie

✔ Suchtberatung.

Darüber hinaus unterstützen organisatorische Maßnahmen wie die gesundheitsorientierte Veränderung eines Schichtarbeitssystems das Gesundheitsmanagement.

Personalfreisetzung: Ehemalige Mitarbeiter

9

In diesem Kapitel ...

▶ Freisetzungsformen unterscheiden

▶ Faire Kündigungspolitik verfolgen

▶ Ehemalige Mitarbeiter einbinden

*F*ast täglich ist in der Zeitung von Massenentlassungen, Umstrukturierungen, Arbeitslosigkeit oder Kündigungen zu lesen. Dies spiegelt die heutige wettbewerbsintensive Wirtschaft wider, deren Turbulenzen sich dann auf dem Arbeitsmarkt niederschlagen. Für den einzelnen Mitarbeiter bedeutet dies den Verlust seiner Arbeit und gegebenenfalls den Wechsel auf einen neuen Arbeitsplatz. Dies beginnt mit einer Trennungsentscheidung. Sie kann zweckmäßig für das Unternehmen sein, wenn schlecht leistende Mitarbeiter das Unternehmen verlassen, aber auch unzweckmäßig, wenn gut leistende Mitarbeiter wechseln.

Dieses Kapitel betrachtet die möglichen Trennungsgründe sowie den Trennungsprozess und dessen Konsequenzen. Es zeigt auch, was das Personalmanagement tun kann, damit die Brücken zu den ehemaligen Mitarbeitern nicht abgebrochen werden und tragfähig für eine weitere Kooperation bleiben.

Trennung ist mehr als Rausschmeißen

Wird Personal »freigesetzt«, so bedeutet dies zunächst lediglich, dass ein Mitarbeiter nicht mehr auf seinem bisherigen Arbeitsplatz verbleibt. Daher ist auch eine Änderungskündigung, durch die ein Mitarbeiter im Unternehmen auf einen anderen Arbeitsplatz versetzt wird, eine Freisetzung von der einen Stelle und ein Einsatz auf einer neuen. Der Personalbestand des Unternehmens bleibt gleich, wie auch beim Einsatz von Kurzarbeit, bei der die Mitarbeiter ihre vertragliche Arbeitszeit nicht mehr vollständig abarbeiten, der entgangene Lohn aber teilweise durch die Bundesagentur für Arbeit aufgefangen wird.

Andere Trennungsformen bringen eine Abnahme des Personalbestands mit sich. Die verbreitetste Form ist der Renteneintritt (das Renteneintrittsalter steigt bis zum Jahr 2029 schrittweise auf 67 Jahre). Die Pensionierung ist allerdings lange vorhersehbar, es sei denn, es handelt sich um eine krankheitsbedingte Frühverrentung. Gerade weil das Personalmanagement dies weiß, kann es bei wichtigen Mitarbeitern dafür sorgen, dass in einer Art Stabübergabe das personengebundene Wissen frühzeitig in das Unternehmen und auf mögliche Nachfolger übertragen wird.

Auch die Kündigung führt zu einer Trennung von Unternehmen und Mitarbeiter. Die Initiative für eine Kündigung des Arbeitsverhältnisses kann von zwei Seiten ausgehen:

✔ Entweder kündigt der *Mitarbeiter*. Er ist mit der Situation unzufrieden oder will einen Entwicklungsschritt verwirklichen, wofür die Chancen bei einem anderen Arbeitgeber besser stehen. Einige Mitarbeiter sehen Krisen bei ihrem Arbeitgeber voraus. Dann verlassen besonders »die Guten« die Unternehmen, weil sie eine große Chance haben, schnell einen neuen Job zu finden. Auch familiäre Gründe können ausschlaggebend für einen Arbeitgeberwechsel sein. Beispielsweise möchte man dem Partner, der berufsbedingt in eine andere Stadt wechselt, folgen oder man möchte in die Nähe wichtiger Personen oder attraktiver Standorte ziehen.

✔ Oder aber das *Unternehmen* kündigt. Es hat etwas am persönlichen Verhalten des Mitarbeiters auszusetzen, was eine verhaltensbedingte Kündigung rechtfertigen kann, oder der Mitarbeiter erfüllt bei gleichbleibenden Anforderungen seine Aufgaben nicht mehr, was eine personenbedingte Kündigung rechtfertigen kann, oder es baut aufgrund von Auftragsrückgängen oder Rationalisierungen Stellen ab, was eine betriebsbedingte Kündigung rechtfertigen kann.

Ein Grund für eine betriebsbedingte Kündigung liegt nicht vor, wenn das Arbeitsvolumen im Unternehmen nur vorübergehend reduziert ist. Gerade wenn in einem Unternehmen Kurzarbeit geleistet wird, ist dies ein Hinweis darauf, dass ein Mangel als lediglich vorübergehend angesehen wird.

Für eine spätere Akzeptanz der unternehmensseitigen Kündigung beim betroffenen Mitarbeiter ist es entscheidend, dass die Gründe nachvollziehbar sind. Wenn ein Mitarbeiter stets wegen guter Leistung belobigt und belohnt wurde, wirkt eine Begründung der Trennung mit schlechter Leistung fadenscheinig und ist dann auch vermutlich gerichtlich anfechtbar.

Gemäß Kündigungsschutzgesetz muss ein Unternehmen unter bestimmten Bedingungen der örtlichen Niederlassung der Bundesagentur für Arbeit in dem für den Betrieb zuständigen Bezirk schriftlich melden, dass es eine Massenentlassung vornehmen möchte. Dazu muss es wissen, wie groß die Anzahl der Arbeitnehmer in dem betroffenen Betrieb ist und wie viele Mitarbeiter innerhalb von 30 Kalendertagen entlassen werden sollen. Eine Meldepflicht besteht, wenn mehr als fünf Arbeitnehmer (bei einer Betriebsgröße zwischen 20 bis 59 Arbeitnehmern), mehr als 25 Arbeitnehmer (bei einer Betriebsgröße zwischen 60 und 499 Arbeitnehmern) oder mehr als 30 Arbeitnehmer (bei einer Betriebsgröße ab 500 Arbeitnehmern) innerhalb von 30 Kalendertagen entlassen werden.

In der Meldung müssen unter anderem die Entlassungsgründe, die Zahl der Mitarbeiter sowie der Entlassenen, der Entlassungszeitraum sowie die Auswahlkriterien benannt werden. Sollten pflichtgemäße Massenentlassungsanzeigen unterbleiben oder fehlerhaft sein, können die Kündigungen unwirksam werden. Wie bei allen übrigen Kündigungsformen auch muss bei Massenentlassungen der Betriebsrat zwingend beteiligt werden.

Eine wiederkehrende Frage stellt sich hinsichtlich der Mitarbeiter, die im Vergleich zu ihren Kollegen überdurchschnittlich viele Krankheitstage aufweisen. Darf ein Unternehmen einen Mitarbeiter wegen häufiger Kurzzeiterkrankungen kündigen?

Gemäß der Rechtsprechung des Bundesarbeitsgerichts müssen vor einer krankheitsbedingten Kündigung drei Sachverhalte geprüft werden:

✔ Besteht beim Arbeitnehmer aus den Fehlzeiten heraus eine negative Gesundheitsprognose, die Anlass zu der Annahme gibt, dass eine Wiederholungsgefahr gegeben ist?

✔ Führen die vergangenen und auch die für die Zukunft prognostizierten Fehlzeiten zu einer erheblichen und unzumutbaren Beeinträchtigung betrieblicher Interessen?

✔ Kann der Arbeitgeber seine Beeinträchtigungen durch weniger harte Maßnahmen als eine Kündigung beheben und so den Interessen des Arbeitnehmers auf Arbeitsplatzerhalt entsprechen?

Da die Beweislast für die Beantwortung dieser Fragen beim Arbeitgeber liegt, muss er alle drei Fragen in seinem Sinne beantworten. Bei Mitarbeitern, die »blauzumachen« scheinen, gelingt dies aber kaum, weil bereits die von dem Arbeitsgericht hinzugezogenen Ärzte eine Wiederholungsgefahr mangels vorhandenen Krankheitsbilds in der Regel nicht konstatieren können.

Selbst wenn eine Wiederholungsgefahr gegeben wäre, müsste der Arbeitgeber nachweisen, dass es keine anderen Beschäftigungsmöglichkeiten für den Arbeitnehmer gibt. Auch eine verhaltensbedingte Kündigung hat kaum Erfolgschancen, weil der Arbeitgeber dem Mitarbeiter die Täuschungsabsicht nicht beweisen kann. Faktisch sind also Mitarbeiter, die häufig kurzzeiterkrankt sind, nur im Ausnahmefall kündbar.

 Dem Personalmanagement bleibt bei beabsichtigten Kündigungen von Mitarbeitern mit häufigen Kurzzeiterkrankungen nur eine Langfriststrategie, die auf persönliche Gespräche mit dem Betroffenen setzt. Zudem besteht nach § 84 (2) des Sozialgesetzbuchs IX die Pflicht für den Arbeitgeber, längerfristig kranken Mitarbeitern von sich aus Maßnahmen des betrieblichen Eingliederungsmanagements anzubieten. Da ein Mitarbeiter gegenüber dem Arbeitgeber keine Auskunftspflicht über seine Krankheit hat, haben auch Krankenbesuche bei Personen, die »krankfeiern«, wenig Wirkung. Der Arbeitgeber kann bei anhaltendem Verdacht ein weiteres Mal krankheitsbedingt kündigen, wobei dies die erste krankheitsbedingte Kündigung fortsetzt und vor dem Arbeitsgericht eine höhere Wahrscheinlichkeit für einen Erfolg hat.

Betriebliches Eingliederungsmanagement: § 84 (2) Sozialgesetzbuch IX im Wortlaut

Sind Beschäftigte innerhalb eines Jahres länger als sechs Wochen ununterbrochen oder wiederholt arbeitsunfähig, klärt der Arbeitgeber mit der zuständigen Interessenvertretung im Sinne des § 93, bei schwerbehinderten Menschen außerdem mit der Schwerbehindertenvertretung, mit Zustimmung und Beteiligung der betroffenen Person die Möglichkeiten, wie die Arbeitsunfähigkeit möglichst überwunden werden und mit welchen Leistungen oder Hilfen erneuter Arbeitsunfähigkeit vorgebeugt und der Arbeitsplatz erhalten werden kann (betriebliches Eingliederungsmanagement). Soweit erforderlich wird der Werks- oder Betriebsarzt hinzugezogen. Die betroffene Person oder ihr gesetzlicher Vertreter ist zuvor auf die Ziele des betrieblichen Eingliederungsmanagements sowie auf Art und Umfang der hierfür erhobenen und verwendeten Daten hinzuweisen. (...)

Kündigung als Startschuss

Der Ablauf einer Trennung zwischen Unternehmen und Mitarbeiter ist in Deutschland im Arbeitsrecht geregelt, insbesondere im Kündigungsschutzgesetz. In jedem Fall müssen soziale Gesichtspunkte berücksichtigt werden und es besteht die Pflicht zur Beteiligung des Betriebsrats hinsichtlich der Kündigung. Weil das Arbeitsrecht sowie die Arbeitsrechtsprechung nicht von ungefähr als »intransparent und schwer vermittelbar« gelten, bergen sie immer wieder Veränderungen und halten Überraschungen bereit.

 Einer verhaltensbedingten Kündigung geht in der Regel eine *Abmahnung* voraus, die drei arbeitsrechtliche Funktionen hat. Sie stellt arbeitsvertragswidriges Verhalten fest, sie fordert den Mitarbeiter zur Rückkehr zu einem dem Arbeitsvertrag entsprechenden Verhalten auf und sie droht dem Mitarbeiter für den Wiederholungsfall die Kündigung an. Das Personalmanagement kann für einen Mitarbeiter, der sich nicht arbeitsvertragsgemäß verhält, ohne Abmahnung in derselben Abteilung die *Umsetzung* auf einen anderen Arbeitsplatz vorsehen. Eine Eskalationsstufe ist die *Versetzung*, bei der dem Mitarbeiter ein anderer Arbeitsbereich für mehr als einen Monat zugewiesen wird. Neben einer vorangehenden Abmahnung muss in diese Entscheidung auch der Betriebsrat eingebunden werden. Liegt ein schwerwiegendes Fehlverhalten eines Mitarbeiters vor und der Arbeitgeber wäre berechtigt, den Mitarbeiter verhaltensbedingt oder außerordentlich zu kündigen, kann das Unternehmen auch die *Suspendierung* wählen. Es könnte zunächst das teilweise oder vollständige Ruhen der Rechte und Pflichten aus dem Arbeitsverhältnis aussprechen, während die Vergütung des Mitarbeiters weiterläuft und die Chance besteht, dass das Arbeitsverhältnis aufrechterhalten wird.

Die Kündigung eines Arbeitsverhältnisses ist rechtlich gesehen eine einseitige empfangsbedürftige Willenserklärung. Sie kann unabhängig vom Willen des Vertragspartners abgegeben werden. Als zugegangen gilt die Kündigung in dem Moment, in dem der Partner sie persönlich hört oder ihm das Kündigungsschreiben ausgehändigt wird. Ist der Vertragspartner abwesend, kann die Kündigung auch als Einschreiben oder durch einen Boten beziehungsweise Gerichtsvollzieher zugestellt werden.

Die ordentliche und damit fristgerechte Kündigung des Unternehmens als Arbeitgeber richtet sich nach den Regelungen des Bürgerlichen Gesetzbuches. Hier sind die Kündigungsfristen und die Form der Kündigung festgelegt. Hinzu kommen die Regelungen des Kündigungsschutzgesetzes, das dafür sorgen soll, dass Mitarbeitern, die bei einem Unternehmen mehr als sechs Monate arbeiten, nur aus sozial gerechtfertigten Gründen gekündigt wird. Diese Regelungen gelten allerdings gemäß der »Kleinbetriebsklausel« des § 23 des Kündigungsschutzgesetzes nicht für Kleinbetriebe mit weniger als zehn Vollzeitmitarbeitern. Sie sollen flexibler agieren können und müssen daher Kündigungen nicht sozial rechtfertigen.

Kündigungsfristen bei Arbeitsverhältnissen:
§ 622 des Bürgerlichen Gesetzbuches im Wortlaut

(1) Das Arbeitsverhältnis eines Arbeiters oder eines Angestellten (Arbeitnehmers) kann mit einer Frist von vier Wochen zum Fünfzehnten oder zum Ende eines Kalendermonats gekündigt werden.

(2) Für eine Kündigung durch den Arbeitgeber beträgt die Kündigungsfrist, wenn das Arbeitsverhältnis in dem Betrieb oder Unternehmen

1. zwei Jahre bestanden hat, einen Monat zum Ende eines Kalendermonats,

2. fünf Jahre bestanden hat, zwei Monate zum Ende eines Kalendermonats,

3. acht Jahre bestanden hat, drei Monate zum Ende eines Kalendermonats,

4. zehn Jahre bestanden hat, vier Monate zum Ende eines Kalendermonats,

5. zwölf Jahre bestanden hat, fünf Monate zum Ende eines Kalendermonats,

6. 15 Jahre bestanden hat, sechs Monate zum Ende eines Kalendermonats,

7. 20 Jahre bestanden hat, sieben Monate zum Ende eines Kalendermonats.

Bei der Berechnung der Beschäftigungsdauer werden Zeiten, die vor der Vollendung des 25. Lebensjahrs des Arbeitnehmers liegen, nicht berücksichtigt.

(3) Während einer vereinbarten Probezeit, längstens für die Dauer von sechs Monaten, kann das Arbeitsverhältnis mit einer Frist von zwei Wochen gekündigt werden.

(4) Von den Absätzen 1 bis 3 abweichende Regelungen können durch Tarifvertrag vereinbart werden. Im Geltungsbereich eines solchen Tarifvertrags gelten die abweichenden tarifvertraglichen Bestimmungen zwischen nicht tarifgebundenen Arbeitgebern und Arbeitnehmern, wenn ihre Anwendung zwischen ihnen vereinbart ist.

(5) Einzelvertraglich kann eine kürzere als die in Absatz 1 genannte Kündigungsfrist nur vereinbart werden,

1. wenn ein Arbeitnehmer zur vorübergehenden Aushilfe eingestellt ist; dies gilt nicht, wenn das Arbeitsverhältnis über die Zeit von drei Monaten hinaus fortgesetzt wird;

2. wenn der Arbeitgeber in der Regel nicht mehr als 20 Arbeitnehmer ausschließlich der zu ihrer Berufsbildung Beschäftigten beschäftigt und die Kündigungsfrist vier Wochen nicht unterschreitet.

Bei der Feststellung der Zahl der beschäftigten Arbeitnehmer sind teilzeitbeschäftigte Arbeitnehmer mit einer regelmäßigen wöchentlichen Arbeitszeit von nicht mehr als 20 Stunden mit 0,5 und nicht mehr als 30 Stunden mit 0,75 zu berücksichtigen. Die einzelvertragliche Vereinbarung längerer als der in den Absätzen 1 bis 3 genannten Kündigungsfristen bleibt hiervon unberührt.

(6) Für die Kündigung des Arbeitsverhältnisses durch den Arbeitnehmer darf keine längere Frist vereinbart werden als für die Kündigung durch den Arbeitgeber.

Aus den gesetzlichen Regelungen geht hervor, dass asymmetrische Kündigungsfristen nicht zulasten der Mitarbeiter vereinbart werden dürfen. Häufig gelten daher Regelungen, nach denen das Unternehmen drei Monate zum Quartalsende kündigen darf, der Mitarbeiter dagegen einen Monat zum Monatsende.

Das Gesetz legt fest, dass eine Kündigung nur wirksam ist, wenn sie schriftlich erfolgt. Eine Kündigung kann nicht auf elektronischem Kommunikationsweg erfolgen. Zudem ist eine Kündigung nur dann wirksam, wenn – wie dies in § 95 des Betriebsverfassungsgesetzes festgelegt ist – der Betriebsrat ihr zustimmt.

 Eine außerordentliche fristlose Kündigung kann gemäß § 626 des Bürgerlichen Gesetzbuches aus wichtigem Grund erfolgen, also dann, »wenn Tatsachen vorliegen, auf Grund derer dem Kündigenden unter Berücksichtigung aller Umstände des Einzelfalles und unter Abwägung der Interessen beider Vertragsteile die Fortsetzung des Dienstverhältnisses bis zum Ablauf der Kündigungsfrist oder bis zu der vereinbarten Beendigung des Dienstverhältnisses nicht zugemutet werden kann«. Auf der Seite des Mitarbeiters kann eine solche Tatsache ein tätlicher Übergriff oder ein den Betriebsfrieden massiv störendes Verhalten sein. Die außerordentliche fristlose Kündigung muss innerhalb von zwei Wochen erfolgen, nachdem diese Tatsachen bekannt wurden, sowie unter schriftlicher Nennung des Kündigungsgrunds.

Kündigt das Unternehmen einem Mitarbeiter, möchte es sich auch schnell von ihm trennen. Obwohl das Gehalt noch bis zum Ablauf der Kündigungsfrist gezahlt wird, bedeutet dies nicht, dass der Mitarbeiter bis zum Ende seiner Betriebszugehörigkeit seiner Arbeit nachgehen darf. Wenn das Unternehmen es will, kann es dem Mitarbeiter die Weiterarbeit auch kurzfristig untersagen und ihm das Betreten seines Arbeitsplatzes nur noch unter Begleitung durch andere Mitarbeiter gestatten. Dies verhindert, dass der Mitarbeiter sich noch mit Informationen über das Unternehmen versorgen kann oder – vielleicht sogar aus Rache – ein unternehmensschädigendes Verhalten zeigt.

Besonderheiten ganz anderer Art finden sich bei betriebsbedingten Kündigungen. Sind im Unternehmen mehr als 20 betriebsratswahlberechtigte Mitarbeiter beschäftigt, muss das Unternehmen gemäß Betriebsverfassungsgesetz die Mitarbeiter über Betriebsänderungen, also beispielsweise Betriebseinschränkungen, -stilllegungen, -zusammenlegungen oder -spaltungen, rechtzeitig und umfassend informieren und den Betriebsrat einbinden. Unternehmen und Betriebsrat sollen sich über einen Interessenausgleich oder einen Sozialplan einigen, bevor im Falle eines Scheiterns die Einigungsstelle anzurufen ist.

✔ Beim *Interessenausgleich* werden die Details der Betriebsänderung verhandelt und es wird gegebenenfalls gemeinsam festgelegt, welche Personen betriebsbedingt gekündigt werden sollen.

✔ Beim *Sozialplan* wird verhandelt, wie wirtschaftliche Nachteile, die den von der Betriebsänderung betroffenen Mitarbeitern entstehen, ausgeglichen oder vermindert werden können. Der Betriebsrat möchte möglichst hohe Ausgleichsleistungen erreichen und darüber hinaus solche Mitarbeiter von den Leistungen ausschließen, die zumutbare Angebote zur Weiterbeschäftigung des Unternehmens ablehnen.

Das Personalmanagement wirkt dabei mit, die finanzielle Ausstattung des Sozialplans zu bestimmen. Einerseits soll der Sozialplan dazu beitragen, dass wirtschaftliche Nachteile der Mitarbeiter abgemildert werden, was in etwa einer Vorsorge für neun Monate Arbeitslosigkeit entspricht. Andererseits muss die Ausstattung des Sozialplans auch für das Unternehmen wirtschaftlich vertretbar sein, was noch der Fall ist, wenn es die Einsparungen des Unternehmens durch die Betriebsänderung in einem Jahr widerspiegelt.

Im Einzelnen berechnet sich die Abfindung für einen Mitarbeiter aus dessen Betriebszugehörigkeit in Jahren, multipliziert mit seinem Bruttomonatsgehalt sowie einem weiteren Faktor, der auf Basis von Altersgruppen die Risiken einer Arbeitslosigkeit berücksichtigt.

Trennungskommunikation ist auch eine Kunst

Wer auch immer den Wechsel des Arbeitsplatzes einleitet, es muss kommuniziert werden. Diese Kommunikation ist wichtig für die Betroffenen, andererseits aber auch für das Umfeld. Seien es die Familienmitglieder des Wechselnden, seien es die verbleibenden Mitarbeiter des Unternehmens, seien es die Kunden des Unternehmens – sie alle bekommen die Stimmungen des Wechselprozesses mit und machen sich ein Bild von der Sachlage. Dies geschieht unter Nutzung internetbasierter Medien inzwischen schneller als je zuvor.

Ein schlechtes Image des Unternehmens oder des Mitarbeiters entstehen zu lassen ist daher nicht im Interesse der Beteiligten. Unternehmen sollten nicht unterschätzen, wie aufmerksam die verbleibenden Mitarbeiter Trennungsprozesse beobachten und schauen, ob es aus ihrer Sicht gerecht zugeht. Negative Ereignisse wirken sich auf das Betriebsklima, die Zusammenarbeit und die Produktivität sowie auf die Verbleibewahrscheinlichkeit im Unternehmen aus.

Vor der Trennung beginnt die informelle Kommunikation, die eine Trennungsabsicht erst zu finden hilft:

✔ Will der Mitarbeiter kündigen, gibt er manchmal in der Belegschaft verdeckte Signale, dass er das Unternehmen verlassen könnte.

✔ Stehen Kündigungen des Arbeitgebers bevor, setzt häufig im Vorfeld die »Gerüchteküche« ein, in der Informationen mit mehr oder weniger Wahrheitsgehalt gehandelt werden. Hierdurch entstehen Unruhe und Angst unter den Mitarbeitern. In einigen Fällen kommt es vor, dass einige Unternehmen verdeckt, aber aktiv dafür sorgen, dass sich plötzlich das Betriebsklima deutlich verschlechtert. Dies soll Mitarbeiter dazu verleiten, »freiwillig« das Unternehmen zu verlassen und von sich aus zu kündigen – was dann aber fast schon den Tatbestand des »Mobbings von oben« erfüllt.

Weniger informell sind Abmahnungen seitens des Unternehmens, die eine Trennung für den Fall androhen, dass ein ungewünschtes Verhalten nicht geändert wird.

Das Kündigungsgespräch markiert den »offiziellen« Beginn der Trennung. Ein Kündigungsgespräch zu führen ist nicht einfach, weil es nicht darauf ausgerichtet ist, einen Kompromiss zu finden, sondern eine Beziehung zu beenden. Außerdem sind Emotionen im Spiel. Ein kündigender Mitarbeiter hat vielleicht ein schlechtes Gewissen, weil er Aufgaben zurücklassen und eingegangene Verantwortlichkeiten enttäuschen wird. Ein kündigendes Unternehmen weiß um die möglichen Folgen einer Kündigung für den Mitarbeiter und tut

diesen Schritt in der Regel ebenfalls nicht leichtfertig. Und der Überbringer der Trennungsentscheidung hat immer ein mulmiges Gefühl.

 Das Kündigungsgespräch sollten der Mitarbeiter und seine bisherige Füh-
rungskraft führen, weil diese ja auch über eine längere Zeit die Arbeitsbezie-
hung gebildet haben. Neuerdings werden Kündigungen auch auf externe
Dienstleister ausgelagert, die die Kündigungsgespräche für den Arbeitgeber
übernehmen. Aus personalmanagementethischer Sicht ist dies aber nicht vertretbar, weil damit Dank und Wertschätzung in ihr Gegenteil verkehrt werden.

Für ein gelungenes Kündigungsgespräch gibt es zwei Grundregeln: Gut vorbereiten – und:
sofort raus mit der schlechten Botschaft. Das Gespräch sollte im ersten Satz mit der Kommunikation der Trennungsentscheidung beginnen. Im weiteren Verlauf können dann (stich-
haltige) Begründungen, die Aushandlung von Rahmenbedingungen der Trennung, die »offizielle Sprachregelung« und auch das gegenseitige Sichwertschätzen erfolgen, wobei aber
auch im Gesprächsverlauf keine Relativierung der Trennungsentscheidung erfolgen sollte.

Würde das Kündigungsgespräch mit positiv-emotionalem Small Talk beginnen, würde es
dem Trennenden umso schwerer fallen, die Trennungsentscheidung zu begründen – wenn
doch alles so schön ist … Im Verlauf eines Kündigungsgesprächs muss mit emotionalen Reaktionen gerechnet werden, auf die sich die Beteiligten nach Möglichkeit vorbereiten sollten.
Auf keinen Fall aber sollte der gekündigte Mitarbeiter bloßgestellt werden.

Unterstützung der ausscheidenden Mitarbeiter

In den wenigsten Fällen werden gekündigte Mitarbeiter in Beschäftigungsgesellschaften untergebracht oder haben schon vor ihrem Ausscheiden aus dem Unternehmen einen neuen
Arbeitsplatz (zu Massenentlastungen erfahren Sie mehr in Kapitel 14). Sie müssen sich also
auf die Suche begeben.

Wenn sie Glück haben, stellt ihnen ihr altes Unternehmen ein sogenanntes Outplacement
zur Verfügung. Es bezahlt also Hilfen bei der Neuorientierung und die Unterstützung des
Bewerbungsprozesses, die in Gruppen oder für Einzelpersonen gewährt werden. Dieses
Outplacement beginnt teilweise schon nach dem Kündigungsgespräch im Unternehmen,
reicht von Stärken- und Schwächenanalysen der Mitarbeiter über die Aufdeckung und
Schließung von Kompetenzlücken bis zur Unterstützung einer Neubewerbung und endet im
Idealfall dann, wenn der ausscheidende Mitarbeiter eine neue Stelle gefunden hat. Für die im
Unternehmen verbleibenden Mitarbeiter und Außenstehende signalisiert es die sozial ver-
antwortliche Rolle des Unternehmens und seines Personalmanagements, denn neben praktischer Hilfe wird auch emotionale Hilfe gegeben.

 Nicht abnehmen kann das Outplacement dem gekündigten Mitarbeiter die
Antwort auf die Frage, was er in der Zukunft beruflich tun möchte. Es weist
aber auf Chancen hin. So erschließen sich durch einen Arbeitsplatzwechsel
Möglichkeiten, Fähigkeiten neu einzusetzen oder ganz neue berufliche Wege
zu gehen. Auch eine Lernphase vor dem Eintritt in ein neues Unternehmen
könnte sinnvoll und spannend sein. Begleitend kann sich neues Selbstvertrauen
entwickeln, das für den anstehenden Bewerbungsprozess sehr wichtig ist.

Das Outplacement bereitet Mitarbeiter darauf vor, dass viele Veränderungen auf sie zukommen werden, die sie auf den ersten Blick gar nicht ahnen:

✔ Bei einem Wechsel in eine neue Branche finden sie eine neue Branchenkultur vor, die andere Dinge für wichtiger hält oder anders interpretiert als die bisherige Branche, zum Beispiel Professionalisierung.

✔ In einem neuen Unternehmen muss sich der Wechselnde auf eine neue Unternehmenskultur einrichten, sich in das soziale Umfeld einordnen und die Feinheiten des Betriebsklimas und seiner Entstehung kennenlernen – wofür das Outplacement hilft, die Antennen neu auszurichten.

✔ Die neuen Arbeitsinhalte richten sich nach den spezifischen System- und Prozessanforderungen des neuen Unternehmens. Insbesondere hier bestehen vielfältige Lernnotwendigkeiten.

✔ Auch dass es neue Kollegen geben wird, ist im Grunde bekannt. Allerdings bedeutet das Sicheinfinden in neue Gruppenstrukturen, dass sich der gekündigte Mitarbeiter zunächst – auch gegen den Widerstand der bereits vorhandenen Mitarbeiter – aufgrund seiner Leistung und seiner Persönlichkeit eine Position im neuen Unternehmen erarbeiten muss. Hierzu bedarf es eines langen Atems, weil in einer Konkurrenzsituation um Arbeitsbereiche und Entscheidungseinfluss bereits belegte Positionen nicht freiwillig geräumt werden.

✔ Schwer durchschaubar werden die informellen Beziehungen innerhalb der Belegschaft eines neuen Unternehmens sein. Die wahren Machtzentren müssen nicht identisch sein mit den Personen, die offiziell Führungskräfte sind. Es können auch einzelne Mitarbeiter, die über wenig Positionsmacht verfügen, Einfluss auf Unternehmensentscheidungen oder Gruppenentscheidungen ausüben. Während man als neuer Mitarbeiter recht schnell von Kollegen die informellen Hintergründe erfahren kann, ist dies für neue Führungskräfte weitaus schwieriger: »Keiner sagt mir was« ist ein häufig anzutreffendes Gefühl, und erst nach und nach gelingt es der Führungskraft, die wahren Absichten ihrer Mitarbeiter zu erschließen. Das Outplacement vermittelt, dass ein Neueinstieg auch ein Kampf um Macht sein kann.

Es dauert ein halbes Jahr, bis ein Mitarbeiter in einem neuen Unternehmen das Gefühl hat, wieder »fest im Sattel zu sitzen«.

Die emotionale Reaktion beim Start in eine neue Arbeit ist entweder ein positives Gefühl des Aufgefangenseins oder aber ein erneutes Motivationsloch aufgrund eintretender Überforderung. Doch anstatt dem Impuls zu folgen, am liebsten gleich wieder zu fliehen, besteht die Herausforderungen darin, sich »durchzubeißen«. Gerade für in ein neues Unternehmen wechselnde Führungskräfte, die sowohl die sachbezogen-inhaltlichen als auch die beziehungsbezogen-unternehmenskulturellen Prozesse des Unternehmens verstehen lernen müssen, bietet es sich an, einen Coach hinzuzuziehen. Er unterstützt die Führungskraft dabei, das System »neues Unternehmen« in seiner komplexen Vernetztheit zu erfassen. Aber auch Mitarbeiter ohne Führungsverantwortung profitieren von einer (eigenen oder fremden) Systemkompetenz, die sie in die Lage versetzt, schnell hinter die Fassade ihres neuen Unternehmens zu schauen.

Zum Abschied ein Arbeitszeugnis

Unternehmen bescheinigen dem ausscheidenden Mitarbeiter im Arbeitszeugnis, wie er gearbeitet hat. Zeugnisse müssen positiv formuliert werden, doch auch schlechtere Arbeitsleistungen lassen sich durch positiv klingende Sätze ausdrücken.

In § 109 Gewerbeordnung ist die Erteilung von Arbeitszeugnissen geregelt. Der Mitarbeiter hat die Wahl zwischen einem einfachen und einem qualifizierten Zeugnis. Ein Arbeitszeugnis dient als Bewerbungsunterlage für folgende Arbeitsverhältnisse und richtet sich daher an künftige Arbeitgeber.

Zeugnis: § 109 Gewerbeordnung im Wortlaut

(1) Der Arbeitnehmer hat bei Beendigung eines Arbeitsverhältnisses Anspruch auf ein schriftliches Zeugnis. Das Zeugnis muss mindestens Angaben zu Art und Dauer der Tätigkeit (einfaches Zeugnis) enthalten. Der Arbeitnehmer kann verlangen, dass sich die Angaben darüber hinaus auf Leistung und Verhalten im Arbeitsverhältnis (qualifiziertes Zeugnis) erstrecken.

(2) Das Zeugnis muss klar und verständlich formuliert sein. Es darf keine Merkmale oder Formulierungen enthalten, die den Zweck haben, eine andere als aus der äußeren Form oder aus dem Wortlaut ersichtliche Aussage über den Arbeitnehmer zu treffen.

(3) Die Erteilung des Zeugnisses in elektronischer Form ist ausgeschlossen.

An qualifizierte Arbeitszeugnisse werden zwei zentrale Anforderungen gestellt:

✔ **Zeugniswahrheit:** Der Inhalt des Zeugnisses muss bei allem Wohlwollen wahrheitsgemäß sein.

✔ **Zeugnisklarheit:** Die Formulierungen des Zeugnisses müssen so klar sein, dass auch bei einem durchschnittlichen Zeugnisleser die korrekten Vorstellungen über die beurteilte Person entstehen.

Liegt ein qualifiziertes Arbeitszeugnis vor, das den Anforderungen der Zeugniswahrheit und Zeugnisklarheit nicht entspricht, kann der Beurteilte eine Berichtigung oder Ergänzung des Zeugnistextes verlangen.

Die Bestandteile eines qualifizierten Arbeitszeugnisses sind üblicherweise:

✔ Briefbogen des Unternehmens

✔ Überschrift »Zeugnis« oder »Zwischenzeugnis«

✔ Eröffnungssatz mit Titel, Name, Geburtsdaten, Tätigkeitsbezeichnung und Dauer des Arbeitsverhältnisses

✔ Beschreibung der Aufgabe samt hierarchischer Position, Tätigkeiten, Versetzungen, Verantwortlichkeiten, Vollmachten

✔ Beurteilung zu fachlichen Fähigkeiten, Leistungsbereitschaft, Leistungen, Erfolgen, Potenzial

✔ besondere Erfolge oder Führungsleistung (bei Führungskräften)

✔ Gesamtbeurteilung der Leistung im Sinne der Zufriedenheit mit dem Mitarbeiter

✔ Beurteilung zum Sozialverhalten, zur Vertrauenswürdigkeit, zu Werten wie Ehrlichkeit, Verantwortungsbewusstsein, Loyalität oder Gewissenhaftigkeit sowie zum Verhalten gegenüber Vorgesetzten, Kollegen und Kunden

✔ Grund für die Beendigung des Arbeitsverhältnisses

✔ Schlussformel mit Bedauern, Dank für die geleistete Arbeit und guten Wünschen für die persönliche und berufliche Zukunft

✔ Ort, Datum, Unterschriften der Zeugnisgeber

Grundsätzlich verfasst der Arbeitgeber das Zeugnis, wobei die Formulierungen in seinem Ermessen liegen. Er ist allerdings gehalten, sich als wohlwollender Arbeitgeber auszudrücken und auf verschlüsselte, für den Mitarbeiter negative Beurteilungen zu verzichten, um dessen berufliches Fortkommen nicht unnötig zu behindern. Geheimcodes und eine verschlüsselte Zeugnissprache sind daher nicht zulässig, weil sie der Zeugnisklarheit widersprechen. Dennoch kennen Arbeitgeber die Zeugnissprache, nach der beispielsweise Ausdrücke wie »hat stets zu unserer vollsten Zufriedenheit gearbeitet« der Schulnote 1 (sehr gut) entsprechen, Ausdrücke wie »hat zu unserer Zufriedenheit gearbeitet« aber eher der Schulnote 3 (befriedigend). Bei der Dechiffrierung solcher Zeugnisse zählen kleinste Einzelheiten. So haben einige Landesarbeitsgerichte den Anspruch von Arbeitnehmern auf eine vollständige Abschlussformulierung mit Bedauern, Dank und guten Wünschen für die persönliche und berufliche Zukunft bejaht.

Wenn doch gestritten wird

Wenn Gespräche nicht zu einer einvernehmlichen Trennung führen, sieht man sich gegebenenfalls vor dem Arbeitsgericht wieder. Geklagt wird häufig, um die Rechtmäßigkeit von Kündigungsgründen und die Korrektheit des Kündigungsprozesses zu überprüfen, Formulierungen in Arbeitszeugnissen zu klären und die Höhe von Abfindungen zu ermitteln.

Die erste Instanz der deutschen Arbeitsgerichtsbarkeit bilden die Arbeitsgerichte. Nach einer Berufung werden die Landesarbeitsgerichte als zweite Instanz angesprochen. Bei Zulassung der Revision ist als dritte Instanz das Bundesarbeitsgericht zuständig. Vor einem Arbeitsgericht werden, wie dies im Arbeitsgerichtsgesetz festgelegt ist, Streitigkeiten im Zusammenhang mit einem Arbeitsverhältnis wie dessen Bestehen oder Nichtbestehen und die daraus entstehenden Ansprüche verhandelt, zudem Tarifvertragsstreitigkeiten. Es ist durch einen Berufsrichter, einen ehrenamtlichen Richter aus der Reihe der Arbeitnehmer sowie einen weiteren ehrenamtlichen Richter aus der Reihe der Arbeitgeber besetzt, wobei alle drei Richter das gleiche Stimmengewicht haben.

Vor dem Arbeitsgericht werden letztgültige Trennungsregelungen gefunden, wobei die meisten Verfahren zu einer außergerichtlichen Einigung gelenkt werden. Es ist beabsichtigt, dass Arbeitsgerichtsverfahren schnell verhandelt werden, was zum einen zur Setzung von kurzen Fristen und der Konzentration des Verfahrens auf einen einzigen Termin führt. Zum anderen ist es vorgesehen, dass zunächst der Berufsrichter ohne Hinzuziehung der ehrenamtlichen Richter als Kammervorsitzender einen Gütetermin ansetzt, der darauf angelegt ist, dass sich alle Beteiligten – häufig auf informellen »sanften Druck« des Kammervorsitzenden – auf eine Lösung verständigen. Nur wenn dieser Termin scheitert, wird das Verfahren vor der Arbeitsgerichtskammer fortgeführt.

Was Kündigen eigentlich kostet

Ein professionelles Personalmanagement wird auf ein Freisetzungscontrolling nicht verzichten und sich daher sowohl im Voraus als auch im Nachhinein anschauen, ob der Freisetzungsprozess seine Ziele erreicht hat und im Übrigen wirtschaftlich durchgeführt wurde.

Unter den »harten« Controllingaspekten der Kündigung müssen vor allem die Kosten genannt werden. Üblicherweise werden zwei Kostengruppen unterschieden:

✔ Die sichtbaren Kosten umfassen solche für Abfindungen, Sozialpläne, Outplacementmaßnahmen und Arbeitsgerichtsverfahren. Hinzu kommen die Kosten, die mit dem Wissensverlust des Mitarbeiters und seinem Ausscheiden aus den Netzwerkstrukturen des Unternehmens einhergehen.

✔ Die verborgenen Kosten entstehen durch Nebenwirkungen der Kündigung insbesondere bei den verbleibenden Mitarbeitern, also zum Beispiel die Kosten eines Vertrauensverlusts, einer Demotivation, einer Verschlechterung des Betriebsklimas oder einer leistungsbezogenen Selbstblockade.

Das Personalmanagement achtet auf beide Kostengruppen, um die Effizienz zu sichern.

Unter die »weichen« Controllingaspekte der Kündigung müssen die Auswirkungen auf das Unternehmensimage und den Ruf ebenso gefasst werden wie die psychologischen Auswirkungen auf die Bindungsbereitschaft der verbleibenden Mitarbeiter. Wenn das Personalmanagement beabsichtigt, trotz Kündigungen einiger Mitarbeiter keine negativen Nebenwirkungen auf die Motivation der verbleibenden Mitarbeiter auszulösen, wird es auf eine faire Kündigungspolitik achten, die es unter Umständen sogar noch als positives Signal im Rahmen seines Personalmarketings einsetzen kann.

Das Personalmanagement strebt daher eine möglichst positive Wirkung für das Unternehmen, für den gekündigten und für die verbleibenden Mitarbeiter an.

Wollen wir Freunde bleiben?

Wünschenswert ist es, wenn Unternehmen und Mitarbeiter im Guten voneinander scheiden. Dies bietet beiden Partnern die Möglichkeit, auch über das Ende der arbeitsvertraglichen Beziehung hinaus miteinander in Kontakt zu bleiben und möglicherweise voneinander zu profitieren.

Bevor man auseinandergeht, bietet sich noch eine weitere, wichtige Gelegenheit zur gemeinsamen Kommunikation: das *Exit-Gespräch* oder Austrittsinterview. Es wird – zumindest in Unternehmen mit einer halbwegs professionellen Personalarbeit – am letzten Arbeitstag zwischen dem Unternehmen (also der Führungskraft oder Mitarbeitern der Personalfunktion) und dem ausscheidenden Mitarbeiter geführt.

Das Exit-Gespräch ist die Chance, sich ohne Rücksicht auf eine weitere Zusammenarbeit eine ehrliche Rückmeldung zu allem zu geben, was man in der Vergangenheit gut und was man weniger gut gefunden hat. Das Gespräch bietet Unternehmen eine Chance, wichtige und nicht mehr durch Rücksichtnahme gefilterte Informationen über ihr Innenleben zu erhalten. Außerdem ist es damit, was kaum jemand wahrnimmt, eine Fortbildungschance für die Mitarbeiter des Personalmanagements.

Das Exit-Gespräch wird in der Regel mit einem Mitarbeiter geführt, der selbst gekündigt hat, und umfasst unter anderem folgende Fragen:

✔ Warum verlassen Sie unser Unternehmen?

✔ Wann haben Sie angefangen, sich nach einer neuen Arbeit umzusehen?

✔ Haben Sie sich von uns fair behandelt gefühlt?

✔ Wie fanden Sie Ihr Entlohnungssystem – gab es Probleme?

✔ Waren Sie mit Ihrer Weiterbildung zufrieden oder hätten wir hier etwas besser machen können?

✔ Wie haben Sie die Arbeitsbedingungen wahrgenommen und wo sehen Sie Verbesserungsbedarf?

✔ Haben Ihre Führungskräfte Ihr Engagement und Ihre Arbeit so wertgeschätzt, wie Sie sich das gewünscht haben?

✔ Unter welchen Bedingungen wären Sie bereit, über eine Rückkehr in unser Unternehmen nachzudenken?

✔ Wie würden Sie die Motivation der Mitarbeiter des Unternehmens verbessern?

✔ Erkennen Sie die Richtung, in der sich das Unternehmen entwickeln will, und wird diese Ihrer Meinung nach klar genug kommuniziert?

✔ Ist Ihnen unethisches Verhalten in unserem Unternehmen aufgefallen?

✔ Was hat Ihnen bei Ihrer Arbeit in unserem Unternehmen am besten gefallen?

✔ Ist Ihnen sonst noch etwas aufgefallen und haben Sie weitere Verbesserungsvorschläge für uns?

Hat das Unternehmen gekündigt, können im Exit-Gespräch Verletzungen besprochen und wenn auch nicht immer ausgeräumt, dann doch vielleicht abgemildert werden.

Jetzt wird es endgültig

Der letzte Arbeitstag ist ein einschneidendes Ereignis. Der ausscheidende Mitarbeiter muss seine Sachen einpacken, sich von den Kollegen verabschieden, die Insignien seiner Mitarbeiterschaft (so den Betriebsausweis, Schlüssel, Codekarten) abgeben und ein letztes Mal die Tür des Unternehmens hinter sich schließen.

Einige Dinge dürfen ausscheidende Mitarbeiter nicht: zum Beispiel ihre zurückgelassenen Daten auf dem Computer löschen oder andere betriebliche Unterlagen vernichten. Diese gehören dem Unternehmen und ihre Zerstörung wäre strafrechtlich als Sachbeschädigung zu werten. Üblicherweise arbeitsvertraglich untersagt ist es ausscheidenden Mitarbeitern auch, Unternehmensinformationen mitzunehmen und später zu nutzen. Dies wäre strafrechtlich als Verrat von Geschäfts- und Betriebsgeheimnissen anzusehen. Wenn ein Mitarbeiter diese Dinge dennoch tun würde, könnte ihm nachträglich fristlos gekündigt werden, sodass das Arbeitsverhältnis bereits vor dem Ablauf der ordentlichen Kündigungsfrist endet. Außerdem sind Strafverfahren möglich.

Viele Unternehmen haben eine Checkliste für den letzten Arbeitstag vorbereitet, auf der die Schritte und Stationen für den ausscheidenden Mitarbeiter aufgeschrieben werden, damit dieser sie sukzessive abarbeiten kann.

Keine Checkliste gibt es für die psychologischen Aspekte des letzten Arbeitstags. Wie bei jeder Trennung fällt es ausscheidenden Mitarbeitern oft schwer, das Gewohnte hinter sich zu lassen, selbst wenn die Trennung freiwillig erfolgt. Es ist ja das persönliche Umfeld gewesen, das einem über längere Zeit zur beruflichen Heimat geworden ist. Insbesondere bei Mitarbeitern, die nicht freiwillig das Unternehmen verlassen, kann es zu körperlichen Trennungsreaktionen kommen. Appetit- und Schlaflosigkeit, Durchblutungs- und Verdauungsstörungen, Unkonzentriertheit, Reizbarkeit und sogar Schmerzen zählen zu dem Repertoire, mit dem der Körper auf eine berufliche Trennung reagieren kann. Er versucht so, den Schock der tatsächlichen Trennung zu überwinden.

Diese Reaktionen setzen sich am ersten Nichtarbeitstag fort. Hier spürt der ehemalige Mitarbeiter die Leere und begreift sie nicht mehr als Ausnahmesituation, sondern als Situation, mit der sich arrangiert werden muss. Hier helfen Kontrastprogramme mit bewussten Entspannungsphasen und bewusster (gesunder) Beanspruchung mittels Sport, nicht aber Tabletten, Alkohol und andere Drogen.

In der Zeit nach der Trennung vom alten Arbeitsplatz gewöhnt sich der ehemalige Mitarbeiter – und mit ihm seine Familie – langsam an die neue Situation. Vielleicht überwiegen zunächst die negativen Gefühle wie Einsamkeit, die Reflexion über mögliche Fehler, Zukunftsangst oder sogar Verzweiflung. Aber nach und nach kommen auch positive Gefühle zum Tragen, die sich auf eine positive Zukunft beziehen. Es kommt zu einer emotionalen Gewöhnung an den neuen Zustand, die eine Grundvoraussetzung bietet, beruflich wieder aktiv zu werden. Einige ausgeschiedene Mitarbeiter verspüren das Glück der Befreiung. Wenn sie sich im alten Unternehmen nicht wohlfühlten und den Wechsel des Arbeitsplatzes selbst

herbeigeführt haben, ist ihre neue Situation des Nicht-mehr-im-alten-Unternehmen-arbeiten-Müssens positiv belegt. Aber auch bei ihnen relativiert sich mit der Zeit die Euphorie: Das enthusiastische Gefühl des Entronnenseins weicht einer Normalisierung.

Das Personalmanagement hat auf den ersten Blick mit den Befindlichkeiten eines ehemaligen Mitarbeiters nichts mehr zu tun. Dennoch kann es kurz nach dessen Ausscheiden aus dem Unternehmen ein positives Signal setzen, etwa ein freundlich gehaltenes Schreiben des Dankes für gezeigtes Engagement und des Interesses an weiterem Kontakt. Damit leitet es den Beginn einer neuen Phase in der Beziehung zu seinem ehemaligen Mitarbeiter ein.

Die Ehemaligen – noch kein »altes Eisen«

Ehemalige Mitarbeiter sind eine wichtige Zielgruppe für das Personalmanagement. Obwohl nicht mehr im Unternehmen tätig, kommt ihnen dennoch eine große Bedeutung zu. Ein Ansatzpunkt für das Personalmanagement ist ihre letzte Position im Unternehmen:

✔ Die ehemaligen Mitglieder der Unternehmensleitung unterteilen sich in ehemalige Gründer, Inhaber, Vorstände oder Manager. Wenn »der Chef« – aus welcher Position heraus auch immer – geht, brechen nicht nur wichtige Geschäftskontakte weg. Gerade im Mittelstand sind weitere Entscheidungsfunktionen beeinträchtigt, wenn der Unternehmensleiter gleichzeitig als Personalleiter fungierte. Das Personalmanagement muss dafür sorgen, dass die ehemalige Führungskraft durch einen schrittweisen Nachfolgeprozess zumindest noch lose an das Unternehmen gebunden wird und so der Zugriff auf dessen unternehmensbezogenes Wissen möglich bleibt. Ein enger Kontakt kann durch eine Beirats- oder Beraterfunktion der ehemaligen Führungskraft aufrechterhalten werden.

✔ Wichtige ehemalige Mitarbeiter waren in ihrer aktiven Zeit Spezialisten, Vertriebsmitarbeiter, Einkäufer sowie sonstige Mitarbeiter in Schlüsselpositionen. In Bezug auf sie kann das Personalmanagement Onlinenetzwerke herstellen, Rentner als Experten weiter beschäftigen, Patenschaften zwischen Ehemaligen und Neulingen einrichten und ehemalige Mitarbeiter Beratungs- und Revisionsfunktionen übernehmen lassen.

✔ Sonstige ehemalige Mitarbeiter sind weniger hoch qualifiziert und tendenziell leichter zu ersetzen. Verliert ein Unternehmen diese Mitarbeiter, verliert es aber gleichzeitig an Routine in der Leistungserstellung, die für eine Übergangszeit noch unterstützt werden könnte. Auch kann eine Bindung dieser Mitarbeiter über ihre aktive Arbeitszeit hinaus für das Betriebsklima sinnvoll sein.

Viele Mittelständler, deren Besonderheit ihre Familiarität der Mitarbeiterführung ist, lassen den Kontakt zu ihren Ehemaligen nicht abreißen. Üblich ist es, sie für kleinere Tätigkeiten einzusetzen, etwa für die Betreuung eines Firmenmuseums oder -archivs oder für Werksführungen. Dies kommt beispielsweise Rentnern entgegen, die sich gern eine Kleinigkeit zu ihrer Rente hinzuverdienen. Zudem integrieren sie die Ehemaligen nach wie vor in soziale Aktivitäten des Unternehmens. Es gilt nicht die Devise »aus den Augen, aus dem Sinn«. So gratuliert das Unternehmen seinen Pensionären noch zum Geburtstag. In einigen mittelständischen Unternehmen ist es üblich, dass die

Ehemaligen zu Betriebsjubiläen und sonstigen Festivitäten eingeladen werden. Damit dienen diese nicht nur der betrieblichen Integration, sondern auch der Stärkung des Gemeinschaftsgefühls über Mitarbeitergenerationen hinweg. Auch gibt es in manchen Unternehmen Ehemaligenstammtische oder Ehemaligenvereinigungen. Schließlich behalten in einigen Unternehmen die Ehemaligen ihre Unternehmens-E-Mail-Adresse.

Ehemalige Mitarbeiter – und gerade diejenigen, die sich bereits in der Rente befinden – können auch reaktiviert werden, um Personallücken und personelle Engpässe im Leistungserstellungsprozess auszugleichen. Sie verstärken dann die Stammbelegschaft bei Projekten oder als Berater. Eine längere Einarbeitung entfällt, weil die ehemaligen Mitarbeiter ihren Tätigkeitsbereich wie auch das Unternehmen noch kennen und über große Erfahrung verfügen. Besonders gilt dies für Produktions- oder Unterstützungssysteme wie zum Beispiel Maschinen und Spezialsoftware, die im Laufe der Zeit veralten und deren Schulung neuer Mitarbeiter sich nicht lohnt. Daher werden ehemalige Mitarbeiter auch gerne externen Unternehmensberatern vorgezogen. Sie verdienen Geld zu ihrer Rente hinzu – was sie ab Erreichen der Regelaltersgrenze unbegrenzt dürfen, davor nur bis zu Höchstbeträgen – und fühlen sich weiterhin vom Unternehmen gebraucht, was sie motiviert.

 Die Gewerkschaften stehen der Reaktivierung von Rentnern dann ablehnend gegenüber, wenn hierdurch langfristig Stammarbeitskräfte ersetzt oder Lohnkosten eingespart werden. Das Personalmanagement ist in diesem Zusammenhang dafür verantwortlich, dass solche Verdrängungseffekte nicht entstehen. Hierzu zählt beispielsweise, für ehemalige Mitarbeiter eine Obergrenze an Arbeitstagen im Jahr einzuhalten.

Ehemalige Mitarbeiter unterstützen das Unternehmen auch bei seiner Personalbeschaffung. Oftmals lassen sich über die Kontakte und Empfehlungen Ehemaliger Verbindungen zu möglichen neuen Mitarbeitern herstellen.

Das Personalmanagement hat die Aufgabe, einen standardisierten Prozess zu etablieren, der den regelmäßigen Kontakt mit seinen ehemaligen Mitarbeitern sicherstellt. Die sozialen Medien helfen hierbei. In vielen von ihnen lassen sich separate Bereiche definieren, die speziell den Ehemaligen offenstehen.

Teil III
Interne Verzahnung
ist das A und O

In diesem Teil ...

erhalten Sie den Einstieg in die breiten Möglichkeiten, die ein Personalmanagement noch spannender machen, als es seine Kernbereiche sowieso schon sind: Denn im Unternehmen gibt es an allen Ecken und Enden etwas zu gestalten, das mit den Mitarbeitern in mehr oder weniger direktem Zusammenhang steht. Personengruppen, die irgendetwas von der Personalarbeit haben wollen, formulieren ihre Forderungen oder Ansprüche an das Personalmanagement. Sie werden als »interne Stakeholder« bezeichnet, also als Anspruchsgruppen, deren Interessen beachtet werden müssen. Da ist beispielsweise der Betriebsrat, der eine angemessene Mitwirkung der Mitarbeiter an der Unternehmensführung sicherstellen soll und deshalb informiert werden will. Da sind die Führungskräfte des Unternehmens, die in ihrer Führung unterstützt werden wollen. Da ist die Unternehmensleitung, die will, dass alle Mitarbeiter die Unternehmensziele aktiv unterstützen. Das sind Funktionsabteilungen wie die Produktions-, Finanz- und Rechnungslegungsabteilung sowie IT-Abteilung, die ihrerseits genaue Vorstellungen davon haben, was Mitarbeiter und Personalabteilung zu tun haben. Schließlich ist da die Personalabteilung selbst, für die ebenfalls Personalmanagement erbracht werden muss. Und wem das noch nicht reicht, der kann sich um das Personalmanagement für die Auslandsstandorte kümmern. Doch aufgepasst: Das Personalmanagement ist nicht dazu da, automatisch alle Ansprüche interner Stakeholder zu erfüllen, sondern es muss alle Interessen abwägen und eine ausgewogene Ausrichtung auf alle Anspruchsgruppen finden. Zudem muss ein professionelles Personalmanagement seine Interessen gegenüber den verschiedenen Anspruchsgruppen kommunizieren und durchsetzen.

Hier wird mitbestimmt: Der Betriebsrat

10

In diesem Kapitel ...

▶ Die Entstehung des Betriebsrats verstehen

▶ Die Rechte des Betriebsrats berücksichtigen

▶ Die Einbindung des Betriebsrats gestalten

Es gilt als eine der zentralen Errungenschaften moderner Industriegesellschaften, dass die Beschäftigten eines Unternehmens unmittelbar oder über Vertreter in Entscheidungen der Unternehmensleitung eingebunden werden. Viele dieser Möglichkeiten der Mitbestimmung sind gesetzlich geregelt. Sie folgen der Grundidee, dass es für die Mitarbeiter motivationssteigernd ist, wenn sie einen Einfluss auf die Gestaltung ihrer Arbeitsbedingungen bekommen, und dass die Mitarbeiter gemeinsam mit der Unternehmensleitung die Unternehmensziele besser verfolgen, wenn ein Vertrauensverhältnis zwischen Unternehmensleitung und der Belegschaft hergestellt wird. Durch Mitbestimmungsregelungen werden die Machtpotenziale von Unternehmensleitung und Belegschaft ausbalanciert.

Rechte zur Mitwirkung und Mitbestimmung bestehen für Mitarbeiter im Hinblick auf den Arbeitsplatz, im Hinblick auf ihren Betrieb (durch den Betriebsrat), im Hinblick auf die Unternehmensführung (im Aufsichtsrat) sowie auf überbetrieblicher Ebene (mittels Gewerkschaften). In diesem Kapitel erfahren Sie, wie das Personalmanagement den Betriebsrat sieht und wie es das Verhältnis zwischen der Unternehmensleitung und dem Betriebsrat beeinflussen kann.

Was der Betriebsrat ist

In Deutschland ist der Betriebsrat das wesentliche Organ der innerbetrieblichen Mitbestimmung. Geregelt wird die Arbeit des Betriebsrats durch das Betriebsverfassungsgesetz. Es wurde 1952 verabschiedet und mehrere Male (grundlegend 1972) novelliert. Im Betriebsverfassungsgesetz ist dargelegt, wie Betriebsräte entstehen, wann sie informiert werden müssen, in welchen Situationen sie die Unternehmensleitung beraten dürfen und in welchen Situationen sie das Recht haben mitzubestimmen.

Der Betriebsrat ist ein wichtiger Partner für den Arbeitgeber, der zum Wohle des Betriebs und der Belegschaft seine Aufgaben erfüllt. Mit ihm können die Unternehmensleitung und das Personalmanagement direkt kommunizieren. Der Betriebsrat repräsentiert die Interessen der Belegschaft gegenüber dem Arbeitgeber und bietet den Mitarbeitern die Möglichkeit, Probleme und persönliche Anliegen bei der Geschäftsführung zur Sprache zu bringen.

In der Praxis herrscht überwiegend eine vertrauensvolle Zusammenarbeit von Betriebsrat und Betriebsleitung vor. In der Regel werden Entscheidungen zwar diskutiert, teilweise auch kontrovers, letztlich aber doch einvernehmlich getroffen. Es gibt allerdings auch spannungsgeladene Verhältnisse, besonders in Zeiten von Unternehmenskrisen. Die wichtige Funktion des Betriebsrats liegt darin, dass in betriebliche Entscheidungen die Auffassungen der Belegschaft eingehen. Als Folge hiervon achtet beispielsweise das Personalmanagement dann stärker darauf, bestehende Schutzvorschriften einzuhalten.

Wie der Betriebsrat entsteht

Zunächst ist es wichtig zu wissen, was im wirtschaftsrechtlichen Sinne ein Betrieb ist: Im Gegensatz zu einem Unternehmen, das eine rechtliche Einheit ist, ist ein Betrieb eine technisch-organisatorische Einheit. Ein Unternehmen kann damit aus mehreren Betrieben bestehen. Meist ist ein Betrieb mit einer Produktionsstätte, also einem zur Leistungserstellung genutzten Gebäude oder Gebäudeensemble, identisch.

 In Betrieben ab fünf regulären Vollzeitbeschäftigten beziehungsweise entsprechend mehr Teilzeitbeschäftigten muss auf Antrag von mindestens drei Mitarbeitern ein Betriebsrat gewählt werden. Seine Amtszeit beträgt vier Jahre. Die Wahlmodalitäten sind im Betriebsverfassungsgesetz genauestens geregelt, wobei es für Kleinbetriebe mit bis zu fünfzig wahlberechtigten Arbeitnehmern ein vereinfachtes Wahlverfahren gibt (mehr zur Entstehung und Arbeit eines Betriebsrats erfahren Sie in *Betriebsrat für Dummies*).

Je mehr Beschäftigte ein Unternehmen hat, desto höher ist die Anzahl der Betriebsratsmitglieder. Das Betriebsverfassungsgesetz sieht in § 9 eine vielstufige Staffelung vor und signalisiert hiermit die Bedeutung der Interessenvertretung der Beschäftigten. Ab neun Betriebsratsmitgliedern werden die laufenden Geschäfte des Betriebsrats durch einen Betriebsausschuss geführt.

Die Mitglieder des Betriebsrats werden in der Zeit, in der sie ihre Funktion wahrnehmen, von ihrer sonstigen Arbeit freigestellt. Ab 200 Beschäftigten ist ein Betriebsratsmitglied vollständig von der sonstigen Arbeit freizustellen. Die Betriebsratstätigkeit umfasst Sitzungen und Sprechstunden des Betriebsrats, die Mitarbeit im Betriebsausschuss und in weiteren Ausschüssen des Betriebsrats, Gesprächstermine mit der Unternehmensleitung, dem Betriebsarzt und dem Sicherheitsverantwortlichen, Besuche von Betriebsstätten, Besprechungen mit Gewerkschaftsvertretern, die Zusammenarbeit mit Berufsgenossenschaften bei der Untersuchung von Arbeitsunfällen, Schulungen und Weiterbildungen sowie die Mitarbeit im Gesamt-, Konzern- oder Europäischen Betriebsrat.

 Institute wie das Institut der deutschen Wirtschaft Köln (IW) erforschen die Betriebsratsarbeit. Für die Betriebsratswahlen 2010 konstatiert das IW eine Wahlbeteiligung von durchschnittlich 79 Prozent der Arbeitnehmer und damit einen großen Rückhalt der betrieblichen Interessenvertretungen. Frauen besetzen im Durchschnitt knapp 30 Prozent der Betriebsratssitze. Bis zu 55 Prozent der Betriebsratsmitglieder sind Mitglied einer Gewerkschaft.

§ 9 Betriebsverfassungsgesetz: Zahl der Betriebsratsmitglieder

Der Betriebsrat besteht in Betrieben mit in der Regel

5 bis 20 wahlberechtigten Arbeitnehmern aus einer Person,
21 bis 50 wahlberechtigten Arbeitnehmern aus drei Mitgliedern,
51 wahlberechtigten Arbeitnehmern bis 100 Arbeitnehmern aus fünf Mitgliedern,
101 bis   200 Arbeitnehmern aus sieben Mitgliedern,
201 bis   400 Arbeitnehmern aus neun Mitgliedern,
401 bis   700 Arbeitnehmern aus elf Mitgliedern,
701 bis 1.000 Arbeitnehmern aus 13 Mitgliedern,
1.001 bis 1.500 Arbeitnehmern aus 15 Mitgliedern,
1.501 bis 2.000 Arbeitnehmern aus 17 Mitgliedern,
2.001 bis 2.500 Arbeitnehmern aus 19 Mitgliedern,
2.501 bis 3.000 Arbeitnehmern aus 21 Mitgliedern,
3.001 bis 3.500 Arbeitnehmern aus 23 Mitgliedern,
3.501 bis 4.000 Arbeitnehmern aus 25 Mitgliedern,
4.001 bis 4.500 Arbeitnehmern aus 27 Mitgliedern,
4.501 bis 5.000 Arbeitnehmern aus 29 Mitgliedern,
5.001 bis 6.000 Arbeitnehmern aus 31 Mitgliedern,
6.001 bis 7.000 Arbeitnehmern aus 33 Mitgliedern,
7.001 bis 9.000 Arbeitnehmern aus 35 Mitgliedern.

In Betrieben mit mehr als 9.000 Arbeitnehmern erhöht sich die Zahl der Mitglieder des Betriebsrats für je angefangene weitere 3.000 Arbeitnehmer um zwei Mitglieder.

Man geht davon aus, dass etwa ein Drittel aller Betriebe, die Betriebsräte haben könnten, auch einen Betriebsrat haben; in ihnen arbeiten ungefähr 40 bis 50 Prozent der abhängig Beschäftigten. Dies zeigt, dass es vor allem in größeren Unternehmen Betriebsräte gibt.

Warum aber gibt es nur vergleichsweise wenige Betriebsräte in mittelständischen Betrieben? Bei der kleinen Anzahl von Mitarbeitern und einer größeren wahrgenommenen Nähe dieser Mitarbeiter zur Unternehmensleitung erscheinen den Belegschaften die Vertretungsfunktion durch den Betriebsrat, die Kommunikationsvorteile und die Regelungsvorteile teilweise noch nicht so bedeutsam. Zudem wirkt es unmittelbarer, wenn eine Unternehmensleitung gegenüber der betrieblichen Mitbestimmung negativ eingestellt ist. Darüber hinaus sind in größeren Betrieben auch leichter drei gründungswillige Arbeitnehmer zu finden als in kleineren Betrieben.

In der Praxis versuchen einzelne betriebsratsunwillige Unternehmen die Arbeitnehmer, die einen Betriebsrat gründen wollen, zu entlassen, zahlen ihnen aber hohe Abfindungen. Ob dies letztlich billiger und vor allem zielführender ist als die Akzeptanz eines Betriebsrats, bleibt die Frage. Dennoch gilt: Arbeitgeber können eine Betriebsratsgründung rechtlich nicht verhindern. Betriebsratsgründungen erfolgen jedoch häufig doch noch, wenn bei Mitarbeitern die Unsicherheit steigt. Dies ist beispielsweise bei Eigentümerwechseln oder in Zeiten konjunktureller Krisen der Fall.

Was der Betriebsrat darf

Der Betriebsrat ist nicht nur ein einziges Organ zur Vertretung der Arbeitnehmerinteressen gegenüber dem Arbeitgeber. Ihm zur Seite stehen weitere Gremien wie die Einigungsstelle, die bei Bedarf zur Beilegung von Konflikten zusammentritt, und der Wirtschaftsausschuss, der in Unternehmen mit mehr als 100 ständig beschäftigten Arbeitnehmern gebildet werden muss und dem Arbeitgeber sowie dem Betriebsrat dann als Beratungs- und Unterrichtungsschnittstelle zu wirtschaftlichen Angelegenheiten des Unternehmens dient. Im Kern ist es aber der Betriebsrat selbst, der seine Rechte wahrnimmt.

Ein weit gefächerter Strauß an Rechten

Ein Betriebsrat hat folgende Rechte:

✔ Informationsrechte,

✔ Anhörungsrechte,

✔ Beratungsrechte (bis hierhin sind alles Mitwirkungsrechte),

✔ Zustimmungsrechte,

✔ Initiativrechte und

✔ Vetorechte (dies sind die eigentlichen Mitbestimmungsrechte).

Die Rechte des Betriebsrats beziehen sich auf soziale, personelle und wirtschaftliche Angelegenheiten rund um Arbeitsplatz, Arbeitsentgelte, Arbeitsablauf, Arbeitsbedingungen und Arbeitsumgebung. Auch in Fragen des Gesundheitsschutzes, der Gleichstellung von Frauen und Männern, der Personalplanung, Personalbeschaffung, Personalentwicklung und Kündigung wirkt der Betriebsrat mit. Bei einer Insolvenz und bei Massenentlassungen handelt der Betriebsrat Interessenausgleiche und Sozialpläne aus. Über den Wirtschaftsausschuss wird ein Betriebsrat auch in wirtschaftliche Angelegenheiten des Unternehmens eingebunden.

Im Einzelnen sind die Regelungen sehr aufgefächert; allerdings ergibt sich eine gestufte Grundlogik, die aus Tabelle 10.1 ersichtlich wird.

 Das Personalmanagement muss sicherstellen, dass die Rechte des Betriebsrats grundlegend gewahrt werden. Da die meisten verhandelten Fragen aus dem Bereich der Personalarbeit kommen, ist das Personalmanagement – zumeist in Form der Personalleitung – der natürliche Ansprechpartner für den Betriebsrat auf der Seite des Arbeitgebers.

Recht	Der Betriebsrat muss ...	Der Arbeitgeber ...	Beispiele
Informationsrecht	informiert werden	teilt dem Betriebsrat mittels Unterlagen seine Planungen mit	Einsicht in Lohn- und Gehaltslisten, Einstellung leitender Angestellter, Leistungsbeurteilung im Einzelfall, Personalplanung
Anhörungsrecht	angehört werden	teilt dem Betriebsrat seine Absichten mit und fordert zur Stellungnahme in einer bestimmten Frist auf	Kündigung im Einzelfall
Beratungsrecht	mit beraten	bespricht einen Vorgang gemeinsam mit dem Betriebsrat	Arbeitsplatzgestaltung, Arbeitsablauf, Arbeitsumfang, Berufsbildungsplanung, Betriebsstilllegung, Investitionsplanung
Zustimmungs-recht	zustimmen, aber hat keinen Anspruch auf Durchsetzung eines Alternativvorschlags	darf eine Maßnahme nur umsetzen, wenn der Betriebsrat zugestimmt hat	Beurteilungsgrundsätze, Einstellungen, Personalfragebogen, Versetzungen
Initiativrecht, Vetorecht	mitbestimmen	darf nur gemeinsam mit dem Betriebsrat entscheiden. Erfolgt keine Einigung, ist die Einigungsstelle einzuschalten	Arbeitszeitregelungen, betriebliche Berufsbildung, Ein- und Umgruppierungen, Grundsätze des betrieblichen Vorschlagswesens, Lohngestaltung, Sozialplan bei Betriebsänderungen, Unfallverhütungsregelungen

Tabelle 10.1: Rechte des Betriebsrats

Dies bedeutet jedoch nicht, dass es zwischen Unternehmensleitung und Betriebsrat keine Konflikte geben dürfe. Neben Zielkonflikten (zum Beispiel will das Unternehmen in einer wirtschaftlich schwierigen Situation einem Mitarbeiter betriebsbedingt kündigen, der Betriebsrat will jedoch die Kündigung vermeiden und setzt sich für Kurzarbeit ein) kommt es auch zu Beurteilungskonflikten (bei identischen Zielen weichen die Wege der Zielerreichung voneinander ab). Nicht notwendig sind jedoch Konflikte, die aus gegenseitiger Geringschätzung oder unzureichender gegenseitiger Information heraus entstehen.

Betriebsvereinbarungen für das Kleingedruckte

Im Unternehmensalltag kommt es zwischen dem Arbeitgeber und den Arbeitnehmern immer wieder zu Regelungsbedarfen, die Konflikte und belastende Situationen von vornherein vermeiden sollen. Um das zu erreichen, gilt die Kommunikation zwischen Geschäftsführung

und Betriebsrat als sehr wichtig. Deren Ergebnisse manifestieren sich häufig in Betriebsvereinbarungen.

 Betriebsvereinbarungen sind die wichtigste Form von verbindlichen Abmachungen zwischen Arbeitgeber und Betriebsrat. Der Betriebsrat hilft dem Unternehmen, verlässliche Regeln zu schaffen. Betriebsvereinbarungen sind Verträge zwischen Arbeitgeber und Betriebsrat und müssen schriftlich niedergelegt und unterschrieben werden. Daher sind sie, wenn sie nicht befristet abgeschlossen wurden, unter Beachtung einer Kündigungsfrist kündbar.

In Betriebsvereinbarungen darf nicht alles geregelt werden, was den Betriebsrat interessiert: Fragen, die üblicherweise von Tarifverträgen geregelt werden – also beispielsweise die Entlohnung –, entziehen sich Betriebsvereinbarungen; sie sind Tarifverträgen untergeordnet.

Dafür werden jedoch Betriebsvereinbarungen abgeschlossen, wenn betriebliche Regelungen, die sich aus der Mitwirkung und Mitbestimmung ergeben, für den Betrieb verbindlich festgelegt werden sollen. Beispiele sind Betriebsvereinbarungen zu Zielvereinbarungssystemen oder zu Datenschutz und Datensicherheit.

 Es ist die Aufgabe des Personalmanagements, die Interessen des Arbeitgebers zu wahren und insbesondere dafür zu sorgen, dass die Betriebsvereinbarungen gerichtsfest sind. Das Personalmanagement und der Arbeitgeber können nicht dazu gezwungen werden, eine Betriebsvereinbarung abzuschließen, die sie nicht umsetzen wollen.

Was der Betriebsrat kostet

Zunächst erhalten die Betriebsratsmitglieder für ihre Betriebsratsarbeit keine gesonderte Entlohnung, da es sich um ein Ehrenamt handelt. Allerdings wird ihnen das Entgelt für ihre sonstige Arbeit auch dann weitergezahlt, wenn sie Betriebsratsarbeit verrichten. Kosten für einen Betriebsrat treten daher vor allem aufgrund der Freistellung seiner Mitglieder von ihrer sonstigen Arbeit (bei einer Mitarbeiterzahl von 200) auf.

Der Arbeitgeber ist dazu verpflichtet, die durch die Betriebsratstätigkeit entstehenden Kosten zu tragen. Damit entstehen dem Unternehmen weitere Kosten durch Schulungs- und Bildungsveranstaltungen, Räume, Sachmittel, Fachliteratur, Kommunikationstechnik und Büropersonal. Unternehmen können, wie das Institut der deutschen Wirtschaft Köln auf Basis einer Unternehmensbefragung zuletzt 2004 ermittelt hat, davon ausgehen, dass pro Arbeitnehmer im Betrieb durchschnittlich circa 650 Euro an jährlichen Kosten durch den Betriebsrat anfallen (siehe Tabelle 10.2). Das Unternehmen darf den Betriebsrat nicht zwingen, ein Budget für die erforderlichen Handlungen im Rahmen seiner gesetzlichen Pflichten und Möglichkeiten einzuhalten, weil es damit die Betriebsratstätigkeit behindern würde, was strafbar ist.

Bereich der Betriebsratsarbeit	Kosten pro Jahr und Mitarbeiter
Betriebsratsarbeit	337,95 €
Betriebsversammlung	146,69 €
Einigungsstelle	60,32 €
Gesamtbetriebsrat	25,23 €
Betriebsratswahl	18,93 €
Betriebsräteversammlungen	12,44 €
Wirtschaftsausschuss	12,03 €
Konzernbetriebsrat	7,99 €
Jugendvertretung	7,85 €
Jugendvertreterwahl	2,47 €
Summe	**631,90 €**

*Tabelle 10.2: Durchschnittliche Kosten der Betriebsratsarbeit
gemäß dem Institut der deutschen Wirtschaft Köln*

 Das Personalmanagement kann die Kosten der Betriebsratsarbeit kaum beeinflussen: Der Betriebsrat entscheidet selbst, welche Ausgaben erforderlich sind. Darüber hinaus hat das Unternehmen im Hinblick auf die gesetzlich geregelte Aufgabenwahrnehmung des Betriebsrats und seiner Gremien kein Kontrollrecht. Nur in einigen wenigen Fällen, beispielsweise wenn der Betriebsrat einen Sachverständigen hinzuziehen möchte, ist eine vorherige Einigung mit dem Arbeitgeber vorgesehen.

Wie der Betriebsrat behandelt werden will

Der tägliche Umgang mit dem Betriebsrat ist für die Unternehmensleitung und für das Personalmanagement nicht immer einfach, weil es ja in der Natur der Sache liegt, dass der Betriebsrat Auge, Ohr und Stimme der Belegschaft ist. Er will darin ernst genommen werden, dass er auf der einen Seite die Informationen der Unternehmensleitung auf Stichhaltigkeit und Konsequenzen prüft, auf der anderen Seite die Interessen, Belange und Ideen der Mitarbeiter an die Unternehmensleitung kommunizieren will.

Im Unternehmen, gerade auch in kleinen und mittelgroßen, sind mehrere Modelle der Zusammenarbeit zwischen Betriebsrat und Unternehmensleitung denkbar:

✔ Im *Traditionsmodell* lösen Unternehmensleitung und maßvoll handelnder Betriebsrat gemeinsam die auftretenden Probleme. Der Betriebsrat arbeitet vor allem dann gut mit der Unternehmensleitung zusammen, wenn er frühzeitig in Entwicklungen einbezogen wird und noch Gestaltungseinfluss hat. Das Leitbild umfasst Partnerschaftlichkeit, Respekt und Gegenseitigkeit.

✔ Im *Blockademodell* arbeitet der Betriebsrat darauf hin, betriebliche Entscheidungen zu erschweren und im Übrigen für eine Umverteilung zugunsten der Arbeitnehmer zu sorgen. Das Leitbild ist auf Konflikt gerichtet.

✔ Im *Integrationsmodell* wird der Betriebsrat aktiv in die Entscheidungen der Unternehmensleitung eingebunden. Dafür sichert er die Loyalität der Belegschaft. Im Leitbild dominiert hier die Einsicht, eine Schicksalsgemeinschaft zu bilden.

✔ Im *Vetternwirtschaftsmodell* bestehen zwischen Betriebsratsvorsitzendem und Unternehmensleitung auch privat regelmäßige, freundschaftliche Beziehungen. Auf dieser Grundlage erfolgen formlose Verständigungen und Absprachen. Das Leitbild ist die Harmonie.

✔ Im *Vermittlungsmodell* übernimmt der Personalleiter die Vermittlung zwischen Unternehmensleitung und Betriebsrat und entlastet damit die Unternehmensleitung, trennt aber auch gleichzeitig beide Parteien. Das Leitbild ist hier Vertrauen in den Mittler.

In allen Modellen kommt dem Personalmanagement eine aktive Rolle zu, da es die Unternehmensleitung in der Kommunikation mit dem Betriebsrat unterstützt oder sogar ersetzt.

Das Personalmanagement hat vor allem die Aufgabe, die Auswirkungen der Betriebsratsarbeit auf das Unternehmen zu kanalisieren. Dies bedeutet zum Beispiel, dass das Personalmanagement versuchen muss, im Gespräch mit dem Betriebsrat Entscheidungen zu verhindern, die sowohl dem Unternehmen als auch den Mitarbeitern schaden würden. Dieser Versuch, sogenannte »Winwin-Lösungen« für Arbeitgeber und Arbeitnehmer zu erreichen, aus denen beide Parteien einen Vorteil haben, gelingt am ehesten dann, wenn das Personalmanagement bereit ist, Informationen bereitzustellen und Kompromisse einzugehen. Hinderlich dagegen sind kommunikative Muster, bei denen sich die Verhandlungspartner wechselseitig vor vollendete Tatsachen stellen, es an Respekt fehlt, von vornherein eine Konflikteskalation angestrebt wird oder es gar nicht erst zu einem Dialog kommt.

Das Personalmanagement kann den Betriebsrat auch dazu nutzen, die Mitarbeiter noch intensiver in das Unternehmensgeschehen einzubinden und damit die Partizipation im Unternehmen zu erhöhen. Dazu kann es einerseits eigene Impulse an den Betriebsrat weiterleiten, andererseits den Betriebsrat als den wichtigen Vermittler von Mitarbeiterimpulsen ernst nehmen. Im Kontakt mit dem Betriebsrat kann das Personalmanagement Stimmungen abprüfen, etwa ob Forderungen von Mitarbeitern ihre Berechtigung haben oder sie eher Versuche sind, sich übertriebene Vorteile zu verschaffen.

Der Sache nicht angemessen ist es, wenn in Unternehmen ein Dauerkonflikt zwischen Betriebsrat und Unternehmensleitung entsteht. Aus einer solchen Situation heraus erfolgte die Charakterisierung eines Unternehmens durch einen Abteilungsleiter als »betriebsratsverseucht« – was 2009 zum »Unwort des Jahres« gewählt wurde. Das Personalmanagement muss versuchen, mäßigend auf die Unternehmensleitung und den Betriebsrat zu wirken sowie einer Verstärkung des Konflikts durch die Führungskräfte im Unternehmen entgegenzuwirken.

Wie Führungskräfte das Führen lernen

In diesem Kapitel ...

▶ Leitbilder erstellen

▶ Führungslogik durchschauen

▶ Führungskompetenz lernen

▶ Weiterbildung der Führungskräfte wertschätzen

*E*ine wichtige Zielgruppe des Personalmanagements sind die Führungskräfte des Unternehmens. Sie sind überall im Unternehmen zu finden, in verschiedenen Abteilungen und auf verschiedenen hierarchischen Ebenen. Wenn sie Geschäftsführer oder Betriebsleiter sind oder anderweitig eine eigenverantwortliche vollständige Personalkompetenz haben und damit in Personalbelangen tatsächlich über ein Letztentscheidungsrecht verfügen, werden diese Führungskräfte als »leitende Angestellte« bezeichnet. Und es wird nicht nur im kaufmännischen Bereich des Unternehmens geführt: Im gewerblichen Bereich nehmen die Meister die Führungsrolle wahr.

Auf den ersten Blick ist Personalführung eine Tätigkeit, die sich in vielen Aspekten dem gesunden Menschenverstand erschließt und daher auch ohne Lernen häufig intuitiv richtig gemacht wird. Aber nicht jeder, der (aus welchen Gründen auch immer) zur Führungskraft erkoren wurde, verhält sich seinen Mitarbeitern gegenüber angemessen. Deshalb ist eine Unterstützung durch das Personalmanagement teilweise sinnvoll, teilweise erforderlich.

In diesem Kapitel erkläre ich, wie das Personalmanagement – passend zur Unternehmens- und Personalstrategie – aktiv Einfluss darauf nimmt, wie im Unternehmen generell geführt wird. Es unterstützt die Führungskräfte in vielerlei Hinsicht. Im Ergebnis muss die Führung von Mitarbeitern im Unternehmen nicht zwingend ein reines Zufallsprodukt bleiben: Sie kann, wie ich zeigen werde, Leitlinien folgen, die bewusst formuliert werden, und sie kann vor allem gelernt werden.

Die Kommunikationssituation

Bevor die Kommunikation zwischen dem Personalmanagement und den Führungskräften beschrieben wird, sind zunächst ein paar grundsätzliche Anmerkungen zur Kommunikationssituation angebracht.

Führungskräfte sind Personen im Unternehmen, zu deren Verantwortung es gehört, andere Mitarbeiter zu führen, bei ihrer Arbeit anzuleiten und sie hinsichtlich ihrer Leistungserstellung zu steuern. Gleichzeitig übernehmen Füh-

rungskräfte gegenüber der Unternehmensleitung eine besondere Verantwortung dafür, dass die Unternehmensziele umgesetzt werden und sich das Unternehmen fortlaufend an Umweltveränderungen anpassen kann. Diese Verantwortung nehmen sie in Projektgruppen, Arbeitsteams oder Abteilungen wahr. Zusammen bilden die Führungskräfte die betrieblichen Führungsebenen.

Die Kommunikation zwischen dem Personalmanagement und den Führungskräften eines Unternehmens kann über das direkte Gespräch erfolgen, das entweder das Personalmanagement oder die Führungskraft sucht. Es ist jedoch auch sinnvoll, Vertreter des Personalmanagements – zumindest an wichtigen – Projekt- oder Abteilungssitzungen zu beteiligen. So können wichtige Weichenstellungen mit möglichen Auswirkungen auf personalwirtschaftliche Sachverhalte von vornherein mit der Personalarbeit verzahnt werden. Ergebnis ist eine verstärkte und verbesserte Zusammenarbeit zwischen Unternehmenseinheiten und dem Personalmanagement, wodurch die Wahrscheinlichkeit erfolgreicher Projektrealisationen steigt.

Es hat viele Gründe, warum in Unternehmen eine intensive Kommunikation zwischen Führungskräften und Personalmanagement häufig unterbleibt: Aufseiten der Führungskräfte sind vor allem Zeitdruck und Projektflut zu nennen. Manchmal wollen Führungskräfte auch ihren Informationsvorsprung gegenüber dem Personalmanagement bewahren oder boykottieren die Zusammenarbeit, weil sie ihren Status und ihre Autonomie gefährdet sehen.

Führungskräfte erwarten vom Personalmanagement eine Unterstützung ihrer Rolle, die vor allem ein möglichst autonomes Recht zur Entscheidung über die Ressourcen ihrer Gruppe beinhaltet. Anders ausgedrückt: Führungskräfte wollen in der Regel nicht, dass ihnen das Personalmanagement in ihre Arbeit hineinfummelt.

Umgekehrt hat aber auch das Personalmanagement Erwartungen an die Führungskräfte: Es erwartet Kooperation, Information und Integration in die Projekte dort, wo es früher oder später sowieso beteiligt werden muss.

Ein berechtigtes Anliegen des Personalmanagements besteht darin, dass es im Unternehmen das Sagen in Sachen Personalarbeit behält. Nicht jede Führungskraft kann ihre Personalführung nach ihrem eigenen Geschmack vollständig selbst bestimmen. Daher kommt dem Personalmanagement die Deutungshoheit darüber zu, was gute Führung im Unternehmen ist. Dazu kann und sollte das Personalmanagement seine eigene Sichtweise als Maßstab kommunizieren. Darüber hinaus kann und soll das Personalmanagement ein Vetorecht beanspruchen, wenn im Unternehmen etwas personalwirtschaftlich Unsinniges passiert. Mit diesem Vetorecht nimmt es wegen seiner Fachkompetenz eine wichtige Steuerungsfunktion im Unternehmen wahr.

Gemeinsames Ziel von Personalmanagement und Führungskräften kann es sein, zur besseren Erreichung der Unternehmensziele eine gegenseitige Abschottung zu vermeiden.

Die einen nennen es Führungsstrategie, die nächsten Führungsleitlinien, wieder andere Leitbild

Wenn das Führen – im Englischen ist von *Leadership* die Rede – im Unternehmen einem roten Faden folgen soll, benötigt das Unternehmen jemanden, der diesen roten Faden vorgibt. Das Personalmanagement ist ideal für diese Aufgabe geeignet: Es beschäftigt sich sowohl mit den Mitarbeitern, den Geführten wie auch mit dem Prozess der Personalführung. Daher liegt es nahe, auch den Führenden hilfreich zur Seite zu stehen und den Inhalt der Führung zu erläutern.

Die Führungsstrategie oder Führungsleitlinie legt eine generelle Richtung und damit die Führungsgrundsätze im Unternehmen fest. Während diese Begriffe aus dem strategischen Management stammen, ist das eher auf die unternehmenskulturellen Aspekte abstellende Pendant der Begriff »Leitbild«: Es stellt den Führungskräften im Unternehmen die grundlegenden Führungsinhalte dar und dient so der zielgerichteten Weiterentwicklung eines Unternehmens. Während im Rahmen der Leitbilderstellung Fragen wie »Wer wollen wir sein?« oder »Was ist unsere Vision für die Zukunft?« in einem Diskussionsprozess beantwortet werden, legt das Ergebnis – das fertige Leitbild – die Führungskräfte auf das gemeinsam Gefundene fest. Es formuliert klar die Ausrichtung des Führungsverständnisses nach innen und außen. Mit einem Leitbild lassen sich die Identität eines Unternehmens verdeutlichen, individuelles und kollektives Lernen unterstützen und konkrete Führungsmaßnahmen ableiten.

Kriterien für ein gutes Leitbild

Folgende fünf Grundregeln tragen zu einem positiven Leitbild bei:

✔ Ein Leitbild sollte anspruchsvoll sein, anstatt sich in Banalitäten zu verlieren.

✔ Ein Leitbild sollte eine zukunftsgerichtete Vision kommunizieren, anstatt zu beschreiben, was bereits an Führung gelebt wird.

✔ Ein Leitbild sollte Klarheit schaffen, anstatt Irreführung aufrechtzuerhalten.

✔ Ein Leitbild sollte handlungsleitend sein statt unverbindlich und unrealisierbar.

✔ Ein Leitbild sollte Akzente im Wettbewerb des Unternehmens setzen, anstatt strategisch bedeutungslos zu sein.

Es wird immer wieder davor gewarnt, ein Leitbild als reines Marketinginstrument anzusehen: Wenn ein Unternehmen sich ein ausformuliertes Leitbild gibt, können die Mitarbeiter auch auf die Einlösung der gemachten Aussagen pochen. Die Umsetzung eines Leitbilds gilt als Lackmustest für die Glaubwürdigkeit eines Unternehmens.

Gelegenheiten zum Aktivwerden

Anlässe, ein Leitbild für die Führung im Unternehmen zu formulieren, bestehen in seiner Erstellung oder in der Aktualisierung eines vorhandenen Leitbilds. Häufig kommt es zu der Idee, weil Unzufriedenheit mit dem Istzustand des Führens im Unternehmen verspürt wird und mit einem Leitbild ein Mittel zur Behebung dieser Unzufriedenheit gegeben ist, das zudem die Zustimmung zu den neuen Führungsmaximen umfasst.

Hilfreich für die Initiierung eines Leitbilderstellungsprozesses sind auch unscharfe Aspekte wie

✔ die Einsicht, dass graduelle und vielleicht teilweise gravierende Veränderung der Rahmenbedingungen ein aktualisiertes Führen sinnvoll machen,

✔ das Gefühl, dass der rote Faden von Führung und von Wandel noch nicht allen Verantwortlichen bewusst oder klar ist,

✔ die Intuition, dass sich die Komplexität des Führens durch die Beschäftigung mit ihr ein wenig reduzieren lässt,

✔ die Erkenntnis, dass ein Unternehmen nicht nur vorgegebene Ziele verfolgt, sondern immer wieder Ideen für seinen Umgang mit der Umwelt braucht,

✔ die Hoffnung, dass ein neues Leitbild die täglichen Führungsentscheidungen erleichtert, und

✔ das Vertrauen in die Ideen der Führungskräfte und Mitarbeiter sowie in deren Mitwirkungsbereitschaft.

Damit kann die Erstellung eines Leitbilds sowohl durch die Unternehmensleitung als auch durch das Personalmanagement begonnen werden, wobei die Impulse von Führungskräften und Mitarbeitern wichtig sind.

Inhalte von Leitbildern

Typische Inhalte eines Leitbilds betreffen Spannungsfelder des Führens, etwa das Leistungsprinzip im Zusammenhang mit einem respektvollen Umgang, die Bereitschaft zur Kritik und Selbstkritik, Teamarbeit und Freiräume, Information und Kommunikation zwischen Transparenz und Vertraulichkeit oder unternehmerisches Denken und Handeln bei gleichzeitiger gezielter Mitarbeiterförderung. Üblicherweise werden inhaltliche Fragen gestellt, zu denen das spätere Leitbild Auskunft geben soll (siehe Tabelle 11.1).

Leitfragen	Nach innen	Nach außen
Was ist unser Auftrag?		
Für wen arbeiten wir?		
Für welche Ideen/Werte stehen wir?		
Wer wollen wir zukünftig sein? Was ist unsere Vision?		
Wie sehen wir unser Verhältnis zu Politik/Gesellschaft/Öffentlichkeit?		
Wie stehen wir zu Mitbewerbern mit ähnlichem Angebot?		
Wen wollen wir als Partner?		
Wie wollen wir arbeiten?		
Wie führen wir, wie wollen wir geführt werden?		
Wie kommunizieren wir miteinander?		
Wie sehen wir unsere Wunschkolleginnen/-kollegen?		
Wie lernen wir?		
Welche Risiken wollen wir tragen?		
Auf welchen Ressourcen wollen wir aufbauen?		
Was ist für uns der kritische Zeithorizont unseres Handelns?		
Wie stellen wir uns auf die ungewisse Zukunft ein?		
Wie messen wir unseren Erfolg?		

Tabelle 11.1: Inhaltliche Fragen zum Leitbild

Idealer Prozess der Erstellung eines Leitbilds

Der typische Prozess zur Erstellung eines Leitbilds lässt sich in zwölf Arbeitsschritte unterteilen (siehe Tabelle 11.2). Diese Arbeitsschritte sind an Verantwortliche gekoppelt, was sicherstellt, dass auch alle Schritte eingefordert werden können.

Die konzeptionell-inhaltliche Arbeit geschieht in Arbeitsschritt 4, der von einer Projektgruppe aus Führungsinteressierten – also Mitarbeitern des Personalmanagements, der Führungskräfte und der Mitarbeiter, idealerweise moderiert durch einen externen Experten – besteht: Hier werden, orientiert am Fragenkatalog, zunächst in einem Brainstorming Ideen zu inhaltlichen Aussagen gesammelt und aufgeschrieben, ohne sie jedoch bereits zu diskutieren und zu bewerten. Je konkreter die Ideen ausfallen, desto besser ist es für den weiteren Prozess. Auf der Grundlage der Ideen wird ein Text erstellt, der als Grobkonzept für Diskussionen im größeren Kreis dient.

Schritt	Verantwortliche	Inhalte
1	Personalleitung	grundsätzliche Zieldefinition für die Erstellung eines Leitbilds
2	Personalleitung	Prozessarchitektur (Zeithorizont, Personaleinsatz, Budget)
3	Personalleitung	Einholung des definitiven Commitments zur Entwicklung eines Leitbilds bei der Unternehmensleitung
4	Projektgruppe	Erstellung eines Grobkonzepts
5	externer Experte	Bewertung Ist/Soll und Chancen/Gefahren zum Grobkonzept
6	Führungskräfte, Mitarbeiter	Veränderungswünsche und Konkretisierungen
7	Personalleitung	Einarbeitung der Ergebnisse aus Schritt 6 (bedarfsweise mehrfach)
8	Personalleitung	Präsentation und Verabschiedung des Leitbilds
9	Führungskräfte, Mitarbeiter	formelle Genehmigung des Leitbilds
10	Personalleitung	Inkraftsetzung (»Kick-off«)
11	alle	Umsetzung in Workshops
12	alle	regelmäßige Auffrischung, Erfolgskontrolle, Aktualisierung

Tabelle 11.2: Schritte bei der Erstellung eines Leitbilds

Die Erstellung eines Leitbilds folgt nicht dem »Prinzip Wunschzettel«: Es geht nicht darum, als Teil der Führungsorientierung ausschließlich Erwünschtes festzuhalten. Vielmehr sollten auch unangenehme Themen sowie Pflichten deutlich benannt werden. Das Personalmanagement muss – als Ergebnis eines Prozesses, an dem alle Beteiligten teilnehmen – deutlich machen, wo die Schwerpunkte der Führung im Unternehmen liegen, was erwünschtes und unerwünschtes Verhalten sowohl von Mitarbeitern als auch von Führungskräften ist. Damit das auch klar ankommt, braucht es Konzentration auf einige wenige Punkte. Deshalb muss das Personalmanagement in Bezug auf Führungsprägnanz klar sagen, welches Verhalten es wünscht. Dieses Verhalten muss es später auch unterstützen.

Die Schritte 5 bis 8 dienen dazu, die Umsetzung des Leitbilds dadurch sicherzustellen, dass es realisierbar ist und die Zustimmung der Mehrzahl der Führungskräfte und Mitarbeiter erfahren kann. Das Personalmanagement hat hier die Aufgabe, den Prozess zu unterstützen, etwa durch die Einrichtung von Arbeitsmöglichkeiten, durch inhaltliche Vorbereitung sowie durch Bereitstellung von Information.

Wurde das Leitbild von allen Mitarbeitern und Führungskräften »offiziell genehmigt«, kann es in Kraft gesetzt werden. Das wird häufig symbolisch unterstützt, etwa durch einen Ausdruck des Leitbilds, auf dem alle Mitarbeiter während einer Zeremonie unterschreiben und sich damit dem Leitbild ver-

pflichten. Dabei beginnt die Inkraftsetzung während der Erstellung des Leitbilds, da hier das Bewusstmachen von Herausforderungen, die Identitätsbildung, die Modifikation bisherigen Verhaltens und damit die Organisationsentwicklung angestoßen werden. Doch auch zukunftsbezogen ist die Inkraftsetzung wichtig, da sie nicht nur eine Richtschnur für zukünftiges Verhalten bereitstellt, sondern auch Kraft geben soll für die Weiterentwicklung des Unternehmens.

Um das Leitbild bekannt zu machen und umzusetzen, muss es kommuniziert werden. Hierzu gibt es eine Reihe von Ideen, die sich in der Unternehmenspraxis finden:

✔ Das Leitbild wird attraktiv gestaltet, etwa auf Würfeln, in kleinen Büchern oder im Scheckkartenformat.

✔ Beim Starten des PCs erscheint ein Satz des Leitbilds auf dem Bildschirm.

✔ Ein Satz des Leitbilds wird im Bilderrahmen auf jeden Schreibtisch gestellt und im Monatsrhythmus ausgetauscht.

✔ Das Leitbild findet sich auf der Rückseite der Visitenkarten.

✔ Das Leitbild wird in den regionalen Dialekt des Unternehmens übersetzt und kann dann auch als Werbemittel für Kunden dienen.

✔ Das Leitbild wird dort aufgehängt, wo sich immer wieder Führungskräfte und Mitarbeiter aufhalten, also nach dem Prinzip »Bandenwerbung« als übergroße Ausdrucke in den Fluren – und warum nicht auch auf den Toiletten?

Mit dem in Kraft gesetzten Leitbild wissen sowohl die Führungskräfte, welchen Dimensionen sie beim Führungshandeln folgen sollten, als auch die Mitarbeiter, welche Art der Führung sie in ihrem Unternehmen erwartet.

Das Führungshandbuch gibt den Takt vor

Will das Personalmanagement gegenüber den Führungskräften im Unternehmen noch serviceorientierter auftreten, stellt es ein Führungshandbuch zusammen – als gedruckte Version oder im Intranet. Darin finden sich die Grundzüge der unternehmensinternen Mitarbeiterführung. Beginnend mit dem Leitbild wird den Führungskräften erläutert, welche Art der Führung als angemessen und als zur Unternehmenskultur passend wahrgenommen und von der Unternehmensleitung sowie vom Personalmanagement erwartet wird.

Ein Führungshandbuch gibt Anleitungen zum Umgang mit unternehmensinternen Partnern sowie zur führungsbezogenen Berücksichtigung von gesetzlichen Regelungen, internen Richtlinien und Betriebsvereinbarungen. Es erklärt die Führungsinstrumente, das Führungsinformationssystem, die Unterstützung des Führungshandelns, Hilfsmittel und Formulare sowie Anleitungen für besondere Führungsaufgaben wie das Verfassen von Zeugnissen, die Führung von Mitarbeitergesprächen oder die Berechnung von Leistungszulagen für Mitarbeiter. Auch die (sinnvollerweise standardisierte) Beteiligung von Vertretern des Personalmanagements an Koordinationstreffen von Abteilungsleitern oder Projektmanagern können hier erläutert werden.

Eine Führungskraft muss zudem wissen, welche Pflichten sie allgemein sowie dem Personalmanagement gegenüber hat. Hierzu zählen Berichtspflichten, Sorgfaltspflichten sowie Schutz- und Fürsorgepflichten dem Unternehmen und den Mitarbeitern gegenüber. Ein breites Gebiet ist die Überwachung der Einhaltung von Gesundheitsschutz und Arbeitssicherheit.

Die Fürsorgepflichten sind in Deutschland gesetzlich geregelt. Sowohl in § 241 (2) des Bürgerlichen Gesetzbuchs (BGB) als auch in §§ 617 bis 619 BGB wird die Fürsorgepflicht eines Arbeitgebers seinen Arbeitnehmern gegenüber begründet. Weitere Gesetze, unter anderem das Handelsgesetzbuch HGB, das Arbeitsschutzgesetz sowie das Arbeitssicherheitsgesetz, führen die Fürsorgepflichten weiter aus. Darüber hinaus müssen Führungskräfte sicherstellen, dass Mitarbeiter gleichbehandelt und nicht diskriminiert werden.

Führungslogik zwischen »guter alter Zeit« und »Kindergarten«

Führungskräfte müssen auch das »Wie« des Führens verstehen. Dies ist mehr, als es die Inhalte (das »Was«) des Leitbilds vermitteln: Es kommt darauf an, die jeweilige Situation in die Führung von Mitarbeitern einzubeziehen und mit jedem Mitarbeiter sowie mit ganzen Mitarbeitergruppen so umzugehen, dass auch in schwierigen, stressbehafteten Situationen Unternehmens- und Mitarbeiterinteressen gleichzeitig erfüllt werden.

Der Saarbrücker Personalforscher Christian Scholz hat hierzu mit dem »Darwiportunismus« einen Denkrahmen geschaffen. Demnach kann das Personalmanagement einen wichtigen Beitrag zum Erfolg seiner Führungskräfte leisten, wenn es es schafft, das Bild des Führens im Unternehmen auf die Realitäten einer sich ändernden Arbeitswelt anzupassen. Dabei ist das Zusammenspiel zwischen den neuen strategischen Vorgaben der Unternehmen und dem veränderten Wertesystem der Mitarbeiter besonders wichtig. Vor allem das Zusammentreffen der beiden Entwicklungen wird zu einer echten Herausforderung für das Personalmanagement.

Gegenläufige Verhaltenstrends in der Arbeitswelt

Grundlegend lassen sich in der heutigen Arbeitswelt zwei Trends identifizieren:

✔ Der erste, sich auf Unternehmen beziehende Trend ist, dass sich der Verdrängungswettbewerb in Wirtschaft und Gesellschaft verstärkt. In Zeiten, in denen Wirtschaften nicht mehr automatisch wachsen, wachsen auch die zu verteilenden Gewinne nicht mehr. Dies führt zu einem Nullsummenspiel der Gewinnverteilung, bei dem vor allem derjenige etwas bekommt, der sich am besten durchsetzt. Durchsetzen müssen sich zunächst die Unternehmen in ihren Märkten. Das schaffen sie im Wettbewerb dann, wenn sie ihr Verhalten vor allem an den Aktionärsinteressen ausrichten (»Shareholder-Value«). Tun sie das nicht, besteht die Gefahr, dass das Unternehmen keine »Stammplatzgarantie« mehr hat, also auch vom Markt verschwinden könnte. Diese Bedrohung wirkt sich auf die Mitarbeiter aus: Auch sie haben dann keine Stammplatzgarantie mehr und ihr »Überleben« im Unternehmen hängt neben dem Unternehmenserfolg von ihren Fä-

higkeiten und Anpassungsstrategien ab. Das Sich-durchsetzen-und-überleben-Wollen von Unternehmen wird als Darwinismus bezeichnet.

✔ Der zweite, sich auf die Individuen beziehende Trend ist der Opportunismus: Er ist durch die ökonomische Theorie definiert als ein Verhalten, bei dem Einzelne ihren eigenen Vorteil verfolgen, im Extremfall selbst dann, wenn es anderen schaden würde. Dieses egoistische Verhalten haben sich Arbeitnehmer spätestens in der Situation angeeignet, in der sie – trotz durchgehend gezeigter Loyalität und hohem Engagement ihrem Arbeitgeber gegenüber – in Zeiten schwächelnder Konjunktur entlassen wurden, während der Arbeitgeber an anderer Stelle gleichzeitig Boni und Dividenden ausschüttete.

Es muss hier nicht diskutiert werden, ob diese beiden Trends ethisch akzeptabel sind. Für die in diesem Buch zu führende Diskussion zählt lediglich, dass beide Trends existieren: Darwinismus und Opportunismus findet man in gewinnorientierten Unternehmen wie auch in Non-Profit-Organisationen, die nicht gewinnorientiert arbeiten.

Psychologische Arbeitsverträge als Führungsgrundlage

Führt man die Trends des Verdrängungswettbewerbs und des Opportunismus zusammen, erhält man ein Phänomen, das als »Darwiportunismus« bezeichnet wird. Organisationen verhalten sich (unterschiedlich stark) darwinistisch, die Einzelnen verhalten sich (unterschiedlich stark) opportunistisch. Beide Parteien – Organisationen und Individuen – wissen, dass ihr Gegenpart den jeweils eigenen Nutzen maximiert, sie wissen allerdings auch, dass sie diese Nutzenmaximierung letztlich nur in dem Maße erreichen können, wie es der Gegenpart zulässt. Daher sind sie zu einer Schicksalsgemeinschaft verbunden.

Organisationen in der Arbeitswelt fordern Anstrengung und Leistung, um ihr Überleben zu sichern und um Arbeitsplätze bereitstellen zu können. Individuen wie die Angestellten fordern Lohn, attraktive Arbeitsbedingungen und Entwicklungschancen, um von ihrer Anstrengung und Leistung auch etwas zu haben. Beide Parteien akzeptieren diese Forderungen und einigen sich in Verhandlungen auf einen Kompromiss, den sie im Verlauf ihres Zusammenarbeitens einhalten: den »psychologischen Arbeitsvertrag« mit jeweils spezifischen »Spielregeln«. »Psychologisch« heißen die Arbeitsverträge deshalb, weil sie etwas anderes sind als die schriftlich fixierten Arbeitsverträge: Sie bestehen unausgesprochen, sozusagen in den Köpfen der Beteiligten. Psychologische Arbeitsverträge entstehen bereits während des Bewerbungsprozesses und verstärken sich im Rahmen der täglichen Zusammenarbeit zwischen Führungskraft und Mitarbeiter.

Die psychologischen Arbeitsverträge lassen sich in einer Matrix darstellen (siehe Abbildung 11.1): Auf der einen Achse wird die Intensität des darwinistischen Unternehmensverhaltens gezeigt, auf der anderen Achse die Intensität des opportunistischen Individualverhaltens. Dort, wo sich beide Linien treffen, ist der psychologische Arbeitsvertrag zu verorten. Da Darwinismus und Opportunismus der Akteure nicht immer gleich hoch ausgeprägt sind, führt dies zu vier typischen Konstellationen. In ihnen gibt es unterschiedliche Logiken des »Gebens und Nehmens« und unterschiedliche Anreizsysteme.

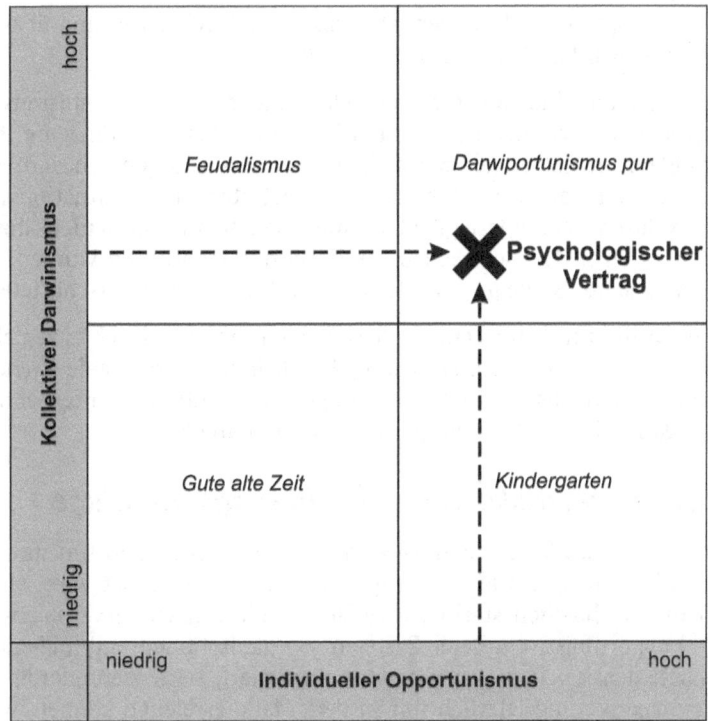

Abbildung 11.1: Psychologischer Arbeitsvertrag in der Darwiportunismus-Matrix
nach dem Saarbrücker Personalforscher Scholz

Die vier Typen psychologischer Arbeitsverträge kann man allgemein beschreiben:

✔ *Gute alte Zeit* bildet die traditionelle Arbeitswelt ab, in der sich die Loyalität der Mitarbeiter gegenüber ihrem Unternehmen mit der Garantie von Beschäftigungssicherheit trifft. Funktioniert dieser psychologische Arbeitsvertrag, verlassen sich Unternehmen und Mitarbeiter ohne Befristung aufeinander und arbeiten produktiv ohne übermäßig hohen Wettbewerbsdruck zusammen. Hält sich eine der Parteien aber nicht an die unausgesprochene Balance von Loyalität und Sicherheit, sondern bricht den psychologischen Arbeitsvertrag, wirkt sich dies auf die verbleibenden psychologischen Arbeitsverträge aus, die dann instabiler werden.

✔ *Kindergarten* ist das Bild für die einseitige Betonung der egoistisch-opportunistischen Interessen von Mitarbeitern: Sie genießen relativ hohe Arbeitsplatzsicherheit, sind aber gegenüber dem Unternehmen nicht zwingend loyal. Dies kann man sich bei besonders benötigten Spezialisten vorstellen, etwa Programmierern oder überdurchschnittlich kreativen Designern. Funktioniert dieses Szenario, das in Zeiten eines Fachkräftemangels häufiger anzutreffen sein wird, kann sich hierin erfolgreiche Innovation entwickeln. Die Gefahr besteht aber darin, dass sich aufseiten des Mitarbeiters eine Selbstbedienungsmentalität breitmacht. Mitarbeiter mit anderen psychologischen Arbeitsverträgen werden kaum verstehen, dass Einzelne eine Vorzugsbehandlung im Unternehmen erhalten.

✔ *Feudalismus* bezeichnet die einseitige Betonung der darwinistischen Unternehmensinteressen. Das Unternehmen steht unter einer solchen Überlebensbedrohung, dass es alles daran setzt, seine Interessen im Markt, aber auch gegenüber den Mitarbeitern durchzusetzen. Mitarbeiter wissen, dass ihre Bedürfnisse hinter denen des Unternehmens zurückstehen müssen, fühlen sich aber dennoch in diesem psychologischen Arbeitsvertrag ihrem Unternehmen gegenüber verbunden – sei es, weil sie es ertragen wollen, sei es, weil sie keine Alternative haben. Wird der unternehmensseitige Druck nicht übertrieben, kann er in dieser durch hierarchische Weisungen geprägten Konstellation zur Effizienzsteigerung gerade in zeitkritischen Leistungsprozessen führen, im übertriebenen Fall besteht die Gefahr einer Ausbeutung der Mitarbeiter bis hin zum Burn-out.

✔ *Darwiportunismus pur* gilt als der psychologische Arbeitsvertrag, bei dem beide Seiten ihre Interessen wechselseitig transparent machen: Bezogen auf einen begrenzten Zeithorizont handeln beide Seiten aus, welche Eigeninteressen sie durchsetzen möchten und welche Fremdinteressen sie dafür zu unterstützen bereit sind. Wenn das funktioniert, wird gemeinsame Hochleistung möglich, weil der individuelle Nutzen des Mitarbeiters und die Wettbewerbsposition des Unternehmens gleichzeitig in einer sinnvoll abgeglichenen Konstellation berücksichtigt werden. Nach dem Abarbeiten des Vereinbarten sind dann neue Absprachen für einen folgenden Zeithorizont möglich. Hält sich ein Partner nicht an die Vereinbarung, entstehen Enttäuschungen, innere Kündigung und Fluktuation.

Bei Unterstellung der grundlegenden Trends kann es nur diese vier Typen psychologischer Arbeitsverträge geben. Da jeder Arbeitnehmer mit seinem Unternehmen über einen psychologischen Arbeitsvertrag verfügt, muss sich dieser in der Darwiportunismus-Matrix positionieren lassen.

Man spricht von einem beschreibenden Modell. Alle vier Typen psychologischer Arbeitsverträge lassen sich sinnvoll ausgestalten und können – in einer gegebenen Situation – zu einer effektiven Zusammenarbeit von Unternehmen und Mitarbeitern führen. Mit den Grundkonstellationen ist weder die Empfehlung an Unternehmen verbunden, stärker auf »hire and fire« zu setzen, noch die Empfehlung an die Mitarbeiter verbunden, aus dem Arbeitsverhältnis das Letzte für sich persönlich herauszuholen. Vielmehr zeichnet sich die Arbeitswelt durch unterschiedliche »Spielregeln« aus, die Unternehmen und ihre Mitarbeiter sich zunächst gemeinsam wählen können. Sind diese psychologischen Arbeitsverträge dann aber geschlossen, leiten sich daraus Erwartungen zum gegenseitigen Umgang ab – also auch zur Mitarbeiterführung.

Konsequenzen für das Führungslernen

Gesucht ist eine personelle Führung, die in der Lage ist, die »Spielregeln« sinnvoll anzugehen. Dazu ist zunächst die Einsicht notwendig, dass es sowohl Darwinismus als auch Opportunismus gibt und dass beide Verhaltensweisen sich im täglichen Arbeits(er)leben niederschlagen.

Das Personalmanagement sollte die Führungskräfte dabei unterstützen, die Istsituation realistisch zu analysieren. Zudem sollte es den Führungskräften Argumente an die Hand geben, die Mythen entkräften, beispielsweise dass das Unternehmen überhaupt nicht darwinistisch handele oder dass die Mitarbeiter gar nicht opportunistisch seien.

Nur wer der wirklichen Führungssituation ins Auge blickt, kann sie bewältigen und seine Handlungen nachvollziehbar begründen.

Wie lässt sich in diesem Darwiportunismus-Rahmen eine tragfähige Führungslogik entwickeln? Hierzu dienen vier Schritte:

✔ Schritt 1 ist eine klare Bestandsaufnahme der Führungssituation hinsichtlich darwinistischer Tendenzen des Unternehmens sowie opportunistischer Tendenzen der Mitarbeiter, beispielsweise über eine themenzentrierte Mitarbeiterbefragung.

✔ Schritt 2 ist die Festlegung eines Zielpunkts in der Darwiportunismus-Matrix, die sich das Personalmanagement – durchaus unterschiedlich für verschiedene Mitarbeitergruppen oder verschiedene Einzelmitarbeiter – als sinnvoll vorstellen kann.

✔ Schritt 3 ist die Kommunikation dieses Zielpunkts nach innen, zum Beispiel zu den Führungskräften als Grundlage ihrer Führung, und nach außen, zum Beispiel gegenüber Bewerbern im Sinne einer realistischen Rekrutierung.

✔ Schritt 4 ist die Abstimmung der personalwirtschaftlichen Führungsinstrumente und deren Ausrichtung auf die anvisierten psychologischen Arbeitsverträge.

Darwiportunistisch differenziertes Führen bedeutet für Führungskräfte, ihr Führungsverhalten am psychologischen Arbeitsvertrag auszurichten. Tabelle 11.3 zeigt einige Beispiele.

Es zeigt sich, dass in derselben Führungssituation je nach vorherrschendem psychologischem Arbeitsvertrag vollkommen andere Gestaltungslösungen sinnvoll sein können. Damit wird es notwendig, auch in einer neuen Arbeitswelt mit vielen Einzelinteressen – die im Mittelstand genauso gegeben ist wie in großen Unternehmen – die Mitarbeiterführung im Unternehmen bewusst auf die Ausgangssituation der psychologischen Arbeitsverträge auszurichten. Hiermit kann das Personalmanagement Hilfestellung leisten bei der Personalbeschaffung, Mitarbeiterauswahl, Motivation, Entlohnung und Bindung von Mitarbeitern.

Personalwirtschaftliche Aufgabe	Gute alte Zeit	Kindergarten	Feudalismus	Darwiportunismus pur
psychologischer Arbeitsvertrag	gegenseitige Loyalität und Sicherheit, Stammplatzgarantie, unbefristete Verträge	individuelle Selbstoptimierung, Prinzip der Maßlosigkeit	unternehmensseitige Ausbeutung der Arbeitnehmer, Leistungsdruck	klare gemeinsame Absprache über den Leistungsaustausch, Zeitverträge
Personalauswahl	gesucht wird Typ »verlässlicher Loyaler«	gesucht wird Typ »kühner Kreativer«	gesucht wird Typ »gehorsamer Diener«	gesucht wird Typ »selbstbewusster Verhandler«
Personalentwicklung	Unternehmen bietet Personalentwicklung an, Mitarbeiter akzeptiert manchmal	Mitarbeiter »bestimmt« Personalentwicklung	Unternehmen lässt Personalentwicklung nur zu, wenn es ihm nützt	Mitarbeiter und Unternehmen handeln die Personalentwicklung aus
Instrumente zur Motivation und Bindung	Beschäftigungssicherheit, Geld	kreatives Umfeld	Leistungsdruck, Sanktionen	Work-Life-Balance, Unternehmenskultur, Employability
Hochleistungsteams	Kooperation ohne Zeitdruck in einem geschlossenen System (Voraussetzung: externe Akzeptanz der Leistungen)	Kreativoutput erwartet, daher Notwendigkeit, Mitnahmementalität abzusenken; gegebenenfalls räumliche Trennung von Mitarbeitern in anderen psychologischen Arbeitsverträgen	Um enge Zeitvorgaben einzuhalten, müssen sich Akteure auf die positiven Aspekte eines Leistungswettbewerbs einlassen	zeitlich befristete Kooperation von Kernkompetenzträgern als Einzelkämpfer unter bewusster Inkaufnahme von Darwinismus und Opportunismus
Personalmanagementethik	»Ethik der Loyalität«: gegenseitige Verantwortung, Dialog	»Ethik der Substanzerhaltung«: Selbstschutz des Unternehmens	»Ethik der Grenzziehung«: hart, aber fair, vorbeugende Vermeidung von Mobbing	»Ethik der Offenheit«: Abgleich berechtigter Interessen, transparentes Setzen der Spielregeln

Tabelle 11.3: Darwiportunistisch differenziertes Führungsverhalten

Wie führen Sie als darwiportunistisch geschulte Führungskraft in folgender Situation?

Sie sind Pflegedienstleiter/in eines ambulanten Pflegedienstes. Eine der Ihnen zugeordneten Pflegefachkräfte, die sehr engagiert und zuverlässig arbeitet, verbreitet einen unangenehmen Schweißgeruch. Die anderen Mitarbeiter weigern sich schon, das von ihr benutzte Dienstfahrzeug zu übernehmen, und einige Patienten haben sich über die »Ausdünstungen« der Mitarbeiterin beschwert. Ihnen ist bewusst, dass Sie dringend etwas unternehmen müssen.

✔ *Gute alte Zeit*: Sie hoffen zunächst darauf, dass sich das Problem von selbst löst. Wenn das nicht geschieht, moderieren Sie ein Gruppengespräch mit allen Beteiligten, um den Konflikt im Team einer Lösung zuzuführen.

✔ *Kindergarten*: Sie wollen vermeiden, dass die engagierte und zuverlässig arbeitende Pflegefachkraft verärgert wird, und stellen ihr ein eigenes Dienstfahrzeug zur Verfügung.

✔ *Feudalismus*: Sie mahnen die Pflegefachkraft ab und drohen für den Fall anhaltender Geruchsbelästigung mit Kündigung.

✔ *Darwiportunismus pur*: Sie stellen der Pflegefachkraft deutlich dar, wie wichtig eine einwandfreie Hygiene sowie das Auftreten der Mitarbeiter für den Erfolg des Unternehmens sind. Sie forschen aber auch nach den möglichen Ursachen für den Schweißgeruch: Vielleicht steckt ja eine Krankheit oder eine unbewältigte Stresssituation dahinter. In einer Aussprache vereinbaren Sie gemeinsam, den gegenwärtigen Zustand abzustellen.

Das Unternehmen als Racheobjekt

Unternehmen als Ganzes werden zwar nicht gemobbt – aber sie können Opfer von schädigenden Handlungen ihrer Mitarbeiter werden. Das häufigste Phänomen in diesem Zusammenhang ist Rache. Obwohl sie in der Regel tabuisiert wird, gibt es sie.

 Als Rache bezeichnet man die bewusste Zufügung von Schaden als Reaktion auf zuvor erfahrenes Unrecht. Der sich Rächende beabsichtigt, die Situation des ursprünglichen Täters zu verschlechtern und dessen Status zu schmälern, um die eigene Position zu rehabilitieren und subjektiv wieder Gerechtigkeit herzustellen.

Während einige Wissenschaftler Rache als durchaus rationale und erklärbare Antwort auf aggressives Verhalten anderer erklären, wird Rache dennoch zumeist als irrationale, unmoralische und antisoziale Handlung mit zerstörerischen Konsequenzen angesehen und als sozial inakzeptabel bewertet. Als Formen der Rache in Unternehmen lassen sich unterscheiden:

✔ Verdeckte Formen wie »Arbeit nach Vorschrift«, Fehlzeiten, Anstiftung Dritter zur Vergeltung und verborgene materielle oder immaterielle Schädigung des Unternehmens.

✔ Offene Formen wie physische Zerstörung von Sachen, Diebstahl, Sabotage, Bekanntmachung vertraulicher Sachverhalte, Missbrauch sensitiver Informationen und Arbeitsverweigerung.

 Die Aufgabe der Führungskräfte besteht darin, Rachehandlungen aufzudecken und in ihren Konsequenzen zu verringern. Sie müssen die Auswirkungen auf personeller und organisatorischer Ebene abschätzen und Gegenmaßnahmen ergreifen, die Schaden vom Unternehmen abwehren. Darüber hinaus gilt es, etwaigen Rachehandlungen vorzubeugen, beispielsweise durch eine wirksame Abschreckung, und Racheschäden zu beheben.

Führungskompetenz erwerben

Wenn Sie jetzt fragen »Was ist das eigentlich, Führungskompetenz?«, haben Sie vollkommen recht: Bislang habe ich den inhaltlichen Rahmen der Führungskompetenz noch nicht gefüllt. Hinter Ihrer Frage steht aber noch eine ganz andere Frage: Kann man gutes Führen erlernen – und wie bringt man anderen Personen Führung bei? Die Antwort ist kurz gesagt: Man kann – und: Es gibt einen Denkrahmen hierzu.

Wozu dient das Führen von Mitarbeitern? Henry Mintzberg, ein kanadischer Managementforscher, sagt hierzu in seinem Buch »Manager statt MBAs«:

»Beim Führen geht es nicht darum, kluge Entscheidungen zu treffen und möglichst große Geschäfte abzuschließen, insbesondere nicht solche, die nur dem eigenen Vorteil dienen. Entscheidend ist vielmehr, anderen die nötige Energie zu verleihen, um gute Entscheidungen zu fällen und ihre Arbeit besser zu machen. [...]

Erfolgreiche Führung hat mehr mit Anregen als mit Ermächtigen zu tun, mehr mit Verbinden als mit Kontrollieren, mehr mit dem Aufzeigen von Möglichkeiten als mit Entscheiden.«

Besonders interessant erscheint in diesem Zitat das Wort »Energie«: Offensichtlich sind beim Führen wieder eine Menge Schwingungen am Werk.

Der Blick aus der Ferne

Führungskompetenz wird häufig mit Managementkompetenz gleichgesetzt. Sie bezeichnet die Fähigkeit einer Person, in einer leitenden Funktion ihre Führungsaufgaben den Mitarbeitern und dem Unternehmen gegenüber erfolgreich bewältigen zu können. Die Führungskraft muss also in der Lage sein, sachgerecht und unter Abschätzung der Folgen so zu handeln, dass sie es als Einzelperson sowie im Sinne des Unternehmens verantworten kann.

Der Sinn dieser Definition liegt darin, verhaltensbezogene Aspekte des Führens mit ökonomisch-unternehmensbezogenen Aspekten zu verbinden und darauf hinzuweisen, dass beides gleichermaßen wichtig ist. Führen zielt auf die Erreichung von nachhaltigen Wettbewerbsvorteilen für das Unternehmen ab, also darauf, dass die Geführten durchgehend eine gute Leistung erbringen, die sich an Kunden verkaufen lässt und so zur Wertschöpfung des Unternehmens führt. Idealerweise soll das Führen nicht unbewusst passieren, sondern von der

Führungskraft bewusst und absichtsvoll überblickt werden – hinsichtlich der Visionen und Ziele, der Instrumente und Maßnahmen, der Wirkungen und Nebenwirkungen.

 Es gibt viele (einander durchaus ähnliche) Möglichkeiten, Führungskompetenz zu untergliedern. Abbildung 11.2 zeigt eine Systematik, die zwischen dem Erwerb und Aufbau benötigter Führungskompetenzen und der Anwendungskompetenz unterscheidet. Dies bedeutet: Das Erlernen von Führungskompetenz hört nicht einfach mal irgendwann auf, sondern setzt sich so lange fort, wie geführt wird.

Hard Skills		Soft Skills		Role Skills	
Sach-/Fach-kompetenz	Methoden-kompetenz	Selbst-kompetenz	Sozial-kompetenz	Team-kompetenz	System-kompetenz

Abbildung 11.2: Führungskompetenz im Überblick

Eine wichtige Aufgabe des Personalmanagements besteht darin, Führungskräfte beim Erwerb von Führungskompetenz zu unterstützen. Dazu muss es erst einmal wissen, welche Bereiche es abdecken muss.

Ran an den Speck

Die in Abbildung 11.2 verwendeten Fachbegriffe wie »Hard Skills« (berufstypische wissens- und faktenorientierte Fertigkeiten), »Soft Skills« (verhaltens- und emotionsorientierte Fertigkeiten) sowie »Role Skills« (Fertigkeiten, die sich erst bei Eingebundensein in eine spezifische Umgebung entfalten) sollten Sie mal gehört haben. Doch wichtiger ist es, statt der Kategorien die Inhalte der einzelnen Führungskompetenzen zu kennen.

Sach-/Fachkompetenz

Sach- oder Fachkompetenz bezieht sich auf die fachlichen Aspekte des Führens von Mitarbeitern. Führungskräfte sollten in der Lage sein, sich ein Urteil darüber zu bilden, ob das, was sie selbst und die Mitarbeiter tun, sinnvoll im Sinne der Zielerreichung ist.

 Zur Sach- oder Fachkompetenz zählen die fachliche Tiefe und damit Spezialwissen zum ausgeübten Beruf genauso wie die fachliche Breite und damit allgemeine Produkt-, Technik-, Prozess-, Branchen- und Marktkenntnisse sowie der sprichwörtliche »Blick über den Tellerrand hinaus«. Der Erwerb von Fachwissen erweitert die Handlungs- und Urteilsfähigkeit.

Hierbei gilt es nicht nur für Führungskräfte, ihr eigenes Fachwissen einzusetzen. Sie müssen auch dafür sorgen, dass Fachwissen im Unternehmen von den Mitarbeitern genutzt wird und in die Leistung einfließt. Darüber hinaus müssen sie in ihrem Einflussbereich Fachwissen organisieren, also die Ressource Wissen steuern und in produktive Richtungen lenken. Fachwissen wird im Rahmen der Personalentwicklung vermittelt.

Methodenkompetenz

Methodenkompetenz betrifft die Fähigkeit von Führungskräften, die Arbeitsprozesse ihrer Mitarbeiter zu befördern. Hierzu zählen die Anregung zum Nachdenken, die Findung neuer Ideen, die Planung zeitlicher Abläufe und die Hilfe bei der Problemlösung.

Methodenkompetent ist eine Führungskraft dann, wenn sie ihren »Werkzeugkasten« an Führungsmethoden gut gefüllt hat. Darin finden sich unter anderem

✔ *Kreativitätstechniken*, die die Mitarbeiter dazu anregen, schnell neue und unübliche Ideen zu entwickeln (die bekannteste Methode ist das »Brainstorming«, bei dem es darum geht, in einer Gruppe spontan möglichst viele fantasievolle Vorschläge zu finden),

✔ *Planungstechniken*, die das rationelle Arbeiten befördern,

✔ *Techniken der Informationsbeschaffung*, die der Informationssammlung, -bewertung, -speicherung und -nutzung dienen,

✔ *Techniken der Problemanalyse*, die sich einer Systematik bedienen, um schnell die Schwachpunkte und Defizite eines Sachverhalts zu erfassen,

✔ *Präsentationstechniken*, die die Darstellung von Ergebnissen und der Wahl der Präsentationsmedien unterstützen.

Alle Methodenkompetenzen basieren darauf, den Mitarbeitern »die richtigen Fragen zu stellen«. Am Beispiel der Präsentationstechniken lässt sich dies erläutern. Hier werden Fragen gestellt wie: Wie erwecke ich Aufmerksamkeit für meine Botschaft? Wie lässt sich meine Botschaft einfach rüberbringen? Wie bekomme ich meine Zuhörer dazu, meine Botschaft zu akzeptieren? Wie aktiviere ich meine Zuhörer zum Handeln?

Methodenkompetenz konzentriert sich nicht nur auf jeweils einzelne Mitarbeiter: Zahlreiche Methoden fördern ausdrücklich Teamprozesse.

Selbstkompetenz

Führungskräfte müssen als Selbstkompetenz über die Fähigkeit verfügen, ihr eigenes Leben auszubalancieren und ihre Persönlichkeit aktiv zu entwickeln. Dies betrifft nicht nur selbstsicheres Auftreten, Selbsteinschätzungsvermögen und Eigeninitiative, sondern auch die Einstellungen und die persönliche Ethik.

Führungskräfte unterliegen – gerade zu Anfang ihrer Laufbahn – der Gefahr, dass sie sich selbst überschätzen oder aber dass sie sich zu schnell und unreflektiert an Gegebenheiten anpassen, die sie vorfinden. Dabei ist es gerade die Aufgabe von Führungskräften, kritisch und wach mit ihrer Situation umzugehen.

Zur Selbstkompetenz gehört es daher zunächst, seine Grundeinstellung zu reflektieren. Man scheitert als Führungskraft nicht an sich selbst, wenn man sich eine positive Grundeinstellung zulegt. Der ehemalige Bundeskanzler Helmut Kohl formulierte es einmal so:

»Manchmal muss ich an die Worte eines Pfarrers denken, der vor einigen Jahren in sei-ner Weihnachtspredigt sagte: ›Der Engel von Bethlehem hat den Hirten auf dem Felde nicht gesagt: Siehe, ich verkünde Euch ein großes Problem! Sondern: Fürchtet Euch nicht! Denn siehe, ich verkünde Euch eine große Freude!‹«

Die Persönlichkeit, die jeder Mensch hat, wird allgemein charakterisiert durch die Offenheit gegenüber Neuem, durch das zwischenmenschliche Verhalten, durch die soziale Verträg-lichkeit, durch Gewissenhaftigkeit und Zuverlässigkeit sowie durch die persönliche emotionale Stabilität. Jeder Mensch ist anders, auch jede Führungskraft. Sie sollte aber ein Bild davon haben, was ihre Persönlichkeit ausmacht, damit sie auch abschätzen kann, wie sie auf andere wirkt und in welcher Hinsicht sie ihnen Vorbild ist. Führungskräfte können

✔ *Generalisten* sein, die Freude am Managen und der Übernahme von Verantwortung haben,

✔ *Techniker* sein, die Spaß daran haben, zu basteln und Probleme zu lösen,

✔ *Unabhängigkeitsfanatiker* sein, die bei ihrer Arbeit ihren Freiraum brauchen,

✔ *Sicherheitsorientierte* sein, die Dauerhaftigkeit, Regelmäßigkeit und Beständigkeit schätzen,

✔ *Kreative* sein, die für ihre immer neuen Ideen Anerkennung finden wollen,

✔ *Überzeugungstäter* sein, die ihre Werte leben, die Welt verbessern wollen und ihre Mitar-beiter auch,

✔ *Kämpfer* sein, die den Wettbewerb lieben und immer gewinnen wollen, oder

✔ *Selbstverwirklicher* sein, denen es darum geht, ihre Träume zu leben, unabhängig von Karriere und beruflichem Fortkommen.

Auch im Hinblick auf die Selbstkompetenz kommt es wieder darauf an, Fragen zu stellen – diesmal an sich selbst:

✔ Was sind meine Stärken, meine Schwächen?

✔ Welche Handlungsmöglichkeiten habe ich, welche Hindernisse stehen in meinem Weg?

✔ Wie kann ich meine Stärken dazu nutzen, meine Handlungsmöglichkeiten auszuschöp-fen und die Barrieren zu umgehen?

✔ Wie kann ich meine Schwächen überwinden, bevor sie mir im Weg stehen?

Ziel der Selbstkompetenz ist es, sich als Führungskraft wohlzufühlen. Dies sollte nicht nur materiell durch ein vergleichsweise höheres Gehalt erzeugt werden, sondern auch emotio-nal, sozial sowie gesundheitlich eingebettet sein und auf eine persönliche Weiterentwicklung abzielen.

Die bekannteste operative Selbstkompetenz betrifft das Zeitmanagement. Füh-rungskräfte müssen in der Lage sein, die Flut ihrer Aufgaben im Griff zu be-halten. Sie müssen lernen, mit »Zeitfressern« umzugehen, effektiv zu planen, Prioritäten zu setzen, Aufgaben zu delegieren, regelmäßig Auszeiten zu neh-men (dies können auch sehr kurze sein, wenn sie nur regelmäßig genommen werden) und auch mal »Nein« sagen zu können.

Sozialkompetenz

Unter Sozialkompetenz wird die Fähigkeit verstanden, mit anderen Personen sozial akzeptabel umgehen zu können. Hierzu zählen Menschenkenntnis, Wahrnehmung von anderen Personen, Toleranz, Respekt, Empathie, Kritikfähigkeit und interkulturelle Kompetenz.

Die Sozialkompetenz betrifft zum einen das passive Aushalten von anderen Menschen, also im Unternehmen von Mitarbeitern und ihren Eigenheiten. Zum anderen betrifft sie das aktive Verhalten, das in der Lage ist,

✔ Gespräche zu beginnen und am Laufen zu halten,

✔ anderen eigene Fehler einzugestehen und sich gegebenenfalls zu entschuldigen,

✔ Mitarbeitern positive Rückmeldungen, also Lob, oder negative Rückmeldungen, also Widerspruch und Kritik, zu geben,

✔ eine eigene Position zu vertreten und die eigenen Interessen klar zu äußern, ohne andere Personen zu verletzen, sowie

✔ abweichende Arbeitsstile und Meinungen zu akzeptieren und sich auf Kompromisse einlassen zu können.

Führungskräfte, die ihre Fähigkeit zur Selbstwahrnehmung schärfen, können gleichzeitig Antennen entwickeln, um andere Personen besser wahrzunehmen. Die Leitlinien von Sozialkompetenz sind Zusammenarbeit, Fairness und Vertrauen.

Das Personalmanagement ist dazu da, die Führungskräfte dazu anzuhalten, ihren Mitarbeitern regelmäßig Fragen zur Arbeitssituation, zu Wahrnehmungen und zu Bedürfnissen zu stellen. Mindestens genauso wichtig ist es allerdings, dass das Personalmanagement den Führungskräften beibringt, wie sie mit den Antworten ihrer Mitarbeiter zurechtkommen.

Teamkompetenz

Teamkompetenz bezeichnet die Fähigkeit von Führungskräften, eine Arbeitsgruppe so zu leiten, dass ihre Mitglieder ihre einzelnen Leistungsbeiträge verzahnen und durch diese Verzahnung eine (höhere) Gesamtleistung des Teams entsteht, die ohne diese Kopplung nicht entstanden wäre. Dies nennt man auch die Schaffung von Synergie.

Das Gegenteil des Entstehens von Synergie ist, wenn sich Mitglieder eines Teams hinter der Gesamtleistung des Teams verstecken und im Vertrauen darauf, dass sie vom restlichen Team mitgezogen werden, weniger leisten. Dieses Ausruhen auf Kosten anderer wird als Trittbrettfahrerverhalten bezeichnet oder auf Englisch als »Social Loafing«.

Trittbrettfahrerverhalten lässt sich seitens der Führungskraft dadurch vermindern, dass sie

✔ aufmerksam dafür ist, welche Personen individuelle Leistungen erbringen, und diese Leistungen dann auch honoriert,

✔ den Mitarbeitern das Gefühl vermittelt, dass sie Trittbrettfahrerverhalten nicht zulassen wird,

✔ darauf achtet, dass die Anreiz- und Vergütungssysteme insbesondere die gemeinsame Teamleistung belohnen und so die Idee einer Schicksalsgemeinschaft entstehen kann,

✔ eine Teamvision samt positiv belegtem Gemeinschaftsgefühl schafft, die so attraktiv ist, dass alle Mitarbeiter zur Verwirklichung dieser Teamvision motiviert sind,

✔ kommunikationsförderliche Strukturen unterstützt und selbst Kommunikation und Kooperation vorlebt sowie

✔ die Zuordnung der Aufgaben so vornimmt, dass jedes Teammitglied unter anderem etwas tut, was kein anderes Teammitglied in seiner Handlungsrolle abdeckt.

Heutzutage werden bereits Bewerber daraufhin analysiert, ob sie »teamkompetent« sind. Offensichtlich ist Teamkompetenz so wichtig, dass man ohne sie immer schwieriger einen Arbeitsplatz findet.

 Teamkompetenz lässt sich insbesondere durch die Beobachtung feststellen, ob jemand in der Lage ist, einer Gruppe ein möglichst ähnliches Bild vom gemeinsamen Handeln zu vermitteln. Ein bewährtes Mittel ist es, die Teamstruktur und die Teamziele sichtbar zu machen, also beispielsweise auf einem Blatt Papier zu skizzieren und dann zu modifizieren und zu diskutieren, bis sich jeder diese Sichtweise als Handlungsgrundlage angeeignet hat.

Teamkompetenz wird nicht nur bei Führungskräften vorausgesetzt, sondern auch unter den Mitarbeitern entwickelt. Eine Methode der Weiterentwicklung, an denen sowohl die Führungskräfte als auch die Mitarbeiter teilnehmen, ist die Supervision, bei der ein geschulter Experte von außen mit einem Team zusammenarbeitet, um die Zusammenarbeit im Team zu stärken und Teamkonflikte zu überwinden.

Eine andere Methode ist das Outdoor-Training: Dies ist eine handlungsorientierte Lehrmethode der Personalentwicklung, die den Teilnehmern das Erlebnis der Entfaltung ihrer Potenziale dadurch ermöglichen soll, dass sie außerhalb des Unternehmens in eine für sie neuartige, unkomfortable Situation gebracht werden (zum Beispiel im Klettergarten), die sie mit Neugier, Kreativität und Zusammenarbeit bewältigen müssen. Ziel ist es, die gemeinsamen Lernerlebnisse und Teamerfahrungen auf das betriebliche Arbeits- und Entscheidungsverhalten zu übertragen. Dies kann durch Zielvereinbarungen unterstützt werden.

Systemkompetenz

Systemkompetenz versetzt Führungskräfte in die Lage, »den Blick fürs Ganze« zu haben. Hierzu gehört zum einen, dass die Führungskraft die Eigenschaften des Systems genau kennt, also konkret das Unternehmen, seine typischen Reaktionsweisen und sein Umfeld. Zum anderen muss die Führungskraft über die Fähigkeit verfügen, das System zu gestalten, also alle Elemente des Systems und deren Verbindungen zu kennen und zu verändern.

Normalerweise überfordern komplexe Systeme die Gestaltungsfähigkeit einzelner Menschen. Dies ist auch bei Unternehmen der Fall: Sie sind in allen ihren Zusammenhängen und Wirkungsgefügen nicht einfach zu begreifen. Warum ist das so?

Es gibt sehr viele Handlungsvariablen im Unternehmensumfeld und im Unternehmen, dazu unzählige Vernetzungen dieser Variablen, die darüber hinaus nicht immer deutlich sichtbar sind und zu allem Überfluss noch eine Eigendynamik entwickeln. Im Ergebnis kann eine Führungskraft gar nicht mehr sagen, was genau Ursache und was genau Wirkung ihres Handelns ist, sodass selbst bei ähnlichen Situationen einmal das eine Handeln, ein anderes Mal aber genau das Gegenteil zu einem guten Ergebnis führt.

Daher machen es sich Menschen allgemein – und Führungskräfte besonders – häufig dadurch einfacher, dass sie sich nur isolierte Teilbereiche von Systemen genau anschauen und den Rest des Systems ignorieren. Genau dies ist jedoch das Gegenteil von Systemkompetenz. Es ist die Aufgabe einer Führungskraft,

✔ die Führungssituation möglichst genau zu analysieren und die Führungsziele im Gesamtzusammenhang zu betrachten,

✔ die möglichen Fern- und Nebenwirkungen des eigenen Handelns systematisch zu prüfen und in die Entscheidung einzubeziehen und

✔ das typische dynamische Verhalten komplexer Systeme zu kennen und zu antizipieren, das darin besteht, dass sie auf Eingriffe entweder langsam und erst mit Zeitverzögerung reagieren (daher darf eine Führungskraft nicht übersteuern) oder plötzlich exponentielle Entwicklungsverläufe zeigen (wie beim Klimawandel: erst passierte lange nichts, dann plötzlich aber verläuft die Entwicklung immer schneller und unbremsbar; eine Führungskraft müsste also bereits frühzeitig vor Eintritt von exponentiellen Wachstumsphasen handeln).

Systemkompetenz besteht darin, das System Unternehmen möglichst gut durchschauen zu können und damit »zu wissen, wie es tickt«. Dies gelingt durch das, was als Mustererkennung oder Abstraktion bezeichnet wird: Eine Führungskraft muss lernen, im wahrsten Sinne des Wortes einige Schritte zurückzutreten und sich ein Gesamtbild der Lage zu verschaffen. Je unschärfer die Einzelheiten werden, desto deutlicher treten die Beziehungen zwischen den einzelnen Systemelementen hervor und geben den Blick auf das System als Ganzes frei.

Unternehmensplanspiele gelten als ein gutes Instrument, um sich Systemkompetenz anzueignen. Sie simulieren die Dynamik eines Unternehmenssystems mit dem Ziel, diese besser verstehen, einschätzen und gestalten zu können. Im Planspiel werden komplexe Systemzustände weitgehend realistisch abgebildet. Systemzusammenhänge und Entscheidungswirkungen lassen sich im Laufe des Handelns und Entscheidens erschließen, ohne dass Fehler sich in der Realität auswirken.

Weiterbildung von Führungskräften – ein absolutes Muss

Obwohl nicht jede Führungskraft es genauso sehen wird: Selbst Führungskräfte müssen kontinuierlich weiterlernen. Die Notwendigkeit zur Stärkung ihrer Fach- und Führungskompetenz ergibt sich bereits aus der Vielfalt der Herausforderungen, die jeden Tag neu auf Führungskräfte einprasseln. Zudem sollen auch Führungskräfte ihre Fähigkeit bewahren, in ihrem jeweils aktuellen Umfeld innovativ sein zu können.

Notwendig wird die Weiterbildung von Führungskräften auch aufgrund des beschönigenden Selbstbilds der Führungskräfte. Nicht selten herrscht die Meinung vor, dass man doch deshalb Führungskraft sei, weil man bereits das Wesentliche gelernt habe. Aus diesem Grund sei die Lernphase vorbei, nun sei die Anwendungsphase dran. Dennoch lassen sich in Führungsetagen einiger Unternehmen gravierende Wissensdefizite feststellen.

Notwendigkeit der Weiterbildung von Führungskräften

Selbst Headhunter geben zu, dass bei der Besetzung von hochrangigen Führungspositionen Sach- und Fachkompetenz zwar ein wichtiges, aber dennoch kein Schlüsselkriterium ist. Höher geschätzt werden Strategiekompetenz und Verhandlungsgeschick, das Verständnis für komplexe Verträge, Führungskompetenz, Internationalität, ein gutes Netzwerk und schließlich Kompetenz in der Außendarstellung. Aus diesem Grund ist es nicht verwunderlich, wenn Führungskräfte in Ermangelung substanzieller Fachkenntnis unrealistische Visionen zur Entwicklung ihrer Branche haben und auf dieser Basis selbst unrealistische Strategien entwickeln. »Selbstvermarktung statt Substanz« reicht nicht immer aus.

Nicht automatisch reicht ein »Learning by doing«, also das beiläufige Lernen im Rahmen der normalen Aufgabenerledigung, für Führungskräfte aus. Zum Teil wechseln sie häufiger ihre Funktionen und sind daher jeweils nur eine begrenzte Zeit in der Lage, wertschöpfungsrelevantes Fachwissen zu sammeln und ihr Geschäft wirklich zu verstehen. Darüber hinaus verwalten sie häufig eher ihren Aufgabenbereich, als dass sie ihn gestalten und dabei Neues lernen.

In Einzelfällen kommt es sogar so weit, dass die Führungskraft sich bewusst von den Aufgaben ihrer Abteilung abkoppelt. Das Paradebeispiel ist, dass eine Führungskraft ihrem Team die Einarbeitung in eine neue Software verordnet, sich selbst aber diese Einarbeitung verweigert, weil sie denkt, dass sie es nicht brauche. Konsequenzen auf der Seite der Mitarbeiter sind Unzufriedenheit und Gestresstsein im Umgang mit der Führungskraft. Ihr wird kein Vertrauen in ihre Kompetenz entgegengebracht, sondern es entsteht im Gegenteil das Bild von Inkompetenz. Infolgedessen erodiert langsam die Legitimität der Führungskraft.

Aus personalwirtschaftlicher Sicht ist es fatal, wenn bei Führungskräften eine schlechte Personalführung in Kauf genommen wird, so lange nur das operative Ergebnis der Führungsbereiche stimmt. Ein professionelles Personalmanagement wird dies nicht hinnehmen: Wirtschaftlicher Erfolg und Führungserfolg sind kein Nullsummenspiel. Das eine darf nicht zulasten des anderen gehen.

Erfolgsfaktoren bei der Weiterbildung von Führungskräften

Eine Weiterbildung von Führungskräften muss ein spezielles Angebot sein, weil auch die Kunden, also die Führungskräfte, spezielle Bedürfnisse haben. Die Aufgabe des Personalmanagements besteht daher darin, im Rahmen einer Potenzialeinschätzung die Bedürfnisse der Führungskräfte zu ermitteln, mögliche inhaltliche Angebote zu identifizieren und diese Angebote dann mit den Bedürfnissen der Führungskräfte abzugleichen.

Was die speziellen Bedürfnisse der Führungskräfte betrifft, so geht es um die – behutsame, aber realistische – Identifikation der Wissens- und Fähigkeitsdefizite. Sie beziehen sich auf die Führungskompetenzen, ergänzt um eine allgemeine Lernkompetenz:

✔ Fach-/Sachkompetenz: Ist bei der Führungskraft das notwendige Grundwissen verfügbar? Ist Erfahrungswissen vorhanden?

✔ Methodenkompetenz: Ist die Führungskraft in der Lage, andere Menschen bei der Zielerreichung zu unterstützen?

✔ Selbstkompetenz: Kann die Führungskraft gut mit sich selbst umgehen? Ist die Führungskraft leistungsmotiviert?

✔ Sozialkompetenz: Kann die Führungskraft gut mit anderen Menschen umgehen?

✔ Teamkompetenz: Kann die Führungskraft Teamstrukturen bewältigen?

✔ Systemkompetenz: Übersieht die Führungskraft die Komplexität ihrer Aufgabe und ihres Handlungsumfelds? Kann sie das Unternehmen als offenes System ganzheitlich managen?

✔ Anwendungskompetenz: Ist die Führungskraft umsetzungsstark? Kommt sie mit der Dynamik von Unternehmen zurecht?

✔ Lernkompetenz: Ist die Führungskraft in der Lage, sich neues Wissen und neue Verhaltensweisen anzueignen? Ist sie motiviert zu lernen?

 Das Personalmanagement kann zur Identifikation möglicher Defizite Gespräche mit der Führungskraft führen, in deren Rahmen auch Fragebogen Einsatz finden können. Ein weiteres Thema sind die Rahmenbedingungen, unter denen ein konkretes Führungskräftetraining stattfinden kann.

Speziell für Führungskräfte steht eine Reihe von Angeboten zur Verfügung:

✔ *Führungskräfteseminare* sind Kursangebote speziell für Führungskräfte, die entweder von der Personalentwicklung oder von externen Dienstleistern gemacht werden. Sie beziehen sich inhaltlich auf konkrete Fragestellungen, beispielsweise auf Projektmanagement für Führungskräfte, auf Prozessanalyse, auf Mitarbeiterführung. Externe Angebote sollten zertifiziert sein, also bestimmte qualitative Anforderungen einhalten.

✔ *Entwicklungsprogramme* bündeln mehrere Kursangebote und reichern sie gegebenenfalls mit Coaching-Anteilen an. Coaching ist die persönliche Begleitung von Führungskräften durch einen Spezialisten (Coach), der zur gemeinsamen Reflexion des Führungsverhaltens der Führungskraft bereitsteht und die Führungskraft auf ihrem Weg der Weiterentwicklung ihrer Führungskompetenz berät.

✔ Ein *Executive MBA* (die Abkürzung steht für Master of Business Administration) ist ein Studium an einer Business School, das sich gezielt an Führungskräfte mit mehr als fünf Jahren Berufserfahrung richtet. Ihnen wird die Möglichkeit geboten, berufsbegleitend – also in Form von Blockkursen, Studienbriefen sowie mit der Option einer zeitlichen Streckung über mehrere Jahre – ein in sich stimmiges Bündel an wirtschaftsbezogenem Fach- und Führungswissen zu erwerben. Dies ist insbesondere für Führungskräfte interessant, die aus ihrer technischen Karriere heraus eine administrativ-managementbezo-

gene Führungsfunktion übernehmen und nun den betriebswirtschaftlichen Hintergrund benötigen. Einige Programme spezialisieren sich auf einzelne Branchen oder auf den Mittelstand. Viele Unternehmen unterstützen Nachwuchskräfte, die sich für ein solches Programm entscheiden, finanziell oder durch teilweise Freistellung von der Arbeit.

Die Weiterbildung von Führungskräften wird dann von den Adressaten angenommen, wenn neben der fachlich-inhaltlichen Passung auch die Rahmenbedingungen der Situation der Führungskräfte entsprechen. Damit entstehen weitere spezifische Erfolgsfaktoren für die Weiterbildungsangebote an die Führungskräfte. Führungskräfte wollen

✔ **Individualität:** Eine Führungskraft möchte maßgeschneiderte Angebote, die eine ganzheitliche Ausbildung gewährleisten.

✔ **Effizienz, Schnelligkeit und enge Taktung:** Da sie wenig Zeit investieren können oder wollen, muss ein Lernerfolg besonders schnell und effizient erzielt werden können.

✔ **Exklusivität und Status:** Führungskräfte wollen sich als besondere Personen fühlen. Für einige Führungskräfte bedeutet Exklusivität einen zusätzlichen Motivationsschub.

✔ **Abschottung und Vertraulichkeit:** Keine Führungskraft gibt gerne zu, dass sie ein Wissensdefizit hat. Daher sollte das Lernen so stattfinden, dass die übrigen Mitarbeiter des Unternehmens es nicht wahrnehmen.

✔ **Praxisnähe und Anwendungsbezug:** Führungskräfte wollen nicht mit zu viel Theorie beladen werden, sondern suchen den direkten Bezug zu ihrer konkreten Führungssituation und zu möglichen Umsetzungen.

✔ **Interaktivität:** Für Führungskräfte darf es auf keinen Fall langweilig werden. Interaktivität des Angebots, das durch Rollenspiele, Medienunterstützung, Gruppenarbeit und weitere Lerntechniken hergestellt wird, verhindert den Abbruch der Weiterbildung.

Das Personalmanagement muss gemeinsam mit der Unternehmensleitung entscheiden, ob das Unternehmen auf diese Wünsche und Bedürfnisse ihrer Führungskräfte eingehen will oder nicht – und dafür auch die Kosten tragen.

Wenn das Unternehmen die berufliche Weiterbildung einer Führungskraft mit großen finanziellen Aufwendungen unterstützt, kann vertraglich vereinbart werden, dass sie sich bis zu fünf Jahre nach Ende der Weiterbildung an das Unternehmen bindet. Bei geringeren Aufwendungen ist diese Zeit kürzer. Sollte die Führungskraft in dieser Zeit das Unternehmen verlassen, wird eine anteilige Rückzahlung fällig, deren Höhe mit der Zeit stufenweise abnimmt.

Unternehmensleitung: Chef und Kunde des Personalmanagements

12

In diesem Kapitel ...

▷ Verantwortlichkeit bewusst machen

▷ Gesetzliche und freiwillige Regeln einhalten

▷ Unternehmensnachfolge planen

D ie Unternehmensleitung tut personalwirtschaftlich gut daran, dass sie »geerdet« bleibt und damit den Kontakt zu den Mitarbeitern und deren Arbeitswelt nicht verliert. Damit ihr der Vorwurf der Problemferne nicht gemacht werden kann, ist es in größeren Unternehmen teilweise Pflicht, dass selbst oberste Führungskräfte zum Beispiel eine Woche im Jahr im regulären Betrieb mitarbeiten. Dies erfüllt dieselbe Funktion, wie sie übersteigert im Fernsehformat »Undercover Boss« dargestellt wird: Hier begibt sich ein Chef eines größeren Unternehmens verkleidet in normale Arbeitssituationen seines Unternehmens und erfährt im unmittelbaren Kontakt mit seinen Mitarbeitern, wie sich die Entscheidungen der Unternehmensspitze auf die Arbeit an der Basis auswirken.

Die Unternehmensleitung trägt die Letztverantwortung für den Erfolg des Unternehmens und dies bereits mit der Übernahme ihres Amtes – sie braucht Verantwortung nicht erst zu übernehmen, wenn etwas schiefgegangen ist. Während die Unternehmensleitung aus ihrer strategischen Gesamtsicht heraus handelt, ist das Personalmanagement gefordert, seine Interessen und die der Mitarbeiter in diese Gesamtverantwortung einzubringen. Auf welchen Wegen dies möglich ist, erfahren Sie in diesem Kapitel.

Die Bürde der Letztverantwortung

Bereits die Definitionsfrage, was Verantwortung auf der Ebene der Unternehmensleitung ist, ist knifflig, weil es hier um zwei Begriffe geht:

✔ *Verantwortlichkeit* ist zu sehen als das Bewusstsein, dass ein Mitglied der Unternehmensleitung gegenüber anderen Pflichten übernimmt und später für sie einstehen muss – und im Extremfall dafür haftbar gemacht wird. Im Englischen ist das »accountability«.

✔ *Verantwortung* ist zu sehen als das Einstehen für seine Entscheidungen und Handlungen und somit als das Tragen der damit verbundenen Konsequenzen.

Während also Verantwortlichkeit im Vorhinein gegeben oder zugewiesen wird, zeigt sich Verantwortung erst im Nachhinein.

Die Unternehmensleitung trägt Letztverantwortung für die Interpretation der Unternehmensrealität. Sie ist dazu da, die Widersprüchlichkeiten und Paradoxien, die im Unternehmen auftreten, zu reflektieren und dann zu entschlüsseln: Daher erklärt sie den Mitarbeitern im Unternehmen nicht nur die Zusammenhänge, sondern auch unternehmensrelevante Entscheidungslogiken, die im Wettbewerb zueinander stehen oder sogar in sich widersprüchlich sind. Dies führt zu alternativen Handlungsoptionen, aus denen heraus neue strategische Handlungsrichtungen gewählt werden.

Die Unternehmensleitung trägt darüber hinaus Letztverantwortung für ihr Vorantreiben von Wandel und Entwicklungsprozessen. Dies umfasst die unmittelbaren Konsequenzen ihrer Entscheidungen und Handlungen, darüber hinaus aber auch die Neben- und Fernwirkungen, ob diese nun unbeabsichtigt oder beabsichtigt eintreten. Von der Unternehmensleitung kann verlangt werden, dass sie die Folgen ihres Entscheidens und Handelns breit abschätzt. Die Führungstheorie nennt dies »Systemkompetenz« – das Denken in komplexen und eigendynamischen Zusammenhängen. Auch wenn dies schwierig ist: Gerade die Unternehmensleitung soll die Zukunft ja so abschätzen, dass das Handeln der Mitarbeiter einen sichereren und erfolgversprechenderen Rahmen bekommt. Wenn dies schiefgeht, werden sie (manchmal) vom Unternehmen und dort insbesondere von den Aufsichts- und Kontrollgremien auch zur Verantwortung gezogen.

Der Erfolgsdruck der Unternehmen ist heutzutage immens hoch. Um die betriebswirtschaftlichen Ziele zu erreichen, ist häufig ein Arbeiten in Grenzbereichen notwendig – bei extremem Zeitdruck und Quartalsdenken, unzureichenden Ressourcen, begrenzter Motivation aller Beteiligten und fehlender kritischer Distanz zu den eigenen Entscheidungen. Im Eifer des Tagesgeschäfts werden dann Kompromisse zulasten der Moral eingegangen, weil dies im Hinblick auf das Erreichen der Effizienz als »alternativlos« erscheint. Belastend ist also für Mitglieder der Unternehmensleitung, wenn sie Effizienz und Moral als »Nullsummenspiel« ansehen und meinen, das eine sei nur zulasten des anderen zu bekommen. Dies ist natürlich falsch, denn Effizienz lässt sich auch mit Moral verbinden. Aber das ist der anspruchsvollere Weg: Benötigt wird ein differenziertes Sehen und Verstehen von ethischem Handeln, die Stärkung der Argumentationsfähigkeit in ethischen Fragen, dann das kompromisslose Leben dieser ethischen Grundhaltung gerade in der Unternehmensleitung. Das Personalmanagement unterstützt diesen anspruchsvolleren Weg.

Strategische Verzahnung mit Personalthemen

Die Unternehmensleitung hat auf strategisch-inhaltlicher Ebene das gesamte Unternehmen im Blick und hier insbesondere die Unternehmensstrategie, das Personalmanagement auf strategisch-inhaltlicher Ebene die Personalstrategie. Beide Akteure wollen ihren Bereich, für den sie verantwortlich sind, miteinander abstimmen.

Die Aufstellung der Unternehmensleitung ist abhängig von der Unternehmensgröße: Während in Großunternehmen ein Kollektivgremium das Unternehmen führt, bildet in kleinen oder mittleren Unternehmen häufig eine einzelne Person die Unternehmensleitung. Doch unabhängig davon, wer im Einzelnen die Unternehmensleitung ist – ihre Letztverantwortung erstreckt sich auch auf die personalwirtschaftlichen Sachverhalte im Unternehmen.

Gemeinsamer Informationszusammenhang

Damit die Unternehmensleitung bei ihren Entscheidungen ihre unternehmensbezogene Sorgfaltspflicht wahrnehmen kann, muss sie ihre risikobehafteten unternehmerischen Entscheidungen mit angemessener Information unterlegen und dies auch nachweisen können, um im Misserfolgsfall nicht schadensersatzpflichtig dem eigenen Unternehmen gegenüber zu werden. Dies erfordert die Einhaltung von Mindestanforderungen, was ausschließlich intuitive Entscheidungen ausschließt.

 Im Hinblick auf personalwirtschaftlich relevante Entscheidungen auf Unternehmensleitungsebene muss das Personalmanagement der Unternehmensleitung zuarbeiten, indem es Prognosen sowohl mit einer begründeten Chancen-/ Risikoabwägung unterlegt als auch die Qualität der zugrunde gelegten Informationen und damit der erwarteten Prognosesicherheit explizit beurteilt und entsprechend dokumentiert.

Um hier zwischen Unternehmensleitung und Personalmanagement eine vernünftige Arbeitsgrundlage zu schaffen, ist es wichtig, den wechselseitigen Informationsfluss zu organisieren und den gemeinsamen Informationszusammenhang aufzubauen. Hierbei sind in modernen Unternehmen, gerade auch denen des Mittelstands, die hierarchischen Varianten auf dem Rückzug, also die Einlinienstrukturen, bei denen alle Entscheidungsmacht und das Informationsprimat klar auf die oberste Unternehmensleitung hinauslaufen. Solche Varianten werden abgelöst durch Weiterentwicklungen, bei denen die ausschließlich hierarchische Entscheidungs- und Informationsstruktur durch horizontale Verbindungen auf der gleichen hierarchischen Ebene sowie durch hierarchiearme Vernetzung aller Mitarbeiter unabhängig von ihrer Hierarchieebene ergänzt oder ersetzt wird. Die Nähe zwischen Unternehmensleitung, Personalmanagement und Mitarbeitern steigt hierdurch.

Grundlage für die Personalstrategie ist die Abgrenzung zu Unternehmensvision und Unternehmensstrategie:

✔ Die *Unternehmensvision* stellt ein konkretes Bild von der Zukunft dar, das zudem handlungsleitend ist. Dazu muss sie positiv belegt sein.

✔ Für eine kommunizierbare *Unternehmensstrategie*, also für die Formulierung konkreter Ziele sowie der Mittel zur Zielerreichung, ist eine klare Ausrichtung an Kernkompetenzen und an der abzudeckenden Wertschöpfungskette erforderlich.

✔ Stimmig hierzu wird die *Personalstrategie* aufgestellt: Wichtig ist der Handlungsbezug dieses langfristig ausgelegten und logisch aufgebauten Konzepts unter Berücksichtigung der Belegschaft.

Die Personalstrategie darf nicht nur im Schreibtisch oder in den Köpfen weniger Auserwählter »versteckt« sein, sondern muss offen abgestimmt werden. Sie ist gerade dadurch charakterisiert, dass sie eigenständig durch das Personalmanagement ausgerichtet wird, wobei sie letztlich durch die Unternehmensleitung genehmigt werden muss.

Das Personalmanagement ist dafür verantwortlich, dass die Unternehmensleitung mit den notwendigen Informationen aus dem Personalbereich informiert wird. Abgesehen davon, dass die Unternehmensleitung in der Regel über ein Managementinformationssystem verfügt, das nicht durch das Personalmanagement konzipiert wurde, ist es dennoch die Aufgabe des Personalmanagements,

✔ dafür zu sorgen, dass im Managementinformationssystem die notwendigen personalmanagementrelevanten Informationen einen angemessenen Platz erhalten,

✔ diesen Informationen einen Bezug zu den strategischen Fragestellungen der Unternehmensleitung zu geben (Wo schöpft das Personalmanagement Wert? Wo vernichtet das Personalmanagement Wert?) und

✔ dann diese Informationen bereitzustellen.

Man muss nicht gleich das Schlagwort des »evidenzbasierten Managements« bemühen, um zu erkennen: Im Personalmanagement wie im übrigen Rest des Unternehmens schlummert ein wahrer Schatz an zumeist ungenutzten Fakten. Damit ist das Personalmanagement der Schatzsucher der relevantesten Informationen für die Unternehmensleitung, wobei es auch wissenschaftliche Erkenntnisse in die Entscheidungsfindung einbezieht, Sachverhalte kritisch hinterfragt und mit den verfügbaren Daten aus dem Personalmanagement und dem Personalcontrolling abgleicht, um zu sehen, ob die gesammelte Evidenz im eigenen Unternehmen relevant ist.

Gegen die Gefahr des »Informationsoverkills«, also des ungezielten Sammelns von und des ungerichteten Umgangs mit Daten und Informationen, der zu Überlastung und Hilflosigkeit führt, helfen die Fähigkeit zum Denken in Systemen und der Aufbau personalwirtschaftlicher Expertise auch in der Unternehmensleitung. Manchmal empfiehlt es sich, Dinge auszuprobieren: Warum nicht einen kleinen Testbetrieb zu relevanten Fragestellungen einrichten, bei dem zwei Kontrollgruppen Alternativen anwenden, damit das Personalmanagement erkennen kann, welche Methode oder welches Instrumentarium besser ist?

Wie das Personalmanagement auf den Radarschirm der Unternehmensleitung gelangt

Welche Möglichkeiten gibt es konkret, um das Personalmanagement in der Aufmerksamkeit der Unternehmensleitung zu verankern, es quasi auf den ständigen Radarschirm der obersten Führungsebene zu bringen? Für diese Steuerungsvoraussetzung, die im Professionali-

sierungsmodell des Personalmanagements unter dem Stichwort »Governance« thematisiert wird, bieten sich mehrere Möglichkeiten an. Einige von ihnen erscheinen eher traditionell:

✔ regelmäßige Statusmeldungen an die Geschäftsleitung/den Vorstand/die Aufsichtsgremien, beispielsweise durch eine gut gestaltete Statusübersicht mit den zentralen personalwirtschaftlichen Kennziffern des Unternehmens oder durch einen Personalmanagement-Newsletter;

✔ Ergebnisberichte fortlaufender monatlicher Mitarbeiterbefragungen zu zentralen personalwirtschaftlichen Steuerungsgrößen;

✔ konsequente Integration der Personalleitung in Diskussionsrunden der Unternehmensleitung, wenn die Personalleitung nicht sowieso Teil der Unternehmensleitung ist;

✔ durchgehende Thematisierung personalwirtschaftlicher Fragestellungen in der Mitarbeiterzeitschrift.

Andere Möglichkeiten sprengen das allgemein übliche Vorgehen und sind kreativer:

✔ Die Unternehmensleitung bekommt ein Coaching oder im Fall bereits bestehender Konflikte eine Mediation zum Personalmanagement;

✔ Unternehmensleitung und Personalleitung einigen sich auf die verbindliche Leitlinie »keine Sitzung der Unternehmensleitung/des Aufsichtsgremiums ohne einen Bericht zur Lage des Personals«;

✔ alle Mitglieder der Unternehmensleitung arbeiten jedes Jahr ein, zwei Tage in der Personalabteilung mit und erleben so den täglichen Umgang mit der für das Unternehmen entscheidenden Personalressource;

✔ alle Mitglieder der Personalabteilung sind einmal monatlich in der Führungsetage zum »Kaffee mit der Geschäftsleitung« zu Besuch, gegebenenfalls sogar jeder Einzelne bei einem anderen Mitglied der Geschäftsleitung, und sprechen in ungezwungener Atmosphäre über Aktuelles – und damit unter anderem auch über Personalrelevantes;

✔ die Personalabteilung macht aktiv Werbung für ihre Arbeit, hängt beispielsweise im Unternehmen – für alle sichtbar – aktuelle personalwirtschaftliche Erfolge, Projekte oder Herausforderungen aus;

✔ Unternehmensleitung, Personalmanagement, Mitarbeiter und Betriebsrat überlegen sich gemeinsam Aktionen, um auf ihre personalwirtschaftlichen Interessen und Ziele aufmerksam zu machen, beispielsweise »Aktionsvormittage«;

✔ im Intranet oder in einem Unternehmensleitungschat wird monatlich offen eine Frage »Personalmanagement an Unternehmensleitung« gestellt, die dann dort auch offen von der Unternehmensleitung beantwortet wird;

✔ die Unternehmensleitung verspricht, E-Mails der Mitarbeiter innerhalb von 24 Stunden zu beantworten und sich bei Nichteinlösen dieses Versprechens sichtbaren Sanktionen zu unterwerfen.

Auch hier gilt die Botschaft: Entscheidend ist der Mut, unkonventionelle Wege zu beschreiten.

Regelungsdruck von allen Seiten

Sowohl der Aufsichtsrat als auch der Vorstand sind dafür verantwortlich, Bedrohungen für das Unternehmen und auch Entwicklungschancen zu erkennen. Hierzu müssen sie vom Personalmanagement mit Informationen unterstützt werden, die die Aufmerksamkeit bewusst auf planungsrelevante Tatbestände lenken. Unternehmensberatungen und Weiterbildungseinrichtungen bieten Weiterbildungsangebote für Aufsichtsräte an, die deren Professionalisierung dienen sollen.

Darüber hinaus unterliegen sowohl Vorstand als auch Aufsichtsrat bestimmten Regeln, die Entscheidungen auf der Ebene der Unternehmensleitung in die richtigen Bahnen lenken wollen, indem sie die Handelnden auf die Relevanz und die Wirkung ihres Handelns hin sensibilisieren und die Einrichtung entsprechender Führungssysteme verlangen. Diese werden in der Regel durch Audits hergestellt, also durch eine ständige Überwachung der eingerichteten Systeme und das Zurückspielen der Überwachungsergebnisse an die Unternehmensleitung. Das Personalmanagement hat hierbei die Aufgabe, solche Audits in seinem Bereich zu begleiten und bei der Interpretation der Ergebnisse zu helfen.

Schließlich unterliegen Vorstände erfolgsabhängigen Anreizsystemen, über die der Aufsichtsrat in eigener Verantwortung entscheidet. Während es hierfür gesetzliche Verfahrensregeln gibt und die Öffentlichkeit solche Entscheidungsfindungen kritisch begleitet, könnte das Personalmanagement den Aufsichtsrat bei der Festlegung der Erfolgskriterien mit speziellem Personalmanagementbezug unterstützen.

Regeltreue nennt man heutzutage Compliance

Unter Corporate Compliance (Regeltreue) wird verstanden, dass Unternehmen sowohl gesetzliche Vorschriften als auch unternehmensinterne Richtlinien einhalten. Verantwortlich ist hierfür die Unternehmensleitung, bei Aktiengesellschaften weist der Deutsche Corporate Governance Kodex dem Vorstand die Verantwortlichkeit zu. Auch wenn Compliance mit Kosten verbunden ist, können die Kosten, die bei Normverletzungen durch Haftungsansprüche und Reputationsschäden entstehen, erheblich höher sein. Daher ist die Einhaltung freiwilliger Compliance-Richtlinien kein Gutmenschentum, sondern eine Sonderform des Risikomanagements.

 Es ist Aufgabe des Personalmanagements, sich an der Organisation der Sicherstellung der ordnungsgemäßen Unternehmensführung zu beteiligen. Die Unternehmensleitung kann ihre Letztverantwortung teilweise delegieren, beispielsweise an einen Compliance-Manager oder an eine Stabsstelle, die eine Schnittstelle zwischen Rechnungslegungsabteilung, Rechtsabteilung und Personalmanagement/Organisation darstellt. Nicht nur die Einrichtung dieser Stabsstelle könnte durch das Personalmanagement begleitet werden, sondern auch die umfangreichen Aufgaben hinsichtlich der Mitarbeiterinformation nach innen und der der Kommunikation nach außen. Darüber hinaus kann das Personalmanagement dazu beitragen, die Unternehmenskultur auf die allgemeine Regeltreue auszurichten.

Fokus auf persönliches Verhalten: Korruptionsprävention

Im Unternehmen ist die Korruptionsvorbeugung ein wichtiges Thema für die Unternehmensleitung. Selbst wenn ein Mitarbeiter dadurch lukrative Aufträge für das Unternehmen einwerben will, ist es ihm nicht erlaubt, andere Personen mit Geld oder Gefälligkeiten zu bestechen. Genauso wenig ist es erlaubt, Geld oder Gefälligkeiten anzunehmen, die mit einer nicht wettbewerbskonformen Gegenleistung gekoppelt sind.

Im Falle nachgewiesener Korruption werden sowohl die handelnden Personen verurteilt als auch die gesamten Unternehmen, die dieses Verhalten zugelassen haben, empfindlich bestraft, ganz abgesehen von der möglicherweise verheerenden Außenwirkung, die entsteht. Aus diesem Grund ist ebenfalls eine Aufgabe des Personalmanagements, Korruption gemeinsam mit der Unternehmensleitung zu thematisieren und in ein Gesamtkonzept für die Unternehmensleitung und alle Mitarbeiter zu überführen.

Ein Instrument, dies zu tun, ist ein an die Unternehmensleitung und die Führungskräfte, darüber an alle Mitarbeiter gerichteter Leitfaden gegen Korruption. Er kann insbesondere

✔ die grundsätzliche Ablehnung von Korruption und das »Null-Toleranz«-Prinzip verdeutlichen,

✔ auf die hohe Korruptionsgefährdung bestimmter Stellen und Arbeitsplätze aufmerksam machen,

✔ die Maßnahmen der Korruptionsprävention vorstellen,

✔ das glaubwürdige Vorleben eines korruptionsfreien Handelns bei Unternehmensleitung und Führungskräften anmahnen und

✔ der unternehmensinternen Korruptionsbekämpfung Glaubwürdigkeit und Nachdruck verleihen.

Dieser Leitfaden kann in persönliche Verhaltensanweisungen übertragen werden, wobei es besonders wichtig ist, die nicht akzeptablen und nicht tolerierbaren Verhaltensweisen konkret zu benennen.

Fokus auf organisatorische Regelungen: SOX

Mitarbeiter können heutzutage mit Recht erwarten, in einem Unternehmen zu arbeiten, in dem Fehlverhalten der Unternehmensleitung sowie der von ihr verantworteten Kontrollfunktionen nicht toleriert wird. Gerade in den USA gibt es eine Vielzahl gesetzlicher Regelungen und Verordnungen, die nicht nur amerikanische Unternehmen befolgen müssen, sondern auch ausländische Unternehmen, deren Wertpapiere in den USA gehandelt werden, sowie deren Tochtergesellschaften. Damit gilt auch für einige deutsche Unternehmen beispielsweise der Sarbanes-Oxley Act (kurz: SOX), der in den USA seit 2002 die interne finanzielle und rechnungslegungsbezogene Kontrolle von Unternehmen regelt. Im weiteren Sinne verpflichtet SOX alle in den USA börsennotierten Unternehmen, einen strengen Verhaltenskodex zu befolgen, der vor allem ein internes Kontrollsystem verlangt. Viele Unternehmen, die diesem Gesetz nicht unterliegen, passen sich freiwillig an diese Regelungen an, die somit weltweite Verbreitung gefunden haben.

Für das Personalmanagement ergeben sich hieraus vielerlei Prozesskontrollen, die es zu beachten und sorgfältig zu dokumentieren gilt. Insbesondere werden hier die Prozesse der Gehaltsabrechnung und der Personalbestandsdaten überwacht, wobei ein SOX-Audit entsprechende Prüfroutinen vorsieht. Aber auch hier verantwortet die Unternehmensleitung die Einhaltung dieser gesetzlichen Vorschriften und unterliegt verschärften Haftungsvorschriften.

Unterstützung durch Revision und Unternehmenskultur

Die Unternehmensleitung versucht, die Einhaltung der gesetzlichen sowie freiwilligen Regelungen systematisch zu überwachen, wobei sie diese Aufgabe an eine interne Revision überträgt. Diese versucht, möglicherweise bestehende Verstöße gegen die Vorschriften aufzuspüren und abzustellen. Hierzu werden regelmäßig interne Überprüfungen (englisch: Audits) durchgeführt. Diese werden durch externe Audits ergänzt, insbesondere dann, wenn im Rahmen von Zertifizierungen die organisatorischen Regelungen von den Qualitätssiegelverleihern durchleuchtet werden.

Vorbeugend richtet eine Compliance-Kultur im Unternehmen die Unternehmensleitung, das Personalmanagement und die Mitarbeiter auf eine gelebte Regeltreue hin aus, bevor kritische Ereignisse eintreten: Sie hilft zu verhindern, dass es zu Regelverstößen kommt. Wenn sie von der Unternehmensleitung vorgelebt wird, dann kann sie das Handeln von Mitarbeitern, aber auch externen Partnern des Unternehmens beeinflussen – und vor allem kann sich dann niemand mit dem Verweis auf ein Fehlverhalten der Unternehmensleitung aus eigenem Fehlverhalten herausreden.

 Ein professionelles Personalmanagement darf nicht vergessen, dass die unternehmenskulturellen, ethischen Werte für alle Personen im Unternehmen gleichermaßen gelten. Gerade die Unternehmensleitung und das Personalmanagement tragen mit ihrem Verhalten dazu bei, dass die übrigen Mitarbeiter hinter dem Unternehmen stehen. Der Ratschlag an dieser Stelle: einen verbindlichen Fahrplan für regelmäßige Erinnerungen an die Compliance-Kultur aufstellen!

Spezialfall Unternehmensnachfolge

Ein für die Unternehmensleitung besonders von mittelständischen (Familien-)Unternehmen wichtiges Thema ist die Regelung der Nachfolge in der Unternehmensleitung. Dies ist zunächst weniger die Sache des Personalmanagements als vielmehr die Sache des Eigentümers (und damit der Unternehmensleitung), der eine Nachfolge sucht. Dennoch sind im Umfeld der Unternehmensnachfolge einige Aufgaben für das Personalmanagement verborgen.

Diese beginnen bereits bei der psychologischen Komponente einer Unternehmensnachfolge, die das Personalmanagement begleiten kann. Für den Übernehmer ist die Nachfolge mindestens so schwierig wie eine Neugründung eines Unternehmens, weil er bereits Vorhandenes übernimmt und nicht unmittelbar alle seine Vorstellungen umsetzen kann. Darüber hinaus ist ein möglicher Nachfolger mit den Fragen der Auswahl eines geeigneten Unternehmens, der Aufstellung eines Businessplans, der Finanzierung der Übernahme und der möglichen

Beratung durch Dritte konfrontiert. Doch auch der Übergeber muss sich auf die Nachfolge vorbereiten, also auf den angemessenen Zeitpunkt, die Auswahl eines geeigneten Nachfolgers, die konkrete Unternehmensübertragung und auch sein späteres Loslassenmüssen.

Aus der Vielzahl möglicher Fragestellungen wird an dieser Stelle beispielhaft nur ein Aspekt herausgegriffen, der verdeutlicht, wie komplex diese Unternehmensnachfolge schnell wird. Vielfach wird die Unternehmensnachfolge per Testament geregelt. Ein Testament bietet sich sowohl dann an, wenn die familiären Verhältnisse nicht eindeutig sind, also beispielsweise mehr als ein Kind vorhanden ist. Zudem ist eine testamentarische Verfügung dann sinnvoll, wenn es sich um größere oder komplex strukturierte Vermögen handelt. Das Erbschaftsrecht hat in diesem Zusammenhang einen großen Einfluss.

Familienunternehmer sollten auf das selbstständige Verfassen eines Testaments zur Unternehmensnachfolge verzichten, weil die Gefahr groß ist, missverständliche, unpräzise oder unvollständige Formulierungen und Regelungen aufzunehmen. Auch sollten Testamente regelmäßig überprüft werden, denn sowohl hinsichtlich der Sachwerte wie auch hinsichtlich der im Testament genannten Personen können sich Änderungen ergeben. Für das Verfassen und die Überprüfung können rechtskundige Berater hinzugezogen werden.

In Bezug auf die Unternehmensnachfolge finden sich in Testamenten zwei Ziele, die unter Umständen zu Widersprüchen führen:

✔ Die Unternehmensleitung soll möglichst einheitlich auf die nächste Generation übergehen, also gegebenenfalls nur auf eines mehrerer möglicher Kinder.

✔ Weitere Kinder sowie verbleibende Partner sollen dennoch mit Vermögen bedacht werden.

Wichtig ist damit, dass das Testament eindeutig klarstellt, wie Unternehmensnachfolge und Vermögen verteilt werden sollen. Hierbei sollten im Vorhinein möglichst die Pflichtteilsansprüche von Kindern, eventuelle Zugewinnausgleiche bei Ehen ohne Gütertrennung sowie die Erbschaftsteuer berücksichtigt werden. Gegebenenfalls sind Schenkungen unter Lebenden im Sinne einer vorweggenommenen Erbfolge wirtschaftlich vorteilhafter.

Um Konflikte zu vermeiden, sollten das Testament oder die Schenkung zur Nachfolgeregelung passen, die im Gesellschaftsvertrag des Unternehmens festgelegt wurde. Hier sollten keine inhaltlichen Widersprüche auftreten. Auch sollten Gesellschaftsverträge zeitlich vor der Schenkung so formuliert werden, dass vorzeitige Nachfolger nicht bereits bestehende Rechte aus dem Gesellschaftsvertrag dazu nutzt, das Unternehmensgefüge gegen den Willen des bisherigen Eigentümers zu seinen Gunsten zu verändern. Die Gestaltung von Gesellschaftsverträgen ist überhaupt ein weites Feld mit vielen Fallstricken, der noch komplexer wird, wenn mehrere Familien am Unternehmen beteiligt sind, die ihren Einfluss sichern wollen.

Was genau kann die Rolle des Personalmanagements im Zusammenhang mit der Unternehmensnachfolge sein? Hier sind mehrere Aufgaben möglich:

✔ Das Personalmanagement kann den Eigentümer bei der Personalentwicklung des möglichen Nachfolgers unterstützen. Dies ist besonders herausfordernd, wenn es sich um ein Kind des Eigentümers oder sogar den Ehepartner handelt. Ideal wäre es, wenn der Nachfolger frühzeitig die Chance erhält, unabhängig vom Eigentümer eine selbstständige Leitungsaufgabe zu übernehmen, um so für die spätere Unternehmenstätigkeit trainieren zu können.

✔ Das Personalmanagement kann dazu beitragen, einen Rahmen zu schaffen, in dem der bisherige Eigentümer und der ins Auge gefasste Nachfolger während einer Vorbereitungs- und Übergangszeit regelmäßig miteinander über Geschäftliches diskutieren. Dies hilft bei der Vermeidung der Probleme, die typischerweise mit dem Loslassen der Geschäftsführung verbunden sind.

✔ Das Personalmanagement kann die Mitarbeiter des Unternehmens auf die Unternehmensnachfolge vorbereiten, indem es im Vorfeld Transparenz über die anstehenden Veränderungen schafft. Gerade die Regelungen des Wechsels vom bisherigen auf den nachfolgenden Chef benötigen eine grundlegende Orientierungsfunktion sowie klare Anweisungen im Detail.

Das Spezialangebot an Informationen zur Unternehmensnachfolge im Internet ist sehr groß; insbesondere finden sich umfangreiche praktische Leitfäden der Wirtschaftsministerien von Bund und Ländern.

Nicht im Paralleluniversum: Die Produktionsabteilung

13

In diesem Kapitel ...

▶ Informationen verzahnen

▶ Produktivität erhöhen

▶ Interne Märkte unterstützen

___

Die Produktionsabteilung wird als Anspruchsgruppe für das Personalmanagement insbesondere in Unternehmen des Produktionssektors wichtig. In diesem Sektor findet sich das produzierende Gewerbe, das Rohstoffe verarbeitet und Waren herstellt. Im Einzelnen zählen hierzu Industrie und Handwerk, Versorgung mit Energie und Infrastruktur sowie das Baugewerbe. Deren Produktion ist in der Regel kapitalintensiv, setzt also vor allem Investitionsgüter wie Maschinen ein, darüber hinaus aber auch spezialisierte Mitarbeiter.

Während in Ländern wie China eher die Massenfertigung dominiert, herrschen in Deutschland die variantenreiche Serienfertigung und die Einzelfertigung vor. Energie- und Materialeffizienz stehen in der Produktion immer stärker im Vordergrund. Dies führt zum eigentlich Paradoxen: Obwohl die Automatisierung in der Produktion anhält und hierdurch der Anteil einfacherer Arbeit zurückgeht, werden aufgrund der Spezialisierung der Produktion die Menschen – und damit das Personalmanagement – wichtiger.

Der verarbeitende Sektor ist in Deutschland traditionell stark, gilt als robust im Konjunkturverlauf und als international wettbewerbsfähig. In der Vergangenheit gelang es ihm überwiegend, während konjunktureller Wachstumsphasen seine Produktivität fortlaufend zu erhöhen und in Zeiten konjunktureller Krisen eine geringere Produktionsauslastung zu überstehen. Entscheidend hierfür ist nicht zuletzt das Bewusstmachen der vielfältigen Verzahnungen mit dem Personalmanagement, die gerne übersehen werden, weil die Produktion für sich allein genommen bereits herausfordernd genug ist.

Dieses Kapitel stellt die wichtigsten Schnittstellenthemen vor. Es läuft auf zwei Erkenntnisse heraus: Erstens wird die innerbetriebliche Kooperation zwischen Personalmanagement und Produktionsbereich immer wichtiger und zweitens müssen beide Seiten aufeinander zugehen.

Vermeidbare Störfeuer

In einigen Unternehmen hat es den Eindruck, dass die Schnittstelle zwischen Personalmanagement und Produktion vollkommen unkoordiniert ist, dass beide betriebliche Funktio-

nen sich sozusagen in voneinander unabhängigen Paralleluniversen bewegen. Das lässt sich auf eine Reihe von Gründen zurückführen:

✔ Die Produktionsabteilung folgt häufig noch einer technologisch orientierten Produktionslogik und -kultur, in denen das Personalmanagement allenfalls als Randgebiet auftaucht. Vor dem technologischen Wandel war dies noch verständlich, weil die Produktionstechnologie weniger flexibel war als die Mitarbeiter und sich daher die Mitarbeiter an die Gegebenheiten anpassen mussten. Im Zuge der digitalen Unterstützung der Produktion hat sich aber auch auf der Seite der Produktion neues Flexibilitätspotenzial ergeben, wobei sich die Mitarbeiter zu einem erfolgskritischen Element der Produktion entwickelt haben, wodurch es nicht mehr zeitgemäß ist, die wichtige Planungsrolle des Personalmanagements auszublenden.

✔ Die Führungskräfte im Produktionsbereich entstammen technischen Karrierepfaden, in deren Verlauf die betriebswirtschaftlichen Kenntnisse und Fertigkeiten in der Regel im Hintergrund stehen, wodurch sich diese Führungskräfte in Personalfragen teilweise für überfordert halten oder tatsächliche Führungsdefizite aufweisen.

✔ Die Mitarbeiter im Produktions- und Fertigungsbereich sind nicht durchgehend hoch qualifiziert und teilweise – auch wenn ihr Anteil langsam geringer wird – ungelernt, was eine Unsicherheit im Umgang mit den administrativen Aspekten des Unternehmens mit sich bringen kann.

✔ Das Personalmanagement hat seinerseits häufig technische Wissensdefizite und versteht nicht die durch die Produktionstechnologie vorgegebene Handlungslogik der Produktionsabteilung.

Unzureichende Koordination zwischen Personalmanagement und Produktionsabteilung resultiert in Vorurteilen oder gar Konflikten. Im Ergebnis kann eine unterschwellige oder aber offene wechselseitige Unzufriedenheit entstehen. Ganz fatal wäre ein Gegeneinanderarbeiten, das auch als Eigenbeschuss (englisch: »friendly fire«) bezeichnet wird, denn im Grunde sind beide betrieblichen Funktionen im Unternehmen im Hinblick auf die Erreichung der Unternehmensziele miteinander verbündet.

Information ist keine Einbahnstraße

Der Abbau möglicher Unzufriedenheit zwischen Personalmanagement und Produktion – oder noch besser: die Vermeidung von Unzufriedenheit – setzt an den wechselseitigen Erwartungen an:

✔ Das Personalmanagement erwartet von der Produktionsabteilung, dass diese ihr personalmanagementrelevante Produktionsdaten weitergibt, zu der Vermeidung von kostenintensiven Überstunden in der Produktion beiträgt, sich in generelle personalwirtschaftliche Controllingaktivitäten einbinden lässt und im Übrigen Verständnis und Akzeptanz für die geleistete Personalplanung und den Personaleinsatz entwickelt.

✔ Die Produktionsabteilung erwartet vom Personalmanagement eine professionelle Personalarbeit im Hinblick auf die Beschaffung passenden Personals, Personaleinsatz, hilfrei-

che Personalentwicklung, Arbeitsplatzsicherheit, ergonomische Arbeitsplätze, angemessene Bezahlung, Unterstützung bei der Mitarbeitermotivation sowie bei der Innovations- und Produktivitätssteigerung.

Hierüber miteinander zu sprechen ist unverzichtbar – die wechselseitige Ausrichtung von Personalmanagement und Produktionsabteilung aufeinander macht also gegenseitige Information notwendig.

So nicht!

Ein mittelständisches Unternehmen freut sich über ein immenses und in dieser Höhe nicht erwartetes Auftragswachstum aus dem Ausland, weil seine Produkte den Auftraggebern offensichtlich gefallen. Es beschließt, den bestehenden drei Produktionsstraßen eine neue vierte hinzuzufügen. Die Verwirklichung dieser technologisch hoch komplexen Millioneninvestition zur Kapazitätserweiterung dauert ein halbes Jahr. Doch kurz vor Inbetriebnahme der Produktionsstraße fällt plötzlich auf, dass die Personen fehlen, die diese Maschinen bedienen sollen. Und nicht nur das: Diese Mitarbeiter hätten für die technisch anspruchsvolle Maschinenbedienung auch noch geschult werden müssen. Nur wusste niemand in der Personalarbeit Bescheid, dass eine solche Investition überhaupt getätigt wurde und dass Mitarbeiter gebraucht würden. Trotz der hektisch auf den Weg gebrachten Stellenanzeige in der Regionalzeitung mit dem Aufmacher »15 Maschinenbediener gesucht«: Es war dem Personalmanagement nicht mehr möglich, »auf den letzten Drücker« zusätzliche Maschinenbediener auf dem Arbeitsmarkt zu suchen, einzustellen und anzulernen. Neben den Zusatzkosten der Notfallaktion wurde die neue Produktionsstraße erst mit zweimonatiger Verspätung in Dienst gestellt.

Das Produktionsprogramm eines Unternehmens ist der Ausgangspunkt für die Personalplanung. Wenn die zu seiner Realisierung notwendigen qualitativen und quantitativen Personalbedarfe nicht inhaltlich sowie mengenmäßig spezifiziert und der Personalarbeit zugänglich gemacht werden, können diese auch nicht immer befriedigt werden. Die Produktionsabteilung ist daher gut beraten, solche Informationen direkt oder über die Unternehmensleitung dem Personalmanagement frühzeitig anzuzeigen. Dabei geht es nicht nur um die Mitarbeiter, die produzieren. Es geht auch um die Führungskräfte, meist Ingenieure für Elektrotechnik, Konstruktion, Projektabwicklung, Produktion, Instandhaltung und Vertrieb. Sie sind in Zeiten des Fachkräftemangels besonders gesucht.

Die Personalbeschaffung ist für die Produktion besonders wichtig. Aufgrund der Flexibilitätsanforderungen ist es erforderlich, schnell zusätzliches Personal für die Produktion zu beschaffen und zu schulen, aber auch, das Personal bei Bedarf schnell wieder reduzieren zu können. In Deutschland hat das Wort vom »atmenden Unternehmen« die Runde gemacht, das die personalseitige Kapazitätsanpassung an Produktionsschwankungen bezeichnet. Instrumente hierzu sind neben einer sorgfältigen Personalplanung und der Arbeitszeitflexibilisierung der vorübergehende Einsatz von Zeitarbeitnehmern und die Kurzarbeit.

Das Personalmanagement übernimmt neben der Personalbeschaffung viele weitere Funktionen für die Produktionsabteilung oder unterstützt dabei die Führungskräfte im Produk-

tionsbereich: die Durchführung der Personalentwicklung, die Organisation von Arbeitsabläufen, die Bereitstellung von Personal bei nicht vorhergesehenen Leistungsspitzen, die Überprüfung der Mitarbeiter im Hinblick auf ihre Leistung, die Entlohnung und auch das Zeitmanagement. Daher fordert ein professionelles Personalmanagement die benötigten Informationen bei der Produktionsabteilung ein, schafft aber auch das Bewusstsein, dass die Produktionsabteilung die Personalabteilung von sich aus über ihre Aktivitäten informiert. Hierbei hilft es gerade in kleineren und mittelständischen Unternehmen, dass zwischen den jeweils Verantwortlichen kurze Wege bestehen.

 Um die Informationsschnittstelle zur Produktionsabteilung gut zu definieren, kann das Personalmanagement sich darum bemühen, technologische Kompetenz zu erwerben. Nicht von ungefähr sehen einige Unternehmen vor, dass die Mitarbeiter des Personalmanagements alle ein bis zwei Jahre eine Woche in der wertschöpfenden Abteilung mitarbeiten, damit sie den Bezug zu der Situation dieser Mitarbeiter nicht verlieren.

Produktivitätsmanagement als Zauberwort

Das Produktivitätsmanagement – es ist auch unter dem englischen Begriff *Industrial Engineering* bekannt – ist eine Kernaktivität der Produktionsabteilung. Es richtet sich auf die operative Umsetzung von Produktivitätssteigerungen aus, darüber hinaus auf ein umfassendes Produktivitätscontrolling. In Produktionsunternehmen gibt es daher typische Prozesse, die im Einzelnen Konsequenzen für das Personalmanagement haben:

✔ Konzeptionell am Anfang steht das Durchdenken aller Planungs-, Steuerungs- und Kontrollprozesse.

✔ Der Produktionsprozess besteht aus der Transformation von materiellen Inputfaktoren zum Endprodukt, also von der Vorfertigung über die Endmontage bis hin zur Verpackung mitsamt der begleitenden Inbetriebhaltung der hierzu notwendigen Maschinen.

✔ Unterstützt wird die Produktion durch logistische Materialflussprozesse vom Wareneingang bis zum Versand.

✔ Alle Produktionsschritte unterliegen umfangreichen Qualitätssicherungsprozessen.

✔ Betriebswirtschaftliche Auftragsabwicklungsprozesse begleiten die Produktion von der Bestellung bis hin zur Abrechnung.

✔ Unterstützende administrative Prozesse des Personalmanagements, der Finanzierung oder auch der juristischen Beratung haben einen Einfluss auf die Wertschöpfung.

✔ Weitere infrastrukturelle Unterstützungsprozesse erfolgen mittelbar und mit weniger Nähe zur Wertschöpfung durch die Informationstechnologie, das Gebäudemanagement bis hin zur Kantine.

✔ Die Unternehmensleitung ist für die Managementprozesse verantwortlich.

✔ Der kreative Innovationsprozess betrifft die Technologie- und Produktentwicklung.

✔ Im Rahmen der Marktkommunikationsprozesse werden vorhandene Kunden betreut und neue Kunden gewonnen.

Es ist wichtig, dass für alle diese Prozesse die personellen Bezüge systematisch beachtet werden, allerdings unter Berücksichtigung ihrer Besonderheiten, denn einige Prozesse sind direkt produktionsmengenabhängig, weitere indirekt produktionsmengenabhängig, andere überhaupt nicht produktionsmengenabhängig. Bevor das Personalmanagement ins Spiel kommt, bildet zunächst die Prozesskostenrechnung im Rahmen des betrieblichen Rechnungswesens diese Unterschiedlichkeit ab und macht für alle Prozesse sichtbar, wie wirtschaftlich sie bewältigt werden – und damit auch, wo ein Verbesserungsbedarf besteht.

 Das Produktivitätsmanagement dient der Produktionsoptimierung und hat somit zum Ziel, in allen Prozessen die Wirtschaftlichkeit und Produktivität zu sichern, also auch die Arbeitsproduktivität. An dieser Stelle verzahnen sich die Logiken der Produktion und des Personalmanagements, weil die Mitarbeiter in die Richtung einer effektiven Arbeit gelenkt werden müssen. Im Idealfall überlegen sich Produktionsabteilung und Personalmanagement gemeinsam,

✔ welche Zielgrößen wie etwa Produktivitätsziele, einzusetzende Ressourcen (wie eben auch das Personal) oder Produktionsstrukturen in welcher Ausprägung als Vorgabe dienen sollen,

✔ wie einzelne Prozesse optimiert und standardisiert werden können und

✔ wie Zielvorgaben als Steuerungsgrößen für die Mitarbeiter übersetzt werden und wie dann ihre Zielerreichung überprüft wird.

Das Ergebnis dieser Überlegungen geht in die Führungsarbeit der Produktionsmitarbeiter ein, etwa in ihre individuellen Zielvereinbarungen.

Einige der gebräuchlichen Produktivitätskennzahlen spiegeln den Bezug zu den Mitarbeitern unmittelbar wider. Sie folgen der Grundformel für die Arbeitsproduktivität, die sich aus dem Verhältnis einer Ausbringungsmenge zu einem Arbeitseinsatz (also Output zu Input) ergibt. Ein Beispiel für eine direkt produktionsmengenabhängige Produktivitätskennzahl ist die Arbeitseffizienz:

$$\text{Arbeitseffizienz} = \frac{\text{produzierte Stückzahl * Vorgabezeit pro Stück}}{\text{eingesetzte Arbeitszeit}}$$

Die eingesetzte Arbeitszeit kann hierbei als »geleistete Arbeitsstunden« oder als »Zahl der Beschäftigten« angesetzt werden.

 Das Personalmanagement trägt vor allem durch drei Aktivitäten dazu bei, dass die angestrebte Produktivität tatsächlich erreicht wird: durch die mitarbeiterbezogene Gestaltung der Produktionsbedingungen, durch die Unterstützung der Personalführung im Produktionsbereich, die die Leistungsmotivation der Mitarbeiter steigert, und durch Personalentwicklung und Training.

Wer will nicht auch schlank sein

Die Produktion kann unternehmensextern ausgelösten Schwankungen unterliegen im Hinblick auf Auftragsmengen, -änderungen und auch -stornierungen. Auch intern gibt es Störgrößen, so die eingeschränkte Verfügbarkeit von Maschinen, Material, Personal, Widerbeschaffungszeiten von Zulieferteilen, kurze Produktlebenszyklen, häufige Produktveränderungen. Gerade deshalb passt die Produktion permanent die Produktionspläne an, sowohl in ihrer mittelfristigen Planung als auch bis hin zur minutengenauen Produktionssteuerung. Darüber hinaus entstehen aufgrund der Schwankungen Wartezeiten von Mitarbeitern, Maschinen und Material, die Kostentreiber für das Unternehmen sind: Das Personalmanagement kann hierzu personalseitige Flexibilität durch Arbeitszeitflexibilisierungssysteme beisteuern, um die Kapazitäten von Fach- und Führungskräften besser zu nutzen.

Als Gesamtkonzept aller personalwirtschaftlichen und organisationalen Bestrebungen zur Produktionsverbesserung gilt das *Lean Management* (Englisch für »Schlankes Management«), das darauf abzielt, eine hohe Outputqualität zu erreichen und dabei Kosten zu vermeiden, die durch Fehler und Verschwendung hervorgerufen werden. Ein Teilgebiet dieses Lean-Ansatzes ist die *Lean Production*, die die Prinzipien einer schlanken Organisation auf den Produktionsbereich überträgt, um extern oder intern ausgelöste Produktionsschwankungen zu minimieren.

Diese Prinzipien betreffen die Führung und das Personalmanagement des Unternehmens, beispielsweise wenn es um die Arbeit in Netzwerken, die Zusammenführung von delegierten Aufgaben mit Verantwortlichkeiten oder die kontinuierliche Verbesserung von Produktionsabläufen geht. Im Ergebnis arbeiten die Mitarbeiter in flacheren Hierarchien, haben also weniger Führungsebenen. Dies bringt eine höhere persönliche Verantwortung für jeden einzelnen Mitarbeiter mit sich, der sich auf diese Verantwortungsübernahme vorbereiten muss, vor allem in der Kommunikation und Abstimmung mit Kollegen.

In einigen Unternehmen initiiert das Personalmanagement das *Visual Management*: Es gilt als kommunikative Grundlage der Lean Production und orientiert sich an der bildhaften Darstellung wichtiger Tatbestände. So werden im Produktionsbereich von Unternehmen Daten und Fakten, die für die Mitarbeitersteuerung notwendig sind, zur Verfügung gestellt und so einfach wie möglich aufbereitet, damit die Mitarbeiter den Informationsgehalt dieser Daten auch im Rahmen ihrer Arbeit verwenden. Konkret stehen Stellwände oder Schwarze Bretter bereit, auf denen Blätter mit den jeweils aktuellen Daten aufgehängt werden – gut sichtbar als Grafiken zu Entwicklungsverläufen, bunte Diagramme, Ergebnistabellen, häufig unter Verwendung der Ampellogik, bei der Rot ein Problem anzeigt und Grün einen problemlosen Zustand. Mitarbeiter werden beispielsweise durch die Visualisierung der zeitlichen Entwicklung von Fehlerquoten dazu angeregt, über Fehlervermeidung nachzudenken. Oder sie erkennen durch dargestellte Ist-Soll-Abweichungen Problemfelder in ihrem Tätigkeitsbereich. Schließlich erhalten sie Informationen über Neuerungen im Arbeitsablauf.

Kontinuierliche Verbesserung

Im Rahmen des Lean Managements spielt der kontinuierliche Verbesserungsprozess (KVP) eine prominente Rolle: Zunächst werden die Wertströme in der Produktion analysiert, also der eigentliche Fertigungsprozess und dann die vorgelagerten Lieferantenprozesse sowie die nachgelagerten Kundenprozesse. Das Ziel besteht darin, fortlaufend nach Verbesserungen zu suchen, indem für die Mitarbeiter, Maschinen und Material Prozessstandards definiert und im Produktionsbereich kommuniziert werden.

 Wenn Abweichungen zwischen dem Produktionsprozess und den Prozessstandards auftauchen, müssen sie als Verbesserungspotenzial sichtbar gemacht und beseitigt werden. Das Personalmanagement nimmt hierbei eine besondere Rolle ein: Es mahnt zunächst die Verantwortlichkeit für den kontinuierlichen Verbesserungsprozess auf allen Ebenen des Unternehmens an. Dann unterstützt sie die Führungskräfte im Produktionsbereich – das sind vor allem Ingenieure – bei ihrem Erwerb der notwendigen Kompetenzen und Methoden und deren Anwendung im Produktionsbereich. Den Führungskräften werden nicht nur ihre Führungsrollen klar zugewiesen, es werden auch typische Führungsfehler benannt und bewusst gemacht: dass sie nicht genügend Zeit haben, nicht ausreichend bei den Produktionsmitarbeitern präsent sind, nicht konsequent genug die Standards einfordern, notwendige Risikobeurteilungen und Risikominderungen vernachlässigen, sich nicht untereinander abstimmen und die eigenen Standards nicht sichtbar vorleben.

Der kontinuierliche Verbesserungsprozess erfordert methodische Kompetenzen in Moderation, Teamführung und Coaching, dann Expertise aus verschiedenen Disziplinen wie Ingenieurwissenschaften, Psychologie, Betriebswirtschaft, Arbeitswissenschaft und Pädagogik, schließlich eine Systemkompetenz im Sinne des ganzheitlichen Verstehens der Wertschöpfungskette.

Qualifizierte Verantwortliche für den kontinuierlichen Verbesserungsprozess können dann die aktive Beteiligung aller Mitarbeiter an gemeinsamen Lern- und Problemlösungsprozessen sicherstellen. Die Mitarbeiter lernen im Idealfall nicht nur auf einen Anstoß durch die Führungskraft hin, sondern auch selbstverantwortlich in ihrem Team. Ein solches auf die Verbesserungspotenziale in der Produktion ausgerichtetes Teamlernen wird Qualitätszirkel genannt.

Besonders muss der Produktionsbereich verstehen, wie die speziell auf die Produktionsnotwendigkeiten angepasste Mitarbeiterqualifikation aussieht: Sie setzt

✔ an Verbesserungsbarrieren aufgrund fehlender individueller Technologiekompetenz,

✔ an Verbesserungsbarrieren aufgrund fehlenden individuellen Engagements sowie

✔ an Verbesserungsbarrieren aufgrund fehlender individueller Akzeptanz von Produktionsprozess und Produktionsbedingungen

an. Das Personalmanagement unterstützt dies nicht nur durch individualisierte Maßnahmen wie Fortbildungen und – in Maßen – den wechselseitigen Tausch von Arbeitsplätzen zwischen den Mitarbeitern, was Jobrotation genannt wird. Auch allgemeinere Maßnahmen wie

Gesprächsmöglichkeiten für die Produktionsmitarbeiter (»Die Personalabteilung stellt sich den Fragen vor Ort«), die Berücksichtigung von Personalthemen für Produktionsmitarbeiter in der Unternehmenszeitschrift oder die Unterstützung innovativer Pilotprojekte mit Personalmanagementbezug können sinnvoll sein.

Wenn Verbesserungsmaßnahmen erkannt wurden, unterstützt das Personalmanagement die Durchführung dieser Maßnahmen von der personalwirtschaftlichen Seite her: Insgesamt motiviert es die Mitarbeiter in ihren Prozessen (damit sie verbessern *wollen*), es qualifiziert (damit sie *können*), es hilft bei der Definition von Rollen (damit sie *dürfen*), es unterstützt die Aufgabenzuweisung (damit sie *sollen*).

Dies erfolgt gemäß grundlegender Prinzipien, die dem einzelnen Mitarbeiter die Funktion als interner Prozessverantwortlicher einräumen. Als solcher ist er sowohl Kunde als auch Lieferant. Als Kunde darf er die Anforderungen an den Vorprozess formulieren und durch das Abnehmen der Vorleistung bestimmen, wann der Vorprozess abgeschlossen ist. Als Lieferant muss er seinerseits die Erwartungen seiner Prozesskunden erfüllen, kann dabei aber selbst Ziele aus den Kundenanforderungen ableiten, seine Prozessabläufe auf die Ziele ausrichten und die Prozesskennzahlen auf seine eigene Zielerreichung abstimmen. Dies erfordert über die eigentliche Leistung hinaus das Verstehen einer übergreifenden Dienstleistungskultur.

Extreme Leistungsorientierung im Produktivitätssystem

Einige Unternehmen treiben die Leistungsorientierung so weit, dass sie ihre produktivsten Mitarbeiter überproportional bevorzugen: Diese bekommen leistungsabhängig das meiste Geld, darüber hinaus auch die attraktivsten oder lukrativsten Arbeitsaufträge. Die Unternehmen spekulieren darauf, dass leistungsschwächere Mitarbeiter mit der Zeit dem Druck nicht gewachsen sind und das Unternehmen verlassen, was dazu führt, dass bei den verbleibenden Mitarbeitern das durchschnittliche Leistungsniveau steigt.

Eine Gefahr der extremen Leistungsorientierung liegt darin, dass systematisch ein Dauerleistungsdruck erzeugt wird, der sich negativ auf die langfristige Motivation der Mitarbeiter auswirken und zu stressbedingten Erkrankungen führen kann. Dass ein solches System – noch weiter in den USA und China verbreitet als in Deutschland – nicht zu jeder Landeskultur und auch nicht zu jeder Unternehmenskultur passt, liegt auf der Hand. Auch eignet sich nicht jede Branche für ein solches System, und ob es auf lange Sicht wirtschaftlich effektiv ist, ist fraglich. Es ist eine personalmanagementethische Fragestellung, in welchem Ausmaß ein Unternehmen extreme Leistungsorientierung samt entsprechendem Leistungsdruck nutzen will.

Wenn sich ein Unternehmen schon auf diese extreme Form der Leistungsorientierung einlassen will, sollte das Personalmanagement zumindest dafür sorgen, dass alle Mitarbeiter ähnliche Erfolgschancen haben. Zum Beispiel müssten Schwankungen der externen Auftragseingänge aus der Leistungsbewertung herausgerechnet werden, damit sie nicht einzelnen Mitarbeitern zugerechnet werden. Auch könnten zwecks Herstellung eines faireren Systems die zu betreuenden Leistungspakete, Projekte oder Kundengruppen nicht einzelnen Mitarbeitern zugeordnet werden, sondern im festen Turnus wechseln, sodass die Chancengleichheit für alle Mitarbeiter gewahrt bliebe.

Schutz der Produktioninnovationen

Das Personalmanagement hilft der Produktionsabteilung auch beim Schutz seiner Innovationen. Denn gerade in Fernost kommt es vor, dass Unternehmen deutsche innovative Produkte nachzubauen versuchen. Dies wird nicht einmal verheimlicht, sondern teilweise sogar offen zugegeben und mit einer zu erwartenden Kostenersparnis begründet. Ausländische Konkurrenten versuchen zudem, qualifizierte Mitarbeiter der deutschen Unternehmen abzuwerben, damit diese ihr Wissen dem anderen Land zur Verfügung stellen. Sie wollen es sich allerdings in der Regel nicht leisten, fernöstliche Kunden nur deshalb nicht zu beliefern oder nur deshalb keine Auslandsstandorte einzurichten, weil sie einem Innovationsklau aus dem Weg gehen wollen – dafür sind die Märkte zu bedeutend und bringen zu große Anteile am Gesamtumsatz des Unternehmens.

Deutsche Unternehmen versuchen allerdings, ihren Wissensvorsprung auf andere Art zu verteidigen. Dies beginnt bereits bei den innovativen Produkten, die so konzipiert werden, dass ein Kopieren nicht leicht möglich ist. Beispielsweise kann man sie schützen, indem man wichtige Teile so verschweißt oder verklebt, dass sie nicht ohne Beschädigung geöffnet werden können. Oder man ersetzt mechanische Prozesse durch informationstechnologische Prozesse, also etwa mechanische Messungen durch Lasermessungen, deren Softwaresteuerung dann auf einer Platine versteckt werden kann und zudem verschlüsselt wird.

In der Zeit, die die Nachahmer benötigen, eine Innovation zu kopieren, muss das heimische Unternehmen bereits eine neue Innovation hervorbringen. Der Wissens- und Technologievorsprung muss ständig gehalten werden, um längerfristig wettbewerbsfähig zu bleiben. Daher wird Schnelligkeit zu einem der zentralen Kernfaktoren für Wertschöpfung – und damit auch personalwirtschaftliche Schnelligkeit.

Interne Verrechnungspreise für gute Personalarbeit

Eine schwierige Aufgabe besteht darin, festzulegen, ob und wenn ja, wie das Personalmanagement für seinen Einsatz im Produktionsbereich kompensiert werden soll. Die traditionelle Form besteht darin, dass das Personalmanagement auf Anweisung der Unternehmensleitung wie selbstverständlich die personalwirtschaftlichen Aufgaben im Gesamtgefüge des Unternehmens übernimmt und dafür nicht separat entlohnt wird. Es ist also die Regel, dass alle Aufgaben der Wertschöpfungskette des Unternehmens »von oben herab« hierarchisch organisiert und verteilt werden.

Eine Alternative besteht darin, das unternehmensinterne Marktprinzip zur Anwendung kommen zu lassen. Es findet sich in Unternehmen, die ihre funktionalen Bereiche als *Profitcenter* einrichten, also als Unternehmenseinheiten, die über ihre Aufgabenerledigung hinaus vor allem unternehmensintern einen finanziellen Gewinn erzielen sollen. Dies funktioniert über Mechanismen, die auch auf unternehmensexternen Märkten zu finden sind, sich hier aber ausschließlich innerhalb des Unternehmens abspielen:

✔ Vorausgesetzt wird, dass es aus verschiedenen Abteilungen und Funktionsbereichen Angebote von Leistungen gibt, etwa »Wir trainieren die Mitarbeiter interessierter Abteilungen«, und eine Nachfrage nach Leistungen, etwa »Ich suche jemanden, der meinen

Mitarbeiter weiterbildet«. Dieser Markt an Angeboten und Nachfragen ist für innerbetriebliche Anbieter und Nachfrager uneingeschränkt zugänglich, wobei die Anbieter über ihre Güter oder Leistungen so verfügen, als gehörten sie ihnen.

✔ Interne Verrechnungspreise lenken den innerbetrieblichen Leistungstransfer: Einzelne Anbieter von Leistungen geben diese im Verlauf der Prozessketten an Abnehmer weiter, wobei diese Kunden dafür einen Verrechnungspreis bezahlen. Sie können ihrerseits die von ihnen weiterbearbeitete Leistung »weiterverkaufen«. Das können echte Preise sein, die sich aus Angebot und Nachfrage ergeben, oder aber fiktive Preise, die sich aus vorherigen Beurteilungen der Leistung durch Dritte ergeben.

✔ Der unternehmensinterne Markt zeichnet sich in der Regel dadurch aus, dass die Partner für einen Leistungsaustausch aus dem Unternehmen stammen. Nur ganz wenige Unternehmen lassen es zu, dass sich Abteilungen mit benötigten Leistungen alternativ außerhalb des Unternehmens versorgen können. Die einzelnen Leistungspakete (der Personaler spricht auch von *Service Level Agreements*) und Preise können die internen Partner weitgehend frei verhandeln.

Unternehmen imitieren hier also in ihrer internen Koordination externe Märkte. Das Ergebnis der Koordination sind Transaktionen, für die Preise festgelegt werden, die schließlich auch innerbetrieblich gezahlt werden müssen – wobei die Währung nicht zwingend nur Geld ist. Innerbetrieblich unentgeltliche Leistungen werden zu innerbetrieblich entgeltlichen Leistungen. Durch den entstehenden Marktdruck – so die allgemeine Erwartung – werden bürokratische Blockaden im Unternehmen überwunden und das Unternehmertum jeder einzelnen Funktion mitsamt ihren Mitarbeitern gestärkt.

Finanz- und Rechnungslegungsabteilung – die Sprache des Geldes

14

In diesem Kapitel ...

▶ Humankapital bewerten und berichten

▶ Personalcontrolling modernisieren

▶ Unternehmenssanierung begleiten

D er Wettbewerbsdruck auf Unternehmen ist national und international immer stärker zu spüren. Unternehmen, die ihre Position im Wettbewerb optimieren wollen, müssen sich nicht nur mit ihrer Marktposition beschäftigen, sondern auch mit den unternehmensinternen Ressourcen wie insbesondere dem Personal. Wird es so eingesetzt, dass es sich insgesamt rechnet? Dies interessiert vor allem die Abteilungen im Unternehmen, die sich mit der Bereitstellung von Finanzmitteln und deren Überwachung beschäftigen: der Finanz- und der Rechnungslegungsabteilung. Sie sichern die ständige Zahlungsbereitschaft des Unternehmens, steuern die finanziellen Risiken, mehren den Geldbestand des Unternehmens, koordinieren die Finanztransaktionen und erfassen und überwachen systematisch alle Geld- und Leistungsströme. Daher schauen diese Abteilungen sehr genau auf die Aktivitäten betrieblicher Funktionen wie dem Personalmanagement, ist dieses doch die Funktion, die mit den Personalkosten den größten Kostenblock im Unternehmen verantwortet.

Doch auch das Personalmanagement hat vielfältige Eigeninteressen, die finanzielle Auswirkungen mit sich bringen können. Es dringt allerdings nicht immer mit ihnen durch, vor allem dann nicht, wenn es nicht auch in der Lage ist, in der Sprache der Finanz- und Rechnungslegungsabteilung zu sprechen: in Geld.

Dieses Kapitel nähert sich drei wichtigen Schnittmengen beider Funktionen: zunächst der Bewertung der Belegschaft als Vermögenswert des Unternehmens, dann den Verzahnungen im Rahmen des Personalcontrollings und schließlich den Aufgaben, die dem Personalmanagement im Rahmen von Insolvenz und Sanierung zukommt.

Was man misst, kann man auch managen: Humankapital

Wenn sich die Finanz- und Rechnungslegungsabteilung für eine Sache interessiert, dann für die finanzielle Gesundheit des Unternehmens. Selbstverständlich tragen alle betrieblichen Funktionen hierzu bei und dies wird auch entsprechend abgebildet, vor allem als Sach- und Finanzkapital in der Bilanz. Darüber hinaus wird gerne der Wert der Produktmarke als Markenwert ermittelt.

Nur das Personalmanagement hat manchmal den Eindruck, die Finanz- und Rechnungslegungsabteilung hätte einen blinden Fleck. Denn wer im Unternehmen interessiert sich schon wirklich für den Wert, den das Personal des Unternehmens hat? Für den Wert des Humanvermögens, der wie der Rest des betrieblichen Kapitals in Geld ausgedrückt werden kann – also das Humankapital?

Doch auch das Personalmanagement befindet sich in der Praxis erst auf dem Weg, diese wichtige Information zur Steuerung zu nutzen und den eigenen blinden Fleck zu entfernen. Dabei hat die Personalforschung hier ihre Hausaufgaben bereits erledigt, indem sie wissenschaftlich fundierte Methoden bereitstellt.

Die faszinierende Grundidee

Was wäre, wenn das Personalmanagement eine Methode zur Hand hätte, die es ihm ermöglicht, zu zeigen, wo das Personalmanagement den Wert des Unternehmens steigert? Viele dürften sich für solche Informationen tatsächlich interessieren:

✔ Die *Finanz- und Rechnungslegungsabteilung* möchte wissen, ob das Geld, das in das Personalmanagement investiert wird, sinnvoll angelegt und sich rechnen wird.

✔ Dies möchten auch *Kapitalgeber*, die ihre Aufmerksamkeit auf bestehende Unternehmensrisiken und Frühwarnindikatoren richten, gleichzeitig aber auch Entwicklungschancen des Unternehmens suchen und diese bislang im Personalmanagement nur sehr schwierig identifizieren können. Dabei interessieren sie sich besonders für den »inneren Wert« von Unternehmen, der sich auch aus dem Wert der immateriellen Vermögensgegenstände ergibt. Außerdem beeinflussen Kriterien wie die Qualität von Management und Personalwesen, die sich durch Humankapitalverläufe belegen lassen, die Konditionen einer Kreditvergabe bei Banken.

✔ Die *Unternehmensleitung* möchte das Unternehmen mittels messbarer Kennzahlen im Griff behalten und legt dabei Wert auf konkrete Steuerungs- und Ergebnisgrößen, die zwar noch handhabbar sind, gleichzeitig aber auch aussagekräftig. Weiterhin freut es sich über ein professionell arbeitendes Personalmanagement, das solche Größen bereitstellen kann, die beispielsweise offenlegen, ob Humankapital im Zeitverlauf aufgebaut oder vernichtet wird. Schließlich möchte sie ihre Strategien für die Zukunft auf einer substanziellen Informationsgrundlage aufbauen.

✔ Die einzelnen *Mitarbeiter* möchten als wichtiges Vermögen des Unternehmens entsprechend pfleglich behandelt werden und legen Wert darauf, dass sich eine Optimierung des Humankapitals auch bei ihnen persönlich bemerkbar macht; genau hierüber möchten sie Transparenz erhalten.

✔ Der *Betriebsrat* möchte positiv beeinflussen, wie das Unternehmen mit den Mitarbeitern umgeht, und ist an einer umfassenden und detaillierten personalwirtschaftlichen Vorausplanung interessiert, um unerfreuliche Ereignisse wie überraschende Massenentlassungen abzuwenden.

✔ Das *Personalmanagement* steht unter dem ständigen Druck, nachweisen zu müssen, dass es im Unternehmen eine wichtige Funktion ist, die erhalten werden muss. Weil dieser Nachweis nicht so einfach zu führen ist wie beispielsweise von den unmittelbar pro-

duzierenden Unternehmenseinheiten, muss es sich hier besonders anstrengen. Dafür erhält es aber auch die Möglichkeit, mit seinen Erfolgen »anzugeben«.

Das Faszinierende ist nicht, die benötigten Informationen zur Verfügung zu stellen. Spannender sind die vielfältigen Möglichkeiten zur Interpretation dieser Informationen, die sich dann in verbesserter Personalarbeit niederschlagen.

Mitarbeiter stellen einen immateriellen und damit recht schwer zu bewertenden Vermögenswert des Unternehmens dar. Sie sind die Träger von Wissen und Kompetenzen und verhelfen durch deren Einsatz dem Unternehmen zu einem dauerhaften Wettbewerbsvorteil. Deshalb sind sie für Unternehmen wertvoll und einen Vermögenswert bewertet man üblicherweise in Geldeinheiten, wobei dies sowohl Nutzwert als auch Knappheit des Vermögenswerts widerspiegelt. Dies setzt voraus, dass die Mitarbeiter als wertschöpfende Faktoren verstanden werden und nicht als solche, die primär Kosten verursachen. Sie sind ein Potenzial für die Erwirtschaftung von Erträgen und nicht primär ein Potenzial für mögliche Kosteneinsparung.

Hier schließt sich die Verbindung zwischen Humankapital und Personalmanagement. Humankapital als Potenzialwert lässt sich einerseits in Beziehung setzen zu den Kosten, die zum Aufbau von Personal im Unternehmen führen, und andererseits zu dem Unternehmensertrag, der durch die Mitarbeiter erzielt wird. Alle drei Größen – Personalkosten, Humankapital im Sinne eines Ertragspotenzials und Personalertrag – sind zunächst voneinander unabhängig, können aber als Pro-Kopf-Durchschnittswerte miteinander in Beziehung gesetzt werden.

Substanziellere Entscheidungen durch Humankapitaltransparenz

Ermittelt man den Wert des Humankapitals in Eurogrößen, so erscheinen Maßnahmen des Personalmanagements in neuem Licht. Besonders deutlich wird dies an einem Extrembeispiel. Werden Mitarbeiter entlassen, so senkt dies – wie erwünscht – die Personalkosten. Jetzt gibt es aber zwei Wege, diese Entlassungen durchzuführen. Beim ersten Weg geht das Unternehmen pfleglich mit seinen Mitarbeitern um, plant die Auswahl der Entlassungskandidaten auch im Hinblick auf die verbleibenden Mitarbeiter, schafft für die Entlassenen Perspektiven durch persönliche Unterstützung für die Übergangzeit und kommuniziert sowohl mit den Betroffenen als auch mit den Verbleibenden. Beim zweiten Weg werden die Entlassungen knallhart und ohne viel Nachdenken über Nebenwirkungen durchgezogen.

Während beim ersten Weg neben den Personalkosten das rechnerische Humankapital ein wenig abnimmt, wird beim zweiten Weg deutlich, dass bei gleicher Einsparung der Personalkosten die Entlassungswelle ein überproportional höheres Humankapital inklusive der zuvor getätigten Bildungsinvestitionen vernichtet. Der erste Weg bedeutet 1 Million Euro Personalkosteneinsparung mit 1,3 Millionen Euro Potenzialverlust, der zweite Weg 1 Million Euro Personalkosteneinsparung mit 9,7 Millionen Euro Potenzialverlust.

Führt man Personalkosten, Humankapital und Personalertrag zusammen, ergibt sich eine faszinierende Chance, im Rahmen der Formulierung der Personalstrategie inhaltliche Schwerpunkte zu setzen. Diese können im Bestands-, Vergütungs-, Wissens- und Motivationsmanagement liegen und lassen sich jeweils in Geldeinheiten konkretisieren, wodurch sichtbar wird, zu wie viel Euro an Potenzial eine bestimmte Investition in Humankapital führt und wie viel Euro an Ertrag ein bestimmtes Maß an eingesetztem Humankapital erwirtschaftet.

Damit wird es konkret. So gibt es die Strategie der »Humankapitaloptimierer«, die durch ihre Personalarbeit das rechnerische Humankapital pro Mitarbeiter (und damit den Potenzialwert) maximieren, noch vergleichsweise hohen Personalertrag damit erzielen und relativ geringe Personalkosten dafür aufwenden. Andere Unternehmen positionieren sich als »Ertragsoptimierer« und bevorzugen die Maximierung des Personalertrags vor der Maximierung des Potenzialwerts. In diesen und anderen Strategien spiegeln sich verschiedene Zukunftsorientierungen und unterschiedlicher Umgang mit den Mitarbeitern wider. Dieses Verständnis einer Humankapitalbewertung ist die Basis für die Professionalisierung des Personalmanagements, das sich des Potenzials in seiner Belegschaft bewusst ist und das entsprechend unprofessionelle Methoden ablehnt.

Die Saarbrücker Formel
übersetzt Personalmanagement in Humankapital

Die Frage »Wie viel ist das momentan vorhandene Humankapital unseres Unternehmens in Geldeinheiten ausgedrückt wert?« zielt darauf ab, die Belegschaft und das darin enthaltene Wirkpotenzial in einem Eurobetrag zu bewerten. Die an der Universität des Saarlandes entwickelte »Saarbrücker Formel« (siehe Abbildung 14.1) als eines der in Deutschland verbreitetsten Humankapitalbewertungsinstrumente folgt dieser Wirkpotenzialauffassung.

Ihre Verwendung ergibt sich aus dem Zusammenspiel von vier Ebenen:

✔ Die *logische Grundkonzeption* führt die grundlegenden Komponenten zusammen, also inwieweit die vorhandenen Mitarbeiter, bewertet mit unternehmensübergreifenden Vergleichsgehältern, mit aktuellem Wissen ausgestattet sind und – sofern dies veraltet – ob durch zusätzliche Personalentwicklung der schleichenden Wissenserosion entgegengesteuert wird. Hinzu kommt, ob das in der Belegschaft gebundene Potenzial auch tatsächlich umgesetzt werden kann, was an dem Motivationsumfeld des Unternehmens liegt. Das Humankapital verändert sich in Abhängigkeit von der motivationalen Bereitschaft der Mitarbeiter zur Leistungserbringung, von ihrem Arbeitsumfeld sowie – als Risikoindikator – von ihrer Neigung, im Unternehmen zu bleiben.

✔ Die *mathematische Umsetzung* überführt die logische Grundkonzeption in eine mathematisch eindeutige Formel, die als Wertbasis die Mitarbeiterzahl (FTE_i) und das Marktgehalt (l_i) multipliziert, den Wertverlust ausdrückt als von Wissensrelevanzzeit (w_i) und Betriebszugehörigkeit (b_i) abhängige Aussage über die Erosion an Wissenssubstanz im Unternehmen, die Wertkompensation zum Ausgleich des Wertverlusts über die Personalentwicklungskosten (PE_i) abbildet und die zusätzliche Wertänderung des Humankapitalwerts über Motivationskomponenten (M_i) berücksichtigt. Alle Mitarbeiter des Unternehmens werden einer der betrachteten Mitarbeitergruppen zugeordnet. Somit führt die

Summe über die Humankapitalwerte aller betrachteten Beschäftigtengruppen (i) dann zu dem Gesamtbetrag für das Humankapital in Euro.

HC-Wertbasis
(Marktgehälter)

HC-Wertverlust
(Wissenserosion)

HC-Wertveränderung
(Motivation)

Mehrung/Minderung durch
Commitment - Context - Retention

$$HC := \sum_{i=1}^{g} \{ [FTE_i \cdot l_i \cdot f_i(w_i; b_i) + PE_i] \cdot M_i \}$$

HC-Wertkompensation
(Personalentwicklung)

Legende
HC: Humankapitalwert
i: Index der betrachteten Mitarbeitergruppe (von 1 bis g)
g: Gesamtheit aller Mitarbeitergruppen
FTE: Full Time Equivalent (Vollzeitmitarbeiter)
l: Marktgehalt
w: Berufsbezogene Wissensrelevanzzeit
b: Beschäftigungsdauer
PE: Personalentwicklungskosten
M: Motivationswert

Abbildung 14.1: Die Saarbrücker Formel von Scholz, Stein und Bechtel

✔ Die _messtheoretische Spezifizierung_ bereitet die mathematisch verknüpfte Grundformel für den Praxiseinsatz vor. Die tatsächliche Messung aller Komponenten ist noch ein wenig komplexer, weil hinter jedem Term eine umfangreichere, normierte Messvorschrift steht. Sie ist eine Konvention, die anderen Bewertungskonventionen ähnelt – so greift auch die Bilanzierung bei der Bestimmung der Abschreibung auf AfA-Tabellen zurück, die betriebsgewöhnliche Nutzungsdauern für Wirtschaftsgüter festlegen. Im Rahmen der Humankapitalbewertung mit der Saarbrücker Formel ist beispielsweise die berufsbezogene Wissenserosion (die sich durch Personalentwicklung ausgleichen lässt) für alle möglichen Berufe in standardisierten Tabellen und ergänzenden Berechnungsvorschriften differenziert niedergelegt; zur Bestimmung der Motivation mit den Komponenten Commitment (Leistungsbereitschaft), Context (Arbeitsumfeld) und Retention (Mitarbeiterbindung) existiert ein Referenzfragebogen mit dreißig Standardfragen, die sich in vielfältigen Befragungen bewährt und als besonders aussagefähig erwiesen haben. Durch die messtheoretische Spezifizierung wird die an anderen Bewertungsansätzen teilweise kritisierbare Manipulierbarkeit erheblich eingeschränkt.

✔ Die _IT-technische Umsetzung_ erfolgt über eine webbasierte Softwarelösung, die auf die im Unternehmen verfügbaren Daten zum Personalmanagement zurückgreift und sie in die Berechnung einspielt. Dies ist heutzutage »auf Knopfdruck« mit wenig Aufwand möglich.

Die Standardisierung gibt Anwendern der Bewertung die Sicherheit, dass die ermittelten Ergebnisse den beabsichtigten Aussagewert entfalten können. Zudem ist in Prüfberichten testierbar, in welchem Ausmaß sich Bewerter an die Standards gehalten haben. Daraus ergibt sich ein Indikator für die Bewertungsqualität.

Für Fortgeschrittene: Ein Rechenbeispiel mit der Saarbrücker Formel

Ein stark vereinfachtes Beispiel verdeutlicht die Humankapitalermittlung einer Mitarbeitergruppe im Unternehmen. In Tabelle 14.1 ergibt sich für die 100 betrachteten Vollzeitmitarbeiter ein Humankapital von 2,8 Millionen Euro. Während der Wertverlust aufgrund veraltenden Wissens durch die Personalentwicklung nicht ausreichend ausgeglichen wird, steigert insgesamt das Motivationsmanagement den Wert der Belegschaft wieder ein wenig.

Komponente	Grundrechnung		
	Input	*Berechnung*	*Anmerkung*
Vollzeitmitarbeiter FTE [Anzahl, spezifiziert nach Beruf]	100		
Marktgehalt l [€]	30.000		
		+ 3.000.000	*Wertbasis*
Wissensrelevanzzeit w [Jahre]	4		
Betriebszugehörigkeit b [Jahre]	6		(Näherung: w/b = 2/3 verbleiben, also kann 1/3 subtrahiert werden)
		− 1.000.000	*Wertverlust*
Personalentwicklung PE [€]	100.000		(hier: werttragend für w = 4 Jahre, daher mit 4 zu multiplizieren)
		+ 400.000	*Wertkompensation*
		(2.400.000)	*(Zwischenergebnis)*
Commitment M1	1,4	+ 320.000	(1/3*2.400.000) * 0,4 addieren
Context M2	0,9	− 80.000	(1/3*2.400.000) * 0,1 abziehen
Retention M3	1,2	+ 160.000	(1/3*2.400.000) * 0,2 addieren
		+ 400.000	*Wertänderung*
Humankapital [€]		**2.800.000**	
Humankapital pro Kopf [€ pro Kopf]		28.000	

Tabelle 14.1: Humankapitalberechnung für eine Mitarbeitergruppe

Wenn das Unternehmen jetzt für das nächste Jahr (die durchschnittliche Betriebszugehörigkeit ist derweil um ein Jahr gestiegen) seine Personalstrategie bestimmen möchte, kann es Alternativszenarien berechnen (siehe Tabelle 14.2). Durch das auslösende Moment – hier jeweils eine Personalkosteneinsparung von 100.000 Euro, allerdings erreicht über unterschiedliche Wege – ergeben sich (auf Basis der Wirkungsschätzung auf die Motivation der Mitarbeiter) unterschiedliche Auswirkungen auf das Humankapital. In beiden

Fällen ist beispielsweise ein Absinken der Motivation der Belegschaft zu erwarten, allerdings im Hinblick auf jede Unterkomponente der Motivation ein wenig anders. Während beide Strategien zur Vernichtung von Humankapital führen, scheint in diesem Beispiel die Lohnkostenreduktion, also die Entlassung von Mitarbeitern, im Hinblick auf die Erhaltung von Potenzial immerhin noch besser zu sein als die vollständige Einstellung der Personalentwicklung.

Komponente	Alternativszenario 1: nächstes Jahr Reduktion der Lohnkosten um 100.000 €		Alternativszenario 2: nächstes Jahr Reduktion der Personalentwicklungskosten um 100.000 €	
	Input	*Berechnung*	*Input*	*Berechnung*
Vollzeitmitarbeiter FTE [Anzahl]	96,7		100	
Marktgehalt l [€]	30.000		30.000	
Wertbasis		*+ 2.900.000*		*+ 3.000.000*
Wissensrelevanzzeit w [Jahre]	4		4	
Betriebszugehörigkeit b [Jahre]	7		7	
Wertverlust		*–1.242.857*		*– 1.285.714*
Personalentwicklung PE [€]	100.000		0	
Wertkompensation		*+ 400.000*		*0*
(Zwischenergebnis)		*(2.057.143)*		*(1.714.286)*
Commitment M1	1,1	+ 68.571	1,2	+ 114.286
Context M2	0,7	– 205.714	0,8	– 114.286
Retention M3	1,0	0	1,1	+ 57.143
Wertveränderung		*–137.143*		*+ 57.143*
Humankapital [€]		**1.920.000**		**1.771.429**
Humankapital pro Kopf [€ pro Kopf]		19.855		17.714
Personalkostendifferenz zum Vorjahr [€]		– 100.000		– 100.000

Tabelle 14.2: Alternative Auswirkungen einer Personalkosteneinsparung auf das Humankapital einer Mitarbeitergruppe

Mit solchen Szenarien ist eine Planungsgrundlage gegeben, die ein Handeln »aus dem Bauch heraus« ablösen kann. Zudem wird deutlich, dass sich die Wirkung von Werthebeln wie Wissensmanagement, Personalentwicklung und Motivation in Euro ausdrücken lässt.

Mit der Saarbrücker Formel werden nicht nur die unmittelbaren Primäreffekte einer personalwirtschaftlichen Maßnahme sichtbar, sondern auch die mittelbaren Sekundäreffekte. So erhöht eine Personalbindungsmaßnahme nicht nur als direkten Primäreffekt die Motivation der Betroffenen und steigert so den Humankapitalwert, sondern stabilisiert als mittelbaren Sekundäreffekt auch das Wissens- und Beziehungsnetzwerk der Teamkollegen, was sich in der Verbesserung des Arbeitsumfelds niederschlägt und das Humankapital zusätzlich positiv beeinflusst.

Was der Humankapitalwert nutzt

Heraus kommen bei der Humankapitalbewertung ein Wert für das gesamte Humankapital des Unternehmens, die Humankapitalwerte für die einzelnen Mitarbeitergruppen und die Aufschlüsselung des inhaltlichen Zustandekommens dieser Werte – also wo und wie wertschöpfendes Humankapital aufgebaut (und auch abgebaut) wurde. Dies sind Ursache-Wirkungs-Beziehungen zwischen Personalarbeit und Humankapitalwert.

Die Humankapitalbewertung führt nicht zu individuellen Humankapitalwerten für jeden einzelnen Mitarbeiter – denn es ist nicht das Ziel, eine Einzelbewertung vorzunehmen und den »gläsernen Mitarbeiter« zu schaffen. Selbst wenn es den Wert »Humankapital pro Kopf« gibt, so ist dies immer nur ein Durchschnittswert und spiegelt nicht die Bewertung einer Einzelperson wider. Dies würde rechtliche Problematiken mit sich bringen und auch vom Betriebsrat nicht akzeptiert werden.

Je nachdem, ob weitere Vergleichsgrößen wie Personalkosten, Personalerträge, Eigenkapital, andere Kapitalarten, unternehmensinterne und -externe Werttreiber herangezogen werden, lassen sich nun vielfältige Kennzahlen bilden. Mögliche abgeleitete Kennzahlen sind der durchschnittliche Humankapitalwert pro Vollzeitmitarbeiter, der Humankapitalwert in Relation zum Marktanteil, der Humankapitalwert pro Eigenkapital und viele weitere Kombinationen. Sie dienen dazu, Stellgrößen des Personalmanagements mit exakten monetären Zielvorgaben zu belegen. In einem zweiten Schritt können diese Zielvorgaben zum Bestandteil von Zielvereinbarungen der Umsetzungsverantwortlichen eines besseren Personalmanagements werden.

Zur Messung der Fortschritte im Personalmanagement dienen neben den Bewertungsergebnissen der Saarbrücker Formel auch zentrale nicht monetäre Key-Performance-Indikatoren (KPIs; personalwirtschaftliche Erfolgsgrößen). So ist es von hohem Interesse, wie die Humankapitalwerte im Zeitablauf mit Mitarbeiterzufriedenheits-KPIs und Loyalitäts-KPIs korrespondieren – also mit Fluktuationsgrößen, Verbleibezeiten auf derselben Stelle oder der Zufriedenheit neu eingestellter Mitarbeiter. Relevante Personalentwicklungs-KPIs können Personalentwicklungsdauer, Personalentwicklungserfolg, Transfererfolg, Personalentwicklungszufriedenheit, Personalentwicklungsreichweite oder Einsatz von E-Learning sein – und auch sie lassen sich in Beziehung zu Humankapitalwerten setzen.

Auch jährliche und monatliche Veränderungsverläufe des Humankapitals sind extrem spannend. So lassen sich für einzelne Abteilungen die Veränderungen des Stands ihrer Motivation im Zeitverlauf abbilden. Sehr schnell wird sichtbar, ob sich einzelne Abteilungen aus dem allgemeinen Trend verabschieden oder ob einzelne Abteilungen komplett andere dynamische Muster der Humankapitalentwicklung aufweisen als die anderen Abteilungen. Hierdurch lässt sich eine fortlaufend aktualisierte Steuerung realisieren und die Personalführung unterschiedlicher Beschäftigtengruppen kann differenzierter erfolgen als zuvor.

Was besonders für die Finanz- und Rechnungslegungsabteilung von großem Interesse sein kann, sind Berichte über das Humankapital. Sie ergänzen unternehmensinterne sowie unternehmensexterne Berichte über die Wertentwicklung der übrigen Kapitalbestandteile in idealer Weise. Eine derartige Bewegung wird beispielsweise durch den Humankapital-Reportingstandard »HCR10« gefordert. Dieser gibt vor, wie sich personalwirtschaftlich relevante Tatbestände in der Humankapital-Berichterstattung der Unternehmen niederschlagen sollen. Im Einzelnen systematisiert und spezifiziert der HCR10 personalwirtschaftlich aussagekräftige Kennzahlen – dies sind sowohl die Komponenten, die sich in der Saarbrücker Formel finden, wie auch darüber hinausgehende personalwirtschaftliche Effektivitätskriterien – im Hinblick auf Berichte über Personal im Geschäfts-, im Nachhaltigkeits- oder im Personalbericht. Darauf aufbauend empfiehlt der HCR10 die Ausgestaltung der benötigten Kennzahlen hinsichtlich Berichtsumfang und -tiefe und verdeutlicht schließlich die personalwirtschaftlichen Rollen, die hinsichtlich der Berichterstattung zu verantworten sind.

Durch eine Standardisierung wird nicht nur die Humankapital-Berichterstattung einfacher. Vor allem werden die »HR-Metrics«, also die Kennzahlen, lesbar, verstehbar und damit vergleichbar. Personalleiter, Aufsichtsräte, Wirtschaftsprüfer oder Bewerber können sie nutzen, wenn sie sich über Humankapitalkosten, Humankapitalpotenzial sowie Humankapitalertrag informieren möchten.

Wenn ein Unternehmen schon damit angibt, seine »Mitarbeiter sind das wertvollste Kapital«, muss es sich konsequenterweise auch daran erinnern lassen, dass es den Wert dieses Kapitals genau kennt und unter seiner Nutzung auch personalwirtschaftlich steuert. Denn schließlich ist Humankapital auch das einzige Kapital des Unternehmens, das Beine hat und weglaufen kann.

Personalcontrolling fühlt dem Personalmanagement auf den Zahn

Ein Personalmanagement, das sich auf betriebswirtschaftliche Wertschöpfung ausrichtet, nutzt auch moderne Managementmethoden. Eine ist das Personalcontrolling, das sich das allgemeine Controllingwissen für das Personalmanagement erschlossen hat.

Ziel des Personalcontrollings ist es, personalwirtschaftliche Prozesse zu steuern, zu regeln, zu überwachen und letztlich zu beherrschen. Dies erfolgt nicht nur vergangenheitsorientiert, sondern auch im Hinblick auf den zukünftigen Erfolg. Das Personalcontrolling basiert als Entscheidungsunterstützungsfunktion vor allem auf quantitativen Informationen und hier vor allem auf ökonomischen Kostengrößen.

Controlling ist mehr als Kontrolle

Als Controlling- und Planungsgrundlage dienen personalwirtschaftliche Informationen, die sich beurteilen lassen und eventuell zu einer Neuausrichtung des Handelns führen. Evaluiert werden im Einzelnen

✔ die generelle Sinnhaftigkeit der gesetzten Ziele für Personalmanagementaufgaben und deren stimmige Verknüpfung zu einem Gesamtsystem,

✔ die Konformität der Durchführung von Personalmanagementaktivitäten mit ihrer ursprünglichen Planung,

✔ die Kosten des Personalmanagements, also die Personalkosten sowie die Kosten für die Personalarbeit,

✔ die Wirtschaftlichkeit des Ressourceneinsatzes als Abgleich von realisiertem zu geplantem Ressourceneinsatz und somit die Einhaltung der vereinbarten Budgets,

✔ der Beitrag des Personalmanagements zum Unternehmenserfolg sowie

✔ die Sinnhaftigkeit der Planungsverfahren und der Problembehebungsverfahren im Personalmanagement.

Personalcontrolling hat damit umfassendere Zielsetzungen als die reine Personalkostensenkung und auch andere Absichten als die Kontrolle der Mitarbeiter und ihrer Arbeitsleistung. Es richtet sich auf die betriebliche Funktion Personalmanagement aus.

Das Personalcontrolling stellt sich als Sammlung personalwirtschaftlicher Kennzahlen zu quantitativen wie auch qualitativen Sachverhalten dar, die als Input oder Output erhoben werden. Aus Abweichungen zwischen Soll- und Istgrößen und aus der Nutzenermittlung als Vergleich von Kosten und Erträgen einer Maßnahme werden Steuerungsmaßnahmen abgeleitet, die in das zukünftige Handeln des Personalmanagements eingehen. Um das Personalcontrolling darüber hinaus auf miteinander verzahnte Aktivitäten auszurichten, werden ganze Prozesse oder sogar das komplette Personalmanagementsystem eines Unternehmens untersucht, wobei man Letzteres auch als Personalmanagement-Audit bezeichnet. Dieses ist besonders dann wichtig, wenn die Prozesse des Personalmanagements dezentral im Unternehmen verteilt sind oder im weltweiten Maßstab stattfinden und ein Gesamtüberblick nur noch schwer erhältlich ist.

Personalcontrolling wird stark durch Informationstechnologie unterstützt, insbesondere durch ein Personalinformationssystem. Mit seiner Hilfe werden

✔ Informationen gesammelt, zusammengestellt und ausgewertet,

✔ Datenvergleiche angestellt und Trends analysiert,

✔ Frühwarnindikatoren und Risikomaße ermittelt und

✔ Prognose- und Simulationsrechnungen zur Unterstützung der strategischen Personalplanung angestellt.

Dies dient der Zielausrichtung der personalwirtschaftlichen Prozesse. Dabei werden alle Teilfunktionen des Personalmanagements dem Personalcontrolling unterzogen, beispielsweise als Personalbeschaffungscontrolling, Personalentwicklungscontrolling oder Personalführungscontrolling. Insgesamt wird Personalcontrolling als zentrale Querschnittsfunktion im Personalmanagement begriffen.

 Für das Personalmanagement ist die Frage wichtig, wer im Unternehmen die Verantwortung für das Personalcontrolling trägt. Hier treffen sich die Interessen von Finanz- oder Rechnungslegungsabteilung mit den Interessen des Personalmanagements. Denn während Finanz- oder Rechnungslegungsabteilung das Personalcontrolling als Bestandteil des zentralen Unternehmenscontrollings ansehen, möchte das Personalmanagement das Personalcontrolling gerne in seinen eigenen Bereich einordnen. Damit hier eine gewisse Unabhängigkeit gewahrt werden kann, bietet es sich an, das Personalcontrolling als besondere Projektgruppe oder Stabsstelle einzurichten, die nur der Personalleitung verantwortlich ist, sich aber nicht mit den operativen Personalmanagementaktivitäten vermischt.

Neuere Trends im Personalcontrolling

Impulse für den graduellen Wandel des Personalcontrollings kommen gleichermaßen aus der Unternehmenspraxis wie aus der Personalmanagementforschung. Dabei finden vielfältige Veränderungen statt:

✔ Die *Ausrichtung* des Personalcontrollings verschiebt sich von vergangenheitsorientierten Messgrößen zu zukunftsorientierten Wertschöpfungskriterien. Im Unternehmen fehlendes Personal kann ein Engpassfaktor der gesamten Unternehmensentwicklung sein. Daher ist die Sicherstellung einer quantitativ, qualitativ, räumlich und zeitlich optimierten und flexibilisierten Personalausstattung die Grundvoraussetzung für die Steuerung der Unternehmensentwicklung. Dies bringt es auch mit sich, dass das Personalcontrolling nicht nur finanzielle Größen berücksichtigt, sondern zunehmend nicht finanzielle, wie es im Beziehungs- und Vertrauenscontrolling geschieht.

✔ Die *Instrumente* des Personalcontrollings ergänzen die traditionelle Kostenreduktionsfunktion, wie sie Prozesskostenrechnung und Target-Costing mit sich bringen, durch eine stärkere Konzentration auf die Wertschöpfung im Personalmanagement. Personalkosten werden nicht isoliert betrachtet, sondern stehen der durch das Personal erbrachten Wertschöpfung gegenüber. Nicht nur ist die Balanced Scorecard ein Instrument zur Entwicklung eines Gesamtkonzepts der Unternehmenssteuerung mit Bezug zum Personalmanagement – auch präventive Qualitätssicherungssysteme im Rahmen von Qualitätsmodellen und Zertifizierungen werden als Personalcontrollingansätze auf das Personalmanagement übertragen.

✔ Die *Beschleunigung* des Personalcontrollings zeigt sich im Trend zu einem Personalcontrolling in Echtzeit. Im Sinne eines ständig verfügbaren Überwachungs-Cockpits stellen Datenverarbeitungssysteme prozessorientiert alle zur Personalmanagementsteuerung erforderlichen Personaldaten, zum Beispiel Krankenstände, Personalbestandsdaten, Leistungsgrade, den Personalkostenstatus oder die detaillierte Humankapitalentwick-

lung, aktuell bereit. Die zum Einsatz kommenden Methoden nutzen die Fortschritte der zunehmend leistungsfähigen Datenverarbeitung und statistischen Datenanalyse – der Oberbegriff ist hier *Big Data* – aus.

✔ Der *Unternehmensentwicklungsbezug* des Personalcontrollings zeigt sich darin, dass es das Potenzial von Gründerpersönlichkeiten und die Qualität des Managements zu bewerten hilft, das als entscheidendes Erfolgskriterium für eine externe Kapitalbeschaffung des Unternehmens gilt und somit Eingang in die Beziehung zu den unternehmensexternen Finanzinvestoren finden muss. Letztlich wird das intellektuelle und soziale Kapital eines Unternehmens entwickelt und überwacht.

✔ Die *Internationalisierung* des Personalcontrollings ist der globalen Anwendung einheitlicher Rechnungslegungsvorschriften wie etwa den IAS (International Accounting Standards) oder den US-GAAP (US-amerikanische General Accepted Accounting Principles) geschuldet. Wenn es zu einer global standardisierten und harmonisierten Bewertung und Steuerung der Unternehmenseffektivität kommt, bringt dies direkte Auswirkungen auf das kostenorientierte Personalcontrolling mit sich.

✔ Die *Organisation* des Personalcontrollings nimmt mit föderalistischen Netzwerkstrukturen neuere Strukturierungstrends auf. Statt der Entscheidung zwischen zentralem und dezentralem Personalcontrolling bilden sich in Unternehmen zunehmend virtuelle Personalcontrollingnetzwerke, die befristet aufgabenbezogene Projektstrukturen realisieren. Vor allem die Verzahnung von Spezialisten des Personalcontrollings aus dem Personalmanagement mit entsprechenden Spezialisten aus der Finanz- und Rechnungslegungsabteilung bietet sich hier an. In solche Netzwerke werden auch die Mitarbeiter eingebunden, denn zur Stärkung von Selbstverantwortung und Selbstführung in immer flacheren Hierarchien wird das Selbstcontrolling einen größeren Stellenwert einnehmen.

Neben der Personalmanagement- und der Finanzperspektive berücksichtigt Personalcontrolling auch die Innovationsperspektive im Unternehmen. Aufgrund der aussagekräftigen Datenlage können Unternehmen an Benchmarking-Projekten im Personalmanagement teilnehmen und von ihnen profitieren.

Wenn Sie sich oder anderen zeigen möchten, wie gut Ihr Unternehmen oder Ihre Personalarbeit dastehen, bietet sich die Methode des Benchmarking an. Sie suchen sich einen möglichst erfolgreichen Vergleichsfall außerhalb Ihres Unternehmens und stellen einen Vergleich zwischen den dortigen Gegebenheiten mit denen Ihres Unternehmens an. Aus den Ergebnissen können Sie dann Ihre relative Erfolgs- und Risikoposition ermitteln und darüber hinaus lernen, ob – und wenn ja, was – Sie besser machen können. Für Ihre Veränderungsprozesse ergeben sich aus dem Benchmarking auch Anschauungsfälle, wie andere mit Veränderung umgegangen sind oder Probleme bewältigt haben.

Solche Vergleichsfälle finden sich über Personalernetzwerke. Andere Personalmanager sind nach Abstimmung mit ihrer Unternehmensleitung häufig bereit, auf Gegenseitigkeit zu einem Benchmarking zur Verfügung zu stehen.

Erwarten Sie aber nicht zu viel von einem Benchmarking. Viele Unternehmen tauschen sich sowieso bereits über die Personalmanagementliteratur, über Kongresse und über Netzwerke über die Standards guten Personalmanagements aus und sind bereits an einen allgemeinen Standard angepasst, sodass es als Ergebnis eines Benchmarking keine wirklich großen Überraschungen geben wird, die weit über das bisher Bekannte herausreichen.

Personalmanagement bei Insolvenz und Sanierung

Spätestens wenn ein Unternehmen zahlungsunfähig ist und die Forderungen seiner Gläubiger nicht mehr bedienen kann – also insolvent ist –, ist der Zeitpunkt erreicht, zu dem selbst Unternehmensleitung sowie Finanz- und Rechnungslegungsabteilung die Fortführung des Unternehmens nicht mehr garantieren können. Das Unternehmen befindet sich schon in einer späten Phase einer Unternehmenskrise, von der noch nicht bekannt ist, ob es bereits zu spät ist. Als Reaktion auf die Zahlungsunfähigkeit wird ein formales Verfahren eingeleitet. Jedes Jahr stellen um die 15.000 deutsche Unternehmen einen Insolvenzantrag, wobei je nach Konjunktur ein Drittel bis die Hälfte auf eine Wirtschaftskrise zurückgeführt werden kann. Betroffen sind von Insolvenzen grob geschätzt 400.000 bis 600.000 Mitarbeiter im Jahr. Eine Insolvenz bedeutet jedoch nicht, dass das Personalmanagement plötzlich irrelevant würde, denn es entsteht eine Vielzahl neuer Fragen, die Mitarbeiter betreffen.

Personalwirtschaftliche Folgen der Insolvenz

Ziel des Insolvenzverfahrens ist es, eine bestmögliche, gemeinschaftliche Befriedigung der Gläubiger zu erreichen. Dies geschieht über

✔ die Liquidation, also die Zerschlagung des Schuldnervermögens und die Auflösung des zahlungsunfähigen Unternehmens mittels eines Insolvenzverfahrens, oder über

✔ die Sanierung beziehungsweise die übertragende Sanierung (hierbei übernimmt ein neuer Unternehmensträger das insolvente Unternehmen), bei der das Unternehmen mittels eines Insolvenzplans erhalten und wieder leistungs- und konkurrenzfähig gemacht werden soll.

Damit ist ein Insolvenzverfahren nicht automatisch der Anfang vom Ende des Unternehmens. Dennoch ist eine Insolvenz vor allem aus personalwirtschaftlicher Sicht eine knifflige Situation. Sicherlich wird sich das Unternehmen von Mitarbeitern trennen müssen, gleichzeitig aber muss (im Fortführungsfall) mitten in der Krise mit dem Neuaufbau begonnen werden – gerade auch im Hinblick auf die Mitarbeiter.

Gemäß der Insolvenzordnung wird ein Insolvenzverfahren auf Antrag eines Gläubigers oder eines Schuldners eröffnet, bevor ein Insolvenzgericht prüft, ob einer der Eröffnungsgründe – Zahlungsunfähigkeit, drohende Zahlungsunfähigkeit oder Überschuldung – vorliegt und ob das Schuldnervermögen die Verfahrenskosten decken würde. Ist dies gegeben, wird im Eröffnungsbeschluss der Insolvenzverwalter ernannt, der die Verwaltungs- und Verfügungsbefugnis über das Unternehmen erhält. Zum Berichtstermin legt er der Gläubigerversammlung einen Bericht über die Lage des Unternehmens, die Gläubigerrech-

te sowie Chancen und Risiken verschiedener Strategien vor, auf dessen Basis diese entscheidet, ob das Unternehmen liquidiert oder saniert werden soll. Im Prüfungstermin verhandelt er mit den Gläubigern über die bestehenden Forderungen und deren Rangordnungen. Das Insolvenzverfahren endet durch Beschluss des Insolvenzgerichts entweder durch Aufhebung, wenn das restliche Geld verteilt wurde oder wenn ein Insolvenzplan rechtskräftig bestätigt wurde, oder aber durch Verfahrenseinstellung, wenn der Eröffnungsgrund weggefallen ist oder alle Gläubiger zustimmen oder mangels Masse.

Mitarbeiter können gegen ihren Arbeitgeber bei Eintritt einer Insolvenz folgende Ansprüche haben:

✔ *Insolvenzforderungen* wurden bereits vor Eröffnung des Insolvenzverfahrens begründet, was nicht gezahlte Löhne betreffen kann. Sie werden in der Regel nur anteilig gemäß einer Quote befriedigt.

✔ *Masseverbindlichkeiten* entstehen dem insolventen Unternehmen nach Eröffnung des Insolvenzverfahrens, also wenn Arbeitsverhältnisse dann noch fortdauern. Sie werden in der Regel vorweg aus der Konkursmasse gezahlt. In der Regel zählen auch Arbeitnehmerforderungen aus einem Sozialplan zu den Masseverbindlichkeiten des insolventen Unternehmens.

Diese gilt es zu befriedigen, was unter Leitung des Insolvenzverwalters geschieht. Er ist es auch, der letztlich die Entlassungen ausspricht, den Sozialplan erstellt, möglichst einvernehmliche Aufhebungsverträge mit Mitarbeitern abschließt und gegebenenfalls eine Beschäftigungs- oder Qualifizierungsgesellschaft für die entlassenen Mitarbeiter einzurichten hilft, in der von den Mitarbeitern »Kurzarbeit Null« geleistet wird, während sie aktiv bei ihrer Fortbildung und ihrer Suche nach einem neuen Arbeitsplatz unterstützt werden.

 Wenn im Verlauf des Insolvenzverfahrens Betriebsteile oder ganze Betriebe an einen neuen Käufer übertragen werden, handelt es sich in der Regel um einen Betriebsübergang, bei dem der Erwerber in die Rechte und Pflichten aus bestehenden Arbeitsverhältnissen eintritt, die sich vor allem auf den Schutz der Arbeitsplätze und die Kontinuität des Betriebsrats beziehen, nicht aber auf die vor Eröffnung des Insolvenzverfahrens erstandenen finanziellen Ansprüche aus Arbeitsverhältnissen.

Viel zu tun im Sanierungsfall

Im Rahmen der Sanierung erfolgt zunächst eine Entschuldung, um das Unternehmen wieder zahlungsfähig zu machen. Auch das Personalmanagement wirkt hieran mit. Es unterstützt die Bestandsaufnahme im Rahmen der Wertbeurteilung des Sanierungsfalls, indem es den Wert des Humankapitals und die hierüber ausgedrückte personelle Substanz in die Beurteilung der Sanierungsfähigkeit des Unternehmens einfließen lässt. Ein entsprechender Standard (»IDW S 6«) hierfür existiert bereits. Darüber hinaus ergreift das Personalmanagement Sofortmaßnahmen. So kürzt es oftmals Boni, freiwillige Zusatzleistungen wie Weihnachts- oder Urlaubsgeld, Überstundenzuschläge oder zusätzliche Urlaubsansprüche für langjährige und ältere Mitarbeiter – oder streicht diese Leistungen komplett. Parallel hierzu

wird die Unternehmensfortführung vorbereitet. Im Vordergrund steht in einer ersten Phase der Personalabbau, in einer zweiten Phase der strategische Neuaufbau des Unternehmens.

Die Sanierung ist, wie die Insolvenz auch, in ihrer ersten Phase meistens mit einem Personalabbau verbunden, der zur Einsparung von Personalkosten führen soll. Doch auch in der Insolvenz und der Sanierung muss das Arbeitsrecht beachtet werden, wodurch bestehende Arbeitsverhältnisse zunächst auch bestehen bleiben. Allerdings können im Rahmen von Insolvenz und Sanierung einige Maßnahmen schneller durchgeführt werden. Hierzu zählen alle Maßnahmen von Einstellungsstopps über Änderungskündigungen bis hin zur Beendigungskündigung, wobei die Insolvenzordnung dem Unternehmen einige kleinere Erleichterungen schafft, zum Beispiel die Kündigungsfrist auf maximal drei Monate beschränkt oder vor der Insolvenz bestehende Beschäftigungsgarantien unwirksam werden lässt. Dennoch müssen auch hier ein Kündigungsgrund gegeben sein und die Regelungen zur Sozialauswahl beachtet werden; zudem müssen die üblichen Verfahren bei Massenentlassungen befolgt werden.

Die Sanierung basiert auf der Erwartung, dass der Fortführungswert des Unternehmens dessen Liquidationswert übersteigt.

In der zweiten Phase der Sanierung muss eine Unternehmensstrategie eine entsprechende Perspektive aufzeigen, die dann für einzelne Teilbereiche des Unternehmens spezifiziert wird. Für das Personalmanagement wird eine Aufbaustrategie infrage kommen, die das quantitative und qualitative Wachstum der Belegschaft vorzeichnet. Um die Erfolgswahrscheinlichkeit für die neue Personalstrategie zu steigern, ist ihre Verzahnung mit der Unternehmenskultur hilfreich. Haben Personalabbau und Kürzungen von Personalbudgets noch frische Spuren in diesem Gedächtnis des Unternehmens hinterlassen, sind nun auch die Aspekte des Heilens zu gestalten, die beim zwischenmenschlichen Umgang beginnen und sich bis in die partnerschaftliche Beteiligung der Mitarbeiter an Unternehmensentscheidungen fortsetzen. Das Personalmanagement – gegebenenfalls gestärkt durch neue, von der Insolvenz unbelastete Mitarbeiter – übernimmt eine konstruktive Rolle, die kreative Impulse setzt und auch symbolisch neue Wege beschreitet.

Im Rahmen der Sanierung kann das Personalmanagement folgende Sofortmaßnahmen in Angriff nehmen beziehungsweise für den Insolvenzverwalter vorbereiten, der die Rechte und Pflichten des Arbeitgebers übernommen hat:

✔ Es kann bei allen Mitarbeitern die Panik und Angst vor der unsicheren Gegenwart und Zukunft zu mindern versuchen.

✔ Es kann dem Insolvenzverwalter helfen, auf die verbleibenden Mitarbeiter überzeugend zu wirken. Bei Betriebsversammlungen baut der Insolvenzverwalter Ängste, Skepsis und Vorbehalte der verbliebenen Mitarbeiter ab, indem er durch seine Persönlichkeit, aber auch durch seine Fortführungsvision Vertrauen schafft, aus der sich dann neue Hoffnung und Motivation speisen. Das Personalmanagement kann darauf hinwirken, dass der Insolvenzverwalter Vertrauen in die Mitarbeiter und deren Leistungsfähigkeit aufbaut und im Übrigen einen situationsangepassten Führungsstil pflegt – bei der Lösungssuche eher kooperativ, in zeitkritischen Umsetzungsphasen durchaus auch autoritär.

✔ Es kann die Mitarbeiter, die zunächst durch die Insolvenz demotiviert werden, neu motivieren. Besonders die qualifizierten Mitarbeiter reagieren auf eine drohende Insolvenz mit der Suche nach einem neuen Arbeitsplatz, daher ist es wichtig, eine Fluktuation von Leistungsträgern zu vermeiden, die das Unternehmen weiter schädigen könnte. Eine Motivation aller Mitarbeiter erfolgt durch die Aktivierung für die Neugestaltung und den Aufbruch, dann auch über die Erweiterung der Fähigkeiten der Mitarbeiter, die sich im Rahmen der Sanierung zwangsläufig auf neue Gebiete ausweiten. Die gezielte Bindung und Motivation der Leistungsträger erfolgt am ehesten durch persönliche Gespräche, in deren Rahmen den Leistungsträgern realistische, gleichzeitig aber attraktive Entwicklungsperspektiven aufgezeigt werden.

✔ Es kann für die Mitarbeiter die finanziellen Übergangsregelungen abwickeln, etwa die eventuelle Zahlung des Insolvenzgelds für den Fall, dass die gesetzlichen Voraussetzungen hierfür gegeben sind. Besonders eine Vorfinanzierung erhöht bei den verbleibenden Mitarbeitern, die teilweise wegen ausbleibender Entgeltzahlungen keine finanziellen Mittel mehr haben, die Bereitschaft, dem Sanierungsunternehmen weiterhin ihre Arbeitskraft zur Verfügung zu stellen.

✔ Es kann mit den Mitarbeitern und dem Betriebsrat Sanierungsbeiträge der Mitarbeiter verhandeln, also beispielsweise einen vorübergehenden Gehaltsverzicht, eine Erhöhung der regelmäßigen Arbeitszeit oder ein Entgegenkommen bei der Flexibilisierung der Arbeitszeit, sowie eine spätere Kompensation für diese Sanierungsbeiträge.

✔ Es kann die Suche nach neuen Führungspersonen übernehmen, die am Unternehmensneuaufbau beteiligt werden.

✔ Es kann Insolvenzverwalter, Betriebsrat, die Führungskräfte und auch Mitarbeiter an einen Tisch bringen, um in gemeinsamer Information und Kommunikation das Konzept des anstehenden Sanierungsweges transparent zu machen und realistisch darzustellen, um hierfür Akzeptanz zu erzeugen.

✔ Es kann Personalentwicklungsmaßnahmen inhaltlich auf positives Denken, Unternehmergeist und Teamorientierung ausrichten und am Entwicklungsbedarf des zu sanierenden Unternehmens orientieren.

✔ Es kann Randbereiche des Personalmanagements, die strategisch nicht relevant für den Wiederaufbau sind und die keine Kernkompetenzen des Unternehmens berühren, zwecks Reduzierung seiner Fixkosten an externe Dienstleister auslagern.

✔ Es kann eingetretene Schädigungen des Unternehmensimages mindern, beispielsweise, indem es im Rahmen der Möglichkeiten mitarbeiterfreundlichen Regelungen zustimmt.

Personalmanagement ist also im Sanierungsfall ein zentrales Handlungsfeld mit vielfältigen Gestaltungsoptionen.

Die IT-Abteilung: Personalmanagement in Bits und Bytes

15

In diesem Kapitel ...

▶ Aufgaben der Informationstechnologie verstehen

▶ Die Rolle des Personalmanagements präzisieren

▶ Abteilungsschnittstelle optimieren

*I*n diesem Kapitel entdecken Sie, in welchem Maße die Welt aus Bits und Bytes, also die Informationstechnologie (IT), mit der Welt des Personalmanagements verzahnt ist. Das Verhältnis beider betrieblichen Funktionen zueinander ist nicht immer unproblematisch – geht es hier doch häufig neben der Sache an sich auch um die Frage der unternehmensweiten Deutungshoheit in personalwirtschaftlichen Dingen. Während das Personalmanagement im Zuge der Interessenerfüllung von Unternehmen und Mitarbeitern allen möglichen Einzelfällen gerecht werden will, nimmt die IT-Funktion eher eine mechanistische Sicht ein, in der »das wirkliche Leben« sich den standardisierten Anforderungen der Computersysteme und ihrer Software unterzuordnen hat. Wer sich in diesem Spannungsfeld durchsetzt, beeinflusst stark die Handlungsspielräume des jeweils anderen. »Vielfalt oder Nivellierung – das ist hier die Frage!« Dabei ist eine sinnvolle Integration dieser scheinbar gegenläufigen Interessen möglich, die zu einem produktiven Miteinander beider Funktionen führt. Interessant ist es herauszufinden, welche Aufgaben beide Abteilungen gemeinsam bewältigen, wie Kommunikation und Kooperation dieser beiden Abteilungen erfolgen und wie diese optimiert werden können.

Die IT-Abteilung verantwortet im Unternehmen das Bestehen und Funktionieren der notwendigen Informationstechnologie. Dabei leistet sie neben der technischen auch personelle, organisatorische und räumliche Unterstützung. In vielen Unternehmen besteht die IT-Abteilung aus drei Bereichen (siehe Abbildung 15.1):

✔ **Systemplanung** – von der Anforderungsermittlung der Infrastruktur der Informationstechnologie über die Budgetierung hin zum Abgleich der Infrastruktur der Informationstechnologie mit der IT-Strategie

✔ **Systemaufbau** – von der Ersteinrichtung über die Erweiterung bis hin zur Veränderung der benötigten Software und Anwendungsprogramme

✔ **Systembetrieb** – von der Überwachung der Nutzerschnittstellen über die Störungsbehebung bis hin zum Beschaffen von IT-Komponenten und der Nutzerbetreuung

Damit sind neben die klassische Datenverarbeitung auch Informationsverarbeitung sowie Beratung und Service getreten. Diese Aufgaben der IT-Abteilung finden in einem Umfeld statt, in dem die Komplexität der Technologien durch den technologischen und digitalen Fortschritt immer weiter steigt.

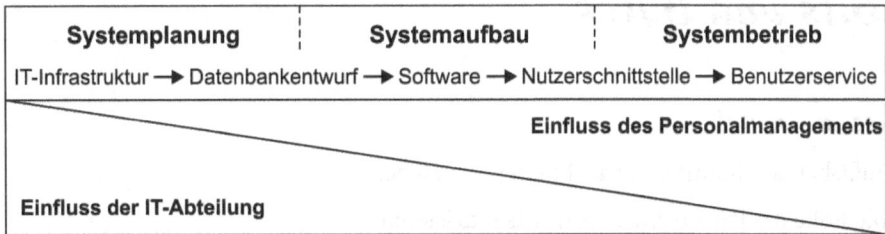

Abbildung 15.1: Handlungsrahmen personalwirtschaftlicher IT-Aufgaben

Das Personalmanagement muss von der Seite der Informationstechnologie her grundsätzlich funktionsfähig sein. Daher bietet es sich an, alle drei Bereiche im Detail auf Bezüge zum Personalmanagement hin durchzuschauen.

Systemplanung

Die IT-Abteilung ist für den Aufbau der Basissysteme zur Informationsverarbeitung zuständig. Sie plant daher die sogenannte »Architektur« der Infrastruktur der Informationstechnologie (und damit auch der personalwirtschaftlichen IT-Unterstützung). Hierbei hat die IT-Abteilung die Aufgabe, Entscheidungen zu treffen, die vor allem technischer Natur sind.

Sehr vereinfacht ausgedrückt bedeutet Systemplanung: Die IT-Abteilung kümmert sich um die technischen Grundvoraussetzungen der Informationstechnologie; darum, wo Kabel verlegt werden, ob eine »Serverfarm« bereitgestellt wird, wie die kabellose Datenübertragung eingerichtet wird und vieles mehr. Die IT-Infrastruktur wird so geplant, dass sie insgesamt lauffähig ist, dem Einsatz in unterschiedlichen betrieblichen Funktionen zur Verfügung gestellt werden kann und für zukünftige Entwicklungen anpassbar bleibt.

Hinzu kommt die Planung der Datenbankstruktur für das Unternehmen. In den Datenbanken sollen alle Daten des Unternehmens so effizient wie möglich gespeichert werden, ohne dass es zu Widersprüchlichkeiten kommt und ohne dass Daten verloren gehen. Neben der Datenbank, die die Daten umfasst, muss auch ein Datenbankmanagementsystem erstellt werden, das mithilfe einer Datenbankverwaltungssoftware die Schreib- und Lesezugriffe auf die Datenbank sowie die systematische Datenspeicherung bewältigt. Aus der Datenbank werden später im Rahmen des Systemaufbaus nutzerspezifische Anwendungen generiert, indem bezogen auf Datenteilmengen Software entwickelt und mit Inhalt gefüllt wird.

»Für die IT-Abteilung ist alles eine Datenbank« – dieser Ausspruch bringt treffend die Sichtweise der Abteilung zum Ausdruck. Dabei ist der Entwurf einer Datenbankarchitektur alles andere als einfach: So muss beispielsweise entschieden werden, ob es eine einzige oder verschiedene Datenbanken geben soll. Dies hängt von der Größe der Datenbestände, den erwarteten Geschwindigkeiten, möglichen Redundanzen oder Sicherheitsanforderungen ab – eine Wissenschaft für sich. Die Datenbank muss zum Unternehmen und dessen Strategie passen: Gerade ein mittelständisches Unternehmen muss im IT-Bereich nicht alles machen, was technologisch möglich ist, sondern genau auswählen, welche Schwerpunkte es setzen will.

Der Aufbau von Hardware und Datenbanken ist das klassische Arbeitsgebiet der IT-Abteilung: Sie entscheidet unternehmensweit unter anderem über die Verarbeitungskapazitäten der Informationen und über zentrale oder dezentrale Vernetzungsarchitekturen der Rechner. In diesem Zusammenhang dieser und ähnlicher Entscheidungen kommt dem Personalmanagement keine größere Bedeutung zu. Das Personalmanagement kann an dieser Stelle lediglich erwarten, dass ihm in der unternehmensweiten IT-Infrastruktur ein angemessener Stellenwert eingeräumt wird. Dies betrifft allerdings nur ganz grundlegende Entscheidungen, beispielsweise ob es im Unternehmen Funknetze zur Internetanbindung geben sollte oder nicht.

Systemaufbau

Im Systemaufbau wird nun – auf Grundlage der Datenbankstrukturen – die Welt der personalwirtschaftlichen Software betreten. An dieser Stelle geht das Tauziehen los: Auf der einen Seite gibt die IT-Abteilung vor, was im Spannungsfeld von Systemstabilität und Systemflexibilität möglich ist, auf der anderen Seite fordert das Personalmanagement, was genau in der Software und den darauf basierenden Anwendungsprogrammen enthalten sein muss.

Für das Personalmanagement geht es im Zuge des Systemaufbaus um die Beeinflussung der Prozesse der Personalarbeit. Alle Entscheidungen, die hier getroffen werden, haben eine längere Haltbarkeit. IT-Lösungen sind zumeist teuer und bringen für die Nutzer eine Menge an Einarbeitungsaufwand mit sich. Daher werden sie nicht permanent gewechselt. Sind sie erst einmal da, muss das Personalmanagement mit ihnen fortan leben. Es lohnt sich also für das Personalmanagement, seinen Einfluss geltend zu machen.

Aus personalwirtschaftlicher Sicht betroffen vom Systemaufbau sind sowohl der Umfang der informationstechnologischen Unterstützung der Personalprozesse als auch das Gesamtgefüge der Informationstechnologie im Unternehmen samt der besonders wichtigen Schnittstelle zwischen Unternehmenssteuerung und Personalmanagement. Das Personalmanagement hat daher ein großes Interesse daran, die personalwirtschaftlichen IT-Lösungen mit zu entwickeln, an die Bedürfnisse des Unternehmens anzupassen und technologische Fortschritte zu begleiten.

Selbst wenn das Personalmanagement die Federführung bei der Bestimmung der Anforderungen für die notwendige IT-Unterstützung des Personalmanagements übernehmen will, kann es dennoch aufgrund von Budgetrestriktionen nicht die Erfüllung aller seiner Wün-

sche erwarten. Entscheidungen über Investitionen zur Personal-IT sind ein Feld, auf dem sich Personalmanagement und IT-Abteilung häufig gegenüberstehen. Selbst wenn also die Entscheidung der personalwirtschaftsbezogenen Systemplanung häufiger bei der Personalabteilung als bei der IT-Abteilung liegt, werden in der Praxis durchaus auch alternative Entscheidungswege genutzt: Mindestens ebenso aktiv wie das Personalmanagement ist die Unternehmensleitung selbst, wenn es um personalwirtschaftliche Informationstechnologie geht. Zum Teil wird die Entscheidung hierüber auf externe Berater oder IT-Häuser verlagert.

Unternehmen erfinden ihre personalwirtschaftlichen Informationssysteme und -technologien in der Regel nicht selbst. Entweder haben sie eine Unternehmenssoftware, die im Rahmen einer Gesamtlösung auch das Personalmanagement abdeckt und dies gleich mit anderen fachlichen Teilgebieten verzahnt. Ein prominentes Beispiel hierfür ist SAP. Oder aber sie kaufen sich spezielle personalwirtschaftliche Software für Aufgaben wie zum Beispiel Personalverwaltung, Gehaltsabrechnung, Personalplanung oder Talentmanagement, wobei es hierfür wieder separate oder integrierte Softwarelösungen gibt.

Angeboten werden sowohl Lösungen für Großunternehmen wie auch für den Mittelstand und Kleinunternehmen. Entsprechende Anbietervergleiche finden sich sowohl im Internet wie auch in personalwirtschaftlichen Zeitschriften wie etwa *HR Performance*.

HR-Fabrik als Faszinationsszenario der IT-Abteilung

Das Ziel einer IT-Systemplanung für das Personalmanagement besteht darin, die Personalarbeit in ihren Prozessen so zu unterstützen, dass sie einerseits so hochqualitativ wie möglich, anderseits so kostengünstig wie möglich geleistet werden kann. Die häufig in der IT-Abteilung anzutreffende Sicht ist: Das Personalmanagement besteht nicht nur aus beratungsintensiven und strategiebezogenen Aufgaben, sondern auch aus Aufgaben, die gut zu vereinheitlichen sind oder die häufig wiederkehrend bearbeitet werden müssen und daher große Einsparpotenziale bieten.

Gerade die operativen, verwaltungsbezogenen Aufgaben sind typische Objekte einer Rationalisierung. Eine Systemstandardisierung ist somit für die IT-Abteilung die logische Schlussfolgerung. Für ein standardisierendes Gesamtsystem einer zentralisierten und gleichzeitig softwarebasierten Dienstleistungserstellung wurde der Begriff der »HR-Fabrik« geprägt.

Der Begriff der HR-Fabrik leitet sich zum einen von »Human Resources« (HR; englisch für Personal) ab und zum anderen von der Idee der Fabrik, die üblicherweise durch eine industriell erscheinende, integrierte und standardisierte Produktionsweise charakterisiert ist, bei der Planungsbausteine über Prozessstufen hinweg weitergereicht werden. Gerade im Hinblick auf die Informationstechnologie kennt man auch die digitale Fabrik, die eine Fabrikproduktion in einem Netzwerk aus digitalen Modellen und Methoden abbildet. Hierzu werden Software und Prozesse bestimmt, die die Planung und Durchführung einer Leistungserstellung steuern und überwachen.

Das Ziel einer HR-Fabrik besteht darin, die personalwirtschaftlichen Prozesse so weit wie möglich zu automatisieren, damit Zeit gespart, die Qualität der Prozessbearbeitung erhöht, Kosten gesenkt und die Effizienz gesteigert werden. Eine solche Automatisierungslogik ist für eine IT-Abteilung faszinierend, weil sie, von ihrem eigenen Datenbankentwurf ausgehend, betriebliche Funktionen informationstechnologisch durchgestalten kann.

 Bestrebungen, eine HR-Fabrik einzurichten und damit das Personalmanagement zu automatisieren, gehen seltener vom Personalmanagement aus, sondern kommen eher aus der IT-Abteilung oder von der Unternehmensleitung. Für das Personalmanagement besteht nämlich die Gefahr, dass die Informationstechnologie – über das normale Maß einer sinnvollen Softwareunterstützung hinaus – die Personalarbeit weitgehend zu ersetzen versucht.

Dies liegt an der unausgesprochenen Annahme, dass eine HR-Fabrik, die Personalarbeit massiv verbilligt, das Optimum der Personalarbeit darstellt. Nun gilt jedoch nicht immer »billig ist besser«, sondern in einem Arbeitsmarkt, in dem gut qualifizierte Mitarbeiter rar sind und umworben und später auch an das Unternehmen gebunden werden müssen, ist eine qualitativ gute Personalarbeit notwendig. Nur durch sie kann das Personalmanagement sicherstellen, dass die Mitarbeiter nachhaltig als eine Ressource zur Verfügung stehen, die einen Wettbewerbsvorteil des Unternehmens ausmacht. In anderen Worten: Nur so kann das Personalmanagement das Humankapital, das in den Mitarbeitern des Unternehmens steckt, dauerhaft erhalten und entwickeln.

Eine weitere Nebenwirkung einer HR-Fabrik besteht darin, dass die Personalverantwortlichen immer weniger Aufgaben selbst bewältigen und daher den Überblick über die Breite ihres Entscheidungsfelds verlieren. Dies wirkt der Professionalisierung des Personalmanagements entgegen. Je weniger professionell jedoch das Personalmanagement insgesamt handelt, desto eher wird es als Ganzes ausgelagert. Die HR-Fabrik kann also einen bestehenden Trend zur Abschaffung einer unternehmensinternen Personalarbeit verstärken. Dies ist gefährlich: Denn wenn erst immer mehr administrative Aufgaben zentralisiert und dann ausgelagert werden, ist der Schritt zur Auslagerung auch der strategischen Aufgaben sehr verlockend, in seiner Konsequenz aber fatal: Im Unternehmen gibt es dann zwar immer noch personalwirtschaftliche Herausforderungen in Hülle und Fülle, aber weder qualifiziertes Personal noch bewährte Prozesse und Routinen zu deren Bearbeitung.

 Das Personalmanagement ist gut beraten, sich zu überlegen, ob die möglichen Vorteile einer HR-Fabrik das Risiko überwiegen, sich als Personalmanagement im Unternehmen zunehmend selbst überflüssig zu machen – denn wenn es so weit käme, wären davon neben den administrativ-operativen Aufgaben auch die strategischen Aufgaben, die zur Erzielung von Wettbewerbsvorteilen dienen, betroffen.

e-HRM als Idealprinzip des Personalmanagements

Ein personalwirtschaftlich orientierter Gegenentwurf zum Softwareaufbau für die Personalarbeit ist das Electronic Human Resource Management (e-HRM): Damit ist gemeint, dass das Personalmanagement versucht, ausgewählte Aufgaben (und nach und nach immer mehr davon) systematisch mit informationstechnologischen Lösungen zu unterlegen.

Anders als bei der HR-Fabrik mit seinen generellen Standardisierungsvorgaben liegt der Schwerpunkt beim e-HRM auf der gezielten Unterstützung der personalwirtschaftlichen Aufgabenerledigung. Daher formuliert vor allem das Personalmanagement im Einzelnen, welche IT-Unterstützung es benötigt, und findet sich so mit der IT-Abteilung zusammen.

Naheliegenderweise rücken hierbei zunächst wieder die administrativen Aufgaben wie die Lohnbuchhaltung und die Personaldatenverwaltung in den Blick. Daneben werden grundlegende Geschäfts- und Serviceprozesse wie die Personalbeschaffung, Personalauswahl, Personalentwicklung, das Managen der Leistungssteuerung oder Belohnungssysteme mit Iformationstechnologie unterlegt. Schließlich greift die IT-Unterstützung auch auf strategische Aufgaben des Personalmanagements über, zum Beispiel auf organisatorische Wandlungsprozesse, ein unternehmensweites Talentmanagement, das strategische Wissensmanagement oder die unternehmensübergreifende Risikosteuerung. Nur die passenden Bausteine werden implementiert, getestet und dann verwendet.

Das Ziel einer Integration vieler IT-gestützter Aufgaben des Personalmanagements in einem e-HRM besteht in der Schaffung eines Mehrwerts, der sich insbesondere in der dann möglichen Verzahnung des Personalmanagements mit anderen informationstechnologiebasierten strategischen Planungsprozessen im Unternehmen ergibt. In diesem Sinne ist e-HRM ein Prinzip des personalwirtschaftlichen IT-Systemaufbaus, zu dem sich ein Personalmanagement dann auch bewusst bekennen muss, wenn es sich erst einmal dafür entschieden hat.

Personalinformationssystem als Umsetzung

Der Kern eines e-HRM ist das Personalinformationssystem, ein unverzichtbarer Bestandteil der Steuerung des betrieblichen Personalmanagements. Es dient dazu, dem Personalmanagement auf der Grundlage möglichst aller auf die Personalarbeit bezogenen Daten des Unternehmens einen Überblick über wichtige Handlungsfelder zu ermöglichen.

Ein computergestütztes Personalinformationssystem weist im Regelfall zwei zentrale Komponenten auf:

✔ Die *Stellendatenbank* enthält aufgaben- und arbeitsplatzbezogene Informationen, unter anderem betriebliche Steuerungsdaten sowie stellenbezogene Anforderungsprofile. Sie ist häufig mit der Produktions- und Absatzplanung verzahnt.

✔ Die *Mitarbeiterdatenbank* enthält alle Daten, die sich unmittelbar auf die einzelne Person beziehen. Hierzu zählen neben den Stammdaten (Name, Adresse, Arbeitsplatz) Informationen zur Aus- und Weiterbildung sowie zum bisherigen Karriereverlauf.

Teilprogramme des Personalinformationssystems greifen auf diese Datenbanken zu und ermitteln daraus Informationen, die das Personalmanagement für seine Arbeit benötigt, zum Beispiel Arbeitseinsatzpläne oder Daten zur Gehaltsabrechnung. Auch werden hiermit Statistiken erzeugt, die von Externen wie den Krankenkassen oder den Statistischen Ämtern eingefordert werden.

Da die im Personalinformationssystem enthaltenen Daten vertraulich sind und zudem die Mitarbeiterinteressen betreffen, müssen bei der Ausgestaltung viele Datenschutz- und Mitbestimmungsvorschriften berücksichtigt werden.

Abhängig vom Aggregationsgrad der Daten ist ein Personalinformationssystem vielfach einsetzbar:

✔ **Einzelfallebene:** Hier stehen der einzelne Mitarbeiter und der einzelne Arbeitsplatz im Vordergrund. Das Personalinformationssystem stellt vor allem Routinen zur Fortschreibung von Zeitreihen sowie Möglichkeiten zu einzelfallspezifischen Datenabfragen zur Verfügung, beispielsweise von aktualisierten Personalstammdaten, Prozessdaten oder Abrechnungsdaten. Damit kann unter anderem die Planung des Personaleinsatzes unterstützt werden.

✔ **Gruppenebene:** Hier werden schon über einzelne Personen oder Stellen hinausgehende Steuerungsinformationen zu gruppenbezogenen Personalkosten, Humankapital oder Kompetenzen bereitgestellt.

✔ **Gesamtunternehmensebene:** Hier wird der Blick aufs Ganze gewagt, indem die gesamten Personalressourcen hinsichtlich Menge, Qualität, Wertschöpfungsfähigkeit oder aggregierten Kostenstrukturen abgebildet werden. Die erhoffte strategische Steuerungswirkung resultiert aus der Bildung einer multimedial unterstützten Informationsvernetzung mit hohem Flexibilitätspotenzial für Steuerung und Planung.

Wenn einzelne Informationen aus dem Personalinformationssystem auch für die Unternehmensleitung interessant sind – und das sollen sie gemäß der notwendigen Verzahnung von Personalmanagement und Unternehmensleitung auch sein –, werden diese Informationen in das Managementinformationssystem eingespeist.

Intranetportal als Zugangsweg

An dieser Stelle muss das Personalmanagement über den Übergang von einer Anwendungssoftware zur Nutzerschnittstelle nachdenken: An einer auch »Interface« genannten Nutzerschnittstelle bekommen Benutzer die Software im wahrsten Sinne des Wortes zu sehen und können sie bedienen.

 Wenn ein Personalmanagement schon ein Personalinformationssystem hat, wäre es doch viel zu schade, es nur für die interne Verwendung vorzusehen. Viel geschickter wäre es hingegen, daraus einen Zusatznutzen für weitere Interessenten zu erschließen. Dies ist auch deshalb immer stärker notwendig, weil sich durch eine Zunahme dezentraler Entscheidungsstrukturen mit mehr Mitarbeiterbeteiligung, durch die Ausbreitung von Unternehmen über die ganze Welt und durch verstärkte Kooperation mit Partnern in sogenannten virtuellen Strukturen der Nutzerkreis von Personalinformationssystemen automatisch vergrößert.

Ein Weg, ein Personalinformationssystem unternehmensintern breit zu nutzen, besteht darin, es über ein Intranetportal zugänglich zu machen. Das Intranet (also ein nur unternehmensintern zugängliches Internet) hat nicht nur den Vorteil, Informationen zu ganz ver-

schiedenen Themengebieten bereitstellen zu können und darüber hinaus eine Vielzahl von Sprachen zu unterstützen – es bietet sich geradezu an, um Mitarbeiterprofile herum gruppiert ein für alle Mitarbeiter zugängliches Informationsportal im Hinblick auf das Personalmanagement zu schaffen.

Die innerhalb des Unternehmens sichtbaren Mitarbeiterprofile listen die zentralen Kontaktdaten eines jeden Mitarbeiters für alle anderen Mitarbeiter sichtbar auf. Während das Ausmaß der sichtbaren Daten durch den Betriebsrat freigegeben werden muss, können zusätzliche persönliche Angaben freiwillig (dies sollte dokumentiert werden) von jedem Mitarbeiter selbst ergänzt werden, zum Beispiel berufliche Interessen oder ein persönliches Foto.

Mitarbeiter profitieren von dem auf Mitarbeiterprofilen basierenden Intranetportal, sobald sie in den zugänglichen Bereichen nach Kolleginnen und Kollegen suchen, die ähnliche Interessen, Produkte oder Kunden haben. Dies ist insbesondere in global tätigen Unternehmen mit mehreren Standorten sinnvoll, bei denen das Intranet alle Standorte umfasst.

Employee-Self-Service-System als Aktivierung

Vielleicht haben Sie ja nicht nur die Idee, den Mitarbeitern einen Zugang zu personalwirtschaftlichen Informationen zu bieten, sondern sogar die Idee, Ihre Mitarbeiter über Computer an der Personalarbeit zu beteiligen. Vor diesem Hintergrund ist das Intranet der passende Zugangsweg für sie.

Auf der Basis der Mitarbeiterprofile kann jeder Mitarbeiter sein Profil weiter pflegen und ausbauen, wobei diese Daten dann nicht allgemein verfügbar sind, das Personalmanagement jedoch Einblick in diese Daten bekommt. Dieses Prinzip nennt man Employee-Self-Service-System, also ein System, das der Mitarbeiter (englisch: employee) selbst pflegt (englisch: self service). Mitarbeiter übernehmen zunehmend selbst Verantwortung für die Führung ihrer elektronischen Personalakte.

Wichtig ist natürlich, dass die Benutzeroberfläche für die Mitarbeiter gut zu bedienen ist. Sie darf nicht zu kompliziert wirken, sondern muss weitgehend selbsterklärend sein. Hilfreich ist zudem ein optisch ansprechendes Design.

Typischerweise ergeben sich infolge eines funktionierenden Employee-Self-Service-Systems für das Personalmanagement vollständige und dauerhaft aktuelle Datensätze zu allen Mitarbeitern. Enthalten sind dann zum Beispiel Stammdaten wie die aktuelle Adresse, die Abteilungsdaten, die Kostenstellen, die IT-Zugangsdaten. Damit unterstützt ein solches ESS-System die Personalverwaltung. Wird dieses System zusätzlich für die Personalentwicklung genutzt, können hieran angebunden sowohl die bisherige Aus-, Fort- und Weiterbildungshistorie sowie die erworbenen Kenntnisse und Fertigkeiten dokumentiert werden.

Zusätzlich bietet es sich an, ein Buchungssystem für verfügbare Personalentwicklungsmaßnahmen anzudocken. Auch weitere Verbindungen wie zu Zielvereinbarungssystemen, Ideenmanagementsystemen, dem Reisemanagement oder der Zeiterfassung lassen sich einrichten. Diese Informationen kommen nicht nur dem Mitarbeiter selbst, sondern auch den Führungskräften und damit dem Management des Unternehmens zugute, die hierdurch eine

aktuelle und aussagekräftige Datenbasis für ihre Planung erhalten. Nach und nach wird also das Employee-Self-Service-System immer stärker ein Bestandteil der qualitativen Planung.

ESS-Systeme sind in mittelgroßen und großen Unternehmen bereits sehr weit verbreitet. Sie sehen als hauptsächlichen Vorteil, dass der Pflegeaufwand der Personaldaten auf die Mitarbeiter verlagert wird, womit das Personalmanagement von Verwaltungsarbeit entlastet wird. Die Mitarbeiter bekommen ihrerseits eine größere Nähe zu den über sie vorhandenen Daten, erhalten eine höhere Transparenz und werden durch die ihnen zugestandene Eigenverantwortung zufriedener. Die Einrichtung von ESS-Systemen scheint auch mit der Unternehmenskultur vieler Unternehmen vereinbar zu sein. Lediglich kleinere Unternehmen, die kein vertretbares Kosten-Nutzen-Verhältnis erwarten, sehen von einer Einführung dieser Systeme ab.

Personalmanagementcockpit als Überblick

Nicht nur die Mitarbeiter benötigen eine Nutzerschnittstelle: Auch das Personalmanagement kann von den vorhandenen Daten für seine Arbeit profitieren, indem es mithilfe spezifischer Personalmanagementsoftware seine eigene Arbeit erleichtert. Entsprechende Software-Angebote gibt es von vielen darauf spezialisierten Unternehmen.

Für das Personalmanagement ist es nicht entscheidend, so viele Daten wie möglich zu sammeln. Je größer die Datenmenge wird, desto schwieriger wird in der Regel auch ihre sinnvolle Auswertung. Daher ist es wichtig, zunächst möglichst die strategierelevanten Daten zu erfassen und diese im Hinblick auf strategisch relevante Fragestellungen hin zu integrieren. Gesucht ist damit eine komplexitätsreduzierende Überblicksfunktion über das gesamte Personalmanagement und dessen jeweils aktuellen Status. Eine solche Software wird als Personalmanagementcockpit oder als Personalmanagementleitstand bezeichnet.

Ein Personalmanagementcockpit besteht – wie ein Cockpit im Flugzeug – aus vielen kleinen Anzeigen, die die personalwirtschaftliche Lage im Unternehmen »auf einen Blick« ersichtlich machen. Es umfasst verschiedene Komponenten:

✔ **Bestandscockpit:** Hier werden aktuelle Bestandsdaten in Echtzeit abgebildet, beispielsweise Daten zum Personalbestand, Stellenplan und Organigramm, Fehlzeiten, Krankenstand, Stellenauslastungen, Präsenzzeiten, vorhandene Qualifikationen wie etwa Sprachen oder Kosten einzelner Kostenstellen.

✔ **Prozesscockpit:** Es dient dazu, den Stand laufender Personalmanagementprozesse abzubilden, zum Beispiel die Bearbeitung der Wiederbesetzung offener Stellen, die Personalentwicklung, organisationalen Wandel oder die Auslastung bestehender Budgets. Aber auch unternehmenskulturelle Sachverhalte können angezeigt werden, zum Beispiel der Stand der Mitarbeitermotivation oder der Mitarbeiterbindung – und selbst das Foto des »motiviertesten Mitarbeiters des Monats«.

✔ **Risikocockpit:** Aus dem Personalcontrolling werden zudem Angaben zu Kosten-, Ertrags- und Humankapitalpositionen verschiedener Gruppen oder Abteilungen eingepflegt. Aus ihnen werden dann Soll-Ist-Abweichungen sowie Leistungs-, aber auch Risikokennzahlen ermittelt. In diesen Bereich fallen dann auch Zukunftsprognosen über strategierelevante Steuerungsvariablen wie beispielsweise Trends zur Gehaltsentwicklung auf dem Arbeitsmarkt.

✔ **Strategiecockpit:** Verbindet man operative Daten mit strategischen Anforderungen, so lässt sich nicht nur ein Indikator zum gegenwärtigen Stand der Erreichung der Personalstrategie anzeigen: Auch das Ausmaß der personalwirtschaftlichen Unterstützung der Unternehmensstrategie kann sichtbar gemacht werden.

Optisch wird ein Personalmanagementcockpit in Anlehnung an ein Flugzeugcockpit, ein Armaturenbrett eines Autos oder einen Leitstand einer großen Fabrik gestaltet. Beliebt ist die Darstellung von Sachverhalten in der Ampellogik, wobei grün Stabilität, gelb eine Gefahr und rot ein virulentes Problem anzeigen. Da ein »mobiles Personalmanagement« als wichtige Zukunftstechnologie angesehen wird, werden Personalmanagementcockpits zunehmend über Smartphones und Tabletcomputer abrufbar sein.

Fortgeschrittene Personalsoftware strebt an, selbst solche Datenbestände im Unternehmen, die bislang nicht für personalwirtschaftliche Fragestellungen genutzt werden, für personalwirtschaftliche Entscheidungen zu erschließen. Insbesondere solche Programme, die Datenbestände und Textdateien auf bestimmte Wörter hin untersuchen (sogenanntes Data Mining oder Text Mining), könnten hier eingesetzt werden. So wäre es beispielsweise für das Personalmanagement interessant, Vertriebsstrategien oder Berichte von Außendienstmitarbeitern gezielt daraufhin zu untersuchen, ob sich neue Anforderungen für die Personalbeschaffung solcher Mitarbeiter ergeben.

Systembetrieb

Ab dem Punkt, wo die IT-Infrastruktur des Personalmanagements samt Software und Nutzerschnittstellen aufgebaut ist, muss sie »nur noch« laufen – und zwar durchgehend und störungsfrei.

Der Systembetrieb umfasst alle Aufgaben, die im Sinne einer Unterstützung das reibungslose Funktionieren der personalwirtschaftlichen Informationstechnologienutzung sicherstellen. Hierzu zählen unter anderem die Bereitstellung von Hardware für die einzelnen Nutzer, das Beseitigen von Störungen im IT-System, die Anpassung an neue Gegebenheiten, die Herstellung von Datensicherheit und die Verwaltung von Passwörtern.

Die Ausstattung einzelner Arbeitsplätze – für Mitarbeiter im Personalmanagement und dann im Rahmen des Personaleinsatzes für alle Mitarbeiter des Unternehmens – mit Hardware und Software ist eine Aufgabe, die von den Anforderungen des Personalmanagements her gesteuert wird. Es hängt im Einzelfall von den spezifischen Aufgaben sowie von weiteren Variablen wie beispielsweise der hierarchischen Stellung des Nutzers ab, welche Endgeräte (Laptops, Computer, mobile Endgeräte) mit welcher Netzwerkanbindung (internes Netz-

werk, Internetverbindung) zur Verfügung gestellt werden. Die IT-Abteilung ist in diesem Zusammenhang eine Serviceeinheit, die die technische Ausstattung sowie die Einrichtung der Geräte der Mitarbeiter im Unternehmen unterstützt.

Aaaah – Systemstörung

Heutzutage sind IT-Systeme allgemein sehr stabil. Dies liegt sowohl an der fortgeschrittenen Entwicklung der Hardware als auch an der gestiegenen Qualität verfügbarer Software. Doch immer kann es passieren, dass Störungen auftauchen und etwas in der Informationstechnologie nicht funktioniert.

In der Regel werden Probleme mit der Informationstechnologie schnell behoben. Viele Unternehmen haben für den Systembetrieb qualitätsgesicherte (und teilweise sogar zertifizierte) Prozeduren eingeführt, bei denen jeder Kunde – versehen mit einer Vorgangsnummer – durch den Prozess von der Problemanalyse bis zur Problembeseitigung geführt wird.

Ärgerlich wird es für das Personalmanagement jedoch, wenn selbst einfache Prozesse nicht funktionieren, wie sie geplant und mit den Bereitstellern von Hardware oder Software vereinbart waren. Die Standardantwort »Tut mir leid, aber das System kann das nicht!« löst natürlich kein Problem und ist zudem unsinnig, denn ein System kann alles, was ein Programmierer hineinschreibt – solange er es nicht unterlassen hat. Werden die IT-Systeme komplexer, kommt als weitere Erschwernis hinzu, dass sie sich ständig verändern, also neue Versionen (sogenannte Releases) erscheinen und Umbauten an den grundlegenden Strukturen erfolgen.

Zum Schlüssel eines reibungslosen Systembetriebs wird, dass sich das Personalmanagement von der IT-Abteilung eine möglichst weitgehende Garantie über das Funktionieren der Systeme sowie über ihr nachhaltiges Bestehen geben lässt. In ihren Rahmen fällt, dass anstehende Systemveränderungen nur nach gegenseitiger Information und Verabredung vorgenommen werden können. Die IT-Abteilung sollte sich idealerweise zu einer qualitätsorientierten Kundenorientierung gegenüber dem Personalmanagement verpflichten. Über entsprechende Gegenleistungen kann das Personalmanagement mit der IT-Abteilung verhandeln.

Informationssicherheit als neuralgischer Punkt

Unverzichtbar ist in Unternehmen die Wahrung der Informationssicherheit: Obwohl fast alle Unternehmen in Deutschland IT-Sicherheitslösungen verwenden, wird die Sicherheit von Daten dennoch häufig nicht ausreichend betrachtet.

In diesem Zusammenhang werden zwei zentrale Begriffe unterschieden:

✔ **Informationssicherheit** – oder auch Datensicherheit – meint, die IT-Systeme so zu gestalten, dass die Informationen vertraulich bleiben und die Eigentümer der Information nicht mit einer unbefugten Nutzung der Informationen konfrontiert werden, die eine

Bedrohung oder einen Schaden hervorrufen. Daher müssen die IT-Systeme und alle in ihnen gespeicherten Daten vor unbefugtem Zugriff geschützt werden.

✔ **Datenschutz** bedeutet, den Einzelnen davor zu schützen, dass Daten, die sich auf seine Person beziehen, missbräuchlich verwendet werden. Dieser Schutz personenbezogener Daten bezieht sich auf die Privatsphäre Einzelner und auf ihr Recht zur informationellen Selbstbestimmung. Datenschutz im Unternehmen setzt Informationssicherheit voraus.

In der Regel stellt die IT-Abteilung Informationen dazu bereit, welche Verhaltensweisen im Unternehmen zur Wahrung von Informationssicherheit dienen, und warnt vor aktuellen Bedrohungen. Das Personalmanagement hat hingegen die Aufgabe, diese Verhaltensweisen im Unternehmen durchzusetzen.

Unverzichtbar ist im Unternehmen an den einzelnen IT-Arbeitsplätzen die Nutzung von Verschlüsslungen, »Firewalls« (übersetzbar als Brandschutzmauern, die verhindern, dass Unbefugte in die Netzwerke des Unternehmens eindringen) und Virenscannern, um sich gegen externe Bedrohungen zu schützen. Aktiv bekämpft werden müssen allerdings auch Sorglosigkeit, mangelndes Interesse, Unwissenheit und Zeitmangel für Sicherheitsmaßnahmen bei den Mitarbeitern.

Während die IT-Abteilung sich primär um die Infrastruktur kümmert (Zugangsschutz zu zentralen Datenbeständen, Brandschutz, ausreichende Stromversorgung, sichere Aufstellung der IT-Komponenten, Klimatisierung) und auch die Informationstechnik zum unternehmensweiten Einsatz vorbereitet (Sicherheit der Systeme, Virenschutz, Firewall, Zugriffsschutz, Datensicherung), trifft das Personalmanagement Maßnahmen zur Erhöhung der IT-Sicherheit auf zwei Ebenen:

✔ **Organisation:** Festlegung einer IT-Sicherheitspolitik, geregelte Verantwortlichkeiten, Sicherheitskonzepte, Notfallplanung.

✔ **Personalarbeit:** Klare Anweisungen und Richtlinien, Schulungen zur Informationssicherheit, Sensibilisierung der Mitarbeiter für die Gefahren, Regelungen für den Fall eines Verstoßes gegen die Richtlinien zur IT-Sicherheit.

Die Informationssicherheit darf trotz entstehender Kosten nicht vernachlässigt werden: Zu groß sind für Unternehmen die wirtschaftlichen Risiken, wenn zum Beispiel Dritte durch Spionage überlebenswichtige Kernkompetenzen erfahren und sie imitieren.

Das grundlegende Problem der Unternehmensspionage ist nicht zu unterschätzen. Seit dem Ende des Kalten Krieges hat sich die Aktivität selbst internationaler Geheimdienste sowie von internationalen Konkurrenzunternehmen auf das wirtschaftliche und technologische Feld verlagert, wobei es Staaten und Einzelunternehmen erfolgreicher macht, wenn sie vom Ideenreichtum und der Innovationsstärke anderer Länder profitieren und deren Wissens- und Zeitvorsprünge vermindern. Deutsche Unternehmen sind ein bevorzugtes Ziel von Unternehmensspionage. Ein wichtiges Einfallstor hierfür ist wiederum die Informationstechnologie der Unternehmen, die es besonders zu schützen gilt.

Das Personalmanagement muss gemeinsam mit der IT-Abteilung besonders darauf achten, dass bestimmte Gefährdungen beobachtet werden:

✔ Zur Vorbeugung gegen unerlaubten Zugang sollten besonders wichtige Datenbestände – man geht von circa 5 Prozent aller Unternehmensdaten aus, die extrem schützenswert sind – auf Rechnern gespeichert werden, die weder einen Netzwerkzugang haben (und damit leichter gegen elektronische Attacken wie Trojaner und Virenprogramme zu sichern sind) noch mit USB-Schnittstellen ausgerüstet sind, mittels derer ein Kopieren von Daten leicht möglich wird.

✔ In modernen Speicherkonzepten, die Daten in einer Datenwolke (»Cloud«) speichern, dürfen wettbewerbskritische Daten keine Rolle spielen.

✔ Im Rahmen von Joint Ventures, Outsourcing-Beziehungen oder Kontakten zu Patentanwälten müssen diese Kooperationspartner vom Zugang zu sensiblen Daten ausgeschlossen werden beziehungsweise es muss sichergestellt sein, dass die gleichen strengen Informationssicherheitsstandards gelten wie im eigenen Unternehmen.

✔ Die Beschäftigung von ausländischen Gastwissenschaftlern und Gastforschern in Unternehmen, aber auch von Reinigungspersonal und von Aushilfskräften sollte mit Blick auf die Informationssicherheit organisiert sein.

✔ Bei Führungen von Gästen durch das Unternehmen sollte darauf geachtet werden, dass Fremde nicht unbeobachteten Zugang zu Rechnern und Netzwerken bekommen können, auch nicht beim zufälligen »Gang auf die Toilette«.

✔ Besonders Mitarbeiter, die unzufrieden im Unternehmen sind, stellen eine Gefahr dar, wenn sie Rachegedanken entwickeln. Daher sollte man auf sie besonders achten.

Der Schutz von Unternehmenswissen kann nicht ernst genug genommen werden, denn haben sensible Daten erst einmal den Weg aus dem Unternehmen gefunden, sind die Resultate der vergangenen und häufig auch die zukünftige Innovationsarbeit massiv bedroht.

Auch im Detail gibt es viele Fragen zu klären, die alle Mitarbeiter betreffen. Eine immer wieder auftretende Frage ist die der Verwaltung von Nutzerpasswörtern für die unternehmensinternen Informationssysteme. Die IT-Abteilung ruft regelmäßig die Informationssicherheit in Erinnerung. Das Personalmanagement gibt dann allen Nutzern konkrete Regeln zum Passwortgebrauch vor, etwa in Form einer Passwortrichtlinie.

Wer kooperiert mit wem und wie?

Das Personalmanagement ist gefordert, sich mit der IT-Abteilung zu verständigen, wie mit eventuellen Konflikten, unvorhergesehenen Problemen, notwendigen Dokumentationspflichten und den immer wiederkehrenden Versionsupdates umgegangen werden soll. Dies setzt eine intensive Kommunikation zwischen Personalabteilung und IT-Abteilung voraus, die allerdings aufgrund der Unterschiedlichkeit beider Abteilungen problematisch sein kann und daher bewusst optimiert werden muss.

Passwortrichtlinie

✔ Das Passwort muss vom Nutzer geheim gehalten und darf an niemanden weitergegeben werden. Dies gilt insbesondere für Telefon- oder E-Mail-Anfragen, die Benutzerkennung und zugehöriges Passwort wissen wollen (sogenanntes Phishing durch Kriminelle) – was weder die IT-Abteilung noch ein externer IT-Dienstleister jemals erfragen würden.

✔ Das Passwort darf nicht schriftlich notiert werden. Auch darf das Passwort nicht in Funktionstasten oder Makros gespeichert werden, sondern muss im Anmeldeprozess immer per Hand eingegeben werden.

✔ Das Passwort darf nicht leicht zu erraten sein (keine Geburtstage oder Namen!) und nicht zu kurz sein (mindestens acht Zeichen, darunter Großbuchstaben, Kleinbuchstaben, Zahlen, Sonderzeichen).

✔ Das Passwort sollte regelmäßig geändert werden, zum Beispiel alle drei Monate, und vor allem dann, wenn der Nutzer den Verdacht hat, eine unbefugte Person habe Kenntnis von dem Passwort erlangt. Auch voreingestellte Passwörter müssen individuell geändert werden.

✔ Gruppenpasswörter müssen dann geändert werden, wenn sich die Zusammensetzung der Arbeitsgruppe verändert.

Zwei Welten prallen aufeinander

Mitarbeiter der IT-Abteilung und Personalmanagement sind, was an ihren Aufgaben und an ihrer Ausbildung liegt, hinsichtlich ihrer IT-Orientierung in der Regel sehr unterschiedlich:

✔ Mitarbeiter der IT-Abteilung sind technikorientiert und kommunizieren nicht immer gerne mit Mitarbeitern, die weniger technikbegeistert sind als sie. Hinzu kommt, dass sich die Mitarbeiter der IT-Abteilung in einem technologisch schnell wandelnden Feld bewegen müssen daher einem hohen Aktualisierungsdruck unterliegen, der auch zu Ungedulds- und Stresssymptomen führen kann. In ihrer Kommunikation konzentrieren sie sich auf neue Technologien, Computersysteme und die Lösung von Hardware- und Softwareproblemen. In diesem Rahmen verwenden sie eine hoch spezialisierte Fachsprache (»Fachchinesisch«). Kurz: Sie leben in einer abstrakten Technikwelt.

✔ Mitarbeiter der Personalabteilung sind in Bezug auf die Informationstechnologie weniger auf dem letzten Stand der Dinge als ihre IT-Kollegen und langsam. Ihre Unsicherheit versuchen sie durch bürokratisches Vorgehen zu kompensieren. In ihrer Kommunikation legen sie viel Wert auf das Nichttechnische, also auf das Individuelle der Mitarbeiter und auf den Einzelfall. Ihre Fachsprache ist ebenfalls spezialisiert, aber wenig technisch, sondern psychologisch geprägt. Kurz: Sie leben in einer konkreten Anwendungswelt.

 Viel unterschiedlicher könnten beide Abteilungen nicht sein: In der gemeinsamen Kommunikation geht – etwas überzeichnet dargestellt – der IT-Abteilungsmitarbeiter vom »dümmsten anzunehmenden User« aus, während der Personalmanagementmitarbeiter im IT-Kollegen oft einen »Ignoranten des richtigen Lebens« vor sich sieht.

Es liegt auf der Hand, dass die vorprogrammierten Kommunikationsprobleme aktiv angegangen werden müssen.

Optimierte Schnittstelle

Das Personalmanagement hat die Aufgabe, die Expertise der IT-Abteilung zu nutzen, ohne sich gleichzeitig die Personalarbeit durch die IT-Abteilung vorschreiben zu lassen. Abbildung 15.1 weist auf den unterschiedlichen Einfluss von IT-Abteilung und Personalmanagement bei Systemplanung, Systemaufbau und Systembetrieb hin. Deutlich wird dort, dass abhängig von der anstehenden Aufgabe jeweils eine Abteilung einen größeren Entscheidungsanteil beansprucht als die andere. Eine Optimierung des Verhältnisses beider Abteilungen zueinander kann daher nicht bedeuten, dass eine Abteilung alle Vorgaben macht, an die sich die andere dann zu halten hat.

 Eine wichtige personelle Maßnahme besteht darin, auf der Seite jeder Abteilung einen »Dolmetscher« zu etablieren – einen Mitarbeiter in der IT-Abteilung, der die Anliegen des Personalmanagements versteht, und einen Mitarbeiter im Personalmanagement, der hohe IT-Kompetenz besitzt. Dies würde das wechselseitige Verstehen fördern. Interessanterweise hat das Personalmanagement dies in der Hand, weil es auch für die IT-Abteilung die Mitarbeiter beschafft und entsprechende Anforderungsprofile mit festlegen kann.

Auf der Grundlage eines gegenseitigen Verständnisses wechselseitig qualifizierter Mitarbeiter können die unterschiedlichen Präferenzen in der Kommunikation überbrückt, ein gemeinsamer Nenner gefunden und traditionelle mit innovativen Wegen zusammengeführt werden. Hierbei helfen folgende unterstützende Maßnahmen:

✔ regelmäßiger Kontakt und Austausch zwischen den Abteilungen,

✔ Nutzen der persönlichen Gesprächsebene, um Vertrauen aufzubauen,

✔ Herstellung einer Kommunikation unter Gleichen, indem Fachsprache reduziert wird und unter den Schnittstellenmitarbeitern Wissen ausgetauscht wird,

✔ gegenseitiges Kommunizieren der jeweiligen Bereichsstrategien und Suche nach Überschneidungen und Passungen,

✔ wiederholte Erklärung der Notwendigkeit bestimmter Prozessvorgaben der jeweils anderen Abteilung in der eigenen Abteilung sowie

✔ Ausrichtung der Anreizsysteme auf gemeinsame Erfolge beider Abteilungen.

Im Sinne eines »Gebens und Nehmens« ist auch die IT-Abteilung an einer guten Zusammenarbeit mit dem Personalmanagement interessiert: Gerade im IT-Bereich ist die Fluktuation sehr groß, insbesondere weil gut qualifizierte Fachkräfte auf dem Arbeitsmarkt nicht unbegrenzt zur Verfügung stehen. Um diese Fluktuation zu mindern, kann das Personalmanagement Beiträge dazu leisten, um in der IT-Abteilung gezielt die Mitarbeiterzufriedenheit zu steigern, die Personalentwicklung zu fördern und die Mitarbeiterbindung zu erhöhen. Es ist auch eine wichtige Aufgabe des Personalmanagements, die Dringlichkeit zu verstehen, mit der IT-Abteilungen neues Personal benötigen oder dieses einarbeiten beziehungsweise weiterentwickeln müssen.

Gar nicht so paradox: Personalmanagement für die Personalabteilung

16

In diesem Kapitel ...

▶ Sich organisieren

▶ Sich seiner Daseinsberechtigung vergewissern

▶ Sich perspektivisch ausrichten

G enauso wenig, wie ein Wirt sein bester Kunde sein sollte, sollte die Personalabteilung der beste Kunde des Personalmanagements sein. Im Regelfall richtet das Personalmanagement seine Aufmerksamkeit auf die Mitarbeiter aus. Professionell ist es, wenn die Aufmerksamkeit darüber hinaus jederzeit bei jeder anderen Anspruchsgruppe ist. Doch dies bedeutet nicht, dass nicht auch die Personalabteilung selbst wichtige personalwirtschaftliche Bedürfnisse haben darf.

Vielleicht sind gerade die Personalmanagementaufgaben der Personalabteilung besonders wichtig, weil sie die Voraussetzungen dafür schaffen, dass die Wirkung des Personalmanagements steigt.

Dieses Kapitel betrachtet die grundlegende »Arbeit in eigener Sache«, die zu einer Personalabteilung führt, die eine Existenzberechtigung hat, die Wert schöpft und die nicht ausgelagert werden muss.

Wie sich das Personalmanagement organisiert

Es ist gar nicht von vornherein ausgemacht, dass die Aufgaben des Personalmanagements immer von einer Personalabteilung erledigt werden:

✔ In kleinen Unternehmen gibt es aufgrund der Unternehmensgröße häufig keine Personalabteilung.

✔ In einigen Unternehmen mit Personalabteilung werden einige Personalmanagementaufgaben automatisiert und unter Nutzung von Personalmanagementsoftware erledigt.

✔ In einigen Unternehmen mit Personalabteilung werden einige Personalmanagementaufgaben auf interne Shared Service Center, also zentrale Einheiten zur Abwicklung von Personalmanagementaufgaben, übertragen oder an externe Dienstleister ausgelagert.

✔ Internationale Konzerne gründen ihre Personalmanagementaufgaben als Servicedienstleister aus oder übertragen sie bereits komplett auf externe Großanbieter.

 Personalabteilungen sind nicht automatisch da, sie sind auch nicht automatisch stark. Schon gar nicht haben sie im Unternehmen eine Bestandsgarantie. Daher müssen sie darum kämpfen, ihr Leistungsspektrum auszuweiten und ihre verfügbaren Ressourcen zu erhalten oder sogar zu vergrößern.

Die traditionelle Struktur der Personalabteilung ist funktional: Es werden die Aufgabenfelder in Unterabteilungen abgebildet und durch Mitarbeiter wahrgenommen. Während sich in kleineren Unternehmen die Mitarbeiter mit mehreren oder sogar allen Themengebieten des Personalmanagements befassen, gibt es in größeren Unternehmen Experten für einzelne Aufgaben, etwa Referenten für die Personalbeschaffung, die Personalbetreuung oder die Personalentwicklung. Geführt wird die Personalabteilung in der Regel von einem Personalleiter, der manchmal auch Mitglied der Unternehmensleitung ist. Wenn es Unterabteilungen gibt, führen die dortigen Abteilungs- oder Gruppenleiter die übrigen Mitarbeiter der Personalabteilung.

Wie viele Mitarbeiter die Personalabteilung haben soll, kann nicht allgemeingültig gesagt werden. Dies hängt unter anderem von der Unternehmensgröße, vom Leistungsspektrum und vom zur Verfügung stehenden Budget ab.

 Symptomatisch für den Stellenwert des Personalmanagements in Großunternehmen ist, wem in der Unternehmensleitung die Personalleitung berichten muss. Häufig ist es der Chief Financial Officer (CFO), also ein Finanzexperte. Dies ist bereits eine Weichenstellung mit eingebautem Konflikt. Denn während das Bestreben eines CFO darauf gerichtet ist, mit dem Unternehmen Geld zu verdienen und es den Eigentümern zukommen zu lassen, will ein Personalleiter eher Geld ins Unternehmen und seine Mitarbeiter hineinstecken.

Prinzip »Hierarchie« gegen Prinzip »Markt«

Zu Beginn der Organisation einer Personalabteilung steht eine Entscheidung: Soll sie als klassische Abteilung eingerichtet werden oder als modernes Netzwerk?

✔ Einerseits kann die Personalabteilung über *hierarchische Organisation* realisiert werden, also dadurch, dass klassische Leitungsstrukturen mit Anweisungen »von oben nach unten« eingerichtet werden. Hier wird dann von einer Personalleitung mehr oder weniger strikt vorgegeben, was zu tun ist. Die untergeordneten Mitarbeiter müssen diesen Anweisungen Folge leisten. Weisungs- und Verantwortungsbefugnisse sind klar definiert.

✔ Andererseits kann die Personalabteilung über *Marktmechanismen* als ein Kompetenznetzwerk gestaltet werden. Wer welche Aufgabe übernimmt, wird gemäß dem Prinzip von Angebot und Nachfrage ausgehandelt, wobei die kompetentesten Anbieter zum Zuge kommen. Also muss Personalarbeit nicht immer nur von Mitarbeitern der Personalabteilung erledigt werden, es könnte auch ein Marketingmitarbeiter eine Aufgabe des Personalmarketings übernehmen – und dafür auch entlohnt werden. Je verteilter die Aufgaben des Personalmanagements sind, desto notwendiger wird es, sie später für die Auftraggeber wieder zu einer verständlichen Leistung zusammenzuführen.

Die Aufgabe des Personalmanagements besteht vor allem darin, der Personalabteilung diese grundlegenden Prinzipien bewusst zu machen und sie darin zu schulen, neue und zeitge-

mäße Wege in der Konzeption der Personalarbeit beschreiten zu können. Ein wenig marktlicher Wettbewerb mit »Angebot und Nachfrage« zur Bewältigung der Personalaufgaben muss nicht von vornherein verkehrt oder gar schlecht sein.

Die Kommunikation in der Personalabteilung

Die Effektivität der Personalabteilung hängt von ihrer internen Kommunikation ab. Zunächst kann die Personalabteilung bestimmen, welche Kommunikationswege sie in welcher Intensität nutzen möchte:

✔ Bei der Kommunikation »von oben nach unten« werden von der Personalleitung Informationen und Arbeitsanweisungen an die Mitarbeiter der Personalabteilung weitergegeben, häufig sogar über schriftliche oder elektronische Medien verteilt. Hierbei kann es schwierig werden, wenn die Informationsmenge zu groß wird oder die Informationen erst mit Verspätung bei den Mitarbeitern ankommen.

✔ Bei der Kommunikation »von unten nach oben« geben Mitarbeiter der Personalabteilung ihre Meinungen, Statusmeldungen und Informationen zur Personalleitung weiter. Diese Art der Kommunikation lebt vor allem von der guten Beziehung zwischen den Mitarbeitern der Personalabteilung und der Personalleitung, denn wenn hier kein Vertrauen herrscht, trauen sich die Mitarbeiter nicht, kritische oder unbequeme Informationen weiterzugeben. In einem solchen Fall würde die Personalleitung nur ein gefiltertes Bild der Realität erhalten.

✔ Bei der Kommunikation »auf der gleichen Ebene« informieren sich die Mitarbeiter der Personalabteilung gegenseitig. Seltener ist die Information auf Mitarbeiterebene über Abteilungsgrenzen hinweg.

Traditionell dominiert in Personalabteilungen die Kommunikation »von oben nach unten«. Mit der Verbreitung elektronischer Medien haben aber auch die beiden anderen Kommunikationswege an Bedeutung gewonnen. Da in einer Personalabteilung nur wenige Hierarchieebenen bestehen, sind die organisatorischen Kommunikationsbarrieren eher gering.

 Häufig beklagen Mitarbeiter der Personalabteilung eine zu späte Information. Die Personalleitung meint, dass Informationen erst dann sinnvoll sind, wenn Entscheidungen getroffen seien. Doch gerade in der Personalabteilung ist auch die Kommunikation vorläufiger, noch nicht entschiedener Informationen wichtig. Denn die Mitarbeiter der Personalabteilung werden ja ihrerseits mit Gerüchten der übrigen Mitarbeiter des Unternehmens konfrontiert, auf die sie dann im Sinne der Unternehmensinteressen angemessen reagieren müssen.

Schließlich gibt es Kommunikationsbarrieren auf der zwischenmenschlichen Ebene. Wie überall in Gruppen mangelt es manchmal an der Bereitschaft zuzuhören, an Vertrauen oder an der Offenheit für Neues und Veränderung. Zudem wirken sich auch persönliche Konflikte, feindselige Einstellungen unter Kollegen oder schlicht die geistige Inflexibilität (die Welt wird nur schwarz oder weiß gesehen, nicht aber in den vielen möglichen Grautönen) auf die Kommunikation innerhalb der Personalabteilung aus. Wenn die interne Kommunikation schon nicht funktioniert, wie sollen dann erst die Kommunikation, die alle Mitarbeiter in das Unternehmensgeschehen einbinden will, oder gar die interkulturelle, stand-

ort- und länderübergreifende Kommunikation gelingen? Das Personalmanagement kann mit Problemsensibilisierung und Schulungen darauf hinwirken, dass solche Konflikte die Effektivität der Personalarbeit nicht langfristig beeinträchtigen.

 Selbst wenn es auf den ersten Blick eigenartig wirkt: Das Personalmanagement kann auch die Personalabteilung als seinen Kunden begreifen. Das Personalmanagement kann so handeln, dass es neben den Interessen vieler anderer auch die eigenen Interessen in den Vordergrund stellt. Ein existenzielles Interesse ist die Institutionalisierung als stabile Abteilung. Mit den Bedürfnissen der Personalabteilung sind nicht alleine die Bedürfnisse des Personalchefs gemeint. Auch die Mitarbeiter der Personalabteilung sind die »Kunden in eigener Sache«. Damit stellen sich zwei zentrale Fragen: Wie bringt das Personalmanagement die Personalabteilung in Schwung – und was will die Personalabteilung als »Kunde« vom Personalmanagement, damit sie optimal arbeiten kann und eine Perspektive im Unternehmen bekommt?

Aktivierung der Personalabteilung durch das Personalmanagement

Die Aktivierung der Personalabteilung durch das Personalmanagement erfolgt durch die Abfrage der Situation der dort beschäftigten Mitarbeiter. In dieser Selbstbetrachtung stehen die gleichen Aspekte im Vordergrund, die auch für alle anderen Mitarbeiter gelten würden:

✔ Ist die Personalabteilung zahlenmäßig und qualitativ so mit Mitarbeitern ausgestattet, dass sie ihre Aufgaben erledigen kann?

✔ Sind die Mitarbeiter der Personalabteilung so motiviert und engagiert, so integriert in die Unternehmensprozesse und so langfristig an das Unternehmen gebunden, dass einer kontinuierlich guten Arbeit nichts im Wege steht?

✔ Wird das Potenzial mit vertretbaren Personalkosten »erkauft« und wird mit dem Potenzial eine angemessene Leistung erzielt?

Hinzu kommen vor allem Prüffragen, mit denen das Bewusstsein auf die Bedeutung der Personalarbeit gelenkt wird:

✔ Hat die Personalabteilung ein gemeinsames Leitbild und damit eine verbindliche gemeinsame Sicht, wie Personalarbeit ausgerichtet werden soll?

✔ Sind die personalwirtschaftlichen Instrumente, mit denen die Personalabteilung arbeitet, als feste Bestandteile mit allen übrigen Unternehmensprozessen verzahnt?

✔ Hinterfragt die Personalabteilung, wie lange es dauert, bis sich ihre Personalarbeit im Einzelnen rechnet?

✔ Übernimmt die Personalabteilung bewusst die Verantwortung für ihre Personalarbeit, lässt sie sich an den Ergebnissen messen und ist sie bereit, entsprechende Zielvereinbarungen einzugehen?

Es ist wichtig, sowohl die Stärken und Chancen als auch die Schwächen und Risiken zu kennen, die die Personalabteilung insgesamt verspürt. Methodisch bieten sich hierfür speziell auf die Mitarbeiter der Personalabteilung zugeschnittene Einzelinterviews oder – bei einer ausreichend großen Personalabteilung – eine Mitarbeiterbefragung in der Personalabteilung an.

Dienstleistungen des Personalmanagements für die Personalabteilung

Was das Personalmanagement für die Personalabteilung tun kann, lässt sich mit dem Professionalisierungsmodell des Personalmanagements durchdenken:

✔ **Differenzierung in eigener Sache:** Das Personalmanagement kann sich Gedanken darüber machen, wie es die am besten geeigneten Mitarbeiter für die Personalabteilung bekommt. Hierzu sind fachkompetente Personen notwendig, die gleichzeitig sozialkompetent sind. Allerdings kommt es je nach zu erledigender Aufgabe auf die passende Mischung der Kompetenzen an. Nicht jede personalwirtschaftliche Aufgabe verlangt das gleiche Maß an Sozialkompetenz, beispielsweise benötigen Schnittstellenpositionen zum Finanz- und Rechnungswesen, wie sie das Personalcontrolling besetzt, ein hohes Maß an spezifischer Fachkompetenz. Geeignete Mitarbeiter für die Personalabteilung sind daher nicht automatisch nur solche, die »immer schon was mit Menschen« machen wollten.

✔ **Kontinuität in eigener Sache:** Das Personalmanagement kann sich überlegen, wie es die Personalabteilung im Hinblick auf deren Glaubwürdigkeit unterstützt. Zu arbeiten ist einerseits an der langfristigen inhaltlichen Orientierungslinie des Personalmanagements. Andererseits ist es notwendig, die Mitarbeiter so mit Entscheidungsbefugnissen auszustatten, dass sie im Unternehmen als handlungsfähig erscheinen können. Sie brauchen an einigen Stellen beispielsweise das Recht, Entscheidungen anderer Abteilungen aufzuhalten oder zu verhindern (Vetorecht), wenn sie damit der langfristigen Personalpolitik im Unternehmen Geltung verschaffen.

✔ **Expertise in eigener Sache:** Das Personalmanagement kann dafür sorgen, dass die Mitarbeiter die Aufgaben verstehen. Hierbei geht es um den Erwerb von Fachkompetenz in Theorie und Praxis. So kann die Personalabteilung Mitarbeiter, die ins Ausland entsandt werden sollen, bereits dann betreuen, wenn sich der Betreuer das notwendige Wissen selbst aneignet. Besser sollte eine solche Betreuung allerdings funktionieren, wenn der Betreuer eine entsprechende Fortbildung besucht. Das Optimum ist sicherlich dann erreicht, wenn der Betreuer darüber hinaus selbst bereits einmal ein paar Monate in der Auslandsgesellschaft verbracht und die Entsendung am eigenen Leib erfahren hat. Allerdings geht es nicht allein um personalwirtschaftliches Wissen. Die Mitarbeiter der Personalabteilung sollten auch wissen, womit und wie genau ihr Unternehmen Geld verdient, damit sie sich in die Arbeitswirklichkeit hineindenken können.

✔ **Governance in eigener Sache:** Das Personalmanagement kann die Positionierung der Personalabteilung im Gefüge des Unternehmens klären. Diese Position ist dann bedeutsam, wenn sie eigene Entscheidungen treffen, andere Abteilungen beeinflussen und wenn sie sogar überschaubare Risiken eingehen darf. Die Unternehmensleitung wird diese Positionierung genehmigen, wenn sie erkennt, dass die so aufgestellte Personalabteilung

zur Wertschöpfung des Unternehmens beiträgt und dass sie über ihre Erfolge auch Bericht erstatten kann.

Auf dieser Basis kann das Personalmanagement dann Dienstleistungen für die Personalabteilung erbringen.

Dienstleistung »Bürokratieabbau«

Der Begriff Bürokratie ist eher negativ belegt: »Irgendeine Verwaltung gibt mal wieder Regelungen vor, ohne ausreichend Ahnung von der Sache zu haben.« Dabei haben bürokratische Regelungen ihre Berechtigung. Unter anderem tragen sie dazu bei, dass allgemeingültige, gemeinschaftlich nützliche Regelungen getroffen werden und dass verschiedene Akteure gleichbehandelt werden. Bürokratie schafft also Planungssicherheit. Dennoch schaffen bürokratische Regelungen auch neue Hürden und schränken Handlungsfreiheiten ein.

Das Personalmanagement sucht gezielt nach den unternehmensinternen und unternehmensexternen bürokratischen Vorschriften. Ein Suchraster fragt zunächst, wo genau die Bürokratie entsteht: als (regionale, nationale oder europäische) Gesetzgebung, als Verwaltungsakt einer Behörde oder selbst gemacht im Unternehmen. Dann geht das Personalmanagement wie folgt damit um:

✔ Externe Vorschriften respektiert es zunächst und beachtet sie, um Strafen im Fall des Nichtbefolgens zu vermeiden. Das Personalmanagement kann sich zudem auf politischer Ebene dafür engagieren, dass nicht (mehr) benötigte Bürokratie abgebaut wird.

✔ Interne Vorschriften stellt es regelmäßig auf den Prüfstand mit dem Ziel, sie möglichst zu reduzieren. Jede neue interne Vorschrift könnte mit einem Verfallsdatum versehen werden, nach dessen Ablauf die Vorschrift erlischt, sofern nicht zuvor der Nachweis erbracht wurde, dass die Regelung noch notwendig ist. Auch bietet es sich an, vor dem Erlassen neuer interner Regelungen jeweils zwingend eine Kostenfolgeabschätzung zu verlangen, um so kostspieligen oder sinnlosen Vorschriften vorzubeugen.

Insgesamt versucht es, in der Personalabteilung und im Unternehmen das Prinzip durchzusetzen, nachdem nicht immer alles abschließend geregelt werden muss, sondern nur das Notwendigste: »so wenig wie möglich, so viel wie nötig«.

Weitere Dienstleistungen des Personalmanagements für die Personalarbeit sind die Qualitätssicherung, beispielsweise unter Nutzung standardisierter Zertifizierungen oder Qualitätsmanagementsystemen, sowie die ständige Überprüfung der Struktur auf Reorganisationsbedarf hin.

Die Leistungsfähigkeit der Personalabteilung wird davon beeinflusst, wie sie ihre Ressourcen nutzt. Wenn sich die personalwirtschaftlichen Prozesse über das ganze Unternehmen verteilen, können Systeme der Prozessautomatisierung die Personalabteilung in Fragen der Einbindung von Führungskräften und Mitarbeitern entlasten.

Eine bislang vernachlässigte Problematik betrifft die vielen Projekte im Unternehmen, die wie selbstverständlich und ohne besondere Vereinbarung auf die Ressourcen der Personalabteilung und anderer unterstützender Einheiten zugreifen. Eine übergeordnete Steuerung, das Multiprojektmanagement, macht mithilfe von Software sichtbar, welche Projekte welche Ressourcen unterstützender Einheiten nutzen wollen, und gleicht die Bedarfe mit den vorhandenen Kapazitäten ab. Sollten die Kapazitäten nicht ausreichen, bestimmt das Multiprojektmanagement die Reihenfolge der Projekte und versucht, die Ressourcen optimal auszulasten. Das Personalmanagement stellt sicher, dass das Multiprojektmanagement die Belange der Personalabteilung berücksichtigt, damit es weder zu Projektverzögerungen im Unternehmen noch zur Überlastung einzelner Mitarbeiter in der Personalabteilung kommt.

Ethik für das Personalmanagement

Genau wie die Gesellschaft von Unternehmen eine ethische Unternehmensführung einfordert, haben die Unternehmen und ihre Mitarbeiter den Anspruch an das Personalmanagement, ethisch zu handeln. Dabei ist die Befolgung gesetzlicher und freiwilliger Regelungen, die sich auf eine ethische Unternehmensführung beziehen und unter dem Begriff Compliance bekannt sind, nur das Minimum dessen, was eine ethische Unternehmensführung für das Personalmanagement bedeutet. Es geht um ein Ethos des Personalmanagements, also darum, bewusst in einer Gesinnung handeln zu wollen, die durch sittliche Werte geprägt ist.

Unternehmen kennen die Risiken einer unethischen Unternehmensführung und versuchen, die Chancen ihrer ethischen Unternehmensführung auf ihren Märkten für Güter, Dienstleistungen, Arbeit und Information auszuspielen. Unternehmen, die sich nach innen und nach außen den Anschein von »ethisch handelnd« geben können, erwarten hierdurch sogar Wettbewerbsvorteile gegenüber den Unternehmen, die dies nicht tun.

Die Richtungen der ethischen Unternehmensführung sind vielfältig, konzentrieren sich aber immer wieder auf drei Aspekte:

✔ *Inhaltsaspekt:* Ethisches Verhalten zeigt sich im Hinblick auf ökologische, soziale und ökonomische Verantwortung. So muss der ökologische Fingerabdruck des Unternehmens mit der gesellschaftlichen Verantwortung gegenüber der lokalen, regionalen, nationalen und globalen Umwelt sowie mit der Erhaltung der wirtschaftlichen Langfristperspektive des Unternehmens in Einklang gebracht werden.

✔ *Richtungsaspekt:* Ethisches Verhalten zielt nicht nur aus dem Unternehmen heraus auf die Unternehmensumwelt, sondern genauso intensiv in das Unternehmen hinein zu den Mitarbeitern.

✔ *Verantwortungsaspekt:* Ethisches Verhalten eines Unternehmens wird sowohl von jedem Einzelnen als auch durch das Kollektiv der am Unternehmen Beteiligten verantwortet.

Personalmanagementethik formulieren

Das Unternehmen benötigt eine unternehmensweite Ethikstrategie – und diese wird durch die Unternehmensleitung formuliert. Entscheiden können Unternehmensleitung und Personalmanagement gemeinsam, welche Idee von Ethik im Vordergrund stehen soll:

✔ eine Freiheitsethik, die individuelle Spielräume jedes Einzelnen vergrößert,

✔ eine Nutzenethik, die versucht, möglichst vielen eine möglichst große Zufriedenheit zu verschaffen, ohne anderen zu schaden,

✔ eine Verhaltensethik, die ethische Maßstäbe setzt und zur Befolgung aufruft, oder

✔ eine Verantwortungsethik, die aus der Vernetzung mit anderen die Verantwortung für deren Wohlergehen ableitet.

Das Personalmanagement unterstützt die Formulierung der Ethik, indem es insbesondere mit Blick auf die Personalressource

✔ die positiven Effekte der verfolgten Geschäfts- und Personalstrategie mit den möglichen Schädigungen, die mit ihr einhergehen, abwägt und auszubalancieren versucht,

✔ den ethisch bedeutsamen Anforderungen der Mitarbeiter eine Stimme verleiht,

✔ die Auswirkungen der Personalarbeit auf die Unternehmensreputation ins Spiel bringt und

✔ die Aufmerksamkeit auf die ethische Verantwortung jedes einzelnen Entscheiders lenkt.

Daher formuliert das Personalmanagement eine Managementethik als Teil der Unternehmensethik, die herausstellt, dass jeder Einzelne, der im Rahmen des Personalmanagements handelt, verantwortlich für das ethische Auftreten des gesamten Unternehmens ist.

Die Personalmanagementethik ist das wertebezogene Dach der nachhaltigen Personalarbeit. Sie nimmt das Personalmanagement in die Pflicht, sozial verantwortlich zu handeln, insbesondere im Hinblick auf die Belange der Mitarbeiter – hier ist das englische Schlagwort die *Corporate Social Responsibility*. Kern hiervon ist die Aussage, dass die Mitarbeiter in ihrer Würde respektiert und nicht als Mittel zum Zweck behandelt werden sollen. Darüber hinaus nimmt sie die Mitarbeiter in die Pflicht, sich als »verantwortliche Bürger« ihres Unternehmens zu verhalten, was mit dem Schlagwort der *Corporate Citizenship* umschrieben wird. Kern hiervon ist die »goldene Regel«, die in vielen Formulierungen existiert und als Gegenseitigkeitsprinzip jeden Einzelnen dazu auffordert, gegenüber anderen so zu handeln, wie man selbst behandelt werden will. Diese goldene Regel begründet, wenn sie festgeschrieben und akzeptiert wird, eine persönliche Verantwortung für ethisches Handeln.

Im Einzelnen besteht die Personalmanagementethik aus zwei Bestandteilen:

✔ **Ethische Grundprinzipien:** Sie beschreiben recht allgemein die ethische Grundposition für das Personalmanagement. Was ist das als angemessen empfundene Verhalten von Mitarbeitern des Personalmanagements als Einzelperson sowie als Abteilung? Was sind

die Kernwerte des Personalmanagements, die wichtigsten Anspruchsgruppen der Personalarbeit, wie sollen die ethischen Prinzipien überprüft werden und in welchen Intervallen soll über die ethischen Vorgaben diskutiert werden?

✔ **Verhaltensgrundsätze:** Sie beschreiben die Verantwortlichkeiten der Mitarbeiter des Personalmanagements gegenüber dem Gesetz und dem Unternehmen, die durch Einbezug in die Arbeitsverträge eine bindende Wirkung bekommen können. Geregelt werden hier zum Beispiel der Umgang mit Mobbing und Diskriminierung, die Bewältigung von Interessenkonflikten, Regelungen zur Korruption und die entsprechenden Toleranzgrenzen, Verschwiegenheitspflichten, der private Umgang mit Unternehmensressourcen wie Internet oder Telefon sowie weitere Verantwortlichkeiten gegenüber dem Unternehmen.

Beides zusammen sind interne Dokumente, die sich an alle Mitarbeiter der Personalabteilung richten. Wichtig für die Wirkung ist die Unterstützung durch die Personalleitung und durch die Unternehmensleitung. Einige Unternehmen versehen daher die ethischen Grundprinzipien mit einem persönlichen Anschreiben aus der Unternehmensleitungsebene.

Welche Vorteile ergeben sich für das Unternehmen aus einer formulierten Personalmanagementethik?

✔ Alle Mitarbeiter werden ermächtigt, ethisches Verhalten in den Vordergrund zu rücken und sich hierzu unternehmensintern wie auch unternehmensextern zu bekennen und – was noch viel mehr zählt – sich auch entsprechend ethisch zu verhalten. Dies wirkt sich positiv auf das Arbeitsklima, die Unternehmenskultur und das Unternehmensimage aus.

✔ In dem Maße, wie es Personalmanagementethikregeln gibt, können alle Mitarbeiter der Personalabteilung, aber auch die Führungskräfte, für ein Fehlverhalten verantwortlich gemacht und zur Rechenschaft gezogen werden.

✔ In dem Maße, wie die Ethikregeln auch mit dem Anreizsystem des Unternehmens korrespondieren (dieses also nicht ausschließlich auf quantitative Gewinnsteigerung ausgerichtet ist), ziehen diese solche Mitarbeiter an, die in einem guten Umfeld eine gute Leistung erbringen wollen, was die Unternehmensentwicklung nachhaltig stärkt.

Insgesamt hilft die Personalmanagementethik dem Unternehmen dabei, die Aufmerksamkeit im Rahmen des täglichen Handelns auf ethische Aspekte zu lenken.

Ethikbarrieren abbauen

Viel spannender, als immer nur auf die personalmanagementethischen Grundforderungen hinzuweisen, ist es, wenn das Personalmanagement Hindernisse beseitigt, die ein ethisches Verhalten hemmen. Dabei hat es viele Möglichkeiten:

✔ Es stellt heraus, dass ethisches Verhalten und das Streben nach Erfolg keine natürlichen Gegensätze sind, sondern miteinander vereinbart werden können, und nimmt auf die Einarbeitung neuer Mitarbeiter Einfluss, damit unethische Praktiken von vornherein geächtet werden. Dabei thematisiert es auch Egozentrik und die Suche nach persönlichem Erfolg um jeden Preis als nicht zur Unternehmenskultur passende Verhaltensweisen.

✔ Es achtet darauf, dass Mitarbeiter nicht zu stark in Hierarchien und Gruppen eingebunden werden, bei denen eine übersteigerte Loyalität den Widerstand gegen mögliches ethisches Verhalten verstärkt.

✔ Es weist Mitarbeitern im Rahmen der Stellenbesetzung Zuständigkeiten auch für ethische Entscheidungen zu und versucht, eine zu kleinteilige Arbeitsteilung zu vermeiden, bei der jeder Mitarbeiter die Verantwortung für ethisches Verhalten abwälzen könnte.

✔ Es stellt sich der Mentalität entgegen, dass im Unternehmen kein Staub aufgewirbelt werden dürfe, und unterstellt ethische Fragen einer unabhängigen, gegebenenfalls unternehmensextern erfolgenden Kontrolle.

✔ Es legt eigene Aktivitäten zur Durchsetzung ethischen Verhaltens, aber auch eigene Fehler, offen und bemüht sich um ein auf Langfristigkeit ausgerichtetes und in sich konsistentes Verhalten.

Damit trägt das Personalmanagement dazu bei, dass seine Ethik glaubwürdig wirkt.

Mitarbeiter, die sich in einer für sie schwierigen Situation ethisch verhalten haben, können vom Personalmanagement gelobt und für alle anderen Mitarbeiter sichtbar ausgezeichnet werden. Dies ist ein Signal für die Bedeutung, die das Personalmanagement seiner ethischen Grundposition beimisst.

Ethiktraining konzipieren

Ein Ethiktraining besteht – neben der Vermittlung der ethischen Prinzipien – aus der Einübung von ethischen Problemlösungstechniken. Dies geschieht insbesondere anhand der Diskussion von Entscheidungsfällen, die eine ethische Problematik enthalten. So können die Mitarbeiter Selbstvertrauen in ethischen Fragen erwerben. Darüber hinaus wird vermittelt, wo und wie die Mitarbeiter in ethischen Zwickmühlen Entscheidungshilfe im Unternehmen finden können.

Ethische Prinzipien sind nicht um ihrer selbst willen da, sie müssen sich im täglichen Verhalten niederschlagen. Ein Ethiktraining ist daher nicht darauf ausgerichtet, die persönlichen Werte der Mitarbeiter zu verändern. Es dient vielmehr dazu, Wege aufzuzeigen, wie das individuelle Verhalten an die ethischen Prinzipien des Unternehmens angepasst werden kann.

Ethik lässt sich im Arbeitskontext anhand konkreter Fälle diskutieren und trainieren: zum Beispiel unerlaubte Mitteilungen von Interna an die Presse, die Nutzung von Unternehmenseigentum für private Zwecke oder Schummeleien bei Kostenabrechnungen.

Trainiert werden auch die Verhaltensreaktionen, die Sie in Ihrer Rolle als Führungskräfte oder Mitarbeiter des Personalmanagements gegen unethisches Verhalten zeigen:

✔ Sie können zunächst mit der Person beziehungsweise den Personen sprechen, die durch das unethisch erscheinende Verhalten betroffen sind. Wie beurteilen diese Personen Ihre Wahrnehmungen? Brauchen sie Unterstützung? Können sie ermutigt werden, dem unethischen Verhalten selbstständig entgegenzutreten?

✔ Sie können dann das unethische Verhalten den zuständigen Führungskräften zur Kenntnis bringen und einer Lösung zuführen.

✔ Sie können eine offizielle Meldung an die Stelle im Unternehmen machen, die für ethisches Fehlverhalten zuständig ist. Dies kann das Personalmanagement sein, aber auch ein Ethikbeauftragter. Ein Unterstützungspartner ist auch der Betriebsrat.

✔ Sie können außerhalb des Unternehmens nach Rat und Unterstützung suchen, zum Beispiel bei Supervisoren, Organisationen wie Gewerkschaften oder Spezialisten wie Fachanwälten für Arbeitsrecht.

In jedem Fall braucht es Ihren persönlichen Mut, um sich gegen unethisches Verhalten zu stellen.

Kernfragen des Personalmanagement-Ethikaudits

✔ Befolgt das Personalmanagement seine Wertmaßstäbe und seine Personalmanagementethik?

✔ Kann das Entscheiden und Handeln der Mitarbeiter des Personalmanagements als ethisch bezeichnet werden?

✔ Gibt es Abweichungen zwischen Personalmanagementethik in Konzeption und praktischer Umsetzung, sind die personalmanagementethischen Vorgaben durch die Mitarbeiter der Personalabteilung umsetzbar?

✔ Gibt es Interessenkonflikte zwischen den Interessen des Personalmanagements und den Interessen einzelner Mitarbeiter im Personalmanagement?

✔ Fühlen sich die Mitarbeiter des Personalmanagements den Unternehmenswerten und den ethischen Vorgaben der Personalmanagementethik verpflichtet?

✔ Sind den Mitarbeitern des Personalmanagements der Ruf des Unternehmens sowie ihr eigener Einfluss darauf bewusst?

✔ Werden die Vorgaben der Vertraulichkeit im Personalmanagement gewahrt?

✔ Verhalten sich die Mitarbeiter im Personalmanagement gemäß den Nichtdiskriminierungsvorgaben?

✔ Sind die Systeme im Personalmanagement, die ein ethisches Verhalten unterstützen sollen, tragfähig genug?

✔ Dürfen Entscheidungen des Personalmanagements aus ethischer Sicht infrage gestellt werden?

✔ Funktionieren die Beschwerdestellen für Ethikfragen?

✔ Stellt das Personalmanagement ein angemessenes Ethiktraining bereit, das alle Mitarbeiter des Personalmanagements erreicht?

Ethikaudit einrichten

Es ist eine zentrale Aufgabe des Personalmanagements im Hinblick auf ethisches Verhalten im Unternehmen und des Unternehmens, die Einhaltung der Personalmanagementethik regelmäßig zu überprüfen. Man nennt dies *Ethikaudit*, wenn nach Schwachstellen, Lücken und Verbesserungspotenzialen des ethischen Systems im Unternehmen gesucht wird. Dies kann sich speziell auf die Personalmanagementethik beziehen.

Green HRM

Auch die Themen Nachhaltigkeit, unternehmerische Verantwortung und Umweltorientierung sind inzwischen Bestandteil des Personalmanagements. In den Unternehmen setzt sich die Erkenntnis durch, dass auf Nachhaltigkeit ausgerichtete Aktivitäten notwendig sind und Nutzen stiften können: sei es unternehmensintern, angefangen bei ethischem Führungsverhalten über humane Arbeitsbedingungen bis hin zur ökonomischen Humankapitalerhaltung, sei es unternehmensextern, beginnend mit Transparenz und offener Kommunikation über Fairness und Umweltschutz bis hin zur Produktqualität.

Nachhaltigkeit hängt an den Mitarbeitern

Bei allen Bekenntnissen wird Nachhaltigkeit in der Unternehmenswirklichkeit häufig nicht engagiert genug umgesetzt. Nicht besonders glaubwürdig wirkt es beispielsweise, wenn sich Unternehmen lediglich auf gesetzlich geforderte Nachhaltigkeitsaktivitäten beschränken. Doch seitdem die Vereinten Nationen und auch die Europäische Union den Druck auf einzelne Länder und diese wiederum auf ihre privatwirtschaftlichen Unternehmen erhöht haben, sich mit Nachhaltigkeit zu beschäftigen, hat sich als Minimalstandard ein Dreiklang herausgebildet:

✔ Schutz der *ökologischen* Umwelt,

✔ Sicherung der *ökonomischen* Nachhaltigkeit,

✔ Übernahme der *sozialen* Verantwortlichkeit.

Eine organisationale Verankerung des Nachhaltigkeitsmanagements im Unternehmen kann an verschiedenen Stellen im Unternehmen ansetzen, so an der Unternehmensleitung, an der Organisationsabteilung oder der Personalabteilung.

Letztlich liegt das erfolgreiche Leben von Nachhaltigkeit in Unternehmen aber an den Personen, die sie wahrnehmen – unabhängig von der betrieblichen Funktion. Diese Personen müssen in der Lage sein, das unscharfe Leitbild der Nachhaltigkeit und die unverbindlichen Handlungsansprüche für sich und andere in konkretes, verbindliches Handeln zu übersetzen und Widersprüche auszuräumen. Es reicht nicht aus, die Verantwortung für ein nicht nachhaltiges Handeln zwischen der Unternehmensleitung, »dem Markt« und den Mitarbeitern hin- und herzuschieben. Und fatal ist es, wenn der Fisch vom Kopf her stinkt – wenn Personalleiter also die Einstellung haben, dass sie selbst nicht nachhaltig handeln müssen und dies frühestens ein Thema für ihre Nachfolger werden wird. Dies ist ein Fall für die Unternehmensleitung.

Personalmanagement wird grün

»Green HRM« – also umweltorientiertes Human Resource Management beziehungsweise Personalmanagement – ist der an der Personalfunktion ansetzende Weg, Nachhaltigkeit mit dem Schwerpunkt auf Ökologie als Denk- und Handlungsrahmen in Personen zu verankern. »Grünes Personalmanagement« wird in zwei Richtungen gedacht:

✔ Green HRM bezeichnet eine »grüne«, umweltorientierte Personalarbeit, die ökologisch orientiert ist, die sich darüber hinaus aber auch auf Nachhaltigkeit ausrichtet. Diese Personalarbeit trägt zur Erhaltung der personalwirtschaftlichen Substanz des Unternehmens bei.

✔ Green HRM beeinflusst weitere Personen, die ihrerseits Entscheidungen treffen, in Richtung auf umweltorientiertes Verhalten. Damit verbreitet Green HRM das Nachhaltigkeitsbewusstsein im Unternehmen.

Damit kommt dem Personalmanagement als Träger des Green HRM eine wichtige Doppelrolle zu.

Umweltorientiertes Personalmanagement ist auf drei Ebenen zu finden:

✔ Auf der untersten Ebene der *Praktiken* geht es um Verhaltensweisen einer Umweltorientierung wie zum Beispiel Abfallvermeidung und Recycling, aktive Energieeinsparungen, Klimaschutz durch Verminderung des »CO_2-Fußabdrucks« (Carbon Footprint) der Produkte und Prozesse sowie – stärker personalwirtschaftlich – um die Vorgabe ökologischer Ziele im Rahmen der leistungsorientierten Entlohnung, die bewusste Rekrutierung von Mitarbeitern mit ökologischem Bewusstsein oder eine unternehmensbezogene Berichterstattung mit Umweltbezug.

✔ Auf der mittleren Ebene der *Strukturen* werden organisationale und personalwirtschaftliche Lösungen eingerichtet, die einen Handlungsrahmen für umweltorientiertes Handeln und Führen bilden, zum Beispiel Konzepte wie das »Grüne Büro«, das eine nachhaltige Arbeitsgestaltung auf Verhalten, Gebäude, IT und Arbeitsplatz bezieht und sich beispielsweise im »papierlosen Büro« konkretisiert, in dem kein Schriftstück mehr ausgedruckt wird, wenn es sich im Computer speichern und bearbeiten lässt.

✔ Auf der übergeordneten Ebene der *Systeme* werden alle Prozesse und Vorgaben der Unternehmenspolitik sowie Unternehmenskultur betrachtet, die das Verhalten des Unternehmens und aller seiner Mitglieder auf den nachhaltigen Schutz der natürlichen Umwelt ausrichten, also beispielsweise eine betriebliche Umweltschutzpolitik, eine umweltorientierte Personalentwicklung oder ein umweltbezogenes Qualitätsmanagementsystem.

Aus dieser Ebeneneinteilung folgt, dass Lernen von Green HRM auf unterschiedlich abstrakten Vermittlungsebenen erfolgen muss, vom konkreten Fachinhalten und Handlungen über Strukturen bis zu übergeordneten Systemen.

Üblicherweise werden zwei Handlungskategorien im Green HRM genannt:

✔ Schadenvermeidendes Handeln (*preventive*) verhindert, dass ökologische Schädigungen eintreten, und konzentriert sich auf Umweltschutzverhalten, die verantwortliche Einhaltung von Normen und auf das Sicheinrichten auf die Belange der natürlichen Umwelt.

✔ Umweltfreundliches Handeln (*promotive*) geht einen Schritt weiter und versucht, das umweltorientierte Personalmanagement weiterzuentwickeln, beispielsweise durch eine Übernahme einer Pionierrolle in Umweltfragen, durch die Suche nach umweltfreundlichen Lösungen sowie durch das bewusste Eingehen von Risiken, wenn sich gleichzeitig die Chance zur Generierung ökologischen Nutzens ergibt.

Der Nutzen ergibt sich aus einer ressourcenschonenderen Arbeitsweise des Unternehmens, dann aber auch daraus, dass das Personalmanagement indirekt sogar auf die Bewahrung der ökologischen Umwelt einwirken kann. Das Personalmanagement kann dazu beitragen, dass ein möglichst vollständiges, »reifes« Green HRM im Unternehmen entsteht. Hierzu hat es mehrere Ansatzpunkte:

✔ Es kann die *Führungskräfte* sensibilisieren, dass diese in der Praxis der täglichen Arbeit eine auf Nachhaltigkeit und Umweltverträglichkeit ausgerichtete Unternehmensführung vorleben, und ihnen verdeutlichen, dass das umweltbezogene Verhalten von Unternehmen für Mitarbeiter und Bewerber ein latenter Imagefaktor ist, der die Wahl des Arbeitgebers sowie die Mitarbeiterbindung beeinflusst.

✔ Es kann die *Mitarbeiter* auf den Wert einer berufsbezogenen Nachhaltigkeitskompetenz sensibilisieren, ihnen gezielt Green HRM-Kompetenzen vermitteln und sie zur Umsetzung dieser Kompetenzen ermutigen.

✔ Es kann *Bewerber* dahingehend auswählen, dass diese ökologische Sensibilität bereits in das Unternehmen mitbringen, was sich im Bewerbungsgespräch zeigt. Dort stellt das Unternehmen seine Position in Umweltfragen vor, fragt aber auch die Einstellung des Bewerbers hierzu ab.

✔ Zudem kann es in seiner *Kommunikation* umweltbezogene Themen verstärken, damit man einerseits intern über umweltbezogene Sachverhalte reden kann, damit andererseits extern wichtige Signale gesendet werden. So können bereits Stellenausschreibungen, Personalberichte und die Personalseite im Internet mit entsprechenden Umweltinformationen aufwarten.

Für das Personalmanagement ist die umweltorientierte Schulung von Mitarbeitern eine effektive Personalentwicklungsmaßnahme: Aus einer einmaligen Schulung ergibt sich in der Regel eine anhaltende Verhaltensänderung der Mitarbeiter, die auf längere Sicht auch die Unternehmenskultur in Richtung Nachhaltigkeit verändert. Aus relativ geringen Investitionen erwächst so eine große Hebelwirkung.

Es ist absehbar, dass Green HRM mehr ist als eine kurzfristige Mode, in deren Rahmen mittels »Greenwashing« alles einen oberflächlich grünen, umweltfreundlichen Anstrich erhält. Die realen Probleme mit Umwelt- und Klimaschutz werden die Menschheit auch weiter intensiv beschäftigen, sodass entsprechende Nachhaltigkeitskompetenzen zur Lösung dieser Probleme zukünftig eher stärker nachgefragt werden dürften. Green HRM ist eine Blaupause für jegliche Erörterung von Kompetenzstärkungen im Feld von Nachhaltigkeit und Corporate Social Responsibility.

Auslandsstandorte: Global trifft komplex

17

In diesem Kapitel ...

▶ Globalisierung begreifen

▶ Eröffnung eines Auslandsstandorts begleiten

▶ Auslandsentsendung gestalten

Dass Wettbewerb heutzutage global stattfindet, ist mittlerweile ein Allgemeinplatz. Fast alle mittelgroßen und kleineren Unternehmen (die großen sowieso) verkaufen ihre Leistungen im Ausland, beschaffen von dort ihre Vorprodukte und kooperieren mit weltweit angesiedelten Partnern. Das Personalmanagement spielt in diesem Zusammenhang eine besondere Rolle: Es organisiert die personellen Schnittstellen zu den Auslandsstandorten.

Dieses Kapitel nimmt sich die globale Vernetzung auf personeller Ebene vor. Dabei verfolge ich nach der Begriffsklärung zur Globalisierung eine Chronologie: Als Erstes beschreibe ich, welche Rolle das Personalmanagement einnimmt, wenn es die Eröffnung eines Auslandsstandorts begleitet. Erst danach beschreibe ich für Unternehmen, die diesen Schritt bereits hinter sich haben, wie sie die laufenden Probleme der internationalen Personalarbeit lösen können, etwa wenn sie Mitarbeiter ins Ausland schicken. Wenn schon der erste Schritt der Eröffnung samt Markteintritt im Ausland nicht funktioniert, sind Folgeprobleme für den zweiten Schritt des Tagesgeschäfts im Ausland vorprogrammiert.

Ich spreche nicht nur interkulturelle Probleme an, sondern stelle auch Lösungen für die internationale Personalarbeit vor. Sowohl international agierende Führungskräfte als auch die Mitarbeiter des Personalmanagements auf den Umgang mit verschiedenen Zeitzonen, Sprachen und Kulturen vorzubereiten und für die globale Zusammenarbeit zu entwickeln, ist hierbei die vornehmliche Aufgabe.

Was genau Globalisierung bedeutet

Globalisierung scheint auf den ersten Blick ein klarer Begriff zu sein: Ist damit nicht einfach nur gemeint, dass wir uns in einem System befinden, in dem Handelnde – also Länder, Unternehmen, Personen – wiederholt etwas mit dem Ausland zu tun haben?

In der Tat lässt es sich messen, welches Ausmaß grenzüberschreitende Handelsumsätze ausmachen: je mehr, desto globaler. Doch je nach Definition der Grenzen verändert sich das Ausmaß grenzüberschreitender Zusammenarbeit. Ist beispielsweise die Europäische Union noch »Ausland« oder nicht eigentlich schon so etwas Ähnliches wie »Inland«? Außerdem ist Ausland nicht gleich Ausland: So wurde in einer Studie gemessen, dass die Intensität von Handelsverbindungen zwischen Ländern beispielsweise von der Entfernung der Länder,

einer gemeinsamen Sprache oder einer gemeinsamen Zugehörigkeit zu einem ehemaligen Kolonialgebiet abhängt.

Globalisierung ist aber auch eine bewusst gewählte Strategie von Unternehmen, die sich von ihrer internationalen Geschäftätigkeit Erfolge versprechen, die sie ohne Globalisierung nicht hätten. Dies gilt nicht nur für Geschäftsmodelle, die tragfähiger werden können, wenn neue Märkte erschlossen oder wenn Wettbewerbsvorteile aus anderen Regionen der Welt genutzt werden sollen. Dies gilt auch für die Lebensentwürfe einzelner Personen, die es spannend finden, in Kontakt mit Personen anderer Kulturen zu kommen.

 Weil im Unternehmen verankerte Kulturmuster, etwa im Hinblick auf den Umgang mit Eigenem und Fremdem, mit Chancen und Risiken sowie mit Gewinnen und Verlusten, die Wahrnehmung der Chancen und Risiken von Auslandstätigkeiten prägen, ist es hilfreich, diese Kulturmuster aus dem Verborgenen hervorzuholen. Wie positiv oder negativ die Mitarbeiter Globalisierung finden, beeinflusst stark, wie sich die Mitarbeiter später im internationalen Arbeitszusammenhang verhalten werden. Die Prägung »Globalisierung ist gefährlich und wir sind ihre Opfer« kann erfolgreiches internationales Handeln blockieren. Daher ist es die Aufgabe des Personalmanagements, die Eigendynamiken der individuellen und kollektiven Identitätsbildung der Mitarbeiter zu beachten und hierüber mit ihnen in einen Dialog einzusteigen.

Die Globalisierung zeigt einen Handel zwischen allen Regionen der Erde, der auf den Absatz- und Beschaffungsmärkten so intensiv miteinander verzahnt ist, dass sich die wirtschaftlichen Abhängigkeiten von Ländern auch politisch auszahlen: Kriegerische Auseinandersetzungen lohnen sich dann nicht mehr, wenn ein Land damit gleichzeitig seine eigenen Investitionen zerstören würde.

Ruft man sich den langen Weg der Globalisierung gerade deutscher Unternehmen seit dem Zweiten Weltkrieg in Erinnerung, so wird deutlich, wie nachhaltig Deutschland die Phasen seines beginnenden Auslandsgeschäfts, seiner Positionierung in Europa und seiner Bewährung in diversen Wirtschaftskrisen bewältigt hat. Der deutsche Außenhandel weist kontinuierliche Exportüberschüsse auf, in deren Folge Deutschland sogar zeitweilig zum Exportweltmeister aufstieg. Offensichtlich müssen viele Menschen sehr kompetent gehandelt haben – und das Personalmanagement leistet hierzu in Unternehmen seinen Beitrag.

Eröffnung eines Auslandsstandorts: Vier personalwirtschaftliche Professionalisierungsimpulse

Der Schritt, einen Auslandsstandort zu eröffnen, wird traditionell unter Gesichtspunkten der Wahl der Absatzmarktstrategie betrachtet, die dem Unternehmen eine konkurrenzfähige und nachhaltig gewinnorientierte Wettbewerbsposition ermöglichen soll. Dazu muss das Unternehmen über die notwendigen Ressourcen verfügen: Neben Ressourcen wie Geld, Gebäude, Maschinen und Materialien rücken zunehmend die immateriellen Ressourcen, also die Marken, das Wissen und die Menschen, in den Blick.

Vor allem an den personellen Ressourcen hängt der Erfolg der Eröffnung (und später natürlich des weiteren Bestehens) des Auslandsstandorts, weil sie es sind, die die Unsicherheit des

neuen Umfelds bewältigen müssen. Daher ist die internationale Expansion eine strategische Aufgabe auch für das professionelle Personalmanagement.

Kulturelle Differenzierung

Die erste Herausforderung für das Personalmanagement setzt an der Kultur des Ziellandes an: Es müssen die spezifischen Besonderheiten berücksichtigt werden. Das Personalmanagement ist der ideale Akteur, um die interkulturellen Aspekte der neuen Schnittstelle mit einem anderen Land differenziert zu gestalten. Das Augenmerk kann hier auf zwei Aspekte gelegt werden: auf die Inhalte einer Personalarbeit im Ausland und auf den Prozess der kulturellen Vorbereitung der Mitarbeiter aus personalwirtschaftlicher Sicht.

Die interkulturelle Forschung, die sich mit Kulturunterschieden zwischen Ländern befasst, hat in den vergangenen Jahrzehnten vielfältige Beschreibungssysteme für kulturelle Charakteristika von Ländern hervorgebracht. So wurden ihre grundlegenden Kulturdimensionen, Verhandlungsstile oder landestypische Führungskulturen untersucht.

Für das Personalmanagement bedeutet ein strategischer Umgang mit Kulturunterschieden zwischen dem Heimatland des Unternehmens und dem Auslandsmarkt die Einsicht, dass viele kulturell-mentale Unterschiede bestehen, die sich auf die Gestaltung der Schnittstelle zum Auslandsstandort auswirken werden. Damit wird es auch ein weltweit einheitliches Personalmanagement nicht geben, eher verschiedene, durch lokale Faktoren beeinflusste Varianten.

Die Eröffnung eines Auslandsstandorts erfordert durch das professionelle Personalmanagement nun allerdings nicht nur, *dass* es sich überhaupt auf Kulturunterschiede einstellt, sondern gerade auch, dass es weiß, *wie* es sich und andere auf diese unterschiedlichen Gegebenheiten einstellt. Eine entscheidende Frage ist, wie Personalmanager mit kulturellen Unterschieden umgehen:

✔ Eine erste Gruppe von Personalmanagern geht davon aus, dass man sich an die im Ausland vorherrschende Kultur anpassen sollte, um nicht negativ aufzufallen.

✔ Eine zweite Gruppe von Personalmanagern sieht keine Veranlassung, von der kulturellen Prägung ihres Heimatlands abzuweichen. Ihre Vertreter passen sich nicht an andere kulturelle Gegebenheiten an, sondern nehmen lieber eine kulturelle Konfrontation in Kauf.

✔ Eine dritte Gruppe von Personalmanagern bewegt sich mit einem standardisierten Verhaltensmuster in jeglicher Fremdkultur, wobei typische Vertreter nicht tiefer in die kulturellen Besonderheiten des Auslandsmarkts einsteigen, sondern Kulturunterschiede wegdefinieren.

✔ Eine vierte Gruppe von Personalmanagern begreift Kulturunterschiede als Chance für eine bewusste Steuerung der Zielerreichung, instrumentalisiert die Kulturunterschiede zur Durchsetzung ihrer Unternehmensziele und generiert Wettbewerbsvorteile.

Während die ersten drei Gruppen die Chancen eines kulturkompetenten Handelns nicht ausschöpfen, orientiert sich die vierte Gruppe an der betriebswirtschaftlichen Strategielehre. Diese fordert von Unternehmen, nach Wettbewerbsvorteilen zu suchen und anders zu sein

als ihre Umwelt. Die vierte Gruppe kombiniert also kulturelle Anpassung mit wettbewerbsstrategischer Abgrenzung, obwohl sich beide Forderungen zu widersprechen scheinen.

Ein Personalmanager soll sich bewusst sein, wie er sich und andere auf einen bestimmten Auslandsstandort hin ausrichten soll, damit sowohl interkultureller als auch betriebswirtschaftlicher Erfolg eintreten kann. Dies lässt sich in drei Schritten verwirklichen:

✔ Zunächst muss er die kulturelle Funktionsweise eines Auslandsstandorts genau verstehen – und zwar, welche kulturellen Orientierungen dort in welcher Intensität vorherrschen. Nehmen Sie an, dort wären eine hohe Leistungsorientierung und eine hohe Unsicherheitsvermeidung sowie eine niedrige Qualitätsorientierung vorzufinden. Jetzt sollte er aber nicht reflexhaft auf die Kulturanpassung setzen.

✔ Er muss vielmehr nach Informationen suchen, aufgrund welcher kulturellen Orientierungen die am Auslandsstandort tätigen Unternehmen erfolgreich sind. Diese Zusammenhänge von Kulturorientierung und Unternehmenserfolg bilden drei mögliche Muster aus: Unternehmen sind umso erfolgreicher, je stärker sie sich an die vorherrschende Landeskultur anpassen; sie sind umso erfolgreicher, je mehr sie entgegen der vorherrschenden Landeskultur handeln; bei einigen Kulturorientierungen zeigt sich kein Zusammenhang zum Unternehmenserfolg. Nehmen Sie an, in dem betrachteten Auslandsmarkt fiele die Unsicherheitsvermeidung ins erste Muster, die Qualitätsorientierung ins zweite Muster und die Leistungsorientierung ins dritte Muster. Nun kann ein Personalmanager abschätzen, wodurch auch in der Zukunft erfolgreiches Handeln in dem bestimmten Land entsteht.

✔ Schließlich muss er diese beiden Schritte miteinander in Beziehung setzen, was in der »Competitive Acceptance-Matrix« (siehe Abbildung 17.1) erfolgt. Sie enthält Handlungsanweisungen dafür, an welche kulturellen Bestandteile man sich in einem Land anpassen sollte, weil es Erfolg versprechend ist, und gegen welche kulturellen Bestandteile man in diesem Land steuern sollte, weil dies ebenfalls Erfolg bringt, und welche Kulturdimensionen man getrost ignorieren kann, weil sie nicht unmittelbar erfolgsrelevant sind.

Die Logik der Competitive Acceptance klingt zunächst kompliziert, wird aber nachvollziehbar, wenn man genau weiß, in welchem Land man sich an welche kulturelle Orientierung anpassen muss und wo man bewusst entgegengesetzt handeln muss. Jedes Zielland hat eigene Notwendigkeiten der wettbewerbsorientierten Abgrenzung und der strategisch notwendigen kulturellen Anpassung.

Erfolg an Auslandsstandorten resultiert nicht nur aus Produkten oder Dienstleistungen, sondern seitens des Personalmanagements auch aus dem bewussten Umgang mit kulturellen Unterschieden. Dies setzt sich auf dem Arbeitsmarkt fort, wo das Personalmanagement ebenfalls versuchen kann, im Ausland durch eine bewusste Strategie attraktiver für heimische Mitarbeiter zu werden als die ansässigen Unternehmen.

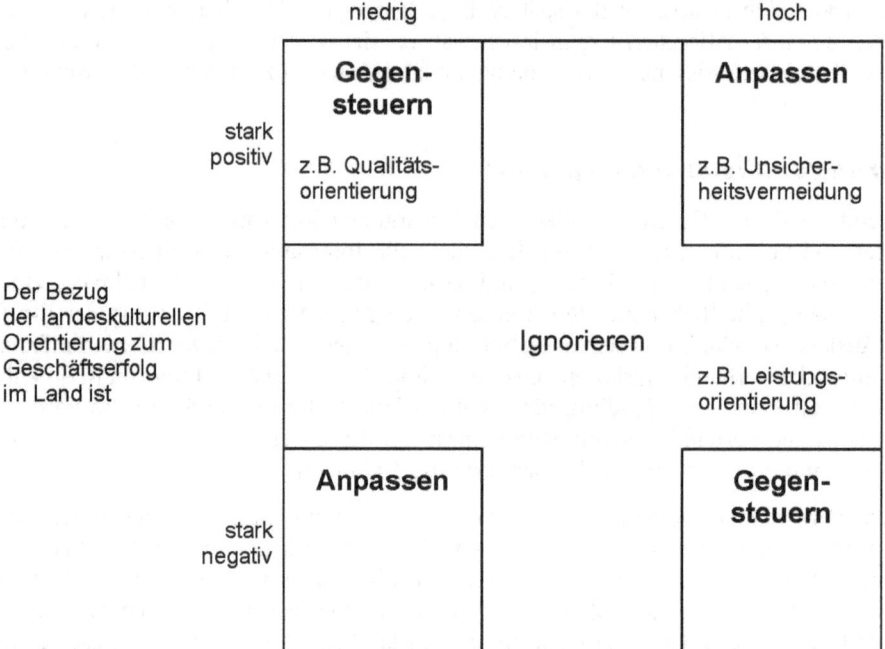

Die Ausprägung der landeskulturellen
Orientierung im Land ist

Abbildung 17.1: Competitive Acceptance-Matrix
nach Scholz und Stein

Kontinuität mit langem Atem

Bis sich nach der Eröffnung eines Auslandsstandorts Erfolg einstellt, dauert es häufig länger als anfänglich geplant. Die Absatzzahlen der im Auslandsmarkt verkauften Leistung bewegen sich nach der Markteinführung eher im Monats- und Jahrestakt auf die Zielwerte zu als im Wochentakt. Dies bedeutet, dass auch für die ressourcenorientierte Steuerung der Aktivitäten am Auslandsstandort ein langfristiger Zeithorizont unterstellt werden sollte.

Das professionelle Personalmanagement sollte für die Eröffnung eines Auslandsstandorts eine Langfriststrategie entwickeln, in der es beispielsweise um die langfristige Kompetenzstruktur der Mitarbeiter und um den Aufbau und die langfristige Bindung von wichtigen Mitarbeitern geht. Die Kompetenzsicherung kann nicht allein durch die Auslandsentsendung von Mitarbeitern aus dem Stammhaus erfolgen, weil dies auf Dauer zu kostenintensiv wäre und das Potenzial an Expatriates den Bedarf in der Regel nicht decken wird. Im Sinne eines auch im Auslandsmarkt zu führenden »Talentekriegs« ist eine Bindungsstrategie von Mitarbeitern samt Aufbau einer Arbeitgebermarke (*Employer Branding*) notwendig, was aufgrund der Kulturunterschiede zum Stammland noch um einiges komplizierter sein wird als zu Hause.

Im Sinne einer Kontinuitätsanforderung kommt der Personalentwicklung schon vor der Eröffnung eines Auslandsstandorts eine wichtige Rolle zu: Frühzeitige interkulturelle Trainings wirken sich positiv auf das spätere Engagement der Mitarbeiter im Ausland aus. Im Rahmen der internationalen Expansion bewähren sich zudem Strategien, die auf die Nutzung vorhandenen Wissens durch Allianzen oder auf den Zukauf von ausländischen Unternehmen setzen.

Internationalisierungsexpertise

Während die für die Geschäftstätigkeit am Auslandsstandort vorgesehenen Mitarbeiter vorbereitet und begleitend trainiert werden, rückt die Internationalisierungsexpertise für das Personalmanagement in den Hintergrund. Dabei muss gerade das Personalmanagement in der Lage sein, inhaltlich kompetent mit der strategischen Herausforderung der Eröffnung eines Auslandsstandorts und seiner Etablierung umzugehen. Hierzu zählt unter anderem die interkulturelle Verhandlungskompetenz, die primär für die Aushandlung von Rahmenbedingungen der Arbeits- und Handlungsfähigkeit der Mitarbeiter notwendig ist. Im Vordergrund steht daher die Verhandlung mit Mitarbeitern am Auslandsstandort mit dem Ziel, sie zur Mitarbeit zu motivieren und sie dort längerfristig zu binden.

Für das Personalmanagement bedeutet dies, sich in Bezug auf diese Kompetenzen zu trainieren beziehungsweise trainieren zu lassen. Ein ständiges Lernen der Mitarbeiter in der Personalabteilung ist genauso angemessen wie die ansonsten übliche Weiterbildung für andere. Es gilt, als international expandierendes Unternehmen systematisch sicherzustellen, dass es beispielsweise Kurse zur Kultur des Auslandsstandorts, zum Talentekrieg in Auslandsmärkten, zu Internationalisierungsstrategien, zu zeitgemäßen Auslandsentsendungsregelungen oder zu Innovationsbedingungen im Auslandsmarkt gibt. Hier kann die Expertise von zurückkehrenden Expatriates genutzt werden, die ihr Wissen über Funktionierendes, aber auch über Nichtfunktionierendes weitergeben können.

 Nur ganz wenige Unternehmen schulen Mitarbeiter der Personalabteilung dadurch, dass sie sie – wenn auch relativ kurz – selbst einmal die Erfahrung eines Auslandseinsatzes mit Bezug zum Personalmanagement machen lassen. Zwar haben Personalleiter, die Auslandsmärkte im Rahmen ihrer internationalen Karrierevorbereitung kennenlernen, und auch Studienabsolventen, die in das Personalmanagement einsteigen, in der Regel Auslandserfahrung, aber sie machen häufig nicht die internationale Personalarbeit. Dabei ist es hilfreich, wenn es auf der Seite des Personalmanagements eine authentische Beratungskompetenz gibt, die auf Erfahrung beruht.

Strategische Steuerung des Auslandsstandorts

Die Herausforderung der personalwirtschaftlichen Professionalisierung im Hinblick auf die strategische Verzahnung mit den Steuerungsaktivitäten der Unternehmensleitung (Governance) betrifft im Rahmen der Eröffnung eines Auslandsstandorts strategische, organisatorische und controllingorientierte Aspekte.

Es ist unmittelbar einsichtig, dass der Erfolg einer Expansion in das Ausland zu einem großen Teil von der personellen Umsetzung abhängt. Daher ist die im Rahmen der Markteintrittsstrategie zu definierende Personalstrategie nicht allein die Grundlage für die notwendige Personalplanung, sondern auch wichtig für die spätere Akquisition, Bindung, Führung und Entwicklung von Mitarbeitern.

Je klarer Prioritäten festgelegt werden, desto besser kann das Personalmanagement Vorbereitungen treffen und Anforderungen an weitere beteiligte Funktionsbereiche wie die Produktions- oder Vertriebsabteilung stellen. Diese beziehen sich auf die Bereitstellung personalplanungsnotwendiger Informationen wie Produktions- und Vertriebsumfang, die aufgrund der Komplexität im internationalen Kontext mit längeren Vorlaufzeiten erfolgen muss. Auch der Abgleich mit der Investitionsplanung – deren Fokus beim Aufbau eines Auslandsstandorts noch stärker als im Heimatland von den personalwirtschaftlichen Interessen abgelenkt ist – hinsichtlich der für die personalwirtschaftliche Realisation zur Verfügung stehenden Budgets sollte möglichst früh unternommen werden. Gleichfalls spielt die Schnittstelle zur Informationssystemstrategie und deren internationaler Implementierung eine wichtige Rolle, weil das Personalmanagement Informationen zu den am Auslandsstandort stattfindenden personalwirtschaftlichen Vorgängen bekommen sollte.

Das Personalmanagement muss seine Arbeit auch machen dürfen. Dies ist in Unternehmen nicht selbstverständlich: Gerade die Entscheidungskompetenz des Personalmanagements bei der Eröffnung eines Auslandsstandorts ist häufig nicht ausreichend klar geregelt. Wenn dem Personalmanagement jedoch Entscheidungsautonomie fehlt, wirkt sich dies im Rahmen der anstehenden Aufgaben möglicherweise fatal aus, weil es hier auf flexible, teilweise extrem kurzfristige Entscheidungen ankommt, bei denen eine ausführliche Rücksprache mit der Heimatabteilung nicht durchgehend möglich ist.

Ein professioneller Umgang mit Personalmanagement bei der Eröffnung eines Auslandsstandorts und seiner Etablierung bedeutet auch, dass die Erfolge gemessen werden müssen. Hier kommen Humankapitalbewertung und Humankapitalmanagement in zwei Bereichen zur Anwendung:

✔ Der erste Bereich ist die Personalarbeit am neuen Auslandsstandort. Hier ist durch Humankapitalmessungen zu belegen, ob der personelle Aufbau des Standorts erfolgreich ist, ob hierbei Humankapital im Sinne von Personalbestand, Wissen, Motivation, Arbeitskontext und Bindung aufgebaut wird oder aber ob hier Potenziale vernichtet werden. Schließlich können auch die Personalkosten, das Humankapital als Potenzialwert sowie der Unternehmensertrag im Auslandsmarkt in Beziehung zueinander gesetzt werden. Gerade im Benchmark-Vergleich dieser Daten aus verschiedenen Auslandsmärkten – die internationale Standardisierung der Humankapitalmessung schreitet voran – lässt sich innerhalb eines international agierenden Unternehmens zeigen, wie erfolgreich das personalwirtschaftliche Handeln ist.

✔ Der zweite Bereich betrifft die Messung des Humankapitals der Personalabteilung: Ist die Personalarbeit in Bezug auf die internationale Expansion tatsächlich professionell? Wenn sie es ist, schlagen sich ihre Fortschritte im Wissensmanagement (Expertise) wie auch im Motivationsmanagement (erfolgreiche Beziehung zur Unternehmensleitung, Mög-

lichkeit zur Einhaltung von Zusagen, Wertschätzung durch sich individuell berücksichtigt findende Mitarbeiter) im Humankapitalwert der Personalabteilung nieder.

Damit kann ein professionelles Personalmanagement die Frage beantworten, welchen Beitrag es dazu geleistet hat, dass im Ausland ein neues personelles Leistungspotenzial in Form von Humankapital aufgebaut wurde, und worin genau sein Wertschöpfungsbeitrag besteht.

Auslandsentsendung mit Hand und Fuß

Mit »Auslandsentsandter« (englisch: Expatriate) wird ein Mitarbeiter – meist ist dies eine Fach- oder Führungskraft – bezeichnet, der für sein Unternehmen zeitlich begrenzt im Ausland arbeitet. Dies erfolgt im Interesse des Unternehmens, kann aber auch karriereförderlich sein: Einige deutsche Großunternehmen nehmen keine Mitarbeiter in ihre Führungsebene auf, die nicht mindestens einen längeren Auslandsaufenthalt absolviert und sich danach wieder erfolgreich am Heimatstandort eingegliedert haben.

In der Regel wird ein Expatriate zwischen sechs Monaten bis zu fünf Jahren im Ausland eingesetzt. Kürzere Auslandsaufenthalte gelten als Dienstreise oder als Abordnung, wobei kein separater Entsendungsvertrag geschlossen wird. Längere und dann meistens unbefristete Arbeitsverhältnisse an einem Auslandsstandort hingegen gelten als Übertritt in das Unternehmen im Ausland.

Welche Mitarbeiter in das Ausland entsandt werden, ergibt sich aus der personalwirtschaftlichen Internationalisierungsstrategie des Unternehmens:

✔ Bei Unternehmen, die sich strategisch und kulturell am Heimatland orientieren (der Fachbegriff hierfür ist »ethnozentrische Strategie«), werden Schlüsselpositionen des Auslandsstandorts mit Stammhausmitarbeitern besetzt. Die Entsendungsquote ist tendenziell hoch.

✔ Bei Unternehmen, deren Auslandsstandorte sich relativ autonom an den Strukturen und Kulturen des jeweiligen Marktes ausrichten (»polyzentrische Strategie«), werden auch für Führungspositionen Angehörige des Gastlands bevorzugt, weil sie sich in ihrem Umfeld auskennen. Die Entsendungsquote des Stammhauses ist tendenziell niedrig.

✔ Bei Unternehmen, die nach einer weltweiten Verzahnung und Standardisierung ihrer Aktivitäten streben (»geozentrische Strategie«), kommen prinzipiell alle Mitarbeiter sowohl des Stammhauses als auch der Auslandsstandorte für einen internationalen Einsatz infrage. Eine Stellenbesetzung wird gemäß der Qualifikation entschieden und es kommt zu Entsendungen aus allen Standorten in alle Richtungen mit hoher Entsendungsquote.

Es überrascht nicht, dass von den Expatriates, die in Partnerschaften leben, die meisten Männer sind, deren Frauen für die Zeit der Entsendung ihre berufliche Karriere unterbrechen, ihr soziales Umfeld zeitweise aufgeben und manchmal während der Entsendungsphase ihre Kinder bekommen. Partnerschaftlich gebundene Frauen hingegen befinden sich viel seltener in der Situation, dass ihre Partner eine Karriereunterbrechung in Kauf nehmen.

Charakteristisch sind folgende Phasen der Auslandsentsendung:

✔ Rekrutierung und Auswahl: Hier wird bestimmt, welcher Mitarbeiter an einen Auslandsstandort entsandt werden soll. Kriterien sind unter anderem die Persönlichkeit des Mitarbeiters, die Sprachkenntnis, die familiäre Situation, die finanzielle Situation, die Gesundheit, aber auch Motivation und Karriereerwartungen sowie natürlich die fachlichen Kenntnisse. Die Phase endet mit der gemeinsamen Erarbeitung des Entsendungsvertrags.

✔ Vorbereitung: Der Mitarbeiter wird für den Auslandseinsatz geschult, vor allem sprachlich und interkulturell.

✔ Entsendung und Arbeit im Ausland: Der Mitarbeiter nimmt seine Aufgabe im Ausland auf und richtet sich am Auslandsstandort ein. Gegen Ende der Entsendungszeit erfolgt die Vorbereitung auf die Rückkehr ins Heimatland.

✔ Rückkehr/Repatriierung/Wiedereintritt/Reentry: Nach Ablauf der Entsendungsfrist kehrt der Expatriate zurück und nimmt im Unternehmen wieder eine Arbeit auf.

Einem Modell zufolge durchlaufen Expatriates während ihrer Entsendung auch emotional vier Phasen: Nach einer ersten kurzen Phase der »Flitterwochen« mit anfänglicher Neugier, dem Genuss des Exotischen und hoher Zufriedenheit am Auslandsstandort stellen sich nach etwa vier Monaten Ernüchterung und Frustration ein – der »Kulturschock« mit stark abfallender Zufriedenheit. Erst danach folgen langsam eine Anpassung an die neuen Lebens- und Arbeitsumstände und eine Aussöhnung mit der Situation, in der der Auslandsentsandte dann seine Höchstleistung im fremden Kulturraum abrufen kann. Interessanterweise wiederholt sich genau dieses Muster nach der Rückkehr in das Heimatland, weshalb von einem »umgekehrten Kulturschock« gesprochen wird. Das Personalmanagement hat hier eine besondere Verantwortlichkeit bei der Vorbereitung.

Entsendungsrichtlinien

Entsendungsrichtlinien (im Englischen: transfer guidelines) sind Regelwerke eines Unternehmens, die die Rahmenbedingungen und Prozesse bei Auslandsentsendungen standardisieren. Durch generelle Regelungen werden fallweise, zum Teil nicht aufeinander abgestimmte Einzelentscheidungen vermindert. Zudem helfen Entsendungsrichtlinien, Konflikte zwischen dem entsendenden Unternehmen oder der aufnehmenden Gesellschaft einerseits und den Expatriates andererseits zu vermeiden, sodass es häufiger zu einem ausgewogenen Interessenausgleich bei der Lösung entsendungsbezogener Probleme kommt. Schließlich stellen Entsendungsrichtlinien für Interessierte Transparenz her.

Im Einzelnen umfassen Entsendungsrichtlinien folgende Themen:

✔ Formale Angaben (Aktualität der Regelungen, Zielgruppen und Adressaten);

✔ Entsendungsziele (unternehmensbezogene wie auch mitarbeiterbezogene);

✔ Zustandekommen des Entsendungsvertrags (Kandidatenauswahl, Bestimmung der Vertragspartner, Grundregeln);

✔ zeitliche Vertragsgestaltung (Entsendungsdauer, Auswirkungen auf die Betriebszugehörigkeit);

✔ Auslandsvorbereitung von Expatriate und Familie (Look-and-see-Trip, Visum, Aufenthalts- und Arbeitsgenehmigung, medizinische Untersuchungen, Sprachtraining, landeskundliche Vorbereitung/interkulturelles Training, Sicherheitstraining, sonstige Vorbereitungsmaßnahmen);

✔ Transfer ins Einsatzland (zurückgelassene Wohnung, Freistellung für den Umzug, Einlagerung des Hausrats, Transferreisekosten, Transport des Hausrats, Hausratversicherung, Umzugspauschale/Umzugsnebenkostenpauschale, vorläufige Unterkunft, Haustiere);

✔ Wohnen im Einsatzland (Unterstützung bei der Wohnungssuche, endgültige Wohnung, Nebenkosten, Renovierungskosten, Ausstattungszuschuss, Übernahme doppelter Mietzahlungen, Erwerb von Wohneigentum);

✔ PKW (Überführung des Privatwagens, Interimsfahrzeug, Ausgleich für Verkaufsverluste, Unterstützung bei der Anschaffung, Dienstwagen, Führerschein im Einsatzland);

✔ Arbeits- und Urlaubszeit (vertragliche Arbeitszeiten, Feiertagsregelungen, Urlaubsregelungen);

✔ Entgeltgestaltung im Auslandseinsatz (Grundgehalt, Auslandszulagen, Lebenshaltungskostenzulagen, Steuerausgleich, sonstige Gehaltsbestandteile, Entgeltüberprüfung, Auszahlungsmodus der Expatriate-Vergütung, Fortschreibung des für den Wiedereinstieg wichtigen »Schattengehalts« im Herkunftsland, Lohnfortzahlung im Krankheitsfall);

✔ soziale Sicherung im Auslandseinsatz (Rentenversicherung, betriebliche Altersversorgung, Arbeitslosen-, Kranken- und Unfallversicherung, Weitergewährung heimatlicher Sozial- und Zusatzleistungen);

✔ Tätigkeitsumfeld des Expatriates (Verhalten im Gastland, Leistungsbeurteilung, Zuordnung von Paten/Mentoren, Dienstreisen, Klubmitgliedschaften, Steuerberatung, Hilfen bei medizinischen Notfällen);

✔ Familie des Expatriates (Geltungsbereich von »Familie« und »Partner«, Unterstützung des Partners bei Arbeitsplatzsuche und Weiterbildung, Ausbildung der Kinder des Entsandten, Besuche »aus der Heimat« im Einsatzland, Evakuierung des Expatriates und seiner Familie in Notfällen);

✔ Heimaturlaub (Festlegung des Heimatorts, Häufigkeit des Heimaturlaubs, Reiseklasse, Variabilität im System der Heimreisen, dienstliche Verpflichtungen im Heimaturlaub);

✔ Kündigung des Auslandsvertrags (durch den Arbeitgeber, durch den Entsandten);

✔ Übernahme des Entsandten in ein Arbeitsverhältnis am Auslandsstandort;

✔ Rückkehr ins Herkunftsland (Reentry-Zusagen, Maßnahmen zur Reentry-Vorbereitung, Abwicklung des Transfers ins Heimatland, Maßnahmen nach der Rückkehr aus dem Ausland, Konsequenzen des Reentry-Prozesses);

✔ Kostensplitting unter den beteiligten Gesellschaften.

An der Vielfalt der Themen wird die Komplexität der Fragen erkennbar, mit der sich das Personalmanagement im Rahmen von Auslandsentsendungen befassen muss.

Zielgruppen von Entsendungsrichtlinien sind erstens die mit der Entsendung befassten Mitarbeiter des Personalmanagements, zweitens die an der Auslandsentsendung Interessierten und drittens die davon Betroffenen: die Unternehmensleitung, die Auslandsstandorte, die potenziellen Expatriates, die tatsächlichen Expatriates, Betriebsräte, vereinzelt auch neue Bewerber mit Ambitionen für eine Auslandstätigkeit sowie die Familien der Expatriates.

Formal eingeordnet sind Entsendungsrichtlinien nicht nur in die Internationalisierungsstrategien von Unternehmen, sondern in die Entsendungspolitik als Teil des Personalmanagements. Aufgrund der Komplexität von Entsendungen sind die Richtlinien in der Regel sehr umfangreich und detailliert. Sie werden oft durch auslandserfahrene Personalexperten formuliert und meist von Fachanwälten auf ihre Rechtskonformität hin überprüft. Teilweise sind Entsendungsrichtlinien bereits Bestandteil des Arbeitsvertrags zwischen Unternehmen und Mitarbeiter, können aber auch durch den Entsendungsvertrag in Kraft gesetzt werden.

Kommunikation mit den Expatriates

Eine schwierige Aufgabe für das Personalmanagement besteht darin, mit den ins Ausland entsandten Mitarbeitern in Kontakt zu bleiben. Die Strategie »Aus den Augen, aus dem Sinn« ist schon deshalb nicht sinnvoll, weil ein Expatriate das Unternehmen etwa das Zwei- bis Dreifache kostet wie ein vergleichbarer stammhausansässiger Mitarbeiter. Fehlschläge können daher für das Unternehmen zu finanziellen Einbußen wie auch im Fall von Kündigungen zu einem Abfluss von wertvollem Humankapital führen.

Untersuchungen zeigen, dass der Anteil der Mitarbeiter, die ihre Entsendung abbrechen, zwischen 10 und 20 Prozent liegt. Hinzu kommt noch einmal die Quote der Kündigungen zurückgekehrter Expatriates nach misslungener Wiedereingliederung, die auf etwa 10 Prozent geschätzt wird.

Ein zielführendes Kommunikationssystem nutzt mehrere Kommunikationskanäle: Zu ihnen zählen E-Mail, Videokonferenzen sowie die sozialen Medien. Diese Kommunikationskanäle sollten nicht nur von den Auslandsentsandten, sondern auch von den Entsendeverantwortlichen des heimischen Personalmanagements genutzt werden. Sie können beispielsweise ein »digitales Tagebuch« der Expatriates verlangen, das ihnen nicht nur die Befindlichkeiten der Auslandsentsandten signalisiert (im Übrigen dient das Aufschreiben von Erfahrungen auch der Stressverarbeitung), sondern auch für nachfolgende Expatriates eine Sammlung wertvoller Berichte aus erster Hand darstellt.

Wenn die Kommunikationspartner nicht fest definiert und mehrere Personen im Heimatland für den Expatriate zuständig sind, die dann auch unterschiedliche Informationsstände haben, treten Informationsdopplungen und -verluste auf. Beides beeinträchtigt den Expatriate in seiner Entscheidungsfindung und seiner Möglichkeit der Verantwortungsübernahme. Daneben fühlt sich ein Expatriate dann auch ohne persönlich zuständigen Kontaktpartner mit seinen Problemen alleingelassen und entwickelt möglicherweise Distanz zu der als unprofessionell empfundenen Personalabteilung.

Die Personalabteilung kann zwecks Verminderung von Kommunikationsbarrieren feste Kommunikationsverbindungen einrichten, so etwa eine bestimmte Führungskraft hiermit betrauen oder einen Mentor, der nicht nur Informationen in das Ausland weiterleitet, sondern auch aus dem Ausland einfordert. Ein erfahrener Mentor kann dem Auslandsentsandten auch Hilfestellung bei der Bewältigung seiner Gewöhnungsphasen geben.

Die Kommunikationsinhalte lassen sich wiederum auf die einzelnen Phasen der Auslandsentsendung hin ausrichten:

✔ In der Vorbereitungsphase stehen Informationen zur Motivation des Expatriates im Vordergrund sowie Informationen zu seinem neuen Einsatzort, also Sprache, Landeskultur und Besonderheiten der Unternehmenseinheit im Ausland. Hierbei ist zu beachten, dass der Expatriate nicht zu sehr bevormundet und auch nicht unrealisierbaren Leistungserwartungen unterworfen wird. Mit Bezug auf den gesamten Entsendeverlauf wird darüber hinaus über die Karriereplanung kommuniziert, was während der Entsendung fortgeführt wird. Schließlich wird der Expatriate auf spezifische Probleme der Auslandsentsendung hin sensibilisiert, vor allem auf den Kulturschock.

✔ In der Entsendephase kann das Personalmanagement Ziele für die Arbeit im Ausland vereinbaren und die Zielerreichung überwachen. Diese Überwachung verliert ihren Kontrollcharakter in dem Maße, in dem sie als Betreuungs- und Personalentwicklungsmaßnahme kommuniziert wird. Dann kann das Personalmanagement die Motivation und das Befinden abfragen und den Expatriate fortlaufend mit Informationen aus dem Heimatunternehmen versorgen, um einer gegenseitigen emotionalen Entfremdung vorzubeugen.

✔ In der Rückkehrphase, die im Idealfall rechtzeitig vorbereitet wurde, kann das Personalmanagement die Wiedereingliederung in die Arbeitsabläufe des heimatlichen Unternehmens unterstützen und die Bindung des zurückgekehrten Mitarbeiters an das Unternehmen wiederherstellen oder stärken. Das Personalmanagement sollte Interesse an den Erfahrungen des Rückkehrers zeigen und ihm die weitere Karriere ermöglichen, indem es über interne Strukturen, die aktuelle Stellensituation und attraktive Projektchancen informiert. Besonders schwierig ist es, den Rückkehrer dabei zu unterstützen, die Unsicherheit nach der Rückkehr auszuhalten.

In allen Phasen kann die Kommunikationsintensität schwanken, allerdings ist das Personalmanagement besonders in krisenbehafteten Phasen der Kulturschocks gefordert, die kommunikative Betreuung nicht zu vernachlässigen. Die Kommunikation ist eben mehr als ein Zusatz zur normalen Personalarbeit: Sie ist der Kern einer erfolgreichen Betreuung von Auslandsentsandten.

Was ebenfalls gestaltet werden muss, ist die Kommunikation zwischen dem heimatlichen Personalmanagement und dem Personalmanagement am Auslandsstandort. Diese Schnittstelle bezieht sich zunächst auf Abstimmungen, etwa der Gehaltszahlung und der Abwicklung vertraglicher Vereinbarungen für den Expatriate. Darüber hinaus kann das heimische Personalmanagement die ausländische Personalarbeit auch als Informationsquelle zu Motivation, Leistung und Zufriedenheit des Expatriates nutzen.

Teil IV
Externe Partner
mischen kräftig mit

In diesem Teil ...

In diesem Teil schauen Sie sich durch die Brille des Personalmanagements in Ihrer Unternehmensumwelt um. Auch dort gibt es viele Personen und Institutionen, für die sich Ihr Unternehmen interessiert und für die Sie sich ebenfalls interessieren sollten. Diese externen Adressaten nehmen Ihnen Arbeit ab, vertreten Ihnen gegenüber Interessen, stellen Ihnen Geld zur Verfügung, stellen Informationsansprüche an Sie oder wollen einfach nur wissen, wie es Ihrem Unternehmen geht. Doch was hat das mit Personalmanagement zu tun? Ist die Beschäftigung mit Externen nicht etwas, das gerade keine Aufgabe der an und für sich intern orientierten Personalarbeit sein darf? Das Gegenteil ist der Fall: Das Personalmanagement, das »aus den Tiefen des Unternehmens kommt«, kann wichtige Unternehmensaufgaben unterstützen, weil es das interne Unternehmensgefüge kennt. Zudem ist das Personalmanagement im Unternehmen der Spezialist für die weichen Faktoren, die im Rahmen jeder Beziehung zu anderen eine zentrale Rolle spielen. Nicht zuletzt ist das Personalmanagement auch dafür verantwortlich, die Interessen der Mitarbeiter im Rahmen der unternehmensbezogenen Außenbeziehungen zu vertreten. Dies alles wird in seiner Wirkung häufig massiv unterschätzt. Daher ist in vielen Unternehmen die unternehmensexterne Ausrichtung des Personalmanagements noch kaum bis gar nicht vorhanden und muss systematisch aufgebaut werden.

Outsourcing-Partner – wenn das Personalmanagement nicht mehr die Personalarbeit macht

In diesem Kapitel ...

▶ Auslagerungsformen und -ziele aufgliedern

▶ Prozesse optimieren

▶ Outsourcing-Risiken beurteilen

*O*utsourcing ist der Fachbegriff für die Auslagerung oder Fremdvergabe von Aufgaben und Prozessen, die bislang im Unternehmen selbst erbracht wurden, zu einem unternehmensexternen Dienstleister. Eine Vorstufe zum Outsourcing, die der gleichen Grundidee folgt, aber eine Auslagerung lediglich an einen unternehmensinternen Dienstleister vorsieht, ist das *Shared Service Center*.

In diesem Kapitel erwartet Sie der personalwirtschaftliche Blick auf die Verbindung zwischen Outsourcing-Partner und Personalmanagement. Im Einzelnen erfahren Sie etwas über Sinn und Zweck von unternehmensinterner und externer Auslagerung, über die Organisation des arbeitsteiligen Prozesses sowie über die Chancen und Risiken.

Die bestechend einfache Grundidee

Die Auslagerung von Unternehmensaufgaben unterliegt einer zeitlichen Wellenbewegung: Auf Phasen der Auslagerung folgen die Phasen der Wiedereingliederung von Aufgaben, das *Insourcing*. Gerade in Zeiten von Überkapazitäten oder qualitätsverbesserter Software spricht viel für das Do-it-yourself. Doch meistens herrscht auch Kostendruck, der bislang viele Unternehmen dazu bewogen hat, Outsourcing in Erwägung zu ziehen.

Finden Sie das nicht auch faszinierend: Was Sie im Personalmanagement nicht selbst machen wollen, können doch andere für Sie übernehmen – gegen Bezahlung, versteht sich.

Die Unternehmensleitung, vielleicht vertreten durch eine Strategie-/Organisationsabteilung und unterstützt durch die interne Kostenrechnungsabteilung, sucht sich einen passenden Outsourcing-Dienstleister, der auf vertraglicher Basis gegen Entgelt bestimmte Aufgaben der Personalabteilung übernimmt. Bei dieser »Auslagerung«, »Fremdvergabe« oder dem »Outsourcing im engeren Sinne« werden allerdings die bisher mit den Personalmanage-

mentaufgaben betrauten Mitarbeiter nicht mehr benötigt, sodass für sie eine neue Verwendung gefunden werden muss oder es zu Kündigungen kommen kann.

Die Alternative der »Ausgliederung« sieht zudem vor, dass neben den Aufgaben auch Kapital auf den Dienstleister übertragen wird: Das ausgliedernde Unternehmen gründet beispielsweise allein ein Tochterunternehmen oder gemeinsam mit Partnern ein Joint Venture oder beteiligt sich finanziell an einem bestehenden Dienstleister. Dabei werden die bislang mit den Personalmanagementaufgaben betrauten Mitarbeiter in diese Neugründung beziehungsweise Beteiligung eingebracht.

 Im Zusammenhang mit einer Ausgliederung müssen einige rechtliche Normen beachtet werden, vor allem § 613a des Bürgerlichen Gesetzbuches (BGB) zu arbeitnehmerbezogenen Rechten und Pflichten beim Betriebsübergang, § 123 Umwandlungsgesetz (UmwG) über die Aufspaltung von Betriebsteilen oder die Vorschriften des Umwandlungssteuergesetzes (UmwStG) zur steuerlichen Behandlung eines Übergangs von Betriebsteilen.

Der Outsourcing-Dienstleister erbringt seine Angebote in der Regel nicht exklusiv für ein einziges Unternehmen, sondern auch für weitere Unternehmen.

Was alles ausgelagert werden kann

Ausgelagert werden häufig solche Aufgaben, die zu hohen Investitionen und hoher Mittelbindung führen würden, also Aufgaben mit einem hohen Fixkostenanteil. Hinzu kommen Aufgaben, die das Unternehmen selbst nicht effizienter und effektiver ausführen kann als der Outsourcing-Dienstleister.

Im Personalbereich lässt sich die Auslagerung von Aufgaben nach dem Umfang differenzieren: Es können administrative Einzelprozesse ausgelagert werden, danach personalwirtschaftliche Teilfunktionen und schließlich das gesamte Personalmanagement.

Die Gründe für Outsourcing

Durch Outsourcing erreichbare Ziele sind

✔ Kostenersparnis,

✔ Variabilisierung der Kosten durch Abbau von Fixkosten,

✔ Rationalisierung von Geschäftsprozessen,

✔ Fokussierung auf das Kerngeschäft,

✔ Nutzung von Spezialisten und deren Wissen und Technologie,

✔ Reduktion von Prozesskomplexität,

✔ Verlagerung von Risiken auf den Outsourcing-Anbieter,

✔ Flexibilisierung des Unternehmens,

✔ Freisetzung von Managementkapazitäten,

✔ schnelleres Wachstum und

✔ Datenschutz durch Nutzung externer Sicherheitsinfrastruktur.

So weit, so gut! Aber der Chance, diese und andere Vorteile des Outsourcings zu erreichen, stehen auch Nachteile gegenüber.

Grundsätzlich ist Outsourcing eine typische Make-or-buy-Entscheidung, in deren Rahmen abgewogen wird, ob es sinnvoller ist, eine spezifische Leistung unter Aufwendung eigener Ressourcen selbst zu erstellen (make) oder extern einzukaufen (buy). Die Abwägung der Vor- und Nachteile erfolgt durch einen Vergleich der bei beiden Varianten entstehenden Kosten: Die nachhaltig kostengünstigere Variante wird gewählt. Dabei fließen in die Kostenbetrachtung nicht nur die tatsächlichen Kosten der aufgabenbezogenen Leistungserstellung ein, sondern darüber hinaus die sogenannten Transaktionskosten: Das sind die Kosten, die aufgewendet werden, damit eine Geschäftsbeziehung zustande kommt und funktioniert.

Zu diesen Transaktionskosten zählen zum Beispiel die Kosten für die Informationsbeschaffung über die möglichen Outsourcing-Partner, die Kosten von Kontaktaufnahme, Verhandlung, Vertragsgestaltung und Vertragsabschluss, darüber hinaus die Kosten, die sich im Rahmen der Leistungskontrolle und möglicher Vertragsanpassungen ergeben.

Interne Auslagerung: Shared Service Center

Ein Shared Service Center (SCC) ist eine zentralisierte Abteilung eines Unternehmens, die als interner Outsourcing-Dienstleister agiert. Shared Service Center haben sich zunächst in Finanzfunktionen entwickelt, um interne Dienstleistungen zur gemeinsamen Nutzung finanzieller Ressourcen innerhalb eines Konzerns bereitzustellen. Die konzerneigene Lösung wird mit dem Fachbegriff »captive« belegt.

Auch für den Personalbereich nimmt die Verbreitung dieser Organisationsform in Konzernen zu: Ein Personalmanagement-Shared-Service-Center zentralisiert und bündelt Personalmanagementaufgaben, die zuvor an verschiedenen Betriebsstätten lokal erledigt wurden, und bietet sie vor allem internen Kunden an. Es entsteht ein unternehmensweites Wertschöpfungsnetzwerk, in das die vorher über das Unternehmen hinweg verteilten Mitarbeiter verlegt werden. Der Vorteil eines Shared Service Centers besteht darin, dass Unternehmensinterna und Personalmanagement-Kernkompetenzen im Unternehmen verbleiben.

Gerade die unternehmensweite Zentralisierung des Personalmanagements in Verbindung mit der Leistungsverzahnung in andere Unternehmensfunktionen hinein soll zu einer dreifachen Stärkung der Effizienz führen:

✔ Investitionen in Instrumente und Wissen des Personalmanagements können aufgrund von Skaleneffekten stärker ausgelastet werden und Kosten reduzieren.

✔ Durch die Bündelung interner Nachfrage nach bestimmten Leistungen beispielsweise in den Feldern Personalentwicklung oder Personalmarketing, also durch interne Verbundeffekte, kann sich die Marktmacht des Personalmanagements nach außen hin erhöhen.

✔ Aufgrund von Lern- und Professionalisierungseffekten der Mitarbeiter, bei denen alle Personalmanagementaufgaben zusammenlaufen, können Produktivität, Qualität und Flexibilität des angebotenen Personalmanagements gesteigert werden.

Da diese Effizienzziele immer wichtiger werden, nimmt auch die Bedeutung der Shared Service Center immer mehr zu.

 Auch wenn es Fälle gibt, in denen Unternehmen das Shared Service Center Personalmanagement als zentrale Serviceabteilung stabilisieren, so ist die Einrichtung eines Shared Service Centers in der üblichen Realisierung ein Zwischenschritt, der in die Ausgliederung des Shared Service Centers als Ganzes mündet und eine graduelle Auflösung der unternehmensinternen Personalabteilung einleitet.

Wie Outsourcing vor sich geht

Entscheidend für den Erfolg von Outsourcing ist die beiderseitige Zufriedenheit. Sie ergibt sich, wenn es gelingt, einen vertrauensvollen Auslagerungsprozess zu initiieren und zu stabilisieren.

Auslagerungsprozess

Das Personalmanagement muss den Outsourcing-Prozess gestalten, also

✔ auf Basis einer strategischen Analyse die Outsourcing-Strategie festlegen,

✔ in einer Projektgruppe das Anforderungsprofil für den Outsourcing-Partner bestimmen und einen entsprechenden Anbieter auswählen,

✔ bei der Abgrenzung der auszulagernden Leistung und ihrer Standardisierung mitwirken,

✔ die Struktur und Rechtsform der Outsourcing-Verbindung und die Prozessabläufe designen und deren rechtliche Folgen klären,

✔ den Outsourcing-Vertrag samt Anforderungs- und Leistungsvereinbarungen, den sogenannten Service Level Agreements, verhandeln und ausformulieren,

✔ alle Betroffenen (Mitarbeiter, Betriebsrat, Führungskräfte, Unternehmensfunktionen außerhalb des Personalmanagements) frühzeitig informieren,

✔ den Übergang der bislang internen Prozesse zur Auslagerung überwachen,

✔ fortlaufend die Qualität der Leistungserstellung evaluieren,

✔ Informationen im laufenden Prozess austauschen und Konflikte lösen sowie

✔ die mit dem Outsourcing verbundenen Verpflichtungen wie die Bezahlung der erbrachten Leistung sicherstellen.

Ob diese gesamthafte Gestaltung gelingt, hängt unter anderem auch von der räumlichen Entfernung zwischen den Outsourcing-Partnern ab: Eine geringere Entfernung kann dazu beitragen, dass eine partnerschaftliche Beziehung samt kontinuierlicher Kommunikation auch durch persönlichen Kontakt erreicht wird.

 Entscheidend für den Erfolg und die Steigerung der Effizienz sind die als Teil des Outsourcing-Vertrags zu schließenden Service Level Agreements (SLA) oder auch Dienstgütevereinbarungen (DGV): Dies sind die detaillierten Anfor-

derungs- und Leistungsvereinbarungen, durch die die zu erbringende Service-qualität sowie deren Messung quantitativ und qualitativ definiert werden. Zudem werden hier die rechtlichen Konsequenzen aufgeführt, die bei Nicht-einhaltung der vereinbarten Servicequalität eintreten.

Die Sicherung der Servicequalität erstreckt sich zum einen auf die Qualität der ausgelager-ten, zu erbringenden Personalmanagementaufgabe, zum anderen auf die Kooperations-qualität der Outsourcing-Partnerschaft. Aus diesem Grund finden sich in den Service Level Agreements auch Vereinbarungen zum Ablauf von Kommunikation und Krisenbewältigung bis hin zum Datenschutz. In der Praxis können Service Level Agreements den Umfang gan-zer Handbücher annehmen, weil sie Vereinbarungen zu allen Gestaltungsaspekten des Aus-lagerungsprozesses enthalten können. Das Personalmanagement kann Service Level Agree-ments nur unter Einschaltung von Rechtsexperten formulieren.

Schnittstellenoptimierung

... in eigener Sache

Wichtig wird die Gestaltung der Schnittstelle zwischen dem Personalmanagement und dem Outsourcing-Partner. Es kommt darauf an, dass die Externen die zur Leistungserstellung notwendigen Informationen erhalten, dass gegebenenfalls mehrere externe Partner koordi-niert werden, dass die leistungs- und qualitätsbezogenen Vereinbarungen überwacht werden, dass von Zeit zu Zeit auch über Innovation und Weiterentwicklungen nachgedacht wird und dass der gesamte Prozess einem Controlling unterliegt.

... für andere Abteilungen

Wenn andere Abteilungen des Unternehmens Aufgaben auslagern, kann das Personalmana-gement – so es nicht selbst ausgelagert wurde – hier als kompetenter Dienstleister mitwir-ken:

✔ es kann den Akteuren als Prozessspezialist beratend zur Seite stehen,

✔ es kann im Vorfeld den Kompetenzaufbau der Beteiligten planen und steuern,

✔ es kann konkrete Maßnahmen zur Personalentwicklung in Richtung des Outsourcings bereitstellen und

✔ es kann auch die Ausrichtung des Outsourcing-Partners auf das eigene Unternehmen durch Vermittlung von Fachwissen und unternehmenskulturellem Wissen begleiten.

Das Personalmanagement kann sich also auch als Outsourcing-Prozessdienstleister des Un-ternehmens positionieren.

Strategisches Risiko
als Kehrseite der Outsourcing-Medaille

Die Entwicklung zu einem Outsourcing von Personalarbeit wird zumindest außerhalb des Personalbereichs positiv beurteilt. Man kann davon ausgehen, dass ungefähr jeder dritte Geschäftsführer ernsthaft darüber nachdenkt, seinen Personalbereich auszulagern: Sie se-

hen die Kosten des Personalmanagements, der wertschöpfende Nutzen bleibt dagegen vage, demzufolge fallen Kosten-Nutzen-Analysen unvorteilhaft aus.

Gegen eine zumindest teilweise Auslagerung haben Personalverantwortliche häufig keine Einwände, flüchten sich in Argumente wie »dann haben wir Zeit für das Wesentliche« und sehen nicht die Bedrohung ihrer unternehmensinternen Legitimation und ihres eigenen Verbleibens im Unternehmen. Auch einige Beratungsfirmen plädieren für eine Auflösung des Personalbereichs, weil sie von dem Umstellungsprozess und der langfristigen Übernahme strategischer Aufgaben profitieren.

Jede Entscheidung für ein Outsourcing von Personalmanagementaufgaben basiert aber auf dem indirekten Eingeständnis, wonach durch die interne Personalarbeit bislang schon kein strategischer Wettbewerbsvorteil vorhanden ist und auch nicht angestrebt wird. Wenn ein Unternehmen seine Personalentwicklung auslagert und durch denselben externen Outsourcing-Partner betreuen lässt wie mehrere seiner wichtigsten Hauptkonkurrenten, kann das Unternehmen in diesen Funktionen kaum besser auftreten als diese. Und genau das ist problematisch: Es kann sich durch ein Outsourcing auch keine neuen Wettbewerbsvorteile verschaffen, sich also nicht positiv von der Konkurrenz abgrenzen.

Überlegen sich ein Unternehmen oder sein Personalmanagement, ob es Personalmanagementaufgaben outsourcen soll oder nicht, so müsste es sich bei seiner Entscheidung fragen, ob durch das Outsourcing ein bedrohlicher Einfluss auf die Personalmanagement-Kernkompetenzen des Unternehmens entsteht.

Üblicherweise werden zunächst Aufgaben ausgelagert, die wenig spezifisch und damit gut standardisiert sind und durch die sich das Unternehmen auf dem Arbeitsmarkt nicht sonderlich abgrenzen kann. Hierzu gehören die Lohnabrechnung, die Bearbeitung arbeits- und sozialrechtlicher Fragen sowie die Buchung von Standardseminaren im Rahmen der Personalentwicklung. In diesen Fällen ist keine Personalmanagement-Kernkompetenz bedroht, im Gegenteil: Hier bietet sich ein gut nutzbarer Hebel zur Effizienzsteigerung, der dann noch in vernünftiger Relation zu den Auslagerungskosten stehen sollte.

Bereits bei der Auslagerung der konzeptionellen Gestaltung von Arbeitszeitmodellen oder Vergütungssystemen, der Personalbeschaffung oder der Personalplanung ist jedoch zu fragen, ob es sich nicht um personalwirtschaftliche Kernaufgaben handelt, die das Unternehmen aus strategischer Sicht selbst bearbeiten sollte. Sobald es um die Weiterentwicklung strategischen Personalwissens geht, sollte die Auslagerbarkeit sehr gründlich und kritisch geprüft werden.

Zudem geht durch Outsourcing Schritt für Schritt personalwirtschaftliches Know-how verloren: zunächst von der Personalabteilung auf dem Weg der internen Auslagerung an das Shared Service Center, dann von dort auf dem Weg des externen Outsourcings an externe Dienstleister. Ist es erst einmal verloren, kann das Outsourcing auch nicht mehr einfach rückgängig gemacht werden, denn das Insourcing setzt seinerseits vorhandenes Know-how im Unternehmen voraus.

Zeitarbeitsunternehmen, die Lieferanten von Flexibilität

19

In diesem Kapitel ...

▶ Besonderheiten der Zeitarbeit kennenlernen

▶ Zeitarbeit in Betracht ziehen

▶ Mitarbeiter regional austauschen

Zeitarbeit hat sich auf dem deutschen Arbeitsmarkt etabliert. Das Personalmanagement hat viel Arbeit damit, weil Zeitarbeit sich durch Flexibilität, Kurzfristigkeit und Dynamik auszeichnet. Zeitarbeitnehmer werden durchschnittlich kürzer beschäftigt als die regulären Mitarbeiter eines Unternehmens, was zu häufigeren Vertragsabschlüssen und -auflösungen führt.

Dieses Kapitel bringt Ihnen näher, wie das Personalmanagement mit den Zeitarbeitsunternehmen zusammenarbeitet. Sie erfahren die wichtigsten Besonderheiten der Zeitarbeit, die von den Zeitarbeitnehmern zwiespältig gesehen wird: Einerseits eröffnet sie ihnen Chancen auf Beschäftigung, andererseits bietet sie ihnen aber kaum langfristige Beschäftigungssicherheit und Stabilität. Danach stelle ich Ihnen die Aufgaben des Personalmanagements beim Einsatz von Zeitarbeit vor.

Zeitarbeit ist kein ganz neues Phänomen: Bereits 1948 wurde die erste Zeitarbeitsfirma »Manpower Inc.« in den USA gegründet, die sich zur Aufgabe machte, für temporär ausfallende Mitarbeiter einen zeitlich befristeten Ersatz zu organisieren.

In Deutschland stellte 1967 des Bundesverfassungsgericht die Zulässigkeit der Arbeitnehmerüberlassung fest. Seit 1972 sichert das Arbeitnehmerüberlassungsgesetz den sozialen Mindestschutz für überlassene Arbeitnehmer. Seit 1997 sind unbefristete Arbeitsverträge zwischen Zeitarbeitnehmern und Zeitarbeitsunternehmen zugelassen. Im Jahre 2003 wurde ein erster Flächentarifvertrag für Zeitarbeitnehmer abgeschlossen. 2004 erfolgte die Abschaffung der maximalen Überlassungsdauer eines Zeitarbeitnehmers an ein ausleihendes Unternehmen. Seit 2009 können Zeitarbeitnehmer Kurzarbeit in Anspruch nehmen. 2011 schließlich trat die gesetzliche Regelung in Kraft, gemäß der ein allgemeinverbindlicher Mindestlohn bei der Zeitarbeit möglich wurde.

In Deutschland stieg die Zahl der Zeitarbeitnehmer stark an. Im Jahre 1980 waren es noch 33.000, Ende des Jahres 2011 etwa 872.000 Zeitarbeitnehmer, wobei es mehr als 17.500 Zeitarbeitsunternehmen in Deutschland gibt. Die Übernahmequote von Zeitarbeitnehmern in unbefristete Beschäftigungsverhältnisse bei ihren Entleihern liegt bei unter 10 Prozent.

Gerade Gewerkschaften stehen der Zeitarbeit ablehnend gegenüber – einerseits, weil sie gegen eine Zweiklassenbeschäftigung von Mitarbeitern und die Ausbildung prekärer Be-

schäftigung mit Niedriglöhnen und geringer sozialer Absicherung sind, andererseits aber auch, weil Zeitarbeitnehmer seltener in Gewerkschaften organisiert sind als Stammmitarbeiter und sie damit die Gewerkschaftsziele weder finanziell durch Mitgliedsbeiträge noch durch ihre Teilnahme an Arbeitskampfmaßnahmen unterstützen.

Eine Besonderheit bei der Zeitarbeit nach der anderen

Die Zeitarbeit gilt als Beispiel eines »atypischen Beschäftigungsverhältnisses«. Während ein Normalarbeitsverhältnis auf Dauer angelegt ist, die Anwesenheit im Unternehmen bei sozialversicherungspflichtiger Vollzeitbeschäftigung und normierter Entlohnung mit sich bringt und zudem den Weisungen der Führungskräfte unterliegt, weichen atypische Beschäftigungsverhältnisse hiervon ab. Dazu zählen geringfügige und befristete Beschäftigung, Teilzeitarbeit, selbstständige Arbeit, hierarchiefreie und damit nicht weisungsgebundene Arbeit, »freie Mitarbeit« wie in der Medienbranche und eben Zeitarbeit.

Zeitarbeit hat viele Synonyme: Man bezeichnet sie auch als Leiharbeit (so der Begriff im Gesetz), Arbeitskräfteverleih, Arbeitnehmerüberlassung oder Personalleasing. Gemeint ist in jedem Fall das Gleiche: Ein Zeitarbeitsunternehmen stellt einen Arbeitnehmer ein, um ihn dann einem Dritten als Mitarbeiter zu überlassen. Aus diesem Grund ist die Zeitarbeit auch als gewerbsmäßige Arbeitnehmerüberlassung definiert.

Besondere Auslagerungsform

Zeitarbeit ist eine besondere Form der Auslagerung: Es werden nicht Personalmanagementaufgaben ausgelagert, sondern das Unternehmen lagert seine Funktion als Arbeitgeber aus.

 Rechtliche Regelungen finden Sie hierzu im Gesetz zur Regelung der Arbeitnehmerüberlassung, kurz Arbeitnehmerüberlassungsgesetz (AÜG). Es regelt nicht nur die Pflicht, sich als Verleiher eine Erlaubnis bei der Bundesagentur für Arbeit einzuholen, sondern unter anderem auch die Rechtsbeziehung zwischen Verleiher und Entleiher, die Pflichten des Verleihers zur Gewährung von Arbeitsbedingungen, Mitwirkungs- und Mitbestimmungsrechte des Leiharbeitnehmers und die Kontrolle der Einhaltung der gesetzlichen Vorschriften.

Besondere Rechtsbeziehungen bei der Zeitarbeit

Bei der Zeitarbeit leiht sich ein Unternehmen von einem Zeitarbeitsunternehmen für eine begrenzte Zeit gegen ein Entgelt einen Mitarbeiter aus. Dieser ist arbeitsvertraglich beim Zeitarbeitsunternehmen beschäftigt, unterliegt jedoch für den Zeitraum seiner Ausleihe dem Weisungsrecht des entleihenden Unternehmens (siehe Abbildung 19.1).

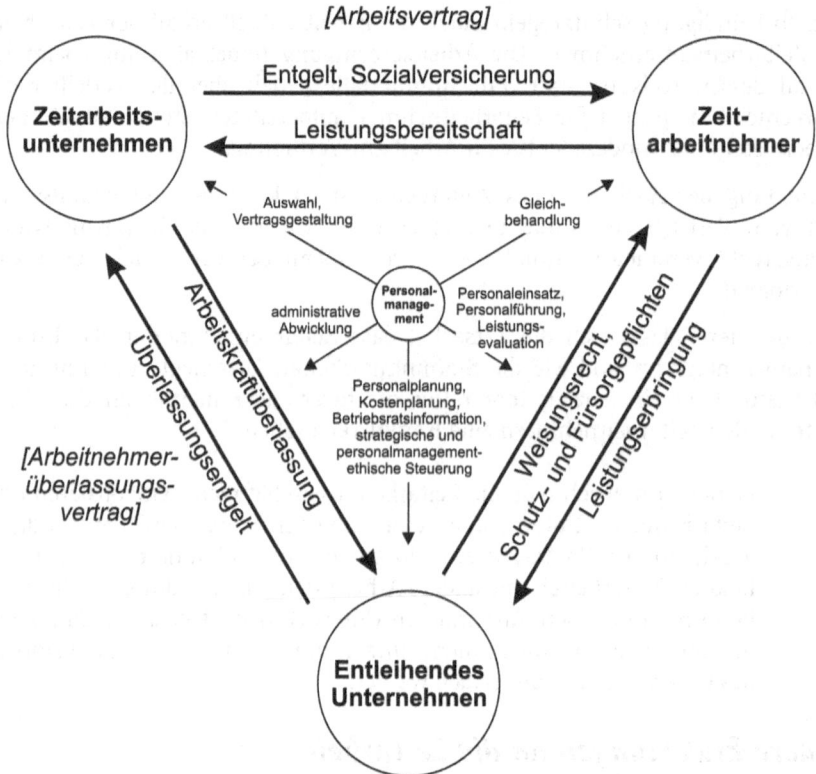

Abbildung 19.1: Die Rolle des Personalmanagements des entleihenden Unternehmens innerhalb der Arbeitnehmerüberlassung

Das sind Rollen der Beteiligten:

✔ Das Zeitarbeitsunternehmen als Verleiher ist gegenüber dem Zeitarbeitnehmer der Arbeitgeber. Es schließt einen ganz normalen Arbeitsvertrag ab, allerdings zusätzlich mit der Vereinbarung, dass der Zeitarbeitnehmer einem Dritten überlassen werden darf. Gegenüber diesem Entleiher muss das Zeitarbeitsunternehmen dafür einstehen, dass es die angeforderte Mitarbeiterqualifikation bereitstellt. Eine Haftung für die Arbeitsqualität übernimmt das Zeitarbeitsunternehmen allerdings nicht.

✔ Das entleihende Unternehmen, das nur einen Vertrag über die Arbeitnehmerausleihe mit dem Zeitarbeitsunternehmen abgeschlossen hat, darf die Arbeitskraft des Arbeitnehmers nutzen. Hierbei entstehen zwischen dem Entleiher und dem Zeitarbeitnehmer keine arbeitsrechtlichen Verpflichtungen, also beispielsweise keine Kündigungsvorschriften, die beachtet werden müssen. Gegenüber dem Zeitarbeitnehmer entstehen Schutz- und Fürsorgepflichten.

✔ Der Zeitarbeitnehmer ist Mitarbeiter des Verleihers und kann ihm gegenüber alle Arbeitnehmerrechte wahrnehmen, die sich aus dem Arbeitsvertrag, aus Tarifverträgen und aus dem Arbeitsrecht ergeben. In diesem Arbeitsverhältnis gelten dann zum Beispiel auch die

üblichen Kündigungsschutzregeln. Auch das Arbeitsentgelt erhält der Zeitarbeitnehmer vom Zeitarbeitsunternehmen. Die Arbeitserbringung findet allerdings beim Entleiher und auf dessen Weisung statt. Für Konfliktfälle behält aber der Verleiher die Sanktionsrechte. Ein speziell für Zeitarbeitnehmer aufbereitetes »Merkblatt für Leiharbeitnehmer« stellt die Bundesagentur für Arbeit zur Verfügung.

Die Beendigung der Ausleihe eines Zeitarbeitnehmers kann per Aufhebungsvertrag, per Rücktritt vom Vertrag, per Kündigung (soweit im Arbeitnehmerüberlassungsvertrag ein Kündigungsrecht vereinbart wurde) oder durch Ablauf der vertraglich vereinbarten Befristung erfolgen.

Nicht wegdefinieren lässt sich die Tatsache, dass Zeitarbeitnehmer in das Unternehmen nicht genauso integriert sind wie die Stammmitarbeiter. Dies liegt zum Teil an der zeitlichen Befristung, die eine soziale Integration erschwert, aber auch daran, dass die Stammmitarbeiter in den Zeitarbeitnehmern eine Konkurrenz sehen.

Manche Unternehmen, die Zeitarbeiter beschäftigen, symbolisieren offen, dass Zeitarbeiter im Unternehmen einen anderen Status genießen als die Stammarbeitnehmer. So tragen etwa in einem Automobilunternehmen in Deutschland die Zeitarbeiter eine andere Arbeitskleidung und dürfen nicht in der regulären Kantine essen. Aus anderen Unternehmen ist bekannt, dass Zeitarbeiter den Mitarbeiterparkplatz nicht nutzen dürfen oder nicht zur Weihnachtsfeier des Unternehmens eingeladen werden.

Besondere Erwartungen an die Zeitarbeit

Warum lassen sich die Vertragspartner auf ein solches Dreiecksverhältnis ein? Hier spielen die besonderen Erwartungen einer Rolle, die jeder der drei Beteiligten hat:

✔ Das Zeitarbeitsunternehmen will durch dieses gewerbliche Geschäftsmodell natürlich Geld verdienen. Darüber hinaus lassen sie sich in ihrer Eigenschaft als möglicher Personalvermittler vom Entleiher auch eine Vermittlungsgebühr von bis zu 30 Prozent des künftigen Bruttojahresgehalts bezahlen, wenn dieser den Zeitarbeitnehmer übernimmt und fest weiterbeschäftigt. Selbst der Zeitarbeitnehmer muss auf Basis eines Vermittlungsvertrags eine Vermittlungsgebühr an das Zeitarbeitsunternehmen entrichten, wenn eine schnelle Übernahme durch einen Entleiher erfolgt.

✔ Das entleihende Unternehmen schätzt an der Zeitarbeit erstens die Flexibilität, die es durch das relativ problemlose Ausleihen von Arbeitnehmern erlangt. Bei besonders hohem Arbeitsanfall können ohne langwierige eigene Personalbeschaffung Zeitarbeitnehmer im Unternehmen mitarbeiten. Sollte jedoch nicht mehr so viel Arbeit vorhanden sein, kann die Zeitarbeitnehmerausleihe ohne Berücksichtigung von Kündigungsprozeduren beendet werden. Ein zweiter Grund sind die Kosten: Auf der einen Seite sind die Ausleihpreise zwar höher als die Entgelte für vergleichbare Stammmitarbeiter, dafür spart das Personalmanagement andererseits Personalmarketingkosten, Personalbeschaffungskosten, Personalverwaltungskosten, Personalausfallkosten aufgrund von Krankheit (hier muss das Zeitarbeitsunternehmen Ersatz beschaffen) sowie Personalfreisetzungskosten und Abfindungen. Als Nebeneffekt tritt also eine Flexibilisierung der Kostenseite

ein. Durch die Zeitarbeit ergibt sich auch eine Risikominimierung, weil die Verantwortung für den Zeitarbeitnehmer hauptsächlich beim Zeitarbeitsunternehmen liegt. Es liegen Chancen darin, die Zeitarbeitnehmer während ihrer Arbeit zu erproben und dann gegebenenfalls als Stammarbeitnehmer zu übernehmen, wobei eine solche Erprobungszeit motivierend auf den Zeitarbeitnehmer wirken kann.

✔ Der Zeitarbeitnehmer findet gegebenenfalls schneller eine Beschäftigung und kann dort Erfahrungen in mehreren Unternehmen gewinnen. Dieses Motiv verfolgen auch hoch qualifizierte Zeitarbeitnehmer, die über einen häufigeren Wechsel des Entleihers recht schnell eine breite Berufserfahrung erwerben können.

Die Zeitarbeit nimmt inzwischen eine bedeutende Rolle in der Arbeitswelt ein. Dabei zeigt die Zeitarbeit eine parallele Entwicklung zur Konjunktur: Bei guter Konjunktur wird mehr Personal entliehen als bei schlechter Konjunktur.

Besondere Entlohnung der Zeitarbeitnehmer

Die Entlohnung in der Zeitarbeit ist deshalb immer wieder im Rahmen von Tarifverhandlungen und Gesetzgebungsverfahren umstritten, weil alle drei Beteiligten möglichst gute finanzielle Ergebnisse erzielen wollen. Grundsätzlich kann aber Folgendes zur Entlohnung in der Zeitarbeit gesagt werden:

✔ Das Zeitarbeitsunternehmen zahlt dem Zeitarbeiter einen Lohn, stellt dem entleihenden Unternehmen jedoch einen höheren Stundensatz in Rechnung. Dieser ergibt sich als Summe aus dem Bruttostundenlohn und den Sozialabgaben für den Zeitarbeiternehmer, aus kalkulatorischen Zeitarbeitnehmerkosten etwa für Urlaub, Krankheit und Fluktuation, aus den kalkulatorischen Verwaltungskosten, die für Personal und Mieten anfallen, sowie aus dem Gewinnanteil. Als Faustformel kann – je nach Qualifikation des Zeitarbeitnehmers – der Bruttostundenlohn verdoppelt bis verdreifacht werden, um den Stundensatz zu ermitteln.

✔ Das entleihende Unternehmen muss für die produktive Zeit des Zeitarbeitnehmers den vereinbarten Stundensatz an das Zeitarbeitsunternehmen bezahlen, der in der Regel höher ausfällt als der Bruttostundenlohn und die Sozialabgaben für einen Stammarbeitnehmer. Dennoch kann sich die Zeitarbeit für den Entleiher rechnen, wenn die Kostenersparnisse in der Personalarbeit kalkuliert werden.

✔ Der Zeitarbeitnehmer wird nach der im anzuwendenden Tarifvertrag vorgesehenen Entgeltgruppe bezahlt, die sich nach seiner Qualifikation richtet.

Die Zeitarbeiter in einem Unternehmen haben Anspruch darauf, dass sie gleichbehandelt werden wie vergleichbare Stammbeschäftigte beim Entleiher, und zwar im Hinblick auf ihre Bezahlung einschließlich Sondervergütungen, Jahresprämien und Mehrarbeitszulagen. Dieses Prinzip »Equal Pay/Equal Treatment« kann nur auf Basis eines Tarifvertrags verletzt werden, der Abweichendes regelt, was allerdings in der Praxis der Normalfall ist. Daher sind die durchschnittlichen Bruttoarbeitsentgelte in der Zeitarbeit niedriger als in der Beschäftigung insgesamt.

Abweichungen zwischen der tariflich vereinbarten Normalarbeitszeit des Zeitarbeitnehmers und der für ihn maßgeblichen Arbeitszeit beim Entleiher werden auf einem Arbeitszeitkonto erfasst, das je nach zugrunde gelegter Regelung durch Freizeitausgleich/Nacharbeit oder durch Geld ausgeglichen werden kann.

Mit Zeitarbeit planen

Für Sie heißt es nun, die Zusammenarbeit mit Zeitarbeitsunternehmen aus dem Blickwinkel des Personalmanagements zu betrachten und die Interessen des Personalmanagements Ihres entleihenden Unternehmens zu vertreten.

Kommt Zeitarbeit infrage?

Die erste Überlegung bezieht sich auf die Flexibilität, die sich durch Zeitarbeit für Ihr Unternehmen ergeben kann: Ihr Unternehmen kann durch Zeitarbeit flexibel Produktionsspitzen abfangen und auch Innovationspotenziale freisetzen, indem es die Stammarbeitnehmer im Tagesgeschäft entlastet und ihnen damit Kreativitätsfreiräume schafft. Das Personalmanagement muss diese Flexibilität allerdings auch aktiv befördern. Dazu muss es die Zeitarbeitnehmer möglichst schnell in die bestehenden Arbeitsstrukturen integrieren.

 Die Integration von Zeitarbeitnehmern erfordert Betreuungskapazitäten und Ressourcen. Zwar ist das Einsatzfeld von Zeitarbeitnehmern üblicherweise klar definiert, aber eventuell ist ein sehr spezieller Ausbildungshintergrund des Zeitarbeitnehmers nicht kompatibel mit den Kenntnissen, Fähigkeiten und Erfahrungen der restlichen Belegschaft.

Das Personalmanagement muss besonders auf den unternehmenskulturellen Zusammenhalt im Unternehmen achten. Er kann durch Zeitarbeit gestört werden. Zeitarbeiter können zwar auf der einen Seite die bestehende Belegschaft entlasten und damit zum Beispiel deren Work-Life-Balance zu verbessern helfen. Auf der anderen Seite aber befinden sich Zeitarbeitnehmer in einer kulturellen Zwickmühle, da sie gleichzeitig sowohl zum Zeitarbeitsunternehmen als auch zum entleihenden Unternehmen gehören. Sie können Fremdkörper für bestehende Teams sein.

 Zeitarbeitnehmer erzeugen womöglich Unzufriedenheit unter den Stammarbeitnehmern durch neue Konkurrenz, Einarbeitungsaufwand, Differenzen in Arbeitsethos und in der Qualitätsauffassung. Durch eine nicht gelingende Integration können Betriebsklima und Betriebsfrieden gestört werden. Sätze von Zeitarbeitnehmern wie »So motiviert, wie ihr hier arbeitet, wird nirgends sonst gearbeitet« können die Stammarbeitnehmer erst darauf aufmerksam machen, dass sie eigentlich höhere Gegenforderungen an die Führungskräfte stellen können, und so bisherige Erfolge der personellen Führung zunichtemachen.

In Unternehmen mit mehr als 20 wahlberechtigten Arbeitnehmern im Sinne des Betriebsverfassungsgesetzes muss der Betriebsrat vor jedem beabsichtigten tatsächlichen Einsatz eines Zeitarbeitnehmers mindestens eine Woche vorher unterrichtet werden, damit er sich

zu dieser personellen Maßnahme äußern kann. Zum Informationsumfang zählen die Angaben zur Person, Beginn und Dauer des Einsatzes, Arbeitsbereich und Arbeitsumfang, die erwarteten Wirkungen des Arbeitseinsatzes sowie die innerbetriebliche Ausschreibung der Stelle.

Im Hinblick auf den Einsatz von Zeitarbeit in der Unternehmensleitung – man spricht von Interimsmanagern – sind zwei Möglichkeiten denkbar:

✔ Einerseits gibt es manchmal das kurzfristige Sanierungsinteresse eines Unternehmens, bei dem unter Zeitdruck ein Manager gesucht wird, der nach einer Weichenstellung in die richtige, da überlebenssichernde Richtung das Unternehmen wieder verlässt und verlassen will, um einer längerfristigen Perspektive Platz zu machen. Eine Verlängerungsoption ist von vornherein nicht mit eingeplant.

✔ Andererseits gibt es das Modell, bei dem ein Manager kurzfristig eingestellt wird, aber Möglichkeiten zur Vertragsverlängerung für den Fall erhält, dass die erbrachte Leistung für beide Seiten als zufriedenstellend bewertet wird. Dies kann in eine Verlängerungs- oder Nachfolgeregelung münden.

Schließlich hat Zeitarbeit einen Einfluss auf das Außenimage des Unternehmens: Es kann ein positiver Außeneffekt eintreten, wenn Zeitarbeitnehmer das entleihende Unternehmen schätzen und entsprechend nach außen hin präsentieren. Negativer Einfluss kann entstehen, wenn es im Unternehmen mangels gelingender Integration der Zeitarbeitnehmer zu Unfrieden kommt und das Betriebsklima geschädigt wird.

So wird es professionell

Das professionelle Personalmanagement hat auch an dieser Stelle wieder einige Ideen, wie mit der Zeitarbeit und den Zeitarbeitsunternehmen umzugehen ist, sodass die gesteckten Ziele erreicht werden.

Differenzierung

Folgende Zielgruppen können hinsichtlich des Einsatzes von Zeitarbeitnehmern berücksichtigt werden: die Zeitarbeitnehmer selbst, dann die Abteilung oder das Team, in denen die Zeitarbeit eingesetzt wird, von ihrer Leitung bis zu den Mitarbeitern, darüber hinaus die Unternehmensleitung sowie die direkten Führungskräfte der Zeitarbeitnehmer.

»Differenziert berücksichtigen« heißt, sich bewusst zu machen, welche Erwartungen jeweils bestehen und welche Barrieren überwunden werden müssen, und dies offen anzusprechen. Es ist davon auszugehen, dass bei jeder Zielgruppe unterschiedliche Informationsbedürfnisse bestehen. So sollte zum Beispiel mit den Zeitarbeitnehmern besprochen werden, wie sie eine persönliche Bindung zum Unternehmen aufbauen könnten, und es sollten Motivationsbedingungen geschaffen werden, die gezielt einer sinkenden Motivation und einer inneren Kündigung bei längerer Ausleihdauer entgegenwirken.

Kontinuität

Kontinuität entsteht im Personalmanagement durch einen kontinuierlich-professionellen Umgang mit Zeitarbeit. Hierzu sind Regeln unerlässlich, beispielsweise: In welchen Situ-

ationen und aus welchen Gründen wird auf Zeitarbeitnehmer zurückgegriffen? Gibt es dafür Messgrößen wie beispielsweise die Anzahl von Überstunden einer Abteilung? Wird ein vernünftiger Umgang mit Zeitarbeitnehmern, nämlich die Gleichbehandlung zu Stammarbeitnehmern, sichergestellt, zum Beispiel im Hinblick auf eine leistungs- oder erfolgsabhängige Vergütung? Gibt es nachvollziehbare Kriterien zur Übernahme von Zeitarbeitnehmern in eine Festanstellung? Die entsprechenden Regeln sollten nicht nur festgelegt, sondern auch befolgt werden.

Expertise

Die Besonderheiten von Zeitarbeit erfordern (nicht nur) beim Personalmanagement eine spezielle Expertise. Auf Zeitarbeit ausgerichtete Schulungen fördern die Sensibilisierung bei der Personalabteilung, den Führungskräften und Mitarbeitern der Abteilungen, in denen Zeitarbeit eingesetzt wird, und zwar vor und während der Einarbeitung von Zeitarbeitnehmern. Das Ziel besteht darin, die Zeitarbeit möglichst reibungslos abzuwickeln, nicht in Konflikt mit der Bundesagentur für Arbeit als zuständige Behörde zu geraten und die Besonderheiten aller Prozessphasen zu kennen.

Governance

Im Professionalisierungsfeld der Governance kann die Unternehmensleitung ein Verständnis für die Zeitarbeit entwickeln, etwa durch rückgekoppelten Informationsaustausch zu den Abteilungen, die Zeitarbeit nutzen. Das Personalmanagement beeinflusst hierbei die strategische Ausrichtung, indem es die Kostenpositionen und die Kostenersparnisse in die Diskussionen einbringt.

Die Zeitarbeitsplanung lässt sich unternehmensweit über abteilungsübergreifende Kommunikation koordinieren. Bereits gemachte Erfahrungen mit Zeitarbeit können über die Auswertung und Interpretation von Messgrößen, die der Zeitarbeitsentscheidung zugrunde liegen, in die strategischen Steuerungsprozesse eingebracht werden.

Gegen Zeitarbeit lässt sich einwenden, dass sie dazu führen kann, Stammarbeitskräfte vollständig zu ersetzen und Lohnkosten einzusparen. Hier ist eine personalmanagementethische Positionierung der Unternehmensleitung gefordert, die dann zur Leitlinie des Personalmanagements wird.

Nicht gewerbsmäßige Arbeitnehmerüberlassung als Alternative

Gerade mittelständische Unternehmen profitieren von der nicht gewerbsmäßigen Personalausleihe, bei der sich in einer Region Unternehmen zusammenschließen, um sich gegenseitig Mitarbeiter, die sie sonst gegebenenfalls entlassen würden, befristet zur Verfügung zu stellen. Das schafft regionale Arbeitsplatzsicherheit und eine bessere Motivation verfügbarer Mitarbeiter. Vorreiter der nicht gewerbsmäßigen Arbeitnehmerüberlassung in Deutschland sind Standortsicherungsinitiativen in Braunschweig und Siegen.

Die nicht gewerbsmäßige Arbeitnehmerüberlassung kann als Arbeitnehmerüberlassung definiert werden, die zumeist in einem regionalen Netzwerk von Arbeitgebern erfolgt. Sie ist ohne Beachtung des Arbeitnehmerüberlassungsgesetzes möglich, da das nur für die gewerbsmäßige Arbeitnehmerüberlassung gilt. Die Nichtanwendung des Arbeitnehmerüberlassungsgesetzes eröffnet Unternehmen eine größere Handlungsfreiheit, birgt aber gleichzeitig auch eine gewisse Rechtsunsicherheit. Weil sich viele Parallelen zur gewerbsmäßigen Arbeitnehmerüberlassung ergeben, kann man sich zur genaueren Ausgestaltung an den entsprechenden gesetzlichen Regelungen der gewerbsmäßigen Arbeitnehmerüberlassung orientieren.

Zur Anwendung der nicht gewerbsmäßigen Arbeitnehmerüberlassung muss ein Tarifvertrag vorliegen. Der schafft in der Regel einen Unternehmensverbund, der die am möglichen Personalaustausch teilnehmenden Unternehmen zusammenfasst. Dieser Tarifvertrag soll die fehlenden gesetzlichen Regelungen ersetzen und vergleichbare Schutzrechte enthalten. Auf dieser Basis und auf Grundlage des bestehenden Arbeitsvertrags zwischen Verleiher und Leiharbeitnehmer erfolgt die Ausleihe über einen Arbeitnehmerüberlassungsvertrag zwischen Entleiher und Verleiher. Obwohl hier keine Formvorschriften bestehen, bietet sich die Schriftform an. Sowohl der Arbeitnehmer als auch die Betriebsräte von entleihendem und ausleihendem Unternehmen müssen dem Personalaustausch dann zustimmen, weil es sich um eine personelle Einzelmaßnahme handelt.

Damit Sie auch wissen, welche Alternative zur gewerbsmäßigen Arbeitnehmerüberlassung nicht zulässig ist, verweise ich kurz auf die illegale Arbeitnehmerüberlassung: Sie liegt dann vor, wenn entweder die erforderliche Erlaubnis zur gewerbsmäßigen Arbeitnehmerüberlassung fehlt oder wenn das verleihende Unternehmen nicht die üblichen Arbeitgeberpflichten übernimmt. Verstöße gegen das Arbeitnehmerüberlassungsgesetz seitens des verleihenden Unternehmens führen zur Unwirksamkeit der Personalüberlassung. Das Gesetz sieht für solche Fälle Geldstrafen vor, zu denen dann noch der Imageschaden für das verleihende Unternehmen tritt.

Tarifpartner,
weit weg und doch so nah

20

In diesem Kapitel ...

▶ Tarifvertragsparteien wahrnehmen

▶ Tarifverträge durchschauen

▶ Tarifinteressen durchsetzen

Aufgrund der Tarifautonomie ist der Staat an der Findung von Tarifverträgen nicht direkt beteiligt: Tarifvertragsparteien (oder: Tarifpartner) handeln Tarifverträge selbstständig aus. Das Personalmanagement kann sich entscheiden, ob es sich auf die Tarifpartner ausrichtet und sie zu beeinflussen versucht oder ob es seinen Handlungsspielraum schlicht den Entscheidungen der Tarifpartner unterordnet.

Dieses Kapitel stellt Ihnen die Tarifpartner vor und führt Sie in die Welt der Tarifverträge ein: was sie regeln, wie sie zustande kommen und wie das Personalmanagement eine aktive Rolle einnehmen kann. Sie erfahren auch, was das Personalmanagement tun kann, wenn dem Unternehmen ein Streik droht.

Wer alles bei Tarifverhandlungen mitmischt

Als tariffähige Akteure in der Welt der Tarifverhandlungen finden sich einzelne Arbeitgeber und Vereinigungen von Arbeitgebern auf der einen Seite, die Gewerkschaften und ihre Spitzenorganisationen auf der anderen Seite. Sie bilden zusammen die Tarifvertragsparteien:

✔ Arbeitgeberverbände sehen sich als Partner und Dienstleister ihrer Mitgliedsunternehmen, für die sie Funktionen wie Rechtsberatung, Bereitstellung von Rechtsschutz, Übernahme von Tarifverhandlungen und Öffentlichkeitsarbeit wahrnehmen. Der Dachverband ist die Bundesvereinigung der Deutschen Arbeitgeberverbände (BDA).

✔ Gewerkschaften vertreten die Arbeitnehmer beziehungsweise Arbeitnehmervereinigungen, um zur Verbesserung der sozialen und wirtschaftlichen Lebensbedingungen beizutragen. Dabei sind sie nach Branchen oder Berufen gegliedert oder richten sich gemäß politischen oder religiösen Richtungen aus. Die bedeutendste Dachorganisation zur übergeordneten Koordination gewerkschaftlicher Aktivitäten sowie zur Einflussnahme auf die Politik ist der Deutsche Gewerkschaftsbund (DGB).

In Deutschland herrscht eine grundgesetzlich garantierte Koalitionsfreiheit: Unternehmen dürfen sich in Arbeitgeberverbänden und Mitarbeiter in Gewerkschaften zusammenschließen. Gemeinsam dürfen sie jenseits staatlicher Einflussnahme autonom die Bedingungen von Arbeit festlegen. Das geschieht in Form von Tarifverhandlungen, die als Ergebnis einen Tarifvertrag hervorbringen.

Ein Tarifvertrag als Rahmen

Unter den Tarifverträgen unterscheidet man in Bezug auf den Inhalt und den zeitlichen Regelungshorizont mehrere Formen:

✔ Ein Manteltarifvertrag enthält Regelungen zu grundlegenden Fragen von Arbeitsverhältnissen. Sie werden mit vergleichsweise langen Laufzeiten oder sogar unbefristet geschlossen. Typische Inhalte von Manteltarifverträgen sind Zuschläge für Überstunden und Schichtarbeit, Sonderzahlungen, die Lohnfortzahlung im Krankheitsfall, wöchentliche Arbeitszeiten, Urlaubszeiten, die Länge der Probezeit, Kündigungsregelungen und Beschäftigungssicherungs- und Kurzarbeitsregelungen. Hinzu kommen Vereinbarungen über den Umgang der Tarifpartner miteinander sowie formale Aspekte wie die Gültigkeitsdauer des Tarifvertrags.

✔ Ein Rahmentarifvertrag ist ein besonderer Tarifvertrag, der Lohn- und Gehaltsgruppen und Lohn- und Gehaltsstufen festlegt und damit die Verfahren zur Lohnfindung regelt.

✔ Ein Gehaltstarifvertrag (auch: Lohntarifvertrag, Entgelttarifvertrag) spezifiziert dann mit kurzfristiger Laufzeit die konkreten Höhen der Vergütung für durch Arbeitnehmer erbrachte Leistungen.

In Bezug auf den Geltungsbereich gibt es folgende Varianten:

✔ Ein Flächentarifvertrag gilt nur für eine abgegrenzte Region oder ein Bundesland; dies kann allerdings auch ganz Deutschland sein.

✔ Ein Haustarifvertrag oder Firmentarifvertrag gilt nur für das Unternehmen, das diesen Vertrag abgeschlossen hat, und dessen Mitarbeiter.

✔ Ein Branchentarifvertrag erstreckt seine Gültigkeit auf einen Wirtschaftszweig.

Die Regelungen zur Entgeltfindung sind in diversen Tarifverträgen geregelt und haben, je nach Bundesland beziehungsweise Region, einen unterschiedlichen Geltungsbereich. Der Manteltarifvertrag bildet dabei ein Grundgerüst mit allgemeinen Arbeitsbedingungen. Darin sind, neben vielen anderen Regelungen wie beispielsweise zur Arbeitszeit sowie zur Einstellung und Kündigung, die grundsätzlichen Strukturen der Entgeltregelung rechtlich festgehalten. Der Rahmentarifvertrag hingegen enthält Normen zu Verfahren der Entgeltfindung (zum Beispiel Regelungen zu Lohnarten und Lohngruppen). Die Lohn- und Gehaltstarifverträge regeln letztendlich die Höhe der Vergütung.

Tarifverträge haben in erster Linie die Funktion, die Arbeitnehmer vor der institutionellen Überlegenheit des Arbeitgebers zu schützen. So bewirkt die Schutzfunktion eine einheitliche Entgeltgestaltung für Arbeitnehmer oder einen Schutz vor Rationalisierungsmaßnahmen über Beschäftigungsgarantien.

Tarifverträge haben zudem eine Ordnungsfunktion: So sollen durch die tarifvertragliche Regelung und Typisierung der Arbeitsbedingungen die Überschaubarkeit über die Personalkosten und über notwendige Personalmanagementaktivitäten gewährleistet werden.

Die Friedensfunktion von Tarifverträgen gewährleistet, dass während der Laufzeit eines Tarifvertrags Arbeitskämpfe mit Streiks und Aussperrungen unterbleiben, da eine Friedenspflicht herrscht. Das gibt den Tarifpartnern Planungssicherheit.

Tarifverträge setzen der strategischen Ausgestaltung betrieblicher Entgeltpolitik Grenzen, da sie Kostenstrukturen und Maßstäbe für die reguläre Entlohnung sowie für die leistungsorientierte Entlohnung festlegen und somit Flexibilitätspotenziale beschränken. Für die Arbeitgeber haben Tarifverträge jedoch den Vorteil, dass sie unternehmensübergreifend einheitliche Wettbewerbsbedingungen hinsichtlich der Arbeitskosten schaffen, weil ein allgemeingültiger Maßstab für die entsprechende Branche festgelegt wird.

Tarifbindung, also die Pflicht zur Befolgung der ausgehandelten tarifvertraglichen Regelungen, besteht, sofern das Unternehmen dem zuständigen Arbeitgeberverband und der jeweilige Arbeitnehmer der Gewerkschaft angeschlossen ist. Diese Mitgliedschaften sind in Deutschland freiwillig.

Die einseitige Tarifbindung des Arbeitgebers reicht bereits aus, damit die Tarifnormen im Unternehmen bezogen auf betriebliche oder betriebsverfassungsrechtliche Fragen rechtswirksam werden und damit die betriebliche Ordnung beeinflussen. Alle anderen Regelungen werden erst bei bestehender Tarifbindung beider Tarifpartner rechtswirksam. Tarifverträge dienen jedoch auch vielen nicht tarifvertraglich gebundenen Unternehmen als Orientierungshilfe, vor allem bei der Entgeltfindung.

Grundsätzlich ist die Anwendbarkeit von Tarifverträgen auf ein einzelnes Arbeitsverhältnis eine der zentralen Frage des Tarifrechts und wird in Theorie und Praxis sehr differenziert betrachtet. Unstrittig ist sie, wenn Unternehmen und Mitarbeiter Mitglieder der tarifschließenden Verbände sind. Aber auch für Arbeitgeber und Arbeitnehmer, die nicht in tarifschließenden Verbänden gebunden sind, kann ein Tarifvertrag zwingend gelten, wenn das Bundesministerium für Wirtschaft und Arbeit oder ein Landesarbeitsministerium auf Antrag der Tarifvertragsparteien einen Tarifvertrag für allgemein verbindlich erklärt hat. Die Anwendbarkeit kann darüber hinaus einzelvertraglich vereinbart werden und wird auch dann angenommen, wenn die Anwendung tarifvertraglicher Regelungen auf einzelne Arbeitsverhältnisse betriebsüblich ist – beim Umfang der Geltung liegt aber der sprichwörtliche Teufel im Detail. Gilt jedoch ein Tarifvertrag für ein Arbeitsverhältnis, so hat der Mitarbeiter mindestens Anspruch auf die dort vereinbarten Regelungen, selbst wenn der Arbeitsvertrag geringere Ansprüche vorsieht. Zugunsten des Mitarbeiters darf von den Regelungen jedoch abgewichen werden.

Es kommt durchaus vor, dass Unternehmen mit Arbeitnehmern im Einflussbereich verschiedener Gewerkschaften mehreren Tarifverträgen unterliegen. Ein Beispiel ist die Deutsche Lufthansa AG, bei der die Piloten, das Kabinen- und das Bodenpersonal unterschiedliche Tarifverträge haben, jeweils ausgehandelt zwischen dem Unternehmen und verschiedenen Gewerkschaften. Das Tarifeinheitsgesetz von 2015 sieht bei Überschneidung der Geltungsbereiche nicht inhaltsgleicher Tarifverträge verschiedener Gewerkschaften die tarifver-

traglichen Rechtsnormen der jeweiligen Mehrheitsgewerkschaft im Unternehmen als maßgeblich an. Ob dies verfassungskonform ist, ist noch offen.

Die Qual der Wahl: Gestalten lassen oder gestalten

Das Personalmanagement muss die Unternehmensleitung dazu beraten, wie aktiv das Unternehmen in die Gestaltung von Tarifverträgen eingreifen soll. Grundsätzlich bestehen zwei Alternativen: Das Unternehmen lässt seinem Arbeitgeberverband mehr oder weniger freie Hand – oder aber, es verhandelt direkt mit einer passenden Gewerkschaft einen Haustarifvertrag aus.

Sich Tarifverträgen unterwerfen

Nach dem Auslaufen der Laufzeit kann ein Tarifvertrag gekündigt werden. Der Ablauf einer dann notwendigen Tarifverhandlung ist immer recht ähnlich und erfolgt in drei Stufen:

✔ Zunächst werden die wechselseitigen Forderungen formuliert. Sie basieren auf vorbereitenden Diskussionen der Tarifpartner und enthalten sowohl die entgeltpolitischen und arbeitsbedingungsbezogenen Vorstellungen wie auch Forderungen zur Durchsetzung verbandspolitischer Interessen.

✔ Dann folgt der Verhandlungsprozess, der von Verhandlungskommissionen getragen wird. In mehreren Verhandlungsrunden werden Angebote und Gegenangebote ausgetauscht und sich abzeichnende Einigungsmöglichkeiten in Szenarioberechnungen hinsichtlich ihrer Konsequenzen für die vertretenen Tarifverbandsmitglieder durchkalkuliert. Es erfolgen wiederholt Rückversicherungen bei den Tarifverbänden und Dachverbänden, um Annäherungen im Vorfeld zu legitimieren. Der Öffentlichkeit wird symbolisiert, dass man hart um eine Einigung ringt. Wenn auf dem Verhandlungsweg keine Einigung erreicht wird, kann – eventuell unterbrochen durch einen Arbeitskampf mit Streikmaßnahmen – ein Schlichtungsverfahren die Einigung auf einen neuen Tarifvertrag herbeiführen.

✔ Das gefundene Ergebnis wird durch die Tarifverbände legitimiert, in der Regel durch Tarifkommissionen.

Das Personalmanagement kleinerer Unternehmen kommuniziert im Verlauf von Tarifverhandlungen meist nicht auf Basis einer geplanten Kommunikationsstrategie mit seinem Arbeitgeberverband. Damit verzichtet es, häufig »aus zeitlichen Gründen«, auf wichtige Einflussmöglichkeiten. Die Regel ist, dass der Arbeitgeberverband erst nach einem erfolgreichen Tarifabschluss die Ergebnisse seinen Mitgliedern im Rahmen einer Präsentation vorstellt. Je größer allerdings ein Unternehmen ist und je besser ausgestattet dessen Personalabteilung mit Mitarbeitern ist, desto spürbarer wird sein Einfluss auf die Meinungsbildung des Arbeitgeberverbands und auf den Verlauf von Tarifverhandlungen.

 Zwischen 10 und 20 Prozent der kleinen bis mittleren Unternehmen in Deutschland sind Mitglieder in einem Arbeitgeberverband. Diese kleinen und mittleren Unternehmen sind teilweise unzufrieden mit ihren Tarifverbänden, weil sie der Meinung sind, die gefundenen Tarifverträge würden ihre spezifische Ausgangslage nicht angemessen widerspiegeln. Für das Personalmana-

gement bedeutet dies, dass es intensiv mit seinem Tarifverband über unternehmensbezogene Ziele in Richtung von Tarifvertragsgestaltungen kommunizieren muss, um seine Interessen möglichst gut durchzusetzen.

Die wahrgenommene Inflexibilität der von Arbeitgeberverbänden ausgehandelten Tarifverträge führte in der Vergangenheit dazu, dass sich viele Arbeitgeber aus ihren Verbänden zurückzogen, damit sie der Tarifbindung und zudem auch noch der Entrichtung ihrer Mitgliedsbeiträge entkommen konnten. Als Gegenreaktion führten Arbeitgeberverbände sogenannte OT-Mitgliedschaften ein, also Mitgliedschaften im Arbeitgeberverband ohne Tarifbindung. In dieser Konstellation können Unternehmen nach wie vor die beliebten Verbandsdienstleistungen, insbesondere die Rechtsberatung, in Anspruch nehmen, gleichzeitig aber eigene Haustarifverträge abschließen.

Ebenfalls kommuniziert das Personalmanagement von sich aus meistens nicht direkt mit den Gewerkschaften, sondern vor allem mit dem Betriebsrat. Der Betriebsrat ist in der Unternehmenspraxis ein wichtiges Bindeglied zwischen dem Personalmanagement und den Gewerkschaften.

Auf jeden Fall strebt ein professionelles Personalmanagement an, eine langfristige und mit der Unternehmensleitung abgestimmte Strategie im Hinblick auf die Weiterentwicklung von Tarifverträgen zu erreichen und diese strategischen Überlegungen auch dem Arbeitgeberverband zwecks entsprechender Berücksichtigung zur Kenntnis zu geben.

Selbst Haustarifverträge aushandeln

Wenn kleine und mittlere Unternehmen Tarifverträge mit Gewerkschaften selbst aushandeln, hat dies Vor- und Nachteile:

✔ Positive Punkte sind: Es könnten flexiblere Gehälter erreicht werden, flexiblere Arbeitszeiten, niedrigere Personalkosten, eine höhere Motivation der Mitarbeiter und weniger Einfluss der Gewerkschaften im Betrieb.

✔ Dem stehen als mögliche Nachteile gegenüber: Die Personalkosten könnten steigen, das Verhältnis zwischen Unternehmer und Betriebsrat könnte kämpferischer werden, Arbeitskämpfe könnten den Betriebsfrieden schädigen, Betriebsräte und Gewerkschaften könnten schmerzhafte Lohnerhöhungen erkämpfen wollen, Gewerkschaften kämpfen dann gegebenenfalls um mehr Einfluss auf die Betriebsräte, und schließlich ist das Rechtsgebiet des Tarifrechts hoch komplex und bindet daher viele Ressourcen des Personalmanagements.

Haustarifverträge erfassen alle Mitarbeiter des Unternehmens und können dabei die Tarifregelungen an die speziellen Anforderungen des Unternehmens anpassen, indem ein umfangreicher Interessenausgleich angestrebt wird. Aufgrund der erforderlichen Verhandlungsexpertise sind sie für sehr kleine Unternehmen eher ungeeignet.

Gerade das Personalmanagement befindet sich bei der Aushandlung von Haustarifverträgen in einer schwierigen Position, weil es ja die Interessen des Unternehmens vertreten soll, die Gewerkschaft aber gleichzeitig die Interessen aller tarifgebundenen Mitarbeiter im Unternehmen – und somit auch die Ei-

geninteressen der Mitarbeiter im Personalmanagement – vertritt. Aus diesem Grund werden Haustarifvertragsverhandlungen unter Beteiligung der (in der Regel außertariflich beschäftigten) Personalleitung auf der Ebene der Unternehmensleitung verhandelt.

Wenn ein Streik ins Haus steht

Manchmal kommt es im Rahmen von Tarifverhandlungen zu einem Streik. Das ist das gute Recht der Gewerkschaften: Sie sind, wie die Arbeitgeber auch, dafür zuständig, den Zeitpunkt zu bestimmen, zu dem ihre Verhandlungsoptionen als ausgeschöpft gelten. Dann dürfen sie nach der Friedenspflicht, die im Tarifvertrag vereinbart ist und entweder mit dem Ablauf der tarifvertraglichen Geltungsdauer oder mit Ablauf der Kündigungsfrist oder mit dem Scheitern einer Schlichtung endet, Warnstreiks oder Vollstreiks organisieren.

Ein Streik ist rechtmäßig, wenn er

✔ nach Ablauf der Friedenspflicht und

✔ nach offiziell als gescheitert erklärten Tarifverhandlungen

✔ von der verhandelnden Gewerkschaft

✔ auf Grundlage einer mit mindestens 75 Prozent der Gewerkschaftsmitglieder gebilligten Urabstimmung

✔ bei vorliegendem Streikbeschluss des Hauptvorstands der Gewerkschaft

ausgerufen wird. Sind diese Bedingungen nicht gegeben, so kann es sich um spontane Arbeitsniederlegungen, selbstständige Streiks von Mitarbeitern ohne Gewerkschaftsbeteiligung oder um Solidaritätsstreiks von Mitarbeitern, die in nicht zuständigen Gewerkschaften organisiert sind, handeln. Sie sind rechtswidrig und stellen eine Verletzung des Arbeitsvertrags durch den Mitarbeiter dar, der letztlich zu Abmahnung und Kündigung führen kann.

Sind die Bedingungen dagegen gegeben, so beteiligen sich die Mitarbeiter, die vom Streikaufruf betroffen sind, durch Arbeitsniederlegung am Streik. Auch alle nicht gewerkschaftlich organisierten Mitarbeiter dürfen sich einem Streik anschließen. Während des Streiks ruhen die arbeitsvertraglichen Hauptpflichten von Mitarbeiter (Erbringung der Arbeitsleistung) und Unternehmen (Entlohnung). Die Nebenpflichten wie etwa Fürsorgepflichten des Unternehmens oder Verschwiegenheitspflichten des Mitarbeiters bleiben jedoch bestehen.

Im Falle des Streiks heißt es: Alarm für das Personalmanagement! Es gilt, schnell zu handeln, damit die negativen Konsequenzen des Streiks für das Unternehmen beherrschbar bleiben. Denn auch wenn Gewerkschaften gehalten sind, Arbeitskämpfe fair auszutragen und die wirtschaftlichen Belange von Unternehmen zu berücksichtigen, kommt es in der Regel für Unternehmen zu finanziellen Einbußen.

Das Personalmanagement ergreift folgende Maßnahmen:

✔ Es versucht, schnell zu ermitteln, welche Mitarbeiter sich mit welchem Umfang am Streik beteiligen werden. Dazu bittet es die Mitarbeiter durch direkte Ansprache oder

durch Aufruf per E-Mail, ihre Absichten zu melden. Verlangen darf das Personalmanagement diese Auskunft jedoch nicht.

✔ Es gibt die Informationen über Arbeitsniederlegungen an die produktiven Abteilungen weiter, die ihrerseits anstehende Termine der Produktion oder mit externen Kunden umlegen oder absagen können. Damit werden die Wertschöpfungskapazitäten des Unternehmens gesichert.

✔ Es informiert die Mitarbeiter über zulässiges und unzulässiges Verhalten während des Streiks. So kann es beispielsweise die Errichtung von Streikposten auf dem Unternehmensgelände untersagen.

✔ Es weist die Mitarbeiter, die dem System der selbstständigen Zeiterfassung unterliegen, an, ihre Streikzeiten zu erfassen, und darüber hinaus die Führungskräfte, die Streikzeiten der Mitarbeiter zu dokumentieren.

✔ Es versorgt die Öffentlichkeitsarbeit des Unternehmens mit Informationen zum Streikverlauf und zu den Zielen des Unternehmens beziehungsweise des Arbeitgeberverbands, damit die Kommunikation zur Öffentlichkeit zielgerichtet erfolgt.

✔ Es speist nach Ablauf des Streiks die Zeiten der Streikteilnahme, die jeder Mitarbeiter melden muss oder die die Führungskräfte erfasst haben, in die Lohnberechnungssysteme ein. Streikende haben für die Dauer des Streiks keinen Vergütungsanspruch, wozu auch Sonderzahlungen und die Arbeitgeberbeiträge zur Sozialversicherung zählen.

Vor allem die Kapazitätssicherung ist für Unternehmen wichtig. Wenn Lücken im Leistungsprozess entstehen, müssen sie so weit wie möglich gefüllt werden. Dazu gibt es nur wenige Möglichkeiten:

✔ Aufgaben der Streikenden werden an nicht am Streik beteiligte Mitarbeiter delegiert, was nicht der Zustimmung des Betriebsrats bedarf, lediglich seiner Information. Die betroffenen Mitarbeiter werden dann zu »Streikbrechern«.

✔ Es wird versucht, Streikende zur Beendigung des Arbeitskampfes zu bewegen, teilweise sogar mit »Streikbrecherprämien«, was erlaubt ist. Unternehmen dürfen aber keine Streikenden zum Streikbrechen zwingen.

Es ist allerdings in der Praxis kaum möglich, Aufgaben von Streikenden auf Zeitarbeitnehmer zu übertragen, da diese während eines Streiks das Recht haben, ihre Arbeitsleistung in einem bestreikten Betrieb zu verweigern, und sie das Zeitarbeitsunternehmen auf dieses Recht zudem ausdrücklich hinweisen muss. Zeitarbeitnehmer müssen allerdings auch bei Arbeitsniederlegung weiter bezahlt werden.

Schon gar nicht darf das Unternehmen Streikende bestrafen oder ihnen kündigen. Mitarbeiter haben das Recht, nach dem Ende des rechtmäßigen Streiks weiterbeschäftigt zu werden.

 Betriebsräte sind im Hinblick auf Arbeitskämpfe zur Neutralität verpflichtet, obwohl sie sich grundsätzlich gewerkschaftlich betätigen dürfen. Betriebsratsmitglieder dürfen beispielsweise nicht die dem Betriebsrat vom Unternehmen zur Verfügung gestellten Sachmittel für Arbeitskampfmaßnahmen nutzen, also nicht etwa das E-Mail-Konto ihrer Betriebsratsarbeit, um im Unternehmen einen Streikaufruf einer Gewerkschaft zu verbreiten.

Ist ein Streik beendet, kann das Personalmanagement dazu beitragen, den Betriebsfrieden wiederherzustellen. Hierzu bietet es sich an, die am Streik beteiligten wie auch die nicht am Streik beteiligten Mitarbeiter zu gemeinsamen Gesprächen zusammenzuführen und die gemeinsamen Zielsetzungen wie auch das gute kollegiale Verhältnis für die Zukunft zu verstärken.

Wer gibt dem Unternehmen Geld? Die Investoren

21

In diesem Kapitel ...

▶ Geldgeber überzeugen

▶ Kreditwürdigkeit beeinflussen

▶ Personalrisiken bewältigen

Über nicht ausreichendes Kapital zu verfügen, kann für Unternehmen schnell zur Wachstumsbremse werden. Doch Geldgeber investieren nur dann ihr Geld in ein Unternehmen, wenn sie die begründete Erwartung hegen, dass sich ihre Investition lohnt: Sie wollen nicht nur das investierte Geld zurückerhalten, sondern darüber hinaus noch eine Risikoprämie gezahlt bekommen – die Belohnung dafür, dass sie das Risiko der Investition eingegangen sind.

Da ein Unternehmen nicht allein aus seinen Produkten besteht, sondern aus einer Vielzahl von personenabhängigen Prozessen, und es neben dem materiellen auch immaterielles Vermögen wie sein Personal zur Wertschöpfung einsetzt, hat plötzlich auch das Personalmanagement einen inhaltlichen Bezug zu den Interessen von Investoren.

Dieses Kapitel stellt Ihnen die Investoren vor, die für das Personalmanagement wichtig sind. Darüber hinaus zeigt es Ihnen, wie das Personalmanagement die Kreditwürdigkeit des Unternehmens beeinflusst und wie es in seinem Einflussbereich Unternehmensrisiken beherrscht. Schließlich finden Sie Vorschläge, wie das Personalmanagement so über seine Arbeit berichtet, dass die Investoren ihr Bild, das sie sich bereits vom Unternehmen gemacht haben, im Hinblick auf den Umgang mit den Mitarbeitern abrunden können.

 In Studien wurde nachgewiesen, dass Unternehmen, die über ein innovatives Personalmanagement verfügen, signifikant erfolgreicher sind, deutlich mehr innovative Produkte am Markt platzieren, über eine höhere Produktivität verfügen und in der Rezession einen geringeren Rückgang des Geschäftserfolgs verspüren als Unternehmen mit einem nicht so innovativen Personalmanagement. So etwas finden Investoren natürlich interessant. Also sollte das Personalmanagement den Investoren entsprechende Informationen bereitstellen.

Die Vielfalt von Investoren

Zu den Investoren zählt eine ganze Reihe an Akteuren, von denen ich im Folgenden diejenigen nenne, die unmittelbar – und nicht über Marktplätze wie die Börsen – mit dem betreffenden Unternehmen eine Geschäftsbeziehung eingehen:

✔ Vermögende Privatpersonen: Sich als Unternehmer ansehend und häufig aus dem Gefühl einer gesellschaftlichen Verantwortlichkeit heraus oder aber als Angehöriger der Eigentümerfamilie unterstützen sie durch Direktbeteiligungen Neugründungen oder Unternehmen, deren Geschäftszweck ihnen sympathisch ist. Eine persönliche Vertrauensbeziehung geht einem Investment in der Regel voraus.

✔ Business Angels: Dies sind fachlich erfahrene Personen, die Neugründungen nicht nur Geld zur Verfügung stellen, sondern darüber hinaus auch ihr Fachwissen, um so die Managementqualität des neuen Unternehmens zu sichern. Sie wollen sich als Mitunternehmer aktiv an der Unternehmensentwicklung beteiligen.

✔ Risiko- oder Wagniskapitalgeber, die auf Englisch *Venture Capitalists* genannt werden, wollen durch ihre Investitionen in neu gegründete Unternehmen einen kurzfristigen Erfolg erzielen. Sie streben an, in etwa drei bis fünf Jahren das in Form von Minderheitsbeteiligungen eingesetzte Geld zu vervielfachen, indem sie ihre Anteile nach Ablauf dieser Zeit verkaufen (das sogenannte *Exit*). Sie bieten dafür im Gegenzug den Zugang zu ihrem nationalen und internationalen Netzwerk an Kunden und Geschäftspartnern an. Das neu gegründete Unternehmen erkauft sich den Rückenwind für seinen Aufbau durch einen Verlust an strategischer Selbstbestimmung und einen hohen Leistungsdruck.

✔ Strategische Investoren investieren in bereits länger bestehende Unternehmen. Sie verfolgen das Ziel, von deren strategischer Passung zu den eigenen Unternehmenszielen zu profitieren. Sie erhöhen eigene Marktchancen oder reduzieren eigene Marktrisiken, beispielsweise durch die Sicherung von Expertenwissen, Innovationen, Marktzugängen und Technologien. Strategische Investoren sehen ihre Investition als langfristig an und haben ein Interesse, strategischen Einfluss auszuüben. Daher streben sie häufig Mehrheitsbeteiligungen an. Diese können in *Joint Ventures*, also die Bildung eines gemeinsamen Tochterunternehmens durch zwei wirtschaftlich getrennte Unternehmen, oder in *Fusionen*, also den Zusammenschluss zweier Unternehmen zu einem einzigen Unternehmen, münden.

✔ Banken verdienen ihr Geld unter anderem durch das Kreditgeschäft und leihen daher Unternehmen gegen eine Risikoprämie (die Zinsen) Geld aus. Für riskantere Geschäfte gründen sie teilweise eigene Venture-Capital-Gesellschaften. Im Rahmen eines Börsengangs nehmen Banken für kapitalsuchende Unternehmen die wichtige Rolle einer Konsortialbank ein, wickeln also den Börsengang ab und sind daher wichtige Adressaten, denen Marktchancen und Unternehmensrisiken dargestellt werden müssen. Das Personalmanagement stellt Banken in diesem Zusammenhang entsprechende unternehmensinterne Anhaltspunkte für den Börsenprospekt und die *Roadshow*, also die Werbung für die neuen Aktien bei Investoren im Vorfeld des Börsengangs, zur Verfügung.

✔ Staatliche Förderer und Forschungsgeldgeber wie beispielsweise Stiftungen lassen Unternehmen dann Geld zukommen, wenn die Unternehmen im Gegenzug eine Innovation hervorbringen oder umsetzen. Werden die vereinbarten inhaltlichen Ziele erreicht, so fordern die Geldgeber ihr Geld nur zu einem Teil oder aber überhaupt nicht zurück.

In Deutschland fließt das verausgabte Beteiligungskapital zu 80 Prozent mittelständischen Unternehmen zu. Dabei liegt die Beteiligungsdauer im langfristigen Bereich und ist zumeist

länger als sieben Jahre. Beliebte Branchen für solche Investitionen sind aktuell die Informationstechnologiebranche, Medizin- und Biotechnik wie auch erneuerbare Energien.

Auch das Personalmanagement kann an der Entscheidung beteiligt werden, mit welchem Investor das Unternehmen eine enge Verbindung eingehen möchte. Es hat bereits Vorstellungen zu den – nicht zuletzt auch personellen – Wachstumsstrategien entwickelt, die nun mit den Erwartungen der Geldgeber in Einklang gebracht werden müssen. Außerdem kann das Personalmanagement dazu beitragen, die Vertrauensbeziehungen und die unternehmenskulturellen Passungen mit zu formen.

Was Kreditwürdigkeit mit dem Personalmanagement zu tun hat

Spätestens seit den Regelungen zur notwendigen Eigenkapitalausstattung von kreditvergebenden Finanzdienstleistungsinstituten, die als *Basel-II-Regelungen* bekannt geworden sind und die riskante Kreditvergaben durch Banken begrenzen, fordern Banken im Rahmen von Kreditverträgen den Nachweis einer hohen Kreditwürdigkeit (Bonität) ihrer Kreditnehmer. Von der festgestellten Bonität hängen dann die Kreditkonditionen, insbesondere die Höhe der Sollzinsen, ab: Eine niedrige Bonität bedeutet höhere Risiken und höhere Zinsen.

Die Bonität eines Unternehmens wird durch ein *Rating* ermittelt, also durch eine Bewertung einzelner Bonitätskriterien sowie der Zuordnung des Ergebnisses zu einer Rangklasse, also zu einer Benotung wie beispielsweise AAA oder AA+ oder B. Entweder wird ein solches Rating durch eine externe Ratingagentur vorgenommen oder aber als internes Rating kooperativ zwischen Bank und bewertetem Unternehmen erstellt.

Die Kriterien, an denen die Bonität von Unternehmen gemessen wird (siehe Tabelle 21.1), sind sowohl quantitativ (harte Faktoren) als auch qualitativ (weiche Faktoren). Die Kreditbedingungen werden seit »Basel II« auch von der Qualität der Personalarbeit bestimmt.

Quantitativ (harte Faktoren)	Qualitativ (weiche Faktoren)
✔ Liquidität	✔ Unternehmensstrategie
✔ Kapitalausstattung	✔ Personalstrategie
✔ Ertragskraft	✔ Managementqualität
✔ Wettbewerbsposition	✔ Personalführung
✔ Finanzwirtschaftliche Risiken	✔ Organisationsstrukturen
✔ Markt- und Branchenrisiken	✔ Kommunikationsprozesse
✔ Produktivität	✔ Qualität der bisherigen Geschäftsbeziehung
✔ Werttreiber	

Tabelle 21.1: Ratingkriterien zur Bonitätsermittlung von Unternehmen

Das Personalmanagement muss dafür sorgen, dass insbesondere die qualitativen Ratingkriterien nicht nur erfüllt werden, sondern dass über sie auch in der benötigten Form Informationen bereitstehen und entsprechend Rechenschaft abgelegt werden kann. Es muss also über Aktivitäten und Erfolge der Personalarbeit berichten, beispielsweise durch Ergebnisse von Mitarbeiterbefragungen und personalwirtschaftliche Kennzahlen. Da die Sprache von Banken wie auch von anderen Investoren das Geld ist, bietet es sich an, das Humankapital und seine zeitbezogene Entwicklung in Geldgrößen zu bewerten und entsprechend zu kommunizieren (mehr dazu erfahren Sie in Kapitel 14). Hiermit lassen sich auch mögliche Abweichungen gegenüber vormaligen Planungen nachvollziehbar erklären.

Ein Rating dient aber nicht nur zur Erlangung zinsgünstiger Kredite, sondern kann dann auch weitergehenden Einfluss entfalten: So können die Ergebnisse dazu genutzt werden, Kooperationspartner substanziell zu informieren, Kunden und Lieferanten die Seriosität des Unternehmens zu belegen, Mitarbeitern die Langfristperspektive zu verdeutlichen und in der Öffentlichkeit ein positives Image zu befördern.

Reden Sie als Personalmanagement nicht nur in schlechten Zeiten mit Banken und Geldgebern – das kann jeder, wenn der Handlungsdruck nur groß genug ist! Gerade in guten Zeiten aber ist es eine wichtige Vorbeugungsmaßnahme, belastbare Vertrauensbeziehungen aufzubauen. Ein nachhaltiges Vorgehen erhöht für schlechtere Zeiten die Wahrscheinlichkeit, über Refinanzierungsalternativen zu verfügen.

Risikomanagement für die Personalarbeit

Als Grundlage der Kommunikation der Personalabteilung zu seinen Investoren wird ein systematisches Personalrisikomanagement notwendig – das Erkennen und Identifizieren, Messen und Bewerten, das Bewältigen und Steuern sowie das Kontrollieren und Überwachen von Risiken.

Risiken lassen sich durch die Wahrscheinlichkeit beschreiben, mit der unerwünschte Ereignisse in der Zukunft eintreten werden, beispielsweise das Verfehlen gesetzter Ziele und der daraus resultierende Schaden für das Unternehmen.

Personalrisiken – systematisch erkannt

Zunächst bestehen im Unternehmen grundlegende Risiken, die sich aus dem Verhalten der Mitarbeiter ergeben und die sich das Unternehmen zurechnen lassen muss, wenn es sie nicht verhindert: Hierzu zählen beispielsweise Diskriminierungen, sexuelle Belästigung, Mobbing oder Verletzung anderer ethischer Standards des Unternehmens. Tritt ein solches Verhalten ein, so kann dies schädigende Wirkungen auf das Unternehmensimage haben. Dennoch werden diese allgemeinen mitarbeiterbezogenen Risiken nicht im engeren Sinne des Personalrisikomanagements betrachtet.

Gängige Risikofelder im Personalmanagement hängen vielmehr unmittelbar mit der Personalarbeit des Unternehmens zusammen, sind von der Branche beeinflusst und beziehen sich gemäß Jean-Marcel Kobi üblicherweise auf folgende Risiken:

✔ **Engpassrisiko:** Mitarbeiter fehlen oder fallen aus, auf dem Arbeitsmarkt sind keine geeigneten Bewerber zu finden, offene Stellen können nicht besetzt werden. Gefragt sind das frühzeitige Erkennen und Entwickeln innerer Potenziale des Unternehmens, um Engpässe unternehmensintern bewältigen zu können.

✔ **Austrittsrisiko:** Mitarbeiter verlassen möglicherweise das Unternehmen, was insbesondere bei wichtigen Schlüsselpersonen für das Unternehmen gefährlich wird. Gefragt ist, diese Schlüsselmitarbeiter zu erkennen und zu halten. Die Bindung von wertschöpfenden Mitarbeitern an das Unternehmen (Retention) wird zu einer zentralen Aufgabe.

✔ **Anpassungsrisiko:** Herausforderungen für das Unternehmen wandeln sich, aber die Mitarbeiter sind nicht passend qualifiziert und können oder wollen sich demzufolge nicht an notwendigen Wandel anpassen. Dies bedroht die flexible Anpassungsfähigkeit des Unternehmens. Gefragt sind rechtzeitige vorbeugende Umqualifizierungen und Neuqualifizierungen von Mitarbeitern.

✔ **Motivationsrisiko:** Die Gefahr besteht in nicht mehr motivierbaren Mitarbeitern, also im Extremfall solchen, die ausgebrannt sind oder die innerlich gekündigt haben. Gefragt ist hier die Fähigkeit, es erst gar nicht dazu kommen zu lassen. Bei eingetretenem Risikofall ist es wichtig, zur Therapierung der Motivationsdefizite beizutragen, wirksame Motivationsimpulse zu setzen und neues Commitment der Mitarbeiter zu erzeugen.

Das Personalmanagement muss sich daher grundlegend mit der Frage auseinandersetzen, welche Mitarbeiter man in Zukunft braucht, wie man sie gewinnt und im Unternehmen hält und wie man sie nachhaltig zu überdurchschnittlicher Leistung motiviert. Personalrisiken müssen vorausschauend sichtbar gemacht und nach ihrem Bedrohungspotenzial sortiert werden, damit sie präventiv vermieden, begrenzt oder angegangen werden können.

Personalrisikomessung und -bewertung

Die Messbarkeit personeller Risiken ist im Vergleich zur Messbarkeit finanzieller Risiken eingeschränkt, weil im Personalmanagement viel mehr weiche als harte Faktoren eine Rolle spielen und daher die Steuerbarkeit geringer ist.

Dennoch tragen einige Instrumente, die im Personalmanagement zum Einsatz kommen und die in anderen Kapiteln von _Personalmanagement für Dummies_ erläutert werden, auch zur Risikomessung als Teil des Risikomanagements bei:

✔ Die Ergebnisse von Mitarbeiterbefragungen (mehr dazu in Kapitel 8) können zur Aufstellung eines Risikoportfolios genutzt werden, das zeigt, welche Risiken mit welcher Eintrittswahrscheinlichkeit bestehen.

✔ Auf das Personalmanagement ausgerichtete Balanced Scorecards (mehr dazu in Kapitel 11) können eingesetzt werden, in denen Aus- und Weiterbildung, Teamarbeit oder die leistungsorientierte Entlohnung spezifiziert werden. Die jeweilige Zielerreichung beziehungsweise Zielnichterreichung signalisieren die derzeit realisierte Risikoposition.

✔ Ein Benchmarking (mehr dazu in Kapitel 14) eröffnet die Möglichkeit, das Unternehmen mit anderen Unternehmen hinsichtlich der Risiken zu vergleichen.

✔ Schließlich ist es möglich, Methoden der Humankapitalbewertung wie die Saarbrücker Formel (mehr dazu in Kapitel 14) zu nutzen, um Risiken personalwirtschaftlicher Aktivitäten zu identifizieren.

> Die Bewertung der gemessenen Risiken erfordert die Aufbereitung der gesammelten Informationen hinsichtlich der Eintrittswahrscheinlichkeit von Risiken, der zeitlichen Bedrohungslage, der mit den Risiken verbundenen Schadenspotenziale sowie ihrer Beherrschbarkeit.

Diese Informationen lassen sich zum einen in Risikotabellen nach Bedrohlichkeit anordnen, zum anderen in Risikomatrizen (siehe Abbildung 21.1) visualisieren.

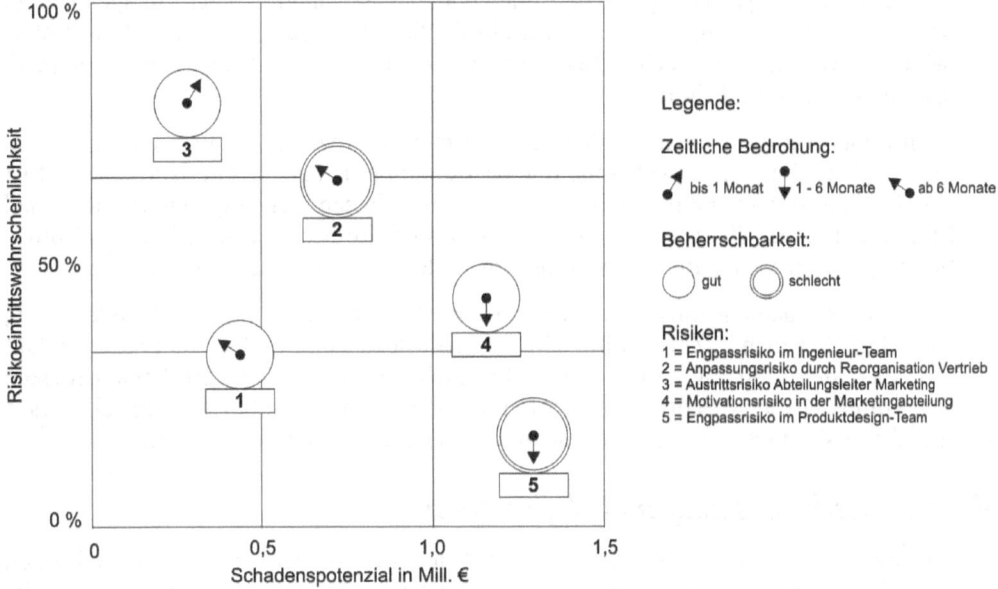

Abbildung 21.1: Risikomatrix für Personalrisiken

Steuerung der Personalrisiken

Die Risikosteuerung und -bewältigung soll nun die Personalrisiken senken, die einer Zielerreichung gefährlich werden könnten, und damit im Umkehrschluss die Erfolgsposition des Unternehmens stärken. Im Rahmen der Risikosteuerung werden die zuvor bewerteten Risiken auf vier Wegen beeinflusst:

✔ Die *Vermeidung* von Risiken zielt darauf ab, risikobehaftetes Handeln von vornherein zu unterlassen. Damit können natürlich auch die möglichen Chancen dieses Handelns nicht realisiert werden. Das Personalmanagement kann in dieser Hinsicht personalstrategische Entscheidungen überdenken.

✔ Die *Verminderung* von Risiken konzentriert sich auf die Absenkung der Eintrittswahrscheinlichkeit oder auf die Reduzierung des Ausmaßes der Schadenswirkung. Das Personalmanagement kann hier Prävention betreiben, beispielsweise gegen Mobbing oder Burn-out der Mitarbeiter, oder den Schaden durch Ausscheiden der Mitarbeiter dadurch gering halten, dass es eine Gruppe an flexiblen »Arbeitsplatzspringern« bereithält.

✔ Die *Übertragung* von Risiken strebt an, Personalrisiken auszulagern. Das Personalmanagement kann hierzu beispielsweise Versicherungen gegen eintretende Schadensfälle abschließen.

✔ Die *Übernahme* von Risiken nimmt bewusst in Kauf, dass ein drohendes Risiko tatsächlich eintritt. Das Personalmanagement kann in dieser Hinsicht Rückstellungen oder andere Risikopuffer bilden, die eintretende Schäden abfedern können.

Dem Personalmanagement muss allerdings klar sein, dass es die Personalrisiken nicht komplett auf null herunterfahren kann.

Im Rahmen des Controllings des Personalrisikomanagements evaluiert das Personalmanagement den Erfolg der Personalrisikosteuerung und zieht aus der ermittelten Zielerreichung Rückschlüsse für den gesamten Prozess des Personalrisikomanagements. Dies führt zu dessen schrittweiser Verbesserung.

Personalberichterstattung zum Erfolgsfaktor machen

Die Investoren haben ein großes Interesse daran und in den meisten Fällen auch ein vertraglich verbrieftes Recht, regelmäßig mit relevanten Informationen über die Unternehmensentwicklung informiert zu werden. Hierzu muss das Personalmanagement ebenfalls seinen Beitrag leisten. Bei engen Verflechtungen zu den Kapitalgebern muss es – je nach vertraglicher Vereinbarung – gegebenenfalls sogar Einblicke in das interne Personalcontrolling zulassen. Dem Ziel, dass aber auch nicht so eng mit dem Unternehmen verzahnte sowie potenzielle Investoren die Personalmanagementrisiken und -erfolge eines Unternehmens abschätzen können, dienen die öffentlich zugänglichen Information einer externen Personalberichterstattung.

Für eine Personalberichterstattung bietet sich ein *Personalbericht* an, eine mit Statistiken zur Belegschaft versehene und diese Daten erläuternde Übersicht über alles Wichtige, das mit dem Personal und dem Personalmanagement zusammenhängt. Adressaten des Personalberichts sind Externe wie Investoren, Kooperationspartner oder Kunden, die sich einen Eindruck über die Belegschaft und die damit verbundenen Risikopositionen verschaffen wollen.

Ein Personalbericht umfasst gemäß dem Humankapital-Reportingstandard »HCR 10« Angaben zu

✔ Personalstruktur (durchschnittliche Betriebszugehörigkeit, Altersstruktur, Qualifikationsstruktur, Diversitätsstruktur),

✔ Personalplanung (Fluktuation, Vakanzen, Fehlzeiten, Überstunden),

✔ Personalkosten (Lohn- und Gehaltsstruktur, Boni und Tantiemen),

✔ Personalbeschaffung (durchgeführte Maßnahmen, Kooperationspartner, konzipierte Stellenanzeigen, Kennzahlen zur Personalbeschaffung wie die Bewerbungen pro Stelle),

✔ Personalentwicklung (verwendete Instrumente der Potenzialanalyse und Nachfolgeplanung, Weiterbildungsaufwendungen, Ausbildungsquote, durchschnittliche Weiterbildungstage pro Mitarbeiter),

✔ Personalführung (Ergebnisse aus Mitarbeiterbefragungen),

✔ Humankapitalbewertung (der monetäre Wert der Belegschaft und seiner Komponenten) sowie

✔ zukunftsorientierte Personalmanagemententscheidungen (zum Beispiel frühzeitig erfolgte Nachfolgeplanung für die Unternehmensleitung).

Hinzu kommen emotionale Informationen, die Mitarbeiter personalisieren und ihnen »ein Gesicht geben«, sie als Repräsentanten des Unternehmens positionieren, sie als glaubwürdige Vertreter eines erfolgreichen und produktiven Unternehmens präsentieren und insgesamt den Eindruck einer hohen Mitarbeiterqualität erwecken.

Ein solches personalbezogenes Reporting ist sich bewusst, dass viele und aussagekräftige Informationen zum Gelingen der Beziehungspflege zu den Investoren – die in ihrer englischen Übersetzung als *Investor Relations* bezeichnet wird – beitragen. Investor Relations ist eine hoch spezialisierte Unterform der Unternehmenskommunikation, die vor allem die Erwartungen von Investoren und den Aufbau von Reputation beabsichtigt. Dabei sind Glaubwürdigkeit, Gleichbehandlung der Adressaten, Transparenz, Aktualität, Langfristigkeit, Vergleichbarkeit, Relevanz und Plausibilität der Informationen oberste Leitlinien. Je wichtiger die Geldgeber sind, desto eher müssen die Leitung des Personalmanagements selbst und sogar die Unternehmensleitung den persönlichen Kontakt zu den Geldgebern pflegen und dort die jeweils neuesten Informationen präsentieren.

Wo kommen Sie denn her? Ach, von der Unternehmensberatung ...

22

In diesem Kapitel ...

▶ Beratungsleistungen unterscheiden

▶ Eine kritisch-konstruktive Rolle finden

▶ Einen Unternehmenszusammenschluss begleiten

O b Unternehmensberatung oder Consulting – in Deutschland ist die Berufsbezeichnung des Unternehmensberaters nicht geschützt: Jeder kann sich als Unternehmensberater bezeichnen. »Guter Rat ist teuer« – und wenn ein Unternehmen erst einmal für einen Rat bezahlt, fällt es auch schwer, ihn abzulehnen.

Das Personalmanagement wird an vielen Stellen von Externen unterstützt, etwa von Dienstleistern der Personalvermittlung, die Hochqualifizierte – vom Auswahlverfahren bis zum Headhunting – beschaffen (mehr dazu erfahren Sie in Kapitel 5).

Dieses Kapitel konzentriert sich auf den Umgang des Personalmanagements mit Beratern, die Einfluss auf unternehmenspolitische und strategische Entscheidungen nehmen. Sie erfahren, wie das Personalmanagement eine Vermittlungsrolle zwischen Unternehmensberatung und den Mitarbeitern des Unternehmens wahrnehmen kann und dabei seine eigene Gestaltungsrolle nicht verliert.

Wenn sich Externe in die Interna einklinken

Unter den Unternehmensberatungen, die einen Bezug zum Personalmanagement aufweisen, sind insbesondere drei Arten relevant:

✔ Eine Strategie- und Organisationsberatung berät Unternehmen bei ihrer strategischen Ausrichtung sowie der systematischen Umsetzung im Unternehmen hinsichtlich der Strukturen und Prozesse.

✔ Eine Personalberatung berät Unternehmen vor allem bei der Personalbeschaffung von Fach- und Führungskräften, darüber hinaus aber auch zu Themen der Personalpolitik sowie zu allen Spezialfunktionen des Personalmanagements wie zum Beispiel bei der Suche nach neuen Vorstandsmitgliedern.

✔ Auch Wirtschaftsanwälte sind wichtige Berater und Partner für die Unternehmensleitung bei großen Organisationsprojekten wie Unternehmensfusionen, Eigentümerwechsel oder Sanierungen. Insbesondere Wirtschaftsanwälte mit dem Fachgebiet Personal und Arbeit

können einen externen Einfluss auf das Personalmanagement entwickeln, wobei sie die Arbeit der unternehmensinternen Juristen ergänzen, vor allem im Rahmen der rechtlichen Kontrolle. Wirtschaftsanwälte versuchen, die Haftungsschäden eines Unternehmens im Voraus zu minimieren, indem sie Unternehmensleitung und Personalmanagement juristisch beraten. Fachanwälte im Arbeitsrecht unterstützen das Personalmanagement darüber hinaus bei der Bewältigung von Arbeitsrechtsprozessen.

Vor allem die Arbeit von Strategie- und Organisationsberatungen hat unmittelbare Auswirkungen auf die Mitarbeiter: Sie kann zu Entlassungen von Mitarbeitern und Führungskräften führen. Häufig schlagen Unternehmensberatungen den Unternehmen zur Stärkung ihrer Wettbewerbsfähigkeit Reorganisationen und damit verbunden die Streichung von Stellen vor. Das Personalmanagement muss diese Stellenstreichungen dann ausführen und zudem noch loyal hinter den (letztlich von der Unternehmensleitung getroffenen) Entscheidungen stehen. Daher ist es besonders als Kommunikator und Vermittler in Richtung der Mitarbeiter und des Betriebsrats gefordert.

Während sich kleine Unternehmensberatungen teilweise nur auf einzelne inhaltliche oder methodische Kompetenzen spezialisieren, finden sich in größeren Unternehmensberatungen mehr methodische Standardisierungen, die den Blick auf die Besonderheiten des Einzelfalls verstellen können. Die Vergütung von Unternehmensberatungen erfolgt auf Basis einer Projektkalkulation hauptsächlich gemäß der veranschlagten Beraterstunden und ist damit für das Unternehmen ein Festhonorar, dessen Auszahlung an den Projektfortschritt gekoppelt wird. Vergleichsweise wenige Beratungsprojekte werden mit einem erfolgsabhängigen Honorar vereinbart.

Manchmal entsteht gerade bei den Unternehmensinternen der Eindruck, durch die Beschäftigung von Unternehmensberatern würde viel Geld verschleudert werden. Teils werden überflüssig erscheinende oder mit vorhandener Expertise selbst erstellbare Leistungen durch Unternehmen von Unternehmensberatungen eingekauft, teils »alter Wein in neuen Schläuchen«, teils durch Unternehmensberatungen eigens geschaffene Managementmoden mit im Einzelfall zweifelhafter Wirkung. Daher ist es wichtig, den tatsächlich eingetretenen Nutzen der Beratungstätigkeit zu messen und das Ergebnis transparent zu machen. Hieran kann das Personalmanagement kompetent mitwirken: Es kann dafür sorgen, dass als Unternehmensberatung – zumindest in personalwirtschaftlichen Fragen – »der Weizen« im Unternehmen tätig wird und nicht »die Spreu«.

Vor allem muss das Personalmanagement in der Lage sein, zu beurteilen, was die Unternehmensberatung gerade tut: Es muss sowohl die verwendeten Methoden der Problemdefinition und Lösungsfindung durchschauen wie auch die eingesetzte IT-Unterstützung verstehen, um als Korrektiv eingreifen zu können, wenn eine Unternehmensberatung »mehr Schein als Sein« abliefert. Allerdings liegt hier eines der Hauptdefizite des Personalmanagements: Die Kombination aus eigener Expertise, Befugnis und Mut reicht häufig nicht aus, um diese Aufgabe ernsthaft wahrzunehmen.

Berater zwischen willkommenem Ratschlag und Durchsetzungshilfe

Unternehmensberatungen finden bei der Unternehmensleitung häufig ein offenes Ohr, und zwar deshalb, weil ihnen sehr gute Marktkenntnisse wie auch sehr gute Methodenkenntnisse zugesprochen werden, was ihnen erlaubt, die komplexen Aufgaben zu bewältigen. Darüber hinaus gelten sie als diskret und neutral. Sie bringen eine Außensicht ein, die aufgrund eines breiten Erfahrungshintergrundes innovativ für das Unternehmen sein kann und die höchstwahrscheinlich zur Überwindung gegebenenfalls vorhandener »Betriebsblindheit« beiträgt. Schließlich können sie sich dann im Unternehmen mit ihrer vollen Arbeitszeit auf eine einzige Beratungsaufgabe konzentrieren und daher effizienter arbeiten als interner Mitarbeiter, die gleichzeitig in mehrere Prozesse eingebunden sind.

Aus diesem Grund verlagern sich etliche Bereiche der unternehmensbezogenen Strategieentwicklung hin zu Unternehmensberatungen und befördern das Zustandekommen von Zukunftsperspektive.

 Das professionelle Personalmanagement freut sich nicht in jedem Fall über die Verlagerung der strategischen Personalmanagementaufgaben auf eine Unternehmensberatung und auch nicht immer über extern zugekaufte Strategieentwicklung. Auch wenn immer wieder der Spruch angeführt wird, ein System könne sich nicht selbst verstehen, so kann man dem Personalmanagement dennoch nicht von vornherein absprechen, dass es – sofern es mit gut ausgebildeten Personalexperten besetzt ist – die komplexen Personalmanagementaufgaben kompetent lösen kann. Wenn dem Personalmanagement durch die Unternehmensleitung eine Unternehmensberatung vor die Nase gesetzt wird, fühlt es sich übergangen.

Der Beratungsauftrag von Unternehmensberatungen im strategischen Bereich, bei dem es inhaltlich in der Regel um die Profitabilität des Unternehmens geht, kann zwei psychologische Stoßrichtungen aufweisen:

✔ Unternehmensbezogene Abläufe sollen durch die Unternehmensberatung kritisch begutachtet werden, um durch die Kommunikation der externen Wahrnehmung innovative Impulse hervorzubringen und Verbesserungsmöglichkeiten aufzuzeigen. Dabei geht es vor allem um willkommene Ratschläge.

✔ Unternehmensbezogene Entscheidungen sollen durch die Unternehmensberatung getroffen, begründet und legitimiert werden, und zwar gerade dann, wenn sie unpopulär sind. Hierbei geht es dann vor allem um Durchsetzungshilfe für die Unternehmensleitung.

Diese Stoßrichtungen werden zwar nicht immer offen kommuniziert und sind selten offizieller Vertragsbestandteil, gehören aber zum psychologischen Vertrag zwischen Unternehmen und Unternehmensberatung.

Vor allem die beraterische Stoßrichtung »Durchsetzungshilfe für die Unternehmensleitung« ist im Hinblick auf Mitwirkungsmöglichkeiten problematisch, weil sie nicht mehr ergebnisoffen ist: Es kommt in ihr weniger darauf an, die angemessenste Entscheidung zu finden, als vielmehr darauf, mit der zwangsläufigen Gegenwehr gegen eine bereits im Wesentlichen getroffene Entscheidung zurechtzukommen. Hierzu gibt die Unternehmensberatung dann diverse Anweisungen und greift so in die Unternehmensführung mit ein.

Wenn das Personalmanagement auch noch mitreden möchte

Wenn sich die Unternehmensleitung erst überlegt, ob sie eine Unternehmensberatung in ihre Geschäftsführung einbinden will, könnte das Personalmanagement bei dieser Entscheidung beratend mitwirken. Es könnte insbesondere bei der Klärung der konkreten Zielsetzung und der während der Beratung bestehenden Ergebnisoffenheit helfen. Außerdem sind schon in dieser Phase mögliche Schnittstellen zu benennen, bei denen das Personalmanagement mit der Unternehmensberatung intensiver zusammenarbeiten soll.

Eine Schnittstelle, die prädestiniert ist für die Kooperation von Unternehmensberatung und Personalmanagement, ist die Unternehmenskultur: Das Personalmanagement kann der Unternehmensberatung die unternehmenskulturellen Besonderheiten des Unternehmens vermitteln. Auch die informellen Entscheidungsstrukturen im Unternehmen sind eine wichtige Vorabinformation für die Unternehmensberatung.

Wenn die Unternehmensleitung die Entscheidung über Einsatz und Auswahl einer Unternehmensberatung bereits getroffen hat, bleibt dem Personalmanagement, die Arbeit der Unternehmensberatung kritisch, aber konstruktiv zu begleiten. Die Weichen müssen so gestellt werden, dass das Personalmanagement bei Beendigung der Beratungtätigkeit die eingeleiteten Prozesse übernehmen und dafür auch nachhaltige Akzeptanz finden kann.

Ein Spezialfeld der Beratung ergibt sich in der Vorbereitung von Unternehmenszusammenschlüssen (Fusionen) und -zukäufen, sogenannten *Mergers and Acquisitions* (M&As). Hierbei bilden zwei zuvor voneinander unabhängige Unternehmen eine neue Einheit mit dem Ziel, die Wettbewerbsposition zu stärken. Im Vorfeld eines solchen M&A-Prozesses wollen die beteiligten Unternehmen allerdings sicherstellen, dass sie von dem jeweils anderen Unternehmen nicht über den Tisch gezogen werden. Deshalb werden die vorhandenen Informationen vor den M&A-Vertragsverhandlungen durch Unternehmensberater eingehend geprüft, was man *Due Diligence* nennt.

Unter vielen möglichen Due-Diligence-Prozessen, die sich auf die Passung der unterschiedlichen Funktionalbereiche der Unternehmen ausrichten, konzentriert sich die »Human Resource Due Diligence« (HR Due Diligence) auf die personalwirtschaftliche Situation. Ziel ist es, herauszufinden, ob sowohl dem Verkäufer als auch dem Käufer des Unternehmens ein faires Geschäft angeboten wird, ob also das Chancen-Risiken-Profil zu den Verkaufspreisvorstellungen passt.

 Im Rahmen einer HR Due Diligence werden das vorhandene Humankapital, das Personalmanagementsystem, die Prozesse, die Kosten- und Wertschöpfungsstrukturen sowie die personalwirtschaftlichen Verpflichtungen des Unternehmens (zum Beispiel im Hinblick auf die betriebliche Altersversorgung) analysiert: Bestehen hier sinnvoll nutzbare Synergiepotenziale? Und werden bereits vor dem Unternehmenskauf zukünftige Personalmanagementkosten zum Abbau von Schwachstellen sichtbar, die im Vorhinein vom Kaufpreis abgezogen werden müssten?

Wird keine separate unternehmenskulturbezogene Due Diligence durchgeführt, kann auch im Rahmen der HR Due Diligence die Passung der beiden beteiligten Unternehmenskulturen untersucht werden. Schließlich versucht man abzuschätzen, wie die vormals zwei Personalabteilungen kooperieren können und wie sie neu strukturiert werden können. Dabei achtet das HR-Due-Diligence-Team besonders auf Schlüsselpersonen, deren Verbleiben im Unternehmen essenziell wichtig erscheint.

Durchgeführt wird die HR Due Diligence durch ein Team, das neben spezialisierten Beratern aus Personalmanagementmitarbeitern beider Unternehmen besteht. Die Größe des Teams richtet sich nach der Größe des M&A-Projekts und nach dessen strategischer Relevanz. Je nach Zielfokus werden Personalbindungsexperten (zur Bindung von Schlüsselmitarbeitern) oder Arbeitsrechtsexperten (zur Abwicklung von Restrukturierungen) benötigt. Das Personalmanagement bringt insbesondere sein Wissen über die Unternehmensgeschichte, die Unternehmenskultur, die Unternehmensziele wie auch die unternehmensinternen Möglichkeiten zur Anpassung von Personalstrukturen ein.

Die Rahmenbedingungen für das Personalmanagement bestimmt immer noch »der Staat«

23

In diesem Kapitel ...

▶ Staatliche Pflichten einhalten

▶ Staatliche Chancen ergreifen

▶ Zur Region bekennen

Zwischen dem Personalmanagement und dem Staat besteht eine Vielzahl wechselseitiger Beziehungen: Sie sollten in diesem Zusammenhang an die rechtlichen Rahmenbedingungen des Staates in seiner Rolle als Gesetzgeber, an die behördlichen Auflagen des Staates in seiner Rolle als öffentliche Verwaltung und Fiskus, an die Förderprogramme des Staates in seiner Rolle als Zuteiler von Ressourcen sowie an die öffentlich hergestellten Lebensbedingungen des Staates in seiner Rolle als Kultur- und Lebensraum denken. Das Personalmanagement hat in dieser Beziehung Pflichten zu beachten, jedoch auch Rechte, die es wahrnehmen kann.

Dieses Kapitel erläutert, in welchen Formen der Staat dem Personalmanagement begegnet und wie das Personalmanagement seinen Pflichten gegenüber dem Staat nachkommt – aber auch die sich bietenden Chancen ergreifen kann. Darüber hinaus erfahren Sie, wie das Personalmanagement dazu beiträgt, dass sich das Unternehmen samt seiner Mitarbeiter aktiv in das Gefüge aus Staat und Gesellschaft einbringt.

Recht und Gesetz mit Personalmanagementrelevanz

Will das Personalmanagement »den Staat« als Zielgruppe seiner Arbeit verstehen, ergeben sich die ersten Berührungspunkte aus der Gesetzgebung. Viele Gesetze aus dem Arbeitsrecht beziehen sich unmittelbar auf Unternehmen und berühren die Personalarbeit, wie etwa das

✔ Arbeitnehmer-Entsendegesetz

✔ Arbeitsplatzschutzgesetz

✔ Arbeitszeitgesetz

✔ Berufsbildungsgesetz

✔ Betriebsverfassungsgesetz

✔ Bundesurlaubsgesetz

✔ Entgeltfortzahlungsgesetz

✔ Heimarbeitsrecht

✔ Jugendarbeitsschutzgesetz

✔ Kündigungsschutzgesetz

✔ Schwerbehindertengesetz

✔ Sprecherausschussgesetz

✔ Tarifvertragsgesetz

✔ Teilzeit- und Befristungsgesetz

Jedes dieser Gesetze birgt viele Vorschriften, die das Personalmanagement berücksichtigen muss und deren Befolgung teilweise ein umfangreiches Spezialwissen voraussetzt. So bedürfen Arbeitsverträge keiner Schriftform, Kündigungen dagegen immer. Oder: In Kleinstunternehmen mit einem bis neun Mitarbeitern gewährt das Kündigungsschutzgesetz entgegen der Regelung für größere Unternehmen den Mitarbeitern keinen Kündigungsschutz, außer

✔ bei abweichenden tarifvertraglichen Regelungen,

✔ gegenüber schwangeren Personen,

✔ gegenüber Behinderten mit einem Schwerbehindertengrad von über 50 Prozent, dann aber nur nach Anhörung durch das Integrationsamt.

Keine Regel ohne Ausnahme! Aufgrund der immensen Komplexität gilt: Das Personalmanagement im Unternehmen ist gut beraten, wenn es sich in Rechtsfragen gut beraten lässt. Eine Anwaltskanzlei, die auf arbeitsrechtliche Fragestellungen spezialisiert ist, kann dem Personalmanagement helfen, seine Entscheidungen arbeitsrechtlich abzusichern. Auch wenn die Anwaltskanzlei neutral ist, kennt sie nach längerer Zusammenarbeit bereits das Unternehmen sowie die Unternehmenskultur. Auf Grundlage dieser Kenntnis können spezielle Fälle des Individual- und Kollektivarbeitsrechts hinsichtlich von Chancen und Risiken beurteilt und Lösungsalternativen entwickelt werden. Auch sollte sich das Personalmanagement regelmäßig über Präzedenzfälle der aktuellen Rechtsprechung informieren: In personalwirtschaftlichen und arbeitsrechtlichen Zeitschriften wird regelmäßig über neueste Arbeitsgerichtsurteile berichtet. Wer sich hier informiert, kann Fehler vermeiden.

Verstöße gegen Gesetze werden – wie in anderen Rechtsgebieten auch – mit Strafen geahndet. Unternehmen können also rechtlich belangt werden, wenn sie gegen Gesetzesvorschriften verstoßen. Im Innenverhältnis von Unternehmen kann dies dann gegebenenfalls dazu führen, dass die Personalverantwortlichen in Regress genommen werden.

In der Arbeitsgerichtsbarkeit werden Streitigkeiten zwischen Arbeitnehmern und Arbeitgebern sowie zwischen Gewerkschaften und Arbeitgeberverbänden juristisch entschieden. Als Instanzenweg sind Arbeitsgericht, Landesarbeitsgericht und Bundesarbeitsgericht vorgesehen. Eine Revisions- beziehungsweise Beschwerdemöglichkeit gegen Arbeitsgerichtsurteile

wird immer dann zugelassen, wenn es sich um entscheidungserhebliche Rechtsfragen von grundsätzlicher Bedeutung für die Rechtsordnung beziehungsweise die Allgemeinheit handelt und wenn eine Entscheidung des Landesarbeitsgerichts von einer anderen Entscheidung des Bundesverfassungs- beziehungsweise Bundesarbeitsgerichts in einem vergleichbaren Fall abweicht.

 Das Bundesarbeitsgericht ist einer der fünf obersten Gerichtshöfe Deutschlands und höchste Instanz der Arbeitsgerichtsbarkeit. Es nahm 1954 seine Arbeit zunächst in Kassel auf und hat heute seinen Sitz in Erfurt. Seine Aufgabe ist die Überprüfung der Entscheidungen der Landesarbeitsgerichte auf Rechtsfehler. Abgesehen von wenigen Ausnahmen werden keine neuen Tatsachen mehr berücksichtigt: Damit wahrt das Bundesarbeitsgericht die Rechtseinheit, stellt Rechtssicherheit her und sorgt für eine Weiterentwicklung des Arbeitsrechts. Die Rechtsprechung wird von zehn Senaten wahrgenommen, die sich mit jeweils einer ausgewählten Rechtsmaterie beschäftigen.

Wenn ein Arbeitsgericht befindet, dass die Rechte einer Prozesspartei verletzt wurden, können Strafen und Schadensersatz auferlegt werden. Dagegen stellt ein Vergleich kein Rechtsvergehen einer Prozesspartei fest, sondern führt zu einer Einigung, in deren Rahmen aber Ausgleichszahlungen von einer Prozesspartei an die andere vereinbart werden können. Dies ist im Rahmen von Kündigungsverfahren häufig der Fall, wo es um Abfindungszahlungen und Abfindungshöhe geht.

Behörden und Ämter

Der Staat zeigt sich auch in Form behördlicher Regelungen und Auflagen, wie sie im Zusammenhang mit Baugenehmigungen, Steuerzahlungen, Abgaben, Arbeitsschutzregelungen, Arbeitssicherheitsvorschriften, Datenschutzrichtlinien oder Regelungen der Bundesagentur für Arbeit bestehen.

 Besonders »trickreich« sind Schwellenwerte, die beachtet werden müssen. So sehen die Regelungen für Arbeitsschutz und Arbeitssicherheit vor, dass Pausenräume oder Pausenbereiche ab zehn Mitarbeitern (oder aber aus Sicherheits- oder Gesundheitsgründen) eingerichtet werden müssen. Die Überschreitung eines anderen Schwellenwerts, nämlich der Anzahl von 20 weiblichen Mitarbeitern, führt dazu, dass ein separater Ruheraum für schwangere und stillende Frauen vorhanden sein muss.

Das Personalmanagement muss also regelmäßig überprüfen, ob aufgrund von Veränderungen im Personalbestand bestimmte Vorschriften zur Geltung kommen oder aber ob diese dann nicht mehr gelten. Einige Ämter prüfen die Einhaltung personalwirtschaftlicher Regelungen durchaus auch vor Ort in den Betrieben: Beispielsweise überwacht das Amt für Arbeitsschutz die Einhaltung von Arbeitszeitregelungen. Oder die örtliche Niederlassung der Bundesagentur für Arbeit prüft, ob Unternehmen, die im Jahresdurchschnitt über mindestens 20 Arbeitsplätze verfügen, ihrer durch das Gesetz zur Bekämpfung der Arbeitslosigkeit Schwerbehinderter (SchwbAG) begründeten Pflicht nachkommen, mindestens fünf Prozent der Arbeitsplätze mit schwerbehinderten Menschen zu besetzen. Bei Nichterfüllen die-

ser sogenannten »Behindertenquote« müssen die Unternehmen eine Ausgleichsabgabe entrichten.

Behörden und Ämter sind allerdings umgekehrt für das Personalmanagement wertvolle Informationsquellen und Unterstützer. So bietet zum Beispiel die Bundesagentur für Arbeit, deren Aufgaben im dritten Buch des Sozialgesetzbuches (SGB III) festgelegt sind, über ihre örtlichen Niederlassungen eine Vielzahl von Schnittstellen zur betrieblichen Personalarbeit an: Sie vermittelt Arbeits- und Ausbildungsplätze, fördert die berufliche Aus- und Weiterbildung oder stellt Angebote der Berufsberatung sowie Arbeitgeberberatung zur Verfügung. Sie betreibt dazu ein Internetportal insbesondere zur Veröffentlichung von Arbeitsangeboten, das eine Reihe von Partnerportalen integriert und Teil des *virtuellen Arbeitsmarkts*, also des Arbeitsmarkts im Internet, ist. Hieraus ergeben sich für das Personalmanagement viele nutzbare Handlungsmöglichkeiten.

Beachten muss das Personalmanagement darüber hinaus diverse Meldepflichten. Hierzu zählen zum Beispiel speziell für die Personalarbeit:

✔ die Anmeldung der Beschäftigten zur Sozialversicherung gemäß dem Vierten Buch des Sozialgesetzbuches (SGB IV),

✔ die Meldung automatisierter Verfahren zur Datenbearbeitung gemäß Bundesdatenschutzgesetz,

✔ die Meldung einer Vielzahl von Daten an statistische Behörden.

Werden solche Meldepflichten nicht befolgt, kann dies zu einer Strafverfolgung führen.

 Entlastung bieten betriebswirtschaftliche Softwarelösungen, die die Erledigung der notwendigen Meldungen standardisieren und automatisieren. Auch das Statistische Bundesamt stellt im Internet mit der kostenlosen PC-Anwendung »CORE.reporter« (http://www.statspez.de/core) ein teilautomatisiertes Meldeinstrument zur Erstellung, kontinuierlichen Pflege, Übermittlung, Verwaltung und Archivierung statistischer Daten zur Verfügung.

Finanzielle Förderungsmöglichkeiten ausnutzen

Staatliche Stellen verbessern auch ganz unmittelbar die Arbeitsbedingungen von Mitarbeitern in Unternehmen, zum Beispiel durch Förderprogramme zur Entstehung neuer Arbeitsplätze. Einen Überblick mit Suchhilfe über Förderprogramme und Finanzhilfen des Bundes, der Länder und der EU vermittelt im Internet die Förderdatenbank des Bundesministeriums für Wirtschaft und Technologie unter http://www.foerderdatenbank.de. Es sind sogar bereits entsprechende Anwendungen (Apps) für mobile Endgeräte erhältlich.

Beispiele für finanzielle Förderungsmöglichkeiten – deren Formen reichen von Zuschüssen über Darlehen, Bürgschaften und Beteiligungen bis hin zu Garantien – kommen aus ganz vielen thematischen Bereichen:

✔ In der Familienförderung werden häufig Kindertagesstätten, die von Unternehmen geschaffen werden, unterstützt. In § 4 KiTaG (Gesetz über Tageseinrichtungen für Kinder)

ist festgelegt, dass die Öffnungszeiten von Kindertagesstätten den Bedürfnissen erwerbstätiger Eltern nach Möglichkeit Rechnung tragen sollen.

✔ In einigen Bundesländern sind staatliche Zuschüsse für Lohnkosten erhältlich, die speziell für kleine und mittelständische Unternehmen vorgesehen sind und einen Anreiz zur Ansiedelung von Betrieben bieten sollen.

✔ Im Bereich der Energieversorgung ist es möglich, über staatliche Energieberatungen Zuschüsse für energetische Sanierungsmaßnahmen in Unternehmen zu erhalten – was vielleicht ein Beitrag nicht nur zur Optimierung der Energiebilanz ist, sondern sogar als Attraktivitätsargument im Rahmen der Personalbeschaffung genutzt werden kann.

✔ Unternehmen können sich hinsichtlich ihrer Reaktion auf den demografischen Wandel innovative Gestaltungslösungen finanziell fördern lassen.

✔ Unterstützt wird häufig auch, wenn Unternehmen, die sich in Schwierigkeiten sehen, professionell beraten werden möchten. Zuschüsse zu Beratungskosten sind unter anderem für Themen wie Personalentwicklung, Flexibilisierung des Personaleinsatzes, betriebliche Umstrukturierung oder Regelung der Unternehmensnachfolge erhältlich.

Stöbern Sie doch einmal selbst in der Internetdatenbank: Sie werden überrascht sein, auf welche Ideen Sie stoßen werden – und auf wie viele Ideen!

Es ist einsichtig, dass das Personalmanagement aktiv nach finanziellen Förderungsmöglichkeiten und unterstützenden Maßnahmen suchen und sich entsprechend informieren muss, wenn es von ihnen profitieren will. Dies muss das Personalmanagement nicht alleine tun, es bietet sich häufig an, die Zusammenarbeit zu anderen betrieblichen Planungsfunktionen zu suchen.

Stadt, Region, Land: Das Lebensumfeld für Mitarbeiter und Unternehmen

Der Staat kann nicht nur als rechtlicher und institutioneller Rahmen begriffen werden, sondern auch als Kultur- und Lebensumfeld. Unternehmen haben in der Regel Standorte, in denen die Mitarbeiter zum Arbeiten zusammenkommen. Vor diesem Hintergrund werden die Lebensumstände der betreffenden Stadt und Region relevant.

Unternehmen finden sich häufig in ihr Umfeld ein und werden durch das Umfeld auch aktiv in die unmittelbare Lebenswirklichkeit ihrer Mitarbeiter, Nachbarn und Mitbürger eingebunden. »Leben in der Region« bedeutet dann ein Bekenntnis zur Stadt oder Region – im Hinblick auf Bereiche wie Bauen, Bildung, Familien, Freizeit, Kultur und Wirtschaft.

Viele Städte und Regionen wollen sich als attraktive Standorte für Unternehmen positionieren und initiieren daher eine integrierte Wirtschaftsförderung, die den Unternehmen aus einer Hand viele Standortvorteile erschließt. Hier kann das Personalmanagement ansetzen, um zum einen unmittelbar von diesen Vorteilen zu profitieren, zum anderen aber, um diese Vorteile als Argumente zur Gewinnung und Bindung von Mitarbeitern einzusetzen.

Ein Beispiel für das Bekenntnis zur eigenen Region ist der Umgang des Personalmanagements mit ehrenamtlichen Tätigkeiten ihrer Mitarbeiter, zum Beispiel in der Freiwilligen Feuerwehr. Im Rahmen eines vorbildlichen Arbeitgeberverhaltens würde das Personalmanagement bereits im Bewerbungsverfahren eines Mitarbeiters auf ein Engagement in der Freiwilligen Feuerwehr oder in ähnlichen Ehrenämtern achten. Wenn dann ein Mitarbeiter ehrenamtsbedingt fehlen sollte, macht ein verantwortliches Unternehmen bei Einsätzen der Freiwilligen Feuerwehr den ihm zustehenden Verdienstausfall bei der Gemeinde nicht geltend.

So wird es professionell

Was empfiehlt Ihnen das Professionalisierungsmodell für das Personalmanagement hinsichtlich des Umgangs mit dem Staat?

Differenzierung

Unterschiedliche staatliche Stellen haben unterschiedliche Informationsbedürfnisse. Das Personalmanagement sollte daher wichtige Informationen und Kennzahlen an Interessenten weiterleiten – allerdings nicht nur wenn Meldepflichten bestehen, sondern auch dann, wenn eine günstige Beeinflussung der Ziele des Personalmanagements zu erwarten ist.

Kontinuität

Gerade für die Ausrichtung an staatlichen Stellen bietet es sich an, Prozesse zu standardisieren und gleichbleibende Abläufe einzuüben. Dies betrifft die regelmäßige Kontrolle und Aktualisierung der Daten genauso wie die regelmäßige Prüfung der Einhaltung von Gesetzen und Auflagen und die regelmäßige Suche nach geeigneten Förderprogrammen.

Expertise

Mitarbeiter des Personalmanagements, die für die Bearbeitung der Schnittstelle zum Staat Verantwortung tragen, können in Workshops und Seminaren geschult werden. Damit werden sie hinsichtlich relevanter Gesetzesänderungen oder Verwaltungsvorschriften, aber auch in Bezug auf das Entdecken von (Förder-)Chancen sensibilisiert.

Governance

Das Personalmanagement kann gemeinsam mit der Unternehmensleitung und anderen Unternehmensfunktionen strategische Entscheidungen darüber herbeiführen, welche Berührungspunkte zwischen Staat und Unternehmen besonders relevant sind und daher vorrangig beachtet werden sollten. Auch sollte die Entscheidung, bestimmte Förderprogramme nutzen zu wollen, strategisch getroffen werden.

Die Öffentlichkeit, das schwer zu bändigende Wesen

24

In diesem Kapitel ...

▶ Öffentlichkeit verstehen

▶ Professionell kommunizieren

▶ Verantwortung übernehmen

Ziemlich herausfordernd ist es für das Personalmanagement, sich auf die Öffentlichkeit einzustellen und diese aktiv als Zielgruppe ihrer Aktivitäten zu betrachten: Sie ist nämlich nicht klar abgegrenzt und damit auch nicht klar fassbar. Am wichtigsten sind die unternehmensinterne Öffentlichkeit, die Fachöffentlichkeit sowie die allgemeine Öffentlichkeit.

Zunächst erfahren Sie in diesem Kapitel ganz allgemein, warum das Personalmanagement seine Kommunikationsrolle annehmen sollte und wie es sich auf sie einstellt. Danach wird es konkreter: Sie vertiefen die Kommunikation des Personalmanagements mit den Mitarbeitern sowie mit den Personalmanagementverbänden als Teil der Fachöffentlichkeit. Im Hinblick auf die Allgemeinheit machen Sie sich schließlich aus personalwirtschaftlicher Sicht mit der unternehmerischen Verantwortung für die Gesellschaft vertraut und tauchen in die Welt der sozialen Medien ein.

Neue Transparenz – neue Aufgaben

Für das Personalmanagement ist es traditionell keine Aufgabe mit hoher Priorität gewesen, sich auch um die Kommunikation des Unternehmens zu kümmern. Das ändert sich aber spätestens seit dem Aufkommen der sozialen Medien, deren Nutzung und Wirkung vom Unternehmen nicht mehr steuerbar ist. Auch würde es immer schwerer (wenn es überhaupt sinnvoll wäre), die einzelnen Mitarbeiter kommunikativ von der Außenwelt abzuschotten, wenn sie immer autonomer die modernen Kommunikationsmedien nutzen. Das Personalmanagement hat hierdurch eine vollkommen neue Aufgabe bekommen: sich um Medien und Kommunikation der Mitarbeiter zu kümmern, um die Interessen des Unternehmens und seiner Mitarbeiter zu schützen.

Ein Wortspiel formuliert es so: »Arbeiten mit der Öffentlichkeit – Arbeiten für die Öffentlichkeit – Arbeiten in der Öffentlichkeit«. Gestaltet wird im Rahmen der Öffentlichkeitskommunikation vor allem das Image, also das Bild über das Unternehmen und seine Mitarbeiter in den Köpfen von Außenstehenden.

Die informationelle Transparenz wird von Außenstehenden erlebt, aber vom Unternehmen – und damit auch vom Personalmanagement – aktiv gestaltet. Heutzutage gilt Transparenz als Bestandteil einer ordentlichen Unternehmensführung, die unter dem Begriff *Corporate Go-*

vernance unter anderem unternehmensinterne sowie unternehmensexterne Informationsflüsse nachvollziehbar und verlässlich gestalten will, und zwar über formalisierte Vorschriften hinaus aus einem gesunden Eigeninteresse heraus.

Die Gegenstrategie »wenig bis keine Transparenz« wird häufig dort zum Tragen kommen, wo vitale Interessen des Unternehmens wie zum Beispiel der Schutz von Innovationen und Daten betroffen sind. In solchen Fällen macht das Personalmanagement den Mitarbeitern strategische Vorgaben und schließt zudem einzelvertragliche Vereinbarungen zu Verschwiegenheit und Diskretion ab (mehr dazu finden Sie in Kapitel 15 zu Datenschutz und Datensicherheit).

 Ein neuer Trend geht dahin, dass spezialisierte Anbieter mithilfe von Analysesoftware (sogenannter Business-Intelligence-Software) von Unternehmen Echtzeitprofile über Vergangenes, Gegenwärtiges wie die Reisetätigkeiten der Vorstände sowie Zukünftiges wie Strategien und Planungen anlegen, die man abonnieren kann. Die annähernd vollkommene Transparenz über Unternehmen bedroht Wettbewerbsvorteile: Man kann als Unternehmen zwar seine Kunden und Konkurrenten besser im Blick behalten, wird jedoch auch selbst zum Ziel einer möglichen Komplettdurchleuchtung.

Die Mitarbeiter als Brücke zur Öffentlichkeit

Zunächst muss allen Beteiligten eine Selbstverständlichkeit jeglicher öffentlicher Kommunikation in aller Konsequenz bewusst werden: Jeder einzelne Mitarbeiter kann »von außen« wahrgenommen werden und prägt – direkt oder indirekt – das Bild des Unternehmens mit, ist sozusagen sein Botschafter. Heutzutage gibt es im Grunde kein Handeln des Unternehmens mehr, das nicht öffentlich ist.

Nun wäre es nicht gerade vorteilhaft für ein Unternehmen, wenn es in der Öffentlichkeit ein schlechtes Bild abgeben würde, denn das hat immer Konsequenzen:

✔ Der Ruf als Arbeitgeber kann leiden – und dann sinken die Bewerberzahlen.

✔ Der Ruf als zuverlässiger Produzent oder Dienstleister kann leiden – und dann kaufen die Kunden woanders ein.

✔ Der Ruf als innovativer Entwickler kann leiden – und dann werden Neuentwicklungen woanders gesucht.

✔ Der Ruf als zahlungskräftiges Unternehmen kann leiden – und dann werden Kredite teurer und Zahlungsziele kürzer.

✔ Der Ruf als ökologisch Verantwortlicher kann leiden – und dann steht das Unternehmen gesellschaftlich unter Rechtfertigungsdruck.

✔ Der Ruf als Unternehmen mit guter Reputation kann leiden – und dann erweckt das Unternehmen vielleicht sogar die Aufmerksamkeit der Staatsanwaltschaft.

Weil die Mitarbeiter aber nicht wissen, dass und wo genau sie gerade unter Bobachtung stehen, kann es schnell zu einem kommunikativen Desaster kommen. Das Personalmanage-

ment kann hier aktiv gegensteuern. Die Beseitigung solcher kommunikativer Desaster ist hingegen viel aufwendiger.

Die Rolle des Personalmanagements in der Kommunikation

Was hat aber das Personalmanagement mit der Außenkommunikation des Unternehmens zu tun? Ist das nicht eine Angelegenheit des Marketings? Oder der Abteilungen, die sich – wie die Presseabteilung, Public Relations oder Investor Relations – gezielt mit der Information von Außenstehenden befassen?

Ein professionelles Personalmanagement hat gar nicht nur die offizielle Unternehmenskommunikation, sondern vor allem die unbeabsichtigte Kommunikation des Unternehmens und aller seiner Mitarbeiter nach außen im Blick. Auch sie beeinflusst das Bild, das sich Externe vom Unternehmen machen, nicht zuletzt das Bild vom Unternehmen als Arbeitgeber.

Wer genau aus dem Unternehmen mit der Öffentlichkeit in Kontakt tritt, richtet sich nach der Unternehmensgröße. Während es in ganz kleinen Unternehmen vor allem die Unternehmensleitung sowie die wenigen Mitarbeiter gemeinsam übernehmen, erweitert sich bereits bei mittelgroßen Unternehmen der Kreis der an der Kommunikation Beteiligten auf die Funktionen Marketing und Personalmanagement.

Wächst das mittelständische Unternehmen weiter, lohnt es sich ab einer bestimmten Kommunikationsintensität zu überlegen, zusätzlich zu den bislang Beteiligten eine eigenständige Kommunikationsstelle oder Presseabteilung einzurichten (Public Relations). In Großunternehmen wird dann dort die gesamte Öffentlichkeitsarbeit konzentriert.

In vielen mittelgroßen Unternehmen steht also das Personalmanagement mit in der Verantwortung für die Gestaltung der Schnittstelle mit der Öffentlichkeit. Die Kommunikation des Personalmanagements mit der Öffentlichkeit ist allerdings keine Einbahnstraße: Zwar kann das Personalmanagement seine Kommunikation als eine Kernkompetenz ausbauen und sich vieles von dem, was es in seiner Kommunikation erreichen will, selbst erarbeiten. Es kann sich aber auch Unterstützung holen, zum Beispiel von Kommunikationsexperten, aus regionalen Unternehmensverbünden oder aus den Verbänden, in denen das Unternehmen Mitglied ist. Schließlich ist das Gelingen der Kommunikation mit der Öffentlichkeit auch von der entstehenden Resonanz abhängig. Das bedeutet, dass das Personalmanagement Antennen entwickeln und nutzen muss, um seinerseits Informationen über seine Wahrnehmung in der Öffentlichkeit zu erhalten.

Ziele der Kommunikation

Übergeordnetes Erfolgskriterium für die Unternehmenskommunikation ist ein möglichst unverzerrter Informationsaustausch mit den öffentlichen Zielgruppen bei gleichzeitiger Erreichung der Kommunikationsziele des Unternehmens.

Inhaltlich kommt es bei der Unternehmenskommunikation vor allem darauf an, die jeweils angesprochene Öffentlichkeit dem Unternehmen und seinen Handlungen gegenüber – und spezieller, der Personalarbeit gegenüber – gewogen zu machen. Das bedeutet, Aufmerksamkeit auf das Unternehmen zu

lenken, Vertrauen in die Integrität des unternehmerischen Handelns zu schaffen und Akzeptanz für die Unternehmensziele zu wecken.

Die Kommunikation mit der Öffentlichkeit bietet somit eine Chance, das Wesen des Unternehmens und seiner Mitarbeiter positiv und attraktiv darzustellen und dafür zu sorgen, dass die Spielräume für ungerechtfertigte Spekulationen so gering wie möglich gehalten werden. Das muss nach innen und nach außen hin funktionieren:

✔ In das Unternehmen hinein werden vor allem Sachverhalte kommuniziert, die die generelle Mitarbeiterzufriedenheit betreffen. Über die Inhalte der Personalführung hinaus sind das dann vor allem Sozialleistungen, Möglichkeiten der Flexibilisierung oder Entwicklungsperspektiven für die Mitarbeiter.

✔ Aus dem Unternehmen hinaus werden Kontakte zu Kooperationspartnern wie Universitäten, Schulen, Verbänden und Interessenvertretung gepflegt. Darüber hinaus versuchen stärker ungerichtete Kommunikationsmaßnahmen wie Sponsoring, Tag der offenen Tür oder Jobmessen, eine möglichst breite interessierte Öffentlichkeit zu erreichen.

Im Hinblick auf das Personalmanagement konzentrieren sich die Kommunikationsinhalte vor allem auf die Präsentation des Unternehmens als attraktiver Arbeitgeber.

So wird es professionell

Unter Heranziehung des Professionalisierungsmodells für das Personalmanagement werden erneut dessen vier Kernaspekte wichtig.

Differenzierung

Erst wenn die unterschiedlichen Adressaten der Kommunikation sowie deren unterschiedlichen Bedürfnisse bekannt sind, kann sich die Kommunikation gezielt darauf ausrichten. Bewusst differenziert werden sollten aber auch die Kommunikationsmedien und die Kommunikationsanlässe.

Kontinuität

Die Kommunikation mit der Öffentlichkeit sollte zum einen regelmäßig erfolgen und damit die als sinnvoll erachteten Rhythmen einhalten. Das schließt ein, dass die Personalleitung bei wichtigen öffentlichen Terminen persönlich anwesend ist und damit »ein Gesicht bekommt«. Zum anderen sollten auch die kommunizierten Inhalte anhaltend zur Verfügung stehen, also beispielsweise im Internet dokumentiert werden.

Expertise

Genau zu wissen, wie man mit der Öffentlichkeit effektiv kommuniziert, ist für das Personalmanagement unabdingbar. Benötigt werden also sowohl Mitarbeiter mit geschulten Fähigkeiten und Kommunikationserfahrung wie auch weiteres Spezialwissen, wenn es um besondere Herausforderungen bei der Kommunikation geht. Hierzu gehören beispielsweise bereits die Sachverhalte, bei denen das Unternehmen im Einzelfall offiziell angehalten ist, die Öffentlichkeit zu informieren, also pflichtgemäß Auskünfte zu erteilen. Solche Fälle betreffen mit unternehmensexternen Adressaten etwa Entsorgungsfachbetriebe, die den zu-

ständigen Behörden einen Einsatzplan zum Nachweis der ausreichenden Personalstärke übermitteln müssen. Unternehmensintern bestehen zum Beispiel Informationspflichten gegenüber dem Betriebsrat gemäß § 92 des Betriebsverfassungsgesetzes in Belangen der Personalplanung oder die Informationspflicht gegenüber Mitarbeitern gemäß dem Gesetz zur Verbesserung der betrieblichen Altersversorgung, dass sie einen Rechtsanspruch auf Entgeltumwandlung für ihre betriebliche Altersversorgung haben. In solches Spezialwissen muss das Personalmanagement investieren. Eine Datenbank aller bundesrechtlichen Informationspflichten wird durch das Statistische Bundesamt unter `https://www-skm.destatis.de/webskm/online` zur Verfügung gestellt.

Governance

Letztlich muss ein konsistentes Bild über alle öffentlichkeitswirksamen Maßnahmen hinweg entstehen, sozusagen »der rote Faden«. Die Kommunikation des Personalmanagements mit der Öffentlichkeit muss mit der Unternehmensleitung in ihren Grundpositionen abgestimmt sein, aber auch von der Unternehmensleitung gestützt werden. Daher muss festgelegt werden, welche Informationen an wen genau, zu welchem Zeitpunkt und in welchem Ausmaß zur Verfügung gestellt werden sollen.

Unternehmensinterne Öffentlichkeit: Die wachsame Macht

Nur wenige Frühwarnsensoren im Unternehmen sind aufmerksamer als die eigenen Mitarbeiter. Sie nehmen bewusst und unbewusst fast alles wahr, was geschieht, und tauschen sich darüber aus. Unternehmen können sicher sein, dass sie unter kritischer Dauerbeobachtung ihrer Mitarbeiter stehen. Das ist auch durchaus legitim, weil an der seriösen Arbeit des Unternehmens die Sicherheit ihrer Arbeitsplätze und letztlich ihre wirtschaftliche Existenz hängt.

Mitarbeiter möchten informiert sein

Innerhalb von Unternehmen besteht die *Öffentlichkeit* aus allen Personen, die nicht direkt mit den Entscheidungen zu tun haben, die gerade Inhalt der eigenen Arbeit sind. Es sind also die »unbeteiligten Dritten«, die »Zaungäste«, die dennoch eine Meinung zu dem haben, was in Unternehmen stattfindet. Diese Meinung bildet sich dann nicht zwingend in einer formalen Kommunikation, sondern in der informellen Kommunikation.

Von Gerüchteküchen und Flurfunk

Zur informellen Kommunikation gehören »Flurfunk« und »Gerüchteküche« und das ritualisierte Treffen am Kaffeeautomaten.

 Gerüchte auszutauschen ist eine menschliche Eigenheit, die sich wahrscheinlich nicht abstellen lässt, auch nicht in Unternehmen. Es geht um stark vereinfachte, häufig übertrieben dramatisierte, spekulative Aussagen mit Bezug zum aktuellen Handlungskontext, deren Wahrheitsgehalt sich nicht unmittelbar überprüfen lässt. Gerüchten kommt immerhin die Funktion zu, dass sie das Interesse an Sachverhalten wecken und Aufmerksamkeit kanalisieren kön-

nen. Zudem tragen sie zur Entwicklung und Veränderung von Unternehmenskultur bei, weil sie ein Mechanismus des kollektiven Teilens von wertenden Aussagen sind: Mitarbeiter, die in Form von Gerüchten echte oder vermeintliche Geheimnisse teilen, binden sich enger zusammen und verstärken ihre impliziten Normen.

Die Aufgabe des Personalmanagements besteht darin, hilfreiche Kommunikationsangebote in das Unternehmen einzubringen. So sollten durchaus gezielt Informationen bereitgestellt werden, die auch in solche informelle Meinungsbildung eingehen. Das bedeutet im Einzelnen:

✔ **Involvierung:** Dem Personalmanagement gelingt es, einen lebendigen Dialog zu initiieren und die Mitarbeiter in das Unternehmensgeschehen einzubeziehen, damit sie an gemeinschaftlichen Entscheidungen tatsächlich mitwirken können.

✔ **Aktivierung:** Das Personalmanagement hilft mit zu kommunizieren, was das Unternehmen erreichen will. Einzelnen Adressaten wie zum Beispiel Mitarbeitern werden kulturelle Werte, Wissen, Ideen und konkrete Aufgaben kommuniziert. Kollektiven Adressaten wie zum Beispiel »der Belegschaft« werden Stimmungen, etwa im Hinblick auf ein positives Arbeitsklima, vermittelt.

✔ **Aufmerksamkeit:** Aufmerksamkeit ist eine knappe Ressource. Wenn das Personalmanagement dazu beiträgt, dass Unternehmen ihren Mitarbeitern Aufmerksamkeit geben, wirkt das Unternehmen attraktiv (zum Beispiel als attraktiver Arbeitgeber). Im Gegenzug fühlen sich die Mitarbeiter dann dem Unternehmen verbunden, was sich letztlich beispielsweise in der Zahl von Verbesserungsvorschlägen der Mitarbeiter zeigt. Unternehmen wollen zudem aktiv Kommunikation empfangen, indem sie ihre Mitarbeiter dazu ermutigen, sie anzusprechen und von sich aus in Kommunikation mit dem Unternehmen beziehungsweise seinem Personalmanagement zu treten.

✔ **Konsistenz:** Gelingende Kommunikation benötigt breite Stimmigkeit unter vielen Komponenten des Unternehmens, beispielsweise den Kommunikationsinhalten, den Unternehmenszielen und dem glaubwürdigen Verhalten der Unternehmensleitung. Diese Stimmigkeit versucht das Personalmanagement zu befördern. Ein unstimmiges Negativbeispiel wäre, wenn auf der einen Seite Kundenservice als Unternehmensziel kommuniziert wird, auf der anderen Seite aber die Leistung der Mitarbeiter anhand der Zahl der bedienten Kunden pro Stunde gemessen wird. Die Schaffung realer und kommunikativer Stimmigkeit bedeutet nicht zuletzt, dass das Personalmanagement die »wahren Ziele« des Unternehmens möglichst offen kommunizieren sollte.

Die Berücksichtigung aller vier Aspekte führt dazu, dass Blockaden in der Unternehmenskommunikation abgebaut werden, weil die Intensität der Kommunikation steigt und die Inhalte der Kommunikation sich verdichten.

Schwarze Bretter und grüne/rote Kennzahlen

Das Personalmanagement kann die Information allerdings auch aktiv steuern. Dies tut es dadurch, dass es Informationen möglichst gut zugänglich bereitstellt. Geeignete Medien sind im Unternehmen unter anderem Schwarze Bretter und Informationstafeln, Rundbriefe, Mitarbeiterzeitschriften und Newsletter im Intranet. Die Auswahl der Medien richtet sich

nach der gewünschten Aktualität (also ob Tagesaktualität notwendig ist oder nicht) und der gewünschten Mobilität der Nutzung (also ob die Medien überall hin mitgenommen und genutzt werden können).

Inhaltlich nutzt das Personalmanagement neben verbalisierten Informationen auch betriebswirtschaftliche Kennzahlen aus seinem Bereich, um die Mitarbeiter über den Stand der Erreichung einzelner Ziele der Personalarbeit zu informieren. Diese Kennzahlen sind zum einen solche, die Auskunft geben über Bestandsgrößen wie beispielsweise Mitarbeiterzahl, Frauenanteil an der Belegschaft oder Krankenstand. Zum anderen sind es prozessbezogene Kennzahlen, die auch *Key-Performance-Indikatoren* (KPI) genannt werden: Sie spiegeln die Prozessqualität wider. Beispiele sind Mitarbeiterzufriedenheitsindizes. Diese Kennzahlen lassen sich mit Erfolgskennzahlen in Beziehung setzen und erlauben dann eine bewertende Einschätzung von Effektivität und Effizienz des Personalmanagements. Häufig wird bei Kennzahlen die Ampelsymbolik benutzt: Ein hoher Zielerfüllungsgrad wird grün gekennzeichnet, ein mittlerer Erfüllungsgrad gelb und ein niedriger Erfüllungsgrad rot.

Wenn das Personalmanagement Kennzahlen nutzen will, muss es dafür sorgen, dass die Kennzahlen regelmäßig aktualisiert werden. Hierzu bietet sich ein standardisiertes Vorgehen an, nicht zuletzt, um die Vergleichbarkeit von Kennzahlen verschiedener Perioden sicherzustellen. Inhaltlich sollten Kennzahlen so eindeutig definiert sein, dass Fehlinterpretationen nicht möglich sind – andernfalls würde das wieder die Gerüchteküche befeuern.

Krisenkommunikation

Das Auf und Ab in der Wirtschaft scheint seit dem Jahrtausendwechsel schneller zu erfolgen als zuvor: Die weltweite Verzahnung verschiedener Volkswirtschaften in einer globalisierten Wirtschaftsordnung transportiert Krisen, die auf der einen Seite des Globus auftreten, unmittelbarer auf die andere Seite des Globus. Und irgendwo scheint immer gerade eine Krise zu sein, die sich ausbreiten kann.

Unternehmenskrisen, die existenzgefährdende Notsituationen für Unternehmen sind, werden in der betriebswirtschaftlichen Literatur in strategische Krisen, Ergebniskrisen und Liquiditätskrisen eingeteilt. Mit zunehmender Eskalation der Krise sinkt der zur Verfügung stehende Handlungsspielraum, während die Krisensymptome und damit der unmittelbare Handlungsdruck zunehmen. Wird die Krise nicht bewältigt, droht die Insolvenz des Unternehmens. Die Ursachen für die Krise liegen dabei nicht allein in äußeren Faktoren wie der weltwirtschaftlichen Entwicklung, sondern können auch unternehmensintern ausgelöst sein, etwa durch strategische Fehler, Innovationsdefizite oder Führungsmängel.

Wenn Wirtschaftskrisen einzelne Unternehmen erreichen, müssen diese reagieren. Sie stehen dann vor der Entscheidung, wie sie ihren Mitarbeitern die schwierige Lage beibringen. Hier stehen sich zwei widerstreitende Bedürfnisse gegenüber: auf der einen Seite das Bedürfnis nach Transparenz und Offenheit bei den Mitarbeitern, auf der anderen Seite das Bedürfnis beim Personalmanagement, Ängste bei den Mitarbeitern zu vermeiden.

Wie kann das Personalmanagement Entstehung und Verlauf einer Krise, die das Unternehmen erreicht, den eigenen Mitarbeitern kommunizieren? Dass dies erwartet wird, ist unstrittig. In mitbestimmten Unternehmen hat der Betriebsrat zudem ein Recht darauf, über die wirtschaftliche Lage des Unternehmens informiert zu werden.

 Das Personalmanagement ist in Krisen gut beraten, gegenüber den Mitarbeitern nicht in Krisengejammer einzustimmen. Das Lamentieren über das Nichtverschulden der Krise, über die Unverschämtheit von Kunden, die ihre Rechnungen nicht bezahlen, sowie über unzureichende Unterstützung seitens der Politik trägt zur Überwindung der Krise in der Regel nicht bei, sondern ist im Gegenteil gefährlich: Es verstärkt noch das Gefühl, dass die – unternehmenskulturell unverzichtbaren – Grundwerte wie Vertrauen, Fairness und Zuversicht noch weiter an Gewicht verlieren, und wertvolle Zeit, die zur Krisenbewältigung benötigt wird, verstreicht.

In der Unternehmenskrise besteht die Gefahr, dass die kooperative Grundeinstellung der Mitarbeiter verloren geht. In dem Maße, wie Unternehmen fast schon reflexartig auf Krisen mit der Ankündigung von Entlassungen reagieren, nimmt der interne Wettbewerb um den eigenen Arbeitsplatz zu. Dies schlägt natürlich auf das Betriebsklima durch, das sich dann aller Wahrscheinlichkeit nach verschlechtert.

Dennoch ist es genauso wenig sinnvoll, die Mitarbeiter von der Krise abzulenken, sie abzustreiten oder zu marginalisieren. Eine knappe, möglichst neutrale Information kann die Mitarbeiter dafür sensibilisieren, mit nach Auswegen aus der Krise zu suchen. Das Personalmanagement hat in diesem Rahmen die Aufgabe, positive Szenarien zu entwickeln und realistische Zukunftsperspektiven zu entwerfen.

Fachöffentlichkeit

Besonders sichtbar wird das Personalmanagement eines Unternehmens im Kreise von Fachkollegen. Es gibt viele Foren, in denen sich Personalverantwortliche zum fachlichen Austausch treffen. Neben Personalmessen ist insbesondere die Arbeit in Personalmanagementverbänden eine gute Gelegenheit für Personaler, ihre Tätigkeit zu reflektieren, sie mit beispielhafter Personalarbeit zu vergleichen und nach Innovationen im Personalmanagement zu suchen.

Personalmanagementverbände

Die engere Fachöffentlichkeit für den Personalbereich besteht aus der *Personaler-Community*, also der Gruppe aller an Personalmanagement und Personalarbeit interessierten Personen und Institutionen. In Deutschland gibt es im Rahmen dieser Personaler-Community einige Vereine, die sich auf den Schwerpunkt Personalmanagement konzentrieren:

✔ Die *Deutsche Gesellschaft für Personalführung e.V.* (DGFP) ist ein unabhängiger Verein zur Förderung des Personalmanagements in Praxis, Wissenschaft und Lehre. Sie wurde 1952 unter dem Namen Der Neue Betrieb – Studienkreis für sozialwirtschaftliche Betriebsformen e.V. (DNB) gegründet, 1968 umbenannt und hat ihren Sitz in Düsseldorf. Die Gründer sahen das Ziel ihres Vereins in der Stabilisierung der jungen westdeutschen

Demokratie und der sozialen Marktwirtschaft. Zu den anfänglichen Mitgliedern zählten bald Vertreter namhafter Unternehmen und zunehmend rückte die Personalarbeit in den Fokus des Vereins. Die DGFP besteht aus rund 1.750 Mitgliedsunternehmen und 250 Einzelmitgliedern. Organisatorisch sind sieben Regionalstellen, die die unternehmensnahe Betreuung ihrer Mitglieder und die Veranstaltung von Seminaren übernehmen, über Deutschland hinweg verteilt. Zu den Angeboten der DGFP zählen circa 450 »Erfa-Kreise«, die dem Erfahrungsaustausch von Personalverantwortlichen dienen, die personalwirtschaftliche Fachzeitschrift »Personalführung«, Aus- und Weiterbildungsangebote, die Veranstaltung des jährlich stattfindenden DGFP-Kongresses sowie einer Messe für Personal und Weiterbildung, ein internetbasiertes Rechercheportal zu allen Fragen des Personalmanagements, themenbezogene Arbeitskreise, eine Schriftenreihe zur Veröffentlichung der Forschungsergebnisse sowie eine Tochtergesellschaft zur unternehmensindividuellen Personalberatung. Als Gründungsmitglied mehrerer internationaler Personalmanagementverbände ist sie international weit verzahnt. Die DGFP setzt mit ihrer Arbeit vielfältige Impulse für die deutschsprachige Personalmanagementszene, wobei diese teilweise auch kritisch diskutiert werden.

✔ Die *Deutsche Gesellschaft für Personalwesen e.V.* (DGP), ein unabhängiger Verein zur Schaffung und Förderung eines professionellen Personalwesens in Verwaltung und Wirtschaft, wurde im April 1949 gegründet und hat ihren Sitz in Hannover. Ihre Satzung sieht ausschließlich juristische Personen wie Unternehmen, Verwaltungen, Verbände und Forschungseinrichtungen als Vereinsmitglieder vor. Der Verein strebt in seinem Tätigkeitsgebiet Professionalität, die Verknüpfung wissenschaftlicher Erkenntnisse mit der Praxis und die Wahrnehmung gesellschaftlicher Verantwortung an. Das satzungsgemäße Ziel der DGP ist es, an dem Aufbau und Ausbau eines sachorientierten, leistungsfähigen Personalwesens in Verwaltung und Wirtschaft mitzuwirken. Hierzu ist sie beratend im Bereich Personalwesen für Verwaltung und Wirtschaft tätig – hier insbesondere auf den Feldern Organisationsentwicklung, Personalentwicklung, -auswahl, -beurteilung, Befragungen, Fort- und Weiterbildung, Konfliktmanagement sowie individuelles Coaching und Gruppencoaching – und setzt unter anderem Erkenntnisse eigener wissenschaftlicher Forschung aus dem Gebiet der angewandten Psychologie ein. Darüber hinaus nennt die DGP die Interessen und Bedürfnisse der arbeitenden Menschen als wesentlichen Bestandteil der Beratungsleistung, ist aber keine Berufsvertretung und nimmt auch keine Standesinteressen wahr.

✔ Der *Bundesverband der Personalmanager e.V.* (BPM) ist ein unabhängiger Verein mit dem Zweck der Definition und Wahrnehmung der berufsständischen Interessen der Personalmanager, der Förderung ihrer Aus- und Weiterbildung, der Förderung des Meinungs- und Erfahrungsaustauschs, der Erhaltung und Pflege des Ansehens des Berufsstands Personalmanager sowie der Artikulation der Interessen von Personalmanagern gegenüber Gesellschaft, Medien und Politik. Er wurde 2009 gegründet und hat seinen Sitz in Berlin. Gemäß Satzung können nur natürliche Personen, die hauptberuflich als Personalmanager angestellt sind, Verbandsmitglieder werden; andere natürliche und juristische Personen können Fördermitglieder werden. Der BPM hat inzwischen rund 3.000 Mitglieder. Während acht über Deutschland verteilte Regionalgruppen die Mitglieder vor Ort betreuen und verzahnen, verstehen sich die themenbezogenen Fachgruppen als »Think Tanks«, die innovative Themen aufgreifen und in ihnen Standardisierung,

Professionalisierung, Qualifizierung und Internationalisierung vorantreiben. Ein Interesse des BPM besteht darin, sich in gesellschaftliche und politische Debatten einzubringen und als Interessenvertretung von Personalmanagern Lobbyarbeit zu betreiben.

Zudem gibt es eine ganze Reihe an Personalberatungen, Hochschullehrern für Personalmanagement, Personalpraktikern, Veranstaltern von Personalkongressen sowie Personalmanagementzeitschriften, die ebenfalls alle zur Personaler-Community zählen. Das Personalmanagement kann diese Personaler-Community auch zur Verbreitung eigener innovativer oder prestigeträchtiger Informationen nutzen. Der Vernetzungsgedanke unterstützt dabei solche Bemühungen.

IHK, BDA, BDI und andere Verbandsabkürzungen

Zur Fachöffentlichkeit für das Personalmanagement gehören Institutionen, die die Arbeit von Unternehmen und damit auch die Arbeit in Unternehmen unmittelbar beeinflussen.

Industrie- und Handelskammern (IHK)

Die *Industrie- und Handelskammern* (IHK) sind Körperschaften des öffentlichen Rechts, die das Interesse der ihnen zugehörigen Gewerbetreibenden ihres Bezirks vertreten und für die Förderung der gewerblichen Wirtschaft wirken. Basis der Industrie- und Handelskammer ist die Zwangsmitgliedschaft aller Personen, Handelsgesellschaften und juristischen Personen des jeweiligen Bezirks, die Gewerbesteuer zahlen müssen. Ausgenommen sind Handwerksbetriebe, Freie Berufe und landwirtschaftliche Betriebe.

Die Aufgaben der IHK sind im § 1 IHKG (Gesetz zur vorläufigen Regelung des Rechts der Industrie- und Handelskammern) geregelt und umfassen unter anderem die Aufsicht bei der Berufsausbildung, die Durchführung von Abschlussprüfungen und die Schiedsgerichtsbarkeit. Daneben erbringen Industrie- und Handelskammern für ihre Mitglieder Dienstleistungen wie Existenzgründungsberatung, Erteilung von Rechtsauskünften und Unterstützung bei der Knüpfung ausländischer Geschäftskontakte. Nicht zu den Aufgaben der Industrie- und Handelskammern gehört die Wahrnehmung sozialpolitischer und arbeitsrechtlicher Interessen. Nach § 3 IHKG werden die Kosten der Einrichtung und Tätigkeit der IHK gemäß einer Beitragsordnung von den Kammerzugehörigen aufgebracht, wobei sich die Pflichtbeiträge an der wirtschaftlichen Leistungsfähigkeit orientieren.

Die in Deutschland tätigen 80 regionalen Industrie- und Handelskammern werden jeweils durch einen Präsidenten und einen Hauptgeschäftsführer, die von der durch ihre Mitglieder gewählte Vollversammlung bestellt werden, vertreten. Die Industrie- und Handelskammern auf der Kreisebene sind auf der Ebene der Bundesländer in Arbeitsgemeinschaften oder Kammervereinigungen zusammengeschlossen, auf der Bundesebene dann im *Deutschen Industrie- und Handelskammertag* (DIHK). Dieser ist als Spitzenorganisation eine wichtige wirtschaftspolitische Interessengruppe auf bundes- und europapolitischer Ebene.

Bundesvereinigung der Deutschen Arbeitgeberverbände (BDA)

Für das Personalmanagement wird zudem die *Bundesvereinigung der Deutschen Arbeitgeberverbände* (BDA) relevant. Sie ist der sozial- und tarifpolitische Spitzenverband der deutschen Wirtschaft, der die Interessen von Unternehmen im Bereich der Sozialpolitik vertritt

und somit im Kern das Personalmanagement betrifft. Der BDA, die seit 1950 besteht und deren Sitz sich in Berlin befindet, gehören etwa zwei Millionen Unternehmen an, die von mehr als 1.000 rechtlich und wirtschaftlich selbstständigen Arbeitgeberverbänden betreut werden. Diese Unternehmen beschäftigen etwa 80 Prozent aller Arbeitnehmer in Deutschland.

Organisiert in Branchenfachverbänden und Landesverbänden, ist die BDA nicht nur für ihre Mitglieder, sondern auch für die Öffentlichkeit und die Regierung Ansprechpartnerin und Beraterin unter anderem in Fragen des Arbeitsrechts, der Bildungs- und der Personalpolitik. Die BDA vertritt damit die Belange ihrer Mitglieder sowohl auf nationaler als auch auf europäischer Ebene gegenüber der Regierung, den Gewerkschaften, den gesellschaftlichen Gruppen und der Öffentlichkeit und nimmt an gesellschaftlich relevanten Diskussionen teil.

Die BDA steht unter anderem ein für ein modernes Arbeitsrecht, das neben Entbürokratisierung auch die Rechtssicherheit fördert und weiterhin innovative Arbeitsformen und flexible Beschäftigungsformen erlaubt, um den deutschen Arbeitsmarkt dynamischer zu machen. Dazu zählen vor allem auch die soziale Absicherung bei Arbeitslosigkeit und die konsequente Arbeitsförderung, um eine schnelle Beschäftigungsaufnahme zu fördern.

Bundesverband der Deutschen Industrie e.V. (BDI)

Ein in Deutschland einflussreicher Verband, der vor allem die Interessen der deutschen Industrie gegenüber den politisch Verantwortlichen vertritt, ist der *Bundesverband der Deutschen Industrie e.V.* (BDI). Im Jahre 1949 gegründet und mit Sitz in Berlin, repräsentiert er 38 Branchenverbände aller Industriezweige mit über 100.000 Unternehmen und gut 8 Millionen Beschäftigten. Die Mitgliedschaft im BDI ist freiwillig. Seine Hauptziele bestehen darin, die internationale Wettbewerbsfähigkeit Deutschlands zu fördern, Deutschland als attraktiven Industriestandort zu stärken, ein höheres und nachhaltigeres Wachstum insbesondere über Anstrengungen in den Feldern Bildung, Forschung, Innovation und Arbeitsplätze zu erreichen sowie das ordnungspolitische Fundament der sozialen Marktwirtschaft zu bewahren. Hierzu bündelt der BDI unterschiedliche Meinungen im politischen Diskurs, berät die deutsche Politik in wirtschaftspolitischen Fragen, nimmt aktiv Einfluss auf den demokratischen Willensbildungsprozess vor allem in Wirtschaftsfragen – drängt beispielsweise auf eine Vereinfachung des Reisekostenrechts – und ist im Übrigen ein Dienstleister, der seine Mitglieder durch Informationen und Beratungsleistungen zu industrierelevanten Themen im globalen Wettbewerb unterstützt.

Vor allem das Informationsangebot des BDI betrifft auch die angewandte Personalarbeit: So unterstützt das »BDI-Helpdesk« Unternehmen bei der Umsetzung der EU-Chemikalienverordnung oder informiert über wesentliche Pflichten im technischen Arbeitsschutz.

Zentralverband des Deutschen Handwerks e.V. (ZDH)

Für das Handwerk in Deutschland ist der *Zentralverband des Deutschen Handwerks e.V.* (ZDH) die oberste Interessenvertretung. Im Jahre 1949 gegründet und mit Sitz in Berlin, umfasst der ZDH die 53 deutschen Handwerkskammern, die den *Deutschen Handwerkskammertag* (DHKT) bilden, 36 Zentralfachverbände des Handwerks und weitere wirtschaftliche und wissenschaftliche Einrichtungen, die dem Handwerk verbunden sind. Er repräsentiert damit knapp 1 Million Betriebe mit knapp 5 Millionen Beschäftigten. Die politische Interessenvertretung gegenüber nationalen und internationalen Regierungen und Organisa-

tionen bezieht sich vor allem auf die Wirtschafts-, Steuer- und Sozialpolitik. Zur Arbeitsmarkt- und Tarifpolitik stellt der ZDH Interessenten Informationen zur Verfügung.

Das Personalmanagement muss natürlich darauf achten, dass es – wenn es das für wichtig hält – seine Meinung und Position auch in die Fachöffentlichkeit trägt. An dieser Stelle beginnt das, was als Lobbyismus bezeichnet wird. Umgekehrt ist diese Fachöffentlichkeit eine sehr wertvolle Quelle für Informationen, Innovationen und Professionalisierungsimpulse.

Sie als Leser von *Personalmanagement für Dummies* merken sicherlich mit einiger Berechtigung an, dass es keinesfalls die Kernaufgabe des Personalmanagements sein kann, permanent die Informationsangebote anderer Unternehmen und Verbände zu lesen. Vielmehr sollte doch eigentlich das eigene Unternehmen im Zentrum der Aufmerksamkeit stehen. Nur: Wenn Zeit- und Leistungsdruck besonders hoch werden, werden Sie es auch im Personalmanagement zu schätzen wissen, auf externe Vorarbeiten zurückgreifen zu können.

Das Personalmanagement muss aufpassen, dass es nicht alles, was von der Fachöffentlichkeit als »Mainstream« kommuniziert wird, für bare Münze nimmt: Kritisches Hinterfragen bietet zumindest die Chance dafür, dass nicht jede Mode, die sich vielleicht später als kontraproduktiv entpuppt, gleich im Unternehmen umgesetzt wird und dort gegebenenfalls Schaden anrichtet. Daher ist es ratsam, sich bei der Meinungsbildung nicht ausschließlich auf Praktikerverbände zu verlassen, sondern sich auch am wissenschaftlichen Diskurs zu orientieren.

Allgemeine Öffentlichkeit

Die allgemeine Öffentlichkeit ist der Oberbegriff für die Vorgänge und Personen, die zur Bildung einer öffentlichen Meinung in der Gesellschaft beitragen. Unternehmen sind in die allgemeine Öffentlichkeit eingebunden und bringen ihre Meinung in Diskussionen ein, sind aber auch selbst Gegenstand von öffentlichen Diskursen – denken Sie nur an die Vergütung von Topmanagern.

Unternehmerische Verantwortung – Corporate Social Responsibility

Ein zentraler Begriff, der in Bezug auf die allgemeine Öffentlichkeit eine große Rolle spielt, ist die Verantwortlichkeit.

Unternehmen stehen in einer wachsenden Verantwortung der ökonomischen, sozialen und ökologischen Umwelt gegenüber. Man bezeichnet dies mit dem Begriff *Corporate Social Responsibility* (CSR) und meint damit, dass die Unternehmen freiwillig, also nicht durch gesetzliche Regelungen gezwungen, ihrer Verantwortlichkeit gerecht werden wollen und werden.

Diese Verantwortung bezieht sich sowohl auf unternehmensinterne Aspekte wie die Behandlung der Mitarbeiter als auch auf unternehmensexterne Aspekte wie regionale Kultur- und Sportförderung oder Umwelt- und Klimaschutz. Sie kann im Unternehmen auf einzelne

Handelnde oder aber auf eine ganze betriebliche Funktion wie das Personalmanagement übertragen werden.

Die allgemeine Öffentlichkeit nimmt die unternehmerische Verantwortung sehr wohl wahr, und zwar nicht nur erst, wenn es zu Krisen kommt wie etwa dem Sinken einer Ölplattform im Golf von Mexiko, sondern zunehmend auch allgemein. Gerade die Medien tragen dazu bei, dass Verstöße gegen ethische Normen und verantwortliche Praktiken in Windeseile verbreitet werden. Auch soziale Netzwerke sind Plattformen, auf denen sich Informationen und Beschwerden über Unternehmen finden. Einige Unternehmen reagieren darauf mit Mitarbeitern, die im Rahmen ihrer Öffentlichkeitsarbeit aktiv twittern, chatten und bloggen.

Gerade in Bezug auf die unternehmerische Verantwortung wird es zu einer neuen Aufgabe für das Personalmanagement, den Kontakt zu sozial engagierten Interessengruppen und Organisationen zu suchen. Auf lokaler Ebene sind dies beispielsweise Hilfsorganisationen für sozial Benachteiligte, auf nationaler Ebene dann aber auch einflussreiche Nichtregierungsorganisationen wie etwa die großen Umweltschutzverbände. Im Kontakt mit ihnen können Reputation und Glaubwürdigkeit des Unternehmens positiv beeinflusst werden, allerdings nicht nur durch Reden oder die entsprechende Darstellung im Geschäftsbericht, sondern gerade auch durch konkretes Tun.

Whistleblowing – wenn Mitarbeiter etwas »verpfeifen«

Das Personalmanagement muss stärker als in früheren Zeiten damit rechnen, dass unternehmerisches Fehlverhalten an die Öffentlichkeit dringt.

 Das Öffentlichmachen eines individuellen oder kollektiven Verhaltens, das dem Gemeinwohl schaden könnte, bevor dieser Schaden eingetreten ist, nennt man *Whistleblowing*. Das »Verpfeifen« – so die wörtliche Übersetzung – besteht aus dem Alarmieren und dem Hinweis auf illegale, illegitime oder unethische Handlungen Einzelner zulasten einer größeren Gruppe. Solche Handlungen umfassen etwa Korruption, Bilanzfälschung, Betrug, Untreue oder Vetternwirtschaft. Zielgruppe dieses Alarms sind beispielsweise übergeordnete Führungskräfte, Aufsichtsgremien, Medien, Staatsanwaltschaft, Polizei, Aufsichtsämter und nicht staatliche kritische Organisationen. Whistleblowing setzt in der Regel erst dann ein, wenn vorausgehende Anläufe unternehmensinterner Kritik vergeblich waren.

Whistleblowing ist idealerweise durch eine hohe Uneigennützigkeit des Whistleblowers (in der Regel eines Mitarbeiters) und sein hohes persönliches Risiko charakterisiert: Er zeigt durch sein Verhalten eine höhere Loyalität gegenüber dem kollektiven System als gegenüber einzelnen – mächtigen – Personen, die ihm durchaus auch gefährlich werden könnten. Whistleblowing entstammt häufig moralischer Entrüstung über Unfairness und Ungerechtigkeit.

Im Juli 2011 hat der *Europäische Gerichtshof für Menschenrechte* (EGMR) das Whistleblowing durch ein Urteil unterstützt. Bislang war es rechtens, dass Arbeitnehmer entlassen werden können, wenn sie über ihr Unternehmen »wissentlich oder leichtfertig« falsche oder potenziell rufschädigende Angaben machen und so erheblich gegen die Rücksichtnah-

mepflichten im Arbeitsverhältnis verstoßen. Nach dem EGMR-Urteil ist ein Arbeitnehmer jedoch durch das Recht auf freie Meinungsäußerung geschützt, wenn gerade in einem öffentlichen Unternehmen ein besonderes Interesse über die Offenlegung gravierender Mängel und Missstände besteht. Ein öffentliches Informationsinteresse kann also mehr wiegen als das Interesse eines Unternehmens am Schutz seines Rufes und seiner Geschäftsinteressen.

In den USA und Großbritannien ist Whistleblowing bereits teilweise gesetzlich gedeckt, vergleichbar einer Kronzeugenregelung. In den USA müssen börsennotierte Unternehmen seit 2002 sogar ein System zur mitarbeiterseitigen Meldung von Rechtsverstößen einrichten. Dagegen sind entsprechende gesetzliche Regelungen in Deutschland noch nicht vorhanden und würden zum Teil sogar gegen deutsche Datenschutzregelungen verstoßen. Zudem spielt der historische Kontext eine Rolle: Menschen in Ländern, in denen negative Erfahrungen mit Verpfeifen bestehen (zum Beispiel im Osten Deutschlands aufgrund der Erfahrungen mit der Staatssicherheit oder in Frankreich aufgrund der Collaboration mit den deutschen Besatzern), haben starke Vorbehalte gegen Whistleblowing.

Beratungsangebote, zum Beispiel eine telefonische Fairness-Helpline, eine internetbasierte Whistleblowerinfo-Plattform oder ausführliche Verhaltenschecklisten, bieten Hilfen zur Situationsbewertung und zum angemessenen Vorgehen bei einem Verdacht auf illegale, illegitime oder unethische Handlungen Einzelner an.

Erste deutsche Unternehmen benennen im Rahmen ihrer personellen Führung als Vertrauenspersonen Anwälte, an die sich Mitarbeiter wenden können. Die Einrichtung einer anonymen Hotline für das Whistleblowing in Deutschland ist allerdings juristisch problembehaftet. Auf jeden Fall muss das Personalmanagement den Betriebsrat in die Planung und Umsetzung solcher Maßnahmen mit einbeziehen.

Soziale Medien von Blogs bis Wikis

Heutzutage ist keine Öffentlichkeitsarbeit denkbar ohne die Einbindung sozialer Medien. Sie zeichnen sich dadurch aus, dass sie breit verfügbar und gerade von jüngeren Menschen eingeübt und akzeptiert sind, gleichzeitig aber aufgrund ihres interaktiven, partizipativen und dezentralen Charakters in ihrer Wirkung nicht steuerbar sind.

Das Personalmanagement muss im Hinblick auf eine informationelle Risikoabwehr sowohl im Innenverhältnis als auch im Außenverhältnis des Unternehmens auf der Klaviatur sozialer Medien virtuos spielen können.

Faszinierende Vielfalt

Soziale Medien dienen entweder der reinen Kommunikation innerhalb von Gruppen oder aber der gemeinsamen Herstellung von Information, die dann einer breiteren Öffentlichkeit zugänglich gemacht werden. Als Teilnehmer treten Unternehmen – häufig die Unternehmensfunktionen Marketing und Personalmanagement – auf wie auch Mitarbeiter von Unternehmen, entweder im Rahmen ihrer Arbeit oder als Privatpersonen in ihrer Freizeit. Fol-

gende Technologien und Anwendungen sozialer Medien, die zurzeit im Vordergrund stehen, haben Bedeutung für das Personalmanagement:

Blogs (auch: *Weblogs, Foren*) sind eine Möglichkeit für Unternehmen, sich darzustellen und den Mitarbeitern zu ermöglichen, vom Innenleben der Unternehmen zu berichten. Es werden eigene Internetseiten verwaltet, auf denen Themen samt einem mehrfachen Kommentar diskutiert werden können. Da im Rahmen von Blogs längere Texte erwünscht sind, sollte seitens des Personalmanagements eine Qualitätskontrolle von Beiträgen stattfinden, die sich auf Unternehmen zurechnen lassen. Unternehmen und Mitarbeiter können durch Entwicklungsblogs Außenstehende an Innovationsprozessen teilhaben lassen, deren Meinungen und Erfahrungen abfragen und so indirekt die Attraktivität des Unternehmens als Arbeitgeber oder Leistungsanbieter erhöhen. Im Gegensatz zu anderen Plattformen ist der Aufwand zur Pflege und zur Aktualisierung von Blogs relativ hoch: Blogs müssen regelmäßig genutzt werden, da Leser sonst den Eindruck erhalten, dass der Blog nicht gepflegt wird.

Soziale Netzwerke verzahnen die Kommunikationsoptionen ihrer Mitglieder und bieten ihnen die Möglichkeit, unkompliziert miteinander in Kontakt zu treten. *Facebook* ist solch ein soziales Netzwerk: Es ermöglicht Unternehmen, sich durch sogenannte Unternehmensseiten selbst attraktiv darzustellen. Auf diesen Seiten können Mitarbeiter dann auch miteinander kommunizieren oder exklusive Mitarbeiternetzwerke einrichten. Auf ihren privaten Facebook-Seiten können Mitarbeiter darüber hinaus angeben, wer ihr aktueller Arbeitgeber ist, und so ihre Verbundenheit zum Unternehmen offenbaren. Das Personalmanagement kann erneut darauf hinweisen, dass es auch in sozialen Netzwerken unverzichtbar ist, sich als identifizierbarer Mitarbeiter des Unternehmens korrekt zu verhalten und auf die Informationen zu achten, die öffentlich geteilt werden. Der seit 2011 auf den Markt strebende Konkurrent *Google+* bietet ebenfalls Unternehmensseiten und Diskussionsgruppenfunktionen an. Einen noch stärkeren Fokus auf Unternehmen, Beruf und Karriere legen die Netzwerke *XING* und *LinkedIn*, in denen vor allem Verbindungen geknüpft werden, die mit Arbeit und Karriere zu tun haben. Insbesondere hier ist es wichtig, dass die Unternehmen sich so vorteilhaft wie möglich darstellen und dass sich auch die Mitarbeiter vorrangig als Vertreter ihres Unternehmens sehen.

Twitter erlaubt dem Unternehmen wie allen übrigen Nutzern auch, in Form von Kurznachrichten mit nur 140 Buchstaben mit der Außenwelt zu kommunizieren. So besteht die Möglichkeit, schnell und kurz auf Neuigkeiten hinzuweisen. Wichtig ist vor allem die Frage, ob Mitarbeiter in ihren privaten Accounts auch auf ihren Beruf und ihr Unternehmen hinweisen. Rufschädigungen seitens der Mitarbeiter müssen von Unternehmen nicht akzeptiert werden, aber die Mitarbeiter können durchaus ermuntert werden, auch auf positive Sachverhalte aus dem Unternehmen hinzuweisen. Des Weiteren ermöglicht Twitter insbesondere dem Personalmanagement eine einfache und schnelle Kommunikation mit potenziellen Bewerbern, und zwar nach dem Motto »kurze Frage, kurze Antwort«.

Soziale Netzwerke, die sich auf Speicherung und Austausch von Fotos spezialisieren, sind Internetplattformen wie *Flickr* oder *Picasa*. Hier hat auch das Personalmanagement die Möglichkeit, das Unternehmen vorzustellen und dessen Aktivitäten mit Bildern zu präsentieren. Dies bietet sich für die Dokumentation sozialer Aktivitäten an, beispielsweise von Firmenläufen, Preisverleihungen oder Tagen der offenen Tür.

Videoplattformen wie *YouTube* oder *vimeo* sowie Live-Broadcasting (also Internetfernsehen in Echtzeit) wie *Justin.tv* oder *ustream* sind Plattformen, auf denen Unternehmen Videodateien teilen können. Dies kann regelmäßig oder aber zu besonderen Anlässen erfolgen: Produktwerbung, Imagefilme, Unternehmensvorstellungen oder Livemitschnitte von Unternehmensveranstaltungen bieten sich hier an. Gerade Videos, die von Mitarbeitern als gut befunden werden, werden von diesen mit deren sozialen Netzwerken geteilt, was einen Multiplikatoreffekt auslöst. Auch hier sollte das Personalmanagement darauf achten, dass sich die Mitarbeiter an vereinbarte Leitlinien halten und dem Unternehmen nicht schaden.

Schließlich bieten *Wikis* die Chance, eine umfangreiche Onlinewissensdatenbank zu Themengebieten aufzubauen, indem die Benutzer neben dem Lesezugriff auf Inhalte diese Inhalte auch ergänzen oder verändern können. Außerdem können die Benutzer über Verlinkungen Querverbindungen zu anderen Wissensdatenbanken herstellen. Die soziale Kontrolle der Inhalte durch die Mitglieder der Community stellt eine ständig steigende Qualität der Inhalte sicher. Das Personalmanagement kann solche Wikis auch unternehmensintern initiieren und die Mitarbeiter dazu bewegen, Projekte zu dokumentieren oder Unternehmenswissen unternehmensweit zugänglich zu speichern.

Personalmanagement im Web 2.0

Das Personalmanagement steht im Hinblick auf den Umgang mit sozialen Medien vor einer großen Herausforderung: Auf der einen Seite wollen sich Unternehmen mittels dieser sozialen Medien wirtschaftliche Vorteile erschließen. Auf der anderen Seite sollen aber auch mögliche Schäden vom Unternehmen ferngehalten werden, insbesondere solche, an denen Mitarbeiter beteiligt sein könnten. An dieser Stelle besteht eine große Nähe zu arbeitsrechtlichen Fragen.

Wirtschaftlichen Nutzen erschließen

Im Hinblick auf die Nutzenaspekte, die sich speziell das Personalmanagement im Web 2.0 erschließen kann, sind folgende Bereiche hervorzuheben:

✔ Das Wissensmanagement profitiert von einem schnelleren Austausch unternehmensbezogenen Wissens und von neuen Strukturen und Prozessen der Zusammenarbeit der Mitarbeiter, die zur Qualitätsverbesserung der Unternehmensleistung beitragen.

✔ Die Kommunikation innerhalb des Unternehmens – gerade auch über geografisch verteilte Standorte hinweg – beschleunigt sich und nutzt eine Vielfalt von Kanälen, die jeweils unterschiedliche Informationsreichhaltigkeit zur Verfügung stellen, also unterschiedliche Reizintensitäten übertragen. Letztlich kann es zu einer stärkeren Identifikation der Mitarbeiter untereinander sowie der Mitarbeiter ihrem Unternehmen gegenüber kommen, wenn die Kommunikation über das Web 2.0 die traditionelle Kommunikation im Unternehmen ergänzt.

✔ Das Personalmarketing dient nicht nur der Präsentation des Unternehmens als attraktivem Arbeitgeber, der Pflege der Arbeitgebermarke und der Veröffentlichung von Stellenanzeigen, sondern auch der Weiterempfehlung durch Mitarbeiter, der Informationsbeschaffung zu Bewerbern (was zumindest in berufsorientierten sozialen Netzwerken rechtlich zulässig ist) und der Kontaktpflege zu Partnern der Personalarbeit und ehemaligen Mitarbeitern.

Einen Vorsprung gegenüber anderen Unternehmen verschafft sich das Personalmanagement dadurch, dass es frühzeitig eine Strategie für den Umgang mit sozialen Medien formuliert. Darin sind nicht nur die bevorzugten Nutzungsfelder festgelegt: Ergänzt werden für jede Anwendung der konkrete Zielgruppenbezug und die Art der Kommunikation (Einweg- oder Dialogkommunikation). Auch sollte ersichtlich sein, was bei jedem sozialen Medium als Erfolg gelten soll und wie dieser zu messen ist: So ist es ein Unterschied, ob ein soziales Medium eine bestimmte Anzahl an Besuchern erzielen soll, an anderer Stelle im Personalmanagement Budgets einzusparen hilft oder sogar eine Talentdatenbank speist. Schließlich ist noch zu bestimmen, wie die verschiedenen sozialen Medien miteinander verknüpft werden sollen und ob sie die Interessenten auf eine zentrale Internetseite hin lenken sollen.

Das Personalmanagement hat in diesem Zusammenhang die Aufgabe, die Mitarbeiter zur aktiven Teilnahme an den Möglichkeiten des Web 2.0 zu motivieren, und zwar nicht nur die Mitarbeiter im Personalmanagement selbst, sondern alle Mitarbeiter des Unternehmens.

Personalwirtschaftliche Herausforderungen bewältigen

Wer die Nutzung sozialer Medien gutheißt oder sogar fördert, muss auf der anderen Seite zulassen, dass Mitarbeiter das Internet während ihrer Arbeitszeit nutzen. Die dienstliche Nutzung des Internets ist hierbei unproblematisch.

Das Personalmanagement kann die private Nutzung des Internets erlauben, könnte aber auch – und zwar ohne Beteiligung des Betriebsrats – ein entsprechendes Verbot der Nutzung seiner Betriebsmittel aussprechen. Schwierig (aber nicht unmöglich) wird es natürlich für das Personalmanagement, dieses Verbot unter Einhaltung des Fernmeldegeheimnisses zu überwachen. Bewährt haben sich Betriebsvereinbarungen, die zwar private Internetnutzung untersagen, gleichzeitig aber Freiräume für eine in Maßen tolerante Handhabung durch das Unternehmen bestehen lassen. Beteiligt werden muss der Betriebsrat wieder, wenn es um die Kontrolle einer privaten Internetnutzung geht.

Schwierig wird es für das Personalmanagement, wenn es auf eine außerdienstliche Beteiligung seiner Mitarbeiter an Blogs trifft. Solange keine negativen Auswirkungen auf das Arbeitsverhältnis auftreten, kann das Personalmanagement nicht in die freie Meinungsäußerung seiner Mitarbeiter eingreifen. Anders ist es, wenn Unternehmensinterna oder Geschäftsgeheimnisse verbreitet werden oder im Zusammenhang mit dem Unternehmen Mobbing stattfindet. In solchen Fällen können übliche arbeitsrechtliche Konsequenzen wie etwa Abmahnungen folgen.

Gut beraten ist das Personalmanagement, wenn es Leitlinien zum Umgang mit sozialen Medien herausgibt. Darin werden die Mitarbeiter dann hinsichtlich des Umgangs mit sozialen Medien sensibilisiert, auf mögliche Gefahren hingewiesen, mit Geheimhaltungsregeln des Unternehmens bekannt gemacht, zu den unternehmensbezogenen Grenzen ihrer privaten Meinungsäußerung informiert sowie dazu animiert, die Aktivitäten des Unternehmens in sozialen Netzwerken zu unterstützen.

Teil V
Der Top-Ten-Teil

In diesem Teil ...

Wie jedes ... *für Dummies*-Buch endet auch dieses mit dem Top-Ten-Teil. Kurz und knackig sollen zum Abschluss noch einmal wichtige Erkenntnisse präsentiert werden, die sich leicht in den Personalmanagementalltag mitnehmen lassen: Zunächst zehn Kernfragen erfolgreichen Personalmanagements, dann zehn Erfolgsgrößen, mit deren Hilfe man erkennen kann, ob das Personalmanagement auch gute Arbeit leistet. Nicht weniger bedeutsam sind die zehn Tipps, um im Unternehmen als kompetenter Personalmanagementstratege aufzutreten. Wer dann noch erfahren möchte, welche Personen hinter zentralen Personalmanagementinnovationen stecken, lernt zehn Vordenker modernen Personalmanagements und ihre Ideen kennen.

Zehn Kernfragen erfolgreichen Personalmanagements

25

In diesem Kapitel ...

▶ Dem Personalmanagement Sinn geben

▶ Über den Tellerrand hinausschauen

▶ Die Zukunft des Personalmanagements bedenken

Schon in dem Sesamstraßen-Lied heißt es: »Wer nicht fragt, bleibt dumm!« Leider werden Personalmanagementinteressierten und Personalmanagementverantwortlichen wie Ihnen selten so offen die folgenden zehn Fragen gestellt, die zum Nachdenken darüber anregen, was der eigentliche Sinn des Personalmanagements ist, der sich dann entfaltet, wenn die Personalmanagementaufgaben schon bearbeitet sind. Macht aber nichts – dann stelle ich Ihnen eben diese Fragen!

Muss man im Personalmanagement Menschen mögen, um gut zu führen?

Spontan würde man sagen: Ja, unbedingt! Doch so einfach ist die Antwort nicht. Denn obwohl Menschen von vornherein soziale Wesen sind, bedeutet dies noch nicht, dass sie automatisch alle anderen »mögen«. Dies gilt auch für Menschen im Personalmanagement. Zudem ist »mögen« auch ein Begriff mit mehreren Facetten. Einige Personen sind gerne mit anderen Menschen zusammen, zeigen dies aber als introvertierte Menschen nicht so offensichtlich wie extrovertierte Menschen, denen man sofort ansieht, wie sie auf andere Menschen reagieren. Der äußere Anschein kann also täuschen.

Zunächst einmal schadet es aber nichts, wenn man im Personalmanagement mit Menschen gerne umgehen mag. Menschen zu tolerieren und zu respektieren ist eine wesentliche Grundlage für das gemeinsame Miteinander in Unternehmen. Dies bedeutet im Umkehrschluss, dass man, wenn man andere Menschen grundsätzlich nicht mag, keinen nachhaltigen Führungserfolg hervorbringen wird.

Allerdings reicht es für den Erfolg einer Führungsbeziehung nicht aus, sich gegenseitig zu mögen. Mindestens genauso wichtig ist das gemeinsame Ziel, das auch gemeinsam verfolgt wird. Und würde man es mit dem Mögen übertreiben, würde vor lauter Konzentration auf die zwischenmenschliche Beziehung die Konzentration auf die eigentliche Arbeit leiden. Ideal ist es daher, beides zu kombinieren und sich um ein gutes Arbeitsklima und um eine gute Aufgabenerledigung gleichermaßen zu kümmern.

Da die wenigsten Personen geborene Führungskräfte sind, können sie lernen, mit anderen Menschen gut und zielführend zusammenzuarbeiten. Zur Führungskompetenz zählt auch,

anderen gegenüber unangenehme Dinge zur Sprache bringen zu können, zu kritisieren oder Entscheidungen gegen den Willen anderer zu vertreten und durchzusetzen. Auch dies ist noch kein Zeichen dafür, dass eine Führungskraft Menschen nicht mag. Eine Führungskraft muss letztlich nicht bei allen Geführten beliebt sein und es auch mal aushalten können, wenn sie gerade mal nicht gemocht wird.

Wann ist das Personalmanagement für die Führung ein Vorbild?

Diese Frage berührt die Diskussion um Authentizität – also darum, dass sich die Ansprüche an andere und das eigene Leben in Übereinstimmung befinden. Als Vorbild werden vor allem solche Personen wahrgenommen, die selbst das leben, was sie von anderen fordern – die also »echt« erscheinen. Auch das Personalmanagement kann hinter dem eigenen Unternehmen, dem eigenen Projekt, der eigenen Aufgabe stehen. Dort zeigt es Enthusiasmus bei der Arbeit – und kann dann von den Mitarbeitern erwarten, dass auch sie sich für die Sache einsetzen.

Zur Authentizität gehört darüber hinaus, dass das Handeln einer Person aus ihr heraus definiert wird und damit nicht von außen fremdbestimmt ist. Es basiert auf bewusst überdachten Entscheidungen, die konsequent umgesetzt werden, ohne beim erstbesten Gegenwind gewechselt zu werden. Die als handlungsleitend erkannten Werte und Prioritäten manifestieren sich im Handeln einer authentischen Person. Für die Personalführung bedeutet beispielsweise ein gelebter Gerechtigkeitssinn, dass die Führungskraft ihren Mitarbeitern die gleichen Chancen einräumt und sich nicht allein auf »besondere Lieblinge« konzentriert. Und gegenüber Externen steht eine Führungskraft schützend vor ihren Mitarbeitern, selbst wenn mal etwas nicht optimal gelaufen ist.

Schließlich ist ein Personalmanagement mit Vorbildcharakter in der Lage, aufrichtig zu sein, eigene Schwächen zuzugeben und auch Unangenehmes über sich selbst an sich heranzulassen. Obwohl es zunächst ausreicht, dass Mitarbeiter den Personalverantwortlichen solche Authentizitätseigenschaften zuschreiben – es muss sich also zunächst gar nicht um wirkliche Authentizität handeln, sondern kann auch gut gespielt sein –, ist es langfristig für das Personalmanagement dennoch weniger anstrengend, tatsächlich authentisch zu sein, als die Authentizität lediglich zu inszenieren.

Wie informiert muss das Personalmanagement sein?

Umfassend! Wie das Buch *Personalmanagement für Dummies* zeigt, gibt es viele Themen, zu denen das Personalmanagement informiert sein muss:

✔ über die Mitarbeiter, sowohl die gegenwärtigen wie auch die vorangehenden (Ehemalige) und zukünftigen (Bewerber),

✔ über die Führungskräfte und die Unternehmensleitung,

✔ über das gesamte Unternehmen mit allen seinen Anspruchsgruppen sowie

✔ über das Wissensfeld Personalmanagement mit allen Innovationen und neuen Trends.

Überallhin gilt es Antennen zu haben, Informationen zu sammeln und so auszuwerten, dass immer mal wieder Neues in die Arbeit des Personalmanagements einfließen kann.

Dabei bewegt sich das Personalmanagement auf einem schmalen Grat zwischen »Geheimdienst« und »Spamming«: Während auf der Seite des Informationssammelns das Hinterherschnüffeln nach jeglicher Information mit zunehmender Intensität rechtlich und ethisch fragwürdig wird, ist auf der Seite der Informationsverbreitung die Überschwemmung der Kommunikationspartner mit Informationen ebenso lähmend.

Wie findet das Personalmanagement ein Optimum der Informationssammlung und Informationsverbreitung? Denn es bleibt ja unbestritten, dass das Personalmanagement angemessen informiert sein sowie informieren muss. Die Antwort hängt zunächst von den Ressourcen ab, über die das Personalmanagement verfügt und die es in seine Informationsaufgaben stecken möchte. Darüber hinaus ist es hilfreich, wenn das Personalmanagement einen Informationsfilter definiert und damit einschränkt, welche Art der Informationen besonders wichtig sind und welche weniger wichtig sind. Gemäß dieser Prioritätssetzung kann sich das Personalmanagement dann mit Informationen versorgen.

Ein professionelles Personalmanagement ist auf jeden Fall *wach*. Relevante Informationen sind solche, die für die Gestaltung der Zukunft wichtig werden, weniger aber solche, die lediglich das Vergangene zusammenfassen. Die Managementlehre redet hier von »proaktiv statt reaktiv« und betont damit das Vorausschauen. Zudem betont sie das Prinzip »nicht nur beim Durchschnitt schauen, sondern gerade auch an den extremen Rändern«. Damit wird sichergestellt, dass innovative Entwicklungen und Außenseiterpositionen nicht systematisch übersehen werden, sondern in die Aufmerksamkeit des Personalmanagements rücken.

Woher erhält das Personalmanagement neue Ideen, wenn ihm mal nichts einfällt?

Hauptsächlich lassen sich drei Impulsgeber unterscheiden:

✔ Als Erstes sind die Quellen zu nennen, die sich mit personalwirtschaftlicher Expertise befassen – Fachbücher über Personalmanagement, Fachzeitschriften, Fachkongresse. Aber Vorsicht, denn auch hier gilt: Wirklich hilfreich sind nur die vorausschauenden Quellen, und die kommen vor allem aus der Wissenschaft. Bei den Fachzeitschriften ist genau zu prüfen, ob es sich nicht eher um Geschäftsmodelle mit »gekauften Veröffentlichungen« handelt, ob also eine Veröffentlichung von Praktikerbeiträgen vor allem dann erfolgt, wenn im Gegenzug das Unternehmen Anzeigen in der Fachzeitschrift schaltet – und wenn Beiträge von Wissenschaftlern bis zur Unkenntlichkeit von Redakteuren redigiert werden, die unternehmenskritische Töne zensieren, um eventuelle Werbekunden nicht zu verprellen. In solchen Fällen ist genauso wenig von unabhängiger Berichterstattung auszugehen wie im Fall von Fachkongressen, bei denen sich die Referenten einkaufen und dafür bezahlen, dass sie Werbung für ihre Dienstleistungen im Gewand der Wissenschaftlichkeit machen dürfen.

✔ Zweitens kann das Personalmanagement auf die »Schwarmintelligenz« zurückgreifen, also auf die Intelligenz einer Gruppe von Menschen, die in einer gemeinsamen Entscheidungsfindung ihre Informationsstände zu einer kollektiven Meinung aggregieren. Konkret bedeutet dies, beispielsweise die Mitarbeiter über das Intranet zu Trends, Entwicklungen oder zu entscheidenden Sachverhalten zu befragen. Darüber hinaus können auch die Anspruchsgruppen (Stakeholder) des Unternehmens zur Meinungsbildung herange-

zogen werden. Sie stimmen beispielsweise über vorgegebene Antwortmöglichkeiten zu einer gestellten Frage ab oder formulieren ihre Ideen oder Bedürfnisse in offener Form.

✔ Als Drittes kann das Personalmanagement sich interdisziplinären Verbindungen öffnen. Es kann bewusst Denkweisen und Methoden anderer Fachrichtungen als der Betriebswirtschaftslehre nutzen, um sich neuen Fragen und damit auch neuen Antwortmöglichkeiten zu stellen. So ist es möglich, Personalmanagement aus der Sicht der Soziologie zu denken und nach den Gruppenaspekten des Arbeitens zu fragen. Aus der Richtung der Biologie könnten Anpassungsstrategien für das Personalmanagement abgeschaut werden. Aus der Ingenieurwissenschaft kommen immer wieder neue Ideen, mit Unsicherheit umzugehen und Risiken vorzubeugen. Diese und ähnliche Ideen muss sich das Personalmanagement allerdings suchen und damit Raum für ein Nachdenken in interdisziplinäre Richtungen geben.

Was das Personalmanagement als Einziges nicht gut vertreten kann, ist Untätigkeit: Wenn es gar nicht erst nach Neuem sucht, wird es wenige andere Akteure im Unternehmen geben, die dem Personalmanagement die neuen Ideen hinterhertragen. Eher ist das Personalmanagement Impulsgeber für das restliche Unternehmen als umgekehrt.

Wie offen muss Personalmanagement sein?

Im Unternehmen gilt: Ein zu offenes Personalmanagement lähmt tendenziell die Arbeit. Dies sieht man gut an der Entstehungsgeschichte der deutschen Piratenpartei, die auf vollständige Transparenz setzt, sich allerdings an der Komplexität zu vieler Informationen, zu vieler Diskussionsprozesse und zu vieler Entscheidungsfelder abarbeitet und dabei viele Ideen zerredet, bevor sie sich entfalten können und sie jemand umsetzen darf. Aber auch das Gegenteil eines geschlossenen Personalmanagements, das alle Entscheidungen ausschließlich der Personalleitung vorbehält und die Mitarbeiter ausgrenzt, funktioniert nicht, wenn die Entscheidungen später von den Betroffenen akzeptiert werden sollen. Über die Unternehmensgrenzen hinweg gilt Ähnliches, wobei hier noch die schützenswerten Interessen des Personalmanagements eine Rolle spielen.

Einen »gesunden Mix« aus Offenheit und Geschlossenheit zu fordern ist an dieser Stelle zu einfach. Vielleicht helfen jedoch zwei Hinweise, um einem Optimum näher zu kommen:

✔ Im Unternehmen kann eine Kultur der Offenheit gelebt werden, die besagt: Wer eine Frage an das Personalmanagement hat, kann damit zum Personalmanagement gehen und bekommt eine Antwort. Dies führt dazu, dass das Personalmanagement zwar nicht jeden Uninteressierten mit Informationen überlastet, dass aber jeder Interessierte sein Informationsbedürfnis gestillt bekommt.

✔ Im Unternehmen kann gleichzeitig eine Kultur des Schutzes des Wettbewerbsvorteils gelebt werden, die darauf achtet, dass gerade die Dinge, in denen das Unternehmen und besonders das Personalmanagement besser sind als die Konkurrenz, an diese nicht weitergegeben wird. In den Zeiten, in denen der gelingende Umgang mit Mitarbeitern immer mehr zum Abgrenzungskriterium und Wettbewerbsfaktor wird, ist es wichtig, dass Unternehmen zwar mit ihren Besonderheiten werben, aber nicht gleich alle Details der Umsetzung an Externe verraten.

Eine Zwischenlösung ist die »offene Innovation«: Im Rahmen dieses Konzepts vermarktet ein Unternehmen eigene neue Ideen, die es selbst weder verwertet noch perspektivisch

braucht, an andere Unternehmen. Es sucht auch von anderen Unternehmen solche Ideen, die es selbst gebrauchen könnte. Gerade das Personalmanagement kann hier aus anderen Branchen, von Kunden oder Lieferanten lernen und auf neue Ideen kommen. Im Sinne einer Offenheit kann es auch eigene Erfolgsrezepte abgeben – dann aber kontrolliert und mit der Möglichkeit, davon durch Erhalt einer Gegenleistung zu profitieren.

Funktioniert Personalmanagement im Mittelstand anders als in Großunternehmen?

Der Mittelstand zeichnet sich durch eine Reihe von Besonderheiten aus, die ihn von Großunternehmen abgrenzen. Aus diesem Grund verfolgt das Personalmanagement im Mittelstand auch anderen Regeln als das Personalmanagement in Großunternehmen.

Ein wichtiges Kriterium ist die generelle Leitidee: Während sich Großunternehmen aufgrund ihrer Ressourcenausstattung ein fast vollständiges Portfolio der Personalmanagementaufgaben leisten können, lautet in kleinen und mittleren Unternehmen die Leitlinie »je angepasster an die spezifische Situation, desto besser«. Ein mittelständisches Unternehmen muss sicherlich nicht alle Personalmanagementaufgaben bearbeiten, die denkbar sind, sondern kann sich auf die relevantesten Aufgaben konzentrieren.

Während von kleinen Unternehmen gesprochen wird, wenn es bis zu zehn Mitarbeiter oder einen Umsatz von bis zu 1 Million Euro aufweist, gilt je nach zugrunde gelegter Definition als mittleres Unternehmen eines mit bis etwa 250 beziehungsweise 500 Mitarbeiter oder 50 Millionen Euro Umsatz. Allerdings kann man auch von größeren Unternehmen als Mittelstand sprechen, wenn sie »mittelständisch agieren«.

Der allgemeine Eindruck, Hochschulen bildeten ihre Absolventen überwiegend für Großunternehmen aus, ist nicht ganz falsch: Lehrbücher und Fallstudien thematisieren fast durchgehend die »Big Player« und die Praxisbeispiele mit dem größten Bekanntheitsgrad kommen aus der Großindustrie oder aus Großbanken. Ausnahmen finden sich nur einige wenige, und diese vor allem dort, wo Hochschulen in mittelständisch geprägten Regionen beheimatet sind. Dabei stellt der Mittelstand – abseits der dominanten Medienpräsenz der Großunternehmen – mit 99,7 Prozent der deutschen Unternehmen, 45 Prozent des erwirtschafteten Bruttoinlandsprodukts und 70 Prozent der beschäftigten Erwerbstätigen das breite Wachstumsfundament der deutschen Wirtschaft. Gerade im Hinblick auf das Personalmanagement ist zu beachten, dass dies nicht einfach ein »herunterskaliertes Personalmanagement von Großunternehmen« ist, sondern einer eigenständigen Logik folgt.

Für das Personalmanagement im Mittelstand gelten folgende Besonderheiten:

✔ **Einheit von Eigentum und Unternehmensleitung:** Da mittelständische Unternehmen häufig von ihren Gründern oder den leitenden Personen getrieben werden, herrscht ein hoher Identifikationsgrad mit der Unternehmensleitung vor. Hinzu kommt aber die Gefahr einer zu großen Dominanz des Unternehmers. Die Unternehmenskultur ist stark vom Wertekanon der Unternehmensleitung geprägt. Die Führung kennt die einzelnen Mitarbeiter häufig persönlich. Die Problematik der Unternehmensnachfolge ist größer als in Großunternehmen. Für das Personalmanagement bedeutet dies, möglicherweise einen begrenzten Entscheidungsspielraum vorzufinden.

✔ **Familiarität in der Unternehmensführung:** Aufgrund der geringen Größe kleiner und mittlerer Unternehmen entwickelt sich ein Wirgefühl auch über Abteilungsgrenzen hinweg. Persönliche Bindungen zwischen den Mitarbeitern sowie zwischen Mitarbeitern und Unternehmensleitung können schnell aufgebaut werden. Durch einen impliziten Generationenvertrag im Unternehmen entsteht eine besondere Art der Nachhaltigkeit, die sich an Persönlichem festmacht. Schließlich wird in vielen Unternehmen das Mitunternehmertum der Mitarbeiter aktiv gefördert, diese werden also schnell in verantwortliche Positionen eingebunden, in denen sie im Sinne der Unternehmerinteressen handeln können. Das Personalmanagement kann vor allem ein familiäreres Betriebsklima zur Unterstützung der eigenen Personalarbeit nutzen.

✔ **Begrenzte Institutionalisierung:** Das mittelständische Personalmanagement ist von den Ressourcen her schwächer ausgestattet als in Großunternehmen und auch viel weniger funktional spezialisiert. Teilweise erledigt der Unternehmer die strategischen Personalangelegenheiten selbst, das Chefsekretariat die anfallende personalwirtschaftliche Routinearbeit und ein Personalsachbearbeiter den Rest der Personalarbeit. Die Führung im mittelständischen Unternehmen ist, gerade weil sich jeder kennt, häufig stark informell geprägt. Das Personalmanagement kann hier unmittelbarer die Bedürfnisse der Personalarbeit erfassen.

✔ **Flexibilität:** Kleine und mittlere Unternehmen gelten als anpassungsfreudiger und anpassungsfähiger, weil sie nicht so groß sind und über weniger Organisationseinheiten verfügen, die im Falle von Neuerungen Widerstand leisten könnten. Ein weiterer Grund besteht aber auch darin, dass die Mitarbeiter intrinsisch motiviert sind, bei dem Unternehmen, das häufig Teil ihrer regionalen und sozialen Heimat ist, engagiert zu arbeiten. Im Mittelstand werden gerade unter benachbarten Unternehmen, die sich kennen, Netzwerke gebildet, in denen beispielsweise Personalentwicklung, Kinderbetreuung oder das wechselseitige Ausleihen von Personal gemeinsam bewältigt werden. Personalmanagement kann also auch mit weniger finanziellen Mitteln eine gute Personalarbeit abliefern.

✔ **Prinzip nano:** Jedes Unternehmen hat Mitarbeiter, die die Unternehmensgrenze nach außen markieren. Der Rest der Mitarbeiter befindet sich im Inneren des Unternehmens. In einem größeren Unternehmen ist die Zahl der Oberflächenmitarbeiter im Verhältnis zu den rein innen arbeitenden Mitarbeitern sehr klein – und zur Außenwirksamkeit, die das Unternehmen hat, tragen diese Oberflächenmitarbeiter nicht viel bei. Ganz anders bei einem kleinen oder mittelständischen Unternehmen: Von ihren gesamten Mitarbeitern bildet ein viel größerer Anteil – vielleicht ein Drittel – die Oberfläche. Dies ähnelt Nanostrukturen in der Physik, bei denen die Zahl der Oberflächenatome zur Zahl der Innenatome relevant gewachsen ist. Die Oberflächenmitarbeiter sind also plötzlich keine Randerscheinung mehr. Sie bestimmen entscheidend die Eigenschaften des Unternehmens mit, die außen wahrgenommen werden, zum Beispiel die gelebte Kundenorientierung des Unternehmens. Sie sind aber auch Schnittstellen nach außen und machen das Unternehmen reaktiver und reaktionsschneller. Darüber hinaus bewirken sie mit den Oberflächenmitarbeitern der anderen mittelständischen Unternehmen, dass sich die gemeinsamen Netzwerkaktivitäten schneller realisieren lassen. Das Personalmanagement kann hier auf das Werkzeug der Selbstorganisation zurückgreifen, also den Mitarbeitern insgesamt mehr Entscheidungsspielräume geben, die dann in Abstimmung mit dem Unternehmen eigenständig arbeiten und dabei auch personalwirtschaftliche Aufgaben mit bewältigen.

Personalmanagement im Mittelstand funktioniert also vor dem Hintergrund ganz anderer Rahmenbedingungen. Allerdings konkurrieren Mittelständler auf demselben Arbeitsmarkt wie Großunternehmen um qualifizierte Mitarbeiter. Dies bedeutet, dass sie ihre Mitarbeiter genauso gut vergüten und genauso gut behandeln – also führen, motivieren, weiterbilden, Karrierechancen eröffnen – müssen wie die Großunternehmen. Hierzu verfügt der Mittelstand jedoch über einige Pluspunkte, die insbesondere bei der Beschaffung qualifizierter Mitarbeiter in den Vordergrund gerückt werden können.

Mitarbeitern in kleinen und mittleren Unternehmen können die Chance zur schnellen Verantwortungsübernahme, die Nähe zu unternehmensstrategischen Entscheidungen, das Vorhandensein von Karrierewegen ohne steile Hierarchie, die gelebte Leistungskultur gekoppelt mit Familiarität, eine Auslandsorientierung konzentriert auf die anvisierten Märkte, die Einbindung in Forschungs- und Innovationsaktivitäten sowie häufig ein attraktives Umfeld für Familien geboten werden. Der Mittelstand kann damit seinen qualifizierten Mitarbeitern individualisierte Vorteile anbieten und diese nachvollziehbar und glaubwürdig einlösen.

Dennoch bekommen Mittelständler qualifizierten Nachwuchs häufig nur mit Mühe: Aufgrund der Demografie sinkt die Zahl der Absolventen, viele von ihnen streben zu Großunternehmen, ins Ausland oder in die Selbstständigkeit, und der Rest ist eingedenk der qualitativ spezifischen Geschäftsführungslogik im Mittelstand, die sich von Großunternehmen vielfältig unterscheidet, zumeist nicht explizit für den Mittelstand ausgebildet. In Zeiten von »Bachelor und Master« verschärft sich dieses Rekrutierungsproblem noch: Die Studierenden beschäftigen sich in dem neuerdings verschulten, modular aufgebauten Studiensystem kürzer und oberflächlicher mit den Studieninhalten und erhalten bedeutend weniger Rüstzeug in den Feldern Theorie und Sozialkompetenz für die berufliche Praxis, ohne zum Ausgleich viel jünger oder international erfahrener zu sein.

Wann wird Personalmanagement ernst genommen?

Die Antwort scheint auf den ersten Blick paradox: wenn das Personalmanagement einfache (aber hilfreiche) Antworten auf die immer komplexer werdenden Herausforderungen gibt.

So wirklich richtig beschäftigen mit dem Personalmanagement will sich außer den Personalern im Grunde niemand – nur erwartet jeder, dass das Personalmanagement reibungslos funktioniert. Wie soll es das aber, wenn die internen Zusammenhänge im Unternehmen immer komplexer werden, weil die Vernetzungen, gegenseitigen Abhängigkeiten und die Regelungen zur Bewältigung dieser Komplexität zunehmen? Auch die Geschwindigkeit, in der sich Strukturen und Prozesse, Ansprüche und Aufgabeninhalte verändern, nimmt zu. Die Folge ist, dass vieles von dem, was in Unternehmen allgemein und im Personalmanagement speziell vor sich geht, nicht mehr rein intuitiv verständlich ist. Und ganz ehrlich: Dieses Nichtverstehen bleibt selbst dann bestehen, wenn alle Einzelheiten gut erklärt würden, denn das Zusammenspiel aller Personalmanagementkomponenten hat so viele Eigendynamiken, dass es keine einfachen Ursache-Wirkungs-Beziehungen mehr gibt. Man sieht nur noch irgendwelche Ursachen und irgendwelche Wirkungen, aber was zwischen Ursache und Wirkung abläuft, ist für viele Akteure eine *Blackbox*.

Ernst genommen wird aber eine betriebliche Funktion, die zumindest die Mehrzahl solcher Sachverhalte aufgrund eigener Expertise durchschaut. Ein professionelles Personalmana-

gement _könnte_ vieles erklären, was andere gar nicht erst verstehen – _muss_ es aber gar nicht, wenn die Ergebnisse des Handelns stimmen.

Tatsächlicher Erfolg erhöht die Glaubwürdigkeit. Ein ernst zu nehmendes Personalmanagement übersetzt sein Wissen zunächst in nachvollziehbare, stimmige Argumentationen, danach in begründetes Handeln und zuletzt in nachweisbare Zielerreichung. Es kommuniziert Erwartungen und Ziele, danach die Maßnahmen und zuletzt den eingetretenen Erfolg. Auf Nachfrage ist es dann in der Lage, die komplexeren Erklärungen zu liefern, die ihren bewusst getroffenen Entscheidungen zugrunde liegen.

Wird Personalmanagement in der Zukunft wichtiger oder nicht?

Wie sieht die Zukunft des Personalmanagements aus? Wird es überhaupt eine Zukunft für das Personalmanagement geben, wie wir es heute kennen?

Die herrschende Vorstellung von Personalmanagement in den Köpfen von Arbeitenden und Unternehmensleitungen hängt häufig noch immer dem Bild des Unternehmens aus den 1980er-Jahren an: ein Unternehmen mit »eigenen« Mitarbeitern, auf deren Arbeitswelt man durch das Personalmanagement unmittelbar Einfluss nehmen konnte. Dieses Bild hat sich allerdings bis in die 2010er-Jahre drastisch verändert – wie nicht zuletzt _Personalmanagement für Dummies_ zeigt, das durch die Vielfalt an Anspruchsgruppen auf die Komplexität der Aufgaben hinweist. Hinzugekommen ist, dass die Belegschaft eines Unternehmens sich häufig aus Mitarbeitern zusammensetzt, die gar nicht bei dem Unternehmen angestellt sind, sondern als Zeitarbeitnehmer oder Berater zeitlich befristet mitwirken.

Geblieben ist die Wichtigkeit der Menschen, deren gute Arbeit, Ideen, Hartnäckigkeit und Engagement den nachhaltigen Unternehmenserfolg erst sichern.

Nicht geblieben ist die Notwendigkeit, dass sich ausschließlich eine _Personalabteilung_ um die Menschen in Unternehmen kümmern muss. Es gibt mittlerweile viele Alternativen dafür, wer statt der Personalabteilung das Personalmanagement wahrnimmt:

✔ die Auslagerung der Personalmanagementaufgaben an externe Anbieter,

✔ die Automatisierung der Personalmanagementaufgaben mittels der Informationstechnologie,

✔ die Verlagerung der Personalmanagementaufgaben auf die Mitarbeiter selbst oder

✔ die Verteilung der Personalmanagementaufgaben an jeweils diejenigen, die sie am besten erledigen können.

Vor diesem Hintergrund wird es zukünftig nicht zwingend in allen Unternehmen Personalabteilungen geben, wie wir sie heute kennen. Nur diejenigen Personalabteilungen werden »überleben«, die aktiv ihre Professionalisierung betreiben und ihren Erfolg nachweisen.

Die Zukunft des _Personalmanagements_ jedoch – im Sinne der Erledigung der Personalmanagementaufgaben – ist so lange gesichert, wie Menschen in Unternehmen arbeiten. Unter dem Stichwort »Neue Arbeit« wird diskutiert, welche Veränderungen der analogen Arbeit (mehr Anteile von Hand- als von Kopfarbeit) anstehen, damit Menschen auch in Zeiten zu-

nehmender Industrialisierung und Automatisierung noch Arbeit haben. Die Antwort auf diese Frage deutet in die Richtung einer Nachhaltigkeit. Neue Arbeit soll Ressourcen schonen und stärken, Kreativität anregen, Motivation höher bewerten als Talent, Lebensqualität steigern und sozialen Nutzen im Hinblick auf die drängenden Probleme der Welt wie Klimawandel oder Armut stiften. Damit ist ein kultureller Wandel der Bedeutung von Arbeit verbunden, die eher dem Menschen dienen soll als umgekehrt. Als organisatorischer Rahmen kommt die Werkstatt in Betracht, die Raum zur sozialen Kommunikation, Kooperation und Innovation bietet und in der Maschinen nach wie vor ihren Platz haben – nur eben zur Unterstützung des Selbermachens. Die Zukunft der Arbeit ist damit nicht nur digital unter Einsatz von immer mehr Hochtechnologie möglich.

Dass Menschen überhaupt im Unternehmen arbeiten, dort bleiben, sich dort engagieren und immer neue Ideen beitragen, hängt nicht zuletzt daran, wie das Personalmanagement sie behandelt. Stimmen die Rahmenbedingungen für die Mitarbeiter, kann es gelingen, sie tatsächlich zum Wettbewerbsvorteil zu machen, also mit ähnlichen Produkten oder Dienstleistungen trotzdem besser als die Konkurrenz zu sein.

Ein der Zukunft zugewandtes Personalmanagement muss allerdings verstehen, dass unabhängig davon, wer genau die Personalmanagementaufgaben erledigt, deren professionelle Erledigung sichergestellt bleiben muss. Wenn man Personalmanagement mit hohem Qualitätsstandard nicht im Unternehmen selbst herstellen kann, ist es zumindest notwendig, bei externen Beitragenden kritisch auf das zu schauen, was einem als Personalmanagement abgeliefert wird. Unternehmen können sich damit nicht komplett vom Personalmanagement verabschieden und müssen zumindest das professionell koordinieren, was sie selbst nicht mehr leisten.

Daher geht zwar die Personalabteilung, wie wir sie kennen, einer ungewissen Zukunft entgegen, das Personalmanagement an sich jedoch wird wichtig bleiben.

Ist Personalmanagement Kunst?

Mag diese Frage zunächst überraschend klingen, so könnte man doch auf die Idee kommen: Ein Personalverantwortlicher ist auch so etwas wie ein »künstlerischer Leiter«. Ein künstlerischer Leiter arbeitet mit Menschen zusammen, von denen er etwas Bestimmtes will, das kreativ ist, und die er daher so lange anleitet, bis er das Gewünschte bekommt. Nicht alle Menschen sind künstlerische Leiter und vor allem nicht alle Personalverantwortlichen. Aber es wird sicherlich einige geben, die ein genaues Bild davon haben, was für sie »schönes« Personalmanagement ist: etwas Funktionales mit Sinn, etwas Elegantes, etwas Originelles. In der Zusammenführung ist »schönes« oder auch »ästhetisches« Personalmanagement ein Personalmanagement mit einem unverwechselbaren Stil.

Dies setzt voraus, dass man

✔ die Ideen für einen eigenen, inspirierenden Stil des Personalmanagements hat,

✔ die Kenntnisse und Fertigkeiten, die dieses künstlerische Können unterstützen,

✔ die Freiheiten, diesen Stil umzusetzen, sowie

✔ den Mut, dies auch zu tun.

Beispielsweise besonders serviceorientiert zu sein und dies auch zu leben. Oder entgegen allen kritischen Einwänden an einer in sich konsistenten Leistungsorientierung »aus einem Guss« festzuhalten und sie in allen Personalmanagementfeldern zur Geltung zu bringen.

Natürlich ist es wie überall mit der Kunst: Nicht jeder Betrachter oder Betroffene wird einen Personalmanagementstil gleich interpretieren und wertschätzen. Ob etwas Kunst ist, liegt im Auge des Betrachters. Jedoch wird es immer auch Anhänger eines »schönen« Personalmanagements geben – und diese Personen wird das Unternehmen dann auch zur Mitarbeit gewinnen und an sich binden können. Wenn dies gelingt, ist Ästhetik auch mehr als reiner Luxus.

Nehmen Sie doch *Personalmanagement für Dummies* und interpretieren Sie dieses Buch im künstlerischen Sinne als Drehbuch für die Inszenierung Ihrer eigenen Personalmanagement-Kunst!

Wozu braucht das Personalmanagement Mut?

Mut braucht man üblicherweise in Situationen, in denen eine gewisse Gefahr lauert. Unter Einsatz der eigenen Kraft und des eigenen Wissens versucht der Mutige aus eigenem Entschluss, das Gute zu erreichen – und hofft dabei darauf, dass es ihm gelingt.

Das Personalmanagement handelt in einem solchen gefährlichen Umfeld: Es weiß nicht, ob die ihm gestellten Aufgaben zu bewältigen sind und welche Konsequenzen sie nach sich ziehen. Und doch gilt es zu handeln. Was anders als Mut ist es, damit beherzt zu beginnen?

Zum Mut, die eigentliche Personalarbeit gut zu bewältigen, kommt der Mut, selbstkritisch darüber nachzudenken:

✔ Wollen wir die Realität so wahrnehmen, wie sie ist, anstatt uns von anderen sagen zu lassen, wie sie sein soll?

✔ Denken wir als Personalmanagement selbst ausreichend über unsere Ziele und Aufgaben nach oder lassen wir uns nur von anderen antreiben?

✔ Sind wir mutig genug, den Bedrohungen, die sich in Szenarien und Simulationen der Zukunft abzeichnen, frühzeitig ins Auge zu sehen und in Richtung faszinierenderer Möglichkeiten umzusteuern?

✔ Überprüfen wir unsere Ratgeber dahingehend, ob sie tatsächlich wohlmeinend sind oder sie vor allem ihre eigenen Interessen verfolgen?

✔ Sind wir bereit, für die Durchsetzung des von uns als richtig Erkannten auch Konflikte einzugehen?

✔ Sind die von uns getroffenen Entscheidungen in Stein gemeißelt oder können wir sie auch noch einmal ändern?

✔ Machen wir auch uns selbst verantwortlich für Dinge, die schiefgegangen sind?

Das Gewinnbringendste wird aber sein, anderen Mut zu schenken, als Personen im Unternehmen und mit dem Unternehmen so zu arbeiten, dass sie davon erfüllt sind, daran wachsen, lernen und dem Unternehmen viel zurückgeben können.

Zehn Erfolgsgrößen, an denen sich Personaler messen lassen

26

In diesem Kapitel ...

▶ Erfolgsgrößen voneinander abgrenzen

▶ Messverfahren zuordnen

▶ Zielvereinbarungen für Personalverantwortliche formulieren

---

*G*estalten ist wichtig – aber genauso wichtig ist es, dass die Gestalter für ihr Tun Verantwortung übernehmen. Es ist also konsequent, Personalverantwortliche für ihre tatsächliche Wertschöpfung verantwortlich zu machen, das heißt sie nach Misserfolgen zu ermahnen und für Erfolge zu belohnen, wie dies üblicherweise in Zielvereinbarungsprozessen geschieht. Der Schlüssel hierzu ist die Messung von personalwirtschaftlichem Erfolg. Dies ist zugegebenermaßen schwierig, aber möglich. Auf welche zehn Erfolgsgrößen besonders häufig zurückgegriffen wird, führt dieses Kapitel zusammen.

Vorausgeschickt werden muss noch die grundlegende betriebswirtschaftliche Unterscheidung beim Reden über Erfolg: »Effizienz« bezeichnet wirtschaftlichen Erfolg, also mit gegebenem Einsatz ein maximales Ergebnis zu erzielen. »Effektivität« dagegen bezeichnet die Zielerreichung, also ob der angestrebte Erfolg überhaupt erzielt wird. In diesem Kapitel wird jeweils auf beide Erfolgsaspekte eingegangen.

Der moderne Erfolgsbegriff weiß, dass ein »immer mehr« weder möglich noch sinnvoll sein kann. Es gilt vielmehr, nachhaltige Erfolgsmodelle zu verfolgen, die ohne einen Wachstumszwang auskommen. Nicht allein quantitatives Wachstum in Form der Steigerung von Umsatz, Gewinn und Mitarbeiterzahl ist wertvoll. Wertvoll ist es auch, wenn sich ein Unternehmen qualitativ weiterentwickelt, hierdurch immer besser in der Lage ist, seinen Unternehmenszweck zu erfüllen, seine Substanz zu erhalten und sich mit seiner Umwelt in einem Ressourcengleichgewicht zu befinden.

Arbeitszufriedenheit und Betriebsklima

Arbeitszufriedenheit ist bei einem Mitarbeiter dann gegeben, wenn er gegenüber seiner Arbeit insgesamt ein positives Gefühl hat. In die Arbeitszufriedenheit spielen viele persönliche Dinge hinein und damit auch solche, die mit der Arbeit gar nichts zu tun haben müssen: beispielsweise seine persönlichen Lebensverhältnisse oder seine individuelle Motivation. Dennoch kann das Personalmanagement durch Personalführung und Gestaltung der Rahmenbedingungen des Arbeitens die subjektive Arbeitszufriedenheit seiner Mitarbeiter beeinflussen. Die Arbeitszufriedenheit aller Mitarbeiter schlägt sich im Betriebsklima nieder.

Es ist sinnvoll, das Personalmanagement daran zu messen, wie erfolgreich es alle Mitarbeiter motiviert und ihnen die Möglichkeit zur persönlichen Weiterentwicklung eröffnet, denn

letztlich wirken sich eine positive individuelle Arbeitszufriedenheit und ein positives kollektives Betriebsklima auf Qualität und Menge der erbrachten Arbeitsleistung und somit auf die Zielerreichung des Unternehmens aus, dazu die Bereitschaft der Mitarbeiter, sich loyal an das Unternehmen zu binden.

In der Zielvereinbarung für Personalverantwortliche kann die angestrebte Steigerung von Arbeitszufriedenheit und Betriebsklima festgelegt werden, beispielsweise »Ziel ist es, den Arbeitszufriedenheitswert der jährlichen Mitarbeiterbefragung im kommenden Jahr um 0,4 Punkte zu erhöhen«. Darüber hinaus würden die hierzu notwendigen Maßnahmen bestimmt und später im Sinne von Effektivität geschaut, ob sie tatsächlich eine Auswirkung auf Arbeitszufriedenheit und Betriebsklima gezeigt haben. Hinsichtlich der Effizienz würden die zu diesem Zweck einzusetzenden Budgets vereinbart werden.

Krankenstand

Der Krankenstand gibt für einen bestimmten Zeitraum das Verhältnis von krankheitsbedingten Fehlzeiten zu der vorgesehenen Arbeitszeit an. Monatlich zwei krankheitsbedingte Fehltage von 20 Arbeitstagen entsprächen dann einem Krankenstand von 10 Prozent. Mitgezählt werden nicht nur Krankheitstage, sondern auch Abwesenheiten aufgrund von Arbeitsunfällen sowie Kuren.

Selbstverständlich kann das Personalmanagement nicht für jegliche Krankheit seiner Mitarbeiter verantwortlich gemacht werden. Dennoch kann es dazu beitragen, dass der Krankenstand im Unternehmen sinkt: durch einen hohen Standard beim Arbeitsschutz und der Arbeitssicherheit, durch Maßnahmen der Gesundheitsförderung, durch Verbesserung von physisch oder psychisch belastenden Arbeitsbedingungen, durch Optimierung von Arbeitszeiten und durch motivierende Personalführung.

In die Zielvereinbarung für Personalverantwortliche würden hinsichtlich der Effektivität neben den Maßnahmen auch Zielwerte eines niedrigeren Krankenstands aufgenommen werden. Weil es viele teure, aber auch kostengünstige Instrumente gibt, ist es zudem wichtig, die Ziele effizient, also mit möglichst geringem Ressourceneinsatz, zu erreichen.

Fluktuation

Es ist im Interesse des Personalmanagements, Schwankungen im Personalbestand, also freiwillige Austritte von Beschäftigten aus dem Unternehmen und daher notwendig werdende Eintritte neuer Mitarbeiter in das Unternehmen, zu reduzieren. Austritte aufgrund von Pensionierung, Langfristerkrankung oder Tod, die als »natürliche Fluktuation« gelten, können zwar nicht gesteuert werden, aber die freiwillige Kündigung von Mitarbeitern lässt sich beeinflussen. Eine solche Fluktuation ist in der Regel unerwünscht, wenn sie zum Verlust an Humankapital führt, der auch nicht schnell kompensiert werden kann. Hinzu kommen eine negative Außenwirkung für das Unternehmen und gegebenenfalls eine weitere negative Innenwirkung in Richtung der verbleibenden Mitarbeiter. Erwünscht ist Fluktuation nur dann, wenn das Unternehmen sowieso Personal abbauen oder austauschen möchte.

Gemessen wird im Unternehmen die Fluktuationsrate als das prozentuale Verhältnis der Mitarbeiter, die in einem bestimmten Zeitraum freiwillig das Unternehmen verlassen, zu der

durchschnittlichen Gesamtzahl der Beschäftigten. Ist die Fluktuationsrate niedrig, kann dem Personalmanagement ein hoher Bindungserfolg seiner Mitarbeiter attestiert werden und die Mitarbeiter haben eine höhere durchschnittliche Betriebszugehörigkeit.

In die Zielvereinbarung für Personalverantwortliche gehören neben einer Zielgröße für die Fluktuationsrate diejenigen Maßnahmen, die zur Senkung von Fluktuation beitragen. Diese Bindungsmaßnahmen beginnen mit einer realistischen Personalauswahl, gehen über einen zum Mitarbeiter passenden Personaleinsatz bis hin zu einer stimmigen Personalentwicklung und Karriereplanung. Effektiv sind diese Maßnahmen, wenn sie explizit mit der Bindung von Personal verbunden werden und ihre Personalbindungswirkung später auch überprüft wird. Die Effizienz stellt sich dann ein, wenn die Bindungsmaßnahmen nicht »mit der Gießkanne« gestreut werden, sondern wenn sie je nach Bedürfnislage differenziert eingesetzt werden.

Innovationstreiber

Personalmanagement erfüllt dann seinen Zweck besonders gut, wenn es das Unternehmen darin unterstützt, innovativer zu werden: Das Personalmanagement sorgt also dafür, dass Ideen realisiert und in Erfolge umgewandelt werden. Es wird somit zum Innovationstreiber für das Unternehmen. Besonders erfolgreich ist das Personalmanagement dann, wenn ihm dies gelingt, während das Unternehmen gerade nicht im Hinblick auf Umsatz und Gewinn wächst.

In die Zielvereinbarung für Personalverantwortliche gehört es, dass sie zum einen Innovationshindernisse aus dem Weg räumen sollen, vor allem personengebundene. So können sie Mitarbeitern Trainings anbieten, die mangelnde Kreativität, zu geringe Risikobereitschaft oder zu starke Konformität abbauen und sie deren innovative Potenziale erfahren lassen. Zum anderen sollen sie innovationsförderliche Rahmenbedingungen schaffen: Das Personalmanagement kann dazu beitragen, eine funktionierende Innovationskultur in den Köpfen aller Mitarbeiter zu verankern und Querdenken, Ausprobieren und Experimentieren zu ermöglichen. Personalverantwortliche können Mitarbeiter für Innovationen begeistern und motivierende Anreize zur Innovation setzen, sie können visionäre Ideen von Mitarbeitern unterstützen und entsprechende flache Arbeitsstrukturen, bereichsübergreifende Arbeitsprozesse und innovative Teamkooperation befördern, sie können den Wandel zu einem innovativen Unternehmen forcieren und die Mitarbeiter zur selbstorganisierenden Vernetzung ermutigen.

Messen lässt sich in diesem Zusammenhang, welcher Anteil von Innovationen auf die Initiative und Unterstützung des Personalmanagements zurückzuführen ist. Dies beurteilen nicht nur Mitarbeiter, sondern insbesondere Führungskräfte des Unternehmens. Während sie mittels ihrer Personalführung einen prägenden Einfluss auf die Innovationsfähigkeit ihrer Mitarbeiter haben, werden sie selbst wiederum durch das Personalmanagement beeinflusst.

Arbeitgeberattraktivität

In dem Maße, wie das Unternehmen auf einen ständigen Nachschub an neuen Mitarbeitern angewiesen ist, profitiert es von einem Ruf als attraktiver Arbeitgeber. Als Erfolgsgröße ist

die Arbeitgeberattraktivität der Ausdruck dafür, wie gelungen die Positionierung und Profilierung des Unternehmens auf dem Arbeitsmarkt ist.

Die Messung der Arbeitgeberattraktivität erfolgt außerhalb des Unternehmens: Menschen, die sich noch nicht (allgemeine Öffentlichkeit) oder aber bereits (Berufseinsteiger, Studierende, Arbeitsuchende) für das Unternehmen interessieren, werden über ihre Einschätzung des Unternehmens als Arbeitgeber befragt. Die Auswertung der Befragung ergibt Kennzahlen zur Bekanntheit, zur wahrgenommenen Unternehmenskultur und zum wahrgenommenen Umgang des Unternehmens mit seinen Mitarbeitern.

Demzufolge lassen sich in Zielvereinbarungen für Personalverantwortliche Zielwerte für diese Kennzahlen festlegen. Zur Effektivität trägt bei, wenn die Maßnahmen der Markenbildung, der Herausstellung der Alleinstellungsmerkmale als Arbeitgeber sowie der Abgrenzung von konkurrierenden Arbeitgebern eine messbare Außenwirkung zeigen. Effizient werden die notwendigen Personalmarketingmaßnahmen, wenn sie gemessen an den Kosten einen überproportional hohen Nutzen mit sich bringen. Hier weisen Aktivitäten im Internet ein passables Kosten-Nutzen-Verhältnis auf.

Robustheit des Personalmanagements

Das Personalmanagement ist für eine Fülle an administrativen Aufgaben zuständig, die im Rahmen der Personalverwaltung sowie im Zuge der Berichterstattung über die Personalarbeit und deren Erfolge anfallen. Schnell wird von »Bürokratie« gesprochen, wobei dies häufig nicht positiv gemeint ist: Man rollt mit den Augen und vermutet Ineffizienz. Doch es ist gerade ein Erfolg des Personalmanagements, wenn es sich als robustes System erweist. Robustheit umfasst die positiven Seiten der Bürokratie, die dann ein komplexes System wie das Unternehmen vor unvorhergesehenen Gefahren und Krisen schützt und im Fall einer eingetretenen Katastrophe bei der Behebung ihrer Folgen hilft. Robustheit erhöhende Bürokratie stellt im Unternehmen sicher, dass die üblichen Abläufe ganz normal wie vorgesehen funktionieren, wobei die Regeln meistens transparent und nachvollziehbar sind sowie personenunabhängig gelten. Bürokratie ermöglicht das Routinehandeln, selbst dann, wenn wenig Zeit zum Überlegen bleibt.

Die Zielvereinbarung für Personalverantwortliche kann Komponenten enthalten, die auf die Fehlerunanfälligkeit und damit die Qualität von Routinehandeln abstellt, und zwar unabhängig davon, ob gerade in einer hektischen oder ruhigen Phase gearbeitet wird. Eine interessante Variante sind Regelungen »mit Verfallsdatum«, die nur während ihrer vorgesehenen Gültigkeit in Kraft sind und dies nur dann bleiben, wenn sie ausdrücklich verlängert werden. Ein solches Vorgehen zwingt dazu, bürokratische Regelungen immer wieder einmal bewusst zu reflektieren.

Schnelligkeit des Personalmanagements

Heutzutage ist die Geschwindigkeit der Erledigung von Aufgaben mitentscheidend für den Erfolg von Unternehmen und damit auch für den Erfolg des Personalmanagements. Kunden und Partner haben normalerweise wenig Zeit und wollen nicht lange auf die Beantwortung ihrer Fragen und die Erfüllung ihrer Bedürfnisse warten. Schnelligkeit als Ziel des Perso-

nalmanagements wird gemessen anhand der Zeitdifferenz zwischen Prozessstart und Prozesserledigung, also bis zur Hervorbringung von Mehrwert für den Prozesskunden.

In der Zielvereinbarung für Personalverantwortliche kann die Verantwortlichkeit für die gute Organisation des Personalmanagements festgeschrieben werden. Fachlich kompetente Personalmanagementmitarbeiter, die Verfügbarkeit von Daten, klare Entscheidungsregeln mit Bezug zu den Personalmanagementzielen und gut strukturierte Abläufe tragen dazu bei, dass Entscheidungen schnell getroffen werden können. Automatisierte, arbeitsteilige Abarbeitungsprozeduren sowie eingebaute Prozessverbesserungsroutinen führen dazu, dass die Entscheidungen auch schnell umgesetzt werden können. Der Trend in Zeiten mobiler Kommunikation geht zu einem effizienten »Personalmanagement in Echtzeit«, bei dem die Verantwortlichen im Personalmanagement nicht nur immer aktuell über den jeweiligen Status der Personalmanagementprozesse informiert werden, sondern bei dem sie auch jederzeit Gestaltungsimpulse setzen können, deren Umsetzung dann unmittelbar beginnt.

Personalverantwortliche können verpflichtet werden, im Zuge der Einführung neuer Prozesse zu einem möglichst frühen Zeitpunkt Testläufe durchzuführen. Dies kann in kleinen Projektteams erfolgen, die parallel zu traditionellen Prozessen die innovativen Vorgehensweisen ausprobieren, strukturelle Hindernisse erkennen und diese unmittelbar abbauen.

Wandlungsfähigkeit des Personalmanagements

Wie jede betriebliche Funktion muss auch das Personalmanagement eine wandlungsfähige Funktion sein. Damit ist sie in der Lage, auf Unvorhergesehenes zu reagieren und sich darüber hinaus an sinnvolle längerfristige Veränderungstrends anzupassen. Angesprochen sind hier kurzfristige und langfristige Flexibilität des Personalmanagements.

Zielvereinbarungen für Personalverantwortliche beziehen sich im Hinblick auf die Wandlungsfähigkeit des Personalmanagements auf Tätigkeiten des Analysierens von Rahmenbedingungen, der Planung des flexiblen Ressourceneinsatzes im Personalmanagement, der Umsetzung von Veränderungen und der ständigen Überprüfung der Prozessqualität. Gemessen wird dies durch ein Prozesscontrolling, das im Sinne einer internen Evaluation die Schaffung und Einhaltung von Standards zu Flexibilität und Wandlungsfähigkeit sicherstellt. Wenn in eine externe Zertifizierung möglich wird, kann das Personalmanagement dies vorsehen. Wichtiger aber als eine Zertifizierung ist die zugrunde liegende Wandlungsfähigkeit des Systems.

Ein wichtiges Kriterium zur Beurteilung dieser Erfolgsgröße ist, ob die Wandlungsfähigkeit in der gesamten Personalmanagementwertschöpfungskette durchgängig gegeben ist. So sind nicht nur die einzelnen personalwirtschaftlichen Teilfunktionen wandlungsfähig zu halten, sondern es dürfen auch die Schnittstellen zwischen einzelnen Teilfunktionen nicht vernachlässigt werden.

Anerkennung des Personalmanagements

Eine eher weiche Erfolgsgröße ist die Anerkennung, die das Personalmanagement sich für seine Arbeit erwirbt. Sie ist nicht minder wichtig als härtere Erfolgsgrößen: Ein als kompetent und professionell respektiertes Personalmanagement erwirbt sich die Legitimation, im

Unternehmen langfristig als wichtige betriebliche Funktion zu bestehen. Ein wesentlicher Bestandteil dieser Legitimation ist der Beitrag, den das Personalmanagement zur nachhaltigen und personalmanagementethisch vertretbaren Unternehmensentwicklung leistet. Auch die Herstellung des Ressourcengleichgewichts mit der Umwelt zählt hierzu.

In die Zielvereinbarung für Personalverantwortliche würde beispielsweise aufgenommen werden können, dass die Zufriedenheit ganz unterschiedlicher Anspruchsgruppen mit der Arbeit des Personalmanagements gesteigert werden soll. Die Messung der Zielerreichung erfolgt dann über eine »360-Grad-Befragung«, bei der Vertreter aller Anspruchsgruppen, die um das Personalmanagement herum existieren, mittels Fragebogen zu ihrer Zufriedenheit befragt werden. Die Punktwerte lassen sich durchaus im Zeitverlauf verbessern.

Effektiv agiert das Personalmanagement dann, wenn es allseits respektiert ist, insbesondere auch dann, wenn es unpopuläre Maßnahmen vertreten muss. Effizient sind die Bemühungen zur Steigerung der Anerkennung dann, wenn sie nicht zu teuer erkauft werden müssen. Es kommt also nicht darauf an, dass das Personalmanagement Geschenke an die Anspruchsgruppen verteilt, um beliebter zu werden. Vielmehr steigt die Anerkennung im Zuge der Aufgabenerledigung, wenn das Personalmanagement sich »wie nebenbei« Anerkennung erwirbt, indem es seine Handlungen erläutert. Gerade die Kommunikationsintensität ist ein effizienter Hebel zur Verbesserung dieser Erfolgsgröße.

Personalkosten, Humankapital und Personalertrag

Um die Wirtschaftlichkeit des Personalmanagements insgesamt zu erfassen, lassen sich Erfolgsgrößen wie Personalkosten, Humankapital und Personalertrag heranziehen. Die Personalkosten umfassen alle Kosten, die durch den Einsatz der Mitarbeiter und durch die Gestaltung des Personalmanagements entstehen: Löhne und Gehälter, Kosten für gesetzliche, tarifliche und freiwillige Sozialleistungen sowie die Kosten der Personalarbeit. Das Humankapital bezeichnet, wie wertvoll die Belegschaft aller Mitarbeiter für das Unternehmen ist, und stellt damit das in den Mitarbeitern gebundene Leistungspotenzial in Geldeinheiten dar. Der Personalertrag versucht zu ermitteln, welcher Wertschöpfungsanteil auf die Arbeit der Mitarbeiter zurückzuführen ist.

Es handelt sich damit um eine Inputgröße, eine Potenzialgröße und eine Outputgröße. Alle drei Größen werden – unabhängig von den Schwierigkeiten, die mit ihrer Ermittlung verbunden sind – erst im Gesamtzusammenhang aussagekräftig: Es ist effizient, mit einem vorgegebenen Personalkostenrahmen ein möglichst hohes Humankapital im Unternehmen aufzubauen. Ebenso ist es effizient, mit einem gegebenen Humankapital einen möglichst hohen Personalertrag zu erzielen.

In eine Zielvereinbarung für Personalverantwortliche würde damit hineingeschrieben werden können, welches Verhältnis von Personalkosten zu erzieltem Humankapital und dann zwischen Humankapital und erzieltem Personalertrag angestrebt wird. Die Zielerreichung hängt von der grundsätzlichen Aufstellung des Personalmanagements im Unternehmen ab, wodurch es sich um strategische Zielgrößen handelt. An ihnen werden Personalleiter und Personalvorstände gemessen.

Zehn Tipps für den kompetenten Auftritt von Personalmanagern

27

In diesem Kapitel ...

▶ Herausforderungen sicher abschätzen

▶ Problemlösungen angstfrei vermitteln

▶ Raum für Weiterentwicklung lassen

***

Personalmanagement wird von Menschen gemacht – und Sie sind einer davon. Dass man Sie persönlich in Ihrer Arbeit wertschätzt und unterstützt, wird nicht zuletzt davon abhängen, dass Sie als Personalmanagementprofi wahrgenommen werden: kompetent und strategisch vorausschauend. Wie aber geht das? Was müssen Sie wissen, was müssen Sie tun? Die zehn wichtigsten Dinge, an denen Sie persönlich arbeiten können, folgen in diesem Kapitel.

Mit Umfeldentwicklungen Schritt halten

Zunächst dürfen Sie nicht davon ausgehen, dass das einmal von Ihnen Gelernte längerfristige Gültigkeit hat. Im Umfeld des Personalmanagements ändert sich vieles sehr schnell. Fachwissen veraltet und lässt sich auch nicht durch das Erfahrungswissen, das Sie aufbauen, ersetzen. Dies erfordert, dass Sie lernhungrig bleiben: Sie sollten sich weder von Umfeldentwicklungen wie zum Beispiel der Demografie abkoppeln noch den Anschluss an immer neue personalwirtschaftliche Methoden verlieren. Auch Fortschritte in benachbarten Disziplinen wie etwa der Informationstechnologie können sehr schnell Auswirkungen auf Ihre tägliche Arbeit haben. Wenn Sie aktiv gestalten wollen, anstatt den Trends hinterherzulaufen, müssen Sie aufmerksam bleiben.

Fragen stellen und zuhören

Ihre Rolle im Personalmanagement ist die eines Coaches. Menschen, die Ihnen begegnen, klagen Ihnen ihr Leid, berichten Ihnen von ihrem Arbeitsalltag oder möchten sich mit Ihnen gemeinsam freuen. Es ist Ihre Aufgabe herauszufinden, welche dieser Informationen so wichtig sind, dass sie ein Handeln des Personalmanagements hervorrufen müssten. Es ist jedoch anstrengend, diese Informationen zu erlangen: Sie müssen »die richtigen« Fragen stellen. Dies sind Fragen, bei denen die Gefragten gar nicht unmittelbar erkennen, worauf Sie hinauswollen. Wenn Sie Mitarbeiter zum Beispiel fragen: »Wer unterstützt Sie hier im Unternehmen am meisten?« oder: »Was war im letzten Monat Ihr größter Erfolg?«, können Sie die Geschichten, die dann folgen, mit Ihrer personalwirtschaftlichen Erfahrung daraufhin

interpretieren, welche Strukturen unter der Oberfläche des sichtbaren Arbeitens vorherrschen. Sie suchen sozusagen behutsam die Schwachstellen im System und erkennen gleichzeitig die blinden Flecken, die andere nicht einmal wahrnehmen wollen.

Mentale Modelle entwerfen

Ihr breites Wissen über Strukturen, Prozesse, Menschen, Bedürfnisse, Risiken, Werte, Schwachstellen und vieles mehr im Unternehmen ist so komplex, dass Sie es in einem ersten Schritt für sich ordnen müssen, bevor Sie in der Lage sind, es in einem zweiten Schritt mit anderen zu teilen. Die Komplexität ergibt sich nicht nur aus der reinen Menge der Komponenten, mit denen Sie es zu tun haben, sondern aus den Verteilungen zwischen all diesen Komponenten. Sie führen zur Eigendynamik des Systems Unternehmen.

Häufig bewährt es sich, sogenannte »mentale Modelle« zu entwerfen: Dazu malen Sie auf einem Blatt Papier alle Komponenten auf, die im Rahmen eines gerade zu lösenden Problems eine Rolle spielen. Dann verbinden Sie diese Komponenten mit Strichen oder Pfeilen, wobei Sie genau bestimmen, was ein Pfeil jeweils bedeutet. Sie erkennen Strukturen und können das mentale Modell Schritt für Schritt so verbessern, dass das, was logisch zusammengehört, auch beieinander abgebildet wird. Es entsteht ein Bild, das das verzahnte System auf einen Blick erfassen lässt.

Das mentale Modell ist dann gut, wenn es selbsterklärend ist – wenn also ein Dritter dieses Modell ohne Erläuterung von Ihnen vorgelegt bekommt und Ihnen dann das Bild genauso erklärt, wie Sie es selbst getan hätten. Ist Ihnen das gelungen, können Sie das mentale Modell mit anderen Personen teilen. Sie verwenden es als Diskussionsgrundlage, um eine gleiche Sicht auf das Problem zu bekommen und von dort aus Lösungen zu entwerfen. Zudem erkennen Sie eher die Nebenwirkungen, die mit Ihrem Handeln verbunden sein könnten.

Weniger statisch, mehr dynamisch denken

Viele Entscheider in Unternehmen denken in Zuständen, also in Strukturen, die zu einem bestimmten Zeitpunkt vorgeherrscht haben oder vorherrschen sollen. »Ich bin in A und will nach B« – das ist ein typischer Fall von statischem Denken, wenn als Antwort lediglich B ausführlich beschrieben wird. Die wenigsten Entscheider konzentrieren sich allerdings auf den eigentlichen Weg von A nach B. Würden sie es tun, wären sie auf dem Weg der Dynamik und würden Fragen stellen wie:

✔ Wann beginnt meine Aktivität zu wirken – sofort oder erst nach einer gewissen Zeit? Muss ich selbst Geduld haben und Geduld bei anderen einfordern?

✔ Wie lange dauert der Weg von A nach B?

✔ Wie wird die Entwicklung von A nach B verlaufen – gleichförmig, in Wellenbewegungen, mit zunehmender oder abnehmender Geschwindigkeit?

Wenn Sie sich vorausschauend auch mit den dynamischen Verlaufsmustern von Entwicklungen beschäftigen, werden Ihre Entscheidungen von vornherein viel realistischer werden können.

Kompetent mit Leuten reden

Ihre Kommunikationskompetenz ist etwas, das Sie fortlaufend trainieren müssen. Gerade im Personalmanagement sind Sie darauf angewiesen, mit vielen Mitarbeitern und anderen Anspruchsgruppen im Gespräch zu bleiben. Ein Erfolgsfaktor ist dabei, sich auf das Gegenüber einstellen zu können, also insbesondere seine Sprache zu sprechen. Handelt es sich um jemanden aus der Finanzabteilung, ist die Sprache eher durch Investitionen, Amortisation und Geld geprägt als bei jemandem aus der Produktion, bei dem die Terminologie sich um Maschinen, den Produktionstakt oder die Beleuchtung des Arbeitsplatzes dreht.

Jeder Adressat Ihrer Kommunikation erwartet von Ihnen als Personaler, dass Sie in der Lage sind, sich in seine Arbeitswelt hineinzuversetzen. Ihre Aufgabe ist es deshalb auch, das Vokabular unterschiedlicher Arbeitsplätze in Ihrem Unternehmen zu erlernen. Darüber hinaus können Sie nicht davon ausgehen, dass man immer von selbst auf Sie zukommt. Ihre Kommunikationsrolle ist daher aktiv und besteht darin, auf andere zuzugehen. Im Englischen wird dies als *Management by walking around* – Management durch Herumwandern im Unternehmen – bezeichnet.

Betroffene und Partner mit einbeziehen

Sie kennen sicher den Satz »Betroffene zu Beteiligten machen«: Er sagt aus, dass bei Veränderungen im Unternehmen niemandem Ihre Entscheidungen übergestülpt werden sollten, sondern Beteiligte die Chance erhalten, während der Entscheidungsfindung ihre Ideen und Bedenken konstruktiv einzubringen. Es ist nicht nur eine Frage der späteren Akzeptanz Ihrer Entscheidungen, dies tatsächlich zu tun, sondern es zeugt auch vom Respekt, den Sie Ihren Mitarbeitern entgegenbringen, wenn Sie diesen Ratschlag beherzigen. Also: Betroffene und Projektpartner nicht zu spät informieren und einbinden, sondern bereits in frühen Prozessphasen.

Unterstützer werben

Im Personalmanagement sind Sie kein Einzelkämpfer, sondern darauf angewiesen, Ihre Entscheidungen mit anderen Personen gemeinsam umzusetzen. Diese sind jedoch nicht automatisch Ihrer Meinung und teilen nicht von vorneherein Ihre Vorstellungen. Daher hilft es Ihnen, wenn Sie Unterstützung von dritter Seite haben. Diese Unterstützer werden in der Fachterminologie »Promotoren« genannt. Fachpromotoren sind Unterstützer, die aus fachlicher Sicht bestätigen, dass Ihre Vorhaben sinnvoll sind, und die so viel Glaubwürdigkeit bei den anderen Mitarbeitern erworben haben, dass man sich auf ihre Unterstützung verlässt. Machtpromotoren sind Unterstützer »von ganz oben«, also Führungskräfte, die ihre hierarchische Macht dazu einsetzen, Sie zu unterstützen. Ihre Aufgabe ist es, für Ihre Vorhaben solche Promotoren zu finden und von Ihren Ideen zu überzeugen, damit Sie nicht allein für die Umsetzung sorgen müssen.

Ängste abbauen

Im Personalmanagement wollen Sie etwas bewegen und verändern. Zwangsläufig werden Sie dabei in bestehende Einflussbereiche von Mitarbeitern eingreifen müssen. Wandel wird von

vielen Personen zunächst als Bedrohung für das in der Vergangenheit Erreichte gesehen. Wer Angst hat, dies zu verlieren, wird sich im Zweifelsfall gegen eine Veränderung stellen. Vor diesem Hintergrund erhöht es die Wirksamkeit Ihres Handelns, wenn Sie den von Veränderung betroffenen Personen erklären können, dass sie viel weniger verlieren, als sie denken, dafür aber viel Gutes gewinnen können. Sie nehmen ihnen also Angst und machen Mut, sich einer Veränderung zu öffnen.

Freundlich, aber bestimmt auftreten

Das Vorbild sind Sie – denn als Mitarbeiter oder gar Entscheider im Personalmanagement stehen Sie unter besonderer Beobachtung der Mitarbeiter. Daher sollten Sie auch in konfliktbeladenen Situationen besonnen und beherrscht bleiben und sich immer Ihrer Vorbildrolle bewusst sein. Darüber hinaus können Sie sich auch empathisch auf die einzelnen Menschen einlassen, die Ihnen begegnen werden. Ihr freundliches Auftreten bedeutet jedoch nicht, dass Sie allen Ansprüchen, die an Sie herangetragen werden, entsprechen sollten: Selbstverständlich haben Sie eine strategische Leitlinie, die Sie verfolgen und aktiv vertreten. Sie sind schließlich auch persönlich mit verantwortlich, zur Zielerreichung des Personalmanagements beizutragen. Wie häufig sind in Streitfällen sicherlich Kompromisse zwischen berechtigten Ansprüchen möglich.

Erfolge feiern

Erfolg ist nicht selbstverständlich, wenn er auch mit viel Arbeitseinsatz vorbereitet wurde. Aber letztlich ist er auch ein Geschenk. Daher verbindet das Feiern auf der einen Seite Danken für Erreichtes, auf der anderen Seite Bitten für Zukünftiges. Gemeinsames Erinnern und gemeinsames Hoffen sind menschliche Notwendigkeiten.

Feiern unterbrechen Zeitdruck durch zeitliches Innehalten und isoliertes Arbeiten durch gemeinschaftliches Zusammenkommen. Dies kann man einfach nur genießen – oder gleich wieder zum Anbahnen neuer Vorhaben nutzen. Wie auch immer: Menschen ermüden, wenn sie unermüdlich arbeiten müssen, aber tanken Kraft, wenn sie auch das tun, was sie in ihrem Inneren schön finden. Nicht nur jeder Einzelne, auch die Gemeinschaft der Menschen in einem Unternehmen profitiert vom Feiern: durch das gegenseitige Sichwahrnehmen und das Stärken des Zusammengehörigkeitsgefühls. Hierzu tragen Rituale bei, denen eine Feier den Rahmen bietet, beispielsweise die unternehmensöffentliche Auszeichnung von Personen für besondere Erfolge.

Das Personalmanagement ist ein möglicher Organisator für Feiern im Unternehmen – und hierauf haben Sie einen Einfluss. Gelingende Feste hängen dabei nicht davon ab, dass Sie möglichst viel Budget verprassen, die Botschaft von Verschwendung und Übermaß aussenden oder gar in ethisch fragwürdige Formen der leistungsorientierten Entlohnung verfallen. Vielmehr ist es entscheidend, einen Rahmen für gemeinsame Treffen zu schaffen, an denen alle Eingeladenen ohne schlechtes Gefühl teilnehmen wollen. Damit verbietet sich auch eine Festinflation: Ohne einen angemessenen Anlass wird eine Feier schnell als unnötige Zeitverschwendung wahrgenommen. Gelingende Feiern entstehen hauptsächlich dann, wenn sie den Arbeitsalltag als etwas Besonderes ergänzen.

Zehn Vordenker modernen Personalmanagements

28

In diesem Kapitel ...

▶ Innovationen erkennen

▶ Denkschulen unterscheiden

▶ Die Menschen hinter dem Wissen sehen

D amit Sie Ihr Wissen über Personalmanagement abrunden können, stelle ich Ihnen die Personen vor, die das Personalmanagement geprägt haben. Es sind nicht nur die Namen dieser Personen, die Ihnen immer wieder begegnen werden: Viel interessanter sind ihre bahnbrechenden Ideen, die sie als Vordenker formuliert haben.

Die hier getroffene Auswahl präsentiert zehn »normale Menschen«, zumeist Forscherinnen und Forscher aus Universitäten oder sehr erfahrene Praktiker, die jedoch eines gemein haben: Sie nehmen sehr ernst, was sie tun. Für sie ist Personalmanagement nicht nur eine an für sich austauschbare Beschäftigung, sondern vielmehr eine Mission. Daher sind die von ihnen formulierten Inhalte auch mehr als reine Methoden oder Instrumente – es sind Programme, die wiederum Teil eines größeren Zukunftsentwurfs sind. Viele Personalmanager in Wissenschaft und Praxis haben die Reichweite der Ideen dieser Vordenker erkannt und ihre eigene Arbeit auf der jeweiligen »Denkschule« aufgesetzt.

Eine weitere Eigenschaft, die diese zehn Vordenker verbindet, ist Mut: der Mut, an ihre eigenen Ideen zu glauben und sie bereits dann zu vertreten, wenn sie damit noch ziemlich allein sind und gegebenenfalls erst einmal viel Widerstand auslösen. Denn es sind nicht allein Intuition und Kreativität, die eine erfolgreiche Idee ausmachen, sondern auch deren konsequente Umsetzung, wenn man die Idee für sinnvoll erachtet und den Nutzen, den sie anderen stiftet, überzeugend erläutern kann.

Im Fach Personalmanagement, das sich mittlerweile internationalisiert hat, ist es selbstverständlich, dass auf der Zehnerliste der Personalmanagement-Vordenker nicht nur deutschsprachige, sondern auch Personen aus dem angloamerikanischen Raum zu finden sind. Auch wenn einige dieser Personen nicht mehr aktiv sind: Ihre Gedanken sind nach wie vor zeitgemäß und werden auch für die zukünftige Diskussion des Personalmanagements aktuell bleiben.

Randall Schuler und strategisches Personalmanagement

Im Jahre 1973 an der Michigan State University in East Lansing, USA, zum Ph.D. promoviert, war Randall S. Schuler von 1986 bis 1998 Professor für Management and Organizational Behavior an der New York University und von 1998 bis zu seiner Emeritierung 2006 Professor für Human Resource Management der Rutgers University in New Brunswick/New

Jersey, USA. Dort ist er zudem Gründungsdirektor des Center for Global Strategic Human Resource Management.

Ausgehend von der Überlegung, dass das erfolgreiche Management der Mitarbeiter unabdingbar ist für den Erfolg auf den heutigen wettbewerbsintensiven Märkten, vertritt Schuler einen strategischen Personalmanagementansatz, der von vielfältigen strategischen Partnerschaften ausgeht. Diese ergeben sich zwischen den Personalverantwortlichen und allen internen und externen Anspruchsgruppen (Stakeholdern) des Unternehmens.

Im Vordergrund dieser strategischen Sichtweise steht daher die Zielsetzung, dass sich nicht nur die Unternehmensstrategie und Personalstrategie entsprechen sollten, sondern auch jegliche Handlungssysteme und Unternehmensfunktionen entsprechend stimmig zu den Aktivitäten des Personalmanagements ausgestaltet werden sollten. Hinzu kommt, dass Schuler die Personalverantwortlichen als Manager begreift, die auf der einen Seite in die Personalressourcen (also die Mitarbeiter) des Unternehmens investieren, auf der anderen Seite aber auch für ein umfassendes Management im Sinne der steuernden Leitung und Verwaltung verantwortlich sind.

Dieser umfassende strategische Ansatz des Personalmanagements hat den Anstoß zu wichtigen Weiterentwicklungen wie zum Beispiel der *HR-Scorecard* gegeben, eines auf die Personalarbeit ausgerichteten Kennzahlensystems, das die Überwachung der Effektivität und Effizienz des Personalmanagements erlaubt.

Rolf Wunderer und Personalmanagement als kooperatives Mitunternehmertum

Im Jahre 1937 geboren, 1967 an der Universität München promoviert, war Rolf Wunderer 1974 bis 1983 Professor für Betriebswirtschaftslehre, insbesondere Personalwesen und Unternehmensführung an der Universität Essen, dann von 1983 bis zu seiner Emeritierung 2002 Leiter des Instituts für Führung und Personalmanagement an der Universität St. Gallen, Schweiz.

Wunderer verfolgt eine klare Zielsetzung: Personalmanagement, Führung und Kooperation sollen dazu beitragen, internes Unternehmertum hervorzubringen und zu stabilisieren. Mitunternehmertum bedeutet, dass möglichst viele Mitarbeiter zu unternehmerischem Mitdenken, Mitfühlen, Mithandeln und Mitverantworten befähigt werden. Damit bringt er grundlegendes Vertrauen in das Engagement und die schöpferische Kraft von Mitarbeitern zum Ausdruck: Wenn sie gestalten dürfen, werden sie dies auch zum Nutzen des Unternehmens tun.

Die Förderung kooperativen Mitunternehmertums erfordert eine bewusste Zusammenschau zwischen der indirekten, strukturell-systemischen Führung – sie umfasst Unternehmenskultur, Strategie, Organisation und qualitative Personalstruktur – sowie der direkten, personal-interaktiven Führung. Mitunternehmer werden laut Wunderer weniger durch altbekannte und nicht mehr wirkende Anreize als vielmehr durch den Abbau frustrierender Motivationsblockaden motiviert. Damit ist sein kooperatives Mitunternehmertum letztlich ein unternehmensbezogenes Freiheitsprogramm.

Auch das aus der Beschäftigung mit dem Personalcontrolling hervorgegangene Modell des *Wertschöpfungscenters Personal*, bei dem die Herstellung von (finanziellen und kulturellen) Werten durch das Personalmanagement systematisch evaluiert wird, hat Wunderer entwickelt. Dass Wunderer sich auch hier in das ganzheitlich gedachte St. Galler Management-Modell aus den 1960er-Jahren einordnet, zeigt sich an der integrativen Berücksichtigung des charakteristischen Dreiklangs normatives – strategisches – operatives Management, der sich in den Management-, Business- und Servicedimensionen des Wertschöpfungscenters Personal widerspiegelt.

Eine innovative interdisziplinäre Verbindung, die Wunderer herstellt, entspringt seiner Leidenschaft für Märchen, deren Aussagewert er für das Management erschließt. Auf der einen Seite haben erzählte Geschichten – auch im Unternehmen – wichtige Funktionen wie etwa die Weitergabe unternehmenskultureller Werte. Auf der anderen Seite besteht eine große inhaltliche Nähe zwischen dem Bewältigen von Märchenschicksalen und Unternehmensschicksalen, was nicht überrascht, weil es in beiden Fällen um Vertrauen, Entscheiden, Überwindung von Niederlagen, Lernen und Muthaben geht. Wunderer öffnet den Blick dafür, dass das Management über das Sichbeschäftigen mit Märchen viel über sich selbst und die Tiefenstruktur von Mitarbeitern und Führungskräften in Unternehmen lernen kann.

Dave Ulrich und Personalmanagement als Wettbewerbsfaktor

Im Jahre 1953 in Ely/Nevada, USA, geboren, an der University of California, Los Angeles, USA, zum Ph.D. promoviert, ist David O. Ulrich seit 1982 Professor für Business Administration an der Stephen M. Ross School of Business der Universität Michigan, Ann Arbor, USA, und dortiger Direktor des Human-Resource-Executive-Programms. Zudem leitete er von 2002 bis 2005 eine kanadische Mormonengemeinschaft mit 150 Missionaren und 9.000 Mitgliedern in Montreal.

Durch Ulrichs umfangreiches Werk zieht sich der Begriff »Wert« in allen Varianten – Wertbeitrag, Wertschöpfung, Wertanspruch, Mehrwert – und immer bezogen auf das Personalmanagement. Dies spiegelt auch sein Leitspruch »HR must give value or give notice« (in etwa: Personalmanagement muss Wert schaffen oder seinen Dienst quittieren). Ulrichs Interesse konzentriert sich darauf, wie Unternehmen ihr Personal und ihr Personalmanagement dazu einsetzen können, wertschöpfende Charakteristika wie effektive Zusammenarbeit, Lernen, Verantwortung oder Talent aufzubauen. Dabei wird der Wert, den das Personalmanagement hervorbringt, nicht primär durch die Vorstellungen der im Personalmanagement Arbeitenden bestimmt, sondern er ergibt sich durch das, was andere – nämlich die durch das Personalmanagement Betroffenen – für wertvoll halten.

Einige der inzwischen weltweit verbreiteten Personalmanagementkonzepte stammen von Ulrich: So konzipierte er für das Personalmanagement die Rolle des strategischen Business Partners. Das Personalmanagement soll als ein Funktionsbereich aufgebaut werden, der gleichwertig zu anderen Funktionsbereichen angesehen wird und mit ihnen auf Augenhöhe agiert. Er meint damit, dass die Personalabteilung der Unternehmensleitung helfen sollte, die finanziellen Ziele sowie die Kundenziele zu definieren und zu realisieren. Allerdings sieht er diese Aufgabe nicht als die alleinige Rolle der Personalabteilung, denn für Ulrich sind die

Mitarbeiter die wichtigste Unternehmensressource. Seiner Meinung nach schlägt sich die Behandlung der Mitarbeiter durch das Unternehmen in der Beziehung zu den Kunden und letztlich auch in der Beziehung zu den Investoren nieder: »Indirekt bringt das Kümmern um die Mitarbeiter Shareholder Value hervor.«

Hiermit stellt er die enge Verbindung des Personalmanagements zum strategischen Management des Unternehmens her. Insbesondere die Personalstrategie soll seiner Meinung nach ganz bewusst unter Einbeziehung der unternehmenskulturellen Rahmenbedingungen die Unternehmensziele in Prioritäten für die Personalarbeit umformulieren, also in Zielsysteme, Prozesse und Methoden für das Personalmanagement.

In Rollen gesprochen sieht er für das Personalmanagement letztlich die Rollen als »strategischer Business Partner«, »administrativer Experte«, »Mitarbeiterexperte« und »Veränderungspartner« als gleichzeitig wichtig an. Dabei legt Ulrich Wert darauf, dass die Effektivität des Personalmanagements auch gemessen werden muss, vor allem in Form nachweisbarer Wettbewerbsvorteile. In seiner Gesamtkonzeption richtet er die Organisation des Personalmanagements, die Rollen der dort Tätigen sowie die benötigten Kompetenzen auf dieses Wertschöpfungsziel hin aus, sodass er letztlich eine Professionalisierung des gesamten Personalmanagements anstrebt.

Ulrich verbindet seine Forschungstätigkeit mit einer intensiven Beratungsarbeit in vielen amerikanischen Großunternehmen. In den meisten einflussreichen Listen von Management-Vordenkern, Gurus, Personalmanagementexperten und Coaches steht sein Name regelmäßig ganz weit oben, wenn nicht sogar an der Spitze.

Hans Jürgen Drumm und Personalmanagement als ökonomische Individualisierung

Im Jahre 1937 in Saarbrücken geboren, 1968 an der Freien Universität Berlin promoviert, 1972 an der Universität des Saarlandes habilitiert, war Hans Jürgen Drumm zunächst Professor für Betriebswirtschaftslehre an der Universität des Saarlandes, dann von 1974 bis zu seiner Emeritierung 2006 Professor für Betriebswirtschaftslehre mit den Schwerpunkten Personalwirtschaft, Organisation und Unternehmensplanung an der Universität Regensburg.

Drumms Credo eines modernen Personalmanagements – er nennt es (wie sein Hauptwerk) »Personalwirtschaft« – besteht aus zwei konzeptionellen Pfeilern:

✔ Unternehmen streben nach Gewinn, was arbeitsteilig nur unter Einbeziehung des Personals möglich wird. Will ein Unternehmen diesen Produktionsfaktor Personal beschaffen und wertschöpfend einsetzen, muss die Personalwirtschaft ihre Prognose-, Planungs- und Umsetzungsprobleme orientiert an Wirtschaftlichkeitskriterien lösen.

✔ Da das Personal jedoch gleichzeitig aus selbstverantwortlichen Individuen mit eigenen Bedürfnissen besteht, sind Unternehmen gut beraten, wenn sie diese Bedürfnisse mittels Motivation und individueller Führung befriedigen.

Beide Pfeiler bindet Drumm in eine systemtheoretische und damit ganzheitlich geprägte Sichtweise des Personalmanagements ein. Wenn er hervorhebt, dass die Unternehmensleistung und der Unternehmenserfolg nicht von vornherein durch die individuellen Bedürfnisse,

Fähigkeiten und Werthaltungen ihrer Mitarbeiter bedroht sein müssen, sondern den Unternehmenserfolg sogar deutlich befördern können, wendet er sich ab von der klassischen unternehmenszentrierten Sicht, in der alles – auch einzelne Mitarbeiter – im Sinne eines Gleichmachens und Funktionierens geregelt und gesteuert werden müssen.

Stattdessen geht er der Frage nach, wie souveräne, selbstständige Akteure in das gemeinsame Unternehmenshandeln eingebunden werden können. Die Konsequenz besteht darin, dass Drumm unter Berücksichtigung der wirtschaftlichen Interessen von Unternehmen nach Formen der Zusammenarbeit sucht, die sich an den Individuen orientieren und damit nicht mehr vollständig und übergreifend planbar sind. Je größer aber die Freiräume für die einzelnen Mitarbeiter werden (müssen), desto stärker kommen Selbstbestimmung der Mitarbeiter, Destandardisierung und Berücksichtigung von Einzelfällen, Delegation von Aufgaben und Partizipationsspielräume in allen Personalmanagementaufgaben zum Tragen. Dass dies keine einfache Aufgabe für Unternehmen ist, liegt auf der Hand: Anstatt eine einzige Standardlösung für jede Personalmanagementaufgabe vorzuhalten, müssen Unternehmen auf einmal für Alternativlösungen sorgen und diese ihren Mitarbeitern zur Wahl stellen.

Das hiermit zusammenhängende Programm eines ökonomisch individualisierten Personalmanagements beschäftigt sich demzufolge mit Individualisierung in personalwirtschaftlichen Bereichen wie Arbeitszeitmanagement, Vergütung, Personalentwicklung und Personalführung, berücksichtigt aber auch Voraussetzungen wie etwa Eigeninitiative und Eigenverantwortung sowie Grenzen wie zum Beispiel Überforderung, Machtmissbrauch und Organisationsstrukturen. Die Individualisierung ist nicht nur ein roter Faden in der Forschung von Drumm, sondern nach wie vor höchst aktuell, so in Forschungen zu Governance, Dezentralisation und Virtualisierung.

Oswald Neuberger und Personalführungskunst

Im Jahre 1941 in Ingolstadt geboren, 1970 an der Ludwigs-Maximilian-Universität München promoviert, 1975 dort habilitiert, war Oswald Neuberger von 1977 bis 1980 Professor für Organisationspsychologie an der Universität der Bundeswehr in München, dann bis zu seiner Emeritierung 2007 Inhaber des Lehrstuhls für Psychologie I (Personalwesen) an der Universität Augsburg.

Der bekannteste, aber auch kontrovers diskutierte Ausspruch von Neuberger thematisiert, dass es im Unternehmen nicht um Menschen, sondern um Personal geht: »Der Mensch ist Mittelpunkt!? Der Mensch ist Mittelpunkt. Der Mensch ist Mittel. Punkt«. Er hält die Floskel vom Menschen im Mittelpunkt des Unternehmens für sozialromantisch und falsch. Stattdessen betont er die Realität ökonomischer Zwänge für die Personalarbeit: Seiner Meinung nach steht das Geld im Mittelpunkt des Unternehmens und die Menschen werden zur Erreichung der ökonomischen Ziele instrumentalisiert. Daher müsse es dem Personalmanagement nicht um den einzelnen Menschen gehen, sondern um das Ganze. Hierdurch werde das Personalmanagement jedoch nicht von vornherein unethisch.

Neuberger kümmert sich stark um die Führungsforschung und zeigt vor allem den Dialog um Führung im Sinne einer kritischen Reflexion auf. Er verfolgt einen handlungstheoretischen Ansatz des personalwirtschaftlichen Führens und dekodiert dabei immer verschiedene Führungsstrategien. So wird er quasi zum Psychoanalysten der Führungsforschung.

Neuberger gilt als einer der profiliertesten Denker der Personalführung. Liest man seine Beiträge zu Personalentwicklung, Führung und Mikropolitik oder Unternehmenskultur, ist man fasziniert von der Vielschichtigkeit der Thematik und den überraschenden Wendungen, die er selbst dem selbstverständlich Erscheinenden immer wieder zu geben vermag. Hierbei hilft ihm sein Vermögen, virtuos mit der deutschen Sprache umzugehen: So spielt sein Wortspiel, das im Buchtitel »Führen und führen lassen« versteckt ist, im Hinblick auf das Lassen mit den Wortbedeutungen aufhören/unterlassen, zulassen/erlauben sowie jemand anderen beauftragen.

Als Querdenker scheut sich Neuberger nicht, unbequeme Standpunkte zu vertreten und auch kontraintuitive Interpretationsmöglichkeiten in Betracht zu ziehen: »Das kann bedeuten, dass die *Geführten sich* bewusst führen lassen (das Führen zulassen), bisweilen aber das Spiel nur mitspielen, um die Führenden im Glauben zu lassen, sie führten wirklich, wo doch *sie* die Geführten sind.«

Als Personalmanagement die situativen Entscheidungen zu treffen, wann geführt werden soll und wann das Führen gelassen werden soll oder wann man sich führen lassen soll, ist mehr als ein reines Sprachspiel – es ist schon die hohe Kunst der Personalführung!

Edward Lazear und ökonomische Anreizwirkungen

Im Jahre 1948 in Los Altos, USA, geboren, 1974 an der Harvard University in Boston, USA, zum Ph.D. promoviert, war Edward P. Lazear von 1985 bis 1992 Professor für Urban and Labor Economics an der University of Chicago, USA, und seit 1992 Professor für Human Resources, Management and Economics an der Graduate School of Business der Stanford University in Stanford/Kalifornien, USA. Im Jahre 1996 gründet er die »Society of Labor Economics«.

Lazear sieht den Grund, warum Personalmanager häufig von Kollegen anderer Unternehmensfunktionen nicht ganz ernst genommen werden, darin, dass Personalmanagement nicht systematisch genug sei und Entscheidungen zu Humanressourcen nicht ökonomisch begründe. Personalmanagement sei also bislang zu weich gewesen und durch zu viele Doppeldeutigkeiten für Personalpraktiker nicht leicht anwendbar.

In der Konsequenz ist für Lazear die Beschäftigung mit Fragen des Personalmanagements eine personalökonomische Aufgabe. Er bietet einen ökonomischen Ansatz für das Personalmanagement an und besetzt mit *Personnel Economics* das interdisziplinäre Feld zwischen Volkswirtschaftslehre und personalorientierter Organisationslehre. Dabei richtet er seinen Blick besonders auf die Allokation von Ressourcen, auf Anreizsysteme und auf die Motivation von Mitarbeitern, die er analytisch betrachtet und empirisch und theoretisch unterlegt.

Verbunden mit einem klaren Kostenbezug und vor dem Hintergrund ökonomischer Theorien wie der Neuen Institutionenökonomie betrachtet Lazear Themen wie Humankapitalaufbau, Fluktuation, die Gestaltung von Arbeitsbedingungen oder die Verteilung von Aufgaben im Unternehmen. Die von ihm mitformulierte Turnier-Theorie erklärt Notwendigkeit und Nutzen von vergleichsweise höheren Löhnen für Führungskräfte: Gerade durch eine im Hinblick auf andere Mitarbeiter bestehende Ungleichheit der Bezahlung soll für Letztere ein motivierender Anreiz entstehen, im hierarchischen Führungssystem des Unternehmens

durch eine relative Leistungsverbesserung aufzusteigen. Das Personalmanagement profitiert von dieser Forschung, indem es die Gestaltung von Anreizsystemen für Mitarbeiter an deren extrinsischer Motivation ausrichtet.

Bernard Bass und transformationale Führung

Im Jahre 1925 in New York City, USA, geboren, 1949 an der Ohio State University, USA, zum Ph.D. promoviert, war Bernard M. Bass Psychologie-Professor an der Louisiana State University, der University of Pittsburgh, der University of Rochester sowie ab 1977 an der School of Management, State University of New York, Binghamton, USA. Dort war er auch Gründer und Direktor des Centers of Leadership Studies. Bass starb im Jahr 2007.

Das bekannteste Konzept von Bass ist die transformationale Führung: Auf Basis der Ideen zur transaktionalen Personalführung von James M. Burns, bei der Austauschverhältnisse (Transaktionen) zwischen Führenden und Geführten bestehen, entwickelt Bass mit Bruce Avolio ein erweterndes Modell, das beschreibt, wie Führungskräfte die Mitarbeiter über weitere Mechanismen wie Charisma, Vision, intellektuelle Stimulierung und individuelle Zuwendung zu Extraleistungen über den erwarteten Erfolg hinaus motivieren können. Diesem Konzept fügte er ein Instrument zur empirischen Erhebung bei.

Bass ist überzeugt davon, dass ein guter Manager eine gute Führungskraft sein muss und umgekehrt: Beides bedingt sich wechselseitig. Für ihn gehört zu einer transformationalen Führung – die allerdings nicht in jeder unternehmerischen Situation zwingend wird – die Verantwortung der Führungskraft gegenüber dem Unternehmen und allen seinen Mitarbeitern: Daher ist Bass auch ein Gegner einer übermäßigen, unbalancierten Entlohnung von Topmanagern. Zu einer »pseudotransformationalen Führung«, wie er es nennt, zählt er unter anderem, wenn Führungskräfte die Erfolge auf sich lenken, jedoch bei Misserfolgen ihre Verantwortung auf andere abschieben. Damit entlarven sich dann Charisma und Fürsorge als letztlich inhaltsleer.

Über die transformationale Führung hinaus beschäftigte sich Bass mit weiteren Themen der Organisations-, Betriebs- und Führungspsychologie. Hierzu zählen führungslose Gruppen, Rückmeldungsprozesse in der persönlichen Kommunikation sowie der Kommunikation über moderne Medien und partizipative Formen der Personalentwicklung und Personalführung. Das Gesamtwerk von Bass zeigt exemplarisch auf, wie fruchtbar eine psychologische Sicht auf das moderne Personalmanagement sein kann.

Von Bass kann man schließlich noch lernen, dass die mehr oder weniger unreflektierte Anwendung von *Pop Psychology* (in Deutschland würde man dies als »Laienpsychologie« bezeichnen), die häufig von unzureichend ausgebildeten Unternehmensberatern angeboten wird, Unternehmen letztlich mehr schaden als nützen könne, weil die Fern- und Nebenwirkungen im Vorhinein trotz bester Absichten aufgrund ihrer Komplexität gar nicht so einfach abzuschätzen sind.

Mihaly Csikszentmihalyi und der Flow

Im Jahre 1934 im heutigen Rijeka, Kroatien, (damals Fiume, Italien) als Kind ungarischer Eltern geboren, 1965 an der University of Chicago, USA, zum Ph.D. promoviert, war Mihaly Csikszentmihalyi zunächst am Lake Forest College in Chicago im Department für Soziologie und Anthropologie beschäftigt, bevor er von 1980 bis 2000 Professor für Psychologie an der University of Chicago, USA, wurde. Seit 2000 ist er Professor für Psychologie und Management an der Claremont Graduate University in Claremont, Kalifornien, USA, und dortiger Direktor des Quality of Life Research Centers.

»Im Fluss sein« – das ist der Begriff, den Csikszentmihalyi geprägt hat. Er stellt fest, dass sich Menschen, die sich in einem Zustand vollkommenen unabgelenkter Konzentration einer Aufgabe widmen, engagieren und sich erfüllt und letztlich glücklich fühlen. Das Personalmanagement kann die Rahmenbedingungen beeinflussen, unter denen dieser sogenannte *Flow* entsteht. Hierzu gehören eine herausfordernde Aufgabe, die den betreffenden Mitarbeiter einbezieht und seine Konzentration beansprucht, die unmittelbare Rückmeldungen über den Grad der Zielerreichung bereitstellt und die damit kontrollierbar ist.

Mit seiner Flow-Theorie hat Csikszentmihalyi nicht nur die Psychologie beeinflusst, sondern vor allem auch die Personalforschung, die daraus viele Informationen zur Arbeitsmotivation erhalten hat. Gerade seine Idee des schmalen Grats zwischen Überforderung und Unterforderung von Mitarbeitern offenbart die herausfordernde Problematik für ein Personalmanagement, das den Output der Mitarbeiter steigern will. Über das Personalmanagement hinaus beeinflusst seine Theorie aber auch viele andere Fachgebiete, zum Beispiel die Entwicklung von Videospielen, bei denen ebenfalls eine Flow-Erfahrung auftritt.

Auf der Grundlage seiner Lebenserfahrung, aber auch auf Basis seiner Forschungen zu Kreativität und Lebensfreude, wird Csikszentmihalyi als einer der führenden Forscher einer *positiven Psychologie* angesehen, die sich weniger auf menschliches Nichtfunktionieren als vielmehr auf das Erreichen von Zufriedenheit konzentriert. Er bringt in das Personalmanagement die Überzeugung ein, dass Unterdrückung und Angsterzeugung gegenüber Mitarbeitern nur schlechte Motivationsfaktoren sein können und dass lediglich freiwillig gewählte Disziplin Mitarbeiter zu Höchstleistung führen kann. Er baut damit auf die von innen kommende, intrinsische Motivation der Mitarbeiter als Leistungsanreiz.

Christian Scholz und Personalmanagement als Systemdynamik

Im Jahre 1952 in Vöcklabruck, Österreich, geboren, 1981 an der Universität Regensburg promoviert, dort 1986 habilitiert, ist Christian Scholz seit 1986 Professor für Betriebswirtschaftslehre, insbesondere Organisation, Personal- und Informationsmanagement an der Universität des Saarlandes in Saarbrücken. Dort ist er auch Gründer und Direktor des Instituts für Managementkompetenz.

Die Arbeit zum Personalmanagement von Scholz ist von der Systemtheorie durchzogen. Er befasst sich allerdings nicht nur mit der Vielzahl von Systemelementen, also mit den vielen Aufgaben und Lösungen im Personalmanagement, die er nur aufzuzählen bräuchte, um bereits eine ausreichend hohe Komplexität zu erreichen. Viel wichtiger ist ihm das noch komplexere Zusammenwirken aller dieser Systemelemente in ihrer Dynamik.

Grundlegend ist sein strategischer Personalmanagementansatz, der inhaltliche Felder der Personalarbeit, verschiedene Ebenen strategischen Entscheidens und grundlegende Handlungsorientierungen stimmig aufeinander bezieht. Ziel des Personalmanagements ist es für Scholz, es so zu optimieren, dass sowohl seine bewussten Strategien als auch das unbewusste Personalmanagementhandeln im Unternehmen Wertschöpfung hervorbringen. Das »Strategische« am Personalmanagement liegt für Scholz darin, dass sich Unternehmen unter anderem auch durch ihre Personalstrategie und durch ihr Personalmanagement von anderen Unternehmen abheben und so Wettbewerbsvorteile erarbeiten können.

Aufbauend hierauf kommen im Personalmanagement die dynamischen Systemeigenschaften zum Tragen: Dynamische Systeme sind komplex und können sich bereits durch kleine Eingriffe komplett verändern oder sogar kollabieren. Vor allem reagieren dynamische Systeme häufig entgegen der Erwartung der Entscheider, weil sie die verborgene Systemkomplexität im Voraus nicht durchschaut haben. Ein effektiver Umgang mit komplexen Systemen erfordert daher ein Denken in Szenarien, in Zeiträumen statt in Zeitpunkten sowie in Fern- und Nebenwirkungen. Personalmanagement lässt sich als Simulationsansatz begreifen, der verschiedene Zukunftszustände systematisch durchspielt und im Vorhinein beurteilt.

Diese systemdynamische Grundidee übersetzt Scholz in aktuelle Herausforderungen des Personalmanagements. So beschäftigt er sich mit der *virtuellen Personalabteilung* als einer Organisationsform für das Personalmanagement, die sich der Gestaltungsmöglichkeiten des Internets und sozialer Netzwerke bedient. Hierbei werden neue Integrationsformen hinsichtlich dezentral verteilter Aufgaben der Personalwertschöpfungskette möglich, gekoppelt mit einem höheren Einfluss von Multimedia. In der Folge kann sich die Verantwortung für das Personalmanagement auch auf Schultern außerhalb der Personalabteilung verteilen.

Ein weiteres Thema ist das *Humankapitalmanagement* – also die Herausforderung, Humankapital so zu steuern, dass das optimale Ertragspotenzial zu niedrigen Kosten mit den maximalen Erträgen erreicht wird. Diese drei Ziele sind wiederum nur in der miteinander verbundenen Systemlogik zu erreichen. Hierzu entwarf er mit Kollegen die »Saarbrücker Formel« zur Humankapitalbewertung. Das Spannende ist unter anderem, dass darin die Komponenten des Humankapitals bereits so miteinander verzahnt sind, dass in einer vorausschauenden Bewertung die dynamischen Fern- und Nebenwirkungen des Personalmanagementhandelns in Geldgrößen ausgedrückt sichtbar werden. So können optimierende Strategien zu Wissensmanagement, Personalentwicklung, Commitment, Mitarbeiterbindung und vielen anderen personalwirtschaftlichen Entscheidungsbereichen abgeleitet werden.

In einer gesellschaftlichen Perspektive interessiert Scholz, was eigentlich die neue Arbeitswelt ausmacht, in der wir zukünftig arbeiten werden. Das sind nicht allein neue Mitarbeitergenerationen wie die *Generation Z* mit ganz anderen Präferenzstrukturen als ihre Vorgängergenerationen X und Y. Es ist auch die dynamische Interaktion zwischen Unternehmen, die im darwinistischen Wettbewerb um ihr Überleben kämpfen, und Mitarbeitern, die mehr oder weniger opportunistisch-egoistisch ihre eigenen Vorteile suchen. Der wechselseitige Versuch, diese widerstreitenden Interessen durchzusetzen, führt zu unterschiedlichen »Spielregeln« für das Arbeiten in Unternehmen – wofür er den Begriff *Darwiportunismus* prägt. Für Scholz ist es nur konsequent, dass sich das Personalmanagement, wenn es erfolgreich sein will, durch eine weitere Professionalisierung an diese komplexe Ausgangs-

lage anpassen muss: Sie fordert er als Dreiklang aus strategischem Inhalt, Kompetenz im Sinne von Befähigung und Kompetenz im Sinne von Befugnis.

Das systemdynamische Denken wird sich gemäß Scholz in der Zukunft des Personalmanagements weiter verstärken müssen, spätestens wenn es um das Thema *Nachhaltigkeit* geht. Die zukunftssichere, ressourcenschonende und langfristige Ausrichtung unternehmerischer Tätigkeit betrifft gerade auch das Personalmanagement, das ökologische, ökonomische und soziale Akzente – in der Personalarbeit wie auch im gesamten Unternehmen – setzen und unterstützen kann.

Nancy Adler und internationale Personalführung

Im Jahre 1948 in Kalifornien, USA, geboren, 1980 an der Graduate School of Management der University of California von Los Angeles, USA, zum Ph.D. promoviert, ist Nancy J. Adler seit 1990 Professorin für Organizational Behavior and International Management an der McGill University in Montreal, Kanada.

Sie öffnet die Perspektive auf die internationalen Dimensionen des Managements und der Personalführung von Unternehmen. Sie schärft den Blick dafür, dass nationalkulturelle Unterschiede das Arbeiten von und in Unternehmen beeinflussen und dass die Kommunikation über kulturelle Grenzen hinweg zumeist mit Missverständnissen behaftet ist. Aber anstatt sich hierüber zu beklagen, entwirft Adler ein Instrumentarium dafür, wie kulturelle Unterschiedlichkeit (Diversität) als Hebel genutzt werden kann, um kulturelle Synergien hervorzubringen, multikulturelle Teams erfolgreich zu machen und im internationalen Zusammenhang Geschäftsverhandlungen zu führen. Schlüssel hierzu ist die Erkenntnis, dass Unterschiedlichkeit eine Ressource und ein Wettbewerbsvorteil von Unternehmen sein kann.

Eines ihrer Spezialgebiete ist die globale Personalführung. Adler macht besonders auf die Herausforderung aufmerksam, in Teams mehrere Mitarbeiter aus verschiedenen Kulturen gleichzeitig führen und begeistern zu müssen. Dabei sollen nicht nur erfolgreiche Unternehmen, sondern auch erfolgreiche Gesellschaften entstehen. In diesem Zusammenhang warnt sie vor der gerade in den USA verbreiteten Ansicht, die amerikanischen Werte und die amerikanischen Motivationstheorien und -instrumente seien universell mit der gleichen Effektivität einsetzbar: Vielmehr variieren die zielführenden Führungsstile über Kulturen hinweg in erheblichem Maße. Deshalb ist eine kulturelle Betrachtung im Personalmanagement wichtig.

Schon früh stellt Adler die Rolle von Frauen als globale Führungskräfte heraus: Unternehmen sind zunehmend darauf angewiesen, unabhängig von deren kulturellen Herkunft und Geschlecht die besten Führungskräfte zu gewinnen, um im internationalen Wettbewerb zu bestehen. Damit ist Adler eine der Vordenkerinnen eines breiten Diversity-Begriffs im Personalmanagement, konzipiert also das Verstehen und Gestalten von Unterschiedlichkeit in mehrfacher Hinsicht.

Sehr bekannt und interessant ist auch Adlers Weg, ihre Bilder, die sie als Künstlerin malt, zur Verbesserung von Personalführung einzusetzen. Ihr Buch »Painting Leadership« lädt den Leser dazu ein, in »reflektierender Stille« unter Betrachtung der Bilder und einiger Impulsfragen über sich nachzudenken und so den Kern seiner persönlich besten Personalführung zu entdecken. Seine Gedanken kann man dann gleich in dem Buch notieren.

Stichwortverzeichnis

FÜR DUMMIES

KUNDEN FINDEN UND BINDEN

Beratung und Consulting für Dummies
ISBN 978-3-527-70516-0

Dialogmarketing für Dummies
ISBN 978-3-527-70327-2

Erfolgreich Verhandeln für Dummies
ISBN 978-3-527-70410-1

Erfolgreich Verkaufen für Dummies
ISBN 978-3-527-70435-4

Facebook Marketing für Dummies
ISBN 978-3-527-70823-9

Fundraising, Sponsoring und Spenden
für Dummies
ISBN 978-3-527-70391-3

Guerilla Marketing für Dummies
ISBN 978-3-527-70549-8

Kundenservice für Dummies
ISBN 978-3-527-70305-0

Marketing für Dummies
ISBN 978-3-527-70640-2

Modernes Verkaufen für Dummies
ISBN 978-3-527-70448-4

Pressearbeit für Dummies
ISBN 978-3-527-70503-0

IHR WEG ZUM ERFOLG IM BUSINESS

Balanced Scorecard für Dummies
ISBN 978-3-527-70450-7

Beratung und Consulting für Dummies
ISBN 978-3-527-70516-0

Businessplan für Dummies
ISBN 978-3-527-70568-9

BWL für Dummies
ISBN 978-3-527-70912-0

Change Management für Dummies
ISBN 978-3-527-70537-5

Controlling für Dummies
ISBN 978-3-527-70648-8

Erfolgreiches Stressmanagement
für Dummies
ISBN 978-3-527-70754-6

Management für Dummies
ISBN 978-3-527-71137-6

NLP im Beruf für Dummies
ISBN 978-3-527-70542-9

Projektmanagement für Dummies
ISBN 978-3-527-70736-2

Prozessmanagement für Dummies
ISBN 978-3-527-70371-5

Strategische Planung für Dummies
ISBN 978-3-527-70365-4

FÜR EINEN ERFOLGREICHEN EINSTIEG

Business-Knigge für Dummies
ISBN 978-3-527-70651-8

Businessplan für Dummies
ISBN 978-3-527-70568-9

Existenzgründung für Dummies
ISBN 978-3-527-70743-0

Freiberufler für Dummies
ISBN 978-3-527-71067-6

Journalismus für Dummies
ISBN 978-3-527-70746-1

Knigge für Dummies
ISBN 978-3-527-71093-5

Körpersprache für Dummies
ISBN 978-3-527-70449-1

Online bewerben für Dummies
ISBN978-3-527-70539-9

Rechtschreibung für Dummies
ISBN 978-3-527-70740-9

Top-Antworten im Bewerbungsgespräch
für Dummies
ISBN 978-3-527-70422-4

KLEIN, ABER OHO – DIE »POCKETBÜCHER FÜR DUMMIES«

Assessment-Center für Dummies
ISBN 978-3-527-70464-4

Balanced Scorecard für Dummies
ISBN 978-3-527-70466-8

Besser präsentieren für Dummies
ISBN 978-3-527-70569-6

Das Bewerbungsgespräch
für Dummies
ISBN 978-3-527-70491-0

Der erfolgreiche Verkaufsabschluss
für Dummies
ISBN 978-3-527-70463-7

Grundlagen Projektmanagement
für Dummies
ISBN 978-3-527-70595-5

Mitarbeiter fördern und beurteilen
für Dummies
ISBN 978-3-527-70607-5

Professionell telefonieren
für Dummies
ISBN 978-3-527-70571-9

Techniken der Schlagfertigkeit
für Dummies
ISBN 978-3-527-70798-0

Verhandlungstipps für Dummies
ISBN 978-3-527-70459-0

Werben mit kleinem Budget
für Dummies
ISBN 978-3-527-70458-3

Weitere Titel aus der »… für Dummies«-Reihe finden Sie unter www.fuer-dummies.de und im Buchhandel.

1. Einleitung

1.1 Begriff der Due Diligence

Der Begriff der Due Diligence ist heute unter denen, die sich als sachverständige Gutachter mit einer Due Diligence befassen, nicht mehr umstritten. Probleme bereitet der Begriff aber noch dem Personenkreis z.B. mittelständischen Unternehmern, die erstmals im Rahmen von Käufen oder Verkäufen von Unternehmen damit konfrontiert werden. Wer sich aber bereits mit Unternehmensbewertungen – also mit der Frage: Was ist ein Unternehmen eigentlich wert? – befaßt hat, hat sich bereits mit der Technik einer Due Diligence auseinandergesetzt. Es wird sich zeigen, daß die Inhalte und die Techniken der Due Diligence weitgehend mit der Unternehmensanalyse im Vorfeld einer Unternehmensbewertung übereinstimmen.

Die sinngemäße Übersetzung von Due Diligence lautet »der Sorgfalt entsprechend«. Im übrigen gibt es keine verbindliche Definition. Allgemein verstanden wird unter Due Diligence die detaillierte und systematische Analyse von qualitativen und quantitativen Informationen und Daten einer Gesellschaft mit dem Ziel, ein aussagefähiges Gesamtbild des Unternehmens zu erlangen.

Eine solche Due Diligence wird z.B. durch Erwerber im Rahmen eines Unternehmenskaufes, eines Beteiligungserwerbs für strategische Überlegungen des Erwerbers und zur Ermittlung eines Unternehmenswertes vorgenommen.

Analyseschwerpunkte sind zunächst die allgemeine ökonomische Lage und die Situation der Branche, der das Unternehmen zugeordnet werden kann. Im Rahmen der internen Analyse des Unternehmens werden technische, organisatorische, umweltrelevante, psychologische, rechtliche und steuerrechtliche sowie finanzielle Schwerpunkte der Prüfung abgearbeitet. In der Praxis kommt es vor, daß nur einzelne Schwerpunkte abgeprüft werden. So kann z.B. die wirtschaftliche Due Diligence, die u.a. die Markt- und Wettbewerbsstruktur abdeckt, von einem potentiellen Käufer selber durchgeführt werden und die Prüfung der rechtlichen sowie steuerrechtlichen Situation einem sachverständigen Gutachter übertragen werden. Man spricht dann von einer Teil-Bereichs-Due Diligence (Limited Scope Due Diligence). In den Fällen, wo der Gutachter die komplette Due Diligence durchführen wird, spricht man von Voll-Bereichs-Due Diligence (Full Scope Due Diligence).

Eine Due Diligence ist immer die Voraussetzung für eine Unternehmensbewertung. Ein Vergleich der angelsächsischen Literatur zur Due Diligence und der deutschen Literatur zur Unternehmensbewertung zeigt, daß es keine Unterschiede zwischen den Verfahren der Vorprüfung gibt, die zu einer

Bewertung eines Unternehmens führen. Man wird also gut daran tun, sich der umfangreichen Erkenntnisse, die seit Jahrzehnten über die Unternehmensbewertung in der Praxis anerkannt sind, zu erinnern. Alleine die Tatsache, daß sich bisher kein deutscher Begriff für Due Diligence durchgesetzt hat, rechtfertigt nicht, von einer neuen Analysemethode zu sprechen.

1.2 Philosophie der Due Diligence

Bevor Überlegungen angestellt werden, wie eine Due Diligence durchgeführt werden soll, muß man sich darüber klar werden, was die Due Diligence im jeweiligen Fall bezwecken soll. Daher gibt es keine Grundregeln, die für alle Erhebungen gelten. Jeder Fall ist anders gelagert. Was bei dem einen Unternehmen außerordentlich wichtig ist, kann bei dem anderen völlig unerheblich sein.

Gleichwohl ist es wichtig, zunächst eine ganzheitliche Betrachtung vorzunehmen. Das Prinzip des ganzheitlichen Analyseansatzes besagt, daß ein Unternehmen nie nur aus einem Blickwinkel und aus einer Fachrichtung heraus beurteilt werden darf. In die Analyse müssen vielmehr die Aspekte Markt und Wettbewerb, Technik und Produktion, Umwelt, Organisation und Rechnungswesen, Recht und Steuern, Psychologie und Kultur sowie Plan und Bilanz zunächst gleichwertig behandelt werden. Erst dann dürfen in einzelnen Bereichen besondere Analyseschwerpunkte herausgefiltert werden, um die Kernfaktoren des Unternehmens für Erfolg und Mißerfolg zu ermitteln.

Es hat keinen Zweck, nur Erhebungen zu Einzelsachverhalten durchzuführen. Ausschlaggebend kann nur das Unternehmen in seiner Gesamtheit sein. Dafür ist erforderlich, das Unternehmen in seinem Gesamtbild auf sich wirken zu lassen. Erst in der Stimmigkeit dieses Gesamtbildes liegt eine plausible Begründung für einen in der Planung vorgestellten langfristigen Erfolg des Unternehmens. Dieser Ansatz der Due Diligence führt aber nicht zu einer Vernachlässigung von Einzelinformationen. Es sind gerade diese Einzelinformationen, aus denen sich das Gesamtbild zusammensetzt. Insofern ist die Auswahl der Erhebungsschwerpunkte von einer ganzheitlichen Betrachtungsweise abhängig.

Für den ganzheitlichen Analyseansatz bedarf es eines Gutachters, der nicht auf ein Aufgabengebiet spezialisiert ist und durch diese fachliche Befangenheit nicht den Blick für die Auswirkung eines Sachverhaltes auf die verschiedenen Bereiche hat. Darüber hinaus muß der Gutachter auch die mögliche Komplexität einer Spezialfrage erkennen und ausloten können. Hierzu können in besonders schwierigen Fällen, wie z.B. umweltrechtlichen oder technischen Fallgestaltungen, weitere externe Gutachter eingesetzt werden. Für das zu untersuchende Unternehmen und für den Auftraggeber ist es aber hilfreich, nur einen Ansprechpartner zu haben, der im Ausnahmefall erforderliche Sondergutachten moderiert und im übrigen durch eigene Hilfskräfte unterstützt wird.

Das Prinzip der Wesentlichkeit und Wirtschaftlichkeit der Due Diligence erfordert im Rahmen der Gesamtschau des Unternehmens eine genaue Eingrenzung der Erhebungen. Die Kunst der finalen Informationsgewinnung beinhaltet, daß jede Information sofort gewichtet werden muß, welche Quintessenz sich daraus ergeben kann, und ob sie für den Zweck der Due Diligence aussagekräftig ist.

In der Vernachlässigung dieser Überlegung liegt der Hauptmangel aller Checklisten, die in Praxis und Literatur angeboten werden, gleich, ob sie zu dem Thema Unternehmensbewertung oder zum Thema Due Diligence aufgestellt worden sind. Checklisten stehen unter dem Postulat der Vollständigkeit; ein Postulat, daß betriebswirtschaftlich ineffektiv ist. Mit solchen Checklisten werden die mangelnde Kenntnis und das Fingerspitzengefühl des Gutachters kaschiert. Oft werden mit Hilfe dieses Instrumentes unerfahrene Prüfungsassistenten eingesetzt, die sich mit großem Zeitaufwand und einer unerträglichen Belastung für das zu untersuchende Unternehmen von Position zu Position »hangeln« und dabei in der Regel »den Wald vor lauter Bäumen nicht mehr erkennen«. Aus diesem Grund können Checklisten nur insoweit sinnvoll sein als sie eine grobe Linie der Erhebungsschritte vorgeben, etwa vergleichbar mit dem Inhaltsverzeichnis eines Buches.

Erfahrene Gutachter wissen hingegen, daß es für jedes Unternehmen nur eine Handvoll von positiven und negativen Faktoren gibt, die für den Erfolg oder den Mißerfolg des Unternehmens ausschlaggebend sind. Diese Faktoren lassen sich zunächst nach Branchen gewichten, weil es für jede Branche eigene Spielregeln gibt, deren Beachtung für das Unternehmen entscheidend ist. Das ist eigentlich sehr einfach zu verstehen. Eine Bank wird nach anderen Maßgaben erfolgreich sein als ein stahlproduzierendes Unternehmen, ein Softwarehaus oder ein Dienstleistungsunternehmen. Gerade diese Eigenheit wird bei den Checklisten vernachlässigt, die in der Regel den gesamten Unternehmensbereich abdecken.

Darüber hinaus gibt es speziell auf das einzelne Unternehmen bezogene Risiken und Chancen, die die sogenannten Kernfaktoren des Unternehmens darstellen. Diese sind aber wieder so speziell, daß sie in den Checklisten nicht erfaßt werden können. Oft lassen sie sich erst erkennen, wenn bestimmte vorgelagerte Eigenheiten des Unternehmens untersucht worden sind; sie tauchen gewissermaßen erst dann an der Oberfläche auf, wenn sie durch eine Fokussierung der Erhebungen deutlich geworden sind. Dann können intensive Untersuchungen erforderlich werden, die im Vorfeld der Erhebungen nicht erkennbar gewesen sind.

Neben dem Prinzip der Wesentlichkeit und Wirtschaftlichkeit ist auf das Prinzip der permanenten Hinterfragung zu achten. Diese Prinzip bedeutet, daß bei jeder Information überlegt werden muß, ob sie zutreffend oder plausibel ist, bevor sie als Basis einer Schlußfolgerung herangezogen werden kann. Diese Frage kann nur dann befriedigend gelöst werden, wenn eine weitere Quelle für die Information angeführt werden kann. Das ist zweckmäßigerweise eine externe, nicht mit dem Unternehmen verbundene Quelle. Auch hierbei ist eine wirtschaftliche Betrachtung anzustellen. Wenn eine für das Unternehmen negative Information aus dem Unternehmen kommt und der Anlaß der Due Diligence z.B. eine Börseneinführung des Unternehmens sein soll, so hat diese Information eine hohe Glaubwürdigkeit für sich. Etwas anderes kann sich dann ergeben, wenn das Eingeständnis einer weniger guten Konstellation in Wirklichkeit einen noch viel gravierenderen Mangel verdecken soll.

Ein wichtiges Prinzip ist das Prinzip der Mündlichkeit und der Transformation dieser Informationen in die Arbeitspapiere. Es hat keinen Zweck, Informationen von dem Unternehmen immer in schriftlicher Form abzufragen. Das wird sich gerade bei komplexen Sachverhalten, die in ihrer Entwicklung im Fluß sind, nur schwer innerhalb der vorgegebenen Zeit erreichen lassen. Die Flexibilität des Gutachters setzt voraus, daß er seine Erhebungen auf unverfälschten mündlichen Informationen fußen läßt.

Das Prinzip der Hinterfragung führt dazu, daß innerhalb des Unternehmens Fragen nach den Hintergründen, die der Gutachter als die Kernfaktoren des Unternehmens einschätzt, mehreren Personen gestellt werden. Nicht selten werden dabei sehr unterschiedliche Antworten gegeben. Der Gutachter sollte nicht zögern, hier das Risiko einer doppelten Befragung einzugehen. Aufschlußreich kann dieses Vorgehen insbesondere dann sein, wenn Personen unterschiedlicher Hierarchiestufen angesprochen werden. Gleichwohl wird der Gutachter bei dieser Vorgehensweise zurückhaltend vorgehen, um nicht den Eindruck zu erwecken, er wolle Auskünfte bestimmter Personen im Unternehmen durch die Befragung von anderen Personen als falsch darstellen.

Für die Durchführung der Due Diligence sollte der Gutachter auf die Einhaltung des Vier-Augen-Prinzips achten. Dies setzt voraus, daß der Gutachter wichtige Gespräche nie allein führt, sondern durch eine sachverständige Hilfskraft protokollieren läßt. Damit kann vermieden werden, daß Informationen verloren gehen. Für die gutachterliche Würdigung der einzelnen Sachverhalte ist es wichtig, daß sie innerhalb eines Teams diskutiert werden können. Oft ergeben sich gerade aus einer solchen Diskussion weitere Fragestellungen, deren Bearbeitung das Ergebnis der Due Diligence nachhaltig beeinflußt.

1.3   Mittelstand und Due Diligence

1.3.1   Wirtschaftsfaktor Mittelstand

Während in früheren Zeiten eine Due Diligence eher bei Großunternehmen durchgeführt wurde, hat sich der Bedarf für solche Unternehmensanalysen erheblich auf mittelständische Unternehmen ausgeweitet. Bei den betroffenen Personen hat sich inzwischen die Einsicht durchgesetzt, daß es für die Bewertung eines Unternehmens nicht mehr ausreicht, den Umsatz eines Jahres mit einem bestimmten Faktor zu multiplizieren. Damit wird man der Ertragskraft des Unternehmens nicht gerecht. Daher wird heute überwiegend auch bei dem Kauf eines mittelständischen Unternehmens eine umfassende Analyse, eben eine Due Diligence, durchgeführt.

Die Erfolgsfaktoren, die ein mittelständisches Unternehmen prägen, sind in der Einheit von Eigentum und Haftung begründet; d.h. die wirtschaftliche Existenz des mittelständischen Unternehmers und die seines Unternehmens bilden eine Einheit. Weitere Erfolgsfaktoren resultieren aus der Verantwortlichkeit des Unternehmers für die Leitung seines Unternehmens und aller damit zusammenhängenden unternehmensrelevanten Entscheidungen.

Hinzu kommen noch die persönlichen Beziehungen des mittelständischen Unternehmers zu seinen Mitarbeitern, seinen Kunden und Lieferanten. Die Identifikation des Unternehmers mit seinem Unternehmen ist ein Vorteil, der den mittelständischen Unternehmer positiv von den angestellten Managern der deutschen Großunternehmen abhebt.

Vergegenwärtigt man sich die aktuelle gesamtwirtschaftliche Bilanz des deutschen Mittelstandes, so zeigt sich an diesen beeindruckenden Zahlen, daß der deutsche Mittelstand die deutsche Wirtschaft bildet. Denn

- die mittelständischen Unternehmen beschäftigen über 60 % aller Arbeitnehmer,
- sie bilden über 80 % aller Auszubildenden aus,
- sie erbringen über 40 % aller Bruttoinvestitionen,
- sie tragen mit über 50 % zur Bruttowertschöpfung aller Unternehmen bei und
- sie erbringen nahezu 50 % aller steuerpflichtigen Umsätze.

Neben dieser an den Zahlen ablesbaren enormen Bedeutung hat sich bei den mittelständischen Unternehmern in den letzten Jahren ein Wandel vollzogen. Der typische Nachkriegsunternehmer, der maßgeblich zum erfolgreichen Aufbau Deutschlands beigetragen hat, wird immer seltener. Er wird abgelöst von einer Unternehmergeneration, die entweder auf den Erfolgen ihrer Vorgänger aufbauen kann oder durch Innovations- und Risikobereitschaft neue Märkte aufbaut, entwickelt und erfolgreich weiterführt. Die Globalisierung, die Internationalisierung, das Aufheben von räumlichen und zeitlichen Grenzen eröffnen für diese Unternehmer eine Vielzahl von Chancen. Mit diesen Chancen verbunden sind allerdings auch höhere Risiken. Der neue mittelständische Unternehmer selbst zeichnet sich durch ein hohes Maß an Risikobereitschaft aus. Er wird aber vordergründig schnell an seine finanziellen Grenzen stoßen, die ein weiteres Wachstum und damit die Umsetzung seiner unternehmerischen Ziele bremsen. Er benötigt Wachstumskapital, das ihm von außerhalb des Unternehmens zur Verfügung gestellt wird. Hierzu bieten sich eine Reihe von Möglichkeiten an, wie z.B. die Börseneinführung, die Beteiligung von Risikokapitalunternehmen, die Aufnahme weiterer Fremdmittel. Allen Möglichkeiten gemeinsam ist die vorgeschaltete Überprüfung im Hinblick auf die möglichen Chancen und Risiken bei einer Bereitstellung von weiteren Eigen- oder Fremdmitteln, mithin die Durchführung einer Due Diligence.

1.3.2 Bereitschaft des mittelständischen Unternehmers zur Due Diligence

Die Bereitschaft zur Due Diligence ist bei den einzelnen Unternehmern sehr unterschiedlich ausgeprägt. Die Vielfalt der Unterschiede läßt sich an zwei Extrempositionen verdeutlichen. Zum einen an dem zurückhaltenden Seniorunternehmer, der es seit Jahrzehnten gewohnt ist, seine geschäftlichen Erfolge unter dem Ziel der privaten Steueroptimierung zu erreichen. Zum anderen an dem offensiv agierenden (Jung-)Unternehmer, für den das schnelle Wachstum seines Unternehmens und damit der persönliche Erfolg im Vordergrund stehen. Während man den zurückhaltenden Seniorunternehmer erst von der Notwendigkeit der Preisgabe von Informationen über sein Unternehmen überzeugen muß, läßt sich der typische, offensiv agierende Unternehmer durch eine hohe Informationsbereitschaft über seine unternehmerischen Erfolge charakterisieren.

Eine reine Schwarz-Weiß-Konstellation ist in der Praxis selten. In der täglichen Due Diligence-Praxis lassen sich eine Reihe von Fallgestaltungen zwischen den beiden Extrempositionen feststellen.

Ein wichtiger Maßstab zur Bereitschaft, eine Due Diligence durchführen zu lassen, ist der konkrete Anlaß. Bei einer freiwillig initiierten Due Dili-

gence, wie sie z.B. im Rahmen einer Börseneinführung obligatorisch durchgeführt wird, ist die Informationsbereitschaft ungleich höher als bei einer
Due Diligence, die auf die Forderung einer Bank hin durchgeführt wird, um
die Voraussetzung für eine Erhöhung des Kreditengagements zu erfüllen.
Gerade im Hinblick auf die in der Zukunft verstärkt von den Banken geforderten Auskünfte, die ein Rating eines Unternehmens zum Ziel haben, werden sich die mittelständischen Unternehmer auf eine größere Informationsbereitschaft einzurichten haben.

Aufgabe des Due Diligence Prüfers ist es, die Bereitschaft des Unternehmers zu fördern, Informationen über sich und das Unternehmen zur Verfügung zu stellen, die eine qualifizierte Beurteilung der Chancen und Risiken
ermöglichen. In der Person des Prüfers liegt damit eine hohe Verantwortung. Deshalb ist es gerade bei einem mittelständischen Unternehmen, das
oft von einem der Gesellschafter geführt wird, wichtig, daß die Due Diligence von einem Gutachter vor Ort durchgeführt wird, der aus seiner Erfahrung heraus mit dem Gesellschafter dieselbe Sprache spricht und soviel Seriosität und Taktgefühl vermittelt, daß es zu einer bereitwilligen Information
kommt. Vor diesem Hintergrund ist es bedenklich, daß von großen WP-Ge-
sellschaften oder Beratungsunternehmen oft unerfahrene junge Angestellte
mit der Durchführung einer Due Diligence beauftragt werden.

1.3.3   Besonderheiten einer Due Diligence für mittelständische Unternehmen

Es gibt grundsätzlich keine auf mittelständische Unternehmen spezialisierte
Due Diligence oder Unternehmensbewertung. In Abgrenzung zu einer entsprechenden Analyse bei Großunternehmen kann man aber bei einem mittelständischen Unternehmen davon ausgehen, daß sich aufgrund der Aufga-
benbündelung bei Angestellten Schwächen im internen Kontrollsystem des
Unternehmens ergeben können. Hinzu kommt die Konzentration auf den
mittelständischen Unternehmer selber als zentralen Wissensträger. Da eine
Due Diligence im Regelfall immer als etwas Einmaliges für den Unternehmer auftritt, ist er von der zeitlichen Belastung stark eingebunden und wird
für sein operatives Geschäft weniger Zeit finden. Dieser besondere Zeitdruck wird in der Praxis zunächst nicht mit der nötigen Aufmerksamkeit
betrachtet. Als Beispiel sei hier der Fall der Börseneinführung erwähnt. Der
Wunsch, sich über die Börse Wachstumskapital zu beschaffen, wird bei der
Konkretisierung dieser Pläne sehr schnell zu einer zeitlichen Beanspruchung

des Unternehmers führen, die er im Vorfeld nicht für möglich gehalten hat. Die häufig vorzunehmende Umwandlung in eine Aktiengesellschaft, die Begleitung durch einen Emissionsberater, die Auswahl der konsortialführenden Emissionsbank, die Beantwortung der Fragen der Finanzanalysten, die aktive Einbindung in die Finanzkommunikation werden neben der Vorbereitung und der Durchführung der Due Diligence keine Zeit mehr für das eigentliche Geschäft des Unternehmens lassen. Dies alles macht eine Due Diligence bei mittelständischen Unternehmen häufig umfangreicher und oft auch schwieriger. Aber auch andere Anlässe, wie z.B. die Regelung der Nachfolge, wird einen Unternehmer zeitlich sehr stark einbinden. Wenn es zu einer Due Diligence kommt und sich eine Unternehmensbewertung anschließt, wird gerade der Unternehmer, der seine Nachfolge regeln möchte, häufig als alleiniger Ansprechpartner zur Verfügung stehen. Der mittelständische Unternehmer sollte sich im Vorfeld einer Due Diligence über diese starke zusätzliche zeitliche Belastung im Klaren sein. Ein besonderes Augenmerk wird man bei mittelständischen Gesellschaften auch auf die Verbindungen zwischen den Gesellschaftern und ihren Familienangehörigen oder ihnen nahestehenden Personen oder Gesellschaften richten müssen. Oft sind hier aus steuerlichen Gründen Gestaltungen vorgenommen worden, die zu einer Bevorzugung der Gesellschafter geführt haben.

Eine weitere Besonderheit, die eine Due Diligence bei einem mittelständischen Unternehmen erschwert, sind die oftmals anzutreffenden unzureichenden Berichtssysteme. Das Rechnungswesen und das Controlling sind nur ungenügend im Unternehmen eingerichtet. Die Buchhaltung wird häufig als »Außer-Haus-Buchhaltung« beim betreuenden Steuerberater geführt. Durch einen Wirtschaftsprüfer geprüfte Jahresabschlüsse liegen nicht vor, und der Controllingbereich ist entweder unterentwickelt oder überhaupt nicht vorhanden. Damit wird die Informationserfassung ein zentrales Problem bei einer Due Diligence in einem mittelständischen Unternehmen.

Häufig werden durch eine Due Diligence diese Probleme erstmals angesprochen und durch die Problematisierung einer ersten Lösung zugeführt. Dadurch ergeben sich in der Praxis somit positive Nebeneffekte einer Due Diligence, die zunächst nicht absehbar waren.

1.3.4 Vorteile einer Due Diligence

Aus den Erkenntnissen, die aus einer Due Diligence bei einem mittelständischen Unternehmen gewonnen werden, lassen sich für die an den Ergebnissen interessierten Entscheidungsträger wesentliche Vorteile ableiten, die in einer Konkretisierung des Unternehmenswertes oder der Ausgangsbasis für organisatorische Veränderungen innerhalb und außerhalb des Unternehmens liegen.

Für den Käufer eines Unternehmens werden die Chancen und Risiken der Gesellschaft bei einer umfassend durchgeführten Due Diligence so deutlich, daß sie als Entscheidungsgrundlage dienen können. Vergleichbare Erkenntnisse lassen sich aus der Analyse der Jahresabschlüsse der Gesellschaft nicht erzielen. Diese sind – bis auf kurze Anmerkungen im Lagebericht der Gesellschaft und bei den Eventualverbindlichkeiten – lediglich vergangenheitsbezogen und lassen damit keine Aussage über die zukünftige Entwicklung der Gesellschaft zu. Ein weiteres Manko der Jahresabschlüsse ist die Vernachlässigung des Marktumfeldes der Gesellschaft. Auch für die Bank wird die Betrachtung der zukünftigen Entwicklung ausschlaggebend für die Entscheidung zur Bereitstellung von Fremdkapital sein. Der Jahresabschluß hat für die Bank lediglich dokumentarischen Charakter.

Um die Sicherheit, die aus einer Due Diligence gewonnen werden kann, aufrechtzuerhalten, ist eine regelmäßige Aktualisierung der Due Diligence zu empfehlen. Anhand der Ergebnisse einer Folge-Due Diligence wird ein Investor auch feststellen können, ob sich der Shareholder Value des Unternehmens entsprechend seinen Vorstellungen entwickelt hat. Damit haben auch externe Investoren die Möglichkeit, kurzfristig die Effektivität der Geschäftsführung zu beurteilen und dies als Grundlage für Personalentscheidungen zu nutzen.

Durch die Due Diligence erfolgt eine Konkretisierung eines Unternehmenswertes zugunsten des Verkäufers. Er ist in der Lage, aufgrund der plausiblen Gesamtdarstellung einen Unternehmenswert in die Verhandlungen einzubringen, der tendenziell zu einem höheren Unternehmenskaufpreis führen kann. Die Due Diligence führt dazu, daß sich das Unternehmen in einem »aufgeräumten Zustand« präsentieren kann. Risiken werden transparenter und damit möglicherweise beherrschbarer. Chancen werden im Rahmen der Due Diligence deutlicher, weil die Planungen mit einem entsprechenden Mengengerüst plausibler sind. Auch für einen Kreditnehmer ist die Due Diligence von Vorteil. Wenn das Unternehmen transparenter dargestellt wird, kann möglicherweise eine Verbesserung der Finanzierungskonditionen erreicht werden. Denn die Höhe der Finanzierungskosten ist immer ein Ausdruck für das Risiko der kreditgebenden Bank. Auch hier führt die regelmäßig wiederholte Due Diligence zu einer Festigung des Vertrauens bei der Bank. Das Risiko eines Ausfalls wird damit erheblich gemindert. Erhebliche Bedeutung wird die Due Diligence dann erhalten, wenn der

Gesetzgeber die europäischen Forderungen nach einem Rating bei mittelständischen Unternehmen umsetzt.

Selbst dann, wenn weder eine Beteiligung eines Dritten mit Eigenkapital noch mit Fremdkapital angestrebt wird, kann die Due Diligence mit den aus ihr gewonnenen Erkenntnissen die Basis für die Einleitung von Verbesserungsmaßnahmen des Unternehmens durch die Geschäftsführung oder die Gesellschafter sein. Das gilt insbesondere in Sanierungsfällen, da hier eine Reorganisation des Unternehmens und die Wiedergewinnung einer Ertragskraft nur gelingen kann, wenn die Schwächen des Unternehmens und die Entstehung der Sanierungslage deutlich geworden sind.

Aus der praktischen Erfahrung läßt sich ableiten, daß eine Due Diligence auch dann sehr vorteilhaft ist, wenn sie unternehmensintern durch einen Gutachter durchgeführt wird, bevor eine extern initiierte Analyse des Unternehmens erfolgt. Bei diesem Vorgehen hat das Unternehmen die Möglichkeit, sich auf die Erkenntnisse aus einer Due Diligence vorzubereiten. Oft lassen sich im Vorfeld mögliche Risiken des Unternehmens erkennen und entweder beseitigen – insbesondere wenn es sich um organisatorische Versäumnisse handelt – oder aber argumentativ so aufbereiten, daß sie bei der später vorgenommenen externen Due Diligence entkräftet werden können.

1.3.5 Fazit

1. Während in früheren Zeiten eine Due Diligence eher bei Großunternehmen durchgeführt wurde, hat sich der Bedarf für solche Unternehmensanalysen deutlich auf mittelständische Unternehmen ausgeweitet.
2. Die gesamtwirtschaftliche Bilanz der mittelständischen Unternehmen ist um ein Vielfaches bedeutender als die der Großunternehmen.
3. Der typische Nachkriegsunternehmer wird immer seltener. Er ist abgelöst worden durch einen Unternehmertyp, der sich durch hohe Innovationsfreude und Risikobereitschaft auszeichnet, dem aber zum weiteren Wachstum seines Unternehmens von externer Seite Kapital zur Verfügung gestellt werden muß.
4. Die Bereitschaft zu einer Due Diligence läßt sich durch zwei Extrempositionen charakterisieren. Dies ist einmal der zurückhaltende Seniorunternehmer, der es seit Jahrzehnten gewohnt ist, seine geschäftlichen Erfolge mit dem Ziel der privaten Steueroptimierung zu erreichen. Zum anderen gibt es den offensiv agierenden (Jung-)Unternehmer, für den

das schnelle Wachstum seines Unternehmens und der persönliche Erfolg im Vordergrund stehen.

5. Der zurückhaltende Seniorunternehmer muß erst von der Notwendigkeit der Preisgabe von Informationen über sein Unternehmen überzeugt werden. Der offensiv agierende (Jung-)Unternehmer läßt sich eher durch eine hohe Informationsbereitschaft über seine unternehmerischen Erfolge charakterisieren.

6. Es gibt grundsätzlich keine auf mittelständische Unternehmen spezialisierte Due Diligence. Allerdings ist die Informationserfassung häufig das zentrale Problem bei einer Due Diligence in einem mittelständischen Unternehmen.

7. Besonderheiten bei einer Due Diligence mittelständischer Unternehmen sind unternehmensindividuell und treten insbesondere in dem oftmals nur unzureichend ausgebildeten Finanz- und Rechnungswesen und im Controlling auf. Darüber hinaus führen oftmals steuerliche Gestaltungen und damit zusammenhängende Verknüpfungen der Gesellschaft mit den Gesellschaftern zu einer hohen Intransparenz des Unternehmens.

8. Eine Due Diligence schafft Transparenz im Unternehmen. Die Erkenntnisse aus den festgestellten Chancen und Risiken bilden häufig den Ausgangspunkt für weitere unternehmerische Maßnahmen.

9. Eine regelmäßig aktualisierte Due Diligence wirkt risikovorbeugend und ergänzt die vergangenheitsorientierten Informationen der Jahresabschlüsse.

10. Zur Vorbereitung auf eine von Dritten initiierte Due Diligence bietet sich eine interne »Generalprobe« an. Ein solches Vorgehen schafft die Voraussetzungen, sich angemessen auf die Due Diligence vorzubereiten.

1.4 Anlässe für eine Due Diligence

Die Anlässe, die eine Due Diligence erfordern, sind vielfältiger Natur. Die umfangreichen Anlässe lassen sich danach differenzieren, ob sie aufgrund gesetzlicher Bestimmungen oder freiwillig initiiert worden sind.

Die wesentlichen Anlässe in der Unternehmenspraxis zeigt die Abbildung 1.

Due Diligence aufgrund gesetzlicher Bestimmungen

- Ausscheiden eines Gesellschafters
- Abfindungen gemäß §§ 304, 305 AktG
- Verschmelzungen, Vermögensübertragungen oder Umwandlungen
- Steuerliche Erhebungen
- Erbauseinandersetzungen
- Scheidungsverfahren
- Enteignungen

Due Diligence auf freiwilliger Basis

- Kauf/Verkauf eines Unternehmens oder von Unternehmensteilen
- Börseneinführung
- Eigenkapitalaufnahme bei Dritten
- Fremdkapitalaufnahme bei Banken (Rating)
- Management-Buy-Out
- Sanierungen
- Umstrukturierungen/Spaltungen
- Gesellschaftsrechtliche Schiedsverträge
- Privatisierungen der öffentlichen Hand

Abb. 1: Anlässe einer Due Diligence

1.4.1 Due Diligence aufgrund gesetzlicher Bestimmungen

1.4.1.1 Ausscheiden eines Gesellschafters

Das Ausscheiden eines Gesellschafters aus einer Personengesellschaft führt nach § 738 BGB zu einem Abfindungsanspruch, der sich nach dem Wert des Unternehmens richtet. Der aus einer Personengesellschaft ausscheidende Gesellschafter ist dann dadurch abzufinden, daß der Verkauf des gesamten Unternehmens unterstellt und sein quotaler Anspruch am fiktiven Verkaufserlös ermittelt wird. Nach § 738 Abs. 2 BGB ist der Wert im Wege der Schätzung zu ermitteln. In der Praxis basiert die Wertermittlung regelmäßig auf einer vorgenommenen Unternehmensbewertung. Ein solcher Auseinandersetzungsanspruch kann durch den Gesellschaftsvertrag so reglementiert werden, daß eine umfangreiche Due Diligence und die Ermittlung eines Unternehmenswertes nicht erforderlich werden. Dies ist immer dann der Fall, wenn eine pauschale Abfindung zum Nominalwert des abgegebenen Gesellschaftsanteils oder eine vereinfachte Wertfindung nach dem standardisierten Stuttgarter Verfahrens vorgesehen ist.

Für den Prüfer, der die Due Diligence und die Wertfindung vorzunehmen hat, ist im Vorfeld der Analysearbeiten eine Durchsicht des Gesellschaftsvertrages erforderlich, um ggf. eine Eingrenzung der Due Diligence vornehmen zu können.

1.4.1.2 Abfindungen gemäß §§ 304, 305 AktG

Bei Abschluß eines Gewinnabführungs- oder Beherrschungsvertrages ist den außenstehenden Aktionären ein angemessener Ausgleich zu leisten. Grundsätzlich lassen sich zwei Varianten unterscheiden:

- Feste Ausgleichszahlung
  »Ein Gewinnabführungsvertrag muß einen angemessenen Ausgleich für die außenstehenden Aktionäre durch eine auf die Anteile am Grundkapital bezogene wiederkehrende Geldleistung (Ausgleichszahlung) vorsehen«, § 304 Abs. 1 Satz 1 AktG.
- Variable Ausgleichszahlung
  »Ein Beherrschungsvertrag muß, wenn die Gesellschaft nicht auch zur Abführung ihres ganzen Gewinns verpflichtet ist, den außenstehenden Aktionären als angemessenen Ausgleich einen bestimmten jährlichen Gewinnanteil nach der für die Ausgleichszahlung bestimmten Höhe garantieren«, § 304 Abs. 1 Satz 2 AktG.

Der Gutachter hat die Aufgabe, die Ausgleichszahlung zu errechnen. Die zentralen wertbestimmenden Faktoren sind die Vertragsdauer und die künftige Ertragslage. In der Praxis kommt daher in erster Linie die Ermittlung eines Ertragswertes zur Anwendung. Eine Due Diligence wird hierbei ein Schwergewicht auf die Risiken legen, die darin bestehen, daß der Hauptaktionär während der Laufzeit des Unternehmensvertrages der Gesellschaft stille Reserven entziehen kann.

Neben dem angemessenen Ausgleich nach § 304 AktG sieht § 305 AktG eine Abfindung in Aktien der herrschenden Gesellschaft oder eine Barabfindung vor. Eine Abfindung in Aktien wird immer dann gewählt, wenn die Erwartungen auf höhere Gewinne der beherrschenden Gesellschaft im Mittelpunkt stehen. In einem solchen Fall ist eine Unternehmensbewertung der herrschenden und der beherrschten Gesellschaft erforderlich. Eine Barabfindung wählt der abzufindende Aktionär immer dann, wenn er die Gewinnaussichten und die Wachstumschancen der herrschenden Gesellschaft ungünstig beurteilt.

Die Aufgabe des Gutachters liegt, wie im Falle des § 304 AktG, darin, einen Unternehmenswert zu ermitteln. Auch hierbei steht der Ertragswert im Mittelpunkt. Das Schwergewicht einer Due Diligence liegt somit in der Ermittlung der wertbestimmenden Chancen und Risiken.

1.4.1.3 *Verschmelzungen, Vermögensübertragungen oder Umwandlungen*

Bei Verschmelzungen, Vermögensübertragungen oder der Umwandlung einer Personenhandelsgesellschaft in eine Kapitalgesellschaft sind zur Bestimmung der neuen Anteilsverhältnisse Bewertungen beider Gesellschaften erforderlich.

Die Verschmelzung ist ein Vorgang, bei dem ein oder mehrere Rechtsträger ihr Vermögen als Ganzes unter Auflösung ohne Abwicklung auf einen anderen bestehenden oder neuen Rechtsträger gegen Gewährung von Anteilen dieses Rechtsträgers an die Anteilsinhaber oder die übertragenen Rechtsträger übertragen.

Bei der Vermögensübertragung geht, wie bei der Verschmelzung, das Vermögen eines Rechtsträgers im Ganzen ohne Abwicklung auf andere Rechtsträger über. Der übertragende Rechtsträger erlischt. Der Unterschied gegenüber der Verschmelzung besteht darin, daß die Anteilsinhaber des übertragenden Rechtsträgers keine Anteile am übernehmenden Rechtsträger erhalten, sondern eine Gegenleistung in anderer Form gewährt wird.

Im Vorfeld dieser Bewertungen wird regelmäßig eine Due Diligence durchzuführen sein.

1.4.1.4 Steuerliche Erhebungen

Im Rahmen von steuerlichen Erhebungen ist eine Due Diligence im Vorfeld einer Unternehmensbewertung bei der Erbschaft- oder Schenkungsteuer vorzunehmen. Die Finanzverwaltung greift bei der Bewertung in der Regel auf das Stuttgarter Verfahren zurück, das in den Vermögensteuerrichtlinien ausführlich dargestellt ist.

Im Rahmen einer Einlassung des Steuerpflichtigen gegen eine Wertfestsetzung durch die Finanzbehörde erfolgt eine Unternehmensbewertung, wenn besondere Umstände dazu führen, daß der betriebswirtschaftlich anzusetzende Wert deutlich unter dem nach dem Stuttgarter Verfahren ermittelten Wert liegt. Denkbar ist eine Due Diligence auch dann, wenn z.B. ein lästiger Gesellschafter abgefunden wird und die Finanzverwaltung eine Ausgleichszahlung wegen der Lästigkeit des ausscheidenden Gesellschafters nicht anerkennen will, die unmittelbar steuerlich als Aufwand geltend gemacht werden kann. Im Rahmen einer solchen Aufgabenstellung werden insbesondere die Risiken herauszustellen sein, die die Lästigkeit begründen.

1.4.1.5 Erbauseinandersetzungen

War ein Erblasser Inhaber eines Unternehmens, ist es für Erbauseinandersetzungen erforderlich, den Wert des Unternehmens zu ermitteln. In einem solchen Fall ist zunächst im Testament nach Regelungen zu suchen, die das Verfahren einer Bewertung im einzelnen festlegen. Oft sind hier pauschale Regelungen mit der Tendenz einer eher niedrigen Bewertung des Unternehmens vorgesehen, um eine besondere wirtschaftliche Belastung der Erben zu vermeiden, die das Unternehmen fortführen sollen und möglicherweise den Ausgleichsansprüchen der Miterben ausgesetzt sind. Da die Erben die für die Ausgleichszahlungen erforderlichen Mittel zumeist aus dem Unternehmen entnehmen müssen, kann eine überhöhte Zahlung auch das Unternehmen in Schwierigkeiten bringen und damit dem Testamentszweck, der einheitlichen, kontinuierlichen und erfolgreichen Fortführung des Unternehmens, zuwiderlaufen.

1.4.1.6 Scheidungsverfahren

Im Rahmen eines Scheidungsverfahrens wird eine Due Diligence zur Vorbereitung einer Unternehmensbewertung immer dann durchzuführen sein, wenn der gesetzliche Güterstand der Zugewinngemeinschaft (§§ 1363-1390 BGB) beendet wird, und zum Vermögen der Ehegatten ein Unternehmen oder die Beteiligung an einem Unternehmen gehört.

Besonderheiten bei dieser Due Diligence können sich aus den familienrechtlichen und zivilprozessualen Regelungen ergeben. Schwerer wiegt das Problem, daß bei einer Ausgleichszahlung an einen Ehegatten möglicherweise der Bestand des Unternehmens gefährdet wird, wenn die Zahlung aus dem Unternehmen heraus erfolgen muß. Insofern tritt bei der Due Diligence im Rahmen eines Scheidungsverfahrens das Dilemma auf, einerseits eine für beide Parteien objektive Analyse und Wertermittlung vorzunehmen und andererseits darauf zu achten, inwieweit eine Ausgleichszahlung den Bestand des Unternehmens gefährdet.

1.4.1.7 Enteignungen

Enteignungen von Privateigentum durch die öffentliche Hand sind nach Art. 14, Abs. 3 GG regelmäßig nur gegen Entschädigung zulässig. Bei einer Enteignung eines Unternehmers ist seitens der enteignenden Behörde eine Bewertung des Unternehmens durchzuführen. Diese Bewertung stellt die Basis für die Höhe der Entschädigung dar. Neben der Behörde wird auch der enteignete Unternehmer eine Unternehmensbewertung in Auftrag geben, um seinerseits im Widerspruchs- bzw. im Klageverfahren die entsprechenden Argumentationen für die von ihm beanspruchte höhere Entschädigung vortragen zu können.

Während die Behörde primär den entzogenen Vermögenswert zugrundelegt, wird sich der Unternehmer an den zukünftig entgangenen Erträgen orientieren. Eine Due Diligence wird hierbei einen realistischen Ausgleich zwischen den Chancen und Risiken, die den Ertragswert bestimmen, herbeiführen müssen.

1.4.2 Due Diligence auf freiwilliger Basis

1.4.2.1 Kauf/Verkauf eines Unternehmens oder von Unternehmensteilen

Der Hauptanwendungsfall einer Due Diligence ist der Kauf/Verkauf eines Unternehmens oder von Unternehmensteilen. Die Due Diligence hat die Aufgabe, die existierenden Chancen- und Risikopotentiale herauszuarbeiten. Im Vordergrund wird die Beauftragung durch den oder die potentiellen Käufer stehen. Die Due Diligence wirkt aus der Betrachtungsweise des Käufers eher kaufpreismindernd. Der Käufer erwartet von einer Due Diligence eine umfassende Darstellung der zentralen Risikofaktoren. Damit wird er vor Überraschungen geschützt und gewinnt Argumente für einen möglichst niedrigen Kaufpreis. Häufig erfährt die Due Diligence im Auftrag des Käufers noch eine Ergänzung in Form einer gutachterlichen Kaufpreisermittlung durch den Due Diligence-Prüfer.

Der Verkäufer eines Unternehmens oder von Unternehmensteilen wird mit den Ergebnissen der Due Diligence im Auftrage des Käufers konfrontiert. Zur Vorbereitung auf die Kaufpreisverhandlungen ist es sinnvoll, daß der Verkäufer selber eine Due Diligence initiiert. Im Mittelpunkt einer solchen Due Diligence werden die Chancenpotentiale stehen. Die Aufdeckung von Risikopotentialen sollte aber ebenfalls nicht außer acht gelassen werden. Damit hat der Verkäufer die Chance, mögliche Schwachstellen zu beseitigen, um seine Verhandlungsposition zu stärken. Die erheblichen kaufpreismindernden Auswirkungen von Schwachstellen, die durch den Käufer bewußt problematisiert und besonders hervorgehoben werden, können damit kompensiert werden.

Bei einer Due Diligence aus Anlaß des Kaufs/Verkaufs werden die bei Unternehmensbewertungen üblichen Analyseschritte zur Anwendung kommen. Die Ermittlung eines Unternehmenswertes schließt sich i.d.R. an. Insofern zeigt sich der Unternehmenswert als quantifizierte Wertgröße der ermittelten Chancen- und Risikopotentiale der Due Diligence.

1.4.2.2 Börseneinführung

Bei der Aufnahme von Eigenkapital über die Börse wird die konsortialführende Bank die Plausibilität der geplanten Ausschüttungen überprüfen lassen. Im Mittelpunkt der Analyse stehen die die Ausschüttungsfähigkeit bestimmenden Chancen und Risiken der Gesellschaft. Von besonderer Bedeutung hierbei ist die umfassende Analyse der Planungsrechnung. Gerade bei mittelständischen Unternehmen werden sich i.d.R. hierbei die größten Schwierigkeiten ergeben. Eine aussagefähige mehrjährige Planungsrechnung liegt meistens nicht vor, sondern wird im Rahmen der Durchführung einer Due Diligence erst erarbeitet. Eine die Plausibilität stützende Markt- und Wettbewerbsanalyse bildet einen weiteren Schwerpunkt der Due Diligence im Zusammenhang mit einer Börseneinführung. Diese Markt- und Wettbewerbsanalyse wird zunächst auf den Angaben des Unternehmens aufbauen. Sie ist aber in jedem Fall durch eigene Markt- und Wettbewerbsstudien des Due Diligence-Prüfers zu ergänzen. Hierbei stehen umfangreiche Informationsquellen zur Verfügung. Über das INTERNET können weltweit Informationen abgerufen werden.

Neben der konsortialführenden Bank treten z.B. auch die Gesellschafter, begleitende Emissionshäuser oder ein Emissionsberater als Auftraggeber für eine Due Diligence auf. In diesen Fällen wird die Due Diligence als Vorstufe zur Ermittlung des Emissionspreises herangezogen. Als Ergebnis werden in Szenarien unterschiedliche Emissionspreisvarianten ermittelt, um einen Argumentationsspielraum gegenüber den beteiligten Konsortialbanken für die Emissionspreisverhandlung aufzubauen.

1.4.2.3 *Eigenkapitalaufnahme bei Dritten*

Die Eigenkapitalaufnahme über Dritte erfolgt meist durch Beteiligungen von Unternehmensbeteiligungsgesellschaften, Venture-Capital-Gesellschaften, Kapitalanlagegesellschaften oder Emissionshäuser. Durch die vertraglich festgelegte zeitliche Beschränkung solcher Beteiligungen wird eine Due Diligence einen anderen Planungszeithorizont umfassen als bei einem klassischen Kauf-/Verkaufsfall.

Durch die Aufnahme von Eigenmitteln wird das Unternehmen häufig erst in die Lage versetzt, seine Unternehmenspläne umzusetzen. Daher wird hier die Analyse der Chancen und Risiken im Vordergrund stehen, die sich auf die Maßnahmen der Planungsrechnung unter Berücksichtigung des Mittelzuflusses ausrichten. Der Ausstieg aus einer solchen Beteiligung über eine Börseneinführung hat zunehmend an Bedeutung für die Beteiligungsgesellschaften gewonnen. Insofern unterscheidet sich eine Due Diligence bei einer Eigenkapitalaufnahme bei Dritten nicht maßgeblich von einer Due Diligence im Rahmen einer Börseneinführung.

1.4.2.4 Fremdkapitalaufnahme bei Banken

Bei der Gewährung von Fremdkapital durch Banken werden regelmäßig
Kreditwürdigkeitsprüfungen durchgeführt, um den Vorschriften des Kredit-
wesengesetzes (KWG) Rechnung zu tragen und die Sicherheit der Rückzahlung einer Analyse zu unterziehen. Das KWG sieht insbesondere bei Groß-
krediten neben der laufenden Überwachung des Unternehmens durch die
Einsicht in die Jahresabschlußunterlagen auch eine wirtschaftliche und finanzielle Überprüfung des Kreditnehmers zu Beginn des Kreditverhältnis-
ses vor.

Die Folgeüberprüfungen während der Laufzeit des Kredites erstrecken
sich meist auf die Abrufung der Jahresabschlußprüfungsberichte. Intensive
Analysen der laufenden Kreditwürdigkeit werden nur bei drohenden Kre-
ditausfällen durchgeführt.

Eine Änderung bei der Beurteilung der Kreditengagements steht für
die mittelständischen Unternehmen unmittelbar bevor. Durch die geplante
Einführung eines Ratings stehen die mittelständischen Unternehmen vor
großen Herausforderungen bei der Aufnahme weiterer Fremdmittel. Die
kreditgebenden Banken werden die neuen für sie geltenden Eigenkapital-
vorschriften nutzen, um das risikoreiche Kreditgeschäft neu zu ordnen. In
jedem Fall wird sich künftig der mittelständische Kreditnehmer, in Abhängigkeit von einer noch zu definierenden Größe, einer Bonitätseinstufung per
Rating stellen müssen.

Bei dieser Bonitätsprüfung werden die Analyse der Jahresabschlüsse der
Vergangenheit, die Auswertung der Planungsrechnungen sowie die Beurtei-
lung qualitativer Faktoren, wie z.B. die Qualität des Managements und der
Mitarbeiter im Vordergrund stehen.

Die Anforderungsprofile an einen solchen Rating-Prozeß sind weitgehend deckungsgleich mit einer umfassenden Due Diligence. Ein wesentlicher Unterschied wird sich aus der stärkeren Standardisierung der Erhe-
bungsprozesse ergeben. Es ist heute schon absehbar, daß sich durch diesen
vermeintlich neuen Analysestandard die zur Zeit noch gegebene Individualisierung eines jeden Due Diligence-Prozesses einer Standardisierung im
mittelständischen Bereich annähern wird.

Das dann jährlich zu aktualisierende Rating (Folge-Rating) ist mit der
standardisierten jährlich fortzuschreibenden Folge-Due Diligence vergleichbar. Wobei die Folge-Due Diligence über die Risikoanalyse eines Ratings hinausgeht. Bei der Folge-Due Diligence geht es darüber hinaus auch um die
Interessen der Eigenkapitalgeber an einer Wertsteigerung des Unternehmens.

1.4.2.5 Management Buy-Out

Einen Sonderfall einer Due Diligence im Vorfeld einer Unternehmensbewertung stellt ein Management Buy-Out dar. Hierbei handelt es sich um die Übernahme eines Unternehmens durch das Management selber. Eine solche Übernahme kann das gesamte Unternehmen oder Unternehmensteile umfassen. Bei der Übernahme von Unternehmensteilen erfolgt eine Ausgliederung aus dem Unternehmensganzen. Management-Buy-Outs sind insbesondere im Rahmen von Unternehmensumstrukturierungen, von Nachfolgeregelungen und bei Abwehrmaßnahmen gegen unerwünschte Übernahmen anzutreffen.

Die Schwierigkeiten für eine Due Diligence liegen darin, daß das Management das Unternehmen am besten kennt und damit die Informationen im Hinblick auf einen möglichst niedrigen Kaufpreis für das Unternehmen oder für Unternehmensteile steuern wird. Anders wird es dann sein, wenn das Management Buy-Out-Team ein Gutachten für die Bank benötigt, die das Management Buy-Out finanzieren soll.

1.4.2.6 Sanierungen

Im Vorfeld einer Sanierung wird regelmäßig eine Due Diligence durchgeführt. Diese Form einer Due Diligence ist von großer Komplexität und durch einen hohen Zeitdruck geprägt. Das Ergebnis einer solchen Due Diligence wird die Entscheidung vorbereiten, das Unternehmen fortzuführen oder es zu zerschlagen.

Der Ablauf der Due Diligence bei einer angestrebten Sanierung läßt sich in drei aufeinander aufbauenden Analysekomplexe gliedern: In eine Sanierungsbedürftigkeits-, eine Sanierungsfähigkeits- und in eine Sanierungswürdigkeitsprüfung. Im Mittelpunkt der Sanierungsbedürftigkeitsprüfung steht die Frage, ob eine Sanierung des Unternehmens aufgrund einer Zahlungsunfähigkeit oder einer Überschuldung erforderlich ist. Die Prüfung von Erwartungshypothesen über die Fortführung oder die Zerschlagung einer Unternehmung ist Gegenstand der Sanierungsfähigkeitsprüfung. Die Einbeziehung der Interessen der Sanierungsträger stellt den Ausgangspunkt der Sanierungswürdigkeitsprüfung dar.

Die Prüfung des Ausmaßes der Bedürftigkeit erfordert eine umfassende Aufnahme des Ist-Zustandes der Unternehmung. Im Vordergrund stehen die Erhebung, Auswertung und Beurteilung von Informationen über das Ausmaß der finanziellen und wirtschaftlichen Notlage. Die folgende Prüfung der Sanierungsfähigkeit baut auf der ersten Stufe auf. Im Mittelpunkt steht die Planung von Sanierungsmaßnahmen, die wiederum von dem auf der ersten Stufe festgestellten Ausmaß der Bedürftigkeit abhängen. Es geht hierbei um die nachhaltige Beseitigung der Bedürftigkeit und die Wiederherstellung einer angemessenen Ertragskraft. Aufbauend auf dem Sanierungskonzept bildet die Prüfung dieses Konzeptes durch die Sanierungsbeteiligten die Grundlage der Sanierungswürdigkeitsprüfung.

1.4.2.7 Umstrukturierungen/Spaltungen

Umstrukturierungen und Spaltungen von Gesellschaften führen zu einer Aufteilung des ursprünglichen Unternehmens auf mehrere rechtlich selbständige Gesellschaften oder auf voneinander abgrenzbare Unternehmenseinheiten. Häufig ist mit der Schaffung neuer rechtlicher und/oder wirtschaftlicher Einheiten einerseits die Aufnahme von zusätzlichem Kapital und andererseits der Verkauf von Einheiten verbunden. Als Auftraggeber einer solchen Due Diligence wird in erster Linie das Unternehmen auftreten, das umstrukturiert bzw. in mehrere Einheiten aufgespalten wird.

1.4.2.8 Gesellschaftsrechtliche Schiedsverträge

Um langwierige und kostenintensive gerichtliche Auseinandersetzungen zu vermeiden, werden regelmäßig Vereinbarungen in gesellschaftsrechtlichen Verträgen getroffen, die mögliche Auseinandersetzungen über Abfindungen, Ausscheiden und Gewinnauschüttungen vermeiden sollen. Als vertragliche Vereinbarungen dienen Schiedsklauseln. In diesen Schiedsklauseln wird meist ein Wirtschaftsprüfer benannt, der als unabhängiger Gutachter einen Schiedswert ermittelt. Ein solcher Schiedswert wird durch einen Unternehmenswert abgebildet, der einen fairen Kompromiß zwischen den Parteien repräsentieren soll.

Die Schwierigkeit einer solchen Due Diligence besteht in der Ermittlung eines angemessenen Ausgleichs der Chancen und Risiken der Gesellschaft für die Parteien.

1.4.2.9 Privatisierungen der öffentlichen Hand

Bei Privatisierungen der öffentlichen Hand, sei es in Form einer Börseneinführung beim breiten Anlegerpublikum oder über den Verkauf der Anteile im Ganzen an einzelne Käufer, wird eine Due Diligence im Hinblick auf eine Unternehmensbewertung primär zur ordnungsgemäßen Dokumentation der Verwendung des Staatsvermögens durchgeführt. Hierbei können zur standardmäßigen Analyse weitere spezifische Rahmenbedingungen hinzukommen, so z.B. die Auflage für den Erwerber, bestimmte Arbeitsplätze in dem zu privatisierenden Unternehmen zu erhalten oder öffentliche Versorgungsleistungen fortzuführen.

1.4.3 Fazit

1. Die Anlässe, die eine Due Diligence begründen, sind vielfältiger Natur. Sie können dahingehend systematisiert werden, ob sie auf gesetzlichen Regelungen oder auf freiwilliger Basis beruhen.
2. Unabhängig davon, ob eine gesetzlich oder eine freiwillig initiierte Due Diligence vorliegt, ist immer der Grundsatz der Wesentlichkeit zu beachten. Dies ist bei einer Konzentration auf die zentralen Faktoren bei den unterschiedlichen Anlässen gewährleistet.
3. Die Vielfältigkeit der Anlässe erfordert häufig unterschiedliche Vorgehensweisen bei einer Due Diligence.
4. Bei den gesetzlich initiierten Anlässen stehen die Ermittlung von Ausgleichszahlungen bei Abfindungen gemäß §§ 304, 305 AktG sowie die Ermittlung der Anteilsverhältnisse bei Verschmelzungen, Vermögensübertragungen oder Umwandlungen im Vordergrund.
5. In erbrechtlichen und scheidungsrechtlichen Verfahren ist die aus der Due Diligence folgende Unternehmensbewertung Grundlage für eine Ausgleichszahlung zwischen den streitenden Parteien.
6. Bei den freiwillig initiierten Anlässen stehen der Verkauf/Kauf von Unternehmen oder von Unternehmensteilen sowie die Börseneinführung im Vordergrund.
7. Die Due Diligence im Falle des Kaufs/Verkaufs von Unternehmen oder Unternehmensteilen wird primär durch den Käufer veranlaßt und dient zur Ermittlung möglicher Risikopotentiale, die kaufpreismindernd in die Verhandlungen eingebracht werden. Eine vom Verkäufer beauftrag-

te Due Diligence dient insbesondere der Ermittlung von Chancenpoten-
tialen und dem Ziel, kaufpreiserhöhende Argumente in der Verhandlung vortragen zu können.

8. Die Due Diligence aufgrund einer anstehenden Börseneinführung hat
das Ziel, die Chancen- und Risikopotentiale des Börsenunternehmens
zu ermitteln. Sie bildet den Ausgangspunkt für die Ermittlung der Ausschüttungsfähigkeit und die Plausibilität der häufig sehr ehrgeizigen
Unternehmensplanungen.

9. Die Due Diligence führt häufig zur Ermittlung von Unternehmenswerten oder Emissionspreisen. Eine Trennung zwischen einer Unternehmensbewertung und einer Due Diligence ist daher nicht erforderlich.
Die Due Diligence ist in diesen Fällen immer gleichzusetzen mit der
Unternehmensanalyse, die einer Ermittlung der Unternehmenswerte
vorausgeht.

10. Eine Due Diligence gehört heute bei vielen Anlässen zum normalen
Standard der Entscheidungsvorbereitung. Bei einem Kauf/Verkauf
trägt sie in hohem Maße dazu bei, die Chancenpotentiale angemessen
zu würdigen und die Risikopotentiale zu minimieren. Bei einer Börseneinführung ist eine Due Diligence obligatorisch und bildet die Basis für
die Ermittlung des Emissionspreises.

2. Ablauf der Due Diligence

Der Ablauf einer Due Diligence umfaßt die Phasen der Vorbereitung und der eigentlichen Durchführung. Hierbei spielen die Auswahl des Gutachters, seine Beauftragung, die Kosten, die Zusammenstellung des Due Diligence-Teams, die Vorbereitung der Basisunterlagen, die Vorgehensweise bei der Durchführung, die Dokumentation und die Berichterstattung sowie die Grundsätze einer Due Diligence eine besondere Rolle.

Der Ablauf und die Durchführung einer Due Diligence sind grundsätzlich unabhängig vom eigentlichen Anlaß. Allerdings werden die einzelnen Anlässe immer durch unterschiedliche Schwerpunkte gekennzeichnet sein und damit den Umfang und die zeitliche Abfolge einer Due Diligence bestimmen. Die Ermittlung der spezifischen Schwerpunkte einer Due Diligence steht immer am Anfang.

2.1   Vorbereitung

Die Durchführung der Due Diligence ist kostenintensiv, da hochqualifizierte Fachkräfte – in der Regel Wirtschaftsprüfer, Rechtsanwälte, technische Gutachter und spezialisierte Unternehmensberater – eingesetzt werden. Daher ist eine Vorbereitung erforderlich, die eine möglichst effektive und kurzfristige Durchführung der Due Diligence ermöglicht. Unabhängig von den Kosten ist eine kurzfristige Analyse auch deshalb wichtig, weil die daraus folgenden Entscheidungen häufig ebenfalls kurzfristig getroffen werden sollen. Je schneller dies geschieht, desto eher stehen dem Unternehmen z.B. neue Finanzmittel zur Verfügung, oder hat ein Käufer die Möglichkeit, die von ihm angestrebten Synergien zu verwirklichen.

Bei der Vorbereitung ist eine Eingrenzung der Analyseschwerpunkte aus der Sicht des Unternehmens vorzunehmen, um bereits im Vorfeld erste Überlegungen zum Analyseumfang anstellen zu können. Eine zielgerichtete Zusammenstellung von Basisunterlagen ist hilfreich, um den möglichen Gutachtern eine Grundlage für die Abschätzung ihres Analyseumfangs zu ermöglichen. Die Auswahl der Gutachter wird – je nach Auftraggeber – vom Unternehmen selbst oder von dem an der Unternehmung interessierten Personenkreis vorgenommen. Die Beauftragung des Gutachters sollte die konkreten Analyseschwerpunkte benennen und einen Zeitrahmen enthalten. In direktem Zusammenhang mit der Beauftragung des Gutachters sollte die Benennung der Mitglieder des Due Diligence-Teams erfolgen.

2.1.1   Eingrenzung der Analyseschwerpunkte

In der Vorbereitungsphase einer Due Diligence sind zunächst die elementaren Kernfaktoren herauszuarbeiten. Während der formale Ablauf einer Due Diligence standardisiert abläuft, gibt es bei jedem Einzelfall unterschiedliche Schwerpunkte. Daher ist bereits in der Vorbereitungsphase eine Eingrenzung der Analyseschwerpunkte erforderlich. Damit wird man dem Grundsatz der Wesentlichkeit angemessen Rechnung tragen können. Hinzu kommt noch, daß man durch eine frühzeitige Eingrenzung den konkreten Auftrag der Due Diligence zielgerichteter formulieren kann und damit haftungsrelevante Unwägbarkeiten für den Gutachter minimiert.

Das in der Praxis häufig vorzufindende standardisierte »Abhaken« von Fragen auf umfangreichen Checklisten dient mehr der Exkulpation der Fragenden als der Qualität der Due Diligence. Eine Due Diligence wird in der Praxis immer unter einem hohen Zeitdruck durchgeführt. Hinzu kommt die Forderung des Auftraggebers, möglichst kostengünstig umfassende Informationen zu erhalten. Daher sollte es für einen erfahrenen Gutachter selbstverständlich sein, in einem möglichst frühen Stadium die elementaren Kernfaktoren herauszufinden und sie dem Auftraggeber und dem Unternehmen mitzuteilen.

Die durch das Ausfüllen umfangreicher Checklisten suggerierte Scheingenauigkeit wird somit von Anfang an vermieden.

Zahlreiche Beispiele aus der Due Diligence-Praxis zeigen, daß sich die elementaren Kernfaktoren, die die Chancen- und Risikopotentiale bestimmen, oft schon aus den ersten Gesprächen und der ersten Sichtung der Basisunterlagen herauskristallisieren.

So war es bei einer Due Diligence im Rahmen eines Anteilserwerbes an einem Handelshaus wichtig, die mögliche Abhängigkeit von einem wichtigen Lieferanten einer intensiven Analyse zu unterziehen. In einem anderen Fall waren die in den letzten zwei Jahren neugegründeten sechs Auslandsniederlassungen besonders gründlich zu untersuchen. Eine Due Diligence aus Anlaß einer Börseneinführung führte sehr schnell zu einer intensiven Beurteilung der gerade geänderten wirtschaftlichen und rechtlichen Rahmenbedingungen für die operative Tätigkeit. In einem Fall einer Nachfolgeregelung war ganz besonders auf die Abhängigkeit des Unternehmenserfolges vom abgebenden Unternehmer einzugehen. Als Maßnahmenkatalog wurde hier insbesondere ein zeitlich gestaffelter Ausstieg vertraglich geregelt.

Eine Konzentration auf diese Schwerpunkte bedeutet nicht, daß die übrigen Analysefelder unberücksichtigt bleiben, vielmehr dient dies dazu, die Präferenzen der Due Diligence von Anfang an festzulegen. Damit ist sichergestellt, daß die wichtigsten Faktoren für die Beurteilung der Chancen- und Risikopotentiale von Anfang an berücksichtigt werden.

2.1.2   Zusammenstellung der Basisunterlagen

Die Zusammenstellung von Basisunterlagen durch das Unternehmen selbst trägt zu einer Reduzierung des Zeit- und Kostenaufwandes bei. Den potentiellen Gutachtern geben die Basisunterlagen eine solide Grundlage zur Einschätzung ihres Zeitbedarfs und der anfallenden Kosten. Somit können bereits zusammen mit den potentiellen Gutachtern die wesentlichen Analyseschwerpunkte eruiert werden.

Einen Überblick über die erforderlichen Basisunterlagen gibt die Checkliste »Financial Due Diligence« im Anhang. Hierbei ist zu berücksichtigen, daß die aufgeführten Basisinformationen möglichst alle Teilbereiche umfassen. Wird z.B. eine Due Diligence über die rechtlichen und steuerlichen Sachverhalte extra beauftragt, so müssen die vorliegenden Basisunterlagen jeweils um ausführlichere Informationen ergänzt werden.

Vor der Beauftragung eines Gutachters reichen häufig ausgewählte Unterlagen aus, um zu einer ersten, groben Einschätzung und zu einer Schwerpunktbildung zu gelangen. Die in der Checkliste aufgeführten Unterlagen werden bei der Durchführung einer Due Diligence zahlreiche Anknüpfungspunkte zur Diskussion mit den Gutachtern bieten.

Im Einzelfall werden die angeführten Unterlagen zum Teil nicht erforderlich sein, zum Teil werden sie nicht ausreichen, um die Komplexität des Unternehmens angemessen beurteilen zu können. Eine Vervielfältigung der erforderlichen Unterlagen kann sich dann ergeben, wenn die Gesellschaft mehrere bedeutende Tochterunternehmen hat, deren Ausschüttungen einen wesentlichen Anteil an der Ertragskraft der Muttergesellschaft haben. Darüber hinaus kann es im Vorfeld sinnvoll sein, mit der Gesellschaft abzuklären, welche Unterlagen für das Unternehmen überhaupt zutreffen. Hier besteht abhängig von Branche und Art des Unternehmens oft eine Fehlanzeige.

Im einzelnen sind zu den Basisinformationen Anmerkungen erforderlich: Wenn im Rahmen der Allgemeinen Angaben eine aktuelle Imagebroschüre und zusammenfassendes Prospektmaterial erbeten wird, soll damit ein Eindruck über das Bild gewonnen werden, das das Unternehmen in der Öffentlichkeit verkörpert. Der erste Eindruck, der sich dem Gutachter aus diesen Unterlagen erschließt, entspricht oft der Einschätzung des Unternehmens im Markt bei Kunden, Lieferanten und Wettbewerbern. Ergänzt werden die allgemeinen Angaben häufig durch vorliegende Pressemappen sowie visuelle Firmeninformationen in Form von Firmenvideos bzw. CD's.

Für die Überprüfung der Planung ist zunächst ein Überblick über die Firmenstrategie erforderlich. In vielen Unternehmen wird eine solche Unterlage überhaupt nicht bestehen, oft auch deshalb nicht, weil die Unternehmensleitung durch die Hektik des Tagesgeschäftes gar nicht dazugekommen ist, langfristige Überlegungen anzustellen. So wird auch eine solche Unterlage oft erst im Zusammenhang mit der Due Diligence erarbeitet. Das gleiche gilt für die Erläuterungen zum Planungssystem der Gesellschaft, d.h. die konkreten Angaben über den formellen und materiellen Aufbau der betrieblichen Planung.

Das Planungssystem bei mittelständischen Unternehmen umfaßt häufig eine Ein-Jahres-Planung. Weitere Planjahre werden meist nur über pauscha-

le Umsatzplanungen berücksichtigt oder liegen überhaupt nicht vor. Demgegenüber kann man gerade bei Konzernunternehmen Auswüchse von Pla-
nungssystemen beobachten, die teilweise mit absurder Perfektion betrieben
werden, so z.B. 10-Jahresplanungen, in denen im Rahmen der Bilanzplanung auch der Zugang von geringwertigen Wirtschaftsgütern im 10. Planjahr exakt berücksichtigt wird.

Für die eigentliche Planung der Gesellschaft sollten Detailinformationen
und Basisunterlagen (gegebenenfalls auch für Tochtergesellschaften) für die
drei dem Bewertungsstichtag folgenden Jahre sowie für das laufende Geschäftsjahr über die Ertrags- und Aufwandsposten der Ergebnisplanung
mit einem Mengengerüst für jede Planposition angefordert werden. Die
Planungsunterlagen sollten ebenfalls Cash-Flow-Rechnungen und Einzelpläne über Absatz, Produktion, Investition, Finanzen und Liquidität sowie
über die Personalentwicklung enthalten. Ob darüber hinaus Bilanzplanun-
gen erforderlich sind, muß anhand der Größe der Gesellschaft entschieden
werden. In der Regel reicht es aus, wenn umfassende Investitionspläne mit
einer Berücksichtigung der hieraus folgenden Finanzierungsaufwendungen
und Abschreibungen vorgelegt werden können.

Von großer Bedeutung sind hingegen monatliche oder quartalsweise
Soll/Ist- Umsatz- und Ergebnisplanungen für die Vergangenheit, weil sich
unter Berücksichtigung der saisonalen Schwankungen möglicherweise eine
Hochrechnung der Ergebnisrechnung eines laufenden Jahres vornehmen
läßt. Im übrigen lassen sich aus solchen Unterlagen Aussagen über die Planungsgenauigkeit der Gesellschaft ableiten.

Bei einer Due Diligence im Rahmen einer Börseneinführung sind zusätzlich Detailinformationen über die Verwendung des Emissionserlöses erforderlich, um den Hintergrund der Equity Story der Gesellschaft, d.h. den
Anreiz für einen potentiellen Anteilseigner zur finanziellen Unterstützung
eines besonders erfolgreichen Vorhabens der Gesellschaft, plausibel darstellen zu können.

Eine der wesentlichen Basisinformationen enthalten die Aussagen über
die Auftragsbestände. Hierbei ist sicherzustellen, daß nur die Auftragsbestände in die Betrachtung einbezogen werden, für die rechtlich verbindliche
Vereinbarungen vorliegen. Alle anderen Interpretationen über Anbahnun-
gen, Gespräche oder Wahrscheinlichkeiten für Aufträge sind einer gesonderten Betrachtung zu unterziehen.

Als weitere Unterlagen zum Status sind zunächst die Prüfungsberichte
der vergangenen drei Jahre für die Gesellschaft und gegebenenfalls die wesentlichen Tochtergesellschaften erforderlich. Anhand dieser Berichte kann
die Entwicklung der Vergangenheit der Gesellschaft dargestellt und eine Be-

reinigungsrechnung vorgenommen werden. In den Fällen, in denen Jahres-abschlußprüfungsberichte mit uneingeschränkten Testaten von Wirtschafts-prüfern vorliegen, läßt sich für die Vergangenheit eine relativ sichere Informa-tionsbasis erstellen. Soweit die Voraussetzungen dafür vorliegen, sind auch die Konzernprüfungsberichte der vergangenen drei Jahre und die Abhängig-keitsberichte anzufordern. In diesem Zusammenhang sind auch Informatio-nen über konzerninterne Lieferungen und Leistungen erforderlich, um die wirtschaftliche Struktur einer Unternehmensgruppe verstehen zu können.

Als weitere Informationen spielen Angaben über außerordentliche und aperiodischer Einflüsse sowie Umstrukturierungen eine besondere Rolle. Hieraus lassen sich z.B. erste Erkenntnisse über Abhängigkeiten von Liefe-ranten oder Kunden gewinnen.

Die Angaben über die Art und Anzahl der Bankverbindungen, über die Kreditlinien sowie über die Inanspruchnahmen zeigen häufig bereits bei er-ster überschlägiger Betrachtung weitere Erhebungsschwerpunkte im Hinblick auf die aktuelle Liquidität sowie auf die aufgestellten Liquiditätspläne auf.

Unternehmensbewertungsgutachten, Unternehmensanalysen oder Pro-jektergebnisse aus Beratungsaufträgen der vergangenen drei Jahre sind für den Gutachter sehr aussagefähig, weil daraus Rückschlüsse aus der Ent-wicklung des Unternehmens gezogen werden können. Sie sind darüber hin-aus in Einzelfällen auch geeignet, die Due Diligence deutlich zu verkürzen, weil nur noch eine Aktualisierung der Analyse erforderlich ist.

Ein besonderes Schwergewicht sollte jeder Due Diligence-Gutachter auf die Beurteilung des Markt- und Wettbewerbs legen. Als erste Unterlagen zu Markt und Wettbewerb werden zunächst Angaben über das Stärken-/ Schwächen-Profil des Unternehmens, den Wettbewerb und den Markt aus der Sicht der Geschäftsführung erbeten. Diese sind im Rahmen der Due Di-ligence durch externe Unterlagen zu bestätigen. Erforderlich sind zudem In-formationen über Standortvor- und -nachteile sowie die Vertriebsstruktur des Unternehmens. Um die Bedeutung einzelner Kunden der Gesellschaft und mögliche Risiken aus der Abhängigkeit der Gesellschaft einschätzen zu können, werden Informationen zu den Abnehmergruppen in Form einer ABC-Analyse angefordert. Aus einer solchen Analyse für die letzten drei Jahre lassen sich wesentliche Aussagen über die Lage der Gesellschaft ablei-ten und mit den Überlegungen für die Zukunft abstimmen. Soweit es mög-lich ist, sollte auch eine Aufteilung der Umsätze der einzelnen Produktgrup-pen nach Regionen mit nationaler und internationaler Unterteilung erbeten werden. Hieraus lassen sich auch Informationen ableiten, inwieweit die Marktanalyse geographisch ausgeweitet werden muß. Informationen über bestehende oder angestrebte Partnerschaften mit anderen Unternehmen ergänzen das Bild. In diesem Zusammenhang können die erläuternden Synergien ein besonderes Schwergewicht der Begutachtung darstellen.

Unabhängig von der Angabe zum Markt und Wettbewerb sollte es zum Standard der Gutachter einer Due Diligence gehören, eigene Analysen über den relevanten Markt und die Wettbewerber vorzunehmen.

Für die Themengebiete Organisation und Rechnungswesen ist zunächst ein Eindruck über die Organisation des Unternehmens erforderlich, der am besten über ein Organigramm gewonnen werden kann. Bei vielen Unternehmen – insbesondere im mittelständischen Bereich – muß eine solche Unterlage erst angefertigt werden. So sind bereits bei der Anforderung dieser Basisunterlagen oft tiefe Einblicke in die Führungsstruktur des Unternehmens und die Ausgestaltung möglich. Aus diesem Grund wird auch eine Übersicht über die Aufstellungen des Controllings und Rechnungswesens für den Vorstand oder die Geschäftsführung erbeten, möglichst gleich zusammen mit einem Beispielssatz für einen Monat. Wenn für den Beispielssatz der gleiche Stichtag gewählt wird wie der Jahresabschlußstichtag, läßt sich im Vergleich der internen Unterlagen mit den Jahresabschlußunterlagen gleichzeitig eine Aussage über die Qualität des internen Berichtswesens machen.

Wesentliche Informationen enthalten die Angaben über die Mitarbeiter eines Unternehmens. Hier wird der Gutachter sich einen Überblick verschaffen über die Altersstruktur, den Ausbildungsstand, die Funktion im Unternehmen sowie über die fixe und variable Lohn- und Gehaltsstruktur der Mitarbeiter. Über die rein zahlenmäßigen Angaben der Personalaufwendungen hinaus bieten die Informationen eine Fülle von Erkenntnissen für weitere Erhebungen im Bereich der Unternehmenskultur.

Die Sachverhalte, die die Technik und die Produktion betreffen, werden bei einer Due Diligence häufig von extern hinzugezogenen Sachverständigen begutachtet. Bei Hinzuziehung externer Sachverständiger sollte immer das Einverständnis des zu begutachtenden Unternehmens eingeholt werden. Allerdings ist nicht in jedem Fall die Einschaltung externer Sachverständiger zur Beurteilung der Technik und Produktion erforderlich. Eine Vielzahl von Unternehmen, insbesondere aus dem Dienstleistungsbereich, läßt sich auch ohne Spezialistenwissen begutachten.

Von immer größerer Bedeutung für den Erfolg oder Mißerfolg eines Unternehmens sind die sog. Leisen Zeichen. Die unter dem Begriff Unternehmenskultur zusammengefaßten Teilaspekte stellen die fachlichen Fähigkeiten sowie die soziale Kompetenz des Managements und der Mitarbeiter in den Vordergrund. Darüber hinaus lassen sich z. B. Aussagen über das Marktauftreten sowie über das weitere Engagement der Manager in der Öffentlichkeit treffen. Informationen zu diesen Aspekten gewinnt man z.B. aus

Unternehmensleitbildern, aus den Vorstellungen sowie der Umsetzung der Geschäftsführer im Hinblick auf die Öffentlichkeitsarbeit, aus den Netzwerken der Unternehmer bzw. des Unternehmens. Häufig bilden diese Aspekte einen umfangreichen eigenen Analysegegenstand ab. Ein solcher Ansatz findet dann Berücksichtigung im Rahmen einer psychologischen Due Diligence. Vergleiche dazu auch die Ausführungen unter 3.6 Psychologische (Psychological) Due Diligence sowie die Checkliste im Anhang über die »Psychologische Due Diligence«.

Die im Anhang zur »Financial Due Diligence-Checkliste« aufgeführten Basisinformationen zu dem Komplex des Rechts beziehen sich auf die Gesellschaftsunterlagen, die Dienst- und Arbeitsverträge sowie Beraterverträge, die wirtschaftlich relevanten Verträge, mögliche gewerbliche Schutzrechte und übrige relevante Verträge. Bei der Auflistung ist zu beachten, daß sich die rechtlich relevanten Informationen hierbei immer nur auf wirtschaftlich relevante Sachverhalte beziehen. Die bei einer reinen Legal Due Diligence anzufordenden Unterlagen sind regelmäßig umfangreicher und erfordern eine andere Vorgehensweise bei der Analyse und Begutachtung. Weitere Ausführungen zur Legal Due Diligence sowie ein Beispiel zur umfangreichen Informationserhebung sind im Anhang unter der Legal und Tax Due Diligence-Checkliste sowie unter 3.7 Rechtliche und steuerrechliche (Legal/Tax) Due Diligence aufgeführt.

Soweit es sich um eine rechtliche Würdigung der wirtschaflich relevanten Sachverhalte handelt, sind folgende Anmerkungen zu beachten:

Bei den rechtlichen Grundlagen bilden der aktuelle Handelsregisterauszug und die Satzung bzw. der Gesellschaftsvertrag die Basis. Unterlagen zur AG-Umwandlung sowie über andere gesellschaftsrechtliche Veränderungen sind nur erforderlich, wenn es sich um Veränderungen des letzten Jahres handelt oder sie im Hinblick auf den Zweck der Due Diligence von ausschlaggebender Bedeutung sind. Die Gesellschafterstruktur und Angaben zu Pool-Vereinbarungen sind bei dem Erwerb einer Beteiligung an dem Unternehmen oder auch bei einer Börseneinführung wichtig, weil sich aus dieser Struktur möglicherweise Beschränkungen des Einflusses der Anteilseigner ergeben. Solche Beschränkungen können auch zu einer Herabsetzung der Fungibilität der Anteile und damit zu einem Wertabschlag führen.

Die Struktur der Beteiligungen macht gelegentlich Umstrukturierungen erforderlich. Im übrigen wird die wirtschaftliche Betätigung einer Unternehmensgruppe erst deutlich, wenn alle beteiligten Gesellschaften und die jeweiligen Kapitalverhältnisse offengelegt worden sind. Anschließend läßt sich auch feststellen, für welche Tochtergesellschaften in welchem Umfang ebenfalls eine Due Diligence durchgeführt werden muß. In diesem Zusammenhang sind auch Ergebnisabführungsverträge von Bedeutung, weil durch sie das wirtschaftliche Schicksal der Muttergesellschaft mit dem der Tochtergesellschaften verknüpft wird. Unabhängig von den steuerlichen Möglichkeiten einer solchen Verknüpfung, die u.a. in der Nutzung von Verlusten besteht, liegt hierin ein deutliches wirtschaftliches Risiko für die Muttergesellschaft.

Relevant sind in jedem Falle auch die Geschäftsführerverträge. Gerade aus der Analyse dieser Verträge ergeben sich häufig erhebliche wirtschaftliche Auswirkungen. Soweit Verflechtungen zwischen den Gesellschaftern und der Gesellschaft bestehen, können steuerliche Risiken gegeben sein. Verträge dieser Art sind einer eingehenden Analyse zu unterziehen. Verpflichtungen gegenüber beschäftigten oder ausgeschiedenen Arbeitnehmern können eine Rolle spielen. Ebenso Beraterverträge mit fremden Dritten oder auch mit den Mitgliedern des Beirates oder Aufsichtsrates können wirtschaftliche Risiken enthalten.

Wenn bei der Vorbereitung der Due Diligence eine Zusammenstellung der wesentlichen Verträge erbeten wird, so ist im Hinblick auf die wirtschaftliche Durchführung der Analyse darauf zu drängen, daß nur Verträge vorgelegt werden, die durch ihre wirtschaftliche Bedeutung erheblichen Einfluß auf die Ertragslage der Gesellschaft haben können. Darunter fallen z.B. nur Liefer- oder Abnehmerverträge, die einen erheblichen Umfang haben oder von herausragender strategischer Bedeutung sind. Das gleiche gilt für Lizenzverträge. Miet- und Pachtverträge werden in der Regel nur über wesentliche Betriebsgrundlagen angefordert. Anderes kann gelten, wenn sie mit Gesellschaftern abgeschlossen worden sind. Dann kann auch eine lückenlose Vorlage erforderlich sein, um einen Mißbrauch der Gesellschafterstellung ausschließen zu können. Bei Generalvertretungs-, Beherrschungs- und Kooperationsverträgen sowie Kartellen wird man regelmäßig eine wirtschaftliche Bedeutung annehmen können.

Informationen über bedeutsame Prozesse und Einschätzung der möglichen Risiken runden die Basisunterlagen des rechtlichen Bereiches ab. Insbesondere ist darauf hinzuweisen, daß die üblichen arbeitsrechtlichen Prozesse nicht erheblich sind, es sei denn, es handelt sich um Grundsatzstreitigkeiten, die das gesamte Lohngefüge der Gesellschaft verändern können oder um große Abfindungsfälle mit ausscheidenden leitenden Angestellten.

Für die Einschätzung der steuerlichen Lage der Gesellschaft sind als Basisinformation Hinweise zu laufenden Außenprüfungen, eine Eigenkapitalgliederung, gegebenenfalls eine Darstellung der Verlustvorträge und Erklärungen des Steuerberaters der Gesellschaft über eventuell bestehende steuerliche Risiken erforderlich.

2.1.3 Auswahl des Gutachters

Wenn eine Due Diligence durchgeführt werden soll, ist seitens der Beteiligten zu überlegen, wer als Gutachter herangezogen werden soll. In diesem Bereich sind sowohl Unternehmensberater als auch Wirtschaftsprüfer tätig. Oft werden solche Prüfungen durch Teams durchgeführt, denen sowohl Wirtschaftsprüfer als auch für den rechtlichen Bereich Rechtsanwälte sowie bei komplexen technischen Sachverhalten technische Gutachter und spezialisierte Unternehmensberater angehören. Angesichts der Komplexität der Aufgabe ist es nicht sinnvoll, wenn eine Gesellschaft ihren Hauswirtschaftsprüfer oder Hausrechtsanwalt einschaltet. Der für die Jahresabschlußprüfung und die Steuerberatung zuständige Wirtschaftsprüfer wird sich mit der von der Jahresabschlußprüfung völlig unterschiedlichen zukunftsgerichteten und marktbezogenen Denkweise im Rahmen einer Due Diligence schwertun. Der sonst zugezogene Rechtsanwalt für allgemeine Rechtsfragen und forensische Aufgaben wird die Schwierigkeiten einer rechtlichen Due Diligence gerade im Hinblick auf die wirtschaftlichen Auswirkungen nicht überschauen können. Vor diesem Hintergrund sollten solche Gutachter herangezogen werden, die sich auf die Tätigkeiten im Rahmen der Due Diligence und der Unternehmensbewertung spezialisiert haben. Sie werden – soweit das erforderlich ist – weitere Gutachter für spezielle Fragestellungen hinzuziehen.

Neben der fachlichen Qualifikation sollte bei der Auswahl des Gutachters auf die auch nach außen hin glaubwürdige Unabhängigkeit geachtet werden. Daher werden Gutachten gerade bei der Börseneinführung einer Gesellschaft oder bei dem geplanten Verkauf eher als befangen eingeschätzt, wenn sie von den Jahresabschlußprüfern der Gesellschaft erstellt werden. Denn diese werden auch nach der Börseneinführung das Jahresabschlußprüfungsmandat behalten wollen und vor diesem Hintergrund ein gutachterliches Ermessen im Zweifel eher zugunsten des eigenen Mandanten ausüben. Da diese Tendenz bei den Verhandlungspartnern der anderen Seite bekannt ist, wird man sich mit einem so belasteten Gutachter, z.B. in der Verhandlung über die Kaufpreisgestaltung oder die Festlegung des Emissionspreises, schwertun.

Ein Aspekt, dem bei der praktischen Durchführung häufig nicht genug Beachtung geschenkt wird, ist die Tatsache, daß als Gutachter häufig unerfahrene Mitarbeiter von Wirtschaftsprüfungsgesellschaften die Analysearbeit vor Ort bei dem Unternehmen durchführen. Der verantwortliche Partner ist zwar regelmäßig ausreichend erfahren, wird aber nur selten direkt vor Ort tätig. Wenn man berücksichtigt, daß der Auftraggeber und das zu begutachtende Unternehmen in der Regel nicht identisch sind, dann sollte der Auftraggeber besonders sensibel auf die »Chemie« zwischen Gutachter und den auskunftgebenden Personen im Unternehmen achten. Gerade mittelständische Unternehmer reagieren besonders empfindlich auf die häufig »naiven« Fragen der unerfahrenen Gutachter.

2.1.4   Beauftragung des Gutachters

Die Auftragsvergabe an den Gutachter setzt voraus, daß das Auftragsvolumen mit einem entsprechenden Mengengerüst unterlegt worden ist. Hier wird entweder von den Parteien ein Pauschalhonorar vereinbart oder es erfolgt zunächst eine Vorprüfung der vorzunehmenden Arbeiten im Rahmen der Due Diligence. Eine solche Vorprüfung, die 2-3 Tage dauert, ermöglicht eine genauere Zeitplanung und Aufwandsschätzung. Oft wird auch eine Sprechklausel vereinbart, wenn zu befürchten ist, daß sich Aufgabenbereiche so ausweiten können, daß der Gutachter mit dem ursprünglich vorgesehenen Zeitaufwand nicht auskommen kann. Neben der Nennung des konkreten Anlasses sollte der Auftrag die Analyseschwerpunkte, den Zeitrahmen sowie den Honorarumfang beinhalten.

Durch den häufig sehr großen Zeitdruck, dem die Due Diligence-Gutachter ausgesetzt sind, ist auf die Haftung der Gutachter ein besonderes Augenmerk zu richten. Keine praktische Rolle spielen Konventionalstrafen bei Zeitüberschreitungen des Due Diligence-Prozesses. Haftungsfragen hingegen lassen sich über die normale Berufshaftpflichtversicherung der Gutachter regeln oder durch für den jeweiligen Fall einzeln abzuschließenden Versicherungen. Die Standardhaftungssumme sollte 4 Mio € nicht unterschreiten. Je nach Erfordernis des Auftraggebers läßt sich diese Summe erheblich steigern.

Sind der Auftragsumfang, die Analyseschwerpunkte, eine Sprechklausel, die Haftungssumme und das Honorar geklärt, sollten schriftliche Aufträge obligatorisch sein. Mündlich abgeschlossene Aufträge sind zwar möglich und binden beide Parteien gleichermaßen, sollten aber nie die Basis für eine Due Diligence sein.

Jede Ergänzung, ob Ausweitung oder Einschränkung sollte ebenfalls immer von beiden Parteien gegengezeichnet werden.

2.1.5 Zusammenstellung des Due Diligence-Teams

Die Durchführung der Due Diligence ist als ein Projekt zu konzipieren. Dies bedeutet, daß neben einem detaillierten Zeitplan von Anfang an eine klare Bestimmung der Tätigkeitsbereiche und der Verantwortlichkeiten erforderlich wird. Hierzu wird zweckmäßigerweise ein Team gebildet, dem Personen der Gesellschaft und Berater angehören bzw. zuarbeiten.

Bei der Zuordnung der Personen gehören zur Gesellschaft neben der Geschäftsführung und weiteren Personen aus der zweiten Führungsebene auch der Abschlußprüfer, der Steuerberater und der Rechtsanwalt der Gesellschaft sowie ein Unternehmensberater. Zu den Beratern zählen die Due Diligence-Gutachter und ihre Mitarbeiter sowie die ggf. hinzuzuziehenden Sachverständigen.

Die Verantwortlichkeiten innerhalb der Gesellschaft sollten so geregelt werden, daß eine Person aus der Geschäftsführung als Hauptansprechpartner gilt. Die in der Praxis teilweise zu beobachtende Verlagerung dieser Funktion auf durch die Gesellschaft beauftragte Unternehmensberater, Wirtschaftsprüfer oder Rechtsanwälte ist nicht zu empfehlen. Allenfalls wäre eine Verlagerung auf ein Mitglied des Beirates oder des Aufsichtsrates denkbar. Die Zentralisierung auf eine Person aus dem Unternehmen empfiehlt sich wegen der direkten Einbindung im und Kenntnis über das Unternehmen. Die Verlagerung auf Dritte filtert zu viele Informationen und birgt die Gefahr, daß die spezifischen Interessen dieser Dritten die Analysearbeiten einseitig belasten.

Wenn die Verantwortlichkeit innerhalb des Unternehmens geregelt ist, sollte sich die Person auf eine kurzfristig starke Beanspruchung durch die Due Diligence-Gutachter einstellen. Neben der Benennung eines Hauptansprechpartners müssen sich weitere Mitarbeiter des Unternehmens auf zeitliche Belastungen durch das Beantworten von Fragen oder das Aufbereiten von Unterlagen einstellen. Hierbei sind in erster Linie die Führungskräfte in den Funktionsbereichen der Unternehmen angesprochen, wie z.B. der Vertriebsleiter, der Produktionsleiter, der Beschaffungsleiter. Besonders stark beansprucht wird der Leiter des Rechnungswesens und der Leiter des Controllings. Da sich eine Reihe von Chancen und Risiken im Zahlenwerk der Gesellschaft niederschlagen, wird sich der Due Diligence-Gutachter sehr intensiv mit dem laufenden Rechnungswesen, den Controllingberichten und den Planungsrechnungen auseinandersetzen. Zuarbeiten zu den Rechnungswesenzahlen kann der Abschlußprüfer oder der Steuerberater leisten. Fragen, die sich zu den rechtlichen Verhältnissen ergeben, kann möglicherweise der betreuende Rechtsanwalt klären.

Grundsätzlich sollten alle Einzelaktivitäten über den Hauptansprechpartner koordiniert werden. D.h. nicht, daß dieser an allen Gesprächen
teilnehmen muß oder die Aufbereitung sämtlicher Unterlagen veranlaßt.
Er sollte aber von Beginn an über die Gespräche informiert werden und
von jeder Unterlage, die die Due Diligence-Gutachter anfordern, Kenntnis
nehmen.

Die Einbeziehung von Sachverständigen wird vom Due Diligence-Gutachter koordiniert. Die Auswahl und der Einsatz der Sachverständigen sollte der Verantwortung des Due Diligence-Gutachters obliegen.

Die Gutachter und die zentralen Ansprechpartner sollten sich in vorher
festgelegten Abständen zu einem regelmäßigen Erfahrungsaustausch treffen. Damit können mögliche Verzögerungen verhindert und auftretende
Probleme angesprochen werden.

Die häufig angeführte Forderung, eine Due Diligence über ein Zeitma-
nagementmodell zu steuern, geht an der Praxis völlig vorbei. Eine Zeitplanung ist zwar grundsätzlich zu Beginn eines Due Diligence-Prozesses auf-
zustellen und auch während der Due Diligence weiter zu beobachten, die
tägliche Due Diligence-Praxis zeigt allerdings, daß einmal aufgestellte Zeit-
pläne regelmäßig von den praktischen Zwängen überrollt werden. Zahlreiche Due Diligence Aufträge haben gezeigt, daß die Auftraggeber möglichst
kurzfristig erste Ergebnisse hören wollen. Hierbei ist der Gutachter im Spannungsfeld zwischen der Sorgfalt der Erhebung und dem Druck des Auftraggebers. Häufig zeigen sich auch erst während der Vor-Ort-Analysen weitere
Problemfelder auf, die eine Ausweitung des Umfangs der Erhebungen erforderlich machen.

2.1.6   Kosten einer Due Diligence

Die Kosten einer Due Diligence werden maßgeblich durch den Umfang der
Analysearbeiten bestimmt. Die zu Beginn vorgenommenen Eingrenzungen
der Analyseschwerpunkte konkretisieren den Umfang der Kosten.

Bei einer längerfristig planbaren Due Diligence bietet es sich an, dem
Gutachter eine 2 bis 3-tägige Vorprüfungsphase zu ermöglichen. Damit läßt
sich das Zeitgerüst genauer abschätzen. Die Vorprüfungsphase wird, unabhängig von der Beauftragung, in Rechnung gestellt und sollte 5.000 € nicht
überschreiten. Wird der Auftrag erteilt, werden die Kosten der Vorprüfungsphase in die Gesamtkosten eingerechnet.

Häufiger ist allerdings der Fall, daß eine Due Diligence sehr kurzfristig in Auftrag gegeben wird. Hier ist der Gutachter gezwungen, auf der Basis weniger Unterlagen eine Kostenschätzung zu treffen. Um einen während der Analysearbeiten auftretenden Mehraufwand berücksichtigen zu können, bietet sich eine Sprechklausel an. Eine solche Sprechklausel läßt sich durch eine einfache Ergänzung im Auftragsschreiben aufnehmen:

»Sollte sich während der Durchführung der Due Diligence herausstellen, daß der kalkulierte Zeitaufwand nicht ausreicht, wird der Gutachter nach sofortiger Rücksprache mit dem Auftraggeber ein ergänzendes Angebot abgeben.«

Die Aufnahme einer Sprechklausel setzt die Offenlegung des kalkulierten Zeitaufwandes voraus. Die Praxis zeigt, daß gerade bei mittelständischen Unternehmen eine detaillierte Offenlegung gewünscht wird. Bei Tagessätzen zwischen 1.000 und 2.000 € ist dieser Wunsch der Auftraggeber nur verständlich.

Der Auftraggeber muß sich darüber bewußt sein, daß die Ergebnisse einer Due Diligence häufig erhebliche Auswirkungen haben können; so z.B. auf den Emissionserlös oder den Kauf-/Verkaufspreis. Daher sollte der Gutachter in erster Linie nach seiner fachlichen Kompetenz, seiner Erfahrung und seinen Referenzen ausgewählt werden. Da bei einer Due Diligence nicht nur das Zahlenwerk analysiert wird, sondern auch eine Beurteilung über die nicht quantifizierbaren Aspekte getroffen wird, müssen sich die Gutachter durch ein hohes Maß an Erfahrung auszeichnen.

So genügt es nicht, mit einem Hinweis auf die Internationalität des Gutachters dem mittelständischen Unternehmer zu suggerieren, er habe damit einen hohen Qualitätsstandard eingekauft. Es ist besser, sich im Einzelfall der Hilfe Sachverständiger zu bedienen als für eine Auslastung der Niederlassungen der Gutachter zu sorgen. Häufig werden während der Analysearbeiten auf Wunsch der Gutachter zusätzliche Sachverständige aus dem eigenen Haus herangezogen. Der Einsatz dieser Sachverständiger erhöht die Kosten erheblich. Daher ist es bei Abgabe des Angebotes erforderlich, den Einsatz von weiteren Sachverständigen zu kalkulieren und damit eine überschaubare Kostenschätzung abzugeben.

Die Gesamtkosten einer Due Diligence werden sich in Abhängigkeit vom Einsatz weiterer Sachverständiger auf zwischen 30.000 € und 150.000 € belaufen. Das dahinterliegende Mengengerüst wird sich bei einem durchschnittlichen Tagessatz von 1.500 € zwischen 20 und 80 Manntagen bewegen.

2.1.7   Fazit

1. In der Vorbereitungsphase einer Due Diligence sind die elementaren Kernfaktoren, die die Chancen- und Risikopotentiale eines Unternehmens bestimmen, herauszuarbeiten.

2. Das Ausfüllen umfangreicher Checklisten suggeriert eine Scheingenauigkeit, die mehr einer vermeintlichen Sicherheit des Gutachters dient als der Qualität einer Due Diligence.

3. Eine Zusammenstellung von Basisunterlagen durch das Unternehmen führt zu einer Zeit- und Kostenreduzierung. Den Gutachtern geben die Basisunterlagen eine solide Grundlage zur Abschätzung ihres Zeitbedarfs und der anfallenden Kosten.

4. Die zunächst elementaren Unterlagen über das Unternehmen, über allgemeine rechtliche und wirtschaftliche Grundlagen, über die Planungsrechnung, über den Markt und die Wettbewerber und zu Wirtschaftsprüfung und Steuern lassen sich im laufenden Due Diligence-Prozeß weiter detaillieren.

5. Bei der Auswahl des Due Diligence-Gutachters sollten solche Personen herangezogen werden, die sich auf die Tätigkeiten einer Due Diligence und Unternehmensbewertung spezialisiert haben. Die fachliche Kompetenz für die Durchführung von Markt- und Wettbewerbsstudien sollte eine Selbstverständlichkeit sein.

6. Eine Beauftragung des Jahresabschlußprüfers, des Hausrechtsanwaltes oder der regelmäßig tätigen Unternehmensberater trägt nicht zur Glaubwürdigkeit der Ergebnisse einer Due Diligence gegenüber Dritten bei.

7. Die Durchführung einer Due Diligence ist als ein Projekt zu konzipieren. Vom Unternehmen sollte ein Hauptansprechpartner, möglichst aus der Geschäftsführung, benannt werden.

8. Die Verlagerung dieser Aufgabe auf vom Unternehmen beauftragte Dritte ist zu vermeiden. Die meist einseitigen Interessen und Kenntnisse dieser Personen behindern eher den Ablauf einer Due Diligence als ihn zu fördern.

9. Die Kosten einer Due Diligence werden maßgeblich durch den Umfang der Analysearbeiten bestimmt. Eine zu Beginn vorgenommene Eingrenzung auf Analyseschwerpunkte konkretisiert den Umfang der Kosten.

10. Eine einseitige Kostenbetrachtung führt häufig zu Qualitätseinbußen bei einer Due Diligence. Die Gutachter sollten daher in erster Linie nach ihren fachlichen Kompetenzen, Erfahrungen und Referenzen ausgewählt werden.

2.2   Durchführung

2.2.1   Vertraulichkeitserklärung

Bei der Durchführung einer Due Diligence im Rahmen eines Beteiligungser-
werbes ist die Sicherung der Vertraulichkeit einer der sensibelsten Punkte.
Dabei besteht das Paradox bei einem Unternehmenserwerb gerade darin,
daß dem potentiellen Erwerber soviele Informationen gegeben werden müssen, daß eine Entscheidung über die Beteiligung möglich ist und so wenig
Information, daß im Falle des Scheiterns der Verhandlungen dem Unternehmen kein Schaden dadurch entsteht, daß möglicherweise ein Wettbewerber
einen entscheidenden Einblick in die Betriebsgeheimnisse des Unternehmens gewonnen hat.

Aus diesem Grund wird eine Gesellschaft erst dann eine Due Diligence
durch den Erwerber zulassen, wenn dessen Absicht, sich an dem Unternehmen zu beteiligen, in einem Letter of Intent niedergelegt wurde, der in der
Regel auch Bestimmungen zur Durchführung der Due Diligence enthält.
Zur Sicherung der Betriebsgeheimnisse werden umfassende Geheimhal-
tungs- und Nichtverwendungsverpflichtungen aufgestellt, bei deren Verstoß
oft eine Vertragsstrafe vereinbart wird. Trotz dieser Regelungen ist insbesondere der zu prüfenden Gesellschaft klar, daß sie sich in eine potentielle Gefahr begibt, die zu Schäden führen kann. Daher werden die erforderlichen
Unterlagen nur gestaffelt freigegeben. Außerordentlich sensible Daten wie
z.B. umfangreiche Kalkulationsunterlagen oder die Kundenliste werden entweder gar nicht oder erst im letzten Moment freigegeben (siehe Abbildung
2).

Eine solche Geheimhaltung wird im Rahmen einer Börseneinführung
nicht akzeptiert, wenn eine Due Diligence durch von der Konsortialbank
beauftragte Wirtschaftsprüfer durchgeführt wird.

Eine Möglichkeit, für den Erwerber eine möglichst umfangreiche Begutachtung zu gewährleisten, ohne daß ihm alle Unterlagen vorgelegt werden
müssen, besteht in der Beauftragung eines externen Wirtschaftsprüfers mit
der Funktion einer Informationsschleuse. Dieser Gutachter wird die Planung der Gesellschaft aus seiner Sicht prüfen und seinem Auftraggeber aufgrund interner Verpflichtungen gegenüber dem zu prüfenden Unternehmen
nur das Ergebnis seiner Plausibilitätsprüfung mitteilen.

Wenn der Geheimhaltungswille des Unternehmens auch eine solche Konstellation nicht zuläßt, wird eine Verkaufsverhandlung entweder scheitern,

Sehr geehrte Damen und Herren,
wir nehmen Bezug auf die geführten Gespräche und erteilen Ihnen hiermit den

Letter of Intent
über die beabsichtigte Firmenübernahme.

I.   Kauf- bzw. Verkaufsabsicht
Wir bestätigen Ihnen unsere Absicht, alle Anteile an der Firma XYZ GmbH zu erwerben. Zum Vermögen dieser Firma gehören die jeweils 100 % igen Beteiligungen an den Firmen ABC GmbH und DEF GmbH.

II.   Übertragungsstichtag und Abschlüsse
Die Übertragung der Geschäftsanteile auf die Firma Mono AG soll zum 1. Juli 2002 erfolgen. Voraussetzung hierfür sind testierte Zwischenabschlüsse zum 30. Juni 2002. Zudem müssen die Jahresabschlüsse zum 31. Dezember 2001 einschließlich des Konzernabschlusses mit dem Prüfungsbericht und Testat vorgelegt werden.

Der Wirtschaftsprüfer der Mono AG hat das Recht, die Arbeitspapiere des von Ihnen benannten Wirtschaftsprüfers einzusehen und sich ein eigens Urteil über die Werthaltigkeit der Vermögensgegenstände und der angemessenen Berücksichtigung der Risiken und Verbindlichkeiten zu bilden. Können sich die beiden Abschluß-prüfer über Wertansätze nicht einigen, so hat jeweils auf Antrag einer Vertragspartei eine von der Wirtschaftsprüferkammer zu benennende Wirtschaftsprüfungsgesell-schaft als Schiedsgutachter zu entscheiden. Diese entscheidet auch über die Kosten des Schiedsgutachtens in sinngemäßer Anwendung von §§ 91 ZPO.

III.   Kaufpreis
Der Kaufpreis für die Geschäftsanteile beträgt vorbehaltlich der Ergebnisse der beauftragten Due Diligence 10.500.000 €.

IV.   Geheimhaltungspflichten
Die Parteien verpflichten sich, bis zum Abschluß des notariellen Kaufvertrages Stillschweigen über die Kaufabsicht und die dem Vertrag zugrunde liegenden Bedingungen zu halten.

Wir bitten Sie, durch Unterschrift die vorbehaltlose Annahme dieser Absichts-erklärung zu bestätigen und damit zu erklären, daß Sie bereit sind, den Kaufantrag auf dieser Grundlage anzunehmen.

Vorstand   Geschäftsführung
Mono AG   XYZ GmbH

Abb. 2: Letter of Intent

oder es werden in dem Unternehmenskaufvertrag entsprechende Gewähr-leistungen vereinbart, die es dem Käufer ermöglichen, trotz einer Informati-onslücke eine Beteiligung einzugehen.

2.2.2   Grundsätze einer Due Diligence

Die Hauptanwendungsgebiete der Due Diligence betreffen die Vorbereitung für eine Unternehmensbewertung bei Kauf/Verkauf eines Unternehmens oder die Ermittlung der Ausschüttungsfähigkeit im Rahmen einer Börseneinführung. Es bestehen grundsätzlich keine Bewertungsregelungen in Gesetz oder Rechtsprechung. Der Hauptfachausschuß der Wirtschaftsprüfer hat allgemeine Grundsätze aus der Praxis der Unternehmensbewertung formuliert. Die Grundsätze sind durch eine Stellungnahme einer europäischen Standesorganisation anerkannt worden. Sie sind als allgemeine Grundsätze nur ein Rahmen für die Durchführung einer Unternehmensbewertung. Sie beziehen sich auf die Bewertung von Unternehmen als Ganzes und als Teil, gehen aber nicht auf vereinfachte Preisfindungen ohne Unternehmensbewertungen nach branchen-typischen Kennzahlen ein. Solche Kennzahlen sind z.B. das 1,5 fache eines Jahresumsatzes als Wert eines Unternehmens. Sie werden in vielen Branchen verwendet und haben den Nachteil, daß sie zu pauschal sind, um den Wert eines einzelnen Unternehmen korrekt darzustellen. So berücksichtigt z. B. eine Kennzahl des 1,5-fachen des Jahresumsatzes nicht, daß der Deckungsbeitrag aus Umsätzen mit unterschiedlichen Produkten oder Dienstleistungen unterschiedlich hoch sein kann. Solche Spezifika lassen sich nur mit einer meist umfangreichen Due Diligence erfassen.

Unberücksichtigt bleiben bei den allgemeinen Grundsätzen zur Unternehmensbewertung schließlich Vorgaben aus einem zugrundeliegenden gesellschaftsrechtlichen Vertrag oder einer Satzung oder aus einem bestimmten Auftrag. So finden sich z.B. in der Rechtsprechung immer wieder Entscheidungen zu dem betriebswirtschaftlich überholten Mittelwertverfahren, bei dem der Mittelwert zwischen einem Ertragswert und einem Substanzwert als Unternehmenswert ermittelt wird. Dahinter steht regelmäßig eine bestimmte Regelung im Gesellschaftsvertrag, daß bei Ausscheiden eines Gesellschafters eben dieses Verfahren anzuwenden sei. Ebenso kommen auch Abfindungen zum Stuttgarter Verfahren oder zum Nennwert vor. In einem solchem Fall wird auch der Gutachter in seinem Gutachten den Wert des Unternehmens nach dieser Vorgabe ermitteln müssen. Auf die so spezifizierte Aufgabenstellung wird im Gutachten hingewiesen.

Die Grundsätze zur Durchführung einer Unternehmensbewertung und damit auch für eine Due Diligence ergeben sich aus der Abbildung 3.

- Bewertung der wirtschaftlichen Unternehmenseinheit

- Bewertung nachhaltig entziehbarer, verfügbarer Einnahmenüberschüsse

- Bewertung der vorhandenen Ertragskraft

- Bewertung des Eigenkapitals

- Gesonderte Bewertung des nicht betriebsnotwendigen Vermögens

- Stichtagsprinzip

- Vergangenheitsanalyse

- Zukunftsbezogenheit der Bewertung

- Erfolgsorientierte Substanzerhaltung

- Substanzbezogenheit des Erfolges

- Eindeutige Bewertungsansätze

- Berücksichtigung von Synergie-Effekten

- Berücksichtigung des Managementfaktors

- Unbeachtlichkeit des Vorsichtsprinzips

- Verwendung abgesicherter Bewertungsunterlagen

Grundlage sind die allgemeinen Grundsätze zur Durchführung einer Unternehmensbewertung

Abb. 3: Grundsätze zur Durchführung einer Due Diligence

Im einzelnen ergeben sich aus diesen Grundsätzen für die Durchführung einer Due Diligence folgende Ansatzpunkte:

• Grundsatz der Bewertung der wirtschaftlichen Unternehmenseinheit

Gegenstand der Bewertung ist die Zusammenfassung von Sachen, Rechten und Personen. Die rechtliche Gestaltung des Unternehmenskomplexes ist unbeachtlich. Der Unternehmenswert wird als Gebrauchswert als Ganzes, als organisierte Kombination von materiellen und immateriellen Funktionen, nicht als Summe der Einzelbeträge verstanden. Eine Ausnahme wird nur bei einem Liquidationswert gemacht, der die Summe der Zerschlagungswerte abzüglich der noch anfallenden Kosten der Liquidation darstellt. Dieser gesamtheitlichen Auffasssung vom Unternehmen muß sich auch die Due Diligence stellen. Nur wenn das Unternehmen als ein lebender Organismus verstanden wird, können Chancen und Risiken dieses Gebildes angemessen beurteilt werden.

• Grundsatz der Bewertung nachhaltig entziehbarer, verfügbarer Einnahmenüberschüsse

Im Rahmen der Unternehmensbewertung ist Ziel einer Kombination von materiellen und immateriellen Gütern die Erzielung nachhaltig entziehbarer Einnahmenüberschüsse. Eine Abweichung verschiedener Interessen, z.B. bei öffentlichen Versorgungsunternehmen, ist möglich. Diese Einnahmenüberschüsse müssen zur freien Verfügung der Anteilseigner stehen. Es wird grundsätzlich von einer vollen Ausschüttung ausgegangen, bei einer Thesaurierung sind zusätzliche Erfolge durch die zukünftige Substanzmehrung zu berücksichtigen.

Eine Ermittlung nachhaltiger Einnahmenüberschüsse hat dann keinen Sinn, wenn die Summe der Veräußerungserlöse der materiellen und immateriellen Güter den Ertragswert übersteigt. In einem solchen Fall führt der Liquidationswert unter Berücksichtigung der spezifischen Liquidationskosten und der Abzinsung der Liquidationserlöse zu dem Liquidations-Nettowert als Wertuntergrenze. Dies gilt allerdings nur, wenn die Möglichkeit der Liquidation gegeben ist.

Für die Due Diligence bedeutet dieser Grundsatz, daß auf die freie Verwendbarkeit der Überschüsse zugunsten der Anteilseigner geachtet werden muß. Eine solche freie Verwendbarkeit liegt z.B. nicht bei ausländischen Gesellschaften mit einer Ausschüttungsbeschränkung vor.

• Grundsatz der Bewertung der vorhandenen Ertragskraft

Es darf nur der tatsächlich vorhandene Unternehmensumfang berücksichtigt werden. Künftige Maßnahmen dürfen nur bewertet werden, wenn entsprechende Planungen in das Stadium der Verwirklichung getreten sind. Zukünftige Entwicklungen dürfen nicht berücksichtigt werden, wenn sie von Ereignissen abhängen, deren Eintritt weder sicher noch genügend wahrscheinlich ist.

Damit ist im Rahmen der Due Diligence insbesondere darauf zu achten, daß ein zukünftig vorgesehener Finanzmittelzufluß nur Auswirkungen auf die Planung der Gesellschaft haben darf, wenn er als weitgehend abgesichert gilt. Das ist z.B. für den Kapitalfluß im Rahmen einer Börseneinführung der Fall. Bei dieser Konstellation müssen aber auch alle Aufwendungen mit in die Planung einbezogen werden, die mit diesem Kapitalfluß zusammenhängen, z.B. die Beratungskosten und Zulassungsgebühren bei der Börseneinführung.

• Grundsatz der Bewertung des Eigenkapitals

Dieser Grundsatz beinhaltet die Bezugnahme auf die Summe der gesellschaftsrechtlichen Anteile. Das Gesellschaftskapital muß wegen der Auswirkungen der unmittelbar folgenden Zinswirkungen auf den Unternehmenswert unverändert bleiben. Noch nicht erfüllte Kapitaleinzahlungs- oder -rückzahlungsverpflichtungen sind zu beachten. Bei der Bewertung einzelner Anteile des Unternehmens spielen subjektive Überlegungen im Hinblick auf Einflußmöglichkeiten und steuerliche Folgen mit. Hierbei ist im Rahmen der Legal Due Diligence ein besonderes Augenmerk auf die wirksame Eintragung bzw. auf die Gültigkeit der gesellschaftsrechtlichen Vereinbarungen zu richten.

• Grundsatz der gesonderten Bewertung des nicht-betriebsnotwendigen Vermögens

Das nicht betriebsnotwendige Vermögen ist eine zusätzliche Masse des Unternehmens, die möglicherweise für die Finanzierung eingesetzt werden kann. Es wird gesondert erfaßt. Es gilt eine weite Definition: Nicht betriebsnotwendig sind alle Vermögenswerte, die nach Herauslösung aus dem Unternehmen und Veräußerung einen höheren Wert ergeben als in dem Unternehmen. Erforderlich ist aber auch die Einbeziehung der mit dem nicht betriebsnotwendigen Vermögen zusammenhängenden Schulden. Für einen Erwerber des Unternehmens kann aus subjektiven Motiven die Beurteilung über die Betriebsnotwendigkeit anders ausfallen.

Für die Due Diligence bedeutet das, daß bei allen wesentlichen Vermögensgegenständen abgewogen werden muß, ob sie gegebenenfalls nicht betriebsnotwendig sind.

- Grundsatz des Stichtagsprinzipes

Für die Durchführung einer Due Diligence ist die Festlegung eines Erhebungsstichtages erforderlich, um eine klare zeitliche Ausgangsbasis für alle das Unternehmen betreffenden Umstände zu haben. Dieser Stichtag ist für die erkennbare Entwicklung der Erfolge, der Vermögens- und der Kapitalverhältnisse der Gesellschaft maßgebend.

Aus praktischen Erwägungen bietet sich der Bezug auf einen Jahresabschlußstichtag an. Insbesondere dann, wenn dieser Stichtag nahe am Geschäftsjahresende liegt. Weitere Entwicklungen können nach den Ergebnissen der Monatsergebnisrechnung berücksichtigt werden.

- Grundsatz der Vergangenheitsanalyse

Nach den allgemeinen Grundsätzen ist die Kenntnis der Vergangenheit Basis für die Planung der Zukunftserfolge. Dementsprechend sollte auch bei der Due Diligence eine Analyse und Bereinigung der Vergangenheitsergebnisse vorgenommen werden, um eine Ausgangsgrundlage für die Beurteilung der Zukunft zu erhalten.

- Grundsatz der Zukunftsbezogenheit der Bewertung

Der Unternehmenswert ergibt sich nur aus der Entwicklung der Zukunft; das gilt auch für den Liquidationswert. Somit wird sich zwingend auch die Due Diligence insbesondere im Hinblick auf die Marktentwicklung auf die zukünftig absehbare Entwicklung stützen. Die Planungsanalyse steht hierbei eindeutig im Vordergrund einer jeden Financial Due Diligence.

- Grundsatz der erfolgsorientierten Substanzerhaltung

Zur Erhaltung der Substanz erforderliche Aufwendungen, z.B. erforderliche Reparaturkosten, müssen berücksichtigt werden. Andernfalls besteht das Risiko der Substanzauszehrung durch zu hohe Ausschüttungen. Damit sind auch die zukünftigen Investitionen und die damit zusammenhängenden Kosten zu erfassen. Hier besteht die Schwierigkeit der Quantifizierung der Geldentwertung und des technischen Fortschrittes.

Für die Due Diligence bedeutet das, daß der Investitions- und Abschreibungsplan auf Vollständigkeit und Plausibilität überprüft werden muß.

• Grundsatz der Substanzbezogenheit des Erfolges

Die Planansätze der zukünftigen Reinvestitionen, Abschreibungen und Zinsen ergeben sich aus der zum Bewertungsstichtag vorhandenen Substanz. Insofern muß auch bei einer Due Diligence die vorhandene Substanz mit einbezogen werden.

• Grundsatz eindeutiger Bewertungsansätze

Die im Gutachten gewählten Bewertungsansätze und Prognosen müssen klar und eindeutig sein. Es wird die Nachprüfbarkeit des Ermessensspielraumes und dessen Nutzung verlangt. Eine Analyse der Prämissen aber auch eine Überprüfung der rechnerischen Richtigkeit der Planungsansätze und Prognosen ist unabdingbar für die Beurteilung der Planungsrechnung.

• Grundsatz der Berücksichtigung von Synergie-Effekten

Es geht um die Möglichkeit von Verbundeffekten aus der Verbindung eines bereits bestehenden mit dem zu kaufenden Unternehmen. Solche Synergieeffekte können positiv oder negativ sein. Die Synergieeffekte sind nur bei der Ermittlung eines subjektiven Unternehmenswertes zu berücksichtigen.

Im Rahmen einer Due Diligence werden regelmäßig Synergieeffekte untersucht. Wichtig für die noch ausstehenden Vertragsverhandlungen ist allerdings, daß sie als solche wenigstens intern bezeichnet werden. Andernfalls besteht die Gefahr, daß der Käufer eines Unternehmens die von ihm selbst mit eingebrachten Verbundeffekte vergütet.

• Grundsatz der Berücksichtigung des Managementfaktors

Das Ertragspotential eines Unternehmens resultiert auch aus personenbezogenen Qualifikationen, wie einem bestimmten Ausbildungs- und Kenntnisstand sowie persönlichen Beziehungen. Dieses Potential muß eliminiert werden, wenn diese Personen nach Erwerb des Unternehmens nicht mehr zur Verfügung stehen. Der Managementfaktor ist schwierig einzuschätzen.

Eine Due Diligence wird daher gerade auf die leisen Zeichen im Rahmen einer psychologischen Analyse achten.

• Grundsatz der Unbeachtlichkeit des Vorsichtsprinzips

Das handelsrechtliche Vorsichtsprinzip sollte nicht berücksichtigt werden, weil darin eine Bevorteilung der an dem Unternehmen interessierten Personen liegt. Dieser Grundsatz ist aus einer Abgrenzung gegenüber den Prinzipien der Jahresabschlußprüfung heraus verständlich. Für die Due Diligence hat er keine Auswirkungen. Wichtig ist ein sensibles Umgehen mit der Planungstendenz des zu untersuchenden Unternehmens, um eine möglicherweise zu optimistische Planung korrigieren zu können.

• Grundsatz der Verwendung abgesicherter Bewertungsunterlagen

Das Gutachten sollte eine Aussage über die Verläßlichkeit der Unterlagen enthalten. Soweit möglich, sollten für die Vergangenheit geprüfte und testierte Jahresabschlüsse vorliegen. Wenn das nicht der Fall ist, wird es gesondert zu erwähnen sein. Eine Aussage über ein in der Vergangenheit bereits nachgewiesenes Erfolgspotential des Unternehmens ist dann nur eingeschränkt möglich. Auch über die Plausibilität der Planungsunterlagen wird das Gutachten eine Aussage machen. Die Vollständigkeitserklärung entbindet nicht von eigener Beurteilung der Unterlagen.

Dieser Grundsatz ist für die Durchführung einer Due Diligence schon aus Gründen der Haftungsminimierung unverzichtbar.

Die erläuterten Grundsätze für eine Unternehmensbewertung können bei einer Due Diligence herangezogen werden. Sie sind allgemein verbindlich und verständlich. Dabei ist es unerheblich, durch welche Berufsgruppe – Wirtschaftsprüfer, Juristen, Unternehmensberater –, eine Due Diligence durchgeführt wird. Die Beachtung der Grundsätze hat den Vorteil, daß ein für alle Beteiligten vorgegebener Mindeststandard eingehalten wird.

Die Entwicklung eines Mindeststandards für eine Due Diligence gehört mit zu den wichtigsten Aufgaben all derer, die eine Due Diligence durchführen oder von den Ergebnissen betroffen sind. Ein besonderes Augenmerk ist dabei auf die Qualität der Gutachter zu richten.

2.2.3 Typischer Analyseablauf

Nach Beauftragung, Festlegung der Analyseschwerpunkte und Zusammensetzung des Due Diligence-Teams werden die Basisunterlagen ergänzt und dem Gutachter zur Verfügung gestellt.

Zeitgleich werden die ersten Markterhebungen vorgenommen. Die Prüfung der Jahresabschlüsse mit der Einschätzung des operativen Ergebnisses der Gesellschaft in der Vergangenheit wird soweit wie möglich abgeschlossen, so daß vor Ort nur noch wenige Fragen aus der Darstellung der Vergangenheit geklärt werden müssen.

Die eigentliche Prüfung vor Ort beginnt in der Regel mit einer Betriebsbegehung, bei der der Gutachter einen ersten Eindruck von den technischen Gegebenheiten des Betriebes erhält. Hier lassen sich erste Feststellungen zu dem Betriebsablauf und seiner Effektivität machen. Auch organisatorische Besonderheiten und ggfs. auch Mängel werden gerade bei der Betriebsbegehung deutlich.

Je nach Ausgestaltung der Due Diligence besteht erst vor Ort Gelegenheit dazu, die vollständigen Unterlagen der Gesellschaft in einem gesonderten Raum, dem sog. Data Room einzusehen. Dieses Verfahren wird dann gewählt, wenn sich mehrere Gesellschaften um den Erwerb eines Unternehmens bewerben und eine gleiche Informationsausgangslage für alle Bewerber sichergestellt werden soll. Einige Unternehmen versuchen, eine mögliche Verletzung von Geheimhaltungspflichten dadurch zu verhindern, daß sie den Gutachtern nur einen Einblick in die Unterlagen im Data Room gewähren, die Anfertigung von Kopien aber unterbinden. Angesichts der Dokumentationspflicht des Gutachters ist ein solches Vorgehen abzulehnen. In einem solchen Fall wird der Gutachter daher mit seinem Auftraggeber Rücksprache halten und darauf dringen, daß dieser für eine freie Information des Gutachters sorgt.

Während der Prüfung vor Ort wird der Gutachter Gespräche mit ausgewählten Gesprächspartnern führen, um einen Eindruck von den leitenden Angestellten der Gesellschaft zu bekommen und unmittelbare Informationen über die Belange des Unternehmens zu erhalten. Diese Gespräche sollten im Grunde so angelegt sein, daß der Gutachter über das Unternehmen wie ein designiertes Geschäftsführungs- oder Vorstandsmitglied informiert wird.

In der Regel wird der Gutachter mit der Geschäftsleitung des zu prüfenden Unternehmens eine Schlußbesprechung durchführen, bei der er die wesentlichen Feststellungen, nicht jedoch weitere Schlußfolgerungen für den Auftraggeber, vortragen wird. Ein solches Vorgehen verhindert, daß im Rahmen der Erhebungen möglicherweise entstandene Irrtümer über Kausalverläufe und Zusammenhänge nicht mehr richtig gestellt werden können. Hier hat sich oft gezeigt, daß nicht alles, was logisch ist, auch wahr ist.

Als nächster Schritt folgt die Präsentation des Ergebnisses durch den Gutachter bei dem Auftraggeber. Eine solche Präsentation kann auch schon vorher durchgeführt werden, wenn dem Auftraggeber im Rahmen der fortschreitenden Verhandlungen daran gelegen ist, möglichst kurzfristig Informationen über die Gesellschaft zu erhalten.

Der Berichtsentwurf wird in der Regel mit dem Auftraggeber diskutiert. Hierbei können sich aus der Sicht des Auftraggebers zusätzliche Fragen ergeben, die noch durch weitere Erhebungen des Gutachters geklärt werden müssen, bevor das endgültige und testierte Gutachten dem Auftraggeber zur Verfügung gestellt werden kann.

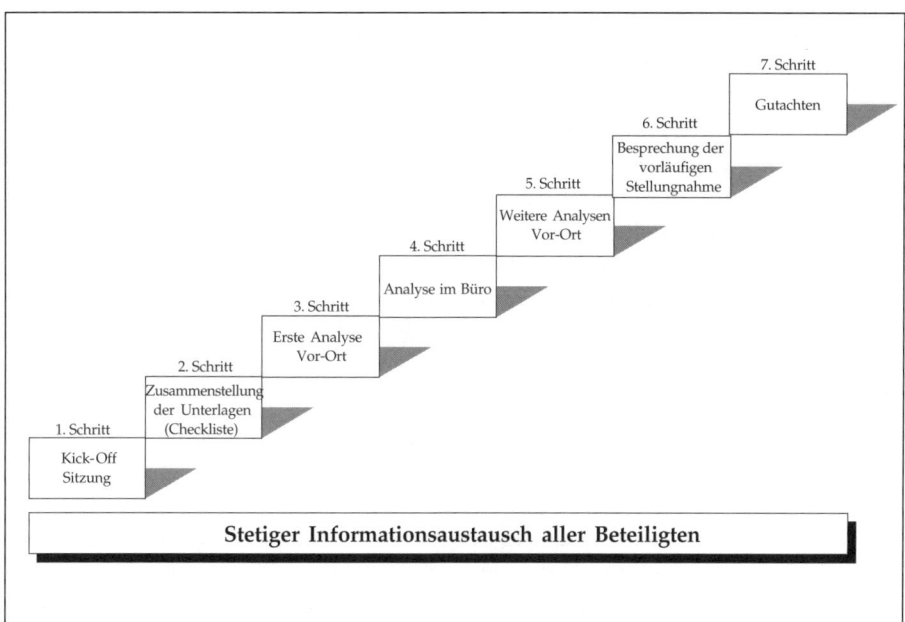

Abb. 4: Typischer Analyseablauf

2.2.4 Dokumentation und Berichterstattung

Die Anforderungen an eine ordnungsgemäße Dokumentation und Berichterstattung bei Unternehmensbewertungen sind für die Wirtschaftsprüfer durch eine Stellungnahme des Hauptfachausschusses der Wirtschaftsprüfer festgelegt worden. Diese Stellungnahme kann als Muster für die Dokumentation und Berichterstattung herangezogen werden.

Die Arbeitspapiere des Gutachters dienen seinem Nachweis der Erfüllung der Sorgfaltspflicht. Sie sind aber darüber hinaus erforderlich für eine Nachvollziehbarkeit der wesentlichen Schlußfolgerungen des Gutachters. Dies wird insbesondere bei einer späteren Diskussion über das Gutachten von Bedeutung sein. Zu den Arbeitspapieren gehören nicht nur die persönlichen Mitschriften des Gutachters und seiner Mitarbeiter, sondern auch die Kopien der Unterlagen der Gesellschaft und externe Unterlagen.

Auch der Inhalt eines Gutachtens ist im einzelnen geregelt. Es handelt sich dabei um Festlegungen für die erforderliche Qualität eines Gutachtens, die allgemein Gültigkeit beanspruchen können.

Im Ergebnis muß der Umfang so ausgestaltet sein, daß die gutachterlichen Annahmen und Grundsatzüberlegungen nachvollziehbar sind.

Zunächst wird eine Darstellung der Aufgabe unter Benennung des Auftraggebers und des Auftrages sowie des Anlasses erfolgen. Für die Zielrichtung des Gutachtens ist erforderlich, die Funktion des Gutachters anzugeben. Hierbei kann der Gutachter als beratender Gutachter für eine Partei, als neutraler Gutachter oder als Schiedsgutachter tätig werden.

Bei der Darstellung der Vorgehensweise wird auch Bezug auf eine Kurzstellungnahme im Vorfeld genommen. Im Rahmen der Einschätzung der der Bewertung zugrundeliegenden Informationen wird die Verfügbarkeit und Qualität der Ausgangsdaten kommentiert und eine Abgrenzung der Verantwortung für übernommene Auskünfte vorgenommen.

Es folgt die Beschreibung des Bewertungsobjektes mit seinen rechtlichen und wirtschaftlichen Grundlagen, zu denen auch die steuerlichen Gegebenheiten gehören.

Soweit im Gutachten Annahmen und Schätzungen vorgenommen worden sind, sind sie im einzelnen darzulegen. Das gleiche gilt für Vereinfachungen. Methoden zur Berücksichtigung des Unsicherheitsproblems sind zu erläutern. Einen zentralen Punkt nehmen die Ausführungen über Markt- und Wettbewerbsanalysen ein. Je nach Festlegung der Analyseschwerpunkte können die Markt- und Wettbewerbsuntersuchungen den zentralen Punkt ausmachen.

Zudem ist die Darstellung der Vermögenslage und der Wert des nicht betriebsnotwendigen Vermögens mit den damit zusammenhängenden Schulden notwendig.

Es folgt die Darstellung der zentralen Komponenten, die die Chancen- und Risiokopotentiale sowie die Stärken- und Schwächenpotentiale bestimmen. Dabei können Szenariorechnungen über alternative Planerfüllungsgrade die Stellungnahme ergänzen.

In den abschließenden Feststellungen wird zum Ergebnis der Erhebungen Stellung genommen. Soweit erforderlich, kann auch hier der Wert eines Unternehmens rechnerisch ermittelt werden.

In der Praxis erfolgt oft eine Aufteilung des Berichtes in einen verbalen Teil und einen Anlagenteil, um das Geheimhaltungsbedürfnis der Gesellschaft zu erfüllen. In einem solchen Fall ist in den Berichtsteilen auf den Anlagenteil zu verweisen, um deutlich zu machen, daß es sich jeweils lediglich um einen Teil des Gutachtens handelt.

Neben dem verbalen Teil wird das Ergebnis der Erhebungen in umfangreichen Anlagen zum Gutachten niedergelegt. Sie enthalten die Begründungen und das Mengengerüst für die Schlußfolgerungen des Gutachtens.

Eine zentrale Anlage listet die wesentlichen Chancen und Risiken sowie die Stärken und Schwächen der Gesellschaft auf. Soweit es sich um eine Unternehmensbewertung handelt, wird als weitere zentrale Anlage das Ergebnis der Unternehmensbewertung mit einer Abzinsung der Ergebnisse der Planjahre und der ewigen Rente und dem Wert des nicht betriebsnotwendigen Vermögens enthalten sein. Bei einer Börseneinführung wird sich die zentrale Anlage mit der Erreichbarkeit der vorgegebenen Ausschüttungsfähigkeit der Gesellschaft befassen. Diese das Ergebnis bestimmenden zentralen Anlagen werden in einer stark komprimierten Zusammenfassung des Gutachtens auf ca. drei bis zehn Seiten erläutert.

Die Planungsrechnung wird in der Regel für drei Planjahre dargestellt. Je nach Größe des Unternehmens und Vielfalt der Produkte kann eine Aufschlüsselung der Umsätze nach Produktbereichen oder nach Regionen erfolgen.

Bei einem Stichtag innerhalb des Jahres kann eine Hochrechnung einer innerjährlichen Gewinn- und Verlustrechnung anhand der Relation des Umsatzes eines bestimmten Quartals zum Gesamtjahr aus einer vergleichbaren Ergebnisrechnung der Vorjahre erfolgen. Auch die innerjährigen Umsätze können anhand saisonaler Betrachtungen aus den Vorjahren auf ein Gesamtjahr hochgerechnet werden.

Für die Vergangenheit kann eine Soll/Ist-Analyse dargestellt werden.

Als Teilpläne können z.B. der Finanzierungsplan und der Investitionsplan dargelegt werden, um die Basis für die Ermittlung der Finanzierungsaufwendungen und der Abschreibungen zu bilden.

In komplexen Fällen sind Szenarienrechnungen und Sensitivitätsanalysen darzustellen, um einer besonderen Unsicherheit innerhalb der Planung Rechnung zu tragen.

Für die vergangenen drei Jahre kann eine Bereinigungsrechnung vorgenommen werden. Die Gewinn- und Verlustrechnung nach Eliminierung der Bereinigungsposten kann dargestellt werden, um eine Vergleichbarkeit der in der Zukunft geplanten operativen Ergebnisse zu ermöglichen.

Für Zwecke der Substanzbetrachtung und der Entwicklung der Eigenkapitalverhältnisse werden die Handelsbilanzen der letzten drei Jahre als Anlage dargestellt.

Soweit es für die Darstellung der Plausibilität der Umsatzplanung sinnvoll ist, kann eine Auflistung der wesentlichen Verträge erfolgen.

2.2.5   Due Diligence-Bericht

Der Umfang des Due Diligence-Berichtes hängt auch von den Analyse-schwerpunkten ab. Wenn eine umfangreiche Markt- und Wettbewerbsanaly-se erforderlich wird, kann diese ein Drittel bis die Hälfte des Berichts aus-machen. Obligatorisch sollte eine Zusammenfassung zu Beginn des Berich-tes sein. Damit wird dem Entscheider ein erster schneller Überblick über die zentralen Ergebnisse der Due Diligence zur Verfügung gestellt.

Ein anonymisiertes Inhaltsverzeichnis eines Due Diligence-Berichtes zeigt die Abbildung 5.

2.2.6   Fazit

1. Bei der Durchführung einer Due Diligence aus Anlaß eines Beteili-gungserwerbes ist die Sicherung der Vertraulichkeit einer der sensibel-sten Punkte.
2. Eine Absicherung der Vertraulichkeit wird in der Praxis häufig durch einen Letter of Intent erreicht. Allerdings wird das grundsätzliche Dilemma der Offenlegung sensibler Informationen und die Sorge ih-rer mißbräuchlichen Verwendung bei vielen Verkäufern bestehen bleiben.
3. Die Grundsätze für eine Due Diligence lassen sich aus den für eine Un-ternehmensbewertung aufgestellten Grundsätzen ableiten. Da die Due Diligence immer der Ermittlung des Unternehmenswertes vorausgeht, lassen sich diese Grundsätze auch für eine Due Diligence heranziehen.
4. Die Grundsätze, die aus der Unternehmensbewertung abgeleitet wer-den, sind allgemein verbindlich und verständlich. Die Beachtung dieser Grundsätze hat den Vorteil, daß ein für alle Beteiligten vorgegebener Mindeststandard eingehalten wird.
5. Der typische Ablauf einer Due Diligence beinhaltet eine Voranalysepha-se auf der Grundlage der Basisinformationen. An diese Phase schließt sich eine Vor-Ort-Analyse zwischen 3 und 10 Tagen an. Die vorläufigen Ergebnisse werden mit den Vertretern des Unternehmens diskutiert, wobei die wesentlichen Feststellungen, nicht jedoch die weiteren Schluß-folgerungen, für den Auftraggeber vorgetragen werden.
6. Die Ansprüche an eine ordnungsgemäße Dokumentation und Bericht-erstattung einer Due Diligence kann in direkter Anlehnung an die Stel-

Teil 1:   Management Zusammenfassung (Executive Summary)
Teil 2:   Ergebnisse

    I. Auftrag

    II. SWOT-Analyse

    III. Fazit

Teil 3:   Gutachterliche Stellungnahme

    I. Auftrag und Auftragsdurchführung

    II. Einzelheiten zur Vorgehensweise bei der Analyse

    III. Beurteilung der zugrundeliegenden Information

    IV. Rechtliche und wirtschaftliche Grundlagen der ... Gruppe

        1.   Rechtliche Grundlagen der ... AG
        2.   Rechtliche Grundlagen der Tochtergesellschaft
           a) ...
           b) ...
        3.   Rechtliche Bindungen zwischen der ... AG und den Tochtergesellschaften
        4.   Wirtschaftliche Grundlagen der ... AG
        5.   Wirtschaftliche Grundlagen der Tochtergesellschaften
           a)...
           b) ...
        6.   Wirtschaftliche Beziehungen zwischen der ... AG und den Tochtergesellschaften

    V. Markt- und Wettbewerbsanalyse

        1...

        2 ...

    VI. Erläuterungen zu den Ertragswertgrundlagen der ... Gruppe in der Vergangenheit

        1.   Umsatz- und Ergebnisentwicklung des ... Konzern für die Jahre 19xx bis 20xx
        2.   Umsatz- und Ergebnisentwicklung der ... AG für die Jahre 19xx bis 20xx
        3.   Umsatz- und Ergebnisentwicklung der Tochtergesellschaften für die Jahre 19xx bis 20xx
           a) ...
           b) ...
        4.   Überleitung Konzernabschluß und IAS/US-GAAP
        5.   Steuerliche Situation

    VII. Plausibilität und Erfüllbarkeit der Plandaten der ... Gruppe

        1.   Planungssystem
        2.   Planung der ... Gruppe und der Einzelgesellschaften
           a)   Analyse der Umatz- und Ergebnisplanung der ... AG für 20xx bis 20xx
           b)   Analyse der Umatz- und Ergebnisplanung der Tochtergesellschaften für 20xx bis 20xx
              (1) ...
              (2) ...
           c)   Analyse der Umatz- und Ergebnisplanung des ... Konzern für 20xx bis 20xx
        3.   Szenariorechnung für die Umsatz- und Ergebnisplanungen
           a)   Variante A
           b)   Variante B

    VIII. Ergänzungen

        1.   DVFA/SG Ergebnis
        2.   Ausschüttungsfähigkeit
        3.   Cash-flow-Berechnung
        4.   Unternehmenswert

Abb. 5: Muster-Inhaltsverzeichnis eines Due Diligence-Berichtes

lungnahme des Institutes der Wirtschaftsprüfer für Unternehmensbewertungen erfolgen.

7. Der Inhalt des Due Diligence-Gutachtens, der sich an die Grundsätze
    für Unternehmensbewertungen anlehnt, stellt einen sinnvollen Kom-
    promiß zwischen Standardisierung und Individualität dar.

8. Besonderer Beachtung sollte bei der Berichterstattung den Markt- und
    Wettbewerbsanalysen geschenkt werden.

9. Der Umfang des Due Diligence-Berichtes hängt von den Analyse-
    schwerpunkten ab. Die Voranstellung einer Zusammenfassung zu Be-
    ginn des umfangreichen Gutachtens wird dem Entscheider einen
    schnellen Überblick über die zentralen Ergebnisse der Due Diligence
    verschaffen.

10. Bei der Durchführung einer Due Diligence sollte der Auftraggeber kon-
    tinuierlich über den Analysefortschritt informiert werden.

3. Technik der Due Diligence

3.1 Die SWOT-Analyse als Instrument der Due Diligence

Die Betriebswirtschaftslehre stellt für die Due Diligence ein Instrument zur Verfügung, das aus der Managementlehre direkt auf die konkreten Felder der Technik der Due Diligence übertragbar ist. Die sog. SWOT-Analyse untersucht in logischer Abfolge die Chancen und Risiken sowie die Stärken und Schwächen einer Unternehmung. Die Bezeichnung SWOT leitet sich aus den englischen Begriffen **S**trengths, **W**eaknesses, **O**pportunities und **T**hreats ab.

Die Umweltanalyse, die die Chancen und Risiken aufzeigen soll, analysiert das externe Umfeld der Unternehmung auf Bedrohungen des gegenwärtigen Geschäftes sowie auf die Möglichkeit, Chancen für bestehende aber auch für neue Geschäftsfelder zu erkennen. Die Umweltanalyse beschränkt sich dabei nicht nur auf das direkte Umfeld und das jeweilige Geschäft. Berücksichtigung finden auch allgemeinere Entwicklungen sowie Trends, die die Märkte, aber auch den Wettbewerb mit einbeziehen.

Bei der Analyse der allgemeinen Umwelt stehen die makro-ökonomische, die technologische, die politisch-rechtliche, die sozio-kulturelle und die natürliche Umwelt im Blickpunkt des Gutachters. In einem weiteren Schritt wird die Attraktivität der bestehenden und neuen Geschäftsfelder analysiert. Dabei stehen die Abnehmer, die Lieferanten, die bestehenden Wettbewerber sowie potentielle neue Wettbewerber, mögliche Substitutionsprodukte und der Staat als regulierende Institution des Wettbewerbs im Mittelpunkt der Analyse.

Die Unternehmensanalyse, die die Stärken und Schwächen aufzeigen soll, analysiert die interne Ressourcensituation des Unternehmens. Ein Vergleich der wichtigsten Stärken und Schwächen im Hinblick auf die wichtigsten Konkurrenten soll dem Gutachter einen Einblick über die interne Umwelt eines Unternehmens vermitteln.

Als Ergebnis sollten sich potentielle Wettbewerbsvorteile oder -nachteile ableiten lassen. Der Blickwinkel des Gutachters wird sich dabei zum einen vom Unternehmen aus auf die Konkurrenz ausrichten und zum anderen die Sichtweise der Kunden über das Unternehmen und die wichtigsten Konkurrenten abbilden.

Die Analyse der Umwelt wird sich bei der wirtschaftlichen Due Diligence wiederfinden, die auch den Wettbewerb mit einzubeziehen hat. Ebenso wird die technische Due Diligence Antworten für die technologische Umwelt be-

reithalten können. Die rechtliche und steuerrechtliche Due Diligence wird
die politische und rechtliche Umwelt mit einzubeziehen haben. Die Umwelt-Due Diligence wird z.B. die Erkenntnisse der natürlichen und soziokulturellen Umwelt mit zu berücksichtigen haben.

Die Analyse des Unternehmens wird sich insbesondere in der organisatorischen, der psychologischen sowie der finanziellen Due Diligence widerspiegeln. Die wichtigsten Konkurrenten sollten bei den Planungsansätzen
der Umsatzerlöse im Zusammenhang mit der finanziellen Due Diligence
Berücksichtigung finden. Auch Markterhebungen und Kundenbefragungen
werden Erkenntnisse für die Plausibilität der Planungsansätze bereitstellen
können.

Die Einbeziehung der SWOT-Analyse bietet den Vorteil für den Due Diligence-Gutachter, ein strukturiertes Analyseinstrument zur Verfügung zu haben, das im Ergebnis alle Erkenntnisse in überschaubare Chancen und Risiken sowie Stärken und Schwächen abbildet.

3.2 Wirtschaftliche (Market) Due Diligence

Die Analyse des für das Unternehmen relevanten Marktes und damit der relevanten Wettbewerber sind bei einer Due Diligence von ausschlaggebender Bedeutung. Eine Ausklammerung dieser Analyse ist nur dann möglich, wenn der Auftraggeber der Due Diligence über eine so umfassende Kenntnis des betreffenden Marktes und der Wettbewerber verfügt, daß er ausdrücklich auf eine Markt- und Wettbewerbsanalyse durch den Due Diligence-Gutachter verzichtet. Dies ist z.B. dann der Fall, wenn es um den Kauf eines Unternehmens aus dem eigenen Branchenumfeld geht. Wird auf eine solche Analyse verzichtet, so sollte dies im Gutachten vermerkt werden und seine Entsprechung im Due Diligence-Auftrag finden.

Im Rahmen der wirtschaftlichen Due Diligence geht es zunächst um die Analyse der globalen Umwelt sowie des rechtlichen Markt- und Wettbewerbsumfeldes. Ausgehend von diesem Umfeld wird die Markt- und Wettbewerbsanalyse durchgeführt. Dazu gehört eine Identifizierung des relevanten Marktes und die eigentliche Analyse des Marktes. Erst nach eindeutig vorgenommener Marktuntersuchung kann eine Einordnung des untersuchten Unternehmens in den Markt erfolgen.

Wie bei der Marktanalyse muß eine Identifizierung und Entwicklungsanalyse der Wettbewerber erfolgen. Im Anschluß daran kann eine Abgrenzung des untersuchten Unternehmens gegenüber den Wettbewerbern erfolgen.

Die eigentlichen Analyseschritte sind zweigeteilt. In einem ersten Schritt geht es um die statische Situation des Marktes und der Wettbewerber zu einem definierten Stichtag. Im folgenden zweiten Schritt wird die dynamische Entwicklung des Marktes und der Wettbewerber untersucht.

3.2.1 Analyse der globalen Umwelt

Im Hinblick auf die effektive Durchführung einer Due Diligence muß abgewogen werden, in welchem Umfang eine Analyse der globalen Umwelt mit einbezogen wird. Man wird häufig wegen des Zeitdrucks diese allgemeinen Fragestellungen nur dann analysieren, wenn sie konkrete Auswirkungen auf die Ertragskraft des Unternehmens haben. Aus diesem Grund wird man in Due Diligence-Gutachten nur eingeschränkt Ausführungen mit einer eher volkswirtschaftlichen Relevanz finden.

In der Praxis hat sich bewährt, im Rahmen von Gesprächen nach Änderungen der allgemeinen wirtschaftlichen Lage zu fragen und die möglichen Auswirkungen für das Unternehmen mit den Gesprächspartnern zu diskutieren. Da diese wesentlichen Änderungen nicht plötzlich auf das Unternehmen zukommen, werden sie sich meist in der Planungsrechnung des Unternehmens widerspiegeln.

Ausschlaggebend bei der Analyse der globalen Umwelt sind die Entwicklungen, die einen direkten Einfluß auf das Unternehmensgeschehen haben. Hierbei sind sowohl nationale als auch internationale Aspekte zu berücksichtigen. Dies hängt auch von der wesentlichen geographischen Ausrichtung des Unternehmens ab. In diesem Zusammenhang sind auch Auswirkungen politischer Vorgänge mit einzubeziehen, die z.B. dazu führen könnten, daß das Unternehmen in seinen wirtschaftlichen Tätigkeiten behindert wird. Ein Beispiel dafür wären politisch veranlaßte »Sondersteuern« oder willkürlich erhobene »Sonderabgaben« an die politischen Entscheidungsträger.

Im Hinblick auf die Steuergesetzgebung könnte z.B. die Anerkennung eines Verlustvortrages oder die steuerliche Abzugsfähigkeit bestimmter Aufwendungen von Bedeutung sein. Bei produzierenden Unternehmen sind gegebenenfalls Änderungen in der Umweltgesetzgebung zu berücksichtigen.

Zur allgemeinen ökonomischen Lage gehört auch die Entwicklung volkswirtschaftlicher Größen, wie z.B. des Bruttosozialproduktes, der Arbeitslosenquote und der Konsumquote. Diese Größen wirken unmittelbar auf das Nachfrageverhalten der Konsumenten insbesondere bei Produkten im Konsumgüterbereich. Ebenfalls kann sich die Entwicklung der allgemeinen Preisindices auf das Nachfrageverhalten der Konsumenten auswirken.

Von Bedeutung sind für das Unternehmen auch deutliche Wechselkursänderungen. Ein exportorientiertes Unternehmen kann dadurch Preisvor- aber auch -nachteile haben. So können sich im Ausland einzukaufende Materialien verteuern oder verbilligen. Aufgrund nicht währungsgesicherter Forderungen und Verbindlichkeiten können Währungsverluste eintreten.

An diesen Beispielen wird deutlich, daß auch volkswirtschaftliche Rahmendaten eine unmittelbare Auswirkung auf die Ertragslage eines Unternehmens haben können. Insofern gehört eine Analyse der globalen Umwelt zumindest in überschlägiger Form zu einer Due Diligence dazu.

3.2.2 Analyse des rechtlichen Markt- und Wettbewerbsumfeldes

Ebenso wie bei der Analyse der globalen Umwelt ist nicht bei jeder Due Diligence eine Analyse des rechtlichen Markt- und Wettbewerbsumfeldes erforderlich. Auch hier sind nur die Aspekte relevant, die eine direkte Auswirkung auf die Ertragskraft des Unternehmens haben können.

Eine besondere Rolle spielen dabei mögliche oder bereits absehbare Gesetzesänderungen, die Einflüsse auf das Chancen- oder Risikopotential des Unternehmens haben können. Ebenso können sich Einschränkungen oder Möglichkeiten für die Wettbewerbsstruktur ergeben. So ist bei einem geplanten Kauf zu prüfen, ob möglicherweise ein Verstoß gegen die Kartellgesetzgebung vorliegt.

Beispiele für mögliche oder bereits absehbare Gesetzesänderungen lassen sich aus einer Reihe von praktischen Fällen anführen.

So waren im Rahmen einer Due Diligence bei einem Unternehmen, dessen Geschäftszweck in dem Betrieb von Altenheimen und Fachkliniken besteht, neben einer Analyse der langfristigen demographischen Entwicklung der Bevölkerung eine umfangreiche Analyse der Auswirkungen der unterschiedlichen Stufen der Pflegeversicherung erforderlich. Darüber hinaus waren die durch die Gesundheitsreform geänderten Abrechnungsmodalitäten der gesetzlichen Krankenkassen einer Analyse zu unterziehen.

Weitere Beispiele lassen sich aus einer Due Diligence bei einem Verlagshaus anführen. Hier waren zum einen die gesetzlichen Möglichkeiten sowie die voraussichtlichen Änderungen im Hinblick auf einen alleinigen Verkauf der Bücher über das Internet zu überprüfen und zum anderen die Auswirkungen eines Wegfalls der Preisbindung im Buchhandel zu simulieren.

Bei einer weiteren Due Diligence bei einem Unternehmen des pharmazeutischen Großhandels ging es um die Auswirkungen der Gesundheitsstrukturreform auf die Ertragskraft des Unternehmens sowie um eine Aussage über Änderungen in der bestehenden Apothekenstruktur. Hierbei war die Frage zu klären, ob das bestehende Mehrbesitzverbot bei Apotheken, das zu einer Nachfragebündelung führen würde, mittelfristig geändert wird.

Bei einem Unternehmen, das auf dem Gebiet der Gentechnologie tätig ist, war der Status Quo der Gesetzgebung sowie die voraussichtliche Gesetzgebungsentwicklung einer Analyse zu unterziehen.

Ein besonders plastisches Beispiel ergibt sich zur Zeit im Krankenhaussektor. So werden sich die Krankenhäuser kurzfristig auf ein völlig neues Abrechnungssystem einstellen müssen. Die damit verbundenen Änderungen in den Einnahmen machen eine intensive Auseinandersetzung des rechtlichen Marktumfeldes für den Gutachter erforderlich. Hierbei wird der Analyseschwerpunkt eindeutig durch die Gesetzesänderung bestimmt.

Teilweise beschränken sich die Analysen über das rechtliche Markt- und Wettbewerbsumfeld nicht nur auf die nationalen Märkte, sondern beziehen in zunehmenden Maße auch die internationale Gesetzgebung mit ein.

Wenn auch nicht in jedem Fall umfangreiche Analysen erforderlich sind, so ist grundsätzlich bei einer wirtschaftlichen Due Diligence zu prüfen, ob auf die Analyse des rechtlichen Markt- und Wettbewerbsumfeldes einzugehen ist. Wird eine Auswirkung auf die Ertragskraft im Anfangsstadium einer Due Diligence verneint, erübrigen sich weitere Analyseschritte.

3.2.3   Marktanalyse

Bei einer Marktanalyse ist es zunächst erforderlich, die zu analysierende Unternehmung in ihrem relevanten Markt eindeutig zu identifizieren. Häufig sind Unternehmen mit unterschiedlichen Produkten auf unterschiedlichen Märkten tätig. Bei einem stark diversifizierenden Unternehmen kann daher die Zuordnung zu mehreren Branchen in Frage kommen. Eine solche Vorgehensweise ist aber nur dann sinnvoll, wenn die Umsatz- und/oder Ergebnisbeiträge der einzelnen unterschiedlichen Produkte einen erheblichen Anteil am Gesamtunternehmen haben. Ist dies nicht der Fall, so wird man sich auf die Analyse der Hauptprodukte beschränken und von daher eine Branchenzuordnung erreichen. So macht es beispielsweise wenig Sinn, bei einem Unternehmen aus der Branche der Informationstechnologie konkrete Schlußfolgerungen aus der Entwicklung des weltweiten Halbleitermarktes zu ziehen. Hierbei ist es erforderlich, das Marktsegment so exakt wie möglich abzugrenzen. Diese Abgrenzung muß sowohl produktspezifisch als auch geographisch erfolgen. Die allgemeine Aussage, daß der Halbleitermarkt wächst, muß nicht falsch sein, läßt aber aufgrund ihrer Allgemeingültigkeit keine Schlußfolgerungen für das zu beurteilende Unternehmen zu.

Durch die möglichst eindeutige Indentifizierung des relevanten Marktes wird die Informationserhebung vereinfacht. Man wird sich hierbei auf sogenannte Sekundärinformationen stützen, die z.B. aus den Unterlagen des Verbandes, zu dem das Unternehmen gehört, entnommen werden können. Hinzugezogen werden können auch allgemeine wirtschaftliche Informationen, die von volks- und betriebswirtschaftlichen Instituten zur Verfügung gestellt werden. Selbst aus Veröffentlichungen und Stellungnahmen der Wettbewerber, z.B. aus Pressekonferenzen und Presseverlautbarungen, lassen sich

Rückschlüsse auf die weitere Entwicklung des Unternehmens und des relevanten Marktes ziehen. Gute Informationsquellen stellen auch Fachmessen zur Verfügung. Durch gezielte Interviews mit den Ausstellern als Kunden, Lieferanten oder als Wettbewerber lassen sich effektiv Informationen über den Markt und seine Entwicklung erheben.

Aus Kosten- und Zeitgründen kommen Primärerhebungen nur eingeschränkt zur Anwendung. Die Gewinnung originärer Informationen erfordert einen höheren Erhebungsaufwand. Eine Möglichkeit der Primärerhebung bieten allerdings persönliche Befragungen von Branchenkennern. So sind häufig im Ruhestand stehende Geschäftsführer oder Vorstände gerne bereit, Fragen über den Markt zu beantworten. Durch die weitgehende Loslösung vom Unternehmen bieten diese Gesprächspartner fachkundige und objektive Informationen. Allerdings bieten diese Informationsquellen nur ein bis zwei Jahre nach Ausscheiden aus dem aktiven Geschäft verwertbare Informationen. Durch die zunehmende Globalisierung sowie Komplexität der Wirtschaft verlieren spezielle Informationen schnell ihren Aktualitätsgrad. Die Befragung von aus dem aktiven Geschäft ausgeschiedenen Branchenkennern bringt im Hinblick auf die branchenspezifischen »Spielregeln« allerdings weiterhin interessante Erkenntisse für den Gutachter.

Eine besondere Form der Informationsgewinnung stellt das Internet zur Verfügung. Durch die jederzeit und weltweit zur Verfügung stehenden globalen Informationen lassen sich zum Teil kurzfristig Marktinformationen abrufen. Um aber über dieses Informationsmedium auch die richtigen Informationen zu erhalten, ist der Einsatz spezialisierter Marktresearcher erforderlich.

Die erhobenen Marktinformationen lassen sich dann mit den von der Gesellschaft zur Verfügung gestellten Informationen abgleichen. Hierdurch besteht die Möglichkeit, die Unternehmensinformationen auf Plausibilität hin zu untersuchen.

Eine kritiklose Übernahme der Marktinformationen, die die Gesellschaft zur Verfügung gestellt hat, sollte in jedem Fall vermieden werden. Die Einbeziehung extern erhobener Marktinformationen gehört zum Standard einer Due Diligence.

3.2.4 Wettbewerbsanalyse

Die Gesellschaft hat meist einen guten Überblick über ihre Wettbewerber. Sie wird ihre Wettbewerber im Regelfall gegenüber ihrer eigenen Unternehmung negativ abgrenzen. Hier sind die ersten Ansatzpunkte für die Due Diligence-Gutachter, eigene Informationen über die Wettbewerber einzuholen.

Aus der Vergangenheit sind die Entwicklungen der Wettbewerber meist bekannt, da diese Informationen unproblematisch zu erhalten sind. Aus diesen Informationen läßt sich ableiten, wie lange und wie intensiv die Wettbewerber im Markt agieren. Ableitbar sind auch die Stabilitäten und Flexibilitäten der einzelnen Wettbewerber im Markt.

Jedes Marktsegment hat andere Eintrittsbarrieren für neue Marktteilnehmer. In einigen Segmenten gibt es hohe Marktbarrieren in rechtlicher, wirtschaftlicher oder technologischer Art. Denkbar sind z.B. auch nationale Barrieren, so z.B. Erschwernisse beim Eintritt in die asiatischen Märkte.

Aufgrund dieser Informationen über die Wettbewerber und den Markt wäre z.B. ein geplanter Markteintritt in ein Segment, in dem eine Reihe von Eintrittsbarrieren existieren, mit großen Vorbehalten zu betrachten.

Im günstigen Fall lassen sich die Erschließung von neuen Märkten und damit die Marktchancen bestätigen. Aber auch dann wird man mit erheblichen Markteintrittskosten zu rechnen haben, die die Ertragskraft des Unternehmens trotz einer geplanten Umsatzausweitung in der ersten Planungsperiode belasten.

Bei der Erhebung von Informationen über die Wettbewerber muß man sich zumeist der sekundären Quellen bedienen. Eine direkte Befragung beim Wettbewerber scheidet im Regelfall aus. Ansatzpunkte können hier Verbandsinformationen bieten. Wenngleich solche Informationen immer nur die Branche in ihrer Gesamtheit abbilden, lassen sich hieraus Trends und Tendenzen für die Entwicklung der Wettbewerber ableiten. Die Qualität dieser Informationen hängt auch von der Wettbewerbsstruktur ab. Bei oligopolistischen Wettbewerbsstrukturen, die durch wenige Wettbewerber gekennzeichnet sind, ist es einfacher, aus den Verbandsinformationen Schlußfolgerungen für das zu untersuchende Unternehmen zu ziehen als für polypolistische Wettbewerbsstrukturen, die durch viele Wettbewerber gekennzeichnet sind.

Eine weitere Möglichkeit, Informationen über die Wettbewerber, aber auch über das zu untersuchende Unternehmen zu gewinnen, bieten Kundenbefragungen. Ausgangspunkt dafür sind die Kunden des zu untersuchenden Unternehmens, die sowohl über das Unternehmen als auch über die Wettbewerber befragt werden können. Durch das Aufstellen von Kundenprofilen z.B. nach den Kriterien der Lieferfähigkeit, der Liefergeschwindigkeit, dem Service, der Preisgestaltung und dem Verkäuferverhalten lassen sich Profile für das eigene Unternehmen und für die Wettbewerber aufstellen. Eine mögliche praktische Auswertung von Kundenbefragungen zeigt die Abbildung 6.

Kunde	Umsatz in T€ 2001	Lieferfähigkeit -5-4-3-2-1 0 1 2 3 4 5	Liefergeschwindigkeit -5-4-3-2-1 0 1 2 3 4 5	After-Sales-Service -5-4-3-2-1 0 1 2 3 4 5	Preisgestaltung -5-4-3-2-1 0 1 2 3 4 5	Verkäuferverhalten -5-4-3-2-1 0 1 2 3 4 5	Gesamteinschätzung -5-4-3-2-1 0 1 2 3 4 5
MA	862	X	X	X	X	X	X
Pro	551	X	X	X	X	X	X
Co	535	X	X	X	X	X	X
Gl	426	X	X	X	X	X	X
Sch	368	X	X	X	X	X	X
Ge	334	X	X	X	X	X	X
Ha	293	X	X	X	X	X	X
CE	254	X	X	X	X	X	X
Med	240	X	X	X	X	X	X
EL	225	X	X	X	X	X	X
DA	193	X	X	X	X	X	X
PO	184	X	X	X	X	X	X
IC	175	X	X	X	X	X	X
EP	163	X	X	X	X	X	X
SH	160	X	X	X	X	X	X
Sc	159	X	X	X	X	X	X
CV	158	k.A.	k.A.	k.A.	k.A.	k.A.	k.A.
CO	140	X	X	X	X	X	X
Bi	134	X	X	X	X	X	X
Om	127	X	X	X	X	X	X
Insgesamt	5.681						

Abb. 6: Ergebnisse einer Kundenbefragung

Weitere Vergleichsmöglichkeiten bieten die unterschiedlichen Größenordnungen der Umsatzerlöse. Hierbei spielen Überlegungen im Hinblick auf langfristige Umsatzentwicklungen eine Rolle. Dies kann zu einer Einschätzung über die Entwicklung der künftigen Marktanteile führen. In diesem Zusammenhang spielen auch die Kapitalverhältnisse und die Standorte der Wettbewerber eine Rolle. Dabei ist es nicht ungewöhnlich, wenn Unternehmen unterschiedlicher Größenordnung konkurrieren. Dies kann dann der Fall sein, wenn ein Großunternehmen in einem kleinen Marktsegment mit einer Abteilung tätig ist und dort mit einem spezialisierten Nischenanbieter konkurriert. In einem solchen Fall ist auch zu überprüfen, ob überhaupt ein echter Wettbewerb vorliegt. Möglicherweise kann das kleine Unternehmen Aufgaben abdecken, die das Großunternehmen nicht übernehmen will.

Daneben lassen sich das Vertriebssystem und die Absatzmethoden sowie die Angemessenheit des Werbeaufwandes miteinander vergleichen. Auch Unterschiede im Kundenstamm können für die Aussage, daß eigentlich keine Konkurrenz vorliegt, von Bedeutung sein. Eine unterschiedliche Vergütungsstruktur der Mitarbeiter kann möglicherweise Aussagen über die unterschiedliche Profitabilität der Unternehmen erlauben. Ebenso können in der vergleichenden Betrachtung die Produktivität und die Kapazitätsauslastung in die Analyse einbezogen werden.

Soweit dies anhand der Informationen über die Wettbewerber möglich ist, sollte man neben den überwiegend qualitativen Informationen auch versuchen, quantitative Informationen miteinander vergleichen. Als eine zentrale Kennziffer neben den Umsatzerlösen läßt sich dafür die Umsatzrentabilität verwenden. Bei dem Vergleich dieser Kennziffer ist allerdings darauf zu achten, inwieweit außerordentliche und periodenfremde Aufwendungen und Erträge die Jahresergebnisse beeinflußt haben.

Insgesamt können die Informationen des Unternehmens über seine Wettbewerber in die Analyse des Due Diligence-Gutachters einbezogen werden. Allerdings ist auch hier darauf zu achten, daß diese Informationen durch eigene Erhebungen des Gutachters ergänzt werden und damit die Informationen des Unternehmens einer Plausibilitätsprüfung unterzogen werden können.

Die Erhebung und eigene Analyse von Informationen über die Wettbewerber gehört zum Standard einer Due Diligence.

3.1.5   Muster für wirtschaftliche Due Diligence

In Anlehnung an eine Due Diligence, die aus Anlaß eines Anteilserwerbes im Auftrag eines potentiellen Käufers durchgeführt wurde, war besonders auf den internationalen Halbleitermarkt einzugehen. Ein Beispiel für die Vorgehensweise bei dieser wirtschaftlichen Due Diligence zeigt die folgende anonymisierte Gliederung aus einem Due Diligence-Gutachten in Abbildung 7. Bei einem anderen Beispiel aus Anlaß einer Börseneinführung war eine umfangreiche wirtschaftliche Due Diligence durchzuführen. Es handelte sich dabei um ein Unternehmen, dessen Geschäftszweck im bundesweiten Betrieb einer größeren Anzahl von Seniorenwohnungen und Seniorenpflegeheimen sowie in dem Betrieb mehrerer Fachkliniken besteht. Hierbei waren auch die gesetzlichen Rahmenbedingungen sowie die zum Zeitpunkt der Analyse bereits bekannten, in späteren Jahren in Kraft tretenden Gesetzesänderungen zu berücksichtigen, die eine große Auswirkung auf die Ertragskraft der kommenden Jahre haben werden. Neben diesen gesetzlichen Einflüssen war auch eine umfangreiche Analyse der gegebenen und der voraussichtlichen demographischen Entwicklung in Deutschland erforderlich. Be-

... IV. Markt- und Wettbewerbsanalyse

   1. Der Halbleitermarkt

   2. Der Equipmentmarkt

   3. Der Testgerätemarkt

      a) Aktuelle und zukünftige Entwicklung

      b) Marktanteil nach Testgerätefunktion

      c) Absatz nach Regionen

   4. Aufteilung des Marktes nach halbleiterspezifischen Testgeräten

      a) Marktentwicklung der Testgeräte für mixed signal Halbleiter

         (1) Allgemeine Entwicklung

         (2) Entwicklung der einzelnen Preissegmente

         (3) Entwicklung der einzelnen Verwendungsbereiche

         (4) Entwicklung des Absatzes nach Regionen

      b) Marktentwicklung der Testgeräte für diskrete Halbleiter

      c) Marktentwicklung der Testgeräte für lineare Halbleiter

   5. Die Wettbewerber

      a) Allgemeine Wettbewerbsstruktur

      b) Die Positionierung der Wettbewerber im relevanten Markt

         (1) A-Gesellschaft

         (2) B-Gesellschaft

         (3) C-Gesellschaft

         (4) D-Gesellschaft

         (5) ...

   6. Die Auswirkungen der Markt- und Wettbewerbsstruktur
      für die Unternehmung

Abb. 7: Muster 1 einer wirtschaftlichen Due Diligence

... IV. Markt- und Wettbewerbsanalyse

   1. Marktsituation der Senioreneinrichtungen

      a) Inkrafttreten der Sozialen Pflegeversicherung

         (1) Einführung

         (2) Pflegebedürftigkeit nach dem SGB XI

         (3) Leistungen bei häuslicher Pflege

            (aa) Überblick über die gesetzlichen Rahmenbedingungen

            (bb) Auswirkungen auf den Markt

         (4) Leistungen bei stationärer Pflege

            (aa) Überblick über die gesetzlichen Rahmenbedingungen

            (bb) Auswirkungen auf den Markt

         (5) Sicherstellung der Versorgung, Qualität und Wirtschaftlichkeitsprüfung

            (aa) Überblick über die gesetzlichen Rahmenbedingungen

            (bb) Auswirkungen auf den Markt

         (6) Einstufung durch den Medizinischen Dienst der Krankenkassen

            (aa) Überblick über die gesetzlichen Rahmenbedingungen

            (bb) Auswirkungen auf den Markt

         (7) Investitionskosten

            (aa) Überblick über die gesetzlichen Rahmenbedingungen

            (bb) Auswirkungen auf den Markt

         (8) Zusammenfassung

      b) Demographische Entwicklung

         (1) Überblick

         (2) Auswirkungen auf den Markt

      c) Konjukturelle Entwicklung/Frauenerwerbstätigkeit

         (1) Überblick

         (2) Auswirkungen auf den Markt

      d) Anforderungen an die Seniorenheime

         (1) Überblick

         (2) Auswirkungen auf den Markt

      e) Ausblick

   2. Marktsituation der Fachkliniken

   3. Auswirkungen der Marktentwicklung auf die XX-Gruppe

      a) Wohnparks und Pflegezentren

      b) Fachkliniken

      c) Wettbewerber

      d) Marketing

Abb. 8: Muster 2 einer wirtschaftlichen Due Diligence

dingt durch die für den Geschäftszweck positiven Einflüsse der demographischen Entwicklung waren die damit zusammenhängenden absehbaren Änderungen in den Wettbewerbsstrukturen zu analysieren. Im Ergebnis führte dies zu folgender Bearbeitungsweise, die sich aus der Gliederung der Texteile über die wirtschaftliche Due Diligence in Abbildung 7 entnehmen läßt.

An den Beispielen in den Abbildungen 7 und 8 wird deutlich, welche Komplexität Marktuntersuchungen annehmen können. Sie bilden häufig einen der zentralen Analyseschwerpunkte.

3.1.6 Fazit

1. Die Analyse des für das Unternehmen relevanten Marktes und damit der direkten Wettbewerber sind bei einer Due Diligence von ausschlaggebender Bedeutung.
2. Die Vorgehensweise bei der wirtschaftlichen Due Diligence ist zweigeteilt. Im ersten Schritt geht es um eine statische Betrachtung des Marktes und der Wettbewerber. Im zweiten Schritt werden die dynamische Entwicklung des Marktes und der Wettbewerber untersucht.
3. Bei einer Due Diligence ist die Frage zu klären, in welchem Umfang eine Analyse der globalen Umwelt mit einbezogen wird.
4. Wenn volkswirtschaftliche Rahmendaten einen direkten Einfluß auf die Ertragslage des Unternehmens haben, so gehört eine Analyse der globalen Umwelt – zumindest in überschlägiger Form – zu einer Due Diligence.
5. Eine Analyse des rechtlichen Markt- und Wettbewerbsumfeldes gehört immer dann zu einer Due Diligence, wenn eine direkte Auswirkung auf die Ertragskraft besteht oder aufgrund von erwarteten Gesetzesänderungen entstehen kann.
6. Während die bestehende Gesetzeslage bei den Planungsrechnungen der Gesellschaft i.d.R. Berücksichtigung findet, müssen die Auswirkungen von möglichen oder bereits absehbaren Gesetzesänderungen durch den Due Diligence-Gutachter einer eingehenden Analyse unterzogen werden.
7. Bei der Marktanalyse ist zunächst eine eindeutige Abgrenzung des relevanten Marktes erforderlich, um die zu untersuchende Unternehmung eindeutig in das relevante Marktsegment einordnen zu können.
8. Als Informationen über den relevanten Markt stehen Sekundärinformationen, z.B. von Verbänden, von Instituten, von Marktforschungsgesell-

schaften direkt oder indirekt über das Internet in ausreichender Fülle zur Verfügung. Darüber hinaus lassen sich diese Sekundärinformationen durch Interviews mit Branchenkennern ergänzen.

9. Bei der Wettbewerbsanalyse werden meist gefilterte Informationen über die Wettbewerber durch das Unternehmen selber zur Verfügung gestellt. Aufgabe des Due Diligence-Gutachter ist es, diese Informationen durch eigene Recherchen zu objektivieren.

10. Die Übernahme von Unternehmensinformationen über den Markt und die Wettbewerber ist möglich. Dies darf aber nicht dazu führen, daß man sich darauf vorbehaltlos verläßt. Die selbständige Erhebung und die eigene Analyse durch den Due Diligence-Gutachter gehört zum professionellen Standard einer Due Diligence

3.3 Technische (Technical) Due Diligence

Die Technische Due Diligence wird in der Regel durch eine Betriebsbegehung eingeleitet. Sie ist in jedem Fall wichtig, um ein lebendiges Bild von dem zu untersuchenden Unternehmen zu erhalten. Hier können erste Eindrücke über die Effektivität des Produktionsablaufes, über die Sorgfalt, mit der die Produktion durchgeführt wird, aber auch über deutliche Schwachstellen im Betrieb, deren Beseitigung erhebliche Kosten verursachen wird, gewonnen werden.

Die Beschreibung der Produktionsanlagen wird in einem umfassenden technischen Organigramm bzw. einem Werksplan enthalten sein. Für die Einschätzung der Substanz des Betriebes sollten Auskünfte über das Alter der Produktionsanlagen eingeholt werden.

In einzelnen Fällen kann die Frage nach der Betriebsgenehmigung und deren Dauer für die weitere Existenz des Unternehmens von entscheidender Bedeutung sein. Hier ist insbesondere an eine Versagung wegen einer umweltgefährdenden Produktion oder einer erheblichen Immissionsbelastung durch das Unternehmen zu denken. Erste Ansätze für eine solche Problematik können sich bereits bei der Betriebsbegehung und der Betrachtung der unmittelbaren Nachbarschaft des Unternehmens ergeben.

3.3.1 Produktionskapazität

Die Zusammenstellung der Produktionsmengen der letzten Jahre und deren Entwicklung wird zu Aussagen über die Produktionskapazität des Unternehmens führen. Hier lassen sich möglicherweise bereits technische Grenzen feststellen, die dazu führen, daß das Erreichen bestimmter Umsatzgrößen in der Planung der Gesellschaft als nicht plausibel eingeschätzt werden kann.

Bei einer Kapazitätsausweitung durch die Einbindung neuer Maschinen muß eine bestimmte Zeit für die Inbetriebnahme und eventuelle Störungen in der Produktion eingeplant sein. Diese Zeit wird von Hersteller zu Hersteller verschieden sein und hängt auch von der Qualität der bestellten Maschinen ab. Soweit in der Planung von Änderungen des Produktionsverfahrens ausgegangen wird, sind ähnliche Maßnahmen in der Vergangenheit auf die Effektivität der Durchführung zu betrachten. Entsprechende Änderungen sind durch Wirtschaftlichkeitsrechnungen und Alternativüberlegungen vorzubereiten, denen die Frage nach den Absatzmöglichkeiten der zusätzlichen Produktmengen vorhergehen muß.

Für die wirtschaftliche Beurteilung ist auch die Kapazitätsauslastung der letzten Jahre von Bedeutung. Sie dient der Vorbereitung einer Break even-Analyse.

Das Vorhandensein eigener Werkstätten und einer Ingenieurabteilung kann dazu führen, daß die Gesellschaft schneller in der Lage ist, erforderliche Anpassungen der Produktion durchzuführen. Solche Abteilungen sind oft die Quelle von überhöhten Aufwendungen, weil sie nicht ausreichend ausgelastet werden.

3.3.2   Produktionsablauf und Qualitätskontrolle

Die Beschreibung des Produktionsverfahrens mit einer Einstufung in die verschiedenen Verfahren der Einzelfertigung, Serienfertigung oder Massenfertigung erlauben Aussagen zur Technologie und Modernität im Vergleich zu den Wettbewerbern. Kritisch ist bereits, wenn es keine ausreichende Dokumentation des Produktionsverlaufes existiert.

Bei dem Produktionsablauf kann im Rahmen von Arbeitsstudien für Fertigungsplanung (Zeitsystem) mit Zeit- und Mengenangaben beurteilt werden, inwieweit eine wirtschaftliche Fertigungsplanung mit einer gleichmäßigen Kapazitätsauslastung vorliegt. Die Feststellung hoher Stillstands- und Umrüstungszeiten deutet auf erhebliche Schwächen im Produktionsablauf hin.

Die Kontrolle des Materialflusses kann Aussagen zur Senkung der Durchlaufzeit ermöglichen. Auch Angaben über die Planung der Fertigungsmittel im Konstruktionsstadium und eine Optimierung der Bevorratung in der Fertigungsplanung sind im Rahmen einer umfangreichen technischen Due Diligence erforderlich. Anhaltspunkte für einen ungünstigen Materialfluß ergeben sich bei der Betriebsbegehung, wenn die Produktionsstätten räumlich ungünstig zueinander liegen.

Soweit in der Branche Zertifizierungen, z.B. im Automobilzuliefererbereich, üblich sind, wird sich die technische Due Diligence auch auf das Vorhandensein solcher Zertifizierungen beziehen müssen.

Schließlich sind auch Überlegungen über mögliche Engpässe für die Aufrechterhaltung oder eine Erweiterung der Produktion anzustellen.

Als Risikopunkte sind die Qualitätskontrolle, die Häufigkeit von Ausschuß und Schwund, die Betriebssicherheit und schließlich der Umweltschutz gesondert zu untersuchen.

3.3.3 Lagerkapazitäten

Die Lagerkapazitäten der Gesellschaft sind einerseits wichtig für die Möglichkeit, größere Mengen kostengünstiger produzieren zu können. Andererseits kann der Aufbau großer Bestände auch zu erheblichen Aufwendungen für die Finanzierung führen. Wenn in der Branche umfangreiche Just-in-time-Modelle üblich sind, kann eine hohe Lagerkapazität zu starken Wettbewerbsnachteilen führen.

In diesem Zusammenhang müssen auch die Produktflüsse innerhalb der Produktionseinrichtungen des Unternehmens untersucht werden. Nur bei einem optimalen Fluß werden alle Kostenvorteile effektiv genutzt.

Im Bereich der Energieversorgung sind Untersuchungen über die Liefermöglichkeiten und die Preisgestaltung in der Zukunft anhand der bestehenden Energielieferungsverträge vorzunehmen. Hier kann eine eigene Energieversorgung des Unternehmens von Vorteil sein, wenn die Anlage wirtschaftlich genutzt werden kann.

3.3.4 Standortvor- und -nachteile

Im Rahmen der technischen Due Diligence ist auch eine Aussage über die Standortvor- und nachteile zu machen. Diese Untersuchung kann sich auf einen Standort beschränken, wenn alle Kapazitäten des Unternehmens an einem Ort zusammengefaßt sind. Bei der Beurteilung sind verschiedene Ansatzpunkte zu berücksichtigen.

Im Hinblick auf die Anlieferung von Rohstoffen oder Vorprodukten ist die Anbindung an die wesentlichen Lieferanten entscheidend. Gerade bei einer vorgesehenen Just in time-Produktion ist hier eine kurze Lieferzeit je nach Bedarf und damit ein kurzer Lieferweg entscheidend. Das gleiche gilt für die räumliche Anbindung an die Kunden der Gesellschaft. Hier kann sich eine hohe räumliche Differenz auf die Wettbewerbsfähigkeit der Gesellschaft negativ auswirken, wenn sie mit anderen Anbietern konkurrieren muß, die aufgrund geringerer Frachtkosten günstiger anbieten können. Generell ist es für das Unternehmen von Vorteil, wenn es in der Nähe einer Autobahnanbindung oder einer guten Eisenbahnverbindung liegt.

Entscheidend für die Qualität eines Standortes kann auch sein, ob es sich um eine Niedriglohnregion handelt, und ob materielle Vorteile durch eine regionale staatliche Förderung, sei es durch Steuervorteile oder durch direkte Subventionen, erwartet werden können. Solche Standorte können sich

aber auch als schlecht erweisen, wenn die Gesellschaft in einem struktur-
schwachen Gebiet Schwierigkeiten hat, die erforderlichen Arbeitskräfte zu
finden.

3.3.5 Ausbildungsstand des Personals

Zur Einschätzung der technischen Qualität des Unternehmens gehört auch
die Untersuchung des Ausbildungsstandes der Mitarbeiter. Hier steht in der
Personalabteilung regelmäßig eine Übersicht zur Verfügung, die die jeweilige Qualifikation der Mitarbeiter dokumentiert. Dabei gibt es zwischen ost-
deutschen und westdeutschen Betrieben den Unterschied, daß es in Ost-
deutschland mehr Mitarbeiter gibt, die ein Hochschulstudium abgeschlossen haben. Die Erklärung dafür liegt darin, daß der Zugang zu Hochschulen
in dem Bildungssystem der ehemaligen DDR erleichtert war.

Die Anforderungen an das Ausbildungsniveau der Unternehmen ist
branchenspezifisch zu beurteilen.

Ein Hinweis auf die Qualität des technischen Personals läßt sich auch aus
der Ausschußquote in der Produktion gewinnen. Ob entsprechende Untersuchungen vorgenommen und dokumentiert werden, ist ein eigener Analysegegenstand.

3.3.6 Forschung und Entwicklung

Im Rahmen der technischen Due Diligence muß auch die technische Erneue-
rungsfähigkeit des Unternehmens anhand der Anstrengungen auf dem Gebiet der Forschung und Entwicklung dargestellt werden. Hier sollte eine
ausreichende Forschungstätigkeit für die Teilnahme des Unternehmens am
technischen Fortschritt sichergestellt sein. Ansatzpunkt sind die in der Vergangenheit beantragten Lizenzen und Patente.

Eine optimale Organisation der Forschungs- und Entwicklungsabteilung
setzt eine langfristige Budgetprojektierung und Kontrolle voraus, die auch
ein Bemühen um Effizienzsteigerung dieses Bereiches erkennen läßt. Kritisch sind hier wesentliche Belastungen des dafür vorgesehenen Budgets
durch neue Produkte, deren Erfolgsaussichten noch unsicher sind. Es muß
erkennbar sein, daß das Unternehmen unter Berücksichtigung des Produkt-
lebenslaufes der vertriebenen Produkte eine rechtzeitige Fertigstellung neu-

er Produkte plant und sicherstellt. Dazu ist eine Informationskoppelung zwischen der Forschung und Entwicklung, der Fertigung und dem Vertrieb erforderlich.

Bei manchen Unternehmen fehlt eine solche Abteilung, weil die wesentlichen Neuentwicklungen durch die Anforderungen der Kunden und oft auch mit einer entsprechenden Vorfinanzierung durchgeführt werden. Ob das für ein bestimmtes Unternehmen als kritisch anzusehen ist, hängt wiederum von den Gegebenheiten der Branche ab.

Soweit Forschungsabteilungen nach außen verlagert worden sind, z.B. an Universitäten oder an wissenschaftliche Institute, ist auch hier die Frage der Effektivität zu erörtern.

3.3.7 Einbindung externer Gutachter in die technische Due Diligence

Due Diligence-Gutachten werden i. d. R. von Wirtschaftsprüfern oder qualifizierten Unternehmensberatern erstellt. Diese Personen sind von ihrem Erfahrungshorizont meist zahlenorientiert. Für erfahrene Due Diligence-Gutachter besteht nicht das Problem, die komplexen Unternehmensinformationen in nachvollziehbare Chancen- und Risikopotentiale bzw. in Stärken- und Schwächenpotentiale zusammenzufassen und die Planung auf Plausibilität hin zu untersuchen. Schwieriger wird dies allerdings dann, wenn es um die Beurteilung technologisch oder naturwissenschaftlich geprägter Geschäftsfelder geht.

Eine Einbeziehung externer Gutachter in die Beurteilungsprozesse wird dann erforderlich. Hilfestellung können dann z.B. Hochschulen, wissenschaftliche Institute in privater oder freier Trägerschaft oder Forschungsinstitute geben.

Ein erfahrener Due Diligence-Gutachter wird über ein Netzwerk von Sachverständigen verfügen. Auf dieses Netzwerk kann dann im konkreten Einzelfall zurückgegriffen werden.

Für das Verhältnis gegenüber dem Auftraggeber und dem zu analysierenden Unternehmen gilt, daß in jedem Fall der externe Gutachter nur dann eingesetzt werden kann, wenn die schriftliche Einverständniserklärung des Auftraggebers und des Analyseunternehmens vorliegt.

Bei komplexen Technologien oder Produktionsprozessen ist den Erfordernissen nach Geheimhaltung durch das Unternehmen und den Informationsbedürfnissen des Auftraggebers besonders Rechnung zu tragen.

Der externe Gutachter wird im praktischen Due Diligence-Auftrag häufig als Unterauftragnehmer für den Hauptgutachter tätig. Die Erkenntnisse des externen Gutachters können dann auch in den Bericht des Hauptgutachters einfließen bzw. werden als Anlage dem Due Diligence-Gutachten beigefügt.

3.3.8   Fazit

1. Ausgangspunkt der technischen Due Diligence ist eine umfangreiche Betriebsbegehung während der Arbeitszeit und eine umfassende Dokumentation des Betriebsablaufes.
2. Die Modernität und der allgemeine Zustand der Produktionsanlagen ist im Vergleich mit dem Wettbewerb zu beurteilen.
3. Das Produktionsverfahren und die Qualität der Produkte sind einer Beurteilung zu unterziehen.
4. Die Prüfung der Produktionskapazitäten ist im Hinblick auf eine erhebliche Absatzsteigerung von Bedeutung, um die technische Realisierbarkeit sicherzustellen. Soweit Kapazitätserweiterung geplant sind, ist eine ausreichende Zeit für das Anfahren der neuen Produktionslinien oder Maschinen einzuplanen.
5. Der Produktionsablauf ist auch im Hinblick auf einen optimalen Materialfluß und innerbetrieblichen Werksverkehr zu untersuchen.
6. Die Lagerkapazitäten und die Möglichkeiten einer Just in time-Lieferung des benötigten Materials ist für die Finanzierungsaufwendungen der Lagerhaltung von Bedeutung.
7. Die Standortvor- und -nachteile des Unternehmens sind im Hinblick auf die benötigten Rohstoffe und den Absatz der hergestellten Produkte zu beurteilen.
8. Der Ausbildungsstand des technischen Personals ist für die Qualitätssicherung innerhalb des Unternehmens und für die Entwicklung neuer Produkte von Bedeutung.
9. Der Bereich Forschung und Entwicklung ist sowohl von der technischen Seite als auch von der Budgetierung und Effizienzkontrolle einer eigenen Prüfung zu unterziehen. Das gilt auch, wenn dieser Bereich an wissenschaftliche Einrichtungen ausgegliedert worden ist.
10. Bei komplexen Technologien oder Produktionsprozessen werden häufig externe Sachverständige hinzugezogen. Eine Hinzuziehung ist von der Akzeptanz des Auftraggebers bzw. des zu begutachtenden Unternehmens abhängig.

3.4   Umwelt (Environmental) Due Diligence

3.4.1   Bedeutung der Umwelt Due Diligence

Das gestiegene Umweltbewußtsein weiter Teile der Bevölkerung sowie das damit verbundene Risiko bei Unternehmenskäufen hat die Umwelt Due Diligence bei einer Vielzahl von Unternehmensanalysen neben die anderen Analysefelder einer Due Diligence gerückt. Wenngleich sich eine Umwelt Due Diligence bisher nur bei einer kleinen Zahl von mittelständischen Unternehmen etabliert hat, ist davon auszugehen, daß sich dieses Analysefeld ausweiten wird. Die potentiellen Haftungsrisiken und die damit zusammenhängenden Kosten müssen im Vorfeld einer Unternehmenstransaktion offengelegt werden. Häufig führen die ermittelten Ergebnisse dann zu Kaufpreisreduzierungen und sichern eine Haftungsbeschränkung für den Erwerber ab.

Die Erfassung möglichst aller umweltrelevanter Probleme aber auch die Ermittlung der finanziellen Risiken, die von einem Standort ausgehen oder auf diesen einwirken, ist die Aufgabe einer Umwelt Due Diligence. Ziel der Umwelt Due Diligence ist somit die Erkennung und Bewertung umweltrelevanter Risiken, die sich aus den verschiedenen Bereichen der Produktion und Lagerung ergeben können. Diese können offen zu Tage treten, wie z.B. beim Zustand von Lager-, Produktionsstätten, Be- oder Umfüllstationen bis hin zu der der Entsorgung dienenden Flächen. Sie können aber auch eher versteckt sein, wie Mängel in Abwasserrohren oder unter der Erdoberfläche befindlichen Lagerungen von Schadstoffen.

Weiterhin gehört es zur Aufgabe einer Umwelt Due Diligence, die erforderlichen Betriebsgenehmigungen und Fragen der Arbeitssicherheit zu überprüfen sowie die Überwachung, die Kontrolle und die Einhaltung der rechtlichen Vorschriften zu gewährleisten.

Für die Überprüfung möglicher Umweltlasten empfiehlt es sich, ein externes Team von Technikern, Chemikern, Umweltjuristen und weiteren erforderlichen Spezialisten einzusetzen. Besonderes Gewicht wird in der Zukunft der rechtliche Sachverständige gewinnen, da sich bei einer Nichtbeachtung, sei es aus Fahrlässigkeit oder Unwissenheit, für die Firmenleitung erhebliche Folgen ergeben können. Bei der Regelungsvielfalt deutscher und europäischer Behörden, die über 10.000 umweltrelevante Vorschriften zu überprüfen haben, spielt der umweltrechtliche Sachverstand eine ausschlaggebende Rolle.

Wie bei der technischen Due Diligence wird sich der Hauptgutachter mit
dem Umweltgutacher austauschen müssen. Je nach Bedeutung und Umfang
einer Umwelt Due Diligence kann dies von einem reinen Informationsaustausch bis hin zur vertraglichen Einbindung in das Hauptgutachten reichen.

Der Nutzen einer Umwelt Due Diligence wird sich somit auf verschiedene Aspekte erstrecken, so z.B. auf die Identifizierung verborgener Risiken,
die Klärung von Haftungsfragen, die Vermeidung von Strafen, die Inanspruchnahme externer Verursacher sowie auf die Ermittlung korrekter Kaufpreise.

3.4.2   Grundlagen der Umwelt Due Diligence

Die Analyse der umweltrelevanten Risiken kann sehr komplex sein. Der
Umfang und damit die Kosten werden nach Branchen erheblich variieren.
Die vielschichtigen Themenkomplexe können sich so z.B. auf die Boden/
Grundwasserbelastungen, Innenraumschadstoffe, Energieverbräuche, Trink-
wasser- und Abwasserqualität, radioaktive Emissionen, Abwassersysteme,
Abfallentsorgung, Luftschadstoffe, Lärmbelastungen, Wärmedämmung und
Bausubstanz beziehen.

Ebenso werden die umweltrelevanten Gesetze und Verordnungen, die
immer für den jeweiligen Standort von Bedeutung sind, als eigenständiger
Themenkomplex analysiert. Die umweltrelevanten Verordnungen können
sich dabei auf EU-, Bundes, Landes- oder Kommunalebene beziehen.

Insbesondere die Risiken, die sich aus der Grundwassersituation und aus
den auf dem Betriebsgelände lagernden Produkten oder Rohstoffen sowie
aus Tankanlagen und Batteriestationen ergeben, können zu erheblichen Ko-
stenbelastungen führen. Erfahrene Gutachter können anhand des Produktionsverfahrens und der dazu erforderlichen Stoffe relativ schnell die Analyseschwerpunkte eingrenzen, in denen intensive Erhebungen erforderlich
sind. Innerhalb der so ermittelten Risikobereiche sollten die besonders untersucht werden, die möglicherweise zu einem Abbruch der Kaufverhand-
lungen führen können. Bei manchen Umweltbelastungen sind die Risiken
solange nicht relevant, wie die Nutzung des Geländes sich nicht verändert.
Die Höhe der zu erwartenden Kosten für die Beseitigung der Umweltlasten
ist ein Anhaltspunkt dafür, ob intensive Untersuchungen erforderlich sind.
Auch bei einer Umwelt Due Diligence ist auf die Vertretbarkeit der Aufwendungen zu achten. Wenn diesem Kriterium Genüge getan ist, können die er-

forderlichen Grund- und Abwasseruntersuchungen, Bodenproben und Luftmessungen vorgenommen werden.

Bei allen Unternehmen, die eine Verarbeitung oder Herstellung umweltgefährdender Stoffe vornehmen, sind die Kosten der Genehmigung, der Entsorgung und für den laufenden Umweltschutz einer gesonderten Plausibilitätsprüfung zu unterziehen. Hier geht es z.B. um Abwassermengen oder
Produktionsabfälle. In diesem Zusammenhang ist auch auf die Modernität
der Produktionsanlagen im Hinblick auf die Vermeidung von Abfällen zu
achten. Soweit hier Rechtsstreitigkeiten mit Nachbarn oder öffentlichen Behörden bestehen, ist eine besondere Risikoabwägung erforderlich.

3.4.3   Ablauf der Umwelt Due Diligence

Der Ablauf einer Umwelt Due Diligence ist abhängig vom Auftragsumfang.
Daher sind zu Beginn die Themenkomplexe exakt abzugrenzen. Um diese
Abgrenzung vornehmen zu können, ist eine Betriebsbegehung zu empfehlen. Die weiteren Analyseschritte können dann nach dieser Betriebsbegehung und der ersten Beurteilung der Produktionsverfahren konzipiert werden. Dabei sollten bereits alle umweltrelevanten Sachverhalte ermittelt werden. Dies kann teilweise durch entsprechende Fragebögen unterstützt werden. Weitere Informationen lassen sich aus Protokollen von Behörden, aus
Unbedenklichkeitsbescheinigungen und gegebenenfalls durch Veröffentlichungen in Verbandsmitteilungen gewinnen.

Diese erste Phase einer Umwelt Due Diligence dient dazu, möglichst
schnell am Standort vorliegende Informationen auszuwerten und durch die
Vor-Ort-Besichtigung erste Anhaltspunkte für Gefahrenmomente und Risiken für die Umwelt zu ermitteln. Das Ergebnis dieser Phase kann eine Um-
weltrisikobewertung sein. Diese Bewertung kann, je nach Risikoeinschät-
zung, bereits einen Rückzug des Käufers bedeuten. In der folgenden zweiten Phase, die auf der Kostenschätzung der ersten Phase aufbaut, wird der
Gutachter z.B. Bodenproben entnehmen, Luftmessungen durchführen, Erkundigungen bei Behörden einholen, Laboruntersuchungen durchführen.
Der Gutachter tritt hierbei in engen Kontakt zu den technischen Mitarbeitern. Wie bei den anderen Analysefeldern einer Due Diligence sollte auch
bei einer Umwelt Due Diligence ein sachverständiger Firmenmitarbeiter
dem Gutachter zu Auskünften und zur Koordination zur Verfügung stehen.
In der zweiten Phase ist es besonders wichtig, Abbruchkriterien für den
Analyseprozeß vorzusehen. Wenn z.B. nach der Entnahme erster Bodenpro-

ben erkennbar ist, daß der Boden mit Schadstoffen kontaminiert ist, deren
Beseitigung behördlich verlangt wird, dann können sich nach einer ersten
groben Kostenschätzung weitere Überlegungen über einen Kauf erübrigen.
Die Umwelt Due Diligence könnte bereits jetzt ein Ende finden.

Den Erhebungen und Untersuchungen schließt sich die Berichterstellung
an. Der Bericht sollte neben den Aussagen über die möglichen Umweltrisi-
ken auch eine detaillierte Aussage über die damit korrespondierenden Kosten beinhalten. Ebenfalls obligatorisch sollte eine Beurteilung über die Einhaltung der standortrelevanten Gesetze und Verordnungen (Rechtskonfor-
mitätsprüfung) sein

Die Ergebnisse des Gutachters sollten in jedem Fall eine Argumentationsbasis für Preisverhandlungen bilden, Empfehlungen über Haftungsübernahmen enthalten und eine realistische Einschätzung über die behördlichen
Sanktionen abgeben.

Die Ergebnisse einer Umwelt Due Diligence können auch die Grundlage
für ein Umweltmanagementsystem des Unternehmens sein.

3.4.4   Fazit

1. Eine Umwelt Due Diligence kommt zur Zeit zwar nur bei einem kleinen
    Teil mittelständischer Unternehmen zur Anwendung. Aufgrund des ge-
    stiegenen Umweltbewußtseins werden sich in der Zukunft die mittel-
    ständischen Unternehmen verstärkt mit einer Umwelt Due Diligence
    beschäftigen müssen.
2. Die Erfassung möglichst aller umweltrelevanter Probleme aber auch die
    Ermittlung der finanziellen Risiken, die von einem Standort ausgehen
    oder auf diesen einwirken, ist die Aufgabe einer Umwelt Due Diligence.
3. Eine weitere wesentliche Bedeutung aufgrund der Regelungsvielfalt eu-
    ropäischer und deutscher Behörden spielt die Überprüfung der umwelt-
    relevanten Gesetze und Verordnungen.
4. Die Analyse der umweltrelevanten Risiken kann sehr komplex sein. Der
    Umfang und damit die Kosten werden nach Branchen erheblich variie-
    ren. Die vielschichtigen Themenkomplexe können sich so z.B. auf die
    Boden/Grundwasserbelastungen, Innenraumschadstoffe, Energiever-
    bräuche, Trinkwasser- und Abwasserqualität, radioaktive Emissionen,
    Abwassersysteme, Abfallentsorgung, Luftschadstoffe, Lärmbealstun-
    gen, Wärmedämmung und Bausubstanz beziehen.

5. Die umweltrelevanten Gesetze und Verordnungen, die immer für den jeweiligen Standort von Bedeutung sind, sind als eigenständiger Themenkomplex zu analysieren. Die umweltrelevanten Verordnungen können sich dabei auf EU-, Bundes, Landes- oder Kommunalebene beziehen.

6. Bei allen Unternehmen, die eine Verarbeitung oder Herstellung umweltgefährdender Stoffe vornehmen, sind die Kosten der Genehmigung, der Entsorgung und für den laufenden Umweltschutz einer gesonderten Plausibilitätsprüfung zu unterziehen.

7. Der Ablauf einer Umwelt Due Diligence ist abhängig vom Auftragsumfang. Daher sind zu Beginn die Themenkomplexe exakt abzugrenzen.

8. Eine erste Phase einer Umwelt Due Diligence dient dazu, möglichst schnell am Standort vorliegende Informationen auszuwerten und durch die Vor-Ort-Besichtigung erste Anhaltspunkte für Gefahrenmomente und Risiken für die Umwelt zu ermitteln.

9. In einer zweiten Phase, die auf der Kostenschätzung der ersten Phase aufbaut, wird der Gutachter z.B. Bodenproben entnehmen, Luftmessungen durchführen, Erkundigungen bei Behörden einholen und Laboruntersuchungen durchführen.

10. Die Ergebnisse einer Umwelt Due Diligence sollten in jedem Fall eine Argumentationsbasis für Preisverhandlungen bilden, Empfehlungen über Haftungsübernahmen enthalten und eine realistische Einschätzung über die behördlichen Sanktionen abgeben.

3.5   Organisatorische (Organizational) Due Diligence

Die organisatorische Due Diligence beschäftigt sich nicht nur mit verwaltungsmäßigen Einrichtungen sondern gibt auch schon eine erste Auskunft über die Kultur des Unternehmens. Soweit es lediglich um eine kapitalmäßige Beteiligung geht, ist es ausreichend, die Zweckmäßigkeit und Wirtschaftlichkeit der Organisation zu prüfen. Anders ist es hingegen, wenn es um die Zusammenführung zweier Unternehmen geht. In einem solchem Fall ist besonders auf Ansätze unterschiedlicher Unternehmenskulturen zu achten, weil ein großer Unterschied die Einbindung des zu erwerbenden Unternehmens erheblich erschweren, wenn nicht sogar verhindern kann.

3.5.1   Organisation und Entscheidungsverfahren

Zunächst einmal muß der organisatorische Aufbau im Hinblick auf die Größe und den Zweck des Unternehmens ausreichend und angemessen sein. Hier ist gerade bei innovativen Unternehmen oft zu beobachten, daß der operative Bereich schneller gewachsen ist als die organisatorische Einrichtung. Es werden oft sehr hohe Umsätze mit einem organisatorischen Apparat bewältigt, der mit seinen mittelständischen Strukturen gar nicht dafür eingerichtet ist. Deutlich wird das immer an Mehrfachzuständigkeiten einzelner Personen. Das Gefährdungspotential einer solchen Unterversorgung ist offensichtlich. Am Organigramm des Unternehmens lassen sich Zuständigkeiten und ggf. fehlende Kontrollmöglichkeiten erkennen. Wichtig ist auch, wie viele Mitarbeiter von einer Führungskraft betreut werden. Wenn die Führungsspanne zu groß ist, liegen Unterkapazitäten vor, die durch neue Einstellungen beseitigt werden müssen. In diesem Bereich ist auch eine wirksame Stellvertreterlösung von Bedeutung. Die Analyse der Arbeitsabläufe innerhalb des Unternehmens zeigt ggf. bestehende Schwachstellen auf. Insbesondere werden hier Strukturen und möglicherweise fehlende Sicherungsmaßnahmen und Korrekturmöglichkeiten offenbar.

Wichtig ist, daß die Bereiche Vertrieb, Einkauf, Verwaltung, Rechnungswesen, Rechts- und Steuerabteilung unter Berücksichtigung branchenspezifischer Besonderheiten in etwa gleichwertig vertreten sind.

Im Rahmen einer intakten Organisation liegt eine funktionale Regelung der einzelnen Verantwortungsbereiche vor, die bei detaillierten Stellenbeschreibungen eindeutige Kompetenz- und Vertretungsregeln beinhaltet. Dabei ist es nicht erforderlich, daß die Regelungen in einem umfangreichen Organisationshandbuch enthalten sind. Es müssen aber klare Anweisungen der Führungsebene vorliegen, die auf Nachfrage dokumentierbar sind. In diesem Zusammenhang sollten ISO 9000 oder ISO 9001 Zertifizierungen mit untersucht werden. Dabei hat sich gezeigt, daß diese Zertifizierungen z.T. nicht werthaltig sind, weil darin eine Überbetonung der Verwaltungsabläufe liegen kann.

Das Entscheidungsverfahren in der Führungsebene muß ebenfalls mit allen Beteiligten abgestimmt werden. Es muß geregelt sein von wem, in welcher Zeit und aufgrund welcher Informationsvorlagen Entscheidungen getroffen werden. Eine Kontrolle der Durchführung muß mit einer Zeitvorgabe versehen sein. Im Grunde müssen Entscheidungsvorgänge nach den Regeln des Projektmanagement erfolgen.

Funktionierende Entscheidungsverfahren setzen einen intakten Informationsfluß innerhalb des Unternehmens voraus. Ein solcher Informationsfluß darf keine Einbahnstraße sein, d.h., er muß innerhalb einer Hierarchie von unten nach oben und umgekehrt bestehen. Organisatorisch kann ein freier Informationsfluß durch informelle Gespräche, »offene Türen«, aber auch durch regelmäßige Treffen der Mitarbeiter zu einem gegenseitigen Gedankenaustausch erleichtert werden.

3.5.2 Rechnungswesen und Controlling

Eine der wesentlichen Voraussetzungen für eine wirksam implementierte Führung ist die Organisation eines effektiven Rechnungswesens und Controllings. Führungsfehler bei der Einrichtung eines Planungs- und Kontrollsystems führen leicht zu unternehmerischen Fehlentscheidungen oder zu späten Anpassungen. Soweit Kostenrechnung und Kalkulation nicht effektiv sind, kann es insbesondere im Projektgeschäft zur Übernahme von verlustbringenden Aufträgen führen. Für die Einschätzung der Wirtschaftlichkeit einzelner Bereiche des Unternehmens ist eine Erfolgsaufschlüsselung nach Sparten, Produkten, Kundengruppen, Filialen etc. erforderlich. Im Jahresabschlußbereich sind geprüfte Jahresabschlüsse maßgeblich, nicht erstellte. Wenn eine Gruppe von Unternehmen vorliegt, bei der auch interne Umsätze und die Verrechnung von Leistungen anfallen, sollte auf einen konsolidierten Abschluß geachtet werden.

Ein wesentlicher Teil der Organisation wird durch den Bereich Finanzen und Controlling abgedeckt. Das Informations- und Berichtswesen muß zeit-

nah, kurz und wirtschaftlich sein. Die Betriebsabrechnung und die Ergebnisrechnung müssen mit dem Controllingsystem und dem internen Kontrollsystem verknüpft sein.

Das Rechnungswesen hat die Aufgabe, die Buchhaltung und den Jahresabschluß zu übernehmen. Je nach Tiefe des Rechnungswesens werden auch
Quartalsabschlüsse oder Monatsabschlüsse aufgestellt.

Die allgemeine Überprüfung der Buchhaltung wird sich auf die dem Ge-
schäftsumfang entsprechende Größe und auf eine Organisation erstrecken,
die eine ordnungsgemäße und zeitgerechte Verbuchung aller Geschäftsvorfälle sicherstellt.

Die Überwachung der Debitoren muß sicherstellen, daß sich kein größeres Ausfallrisiko aufbaut. Dazu ist die Führung einer Offene-Posten-Liste
und eine eigene Mahnabteilung erforderlich. Für Zahlungseingänge, die z.T.
als Scheckeinreichungen erfolgen, ist durch organisatorische Maßnahmen
das Unterschlagungsrisiko zu vermindern. Das kann dadurch geschehen,
daß diese Post entweder nur durch den Geschäftsführer oder durch zwei
wechselnde Angestellte geöffnet wird. Bei den Kreditoren müssen Vorkehrungen geschaffen werden, daß eine Bezahlung erst nach einer Rechnungs-
prüfung erfolgt und im übrigen eine Doppelzahlung ausgeschlossen wird.
Zur Ermittlung möglicher Eventualverbindlichkeiten sollte eine Vertragsda-
tei geführt werden, aus der ggf. in Zusammenarbeit mit der Rechtsabteilung
die entsprechenden Risiken herausgefiltert werden können.

Soweit ein größeres Anlagevermögen von Immobilien und technischen
Einrichtungen verwaltet werden muß, ist eine gesonderte Abteilung notwendig, die den Bestand und die Aufstockungen überwacht. Hierzu ist ein
enger Kontakt mit der Produktionsabteilung erforderlich, um z.B. die Ver-
schrottung von Anlagen zu erfassen und eine kurzfristige Erweiterung der
technischen Anlagen sicherzustellen. Ausschlaggebend für die Bewältigung
dieser Aufgabe ist eine umfassende und regelmäßig aktualisierte Anlagen-
datei. Deren Aktualität kann nur durch wiederholte Inventuren der Anla-
gengegenstände sichergestellt werden. Wenn entsprechende Unterlagen
nicht vorhanden sind, ist gerade bei einem sehr großen Anlagevermögen
Vorsicht geboten. Insoweit kann auch nicht auf einen geprüften Jahresabschluß Bezug genommen werden, weil auch dort eine nur buchmäßige An-
lagenwertfortschreibung enthalten sein kann. Dazu gehört auch eine übersichtliche Führung der Grundstücksakten. Dies ist für einen Erwerber
auch deshalb wichtig, um möglichst schnell eine Aussage darüber zu erhalten, ob ein Teil der Grundstücke aus seiner Sicht als nicht betriebsnotwendig eingestuft werden kann und damit für Finanzierungszwecke zur
Verfügung steht.

Auch ein größerer Bestand an Finanzanlagen macht eine eigene Abteilung erforderlich, die eine ordnungsgemäße Verwaltung sicherstellt und die Wertentwicklung laufend verfolgt. Dazu gehört bei mehreren Tochtergesellschaften auch eine konsequente Beteiligungsführung durch ein einheitliches Berichtswesen und regelmäßige strategische Sitzungen über die Entwicklung der Ertragskraft dieser Unternehmen, die dokumentiert sein müssen. Regelmäßige Besuche vor Ort runden das Reportingsystem ab. Hierzu gehören auch Überlegungen, inwieweit ein Abwertungsrisiko bei Beteiligungsgesellschaften besteht. Dieses Risiko kann sich dramatisch erhöhen, wenn gleichzeitig hohe Forderungen gegenüber diesen Gesellschaften aus Darlehen oder Warenlieferungen bestehen. Im schlimmsten Fall können sich bei dem Aufbau von Lagerbeständen bei Tochtergesellschaften und dem nicht erfolgenden Abverkauf gravierende Ansatzpunkte für eine nicht mehr vorhandene Marktfähigkeit der Produkte der Muttergesellschaft ergeben.

In produzierenden Unternehmen ist die Kosten- und Leistungsrechnung zu analysieren. Die Abstimmung zwischen dem Rechnungswesen und dem Controlling muß wirtschaftlich durchgeführt werden können. Am besten ist ein DV-System, das die einzelnen Buchungen für die Monatsabschlüsse und die Zuordnung zu Kostenstellen und nach Kostenarten zugleich durchführt, weil dann zeit- und kostenintensive Abstimmarbeiten mit ihren möglichen Fehlerquellen unterbleiben.

Daneben müssen organisatorische Regelungen bestehen, die im Rahmen einer Kostenkontrolle eine Budgetierung der Vertriebsgemeinkosten, der Forschungs- und Entwicklungskosten und der Verwaltungskosten beinhalten. Der Nutzen von reinen Kostensenkungsprogrammen ist allerdings eher eingeschränkt. Soweit ein Projektmanagement besteht, kann die Dauer der Projektarbeiten und die betriebswirtschaftliche Nachkalkulation überprüft werden. Ein fehlendes Projektcontrolling kann sich insbesondere dann verheerend auswirken, wenn das Unternehmen in eine neue Größenordnung hineinwachsen will, die ohne dieses Instrument nicht mehr führbar ist.

Eine kurz- und langfristige Unternehmensplanung nebst einer Finanzierungs- und Liquiditätsplanung muß organisatorisch im Bereich der Unternehmensleitung und des Rechnungswesens implementiert sein. Hilfreich ist eine Dokumentation des Planungsverfahrens. Aus der Intensität eines solchen Verfahrens kann abgeleitet werden, ob das Unternehmen in der Lage ist, neben dem operativen Geschäft die Ausgestaltung der zukünftigen Entwicklung mit zu berücksichtigen. Manchmal ist eine überdimensionierte Planung eher ein Ausdruck für die Inplausibilität der Planung.

Im Rahmen des Planungsverfahrens sind auch die zukünftig erforderlichen Erweiterungs- und Rationalisierungsinvestitionen einzubeziehen. Das ist auch im Hinblick auf die Substanzerhaltung wichtig.

Neben den betriebswirtschaftlichen Belangen sollten im Bereich Finanzen auch Vorkehrungen getroffen sein, die sich mit einer Optimierung der Steuerzahlungen befassen. Dazu gehören auch die Nutzung von Verlustvorträgen und gegebenenfalls Überlegungen zur Standortwahl im Hinblick auf die Gewerbesteuerbelastung. Diese Überlegungen sind allerdings eher arrondierender Natur.

3.5.3   Verwaltung

In der Verwaltung werden die Personalabteilung und die Rechtsabteilung geführt. Bei einem großen Immobilienbesitz oder einem großen Bestand an Versicherungen bestehen für diese Bereiche eigenständige Abteilungen. Soweit ein Unternehmen über eine eigenständige Abteilung verfügt, sollte eine organisatorische Verbindung zur Verwaltung geschaffen sein, die sich auch regelmäßig mit der Frage befaßt, ob eine anderweitige Nutzung möglicherweise betriebswirtschaftlich sinnvoller ist. Auch die Einkaufsabteilung wird häufig in der Verwaltung geführt, während die Vertriebsabteilung meistens gesondert organisiert ist.

Im Rahmen der organisatorischen Due Diligence ist auch auf eine optimale Nutzung der DV einzugehen. Weder eine über- noch eine unterdimensionierte DV-Struktur ist für die effektive Führung eines Unternehmens von Vorteil. Ausschlaggebend sind die Anforderungen im Unternehmen selbst. Eine Vernetzung aller PCs des Unternehmens ist z.B. nur dann sinnvoll, wenn alle Mitarbeiter immer Zugang zu bestimmten einheitlich gepflegten Daten haben müssen. Im übrigen können Informationen auch durch schriftliche Mitteilungen weitergeleitet werden. Eine übertriebene DV-Organisation führt oft zu einem Eigenleben dieses Bereiches außerhalb betriebswirtschaftlicher Notwendigkeiten.

Die Unterlagen zu den bestehenden Versicherungen sind im Rahmen der organisatorischen Due Diligence im Hinblick auf eine Optimierung des Versicherungsschutzes zu untersuchen. Hier sollte auf eine regelmäßige Überprüfung des Versicherungsschutzes geachtet werden, die gesondert implementiert sein muß.

3.5.4 Einkauf

Die organisatorische Due Diligence der Einkaufsabteilung hängt wesentlich von der Art des Betriebes ab. Soweit es sich lediglich um einen Dienstleister handelt, wird nur Verbrauchsmaterial niedriger Stufe benötigt, wie z.B. Büromaterial o.ä.. Bei einem produzierenden Betrieb ist die Einkaufsabteilung von außerordentlicher Wichtigkeit, weil sie die Versorgung und Aufrechterhaltung der Produktion sicherstellt und darüber hinaus die ersten Weichen für die Ertragskraft des Unternehmens stellt. Organisatorisch muß daher sichergestellt sein, daß die benötigten Rohstoffe und Vormaterialien zur rechten Zeit in ausreichender Menge zu marktgerechten Preisen zur Verfügung gestellt werden. Für diese Vorgaben muß ein organisatorisches Instrumentarium geschaffen werden, das im Rahmen der Due Diligence überprüft wird.

Die ausreichende Beschaffung setzt zunächst einen Überblick voraus, welche Rohstoffe bei einer bestimmten Produktionskapazität vorhanden sein müssen. Hierzu müssen Aufzeichnungen in der Produktion vorliegen. Soweit es Ansätze für eine drohende Verknappung aus rohstoffbedingten, politischen oder markttechnischen Gründen gibt, sind verschiedene Lieferanten vorzumerken. Darüber hinaus müssen Überlegungen zu Substitutsprodukten angestellt werden.

Der Einkauf muß Vorkehrungen dafür geschaffen haben, daß immer die ausreichende Menge an Produktionsstoffen auf Lager ist. Überbestände sind zu vermeiden, um die Zinsbelastungen nicht unnötig auszudehnen. Hierzu ist erforderlich, daß die durchschnittliche zur Produktion benötigte Menge in der Einkaufsabteilung bekannt ist und Anpassungen aufgrund einer Verminderung oder einer Erweiterung unmittelbar von der Produktion mitgeteilt werden. Dieses Kriterium ist dann erfüllt, wenn die Durchführung der Produktion mit der Einkaufsabteilung DV-technisch verbunden sind, so daß die Anpassungen gleichzeitig mit einer Veränderung der Produktion erfolgen können.

Für die Erzielung eines möglichst günstigen Einkaufspreises ist es von Bedeutung, daß in den Lieferbeziehungen keine Abhängigkeiten entstehen und das Instrumentarium eines laufenden Preisvergleiches geschaffen wird. Wichtig ist in diesem Zusammenhang auch, auf eine ausreichende Kontrolle der Einkäufer zu achten, damit nicht durch Bestechung Preiszugeständnisse zu Lasten des Unternehmens gemacht werden. Diese Aufgabe wird komplexer, wenn gleichzeitig auf bestimmte Serviceleistungen geachtet werden muß. Soweit Rohstoffe mit ausländischer Währung bezahlt werden müssen, ist je nach Umfang der Zahlungsströme und der Zahlungsfälligkeiten sicherzustellen, daß eine Währungssicherung vorgenommen wird.

Die Wareneingangskontrolle muß eine Qualitätskontrolle beinhalten und gleichzeitig sicherstellen, daß die Lieferung der Bestellung entspricht. Gleichzeitig muß eine intakte Lagerverwaltung bestehen, die das Unterschlagungsrisiko durch wirksame Kontrollen vermindert.

3.5.5   Vertrieb

Die Prüfung der Organisation der Vertriebsabteilung wird sich je nach Größe des Unternehmens wieder auf einzelne Abteilungen erstrecken.

In der Werbeabteilung ist das Konzept für die Werbung zu entwickeln und zu verwirklichen. Dafür sind die entsprechenden graphischen Möglichkeiten und das Personal vorzuhalten, das die Werbekampagnen durchführen kann. Soweit das Werbebudget an eine Agentur vergeben wird, sind die Konditionen und die Erfolge mit dieser Agentur zu überprüfen, soweit sie meßbar sind.

Der Vertrieb ist für die Angebots- und Preispolitik und für den Aufbau eines Vertriebsnetzes zuständig. Auch hier sollten es die organisatorischen Einrichtungen sicherstellen, daß auf Marktänderungen kurzfristig reagiert werden kann. In manchen Unternehmen wird eine eigene Marktforschung betrieben. Die Zusammensetzung der angebotenen Produktpalette muß regelmäßig auf Stimmigkeit untersucht werden.

Soweit der Vertrieb durch eigene Angestellte durchgeführt wird, ist das Entlohnungssystem von Bedeutung. Die erfolgsabhängigen Komponenten sollten möglichst hoch und mit der Erzielung des Ergebnisses und nicht nur mit der Realisierung von Umsätzen gekoppelt sein.

Soweit es um die Bewältigung großer Warenströme geht, muß es eine eigene Absatzabteilung geben, die die logistischen Probleme der Lieferung zu bewältigen hat. Dies kann durch eine eigene Spedition oder durch einen externen Dienstleister erfolgen. Hier sind auch Vorkehrungen für eine wirksame Warenausgangskontrolle zu treffen.

3.5.6   Zusammenarbeit der einzelnen Abteilungen

Die Zusammenarbeit der einzelnen Abteilungen ist sinnvoll in das Gesamtgeschehen des Unternehmens einzupassen. Dies ist durch organisatorische Vorkehrungen sicherzustellen. So ist zu gewährleisten, daß sich Vertrieb und

Produktion regelmäßig darüber austauschen, welche Produkte von den Kunden gewünscht werden, damit ggf. eine Anpassung oder Erweiterung des Produktprogrammes vorgenommen wird. Auch zwischen dem Vertrieb und der Verwaltung ist eine regelmäßige Abstimmung erforderlich, um z.B. sicherzustellen, daß keine Kunden beliefert werden, gegen die noch überfällige Forderungen bestehen. Bei einer unübersichtlichen Organisation oder dem Fehlen organisatorischer Anpassungsmechanismen kann es schnell zu Reibungsverlusten kommen. Dasselbe gilt, wenn es zwischen einzelnen Abteilungen ein Konkurrenzverhältnis gibt oder Machtkämpfe im Hinblick auf eine organisatorische Vorherrschaft ausgetragen werden. Solche Irritationen können auch zwischen einer Zentrale und Niederlassungen oder zwischen einer Holding und einzelnen Tochtergesellschaften auftreten, vor allem dann, wenn jeweils unterschiedliche Betriebskulturen bestehen. Für die Bewertung einer Gruppe ist auch von Bedeutung, ob sehr starke Innenumsätze erfolgen. Je weniger klar die Gesellschaftsstruktur ist, um so größer ist die Gefahr, daß die Ergebnisrechnung einzelner Gesellschaften nicht dem tatsächlichen Geschäftsverlauf entspricht.

In diesem Zusammenhang ist auch auf ein intaktes internes Kontrollsystem zu achten. Ein solches System soll sicherstellen, daß das vorhandene Vermögen nicht gefährdet wird, und daß darüber hinaus aus den unterschiedlichen Abteilungen die Informationen so zusammengetragen werden, daß daraus das operative Geschäft gefördert wird. Schließlich soll das interne Kontrollsystem auch sicherstellen, daß den Anweisungen der Unternehmensleitung Folge geleistet wird. Im Hinblick auf die erforderliche Qualität müssen Vorkehrungen getroffen werden, daß die Leistungen immer wieder überprüft werden. Es muß eine Trennung zwischen Einkauf und Verkauf einerseits und Rechnungswesen andererseits vorliegen, die es verhindert, daß Unterschlagungen oder die Entgegennahme von Schmiergeldern ermöglicht werden. Diese Funktionentrennung wird in kleinen mittelständischen Betrieben oft vernachlässigt, weil nicht genug Personal vorhanden ist.

Soweit im Unternehmen ein Betriebsrat besteht, sollte das Gespräch mit ihm gesucht werden. Aus der Sicht des Betriebsrates kann der Gutachter oft wesentliche Eindrücke vom Unternehmen gewinnen. Die Einbindung des Betriebsrates, aber auch seine Kompetenz in betriebswirtschaftlichen Fragen wird auf eine effektive Zusammenarbeit oder auf ein regelmäßig auftretendes Abstimmungsproblem mit den damit verbundenen Verzögerungen betrieblicher Entscheidungen hinweisen. Gerade für einen potentiellen Erwerber eines Unternehmens ist es wichtig, schwelende Konflikte zwischen Unternehmensleitung und Betriebsrat zu erfahren. Soweit Überlegungen bestehen, nach dem Erwerb des Unternehmens Personal im Rahmen von betriebsbedingten Kündigungen abzubauen, kann ein Gespräch mit dem Betriebsrat auch einen Eindruck davon vermitteln, inwieweit dieser kompromißbereit sein kann.

3.5.7 Fazit

1. Die Größe der Organisation muß dem Umfang des operativen Geschäftes angepaßt sein. Hier bestehen gerade bei mittelständisch orientierten und schnell gewachsenen Unternehmen deutliche Defizite.

2. Die Organisation eines Unternehmens sollte dokumentiert sein. Soweit ISO-Zertifizierungen bestehen, ist deren praktischer Nutzen zu hinterfragen.

3. Rechnungswesen und Controlling des Unternehmens müssen ein aussagefähiges und zeitnahes Reporting zu der Entwicklung des Unternehmens garantieren.

4. Die Qualität der Buchhaltung muß eine zeitnahe Verbuchung aller Geschäftsvorfälle sicherstellen und durch einzelne Abteilungen die Überwachung der Aktiva und Passiva des Unternehmens gewährleisten.

5. Unternehmensplanung und Liquiditätsplanung sind gesondert zu institutionalisieren und unmittelbar der Unternehmensleitung zuzuordnen.

6. Die DV-Struktur des Unternehmens muß im Vergleich zu den Wettbewerbern angemessen sein, um einen überhöhten zeitlichen und finanziellen Aufwand aus dem Betrieb der DV zu vermeiden.

7. Die Einkaufsabteilung muß sicherstellen, daß die erforderlichen Vorprodukte zur rechten Zeit, in ausreichender Menge und zu marktgerechten Preisen zur Verfügung stehen. Gleichzeitig müssen eine Rechnungskontrolle und ggf. Währungssicherungsmaßnahmen erfolgen.

8. Die Struktur des Vertriebes muß einen effektiven Absatz der Produkte oder Dienstleistungen des Unternehmens unter Einsatz entsprechender Marketingmaßnahmen sicherstellen.

9. Die einzelnen Abteilungen des Unternehmens müssen aufgrund organisatorischer Vorgaben miteinander kommunizieren, um Informationsdefizite zu vermeiden.

10. Die Organisation des Unternehmens muß ein intaktes internes Kontrollsystem vorsehen, das zu einer Funktionstrennung zwischen ausführenden und verbuchenden bzw. Geldmittel entgegennehmenden Abteilungen führt. Gleichzeitig soll dadurch sichergestellt werden, daß die Anweisungen der Unternehmensleitung befolgt werden.

3.6 Psychologische (Psychological) Due Diligence

3.6.1 Zentrale Bedeutung einer psychologischen Due Diligence

Nachdem jahrzehntelang der bestimmende Ansatz der Unternehmensbewertungstheorie die unmittelbare »Berechnung« eines Unternehmenswertes war, ist in den letzten Jahren die eigentliche Analyse des Unternehmens immer mehr in den Vordergrund getreten. In diesem Zusammenhang hat auch die psychologische Betrachtung des Unternehmens und der in ihm handelnden Personen in der Analyse an Tiefe gewonnen.

Das gilt insbesondere dann, wenn die klassischen Parameter der Wertfindung nicht vorliegen. Das ist z.B. dann der Fall, wenn es um die Bewertung von Start-up-Unternehmen geht, insbesondere wenn es sich um Unternehmen aus innovativen Technologiebranchen wie z.B. der Biotechnologie, der Medizintechnik oder der Mikrosystemtechnik handelt. Hier kommen vielfältige Unwägbarkeiten zusammen. In der Regel liegt keine Unternehmensvergangenheit vor. Die zukünftige Entwicklung ist noch nicht über das Konzeptstadium herausgekommen. Der Markt für die Produkte dieses Unternehmens ist noch nicht gefestigt und kann in seiner Entwicklung nur sehr schwer beurteilt werden, weil weder die möglicherweise konkurrierenden Produkte noch der Bedarf der potentiellen Kunden sicher eingeschätzt werden kann. Darüber hinaus liegt bei solchen Unternehmen oft auch eine technologische Unsicherheit vor. Der Erfolg des Unternehmens hängt also vom Erreichen bestimmter technischer Fortschritte ab, z.B. von der Absolvierung der klinischen Erprobungen bei einem Pharma-Unternehmen, das ein neues Medikament entwickelt. Hier kann selbst unmittelbar vor der letzten Erprobung noch das Risiko eines vollständigen Scheiterns bestehen. Diese Unsicherheit kann nicht dadurch beseitigt werden, daß eine Bilanzplanung über zehn Jahre aufgestellt wird, um damit und mit der Planergebnisrechnung im Rahmen eines Discounted Cash Flow-Verfahrens den Unternehmenswert zu berechnen. Denn ein noch so aufwendiges Rechenverfahren ändert nichts an der Unsicherheit der Ausgangsdaten. Also wird es für die Entscheidung eines Investors bei Unklarheit in den rechenbaren Parametern wichtig sein, etwas anderes Vertrauensbildendes zu finden. Angesichts der Schwierigkeit der Entscheidung wird man sich auch mit Faktoren zufrieden geben müssen, die allenfalls im weitesten Sinne dazu taugen, betriebswirtschaftliche Unwägbarkeiten auszuräumen. Damit begibt sich der potentielle Anleger auf das Gebiet der Soft Facts, der weichen Zeichen.

Besser ist es allerdings, von dem Begriff der »Leisen Zeichen« auszugehen. Leise Zeichen heißt, daß Sachverhalte nicht nur wie Soft Facts, schwierig zu beschreiben sind, sondern daß darüber hinaus die bloße Erkennung dieser Zeichen schwierig ist, weil sie in ihrer Ausstrahlung eher schwach, also leise sind. Gleichwohl sind diese »Leisen Zeichen« von außerordentlicher Bedeutung für die Bewertung eines Unternehmens selbst dann, wenn genug verwertbares Zahlenmaterial und Informationen zum Markt vorhanden sind. Die Leisen Zeichen sind es, die den Sand oder das Öl im Getriebe eines Unternehmens ausmachen. Die Leisen Zeichen beziehen sich nicht nur auf das Unternehmen selbst, sondern auch auf die Beziehungen zu allen Personen und Gesellschaften, die ihre Interessen mit dem Unternehmen verknüpft sehen (stakeholder). Die Berücksichtigung der Leisen Zeichen in der Unternehmensbewertung wird eine ähnlich große Umwälzung darstellen wie seinerzeit die Einführung der Ertragswertmethode zu Lasten der Substanzwertmethode oder der Mittelwertmethode (Durchschnitt aus Ertrags- und Substanzwert).

Das Hauptproblem der psychologischen Due Diligence besteht darin, daß sie nur eingeschränkt in Regeln dargestellt und durchgeführt werden kann. Das hängt damit zusammen, daß hier die Leisen Zeichen beurteilt werden müssen. Diese sind in ihren Auswirkungen nur schwer zu quantifizieren. Gleichwohl haben sie einen außerordentlich starken Einfluß auf das Funktionieren und auf die Flexibilität eines Unternehmens. Reibungspunkte können zu einer deutlichen Einschränkung der Effektivität der Mitarbeiter und damit des gesamten Unternehmens führen.

Eine psychologische Due Diligence kann bei einer rein finanziellen Beteiligung an einer Gesellschaft etwas geringer gewichtet werden. Sobald es aber um die organisatorische Eingliederung eines zu erwerbenden Unternehmens in ein anderes Unternehmen oder in einen Unternehmensverbund geht, ist die Durchführung der psychologischen Due Diligence für das Gelingen der Akquisition möglicherweise entscheidend. Dann entscheiden die Leisen Zeichen über den Erfolg der Fusion. Die Ursache für das Scheitern einer Akquisition oder die Verfehlung geplanter positiver Synergieeffekte liegt überwiegend in diesem psychologischen Bereich.

Fehler machen sich darin bemerkbar, daß es zu einer Abwanderung qualifizierten Personals und damit zu einem Verlust von Erfahrungspotentialen in bestimmten Gruppen kommt. Reibungsverluste im operativen Geschäft, innere Kündigungen von Mitarbeitern und die Entstehung von Betriebsneurosen führen dazu, daß Ertragspotentiale zerschlagen werden.

Bei der Gewichtung der verschiedenen Leisen Zeichen wird auf die Branchenbesonderheiten geachtet werden müssen. Eigenschaften, die in der einen Branche zu Erfolgsfaktoren werden, können sich in einem Unternehmen einer anderen Branche als gefährliches Risiko erweisen. Eine Werbeagentur funktioniert nach anderen psychologischen Regeln als ein produzierender Betrieb.

Deshalb können bei der Analyse der Leisen Zeichen nicht alle Unternehmen über einen Kamm geschoren werden. Damit wird die Analyse nicht unbedingt einfacher. Aber dem Gutachter bleibt keine andere Wahl. Er kann die klassischen Berechnungsverfahren für die Beurteilung der psychologischen Sachverhalte nicht nutzen.

3.6.2 Analysefelder der Leisen Zeichen

Die Analysefelder der Leisen Zeichen finden sich überwiegend im psychologischen Bereich, aber auch in der Unternehmensphilosophie. Ein Unternehmen wird unabhängig von Fragen der Marktfähigkeit der Produkte überwiegend von den Personen bestimmt, die die Grundidee des Unternehmens verkörpern und die Mitarbeiter anleiten und motivieren. Da Organisationen und das Miteinanderumgehen der Personen in den Organisationen ein Eigenleben entwickeln können, ist die Art, wie ein Unternehmen organisiert ist, ausschlaggebend für bestimmte Verhaltensweisen der Menschen in dem Unternehmen. Aus der Organisation heraus gestalten sich auch die Beziehungen zu den Kunden und Lieferanten des Unternehmens. Die Grundphilosophie des Unternehmens wiederum ist ausschlaggebend für das Auftreten der Vertreter des Unternehmens nach außen hin. Auch hier sind eine Reihe von Leisen Zeichen zu untersuchen, die über Erfolg oder den Mißerfolg des Unternehmens entscheiden. All diese Leisen Zeichen deuten auf die Stärken oder Schwächen der einzelnen Personen hin, die für das Unternehmen tätig sind, und bilden damit die Human Resources des Unternehmens.

3.6.2.1 Leitende Personen

Die Analyse der leitenden Personen eines Unternehmens, in der Regel die Vorstandsmitglieder einer AG oder die Geschäftsführer einer GmbH, hat zunächst einmal die Fähigkeit dieser Personen zu beurteilen, inwieweit sie in der Lage sind, die Idee des Unternehmens und der angebotenen Produkte überzeugend nach innen und nach außen darzustellen. Hierzu gehören Begeisterungsfähigkeit und Verkäufertalent. Erforderlich ist ein Kommunikationspotential, das Selbstbewußtsein und Bescheidenheit in der richtigen Mischung darstellt.

Auch die Unternehmereignung der leitenden Angestellten wird für die Entscheidung eines Anlegers wichtig sein. Sendungsbewußtsein, Erfolgswille, Führungs- und Motivationsqualitäten sind die wesentlichen Eigenschaften.

Zu einem zu beurteilenden Leisen Zeichen, das sich je nach Ausprägung sehr negativ auf das Unternehmen auswirken kann, gehört der Führungsstil des Vorstandes, der patriarchalische, kollegiale oder auch chaotische Züge aufweisen kann, bis hin zu der Situation, daß die Angestellten sich selbst überlassen bleiben.

Die Ausbildung der Vorstandsmitglieder und die bisher gewonnen Erfahrungen sind wesentliche fachliche Kriterien für die Beurteilung von Führungsqualitäten. Dazu gehören auch genaue Kenntnisse über den Markt und die Wettbewerber der Branche, in der das Unternehmen tätig ist.

Bei der Beurteilung der Führungsqualität der Vorstandsmitglieder sind auch Alter, Gesundheit und Stressanfälligkeit zu beurteilen. Auch die Einschätzung des persönlichen Stils gehört dazu. Die Veränderungs- und Lernfähigkeit der Vorstandsmitglieder ist insbesondere im Hinblick auf das Wachstum des Unternehmens von Bedeutung. Es hat Fälle gegeben, in denen der Vorstand nur in der Lage gewesen wäre, ein kleines Unternehmen zu führen, aber sich überfordert sah, ein deutlich größeres Unternehmen mit mehreren Tochtergesellschaften in einem viel komplexeren Marktumfeld zu leiten. Vor einem solchen Szenario ist die Bereitstellung finanzieller Mittel zum Wachstum im Rahmen einer Beteiligung oder einer Börseneinführung nicht ohne Risiko.

Zur persönlichen Analyse der Vorstände/Geschäftsführer gehört auch eine Überprüfung ihrer charakterlichen Eigenschaften. Sie können die Ursache für Entscheidungen sein, die gegen betriebswirtschaftliche Regeln und die Interessen der Kapitalgeber verstoßen. So wird gerade bei jungen Unternehmen die Feststellung, daß eine wesentliche Triebfeder für die leitenden Personen die Gier nach Wohlstand ist, potentielle Kapitalgeber abschrecken, gleich, ob es eine Beteiligungsgesellschaft oder zukünftige Aktionäre sind. Eine solche Gier führt bei Vorständen oft dazu, daß sie sich in Relation zum Erfolg des Unternehmens zu hohe Gehälter oder Dienstwagen zubilligen, die nur aus den erhaltenen Fremdmitteln, nicht aber aus dem Erfolg des Unternehmens selbst zu finanzieren sind.

Ein Hinweis auf charakterliche Qualitäten kann sich auch aus dem Lebenslauf und der bisherigen persönlichen und beruflichen Zielerreichung ergeben. Hierbei können selbst Rückschläge und deren Bewältigung oder eine Umorientierung Anhaltspunkte für eine starke Persönlichkeit geben.

Als Leise Zeichen sind auch die persönlichen Verhältnisse der Vorstandsmitglieder zu überprüfen, inwieweit Familienmitglieder, insbesondere Ehepartner, für die Belange der Gesellschaft eine Rolle spielen. So ist auf entsprechende Eheverträge zu achten, damit das Unternehmen im Rahmen eines Scheidungsverfahrens mit Zugewinnausgleich nicht mit erheblichen
Entnahmen konfrontiert wird, die sich belastend auf die finanzielle Situation
des Unternehmens auswirken.

Wenn Familienmitglieder in anderen Unternehmen tätig sind, die mit der
zu begutachtenden Gesellschaft Geschäftsbeziehungen unterhalten, ist das
gesondert zu überprüfen. Es kann sich sowohl um Kunden- als auch um
Lieferantenbeziehungen handeln. Das Risiko besteht in Gewinnverlagerun-
gen oder aber in einer unangemessenen Auftragsvergabe, die ein mögliches
Gewinnpotential nicht voll ausschöpft. In einem solchen Fall ist auszuschließen, daß Vereinbarungen getroffen werden, die nicht denen zwischen fremden Dritten entsprechen.

Für die reibungslose Führung eines Unternehmens ist es wichtig, ob es
Wettbewerb im Vorstand gibt oder ob es aus der Ebene darunter Bestrebungen gibt, Vorstandsmitglieder abzulösen. Hier ist die Zusammenarbeit innerhalb des Vorstandes und die Einbindung der leitenden Angestellten unterhalb des Vorstandes zu überprüfen. Mögliche Konkurrenz kann sich auch
zwischen dem Vorstand und den Geschäftsführern von Tochtergesellschaften ergeben. Soweit hier Irritationen bestehen, wirkt sich auch das auf die
Führungsfähigkeit des Vorstandes negativ aus, weil ein Teil der Arbeitszeit
mit Absicherungs- und Abwehrmaßnahmen ausgefüllt wird.

Bei der Beurteilung der Leisen Zeichen sind auch der Personen im Aufsichtsrat oder in einem Beirat von Bedeutung. Die Besetzung kann in ihrer
Fehlerhaftigkeit dazu führen, daß dieses Organ seine Aufgaben gar nicht
wahrnehmen kann, sei es wegen Inkompetenz oder eines mangelnden Über-
wachungsbewußtseins der Aufsichtsratsmitglieder. Kritisch sind Besetzun-
gen mit Personen aus dem Familien- oder Freundeskreis der Gesellschafter
oder der Vorstandsmitglieder oder mit Angestellten der Hausbank des Unternehmens, ohne daß fachliche Kriterien ausschlaggebend gewesen sind.
Auch hier ist die allgemeine Tätigkeit des Aufsichtsratsmitgliedes im Hinblick auf die Vereinbarkeit mit seiner Tätigkeit im Aufsichtsrat zu überprüfen. So kann die Einbeziehung eines Bankers der Hausbank dazu führen,
daß er sich bei Entscheidungen zur Kreditvergabe von seinen Kenntnissen
aus der Tätigkeit als Aufsichtsrat zu Lasten des Unternehmens beeinflussen
läßt. Auch für Aufsichtsratsmitglieder sind Beziehungen zu anderen Unternehmen, möglicherweise sogar zu Konkurrenzunternehmen, zu überprüfen.

3.6.2.2 Führung und Motivation

Der Bereich Führung und Motivation ist eines der wesentlichen, prägenden Momente in der Ausgestaltung einer Unternehmenskultur. Hier sind große Unterschiede zwischen einzelnen Branchen feststellbar. Daher ist es wichtig, sich zunächst die Spielregeln der jeweiligen Branche zu vergegenwärtigen.

Der Führungsansatz ist im übrigen eine Stilfrage für den betreffenden Geschäftsführer / Vorstand.

Zunächst einmal ist es erforderlich, Ziele und Strategie des Unternehmens festzulegen und innerhalb des Unternehmens darzustellen. Dazu gehört auch die Philosophie des unternehmerischen Handelns und die Entscheidung, ob das Unternehmen eher zurückhaltend oder eher aggressiv agieren soll.

Ein wesentlicher Inhalt des Führungsansatzes ist die Art der Entscheidungsfindung. Hier wird deutlich, ob die Führung eher partnerschaftlich oder hierarchisch geprägt ist. Die Qualität der Entscheidungen hängt auch wesentlich von der Qualität der zugrundeliegenden Informationen oder Vorgaben aus dem Unternehmen ab.

Ein weiterer wesentlicher Bestandteil des Führungsstils ist die Art, wie Mitarbeiter motiviert werden. Dies kann zum einen durch eher monetäre Maßnahmen bewirkt werden. Dazu gehören variable Gehaltsbestandteile, Incentives, Mitarbeiterbeteiligungen und die Gewährung von Darlehen sowie äußere Attribute wie Dienstwagen – ggf. mit Fahrer – und Ausstattung der Büros. Insbesondere für Vertriebsmitarbeiter ist darauf zu achten, daß echte Anreizsysteme geschaffen werden, die an betriebswirtschaftlich sinnvollen Parametern verankert werden. Bei diesen Parametern muß aber darauf geachtet werden, daß sie nicht ihrerseits zu betrieblichen Irritationen führen, z.B. in einen Konflikt zwischen dem agressiven Vertrieb und der Verwaltung, die sich mit den möglicherweise »faulen« Kunden auseinandersetzen muß. Von Bedeutung sind hier auch, immer unter Berücksichtigung der Branchengepflogenheiten, die Behandlung von Überstunden, die Gewährung von Urlaub und das Angebot von besonderen Arbeitszeitmodellen.

Auch gemeinsame Veranstaltungen zur Fortbildung oder Ausflüge und Betriebsfeiern gehören zu diesen Motivationsmaßnahmen. Bei Fortbildungsveranstaltungen liegt oft ein bestimmter Plan vor, nach dem die Mitarbeiter im Laufe der Betriebszugehörigkeit bestimmte Fortbildungsstufen durchlaufen. Die Einbindung der Mitarbeiter kann darüber hinaus indirekt durch gemeinsam nutzbare Einrichtungen wie Kantinen oder Sportmöglichkeiten erfolgen.

Zu den nicht monetären Motivationsmaßnahmen zählen insbesondere Freiräume bei der Arbeitsgestaltung, die zu einer hohen Eigenverantwortung führen. Das kann in festen Hierarchien oder in ständig wechselnden Projektteams erfolgen. Motivierend wirkt auch ein betriebsintern verankertes Verbesserungswesen, das den Mitarbeitern die Möglichkeit gibt, selbständig die Abläufe innerhalb des Unternehmens mitzugestalten. Für eine gewisse Eigenverantwortlichkeit der Mitarbeiter spricht auch, wenn erkennbar wird, daß die Mitarbeiter ziel- und ergebnisorientiert vorgehen, und sich das auch im Arbeitseinsatz widerspiegelt.

Unabhängig von der Analyse und der Beurteilung der Leisen Zeichen im Rahmen einer psychologischen Due Diligence gibt es zwei Parameter, die die Zufriedenheit der Arbeitnehmer in einem Unternehmen deutlich machen. Das ist zum einen die Fluktuation und zum anderen der Krankenstand. In beiden Fällen ist zunächst auf Branchenbesonderheiten zu achten. In bestimmten Branchen, wie z.B. der Beraterbranche ist eine hohe Fluktuationsrate völlig normal und kann daher auch nicht negativ vermerkt werden. Soweit die Fluktuationsrate aber erkennbar über dem Branchendurchschnitt ist, ist dies ein klares Zeichen dafür, daß irgend etwas im Unternehmen unstimmig ist. Das führt zu dem Risiko, daß die Einarbeitung neuer Mitarbeiter zu Reibungsverlusten führt. Darüber hinaus gehen dem Unternehmen durch die ausscheidenden Mitarbeiter regelmäßig Know-how oder im schlimmsten Fall Kundenbeziehungen und damit Umsatzpotential verloren. Auch bei der Beurteilung des Krankenstandes ist zunächst auf die Branchenüblichkeit zu achten. Liegt der Krankenstand wesentlich höher, ist dies ein Zeichen für die Arbeitsunzufriedenheit der Mitarbeiter, die sich im übrigen auch auf eine geringere Arbeitsleistung während der Anwesenheit im Unternehmen auswirken wird. Auch dies ist ein deutliches Zeichen für Fehler in der Organisation der Arbeit oder in der Mitarbeiterführung.

Die kritische Betrachtung der Leisen Zeichen erfordert es, sich Beispiele für klassische Führungsschwächen zu vergegenwärtigen, die nach der Erfahrung oft zu unternehmerischen Krisen geführt haben. Solche Führungsschwächen sind zunächst in der Person des Unternehmers zu finden. Ein starres Ein-Mann-Regiment mit einem unangemessenen patriarchalischen Führungsstil ohne die erforderliche Delegation, oft verbunden mit einem Mangel an Flexibilität der Entscheidungen, sind ebenso kritisch zu bewerten wie andererseits chaotische Führungsstrukturen durch Koordinationsmängel und fehlende Kontrolle oder Entscheidungsschwäche.

Zu den Führungsschwächen zählen auch Fehler aus unternehmerischen Fehleinschätzungen in den verschiedenen Unternehmensbereichen. Die Ausweitung des operativen Geschäfts durch Umsatzerhöhung oder Marktausweitung wird oft überhastet vorgenommen und führt zum Aufbau von Leerkapazitäten oder zu einer verfrühten Vermarktung nicht fertig entwickelter Produkte. Auch die Erweiterung des Unternehmens kann zu Risiken führen, wenn nämlich das Investitionsvolumen oder die Notwendigkeit einer Investition falsch eingeschätzt wird (Bau statt Miete eines Gebäudes). Risiken ergeben sich zudem aus einer nicht zeitgerecht vorgenommenen Investition (zu früh oder zu spät) und aus einer fehlerhaften Abwicklung der Investition. Schließlich kann eine Fehleinschätzung von Investitionserfordernissen dazu führen, daß das Unternehmen den Anschluß an die Anforderungen des Marktes verliert.

Mängel im Absatzbereich äußern sich z.B. durch nicht marktgängige Produkteigenschaften, ein nicht marktgängiges Programm und eine verfehlte Preispolitik.

Im Produktionsbereich können sich Probleme durch den Einsatz einer veralteten oder einer noch unerprobten Technologie ergeben, die zu einem hohen Produktionsausschuß oder einer ineffektiven Fertigungssteuerung führen. Eine Fehleinschätzung kann auch in einer unwirtschaftlichen Eigenfertigung statt einer Fremdfertigung liegen.

Weitere Möglichkeiten einer Fehleinschätzung liegen im Bereich der Forschung und Entwicklung, wenn hier entweder zu wenig oder zu umfangreich (Grundlagenforschung) oder ohne Konzept an neuen Produkten gearbeitet wird. Leise Zeichen in einer ineffektiven F&E-Tätigkeit können auch in einer zu starken oder zu schwachen Kontrolle und in einem unausgewogenen Budgetdenken liegen.

Mit diesen Beispielen wird deutlich, daß eine später einsetzende Schieflage des Unternehmens gerade in solchen weitreichenden Fehlentscheidungen quasi vorweggenommen wird. Daher sind alle Entscheidungen, die die Entwicklung des Unternehmens in der Zukunft wesentlich verändern sollen, auch im Hinblick auf ihr Zustandekommen kritisch zu hinterfragen.

3.6.2.3 *Interne Kommunikation*

Zu den Leisen Zeichen innerhalb eines Unternehmens, die es beeinträchtigen oder fördern können, gehört der gesamte Bereich der internen Kommunikation. Sie ist von besonderer Bedeutung, da die Informationen einerseits zur Entscheidungsfindung beitragen und andererseits zu hierarchisch geprägten Abgrenzungen führen können.

Kommunikation kann schriftlich durch persönliche Memos oder durch schematisierte Vermerke oder mündlich in Einzelgesprächen oder Meetings erfolgen. Indirekt können Informationen über das schwarze Brett, über ein Intranet oder eine Betriebszeitung verbreitet werden.

In der Art der Kommunikation zeigt sich auch, wie Unternehmensleitung und Mitarbeiter miteinander umgehen. Soweit es hier zu Herrschaftswissen kommt, werden auch Kontaktgrenzen eingebaut. Sie sind etwa daran zu erkennen, ob Mitarbeiter unmittelbar mit der Geschäftsführung sprechen können oder ob dies nur über den nächsten Vorgesetzten möglich ist.

3.6.2.4 Arbeitnehmer

Bei den Mitarbeitern ist ebenfalls auf die Ausbildung und die bisherigen beruflichen Erfahrungen, die Altersstruktur und auf die Gehaltsstruktur zu achten, um eventuell bestehende Abweichungen gegenüber anderen Unternehmen dieser Branche zu erkennen.

Auf die Leisen Zeichen im Bereich der Arbeitnehmer im Hinblick auf Fluktuation und die Höhe der krankheitsbedingten Fehlzeiten ist bereit hingewiesen worden. Eine hohe Fluktuation führt zu höheren Arbeitsbeschaffungskosten und Ausfallzeiten wegen der erforderlichen Ausbildung neuer Mitarbeiter. Ein hoher Krankenstand bedeutet kostenintensive Leerkapazitäten und die Gefahr, daß zeitlich befristete Aufträge nicht termingerecht abgewickelt werden können.

Die Unzufriedenheit der Arbeitnehmer kann unmittelbar mit Führungsfehlern im Bereich der Motivation und der Arbeitsgestaltung zusammenhängen, aber auch im Mobbing-Syndrom und einem erheblichen Wettbewerbsdruck durch andere Kollegen begründet sein.

Bei der Höhe der Lohn- und Gehaltszahlungen können Konfliktscheu und mangelnde Härte bei Verhandlungen über Löhne, Gehälter, Sozialpläne und Sachbezüge die Ertragslage des Unternehmens deutlich belasten. Andererseits darf es bei Personalknappheit gerade nicht zu einer unsachgemäßen Sparsamkeit bei leistungsfähigen Mitarbeitern kommen, weil hier ein Weggang unmittelbar zum Ausfall von Umsatz- und Ertragspotentialen des Unternehmens führen kann.

Auch Fehler in der Personalplanung, sei es, daß nicht entsprechend der Umsatzausweitung das erforderliche Personal aufgebaut wird oder aber bei einer Verringerung des operativen Geschäftes die Belegschaft nicht kurzfristig angepaßt werden kann, führen zu deutlichen Ertragseinbußen.

Die Formen der Personalbeschaffung durch Besetzung neuer Stellen durch Mitarbeiter aus dem Unternehmen oder durch extern eingestellte neue Mitarbeiter sind Stilfrage innerhalb eines Unternehmens und oft auch von der Größe des Unternehmens abhängig.

3.6.2.5 *Gestaltung der Beziehungen zu Kunden und Lieferanten*

Aus dem Umgang des Unternehmens mit seinen Kunden läßt sich eine Aussage über die zu erwartende Kundentreue ableiten. Ausgehend von der Kundenstruktur, die in einer ABC-Analyse untersucht werden kann, ist auf das Eingehen neuer Kontakte und die Kontakthäufigkeit zu achten. Für das Unternehmen kann es von großer Bedeutung sein, mit den Kunden langfristige Verbindungen einzugehen und Netzwerke auzubauen. Für die weitere Beziehung zu den Kunden sind auch die Zahl von Reklamationen und die Reaktion des Unternehmens auf solche Fälle von Bedeutung. Hinweise auf ein besonders intensives Eingehen auf Kundenwünsche lassen sich aus regelmäßig vorgenommenen Befragungen der Kunden ableiten. Gespräche mit den Vertriebsmitarbeitern zeigen auf, wie weit diese bereit sind, sich optimal auf die Belange des Kunden einzurichten. Leise Zeichen für eine effektive Kundenbindung ergeben sich auch aus der Zusammenarbeit des Vertriebes einerseits und der Produktion oder der F&E-Abteilung andererseits. Wenn hier kein regelmäßiger Informationsaustausch erfolgt, arbeiten die Abteilungen zu Lasten der Kundenzufriedenheit aneinander vorbei.

Auch in der Beziehung des Unternehmens mit den Lieferanten gibt es eine Reihe von Leisen Zeichen, die beachtet werden sollten. Da ist zunächst die Abhängigkeit von einigen wenigen oder sogar nur einem Lieferanten, die ein Risiko darstellen kann. Hier sollte das Unternehmen bestrebt sein, Abhängigkeiten zu vermeiden, um in der Produktion nicht beschränkt werden zu können oder in Preisgesprächen unangemessene Zugeständnisse machen zu müssen. Ein ähnliches Risiko kann sich aus einer nur eingeschränkten Verfügbarkeit bestimmter Rohstoffe ergeben. Dann wird die Einbindung der Lieferanten in das Produktionsverfahren von Bedeutung sein. Eine effektive Ausgestaltung der Beziehungen zu Lieferanten ist auch an einer Beteiligung an der Produktentwicklung mit der Möglichkeit, eigene Vorschläge mit einbringen zu können, zu erkennen.

Externe Gesprächspartner kommen ausgehend von der objektiven Qualität der Produkte sehr schnell auch auf die Leisen Zeichen zu sprechen. Die Art und Weise, wie ein Auftrag akquiriert und ausgeführt wurde, führt zu stärker gewichteten Einschätzungen des Unternehmens. Fehler und Nachlässigkeiten, die in diesem Bereich gemacht werden, schlagen doppelt negativ zu Buche und können dazu führen, daß ein Unternehmen Kunden verliert.

Sowohl bei den Kunden als auch bei den Lieferanten sollte darauf geachtet werden, ob sie in irgendeiner Weise mit den Gesellschaftern oder der Leitung des Unternehmens freundschaftlich oder verwandtschaftlich verbunden sind. Hier sind möglicherweise Ansatzpunkte für unangemessene Vertragsgestaltungen zu Lasten des Unternehmens vorhanden.

3.6.2.6 Gestaltung der Beziehung zu Kreditgebern

Für die Ausgestaltung der finanziellen Situation der Gesellschaft und die Erweiterung der Kreditlinien sind die Verbindungen zu den kreditgebenden Banken von großer Bedeutung. Hier spielen die Leisen Zeichen eine besonders große Rolle, weil es bei der Einschätzung der Kreditsituation des Unternehmens auf die Sicht der Banken und auf deren Vertrauen in das Unternehmen ankommt. Das gilt umso mehr vor der sich abzeichnenden Verschärfung der Kreditbedingungen durch die demnächst in Kraft tretenden Eigenkapitalhinterlegungsregeln nach Basel II. Deshalb sind hier die vertrauensbildenden Maßnahmen des Unternehmens gegenüber den beteiligten Banken zu untersuchen.

Zunächst einmal sollte die Entwicklung in der Vergangenheit untersucht werden, ob das Unternehmen eine langfristige Kreditverbindung zu einer oder mehrerem Hausbanken aufgebaut und gepflegt hat. Für das Vertrauen der Banken ist zunächst eine umfassende Informationspolitik von Bedeutung. Da Bankangestellten das operative Geschäft des Unternehmens zunächst fremd sein wird, sollte der Geschäftsgegenstand transparent dargelegt werden. Das gilt insbesondere in den sogenannten Zukunftsbranchen, die sich in ihrer Wissenschaftlichkeit einer schnellen Einsichtnahme weitgehend entziehen. Ausgehend von der Grundinformation sollten den Banken Informationen über die laufende Entwicklung gegeben werden. Dabei sollten weniger gute Nachrichten offensiv angegangen werden, um deutlich zu machen, daß sich das Unternehmen mit ihnen auseinandersetzt und die erforderlichen Gegenmaßnahmen ergreift. Der Zeitaufwand ist gut angelegt, weil sich das damit erzeugte Vertrauen der Bank unmittelbar auf die Zinskonditionen und auf mögliche Erweiterungen der Kreditlinien auswirkt. Im Rahmen der Due Diligence der Leisen Zeichen steht hier die gesamte Informationspolitik des Unternehmens gegenüber den Kreditgebern auf dem Prüfstand.

Die erforderlichen Informationen müssen sich auch auf die geplante Entwicklung des Unternehmens beziehen. Dazu gehören auch Planungsunterlagen und insbesondere Liquiditätsplanungen. Soweit es dann einmal zu

Kontoüberziehungen kommt, sollten unmittelbar Informationen durch die Geschäftsleitung gegeben werden, um die weitere kurzfristige Entwicklung des Kontostandes zu klären. Wenn das Vertrauensverhältnis zu den Banken gut ist, kann eine kurzfristig erforderliche Erweiterung der Linie im Vorfeld vereinbart worden sein.

3.6.2.7 *Auftreten in der Öffentlichkeit und Öffentlichkeitsarbeit*

Das Auftreten des Vorstandes und des Vertriebes im Außenverhältnis und andererseits die Pressearbeit ist für die Akzeptanz des Unternehmens in der Öffentlichkeit von entscheidender Bedeutung. Es kann sich um ein eher aggressiv oder ein eher zurückhaltendes Unternehmen handeln. Das Verhalten des Unternehmens kann eher von emotionalen oder eher von rationalen Ansätzen geleitet sein. Zu diesem Bild tragen auch die allgemeine Öffentlichkeitsarbeit und öffentliche Auftritte des Unternehmens z.B. auf Messen bei. Damit werden auch gleichzeitig bestimmte Wertvorstellungen vermittelt. Es entwickelt sich ein bestimmtes Image des Unternehmens. Je nach Branche und Kundenakzeptanz kann dieses Verhalten als Leises Zeichen dazu führen, daß das Unternehmen an Reputation und damit an Marktakzeptanz gewinnt oder verliert. Das Bild des Unternehmens spiegelt sich in der Pressemappe wider. Entscheidend ist, ob darin nicht nur Pressemitteilungen des Unternehmens enthalten sind, sondern es auch Beiträge gibt, in denen sich die Presse von sich aus mit dem Unternehmen beschäftigt und damit ein öffentliches Interesse am Unternehmen dokumentiert.

Ein Sonderfall der Öffentlichkeitsarbeit stellt der Umgang mit negativen Meldungen dar. Hier können entweder Verschleierungstaktiken oder aber eine offensive Besprechung der kritischen Punkte aufschlußreich über den Stil des Unternehmens sein.

Zum allgemeinen Auftreten des Unternehmens in der Öffentlichkeit gehört auch, inwieweit soziale Unternehmungen und Sponsoring, z.B. im Kultur- oder Sportbereich, durchgeführt werden.

Schließlich ist von Bedeutung, wer innerhalb des Unternehmens für die Öffentlichkeitsarbeit zuständig ist. In einigen Fällen wird die Öffentlichkeitsarbeit durch halb-private Kontakte des Vorstandes unterstützt. Die Fähigkeit des Vorstandes, auf diese Weise mit Entscheidungsträgern anderer Unternehmen in Kontakt zu treten und innerhalb eines persönlichen Netzwerks für das Unternehmen tätig zu sein, gehört mit zu seinen akquisitorischen Fähigkeiten. Dies trägt nicht nur zur Öffentlichkeitsarbeit bei, sondern kann auch unmittelbar zur Akquisition von weiteren Aufträgen führen.

3.6.3 Analysemöglichkeiten

Die Schwierigkeit der Analyse der Leisen Zeichen besteht in ihrer Eigenschaft, nicht unmittelbar meßbar zu sein. Vielmehr wird sich der Gutachter auf seine Eindrücke verlassen und ein Gefühl dafür entwickeln müssen, ob ein wahrgenommenes Leises Zeichen positiv oder negativ zu werten ist. Das kann nur gelingen, wenn der Gutachter auf entsprechende Erfahrungen in anderen Unternehmen zurückgreifen kann und ausreichend sensibel auch für kleine Unwägbarkeiten ist. Einiges wird auch im direkten Gespräch herausgefunden werden können. So lassen sich z.B. die innere Einstellung der leitenden Personen nur zum Teil durch eine Erhebung innerhalb des Unternehmens klären. Also werden intensive Gespräche mit vielen Beteiligten erforderlich sein, um hinter die Kulissen des Unternehmens zu schauen. Dabei wird sowohl auf Praktikabilität des Verfahrens als auch auf die Sensibilität der Befragten Rücksicht zu nehmen sein. Demnach werden diese Gespräche nur durch Gutachter geführt werden können, die in ihrem Unternehmen ebenfalls Führungspositionen innehaben und über eine entsprechende Lebenserfahrung verfügen. Fragen müssen behutsam gestellt werden und sich jeglicher Kritik enthalten. Für die Besprechung einzelner Themenbereiche hat sich eine Checkliste empfohlen, die je nach Bedarf auch individuell angepaßt werden kann.

Ein Muster einer Checkliste für eine Psychologische Due Diligence ist im Anhang aufgeführt.

3.6.3.1 Interviews

Die einfachste Form der Erhebung sind Interviews des Gutachters mit den zu beurteilenden Personen. Natürlich wird man das nicht mit einem Fragebogen durchführen, wie er bei psychologischen Eignungstest angewendet wird. Gegen eine solche Vorgehensweise würden im Unternehmen zu starke Vorbehalte bestehen. Der Gutachter muß eine Themenliste im Kopf haben und sie je nach Unternehmen und befragten Personen immer wieder abwandeln und weiterführen. Schwerpunkte werden sich erst im Gespräch selbst ergeben. Erst dann wird erkennbar, wo besondere Stärken und Schwachpunkte der beteiligten Personen oder der Organisation liegen.

Die Analyse der Leisen Zeichen läßt sich einbetten in die allgemeine Financial oder Legal Due Diligence. Bei jeder Position der Planergebnisrechnung werden sich Anhaltspunkte ergeben, um auf die Leisen Zeichen zu sprechen zu kommen. Dabei ergibt sich oft, daß die Leisen Zeichen den unmittelbar wertbestimmenden Faktoren des Unternehmens sehr nahe sind. Es bedarf nur weniger Dialogschritte, um betriebliche Schwachpunkte aufzudecken, die als Leise Zeichen relevant sind.

Der persönliche Aspekt der leitenden Personen kann sich optimal in einem vertrauten Gespräch in einer ruhigen und freundlichen Atmosphäre erschließen. Der Gutachter wird seinerseits den erforderlichen Respekt vor seinem Gegenüber aufzubringen haben, der ihn trotz aller analytischer Schärfe die Befragung mit einer positiven Grundeinstellung durchführen läßt. Möglicherweise wird sich im Gespräch der eine oder andere beratende Ansatz des Gutachters ergeben. Der Ansatz eines Coaching der befragten Person wird der richtige sein. Zuvor muß um Erlaubnis gebeten werden, sich Notizen machen zu dürfen. Das ist insbesondere dann wichtig, wenn man in fast privater Runde zusammensitzt. Notizen aber sind erforderlich, um keine der vielen und vielfältigen Informationen zu verlieren.

Fragen sollten in offener Form gestellt werden, die keine kurzen Antworten erlaubt. Vielmehr wird man verschiedene Felder der Unternehmensführung und Mitarbeitermotivation ansprechen und um Stellungnahmen dazu bitten.

3.6.3.2 Betriebsbegehung

Die Betriebsbegehung ist für den Gutachter eine interessante Möglichkeit, die Gestaltung des Unternehmens auf der materiellen Ebene zu erleben. Es wird dabei auffallen, ob eher Ordnung oder eher Chaos herrscht. Die Art und Weise, wie die Bezugsperson des Unternehmens diese Betriebsbegehung durchführt, zeigt auch viel von der Einbindung dieser Person. Entscheidend für seine Einbindung ist, daß er während der Betriebsbegehung beiläufig Dinge regelt und Angestellte anspricht und angesprochen wird. Darin liegt die Lebendigkeit eines Unternehmers oder einer leitenden Person, die durch den eigenen Betrieb geht. Die Art und Weise, wie bei der Gelegenheit gesprochen wird, wirft gleichzeitig auch ein bezeichnendes Bild auf den kommunikativen Stil innerhalb des Unternehmens.

Die äußere Einrichtung der Büros und der Sozialräume erlauben einen Blick auf den Stil der Zusammenarbeit der Mitarbeiter. Sauberkeit und Aufgeräumtsein vermitteln einen ersten Eindruck über die Arbeitsweise. Die Räume können individuell gestaltet oder starr möbliert sein. In vielen Büros gibt es auch variable Arbeitsplätze. In der Möglichkeit der Mitarbeiter, individuelle Möblierungen oder wenigstens Bilder aussuchen zu dürfen, liegt auch eine Bindung der Mitarbeiter an das Unternehmen. Auch das äußere

Erscheinungsbild der Mitarbeiter wirft Licht auf die Art des Miteinander-
umgehens innerhalb des Unternehmens, wobei hier auch Branchenbesonderheiten zu beachten sind. Branchenübergreifend aussagekräftig wird aber
der Eindruck sein, ob die Mitarbeiter fröhlich und entspannt oder mürrisch
und gehetzt aussehen. Hier lassen sich mögliche unternehmensinterne Probleme in Arbeitsabläufen oder in einer permanenten Überlastung der Mitarbeiter an den Mienen ablesen.

Daneben wird man auch das sog. Schwarze Brett begutachten. Solche
Bretter können sehr formal oder sehr persönlich gehalten sein. Sie können
starre Einrichtung und höchst lebendige Informationsplätze darstellen. Sie
können auch chaotisch zugehängt sein mit allen möglich Urlaubskarten und
ähnlichen Informationen.

Die hier besprochene Unternehmensbegehung zur Erfassung Leiser Zeichen beinhaltet nicht die technische Begutachtung, die ausdrücklich den
Stand der Technik im Unternehmen abbilden soll. Im Hinblick auf die Praktikabilität der Arbeits- und Produktionsabläufe und die kosteneffektive
Durchführung der Produktion, wird eine Betriebsbegehung im Hinblick auf
die Leisen Zeichen aber viel aussagen können.

3.6.3.3 Außenbild des Unternehmens

Für die Öffentlichkeitsarbeit läßt man sich die Pressemappe des Unternehmens vorlegen. Sie sollte einen längeren Zeitraum umfassen, um auch die
Entwicklung des Unternehmens in der öffentlichen Meinung nachvollziehen
zu können. In einem solchen Zusammenhang kann es auch von Bedeutung
sein, wenn plötzlich Lücken in der Pressedarstellung auftauchen. Das kann
damit zusammenhängen, daß es weniger interessante Meldungen über das
Unternehmen gab oder das die Pressearbeit nicht mehr mit der erforderlichen
Intensität durchgeführt wurde. Dies läßt wieder Rückschlüsse auf die Entwicklung des Unternehmens in dieser Zeit zu. Die Wahrnehmung des Unternehmens in der Öffentlichkeit wird auch daraus erkennbar, inwieweit die
Presse eigenständige Artikel über dieses Unternehmen verfaßt oder lediglich
die Pressemeldungen des Unternehmens abdruckt. Darüber hinaus sollten
Kunden- und ggf. auch Lieferantengespräche geführt werden. Aus mehreren
subjektiv geäußerten und begründeten Ansichten der externen Gesprächspartner läßt sich oft ein aussagefähiges, objektives Bild des Unternehmens,
der einzelnen Abteilungen und der handelnden Personen gewinnen.

Insgesamt zeigt sich, daß die Analyse der Leisen Zeichen sich mit allen
Stakeholdern des Unternehmens auseinandersetzen muß. Störungen zu ei-

ner Gruppe derjenigen, die ein Interesse am Unternehmen haben, wirken sich wenn auch nur mittelbar auf das Unternehmen aus und können zu Ergebniseinbußen führen.

3.6.4 Fazit

1. Ohne eine Due Diligence der Leisen Zeichen wird man kein umfassendes Bild des Gesamtunternehmens gewinnen können. Leise Zeichen sind die Faktoren, die sich nicht unmittelbar in Geldströme umrechnen lassen, die aber lang- und manchmal sogar kurzfristig über den Erfolg oder Mißerfolg des Unternehmens entscheiden. Leise Zeichen gehören zur inneren und zur äußeren Kultur eines Unternehmens. Sie betreffen zudem alle Gruppen, die in irgendeiner Form ein Interesse an dem Unternehmen haben.
2. Die Anforderungen an die Kultur eines Unternehmens müssen zunächst auf die Branchenbesonderheiten abgestimmt werden, um ein differenziertes Werturteil abgeben zu können.
3. Das Problem der psychologischen Due Diligence liegt darin, daß sie sich auf die Leisen Zeichen bezieht, die sich einer klaren Meßbarkeit und einer eindeutigen Zuordung in einer Verursachungskette entziehen. Der Grad einer psychologischen Due Diligence wird aber dann besonders intensiv sein müssen, wenn es darum geht, ein zu erwerbendes Unternehmen in ein anderes Unternehmen einzugliedern, um Synergien zu verwirklichen.
4. Im Management muß die Prüfung der persönlichen Ebene auf die Frage abzielen, ob unternehmerische Fähigkeiten gegeben sind.
5. Die Motivationskultur der Mitarbeiter muß auf deren Arbeitsfreude und gegebenenfalls auf materielle Maßnahmen abgestellt sein, die für eine langfristige Bindung und die Gewinnung weiterer qualifizierter Arbeitnehmer sorgt.
6. Innerhalb des Unternehmens ist auf eine reibungslose Zusammenarbeit der einzelnen Abteilungen und, wenn es um einen Konzern geht, in dem die einzelnen Tochtergesellschaften im operativen Geschäft miteinander verbunden sind, auch auf die reibungslose Zusammenarbeit der Tochtergesellschaften zu achten.
7. Kunden und Lieferanten sind durch eine ABC-Analyse nach ihrer Wichtigkeit zu ordnen. Entscheidend sind Informationen über und die Einbindung in das operative Geschäft.

8. Bei den Kreditgebern ist auf eine absolute Vertrauensbasis zu achten, die durch eine strikte Informationspolitik insbesondere im Hinblick auf kurzfristig sich anbahnende Überziehungen der Kreditlinie manifestiert wird.

9. Leise Zeichen im Hinblick auf eine effektive Öffentlichkeitsarbeit des Unternehmens lassen sich in den Pressemitteilungen einerseits und den redaktionellen Beiträgen über die Gesellschaft andererseits finden. Die Kunst der Öffentlichkeitsarbeit erweist sich insbesondere im Umgang mit negativen Meldungen.

10. Erhebungsformen einer Due Diligence der Leisen Zeichen liegen in Interviews der Mitarbeiter, einer Betriebsbegehung und der Betrachtung des Außenbildes des Unternehmens. Trotz des nicht unmittelbar ergebnisbeeinflussenden Charakters der Leisen Zeichen wird über Kausalketten ein Einfluß auf Ertrags- oder Aufwandsgrößen eintreten. Die Umrechnung dieser unterschiedlich langen Kausalketten in Rechengrößen gestaltet sich schwierig, kann aber durch die Anwendung eines Scoringmodelles erleichtert werden.

3.7   Rechtliche und steuerrechtliche (Legal/Tax) Due Diligence

Im Rahmen einer umfassenden Unternehmensanalyse erscheint die Durchführung einer rechtlichen Due Diligence grundsätzlich erforderlich, da entscheidende, für den Wert des Unternehmens bestimmende Umstände, auf rechtlichen Grundlagen basieren und von deren Rechtmäßigkeit und Bestand abhängig sind. Die rechtliche Einordnung des Zielunternehmens, die Überprüfung von Gesellschaftsverträgen und die Untersuchungen der Rechtsbeziehungen zu Dritten können Problemfelder aufdecken, betriebswirtschaftlich gewonnene Ergebnisse bestätigen oder in Frage stellen und damit eine wichtige Informationsgrundlage für alle Beteiligten darstellen. Insofern wirkt sich das Ergebnis einer rechtlichen Due Diligence unmittelbar bei einem Unternehmenskauf auf die Kaufpreisverhandlungen aus und bestimmt die in den endgültigen Verträgen festgelegten Vereinbarungen – wie z.B. Garantien des Verkäufers oder Kaufpreisminderungen – auf Erwerberwie auch auf der Veräußererseite.

Die im Rahmen einer rechtlichen Due Diligence zu überprüfenden Punkte lassen sich in einzelne Rechtsgebiete aufteilen, die einen jeweils anderen Teilaspekt des Unternehmens beleuchten und so stückweise das Gesamtbild des Unternehmens vervollständigen.

3.7.1   Gesellschaftsrechtliche Aspekte

Der erste Ansatzpunkt sollte die gesellschaftsrechtliche Einordnung des Unternehmens sein. Neben der Rechtsform sollte insbesondere die gültige Gründung der Gesellschaft und deren Eintragung ins Handelsregister geprüft werden.

Hier sind zunächst die rechtlichen Grundlagen der Gesellschaft zu sichten. Es handelt sich um einen aktuellen Handelsregister-Auszug sowie den Gesellschaftsvertrag oder die Satzung. Erste Hinweise auf Veränderungen der rechtlichen Situation im vergangenen Jahr finden sich in der Regel im Jahresabschlußprüfungsbericht. Dem Gesellschaftsvertrag können möglicherweise auch Regeln für die Durchführung der Bewertung des Unternehmens nach einem bestimmten Verfahren, z.B. dem Stuttgarter Verfahren, entnommen werden.

Darüber hinaus ist festzustellen, wer in welchem Umfang als Gesellschafter an dem Unternehmen beteiligt ist, ob diese Anteile möglicherweise belastet sind, und ob die entsprechenden Eintragungen in rechtlich gültiger Form geleistet wurden. Die Verfügungsberechtigungen und -beschränkungen der Gesellschafter, des Vorstandes, aber auch der Prokuristen und sonstiger Handlungsbevollmächtigter sind zu untersuchen. Schließlich müssen auch die Beziehungen der Mutter- zu ihren Tochter- bzw. Enkelgesellschaften analysiert werden (Gruppenorganigramm) und die Innenverträge (ggf. Beherrschungs- und/oder Gewinnabführungsverträge) auf ihre Gültigkeit überprüft werden. Auskunft über die genannten Punkte ergeben sich aus den entsprechenden Handelsregisterauszügen, der Gründungsurkunde, dem Gesellschaftsvertrag oder der Satzung und den einzelnen Verträgen. Für die gesellschaftsrechtlichen Unterlagen sollte ein gesonderter Ordner angelegt werden. Alle nachfolgenden Änderungen der gesellschaftsrechtlichen Grundlagen müssen ebenfalls schriftlich dokumentiert sein. Eine aktuelle Liste der Gesellschafter, der Verpfändungserklärungen und Dritten eingeräumte Vorkaufsrechte oder Andienungsverpflichtungen geben Aufschluß über den Wert der Gesellschaft.

Ferner besteht bei der Gründung einer Kapitalgesellschaft oder bei Kapitalerhöhungen häufig das Risiko verdeckter Sacheinlagen. Bei Sacheinlagen existieren zusätzliche Prüfungsvoraussetzungen, die mit Verzögerungen und zusätzlichen Kosten verbunden sind. Aus diesem Grund neigen Unternehmen oftmals dazu, den wirtschaftlich einheitlichen Vorgang der Sacheinlage in rechtlich getrennte Rechtsgeschäfte aufzuspalten. Eines der Geschäfte stellt eine ordentliche Bareinlage des Gesellschafters dar, während ein weiteres Geschäft den Rückfluß der als Bareinlage eingezahlten Geldmittel im Rahmen eines Kaufes von Vermögensgegenständen desselben Gesellschafters beinhaltet. Rechtsfolge einer solchen verdeckten Sacheinlage ist, daß der Einleger zur Geldleistung verpflichtet bleibt. Ein weiterer häufig zu überprüfender Aspekt bei Aktiengesellschaften ist die Schaffung von genehmigtem Kapital gem. § 202 AktG. Danach können die Hauptversammlung oder bereits die Gründer den Vorstand durch Satzungsregelung ermächtigen, innerhalb einer Frist von bis zu 5 Jahren das Grundkapital durch Ausgabe neuer Aktien gegen Einlagen bis zu einem bestimmten Betrag zu erhöhen. Hierzu bedarf es einer Mehrheit, die mindestens 3/4 des bei der Beschlußfassung vertretenen Grundkapitals umfaßt. Hierbei wird oft nicht berücksichtigt, daß der Nennbetrag des genehmigten Kapitals die Hälfte des Grundkapitals, das zur Zeit der Ermächtigung vorhanden ist, nicht überschreiten darf (§ 202 Abs. 3 S. 1 AktG). Dies kann insbesondere dann kritisch sein, wenn es in der Zwischenzeit mehrere Kapitalerhöhungen gegeben hat und nicht unmittelbar erkennbar ist, ob das für die Obergrenze des genehmigten Kapitals erforderliche Kapital zum Zeitpunkt der beschließenden Hauptversammlung bereits wirksam im Handelsregister eingetragen worden war.

3.7.2   Vermögensrechtliche Aspekte

Der nächste näher zu beleuchtende Aspekt ist die vermögensrechtliche Situation des zu erwerbenden Unternehmens.

Im Hinblick auf das Immobilienvermögen sind Grundbuchauszüge, Flurpläne und mögliche Grundschuld- und Sicherungsbestellungsurkunden einzusehen. Zu überprüfen sind weiterhin Nachbar- und Erbbaurechte, die möglicherweise auf den Grundstücken der Gesellschaft lasten. Soweit eine Erweiterung der Bebauung vorgesehen ist, müssen die Bebauungspläne eingesehen werden. Auf diese Art und Weise kann eine Bestandsaufnahme des Eigentums sowie der dinglichen Rechte des Unternehmens erfolgen. Hieraus wird deutlich, inwieweit betrieblich veranlaßte Nutzungen vorliegen und an welchen Orten das Unternehmen »Reserveflächen« besitzt. An dieser Stelle sind auch mögliche Altlasten zu klären, die erhebliche Kosten bei einer Beseitungsverpflichtung verursachen können. Bei vorhandenen oder vermuteten Altlasten ist zu überprüfen, ob diese auf das Unternehmen zurückgehen und somit eine Haftung als Zustandsstörer besteht oder Ansprüche gegen Dritte z.B. einem früheren Verkäufer geltend gemacht werden können.

Die sonstigen Vermögensgegenstände und Forderungen der Gesellschaft sind anhand von Offene-Posten-Listen zu überprüfen. Soweit die Gesellschaft hohe Auftragsbestände hat, die als ein zusätzliches Argument für einen hohen Kaufpreis herangezogen werden, ist im Rahmen der rechtlichen Due Diligence eine umfassende Prüfung der rechtlichen Verbindlichkeit dieses Auftragsbestandes erforderlich. Das bedingt eine Abgrenzung zwischen Abnahmeerklärungen wie z.B. in der Automobilzuliefererindustrie, bis hin zu festen, einklagbaren Vertragsverpflichtungen. Bei dieser Untersuchung ist auch zu berücksichtigen, daß in vielen Verträgen Bestimmungen enthalten sind, die die Verträge insgesamt unter eine auflösende Bedingung stellen. Damit kann es sich bei auf den ersten Blick rechtlich verbindlichen Auftragsverhältnissen nur um einen zum Teil wirklich bestandskräftigen Auftragsbestand handeln.

Zu den Vermögenswerten der Gesellschaft zählt auch deren geistiges Eigentum, welches durch Patente oder sonstige gewerbliche Schutzrechte vor der Nachahmung geschützt sein sollte. Bei Patenten, Warenmarken, Gebrauchsmustern und Konzessionen ist wichtig, wie lange sie noch Schutz gewährleisten.

Möglicherweise hat das Unternehmen auch neue Produkte im Rahmen eines Joint Ventures mit anderen Unternehmen entwickelt und ist von deren Zustimmung in der Entscheidung über diese Produkte abhängig oder hat diesen gegenüber finanzielle Verpflichtungen. Solche Verpflichtungen können sich auch aus Know-how oder Lizenzverträgen mit Dritten ergeben. Bei Lizenz-, Know-how oder ähnlichen Verträgen sind die Laufzeit und die Konditionen ausschlaggebend, unabhängig davon, ob sie aktiv oder passiv abgeschlossen sind. In diesem Zusammenhang ist gesondert auf bestehende Streitigkeiten zu achten. Soweit Anlaß zu der Annahme besteht, daß Streitigkeiten über die Patentsituation des Unternehmens mit einem wesentlich größeren Konkurrenzunternehmen bestehen, ist größte Vorsicht geboten, weil solche Streitigkeiten als reine Machtkämpfe unter Einsatz großer finanzieller Mittel durchgeführt werden und damit für das Unternehmen von existentieller Bedeutung werden können.

3.7.3   Vertragsrechtliche Aspekte

Es sind sodann die vertraglichen Vereinbarungen mit Kunden, Lieferanten, Wettbewerbern und Mitarbeitern auf wesentliche Auswirkungen auf Vermögens-, Finanz- und Ertragslage des Unternehmens zu untersuchen. In diesem Zusammenhang können auch die Änderungsmöglichkeiten dieser Verträge von Bedeutung sein, wenn das erwerbende Unternehmen bessere Konditionen aushandeln kann.

Bei Miet- bzw. Pachtverhältnissen von gewerblich genutzten Gebäuden ist auf die Laufzeit der Verträge zu achten. Hier können sich erhebliche Risiken ergeben, wenn aufgrund einer Kündigung die Standortsituation des Unternehmens gefährdet ist oder sich deutlich höhere finanzielle Belastungen aus einer Anpassung der Pachtentgelte ergeben.

Außerdem sind die schwebenden Kontrakte, nämlich Lieferverträge und Abnahmeverträge zu untersuchen. Dazu gehören auch die Service- und Unterhaltungsverträge. Besonderheiten können sich bei Verträgen mit verbundenen Unternehmen ergeben, wenn das zu erwerbende Unternehmen aus einem Konzernverbund ausscheidet. Diese Vertragsverhältnisse können besonders nachteilig sein und fortgeführt werden müssen oder besonders vorteilhaft sein und nicht fortgeführt werden dürfen.

Bei langfristigen Liefer- oder Abnahmeverträgen können Risiken aus einer unangemessenen Gestaltung der Konditionen oder auch aus Abnahmeverpflichtungen resultieren.

Soweit Kooperationsverträge mit anderen Gesellschaften bestehen, muß überprüft werden, ob sie fortgeführt oder möglicherweise aufgehoben werden sollen, weil sie in der neuen Struktur nicht mehr sinnvoll sind. In einem solchen Fall ist der Vertrag zusätzlich daraufhin zu prüfen, unter welchen Voraussetzungen eine Kündigung möglich ist, und ob irgendwelche Vertragstrafen vereinbart worden sind.

Bei kartellrechlich bedenklichen Verträgen sind ebenfalls die Folgen einer Aufhebung zu bedenken. Darüber hinaus kann hier das latente Risiko einer Buße durch das Kartellamt bestehen, das durch den Verkauf der Anteile der Gesellschaft nicht reduziert wird.

3.7.4 Eventualrisiken

Risiken aus Gewährleistungs- und Garantievereinbarungen für bereits erfolgte Lieferungen sind mit der Rechtsabteilung oder dem Hausanwalt abzustimmen. Dasselbe gilt für latente Schadensersatzforderungen aus Verträgen, die nach Übernahme des Unternehmens gekündigt werden sollen.

Verbindungen zu Kartellen, Vertriebs-/Einkaufsorganisationen, Werbevereinigungen und Verbänden sind daraufhin zu überprüfen, ob sie weitergeführt werden sollen.

Bürgschaften, Patronatsvereinbarungen und Rangrücktrittserklärungen sind als finanzielle Risiken von Bedeutung. Dasselbe gilt für Zessionen, Pfandbestellungen, Sicherungsübereignungen und Eigentumsvorbehalte. Zukünftige Belastungen können auch aus Genußrechten und Besserungsscheinen erwachsen.

Miet-, Pacht- und Leasingverträge sind – sofern es sich um wesentliche Verträge handelt – auf Angemessenheit zu überprüfen. Von Bedeutung sind auch die Kündigungsmöglichkeiten (und -risiken) sowie die vertraglich vereinbarten Anpassungen im Rahmen von Indexierungen, die in der Zukunft zu einer höheren Belastung des Unternehmens führen werden. Bei einer erwogenen Kündigung ist der Aufwand zu berücksichtigen, der sich aus einer vertraglich vorgesehenen Versetzung der Miet- oder Pachtsache in den vorherigen Stand ergeben kann.

Die Darlehens- oder andere Kreditverträge der Gesellschaft sind mit der tatsächlichen Inanspruchnahme der Kredite abzustimmen, um die noch freien Linien erkennen zu können.

Versicherungsverträge sollten auf Über- und Unterversicherung überprüft werden.

Nachteilig können sich Vertreter- und Beraterverträge auswirken, sei es, daß sie zu für das Unternehmen unvorteilhaften Bedingungen abgeschlossen worden sind oder Alleinvertretungsrechte bzw. Gebietsschutzrechte beinhalten, die mit der Einbindung des Unternehmens in ein anderes Unternehmen hinderlich werden. Im Rahmen der Handelsvertreterverträge ist auf kurzfristig ergangene oder bevorstehende Kündigungen zu achten, weil sich hieraus erhebliche Ausgleichsansprüche nach § 89 b HGB ergeben können.

Langfristige Verpflichtungen können sich aus Verträgen über die Durchführung von Forschungsaufträgen mit Universitäten oder wissenschaftlichen Instituten ergeben. Soweit ein Käuferunternehmen über eigene Kapazitäten verfügt und solche externen Aktivitäten nicht weiter fortführen will, sind die Kündigungsmöglichkeiten solcher Verträge von Bedeutung.

Schließlich können sich neuerdings Risiken aus dem Gesetz zur Kontrolle und Transparenz im Unternehmensbereich (KonTraG) ergeben. Das KonTraG wendet sich vor allem an börsennotierte Aktiengesellschaften mit der Foderung, ein Risikomanagement zu installieren, um frühzeitig existenzbedrohende Risiken zu erkennen. Diese Forderung ist in § 91 Abs. 2 AktG normiert. Betroffene Unternehmen sind deshalb auf die Einhaltung des KonTraG und die Implementierung eines effektiven Risikomanagementes zu überprüfen.

3.7.5 Arbeitsrechtliche Aspekte

Die arbeitsrechtliche Prüfung wird sich auf die Verträge mit den Mitarbeitern, die Betriebsvereinbarungen, die Korrespondenz mit dem Betriebsrat und die Unterlagen zu den Ruhegeld- oder Pensionsvereinbarungen erstrecken. Kritisch sind Anstellungsverträge mit längerer Laufzeit, Versorgungszusagen sowie großzügige Jubiläumsregelungen zu beurteilen.

Die Arbeitsverträge mit den leitenden Angestellten sind im Hinblick auf die Angemessenheit der Konditionen, auf die Kündigungsfristen, auf Abfindungsregelungen und Wettbewerbsvereinbarungen im Zusammenhang mit einer Kündigung zu überprüfen. Dies ist insbesondere dann relevant, wenn der Erwerber sich von bestimmten leitenden Angestellten trennen will.

Einer der wesentlichen Posten ist die Verpflichtung aus Regelungen zur betrieblichen Altersversorgung. Hierzu sind zunächst alle einzel- und kollektivvertraglichen Regelungen zusammenzustellen und auf Vollständigkeit zu überprüfen. Kritisch ist eine unterschiedliche Behandlung verschiedener Arbeitnehmergruppen. Hier kann sich ein noch nicht berücksichtigter Anpassungsbedarf für eine erforderliche Gleichbehandlung ergeben. Probleme können sich auch aus aktuellen Änderungen ergeben, wenn gesellschaftsinterne Versorgungswerke geschlossen oder deren Regelungen in wesentlichen Punkten geändert worden sind und dabei möglicherweise Rechtsmängel eingetreten sind. Latente, in den Rückstellungen noch nicht berücksichtigte Risiken können sich aus Anpassungsentscheidungen nach § 16 BetrAVG ergeben, wenn solche Anpassungen in der Vergangenheit unterlassen worden sind.

Im Rahmen der arbeitsrechtlichen Überprüfung ist auch auf die mitbestimmungsrechtliche Situation des Unternehmens einzugehen. Zunächst ist zu überprüfen, ob es einen Betriebsrat gibt, oder ob möglicherweise ein Betriebsrat nicht besteht, obwohl die Voraussetzungen dafür gegeben sind. Soweit ein Betriebsrat besteht, sind Überlegungen anzustellen, wie dieser nach Erwerb einer Gesellschaft weitergeführt wird. Zu bedenken ist in dem Fall, in dem im Käuferunternehmen kein Betriebsrat besteht, wie sich die Existenz des Betriebsrates in dem gekauften Unternehmen auf die Arbeitnehmer des Käuferunternehmens auswirken wird. Hier kann es zu einer Nachahmung kommen, die weitreichende organisatorische und finanzielle Auswirkungen auf das Käuferunternehmen haben kann.

3.7.6   Prozessuale Risiken

Risiken aus bestehenden Aktiv- und Passivprozessen sind zunächst mit der Rechtsabteilung und den Prozeßanwälten abzustimmen. Äußerst problematisch können Passivprozesse werden, die die Funktion eines Musterprozesses haben. Dies gilt nicht nur für haftungsrechtlich, insbesondere produkthaftungsrechtlich bedingte Verfahren sondern auch für arbeitsrechtliche Streitigkeiten, die auf den ersten Blick angesichts der Höhe des Streitwertes eher unbedeutend erscheinen. Eine Abstimmung sollte zudem bei allen langfristigen Projekten oder bei größeren überfälligen Forderungen erfolgen. Entsprechende Risiken müssen in den Rückstellungen angemessen berücksichtigt werden.

Schließlich sind die öffentlichrechtlich bedingten Risiken des Unternehmens zu untersuchen. Solche Risiken beziehen sich zunächst auf noch ausstehende Genehmigungen für Neubauten oder industrielle Anlagen. Hier ist insbesondere die Immissionsproblematik bei einer geplanten Erweiterung des Betriebes zu berücksichtigen. Hierzu sind die Genehmigungsanträge und -bescheide und die damit zusammenhängende Behördenkorrespondenz einzusehen.

Neben den dargestellten Risiken sind im zunehmenden Maß zahlreiche Verwaltungsvorschriften zu beachten, die bei einer Verletzung durch das Unternehmen zu Sanktionen in Form von Bußgeldern führen können. Es handelt sich dabei oft um Vorschriften, die die Bestellung von besonders verantwortlichen Personen erfordern (z.B. Datenschutz-, Umweltschutz- oder Geldwäschebeauftragter) und somit an das Unternehmen spezielle Organisationsanforderungen stellen oder gewisse Arbeits- und Verfahrensabläufe vorschreiben. Hier gilt es je nach Branche die maßgeblichen Vorschriften zu ermitteln und dem Unternehmen bestehende Schwachstellen sowie fehlende Zulassungs- oder Organisationsmaßnahmen aufzuzeigen.

3.7.7 Steuerrechtliche Risiken

Die steuerrechtliche Due Diligence bezieht sich im wesentlichen auf Risiken, die durch eine nicht steuerkonforme Behandlung von Unternehmenssachverhalten entstanden sind und zu Steuernachzahlungen führen können. In bestimmten Fällen ist zudem sicherzustellen, daß die vom Verkäufer des Unternehmens bei der Kaufpreisverhandlung einbezogene Chance der Nutzung eines Verlustvortrages tatsächlich besteht.

Als Unterlagen werden die Steuererklärungen der letzten fünf Jahre und – soweit sie bereits ergangen sind – auch die Steuerbescheide sowie der letzte Bericht der Finanzbehörde über Betriebsprüfungen herangezogen. Außerdem ist eine detaillierte Aufstellung über das verwendbare Eigenkapital am Ende des letzten Geschäftsjahres erforderlich. Mit einzubeziehen sind schließlich auch Vereinbarungen mit den Finanzbehörden über bestimmte steuerrelevante Sachverhalte oder auch Unterlagen zu bestehenden Streitigkeiten. In diesem Zusammenhang ist die Ankündigung einer Betriebsprüfung zu erfragen.

Es ist zu überprüfen, ob es noch Forderungen der Finanzbehörden auf ausstehende Steuerzahlungen gibt, oder ob solche Steuernachzahlungen im Rahmen von Betriebsprüfungen kurzfristig entstehen können.

Einer der Hauptrisikobereiche in körperschaftsteuerlicher Hinsicht besteht insbesondere bei Gesellschaften, die durch einen Gesellschaftergeschäftsführer oder durch einen Vorstand geführt werden, der die Mehrheit der Anteile hält, in einer möglichen verdeckten Gewinnausschüttung. Sie liegt immer dann vor, wenn dem Anteilsinhaber oder einer ihm nahestehenden Person Vorteile zugeflossen sind, die einem Fremdvergleich in der Höhe der Leistungen oder der Art der Vereinbarung, z.B. ohne einen schriftlichen Vertrag, nicht standhalten. Um diesem Risiko Rechnung zu tragen, ist eine Aufstellung aller Verträge und sonstiger Leistungen ohne schriftliche Vereinbarung zwischen Gesellschaft und Gesellschafter anzufertigen und auf mögliche Anhaltspunkte für eine verdeckte Gewinnausschüttung hin zu untersuchen. Im übrigen sind Bewertungsansätze von Belang, durch die die Steuer gesenkt werden konnte, ohne daß wirtschaftliche Gründe dafür vorzubringen sind, z.B. Abwertungen von Vorräten oder Beteiligungen an anderen Gesellschaften. Hier können sich erhebliche Nachzahlungen ergeben, wenn die Finanzverwaltung die stillen Reserven auflöst und der Besteuerung zuführt. Ein weiterer Prüfungspunkt ist die Einbringung oder Verschmelzung von Gesellschaften.

Weitere Risiken können sich im Bereich der Gewerbesteuer ergeben, wenn es Streitpunkte über die gewerbesteuerrechtlich bedingten Hinzurechnungen oder Kürzungen des Gewerbeertrages gibt. Im Bereich der Umsatzsteuer und Zölle können sich bei der Inanspruchnahme von Steuerbefreiungen Ansatzpunkte für eine Nachversteuerung ergeben. Das Risiko ist aber vergleichsweise gering einzuschätzen, wenn bei unveränderter Rechtslage und unverändertem operativen Verhalten der Gesellschaft bei der Behandlung bestimmter Sachverhalte bereits eine Betriebsprüfung stattgefunden hat, die nicht zu Beanstandungen geführt hat. Wenn eine Gesellschaft in großem Umfang freie Mitarbeiter einsetzt, die eigenständig Rechnungen schreiben, kann sich ein lohnsteuerliches Risiko ergeben, weil die Finanzverwaltung möglicherweise den Freiberuflerstatus dieser Mitarbeiter nicht anerkennt und die Gesellschaft daher zur Abführung der Lohnsteuer und Sozialversicherungsabgaben verpflichtet.

Von Bedeutung sind Abweichungen zwischen der Steuer- und der Handelsbilanz, weil sie Hinweise auf latente Steuern und im übrigen Hinweise auf die Nutzung von Bilanzierungswahlrechten geben können.

Soweit ein körperschaftsteuerlicher oder gewerbesteuerlicher Verlustvortrag besteht, ist die Nutzungsmöglichkeit nach Erwerb durch den Käufer zu beurteilen. Hier besteht insbesondere das Risiko, daß der Verlustvortrag durch beabsichtigte Veränderungen der Unternehmensstruktur oder die Einbringung neuen Kapitals in das erworbene Unternehmen nicht mehr zulässig ist.

Soweit in der Vergangenheit Steuervergünstigungen oder Subventionen zum Ausgleich von Standortnachteilen oder branchentypischen Problemen gewährt worden sind, ist deren Bestand für die Zukunft zu hinterfragen. Zugleich muß sichergestellt sein, daß die Voraussetzungen für diese Vergünstigungen nicht aufgrund von Umstrukturierungen nach Erwerb des Unternehmens wegfallen werden. Dies kann z.B. bei einer beabsichtigten Reduzierung des Personalbestandes oder bei einer Schließung eines Teilbetriebes relevant werden.

Ein weiterer wichtiger Aspekt im Rahmen der steuerlichen Due Diligence ist es, Haftungstatbestände zu ermitteln, die dazu führen können, daß der Käufer eines Unternehmens für die Verbindlichkeiten des Verkäufers zur Rechenschaft gezogen wird. Zivilrechtliche Haftungstatbestände ergeben sich insbesondere aus den Vorschrifen der §§ 25, 28 HGB sowie § 613a BGB. Steuerliche Haftungstatbestände sind in den §§ 69 bis 77 Abgabenordnung enthalten. Hier sind insbesondere die Haftung des Betriebsübernehmers nach § 75 AO sowie die Haftung bei Organschaften, § 73 AO, zu nennen. Besondere Bedeutung in der Praxis hat darüber hinaus die Lohnsteuerhaftung nach § 42d EstG. Hiernach haftet der Arbeitgeber für die in zutreffender Höhe einbehaltene und abgeführte Lohnsteuer.

3.7.8 Fazit

1. Betriebswirtschaftliche Sachverhalte beruhen auf rechtlichen Sachverhalten, die im Rahmen ein gesonderten Due Diligence geprüft werden müssen. Diese Prüfung kann in einzelne Rechtsgebiete bzw. Grundsachverhalte aufgeteilt werden.

2. Basis sind die gesellschaftsrechtlichen Umstände, die Eintragung, die Gesellschaftsstatuten, die Gesellschafter und deren Verbindungen untereinander sowie die vertraglichen Beziehungen zwischen den Gesellschaften eines Konzernverbundes. Darüber hinaus sollte ein Augenmerk auf verdeckte Sacheinlagen sowie die Einhaltung der einschlägigen aktienrechtlichen Vorschriften gerichtet werden.

3. Im Hinblick auf die vermögensrechtliche Situation ist der rechtliche Bestand der Aktiva insbesondere der Immobilien zu untersuchen und in diesem Zusammenhang Verpflichtungen aus der Bereitung von Altlasten zu klären.

4. Für die Qualität der vertraglichen Vereinbarungen sind die vereinbarten Konditionen, die Langfristigkeit, die Kündigungsmöglichkeiten und die daraus resultierenden Aufwendungen von Bedeutung.

5. Neben den Arbeitsverträgen sind auch die Verpflichtungen aus den Altersversorgungszusagen ein Aspekt der arbeitsrechtlichen Prüfung. Gesondert ist auf die mitbestimmungsrechtliche Situation innerhalb der Gesellschaft einzugehen. Aus ihr können sich auch Auswirkungen auf die Lage der erwerbenden Gesellschaft ergeben.

6. Bei der Prüfung der latenten Risiken sind z.B. solche aus Garantieerklärungen und Patronatserklärungen zu untersuchen.

7. Bei Beratungsverträgen ist die Möglichkeit einer vorzeitigen Auflösung von Bedeutung.

8. Mit der Rechtsabteilung und mit den externen Rechtsanwälten der Gesellschaft sind die Prozeßrisiken aus anhängigen oder bevorstehenden Aktiv- und Passivprozessen abzustimmen.

9. Das Vorliegen der öffentlich-rechtlichen Voraussetzungen ist im Hinblick auf Genehmigungen für bestehende Produktionseinrichtungen und für die geplante Umstrukturierung des Unternehmens zu untersuchen. Ferner ist die Einhaltung der betriebs- und unternehmensspezifischen Verwaltungsvorschriften zu überprüfen.

10. Im Bereich der steuerrechtlichen Risiken ist eine Analyse aus dem Blickwinkel einer Betriebsprüfung vorzunehmen. Risiken von Steuernachzahlungen können sich im wesentlichen aus verdeckten Gewinnausschüttungen, unterschiedlichen Bewertungsansätzen und fälschlicherweise in Anspruch genommenen Steuerbefreiungen ergeben. Soweit Verlustvorträge bestehen, sind sie auf ihre Nutzbarkeit auch unter geänderten Umständen nach der Einbindung des erworbenen Unternehmens in den Verbund des Käuferunternehmens zu prüfen. Bei einem Unternehmenskauf sind die zivil- und steuerrechtlichen Haftungstatbestände zu überprüfen, um eine Haftung des Käufers für Verbindlichkeiten des Verkäufers auszuschließen.

3.8 Finanzielle (Financial) Due Diligence

Im Rahmen der finanziellen Due Diligence ist die Entwicklung der Gesellschaft in der Vergangenheit zu analysieren und die Planung auf ihre Plausibilität zu untersuchen. Hier finden die in den übrigen Teilbereichen der Due Diligence erhobenen Informationen ihren Ausdruck in quantitativen Werten.

3.8.1 Entwicklung der Gesellschaft in der Vergangenheit

Obwohl eine Due Diligence immer den Schwerpunkt der Analyse auf den momentanen Stand des Unternehmens und die voraussichtliche Entwicklung in der Zukunft mit ihren Risiken und Chancen, Stärken und Schwächen legen wird, ist die Entwicklung der Gesellschaft in der Vergangenheit ein wichtiger Anhaltspunkt für die innere Stärke und die Flexibilität des Unternehmens. Hier läßt sich nachvollziehen, ob das Unternehmen Entwicklungen des Marktes erfolgreich nutzen konnte und auf auftretende Schwierigkeiten angemessen reagiert hat.

3.8.1.1 Auswertung der Jahresabschlüsse

Für die Analyse der Vergangenheit werden in der Regel die letzten drei Jahresabschlüsse herangezogen. Eine langfristigere Betrachtung kann angezeigt sein, wenn sich das operative Geschäft der Gesellschaft in großen zeitlichen Intervallen vollzieht, wie es zum Beispiel im Maschinenbau der Fall ist. Für die Entwicklung der Umsätze wird die Entwicklung der letzten 10 Jahre betrachtet. Eine so langfristig ausgedehnte Analyseperiode hat den Vorteil, daß kurzfristige stärkere Schwankungen relativiert werden.

Die Jahresabschlüsse werden insbesondere in den Ergebnisrechnungen analysiert, um die Entwicklungstendenzen herauszuarbeiten. Wenn es sich um Jahresabschlußprüfungsberichte handelt, die durch einen Wirtschaftsprüfer geprüft und mit einem uneingeschränkten Testat versehen worden sind, kann der Inhalt des Berichtes i.d.R. ohne weitere eigene Prüfungen des Gutachters übernommen werden. Soweit es sich nur um von der Gesellschaft oder von einem Steuerberater aufgestellte Jahresabschlüsse handelt, sind in ausgewählten Bereichen Überprüfungen der Plausibilität erforderlich.

Es hat sich bewährt, als erste Abstimmung der Ergebnisrechnungen der einzelnen Jahre Unterschiede in der Relation der einzelnen Posten der Gewinn- und Verlustrechnung zu den Umsätzen oder den Gesamterlösen zu untersuchen. Daraus ergeben sich oft Fragestellungen, die zu den Ursachen der Entwicklung der Gesellschaft in positiver oder negativer Hinsicht führen. Neben diesen Abweichungen wird das Augenmerk auf die Feststellung von außerordentlichen und betriebsfremden Vorgängen sowie auf die periodengerechte Zuordnung der Erträge und Aufwendungen gerichtet werden. Von Interesse kann auch eine unterschiedliche Ausübung von Wahlrechten sein.

Im Rahmen der Vergangenheitsbetrachtung werden nicht nur die Zusammenhänge zwischen den Positionen der Ergebnisrechnung, sondern auch Relationen zu technischen und wirtschaftlichen Daten z.B. der Produktionsauslastung und der Entwicklung der Personalstände aufgezeigt.

Über die Jahresabschlußprüfungsberichte hinaus wird sich der Gutachter die Erfolgsgeschichte des Unternehmens in den letzten Jahren berichten lassen. Er wird aus dieser Schilderung viel von den Erfolgs- oder auch Mißerfolgsfaktoren entnehmen können, die die Entwicklung des Unternehmens auch in der Zukunft beeinflussen werden.

3.8.1.2 Bereinigung der Vergangenheitsergebnisse

Da die Analyse der Vergangenheit immer vor dem Hintergrund erfolgt, die vorgetragene Entwicklung in der Zukunft besser zu verstehen, müssen die Ergebnisrechnungen vergleichbar gemacht werden. Für die Zukunft wird regelmäßig das Ergebnis des operativen Geschäftes geplant, ohne daß außerordentliche Einflüsse berücksichtigt werden. Gleiches muß auch für die Vergangenheit geschehen. Daher ist es erforderlich, durch eine Bereinigung der Vergangenheitsergebnisse die tatsächlichen operativ verursachten Ergebnisse der Vergangenheit darzustellen.

Für einen Referenzzeitraum von in der Regel drei Jahren ist zunächst das nicht-betriebsnotwendige Ergebnis zu eliminieren. Dieses Ergebnis besteht z.B. aus den Erträgen und Aufwendungen eines bebauten Grundstückes, das mit dem eigentlichen Unternehmensgegenstand nicht zusammenhängt.

Es folgt eine Modifizierung der Vergangenheitsergebnisse wegen der außerordentlichen Erträge oder Aufwendungen. Erforderlich ist weiterhin eine Bereinigung handelsrechtlich bedingter Abweichungen im Hinblick auf Bilanzierungs- und Bewertungswahlrechte.

Langfristige Investitionsprozesse sind in ihren aufwands- und ertragsmäßigen Auswirkungen ebenfalls zu bereinigen. Das gilt auch für langfristig wirkende Forschungs- und Entwicklungsausgaben oder Werbekampagnen. Der Aufwand ist auf die entsprechenden Jahre aufzuteilen.

Soweit bestimmte Ertrags- oder Aufwandsposten nicht in der Erfolgrechnung erfaßt sind, sind sie fiktiv zu berücksichtigen. Das kann z.B. der Unternehmerlohn des ohne Gehalt in seinem Unternehmen tätigen Gesellschafters sein.

Bei einer langfristigen Auftragsfertigung sind Gewinne und Verluste anteilig zu realisieren, d.h. auch, daß vorgezogene Verlustrealisierungen aufgrund des Imparitätsprinzips den betreffenden Perioden zuzurechnen sind.

Die in einem Jahr aufgelösten Rückstellungen sind in demselben Jahr nicht als Ertrag zu berücksichtigen. Stattdessen ist im Jahr der Bildung dieser Rückstellung der entsprechende Aufwand zu eliminieren.

Die Abschreibungen sind auf die tatsächliche Nutzungsdauer und nicht auf die steuerrechtlich vorgegebenen Nutzungsdauern zu berechnen und müssen die Wiederbeschaffungskosten berücksichtigen.

Umstrukturierungsaufwendungen, die in einem Jahr in großem Umfang angefallen sind, sind zu eliminieren, wenn sich das Unternehmen seitdem nicht mehr verändert hat und weitere Änderungen in der Zukunft in diesem Umfang nicht zu erwarten sind.

Soweit Bereinigungen vorgenommen worden sind, können sich Folgeänderungen im Hinblick auf Steuern, Zinsen oder Abschreibungen ergeben.

Denkbar sind auch Modifizierungen zur Anpassung der Vergangenheitsentwicklung an die Zukunftsentwicklung, wenn z.B. zukünftig ganze Unternehmensbereiche ausgegliedert werden sollen. In diesem Fall wäre sonst die Vergleichbarkeit der Planung mit der Entwicklung der Vergangenheit nicht möglich.

Schließlich gibt es auch Fälle, in denen die Planergebnisrechnung um außerordentliche Vorgänge bereinigt werden muß, um eine Basis für die Einschätzung des nachhaltigen Ergebnisses der Gesellschaft zu haben. Eine solche Konstellation liegt z.B. bei dem Aufwand vor, der nur unmittelbar im Zusammenhang mit einer Börseneinführung anfällt.

An den aufgezählten Ansätzen wird deutlich, daß die Entwicklung der Vergangenheit Anlaß für eine Reihe von Änderungen gibt, um das operative Ergebnis der Gesellschaft zu vergleichmäßigen und damit als Ausgangslage für die Einschätzung der zukünftig geplanten Entwicklung der Gesellschaft dient.

Die folgende Abbildung 9 zeigt an einem Beispiel die Ergebnisverläufe der Vergangenheit und der Zukunft vor und nach der Bereinigung.

Aus der Graphik ergibt sich eine Vergleichmäßigung der Ergebnisentwicklung nach der Bereinigung.

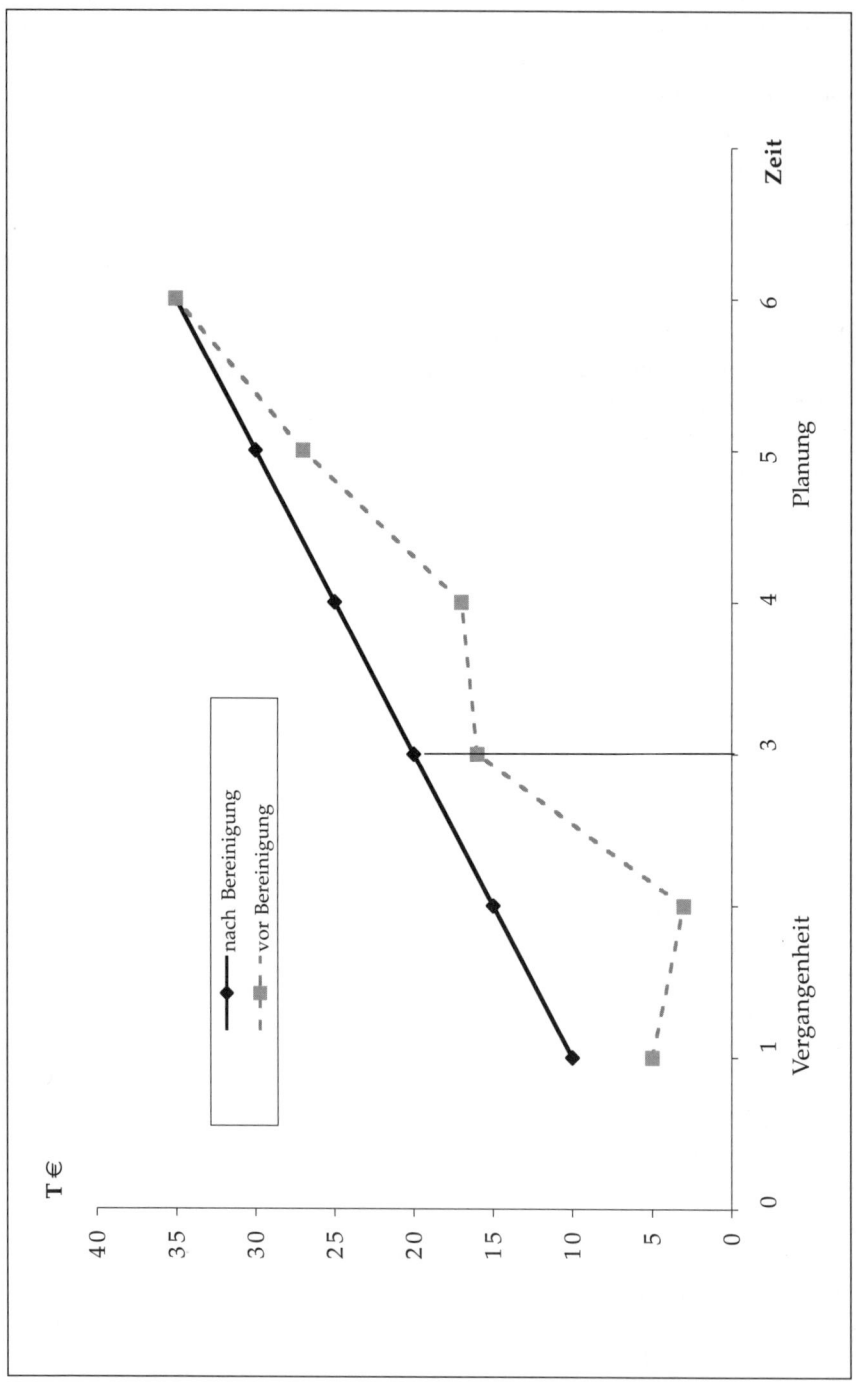

Abb. 9: Ergebnisverläufe vor und nach Bereinigung

3.8.2 Planungsanalyse

Die Planungsanalyse ist im Rahmen der Due Diligence von ausschlaggebender Bedeutung, weil sie die eigentliche Basis für die Entscheidung des Investors für eine Beteiligung und die Höhe eines Kaufpreises ist.

Bevor die Planungsrechung einer mengengerüstbezogenen Analyse unterzogen werden kann, sind die Unterlagen in ihrer Qualität zu beurteilen und Überlegungen über das Planungsverfahren der Gesellschaft anzustellen.

3.8.2.1 Unterlagen und Planungsverfahren

• **Planungsunterlagen**

Die Planungsunterlagen bestehen aus einer Planergebnisrechnung für den in der Regel drei Jahre umfassenden Planungszeitraum, der Zusammenstellung der Planungsprämissen mit strategischen Überlegungen und einer Reihe von Einzelplänen für Produktion, Absatz, Investition und Abschreibungen, Liquidität und Zinsen sowie für die Entwicklung des Personals. Der Gesamtplan und die Teilbereichspläne müssen untereinander abstimmbar sein. Im übrigen muß auch die Struktur der Planergebnisrechnung mit der Darstellung der Ergebnisrechnung für die Vergangenheit vergleichbar sein. Das ist oft dann nicht der Fall, wenn einzelne Aufwands- oder Ertragsposten den Posten der Gewinn- und Verlustrechnung unterschiedlich zugeordnet worden sind, z.B. wenn die Planungsrechnung in der Form der Deckungsbeitragsrechnung aufgestellt worden ist. Hinzu kommen in den letzten Jahren weitere Abstimmungsprobleme, die aus unterschiedlichen Rechnungslegungssystemen resultieren. Im Zusammenhang mit der zunehmenden Internationalisierung, aber auch den Forderungen einer internationalen Finanzöffentlichkeit, berichten auch mittelständische Unternehmen zunehmend nach HGB und IAS oder US-GAAP. Für die Vergangenheit liegen dann die Istrechnungen nach HGB vor und für die Zukunft wird die Planungsrechnung dann nur noch nach IAS- oder US-GAAP-Kriterien aufgestellt.

Dies ist dann nicht problematisch, wenn das Unternehmen über die fachliche Kompetenz in beiden Rechnungslegungssystemen verfügt. Allerdings zeigt die Praxis hier noch erhebliche Know-how-Defizite auf. Daher wird der Gutachter gut beraten sein, wenn er sich auf seine eigenen Kenntnisse verläßt. Die Häufigkeit der Anwendung von IAS oder US-GAAP steht immer noch in einem krassen Mißverhältnis zum vorhandenen Know-how der Gesellschaften. Dies gilt auch noch für einen Teil der Berater, die die Unternehmen hierbei fachlich begleiten sollten.

• **Planungsverfahren**

Bei der Erläuterung des Planungsverfahrens der Gesellschaft ist zunächst darzustellen, welches Planungsverfahren angewandt worden ist. Dabei beruhen die Planergebnisrechnungen für die verschiedenen Planjahre meistens auf unterschiedlichen Verfahren. In der Regel wird das erste Jahr gesondert geplant und die Folgejahre lediglich fortgeschrieben. Es lassen sich auch Unterschiede in der Planung der Umsätze einerseits und der übrigen Erträge und Aufwendungen andererseits feststellen.

Das erste Jahr kann die Fortschreibung der Trendentwicklung aus der Vergangenheit enthalten. Denkbar ist auch eine Hochrechnung innerjähriger Daten oder eine Ableitung der Planumsätze aus dem Auftragsbestand. Wenn es für diesen Auftragsbestand bereits rechtlich verbindliche Verträge gibt, ist der Plausibilitätsgrad der Planung sehr hoch.

Im Hinblick auf die Veränderbarkeit der Planung im Zeitablauf ist die statische Planung von der revolvierenden Planung oder Anschlußplanung zu unterscheiden. Bei manchen Unternehmen wird sogar die Jahresplanung innerhalb des laufenden Planjahres nach jedem Monat angepaßt. In einem solchen Fall kann ein Soll/Ist-Vergleich erschwert werden, wenn der ursprüngliche Plan zum Jahresanfang nicht mehr dokumentiert ist.

Bei der Planungstendenz ist eine eher realistische Planung von einer Planung abzugrenzen, die ausdrücklich oder auch unausgesprochen einen Vorgabecharakter hat oder haben soll.

Es sind eine Reihe von Maßnahmen zur Verringerung der Unsicherheitsproblematik bei der Planung entwickelt worden. Im Rahmen einer Due Diligence ist zu überprüfen, ob sich das Unternehmen dieser Problematik bewußt geworden ist und entsprechende Gegenmaßnahmen berücksichtigt hat.

Ein wesentlicher Ansatz ist die Erstellung von Alternativplänen in der Form von Best-case-, Worst-case- und Realistic-case-Szenarien.

In diesem Zusammenhang sind Aussagen für die Bandbreiten der Planwerte erforderlich, um entsprechende Szenarien zu entwickeln. Im Rahmen einer Sensitivitätsanalyse kann untersucht werden, ob sich Abweichungen bei bestimmten Plansätzen tatsächlich so gravierend auswirken, daß sie einen wesentlichen Einfluß auf die Ergebnisrechung insgesamt haben.

Für die Vergangenheit ist eine Soll/Ist-Analyse vorzunehmen, um die Planungsgenauigkeit der Gesellschaft in den vergangenen Jahren darzustellen. Daraus ergeben sich auch Aussagen über die Planungsphilosophie der Gesellschaft, die zwischen einer realistischen Planung und einer optimistischen Zielvorgabe liegen kann.

Im Rahmen der Prüfung der Planungsstrategie sind die Prämissen der Planung und die ihr zugrundeliegenden Daten nebst Quellen darzustellen.

Zu den Prämissen der Planung gehören auch die Festlegung des Planungshorizontes sowie Angaben zu den berücksichtigten volkswirtschaftlichen Szenarien, der Entwicklungen der Branche und der Konkurrenten und gegebenenfalls ein Hinweis auf eine Änderung aufgrund des Bewertungsanlasses, z.B. die Einbindung des Unternehmens in einen größeren Unternehmensverbund mit den entsprechenden Synergievorteilen.

Für die eigentliche Planung sind in der Betriebswirtschaftslehre eine Reihe von Prognosemethoden entwickelt worden, die im Optimalfall bei der Planung eines Unternehmens Anwendung finden. In der Praxis hat sich jedoch gezeigt, daß bei mittelständischen Unternehmen nur in wenigen Fällen diese Prognosemethoden angewendet werden.

Praktisch relevanter sind die von den Unternehmen häufig vorgelegten Planungsrechnungen, die einen sogenannten »Hockeyschläger- oder Schereneffekt« enthalten. Die in Abbildung 10 überzeichnet dargestellten Ergebnis-, Umsatz- und Kosteneffekte zeigen eine solche Entwicklung auf. Beim Hockeyschlägereffekt wird typischerweise der Trend des Ergebnisrückgangs zum Erhebungsstichtag herum gestoppt und in der Ergebnisplanung durch eine positive Darstellung dem Gutachter vermittelt. Ähnlich verhält es sich mit dem Schereneffekt. Auch hier zeigen die Verläufe der Planumsatzerlöse und der Plankosten einen positiven Verlauf, der im Ergebnis zu einer überproportionalen Ergebnisverbesserung führen soll. Jedem erfahrenen Gutachter ist sofort klar, daß dieses Bild die Wirklichkeit nicht widerspiegelt. Unternehmen vollziehen eine Entwicklung, die durch ein Auf aber auch durch ein Ab charakterisiert werden kann. Die von den Unternehmen dem Gutachter vermittelten Eindrücke eines grenzenlosen Wachstums mit ständig steigenden Ergebnissen gehen an der praktischen Erfahrung regelmäßig vorbei.

3.8.2.2 *Ermittlung der Ertragserwartungen anhand der Planungsrechnung*

Bei den einzelnen Posten der Planergebnisrechnung sind die Komponenten darzustellen, die als Begründung des Mengengerüstes für bestimmte Entwicklungen geeignet sind.

- **Umsatzerlöse**

Für die Plansätze der Umsätze sind die Ergebnisse der Produktanalyse und der Analyse des Absatzmarktes und der Absatzorganisation des zu prüfenden Unternehmens von Bedeutung.

Zunächst ist eine Aufstellung der Produkte bzw. Dienstleistungen der Gesellschaft und eine Zusammenstellung der im einzelnen erwirtschafteten

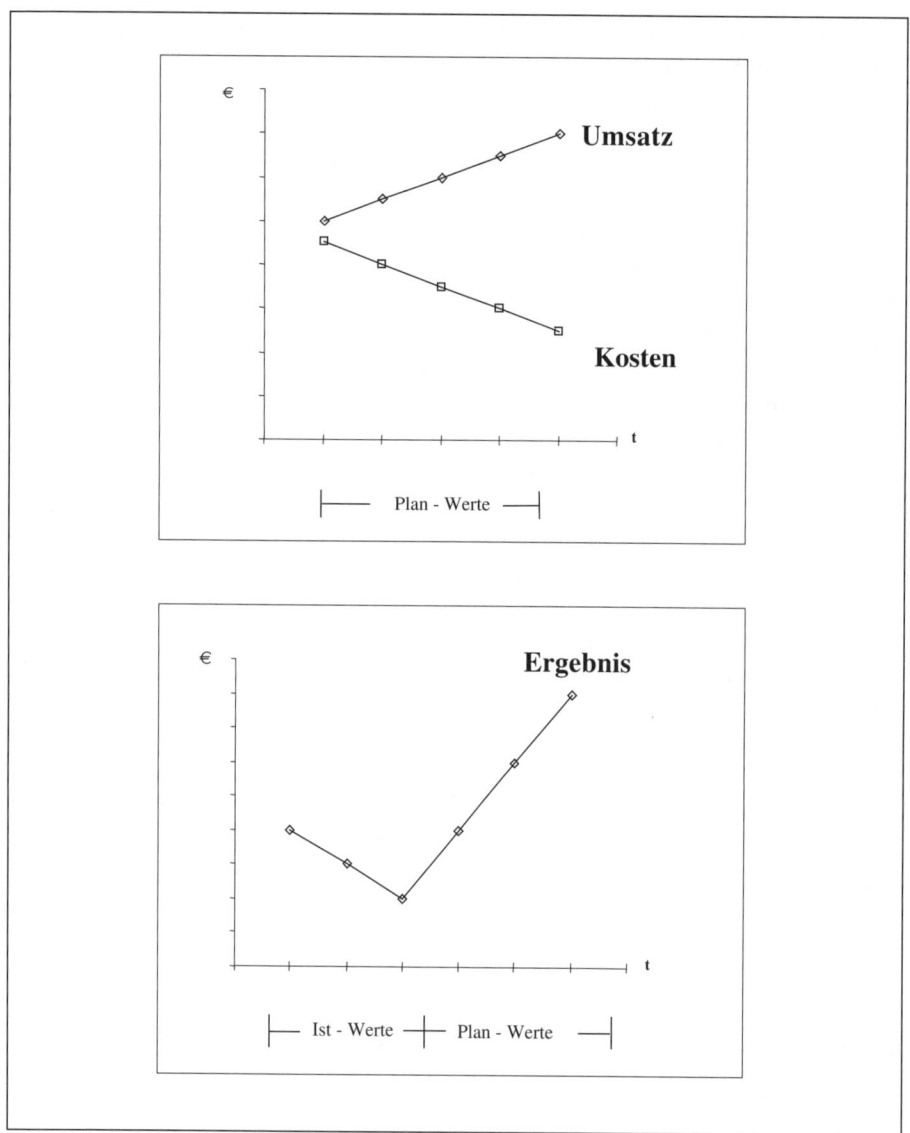

Abb. 10: »Scheren- und Hockeyschlägereffekt einer Planung«

Umsätze erforderlich. Je nach Größenordnung ist eine Gruppenbildung ausreichend. Für jedes einzelne Produkt ist ein Vergleich mit Konkurrenzprodukten anzustellen und darüber hinaus zu überlegen, ob die Produkte der
Gesellschaft möglicherweise durch Substitutsprodukte gefährdet sind.

Bei dieser Untersuchung der Vor- und Nachteile des Produktprogrammes sind eine Reihe von Faktoren zu berücksichtigen, die Einfluß auf die Akzeptanz im Markt haben. Da ist zunächst das Image und die Frage, ob das Produkt eher qualitativ gut sein, oder ob es eher einer bestimmten Moderichtung oder einem Trend entsprechen soll. In diesem Zusammenhang sind auch das Preisleistungsverhältnis, die technische Ausstattung und die Serviceleistungen von Bedeutung.

Schließlich gehören die Lieferfähigkeit und die Zahlungsbedingungen zu den Merkmalen, die für die Einschätzung der Produkte am Markt wichtig sind. Bei einer Betrachtung des Gesamtunternehmens kann die Ausgewogenheit des Programmes eine Rolle spielen, die möglicherweise zu Folgegeschäften führt.

Im Rahmen der Analyse wird eine Differenzierung des Programmes im Hinblick auf den Produktlebenszyklus durchgeführt, um dessen einzelne Stufen Einführung – Wachstum – Reife – Sättigung – Degeneration nachvollziehen zu können. Wichtig für die Planung ist die Entwicklung der Umsätze und Erträge im Verlauf des Produktlebenszyklus, die von einem steigenden Umsatz bei geringem Ertrag bis zu dem Zeitpunkt reicht, bei dem sowohl der Umsatz als auch der Ertrag rückläufig geworden sind.

Wenn erkennbar wird, daß sich ein Großteil der Produkte in der Endphase des Zyklus befinden, wird die Analyse einen großen Wert auf die Darstellung der Entwicklung der Nachfolgeprodukte legen müssen.

Neben der Analyse der Produkte ist auch eine Absatzmarktanalyse durchzuführen, die bei sehr unterschiedlichen Produktgruppen innerhalb des Unternehmens jeweils gesondert erfolgen muß. Hier sind die Marktstruktur, die künftige Entwicklung (z.B. Konzentration) und das Verhältnis der Wettbewerber (ggf. mit diesen getroffene Absprachen) zu berücksichtigen.

Dabei spielen auch Nachfrageänderungen in Abhängigkeit von Preisänderungen, die Erkenntnisse aus den Erläuterungen der externen und internen Einflüsse auf die Umsatzentwicklung in der Vergangenheit, Veränderung in der Struktur der Bevölkerung, im Verhalten der Abnehmer und der Fortfall bzw. die Einführung von Konkurrenzprodukten eine Rolle.

Neben dem Vergleich mit der langfristigen Entwicklung der Konkurrenten wird insbesondere bei der erforderlichen Hochrechnung eines innerjährigen Umsatzes, die Darstellung und Begründung saisonaler Schwankungen und eine Übersicht über die Abnehmer der Produkte in Form einer ABC-Analyse erfolgen, um mögliche Abhängigkeiten erkennen zu können.

Schließlich wird die Entwicklung des Marktvolumens und der Marktanteile in der Vergangenheit unter Berücksichtigung möglicher Substitute für die Produkte mit in die Beurteilung der zukünftigen Entwicklung der Gesellschaft einfließen.

Bei der Erläuterung der Absatzorganisation, die ebenfalls mit der der Konkurrenten verglichen wird, sind der Einsatz von Vertretern oder Handelsvertretern, die Abgrenzung der Vertriebsbereiche und die Vergütungsvereinbarungen darzustellen.

Von Bedeutung ist das absatzpolitische Instrumentarium der Gesellschaft für jeden einzelnen Bereich. Zu untersuchen sind die absatzpolitischen Maßnahmen aufgrund der Erkenntnisse der Marktforschung. Das Werbungskonzept ist im Hinblick auf aufwendige Werbekampagnen, Werbemittel, die Preispolitik und die Produkt/Sortimentspolitik zu würdigen. Im Rahmen einer Budgetkontrolle wird auch die Werbeerfolgskontrolle wichtig sein.

- **Aktivierte Eigenleistungen**

Hier sind Bilanzierungshilfen enthalten, die die Finanzlage der Gesellschaft oft besser darstellen sollen als sie tatsächlich ist. Aktivierte Eigenleistungen sind nur dann werthaltig, wenn sie Leistungen der Vergangenheit darstellen, die erst in der Zukunft entweder zu zusätzlichen Erträgen oder zu ersparten Aufwendungen führen. In der Regel sind die aktivierten Eigenleistungen im letzten Jahr der Vergangenheit enthalten.

- **Materialeinsatz**

Unter dem Materialeinsatz sind die Aufwendungen für Roh-, Hilfs-, und Betriebsstoffe, für Handelswaren und für Fremdleistungen gesondert zu planen. Um die wirtschaftliche Situation der Gesellschaft richtig einschätzen zu können, ist zunächst die Marktstruktur auf dem Beschaffungsmarkt zu analysieren. Eine Auflistung der wesentlichen Lieferanten in Form einer ABC-Analyse ermöglicht die Feststellung, ob die Gesellschaft von bestimmten Lieferanten abhängig ist oder eine Einkaufsmacht besitzt.

Für die Aufwendungen im einzelnen ist die zukünftige Preisentwicklung im Hinblick auf die Vergangenheit einzuschätzen. Dabei sind Tendenzen einer sich abzeichnenden Verknappung, die Verwendung neuer Rohstoffe oder Substitute und die Erschließung neuer Bezugsquellen mit in die Betrachtung einzubeziehen. Bei ausländischen Lieferanten mit einer Fakturierung in Fremdwährung können Währungsrisiken und deren Absicherung bedeutsam werden.

In diesem Zusammenhang sind eine Reihe von Fragen zu stellen, die die Effektivität des Einkaufes und der damit zusammenhängenden Logistik erhellen.

Neben der Prüfung des Systems der Beschaffungslogistik ist darauf zu achten, daß die Beschaffungspolitik unter Einschaltung des Controlling in Abstimmung mit der Entwicklung, der technischen Planung, der Fertigung, dem Vertrieb und der Finanzierung erfolgt.

Rationalisierungsmöglichkeiten im Einkauf setzen eine vertrauensvolle Zusammenarbeit mit den Lieferanten voraus, die ihrerseits daran interessiert sind, in verläßlichen Abständen liefern zu können, um die eigene Planung sicherzustellen.

Daher ist eine Verbindung der Materialsteuerung mit einer systematischen Produktionsplanung unter Berücksichtigung der Absatzschätzung, eine Integration des Lagers und des innerbetrieblichen Transportes in den Materialfluß und die Steuerung des außerbetrieblichen Transportes erforderlich. Soweit es wirtschaftlich sinnvoll ist, sollte für Einkauf und Logistik Datenverarbeitung eingesetzt werden. Unter dieser Voraussetzungen kann auch die Einbeziehung von Einkauf und Logistik in das betriebswirtschaftliche Controllingsystem mit einer entsprechenden Erfolgskontrolle besser erfolgen.

- **Personalaufwendungen**

Der Planansatz für die Personalaufwendungen wird davon abhängen, ob sich die Zahl der beschäftigten Personen und/oder die Lohn- und Gehaltszahlungen erhöhen. Hierzu ist zunächst die Entwicklung und Struktur des Personalbestandes in der Vergangenheit zu untersuchen.

Soweit eine wesentliche Umsatzerweiterung geplant ist, muß sich das in steigenden Personalaufwendungen niederschlagen, es sei denn, es kann plausibel dargelegt werden, daß die Angestellten aufgrund der Rationalisierung von Arbeitsabläufen oder der Einführung neuer Produktionseinrichtungen in der Lage sind, den Pro-Kopf-Umsatz zu erhöhen.

Der Vergleich der durchschnittlichen Personalaufwendungen mit der Konkurrenz und entsprechenden Branchenzahlen kann das Risiko latenter Erhöhungen aufzeigen. In diesem Zusammenhang sollten auch die in der Gesellschaft verwendeten Leistungsprämiensysteme erläutert werden. Bei einer Zusammenführung zweier Gesellschaften ist immer davon auszugehen, daß im Endeffekt die jeweils höheren Konditionen in beiden Gesellschaften durchgesetzt werden.

Die Entwicklung der Löhne und Gehälter ist nach den einzelnen Gruppen der Angestellten, Arbeiter und Auszubildenden einzuschätzen. Unterschieden werden kann möglicherweise auch nach organisatorischen Einheiten, die eine unterschiedliche Lohn- und Gehaltsstruktur aufweisen. Der Einsatz von Teilzeitbeschäftigten und/oder der Einsatz von freien Mitarbeitern ist mit zu berücksichtigen.

Für die Qualität des Personalbestandes sind Alter, Qualifikation und der Spezialisierungsgrad der Mitarbeiter von Bedeutung. Ein Hinweis auf eine gewisse Kontinuität des Personals läßt sich aus Angaben über Unternehmenszugehörigkeit und Fluktuation ermitteln. Mögliche Personalüber- oder -fehlbestände sind darzustellen. Wichtig für die Kontinuität des Unternehmens ist die langfristige Besetzung der Schlüsselpositionen und Angaben über die Bindungsmaßnahmen dieser Angestellten.

Soweit das Unternehmen hier erkennbar nicht ausreichend ausgerüstet ist, muß mit einer Erhöhung des Personalaufwandes gerechnet werden.

Im Hinblick auf eine geplante Ausweitung des Unternehmens ist sicherzustellen, daß das Unternehmen auch kurzfristig in der Lage ist, die erforderlichen zusätzlichen Arbeitskräfte einzustellen.

Hier sind allgemeine Angaben und Erläuterungen zur Lage des Arbeitsmarktes anzustellen. Für die Fähigkeit des Unternehmens, möglicherweise auch Arbeitskräfte an sich zu binden, die auch von der Konkurrenz umworben werden, ist eine Aussage über das Unternehmensimage, die Führungsorganisation, die Unternehmenskultur und die Konditionen im Vergleich zur Branche, wie Arbeitszeit, Bezahlung, Urlaubsgeld, Bonuszahlungen, Sozialversorgung, Vorruhestandsvereinbarungen und Pensionsrückstellungen erforderlich.

Zusätzlich ist die Effektivität der Personalauswahl zu würdigen. Die Prinzipien der Personalauswahl müssen nachvollziehbar sein.

Für die Vergangenheit sollte auf besondere Ereignisse wie Streik, Unfälle, übermäßiges Anfallen von Überstunden sowie eine starke Fluktuation geachtet werden. Hierzu gehören auch Arbeitsgerichtsprozesse, bei denen es entweder um große Abfindungen oder um Grundsatzentscheidungen geht.

Bei Personengesellschaften sind Angaben zum Unternehmerlohn und weiteren Vergünstigungen der Gesellschafter zu ermitteln.

- **Aufwendungen für Altersversorgung**

Unabhängig von der inneren Finanzierung eines Unternehmens durch die Bildung von Pensionsrückstellungen, ist die Verpflichtung der Gesellschaft aus Pensionszusagen, Unterstützungszusagen und Versorgungseinrichtungen zu prüfen. Hier können sich erhebliche Risiken aus einer Unterdeckung ergeben. Insoweit können die Ergebnisse der rechtlichen Due Diligence herangezogen werden.

- **Verwaltungsaufwendungen**

Die für die Vergangenheit erzielten Erkenntnisse über Struktur und Entwicklung der Verwaltungsaufwendungen können im Hinblick auf die geschätzte Entwicklung in der Zukunft herangezogen werden. Die Verwaltungsaufwendungen für das nicht-betriebsnotwendige Vermögen sollten gekennzeichnet werden.

Die Entwicklung der Zukunft wird zu einem Teil in Relation zu gesteigerten Umsatzerlösen erfolgen. Das wird davon abhängen, inwieweit ein direkter operativer Zusammenhang besteht.

Konzernumlagen sind auf ihre Angemessenheit und auf die Möglichkeit, entsprechende Leistungen durch Fremdbezug zu beziehen, zu untersuchen.

Die Aufwendungen für die DV sind im Hinblick auf die Modernität der verwendeten Lösungen und auf Softwareentwicklungen zu analysieren, die von der Gesellschaft noch mit entsprechendem zusätzlichen Aufwand eingeführt werden müssen.

- **Übrige betriebliche Aufwendungen**

Auch bei den übrigen betrieblichen Aufwendungen wird sich ein Teil in unmittelbarem Zusammenhang mit der Entwicklung der Umsatzerlöse fortschreiben lassen. Das läßt sich auch aus der Struktur und Entwicklung dieser Aufwendungen in der Vergangenheit darlegen. Dabei ist zu unterscheiden, ob im Einzelfall ein Aufwand eher fix oder eher variabel zu planen ist.

Soweit konzerninterne Leistungen hier kostenmäßig berücksichtigt worden sind, ist ebenfalls an eine Substituierbarkeit zu denken. Aufwendungen für das nicht-betriebsnotwendige Vermögen sollten gesondert erfaßt werden. Forschungs- und Entwicklungsaufwendungen müssen mit den entsprechenden Budgets und Vorhaben abgestimmt werden. Werbungskosten werden oft in einem bestimmten Prozentsatz der Umsatzerlöse geplant.

Die Kosten des Entwicklungsbereiches in der Planung sind mit der Entwicklungsabteilung abzustimmen. Sie müssen, wenn diese Abteilung eine eigenständige Funktion außerhalb des kundenbezogenen Produktionsbereiches ausfüllen soll, in einem gesonderten Budget auch für die Zukunft enthalten sein.

Bei der Planung der Werbungskosten ist ein Vergleich mit anderen Unternehmen der Branche vorzunehmen. Soweit der Planansatz in Relation zu den geplanten Umsätzen deutlich unter dem Branchendurchschnitt liegt, ohne daß das plausibel erläutert werden kann, ist eine Erhöhung der Werbekosten in den Planjahren vorzunehmen.

Die Entwicklung der Beratungskosten in der Vergangenheit kann gerade bei Unternehmen, die einen Börsengang planen oder vor einem Verkauf stehen, höher ausgefallen sein als das im normalen operativen Geschäft der Fall ist. Vor diesem Hintergrund kann eine Reduzierung des Planansatzes gegenüber der Entwicklung in der unmittelbaren Vergangenheit plausibel sein.

Die Planung des Miet- und Leasingaufwandes hängt auch von den Plänen der Gesellschaft ab, inwieweit die bisherigen räumlichen Kapazitäten weiter genutzt oder aber erweitert werden sollen.

Die Zuführungen zu Rückstellungen sind unter den sonstigen Aufwendungen enthalten, soweit sie noch nicht in den gesonderten Kostenpositionen wie z.B. dem Personalaufwand erfaßt sind. In der Planung werden solche Zuführungen, weil sie in der Regel einen außerordentlichen Charakter haben, zutreffend nicht erfaßt.

Die Verluste aus dem Abgang von Gegenständen des Anlagevermögens sind lediglich dann in der Planung enthalten, wenn die Gesellschaft im Rahmen der Umstrukturierung eine größere Verschrottungsaktion plant. Sie können dann als außerordentlich eingestuft werden und sollten bei der Ermittlung eines nachhaltigen Ergebnisses nicht mit einbezogen werden.

- **Abschreibungen**

Die Abschreibungen sind in Abstimmung mit der geplanten Entwicklung des Anlagevermögens zu entwickeln. Dazu erfolgt zunächst eine Auflistung der Sachanlagen mit Angabe der effektiven Nutzungs- und den bilanziellen Abschreibungsdauern unter Berücksichtigung der vorübergehend oder endgültig stillgelegten Maschinen. Unter Einbeziehung der organisatorischen Gestaltung des Fertigungsablaufes und möglicher Änderungen werden die zukünftigen Abschreibungen auf Basis der Wiederbeschaffungskosten unter Zugrundelegung wirtschaftlicher Nutzungsdauern ermittelt.

Für die Bemessung des zukünftig erforderlichen Anlagevermögens sind Überlegungen zu Ersatz- und Rationalisierungsinvestitionen sowie zur Entwicklung der technischen Kapazität und deren Ausnutzung anzustellen. Die Ausweitung der Schichten, die bisher angefallenen Stillstands- und Reparaturzeiten sowie Instandhaltungs- und Reparaturaufwendungen können auf notwendige Investitionen hinweisen. Auch eine in der Vergangenheit unterlassene Instandhaltung kann ein Indiz für weitere Investitionen sein.

- **Instandhaltungsaufwendungen**

Für die Planung der Instandhaltungsaufwendungen ist auf deren Anfall und Umfang in der Vergangenheit abzustellen. Aus dem Altersaufbau der Anlagen werden sich Anhaltspunkte für den zukünftigen Instandhaltungsbedarf ableiten lassen. Soweit Instandhaltungsmaßnahmen unterlassen worden sind, können in unmittelbarer Zukunft erhöhte Aufwendungen anfallen. Im übrigen ist es für die Planung anzuraten, normalisierte Instandhaltungsaufwendungen zu ermitteln, die auch einmalige Instandhaltungsaufwendungen (z.B. eine Dachsanierung) auf einen längeren Zeitraum verteilen.

• **Forschungs- und Entwicklungsaufwendungen**

Die Planung von Forschungs- und Entwicklungsaufwendungen (F&E) spielt eine immer größere Rolle im innovativen Mittelstand. Hierbei sind Analyseüberschneidungen mit dem möglicherweise eingeschalteten technischen Gutachter möglich. Ist der mittelständische Unternehmer stark technologisch geprägt, werden die F&E-Aufwendungen eine besondere Rolle spielen. Der Gutachter wird daher nicht umhin kommen, die Möglichkeiten aber auch die Notwendigkeiten der geplanten F&E-Aufwendungen einer eingehenden Analyse zu unterziehen. Indizien für die Plausibilität können dabei branchenübliche F&E-Aufwendungen sein (% zum Umsatz) aber auch die Plansätze für neue Produkte. Die F&E-Aufwendungen werden regelmäßig bis zum letzten Jahr des Planungszeitraumes auf hohem Niveau geplant. Hierbei muß der Gutachter die Höhe dieser Aufwendungen mit den zumeist wenig konkretisierten Produktneuentwicklungen außerhalb des Planungsreferenzzeitraumes abstimmen.

• **Finanzierungsaufwendungen**

Hier ist zunächst die Entwicklung der Finanzierung mit Eigen- und Fremdkapital in der Vergangenheit mit der Feststellung einer Über- bzw. Unterkapitalisierung darzustellen.

Für die Ermittlung der zukünftigen Finanzierungsaufwendungen ist eine Darstellung der Kredite nach Kreditgebern (Banken und Lieferanten), der Zinssätze und sonstigen Konditionen sowie der beanspruchten Sicherheiten erforderlich. Für eine Ausweitung des Unternehmens ist zudem wichtig, ob die Kreditlinien bereits vollständig ausgeschöpft worden sind. In diesem Zusammenhang ist das Innenfinanzierungspotential der Gesellschaft durch Abschreibungen, langfristige Rückstellungen und Rücklagen sowie mögliche Umfinanzierungsmaßnahmen zu untersuchen.

Schließlich muß die Ermittlung zukünftiger Finanzierungsaufwendungen unter Berücksichtigung der zukünftigen Zinsentwicklung erfolgen. Zur Vereinheitlichung wird von der Prämisse der Vollausschüttung ausgegangen. Soweit dem Unternehmen z.B. durch eine Börseneinführung Kapital zufließen wird, ist es angemessen, die daraus resultierenden Zinsersparnisse zu berücksichtigen.

• **Betriebliche Steuern**

Eine Übersicht über die Struktur und Entwicklung in der Vergangenheit ermöglicht eine Überprüfung des Planungsansatzes. Es betrifft Gewerbesteuer, Verkehrs- und Verbrauchssteuern.

Ausschlaggebend für die zukünftige Entwicklung sind im wesentlichen die Hebesatzentwicklung und die Bestimmungen über die weiteren allgemeinen Steuern.

Für Zwecke der Unternehmensbewertung wurde bisher durch den Hauptfachausschuß der Wirtschaftsprüfer ein Ergebnis vor Ertragsteuern zugrunde gelegt. Das wurde damit begründet, daß auch der Kapitalisierungszinssatz ohne Einkommensteuerbelastung ermittelt wurde.

Die Körperschaftssteuer war bei nicht abzugsfähigen Aufwendungen (z.B. AR-Bezüge zur Hälfte oder Geschenke über den steuerlich vorgegebenen Betrag), bei der notwendigen Rücklagenbildung für Substanzerhaltung, bei notwendigen deutlich höheren Abschreibungen aufgrund steigender Wiederbeschaffungswerte sowie bei einer freiwilligen Thesaurierung im Unternehmen zu berücksichtigen.

Soweit sich aus der Besteuerung der Gesellschaft Besonderheiten wie z.B. bestehende Verlustvorträge, ergaben, oder die Körperschaftssteuer nicht anrechenbar war, z.B. bei Ausländern, wurden diese bei den Überlegungen zu einem subjektiven Wert berücksichtigt.

Inzwischen ist auch für Zwecke der Unternehmensbewertung die Berücksichtigung der steuerlichen Verhältnisse der Gesellschaft als erforderlich angesehen worden. Für die Due Diligence ändert sich durch diese neue Stellungnahme nichts. Hier ist eine umfangreiche Prüfung der steuerlichen Situation der Gesellschaft grundsätzlich erforderlich.

Für das unmittelbare Risiko einer Steuernachzahlung sind die Ergebnisse der letzten Betriebsprüfungen und der Zeitraum, für den sie gelten, von Bedeutung. Bei steuerlichen Verlustvorträgen kann es sich empfehlen, eine Auskunft der Finanzverwaltung über die Anerkennung einzuholen.

Soweit die Gesellschaft branchen- und standortabhängige Steuervergünstigungen erhalten hat und noch erhalten soll, sind Nachforschungen anzustellen, ob diese Vergünstigungen weiter bestehen bleiben werden. Hier kann auf das Ergebnis der steuerrechtlichen Due Diligence zurückgegriffen werden.

3.8.3 Analyse des nicht-betriebsnotwendigen Vermögens

Für den potentiellen Investor ist das Vorhandensein nicht-betriebsnotwendigen Vermögens von Bedeutung, weil sich hier die Möglichkeit ergibt, dieses
Vermögen zu veräußern oder es als zusätzliche Sicherungsgrundlage für die
Finanzierung einzusetzen. Aus Sicht des Verkäufers eines Unternehmens
wird durch nicht-betriebsnotwendiges Vermögen ein zusätzliches Verhand-
lungspotential über den Kaufpreis geschaffen.

Die Definition des nicht betriebsnotwendigen Vermögens ist sehr weitgehend. Es fallen alle Vermögensteile darunter, die aus dem Unternehmen entfernt werden können, ohne daß es an Wert verliert.

Nicht betriebsnotwendig sind oft Grundstücke und Gebäude, Wertpapiere, Beteiligungen, flüssige Mittel, Darlehen und Forderungen an verbundenen Unternehmen, die nicht für die operative Tätigkeit des Unternehmens
erforderlich sind.

Zu beachten sind aber auch alle Schulden, die mit diesem nicht-betriebsnotwendigen Vermögen zusammenhängen.

In der Entwicklung der Vergangenheit des Unternehmens wird man alle
Aufwendungen und Erträge, die das nicht-betriebsnotwendige Vermögen
betreffen, gesondert ausweisen und ggf. eliminieren.

3.8.4 Untersuchungen zum Substanzwert

Im Rahmen einer Due Diligence wird man sich einen Eindruck über die
Substanz des Unternehmens verschaffen wollen. Obwohl in der Betriebswirtschaftslehre allein der Ertragswert bzw. der Discounted-Cash-Flow-
Wert ausschlaggebend ist, ist die Erkenntnis, daß die in der Bilanz der Gesellschaft dokumentierte Substanz werthaltig ist, von Bedeutung. Allgemein
anerkannt ist aber auch, daß der Substanzwert nicht sicherer feststellbar ist
als der Ertragswert. Deshalb wird auch die Praktikermethode, nach der als
Unternehmenswert die Hälfte der Summe eines Ertragswertes und eines
Substanzwert festgelegt wird, sog. Mittelwertmethode, allgemein abgelehnt.

Allen Beteiligten ist bewußt, daß der Teilrekonstruktionszeitwert als Zwi-
schenwert der Umwandlungsprozesse in einem Unternehmen, keine eigenständige Funktion hat. Es wird von einem »Teilwert« ausgegangen, weil die
immateriellen Vermögensgegenstände schwer erfaßbar sind.

Die Nebenfunktionen des Substanzwertes sind jedoch von großer Bedeutung. Der Substanzwert dient als Grundlage der Finanzbedarfsrechnung

und des Zinsaufwandes. Er ist erforderlich für die Einschätzung der Entwicklung der Investitionen und Abschreibungen. Schließlich dient er als Basis für Kreditfähigkeit und Krisenfestigkeit des Unternehmens.

Die Ermittlung des Substanzwertes erfolgt durch die Bewertung der Aktiva und Passiva. Deren Saldo ergibt das Eigenkapital der Gesellschaft und damit den Substanzwert.

Bei den einzelnen Positionen der Bilanz sind jeweils Überlegungen anzustellen, um die stillen Reserven oder auch die stillen Lasten zu ermitteln.

• Ingangsetzung und Erweiterung des Geschäftsbetriebes

Soweit die Gesellschaft eine Bilanzierungshilfe in Form einer Aktivierung von Aufwendungen für die Ingangsetzung und Erweiterung des Geschäftsbetriebes in Anspruch genommen hat, ist besonders kritisch zu hinterfragen, ob es sich hier nicht nur um schlichte Verluste aus der Anlaufphase des Unternehmens handelt, die nicht zu einem werthaltigen Vermögensgegenstand geführt haben. Sie belasten im übrigen die Planungsphase durch Abschreibungen.

• Immaterielle Vermögensgegenstände

Bei den immateriellen Vermögensgegenstände müssen neben den allgemein erwerbbaren immateriellen Gegenständen wie z.B. Nutzungsrechten mit ihrem Verkehrswert auch die selbsterstellten immateriellen Anlagen erfaßt werden. Bei den selbsterstellten Anlagen sind Werte nur dann ansetzbar, wenn sie einen originären Wert haben, der durch externe Anhaltspunkte unterstützt wird. Nicht ansetzbar ist ein Geschäftswert des Unternehmens, da er sich nur im Ertragswert widerspiegelt.

• Sachanlagevermögen

Bei dem Sachanlagevermögen werden die Zu- und Abgänge der letzten 10 Jahre nach Jahren und Nutzungszeiten unterteilt, um einen Hinweis auf die Investitionspolitik und einen ggf. bestehenden Investitionsstau zu erhalten.

• Aktivierte Eigenleistungen

Die aktivierten Eigenleistungen sind besonders auf ihre Werthaltigkeit zu überprüfen. Oft werden sie durch den Ansatz zu hoher Arbeitskosten aufgrund einer nicht professionellen Erstellung höher ausgewiesen als das bei einer externen Vergabe der Fall gewesen wäre.

• **Grundstücke**

Ansatzpunkte für die Prüfung der Grundstücke ergeben sich im Hinblick auf Eigentum, auf Beschränkungen und Belastungen aus den Grundbuchauszügen. Zu prüfen ist die Frage der Nichtbetriebsnotwendigkeit. Stille Reserven ergeben sich aus dem Vergleich der Buchwerte mit den Wiederbeschaffungskosten nach aktuellen Kaufpreisen, den Bodenrichtwertkarten der Gemeinde und Auskünften von Maklern.

• **Gebäude**

Die Bewertung der Gebäude erfolgt zum Neuwert durch Berechnung der Kosten für Nutzfläche und umbauten Raum mit Abzug für zeitanteilige Nutzung. Soweit wertmindernde Besonderheiten festzustellen sind, wie z.B. eine Verschachtelung oder ein Instandhaltungsstau, sind weitere Abschläge vorzunehmen.

• **Bauten auf fremden Grundstücken**

Bei den Bauten auf fremden Grundstücken ist zunächst eine Prüfung der vertraglichen Voraussetzungen der Nutzungen vorzunehmen. Wertmindernd sind Verpflichtungen zu berücksichtigen, die sich nach Ende der Nutzungszeit ergeben, z.B. Abbruch der Bauten und eine Wiederherstellung des ursprünglichen Zustandes.

• **Technische Anlagen und Maschinen**

Die Bewertung der technischen Anlagen und Maschinen erfordert die Einsicht in das Anlagenverzeichnis und die Anlagenkartei mit einer Prüfung der Auslastung und Nutzung. Die Bewertung erfolgt zum Neuwert mit Berücksichtigung der seit dem Anschaffungszeitpunkt angefallenen Abschreibungen. Der Neuwert läßt sich aus VDI-Listen (gebrauchte Maschinen) WI-BAU-Listen (Baumaschinen), DAT-Schätzlisten (Fahrzeuge), Auskünften von Händlern für gebrauchte Maschinen oder durch eine Indizierung der historischen Anschaffungskosten ermitteln.

Für abgeschriebene Anlagen, die noch genutzt werden können, werden als Vereinfachungsregel 15 % bzw. 30 % der ursprünglichen Anschaffungskosten angesetzt. Eine ähnliche Regelung gilt für Geringwertige Wirtschaftsgüter, die sofort abgeschrieben werden dürfen. Bei ihnen werden 40 % der Anschaffungskosten der Zugänge der letzten 5 Jahre angesetzt.

• **Anlagen im Bau und Anzahlungen auf Anlagen**

Bei den Anlagen im Bau und den Anzahlungen auf Anlagen wird die Entwicklung bis zum Bewertungsstichtag, das Auftragsobligo und die Angemessenheit der Preise überprüft. Hier können sich, wenn die Anzahlungen wertmäßig über den Baufortschritt hinausgehen, stille Lasten ergeben.

- **Finanzanlagevermögen**

Das Finanzanlagevermögen mit den Anteilen an verbundenen Unternehmen, den Beteiligungen und den Ausleihungen an solche ist besonders intensiv zu prüfen. Hier können sich erhebliche Risiken ergeben, die unmittelbar Auswirkungen auf die Muttergesellschaft haben. Solche Risiken bestehen z.B., wenn die Muttergesellschaft Waren an die Tochtergesellschaft geliefert hat, die mit der Gewährung eines Darlehens bezahlt worden sind. Wenn die Tochtergesellschaft ihrerseits die Waren nicht absetzen kann, wird in der Regel das Darlehen notleidend. Gleichzeitig muß möglicherweise der Beteiligungsansatz abgewertet werden. Im übrigen kann damit eine erhebliche Fehleinschätzung der Umsätze der Muttergesellschaft verbunden sein. Für den Unternehmenswert der Muttergesellschaft sind in diesem Zusammenhang Ergebnisabführungsverträge von Bedeutung, weil sich durch sie Verluste der Tochtergesellschaften unmittelbar auf die Ertragslage der Muttergesellschaft auswirken.

- **Wertpapiere**

Bei Wertpapieren sind die Kursentwicklung, bei Ausleihungen die Bonität des Schuldners und die gegebenen Sicherheiten zu prüfen. Insbesondere bei Aktien können sich erhebliche Abweichungen aufgrund der Kursentwicklung ergeben.

- **Vorratsvermögen**

Stille Reserven im Vorratsvermögen sind anhand der Inventurunterlagen zu prüfen, die Angaben über Herkunft, Lagerdauer und Verwendbarkeit ergeben können. Die Bewertung erfolgt zu Wiederbeschaffungskosten, bei Halb- und Fertigfabrikaten sind die Vollkosten der Fertigung anzusetzen.

- **Teilfertige Leistungen**

Für die Prüfung der Teilfertigen Leistungen sind die Inventuraufzeichnungen, die Baukonten, und die Vertrags-, Kalkulations- und Abrechnungsunterlagen heranzuziehen. Insbesondere bei langfristigen Aufträgen oder bei Aufträgen mit Auslandsberührung kann die Prüfung der Gewinn- oder Verlusterwartungen schwierig sein.

- **Forderungen aus Lieferungen und Leistungen**

Forderungen aus Lieferungen und Leistungen sind anhand der Laufzeiten, der Werthaltigkeit, einer gegebenenfalls bestehenden Abhängigkeit, der

Zahlungsmoral und der Wertberichtigungen in der Vergangenheit zu beurteilen. Der Ansatz erfolgt bei Werthaltigkeit zum Nennwert. Für langfristige Forderungen wird keine Abzinsung vorgenommen, weil hier von einem anderweitigen Sondervorteil für das Unternehmen ausgegangen wird. Soweit eine Pauschalwertberichtigung vorgenommen worden ist, muß sie zur Bewertung bei der Ermittlung eines Substanzwertes wieder rückgängig gemacht werden.

- **Forderungen an verbundene Unternehmen und Organe**

Bei Forderungen an verbundene Unternehmen und Organe ist auf die Werthaltigkeit und auf Gefälligkeiten durch günstige Konditionen zu achten.

- **Flüssige Mittel**

Flüssige Mittel sind zum Nennwert anzusetzen, wenn es sich nicht um nicht aktuell bewertete Fremdwährungen handelt.

- **Rechnungsabgrenzungsposten**

Bei den Rechnungsabgrenzungsposten werden nur transitorische Vorgänge (Ausgaben/Einnahmen vor Bilanzstichtag) mit dem Bilanzwert erfaßt.

- **Rückstellungen**

Der Bereich der Rückstellungen ist in zweifacher Hinsicht zu prüfen. Zum einen kann die Bewertung kritisch sein, wenn die Risiken nicht in voller Höhe erfaßt worden sind, zum anderen ist eine Vollständigkeitskontrolle erforderlich, ob für alle operativ verursachten Risiken eine Rückstellung gebildet worden ist. Die Prüfung der gebildeten Rückstellungen erfolgt aufgrund des Rückstellungsspiegels, in dem die Bildung, die Inanspruchnahme, die Auflösung und der jeweilige Stand zum Jahresende vermerkt sind.

Beispiele für einzelne Rückstellungen ergeben sich aus Abbildung 11.

Vor dem Hintergrund absehbarer Veränderungen im Unternehmen, die zu Kündigungen führen werden, sind durch den Käufer einer Gesellschaft als Merkposten Rückstellungen für künftige Sozialpläne im Zusammenhang mit Rationalisierungsmaßnahmen nach Unternehmenserwerb zu bilden.

Die Pensionsrückstellungen sind jeweils nach ihrem Rechtsgrund und in der Höhe nach den versicherungsmathematischen Gutachten zu prüfen.

- **Verbindlichkeiten**

Die Verbindlichkeiten werden zum Nennwert angesetzt. Langfristige unverzinsliche Verbindlichkeiten können abgezinst werden.

Die weiteren Verbindlichkeiten werden ebenfalls zum Nennwert angesetzt.

- Ausgleichsansprüche von Handelsvertretern

- Abbruchkosten, Abraumbeseitigung, Entsorgung

- Devisentermingeschäfte

- Drohende Verluste aus schwebenden Geschäften

- Garantieverpflichtungen

- Gewährleistungen und Kulanzen

- Latente Steuern

- Lohnfortzahlung

- Patent- und Rechtsverletzungen

- Provisionen

- Prozeßrisiken

- Rabatte

Abb. 11: Beispiele für Rückstellungen

- **Haftungsverhältnisse**

Ein besonderes Augenmerk sollte auf die Haftungsverhältnisse gerichtet werden. Sie können z.B. aus Wechseln, Bürgschaften, Gewährleistungsverträgen oder Sicherheiten für fremde Verbindlichkeiten bestehen.

- **Eventualverbindlichkeiten**

Eventualverbindlichkeiten können z.B. aus Besserungsscheinen bestehen, wenn der Gesellschaft in der Vergangenheit eine Verbindlichkeit mit der Maßgabe erlassen worden ist, daß bei der Erwirtschaftung von Gewinnen, Zahlungen auf diese Verbindlichkeit erbracht werden müssen. Hier sind auch Verbindlichkeiten aus der Begebung von Wechseln und aus Bürgschaften zu beachten.

3.8.5   Ergebnisse der finanziellen Due Diligence

Die finanzielle Due Diligence faßt sämtliche Erkenntnisse aus den Teilgebieten der Due Diligence sowie die Ergebnisse der Analysen aus den eigenen Erhebungen der Vergangenheit, der Planung sowie der Substanz zusammen. Alle Analysergebnisse münden dann letztlich in Zahlenreihen. Je nach Erfordernis, beziehen sich die Zahlenreihen auf die Umsatzerlöse, auf das Ergebnis der gewöhnlichen Geschäftstätigkeit (EBIT), auf das Ergebnis vor Steuern (EBT), auf den Jahresüberschuß (NOPAT) oder auf den Netto Cash Flow (NCF). Ein Beispiel für solche Zahlenreihen zeigt die Abbildung 12.

	2002 in T€	%	2003 in T€	%	2004 in T€	%	2005 in T€	%
Umsatzerlöse	24.750	100,0%	58.950	100,0%	107.500	100,0%	195.800	100,0%
...								
EBIT [1]	1.250	5,1%	5.750	9,8%	12.900	12,0%	27.412	14,0%
Zinsen	-3.500	-14,1%	-2.100	-3,6%	-500	-0,5%	1.200	0,6%
EBT [2]	-2.250	-9,1%	3.650	6,2%	12.400	11,5%	28.612	14,6%
Steuern	0	0,0%	-700	-1,2%	6.200	5,8%	14.306	7,3%
NOPAT [3]	-2.250	-9,1%	2.950	5,0%	6.200	5,8%	14.306	7,3%
NCF [4]	-4.000		7.000		9.000		20.000	

[1] Earnings before Interest and Tax   ⟶   Ergebnis der gewöhnlichen Geschäftstätigkeit

[2] Earnings before Tax   ⟶   Ergebnis vor Steuern

[3] Net Operating Profit after Tax   ⟶   Jahresüberschuß/ Jahresfehlbetrag

[4] Netto Cash Flow

Abb 12: Ergebnisse einer finanziellen Due Diligence

Die in Abbildung 12 angeführten Beispiele repräsentieren die möglichen Ergebnisse der Plausibilitätsanalyse. Ausgehend von diesen Ergebnissen lassen sich dann die Ermittlungen von Unternehmenswerten relativ problemlos durchführen. Insofern bilden die Ergebnisse der finanziellen Due Diligence immer eine zentralen Baustein für die Ermittlung eines Unternehmenswertes.

3.8.6   Fazit

1. Im Rahmen der finanziellen Due Diligence ist zunächst die Entwicklung der Gesellschaft in der Vergangenheit anhand der geprüften oder erstellten Jahresabschlüsse zu untersuchen.
2. Zur Darstellung der Entwicklung des eigentlichen operativen Geschäftes der Gesellschaft in der Vergangenheit ist das Jahresergebnis von allen außerordentlichen und aperiodischen Einflüssen zu bereinigen.
3. Das Planungsverfahren der Gesellschaft ist im einzelnen darzustellen.
4. Die Planungsphilosophie der Gesellschaft, die zwischen realistischen Ansätzen und reinen Zielvorgaben liegen kann, ist anhand einer Soll-Ist-Analyse der Vergangenheit zu überprüfen.
5. Die Einzelpläne für Produktion, Absatz, Personal, Finanzen und Investitionen sind untereinander abzustimmen.
6. Für die Planergebnisrechnung der Zukunft ist mindestens für das erste Planjahr für jeden einzelnen Posten ein detailliertes Mengengerüst zu ermitteln.
7. Für die folgenden Planjahre kann eine Fortschreibung des ersten Planjahres erfolgen.
8. Soweit in der Gegenüberstellung der Vergangenheitsentwicklung und der Zukunftsplanung ein Hockeyschlägereffekt (in der unmittelbaren Vergangenheit Verminderung von Umsätzen oder Ergebnis) oder ein Schereneffekt (Umsatzsteigerung bei gleichzeitiger Ergebnisverbesserung) oder eine Kombination dieser beiden Effekte erkennbar ist, ist eine besonders fundierte Begründung erforderlich.
9. Das nicht-betriebsnotwendige Vermögen ist aus der Sicht des Erwerbers festzustellen, um mögliche zusätzliche Finanzierungseffekte zu ermitteln. Aus der Sicht des Verkäufers lassen sich zusätzliche Kaufpreispotentiale darstellen.
10. Die Ergebnisse einer finanziellen Due Diligence münden immer in Zahlenreihen. Diese charakterisieren die Quantifizierung der Analyseergebnisse. Sie führen zu einer Zusammenfassung und bilden den Ausgangspunkt für die vorgeschalteten qualitativen Ergebnisse der übrigen Teilgebiete einer Due Diligence.

4. Sonderfälle der Due Diligence

Unter den Sonderfällen der Due Diligence sind die Fälle einzuordnen, bei denen die Analyse aufgrund besonderer Umstände des Unternehmens weit über die üblichen Erhebungen hinausgehen muß. Das betrifft insbesondere Sanierungsfälle, Betriebsteile von Unternehmen sowie rechtlich selbständige Gesellschaften von Konzernunternehmen und die Analyse von Synergien. Ein besonderes Schwergewicht für Sonderfälle kommt der Schwerpunkt-Due Diligence, der Kurz-Due Diligence sowie der Branchen-Due Diligence zu. Die Tendenz, in immer kürzerer Zeit belastbare Analyseergebnisse zu erhalten, führt zu der praktischen Erkenntnis, daß sich die Erhebungen in der Zukunft noch stärker auf Analyseschwerpunkte ausrichten werden. Ebenso wird die Diskussion über das Rating mittelständischer Unternehmen die Kurz-Due Diligence zu einer weiten Verbreitung führen.

4.1   Sanierung

4.1.1   Die Ausgangslage bei Sanierungen

Ausgangslage für die Due Diligence bei einem Sanierungsfall sind zum einen der große Zeitdruck und zum anderen die unmittelbare Auswirkung der Ergebnisse auf die Fortführung oder die Liquidation bzw. die Insolvenz des Unternehmens. Die Prüfung geht mit ihren speziellen Schwerpunkten über die allgemeine Due Diligence hinaus, weil hier zunächst untersucht werden muß, wie es zu der Krise des Unternehmens gekommen ist. Nur wenn diese Frage eindeutig geklärt werden kann, ist eine Prognose möglich, ob sich das Unternehmen gegebenenfalls durch fremde Unterstützung im Hinblick auf eine Finanzierung oder die Einbringung von Managementpotential wieder so erholen kann, daß der weitere Bestand des Unternehmens gesichert erscheint und eine nachhaltige Ertragskraft erreicht werden kann.

Die Ursache der Illiquidität, d.h. dem Unvermögen, fällig werdende Verbindlichkeiten aus eigenen Mitteln oder eingeräumten weiteren Fremdmitteln zu erfüllen, kann z.B. in einem zu schnellen Wachstum, einem Verlust aus dem Konkurs eines Kunden oder schleichenden Verlusten aus betriebswirtschaftlichen Mängeln liegen.

Ähnliche Ursachen können auch zu einer Überschuldung des Unternehmens führen, d.h. einem Übersteigen der Passiva über die Aktiva nach Berücksichtigung der stillen Reserven oder Lasten. Wobei für die Praxis gilt: Kaum ein Unternehmen wird als Insolvenzauslöser die bilanzielle Überschuldung anführen. Alleiniger Insolvenzauslösungstatbestand ist die Zahlungsunfähigkeit.

Dabei lassen sich aus der Retrospektive oft sehr ähnlich verlaufende Stadien zwischen dem ersten Verlust und dem Ausbruch der Krise feststellen. So wird am Anfang der Krise noch versucht, einen Ausgleich durch bilanzielle Maßnahmen und leichte Gegenmaßnahmen zu erreichen. Der Durchbruch der strategischen Krise führt dann endgültig zu einem Absinken des Ergebnisses und dem Entstehen der Illiquidität oder der Überschuldung. Häufig wird die am Beginn einer Krise noch zur Verfügung stehende Zeit nicht genutzt, um durch gezielte Maßnahmen gegenzusteuern. Die verantwortlichen Entscheidungsträger kompensieren ihre eigene Unfähigkeit durch bewußtes Ignorieren der sich deutlich abzeichnenden Krisenursachen. Dies vermag nicht verwundern, da sie häufig selber die zentrale Ursache für die Krise sind.

Die Krisenursachen sind vielfältig und lassen sich in der Praxis nach internen und externen Ursachen differenzieren.

Zu den internen Krisenursachen gehören z.B. die Unfähigkeit des Managements oder der Organisation, eine Vernachlässigung der Kostenüberwachung, Schwächen im Rechnungswesen, deutliche Mängel in Technik und Service sowie Fehler im Vertrieb.

Als externe Ursachen können z.B. ein einmaliger oder langfristiger Marktzusammenbruch, eine gravierende Kostenverteuerung (Rohstoffe) oder die Markteinführung von Substitutsprodukten auftreten. Weiterhin kann eine Wettbewerbsverdrängung durch Preis, Technik, Service oder Schnelligkeit der Konkurrenten eintreten. Mögliche Ursachen können auch ein Rechtsstreit über ein Wettbewerbsverbot oder rechtliche Bestimmungen gegen den Vertrieb eines Produktes aus Umweltbedingungen sein.

Die Praxis zeigt, daß die Hauptursache für Illiquidität oder Überschuldung in innerbetrieblichem Fehlverhalten zu finden ist. Neben dem Finanzbereich, der durch Eigenkapitalmangel bestimmt wird, zu hohe Zinsbelastung, falsche Finanzierungsquellen, Fehlinvestitionen und zu hohe Privatentnahmen, kommt der mangelnden Unternehmerqualifikation die größte Bedeutung an der Schieflage der Unternehmen zu. Insbesondere den Führungskräften kleinerer und mittlerer Unternehmen fehlt oft eine betriebswirtschaftliche Ausbildung. Wesentliche Ursachen sind oft auch falsche Markteinschätzungen, unzureichende Akquisitionsfähigkeit und Probleme mit der Auftragsstruktur. Weitere Ursachen sind sog. kumulative Insolvenzen, d.h. Insolvenzen von Abnehmerbetrieben. Der dem Zugriff der Unternehmen entzogene überbetriebliche Bereich spielt ebenso eine Rolle. Hierzu zählen ungünstige Konjunktureinflüsse, hohe Sozialkosten- und Steuerbelastungen sowie tarifpolitische Einflüsse.

Für den Due Diligence-Gutachter ist die Kenntnis der relevanten Krisenursachen erforderlich, um die Maßnahmen zur Behebung der Krise bewerten zu können. Im Zusammenhang mit der in 1999 in Kraft getretenen neuen Insolvenzordnung befaßt sich der Due Diligence-Gutachter bei einer Vielzahl von Insolvenzen mit den Krisenursachen und den Sanierungsmaßnahmen.

Nach der Analyse der Krisenursachen sind die Behebungsmöglichkeiten ein eigenständiger Analyseschwerpunkt. Für alle Sanierer ist eine Strategie des Unternehmens von ausschlaggebender Bedeutung. Zentrales Moment einer solchen Strategie ist die Kundenorientierung. Es muß deutlich herausgearbeitet werden, welchen Kundennutzen das Unternehmen in Zukunft abdecken will. Wenn sich hier kein klares Bild herauskristallisiert, wird das Unternehmen auch nicht die notwendige Kraft entwickeln können, um in Zukunft erfolgreicher zu sein.

Im Zusammenhang mit der Strategie sind unterschiedliche Größenordnungen eines Unternehmens zu überdenken. Hier kann sowohl Wachstum als auch Schrumpfung des Unternehmens erforderlich sein, um eine nachhaltige Stabilisierung zu erreichen. Insoweit ist bei der Due Diligence eines Sanierungsfalles auch ein Betriebsvergleich erforderlich, um abzuwägen, welche Betriebsgröße für den Erfolg eines Unternehmens einer bestimmten Branche erforderlich ist.

Soweit erkennbare Fehler im Management gemacht worden sind, muß eine Änderung des Verhaltens erfolgen. In diesem Zusammenhang können auch Kosteneinsparungen einen Ansatzpunkt bieten. Es sollte aber die Möglichkeit, Kosteneinsparungen durchzuführen, nicht überbewertet werden. Sparen alleine stellt keine Sanierung dar.

Erforderlich ist vielmehr eine Neuausrichtung der Gesellschaft, die möglicherweise zu einer Profilierung in einer lukrativen Marktnische führen kann.

Hier kann ein Benchmarking und ein intensiver Vergleich mit Wettbewerbern erforderlich sein, um die Möglichkeiten des Unternehmens auszuloten. Dazu gehört auch eine umfangreiche Stärken- und Schwächenanalyse.

Neben der strategischen Ausrichtung ist ein wesentlicher Analyseschwerpunkt gerade die unmittelbar aktuelle Liquiditätssicherung des Unternehmens. Hier kann eine Zuführung von Eigenkapital z.B. durch eine Beteiligungsgesellschaft oder einen Finanzinvestor unverzichtbar sein. Möglicherweise lassen sich zusätzliche Fremdmittel von der Hausbank, den Lieferanten oder den Kunden der Gesellschaft zur Verfügung stellen. Diese kurzfristige Sicherung der Liquidität ist bei der Analyse der Gesellschaft von entscheidender Bedeutung, da sonst der Sanierer Gefahr läuft, möglicherweise eigene eingebrachte Mittel zu verlieren.

Ein weiterer Ansatzpunkt der Due Diligence eines Sanierungsfalles ist das Herausarbeiten des Strategiewertes oder eines Zerschlagungswertes für das Unternehmen, das sich an dem Sanierungsfall beteiligen will. Ein Strategiewert kann in der Aufnahme des Potentials des Sanierungsunternehmens, sei es in der produktiven Seite oder der guten Fachkräfte oder in einem Marktpotential liegen. In Ausnahmefällen kann gerade in der Zerschlagung des Unternehmens der eigentliche Grund für die Übernahme liegen. Dann liegt ein Fall des assets-stripping vor. In einem solchen Fall ist die Berechnung eines Liquidationswertes von Bedeutung. Auch strategisch kann die Zerschlagung eines Unternehmens für den Erwerber Sinn machen, wenn dadurch ein Wettbewerber endgültig vom Markt verdrängt wird.

Bei der Due Diligence von Sanierungsunternehmen sind rechtliche Schwerpunkte zu setzen, die die insolvenzrechtliche Problematik des weitergeführten Unternehmens berücksichtigen. Insbesondere sind die Fristen zu beachten, die möglicherweise die Anmeldung eines Anschlußkonkurses betreffen. Die konkursrechtlichen Pflichten treffen das übernehmende Unternehmen in vollem Umfang.

Nicht unterschätzt werden darf die arbeitsrechtliche Sonderproblematik bei einem Sanierungsfall. Hier sind besondere Aufwendungen für den Übernehmer, für einen Interessenausgleich oder für Abfindungen an einzelne ausscheidende Arbeitnehmer mit einzurechnen.

Bei einem Erwerb des Sanierungsunternehmens als asset deal durch eine Auffanggesellschaft ist die Verpflichtung zur Übernahme aller Arbeitnehmer gem. § 613 a BGB zu bedenken.

Die Analyse ist jedoch nur ein erster Ansatzpunkt im Rahmen des Erwerbes eines solchen Unternehmens. Noch im Zusammenhang mit der Analyse des Unternehmens ist der Einsatz von Beratern zu prüfen, die über Sanierungserfahrung sowie Spezialwissen in den Bereichen Steuern, Recht und Betriebswirtschaftslehre verfügen. Soweit ein solcher Berater nicht zur Verfügung steht, wird dies möglicherweise den Erwerb des Unternehmens verhindern.

Im Rahmen der rechtlichen Prüfung des Sanierungsfalles ist auch die Einbindung einer Übernahme- oder einer Auffanggesellschaft abzuklären.

4.1.2   Der Ablauf einer Due Diligence als Sanierungsprüfung

Der Ablauf einer Due Diligence als Sanierungsprüfung vollzieht sich in den drei Schritten:

- Prüfung der Sanierungsbedürftigkeit
- Prüfung der Sanierungsfähigkeit und
- Prüfung der Sanierungswürdigkeit

Bei der Analyse der Bedürftigkeit geht es um die Ermittlung des Ausmaßes der Illiquidität oder der Überschuldung und um die Feststellung und die Analyse der Ursachen. Die Analyse der Sanierungsfähigkeit, die sich direkt anschließt, stellt die Überprüfung der Sanierungsmaßnahmen und deren Auswirkungen auf das Beseitigen der Zahlungsprobleme und die Erreichung einer angemessenen Ertragskraft in den Mittelpunkt. Bei der der Sanierungsfähigkeitsprüfung folgenden Analyse der Sanierungswürdigkeit werden die subjektiven Interessen, die finanziellen und die nicht-monetären Beiträge der Sanierungsbeteiligten im Hinblick auf einen Erfolg der Sanierung untersucht.

4.1.2.1 Die Sanierungsbedürftigkeitsprüfung

Die Prüfung der Sanierungsbedürftigkeit ist ein Prozeß zur Ermittlung und Verarbeitung von Informationen über die Ertragsschwäche oder Insolvenz einer Unternehmung. Die ermittelten Informationen sind die Grundlage zur Beurteilung des Ausmaßes der Bedürftigkeit. Eine solche Beurteilung hat weitreichende Folgen für die betroffene Unternehmung. Erfolgt eine Beurteilung über die Bedürftigkeit einer Unternehmung, obwohl eine solche nicht vorliegt, und wird dieses Urteil publik, so kann die Unternehmung allein aufgrund dieser Publizität in eine Krise geraten. Infolgedessen haben die Ergebnisse des Due Diligence-Gutachters nur dann einen Wert, wenn über die untersuchten Sachverhalte Urteile abgegeben werden, auf deren Richtigkeit der am Urteil Interessierte vertrauen kann. Um die Vertrauenswürdigkeit solcher Urteile zu gewährleisten, sind besondere Ansprüche an die Informationsqualität zu stellen. Hierbei stehen die Grundsätze der Vollständigkeit, der Objektivität, der Wesentlichkeit und der Klarheit im Vordergrund.

Der Grundsatz der Klarheit bedeutet, daß die Beurteilung des Unternehmens ohne eine falsche Rücksichtnahme auf die handelnden Personen im Unternehmen erfolgt. Der Grundsatz der Wesentlichkeit besagt, daß nur die Tatbestände, die als Informationen von Bedeutung sein können, berücksichtigt und offengelegt werden müssen. Eine so verstandene Begrenzung auf relevante verfügbare Informationen wird bestimmt durch

- das Prinzip des wirtschaftlichen Handelns im Sanierungsprüfungsprozeß und
- durch das Zeitproblem, d.h. durch die im Sanierungsprüfungsprozeß nur begrenzt zur Verfügung stehende Zeit.

Der Grundsatz der Objektivität erfordert die Offenlegung der Prämissen, die zur Beurteilung der Bedürftigkeit geführt haben. Eine Beurteilung ist für Außenstehende dann gültig, wenn diese von den gleichen sachlichen und theoretischen Prämissen wie der Gutachter selbst ausgehen. Ein Sanierungsbedürftigkeitsurteil muß daher neben dem Ergebnis alle Angaben enthalten, die zu einer Nachprüfung seines Zustandekommens durch Dritte erforderlich sind.

Der Grundsatz der Vollständigkeit besagt, daß der Gutachter alle für eine Beurteilung relevanten Sachverhalte zu erfassen hat, bis eine hinreichende Sicherheit für ein sachgerechtes Urteil erreicht ist, d.h., alle relevanten zugänglichen Informationen ausgewertet sind. Die Forderung nach Vollständigkeit wird regelmäßig im Konflikt zum Grundsatz der Wesentlichkeit stehen. Daher gilt, daß eine vollständige Erfassung aller relevanten zugänglichen Informationen nur gerechtfertigt ist, wenn sie dem zentralen Grundsatz der Wesentlichkeit nicht widerspricht.

Eine zentrale Bedeutung als Informationsgrundlage kommt den Insolvenzauslösungstatbeständen der Zahlungsunfähigkeit und der Überschuldung zu. Der Begriff der Zahlungsunfähigkeit umfaßt das auf dem Mangel an Zahlungsmitteln beruhende dauernde Unvermögen des Schuldners, seine sofort fälligen Geldschulden noch im wesentlichen zu erfüllen. Die Überschuldung ist definiert als die wirtschaftliche Situation einer Unternehmung, in der das Vermögen der Gesellschaft nach Realisierung der stillen Reserven die Schulden nicht mehr deckt. Durch die Unbestimmtheit und die statische Betrachtung der an die gesetzlichen Insolvenzauslösungstatbestände angelehnten Definitionen sind sie in der Praxis nicht zu verwenden.

Neuere und praktikablere Konzepte zur Bestimmung der Insovenzauslösungstatbestände sind im Zusammenhang mit dem neuen Insolvenzrecht diskutiert worden. Die Zahlungsunfähigkeit des Schuldners steht demnach dann bevor, wenn er voraussichtlich im Zeitpunkt der Fälligkeit der bestehenden Zahlungspflichten andauernd nicht in der Lage sein wird, diese Pflichten zu erfüllen. Die Ermittlung der Zahlungsunfähigkeit wird damit im wesentlichen zu einem Prognoseproblem, das die Aufstellung eines Finanzplanes erfordert.

Bei der Ermittlung der Überschuldung unterscheidet man nach den neueren Vorschlägen zwischen einer rechnerischen und einer rechtlichen Überschuldung. Im ersten Schritt wird ein liquidationsorientierter Überschuldungsgrad ermittelt. Diese so bestimmte rechnerische Überschuldung geht dann in eine rechtliche Überschuldung über, wenn im zweiten Schritt eine Fortführungsprognose negativ ausfällt. Die Durchführung einer Fortführungsprognose kennzeichnet den zweiten Problemkomplex des zweistufigen Verfahrens der Überschuldungsprüfung. Zur Erstellung der Fortführungsprognose kann auf die Verfahren der Unternehmensbewertung zurückgegriffen werden.

4.1.2.2 Die Sanierungsfähigkeitsprüfung

Die Sanierungsfähigkeitsprüfung orientiert sich an der Überprüfung der Sanierungsmaßnahmen und deren Auswirkungen auf das Beseitigen der Zahlungsprobleme sowie auf die Erreichung einer angemessenen Ertragskraft. Als Instrumente stehen die Verfahren der Unternehmensbewertung zur Verfügung. Hierbei wird man spezielle sanierungsspezifische Unternehmenswerte in den Mittelpunkt stellen. Eine Entscheidung über das Sanierungsunternehmen wird durch einen Vergleich eines Fortführungswertes mit einem Zerschlagungswert erfolgen. Der Fortführungswert und der Zerschlagungswert stellen hierbei die sanierungsspezifischen Unternehmenswerte dar.

Die sanierungsspezifischen Unternehmenswerte sind jeweils durch ein Fortführungskonzept und durch ein Zerschlagungskonzept gekennzeichnet. Das Fortführungskonzept wird im wesentlichen durch die Planung von Sanierungsmaßnahmen bestimmt. Hierbei handelt es sich insbesondere um absatzwirtschaftliche, produktionswirtschaftliche, organisatorische, personelle und finanzwirtschaftliche Maßnahmen. Das Zerschlagungskonzept wird bestimmt durch die voraussichtliche Zerschlagungsdauer und -intensität.

Die in den jeweiligen Konzepten sich niederschlagenden Maßnahmen hängen von den Ergebnissen der Sanierungsbedürftigkeitsprüfung ab. Daneben muß der Gutachter aber auch berücksichtigen, daß die geplanten Maßnahmen bestimmte Wirkungen in der dritten Stufe antizipieren.

Bei der Beurteilung der Sanierungsmaßnahmen ist davon auszugehen, daß aufgrund der begrenzt zur Verfügung stehenden Zeit die vorhandenen Unterlagen nur Grobanalysen zulassen.

Die geplanten Sanierungsmaßnahmen werden mit ihrer voraussichtlichen Realisierbarkeit im Maßnahmeplan aufgenommen und im Hinblick auf ihre Auswirkungen auf den Ergebnis- und Finanzplan quantifiziert. Eine Quantifizierung in Bandbreiten des Risikos nach optimistischer, mittlerer und pessimistischer Ausprägung ist hilfreich.

Die geplanten Sanierungsmaßnahmen werden dann zu absatzwirtschaftlichen, produktionswirtschaftlichen, organisatorischen, personellen und finanzwirtschaftlichen Konzepten führen, die entsprechend ihrer Interdependenzen aufeinander abgestimmt werden. Die theoretische Forderung, alles in einem Totalmodell abzubilden, ist für die Praxis wenig hilfreich. In der Praxis werden immer einige wenige Maßnahmenschwerpunkte im Mittelpunkt stehen. Hierbei kommt es auch nicht auf einen hohen Detaillierungsgrad an. Im Vordergrund steht das Aufzeigen von Wegen, wie die Zahlungsunfähigkeit sowie die Überschuldung kurzfristig überwunden werden können. Im Anschluß daran können differenzierende Strategien bei der Ermittlung eines Fortführungswertes auf der Grundlage eines mittel- und langfristigen Fortführungskonzeptes konkretisiert werden.

Bei der Aufstellung eines Zerschlagungskonzeptes spielen die Zerschlagungsdauer und die Zerschlagungsintensität eine Rolle. Durch den Zwang, eine Entscheidung über die Fortführung oder die Zerschlagung treffen zu müssen, hat die Zerschlagungsdauer wegen ihres Einflusses auf den Zerschlagungserlös eine besondere Bedeutung.

Die Zerschlagungsdauer ist von zwei Faktoren abhängig. Einerseits haben die Größe der Unternehmung und die branchenspezifischen Gegebenheiten einen Einfluß auf die Zerschlagungsdauer, andererseits wird sie vom Ausmaß der Zahlungsunfähigkeit und der Überschuldung abhängen. Die Unternehmensgröße ist eine relative Größe. Anhaltspunkte zur Abgrenzung bieten z.B. die Anzahl der Beschäftigten, der Wert an Betriebsmitteln, die Lohn- und Gehaltssumme, die Umsatzerlöse und die Bilanzsumme. Je größer diese einzelnen Merkmale sind, desto länger ist die Zerschlagungsdauer.

Das Ausmaß der Zahlungsunfähigkeit und der Überschuldung ist der zweite Aspekt. Bei einem hohen Grad an Bedürftigkeit werden die Beteiligten auf eine schnelle und reibungslose Zerschlagung drängen. Dies führt zu einer kürzeren Zerschlagungsdauer und damit verbunden zu einem geringen Zerschlagungserlös.

Die Zerschlagungsintensität kennzeichnet den Umfang der Veräußerung der Vermögensgegenstände. Eine hohe Zerschlagungsintensität bedeutet, daß die Vermögensgegenstände überwiegend als Einzelposten veräußert werden. Bei einer niedrigen Zerschlagungsintensität werden die Vermögensgegenstände überwiegend als Sachgesamtheiten veräußert. Eine geringe Zerschlagungsintensität wird nur dann zu realisieren sein, wenn ein Markt für die Sachgesamtheiten des Unternehmens existiert.

Die in Kombination der einzelnen Vermögensteile zu veräußernden Sachgesamtheiten beziehen sich hauptsächlich auf die materiellen Vermögensgegenstände einer Unternehmung, wie z.B. Produktionsanlagen, Maschinen, Roh-, Hilfs- und Betriebsstoffe.

Über die Zerschlagungsintensität und insbesondere über die Zerschlagungskosten ergibt sich ein direkter Einfluß auf die Höhe des Zerschlagungswertes. Je nach Interessenlage werden die Beteiligten ihre Zerschlagungsstrategien formulieren. Dabei werden sie die möglichen Auswirkungen auf die übrigen Beteiligten antizipieren. Auch hierbei ist es hilfreich, den unterschiedlichen Interessen der Beteiligten durch eine optimistische, mittlere und pessimistische Variante Rechnung zu tragen.

4.1.2.3 Die Sanierungswürdigkeitsprüfung

Der Ausgangspunkt der Sanierungswürdigkeitsprüfung sind die subjektiven Interessenlagen der an einer Sanierung Beteiligten. Dazu zählen neben den Eignern insbesondere die Banken, die Hauptlieferanten, die Arbeitnehmer und die öffentliche Hand. Die divergierenden Interessen dieser Gruppen und Erwartungen führen zu vielschichtigen Beurteilungen der Sanierungswürdigkeit. Aufgrund dieser Schwierigkeiten wird man sich bei der Beurteilung auf eine Einigung zwischen den hauptbeteiligten Gruppen beschränken müssen. Die Einbeziehung aller Beteiligter ist nicht möglich, da es so viele unterschiedliche Vorstellungen über die Sanierungswürdigkeit geben kann und geben wird wie es Beteiligte gibt.

Bei der Beurteilung über mögliche Interessengegensätze ist zu unterscheiden, ob es sich um Beteiligte handelt, die bereits mit dem Unternehmen verbunden sind oder ob ein Engagement erstmals begründet wird. Im ersten Fall kann man von Alt-Beteiligten, im zweiten Falle von Neu-Beteiligten sprechen. Beide Gruppen bestehen aus Eigenkapitalgebern, Fremdkapitalgebern und anderen Gläubigern, Alt-Beteiligte sind ferner die Arbeitnehmer und Neu-Beteiligte können Bund, Länder und Kommunen sein.

Die vielschichtigen Interessenlagen lassen sich im praktischen Sanierungsfall durch verschiedene Divergenzen oder Konvergenzen charakterisieren. Während Interessenkonvergenzen zwischen den Beteiligten die Einigung auf die Zerschlagung oder Fortführung erleichtern, stellen bestehende Interessendivergenzen eine hohe Hürde für die Beurteilung der Sanierungswürdigkeit dar.

Die bestehenden Interessendivergenzen und -konvergenzen resultieren aus den verschiedenartigen Beziehungen der Beteiligten zum Unternehmen. Eine erste Unterscheidung ist zwischen den Alt- und Neu-Beteiligten vorzunehmen. Innerhalb der Alt-Beteiligten lassen sich jeweils zwei Gruppen aufgrund verschiedener Interessenlagen unterscheiden: Einerseits die Alt-Eigenkapitalgeber sowie Arbeitnehmer, die beide eine Fortführung des Unternehmens erreichen wollen, und andererseits die Alt-Fremdkapitalgeber und Alt-Gläubiger, die bedingt durch ihre Sicherheitenstellung eine Fortführung nicht in jedem Fall präferieren. Bei den Neu-Beteiligten steht die Gruppe der Neu-Eigenkapitalgeber im Vordergrund, da die anderen Neu-Beteiligten ihr Engagement von einer Zuführung zusätzlichen Eigenkapitals abhängig machen. Während Neu-Eigenkapitalgeber, Neu-Gläubiger, Bund, Länder und Kommunen langfristige Sanierungsmaßnahmen planen, ist das Engagement der Neu-Fremdkapitalgeber zunächst kurzfristig ausgerichtet, da diese Gruppe die Zeitspanne bis zur endgültigen Entscheidung über Fortführung oder Zerschlagung zu überbrücken versucht.

Die vielfältigen unterschiedlichen Interessen lassen sich im praktischen Fall auf einige Beteiligte reduzieren. Die Einbeziehung aller Beteiligten ist nicht möglich. Damit reduziert sich das Problem der unterschiedlichen Interessen auf eine Auswahl der wichtigsten Beteiligten und auf eine Beurteilung weniger Sanierungsvorschläge dieser Beteiligten.

4.1.3 Die Ermittlung sanierungsspezifischer Unternehmenswerte

Die sanierungsspezifischen Unternehmenswerte lassen sich als Zukunftserfolgswert oder als Liquidationswert abbilden. Der Zukunftserfolgswert einer Unternehmung repräsentiert den Barwert künftiger Erfolge. Bestimmt
wird dieser Wert durch die in der Zukunft von der Unternehmung erwarteten Erfolgsströme und durch einen Kapitalisierungszinsfuß. Der Zukunftserfolgswert ist an den Fortbestand der Unternehmung gebunden. Der Liquidationswert repräsentiert die Summe der verwertbaren Vermögensgegenstände zu Preisen des Absatzmarktes bei Liquidation des Unternehmens. Bei
einer länger andauernden Liquidation sind die erwarteten Liquidationserlöse als Barwert zu berücksichtigen. Ist der Zukunftserfolgswert als Fortführungswert größer als der Liquidationswert als Zerschlagungswert, so ist die
Fortführung anzustreben, ist der Fortführungswert kleiner als der Zerschlagungswert, so ist die Zerschlagung anzustreben.

Bei der Ermittlung des Zukunftserfolgswertes stehen zwei Probleme im
Vordergrund: Die Prognose der zukünftigen Erfolgsströme und die Bestimmung des Kapitalisierungszinsfußes. Die Einbeziehung der in der Vergangenheit realisierten Erfolgsströme spielt bei Sanierungsunternehmen keine
Rolle. Die Möglichkeit, eine Plausibilität der geplanten Erfolgsströme abschätzen zu können, bieten z.B. vergleichbare Unternehmen.

Ein einfaches Beispiel für die Ermittlung eines Zukunftserfolgswertes
zeigt die Abbildung 13.

Ausgehend von einem detaillierten Konzept für das erste Sanierungsjahr
2002 werden die Folgejahre aufgrund vorliegender Maßnahmekonzepte über-
schlägig geplant. Bei dieser Planungsvorgehensweise werden für 2002 −9.000 €,
für 2003 −3.300 €, für 2004 −1.300 € und für 2005 +2.000 € geplant. Zur Ermittlung eines nachhaltigen Ergebnisses wird eine Durchschnittsrendite vergleichbarer Unternehmen angesetzt. Unter Berücksichtigung eines Kapitalisierungszinsfußes von 8 % ergibt sich ein auf einen Bewertungsstichtag 31. Dezember 2001 abgezinster Zukunftserfolgswert von 7.651 €.

Diesem ermittelten Fortführungswert läßt sich ein Zerschlagungswert ge-
genüberstellen.

Dieser im Rahmen der Due Diligence für den Sanierungsfall ermittelte
Liquidationswert ist ein Mindestwert. Er hat dann Bedeutung, wenn die abgezinsten Nettoeinnahmenüberschüsse aus der Liquidation höher sind als
der Wert bei Fortführung des Unternehmens. Voraussetzung für die Ermittlung eines Liquidationswertes ist aber, daß eine Zerschlagungsmöglichkeit
vorliegt. Das kann z.B. dann nicht der Fall sein, wenn durch die Liquidation
Umweltaltlasten entsorgt werden müssen.

1. Planungsrechnung der Z-GmbH

	2002 T€	2002 %	2003 T€	2003 %	2004 T€	2004 %	2005 T€	2005 %
Umsatzerlöse	22.000	88,0	18.000	87,8	25.000	100,0	30.000	96,8
Bestandsveränderungen	1.000	4,0	0	0,0	0	0,0	0	0,0
Eigenleistungen	2.000	8,0	2.500	12,2	0	0,0	1.000	3,2
Gesamtumsatz	25.000	100,0	20.500	100,0	25.000	100,0	31.000	100,0
sonstige betriebliche Erträge	500	2,0	0	0,0	0	0,0	0	0,0
Materialaufwand	18.200	72,8	12.000	58,5	15.000	60,0	16.500	53,2
Rohertrag	7.300	29,2	8.500	41,5	10.000	40,0	14.500	46,8
Personalaufwand	9.000	36,0	5.000	24,4	6.000	24,0	6.000	19,4
Abschreibungen	1.000	4,0	1.200	5,9	1.200	4,8	1.300	4,2
sonstiger betrieblicher Aufwand	4.200	16,8	4.000	19,5	3.500	14,0	4.900	15,8
Ergebnis vor Zinsen	-6.900	-27,6	-1.700	-8,3	-700	-2,8	2.300	7,4
Zinsergebnis	-2.000	-8,0	-1.500	-7,3	-500	-2,0	-100	-0,3
sonstige Steuern	100	0,4	100	0,5	100	0,4	200	0,6
Ergebnis vor Ertragsteuern	-9.000	-36,0	-3.300	-16,1	-1.300	-5,2	2.000	6,5

2. Umsatzrenditen vergleichbarer Unternehmen für das Sanierungsjahr 2002

Unternehmen	A	B	C
Umsatzrenditen	5,5%	7,0%	7,0%
Durchschnitt		6,5%	

3. Ermittlung eines nachhaltigen Ergebnisses der Z-GmbH

	2002 in T€	2003 in T€	2004 in T€	2005 in T€
Ergebnis vor Ertragsteuern	-9.000	-3.300	-1.300	2.000

nachhaltiges Ergebnis
(Umsatzrendite 6,5%)   2.000 T€

4. Ermittlung der abgezinsten Ergebnisse bei 8,0% Kapitalisierungszinsfuß

	2002 in T€	2003 in T€	2004 in T€	2005 in T€	ewige Rente
Ergebnis vor Ertragsteuern / Kapitalisierungszins	$\frac{-9.000}{1,08^1}$	$\frac{-3.300}{1,08^2}$	$\frac{-1.300}{1,08^3}$	$\frac{2.000}{1,08^4}$	$\frac{2.000}{0,080} \cdot \frac{1}{1,08^4}$
Ergebnis	-8.333	-2.829	-1.032	1.470	18.375
Unternehmenswert			7.651 T€		

Abb. 13: Beispiel für die Ermittlung eines Zukunftserfolgswertes
als sanierungsspezifischer Unternehmenswert

Bei der Berechnung eines Liquidationswertes ist auch zu bedenken, daß hochspezialisierte Maschinen oft bei einem planvollen Weiterbetrieb mehr Ertrag erwirtschaften können als bei einer sofortigen Zerschlagung des Unternehmens. Bei akzeptierter chronischer Ertragslosigkeit stehen andere Ziele im Vordergrund als ein positiver Zukunftserfolgswert (z.B. Verkehrsunternehmen, Theater).

Ausgangspunkt ist ein aktueller Status, der die in Anlehnung an einen Jahresabschluß erstellten Werte enthält. Der Liquidationswert ist der Wert, der voraussichtlich bei einer Zerschlagung des Unternehmens für einen einzelnen Vermögensgegenstand erzielt werden kann. Soweit abzusehen ist, daß die Liquidation einige Zeit in Anspruch nehmen wird, ist der Liquidationserlös abzuzinsen.

Bei den Verbindlichkeiten ist der Nennwert anzusetzen. Denkbar ist aber auch, daß der Liquidator mit den Gläubigern der Gesellschaft entsprechende Vereinbarungen treffen kann, die sie dazu bringen, lediglich eine Quote zu akzeptieren. Dies darf aber nur dann berücksichtigt werden, wenn sich die übernehmende Gesellschaft des entsprechenden Verhandlungsgeschicks eines von ihr beauftragten Liquidators sicher sein kann.

Die Ermittlung eines Liquidationswertes ergibt sich aus dem Beispiel in Abbildung 14.

In diesem Beispiel sind erhebliche stille Reserven bei den Grundstücken aufgedeckt worden, die den Liquidationserlös maßgeblich erhöhen. Das Beispiel zeigt, daß bei einer Bewertung nach den Jahresabschlußvorschriften – unter Berücksichtigung der Liquidationskosten – ein negativer Wert ermittelt worden ist. Unter Berücksichtigung der stillen Reserven erhöht sich dieser Wert auf 5.000 €.

Vergleicht man nunmehr den ermittelten Fortführungswert von rund 7,7 Mio. € mit dem Zerschlagungswert von rd. 5 Mio. €, so läßt sich für das Beispiel die Fortführung vertreten. Daß dies im praktischen Sanierungsfall nicht immer die Regel sein muß, zeigen zahlreiche Beispiele. Hierbei stehen nicht immer die quantifizierbaren Kriterien an erster Stelle. Häufig führt z.B. die Besicherungssituation der Beteiligten, z.B. der Bank, dazu, daß eine Verwertung des Vermögens präferiert wird. Insofern muß sich der Due Diligence Gutachter auch intensiv mit den Motiven der Beteiligten auseinandersetzen, die sich zunächst einer rationalen Vorgehensweise entziehen.

	Abschlußwert T €	Liquidationswert T €
Grundstücke und Gebäude	4.000	14.000
Maschinen und maschinelle Anlagen	8.000	6.000
Roh-, Hilfs- und Betriebsstoffe	5.000	4.000
Unfertige und fertige Erzeugnisse	4.000	3.000
Forderungen	5.000	4.500
Liquide Mittel	500	500
Zwischensumme	26.500	32.000
Abzüglich Rückstellungen	3.500	2.000
Verbindlichkeiten	16.000	16.000
Latente Steuerschulden	1.500	1.500
Überschuß	5.500	12.500
Abzüglich Kosten des Sozialplans	6.000	6.000
Kosten der Liquidation	1.000	1.000
Abwicklungssteuern	500	500
Liquidationswert	-2.000	5.000

Abb. 14: Beispiel für die Ermittlung eines Liquidationswertes

4.1.4 Fazit

1. Die Due Diligence bei einem Sanierungsfall geht mit ihren speziellen Schwerpunkten über eine allgemeine Due Diligence hinaus.
2. Im Mittelpunkt steht die grundsätzliche Frage, ob das Unternehmen zu sanieren ist, oder ob eine Liquidation die bessere Alternative darstellt. Hinzu kommt der meist enorme Zeitdruck unter dem die Beteiligten stehen, die diese Frage zu beantworten haben.
3. Der Ablauf einer solchen Due Diligence läßt sich idealtypisch in drei aufeinander aufbauende Phasen gliedern: in die Sanierungsbedürftig-keits-, in die Sanierungsfähigkeits- und in die Sanierungswürdigkeits-analyse.
4. Im Mittelpunkt einer Sanierungsbedürftigkeitsprüfung steht die Frage nach dem Ausmaß der Zahlungsschwierigkeiten oder Zahlungsunfä-higkeit sowie nach der Ertragsschwäche oder Überschuldung der Un-ternehmung.
5. Die Qualität der Informationen über das Ausmaß der Bedürftigkeit wird maßgeblich durch das Zeitproblem, d.h. durch die in einem Sanie-rungsprüfungsprozeß nur begrenzt zur Verfügung stehende Zeit, be-stimmt.
6. Eine Sanierungsfähigkeitsprüfung orientiert sich an der Überprüfung der Sanierungsmaßnahmen, deren Auswirkungen auf das Beseitigen der Zahlungsprobleme und auf die Erreichung einer angemessenen Er-tragskraft aus dem Unternehmen.
7. Im Mittelpunkt der Sanierungsfähigkeitsprüfung steht die Überprüfung eines Fortführungs- und eines Zerschlagungskonzeptes. Das Fortfüh-rungskonzept wird durch die absatzwirtschaftlichen, produktionswirt-schaftlichen, organisatorischen, personellen und finanzwirtschaftlichen Maßnahmen geprägt. Das Zerschlagungskonzept wird maßgeblich durch die Zerschlagungsdauer und die Zerschlagungsintensität bestimmt.
8. Der Ausgangspunkt der Sanierungswürdigkeitsprüfung sind die sub-jektiven Interessenlagen der an einer Sanierung Beteiligten.
9. Die Interessen sind durch Interessenkonvergenzen und -divergenzen gekennzeichnet. Diese vielfältigen unterschiedlichen und gemeinsamen Interessen lassen sich im praktischen Fall auf einige wenige Beteiligte reduzieren.
10. Die Ergebnisse der unterschiedlichen Sanierungsprüfungsstufen lassen sich in sanierungsspezifischen Unternehmenswerten abbilden. Durch die Darstellung als Unternehmenswerte steht eine transparente Ent-scheidungsgrundlage für die Beteiligten zur Verfügung.

4.2   Betriebsteile und Konzernunternehmen

4.2.1   Die Ausgangslage bei Betriebsteilen und Konzern-unternehmen

Bei der Beurteilung eines Betriebsteiles oder eines Konzernunternehmens, die aus einem Unternehmen oder Konzernverbund herausgelöst werden sollen, muß die besondere Situation berücksichtigt werden, die sich aus dem Verbund ergeben hat. Diese Situation beinhaltet Vorteile und Nachteile für das Unternehmen. Da sich durch das Ausscheiden des Unternehmens aus dem Konzernverbund diese Situation grundlegend ändert, ist die Auswirkung des Ausscheidens auf diese Vorteile und Nachteile besonders gründlich zu untersuchen. Das Unternehmen im Konzernverbund ist mit dem außerhalb des Verbundes nur noch sehr eingeschränkt zu vergleichen. Vorteile des Konzernunternehmens kehren sich um und werden zu Nachteilen bei Ausscheiden aus dem Konzernverbund. Für die Nachteile eines Konzernunternehmens kann in Ausnahmefällen dasselbe gelten. Oft kann aber auch die Situation auftreten, daß diese Nachteile auch nach Ausgliederung in vollem Umfang weiterbestehen. Damit überwiegen bei einem Konzernunternehmen die Risiken für einen Erwerber, der das Unternehmen außerhalb des Konzernverbundes weiterführen will.

4.2.2   Vor- und Nachteile bei Betriebsteilen und Konzern-unternehmen

Zu den Vorteilen eines Konzernunternehmens gehört zunächst die Möglichkeit, durch den Konzern eine günstigere Finanzierung in Anspruch nehmen zu können. Das führt zu geringeren Zinsaufwendungen. Oft sind bestimmte Investitionen nur durch den Konzernverbund möglich, weil sich Banken dem Risiko nicht stellen würden. Darüber hinaus ist die Aufnahme von Fremdkrediten erleichtert, weil auf Sicherheiten des Konzernes zurückgegriffen werden kann, z.B. durch entsprechende Patronatserklärungen. Daher ist es für den Erwerber eines Konzernunternehmens äußerst wichtig, die Finanzierungssituation außerhalb des Konzernes zu allgemeinen Bedingungen zu simulieren. Hier können sich erhebliche Risiken ergeben, wenn das Unternehmen die Qualität einer Konzernfinanzierung braucht, und der Erwerber nicht in der Lage ist, ein für das operative Geschäft der Gesellschaft erforderliches Finanzierungsvolumen sicherzustellen.

Ein weiterer Vorteil eines Konzernunternehmens liegt darin, daß eine Reihe von Dienstleistungen aus dem Konzern in Anspruch genommen werden können. Dazu gehören z.B. die Nutzung eines gemeinsamen Rechnungswesens und der DV, aber auch andere Dienstleistungen aus der Verwaltung, z.B. das Personalwesen. Schließlich ist auch denkbar, daß die Konzernzentrale die Werbung für alle Produkte des Unternehmens sowie die Öffentlichkeitsarbeit übernimmt. Sobald das Unternehmen ausscheidet, stehen diese Dienstleistungen nicht mehr zur Verfügung und müssen neu institutionalisiert werden. Dabei kann es zu erheblichen zusätzlichen Aufwendungen kommen, weil das Unternehmen nicht in der Lage ist, sich kurzfristig am Markt die erforderliche und preisgünstige Kapazität aufzubauen.

Ein Vorteil des Konzernunternehmens, der bei einem Erwerb auch sehr kritisch angesehen werden muß, kann in der Sicherung der Absatzmacht liegen. Aufgrund des Standing des Konzernes können die Produkte besser und auch zu günstigeren Preisen abgesetzt werden. Dies entfällt natürlich nach dem Ausscheiden aus dem Konzernverbund. Daher ist in einem solchem Fall auf die ureigenen Qualitäten der Produkte oder Dienstleistungen des Konzernunternehmens zu achten.

Die Personalbeschaffung kann im Konzern dadurch erleichtert worden sein, daß das Image des Konzerns eine große Anziehungskraft auf potentielle Bewerber ausgeübt hat. Dieses Image entfällt nach Herauslösen aus dem Konzernverbund und muß neu aufgebaut werden.

Konzernunternehmen haben in der Regel eine höhere Internationalisierung durch die entsprechende Ausrichtung des Konzerns. Das erleichtert den Abschluß von Außenhandelsgeschäften und eröffnet die Möglichkeit, in Konfliktfällen im Ausland die Hilfe und Unterstützung des Konzerns in Anspruch zu nehmen. Bei Unternehmen, die sich über diese Unterstützung im Ausland eine entsprechende Position haben aufbauen können und darauf auch angewiesen sind, bedeutet der Wegfall dieser gewachsenen Beziehungen eine mögliche Belastung für die künftige Entwicklung des Unternehmens.

Einer der Nachteile eines Konzernunternehmens kann darin bestehen, daß bestimmte Unternehmen nicht beliefert werden können, weil sie zu anderen Unternehmen des Konzernverbundes in Konkurrenz stehen. Hier kann ein Ausscheiden aus dem Konzernverbund bewirken, daß sich dem Unternehmen neue Marktchancen eröffnen.

Günstig kann sich für ein zu erwerbendes Unternehmen auch auswirken, wenn Belastungen durch Konzernumlagen wegfallen, denen vorher keine entsprechenden Gegenleistungen gegenüberstanden.

In Einzelfällen kann es sich auch für die Zeit außerhalb des Konzernes auszahlen, daß das Unternehmen verpflichtet war, das konzerninterne Berichtswesen zu erfüllen. Selbst dann, wenn dieses Berichtswesen überdimensioniert war, bestehen insoweit Kenntnisse und Fertigkeiten, die auch in einer anderen Konstellation genutzt werden können.

Schwerwiegend für das Unternehmen ist es, wenn keine oder nur in eingeschränktem Maße eigenständige Entscheidungen gefällt werden durften. Dann ist nach dem Ausscheiden meistens kein adäquates Management vorhanden, das selbständig unternehmerisch tätig werden kann. Dies gilt insbesondere, wenn aufgrund der Konzernzugehörigkeit kein eigenständiges oder ein nur eingeschränktes Akquisitionspotential entwickelt worden ist. Dann muß nach Ausscheiden in der Regel kurzfristig ein neues Vertriebssystem aufgebaut und erprobt werden.

Vor diesem Hintergrund wird deutlich, daß die Eigenschaft als Konzernunternehmen für den Erwerber außerordentlich risikoreich werden kann. Er muß daher sicherstellen, daß die Chancen des zu erwerbenden Unternehmens von seiner Eigenschaft als Konzernunternehmen möglichst unabhängig sind.

4.2.3 Fazit

1. Bei der Due Diligence eines Konzernunternehmens oder eines Betriebsteiles ist zu berücksichtigen, daß aus der Eigenschaft als Konzernunternehmen Vorteile und Nachteile erwachsen. Nach Ausscheiden entfallen die Vorteile, während die Nachteile oft bestehen bleiben. Der Ansatz der Due Diligence wird daher die Prüfung sein, inwieweit sich die Konzernzugehörigkeit in der Vergangenheit auf die Entwicklung der Ergebnisse ausgewirkt hat, und welche Änderungen sich für die Ergebnisentwicklung aus dem Ausscheiden aus dem Konzern ergeben.

2. Einer der Vorteile eines Konzernunternehmens ist die Erleichterung der Finanzierung von Investitionen und des Kontokorrentes. Dies kann durch Kredite der Muttergesellschaft direkt oder durch eine Unterstützung durch entsprechende Patronatserklärungen erfolgen. Für die Zukunft muß in solchen Fällen mit einem Anstieg der Zinsaufwendungen gerechnet werden.

3. Konzernunternehmen können bestimmte Dienstleistungen in der Verwaltung, dem Rechnungswesen oder im Rahmen einer gemeinsamen Werbung in Anspruch nehmen. Nach Ausscheiden aus dem Konzern-

verbund sind daher Aufwendungen für externe Leistungen oder der Aufwand für den Aufbau einer eigenen Abteilung einzuplanen.

4. Die Zugehörigkeit zu einem Konzern erleichtert häufig den Zugang zu Ausschreibungen oder großen Aufträgen. Soweit viele große und prestigeträchtige Aufträge in der Vergangenheit realisiert werden konnten, ist für die Zukunft eine Verminderung des Umsatzes zu berücksichtigen.

5. Verhandlungspositionen können bei Konzernunternehmen stärker ausfallen als bei mittelständischen Unternehmen. Man wird daher für die Zukunft bei Streitigkeiten oder im Hinblick auf die Zahlungsmoral davon ausgehen, daß eher Ertragseinbußen hingenommen werden müssen.

6. Konzernunternehmen haben Vorteile in der Personalbeschaffung. Das hängt von dem besseren Standing eines solchen Unternehmens, aber auch von in der Regel besseren Ausbildungsbedingungen ab.

7. Soweit ein Konzernunternehmen keine eigenständige Akquisitionstätigkeit ausüben mußte, fehlt es nach der Herauslösung an einem schlagkräftigen Vertrieb. Wenn der Erwerber hier nicht über ausreichende Kapazitäten verfügt, muß mit Abschlägen in der Umsatzplanung gerechnet werden.

8. Konzernunternehmen haben gegenüber dem Konzern eine Umlage abzuführen, die oft nicht den Leistungen entspricht, die zur Verfügung gestellt werden. Nach Ausscheiden ergibt sich hieraus eine Ertragsverbesserung.

9. Konzernunternehmen sind in der Regel in ein umfassendes Reportingsystem eingebunden und haben daher ein gut funktionierendes Controlling und Rechnungswesen. Diese Fähigkeit bleibt auch nach dem Ausscheiden aus dem Konzernverbund als ein Vorteil bestehen.

10. Konzernunternehmen leiden oft unter der Schwerfälligkeit großer Unternehmen mit ihren Entscheidungsschwierigkeiten, ihrer Scheu vor Änderungen und einem starken Formalismus. Unternehmerisch denkende und unkonventionell leitende Vorgesetzte erfahren nach Ausscheiden ihres Unternehmens aus dem Konzernverbund einen großen Entwicklungsschub, der sie befähigt, erfolgreicher am Markt zu operieren als das bisher der Fall war.

4.3 Synergien

4.3.1 Positive Synergien

Bei dem Erwerb eines Unternehmens spielt oft ein sogenannter strategischer Unternehmenswert eine Rolle. Dies bedeutet nichts anderes, als daß durch die Einbindung des erworbenen Unternehmens in einen Gesamtverbund ein neues Unternehmen geschaffen wird, dessen Wert über die Summe der Werte der einzelnen Unternehmen deutlich hinausgeht. Es handelt sich dabei nicht um einen objektiven Wert des Unternehmens, sondern um einen subjektiven Wert des Erwerbers. Die dabei vermutete Existenz von Synergiepotentialen ist eines der häufigsten Motive für den Erwerb eines Unternehmens.

Bei der Erschließung dieser Synergiepotentiale lassen sich idealtypisch güterwirtschaftliche und finanzwirtschaftliche Synergiepotentiale unterscheiden. In der Praxis werden diese Synergiepotentiale allerdings in Kombination auftreten. Beispiele für einzelne Synergien lassen sich wie folgt skizzieren:

Durch den Erwerb eines Unternehmens kann der Zugang zu neuen Märkten eröffnet werden, in denen das übernehmende Unternehmen vorher nicht vertreten war.

Im technischen Bereich kann sich ein Zugang zu neuen Technologien und Produktions-Know-how ergeben, der die strategische Ausrichtung des Unternehmens nachhaltig verbessern kann.

Durch die Zusammenfassung von Forschungs- und Entwicklungsabteilungen lassen sich häufig Schwerpunkte konzentrieren und Kosten einsparen.

Bei einem unterschiedlich dichten Vertriebsnetz der beiden Unternehmen kann die Einbindung von Vertriebswegen von Bedeutung sein.

Oft steht auch die Nutzung von persönlichen Beziehungen des Managements des übernommenen Unternehmens im vertrieblichen Bereich im Vordergrund. Voraussetzung für die weitere Nutzung dieser Beziehungen ist allerdings, daß die entsprechenden Personen dem übernommenen Unternehmen weiter verbunden bleiben.

Insbesondere bei vorher konkurrierenden Unternehmen kann es zu einer deutlichen Erhöhung des Marktanteils oder einer Verbesserung der Marktposition kommen, die wiederum dazu führt, daß höhere Preise durchgesetzt werden können oder sich die Marktsituation des Unternehmens allgemein festigt.

In den Fällen, in denen das zu erwerbende Unternehmen Produkte anbietet, die im weitesten Sinne mit den Produkten des übernehmenden Unternehmens zusammen verwendet werden können, kann es zu einer Arrondierung der Produktpalette kommen, die es dem Unternehmen ermöglicht, dem Kunden »alles aus einer Hand« anbieten zu können.

Synergien können sich auch daraus ergeben, daß eine Sicherung der Einkaufsmöglichkeiten z.B. bei rohstoffintensiven Produkten erfolgen kann.

Der Erwerb von Marken, die im Verkauf des Unternehmens nicht vollständig bewertet worden sind, kann zu erheblichen stillen Reserven führen.

Oft werden Unternehmen nur deshalb erworben, um Wettbewerber auszuschließen. Dies war ganz deutlich in vielen Fällen zu beobachten, in denen Mittelständler von der Treuhandanstalt deutlich größere ehemalige Kombinate erworben haben, um deren Marktpräsenz verbunden mit einer entsprechenden staatlichen Förderung zu beseitigen.

Die individuellen steuerlichen Verhältnisse des Erwerbers sind schließlich ein weiterer Ansatzpunkt für Synergien. Das trifft zunächst einmal für Verlustvorträge des zu erwerbenden Unternehmens zu, deren Nutzung zu einem Kaufpreis erworben wird, der deutlich unter dem zu erwartenden Steuervorteil liegt. Hierbei sind die Analyse der zukünftigen Entwicklung der Erträge, der Möglichkeit, Gewinne des übernehmenden Unternehmens in das erworbene Unternehmen zu transferieren, und die voraussichtliche Entwicklung der Steuerquoten zu berücksichtigen.

Letztlich lassen sich durch die Zusammenfassung zweier Unternehmen in eine neue Struktur vorhandene Risiken in ihren finanzwirtschaftlichen Auswirkungen reduzieren.

Wenn bei dem Erwerb eines Unternehmens durch ein anderes Unternehmen Synergiepotentiale verwirklicht werden sollen, ist es für die Due Diligence erforderlich, die Analyse unmittelbar auf das Erreichen dieses Zieles abzustellen. Im Grunde sind zwei Due Diligences durchzuführen. Einmal muß das zu erwerbende Unternehmen analysiert werden. Zum anderen ist ein fiktives Unternehmen zu beurteilen, das sich aus dem Käuferunternehmen und dem zu erwerbenden Unternehmen in einer neuen Konstellation zusammensetzt.

4.3.2 Negative Synergien

Bei der Analyse der Synergien ist allerdings zu berücksichtigen, daß in vielen Fällen die eingeplanten positiven Synergien nicht eintreffen, und daß sich darüber hinaus negative Synergien einstellen, die den wirtschaftlichen Erfolg des Unternehmenserwerbes verhindern.

In vielen Fällen werden die häufig euphorisch vorgetragenen Synergiepotentiale, die einen Unternehmenskauf begründen sollen, in der praktischen Umsetzung hinsichtlich ihrer Realität und Höhe den Erwartungen nicht gerecht.

Der am häufigsten vorkommende Fall für negative Synergien ist der, daß die Kultur der beiden zusammenzuführenden Unternehmen so unterschiedlich ist, daß sich die Verbindung nicht durchführen läßt und durch entsprechende Reibungsverluste und den Abgang qualifizierten Personals das übernommene Unternehmen deutlich an Wert verliert. Im schlimmsten Fall führen diese Schwierigkeiten sogar dazu, daß auch das übernehmende Unternehmen durch die internen Schwierigkeiten in seiner Ertragskraft nachhaltig geschwächt wird.

Schwierigkeiten können sich auch ergeben, wenn das zu erwerbende Unternehmen in der neuen Konstellation Kunden verlieren wird, weil sie den neuen Verbund deshalb nicht als Lieferanten haben wollen, weil er insgesamt als Wettbewerber auftritt.

In arbeitsrechtlicher Hinsicht wird davon auszugehen sein, daß bei der Zusammenführung der Mitarbeiter beider Unternehmen in einen neuen Unternehmensverbund im Zweifel der jeweils höchste Besitzstand fortgeführt wird. Das führt zu Steigerungen der Lohnkosten, die in diesem Umfang vorher nicht eingeplant worden sind.

Der Eintritt solcher negativer Synergieeffekte läßt sich nur dann weitgehend ausschließen, wenn sich der Erwerber zum einen darüber im klaren ist, daß die Zusammenfügung des Personals zu den schwierigsten Aufgaben gehört und er sich zum anderen im Vorfeld des Erwerbs realistische Ziele setzt. Eine Fixierung auf einen kurzfristig zu realisierenden Return-on-Investment wird den praktischen Schwierigkeiten nicht gerecht. Die Einplanung möglicherweise auftretender organisatorischer und finanzieller Probleme und deren langfristige Lösung trägt eher zum angestrebten Erfolg bei.

Die Synergien werden sich daher im günstigen Fall mit ihren positiven und im ungünstigen Fall mit ihren negativen Auswirkungen niederschlagen. Vereinfacht ausgedrückt können die positiven Synergien durch die Beziehung $1+1=3$ und die negativen Synergien durch die Beziehung $1+1=1$ beschrieben werden.

Für die Due Diligence bedeutet dies, daß auch die Risiken bei der Zusammenführung zweier Unternehmen analysiert werden müssen. Soweit bei der Analyse Unwägbarkeiten auftauchen, die zu einem Verlust von geplanten Synergievorteilen oder sogar zu einem Entstehen von negativen Synergien führen können, ist das deutlich zu machen. Möglicherweise können solche

Risiken aber durch ein gut durchgeführtes Integrationsmanagement aufgehoben werden.

4.3.3   Fazit

1. Bei einem Erwerb eines Unternehmens steht häufig ein strategischer Unternehmenswert im Mittelpunkt. Ein solcher Wert drückt die Erwartung für eine Realisierung von Synergiepotentialen aus.
2. Durch die Einbindung des erworbenen Unternehmens in einen Unternehmensverbund soll ein Wert geschaffen werden, der größer ist als die Summe der beiden Einzelwerte.
3. Die Synergiepotentiale können sich als güterwirtschaftliche oder finanzwirtschaftliche Synergien konkretisieren. In der Unternehmenspraxis werden regelmäßig Kombinationen aus diesen Bereichen auftreten.
4. Die güterwirtschaftlichen Synergien beziehen sich z.B. auf den Marketing- und Vertriebsbereich, auf den Beschaffungsbereich, auf den Produktionsbereich, auf den Transfer von Management-Know-how und auf eine Verbesserung der strategischen Wettbewerbsposition.
5. Die finanzwirtschaftlichen Synergien beziehen sich z.B. auf die Nutzung von Verlustvorträgen, auf mögliche Risikoreduzierungen und auf Verbesserungen von Finanzierungsmöglichkeiten.
6. Bei einer Analyse von Synergien ist zu berücksichtigen, daß in vielen Fällen nicht nur die eingeplanten positiven Synergien nicht eintreffen, sondern negative Synergien einen wirtschaftlichen Erfolg von Unternehmenszusammenschlüssen konterkarieren.
7. Die Verbindung unterschiedlicher Unternehmenskulturen, die ihren Ausdruck im Verhalten des Personals finden, gehört mit zum schwierigsten Teil bei der Realisierung von Synergien und ist häufig die Ursache für das Scheitern von Unternehmenszusammenführungen.
8. Ein Erwerber wird bei der Realisierung der Synergiepotentiale einen langen Atem haben müssen. Er kann sich nicht alleine auf eine kurzfristige Realisierung seines Return-on-Investment konzentrieren.
9. Die Einplanung möglicherweise auftretender organisatorischer und finanzieller Schwierigkeiten sollte bei der häufig anzutreffenden Synergieeuphorie nicht vernachlässigt werden.
10. Eine Due Diligence hat die Aufgabe, dem Erwerber die Synergiepotentiale aufzuzeigen und die möglichen positiven und negativen Synergien nachvollziehbar zu dokumentieren.

4.4   Standardisierungen

Eine Due Diligence wird im Regelfall immer eine unternehmensindividuelle
Angelegenheit sein. Die Besonderheiten eines Unternehmens im Hinblick
auf die Gesellschafter, auf die Unternehmer, auf die Mitarbeiter, auf die einzelnen Abteilungen und auf den Markt und Wettbewerb erfordern immer
wieder neue Prüfungsansätze. Gleichwohl lassen sich in gewissen Grenzen
durch Standardisierungen Zeit und Kosten einsparen.

Da der Zeit- und Kostenaspekt eine bedeutende Rolle bei der Due Diligence spielt, kann man im Rahmen einer sog. Schwerpunkt-Due Diligence
bestimmte Aspekte ganz bewußt ausklammern, um so zu einem schnelleren
Ergebnis für die Entscheider zu kommen.

Es besteht auch die Möglichkeit, sich gerade bei kleineren Unternehmen
im Rahmen einer Kurz-Due Diligence schnell und kostengünstig einen
Überblick zu verschaffen. Hierbei werden grundsätzlich alle Aspekte berücksichtigt, aber nicht vertieft.

Eine weitere Standardisierung kann man bei der sog. Branchen-Due Diligence erreichen. Hierbei lassen sich insbesondere die Techniken der wirtschaftlichen Due Diligence auf branchengleiche oder branchenverwandte
Unternehmen übertragen. Durch die sich ähnelnden Markt- und Wettbewerbsstrukturen strahlen die Gemeinsamkeiten auch auf die anderen
Aspekte aus.

4.4.1   Schwerpunkt-Due Diligence

Eine Schwerpunkt-Due Diligence läßt sich in der Vorbereitungsphase aus
der Eingrenzung der Analyseschwerpunkte ableiten. Während im normalen Ablauf einer Due Diligence die umfangreichen Aspekte einer Analyse
unterzogen werden, wird man sich im Rahmen der Schwerpunkt-Due Diligence ganz bewußt auf einige Analyseschwerpunkte beschränken. Dies
bedeutet, daß die übrigen Aspekte ausgeklammert werden. Eine solche
Vorgehensweise ist dann zu rechtfertigen, wenn sich die Parteien im Vorfeld der Due Diligence darauf einigen. Durch eine Schwerpunkt-Due Diligence lassen sich häufig bis zu 80 % der relevanten Chancen- und Risikofaktoren erfassen.

In der Praxis wird man eine solche Standardisierung oft im Vorfeld von
Anteilskäufen finden, bei denen mehrere Parteien an einem Erwerb der An-

teile interessiert sind. Hierbei ist eine schnelle Entscheidung erforderlich, die sich auf die Analyseschwerpunkte stützen kann. Durch entsprechende Regelungen im Kaufvertrag läßt sich das verbleibende Restrisiko weitgehend minimieren. Im Regelfall wird die Schwerpunkt-Due Diligence im Anschluß an die Übernahme durch eine vollständige Due Diligence ergänzt.

Aus der Praxis lassen sich eine Reihe von Beispielen ableiten, die sich auf bestimmte Schwerpunkte beschränken. So waren im Vorfeld einer Anteilsübernahme bei einem gefestigten Inlandsgeschäft die Umsatz- und Ergebniserwartungen der Auslandstöchter einer intensiven Analyse zu unterziehen. In einem anderen Fall war bei einem Handelshaus eine intensive Analyse des Warenwirtschaftssystems erforderlich. Diese Konzentration auf einen spezifischen Sachverhalt resultierte aus den Forderungen der Kunden nach einer schnellen und zuverlässigen Lieferung als wettbewerbsbestimmendem Faktor. In einem weiteren Fall einer Due Diligence im Vorfeld einer Anteilsübernahme war insbesondere die weltweite Marktstellung eines mittelständischen Unternehmens zu klären, das seine Produkte im Bereich der Informationstechnlogie in einem Nischenmarkt absetzt. Da das Unternehmen der einzige europäische Anbieter ist, konzentrierte sich die Wettbewerbsanalyse auf die in Asien und und in den USA ansässigen Wettbewerber. Ein weiterer Fall im Vorfeld eines Anteilerwerbes hatte als Analyseschwerpunkt die vom Gesetzgeber geschaffenen und weiterhin zu erwartenden Änderungen im Bereich der Pflegeversicherung. Die Auswirkungen auf die geplanten Umsätze und Ergebnisse vor dem Hintergrund dieser Änderungen waren so groß, daß sich die Due Diligence in diesem Fall schwerpunktmäßig auf die politischen und gesetzlichen Gegebenheiten konzentrierte.

4.4.2   Kurz-Due Diligence

Anders als die Schwerpunkt-Due Diligence konzentriert sich die Kurz-Due Diligence nicht auf einzelne Schwerpunkte unter bewußter Ausklammerung anderer Aspekte, sondern berücksichtigt alle Sachverhalte in einem geringeren Detaillierungsgrad. Anwendung findet diese Standardisierung überwiegend bei Anlässen, die kleinere Unternehmen betreffen. Hierbei steht weniger der Zeitdruck als vielmehr die Kostenfrage im Mittelpunkt. Praktische Anwendung findet diese Form z.B. bei Erbauseinandersetzungen oder bei Scheidungsverfahren, wenn es um kleinere Unternehmen geht. Es obliegt hierbei dem Due Diligence-Gutachter, die Parteien auf die Möglichkeit einer Kurz-Due Diligence hinzuweisen.

Eine im Vorfeld der Durchführung einer Due Diligence vorgenommene Abstimmung über den Umfang und den damit zusammenhängenden Honorarrahmen ist daher unerläßlich. Grundsätzlich lassen sich bei kleineren Unternehmen durch eine Kurz-Due Diligence ausreichende Informationen für die anstehenden Entscheidungen unter einem vertretbaren Kostenrahmen ermitteln.

Kurz-Due Diligences wurden in größerem Umfang bei der Bewertung von Unternehmen der ehemaligen DDR durchgeführt. So wurden aus Zeitgründen von der Treuhandanstalt im Auftrag der Bundesministeriums der Finanzen über 6.000 Unternehmen einer standardisierten Analyse im Hinblick auf ihre Überlebensfähigkeit unterzogen. In Zusammenarbeit mit Unternehmensberatern, Wirtschaftsprüfern, Rechtsanwälten und Branchenfachleuten wurden die Unternehmen einer Due Diligence unterzogen. Hierbei kamen keine umfangreichen Checklisten zur Anwendung, sondern ein standardisierter Formularsatz, der in stark komprimierter Form die Grundlage für die Analyse, die Berichterstattung und die Entscheidung bildete. Im einzelnen wurden die Sanierungsfähigkeit, die Sanierungswürdigkeit, die Privatisierungsmöglichkeit und die Finanzierbarkeit analysiert. Im Detail wurden Prüfungen zum Geschäftssystem, zur Erlössituation, zu den Kostenpositionen, zur Ergebnis- und Cash-Flow-Situation, zur Vermögens- und Finanzierungssituation durchgeführt. Der Formularsatz setzte sich aus einem qualitativen Teil mit konkreten Handlungsempfehlungen und aus einem quantitativen Teil mit den Zahlen des Unternehmens und den Zahlen der Due Diligence-Gutachter zusammen.

Wenngleich diese Standardisierung im Rahmen der wirtschaftlichen Bewältigung der Wiedervereinigung ein einmaliger Vorgang gewesen ist, zeigt sich an diesem Beispiel die praktische Durchführbarkeit einer Kurz-Due Diligence.

Diese praktische Umsetzbarkeit in größerem Umfang beschränkt sich aber nicht nur auf die zahlreichen Unternehmen der Treuhandanstalt in der Vergangenheit. Die künftige Analyse der mittelständischen Unternehmen, im Hinblick auf die Fähigkeit ihren Kreditverpflichtungen nachzukommen, wird durch ein gefordertes Rating die Kurz-Due Diligence, wenn auch unter den Schlagwörtern Rating und Basel II, stärker in den Mittelpunkt rücken. Die an ein Mittelstandsrating gerichteten Anforderungen sind in hohem Maße deckungsgleich mit den Analysesegmenten einer Due Diligence. Durch die weitgehenden Standardisierungen und das Honorarvolumen eines externen Ratings, wird man sich auf geringerer Detaillierungsebene mit der Analyse eines mittelständischen Unternehmens beschäftigen. Problematisch wird allerdings eine Kurz-Due Diligence als Rating immer dann, wenn die Rating-Analysten (Gutachter) nicht über die erforderliche Erfahrung bei

Unternehmensanalysen verfügen. Die zur Zeit geführte Diskussion läßt in dieser Hinsicht für die mittelständischen Unternehmen nichts Gutes erwarten. Die umfangreichen Checklisten werden zum großen Teil abgefragt, eine Plausibilisierung unterbleibt weitgehend. Die mathematischen Verfahren sowie die Berechnungen, die dann zu einer Ratingeinstufung führen, werden nicht offengelegt. Mit der fehlenden Transparenz wird versucht, von den eigenen Unzulänglichkeiten abzulenken. Da ein Ratingprozeß hohe Übereinstimmungen mit einer Due Diligence aufweist, sind die mittelständischen Unternehmen gut beraten, auf die Erfahrungen der etablierten Due Diligence-Gutachter auch beim externen Rating zu vertrauen.

4.4.3   Branchen-Due Diligence

Bei der Branchen-Due Diligence lassen sich die Techniken der wirtschaftlichen Due Diligence auf branchengleiche oder branchenverwandte Unternehmen übertragen. Die Branchenbesonderheiten finden auch ihren Niederschlag in den Techniken der technischen, der organisatorischen, der psychologischen, der rechtlichen und steuerrechtlichen sowie in der finanziellen Due Diligence.

Die Besonderheit bei einer Branchen-Due Diligence besteht zum einen in dem Herausfinden der markt- und wettbewerbsspezifischen Gemeinsamkeiten und zum anderen in den unternehmensindividuellen Abgrenzungsfaktoren. Diese Abgrenzungsfaktoren können maßgeblich für den Erfolg des jeweiligen Unternehmens sein und einen Maßstab für den Marktanteil und den Erfolg im Wettbewerbsumfeld darstellen.

Aktuelle praktische Beispiele lassen sich aus dem Bereich der Informationstechnologie-Unternehmen (IT-Unternehmen) anführen. Bei diesen Unternehmen wird man sich aufgrund des sich ständig ändernden Markt- und Wettbewerbsumfeldes zunächst an dem IT-Markt orientieren, um dann in einem zweiten Schritt die spezifischen Besonderheiten der einzelnen Marktsegmente des IT-Marktes zu analysieren.

Insbesondere im Bereich der Börseneinführungen von mittelständischen Unternehmen im Marktsegment Neuer Markt finden sich eine Reihe von IT-Unternehmen, die in zunehmenden Maße aus verwandten Marktsegmenten der IT-Branche kommen. In der Zukunft wird sich eine größere Anzahl von IT-Unternehmen Wachstumskapital über dieses Marktsegment besorgen. Eine Branchenerfahrenheit der Due Diligence-Gutachter wird es daher erleichtern, solche Analysen zügig und kompetent durchzuführen.

Häufig finden sich in dieser Branche auch Unternehmen, die nicht im gleichen Marktsegment tätig sind, sondern sich in horizontaler oder vertikaler Beziehung ergänzen.

Eine Gemeinsamkeit, die sich aus einer Branchen-Due Diligence, die die Vorstufe zu einer Unternehmensbewertung bildet, herleiten läßt, sind vergleichbare Multiplikatoren, Kapitalisierungszinsfüße oder Kurs-Gewinn-Verhältnisse. Diese Wertfaktoren bestimmen maßgeblich die Unternehmenswerte, die Kaufpreise oder die Börsenkurse der Unternehmen.

4.4.4   Fazit

1. Standardisierungen bei einer Due Diligence können in der Form einer Schwerpunkt-Due Diligence, einer Kurz-Due Diligence und einer Branchen-Due Diligence vorkommen.
2. Wesentliche Gründe, eine Due Diligence zu standardisieren, sind Zeit- und Kostengründe. Nicht jede Analyse, die machbar ist, muß durch den Gutacher auch durchgeführt werden.
3. Bei einer Schwerpunkt-Due Diligence wird man sich auf Analyseschwerpunkte beschränken und bestimmte Techniken einer umfangreichen Due Diligence bewußt ausklammern.
4. Mit einer Schwerpunkt-Due Diligence werden häufig bis zu 80 % der Chancen- und Risikopotentiale erfaßt. Das bestehende Restrisiko läßt sich durch entsprechende Regelungen im Kaufvertrag minimieren und durch eine nachgeschaltete vollständige Due Diligence ausräumen.
5. Eine Kurz-Due Diligence klammert keine Aspekte aus, sondern berücksichtigt alle Sachverhalte in einem geringeren Detaillierungsgrad.
6. Anwendung findet eine Kurz-Due Diligence überwiegend bei Anlässen, die kleinere Unternehmen betreffen. Hierbei steht dann weniger die Zeitfrage als vielmehr die Kostenfrage im Mittelpunkt.
7. Den kleineren Unternehmen ist wenig damit geholfen, wenn Gutachter ihre Checklisteneuphorie ausleben. Vielmehr ist an die Verantwortung der Gutachter zu appellieren, bei kleineren Unternehmen nicht alles zu analysieren, was einer Analyse zugänglich ist. Auch bei einer Kurz-Due Diligence lassen sich ausreichende Informationen für die anstehenden Entscheidungen unter einem vertretbaren Kostenrahmen ermitteln.
8. Bei einer Branchen-Due Diligence lassen sich die Techniken der wirtschaftlichen Due Diligence auf branchengleiche und branchenverwandte Unternehmen übertragen. Die Besonderheiten bestehen dabei zum ei-

nen in dem Herausfinden der markt- und wettbewerbsspezifischen Gemeinsamkeiten und zum anderen in den unternehmensindividuellen Abgrenzungsfaktoren von diesen Gemeinsamkeiten.

9. Praktische Bedeutung hat die Branchen-Due Diligence insbesondere im Zusammenhang mit Börseneinführungen von Unternehmen aus der IT-Branche am Neuen Markt. Eine Branchenerfahrenheit der Due Diligence Gutachter wird es erleichtern, eine solche Due Diligence zügig und kompetent durchzuführen.

10. Schwerpunkt-, Kurz-, und Branchen-Due Diligence haben ihre praktische Bedeutung und können in einem gewissen Rahmen standardisiert durchgeführt werden. Je nach Anforderungen an die Informationsqualität läßt sich jede dieser Standardisierungen zu einer vollständigen Due Diligence ausweiten.

5. Umsetzung der Due Diligence

Praktische Erkenntnisse haben gezeigt, daß die Fokussierung der Prüfungs-
handlungen im Rahmen einer Due Diligence immer von dem jeweiligen
Zweck abhängen, für den die Due Diligence durchgeführt wird. Aus dem
Zweck der Due Diligence ergibt sich auch, wie die Ergebnisse der Erhebung
umgesetzt werden.

Wenn es um die Vorbereitung eines Unternehmenskaufes oder eines Un-
ternehmensverkaufes geht, wird im Rahmen der Kaufpreisverhandlungen
eine Bewertung des Unternehmens erforderlich sein, um eine Basis für die
Verhandlungen zu erlangen. Oft ist diese Unternehmensbewertung Gegenstand des Auftrages an die Wirtschaftsprüfungsgesellschaft, die auch die
Due Diligence durchgeführt hat. Hierbei besteht die Schwierigkeit, die in
der Due Diligence ermittelten leisen Zeichen in quantitative Zusammenhänge zu bringen und die Begutachtung der Plausibilität der Planung in die
Festlegung von als plausibel eingeschätzten Ertragsströmen der Planjahre
umzusetzen. Hierbei kann man sich eines Scoring-Modelles bedienen, das
die einzelnen Risiken und Chancen in prozentuale Abschläge oder Aufschlä-
ge der Planungsrechnung transformiert. Solche Scoring-Modelle werden in
der Regel nicht veröffentlicht, weil es sich dabei um gutachterliches Expertenwissen handelt. Gleichwohl wird in einem Gutachten eine Begründung
für solche Zu- oder Abschläge nicht fehlen.

Soweit eine Due Diligence durchgeführt worden ist, um in allgemeiner
Form Stärken und Schwächen des Unternehmens festzustellen, etwa im Fall
einer aktiven Beteiligungsführung oder in einem Sanierungsfall, werden die
Ergebnisse des Gutachtens in To-do-Listen umgesetzt. Das zu diesem Zweck
ins Leben gerufene Projekt wird in der Regel von der Unternehmenleitung
des geprüften Unternehmens und von dem Beteiligungsführer gemeinsam
durchgeführt. Eine Beteiligung des Gutachters an diesem Verfahren kommt
in der Regel nicht in Betracht, schon allein deshalb nicht, weil sich ein solches Restrukturierungsverfahren über einen längeren Zeitraum erstreckt.

Eine weitere Konsequenz einer Due Diligence besteht darin, daß im Fall eines Unternehmenserwerbes die Übernahmekonzeption geändert wird, weil
sich herausgestellt hat, daß das zu erwerbende Unternehmen von seinem
Stärken- und Schwächenprofil entweder zu schlecht oder auch zu gut für das
bisher dem Erwerb zugrundeliegende Unternehmenskonzept ist. Wenn es bei
einer schlechteren Einschätzung des Unternehmens nicht bereits zu einer Aufgabe der Übernahmeabsichten kommt, werden Überlegungen angestellt, ob
und wie die ermittelten Stärken und Schwächen des Unternehmens in ein ge-
ändertes Konzept eingebaut werden können. Hierbei kann sich durchaus herausstellen, daß die Erkenntnisse nach der Due Diligence zu einem viel erfolg-
reicheren Konzept führen.

Bei einem Kauf des Unternehmens kann die Umsetzung der Erkenntnisse der Due Diligence auch im rechtlichen Bereich liegen. Gerade dann, wenn sich bei der Due Diligence nicht endgültig klären läßt, wie ein bestimmtes Risiko rechtlich einzuschätzen ist, liegt es nahe, dieses Risiko dem Unternehmensverkäufer aufzubürden. Das führt zu einer Ausweitung der Haftungs- und Gewährleistungsregelungen im Kaufvertrag.

5.1 Unternehmensbewertung

5.1.1 Due Diligence und Unternehmensbewertung

Wie bereits erläutert, stellt eine Due Diligence die Basisinformationen für die Ermittlung eines Unternehmenswertes zur Verfügung. Insbesondere bei einem Kauf oder Verkauf eines Unternehmens wird immer eine der eigentlichen Bewertung vorgeschaltete Analyse der wertrelevanten Faktoren erforderlich sein. Die wertrelevanten Faktoren lassen sich direkt aus den Ergebnissen einer Due Diligence entnehmen. Hierbei werden die Informationen aus der wirtschaftlichen, der technischen, der umweltlichen, der organisatorischen, der psychologischen, der rechtlichen und der steuerrechtlichen Due Diligence in qualitativer oder auch bereits in quantitativer Form zu Wertgrundlagen, die für eine Unternehmensbewertung relevant sind, führen. Im Rahmen der finanziellen Due Diligence werden dann alle Informationen in Zahlen umgesetzt und können im Hinblick auf die Konkretisierung eines Unternehmenswertes direkt Verwendung finden.

Dabei ist es zunächst unerheblich, welches Bewertungsverfahren zur Anwendung kommt. Insofern führen die Ergebnisse einer Due Diligence grundsätzlich zu den gleichen Folgerungen wie die Ergebnisse einer Unternehmensanalyse. Hierbei zeigt sich auch, daß die Vorgehensweise, die Verfahren und die zum Einsatz kommenden Analyseinstrumente bei einer Due Diligence und einer Unternehmensanalyse gleich sind. Insofern sind beide Begriffe synonym verwendbar.

Ergänzend zu den Informationen, die im Zusammenhang mit einer Due Diligence erhoben werden, müssen für eine Unternehmensbewertung weitere wertbestimmende Faktoren ermittelt werden. So bei einem Ertragswertverfahren der Kapitalisierungszins, bei einem Discounted-Cash-Flow-Verfahren z.B ß-Faktoren und Alternativrenditen, bei Vergleichsverfahren Multiplikatoren oder Kurs-Gewinn-Verhältnisse, bei einem Substanzwertverfahren stille Reserven und Lasten.

5.1.2 Grundlagen der Unternehmensbewertung

Die Unternehmensbewertung spielt seit Jahrzehnten eine bedeutende Rolle in der Betriebswirtschaftslehre. Die Entwicklung in Deutschland ist durch einen heute weitgehend überwundenen Methodenstreit gekennzeichnet, der allerdings für die praktische Anwendung weniger von Bedeutung gewesen ist. Bis Ende der 70er Jahre stand eindeutig das Substanzwertverfahren im Vordergrund, das dann durch das Ertragswertverfahren in vielen Bewertungen abgelöst wurde. Das Substanzwertverfahren erfuhr Anfang der 90er Jahre durch die zahlreichen Unternehmensbewertungen bei den Unternehmen der ehemaligen DDR eine kurze Wiederbelebung. Dieser Rückfall ist mittlerweile überwunden, das Ertragswertverfahren steht wieder im Vordergrund. Dies gilt allerdings nur bei den Bewertungen, die durch die Wirtschaftsprüfer in Deutschland vorgenommen werden. Die neue Verlautbarung des Institutes der Wirtschaftsprüfer vom Juni 2000 (IDW S 1) geht über die bisherigen Ausführungen zum Ertragswert hinaus. Gemäß der Stellungnahme entspricht es der Sorgfaltspflicht eines Wirtschaftsprüfers, neben den Ertragswerten auch Discounted-Cash-Flow-Werte (DCF-Werte) oder Unternehmenswerte nach einem Marktvergleichswertverfahren zu ermitteln. Mit dieser Aktualisierung paßt sich das Institut der Wirtschaftsprüfer den international gebräuchlichen Gepflogenheiten an. Unternehmenswerte, die z.B. aus Gründen des Kaufs oder Verkaufs an internationale Käufer oder Verkäufer ermittelt werden, lassen sich nur schwer als Ertragswerte darstellen. Hierbei dominieren eindeutig DCF- oder Marktvergleichswerte.

Unabhängig von dem zum Ansatz kommenden Bewertungsverfahren ist im Vorfeld einer Bewertung immer zu klären, für welchen Zweck eine Unternehmensbewertung durchgeführt werden soll. Diese Zweckabhängigkeit des Unternehmenswertes hat einen bedeutenden Einfluß auf die Höhe des Wertes. Denn unterschiedliche Bewertungszwecke führen immer zu unterschiedlichen Unternehmenswerten. Eine Unternehmensbewertung, die der Ermittlung einer Bemessungsgrundlage für die Erbschaftsteuer dient, wird völlig andere Aspekte berücksichtigen als eine Unternehmensbewertung, die der Ermittlung eines Kaufpreises für einen potentiellen Erwerber dient.

Die Zweckbezogenheit eines Unternehmenswertes findet ihren Ausdruck in einer sogenannten funktionalen Unternehmensbewertung. Diese Form der Unternehmensbewertung geht davon aus, daß den jeweiligen Zwecken eine bestimmte Funktion der Unternehmensbewertung zugeordnet werden kann. Hierbei werden als maßgebliche Funktionen die Beratungsfunktion, die Vermittlungsfunktion und die Argumentationsfunktion unterschieden.

Ein Unternehmenswert, der im Zusammenhang mit einer Beratungsfunktion ermittelt wird, stellt für die Auftraggeber der Unternehmensbewertung eine Entscheidungsgrundlage dar, die der Bewerter als neutraler Gutachter ermittelt.

Ein Unternehmenswert, der im Zusammenhang mit einer Vermittlungsfunktion ermittelt wird, stellt für die Auftraggeber der Unternehmensbewertung einen gerechten Interessenausgleich zwischen divergierenden Vorstellungen über den Unternehmenswert her. Der Bewerter wird hierbei als Schiedsrichter einen Unternehmenswert ermitteln.

Ein Unternehmenswert, der im Rahmen einer Argumentationsfunktion ermittelt wird, stellt immer einen parteiischen Wert dar, der z.B. einer Partei Argumente für Preisverhandlungen bei Käufen oder Verkäufen von Unternehmen zur Verfügung stellt. Der Bewerter wird hierbei als Parteigutachter tätig.

In jedem Fall muß der Gutachter in seiner Dokumentation über die Ermittlung des Unternehmenswertes seine jeweilige Rolle offenlegen. Diese Selbstverständlichkeit wird in der Bewertungspraxis häufig nicht beachtet. Dadurch werden teilweise »Unabhängigkeiten« bei der Wertermittlung suggeriert, die nicht gegeben sind. Ein Auftraggeber sollte daher immer auf die Transparenz der gutachterlichen Bewertungsrolle bestehen.

Gemeinsamer Bestandteil der Unternehmensbewertung in ihren Hauptfunktionen ist die Zukunftsorientierung, die Unternehmensgesamtheit und die Subjektbezogenheit auf der die Unternehmenswerte basieren. Das Prinzip der Zukunftsbezogenheit bezieht sich auf die künftige Erfolgswirksamkeit, d.h. auf die künftige Entwicklung der Unternehmung. Hierbei spielen die Vergangenheitserfolge eine Rolle als Grundlage für die Plausibilität der Planungswerte. Eng mit dem Prinzip der Zukunftsbezogenheit verbunden ist das Prinzip der Unternehmensgesamtheit. Die Prognose der zukünftigen Erfolge impliziert eine ganzheitliche Betrachtung, da eine Unternehmung als einheitliches Ganzes diesen Erfolg erzielt. Eine Unterscheidung hinsichtlich des zur Erfolgserzielung betriebsnotwendigen Vermögens sowie des nicht benötigten, mithin nicht-betriebsnotwendigen Vermögens, ist erforderlich. Die Abgrenzung zwischen dem betriebsnotwendigen und nicht-betriebsnotwendigen Vermögen ist nicht feststehend, sondern abhängig von den individuellen Planungen. Die Subjektbezogenheit bezieht sich auf die subjektiven Ziele, auf mögliche subjektive Kapitalanlagemöglichkeiten sowie auf die subjektiven Pläne derjenigen, die an der Ermittlung eines Unternehmenswertes interessiert sind.

5.1.3   Gängige praktische Bewertungsverfahren

Die Unternehmensbewertung wird durch eine Vielzahl von Bewertungsverfahren bestimmt. In der umfangreichen Literatur zu diesen Verfahren werden je nach Ausrichtung der Verfasser die theoretischen oder die praktischen Überlegungen überwiegen. Häufig klafft immer noch eine Lücke zwischen den theoretischen Anforderungen an die unterschiedlichen Verfahren und den praktischen Möglichkeiten, die maßgeblich durch das zur Verfügung stehende Honorarvolumen bestimmt werden. Die praktischen Unternehmensbewertungsverfahren werden im Regelfall immer durch monetäre Beschränkungen bestimmt. Gleichwohl bedeutet dies nicht, daß diesen Verfahren nicht die erforderliche Sorgfalt durch die Bewertungspraktiker entgegengebracht wird. Häufig zeigen gerade die Anwendungen in der Bewertungspraxis die Grenzen der »Sinnhaftigkeit« theoretischer Erfordernisse auf.

Gängige praktische Bewertungsverfahren sind die in der Abbildung 15 aufgeführten Verfahren.

5.1.3.1   Ertragswertverfahren

Das Ertragswertverfahren geht von den nachhaltig erzielbaren, für die Zukunft zu erwartenden Gewinnen auf Basis der vorhandenen Ertragskraft des Unternehmens aus. Bei diesem Ansatz wird auf die Ausschüttung an die Eigentümer abgestellt, die verbleibt, nachdem die Ansprüche aller anderen Interessenten, wie Fiskus oder Fremdkapitalgeber, befriedigt worden sind. Der dabei verwendete Gewinnbegriff unterscheidet sich vom handelsrechtlichen Gewinn dahingehend, daß die Erträge und Aufwendungen der Vergangenheit von betriebsfremden und aperiodischen Elementen bereinigt werden, die ihre Ursache in den Bilanzierungswahlrechten haben. Für die Zukunft sind solche Erträge und Aufwendungen, soweit erkennbar, ebenfalls zu bereinigen. Aus dem Barwert der bereinigten Zukunftsergebnisse ergibt sich der Ertragswert. Der Ertragswert ist zum einen auf seine Plausibilität und zum anderen auf die tatsächliche Realisierbarkeit der geplanten Erträge und Aufwendungen (Finanzielle Due Diligence) zu überprüfen.

Die Abbildung 16 zeigt ein praktisches Ermittlungsschema eines Unternehmenswertes nach dem Ertragswertverfahren.

Zunächst steht die Ermittlung von Plan-Jahresergebnissen im Vordergrund. Durch Analyse der Planungsrechnung der Gesellschaft und Überprüfung der Plausibilität und Erfüllbarkeit der Planwerte im Rahmen einer

- • Ertragswertverfahren

- • Discounted Cash-Flow Verfahren

- • Vergleichsverfahren

  - – Vergleichbare Marktpreise von Unternehmenstransaktionen

  - – Branchenmultiplikatoren

  - – DAX-Kurs-Gewinn-Verhältnisse

  - – Branchen-Kurs-Gewinn-Verhältnisse

  - – Börsensegmentspezifische Kurs-Gewinn-Verhältnisse

  - – Kurs-Umsatz-Verhältnisse etc.

- • Substanzwertverfahren

- • Sonstige Verfahren

  - – Mittelwertverfahren

  - – Stuttgarter Verfahren

Abb. 15: Gängige praktische Bewertungsverfahren

Due Diligence werden die prognostizierten Jahresergebnisse ermittelt. Die realisierten Ist-Ergebnisse der Vergangenheit dienen zur Absicherung der Planansätze. Nach Ermittlung der Planergebnisse für einen überschaubaren Zeitraum der individuellen Unternehmensplanung wird ein nachhaltiges Ergebnis für die weitere Zukunft ermittelt. Zur Ermittlung dieses Ergebnisses kommen unterschiedliche Verfahren zur Anwendung, so z.B. einfache Durchschnitte, gewichtete Durchschnitte und Trendberechnungen.

Um den einen Ertragswert charakterisierenden Barwert zu ermitteln, sind die Jahresergebnisse mit einem Kapitalisierungszinssatz abzuzinsen. Das nachhaltige Ergebnis wird mit der Formel der ewigen Rente den maßgeblichen Teil des Ertragswertes ausmachen. Auch die ewige Rente wird auf den

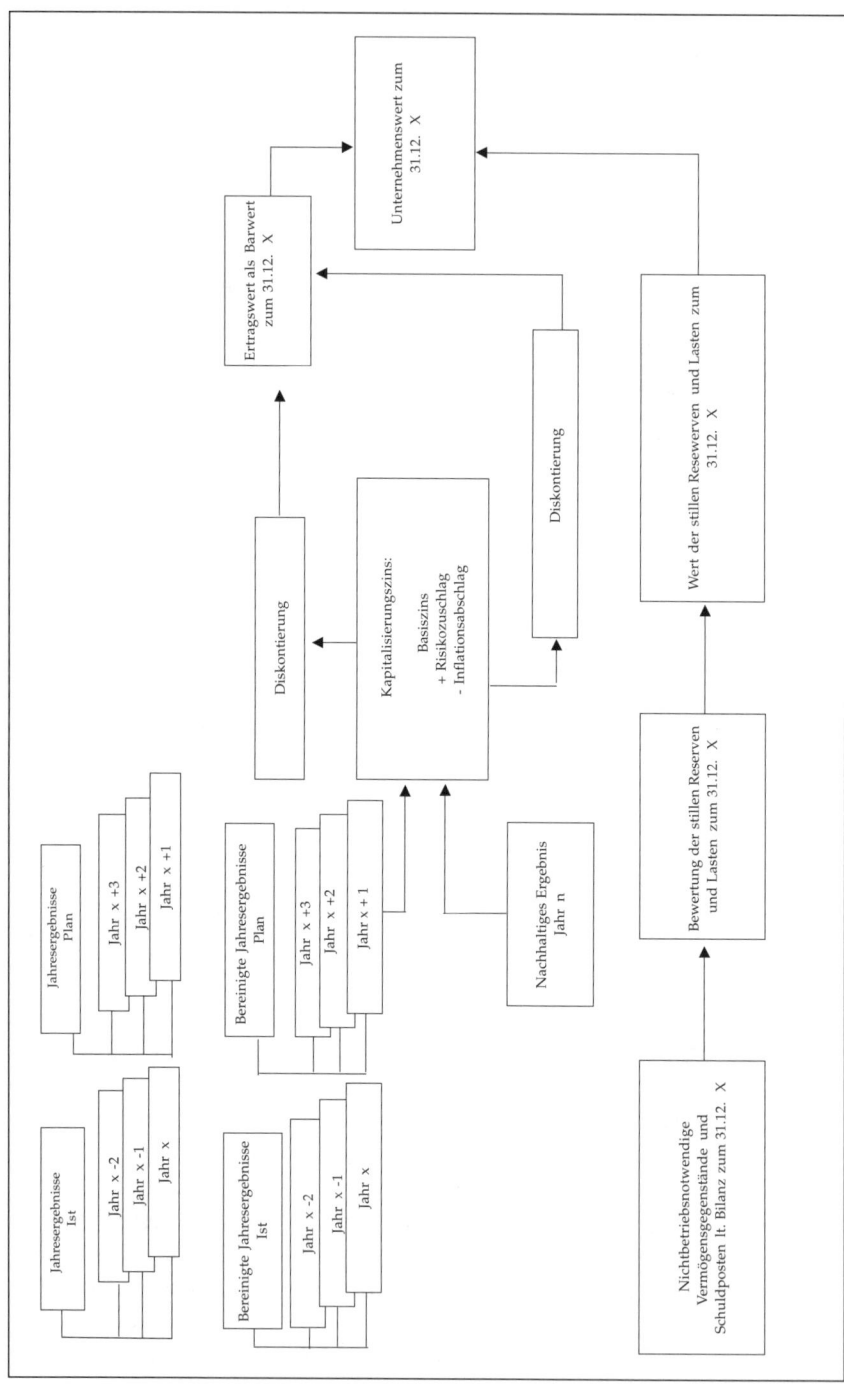

Abb. 16: Schema zur Ermittlung des Unternehmenswertes nach der Ertragswertmethode

Bewertungsstichtag abgezinst. Der Kapitalisierungszinssatz soll in seiner Höhe der Rendite vergleichbaren Anlagealternativen entsprechen. Er setzt sich aus einem Basiszinssatz, einer Risikokomponente und einer Inflationskomponente zusammen. In der Bewertungspraxis werden diese Kapitalisierungskomponenten häufig nicht analytisch abgeleitet, sondern nach gutachterlichem Ermessen ermittelt.

Häufig findet in der Bewertungspraxis bei der Berechnung eines Unternehmenswertes ein Multiplikator Anwendung. Ein solcher Multiplikator ist nichts anderes als der reziproke Wert eines Kapitalisierungsfaktors. Beide Methoden führen zum gleichen Ergebnis. Einem Kapitalisierungszins von 8 % entspricht ein Multiplikator von 12,5 (1/0,08). Beträgt das nachhaltige Ergebnis 10 Mio. €, so führt die Formel der ewigen Rente zu einem Ertragswert von 125 Mio. € (10 Mio. € / 0,08). Die Anwendung des Multiplikators führt ebenfalls zu einem Ertragswert von 125 Mio. € (10 Mio. € x 12,5).

Die abgezinsten Zukunftsergebnisse führen dann mit der Formel der ewigen Rente zum Ertragswert des Unternehmens. Sollten noch nicht-betriebsnotwendige Vermögensteile, wie z.B. Grundstücke vorhanden sein, so werden diese mit ihrem voraussichtlichen Veräußerungserlös zum Ertragswert addiert. Das Ergebnis ist ein Unternehmenswert auf der Basis des Ertragswertverfahrens. Neben der Einbeziehung international gebräuchlicher Bewertungsverfahren, geht das IDW nunmehr nicht mehr ausschließlich von einer Vorsteuerbetrachtung bei Ermittlung eines Ertragswertes aus. Wenn der Bewerter die individuelle Ertragsteuerbelastung berücksichtigt, so muß er ebenfalls bei der Ansetzung eines Kapitalisierungszinsfusses einen korrespondierenden Ertragsteuersatz berücksichtigen.

Diese Bewertungsvorgehensweise wird noch einmal an einem einfachen Zahlenbeispiel verdeutlicht (vgl. Abbildung 17).

Der Unternehmenswert auf der Basis einer Ertragsermittlung wird zum Bewertungsstichtag 31. Dezember 2001 ermittelt. Zunächst werden die Jahresergebnisse vor Ertragssteuern für die Jahre 1999, 2000 und 2001 aus den Ist-Ergebnisrechnungen abgeleitet. Diese Werte werden dann um außerordentliche und periodenfremde Aufwendungen und Erträge bereinigt. Die Abbildung 18 zeigt die Überleitung von den Jahresergebnissen zu den bereinigten Jahresergebnissen.

Nach Bereinigung der Vergangenheitsergebnisse erhält man das wirtschaftliche Ergebnis der Gesellschaft, das frei von außerordentlichen und periodenfremden Faktoren ist. Diese Ergebnisreihe der Vergangenheit dient als ein Maßstab für die Beurteilung der Planergebnisse. In der Praxis werden bei einer Planungsrechnung nur selten außerordentliche und periodenfremde Faktoren die Planergebnisse beeinflussen. Im Beispiel trifft dies nur

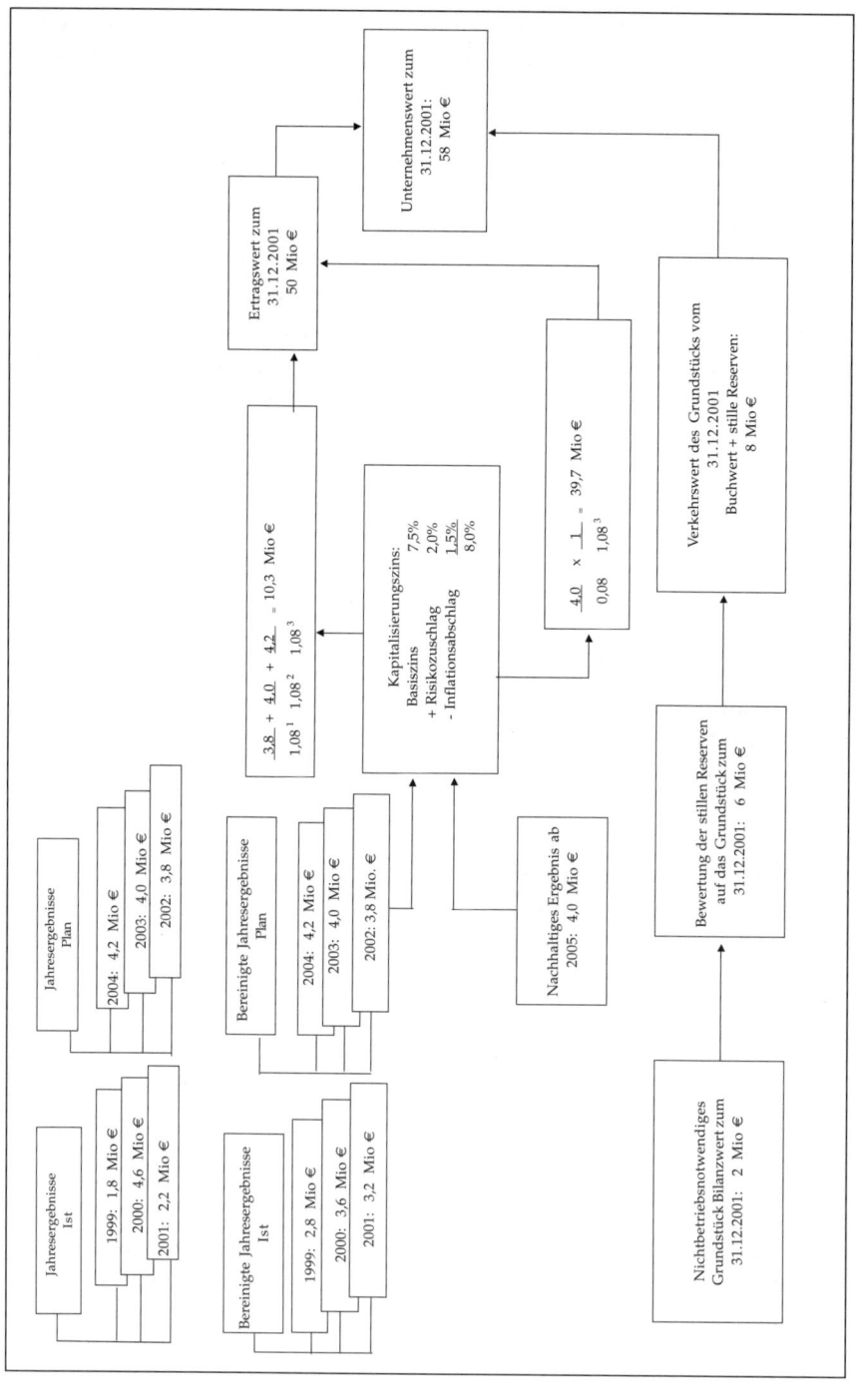

Abb. 17: Beispiel für die Ermittlung des Unternehmenswertes nach der Ertragswertmethode

	1999 Ist Mio €	2000 Ist Mio €	2001 Ist Mio €	2002 Plan Mio €
Jahresergebnis	1,8	4,6	2,2	2,8
Bereinigungsposten				
+ zu hohe Rückstellungsdotierung	0,4		1,0	
+ zu hohe Pauschalwertberichtigung	0,6			
- Rückstellungsauflösung		0,5		
- Ertrag aus Kursgewinnen		0,5		
+ Börseneinführungsaufwand				1,0
Bereinigtes Jahresergebnis	2,8	3,6	3,2	3,8

Die Auswirkungender Bereinigungsposten auf die Gewerbeertragsteuer sind aus Vereinfachungs-
gründen nicht berücksichtigt worden

Abb. 18: Beispiel einer Bereinigungsrechnung

für 2002 zu. In diesem Jahr besteht eine Differenz zwischen dem Planergebnis und dem analytisch ermittelten bereinigten Planergebnis in Höhe von 1,0 Mio. €. Geht man davon aus, daß das betrachtete Unternehmen für 2002 z.B. einen Börsengang plant, so könnte der Bereinigungsposten die Kosten für den Börsengang umfassen. Kosten der Börseneinführung sind als außerordentlich zu bereinigen.

Nach Überprüfung der Planergebnisse auf Plausibilität und Erfüllbarkeit ist das Ergebnis ab dem Jahr 2005 ermittelt worden. Hierbei wurde ein einfacher Durchschnitt zugrunde gelegt. Dieses nachhaltige Ergebnis soll Chancen und Risiken sowie die Stärken und Schwächen des Unternehmen nachhaltig widerspiegeln. Die zum Teil in der Bewertungspraxis wiederzufindenden komplexen mathematischen Berechnungen zur Ableitung eines nachhaltigen Ergebnisse täuschen eine Scheingenauigkeit vor, die die grundsätzliche Unsicherheit aller Prognosewerte nicht kaschieren kann.

Die bereinigten Jahresergebnisse werden dann mit einem Kapitalisierungszinssatz von 8 % auf den Bewertungsstichtag 31. Dezember 2001 abgezinst; der anteilige Wert aus dieser Berechnung beträgt 10,3 Mio. €. Das nachhaltige Ergebnis von 4,0 Mio. € wird ebenfalls abgezinst und geht als ewige Rente in die Ertragswertberechnung ein. Im Beispiel ist deutlich zu erkennen, daß dem nachhaltigen Ergebnis der größte Anteil am Ertragswert

zukommt. Im Beispiel sind dies bei einem Ertragswert von 50 Mio. € und
einem nachhaltigen Ergebnis von 39,7 Mio. € rund 80 %.

Neben dem nachhaltigen Ergebnis hat insbesondere die Höhe des Kapitalisierungszinssatzes ausschlaggebende Wirkung auf den Ertragswert. Hier
wirken sich geringfügige Veränderungen erheblich auf den Ertragswert aus.

Die gutachterliche Ableitung des Kapitalisierungszinssatzes führt zu
»abenteuerlichen« Wertansätzen. In der Bewertungspraxis wird die Sensibilität der Zinssatzhöhe auf den Unternehmenswert unterschätzt. Dabei führt
eine Verminderung des Kapitalisierungszinssatzes im Beispiel um nur 0,5
%-Punkte zu einer Ertragswertsteigerung von 39,7 Mio. € um 3,2 Mio. € auf
42,9 Mio. €. Dies entspricht einem Anstieg von rund 8 %. Besondere Aufmerksamkeit der Gutachter erfährt das Unternehmerrisiko. Durch gutachterliches Festlegen auf einen bestimmten Wert lassen sich beliebig hohe Unternehmenswerte ermitteln. Verkannt wird bei der Großzügigkeit der gutachterlichen Vorgehensweise, daß sich der Risikozuschlag nur auf das sogenannte »allgemeine Unternehmerrisiko« bezieht, d.h. nur auf einen Zu-
schlag, der sich aus der Differenz zwischen weitgehend risikolosen Alterna-
tivanlagemöglichkeiten und den Anlagemöglichkeiten in ein Unternehmen
ergibt. Die speziellen Risiken sollen immer durch Abschläge in den Planungsrechnungen berücksichtigt werden. Diese selbstverständliche Forderung wird in der Bewertungspraxis häufig nicht beachtet.

Zum Ertragswert im Beispiel der Abbildung 18 von 50 Mio. € wird noch
der Verkehrswert des nicht-betriebsnotwendigen Grundstücks hinzugerech-
net, der im Beispiel 8 Mio. € beträgt. Damit ergibt sich zum 31. Dezember
2001 ein Unternehmenswert von 58 Mio. €.

Deutlich wird bei diesem, überwiegend in Deutschland angewandten,
Unternehmensbewertungsverfahren, daß dem nachhaltigen Ergebnis und
dem Kapitalisierungszins der größte Einfluß auf die Höhe des Ertragswertes
zukommt. Bei der Vorgehensweise vieler Unternehmensbewerter steht allerdings die umfangreiche Beschäftigung mit den Vergangenheitsergebnissen
im Vordergrund. Dies mag auch damit zusammenhängen, daß sich die Unternehmensbewerter eher auf die nachvollziehbaren Entwicklungen der Vergangenheit stützen und wegen der Unsicherheit der Zukunftsergebnisse
ihre eigene Unsicherheit durch »gutachterliches Ermessen« zu überbrücken
versuchen. Eine umfassende Auseinandersetzung mit den dominierenden
Ertragswertfaktoren »nachhaltiges Ergebnis« und »Kapitalisierungszins« ist
allerdings unabdingbar bei der Ermittlung des Ertragswertes eines Unternehmens.

5.1.3.2 Discounted-Cash-Flow-Verfahren

International wird überwiegend das Discounted-Cash-Flow-Verfahren (DCF) als Bewertungsverfahren angewandt. Auch in Deutschland gewinnt das international bereits weit verbreitete DCF-Verfahren zunehmend an Bedeutung. Hauptanwendung in der Praxis findet der sog. WACC-Ansatz (Weighted Average Cost of Capital); ein Verfahren, bei dem der Barwert der Zahlungsströme für Eigen- und Fremdkapitalgeber ermittelt wird. Daneben existieren noch weitere Bewertungsansätze für DCF-Verfahren. Der sog. Adjusted Present Value-Ansatz, der auch als »Verfahren des angepaßten Buchwertes« bezeichnet wird, ermittelt in einem ersten Schritt die Cash-Flows unter der Annahme vollständiger Eigenfinanzierung. In einem zweiten Schritt werden dann die Auswirkungen der Fremdfinanzierung berücksichtigt. Der sog. Equity-Ansatz ist dem Ertragswertverfahren verwandt. Die Cash-Flows beziehen sich auf die Nettoausschüttungen an die Anteilseigner.

Aufgrund der praktischen Bedeutsamkeit werden sich die nachfolgenden Ausführungen ausschließlich auf den WACC-Ansatz beschränken. Das ausgewählte DCF-Verfahren leitet den Unternehmenswert aus dem Cash-Flow eines Unternehmens ab. Die Abbildung 19 zeigt eine schematisierte Ermittlung eines solchen Unternehmenswertes.

Ausgangspunkt beim DCF-Verfahren ist zunächst der Jahresüberschuß zuzüglich der Zinsaufwendungen einschließlich der Eliminierung des Steuerabzugs auf die FK-Zinsen. Den Brutto Cash-Flow erhält man durch Addition der Abschreibungen und der Veränderung der langfristigen Rückstellungen (Cash-Flow im üblichen Sinne).

Subtrahiert man die Investitionen und berücksichtigt die Veränderungen im Working Capital, erhält man den Free-Cash-Flow. Es werden somit nicht nur Cash-Flows aus »Operativ Activities«, sondern auch solche aus »Investing and Financing Activities« erfaßt. Der Free-Cash-Flow ist der Betrag, der zur Zahlung von Fremdkapitalzinsen, Dividenden und zur Tilgung von Finanzverbindlichkeiten zur Verfügung steht. Der Free-Cash-Flow stellt eine Größe nach Ertragsteuern dar. Durch Abzinsung der Summe aller Free-Cash-Flow-Werte der Zukunft erhält man den DCF-Wert. Bei Unternehmen mit hauptsächlich kurzlebigen Anlagen werden in der Regel drei einzelne Jahre, bei langlebigen bis zehn Jahre, budgetiert. In begründeten Ausnahmefällen und bei genügender Prognosesicherheit kann ein längerer Zeitraum zugrunde gelegt werden.

Als Diskontierungsfaktor (Abzinsungsfaktor) wird ein Wert herangezogen, der den Kapitalkosten des Unternehmens entsprechen soll.

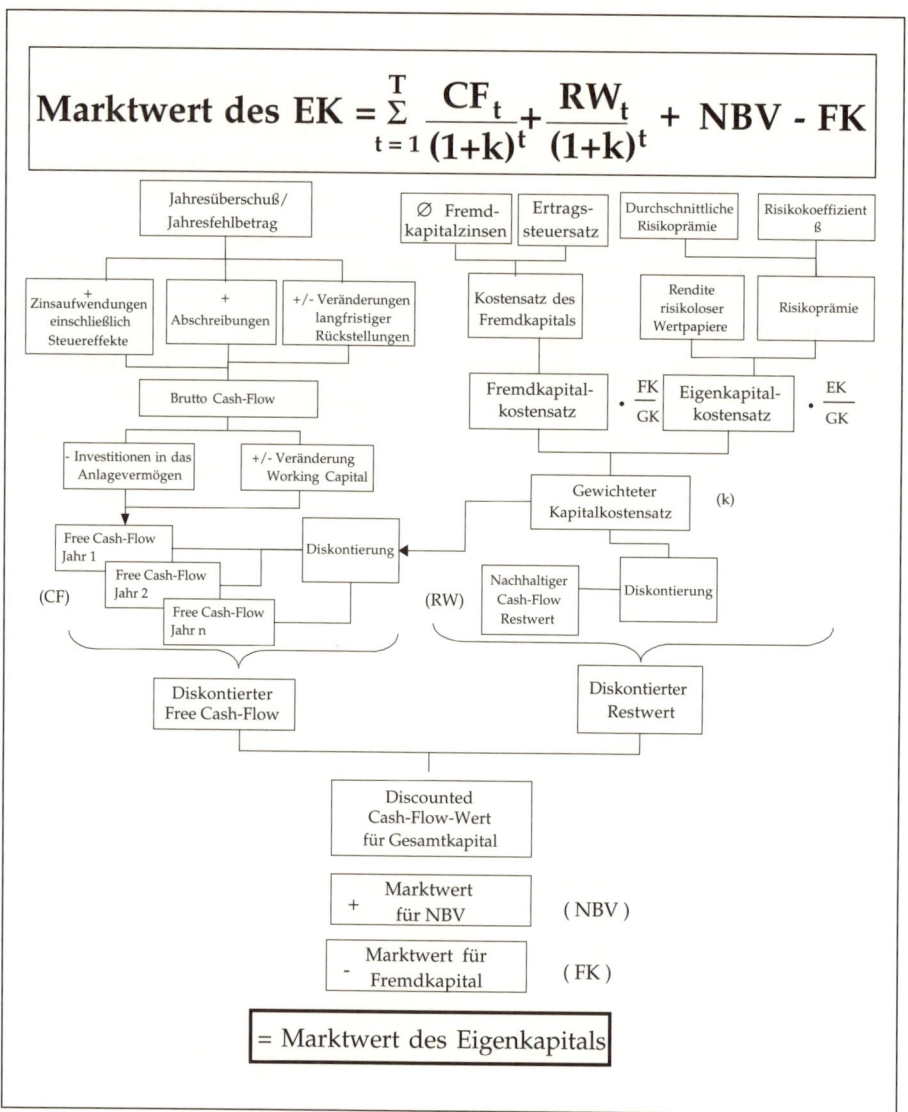

Abb. 19: Schematisierte Ermittlung eines Unternehmenswertes nach dem DCF-Verfahren

Bei der DCF-Methode wird unterstellt, daß die zukunftsbezogenen Free-Cash-Flows in die Unendlichkeit fortgeschrieben werden. Dabei ist zu berücksichtigen, daß der Einfluß zukünftiger Rückflüsse auf den Unternehmenswert aufgrund der Diskontierung immer mehr abnimmt.

Bei der Ermittlung der Free-Cash-Flows unterscheidet man zwei Planungshorizonte. Im ersten Planungshorizont wird die als planbar angesehene Zukunft abgebildet. Diese Phase sollte soweit reichen, wie die Auswirkungen zum Bewertungsstichtag vorgenommener oder geplanter Investitionen absehbar sind. Für den zweiten Planungshorizont können zwei
Lösungsansätze unterschieden werden, zum einen der »Perpetuity Value«
und zum anderen der »Exit Value«. Bei dem »Perpetuity Value« geht man
davon aus, daß jährlich gleiche Free-Cash-Flows realisiert werden können,
die verrentet werden. Bei dem »Exit Value« wird unterstellt, daß das Unternehmen am Ende des zweiten Planungshorizontes zum Markt-/Börsenwert veräußert wird. Ein solcher Wert wird aus dem Gewinn des Unternehmens am Ende des zweiten Planungshorizontes ermittelt, der mit einem aus der Vergangenheit abgeleiteten Kurs-/Gewinnverhältnis multipliziert wird.

In der Bewertungspraxis wird zumeist von einem Ansatz gemäß »Perpetuity Value« ausgegangen.

Der Zinssatz, mit dem der Free-Cash-Flow abgezinst wird, wird nach
dem Verfahren der DCF-Methode aus den gewichteten durchschnittlichen
Eigen- und Fremdkapitalkosten ermittelt. Die Fremdkapitalkosten werden
unter Berücksichtigung der Rendite langfristiger Wertpapiere (r_{FK}) sowie unter Zugrundelegung der steuerlichen Abzugsfähigkeit der Fremdkapitalzinsen (s) ermittelt. Bei den Eigenkapitalkosten werden die Rendite risikofreier
Anlagen (i) und eine Risikoprämie (β) zugrundegelegt, die sowohl das grundsätzliche als auch ein branchenspezifisches Risiko berücksichtigt. Ausgangspunkt ist die allgemeine bzw. durchschnittliche Risikoprämie aller Aktien.

$$k = \underbrace{(i + \beta\,(r_M - i))}_{r_{EK}} \times \frac{EK}{GK} + r_{FK}\,(1\text{-}s) \times \frac{FK}{GK}$$

Abb. 20: Gewichteter Kapitalkostenansatz

Diese durchschnittliche Risikoprämie errechnet sich aus der Differenz zwischen der Verzinsung risikofreier Anlagen (i) und einer Aktienmarktrendite
(r_M), die z.B. durch einen nationalen Aktienindex (DAX) abgebildet werden
kann. Das unternehmensindividuelle Risiko stellt die relative Renditeschwankung einer einzelnen Aktie gegenüber der Gesamtheit aller Aktien dar. Die-

ser sog. β-Koeffizient bedeutet bei β=1, daß sich Aktien und Marktrendite gleich verhalten, bei β<1 liegen risikoarme Unternehmen, bei β>1 risikobehaftete Unternehmen vor. Hauptproblem bei der Ermittlung des Eigenkapitalkostensatzes stellt die Ermittlung eines repräsentativen β-Faktors dar. Während außerhalb Deutschlands, insbesondere in den angloamerikanischen Ländern, von internationalen Investmentbanken für viele Unternehmen β-Faktoren ermittelt werden, liegen solche Werte für deutsche Unternehmen erst seit kurzer Zeit vor. Bisher wurden diese Faktoren in Deutschland nur für große börsennotierte Unternehmen ermittelt.

Ein praktisches Problem bei der Ermittlung des DCF-Wertes besteht in der verfahrensbedingten Anforderung, daß der Bewerter den Marktwert des Eigenkapitals kennen muß, um die gewogenen Kapitalkosten ermitteln zu können. Die Kapitalkosten muß er aber kennen, um den Marktwert des Eigenkapitals bzw. den Unternehmenswert bestimmen zu können. Dieses sog. Zirkularitätsproblem läßt sich relativ einfach mit einem dv-basierten Kalkulationsprogramm im Wege einer iterativen Berechnung lösen.

Die Ermittlung eines Free-Cash-Flow setzt üblicherweise eine detaillierte Cash-Flow-Planung voraus. Eine solche Planung verbindet eine komplexe Ergebnisplanung mit ihren Detailplanungen, wie z.B. Finanz-, Produktions-, Absatz- oder Personalplanung mit Plansätzen einer Bilanzplanung. In der Bewertungspraxis wird man solche detaillierten Planungsrechnungen häufig nicht vorfinden. Die Forderung nach Aussagen über detaillierte Rückstellungsplanungen oder Planungen über die Veränderung des Zahlungsmittelbestandes wird nicht erfüllt. Angaben über Planzahlen zu der Veränderung der Vorräte, der Forderungen, der Verbindlichkeiten und der Anzahlungen (Working Capital) wird man auch vergebens suchen. Daher wird die Qualität einer Aussage über einen DCF-Wert immer von der Qualität der Planwerte abhängen. Die Tatsache, daß in der gegenwärtigen Bewertungspraxis bei mittelständischen Unternehmen solche Planungen noch nicht vorliegen, rechtfertigt es aber nicht, auf eine Bewertung nach dem Discounted-Cash-Flow-Verfahren zu verzichten. Bei Angabe der bei der Bewertung vorhandenen und in die Berechnung eingehenden Werte lassen sich durchaus aussagefähige DCF-Werte ermitteln. Sollte genügend Zeit und Honorarbudget zur Verfügung stehen, ist es möglich, die fehlenden Informationen zur Berechnung eines DCF-Wertes im Rahmen einer Due Diligence zu erheben.

Auch beim DCF-Wert-Verfahren wird der ermittelte DCF-Wert maßgeblich von dem nachhaltigen Wert sowie von dem gewichteten Kapitalkostensatz bestimmt. Wie bei der Ertragsbewertung gilt auch hier, daß eine Veränderung um nur wenige Prozent-Punkte einen überproportionalen Einfluß auf den DCF-Wert hat. Daher ist es auch bei der Ermittlung eines DCF-Wertes erforderlich, die analytisch sowie die gutachterlich ermittelten Prämissen anzugeben, um die Nachvollziehbarkeit der Wertermittlung für Dritte transparent zu machen.

5.1.3.3 *Vergleichsverfahren*

Vergleichsverfahren, die auch als marktwertorientierte Verfahren bezeichnet werden, leiten den Unternehmenswert aus Börsenkurswerten oder anderen realisierten Marktpreisen vergleichbarer Unternehmen ab. Eine besondere Ausprägung erfährt das Vergleichswertverfahren als Multiplikatorenverfahren. Diese Verfahren haben bisher wenig Anwendung in der deutschen Bewertungspraxis gefunden. Gebräuchlicher sind Vergleichsverfahren in den USA. Sie werden dort als »market approach« bezeichnet.

Die praktische Bedeutung dieser Verfahren in den USA basiert auf der großen Anzahl von Unternehmenstransaktionen und einer Fülle von öffentlich zugänglichen Vergleichsinformationen über Unternehmensbewertungen. Damit bietet die Auswertung von Basisinformationen eine gute Grundlage für eine marktbezogene Unternehmensbewertung.

In Deutschland kommen Informationen über die Wertfindung bei Unternehmenstransaktionen nur zögerlich an die Öffentlichkeit. Etwas anders stellt sich die Situation bei der Wertfindung im Zusammenhang mit Börseneinführungen dar. Hier sind im Rahmen der Emissionen von mittelständischen Unternehmen am neuen Marktsegment der Deutschen Börse, dem Neuen Markt, eine Reihe von Informationen über die Kurs-Gewinn-Verhältnisse, über die Ergebnisse der Planungsrechnungen sowie über die Emissionspreise für die interessierte Öffentlichkeit zugänglich.

Die in der Praxis gebräuchlichen Vergleichsverfahren lassen sich in ihrer Bewertungsvorgehensweise wie folgt skizzieren:

Bei dem sog. Comparative Company Approach werden tatsächlich realisierte Marktpreise für vergleichbare Unternehmen als Basis für die Unternehmensbewertung herangezogen. Die zentrale Bedeutung hat hierbei die Auswahl der Vergleichsunternehmen sowie die Kenntnis über den möglichst zeitnahen, tatsächlich realisierten Marktpreis des Vergleichsunternehmens. Um eine weitgehende Vergleichbarkeit herzustellen, werden bestimmte Unternehmensdaten des Vergleichsunternehmens zu den Unternehmensdaten des zu bewertenden Unternehmens in Beziehung gesetzt. Als adäquate Unternehmensdaten kommen hierbei z.B. die Planergebnisse, die Cash-Flow-Werte und die Dividendenzahlungen in Frage.

Bei der Orientierung an Marktmultiplikatoren (Market Multiples) werden sog. »Daumenregeln« in Form von Branchenmultiplikatoren verwendet.

Hierbei wird der Unternehmenswert als Marktpreis durch die Multiplikation einer bestimmten Kennzahl, z.B. dem Gewinn vor Steuern, mit einem branchenspezifischen Multiplikator ermittelt. Hierbei spielen nicht die tatsächlich erzielten Marktpreise aus Unternehmenstransaktionen eine Rolle, sondern vielmehr die Zuordnung des zu bewertenden Unternehmens zu einer bestimmten Branche und die Berücksichtigung der Besonderheiten dieser Branche im Multiplikator. Dieses einfache Verfahren ist sehr beliebt bei mittelständischen Unternehmern, da man auf relativ einfache Weise einen Unternehmenswert ermitteln kann. Bei der praktischen Bewertungsvorgehensweise wird z.B. ein nachhaltig für erzielbar gehaltener Gewinn vor Steuern von 2,0 Mio. € mit einem Faktor 10 multipliziert. Dies führt dann zu einem Unternehmenswert von 20 Mio. €. Je nach Branche wird der im Beispiel mit 10 angenommene Faktor höher oder niedriger anzusetzen sein. Eine häufig anzutreffende Variante ist die Einbeziehung von best-case- und worst-case-Multiplikatoren. Vergegenwärtigt man sich die in der Bewertungstheorie und der Bewertungspraxis häufig auf vermeintlich hohem Niveau geführte Diskussion über die Ermittlung von Kapitalisierungszinsfüssen beim Ertragswertverfahren, sollte man sich dabei immer wieder vor Augen führen, daß diese Scheingenauigkeit bei der Ermittlung eines alternativen Zinssatzes letztlich auch ihren konkreten Ausdruck in einem Multiplikator findet. D.h. der reziproke Wert des Kapitalisierungszinssatzes ist der Multiplikator. Beträgt der Zinsatz 8 %, so lassen sich die Ergebnisse vor Steuern mit einem Multiplikator von 12,5 (1/8%) multiplizieren.

Ein Vergleichsverfahren, das in Deutschland zunehmend zur Bewertung von Emissionsunternehmen herangezogen wird, ist die Unternehmensbewertung mit Kurs-Gewinn-Verhältnissen (KGV). Hierbei werden zunächst Ergebnisse nach einem vorgegebenen Schema der Deutschen Vereinigung für Finanzanalyse (DVFA) ermittelt. Diese Ergebnisse werden dann mit den Kurs-Gewinn-Verhältnissen multipliziert. Als Ergebnis erhält man den Emissionspreis bzw. den Börsenkurs als Unternehmenswert.

Bei dem Berechnungsschema nach DVFA werden die Jahresüberschüsse der Planjahre um außergewöhnliche, ungewöhnliche und periodenverschobene Aufwendungen und Erträge bereinigt. Diese Form der Bereinigung entspricht weitgehend der Bereinigungsrechnung bei dem Ertragswertverfahren. Obgleich im Rahmen zulässiger Ansatz- und Bewertungsspielräume in gewissen Grenzen diese Ergebnisse vom Unternehmen beeinflußt werden können, führt das standardisierte DVFA-Ermittlungsschema zu einer sicheren Aussage über die geplanten Unternehmensergebnisse.

Die zweite zentrale Bewertungsgröße sind Kurs-Gewinn-Verhältnisse. Zur Berechnung des Emissionspreises ist der Kennziffern-Vergleich über das

Kurs-Gewinn-Verhältnis von Aktien vergleichbarer Unternehmen gängige Praxis. Von den Kursen bereits an der Börse notierter Unternehmen wird darauf geschlossen, wie hoch der Emissionskurs des zu bewertenden Unternehmens sein könnte.

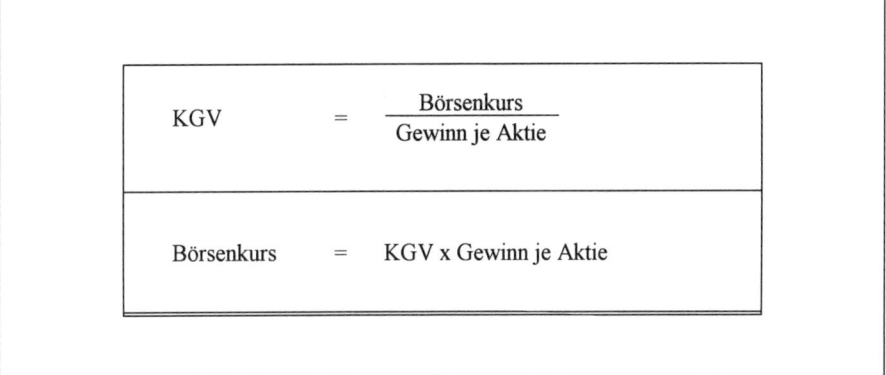

$$KGV = \frac{\text{Börsenkurs}}{\text{Gewinn je Aktie}}$$

$$\text{Börsenkurs} = KGV \times \text{Gewinn je Aktie}$$

Abb. 21: Kurs-Gewinn-Verhältnis (KGV) und Börsenkurs

Als Grundlage für die Ermittlung von Kurs-Gewinn-Verhältnissen kommen die KGV's der 30 Unternehmen, die den Deutschen Aktien Index bestimmen (DAX-KGV), oder branchenspezifische KGV's in Frage. Regelmäßig aktualisierte Branchen-KGV's können z.B. über die Internet-Adresse (http://www.kwu-online.de) abgerufen werden. Neben den DAX- und den Branchen-KGV's spielen auch zunehmend börsensegmentspezifische KGV's eine Rolle. Gerade für junge wachstumsstarke Unternehmen, die eine Plazierung ihrer Aktien am Neuen Markt erwägen, kommt als Beurteilungsmaßstab das KGV der in diesem Marktsegment notierten Unternehmen hinzu. Hierbei können zum einen die zum jeweiligen Börseneinführungstermin gültigen KGV's und zum anderen die aktuellen KGV's als Vergleichsmaßstab herangezogen werden.

Die Berechnung eines Unternehmenswertes nach dem Vergleichsverfahren auf der Basis von Kurs-Gewinn-Verhältnissen läßt sich an dem Beispiel in der Abbildung 22 kurz erläutern.

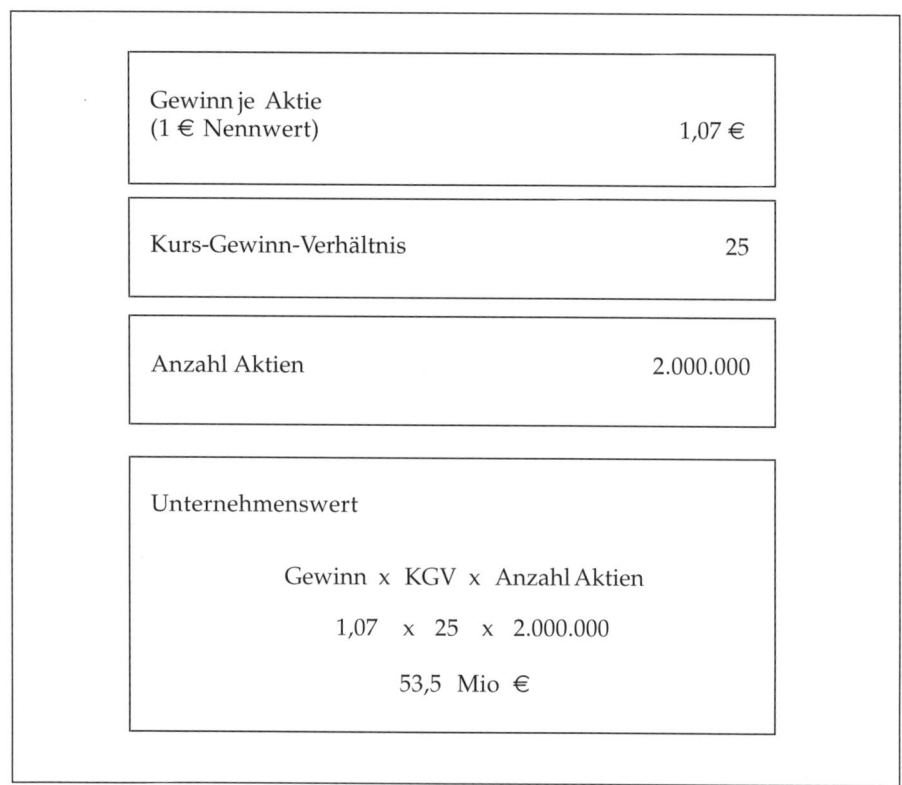

Abb. 22: Unternehmenswertermittlung mit Kurs-Gewinn-Verhältnis

Das Vergleichsverfahren nach Kurs-Umsatz-Verhältnissen stellt einen relativ neuen Bewertungsansatz dar. Die Ermittlung des Unternehmenswertes mit Hilfe des Kurs-Umsatz-Verhältnisses erfolgt analog zu den bisher dargestellten Multiplikatorverfahren, d.h. für die Unternehmen der Vergleichsgruppe (peer-group) werden die jeweiligen Kurs-Umsatz-Verhältnisse ermittelt und auf das zu bewertende Unternehmen übertragen. Zur Ermittlung des Kurs-Umsatz-Verhältnisses wird der in der Gewinn- und Verlustrechnung ausgewiesene Umsatz zugrundegelegt und zum Börsenkapitalisierungswert des betreffenden Unternehmens ins Verhältnis gesetzt. Insofern wird hierbei keine finanzielle Überschußgröße ins Verhältnis zum aktuellen Börsenkurs gesetzt. Aufgrund der eindeutigen Bestimmung beider Bezugsgrößen wird diese Kennziffer häufig für Vergleichszwecke errechnet und anschließend auf das zu bewertende Unternehmen angewendet.

Diese einfache Bewertung gewinnt zunehmend bei jungen und schnell wachsenden Unternehmen an Bedeutung. Beispiele für Bewertungen von Unternehmen aus der Biotoechnologie, der Medizintechnik, der Nanotechnologie, der Informationstechnologie zeigen die praktische Akzeptanz. Das Problem, daß junge Unternehmen im Planungszeitraum noch keine oder nur sehr geringe Gewinne bzw. Einzahlungsüberschüsse erzielen werden, läßt viele Bewerter nach solchen einfachen Verfahren greifen. Eine fundamentale Unternehmensbewertung mit Hilfe der bekannten Kennziffern KGV würde bei solchen Gesellschaften scheitern. In solchen Fällen greifen Unternehmensbewerter aufgrund fehlender Überschußgrößen auf die Kennzahl »Umsatz« zurück. Begründet wird dieses Vorgehen damit, daß diesen Unternehmen ein hohes Ertragspotential zugestanden wird, das allerdings aufgrund hoher Anlaufverluste erst in Zukunft realisiert werden kann. Dieses zukünftige Gewinnpotential wird Unternehmen, bspw. im Bereich der Biotechnologie, nur dann mittel- bis langfristig zugestanden, wenn sie bereits heute und auch zukünftig hohe Umsatzsteigerungen aufweisen können. Dabei wird ein Unternehmen um so höher bewertet je höher das Kurs-Umsatz-Verhältnis ist.

Einen ähnlichen Bewertungsansatz verfolgen Multiplikatorverfahren, die den Börsenkurs ins Verhältnis zur Anzahl der Kunden des Unternehmens setzen. Dieses Verfahren wird z.B. bei der Bewertung von Direktbanken oder Telekommunikationsunternehmen herangezogen. Dabei soll diese Kennziffer einen Eindruck davon vermitteln, wie der Markt den Wert eines Kunden für das zu bewertende Unternehmen beurteilt.

Spezifische Probleme bereiten Bewertungen bei der in Deutschland wachsenden Anzahl von jungen, innovativen und stark wachsenden Unternehmen. Traditionelle kurzfristige Bewertungskennziffern wie das KGV sind nicht oder nur mit entsprechenden Schwierigkeiten in der Lage, die Innovationskraft und das Wachstumspotential dieser Unternehmen richtig zu erfassen: Die in Theorie und Praxis entwickelten Bewertungsmethoden stoßen an ihre Grenzen.

Ein Kriterium zur Bewertung junger Unternehmen stellt der sog. PEG-Faktor dar (PEG steht für Price-/Earnings multiple to medium term earnings per share growth). Dieser Faktor vergleicht das aktuelle Kurs-/Gewinn-Verhältnis mit dem mittel- bzw. langfristigen Gewinnwachstum des Unternehmens. Hat bspw. ein Unternehmen ein aktuelles KGV von 40 und ein jährliches Gewinnwachstum von 100 %, so resultiert hieraus ein PEG-Faktor von 0,4. Eine Gesellschaft der gleichen Branche mit einem KGV von 40, das »nur« mit 40 % p.a. wächst, hat dann einen PEG-Faktor von 1,0 und ist damit auf Basis des PEG-Faktors deutlich höher an der Börse bewertet.

Das PEG-Bewertungsverfahren, das in den USA bei der Bewertung von jungen stark wachsenden Unternehmen schon seit Jahren angewandt wird, findet auch in Deutschland zunehmend Berücksichtigung.

Allen diesen vermeintlich modernen Verfahren ist gemeinsam, daß sie für Unternehmen, die im überschaubaren Planungszeitraum keine Überschüsse erwirtschaften, positive Unternehmenswerte abbilden. Bei Anwendung des Ertragswertverfahrens oder des DCF-Verfahrens sind Überschüsse bzw. positive Cash-Flows die grundlegende Basis für die Ermittlung eines positiven Unternehmenswertes. Wenn man nun z.B. versucht, durch die Berücksichtigung von Umsatzerlösen hohe positive Unternehmenswerte gutachterlich zu begründen, so dienen diese Werte nur einseitigen Interessen. Wenn ein Unternehmen im Planungszeitraum keine positiven Ergebnisse plausibel darstellen kann, so kann man auch auf die Ermittlung eines Unternehmenswertes, der den Charakter von »Kaffeesatzleserei« hat, verzichten. Die Erfahrungen mit den »Bewertungsblasen« eines Teils der Unternehmen des Neuen Marktes zeigen, daß die betriebswirtschaftliche Grundregel, die Einnahmen sollten regelmäßig größer sein als die Ausgaben, nach wie vor ihre grundlegende Bedeutung nicht verloren hat.

5.1.3.4   Substanzwertverfahren

Obwohl das Ertragswertverfahren und das Discounted-Cash-Flow-Verfahren von der Bewertungspraxis als adäquate Bewertungsverfahren anerkannt sind, lassen sich immer noch eine Fülle von Bewertungsgutachten finden, die den Substanzwert in den Mittelpunkt stellen. Der Substanzwert, der aus der Differenz zwischen der Aktivseite und der Passivseite der Bilanz unter Berücksichtigung der stillen Reserven und Lasten ermittelt wird, ist ungeeignet zur Ermittlung eines Verkaufs-/Kaufpreises oder zur Ermittlung eines Emissionspreises. Das Substanzwertverfahren wird allerdings immer noch in einzelnen Gesellschaftsverträgen als Basis für die Abfindung ausscheidender Gesellschafter gewählt. Ein Käufer/Verkäufer oder Anleger wird ein Unternehmen immer nach der zukünftigen Ertragskraft oder nach dem zukünftigen Cash-Flow beurteilen. Stille Reserven, die aus der Substanz resultieren, z.B. aus Grundstücken, werden ihren Niederschlag im Unternehmenswert durch ihren Verkehrswert finden oder sie werden sich indirekt in der Ergebnisrechnung niederschlagen.

Ein praktisches Ermittlungsschema für eine Substanzbewertung zeigt die Abbildung 23.

	Bilanz zum 31. Dezember 2001 T €	Stille Reserven T €	Bilanz nach Auflösung der stillen Resrven T €
Vermögenswerte			
Anlagevermögen			
Grund und Boden	2.000	6.000	8.000
Bauten	4.000	2.000	6.000
Technische Anlagen und Maschinen	2.500	500	3.000
Andere Anlagen, BuG	500	0	500
Umlaufvermögen			
Vorräte	1.000	500	1.500
Forderungen	500	0	500
Flüssige Mittel	200	0	200
Summe	**10.700**	**9.000**	**19.700**
Schuldenwerte			
Rückstellungen	2.700	700	2.000
Verbindlichkeiten	2.000	0	2.000
Summe	**4.700**	**700**	**4.000**

Substanzwert (Eigenkapital) =   = 15.700

+ Summe der betriebsnotwendigen Vermögenswerte
- Summe der betriebsnotwendigen Schulden

	10.700		9.000		19.700
-	4.700	+	700	-	4.000
	= 6.000	=	9700		**= 15.700**

Bilanzwert   **Substanzwert**

Abb. 23: Beispiel für die Ermittlung eines Unternehmenswertes nach dem Substanzwertverfahren

Das Beispiel zeigt die Bilanzwerte eines Unternehmens zum 31. Dezember 2001. Aufgeführt sind die Positionen der Aktivseite mit 10.700 € und die Schuldenwerte auf der Passivseite mit 4.700 €. Im Rahmen einer Due Diligence gelangt man zur Aufdeckung von stillen Reserven auf der Aktivseite in Höhe von 9.000 € und von stillen Lasten in Höhe von 700 €. Eine Einbeziehung dieser stillen Reserven und Lasten in die Bilanzwerte führt zu einem Wert von 19.700 € für die Aktivseite und von 4.000 € für die Passivseite.

Das durch Differenzenbildung ermittelte bilanzielle Eigenkapital von 6.000 € erhöht sich durch die Einbeziehung der stillen Reserven und Lasten auf einen Betrag von 15.700 €. Dieser Wert stellt das wirtschaftliche Eigenkapital und somit den Substanzwert des Unternehmens zum 31. Dezember 2001 dar.

5.1.3.5 Sonstige Verfahren

Sonstige Verfahren der Unternehmensbewertung, die sich meist aus einer Verbindung oder Vermischung von Ertragswert-, Discounted-Cash-Flow- oder Substanzwertverfahren ergeben sind z.B. das Mittelwertverfahren, das Übergewinnverfahren und das Stuttgarter Verfahren.

Beim Mittelwertverfahren wird der Unternehmenswert als einfaches arithmetisches Mittel z.B. zwischen einem Ertragswert und einem Substanzwert ermittelt. Weitere Varianten berücksichtigen unterschiedliche Gewichtungen bei dem Ertrags- oder Substanzwert. Eine solche Bewertungsvorgehensweise läßt sich an einem einfachen Beispiel demonstrieren. Gehen wir davon aus, daß der Ertragswert 35 Mio. € und der Substanzwert 25 Mio. € beträgt so läßt sich nach dem einfachen Mittelwertverfahren ein Wert von 30 Mio. € [(35 + 25)/2] ermitteln. Gewichtet man den Ertragswert mit dem Faktor 2, so beträgt der Wert rd. 32 Mio. € [((35*2) + 25)/3].

Bei dem Stuttgarter Verfahren handelt es sich um ein steuerliches Verfahren zur Bewertung nicht notierter Aktien und Anteile an Kapitalgesellschaften. Der Unternehmenswert wird durch Berücksichtigung des Vermögenswertes und der Ertragsaussichten des Unternehmens ermittelt. Der Vermögenswert ergibt sich unter Berücksichtigung von standardisierten Kürzungen und Hinzurechnungen durch den Einheitswert des Betriebsvermögens. Die Ertragsaussichten werden ebenfalls in standardisierter Berechnungsvorgehensweise durch Schätzung der künftigen Ertragslage ermittelt. Ausgangspunkt des Schätzwertes ist i.d.R. der Durchschnitt der Betriebsergebnisse der letzten drei Jahre.

Allen sonstigen Verfahren ist eine sehr pauschale Bewertungsvorgehensweise gemeinsam. Diese Pauschalität wird der Komplexität einer unternehmensindividuellen Unternehmensbewertung nicht gerecht und ist daher für die Bewertungspraxis grundsätzlich als ungeeignet abzulehnen.

5.1.4 Ein qualitatives Bewertungsverfahren – die Bewertung der Leisen Zeichen

5.1.4.1 Zentrale Bedeutung der Leisen Zeichen

Jede Unternehmensbewertung mündet letztlich in eine Zahl – ausgedrückt in einem Unternehmenswert. Erhebliche Unterschiede ergeben sich allerdings in dem Zustandekommen dieser Zahl. Während die meisten Bewerter die quantitativen Informationen in den Vordergrund ihrer Bewertung stellen, zeigen die praktischen Erfordernisse, daß neben einem als plausibel erachteten Zahlenwerk noch andere Einflußfaktoren den Erfolg eines Kaufs oder Verkaufs eines Unternehmens bestimmen.

Hier steht das Wissen des Managements und der Mitarbeiter sowie die Technologiekompetenz im Vordergrund. Eine solche Bewertung umfaßt neben dem Zahlenwerk zusätzlich qualitative Faktoren oder auch »Leise Zeichen«, die fast immer den Wert eines Unternehmens maßgeblich kennzeichnen.

Es geht weniger um die Wahl eines bestimmten Unternehmensbewertungsverfahrens. Die einer Mode folgende Anwendung jener Berechnungsverfahren, die aus dem amerikanischen oder angelsächsischen Umfeld nach Deutschland importiert worden sind, bestechen mehr durch ein komplexes mathematisches Rechenwerk als durch praktische Erfahrung. Prognosezeiträume von über vier Jahren vermitteln eine Scheingenauigkeit, die den Ansprüchen einer Unternehmensbewertung nicht gerecht werden.

Wichtig sind die branchenorientierte Beurteilung der Unternehmenskonzeption, die Qualität des Managements und der Mitarbeiter sowie die Technologiekompetenz.

Eine überschlägige Ermittlung der Bandbreite von Unternehmenswerten auf der Basis von Szenarien, in denen sich die Erfahrung des Bewerters widerspiegelt, ist allemal besser als die theoretisch richtige, auf der Grundlage eines komplexen mathematischen Zahlenwerkes basierende Bewertung. Die Prognoseproblematik bei der Unternehmensbewertung wird sich auch in der Zukunft allein durch formelmäßige Berechnungen nicht lösen lassen.

Die Unternehmensbewertung ist heute weniger ein Problem der quantitativen Beurteilung der Unternehmenskonzeption als vielmehr eine Frage, inwieweit man dem Management und den Mitarbeitern die Realisierung des Unternehmensplanes zutraut und das Unternehmen über Marktpotential und Absatzchancen verfügt. Die Frage des Unternehmensbewertungsverfahrens kann dabei nur eine sekundäre Rolle spielen. Eine damit verbundene Beurteilung der sog. »Leisen Zeichen« ist daher unabdingbar

5.1.4.2 Das Verfahren der qualitativen Bewertung

Bei der Bewertung der »Leisen Zeichen« steht die Erfahrung des Bewerters im Vordergrund. Nur durch eine ganzheitliche Betrachtung des Unternehmens, die durch eine Bewertung des Sach-, Finanz- und Sozialkapitals geprägt ist, läßt sich ein korrekter Unternehmenswert ermitteln. Während die quantitativen Verfahren die Bewertung des Sach- und Finanzkapitals in den Mittelpunkt stellen, wird sich eine qualitative Bewertung auf das Sozialkapital beziehen.

Erschwerend kommt für Unternehmen hinzu, daß der Gesetzgeber für das deutsche Bilanzierungssystem ausschließlich auf das Sach- und Finanzkapital abstellt, obwohl § 246 Abs. 1 HGB die vollständige Erfassung aller Vermögensgegenstände verlangt.

Gerade der ganzheitliche Bewertungsansatz fordert die Berücksichtigung des gesamten Vermögens. Dabei kommt dem Sozialkapital ein großer Anteil bei der Bewertung der Unternehmen zu.

Das Sozialkapital setzt sich aus dem Humanvermögen, Sozialvermögen und dem Wissensvermögen zusammen. Dabei kann als Humanvermögen das in ausgebildeten und lernfähigen Individuen repräsentierte Leistungsvermögen bezeichnet werden. Das Sozialvermögen ist der Ausdruck für bewährte und intakte soziale Strukturen, Traditionen, elementare Normen und Sanktionsmechanismen. Das Wissensvermögen bezeichnet das nicht an Personen gebundene, ökonomisch relevante Wissen, welches in Publikationen, Datenbanken und Plänen des Unternehmens zu finden ist.

Ziel der Bewertung des Sozialkapitals ist es, das Zustandekommen eines Wertes unter Berücksichtigung der spezifischen Wertmerkmale eines Unternehmens offenzulegen. Dies bedeutet, daß der Bewerter die sog. »Leisen Zeichen« einer Beurteilung zu unterziehen hat.

Als Instrument für eine solche Beurteilung kann ein Scoring-Modell herangezogen werden. Das Scoring-Modell wurde zuerst im Marketing angewandt und dient zur Bewertung von verschiedenen Produkten / Alternativen anhand von quantitativen und qualitativen Kriterien. Die Probleme bei diesem Verfahren liegen in der Auswahl und der Gewichtung der einzelnen Kriterien, da diese immer subjektiv vorgenommen werden.

Eine Übertragung auf die Bewertung des Sozialkapitals ist möglich. So lassen sich z.B. innerhalb des Humanvermögens die Mitarbeiterbasis innerhalb einer Kern- und Peripheriekompetenz sowie die Managementbasis bewerten. Aus dem Wissensvermögen kann eine Bewertung der Technologiekompetenz erfolgen.

Bei der Bewertung der Mitarbeiterbasis innerhalb einer Kernkompetenz kommen Bewertungskriterien wie gebotene Qualifizierungsmaßnahmen und die Leistungsfähigkeit, die sich in der Ausbildung, der beruflichen Erfahrung, der Weiterbildung und der Innovationsfähigkeit ausdrückt, zum Einsatz. Die Kernkompetenz könnte sich hierbei auf die hochqualifizierten Mitarbeiter beziehen, während sich die Peripheriekompetenz auf die übrigen Mitarbeiter erstreckt. Auch im Rahmen der Peripheriekompetenz läßt sich Leistungsfähigkeit bewerten. Weitere Bewertungskriterien könnten z.B. die Leistungsbereitschaft, die Humanvermögensschutzmaßnahmen, das Vergütungsniveau und Arbeitszeitregelungen sein.

Die Bewertungskriterien können 50 und mehr Einzelpunkte betreffen. Jedes einzelne Kriterium wird durch den Bewerter mit einem Prozentfaktor bewertet und dann bei einer Scoring-Bewertung bepunktet. Die Punkteskala könnte z.B. von 0 bis 5 reichen. Gewichtet man etwa das Kriterium berufliche Erfahrung mit 3% aus einem 50-er Gesamtkriterienkatalog und nimmt eine Bewertung innerhalb der Skala von 0 bis 5 mit 4 Punkten vor, so beträgt der gewichtete Wert 0,12 (3% x 4). Der maximale Wert im Beispiel beträgt 0,15 (3% x 5), die Abweichung zum Idealzustand somit 0,03 (0,15 – 0,12). Summiert über alle Kriterien gelangt man zu einer Gesamtabweichung vom Idealzustand aller (50) Kriterien.

Mit der gleichen Methode bewertet man das Management. Hierbei stehen z.B. die Bewertungskriterien kaufmännische Erfahrung, Geschäftsführererfahrung, Planungs-Know-how, Strategieerfahrung und Persönlichkeitsmerkmale wie Leistungsmotivation, Kreativität, Unternehmerorientierung, Belastbarkeit und Organisationstalent im Vordergrund. Auch hier wird die Summe aus einer Vielzahl von Einzelkriterien als Gesamtabweichung zum Idealbild errechnet.

Während man die Gruppen Mitarbeiter und Management branchenübergreifend bewerten kann, wird man bei der Technologiebasis Branchenspezifika berücksichtigen müssen. So läßt sich z.B. ein Biotechnologieunternehmen nach dem Umfang von Kooperationen, nach plattformtechnologischen Merkmalen wie Alleinstellungsmerkmal der Technologie, Patentschutz und Breite der Einsatzmöglichkeiten, nach den Wirkstoffentwicklungsmerkmalen und nach der Zeitzielerfüllung der Forschungsprojekte bewerten. Die Bewertung führt auch hier zu einer Gesamtabweichung von der Summe des Idealbildes.

Der Vorteil einer solchen Quantifizierung der »Leisen Zeichen« besteht darin, daß man aus einer Vielzahl von einzelnen Bewertungskriterien jeweils für die Bewertungsgruppe nachvollziehbare Argumentationen aus den Abweichungen von einem Idealbild erhält. Die einzelne Abweichung wirkt nur gering auf einen Unternehmenswert, in der Summe kann die Abweichung allerdings erhebliche Einflüsse haben.

Eine Berücksichtigung der Bewertungsergebnisse für das Sozialkapital bei der Ermittlung eines Unternehmenwertes nach den klassischen quantitativen Verfahren könnte in einem ersten Schritt wie folgt vonstatten gehen.

Den Ausgangspunkt bilden die Bewertungen der einzelnen Kriterien, die sich in der Summe wie folgt darstellen könnten:

	Mitarbeiterbasis	Managementbasis	Technologiebasis
Idealwert	5,00	5,00	5,00
Erreichter gewichteter Wert	2,75	2,78	3,55
Absolute Abweichung vom Idealwert	2,25	2,32	1,45
Gewichtung der Bewertung	30%	45%	25%
Relative Abweichung vom Idealbild	0,675	1,044	0,363
		2,0815 = 100%	
Einflußquote auf den Unternehmenserfolg	32,4%	50,2%	17,4%

Abb. 24: Beispiel für die Bewertung des Sozialkapitals

Besondere Bedeutung kann hierbei noch eine relative Gewichtung der einzelnen Bewertungsgruppen bekommen. Eine solche Gewichtung drückt z.B. den Einfluß jeder Bewertungsgruppe auf den Unternehmenserfolg aus.

Wenn sich nach Einschätzung des Bewerters eine Gewichtung von 30% für die Mitarbeiter, von 45% für das Management und von 25% für die Technologie ergeben, so bedeutet dies einen deutlichen Einfluß der Managementbasis auf den Unternehmenserfolg bzw. auf den berechneten Unternehmenswert.

Die eindeutige Dominanz des Managements im vorliegenden Fall wird sich auf den Unternehmenswert übertragen. Ansatzpunkte für eine Zusammenführung der quantitativen und der qualitativen Bewertung bieten Szenarien.

Die Szenario-Technik ist ein Verfahren, das aus einer Reihe von möglichen Ereignissen ein Gesamtbild erzeugt. Durch die Beschreibung alternativer Zustände werden unterschiedliche Fallgestaltungen transparent beschrieben. In der Praxis werden in der Regel drei unterschiedliche Szenarien untergestellt: für den schlimmsten Fall ein worst-case-scenario, für die günstigste Entwicklung ein best-case-scenario und für den wahrscheinlichsten Fall ein realistic-case-scenario.

Um die bei der Bewertung des Sozialkapitals ermittelten Ergebnisse in ein Bewertungskalkül zu übertragen, wird man, ausgehend von der relativen Bedeutung der Ergebnisse, ergebnisrelevante Positionen aus der Planungsrechnung mit alternativen Werten abbilden. So schlagen sich mögliche Schwächen im Management über die Fluktuation im Personalaufwand nieder oder eine geringe Motivation in der Produktivität und damit in der Position Materialaufwand. Unzureichende kaufmännische Erfahrung wird sich möglicherweise in unrealistischen Umsatzplanungen niederschlagen.

Die Kriterien aus der Bewertung des Sozialkapitals lassen sich so den einzelnen Umsatz-, Ertrags- und Aufwandspositionen zuordnen. Durch die damit rechenbaren Szenarien lassen sich z.B. unterschiedliche EBT-, EBIT-, NOPAT- oder Cash-Flow-Reihen berechnen, die dann im Ergebnis zu unterschiedlich hohen Unternehmenswerten führen.

Wegen der bei der Bewertung des Sozialkapitals nur geringen Einflüsse der einzelnen Bewertungskriterien auf den Unternehmenswert lassen sich die Szenarien besser begründen. Die »Atomisierung« der Argumentation bei der Begründung führt zu einer höheren Akzeptanz als die in der Praxis häufig vorzufindenden pauschalen Auf- oder Abschläge bei der Unternehmensbewertung.

5.1.5   Fazit

1. Eine Due Diligence stellt – unabhängig von dem angewandten Bewertungsverfahren – die Basisinformationen für die Ermittlung eines Unternehmenswertes zur Verfügung.

2. Bei der Frage nach dem Bewertungsverfahren ist im Vorfeld immer der konkrete Bewertungsanlaß zu klären. Diese Zweckabhängigkeit der Unternehmensbewertung setzt bereits bei der Konkretisierung des Anlasses für die Due Diligence an.

3. Gängige praktische Bewertungsverfahren sind das Ertragswert-, das Discounted-Cash-Flow-, die Vergleichs- und das Substanzwertverfahren.

4. Das Ertragswertverfahren wird bestimmt durch die Ermittlung eines nachhaltig erzielbaren Ergebnisses der Zukunft und durch einen meist gutachterlich ermittelten Kapitalisierungszinsatz. Es ist das von Wirtschaftsprüfern in Deutschland eindeutig präferierte Bewertungsverfahren.

5. Das international anerkanntere Verfahren ist das Discounted-Cash-Flow-Verfahren. Zentrale Bewertungsgrößen bei diesem Verfahren sind der für die Anteilseigner zur Verfügung stehende Free-Cash-Flow sowie ein gewichteter Kapitalkostensatz.

6. Die Anwendung des Discounted-Cash-Flow-Verfahrens wird bei der Bewertung mittelständischer Unternehmen auf Probleme stoßen, da diese Unternehmen häufig nicht über die Basisinformationen verfügen, die für die Berechnung des Free-Cash-Flow benötigt werden, wie z.B. eine aus einer Bilanzplanung abgeleitete Rückstellungs-, Vorrats-, Forderungs- und Verbindlichkeitenplanung.

7. Vergleichsverfahren bilden häufig eine erste Grundlage, um Anhaltspunkte über einen Unternehmenswert zu erhalten. Hierbei stehen die in den USA gebräuchlichen Verfahren wie Comparative Company Approach und Market Multiples im Vordergrund. Diese Verfahren finden in Deutschland nur eingeschränkt Anwendung, da die Informationen über vergleichbare Unternehmenstransaktionen nur eingeschränkt zur Verfügung stehen.

8. Ein Vergleichsverfahren, das in Deutschland zunehmend zur Bewertung von Emissionsunternehmen herangezogen wird, ist die Unternehmensbewertung mit Kurs-Gewinn-Verhältnissen. Diese Kennziffer ist ein Multiplikator, der ausdrückt, mit welchem Faktor der Gewinn, der auf eine Aktie entfällt, an der Börse bewertet wird.

9. Sach-, Finanz- und Sozialkapital sind eine notwendige Voraussetzung für den Unternehmenserfolg. Das Sozialkapital setzt sich aus dem Human-, dem Sozial- und dem Wissensvermögen zusammen. Ein mögli-

ches Instrumentarium, das Sozialkapital zu bewerten, ist ein Scoring-Modell. Scoring-Modelle stellen Gewichtungen für einzelne Kriterien, die das Human-, Sozial- und Wissensvermögen bestimmen, zur Verfügung. Eine Übertragung der Ergebnisse aus der Bewertung des Sozialkapitals auf eine Zahl kann mit Hilfe der Szenario-Technik erfolgen. Hierbei werden die zahlreich gewichteten Einzelkriterien im Hinblick auf ihren Einfluß auf EBT-, EBIT-, NOPAT- oder Cash-Flow-Reihen analysiert.

10. Bei einer Vielzahl von Einzelkriterien für die Bewertung des Sozialkapitals kann durch die damit zusammenhängende »Atomisierung« der Argumentation eine höhere Akzeptanz des ermittelten Unternehmenswertes erreicht werden als bei den in der Praxis häufig vorzufindenden pauschalen Auf- und Abschlägen vom Unternehmenswert.

5.2   Veränderungen aufgrund der Due Diligence

Die Ergebnisse der Due Diligence führen oft dazu, daß über die Feststellung der Ist-Situation hinaus ein konkreter Handlungsbedarf entsteht, der zu Änderungen innerhalb des geprüften Unternehmens oder der Übernahmekonzeption führt.

5.2.1   Veränderungen innerhalb des Unternehmens

Bei den Veränderungen innerhalb des Unternehmens sind die Sanierungsfälle von den Fällen zu unterscheiden, die im Rahmen einer aktiven Beteiligungsführung untersucht worden sind.

Eine solche Unterscheidung läßt sich bereits aus der zeitlichen Dringlichkeit ableiten. Bei einem Sanierungsfall ist es erforderlich, bestimmte Maßnahmen mit höchster zeitlicher Priorität durchzuführen, um das Unternehmen möglicherweise noch retten zu können. Bei der erforderlichen Reorganisation eines Beteiligungsunternehmens ist je nach Lage der Dinge von einer weniger dringlichen Situation auszugehen.

5.2.1.1 *Sanierungsunternehmen*

Zunächst stellt sich bei einem in Sanierung befindlichen Unternehmen die personelle Frage. Hier ist zu entscheiden, ob die Unternehmensleitung ausgetauscht, oder ob ihr ein externer erfahrener Sanierer zur Seite gestellt werden muß. Ein vollständiger Austausch wird nur in Extremfällen zu überlegen sein, etwa, wenn strafrechtlich relevante Handlungen der Unternehmensleitung dazu geführt haben, das Unternehmen in eine Schieflage zu bringen. In allen anderen Fällen wird eine externe Unterstützung sinnvoll und ausreichend sein, schon allein deshalb, um die unternehmensinternen Kenntnisse der bisherigen Geschäftsführung weiter zu nutzen.

Die Ausführungen zu den strategischen Schwächen des Unternehmens müssen zu einer Neuausrichtung des Unternehmens führen, die entweder eine Ausweitung oder eine Reduzierung des Unternehmens zum Gegenstand hat. Darüber hinaus sind Maßnahmen einzuleiten, die zu einer Stabilisierung des Unternehmens führen.

Eine Ausweitung des Unternehmens kann zu einer erheblichen Neuorientierung des Unternehmens bis hin zu einem »Umkrempeln« führen.
Hierzu sind differenzierte Projektpläne mit einem stringenten Zeitplan erforderlich, um die möglicherweise letzte Chance des Unternehmens nicht
verstreichen zu lassen. Die Due Diligence wird hier lediglich zu Ansätzen
und Hinweisen führen, daß das Unternehmen für die Bewältigung seiner
Aufgabe möglicherweise zu klein dimensioniert ist. Erforderlich sind aber
Markterhebungen, die die Voraussetzungen für ein weiteres Wachstum eru-
ieren. Diese Voraussetzungen sind dann umzusetzen.

Die Reduzierung des Unternehmens ist vorsichtig vorzunehmen. Die Unternehmensbereiche, die langfristig Verluste verursachen, sind von anderen
Bereichen abzugrenzen, die lediglich kurzfristig nicht erfolgreich gearbeitet
haben. Hier sind die Feststellungen der Due Diligence von großer Bedeutung, denn es besteht bei einer unkritischen Aufgabe von Geschäftsfeldern
das Risiko, daß ein bestimmtes Know how des Unternehmens für immer
verloren geht. Soweit es zur Aufgabe von Geschäftsfeldern kommt, ist bei
der Umsetzung zunächst die Frage zu klären, was mit den Arbeitnehmern
geschehen soll, die in dem aufzugebenden Bereich gearbeitet haben. Im gün-
stigsten Fall können sie in anderen Bereichen des Unternehmens, möglicherweise nach einer betriebsinternen Umschulung, eingesetzt werden. Wenn
das nicht möglich ist, sind die entsprechenden Kündigungen kurzfristig
auszusprechen, um die finanzielle Belastung aus ineffektiven Arbeitsplätzen
zu reduzieren.

Für die Stabilisierung des Unternehmens ist zunächst eine Ordnung der
finanziellen Lage erforderlich. Dafür sind Gespräche mit allen in Betracht
kommenden Personen oder Gesellschaften zu führen, die bereit sein könnten, dem Unternehmen Fremdmittel oder Eigenkapital zur Verfügung zu
stellen. In der Regel wird versucht, beides zu erhalten, um dem Unternehmen etwas mehr Freiraum für die Verwirklichung des Umstrukturierungs-
planes zu geben. Ansprechpartner sind neben den beteiligten oder neuen
Banken die Lieferanten, die ein besonderes Interesse an dem weiteren Bestand des Unternehmens haben, die öffentliche Hand, die sich um einen
Wegfall von Arbeitsplätzen sorgt, und schließlich Finanzinvestoren oder Beteiligungsgesellschaften, die sich bei einem lediglich finanziell verursachten
Sanierungsfall eine hohe Rendite bei einem Ausstieg nach der erfolgreichen
Sanierung des Unternehmens versprechen.

Zur Stabilisierung des Unternehmens sind auch alle Maßnahmen geeignet, die zu einer Vereinfachung der Abläufe im operativen Geschäft und in
der Verwaltung beitragen. Dazu ist es erforderlich, diese Abläufe, deren
Schwächen in der Due Diligence zumindest skizziert worden sind, im ein-

zelnen darzulegen und Vereinfachungen vor allem im Hinblick auf schnellere Entscheidungsmöglichkeiten durchzuführen. Insbesondere ist ein überdimensionierter Verwaltungsapparat abzubauen. Oft ist es auch erforderlich, die mittlere Managementebene entfallen zu lassen, die unnötig und schwerfällig geworden, den Kontakt zwischen der Unternehmensleitung und dem produzierenden Bereich erschwert hat. In diesem Zusammenhang ergeben sich in der Regel auch Kostensenkungspotentiale, die die Ertragskraft des Unternehmens stärken.

Schließlich sind Maßnahmen durchzuführen, die im Rahmen eines langfristiger angelegten Programmes die Effektivität der einzelnen Bereiche und Abteilungen des Unternehmens verbessern. Hierzu gehören neben der Produktion und der Materialbeschaffung auch der Vertrieb. Im Personalbereich sind die Möglichkeiten eines kurzfristigen Einsatzes freier Mitarbeiter zu bedenken.

Zu der Umsetzung der Feststellungen aus der Due Diligence gehört im weitesten Sinne auch die Suche nach einem geeigneten Partner des Sanierungsunternehmens oder die Einbringung des Unternehmens in eine Fortführungsgesellschaft.

5.2.1.2 Beteiligungsunternehmen

Die Due Diligence, die die Muttergesellschaft bei einer Beteiligungsgesellschaft durchführen ließ, kann in der Umsetzung im Extremfall dazu führen, daß die Beteiligung verkauft werden soll. Möglich ist auch die Entscheidung für die Verschmelzung dieser Beteiligung mit einem anderen Unternehmen des Konzerns. Schließlich kommen Verbesserungsmaßnahmen in Betracht, die die Einbindung des Unternehmens in den Konzern effektiver gestalten.

Die Entscheidung, sich im Anschluß an die Due Diligence von der Beteiligung zu trennen, kann Ausfluß einer besonders guten, aber auch einer besonders schlechten Einschätzung des Unternehmens sein. Im positiven Fall wird die Konzernleitung aufgrund des Ergebnisses der Due Diligence ein Going Public des Beteiligungsunternehmens entscheiden und über die Börseneinführung die Beteiligung an dem Unternehmen abgeben. In einem solchen Fall wird die Umsetzung der Due Diligence zu einer Vorbereitung der Börseneinführung dieses Beteiligungsunternehmens führen. Bei dieser Entscheidung wird sich in der Regel eine weitere Due Diligence anschließen – wenn die Vorbereitung einer Börseneinführung nicht von vornherein der Zweck der Prüfung war – , die die Verwendung des an der Börse aufzunehmenden Kapitals auf ihre betriebswirtschaftliche Plausibilität überprüft.

Bei einer grundsätzlich negativen Einschätzung des Beteiligungsunternehmens oder im Hinblick auf eine effektive Einbindung des Unternehmens im Konzern wird das Ergebnis der Due Diligence durch einen Verkauf oder sogar durch eine Stillegung des Unternehmens umgesetzt. Im Fall des Verkaufes werden die festgestellten Stärken und Schwächen des Unternehmens unmittelbar in die Vorbereitung der Verkaufsverhandlungen eingehen.

Denkbar ist als Ergebnis der Due Diligence auch eine Verschmelzung mit anderen Unternehmen des Konzerns. Das setzt jedoch eine Standortbestimmung aller Unternehmen im Konzern voraus, die für eine solche Verschmelzung in Betracht kommen.

Schließlich ist auch eine Verbesserung der Einbindung in operativer Hinsicht mit einem umfassenden Maßnahmenkatalog eine denkbare Umsetzung der Due Diligence eines Beteiligungsunternehmens.

5.2.2   Veränderung der Übernahmekonzeption

Bei dem Erwerb eines Unternehmens ist die industrielle und operative Einbindung in einen Unternehmensverbund oder mit dem Käuferunternehmen wichtig. Dieses Konzept geht von bestimmten Prämissen und Zielrichtungen aus. Im Anschluß einer Due Diligence kann sich herausstellen, daß die ursprünglich geplante Einbindung nicht mehr oder nur auf eine andere Weise möglich ist. In einem solchen Fall, vorausgesetzt, daß die Übernahme nicht aufgrund der geänderten Umstände gescheitert ist, ist eine neue unternehmerische Konzeption zu entwickeln, die die beiden Unternehmen in eine sich ergänzende Verbindung einfügt.

So ist z.B. eine neue Konzeption erforderlich, wenn sich herausstellt, daß die Kunden des zu übernehmenden Unternehmens mit dem Käuferunternehmen so in Konkurrenz stehen, daß nach Einbindung des zu erwerbenden Unternehmens aufgrund der neuen Konstellation ein Marktsegment wegfallen wird. Denkbar ist auch die Situation, in der sich die Produkte der beiden Unternehmen in einzelnen Bereichen nicht ergänzen, sondern ausschließen. Dann ist zu überlegen, welcher der beiden Produktbereiche aufgegeben werden muß und wie das organisatorisch zu managen ist.

Bei der organisatorischen Due Diligence kann sich z.B. ergeben, daß beide Unternehmen über bestimmte Abteilungen verfügen, die bei einem Zusammengehen in diesem Umfang nicht mehr erforderlich sind. Dann sind Maßnahmen zu ergreifen, eine der beiden Abteilungen stillzulegen und, so-

weit es sinnvoll erscheint, einzelne personelle Ressourcen der zu schließen-
den Abteilung in die andere Abteilung zu übertragen.

Die psychologische Due Diligence hat möglicherweise die Unverträglich-
keit bestimmter Bestandteile der Unternehmenskultur festgestellt. Dann
sind Überlegungen anzustellen, ob auf diese Bestandteile verzichtet werden
kann, ohne daß ein Qualitätsverlust auftritt. Das kann zu Änderungen in
beiden Unternehmen führen.

Nach Durchsicht der Ergebnisse der technischen Due Diligence ist möglicherweise eine Anpassung beider Produktionseinrichtungen erforderlich,
um einen gemeinsamen technischen Standard zu gewährleisten.

In steuerlicher Hinsicht kann sich die Situation ergeben, daß ein ursprünglich interessanter Verlustvortrag durch das Käuferunternehmen doch
nicht unmittelbar in dem zu übernehmenden Unternehmen genutzt werden
kann. Statt dessen muß ein Weg gefunden werden, wie durch entsprechende
Gestaltungen Gewinne in das zu übernehmende Unternehmen transferiert
werden können, damit dort eine Nutzung des Verlustvortrages ermöglicht
wird.

Möglich ist auch, daß die arbeitsrechtliche Situation der Mitarbeiter in
dem zu übernehmenden Unternehmen dazu führt, daß entgegen der ursprünglichen Konzeption ein kurzfristiger Abbau von Personal nicht möglich ist. Dann muß im Hinblick auf die Personalausstattung beider Unternehmen in einem gemeinsamen Unternehmen möglicherweise ein Personalabbau in dem Käuferunternehmen erwogen werden, was zu erheblichen
Änderungen in diesem Unternehmen führen wird.

An den wenigen Beispielen wird bereits deutlich, daß ein Übernahmevor-
gang eine sehr sensible Angelegenheit ist. Erst durch die Due Diligence wird
der Umfang der tatsächlich erforderlichen Maßnahmen erkennbar, die zu einer erfolgreichen Zusammenführung der beiden Unternehmen durchzuführen sind.

5.2.3   Fazit

1. Je nach Ziel der Due Diligence ergeben sich nach Abschluß der Erhe-
    bungen weitere Schritte, die die Erkenntnisse der Due Diligence direkt
    umsetzen. Insoweit ist eine Due Diligence immer mehr als nur eine Be-
    standsaufnahme. Darin liegt ein sehr beratungsintensiver Ansatz.
2. Bei einem Sanierungsfall führen die Erkenntnisse der Due Diligence im
    Hinblick auf die Ursache der Krise zu einem umfangreichen Maßnah-

menkatalog oder zur Bestätigung eines solchen Kataloges im Rahmen des Sanierungskonzeptes, der anschließend umgesetzt werden muß.

3. Eine zentrale Auswirkung der Due Diligence bei einem Sanierungsfall ist die Frage, ob die aktuelle Geschäftsleitung das Unternehmen weiterführen soll, oder ob ihr zumindest ein erfahrener Sanierer zur Seite gestellt wird.

4. Die im Rahmen einer aktiven Beteiligungsführung durchgeführte Due Diligence führt möglicherweise sogar zu Überlegungen, das Unternehmen zu liquidieren, es zu verkaufen oder es bei einer sehr positiven Einschätzung an die Börse zu bringen.

5. Im übrigen wird die Due Diligence bei einem Beteiligungsunternehmen zu organisatorischen Maßnahmen führen, die die Einbindung der Beteiligung in die Unternehmensgruppe verbessern.

6. Die Prämissen und Voraussetzungen für ein Konzept der Zusammenführung zweier Unternehmen können nach einem Unternehmenserwerb aufgrund der Erkenntnisse der Due Diligence völlig entfallen sein. Das führt dazu, daß ein neues Konzept erforderlich wird, wenn nicht die Zusammenführung ganz unterbleibt.

7. Diese Konzeptveränderung kann so weitgehend sein, daß sich sogar unmittelbar Änderungen bei dem Käuferunternehmen ergeben können.

8. Wesentliche Änderungen können sich bei der Einbindung der beiden Unternehmenskulturen ergeben.

9. In organisatorischer Hinsicht kann es aufgrund der arbeitsrechtlichen Problematik im Zusammenhang mit geplanten Freisetzungen zu einer völlig neuen Personalsituation kommen, die unmittelbare Auswirkungen auf das Käuferunternehmen hat.

10. Bei einem unterschiedlichen öffentlichen Verhalten der beiden Unternehmen, z.B. in der Art und Weise, wie Kulanzfragen geregelt werden, können die entsprechenden Erkenntnisse der Due Diligence zu einer gravierenden Veränderung im Verhalten der gesamten Gruppe führen.

5.3   Berücksichtigung im Kaufvertrag

Bei einem Unternehmenserwerb verhandeln die Parteien nach der Due Diligence über die Höhe des Kaufpreises und die Bedingungen, zu denen ein Unternehmen übernommen werden soll. Hier hat das Ergebnis der Due Diligence unmittelbare Auswirkungen auf den Unternehmenskaufvertrag.

5.3.1   Abhängigkeit der Gewährleistungsregelungen vom Umfang der Due Diligence

Es besteht ein unmittelbarer Zusammenhang zwischen dem Verfahren der Due Diligence und den Gewährleistungsregelungen im Kaufvertrag. Angesichts der Komplexität eines Unternehmens sind die Risiken für einen potentiellen Käufer zunächst nicht einmal annähernd einschätzbar. Angesichts der Größenordnung dieser Risiken und des bei ihrem Eintritt drohenden finanziellen Verlustes muß der Käufer ein Mindestmaß an Sicherheit erreichen, um das Risiko des Unternehmenserwerbes überhaupt auf sich nehmen zu können. Aus diesem Grund wird er vor dem Erwerb eine Due Diligence des zu erwerbenden Unternehmens vornehmen, um soweit als möglich die Chancen und Risiken einschätzen zu können. Da der Verkäufer des Unternehmens aber immer damit rechnen muß, daß ein Verkauf nicht zustande kommt, wird er, wenn der Interessent ein Konkurrent ist oder ansonsten Gefahr besteht, daß die Erkenntnisse aus der Due Diligence in irgendeiner Form den Konkurrenten zugetragen werden können, besonders sensible Daten des Unternehmens, wie z.B. die Kundenliste oder die interne Kalkulation der Preise, möglichst zurückhalten. Aus diesem Grund, und weil eine Due Diligence nie das gesamte Spektrum des Unternehmens darstellen kann, verbleibt auch nach Abschluß der Erhebungen für den Käufer ein erhebliches Risiko.

Deshalb wird der Käufer eines Unternehmens darauf dringen, daß ihm für besonders kritische Bereiche eine Gewährleistung eingeräumt wird, die die potentiellen Risiken ausdrücklich benennt und bei einem Eintreten klare finanzielle Auswirkungen beinhaltet. Da der Verkäufer demgegenüber sein Engagement in dem Unternehmen beenden und daher keine weiteren Risiken mehr tragen will, wird er in den Vertragsverhandlungen möglichst wenig Gewährleistungen übernehmen wollen.

Daher dient die Due Diligence zunächst einmal dazu, die Bereiche herauszufiltern, die grundsätzlich einer Gewährleistungsregelung bedürfen. Die Erfahrung zeigt, daß es in jedem Unternehmen branchentypisch einige Bereiche gibt, die besonders kritisch einzuschätzen sind.

Die Verhandlungen über die Gewährleistungsregelungen werden davon geprägt sein, wie umfangreich die Due Diligence durchgeführt werden konnte. Es ist nachvollziehbar, daß ein Käufer, der in großem Umfang auch Interna des Unternehmens einsehen konnte, eher mit einem nicht allumfassenden Gewährleistungskatalog einverstanden sein wird.

Neben der grundsätzlichen Abhängigkeit zwischen dem Umfang der Due Diligence und der Vereinbarung von Gewährleistungsregelungen sind auch Auswirkungen auf die Höchstgrenzen der Gewährleistung festzustellen. Eine umfassend durchgeführte Due Diligence wird bei Risiken auch eine erste Bandbreite der finanziellen Belastung darstellen, die mit dem Auftraggeber diskutiert wird. Die so ermittelte Bandbreite wird bei den Vertragsverhandlungen mit einbezogen.

5.3.2   Bilanzgarantie und Ergebnisgarantie

Die am weitesten gehenden Garantien im Rahmen eines Unternehmenskaufvertrages stellen Bilanz- und Ergebnisgarantien dar.

Insbesondere dann, wenn keine von einem Wirtschaftsprüfer geprüften Jahresabschlüsse der Gesellschaft vorliegen und/oder erhebliche Ungewißheit über die Werthaltigkeit von Aktiva oder die Vollständigkeit der Passiva dem Grund und der Höhe nach besteht, die auch durch die Due Diligence – aus welchen Gründen auch immer – nicht ausgeräumt werden konnten, wird der Käufer darauf dringen, daß ihm die Höhe eines bestimmten, in der Bilanz ausgewiesenen Eigenkapitals der Gesellschaft garantiert wird. Das ist eine sehr weitgehende Garantie, weil damit nicht nur einzelne Risikobereiche, sondern alle Bilanzpositionen abgedeckt werden. Der Verkäufer eines Unternehmens wird eine solche Garantie nur dann akzeptieren, wenn seine Verkaufsposition sehr schwach oder er sich der Werthaltigkeit des Eigenkapitals sehr sicher ist. Wenn eine solche Garantie gegeben wird, wird aber zugleich eine gesonderte Regelung erforderlich sein, die die im Rahmen des weitergeführten operativen Geschäftes auftretenden Bilanzveränderungen berührt. Beschränkt wird eine solche Garantie in der Regel auf Wertminderungen der Aktiva oder Erhöhungen der Passiva, die sich auf die Zeit vor dem Abschluß des Kaufvertrages zurückführen lassen. Darüber hinaus wer-

den in der Regel auch Mindestbeträge angesetzt bis zu deren Erreichen die
Garantieregelung nicht eintreten soll.

Noch weiter gehen Garantien für ein bestimmtes Ergebnis der Gesellschaft in den Planjahren. Wenn eine so weitgehende Regelung von dem
Käufer verlangt wird, wird es im Zweifel nicht zu einem Abschluß kommen,
weil sie dem Verkäufer ein nicht vertretbares Risiko aufbürdet. Da die Garantie absolut vereinbart wird, kann er nicht ausschließen, daß ein Ergebnis
durch andere, nicht durch ihn veranlaßte Umstände nicht erwirtschaftet
werden kann. Bei einer solchen Konstellation muß auch davon ausgegangen
werden, daß die Due Diligence so gut wie keine Sicherheit im Hinblick auf
die Ertragskraft des Unternehmens erreichen konnte. Auch das spricht dafür, von einem Verkauf des Unternehmens zunächst abzusehen, bis sich die
Situation soweit aufgeklärt hat, daß eine realistische Einschätzung des Unternehmens überhaupt möglich ist.

5.3.3   Vereinbarungen von Besserungsscheinregelungen

Da den Parteien eines Unternehmenskaufes bekannt ist, daß sich Garantien
für ein bestimmtes Eigenkapital oder sogar für das Eintreten eines bestimmten Ergebnisses in der Regel nicht durchsetzen lassen, hat man nach anderen
Möglichkeiten gesucht, um bei einem Unternehmen Unsicherheiten über die
zukünftige Ertragskraft im Kaufvertrag zu berücksichtigen.

Gerade bei jungen, sehr stark wachsenden Unternehmen, bei denen das
Unternehmen eine sich erheblich steigernde Ertragskraft in der Planungsrechnung vorträgt, die auch nach dem Ergebnis der Due Diligence als eher
optimistisch einzuschätzen ist, werden Regelungen vereinbart, die den Charakter eines Besserungsscheines haben. Damit wird, ausgehend von einem
bestimmten in dem Kaufvertrag festgelegten Ergebnis der Planjahre, für das
Überschreiten dieser Ergebnisse eine Erhöhung des Kaufpreises vereinbart.
Die Vorgaben für die Ermittlung des Ergebnisses werden in einem solchen
Fall aus den Erkenntnissen der Due Diligence gewonnen. Kritisch sind solche Vereinbarungen deshalb, weil ein zu erzielendes Ergebnis im Rahmen
der Bilanzgestaltung, z.B. mit der Bewertung der Vorräte oder bei der Bemessung der Rückstellungen, gezielt beeinflußt werden kann. Hier sind
Kontrollmechanismen, etwa durch die Einschaltung eines von Käufer und
Verkäufer unabhängigen Wirtschaftsprüfers, zu vereinbaren, die eine Umge-
hung der Regelung möglichst vermeiden.

5.3.4 Vereinbarungen einer Mitarbeit des bisherigen Gesellschafters

Soweit bei dem Erwerb eines Unternehmens mehr finanzielle als industrielle Interessen bestimmend sind, kann eine gewisse Garantiewirkung auch dadurch erzielt werden, daß der bisherige Gesellschafter gegebenenfalls weiterhin in der Unternehmensleitung verbleibt und/oder nicht alle Anteile an dem Unternehmen veräußert. Damit wird die weitere Entwicklung des Unternehmens durch die Einbindung der Interessen des Verkäufers gestützt. Es gibt eine Reihe von Fällen, bei denen dies gerade eine Voraussetzung dafür ist, daß sich der Käufer an dem Unternehmen beteiligt. Die Due Diligence hat in diesen Konstellationen im Rahmen der psychologischen Erhebungen herauszufiltern, ob ein Verbleib des bisherigen Gesellschafters in der Unternehmensleitung auch den gewünschten Effekt haben kann.

5.3.5 Fazit

1. Die Due Diligence wird bei einem Unternehmenserwerb in zweifacher Hinsicht umgesetzt. Zum einen wird mit der Unternehmensbewertung im Anschluß an die Due Diligence die Ermittlung des Kaufpreises vorbereitet. Zum anderen wirkt sich die Due Diligence auf den Umfang und den Inhalt von Gewährleistungsregeln aus.
2. Soweit sich Risiken in einem Unternehmen nicht abschließend klären lassen, besteht der Ansatz, in den Unternehmenskaufvertrag entsprechende Klauseln aufzunehmen, die dieses Risiko auf den Verkäufer verlagern.
3. Aus dem unmittelbaren Zusammenhang zwischen Due Diligence und Gewährleistungen im Kaufvertrag folgt, daß die Gewährleistungen umso umfangreicher sind, je weniger umfassend eine Due Diligence durchgeführt werden konnte.
4. Eine Aufgabe der Due Diligence besteht darin, die Bereiche zu ermitteln, die überhaupt in eine Gewährleistungsregelung des Kaufvertrages einbezogen werden müssen.
5. Soweit sich bei den Erhebungen die Bandbreite der finanziellen Auswirkungen bestimmter Risiken ermitteln lassen, können sie als Grundlage für die Gewährleistungen der Höhe nach in den Kaufvertrag einfließen.
6. Bei Unternehmen, die nicht auf geprüfte Jahresabschlüsse zurückgreifen können, oder wenn sich im Rahmen der Due Diligence Ansatzpunk-

te dafür ergeben, daß möglicherweise Aktiva zu hoch und Passiva zu niedrig oder nicht vollständig in der Bilanz enthalten sind, wird oft eine Garantie eines bestimmten Eigenkapitals in die Gewährleistungsregelungen mit aufgenommen.

7. Der Bedarf einer noch weitergehenden Garantie eines festgelegten Jahresergebnisses im Planungszeitraum ist ein Hinweis dafür, daß die Ertragslage des Unternehmens auch nach Durchführung der Due Diligence in sehr großem Maße ungeklärt ist. Eine solche Situation wird meistens dazu führen, daß ein Verkauf nicht zustande kommt. Der Verkäufer wird sich dieses Risiko schon deshalb nicht aufbürden, weil die Erwirtschaftung eines bestimmten Ergebnisses auch von Umständen abhängig sein kann, die er nicht zu vertreten hat.

8. Es bieten sich aber gerade bei sehr wachstumsstarken Unternehmen Regelungen an, wonach sich bei dem Erreichen bestimmter Ertragsziele eine Erhöhung des Kaufpreises ergibt. Hier kann die Due Diligence die Bandbreite vorbereiten, in der über eine solche nachträgliche Erhöhung verhandelt wird.

9. Soweit Besserungsregelungen vereinbart werden, sind Kontrollmechanismen durch die Einschaltung unabhängiger Wirtschaftsprüfer einzuführen, die eine Verfälschung des Ergebnisses durch die Ausnutzung von Bewertungswahlrechten oder Ermessensspielräumen weitgehend verhindern.

10. Im Rahmen der psychologischen Due Diligence kann auch überprüft werden, ob der bisherige Gesellschafter weiterhin Anteile an der Gesellschaft halten und in der Unternehmensleitung tätig sein soll, um dadurch den bisher tätigen Gesellschafter mit seinen Erfahrungen auch weiterhin im Unternehmen einzubinden.

5.4   Rating

5.4.1   Rating als Tätigkeitsfeld der Due Diligence

Die künftige Analyse der mittelständischen Unternehmen, im Hinblick auf die Fähigkeit ihren Kreditverpflichtungen nachzukommen, wirft die Frage auf, inwieweit sich Rating und Due Diligence entsprechen oder ergänzen.

Die an ein Mittelstandsrating gerichteten Anforderungen sind in hohem Maße deckungsgleich mit den Analysesegmenten der wirtschaftlichen, der technischen, der umweltlichen, der organisatorischen, der psychologischen, der rechtlichen, der steuerlichen und der finanziellen Due Diligence. Durch die Einbeziehung der Planungsrechnungen und der Qualität des Managements werden sich viele Details eines Rating mit den Details einer Due Diligence entsprechen. Die weitgehende Standardisierung und das Honorarvolumen eines externen Ratings, wird sich allerdings nur auf einer geringeren Detaillierungsebene mit der Analyse eines mittelständischen Unternehmens beschäftigen.

Daher wird eine Due Diligence immer weiter gehen und die unternehmerische Individualität stärker berücksichtigen. Während das interne Rating in seiner Zielrichtung auschließlich auf die Fähigkeit der Rückzahlung des Kredites und der Zinsen abstellt, wird sich ein externes Rating an weitere Adressaten richten. Hierbei spielen die Gesellschafter, neue Eigenkapitalgeber, die Lieferanten und die Kunden eine Rolle.

Durch diese hohen Übereinstimmungen mit einer Due Diligence, sind die mittelständischen Unternehmen gut beraten, auf die Erfahrungen der etablierten Due Diligence-Gutachter auch beim externen Rating zu vertrauen. Sei es, daß die Gutachter selber ein Bonitätseinstufung vornehmen sei es, daß sie als Rating-Berater zur Verfügung stehen.

5.4.2   Grundlagen des Ratings

Rating bedeutet so viel wie »bewerten« oder »abschätzen«, bzw. »Verhältniszahl« oder »Quote«. Rating umfaßt somit eine Leistungsbewertung eines Unternehmens. Konkretisierend kann man Rating, im Sinne von »credit rating,« auch als eine Wertung über die zukünftige Fähigkeit eines Unternehmens zur vollständigen und termingerechten Tilgung und Verzinsung bezeichnen. Somit steht die Schätzung der möglichen Ausfallwahrscheinlichkeit der Gläubiger (Kreditinstitut) im Vordergrund.

Ausgedrückt wird die Bewertung in Buchstaben-Symbolen. International gebräuchlich sind die Bewertungs-Symbole von Moody´s und Standard & Poor´s. Beide Gesellschaften sind die größten und international bekanntesten Rating-Agenturen. Symbole, wie z.B. AAA, AA-, BBB+, B- bis D für »Default« kennzeichnen die klassischen Rating-Skalen.

Das Rating hat seinen Ursprung in den USA und läßt sich bis zum Ende des 19. Jahrhunderts zurückverfolgen. Ein historischer Meilenstein kam dem Rating mit dem Beginn der Weltwirtschaftskrise in 1929 zu. In den folgenden Jahren entwickelte sich das Rating zu einem festen Bestandteil des amerikanischen Finanzmarktes. Seit den 70er Jahren des letzten Jahrhunderts lassen sich auch zunehmend deutsche Großunternehmen raten, um Anleihen an internationalen Märkten plazieren zu können. Der Bedarf an aktuellen Informationen über die Bonität eines Schuldners wächst mit der Zunahme neuer Finanzierungsformen stetig.

Die vielfältigen Diskussionen in Deutschland über die Finanzierung mittelständischer Unternehmen hat das Rating auch für diese Unternehmen ins Gespräch gebracht. Bedingt durch die hohen Ausfallraten von Krediten mittelständischer Unternehmen, aber auch den tendenziell niedrigen Margen im Kreditgeschäft, haben Banken bereits 1975 bei der Bank für internationalen Zahlungsausgleich in Basel einen Ausschuß für Bankenaufsicht institutionalisiert. Dieser sog. Baseler Ausschuß oder Baseler Akkord regelte 1988 die Risikoabhängigkeit von Krediten durch die Festschreibung einer Eigenkapitalreserve für die Herausgabe von Krediten (Basel I). Seit 1988 hat sich das Bankgeschäft stark verändert. Zahlreiche Finanzkrisen haben gezeigt, daß die Regelungen von Basel I nicht mehr zur Sicherung der Stabilität des internationalen Finanzsystems beitragen. Diesen Umstand hat der Baseler Ausschuß berücksichtigt und mit Basel II eine neue Eigenkapitalverordnung für international tätige Kreditinstitute verabschiedet. Die dazu erlassenen Richtlinien werden über EU-Richtlinien in nationales Recht – voraussichtlich bis 2005 – gesetzt.

Die neue Eigenkapitalvereinbarung (Basel II) basiert auf drei Säulen einer effektiven Bankenaufsicht. Die erste Säule umfaßt aufsichtsrechtliche Mindeststandards für die Eigenkapitalausstattung der Kreditinstitute, die zweite Säule beinhaltet eine laufende Überprüfung der Eigenkapitalausstattung durch die Bankenaufsicht und die dritte Säule fordert eine umfassendere Offenlegung von Geschäftsdaten zur Verbesserung der Marktdisziplin. Eine direkte Auswirkung auf die Kreditkonditionen mittelständischer Unternehmen wird die erste Säule haben. In Abhängigkeit von einer Ratingeinstufung werden die Kreditkonditionen über eine Risikogewichtung erheblich variieren.

Wird z.B. ein mittelständisches Unternehmen nach einem Ratingprozeß unter B- eingestuft, so muß die Bank bei einem Kreditrisikobetrag von 1 Mio. € bei einem festgelegten Risikogewicht von 150 % und 8 % Eigenkapitalhinterlegungsquote 120 T€ als Sicherheit darstellen können. Der mittelständische Unternehmer wird dann für einen solchen Kredit, in Abhängigkeit von bankenindividuellen Ausfallwahrscheinlichkeiten für die einzelnen Ratingeinstufungen, im Vergleich zur heutigen Kreditpraxis einen bis zu 100 % höheren Kreditzins bezahlen.

Die bankenindividuelle Ausfallwahrscheinlichkeit basiert auf historischen Daten der jeweiligen Bank; die Ratingeinstufung auf einem vom Kreditinstiut vorgenommenen internen Rating oder von einer anerkannten Ratingagentur vorgenommenen externen Rating. In der Praxis unterscheidet man zwischen zwei Arten von Bonitäts-Ratings. Zum einen gibt es die sog. internen Ratings, die von Kreditinstituten über ihre Kreditnehmer erstellt werden. Diese internen Verfahren basieren auf hausinternen computergestützten Systemen, die helfen, Aussagen über die Kreditwürdigkeit bzw. die Ausfallwahrscheinlichkeit von Krediten zu treffen. Das bankeninterne Rating geht weiter, als eine reine Kreditwürdigkeitsprüfung, da die Banken zunehmend auch zukunftsgerichtete Informationen in die Bewertung einfließen lassen. Zum anderen existieren bankenunabhängige Ratingagenturen, die sog. externe Ratings anfertigen. Diese Ratings sind unabhängig von den geschäftspolitischen Interessen der Kreditinstitute und können daher auch für unterschiedlichste Zwecke eingesetzt werden.

5.4.3 Mittelständische Unternehmen und Rating

Die Finanzierung ist die »Achillesferse« mittelständischer Unternehmen. Die Eigenkapitalquoten mittelständischer Unternehmen variieren, je nach Unternehmensgröße von durchschnittlich 16 % bis 32 %. Vor allem kleinere Unternehmen substituieren ihren Eigenkapitalbedarf durch langfristige Kredite und Gesellschafterdarlehen. Durch diesen Tatbestand werden besonders hohe Ansprüche an die Kreditversorgung mittelständischer Unternehmen gestellt. Im Vergleich zum Ausland spielen in der Bundesrepublik Deutschland die hohen Fremdfinanzierungsquoten sowie die langen Laufzeiten der Kredite eine besondere Rolle. So entfallen zur Zeit über 50 % der Fremdfinanzierungen auf Kredite mit Laufzeiten von fünf oder mehr Jahren.

Der Kapitalbedarf mittelständischer Unternehmen wird noch weiter zunehmen. Insbesondere durch die zunehmende Internationalisierung, den
voranschreitenden technischen Fortschritt, die erhebliche Verkürzung von
Produktlebenszyklen sowie die rapide Ausbreitung moderner Informations-
und Kommunikationstechnologien werden sich die Anforderungen für die
Kapitalbeschaffung weiter erhöhen.

Basel II wird die Rahmendaten für die Fremdfinanzierung in eine nach
Bonitätsklassen differenzierte Eigenkapitalunterlegung maßgeblich verändern. Vergegenwärtigt man sich die aktuelle Finanzierungssituation des
Mittelstands, so ist erkennbar, daß die mittelständischen Unternehmen vor
einer besonderen, existenzbestimmenden Herausforderung stehen. Aus dem
Blickwinkel von bonitätsschwachen Unternehmen werden sich durch die
obligatorische Einführung eines Ratings die Kreditkosten erheblich erhöhen.

Die Kreditinstitute haben schon begonnen, ihre Systeme zur Risikomessung und -steuerung beim Kreditvergabeprozeß den neuen Anforderungen
anzupassen. Damit ist es ein »Muß« für die mittelständischen Unternehmen,
sich schon jetzt mit dem Thema Rating auseinanderzusetzen. Nur die mittelständischen Unternehmen, die sich aktiv mit dem Thema Rating befassen
und auf die neuen Anforderungen vorbereitet sind, werden schmerzliche
Veränderungen ihrer Strukturen und Planungsprozesse vermeiden. Die Unternehmen müssen den Rating-Prozeß verstehen und seine Unabdingbarkeit
akzeptieren. Gerade auf diese Herausforderungen sind viele Unternehmen
noch nicht vorbereitet.

5.4.4   Der Rating-Prozeß

5.4.4.1   Anforderungen an ein Rating

Der mittelständische Unternehmer ist immer noch dadurch geprägt, daß er
möglichst wenig Informationen über sein Unternehmen an Dritte weitergeben
möchte. Durch die weitreichenden Anforderungen, die die Banken an seine
Informationsbereitschaft stellen werden, wird sich der mittelständische Unternehmer umstellen müssen. Hierbei wird er seine überwiegend steuerlich ausgerichtete Bilanzierung, die zu möglichst niedrigen Gewinnen führen soll, zugunsten einer größeren Erfolgsorientierung, die den Kreditinstituten die Möglichkeit der Rückzahlbarkeit der Fremdmittel aufzeigt, ändern müssen.

Weitere Anforderungen werden durch den Rating-Prozeß an den mittelständischen Unternehmer herangetragen. Hierbei stehen die Anforderungen

an die Unternehmensorganisation und an das Management, an das Rechnungswesen und Controlling und an die Planungskompetenz im Mittelpunkt.

Die organisatorische Aufstellung und die Fähigkeit des Unternehmers, in Krisensituationen zu agieren, sind für die Beurteilung über die Qualität der Unternehmensorganisation von besonderer Bedeutung. Gerade die Tatsache, daß eine Vielzahl von Insolvenzen in der mangelhaften Organisation und in Managementfehlern begründet sind, zeigt die Notwendigkeit der Organisation und des sachverständigen Managements auf.

Der Dokumentation der Unternehmensorganisation und der betrieblichen Abläufe kommt bei einem Rating eine wichtige Bedeutung zu. Die Nachvollziebarkeit spielt hierbei eine besondere Rolle. Eine schriftliche Dokumentation durch das Management ist hilfreich, insbesondere, um die Fähigkeit des Unternehmers, z.B. auf Krisen angemessen zu reagieren, abschätzen zu können.

Eine Beurteilung des Unternehmers selber ist eine unabdingbare Voraussetzung zur Rating- Einstufung. Hier werden die Analysen, die im Rahmen der psychologischen Due Diligence erläutert werden, zum Einsatz kommen können.

Ein weiteres notwendiges Instrument für die Risikofrüherkennung und die Möglichkeit, systematisch gegenzusteuern, ist ein zeitnahes und aussagefähiges Rechnungswesen sowie ein leistungsfähiges Controlling. Während das Rechnungswesen zumindest vorhanden ist, wird man bei der Mehrzahl mittelständischer Unternehmen ein Controllinginstrument suchen müssen. Das Rechnungswesen ist meist auf den Steuerberater verlagert. Damit ist zwar die fachliche Qualifikation sichergestellt, allerdings mangelt es immer noch an der zeitnahen Bereitstellung der Informationen. Wichtig in diesem Zusammenhang ist die Effizienz des Mahnwesens, die zeitnahe Erfassung der Geschäftsvorfälle sowie die fristgemäße Vorlage des Jahresabschlusses bei dem Kreditinstitut.

Problematischer verhält es sich mit einem leistungsfähigen Controllingsystem. In der Vorbereitung auf ein Rating muß sich der mittelständische Unternehmer ausführlich mit den vorhandenen Controlling-Instrumenten befassen. Er sollte sich insbesondere mit der Effektivität und der eigenen Nutzung zur Steuerung der Unternehmensabläufe beschäftigen. Hilfreich ist die Aufstellung und permanente Kontrolle unternehmensindividueller Kennzahlen. Die Steuerung eines Unternehmens über Kennzahlen ist immer dann anzuraten, wenn sonst keine weiteren Controlling-Instrumente vorliegen.

Wegen der grundsätzlichen Fragestellung, ob es einem Unternehmen gelingt, die erhaltenen Kredite fristgemäß zu tilgen und die Zinsen zu zahlen, steht die Zukunftsorientierung für den mittelständischen Unternehmer eindeutig im Vordergrund. Die Auseinandersetzung mit Plänen wird für viele Unternehmer etwas völlig neues darstellen. Wer die unternehmerische Praxis des Mittelstands etwas kennt, weiß, daß hierin die größte Herausforderung im Rahmen eines Rating-Prozesses liegt. Fragen der Strategie, des Wettbewerbs, des Marktes, die Aufstellung von Plänen (Ergebnis-, Liquiditäts-, Cash-Flow-Pläne etc.) werden erhebliche Anstrengungen verursachen. Wer bisher der Meinung war, daß er sein Unternehmen ohne Planungsrechnungen führen kann, wird sich bei der Anfrage nach Fremdmitteln umstellen müssen.

Diese neuen und vielschichtigen Anforderungen werden den mittelständischen Unternehmer nicht überfordern. Er wird allerdings noch einige Zeit benötigen, sich auf diese Anforderungen einzustellen. Der Druck der Kreditinstitute wird den Mittelstand aber dazu zwingen, in einem Rating-Prozeß diesen neuen Anforderungen auf mittlere Sicht zu entsprechen.

5.4.4.2   Der Prozeß eines internen Ratings

Das interne Rating wird, wenn auch bisher unter anderem Namen, seit Jahren von Kreditinstituten praktiziert. Die traditionelle Bonitätsbeurteilung als Kreditwürdigkeitsprüfung stützt sich auf die Analyse der Jahresabschlüsse. Anhand von EDV-Programmen und standardisierten Checklisten werden die Unternehmen im Hinblick auf die Rückzahlungsfähigkeit der Kredite analysiert.

Der Ablauf des internen Ratings wird sich dahingehend erweitern, daß nunmehr auch Planungsrechnungen sowie qualitative Aspekte einbezogen werden. Es werden alle Firmenkunden einem Rating unterzogen. Die Kreditinstitute werden umfangreiche quantitative Daten verarbeiten, die von den Unternehmen angefordert werden. Diese Informationen werden dann mit weiteren internen und externen Daten der Kreditinstitute abgeglichen und über ein statistisches Verfahren oder ein Scoring-Verfahren zu einem Bonitätsurteil verdichtet. Eine maßgebliche Rolle bei der Urteilsfindung spielen Branchen-Analysen.

Durch die weitgehende Standardisierung des Rating-Prozesses besteht die Gefahr, daß unternehmensindividuelle Spezifika nicht ausreichend berücksichtigt werden. Hinzu kommt die Intransparenz der Kreditinstitute bei der Urteilsfindung. Da jedes Kreditinstitut ein eigenes Rating-System anwendet, lassen sich die Urteile der einzelnen Institute nicht vergleichen. Die Unterschiede bestehen insbesondere in der Anwendung des statistischen

Verfahrens und des Scoring-Verfahrens sowie in der Gewichtung der drei Säulen: Vergangenheit, Zukunft und Management.

Gleichwohl wird das interne Rating der Kreditinstitute in der Zukunft auch unter Basel II die dominierende Rolle bei der Vergabe von Krediten an die mittelständischen Unternehmen spielen. Der Firmenkundenbetreuer wird zu einem betriebswirtschaftlichen Berater. Er wird eigenständig keine Kredite mehr zusagen können, ohne die Zustimmung aus dem Rating-Bereich eingeholt zu haben. Dies bedeutet, daß es keine Vertrauenskredite auch für langjährige, zuverlässige Kunden des Kreditinstitutes geben wird. Die Ermessensspielräume der Firmenkundenbetreuer erfahren eine erhebliche Einschränkung.

5.4.4.3 *Der Prozeß eines externen Ratings*

Ein externes Rating wird nur für die mittelständischen Unternehmen eine Bedeutung haben, die eine gewisse Unternehmensgröße bzw. einen größeren Kapitalbedarf haben. Für die kleinen Unternehmen dürfte sich ein externes Rating wegen der Kosten ausschließen.

Ein externes Rating wird auch nur dann eine Bedeutung haben, wenn die kreditgebenden Banken das Urteil der externen Rating-Agenturen akzeptieren. Ein Rating zum Selbstzweck, wie es einige Rating-Agenturen propagieren, wird keine Chance haben. Besonders die mittelständischen Rating-Agenturen argumentieren neben der Bonitätsbeurteilung mit der eingehenden Analyse, die ein externes Rating mit sich bringt und den damit zusammenhängenden Erkenntnissen, die Raum für weitere betriebswirtschaftliche Beratung geben sollen.

Anforderungen, die an eine externe Rating-Agentur gestellt werden, sind Neutralität, Glaubwürdigkeit, Seriosität und Branchenkompetenz. Die externe Agentur sollte in keiner Beziehung zum Unternehmen oder seinen Geschäftspartnern stehen. Besonders wichtig ist die Unabhängigkeit von Kreditinstituten. Die angewandten Beurteilungsverfahren müssen offengelegt werden. Die Transparenz der Urteilsfindung ist eine wichtige Voraussetzung für die Glaubwürdigkeit der Agentur. Die Mitarbeiter einer Rating-Agentur müssen ein hohes Maß an Sorgfalt und Sachlichkeit einbringen. Neben dem Verständnis für das Unternehmen und den unternehmerischen Zusammenhängen sind betriebswirtschaftliche Kenntnisse und Erfahrungen erforderlich. Insbesondere praktische betriebswirtschaftliche Erfahrung ist eine zwingende Voraussetzung. Schillernde Berufsbezeichnungen, wie »Certified Rating Analyst« werden die fehlende praktische Erfahrung nicht kompensieren. Die Frage der Seriosität des Analysten steht hier im Mittelpunkt. Die Anforderung an die Branchenkompetenz versteht sich von selbst. Allerdings ist dies nicht so zu verstehen, daß ausschließlich Branchenspezialisten gemeint sind. Welche katastrophalen Auswirkungen das Urteil von sog. Branchenspezialisten haben können, zeigen die nicht mehr zu zählenden Fehlbeurteilungen der »branchenerfahrenen« Finanzanalysten. Gemeint mit der Branchenkomptenz ist ein grundsätzliches Verständnis für die branchenspezifischen Spielregeln.

Wenn eine externe Rating-Agentur eingeschaltet wird, so vollzieht sich der Rating-Prozeß zwar nicht in einem starren Ablauf, dennoch lassen sich 10 typische Schritte aus der Rating-Praxis ableiten.

1 Entscheidung des Unternehmens, sich raten zu lassen
2 Vorabgespräch mit der Rating-Agentur
3 Terminabsprache für das Rating-Hauptgespräch
4 Übermittlung von Vorabinformationen
   (Schritt 2 – 4 Zusammenstellung der Informationen durch das Unternehmen)
5 Rating-Hauptgespräch im Unternehmen
6 Bonitätsanalyse der Agentur
7 Diskussion des Ergebnisses im Rating-Komitee der Agentur
8 Information des Unternehmens über das Rating-Ergebnis und ggf. Veröffentlichung
9 Diskussion des Bonitätsurteils mit dem Unternehmen
10 Evtl. Anpassung des Bonitätsurteils

Die Zukunft des externen Ratings wird sehr stark von den Kreditinstituten abhängen. Hinzu kommt die in der Bundesrepublik Deutschland noch nicht ausgeprägte Rating-Kultur. Mittelfristig könnten sich für die mittelständischen Unternehmen direkte Wege zum Kapitalmakt abzeichnen, die eine Unabhängigkeit von den Hausbanken und deren Bewertungen unterstützen. Externe Ratings könnten dann an Bedeutung gewinnen. Weiterhin lassen sich einzelne Analysebereiche, wie z.B. die Technologie, die Planungsrechnung oder die Beurteilung des Managements aus dem internen Rating-Prozeß herauslösen. Spezialistenwissen würde dann das interne Rating der Kreditinstitute ergänzen. Schließlich können Engpässe in der zeitnahen Umsetzung von Basel II dazu führen, anerkannte externe Rating-Agenturen einzuschalten.

5.4.5   Kosten und Nutzen eines Ratings

Unabhängig davon, ob ein internes oder ein externes Rating durchgeführt wird, entstehen Kosten. Zunächst einmal die im Unternehmen anfallenden internen Kosten, die durch die Vorbereitung und die Durchführung eines Ratings anfallen. Exakt zuordnen lassen sich die Kosten einer externen Agentur. Hierbei herrscht zur Zeit noch eine erhebliche Intransparenz über die Höhe. Zunehmender Wettbewerb wird hier für Marktpreise sorgen. Auch die Banken werden ihre Kosten weiterbelasten. Bisher erfolgt zwar keine direkte Berechnung. Es ist aber davon auszugehen, daß die Kosten der Kreditinstitute über Gebühren und über die Kreditkonditionen auf alle Kreditnehmer umgelegt werden

Um die Kosten für mittelständische Unternehmen in einem akzeptablen Rahmen zu halten, müssen die Rating-Kosten in einem entsprechenden Verhältnis zum Nutzen stehen. Hierbei liegt der Nutzen zum einen in der direkten Meßbarkeit durch bessere Kreditkonditionen und zum anderen in nicht direkt messbaren qualitativen Wirkungen.

Die qualitativen Wirkungen können sich z.B. aus der Erhöhung des Bekanntheitgrades durch die Veröffentlichung des Rating-Ergebnisses ergeben. Weiterhin kann der Nutzen darin bestehen, daß das Management durch ein Rating gezwungen wird, sich einer kritischen Beurteilung zu unterziehen und sich einem Vergleich mit den Wettbewebern zu stellen. Das Rating kann helfen, die Beziehung zwischen Unternehmen und Kreditinstitut zu objektivieren und zu verbessern. Weiterhin können sich mittelständische Unternehmen durch ein Rating weitere Finanzierungquellen erschließen. Auch für potentielle Eigenkapitalgeber kann ein Rating Informationen bereitstellen. Die Risikoidentifizierung kann ebenfalls gefördert werden. Durch die damit verbundene Sensibilisierung des mittelständischen Unternehmers kann ein Rating die Basis für die Anforderungen nach dem KonTraG liefern. Darüber hinaus liefern die Rating-Ergebnisse auch Informationen für die Gesellschafter, die Lieferanten, die Kunden und die Mitarbeiter.

Mögliche Nachteile sind weniger die Kosten und die Informationsansprüche. Aus einem ersten Rating folgt zwangsläufig ein jährlich aktualisiertes Rating. Dieser Automatismus wird vielen Unternehmen noch zu schaffen machen. Ein schwerwiegender Nachteil für die mittelständischen Unternehmen besteht in der Gradwanderung der externen Rating-Agenturen zwischen guter und schlechter Einstufung. Die Transparenz der Agenturen über das Zustandekommen der Bonitätseinstufung läßt noch erheblich zu wünschen übrig. Mögliche Haftungsregelungen für die Rating-Agenturen stehen noch aus.

Ein besonderes Augenmerk werden daher mittelständische Unternehmer auf die Auswahl der Rating-Agentur legen müssen.

5.4.6 Fazit

1. Die an ein Mittelstandsrating gerichteten Anforderungen sind in hohem Maße deckungsgleich mit den Analysesegmenten der wirtschaftlichen, der technischen, der umweltlichen, der organisatorischen, der psychologischen, der rechtlichen, der steuerlichen und der finanziellen Due Diligence.

2. Eine Due Diligence wird immer weiter gehen und die unternehmerische Individualität stärker berücksichtigen. Während das interne Rating in seiner Zielrichtung ausschließlich auf die Fähigkeit der Rückzahlung des Kredites und der Zinsen abstellt, wird sich ein externes Rating an weitere Adressaten richten und damit die reine Bonitätsbeurteilung verlassen.

3. Rating bedeutet eine Leistungsbewertung eines Unternehmens, d.h. eine Wertung über die zukünftige Fähigkeit eines Unternehmens zur vollständigen und termingerechten Tilgung und Verzinsung eines ausgereichten Kredits.

4. Durch die neue Eigenkapitalverordnung der international tätigen Banken (Basel II) wird sich jeder Firmenkunde vor Erhalt eines Kredits raten lassen müssen.

5. Durch die hohe Fremdfinanzierungsquote der mittelständischen Unternehmen wird eine Vielzahl von Unternehmen von einem Rating betroffen sein.

6. Ein Rating wird für die mittelständischen Unternehmen individuelle Kreditkonditionen mit sich bringen. Für die einen wird es zu einer Verteuerung der Kreditkonditionen führen, für anderen wird es die Kreditkonditionen verbilligen.

7. Die Anforderungen an die Informationsbereitschaft der mittelständischen Unternehmen wird durch das Rating steigen. Im Vordergrund werden neben den vergangenheitsorientierten Jahresabschlußinformationen die Qualität des Managements sowie die Plausibilität der Planungsrechnungen stehen.

8. Der interne Rating-Prozeß wird in jedem Fall von den Kreditinstituten vorgenommen. Für den Unternehmer besteht dabei das Problem, seine Beurteilung nicht immer nachvollziehen und das Ergebnis nicht für andere Kreditinstitute verwenden zu können.

9. Ein externes Rating durch Rating-Agenturen wird sich nur für Unternehmen auszahlen, die eine gewisse Größenordnung überschreiten sowie einen größeren Kapitalbedarf haben. Voraussetzung für die Akzeptanz des externen Ratings durch die Kreditinstitute ist die Akzeptanz der Gesellschaft, die das Rating durchführt.

10. Um die Kosten für mittelständische Unternehmen in einem akzeptablen Rahmen zu halten, müssen die Rating-Kosten in einem entsprechenden Verhältnis zum Nutzen stehen. Der Nutzen wird sich dabei auf meßbare günstigere Kreditkonditionen und auf nicht direkt meßbare qualitative Aspekte, wie z.B. die Erhöhung des Bekanntheitsgrades, die Informationsbereitstellung für die Gesellschafter, die Lieferanten, die Kunden und die Mitarbeiter beziehen.

6. Weiterentwicklung und Empfehlungen für eine Due Diligence

6.1   Folge-Due Diligence als neuer Standard der Berichterstattung über Unternehmen

6.1.1 Die Ausgangssituation

Wenn es um die Darstellung der Wertentwicklung eines Unternehmens im Verlauf der Zeit mit einer Einschätzung der zukünftigen Entwicklung geht, versagen alle herkömmlichen Informationsmittel, die teilweise gesetzlich vorgeschrieben sind wie der Jahresabschlußprüfungsbericht, teilweise durch unternehmerische Entscheidung im Rahmen einer Börseneinführung freiwillig übernommen wurden wie die Erstellung eines Börseneinführungsprospektes oder Quartalsabschlüsse und Ad hoc-Mitteilungen.

Die Informationen aus dem Jahresabschluß sind fast ausschließlich vergangenheitsbezogen, sieht man einmal von den inhaltlich unzureichenden Feststellungen im Lagebericht ab. Das gleiche gilt für die Quartalsberichterstattung.

Der Börseneinführungsprospekt enthält trotz seiner umfassenden Darstellung des Unternehmens und der relevanten Markt- und Wettbewerbssituation keine Aussagen über die Umsatz- und Ergebnisplanung der Gesellschaft. Solche Anmerkungen werden allenfalls auf Analystenkonferenzen vor der Börseneinführung gemacht.

Ad hoc-Mitteilungen können durchaus zukunftsrelevante Sachverhalte enthalten, aber es handelt sich in der Regel nur um Momentaufnahmen eines Unternehmensbereiches, nicht aber um eine Darstellung einer umfassenden Einschätzung des Unternehmens.

Vor diesem Hintergrund unzureichender und wirklich zukunftsbezogener Unternehmensinformationen für alle Beteiligten muß eine neue Unternehmensberichterstattung entwickelt werden, die die Entwicklung des Unternehmens auch im Hinblick auf die Zukunft transparent macht und ggf. erforderliche Gegenmaßnahmen ermöglicht. Das kann nur eine jährlich zu wiederholende Berichterstattung sein, die Auskunft über die sich geänderten Chancen und Risiken/Stärken und Schwächen des Unternehmens gibt und es erlaubt, die zu aktualisierende Planungsrechnung einem Plausibilitätscheck zu unterziehen.

Ein solches Verfahren ist die hier beschriebene jährliche Folge-Due Diligence eines Unternehmens, die zu einer jährlich sich verändernden Einschätzung des Wertes des Unternehmens führt. Sie geht als eine sharehol-

der-value-orientierte Berichterstattung weiter als ein jährlich zu wiederho-
lendes Rating, das im wesentlichen für die Einschätzung der Kreditrisiken
vorgenommen wird.

6.1.2   Die Philosophie und die Vorteile der Folge-Due Diligence

Unter einer Folge-Due Diligence wird eine regelmäßig zu wiederholende
Due Diligence verstanden. In dieser Analyse wird überprüft, wie sich das
Unternehmen mit seinen Chancen und Risiken/Stärken und Schwächen seit
der letzten Due Diligence entwickelt hat, wie die Soll-Ist-Analyse ausfällt,
und wie Abweichungen begründet werden können. Darüber hinaus wird
die alte Planung auf eine erforderliche Anpassung hin überprüft. Schließlich
werden konkrete Managementempfehlungen ausgesprochen, die sich auf
aufgedeckte Schwachstellen des Unternehmens beziehen. Damit geht die
Folge-Due Diligence mit ihrem zukunftorientierten Analyseansatz weit über
die Aussagekraft eines Jahresabschlußprüfungsberichtes hinaus.

Die Folge-Due Diligence ist zunächst einmal ein wirksames Überwachungsinstrument für den Aufsichtsrat und für den Vorstand. Für den Aufsichtsrat ist die Vorlage von Folge-Due Diligence-Berichten gleichzeitig ein
effektiver Nachweis, daß er seiner Aufsichtspflicht in einem Maße nachge-
kommen ist, das über die normale Aufsichtätigkeit eines Aufsichtsrates
deutlich hinausgeht. Im Hinblick auf die persönliche Haftung der Aufsichtsratsmitglieder nach dem KonTraG ist ein solcher Nachweis von großer Bedeutung.

Für eine Beteiligungsgesellschaft ist die Folge-Due Diligence ein wichtiges Aufsichtsinstrument im Rahmen der Beteiligungsführung. Aus ihr läßt
sich auch ableiten, ob eine Beteiligung schon für einen Exit reif geworden
ist, sei es über einen Börsengang oder durch den Verkauf an einen industri-
ellen Investor. Selbst wenn die Beteiligungen regelmäßig aktuelle Zahlen,
möglicherweise nach einem einheitlich vorgegebenen Schema, zur Verfügung stellt, reicht das für eine tiefgehende Einschätzung des operativen Ge-
schehens nicht aus. Insbesondere dann, wenn die Beteiligungsgesellschaft
eine Vielzahl von Beteiligungen zu überwachen hat, kann durch die Einschaltung eines Gutachters ein wirkungsvolles outsourcing der Beteili-
gungsüberwachung betrieben werden.   Aus diesem Grund gehen immer
mehr Beteiligungsgesellschaften dazu über, bereits beim Eingehen einer Beteiligung eine Mitwirkungspflicht des Unternehmens zu einer Folge-Due
Diligence vertraglich festzulegen.

Gegenüber den kreditgebenden Banken des Unternehmens zeigt ein Unternehmen, das regelmäßig eine Folge-Due Diligence durchführen läßt und die Ergebnisse der Bank zur Verfügung stellt, daß es auch im Interesse der Bank risikobewußt mit dem Unternehmen und den anvertrauten Fremdmitteln umgeht. Die damit bewirkte Vertrauensbildung bei der oder den Hausbanken erleichtert eine Erweiterung der Kreditlinie und ermöglicht das Verhandeln günstigerer Zins- und Sicherungsbedingungen. Die weitergehende Folge-Due Diligence dürfte gerade vor dem Hintergrund der sich wegen des im Zuge von Basel II verschärfenden Kreditumfeldes von großer Bedeutung sein.

Für Kunden kann die Folge-Due Diligence ebenfalls zu den vertrauensbildenden Maßnahmen gehören, insbesondere dann, wenn es um das Vertrauen in einen langfristigen Bestand des Unternehmens als Zulieferer geht.

Sollte sich im Zusammenhang mit den Feststellungen einer Folge-Due Diligence das Vorhandensein von Management- oder Organisationsfehlern herausstellen, so kann ein rechtzeitiger Anstoß für erforderliche Anpassungsmaßnahmen gegeben werden, wie es sonst nur durch kostspielige Beratungsaufträge erreicht werden kann.

Die Analyse des Unternehmens im Rahmen einer Folge-Due Diligence sollte durch spezialisierte externe Unternehmensbewertungsgutachter vorgenommen werden. Von einer Beauftragung des Jahresabschlußprüfer sollte Abstand genommen werden. Zum einen liegt bei ihm wegen der Nähe zum Unternehmen ein conflict of interests vor. Zum anderen ist der Focus eines Jahresabschlußprüfers überwiegend auf eine Darstellung einer zahlenmäßigen Entwicklung in der Vergangenheit gerichtet, reicht also für eine Einschätzung des Marktumfeldes und der Plausibilität einer Planung in der Regel nicht aus.

6.1.3   Das Verfahren der Folge-Due Diligence

Das Verfahren der Folge-Due Diligence ähnelt in vielen Punkten der eigentlichen Due Diligence. Es gibt aber einige Besonderheiten, die in zeitlicher Hinsicht und im Hinblick auf die Unterlagen zu beachten sind, um eine effektive Durchführung zu gewährleisten.

6.1.3.1 Zeitraum und Stichtag

Die Folge-Due Diligence sollte jährlich durchgeführt werden. Längere Zeiträume als ein Jahr bieten sich nicht an, weil dann der Betrachtungszeitraum zu lang ist, um gegebenenfalls erforderliche Anpassungen im Unternehmen vornehmen zu können. Für den Zeitpunkt sollte der Zeitraum nach Vorlage des Jahresabschlußprüfungsberichtes aber noch vor der Hauptversammlung oder der Gesellschafterversammlung gewählt werden, so daß die Ergebnisse der Folge-Due Diligence noch dort zum Gegenstand gemacht werden können.

6.1.3.2 Erforderliche Unterlagen

Für eine Folge-Due Diligence sind alle Unterlagen vorzulegen, die die Entwicklung des vergangenen Jahres betreffen. Das sind der Jahresabschlußprüfungsbericht sowie Quartalsberichte und Monatsauswertungen, um die Entwicklung der Umsätze und des Ergebnisses innerhalb des Jahres nachzuvollziehen. Neben Ad hoc-Mitteilungen sind auch alle Presseberichte über das Unternehmen vorzulegen. Für den Bereich der Marktrecherche sind Unterlagen erforderlich, aus denen sich die aktuelle Entwicklung des Marktes und das Verhalten der Marktteilnehmer in diesem Segment ergibt. Insbesondere ist von Interesse, ob neue Wettbewerber aufgetreten sind oder ob es Zusammenschlüsse gegeben hat, durch die eine neue Qualität des Wettbewerbes entstanden ist.

Im rechtlichen Bereich sind alle geänderten bzw. neuen Verträge beizubringen, soweit sie für die Einschätzung der Finanz- und Ertragslage der Gesellschaft von Bedeutung sind oder werden können. Soweit Rechtstreitigkeiten bestehen, ist von dem betreuenden Anwalt eine Stellungnahme zu der nun aktuellen Einschätzung eines möglichen Ausganges der Prozesse einzuholen.

Darüber hinaus sind die allgemeinen Unterlagen für eine Due Diligence zusammenzustellen. Erleichtert wird das, wenn der Gutachter im Unternehmen bereits eine Due Diligence durchgeführt hat und damit über die Basisunterlagen des Unternehmens verfügt.

6.1.4. Die Prüfungsschwerpunkte

Gegenstand der Folge-Due Diligence sind die Analyse des letzten Jahres, die Planung des laufenden Jahres und der weiteren Jahre und neu entstandene Risiken sowie Risiken, die auf Grund ihrer schwachen Ausprägung bisher noch nicht ergebnisrelevant geworden sind.

6.1.4.1 *Die Vergangenheit*

Im Überblick ist ausgehend von der Planung für das vergangene Jahr das Erreichen von geplanten Meilensteinen der Unternehmensentwicklung zu untersuchen. Hierbei handelt es sich nicht nur um strategische Zielsetzungen, wie zum Beispiel die Besetzung eines neuen Marktsegmentes auf Produktebene oder in regionaler Hinsicht oder die Ausweitung von bestimmten Marktanteilen. Es geht auch um die Umsetzung von geplanten operativen Vorhaben, wie zum Beispiel die Einrichtung einer neuen Fertigungsstätte. Soweit solche Vorgaben nicht erreicht worden sind, sind die Ursachen dafür darzustellen und zu kommentieren, die außerhalb aber auch innerhalb des Unternehmens liegen können.

Soweit es Änderungen im operativen Bereich der Gesellschaft gegeben hat, sei es in der Produktion, dem Vertrieb oder der allgemeinen Organisation, sind sie zu analysieren und zu würdigen.

In einem nächsten Schritt ist die Ergebnisrechnung des vergangenen Jahres aus den Jahresabschluß mit den einzelnen Posten der Planergebnisrechnung für das letzte Jahr einer Soll/Ist – Analyse zu unterziehen.

Bei den Umsatzerlösen sind die absoluten Zahlen aber auch die Aufteilung auf einzelne Umsatzbereiche miteinander zu vergleichen, um die unterschiedlichen Entwicklungen aufzeigen zu können. Für die Aufwandsposten sind eher die relativen Verhältniszahlen zum Umsatz von Bedeutung. Insbesondere eine Verschlechterung der Aufwandsrelation ist im einzelnen darzustellen. Soweit es wesentliche Abweichungen gibt, sind sie im einzelnen zu begründen.

Das finale Element der Abweichungsanalyse besteht aber darin, aus den Abweichungen Schlußfolgerungen für die Entwicklung in der Zukunft zu ziehen. Daher ist es erforderlich, die Abweichungen auf außerordentliche und aperiodische Posten hin zu untersuchen. Möglicherweise führt die Eliminierung dieser Posten zu einer Nivellierung der Abweichung, möglicherweise verdecken aber außerordentliche Erträge negative Abweichungen von der Planergebnisrechnung. Nur aus der Analyse eines um die außerordentlichen und aperiodischen Erträge und Aufwendungen bereinigten operativen Ergebnisses lassen sich Schlußfolgerungen für die Zukunft ziehen.

Aus Sicht eines Eigenkapitalgebers ist die Verwendung der Kapitalzuflüsse von herausragender Bedeutung. Viele Beteiligungsgesellschaften nehmen eine Finanzierung in enger Abstimmung mit dem Erreichen von bestimmten vorher definierten Meilensteinen vor. In solchen Fällen muß überprüft werden ob die Verwendung der Geldzuflüsse effektiv für die geplanten Vorhaben verwendet worden sind. Dasselbe gilt aus der Sicht der Aktionäre eines an die Börse eingeführten Unternehmens im Hinblick auf die Verwendung des Emissionserlöses.

Soweit aus einer vorhergehenden Folge-Due Diligence oder aus einer Vorgabe des Aufsichtsrates oder anderer Gremien ein Maßnahmenkatalog zur Beseitigung von Schwachstellen im Unternehmen aufgestellt worden ist, muß dessen Umsetzung begutachtet werden und gegebenenfalls noch ausstehende Maßnahmen in einen aktualisierten Katalog einbezogen werden.

6.1.4.2   Die Zukunft

Zunächst einmal ist ausgehend von den aktualisierten   Markt-/Wettbewerbsdaten das Umfeld des Unternehmens neu zu bestimmen. Hieraus können sich erhebliche Auswirkungen auf die strategische und operative Ausrichtung des Unternehmens ergeben.

Ausgehend von der Entwicklung in der Vergangenheit ist der gegebenenfalls fortgeschriebene Plan zu analysieren. Dazu sind die Einzelpläne zur Produktion, zum Umsatz, zu der Personalentwicklung, zu den einzelnen Aufwendungen bis hin zu einem differenzierten Liquiditätsplan auf eine Stimmigkeit des Mengengerüstes zu überprüfen. Die Aktualisierung des Planes folgt den Anforderungen einer Plausibilitätsprüfung im Rahmen jeder Unternehmensbewertung bis hin zu der Überlegung, ob für die Planung Szenarien gerechnet werden müssen, um Sensitivitäten einzelner kritischer Ertrags- oder Aufwandspositionen Rechnung zu tragen.

Besondere Anforderungen werden an die Plausibilität der Hochrechnung des laufenden Jahres gestellt. Soweit hier bereits ein Quartalsergebnis vorliegt, ist es ebenso wie die Ergebnisrechnung des vergangenen Jahres zu analysieren und um außerordentliche und aperiodische Erträge und Aufwendungen zu bereinigen, bevor im Wege der Hochrechnung gegebenenfalls unter Berücksichtigung aus der Vergangenheit deutlich gewordener saisonaler Schwankungen der Umsatz und das Ergebnis des ganzen Jahres eingeschätzt werden kann.

Soweit aus einem Kapitalzufluß durch eine Beteiligungsgesellschaft oder im Rahmen einer Börseneinführung noch Investitionsmittel vorhanden sind, ist auf den aktualisierten Investitionsplan zu achten, der einer eigenständigen Plausibilitätprüfung unterzogen werden muß.

6.1.4.3   Die Risiken

Im Rahmen einer rechtlichen Überprüfung sind sämtliche neu abgeschlossene wesentlichen Verträge auf Risiken zu untersuchen, die gegebenenfalls in Ertrags- oder Aufwandsposten der Planung berücksichtigt werden müssen. Dies hat auch für das bereits vorhandene Vertragswerk zu erfolgen, insbesondere wenn sich abzeichnet, daß aus einer Veränderung der vertraglich vorgesehenen Umstände zusätzliche Aufwendungen auf die Gesellschaft zukommen können, zum Beispiel Rückbauverpflichtungen aus einem auslaufenden Mietverhältnis oder Abfindungen aus geplanten Kündigungen.

Soweit steuerliche Außenprüfungen durchgeführt werden, sind mögliche Steuernachzahlungen zu überprüfen.

Der mögliche Ausgang schwebender Rechtsstreitigkeiten ist nach den letzten Erkenntnissen mit dem beauftragten Prozeßanwalt zu aktualisieren.

Soweit Risiken neu entstanden oder bereits bestehende aufgedeckt worden sind, sind die Rückstellungen des letzten Jahresabschlusses darauf zu überprüfen, ob sie die Risiken vollständig erfassen. Andernfalls ist in der Planung ein gesonderter Aufwand für eine weitere Zuführung zu diesen Rückstellungen einzuplanen.

Im Rahmen der Organisationsprüfung bei einer Folge-Due Diligence ist eine Analyse des Rechnungswesens, des Controllings und des Internen Kontrollsystems anhand der Monatsabschlüsse und anderer Informationen für den Vorstand erforderlich, um insbesondere sicher zu stellen, daß deren Umfang mit dem operativen Geschäft mit gewachsen ist.

Schließlich ist auch bei der Folge-Due Diligence auf die sogenannten Leisen Zeichen einzugehen, um festzustellen, ob latente Risiken entstanden sind, die sich erst später in einer Verschlechterung der Ertragslage des Unternehmens auswirken.

6.1.5 Fazit

1. Der Jahresabschluß und Verpflichtungen börsennotierter Gesellschaften aus Quartalsabschlüssen und Ad hoc-Mitteilungen erlauben aufgrund ihrer Aussagequalität keine Rückschlüsse auf die zukünftige Entwicklung der Ertragskraft des Unternehmens.
2. Der Börseneinführungsprospekt mit einer umfassenden Darstellung des Unternehmens und seiner Chancen/Risiken und Stärken/Schwächen beinhaltet keine Darstellung der Planung. Die bei Analystenkonferenzen vorgestellten Planzahlen des Unternehmens werden nicht fortgeführt und jeweils plausibilisiert.
3. Die Folge-Due Diligence ist eine regelmäßig zu wiederholende Analyse des Unternehmens, in der die zukünftige Entwicklung des Unternehmens vor dem Hintergrund der Entwicklung im letzten Jahr neu analysiert wird.
4. Die Folge-Due Diligence ist ein wirksames Überwachungsinstrument für den Aufsichtsrat und den Vorstand auch im Hinblick auf die Haftungsrisiken aus dem KonTraG.
5. Für Beteiligungsgesellschaften ist sie ein Instrument effektiver Beteiligungsführung und erlaubt auch Feststellungen über einen möglichen Verkauf der Beteiligung.
6. Gegenüber kreditgebenden Banken ist die Vorlage eines Gutachtens über eine Folge-Due Diligence ein vertrauensbildendes Mittel, das bei der Ausreichung neuer Kredite oder bei der Verhandlung besserer Konditionen eingesetzt werden kann. Auch bei Kunden des Unternehmens läßt sich durch diese Information Vertrauen in den langfristigen Bestand des Unternehmens bilden.
7. Bei der Feststellung negativer Sachverhalte im Unternehmen gibt die Folge-Due Diligence weiterführende Managementempfehlungen, wie sie sonst nur im Rahmen von kostspieligen Beratungsprojekten entstehen.
8. Schwerpunkte der Folge-Due Diligence sind die Soll/Ist-Analyse des letzten Jahres, die Überprüfung bestehender und neu entstandener Risiken und die Plausibilisierung der aktualisierten Planung.
9. Im Rahmen der Beteiligungsführung sind das Erreichen vereinbarter Meilensteine und die Verwendung des zur Verfügung gestellten Kapitals von Bedeutung.
10. Die Folge-Due Diligence sollte durch einen darauf spezialisierten Unternehmensbewertungsgutachter durchgeführt werden. Kostenvorteile ergeben sich aus der turnusmäßigen Beauftragung eines Gutachters, da dann auf die Erhebung der Basisunterlagen des Vorjahres zurückgegriffen werden kann.

6.2   Empfehlungen

Bei mittelständischen Unternehmen, bei denen eine Due Diligence zum ersten Mal durchgeführt werden soll, bestehen Unsicherheiten, wie sich die
Geschäftsleitung gegenüber den Gutachtern verhalten und wie die Due Diligence vorbereitet werden soll.

Hier haben sich aus den praktischen Erfahrungen heraus zehn allgemeine
Regeln der erfolgreichen Vorbereitung einer Due Diligence bewährt, die in
Abbildung 25 zusammengestellt worden sind.

---

1. Stellen Sie alle einschlägigen Unterlagen zum Unternehmen kom-
    plett und übersichtlich aufbereitet in Kopie zusammen!

2. Sorgen Sie für einen kompetenten und zeitlich freien Gesprächs-
    partner!

3. Lassen Sie dem Gutachter Zeit und Gelegenheit, Ihr Unternehmen
    zu verstehen!

4. Achten Sie auf außerordentliche und periodenfremde Posten der
    GuV in den vergangenen drei Jahren!

5. Räumen Sie den Betrieb auf!

6. Halten Sie externe Marktstudien bereit!

7. Scheuen Sie negative Punkte nicht!

8. Unterlegen Sie alle Posten der Planergebnisrechnung mit einem
    plausiblen Mengengerüst und entsprechenden Begründungen!

9. Stellen Sie für die Planung unterschiedliche Szenarien auf und ver-
    meiden Sie eine zu optimistische Einschätzung der Zukunft!

10. Wenn die Due Diligence durch den Gutachter eines Dritten z.B.
    eines Käufers oder einer Bank durchgeführt werden soll, führen Sie
    im Vorfeld eine Due Diligence durch einen von Ihnen beauftragten
    Gutachter durch!

Abb. 25: Empfehlungen für die erfolgreiche Vorbereitung einer Due Diligence

Anhang

Anhang I:
Standardisierte Zusammenstellung der Unterlagen und Informationen für eine Financial Due Diligence

Die folgende Auflistung ist eine Hilfestellung für das zu begutachtende Unternehmen für die Zusammenstellung von Unterlagen und Informationen. Sie ist nicht abschließender Natur, kann aber auch Punkte enthalten, die für das Unternehmen nicht zutreffen.

I. Allgemeines

❐   Aktuelle Imagebroschüre
❐   Zusammenfassendes Prospektmaterial
❐   Geschäftsberichte der letzten drei Jahre
❐   Pressemappe
❐   Firmenvideo, CD

II. Plan und Bilanz

1. *Planung*

❐   Überblick über die Firmenstrategie
❐   Erläuterung zum Planungssystem und der verwendeten Prämissen (Factbook)
❐   Einzelpläne zu Absatz, Produktion, Personal, Investitionen und Liquidität (Ergebnis-, Cash-Flow-, Bilanzplanung)
❐   Detailinformationen (Mengengerüst) und Basisunterlagen für die drei dem Bewertungszeitpunkt folgenden Jahre sowie für das laufende Geschäftsjahr
❐   Monatliche oder quartalsweise Soll/Ist-Umsatz- und Ergebnisplanungen (evtl. Angaben zur saisonalen Schwankungen) für den Planungszeitraum und die Vergangenheit
❐   Auftragsbestand

2. *Status*

❐   Prüfungsberichte zu Jahresabschlüssen bzw. interne Unterlagen, ggf. unterjährige Monatsabschlüsse

❐ Angabe außerordentlicher (auch Sonderumsätze mit Großabnehmern) und aperiodischer Einflüsse und Umstrukturierungen

❐ Bankverbindungen/Kreditlinien/Inanspruchnahmen

❐ Unternehmensbewertungsgutachten, Beratungsstudien

III. Markt und Wettbewerb

❐ Darstellung des Produkt-/Dienstleistungsangebotes im Vergleich zu den Wettbewerbern

❐ Marktentwicklung (Vergangenheit und Zukunft), Studien

❐ Informationen über Wettbewerber (Marktanteile, Positionierung)

❐ Stärken-/Schwächen-Profil des Unternehmens aus Sicht der Geschäftsführung im Vergleich zu Wettbewerbern

❐ Produktlebenslauf (Marktreife bis Substitutionsrisiko)

❐ Standortvor- und nachteile

❐ Vertriebsstruktur des Unternehmens

❐ Kundenstruktur und Umsatzgröße (ABC-Analysen)

❐ Aufteilung der Produktgruppen nach Regionen (nationale und internationale Unterteilung)

❐ Partnerschaften mit anderen Unternehmen, Beschreibung bestehender Synergien

IV. Organisation und Rechnungswesen

❐ Organigramm des Unternehmens

❐ Organisationshandbuch

❐ Erläuterung des Rechnungswesen, Controlling und Kostenrechnung (formeller und materieller Aufbau)

❐ Überblick über die Aufstellung des Controllings und Rechnungswesens für die Geschäftsführung (MIS)

❐ Darstellung des Projektcontrollings und der Nachkalkulationen

❐ Auflistung der Mitarbeiter nach Alter/Funktion/Ausbildung/Personalaufwand p.a., fix und variabel

V. Technik und Produktion

❐ Produktionsverfahren und –kapazität

❐ Einsatz von Zulieferern

- ❏ Just-in-time-Verfahren
- ❏ Umweltlasten
- ❏ Forschung und Entwicklung

VI. Unternehmenskultur

- ❏ Lebensläufe Geschäftsführer/Vorstände
- ❏ Lebensläufe der 2. Führungsebene
- ❏ Lebensläufe Beirat/AR-Mitglieder
- ❏ Zusammensetzung der AN-Vertretung
- ❏ Dokumentation zum Leitbild
- ❏ Erläuterung zu Führungs- und Motivationsgrundsätzen und -maßnahmen
- ❏ Dokumentation Krankheits- und Fluktuationsrate
- ❏ Ausgestaltung der internen Berichtswesen
- ❏ Leitlinien zur Öffentlichkeitsarbeit
- ❏ Vertriebsanweisungen
- ❏ Externe Verbindungen, Netzwerk, Verbände
- ❏ Sponsoring, soziales Engagement

VII. Recht

1. Gesellschaftsunterlagen

- ❏ Aktueller Handelsregisterauszug, ggf. Kopien der Anmeldung noch ausstehender Eintragungen
- ❏ Satzung bzw. Gesellschaftsvertrag
- ❏ Notarielle Verträge und Urkunden im Hinblick auf die Übertragung von Anteilen, Kapitalerhöhungen, Kapitalherabsetzungen oder Umwandlungen
- ❏ Aktuelles Verzeichnis der Gesellschafter/Aktionäre und ggf. Aktienbuch in Kopie
- ❏ Protokolle der Hauptversammlungen/Gesellschafterversammlungen sowie der Vorstands- und Aufsichtsratssitzungen der letzten drei Jahre
- ❏ Liste der Prokuristen, General- und Handlungsbevollmächtigten und speziell Bevollmächtigten
- ❏ Verzeichnis aller verbundenen Unternehmen und sonstigen Beteiligungen mit Benennung des Vorstandes bzw. der Geschäftsführung und des Aufsichtsrats/Beirats.

- Sämtliche notariellen Anteilkaufs- und übertragungsverträge
- Ergebnisabführungs- und/oder Beherrschungsverträge
- Sämtliche wirtschaftlich relevanten Verträge der Gesellschaft mit verbundenen Unternehmen und/oder sonstigen Beteiligungen sowie mit deren Gesellschaftern
- Sonstige gesellschaftsrechtlich relevante Verträge (z.B. Pool-Vereinbarungen, stille Beteiligungen)

2. *Dienst- und Arbeitsverhältnisse, Beratungsverträge*

- Vorstands- bzw. Geschäftsführerverträge
- Sonstige wirtschaftlich relevanten Verträge zwischen der Gesellschaft und ihren Gesellschaftern
- Arbeitsverträge mit leitenden Mitarbeitern
- Muster sonstiger Arbeitsverträge
- Verpflichtungen gegenüber bereits ausgeschiedenen Mitarbeitern
- Bestehende oder geplante Mitarbeiterbeteiligungsprogramme
- Betriebsvereinbarungen, Tarifverträge
- Wesentliche Beraterverträge

3. *Wirtschaftlich relevante Verträge (insb. LoI's)*

- Kooperationsverträge
- Kundenverträge (Rahmenverträge, Muster typischer Aufträge, Allgemeine Geschäftsbedingungen)
- Verträge mit Lieferanten, sonstige Beschaffungsverträge
- Verträge mit Handelsvertretern, Eigenhändlern oder sonstige Vertriebsvereinbarungen.
- Lizenzverträge
- Darlehnsverträge
- Miet-/Leasing- und Pachtverträge im Hinblick auf sämtliche wirtschaftlich relevanten Immobilien und Mobilien
- Bürgschaften, Garantieverpflichtungen oder sonstige Sicherheitsleistungen
- Aufstellung aller Versicherungsverträge mit kurzer Beschreibung des Versicherungsschutzes und Angabe von Laufzeit, Kündigungsmöglichkeit/-frist, aktueller Prämie sowie Deckungssumme
- Sonstige wirtschaftlich relevante Verträge oder Vereinbarungen (wie z.B. Dienstverträge, Werkverträge, Sponsoringverträge, Absprachen mit Konkurrenten, etc.)

4. Gewerbliche Schutzrechte

❐ Aufstellung sämtlicher gewerblicher Schutzrechte (Marken, Patente, Geschmacks- und Gebrauchsmuster) getrennt nach eingetragenen und angemeldeten Rechten mit kurzer Angabe des sachlichen und geographischen Schutzumfangs, des Inhabers und der Schutzdauer
❐ Lizenzvereinbarungen im Bereich von Schutzrechten

5. Sonstiges

❐ Liste aller Sicherungsrechte zugunsten Dritter
❐ Aufstellung aller anhängigen und drohenden Prozesse (als Kläger und als Beklagter) mit Streitwert und Einschätzung der Risiken
❐ Informationen über das Unternehmen betreffende behördliche Untersuchungen und Verfahren (z.B. Straf- und Ordnungswidrigkeitenverfahren)
❐ Wirtschaftlich relevante Maßnahmen auf dem Gebiet des Öffentlichen Rechts (z.B. Subventionsbescheide, behördliche Genehmigungen, etc.)
❐ Bescheinigungen über Mitgliedschaften in Organisationen, Vereinigungen und Verbänden
❐ Informationen über sonstige wirtschaftlich relevante Sachverhalte (wie z.B. im Bereich des Umweltrechts, des Immissionsschutzgesetzes, des Datenschutzgesetzes, etc.)

VIII. Steuern

❐ Informationen zu laufenden Außenprüfungen
❐ Bericht der letzten Betriebsprüfung
❐ Steuererklärungen und -bescheide der letzten drei Jahre
❐ Angaben über steuerliche Risiken
❐ Informationen über anhängige Steuerverfahren

Anhang II:
Standardisierte Zusammenstellung der Unterlagen und Informationen für eine Legal und Tax Due Diligence

Die folgende Auflistung ist eine Hilfestellung für das zu begutachtende Unternehmen für die Zusammenstellung von Unterlagen und Informationen. Sie ist nicht abschließender Natur, kann aber auch Punkte enthalten, die auf das Unternehmen nicht zutreffen.

I. Gesellschaftsunterlagen aller zu begutachtenden Unternehmen

☐ Darstellung der Konzernstruktur aus rechtlicher Sicht, Übersicht über die gesellschaftsrechtlichen und personellen Verflechtungen, Organigramm der Struktur des Unternehmens einschließlich Titel, Funktion und Verantwortungsbereich des oberen Managements

☐ Kopien beglaubigter Handelsregisterauszüge neuesten Datums

☐ aktuelle beglaubigte Satzungen bzw. Gesellschaftsverträge, insbesondere auch etwaiger Gemeinschaftsunternehmen (Joint Ventures), Gründungsverträge, Angaben zu den Gründern

☐ Namen der Gesellschafter und Höhe der von ihnen gehaltenen Beteiligungen; Darstellung und Entwicklung der Beteiligungsverhältnisse, lückenloser Nachweis von Übertragungen der Gesellschaftsanteile

☐ Besonderheiten der Gesellschafterstruktur, die sich nicht aus der Satzung ergeben, insbesondere Absprachen über Stimmrechtsbindungen (Poolvereinbarungen), Gewinnverteilung, Entsendungsrechte in den Aufsichtsrat etc. mit Dritten, Sonderrechte für einzelne Gesellschafter

☐ Unterlagen zu Kapitalerhöhungen, Kapitalherabsetzungen, Verschmelzungen, Umwandlungen, Geschäftsanteilsübernahmen etc. für die letzten drei Geschäftsjahre

☐ entgeltliche Austausch- oder sonstige Verträge zwischen der Gesellschaft und ihren Gesellschaftern innerhalb eines Zeitraumes von sechs Monaten nach Gründung (verschleierte Sachgründung)

☐ Einhaltung der Nachgründungsregeln bei der AG (§ 52 AktG) für Erwerbsverträge während der ersten zwei Jahre nach Eintragung, bei denen die Gegenleistung den zehnten Teil des Grundkapitals übersteigt

☐ über allgemeine Leistungs- und Lieferverträge hinausgehende Vereinbarungen und Rechtsverhältnisse zwischen dem Unternehmen und Beteiligungsgesellschaften bzw. zwischen diesen Gesellschaften und ihren Gesellschaftern, u.a. alle Unternehmensverträge i.S.v. §§ 291 ff. AktG, (Beherrschungs- und Gewinnabführungsverträge)

❏ bestehende oder geplante Mitarbeiterbeteiligungsmodelle

❏ Hauptversammlungsprotokolle/Protokolle der Gesellschafterversammlungen der vergangenen drei Jahre

❏ Protokolle der Sitzungen der Geschäftsführung bzw. des Aufsichtsrats (und etwaiger Ausschüsse) für die vergangenen drei Jahre

❏ Geschäftsordnungen der Geschäftsführung und des Aufsichtsrats

❏ Beraterverträge mit Aufsichtsratsmitgliedern

❏ Verzeichnis aller mittelbaren und unmittelbaren gesellschaftsrechtlichen Beteiligungen und Unterbeteiligungen der Gesellschaft(en) an anderen Gesellschaften unter Angabe des Umfangs der Beteiligung und der Kapitalstruktur einschließlich stiller Beteiligungen und partiarischer Darlehen; Verträge bezüglich evt. Kommanditbeteiligung

❏ Verzeichnis aller sonstigen Verpflichtungen gegenüber Aktionären, Angehörigen von Aktionären i. S. V. § 15 AO oder gegenüber Unternehmen, an denen die Aktionäre bzw. deren Angehörige zu mehr als 25 % beteiligt sind

❏ Verträge zwischen der Gesellschaft und mit der Gesellschaft verbundenen Unternehmen

❏ Verträge mit Gewinnbeteiligung von Mitgliedern des Aufsichtsrats oder der Geschäftsführung

❏ Verpflichtungen gesellschaftsrechtlicher Art zur Einzahlung von Kapital, Eingehung von Kapitalbeteiligungen

II. wesentliche Verträge und Vereinbarungen (*einschließlich* Anlagen bzw. AGB!)

1. Kundenverträge

❏ Verträge über Gemeinschaftsunternehmen (Joint Ventures), Kooperationsverträge, Vertraulichkeitsabreden und Arbeitsgemeinschaften, Konsortialverträge, LoI's etc.

❏ wesentliche Verträge mit Großlieferanten und Großkunden bzw. Hauptgeschäftspartnern (z.B. Vertriebspartner), insbesondere Lizenzverträge, LoI's

❏ wettbewerbsbeschränkende Absprachen

❏   Verzeichnis aller nicht erfaßten Verträge von im Einzelfall mehr als
    50.000 € p.a. oder mit einer Laufzeit von mehr als einem Jahr

2. *Pacht-, Miet- und Leasingverträge*

❏   Verzeichnis aller wesentlichen Mietverträge
❏   Betriebspacht- und Betriebsüberlassungsverträge
❏   Unterlagen über die wesentlichen Leasingverträge

3. *Versicherungen*

❏   Verzeichnis aller wesentlichen Versicherungspolicen (z.B. Betriebshaft-
    pflicht, Elektronik, D & O)
❏   Aufstellung der nicht durch Versicherungen gedeckten Risiken
❏   Aufstellung sämtlicher eingetretener Versicherungsfälle in den letzten
    drei Geschäftsjahren mit einer Schadenshöhe über 50.000 €

4. *Darlehen, Bürgschaften und Sicherheiten*

❏   Unterlagen über Darlehensverträge
❏   Verzeichnis und Beschreibung von Verpflichtungen zur Gewährung von
    Krediten oder aus der Inanspruchnahme von Krediten für Dritte
❏   Vereinbarungen über die Stellung von Sicherheiten durch das Unterneh-
    men für Verbindlichkeiten Dritter
❏   Verzeichnis und Beschreibung aller Patronatserklärungen, Bürgschaf-
    ten, Garantieverpflichtungen und sonstiger Sicherheitsleistungen
❏   Verzeichnis und Beschreibung aller Sicherungsrechte und Vereinbarun-
    gen, durch die Dritten Sicherungseigentum, Sicherungszession oder
    Pfandrechte eingeräumt werden.
❏   Verzeichnis und Beschreibung von Verpflichtungen gegenüber Dritten,
    die für die Gesellschaft oder eine Tochtergesellschaft Bürgschaften, Ga-
    rantie oder sonstige Sicherheiten gestellt haben.

5. *Arbeits- und dienstvertragsrechtliche Angelegenheiten*

❏   Musterarbeitsverträge; Verträge mit freien Mitarbeitern
❏   Anstellungsverträge der Geschäftsführer, Vorstände, Prokuristen ein-
    schließlich Nebenleistungen und sonstiger Vergünstigungen
❏   Vereinbarungen über Gewinn- und/oder umsatzabhängige Vergütung,
    Boni und Tantiemen

❐ Verzeichnis aller derzeit gültigen Bertriebsvereinbarungen und Tarifverträge

❐ Verzeichnis aller bestehenden Alters- oder Hinterbliebenenversorgungen und sonstiger Anwartschaftsrechte

❐ Verzeichnis aller Vertragsverhältnisse mit möglichen Ausgleichsverpflichtungen nach § 89 b HGB

❐ Verzeichnis von Mitgliedschaften in berufsständischen Verbänden

❐ Angaben über betriebliche Krankenversicherungen

❐ Verpflichtungen gegenüber Mitarbeitern und damit verbundene Risiken (Pensionsverpflichtungen, Abfindungen für ausscheidende Mitarbeiter etc.)

6. *Sonstige wesentliche Vertragsunterlagen*

❐ Unterlagen über alle Verträge mit Werbe- und PR-Agenturen bzw. Beratungsunternehmen

❐ Unterlagen über alle während der letzten drei Jahre abgeschlossenen wesentlichen Verträge über den Erwerb/Verkauf von Betrieben und/ oder Betriebsteilen sowie über Investitionen und Anschaffung/Veräußerung von Gegenständen des Anlagevermögens bzw. Beschränkungen des Erwerbs oder Verkaufs von wesentlichen Geschäftsteilen, Betrieben oder Geschäftsbereichen

❐ Verzeichnis und Beschreibung aller Gewährleistungen und Haftungen, Zusagen gleich welcher Art, die mit der Übernahme von Unternehmen oder Betrieben Dritter verbunden sind

III. Gewerblicher Rechtsschutz

❐ Aufstellung aller bestehenden Lizenzen, Marken, Patente und ähnlicher Registrierungen, Schutzdauer, Schutzumfang und Darstellung ihrer Bedeutung für das Unternehmen

❐ Übersicht über wesentliche Forschungs- und Entwicklungsprogramme

IV. Vermögenswerte

❐ Verzeichnis aller wesentlichen im Eigentum stehenden Grundstücke bzw. der wesentlichen Grundstücke, an denen beschränkt dingliche Rechte bestehen und aller grundstücksgleichen Rechte sowie aller dinglichen Belastungen, einschließlich der Grundbuchauszüge neuesten Datums sowie qm-Angaben und Angaben über die Art der Nutzung

☐ Verzeichnis aller wesentlichen Betriebsstätten, einschließlich etwaiger Belastungen mit einer Beschreibung hinsichtlich Wert, Alter, Größe, etc.

☐ Verzeichnis aller wesentlichen Verträge über Erwerb oder Veräußerung von Grundstücken oder grundstücksgleichen Rechten und/oder Bestellung und Aufhebung von Erbbaurechten.

V. Steuern

☐ Angaben über den Stand der steuerlichen Veranlagung (Verpflichtungen gegenüber Steuer- und sonstigen Behörden)

☐ aktuelle Berichte der Betriebsprüfer

☐ Übersicht über alle offenen Fragen aus noch nicht abschließend geprüften Steuerfeststellungszeiträumen

☐ falls noch nicht im Rahmen der Financial Due Diligence angefordert: Prüfungsberichte zu Jahresabschlußprüfungen der letzten drei Jahre

VI. Umweltlasten

☐ Verzeichnis und Beschreibung (Zusammenfassung) aller bekannten oder voraussehbaren wesentlichen Belastungen durch Umweltaltlasten (Luft, Boden, Wasser), aller Umweltlastengutachten und Umweltstudien

☐ umweltrechtliche Verfügungen oder Beanstandungen

VII. Rechtsstreitigkeiten

☐ Verzeichnis/wesentliche Unterlagen aller gegenwärtigen oder drohenden Prozesse, Straf- und Ordnungswidrigkeitsverfahren oder Schiedsgerichtsverfahren, die von wesentlicher Bedeutung für die Geschäftstätigkeit bzw. Rentabilität sind

☐ Verzeichnis aller gerichtlichen Urteile, einstweiligen Verfügungen, Vergleichsvereinbarungen o. ä.. der letzten drei Jahre, bei denen die Gesellschaft oder eine Tochtergesellschaft als Klägerin oder Beklagte beteiligt war.

❑ Verzeichnis/wesentliche Unterlagen aller Straf- oder Ordnungswidrigkeitsverfahren gegen Organe oder Angestellte hinsichtlich Unterneh-
   mensangelegenheiten
❑ Verzeichnis und Zusammenfassung von Auseinandersetzungen (schwe-
   bend oder drohend) mit Behörden, insbesondere Steuer-, Umwelt-, Kar-
   tell- und Wettbewerbsbehörden

VIII. Verschiedenes

❑ Verzeichnis aller öffentlich-rechtlichen und privatrechtlichen Erlaubnis-
   se, Konzessionen, Errichtungs- und Betriebsgenehmigungen von der
   Gesellschaft und ihrer Tochtergesellschaften, einschließlich TÜV-Geneh-
   migungen sowie Korrespondenz mit den jeweiligen Behörden innerhalb
   der vergangenen drei Jahre
❑ ISO-Zertifikate
❑ Berichte und Analysen von Unternehmensberatern über das Unternehmen oder einer Beteiligungsgesellschaft; bereits zuvor angefertigte Due-
   Diligence-Berichte

Anhang III:
Standardisierte Zusammenstellung der Unterlagen und Informationen für eine Psychological Due Diligence

Die folgende Auflistung ist eine Hilfestellung für das zu begutachtende Unternehmen für die Zusammenstellung von Unterlagen und Informationen. Sie ist nicht abschließender Natur, kann aber auch Punkte enthalten, die auf das Unternehmen nicht zutreffen.

I. Beschreibung des Unternehmens

❒ Beschreibung der Unternehmenshistorie
❒ Organigramm der aktuellen Aufbauorganisation auf Bereichsebene
❒ Beschreibung der dargestellten Unternehmensbereiche

II. Organisation

❒ Organigramm der aktuellen Aufbauorganisation auf Mitarbeiterebene
❒ Beschreibung und Bewertung der Führungsspannen
❒ Beschreibung und Bewertung der Vertreter- und / oder Stellvertreterregelung
❒ Beschreibung und Bewertung des Einsatzes externer Mitarbeiter (Aushilfen, Berater, Rechtsanwälte, Zeitarbeiter, etc.)
❒ Wie arbeiten die Mitarbeiter
  – feste Strukturen
  – Projektteams
  – Jobsharing
  – Jobrotation
❒ Bewertung der Tätigkeits- / Zeitprofile auf funktionaler Ebene
  – Werden Führungsaufgaben von den Führungskräften ausreichend wahrgenommen?
  – Arbeiten die Mitarbeiter ergebnisorientiert?
  – Wieviel Zeit nimmt das Tagesgeschäft in Anspruch?
❒ Analyse des Ablaufs der geschäftsbestimmenden Prozesse
  – Wie arbeiten die Abteilungen zusammen?
  – Ist der Ablauf strukturiert oder zufällig?

– Sind die technischen Voraussetzungen zur Aufgabenerfüllung geeignet (Redundante Tätigkeiten vermeiden)?
– Wie lang ist die tatsächliche Bearbeitungszeit?
– Wie lange dauert die Bearbeitung des gesamten Vorganges?
– Ist das Verhältnis Vorgangsdauer zu Bearbeitungszeit akzeptabel?

III. Personal

❐ Beschreibung der Einstellungspolitik
– Wird nach Plan oder Bedarf eingestellt?
– Werden schwerbehinderte Personen im Sinne des Gesetzes beschäftigt?
– Bildet die Gesellschaft selber aus?
– Wie erfolgt die Mitarbeiterrekrutierung?
– Werden aktuell Mitarbeiter gesucht?
❐ Darstellung der Personalauswahlkriterien
– Management intern / extern
– Mitarbeiter intern / extern
❐ Darstellung der besonderen sozialen Leistungen und sonstiger Betriebsvereinbarungen
❐ Darstellung der Arbeitszeitregelung
– Welches Arbeitszeitmodell gibt es?
– Wie wird mit Überstunden umgegangen?
– Gibt es Urlaubssonderregelungen?
– Wie wird mit Resturlaub umgegangen?
❐ Darstellung der Gehaltsstruktur und der Zusatzleitungen
– Wie setzt sich das Gehalt zusammen (fix, variabel)?
– Gibt es Anreizsysteme?
❐ Beschreibung des Personalentwicklungsmodells
❐ Beschreibung des Mitarbeitereinarbeitungsprogramms
❐ Beschreibung und Bewertung der Fluktuation in den vergangenen drei Jahren
❐ Beschreibung und Bewertung der Abwesenheitszeit der Mitarbeiter in den vergangenen drei Jahren
– Kranke
– Langzeitkranke
– Freistellungen (Bundeswehr, Schwangerschaft, Fortbildung, Betriebsrat, etc.)
❐ Beschreibung und Bewertung des Verhältnisses Festanstellung / Teilzeitbeschäftigung

IV. Bewertung der Managementebene

☐ Beschreibung der Ausbildung, des Titels
☐ Beschreibung und Beurteilung der Altersstruktur
☐ Beschreibung der Geschäftsführererfahrung (beruflicher Werdegang)
☐ Beschreibung der sonstigen Tätigkeiten Professur, Verbandstätigkeit (Pöstchen)
☐ Beschreibung und Beurteilung der Kenntnisse Markt / Wettbewerber)
☐ Darstellung und Bewertung des Kontaktnetzwerkes
  – Welches Kontaktnetzwerk ist vorhanden?
  – Wie kommt das Kontaktnetzwerk zustande?
☐ Darstellung der Besetzung des Aufsichtsrates
  – Wer gehört dem Aufsichtsrat an?
  – Welche berufliche Tätigkeit üben die Mitglieder aus?
  – Warum sind die Mitglieder in den Aufsichtsrat berufen worden?
☐ Darstellung und Bewertung des Führungsstils
☐ Darstellung und Bewertung der Unternehmensphilosophie
☐ Darstellung und Bewertung des Kommunikationsverhaltens
☐ Beschreibung und Bewertung des Verhaltens zur Konfliktbewältigung
☐ Beschreibung der Persönlichkeitsmerkmale

V. Bewertung der Mitarbeiterebene

☐ Beschreibung der Ausbildung, des Titels
☐ Beschreibung und Beurteilung der Altersstruktur
☐ Beschreibung der Erfahrung (beruflicher Werdegang)
☐ Beschreibung der sonstigen Tätigkeiten (Pöstchen)
☐ Beschreibung und Beurteilung der unternehmensrelevanten Kenntnisse
☐ Beschreibung der Persönlichkeitsmerkmale

VI. Strategie

☐ Corporate Identity
  – Was gehört zum Corporate Identity (Logo, Kleidung, etc.)?
  – Ist das Corporate Identity unternehmensweit gleich umgesetzt?
  – In welchen Bereichen ist das Corporate Identity zu finden?

❐ Darstellung und Bewertung der Arbeitsatmosphäre
  – freundschaftlich
  – distanziert
  – teamorientiert
  – Konkurrenzverhalten
❐ Wie wird mit Herrschaftswissen umgegangen?
❐ Beschreibung des Unternehmensleitbildes der Geschäftsleitung (intern/
  extern)?
❐ Welche Stärken und Schwächen sehen die Mitarbeiter in der Unterneh-
  mung
❐ Wie sehen die Kunden die Stärken und Schwächen der Gesellschaft?
❐ Internationalisierung der Geschäftstätigkeit
❐ Innovationen
  – Gibt es eigenen F & E Tätigkeiten?
  – Gibt es angemeldete Patente?
  – Wie lang sind Produktzyklen?
  – Wird F & E Know-how durch Kauf erworben?
❐ Gibt es ein Sponsoring?

VII. Bewertung der Marktorientierung

❐ Beschreibung und Bewertung der Kundenbetreuung
❐ Beschreibung und Bewertung des Qualitätssicherungssystems
❐ Beschreibung und Bewertung der Reklamationsabwicklung

VIII. Ausstattung

❐ Betriebsbegehung
  – Wie ist die Bürogröße?
  – Wie wirkt die Büroeinrichtung?
  – Wieviele Mitarbeiter arbeiten in einem Büro?
  – Wie wirkt die Produktionshalle?
  – Gibt es Unterschiede zwischen Produktionsgebäude und Verwal-
    tung?
  – Wie sind die Entfernungen zwischen Abteilungen?
  – Welche sozialen Einrichtungen gibt es? (Kantine, etc.)
  – Besteht die räumliche Möglichkeit zur Expansion?

Register

Die Autoren

Dr. Wolfgang Koch, Wirtschaftsprüfer, Rechtsanwalt, Steuerberater, ist Mitglied des Vorstandes der KWU Gesellschaft für Unternehmensbewertung AG. Die KWU ist eine Wirtschaftsprüfungsgesellschaft in Düsseldorf, die sich hauptsächlich mit Unternehmensbewertungen und weiteren komplexen rechtlichen und wirtschaftlichen Sonderaufgaben beschäftigt. Dr. Wolfgang Koch hat in seiner Berufspraxis eine Vielzahl von Due Diligence-Gutachten u.a. im Rahmen von Börseneinführungen, Unternehmenstransaktionen und Sanierungen durchgeführt. Er hat einen Lehrauftrag für Unternehmensbewertung an der Ernst-Moritz-Arndt-Universität Greifswald und ist Autor zahlreicher Fachaufsätze.

Prof. Dr. Jürgen Wegmann, Diplom-Kaufmann, ist als Unternehmensberater Mitglied des Vorstandes der KWU Gesellschaft für Mittelstandsberatung AG. Die Gesellschaft mit Sitz in Düsseldorf hat sich auf die Beratung mittelständischer Unternehmen spezialisiert. Prof. Dr. Jürgen Wegmann hat in seiner Berufspraxis für eine Vielzahl mittelständischer Unternehmen im Zusammenhang mit Unternehmenstransaktionen, Sanierungen und Börseneinführungen Due Diligence-Gutachten erstellt. Er hat eine Professur für Betriebswirtschaftslehre mittelständischer Unternehmen an der privaten Fachhochschule der Wirtschaft in Bergisch Gladbach inne und ist Autor zahlreicher Fachaufsätze.

Die KWU Gesellschaft für Unternehmensbewertung AG und die KWU Gesellschaft für Mittelstandsberatung AG sind als unabhängige Dienstleister auf dem Gebiet der Unternehmensbewertung tätig. Ein Schwerpunkt liegt in der Begutachtung und Beratung von mittelständischen Unternehmen. Die Anlässe für eine Due Diligence oder Unternehmensbewertung resultieren hauptsächlich aus Emissionen, M&A Mandaten, Venture-Capital-Engagements und zunehmend aus dem Erfordernis eines externen Ratings mittelständischer Unternehmen (www.kwu-online.de).

Die Autoren sind Verfasser des Praktiker-Handbuches Börseneinführung, das 2000 bereits in 3. Auflage erschienen ist.